A Festschrift for Professors
Zhang Changshou and Chen Gongrou

张长寿、陈公柔先生

纪念文集

李峰 施劲松 主编

中西书局

图书在版编目(CIP)数据

张长寿、陈公柔先生纪念文集 / 李峰,施劲松主编
. —上海:中西书局,2022
ISBN 978-7-5475-2029-1

Ⅰ.①张… Ⅱ.①李… ②施… Ⅲ.①考古学－中国
－文集 Ⅳ.①K870.4-53

中国版本图书馆 CIP 数据核字（2022）第 214692 号

张长寿、陈公柔先生纪念文集

李 峰 施劲松 主编

责任编辑	邓益明
装帧设计	黄 骏
责任印制	朱人杰
出版发行	上海世纪出版集团 中西书局（www.zxpress.com.cn）
地 址	上海市闵行区号景路159弄B座（邮政编码：201101）
印 刷	常熟市人民印刷有限公司
开 本	787毫米×1092毫米 1/16
印 张	43.5 插页 10
字 数	909 000
版 次	2022年12月第1版 2022年12月第1次印刷
书 号	ISBN 978-7-5475-2029-1/K·409
定 价	398.00元

本书如有质量问题,请与承印厂联系。电话:0512-52601369

编辑委员会

20世纪50年代张长寿和周永珍先生合影（张小舟提供）

1980年张长寿先生参加美国加州大学伯克莱分校国际商文化研讨会合影（前排左起吉德炜、夏鼐、张政烺、张长寿、周鸿翔、马承源）（夏含夷提供）

1980年张长寿先生参加加州大学伯克莱分校国际商文化研讨会合影（前排左起夏含夷、马承源、张政烺、夏鼐、张长寿）（夏含夷提供）

1995年张长寿先生访问哈佛大学（左起李峰、高天麟、张长寿）（李峰提供）

1997年张长寿先生和张光直先生在商丘工地（荆志淳摄）

1999年张长寿先生在中国历史博物馆参加《中国青铜器全集》出版座谈会（左起俞伟超、张长寿、杨锡璋）（施劲松提供）

2007年3月张长寿先生于北京（张小舟提供）

张长寿先生80岁寿辰，2009年8月于北京（左起李峰、张小舟、周永珍、张长寿、崔乐泉、施劲松）

张长寿先生90岁寿辰与学生合影（左起金正烈、施劲松、崔乐泉、张长寿）

张长寿先生90岁寿辰与家人和学生在一起，2019年5月于北京（左起金正烈、张祖欣、刘玉萍、高红、崔乐泉、施劲松）

2016年4月张长寿先生于北京王府井大街27号考古研究所（张小舟提供）

陈公柔先生晚年在北京干面胡同家中

目　录

汉唐宋时代

简帛研究

追　忆　篇

附　录

纪念陈公柔、张长寿先生——代序

陈星灿

（中国社会科学院考古研究所）

陈公柔先生去世快十七周年了，张长寿先生也离开我们一年半了。时间在流逝，两位先生的音容笑貌却仿佛仍在眼前。

我1985年秋天到考古研究所读书的时候，陈公柔先生已经66岁，但还没有退休，每天都到考古所六楼的金文组研究室上班。先生给我们几个硕士生上古文字和古文献的课，讲的什么，现在几乎记不得了，但是他和蔼的笑容，轻声细语、滔滔不绝的神态却永远留在了我的记忆中。课程大约是每周一次，一次一个上午或下午，讲课像是聊天，没有讲稿，陈先生却能随口引用古代文献和典故，让我们颇感新奇，也让没有古文字和古文献基础的我，感到了很大压力。先生一口东北普通话，永远笑呵呵的，似乎看不出一丝忧愁。但有关他的故事也偶尔飘到我们的耳朵中。有人说几年前陈先生还在考古所扫厕所，也有人说陈先生曾被打成"历史反革命"，受了很多磨难。但究竟如何，没有人说得清楚，陈先生更是绝口不谈。[①]我们看到的是一个勤勤恳恳、把心思完全放在《殷周金文集成》这部大书上的谆谆老者。

张先生则完全是另外一种情景。我到所的时候，他刚担任考古研究所的副所长，但还常年在沣西发掘，平时在所里很少看到他，他好像也没有给我们这一班硕士生上过课。张先生喜欢穿一件洗得发白的蓝色中山装，清瘦的面庞，独来独往，给我们的印象是不苟言笑，令人生畏。

陈先生是1951年进所的，与同时或者前后几年进所的年轻人相比，他年龄略长，入所时已经过了而立之年。入所当年，陈先生就跟随夏鼐先生参加了长达数月的长沙发掘（1951—1952），掌握了田野考古发掘技术，后来又先后参加或主持了河南禹县白沙水库的战国墓葬和唐墓（1952—1953）、洛阳烧沟汉墓（1953—1954）、洛阳涧滨遗址（1956—1957）和邢台古代遗址（1956）等的发掘工作，参加了《长沙发掘报告》（1957）、《洛阳烧沟汉墓》（1959）、《洛阳发掘报告——1955—1960年涧滨考古发掘资料》（1989）、《河南禹县白沙的战国墓葬》（1954）等大中型发掘报告的资料整理和撰写工作，尤其是考古研究所署名的《长沙发掘报告》和《洛阳发掘报告》，他都承担了主要的部分。到20世纪50年代末期，陈先生是考古研究所田野工作的主力，承担了多个重要遗址和墓葬的发掘和研究工作，贡献卓著。

张先生比陈先生小10岁，1952年毕业于燕京大学历史系，比陈先生晚一年毕业，但是却被分配到了清华大学工农速成中学，直到1956年夏才调入考古研究所工作。根据张先生的自述，他先后参加过河北邢台、河南洛阳、陕西长安、山东日照、陕西扶风、云南元谋、黑龙江绥滨、山西石楼、河南商丘等地的调查和发掘工作。工作最长的是陕西长安的沣西工地，从1957年初到沣西，至1988年离开工地，断断续续工作了30年。[②] 张先生是在退休后的1993年，临危受命，担任了中美联合考古队"商丘考古计划"的中方队长，与代表美方的哈佛大学教授张光直先生一道，领导了延续数年的中美商丘考古调查和发掘工作。张先生参加或主持撰写的考古发掘报告，包括《沣西发掘报告》（1961）、《张家坡西周墓地》（1999）和《豫东考古报告》（2017）。终其一生，张先生都工作在田野一线，是一名优秀的田野考古学家，也是商周考古的奠基人之一。

陈先生自从在《考古学报》1956年第4期发表那篇著名的《士丧礼、既夕礼中所记载的丧葬制度》，用周代的考古发现印证《仪礼》所记周代丧葬制度，开启用考古资料作古代名物制度的研究以来，他的主要兴趣其实已经转到了这个方面。根据夏鼐先生的日记，至少从1959年开始，他便和徐苹芳先生一起，做《居延汉简甲乙编》的编辑和研究工作。这一时期直到"文革"开始，他们先后合作发表了《居延汉简甲编》（1959）、《关于居延汉简的发现与研究》（1960）、《大湾出土的西汉田卒簿籍》（1963）等论著。整理居延汉简应该是考古所的工作安排。这一时期陈先生发表的论文还有《记几父壶、柞钟及其同出的铜器》，是根据考古出土青铜器的铭文、纹饰、形制讨论铜器年代的著名论文。大约也就是从居延汉简的编辑和研究开始，陈先生脱离了田野一线的工作。[③] 终其一生，陈先生一是做商周青铜器及其铭文的研究，二是做秦汉简牍的研究，已经发表的两方面的论文都不能算多，但皆颇见功力且解决了学术上的某些关键问题。[④] 实际上，自1979年《殷周金文集成》编辑组正式成立以来，陈先生即与王世民等先生一起参加了这个项目的领导和实际工作，陈先生除负责"全书的学术审定"外，还参加了除第2、10、11、12、13、14、17、18册之外的其余10册金文集成的编纂工作，为该书的成功付出了极大的努力。[⑤] 20世纪五六十年代和七八十年代考古研究所两部大型集体著作《居延汉简甲乙编》和《殷周金文集成》，陈先生都参与其中并做出了突出贡献。

张先生的学术研究，一方面集中在沣西遗址的文化分期和西周墓葬的分期和综合研究上。在地层学的基础上，他通过以"整个器物群的演变为标准"的类型学研究，[⑥] 建立起可靠的西周文化的分期，这些都体现在《沣西发掘报告》、《张家坡西周墓地》和他在《考古学报》1980年第4期发表的《1967年长安张家坡西周墓葬的发掘》一文中。除此之外，张先生用考古学的方法，对青铜器的综合研究、对玉器的研究、对商周时代名物制度的研究、他和陈公柔先生合作对商周青铜器纹饰（兽面纹和鸟文）的类型学研究、对"梁山七器"的研究等，解决了商周考古的一系列问题，不少都是商周考古学的示范之作。⑦

陈先生的研究领域宽广，涵盖了商周和秦汉时代——这是一般人难以企及的；张先生虽然专攻商周考古，但也涉足史前时代，两人的研究有重合，也有不同的侧重，但有一点可能是共通的，那就是皆以考古学的研究为中心，以出土资料的研究为核心，并提升到历史学研究的高度，最终解决历史学的问题。两位先生都有广博扎实的古代文献基础，又有国际学术视野。陈先生精通日文，曾经把夏鼐先生在日本广播协会出版的《中国文明の起源》翻译成中文出版，⑧也曾为林巳奈夫的大著《殷周时代青铜器の研究》《殷周青铜器综览（一）》写过切中实际的书评；张先生兼通英文和日文，曾翻译过日本学者伊藤道治先生的《裘卫诸器考——关于西周土地所有制形态的我见》⑨和张光直先生的《中国起源的持续探索：中国的早期农人》。⑩他们的学术成就，不能不说跟掌握一门甚至两门外语及视野的开阔有很大关系。

两位先生都是学问大家，也都很谦虚，完全没有所谓"专家"的派头。我毕业后即参加田野工作，印象中跟陈先生几乎没有再见过面——他已经退休回家；虽然90年代他还给考古所的研究生上课，但都是在家里上的，他也很少来所，更少参加学术会议。但是，陈先生大多数的著作都是在退休前后甚至退休以后发表的，这一时期，大概是他心里最静、也最可以钻研学问的时候。张先生在年近古稀的时候才退出田野工作，除了夏商周断代工程的会议他不得不参加——因为他是专家组成员，其他会议很少看到他的身影。在年近90岁之际，他主编的最后一本调查和发掘报告——《豫东考古报告》才终于出版，让他大大松了一口气。我知道他为此书的出版真是费尽了心力。我们的办公室只隔了三个房间，知道他在腿脚方便的时候，几乎每周都来所里一两次，乘公交车来，查资料，也偶尔跟同事们闲聊几句，但从来没有跟所里提出过任何要求。在他的晚年，我差不多每年春节都去他家里看望他。他和老伴周永珍老师相濡以沫，过着平静而乐观的生活。晚年的张先生，倒是整天笑眯眯的，跟年轻时令人生畏的样子大不相同，不过照例说话不多。

两位先生永远地离开了我们，但他们留下的丰厚学术遗产，值得我们去发掘、继承、光大。两位先生治学严谨，视野开阔，提携后进，谦虚谨慎，德高望重，鞠躬尽瘁，体现了高尚的长者风范，也赢得了海内外学者的尊敬和爱戴。这本文集收录的文章，就是最好的体现，也是对两位先生最好的纪念。

2021年8月12日

① 据《夏鼐日记》1976年2月17日记："下午开全所大会，宣布给陈公柔戴上'历史反革命'帽子，监督劳动改造。"1979年7月10日记："上午陈公柔的堂兄陈符珽来访我（他由美国回国探亲，原在芝加哥，与何炳棣、董作宾诸人很熟悉），打听陈公柔是否仍在我所。因为陈公柔的事最近已落实，作人民内部矛盾处理，让他出来见面，还陪同去北海公园。"见《夏鼐日记》1976年2月17日，华东师范大学出版社，2011年。

② 张长寿：《自述》，见氏著《丰邑行》第1—5页，中国社会科学出版社，2014年。

③ 《夏鼐日记》1958年2月8日："今天所中开了一天的会，由发掘队的领队石兴邦、王仲殊、王伯洪、安志敏、陈公柔五位同志作自我检查。"4月12日："又去参加学术报告会，上午由马得志、陈公柔二同志作报告（长安大明宫、洛阳涧滨），下午讨论，我以未能参加上午的会，只让他们讨论。"1959年5月23日："上午赴所，徐苹芳、陈公柔二同志由洛阳返所汇报工作。"11月18日："上午审阅《考古》稿子（陈公柔、徐苹芳《关于居延汉简的发现和研究》）。"此后有关陈公柔先生的记录，除了1961年9月6日尚有"上午赴所，与陈公柔、徐苹芳同志商谈修改长沙墓葬报告草稿事"外，再无跟田野考古有关的事情，由此可知，大概就是从1959年或略迟，陈先生开始脱离田野工作。

④ 陈公柔：《先秦两汉考古学论丛》，文物出版社，2005年。

⑤ 中国社会科学院考古研究所编：《殷周金文集成·编后记》，中华书局，1993年。

⑥ 参见张长寿《自述》，见氏著《丰邑行》第2页，中国社会科学出版社，2014年。

⑦ 参见张长寿《商周考古论集》，文物出版社，2007年；《丰邑行》，中国社会科学出版社，2014年。

⑧ 1984—1985年的《夏鼐日记》对此过程有相当详细的记述。

⑨ 译文见中国社会科学院考古研究所资料室编译《考古学参考资料》第5辑，第22—44页，文物出版社，1982年。

⑩ 译文见中国社会科学院考古研究所资料室编译《考古学参考资料》第1辑，第3—21页，文物出版社，1978年。

编 者 序

　　为张长寿先生和陈公柔先生编一本论文集，这是我们的共同心愿。这种愿望之所以日渐强烈，因为它既是我们发自内心的个人感受，也是受对学术负责的公义所驱使。参加这本纪念文集编辑工作的基本都是张长寿先生的学生，因此也就都是陈公柔先生的学生。我们之所以今天能在自己的岗位上，在不同的国家做一些扎扎实实的研究工作，为国际学术进步尽一些绵薄之力，首先要感谢当年在考古研究所，由两位先生的辛勤教导为我们打下的基础。他们给了我们田野考古、传统文献和古文字的基本训练，并指导我们完成了人生第一篇能够发表的学术论文，从而帮助我们完成个人的学术起步。尽管我们后来选择了相互不同的研究方向，也走上了不同的学术道路，但在考古所读研究生的共同经历把我们联系在一起。是两位先生的存在赋予这种联系以意义，而他们的相继离世则使这种联系又变得有几分悲伤！我们希望通过这本文集寄托我们的哀思，也表达我们对两位业师的感激。

　　张长寿先生是现代中国最重要的考古学家之一，也是西周考古的奠基人。陈公柔先生以其考古、古文献和古文字的博学而著称。张长寿先生长期担任考古研究所商周考古的组织和领导工作，并且长期耕耘于田野考古的第一线，特别是对丰镐地区的考古工作贡献卓著。他以田野考古为基础展开了青铜器、陶器和玉器的深入研究，取得了丰硕的成果。陈公柔先生早年随于省吾教授学习，1951年进入考古所以后先和苏秉琦先生一道负责洛阳地区的考古工作，之后转入室内，以大半生的精力和王世民先生一起领导和参与了《殷周金文集成》的编撰工作，对以青铜器铭文为主的古文字资料的搜集、整理和研究工作做出了卓越的贡献。可以说，在郭宝钧、陈梦家等第一代学者之后，张长寿和陈公柔的研究代表了考古研究所在商周考古特别是青铜器研究领域的成就。应该提到的是张长寿先生从小习得英文，而陈公柔先生则精于日文。正是因为他们的努力，才使得考古研究所的青铜器研究在陈梦家之后中外隔绝的十五年间能够保持宽广的国际视野，也使得学术界受惠，这是一份特殊的贡献。更应该提到的是，两位先生也是燕京大学校友（陈公柔长张长寿10岁），一生友情深厚，相得益彰，合作进行了多项重要研究，以"陈寿"之名共同享誉学术界。他们一生潜心学术，学养深厚，成就卓著。他们学风严谨，严以律己，温厚待人，为考古所同仁所倚重，也广受学术界的尊敬。我们能够在少年无知之时随这两位重要学者学习，或有机会在他们身边工作，实在是自己的幸运。在他们仙逝之后，认真地总结和揭示他们的学术思想和成就，则是我们作为学生的共同责任。

文集的征稿工作始于2020年7月，当初的计划是出版一个小型的纪念文集。约稿的邀请发出之后收到学术界的热烈回应，除去个别学者实因事务太多不能如愿外，几乎所有收到邀请的学者都慷慨地提交了论文，总数达45篇之多。这充分体现了两位先生在学术界的重要影响和善缘。这其中包括了在考古研究所和两位先生共事数十年的老同事，还有曾经有机会接受两位先生耳提面命、心存感激的晚辈，更有学术界长期以来与两位先生有广泛学术交集的众多学者。可以说，文集的作者包括了中国各学术单位商周考古和青铜器研究的绝大部分有成就的重要学者。同时，文集也包括了日本、韩国和美国的中国商周考古和古文字学界的多位有重要影响的学者的佳作，这极大地丰富了文集的内容。可以说，这部文集有着广泛的学术代表性，也有宽阔的国际视野；它是当前商周考古和青铜器研究学界现状、研究水平及热点问题的一次比较全面的展示。特别难得的是文集得到了一些和两位先生同龄或接近同龄，并在学术上惺惺相惜的年长先生们的支持，如林沄、松丸道雄、卢兆荫、仇士华、杨泓、朱凤瀚等先生，他们克服了健康方面的种种困难，为文集提供了大作。有的先生因为实际的困难而不能按时交稿，但表示理解文集的分量和意义，也一定会坚持把文章写完。这足见老一代学者间的情谊和他们对学术持有的信念。这些都是我们要特别感谢的，也是让我们感动的。

我们衷心感谢参加文集撰稿的每一位学者、朋友和同事，也感谢中国社会科学院考古研究所陈星灿所长在百忙中拨冗为本文集作序。

就文集中的文章内容而言，商周考古和青铜器研究自然占据了大宗，但也包括了有关新石器时代晚期及汉至唐宋时期考古的数篇力作。文集中既有聚焦于新发现、对热点问题的新思考，如青铜时代的起源、新发现青铜器和铭文的考订及西周年代、青铜器的产地和地域性青铜文化、新出土简牍文书和历史地理问题等；也有对旧问题的反思，如殷墟的性质和西北冈王陵的序列、青铜器的实际功能、玉器研究的方法、临淄齐故城遗迹的考订、辽代庆陵的规制和象征意义等；更有对新研究领域或议题的探索，如从考古遗存中辨析工匠身份、甲骨卜兆形式的统计研究、西周交通道路、中国古代竞舟与龙舟文化、汉代的武备等等。文集中不乏用力至深的长篇力作，有着重要的学术意义和参考价值。总之，我们希望能呈现给读者一部内容丰富和有较高学术水平，并且有前瞻性的学术和纪念文集。

另外，文集中包括了由仇士华和唐际根、荆志淳先生撰写的两篇追忆，它们记录了张长寿先生在20世纪90年代学术研究，特别是中外合作田野工作中的点点滴滴。文集也包括由李峰和施劲松撰写的三篇纪念文章，它们总结和梳理了张长寿和陈公柔先生的学术思想和成就，表达了对老师的深切怀念。附录收集了张长寿和陈公柔先生各自的著作目录，以帮助读者全面了解他们的研究成果。遗憾的是，编辑文集的过程中我们经多方努力，却一直未能与陈公柔先生的家属取得联系，因此文集中有关陈公柔先生的个人信息较少，这是我们殷切希望以后能有机会弥补的。

这部文集的及时出版，我们要特别感谢吉林大学吴振武教授的热心促成和中西书局秦志华先生的大力支持。更要感谢负责这部文集出版的中西书局各位编辑和同仁。也感谢吉林大学考古学院王建峰先生帮助整理有关文章和插图。

缅怀篇

良师如烛炬：纪念张长寿、
陈公柔先生的学术贡献

李　峰

（美国哥伦比亚大学东亚语言和文化系、吉林大学考古学院）

引　　言

　　张长寿先生1929年出生于上海，是中国著名的考古学家，也是商周考古的奠基人之一。张先生1952年毕业于燕京大学历史系，1956年7月调入当时的中国科学院考古研究所，之后在该所从事研究工作五十余年，2020年1月30日逝世。张先生学识渊博，学风以严谨著称，广受所内外同代学者尊重，更受到后辈学者的崇敬。张先生长期担任考古研究所商周研究室主任（后任考古研究所副所长），并兼任丰镐考古队队长，对该所商周考古特别是西周考古发挥了重要的组织和领导作用。在研究上张先生始终坚持立足田野考古，以研究田野发掘所得考古现象为主，并广及青铜器、玉器的精深研究和古代历史的探索，有许多重要建树。他一生劳作不断，笔耕不辍，著述丰富，以60多岁的年龄仍在中美合作项目的商丘考古工地主持发掘；并以88岁的高龄，字斟句酌，完成了《豫东考古报告》的编辑工作，①更是让人敬佩。

　　陈公柔先生1919年出生于辽宁沈阳。陈先生早年曾随于省吾先生学习古文字和古文献，②1951年8月自燕京大学历史系毕业后直接进入中国科学院考古研究所工作。陈先生在50年代到60年代初曾参加考古研究所在长沙、安阳、洛阳多地区的田野考古发掘，参与编写《长沙发掘报告》、《洛阳发掘报告》等专著，③是一位有丰富田野工作经验的古文字学家和青铜器研究专家。1979年，经多年搁置之后考古所《殷周金文集成》编辑组正式成立，④陈先生即与王世民等先生一起从事这个项目的领导和实际工作。二十余年辛勤耕耘，陈先生为这部划时代的巨著做出了重大的贡献。陈先生古文字、古文献功底深厚，为考古所同仁们所倚重，更是大家的良师益友，被同事们亲切地称为

"陈公"。80年代初以后，陈先生受邀为考古所（也就是研究生院考古系）的历届研究生讲授先秦古文献课，对年轻一代的学术传承起到了很大作用。2004年，陈先生突然逝世于北京。

笔者1983年西北大学毕业后考入考古研究所为硕士研究生，到1990年5月离开，在考古所学习、工作将近七个年头。那时的考古所田野工作高手如云，就商周这一段而言，主持了偃师商城、沣西井叔墓地、琉璃河燕国墓地等一系列重大发现。而考古所位于王府井北端的地利之便也使考古所成为全国各地考古学者进京交流，乃至各高校研究生进京查阅资料的聚首之所，可以说是当时中国考古学的一个资讯中心。因此，它是年轻人求取专业训练和增长学科见识的好地方。作为我的导师，张长寿先生是很严格的。他常常强调做学问要扎扎实实，不能浮光掠影。记得当年他带我到沣西实习，行前即告诉我这次是去实习，我不能使用实习所发掘的资料。其实这样也好，督促我学会怎样用别人发表的资料来做自己的文章，这反倒拓展了自己的研究能力。后来我做硕士毕业论文就是按照这个思路，在张先生的指导之下完成的。在沣西实习期间他安排我和卢连成先生一个小组，发掘张家坡墓地，但他会随时过来进行督导，看看我有否出错。在他和卢连成先生的指导下，我很快掌握了西周墓地发掘的要领。当然张先生也是主张学生要拓宽视野，并对学生取得的一点成绩及时鼓励。记得那时张光直先生在北大作考古学六讲，就是张长寿先生鼓励我去听讲，开阔眼界。我的学期论文做了陕西出土商代铜器研究，他鼓励我拿去《考古与文物》发表，遂成了我考古学的处女作。

跟陈公柔先生上课则是另一种气氛，这主要因为在他干面胡同的家里上古文字课时，只有傅宪国和我两人，我们是同一年进入考古所的研究生。陈先生讲课之外也和我们聊天，但聊天中同样让我们学到很多知识。跟陈先生上课，除了学生对老师的崇敬，我们还能时时感觉到一位忠厚长者对后生晚辈的关爱。后来陈先生为考古系研究生讲先秦古文献课，[⑤]那时我已经毕业并在沣西下工地，但回到北京赶上时我也会去蹭课。在我的请求下，陈先生曾单独给我开了个书单，列举了各种书最应该读的注本，如陈奂的《诗毛氏传疏》和孙星衍的《尚书今古文注疏》就在其中；这份书单就成了我后来一些年读古籍的指导，帮我打下了先秦文献方面的一些基础。出于感谢，1990年我离开考古所赴日本留学之前为陈先生刻了几方印，包括一方"翠南精舍"，[⑥]陈先生则送了我一本傅大卣的印集，要我在路上"舟车浏览"。十年以后的2001年，我（那时我在美国南方的阿肯色州立大学任教）见到来纽约探亲的陈先生，我们在哥大旁边的餐馆用餐，陈先生依然健谈，说起他正在做《尚书》的研究。后来夏含夷先生邀请他去芝加哥大学讲学，我遥祝他一路顺利，但再未能见面。

关于两位先生的学术贡献，施劲松先生已经发表文章进行了很好的总结。[⑦]我的这篇文章，是不足以概括他们一生的学术成果的；除了表达对两位老师的怀念之情，本文的重点是探讨他们在商周考古领域的研究方法论方面的创见和实践，即从学科发展的角度来分析他们两人所作出的重要贡献。这种方法论的创见对一个学科的未来发展至关重要，也是后代学者在读他们的著作时要首先汲取的学术经验。试述如下：

一、不一样的类型学实践

如施劲松已经指出，张长寿先生在沣西工作三十多年，可以说丰镐考古一直是张长寿先生学术研究的中心。^⑧沣西的考古50年代由王伯洪先生主持；王伯洪早逝，由胡谦盈短期担任队长。1963年以后一直由张长寿先生任队长，直到1988年。由于丰、镐两京在西周国家的中心位置，可以说在80年代及以前我们对西周文化的年代、内涵的认识很大一部分来自丰镐地区。1957年在张家坡发掘到早晚两期西周遗址，并在张家坡和客省庄两地发掘到182座西周墓葬（之前苏秉琦先生在斗鸡台发掘到的56座墓中，折足鬲墓中的一部分按邹衡先生意见属于西周时期；郭宝钧先生在浚县辛村发掘到80余座西周墓）。对这前所未有的一大批资料的研究，奠定了西周考古的基础。但是由于这些墓葬极少有打破关系，采用类型学的方法进行分期和年代的研究即是正确的选择。

由于蒙德留斯（Oscar Montelius）著作的汉译和出版，类型学的方法在20世纪30年代就已引入中国。经过吴金鼎、裴文中、苏秉琦等学者的实践和推广，在民国时期的考古学中类型学已经取得了优势地位，其原理广为人知。^⑨如林沄先生最近很正确地指出的那样，类型学的主要目的是在没有地层证明的情况下通过建立所谓"联类"（即发展序列）来确定遗物的相对年代。^⑩但是，在一处遗址或墓地中具体怎么样应用类型学的方法建立其分期，进而来阐述其文化发展历史，每个人做法都不一样，可以说一直到70年代，中国学术界对此仍处在探索阶段。张长寿先生长期研究丰镐遗址的考古资料，对类型学有自己的理解，随即形成了富有自己特点的研究方法。

《沣西发掘报告》中的做法是在127座有随葬陶器的墓葬中，首先选择60座有成组陶器的墓葬，"根据随葬陶器的组合及其在形式上的差别"，排出一个群的序列，并将其分为五期。在分期图（图八六）中，每期选择一座墓葬，绘出它的完整陶器群。这个分期图所表现的是"群"的一个序列，而不是某一类或几类陶器的"演变序列"图。相应地，报告遗物分类上采用了简略的只分式而不分型的方法。而在器物描述中的式的排列主要是为了叙述的便利，其排在相邻位置的式之间抑或有发展演变关系，抑或没有，关键是**不提前想定它们构成了一个渐变的发展序列**。譬如Ⅰ式的直口袋足，口沿下有双耳的鬲和Ⅱ式的高斜领袋足鬲或有发展关系，而Ⅱ式鬲和Ⅲ式的瘪裆鬲之间则没有关系。^⑪总之，这个方法的整体论证逻辑是以发掘所得的包含了多方面特征（如多种器物的变化方向、组合关系的变化、相对数量的变化等）的器群为着眼点，从而排出一个遗址或墓地的陶器"群"的发展序列；**至于某类或几类器物的具体的形式演变，在研究的早期阶段并不是关注的重点**。这即是张长寿先生说的"在文化分期中应以整个器物群的演变为标准，而不宜局限于个别器物的细部变化"[12]。器型的演变是在最后总结出来，并需要在今后的研究中不断完善的知识。

在张长寿先生自己执笔的《1967年长安张家坡西周墓葬的发掘》中，上述方法得到了进一步的发展和完善。对于1967年发掘的124座墓葬中，有两件以上陶器的66座墓葬，张先生首先抓住了作为陶器群特征之一的"组合"关系进行分析，认为组合随时代而变化，可以作为分期的重要依据。"组合"关系的本质是器类的生灭现象，即一个特定时期有一些特定的器类出现在墓中，过了这个时期有的器类消失了，又有新的器类产生。因此，由"组合"的概念又衍生出了次一级的概念，即"共存关系"，即哪些器类常常共出在一座墓中。进而，张先生将"共存"的概念从器类推广到"式"之间的共存，这就使得它有了更大的实践意义。通过检索（1）组合和式之间的关系（如鬲、罐组合和 I 式鬲共存，Ⅶ式鬲和盂、罐、豆组合共出），（2）式和类、式之间的共存关系（如Ⅲ—Ⅳ式鬲和簋共存，Ⅴ—Ⅵ式鬲和陶盂共存，Ⅲ—Ⅳ式鬲和 I —Ⅶ式罐共存，而Ⅴ—Ⅵ式鬲和Ⅳ—Ⅹ式罐共存），从而可以排出陶器群的发展序列，以此作为划分期别的基础。[13]请注意，**这里排出的是陶器群的序列，具体讲就是类和式的更替关系，而不是某类陶器的器型演变序列**。这个结果，和《洛阳中州路》中由林寿晋先生所排定的，并由苏秉琦先生进行总结的东周时期陶器墓的分期类型变化序列是异曲同工的。[14]其实，这种以"组合"为分析起点的研究方法在五六十年代考古所主持的项目中很常见。如1954年由陈公柔先生执笔的《河南禹县白沙的战国墓葬》中更是采用了"关键器型＋功能器类"的组合分析方法，也是独具慧眼。[15]

但是，这个思路与苏秉琦先生在《斗鸡台沟东区墓葬》中以陶鬲形态的演变序列来划分瓦鬲墓中折足瓦鬲早期、中期、晚期的分期的做法是明显不同的。[16]邹衡先生在《殷墟文化分期》中虽然也从出土单位的介绍开始，其分析过程也是先把一类或几类陶器抽出来，首先进行单独的和系统的分析，[17]但在《论先周文化》中他则将来自广大地理空间内不同遗址出土的，自己认为在陶鬲的演变上有标杆意义的"典型标本"从它们原单位（或没有单位）中抽出来，汇集在一起加以综合分析。通过这个分析将形态接近的靠在一起，最终形成一个长的锁链，这个锁链是代表一种陶器的发展顺序的。分期则是以这个序列为基准对"典型标本"所处的墓葬和单位的归纳。[18]这是在中国考古界广泛采用的另一种方法。但是，器物在古代真正的"演变过程"是我们现代人所看不到的；而且究竟什么是"典型标本"，这在选择上其实有很大的主观性。因此，虽然这种排序有一定的合理性（取决于研究者对器物演变的理解深度），**考古学家所建立的这种**

器物演变序列从根本上讲是一种符合演变逻辑的"假说"。同时它在大多情况下将古代器物演变的复杂过程变成了一个整齐划一的单线条进化模式。而在实际的器物更替过程中，一种新的形式发明以后，旧的一种或数种式仍在使用，或者由于不同遗址乃至不同文化之间的交流，外来的形式也可能混入，于是形成多种形式同时共存的局面，这是我们在实际发掘中常常看到的。而以"群"为单位的研究方法则可以避免这种问题，因为它的着眼点是"群"的整体的发展变化过程，而不是单一类器物的演变的逻辑过程，后者是要在群的系列建立之后通过总结而获得的。

我们这样说的目的并不是要比较两种方法的优劣，实践证明两种方法都可以得到相对可靠的分期结果。正如邹衡先生所示范的那样，按照单器类逻辑演变关系所建立起来的具体分组还要进行合并才能建立分期，原因是这样可以克服在演变逻辑上有先后关系的"式"在实际上可能同时并存的问题。⑲同时，不同器类的演变序列之间的关系（同步性或异步性）也要通过对发掘单位中的不同器类形式的"共存关系"的检索来确立。但是在没有共存关系，并且缺乏可靠的年代依据的情况下，单纯按类型学的方法编制出器物演变序列，这是一项很冒险的作业。⑳另一方面，按"群"来建立分期体系的方法也要依靠对陶器演变大致趋势的一个基本认识，才不致将器群演变的大方向搞错；在丰镐地区张家坡早、晚两期居住遗址的发掘提供了这个保证。并且，两种方法对分期的年代的估定都要靠陶器和青铜器的共存关系。因此，这两种方法并不是互相排斥的，而可以说是异途同归的。重要的是，我们要了解在中国商周考古的分期实践中确实有两种不同思路的研究方法；而在研究中我们可以选择最适合自己研究对象的方法，才可以得出更可靠的结论。张长寿先生通过丰镐考古的实践在这方面所做出的贡献是很值得我们纪念的。

正是因为这个原因，在1999年出版的《张家坡西周墓地》中，张长寿先生对类型学采取了更有信心的做法。之所以能够这样，是因为在过去两个报告的基础上，又有了二十年考古资料的积累（包括有大量的有打破关系的墓葬的发现），这使得我们对丰镐地区陶器的演变规律有了充分的了解。这本新报告包括了1983—1986年在张家坡发掘的390座墓葬的资料。它首先继承了以前两个报告所建立的西周墓葬的五期分期系统，然后重点分析了25组有打破关系的墓葬所反映的陶器群的早晚关系，这为确定陶器的演变序列提供了更加可靠的地层学证据。在陶器的分类方面，他采用"型"和"式"的两级区分，并主要是依靠外在的证据，包括墓葬的打破关系和与铜器的共存关系来确定典型"式"的流行年代（绝对年代）。以这样的实证式的分析为根据，他构建了张家坡墓葬陶器的发展序列，并在最后总结出了鬲、簋、罐、豆这四类主要随葬陶器中每一"型"的发展演变规律。要之，陶器的演变序列是基于分期研究最后所得出来的结果，而不是分期研究开始时逻辑演绎的"假说"。

二、以考古学为基础的青铜器研究

20世纪80年代考古所曾有传言，说夏鼐先生曾说，研究青铜器就要像张长寿那样来做。笔者自然没有资格亲自向夏先生求证此说，但是张长寿先生以考古学的方法研究商周青铜器，在事实上是很多人都很推崇的。简单地说，他是用在丰镐考古中积累起来的研究陶器的办法来研究青铜器。考古研究所青铜器学者的研究，在很大程度上受到陈梦家先生的影响。对这一点，张长寿先生自有说明。[21]与郭沫若相比，陈梦家先生在青铜器的研究方法上最大的进步就是注意到了青铜器"群"的联系，这当然与50年代已经出现的宜侯夨簋等成组铜器有关，与他在以田野考古为主的考古所的工作环境也深有关系。作为以田野工作为主的考古学家，这种"群"的概念不光贯彻于张长寿先生丰镐考古的实践中，在他的青铜器研究中也起了关键作用。

这方面最典型的例子是他于1979年发表的《殷商时期的青铜容器》一文。[22]这篇文章之所以称"容器"，是避免在对青铜器的功用没有直接证据的情况下仓促定性，更是把青铜器还原到它们原始的考古环境中去，以考古学上的容器、兵器、车马器等简单的分类方法来称呼它们。这篇文章初稿完成于1965年，后因有妇好墓等新发现，于1977年进行修改后发表。回顾60年代，青铜器研究领域由陈梦家和唐兰先生主导。两人虽然在青铜器断代上很多观点截然相反，但都是主要依据铭文和传世铜器进行研究的。张长寿先生则是主张完全用考古发掘出来的成组铜器进行研究，这是很有创见的方法。这一方面是因为商代铜器除殷墟晚期外大都没有铭文，另一方面也是因为自50年代以来他在陶器研究上所建立的信心。张先生认为青铜器可以和考古发掘的其他实物一样进行分期断代的研究，其关键是地层证据和共存关系，而"组合形式"具有仅次于地层关系的重要性。这样，他选择了安阳出土的近20组典型的、完整的青铜器群进行排比，将它们分为三期，然后在分期的基础之上探讨器形和花纹的演变。这个研究的过程与他对丰镐地区陶器的分期研究完全是一致的，是典型的用考古学方法来研究青铜器。当时，殷墟文化四期的分法已经确立，[23]而张长寿先生则将殷墟青铜器分为三期，这一方面反映了殷墟时期青铜器独特的阶段性发展演变，另一方面也说明青铜器的研究是一门独立的学问，虽在研究方法上可以借鉴陶器群的研究，但在研究结论上则不必受陶器研究的限制。张长寿先生所展示的这种以考古发掘出土之器群为基础的青铜器研究方法后来广为学者们所采用，而笔者后来对西周时期随葬青铜器群的分期研究也是在这个方法论的指导之下完成的。[24]

另外张先生这篇文章还有两个方法论的要点：一是以二里头出土的铜器为基准来判定传世铜器中一些器物的真伪和年代；二是以中原地区商、周文化青铜器的发展演变过程为基准来判断周边，特别是南方地区青铜器群的年代。关于第一点，在张长寿先生于1977年发表的关于"亚醜"铜器的研究中已经有充分表现。在那篇署名为"殷之彝"的文章中，张先生以益都苏埠屯发掘出土的"亚醜"铭铜器为基点，系统搜集了传世铜器中56件"亚醜"器物。在此基础之上他探讨了"亚醜"铜器的组合、器型和纹饰特点，并进而探索了"亚醜"族的文化面貌和历史问题。[25]这篇文章展现了一个很好的研究范式，它也证明了以考古为基础，以铭文中的族徽为线索的系统研究是卓有成效的。

边远地区的青铜器和青铜文化是张长寿先生研究中一直关注的另一个重点，这包括他较早地在1980年发表的研究宝鸡茹家庄出土青铜器的文章。在那篇文章中他讨论了宝鸡茹家庄两座墓葬出土铜器群的组合和器形特点，并进而探讨它们和周围地区的文化联系，认为茹家庄两墓实际上是接受了西周文化的另一种文化的遗存，其统治贵族可能来自宝鸡西南山区中分布的寺洼—安国式文化部族。[26]后来，张先生又发表了《论屯溪出土的青铜器》和用英文发表了《新干出鼎形器的比较研究》一文。[27]这两篇文章异曲同工，以中原地区商和西周文化的青铜器知识为依据探讨了江淮地区青铜器的器类、器型和花纹特点，并且确认了以此方法判断南方青铜器年代的有效性，因为中原带来的影响是很明显的。

在这方面，陈公柔先生1997年发表的《徐国青铜器的花纹、形制及其他》是另一个研究的典型范例。和张先生的出发点不同，陈先生从铭文入手，首先找到了18件确定无疑属于徐国的青铜器，年代大都在春秋中、晚期。陈先生又详细地考察了每一件器物的来源和流传历史，并将它们放在一起总结出了徐国青铜器的形制花纹特点。文章进一步将青铜器放在江淮地区的文化大格局中来考察，说明徐器虽然不少出于江南，但它们没有江南吴越铜器的装饰特点，而总体上更接近许国、蔡国铜器，和江淮间春秋时期所谓群舒文化关系密切。他最后总结道："东南诸国的青铜器，大体上讲，徐盛于前，吴越兴于后，而楚国青铜器终于集其大成而覆盖于大江南北的广大地区。"[28]

三、田野考古和名物制度之学

陈公柔先生有一篇很有名的文章《士丧礼、既夕礼中所记载的丧葬制度》，发表于1956年。[29]这是一篇每读一遍都会让人有新的收获的杰作。即使单从文献学讲，陈先生此文是对礼书，主要是《仪礼》中有关丧葬礼仪的繁缛记载的一次最简洁且系统的整理和现代诠释。这本身就很值得研究古代礼制的人们参考。但更重要的是，他将《士丧礼》和《既夕礼》中所讲的丧葬礼仪和器用制度与考古发掘所得现象一一进行对照。大的方面如椁的建置和棺的束衽，中等规模的如丧礼不同阶段器物的种类和摆放位置及最后的送埋，小的方面到死者头部所用的掩、瑱和瞑目等，他均分疏条理，征引文献和考古两方面资料进行讨论。这一方面使得礼书中的器用制度有了实物的证明，另一方面也使考古所见现象能超出发掘所见的静态状况，和墓葬埋葬之前的整个丧礼过程联系起来，得到深度的解释。这里更包括了一个对明器性质的经典解释，而陈先生基于文献对"奠器"和"明器"的对照诠释能够很好解释墓葬中实用器和非实用器并存的现象。更有趣者，陈先生竟然能够从《士丧礼》和《既夕礼》两篇中所讲的陈奠器物中概括出《仪礼》体系所反映的礼器群的"组合"特征，并进而将它和洛阳、白沙、辉县、长沙等地战国墓葬的铜礼器组合进行综合比较，得出了令人信服的结论。总之，这是一篇所有对先秦埋葬制度有兴趣的人都必读的力作。

但是，陈公柔先生这篇文章的重要性还要远远超过这些，它回答了我们在古代历史研究上的一个大问题。过去学者往往喜欢用儒家礼书的记载来说明西周的制度，但是由于这些礼书的成书年代并不能确定，在研究方法论上就有很大的问题。特别是在现代"疑古学派"兴起以来，这成了中国学术上的一个公案。《仪礼》这部书在西汉即立于官学，是《五经》之一。它对古代礼制有着详细的记载，其年代比之《礼记》等书更难以判断。但是，陈公柔先生以丰富的考古资料作为坚实的证据，将这部礼书的成书年代扎实地确定在了战国初期至中期，即公元前5至公元前4世纪。[30]而陈先生的研究所展示的结合古代文献和考古材料来研究古代器用制度的方法更是有启发性。沿着陈先生所指出的研究路径，结合过去半个多世纪战国墓葬，特别是楚地墓葬的发现，这是一项值得一做再做的研究。

这种以田野考古为基础来研究古代的名物制度的方法，在张长寿先生的一系列文章中也有很好的体现。尽管张先生关心的是以车马器和玉器为中心的一些更具体的问题，两位先生在研究方法论上的取向是完全一致的。1980年，张先生发表了《说伏兔和画輈》一文。[31]这篇文章首先梳理了文献中对车器伏兔的种种记载，然后根据洛阳、宝鸡等地车马坑的发掘探讨了它和发掘所见青铜器车轴饰的关系，认为伏兔就是一端伸入车轴饰，另一端压在车舆之下的木楔，而车轴饰就是金文中记载的周王常常赏赐臣下的所谓"画輈"。他根据考古发现纠正了过去学者或将车轴饰安放在车辕上，或虽将它安在轴上，却安反了方向的错误。在另一篇文章《说銮和金甬》中，他考证金甬就是考古发掘中所常见的车軎。[32]1994年张长寿先生又根据沣西考古新发现的资料，特别是井叔墓地的新发现，对西周时期车轮的规制进行了详细的研究，并尝试对西周的车子进行了复原。[33]而他于1986年发表的《殷周车制略说》基本上反映了根据考古发掘我们现在所能知道的商周时期车制的一个基本状态。[34]进而，张先生用同样的方法研究玉器，如他为纪念夏鼐先生写的《记张家坡出土的西周玉璇玑》。[35]而他于1993年发表的《西周的葬玉》更是系统地研究了当时考古可见西周时期的葬玉使用制度，这里包含对西周时期的玉琀、玉握、成组缀玉幎目的详细考订。[36]这些都是很重要的研究，其研究的结论也是经得起时间考验的。

四、以小见大：张长寿、陈公柔先生的青铜器花纹研究

笔者曾听到有学者感叹，没想到张先生、陈先生两人会做这样细微的研究。这里说的是两位先生联名发表的堪称姊妹篇的两篇名作《殷周青铜容器上鸟纹的断代研究》和《殷周青铜容器上兽面纹的断代研究》。[37]之所以这样说，是因为两人过去一直以器群的研究而闻名，到了80年代中期突然学风一转，进入这么一个微观研究的领域。在第二篇文章中，两位先生说道："我们选择的是'比较容易'的方法，纵然如此，结论是否正确，我们也未敢必。但是，我们也不敢轻信'饕餮纹的由来可以上溯到河姆渡文化的太阳纹与鸟纹的组合图案'等诸如此类的富于想象力的推论。"陈公柔先生曾告诉我，这句话是针对林巳奈夫说的，他们显然不认同林先生关于对青铜器花纹意义的研究要比对其年代的研究更为重要的说法。

为了这两篇文章，两位先生曾汇集了大量的资料，并曾亲自描图，大家看看文后统计表中详细的描述和著录信息就知道他们用功之深了。他们之所以下大气力来做这种基础性的研究，其实有其方法论上的必然。青铜器断代的研究自从郭沫若在30年代创造了"标准器"法以后，以铭文为证据的研究遂成了青铜器研究的主流。到50年代陈梦家先生将"器组"的概念引入青铜器研究，并更多地参考器形的变化，从而使青铜器的研究向前迈进了一步。到了60年代，唐兰先生以他的"康宫"理论校正了一大批青铜器的年代，使青铜器的研究在方法论上又有了新的基点。但是60年代以后，也是由于"文革"的干扰，青铜器研究在方法论上进步很小。虽然张长寿先生在利用科学发掘出土的随葬青铜器的研究上取得了成绩，但对大量的传世的单件青铜器的研究，亟待探寻新的路径。而两位先生对青铜器上鸟纹和兽面纹的系统研究就是这样的尝试。

这项研究所用的基本方法是考古学上常用的类型学，但是两位先生在资料上尽量选择可以明确断代的标本；如果不能从铭文上断定时代，也至少有同出器组可以帮助估定大致年代。这使得他们可以避免类型学的一些缺陷。但是更重要的是他们研究的基础是大量的例证，如鸟纹研究有233器，兽面纹有133器。这使他们有机会正确地排列出并充分验证各类花纹的发展序列。总之，他们将鸟纹分为小鸟纹（Ⅰ）、大鸟纹（Ⅱ）和长尾鸟纹（Ⅲ）三型共25式。式和式之间并不一定是发展演变关系，而每一式都有它自己的延续使用时间。他们发表的图谱共排入70个单体图样，这使得我们在青铜器上所看到的几乎所有鸟纹图形都可以在他们的图谱上找到相对应的位置。兽面纹则被分为四型40式，共78个图样。这样的研究使得青铜器的年代学在铭文、器形以外又有了新的标准。因此，两篇文章自发表以来广为学者们所参考和引用。

五、较早的国际视野

张长寿先生从小就读于教会学校，后又进入上海圣约翰中学、大学学习。在圣约翰大学他起初是师从罗伯茨教授夫妇学习西洋史，[38]1950年转学入燕京大学后改学中国史。因此，他的英文是相当过关的。笔者早就发现，可能由于长期书写英文（不似现在的打字）的缘故，张先生的中文书体其实蛮有英文的风格。也正是在张长寿先生给我上的商周考古专业课上（那时的上课，其实就是每周一次张先生在他考古所七楼的办公室里和我谈话），我第一次听到了Max Loehr（罗越）和梅原末治（うめはら すえじ）（日本人也并非都能正确地读出梅原先生的名字；后来我在日本东京大学跟松丸道雄先生学习时，请来做甲骨文拓片的日本师傅就读成了"まつじ"）。Loehr认为青铜器纹饰早期的演变是从简到繁的进化，而梅原认为是从繁到简的退化。张先生说，后来二里冈的发现证明，像梅原这样的青铜器研究大家也会犯错误的。而陈公柔先生则是从小学习日文，他对日文掌握之娴熟在考古界是有名的。陈先生曾亲自对我说过，日本学者中真正了解中华文明之精神的是青木正儿，可见他对日本明治以来的学术史是很了解的，而且读书的范围远超出历史、考古两行。我那时正在研究生院修日语，又非常喜欢日本文学，所以有时课后会聊到这方面的话题。总而言之，陈梦家之后，考古研究所或者广而言之，中国的青铜器研究在中外隔绝的三十年间尚能在一定程度上保持国际视野，这主要和张长寿、陈公柔两位先生的语言能力和努力是分不开的。

一个典型的例子是"梁山七器"的研究。以太保簋为首的梁山七器于清道光年间出土于山东寿张，后由当地士绅钟养田卖与官绅李山农，并大致由李山农携带至京师而不知去向。1975年位于华盛顿的弗里尔美术馆的馆长Thomas Lawton突然著文报道太保簋，说是由纽约上州的Meyer夫人捐赠入馆。[39]张长寿先生和陈公柔先生读到此文后，立即感到这是一个重要的发现。他们随即著文加以介绍，以"陈寿"的名字发表在1980年创刊的《考古与文物》杂志上。但更重要的是，他们以此为契机系统整理了这组铜器的资料，讨论它们发现和早期流传的过程，并由对它们的年代讨论进一步延伸到对太保诸器的系统整理。[40]"梁山七器"之一的小臣艅犀尊现藏于旧金山的亚洲艺术博物馆，属于所谓的布伦戴奇（Avery Brundage）藏品。于是，两位先生又开始了对Brundage藏品的追踪，并写成《记布伦戴奇收藏的中国青铜器》，两年后同样以"陈寿"的名字发表于《考古与文物》杂志上。[41]从50年代到80年代初，中国学者极少有人出国，而能读到并读懂英文研究文章的人也很少。因此，这些文章对引起国内学者关注海外收藏中国青铜器起到了重要的推进作用。

两位先生对日本学者的研究也很熟悉。我还记得陈公柔先生对我讲到董作宾的一个笑话。董作宾先生1955年曾去日本访问，并非常想和岛邦男先生见面。但是不懂日文的董先生总以为日本人的姓都是两个字组成，因此从始到终一直口称"岛邦先生"，周围没人能懂，两人遂错过了这个一生一次的面晤机会，酿成了笑话。后来我在日本时偶然和松丸先生说到此事，他很惊讶，问我怎么知道。原来出典正是松丸先生在《甲骨学》这本日文刊物中发表的一篇编后记。[42]多年来松丸道雄先生积极在日本搜求私人收藏甲骨，并在这本刊物中发表了一系列文章。当然在中国可能也只有在考古研究所才能看到这样的出版物。对于林巳奈夫、伊藤道治等日本学者的著作，陈公柔先生同样是很熟悉的。先生曾对林巳奈夫的名作《殷周时代青铜器の研究》（殷周青铜器综览［一］）写过一篇很深入的书评。[43]陈先生肯定它是在青铜器综合研究方面为今后研究之垫脚石的重要著作，但也指出譬如书中过于强调器物的"侧视形"而对一些器物年代误判或误录，而在礼制和器物功用的研究上过分拘泥于礼书，以致有"治丝益棼"之感。这些都是很中肯的评语。这部书的原版当时在国内可能只有考古所这一部，并且一直放在六楼金文组的办公室。笔者是在1986年研究生毕业，正式在考古所工作以后由张亚初先生引导才得见珍贵的一面。[44]张长寿先生也曾经亲自翻译过伊藤道治的《裘卫诸器考》一文，这是伊藤道治先生研究西周历史的代表之作。[45]两位先生的努力可以说为国内学者，特别是年轻学者了解国际上中国青铜器的研究起到了很大作用，有着不可磨灭的先导之功。

结　　语

张长寿、陈公柔两位先生学问之渊博，我们作为学生是很难窥其全豹的，而能学为己有的则可能是其中更少的一部分。作为一名资深的考古学家，张长寿先生对商周考古的一系列问题，如周原遗址和青铜器窖藏的性质问题、先周文化的问题、陶寺和中国早期文明的起源等都有自己的研究。而陈公柔先生的研究范围则广及秦汉时代的简牍文书和典章制度，这是一般研究商周时期的人所无力涉及的。但是作为学生，我们从他们那里学到的研究方法则可以使我们受益终身。在深切怀念两位老师的同时，我们有责任将自己感受较深的一些方面写出来，以传承两位先生所留在身后的这一份学术遗产。这一方面是对他们的尊重，另一方面也可以让更多学者，特别是将来的学者从中受惠。

2020年8月24日于纽约森林小丘家中

---

① 中国社会科学院考古研究所、美国哈佛大学皮保德博物馆：《豫东考古报告——"中国商丘地区早商文明探索"野外勘探与发掘》，科学出版社，2017年。

② 陈公柔：《怀念于省吾先生》，《社会科学战线》1997年第4期，第194—196页。

③ 陈公柔先生1955年在《考古通讯》发表了《对于编写报告的一些体会》一文，讨论了编写考古报告的程序和原则，其中譬如对于编写者和摄影师的配合，及客观记录和研究之间的平衡关系等建言对于我们现在的考古实践仍十分有益。见《考古通讯》1955年第4期，第89—95页。

④ 夏鼐：《殷周金文集成前言》，《考古》1984年第4期，第357—360、380页。

⑤ 关于这门课的情况，见施劲松《精神长存——怀念陈公柔先生》，《南方文物》2014年第3期，第163—166页。

⑥ "翠南精舍"指的是考古所食堂后面陈先生以前住过的小屋，后来张亚初先生一直住在那里。因为后面是翠花胡同，故称"翠南"；"精舍"则取自《平家物语》开篇的"祇园精舍"。

⑦ 施劲松：《科学家传：张长寿先生》，载王巍主编《20世纪中国知名科学家学术成就概览·考古学卷》第54—61页，科学出版社，2015年。见施劲松《精神长存——怀念陈公柔先生》，《南方文物》2014年第3期，第163—166页。

⑧ 正是因为这个原因，张长寿先生把自己的自选论文集称为《丰邑行》，中国社会科学出版社，2014年。

⑨ 关于类型学在中国的早期实践，见汤惠生《类型学的类型——考古类型学方法论的回顾与检讨》，载《东亚古物》B卷第1—43页，文物出版社，2007年；段天璟《导读——〈先史考古学方法论〉与类型学中国道路的开端》，载蒙德留斯著《先史考古学方法论》（滕固译），第1—17页，商务印书馆，2019年。

⑩ 林沄：《为类型学正名》（代序），载蒙德留斯著《先史考古学方法论》第2—8页。

⑪ 中国科学院考古研究所：《沣西发掘报告：1955—1957年陕西长安县沣西乡考古发掘资料》，第129—131页，文物出版社，1962年。

⑫ 张长寿：《丰邑行·自述》，第2页。

⑬ 中国社会科学院考古研究所沣西发掘队：《1967年长安张家坡西周墓葬的发掘》，《考古学报》1980年第4期，第481—485页。

⑭ 中国科学院考古研究所：《洛阳中州路（西工段）》，科学出版社，1959年。林寿晋的东周陶器墓分析和分期见第78—86页（据报告《第一章：序言》第2页这部分是林寿晋所写），苏秉琦写的分期总结见《第五章：结语》第五节，第140—145页。

⑮ 陈公柔：《河南禹县白沙的战国墓葬》，《考古学报》第7册，1954年，第87—101页。

⑯ 苏秉琦：《斗鸡台沟东区墓葬》，第266—268页，国立北平研究院，1948年。尽管每一期中也包含了如墓葬形制、绿松石珠乃至玛瑙珠的形式，分期的判断只是根据陶鬲的演变序列Ca—Cb—Cc来决定的，每种形态Ca、Cb、Cc各相当一期。

⑰ 邹衡：《试论殷墟文化分期》，载《夏商周考古学论文集》第30—65页，文物出版社，1980年。

⑱ 邹衡：《论先周文化》，载《夏商周考古学论文集》第229—312页。

⑲ 邹衡：《论先周文化》，载《夏商周考古学论文集》第309—312页。

⑳ 见苏秉琦《瓦鬲的研究》，《斗鸡台沟东区墓葬》附录，第1—18页。

㉑ 张长寿：《丰邑行》，第3页。

㉒ 张长寿：《殷商时期的青铜容器》，《考古学报》1979年第3期，第271—300页。

㉓ 考古研究所安阳工作队的四期分法发表于1964年，见中国科学院考古研究所安阳发掘队《1962年安阳大司空村发掘简报》，《考古》1964年第8期，第380—384页。邹衡先生的殷墟文化四期分法也发表于1964年，见邹衡《试论殷墟文化分期》，《北京大学学报》（哲学社会科学版）1964年第4

期，第37—58页；第5期，第63—90页。

㉔ 李峰：《黄河流域西周墓葬出土青铜礼器的分期与年代》，《考古学报》1988年第4期，第383—419页。这篇论文是在笔者的硕士学位论文《北方地区西周墓葬出土青铜礼器的分期与年代》（考古研究所，1986年；指导老师：张长寿先生）的基础上修改完成的。

㉕ 殷之彝：《山东益都苏阜屯墓地和"亚醜"铜器》，《考古学报》1977年第2期，第23—34页。

㉖ 张长寿：《论宝鸡茹家庄发现的西周铜器》，《考古》1980年第6期，第526—529页。

㉗ 张长寿：《论屯溪出土的青铜器》，载《吴越地区青铜研究论文集》第91—100页，两木出版社，1997年。Zhang Changshou, "A Comparative Study of the Ding Bronze Vessels from Xin'gan," *Journal of East Asian Archaeology* 2: 1/2（2000）: 251–272.

㉘ 陈公柔：《徐国青铜器的花纹、形制及其他》，载《吴越地区青铜研究论文集》第263—274页。

㉙ 陈公柔：《士丧礼、既夕礼中所记载的丧葬制度》，《考古学报》1956年第4期，第67—84页。

㉚ 陈公柔：《士丧礼、既夕礼中所记载的丧葬制度》，《考古学报》1956年第4期，第84页。

㉛ 张长寿：《说伏兔和画轐》，《考古》1980年第7期，第361—364页。

㉜ 王平：《说銮和金甬》，《考古》1962年第7期，第375—376页。

㉝ 张长寿：《井叔墓地所见西周轮舆》，《考古学报》1994年第2期，第155—172页。

㉞ 张长寿、张孝光：《殷周车制略说》，载《中国考古学研究——夏鼐先生考古五十年纪念论文集》第139—162页，文物出版社，1986年。

㉟ 张长寿：《记张家坡出土的西周玉"璇玑"——怀念夏鼐先生》，《文物天地》1994年第2期，第17—18页。

㊱ 张长寿：《西周的葬玉——1983～1986年沣西发掘资料之八》，《考古》1993年第9期，第55—59页。

㊲ 陈公柔、张长寿：《殷周青铜容器上鸟纹的断代研究》，《考古学报》1984年第3期，第265—286页。陈公柔、张长寿：《殷周青铜容器上兽面纹的断代研究》，《考古学报》1990年第2期，第137—168页。

㊳ 据位于圣约翰大学旧址的华东政法大学王沛教授查证有关资料，圣约翰大学确有罗道纳（Donald Roberts）教授，任历史和政治系主任，在职至1949年底或1950年初。另有一位讲师名罗孟佳莲（Frances Markley Roberts）。两人应为夫妇，应即张长寿先生之从业老师。另据《纽约时报》报道，罗道纳1972年死于新泽西州普林斯顿，夫人死于1975年。

㊴ Thomas Lawton, "A Group of Early Western Chou Period Bronze Vessels," *Ars Orientalis* 10（1975）: 111–121.

㊵ 陈寿：《太保簋的复出和太保诸器》，《考古与文物》1980年第4期，第23—30页。

㊶ 陈寿：《记布伦戴奇收藏的中国青铜器》，《考古与文物》1982年第2期，第14—18页。

㊷ 松丸道雄：《编辑后记》，《甲骨学》第12号，1980年，第246页。

㊸ 陈公柔：《评介林巳奈夫〈殷周时代青铜器之研究〉（殷周青铜器综览［一]）》，《考古》1986年第3期，第286—288页。

㊹ 关于林先生这部大著在日本的创作和出版原委，松丸道雄先生近年有介绍，见林巳奈夫《殷周青铜器综览——殷周时代青铜器的研究》，松丸道雄中、日文序，第1—6页，上海古籍出版社，2017年。

㊺ 伊藤道治：《裘卫诸器考——关于西周土地所有制形态的我见》，张长寿译，《考古学参考资料》第5辑，第22—44页，文物出版社，1982年。

朴实的学问与人生：张长寿先生传略

施劲松

（中国社会科学院考古研究所）

一、生　平

张长寿先生于1929年5月出生于上海，自幼就读于教会学校，1945年入上海圣约翰高中，1948年考入上海圣约翰大学，初在数学系，后转入历史系，从罗伯茨教授夫妇学习西洋史。1949年外籍教授离沪归国，孙王国秀教授出任系主任。1950年，张先生以转学生考入燕京大学，改学中国史。当时齐思和任文学院院长，张先生选读了张锡彤、孙楷第、王钟翰、于省吾诸先生的课程，以及邓之诚先生的清史讲座。1951年冬，张先生被学校派往江西东乡县参加土地改革运动，历时半年。1952年夏毕业于燕京大学历史系。

1952年秋，张先生被分配到清华大学工农速成中学任教，1956年7月调入中国科学院考古研究所。从此，张先生先后在河北邢台、河南洛阳、陕西西安、河南安阳、山东日照、陕西扶风、云南元谋、黑龙江绥滨、山西石楼、河南商丘等地进行考古调查和发掘，开展商周考古学研究，历任研究实习员、助理研究员，1979年晋升副研究员，1986年任研究员、博士生导师，1985年7月至1988年5月任考古研究所副所长，1989年退休，1991年享受国务院颁发的政府特殊津贴。张先生曾为国家"九五"社会发展重大科研项目"夏商周断代工程"专家组成员，1988年12月被德意志联邦共和国考古研究院授予通讯院士称号，2006年被推举为中国社会科学院荣誉学部委员。

二、沣西考古30年

在张长寿先生的学术生涯中，工作时间最长、学术贡献最大的是对陕西长安沣西遗址的发掘与研究。

沣西是西周都城丰镐遗址的所在地。沣西的客省庄、马王村、张家坡、大原村、冯村、新旺村一带，西周遗址分布密集。张先生从1957年初到沣西至1989年离开，在这30多年里参加和主持丰镐遗址的考古发掘，以丰镐遗址为中心研究西周考古学。在沣西的考古发掘收获丰富，现在对西周物质文化史的认识绝大部分得之于此。张先生在沣西发掘过各种遗迹，有一般居住址、大型夯土建筑基址、墓葬，还有车马坑。尤其是20世纪80年代以来，主持发掘客省庄西周大型建筑基址和张家坡井叔墓地，并于60年代和1999年两次整理沣西发掘报告的资料。张先生在沣西的三十多年，对发掘井叔家族墓、建立西周文化的分期与断代标尺、揭示西周文化面貌、确认先周时期墓葬，以及开创性地研究商周车制等，均做出了重要贡献。

沣西的西周文化年代研究始于20世纪50年代末。当时张先生根据张家坡西周遗址和墓葬的地层关系及出土遗物，把西周的居址分为早晚两期、墓葬分为五期，后又根据新材料加以补充。经多年的实践检验证明，这个断代标准科学、可靠。1999年由张先生主编的考古报告《张家坡西周墓地》（中国大百科全书出版社）出版时，仍然将墓葬分为五期，并将各期与西周各王相对应，这是对西周考古学文化断代研究的重要贡献。对于考古学文化的分期研究，张先生认为应坚持考古地层学和器物类型学的方法。其中，地层学方法是第一位的，是田野考古的基础；运用类型学进行文化分期，则应以整个器物群的演变为标准，而不宜局限于个别器物的细部变化。张先生运用这些科学方法，将沣西的周文化分为三期：第一期为先周期，即周建国以前，典型陶器是高领袋足鬲；第二期是西周前期，典型陶器是簋；第三期是西周后期，典型陶器是盂。每期的其他器物也各有变化。目前学术界对西周文化分期虽在细节上仍存歧见，但这个年代序列已成共识，这正是因为张先生的意见建立在长年的田野考古和综合研究的基础之上。

张先生在西周考古领域中的另一贡献是在沣西确认了先周墓葬。对于先周文化，学界始终在探索并有不同观点。有研究将周文化分为两类不同的文化因素，一类是山西太原附近的光社文化，另一类是来自西北地区的辛店、寺洼的姜炎文化，两者合成了周文化。还有观点认为以陕西武功郑家坡遗址为代表的文化是先周文化，洞室墓属姜戎文化。张先生认为不宜把一种文化分成各种因素，既然是一种文化就应被视为一个整体而非混合体。如果周文王在灭殷以前已作丰邑，那灭商前就是先周，武王克商后才称西周，如此，丰镐遗址的最早阶段就在先周。那么沣西是否有先周的遗存？它是什么？特征如何？张先生很早就注意到沣西遗址各类遗迹存在的种种叠压和打破关系，希望从中探寻先周文化。1967年张先生在沣西发掘了一批墓，其中一座墓出土1件高领袋足鬲和1件圆腹罐，与过去西周墓出土的陶器形态相异。陶鬲不同于西周早期鬲，却与陕西宝鸡斗鸡台早期瓦鬲墓出土鬲相同。1980年张先生整理这批墓葬的资料时，发现了这座墓包含的重要信息，即沣西个别墓葬出土的陶鬲不同于西周早期鬲，但与宝鸡出土的鬲相同。张先生判定这座墓可能就属先周，并在发掘报告中将墓葬分期新增一期。以后张先生又在沣西发掘出两座这样的墓，其中一座还出土青铜方格乳钉纹簋，另一座出土青铜弓形饰和鸟形内戈，鸟形内戈不见于西周墓而只见于殷墟。这两座墓的材料证明高领袋足的陶鬲与青铜方格乳钉纹簋、弓形饰、鸟形内戈共出，由此可以把这两座墓确认为先周墓。这样对于沣西的先周文化的确认就不再是孤例，并有陶器和青铜器共同为证。先周文化的确认是张先生在沣西田野工作的基础上做出的重要贡献。对于先周文化的渊源，也可据此基点再向前追溯。

沣西遗址中有大量西周墓葬，多年来经考古发掘者已逾千，其中包括带墓道的大型井叔家族墓，由此积累了丰富的西周丧葬仪礼的资料。张先生对此深入研究，《墙柳与荒帷》（《文物》1992年第4期）即是成果之一。1985年张先生在发掘井叔家族大型墓葬时，发现外棺周围有成串的贝饰，联系到其他墓葬中发现的铜鱼和蚌饰，即意识到在棺外必有软质棺罩，于是从文献中搜集相关资料，论述其形制及结构，探讨西周的丧葬制度。张先生在井叔墓地中发现的这种现象在后来发掘的山西绛县和陕西韩城的西周大型墓葬中均得到了证实。

沣西的西周墓葬群中有不少车马坑，或是随主墓整车埋葬，或是将轮舆拆散后埋入主墓而将马匹另穴埋葬。早在20世纪30年代，在河南安阳和浚县就发现过商代和西周的车马坑，但未清理出木质的轮舆痕迹，也未能复原车子的结构。直到1951年夏鼐先生在辉县琉璃阁才第一次发掘出完整的战国时期的车子痕迹。张先生1957年到沣西工地时，正遇当时的考古队队长王伯洪先生发掘车马坑，便在那时学习、掌握了发掘西周车马坑的方法和技术，经多次实践后也了解了轮舆结构。张先生深知发掘技术和文献资料对了解轮舆结构的局限，所以特别注意附着在轮舆上的各类青铜车器，由此判定它们在轮舆上的确切位置和相关部位的准确尺度。张先生和张孝光先生合写的《说伏兔与画辀》（《考古》1980年第4期）就是根据青铜轴饰的出土位置及形制特点，探讨伏兔的形制和结构，为解惑提供了实证。以后，又由毂饰复原了轮毂的结构和辐数，由衡饰复原了直衡和曲衡，由軏饰和踵饰复原了辕的形制等。这些相关成果均见《井叔墓地所见西周轮舆》（《考古学报》1994年第2期）。张先生从准确复原车子的各个部件入手，进而装配出一辆完整的车。这些研究具有开创性，在目前尚无商周车辆实例的情况下，成为复原商周车制的可行方法，为深入研究商周车制奠定了坚实基础。

除沣西外，张先生对西周时期的其他重要遗存也有深入研究。针对70年代以来在陕西周原地区的一系列重要发现，张先生将各种现象有机地联系起来，考察青铜器窖藏和大型夯土建筑的关系，认为岐山凤雏和扶风陈家的大型建筑并非周王室的宗庙、宫殿遗址，而应是埋藏青铜器的贵族的宅第。这一见解受到学术界的广泛重视。

基于对西周各类遗存的发掘和研究，张先生认为就西周的物质文化而论，西周前期受殷文化影响较大，特别是青铜器几乎完全继承了殷文化的传统。但西周中期后文化面貌发生了深刻变化，西周文化摆脱殷文化的影响而发展出自身特色，这一变化很可能是由社会变革引发的。

张先生在西周考古领域的成就，多建立在沣西发掘的基础上。沣西30年的考古让他难以忘怀。

三、商周青铜器与玉器研究

张长寿先生对从龙山时代到商周时期的考古学文化有深入研究。对于商周时期的考古学文化，张先生认为考古材料最丰富的是陶器，但代表一个文化发展程度的却是上层统治者占有的东西，只有对此有所认识，才能揭示一个文化的面貌和发展水平。因此，张先生对最能体现商周时期考古学文化内涵的青铜器和玉器进行了专门研究。

张先生对青铜器的研究多得益于陈梦家先生，从陈梦家先生的著作中学习到如何研究铜器的形制、纹饰、组合和铭文。

张先生研究商周青铜器主要依靠考古发掘资料，着重从考古学层面综合研究铜器的组合、器形、纹饰、族徽铭记、铜器窖藏、分期与年代、流传与收藏等。

商周时期的青铜器以中原地区发现较早，研究有素，自成体系；南方地区青铜器的研究则起步较晚。对于中原青铜器，张先生的一项重要成果是《殷商时代的青铜容器》（《考古学报》1979年第3期）。该研究将殷商时期各遗址的青铜礼器分为早、中、晚三期，比较各期铜器的组合、器形和纹饰等，探讨演变规律；又类比商末和周初的青铜器，考察商周之际青铜器之变化。对于南方地区的青铜器，张先生对江西新干铜器群（《新干出土鼎形器的比较研究》，*Journal of East Asian Archaeology*，Vol. 2，1-2，2000）、湖南宁乡铜器群（《论宁乡黄材的青铜文化》，《湖南省博物馆馆刊》第五辑，2009年）、安徽屯溪铜器群（《论屯溪出土的青铜器》，《吴越地区青铜器研究论文集》，香港两木出版社，1997年）等都有深入研究，揭示了商周时期各地青铜文化的统一性与地域性。

张先生在青铜器领域中的另一项重要成果是"亚醜"铜器研究，这项研究是受考古发现的启发而在"文革"期间进行的。1965—1966年在山东益都县苏埠屯出土一批墓葬，其中一座大墓带4条墓道，为殷墟以外所仅见。墓内铜器有铭文，同样的铭文曾见于苏埠屯1931年出土的铜器上。过去有学者研究过带这类族徽铭文的传世铜器，但传世铜器并无出土地点。张先生便依据苏埠屯的发现来整理这些铜器。经综合研究，他确定这些铜器的时代为商代晚期，而这座规模堪与商王墓葬相媲美的大墓的主人是薄姑的国君，研究成果《山东益都苏埠屯墓地和"亚醜"铜器》（《考古学报》1977年第2期）

发表后备受重视。这项研究搜集整理传世的有"亚醜"铭记的青铜器，探讨该铜器群的特征、年代和族属，为研究相同族徽铭记的铜器群开创了新途径，成为用考古材料来整理传世铜器并开展综合研究的范例。这项研究提出了一种重要的研究方法，此后学术界也开始就青铜器做类似的研究。

张先生在青铜器方面的重要成就还有纹饰研究。针对商周青铜器上最常见的兽面纹和鸟纹，张先生和陈公柔先生合作撰写了《殷周青铜容器上鸟纹的断代研究》（《考古学报》1984年第3期）和《殷周青铜容器上兽面纹的断代研究》（《考古学报》1990年第2期），从花纹的型式总结两类纹饰发展演变的规律，为青铜器的断代研究确立了重要标尺。

由青铜器看商时期的文化，张先生认为从宏观上看各地文化都是统一的，但各地文化仍然有自己的特色且相互影响。在中国历史上，商代是青铜器非常繁荣和发达的时期，从二里冈文化时期到殷墟时期这都是普遍现象，北方和南方在发展青铜文化方面都做出了贡献。

张先生的又一个研究领域是商周玉器。1983—1986年，张先生主持发掘的张家坡西周墓地出土很多玉器，由此他开始研究玉器，并通过夏鼐先生有关商代玉器的论著来认识玉器定名及用途。张先生曾因香港发现的牙璋撰写有《论神木出土的刀形端刃玉器》（《南中国及邻近地区古文化研究》，香港中文大学出版社，1994年），文中对相关玉器的定名即遵从了夏鼐先生的意见。但他也为此到神木实地调查这类玉器的出土情况，征集新的标本，为神木玉器增添新资料。因张家坡墓地发现的兽面玉饰，又撰写《记沣西新发现的兽面玉饰》（《考古》1987年第5期），广泛联系国外收藏的同类玉饰，讨论其年代等。张先生系统整理张家坡墓地出土的玉器，详细阐述玉器的分类及其出土情况，在补充了所有玉器的图像材料后于2007年出版了《张家坡西周玉器》，将张家坡西周墓地出土的玉器更加完整地呈献给学术界。

四、田野考古的真谛

张长寿先生在他的学术生涯中，最珍视的就是田野考古发掘。他的学术成就多源于数十年在田野工地的发掘、积累和思考。

张先生认为亲身到田野实践对一个考古工作者来说非常重要，他曾以商周车制的研究为例讲述自己的体会。1957年他在长安张家坡开始接触车的遗迹，当时白天发掘，晚上查看关于车的文献材料，对车马坑的发掘无论成功与否，均从中获取了经验和认识。就发掘和研究车马坑而言可以有不同方法。一是只局限于发掘，发掘出什么就是什么，完全忠于田野实践。但发掘车的遗迹需要一点点剥离，无论多高的发掘技术也难保证清理出的车与原状丝毫不差，更何况木质车经过千年的变化和结构上的叠压，已很难揭示其原状。比如很难知道一个车轮究竟有多少辐条。1957年在张家坡，最好的技工清理出的一个车轮有21根辐条，但这能否经得住检验？二是完全依靠文献。《考工记》有很多车制的研究和各种车的图说，但科学的研究不能完全陷入其中。张先生研究青铜器，自然也注意研究青铜车马器，于是利用青铜车器来研究车的结构。这种研究有合理依据，比如车轴两头的軎若没有移动，便可由軎得知轴长和轴端直径，进而便能将车制的某些局部复原出近乎实际的尺度。如果都按这种方法复原车的各个部件，便可将车轮、车厢、车辕、车衡等各部件整合从而拼合组装成一辆比较切合实际的车。这既非完全局限于田野发掘，也不完全依照文献。张先生开始写车制的文章时，已是20世纪八九十年代，对车制的研究之所以厚积薄发，是因为对此已有长期的实践积累、文献研究和深入思考。张先生认为在学术上要有突破，首先要靠田野实践，其次要靠厚积薄发，第三要靠新的思路和方法，学术研究不能急功近利。

张先生将研究立足于田野发掘和考古材料，强调认识要与时俱进。比如商文化，80年代时他认为商文化分三期，早商是偃师二里头文化，中商是郑州二里冈文化，晚商是安阳殷墟文化。但河南偃师商城的发现改变了这个认识。他认为如果偃师商城比郑州商城早，文化面貌又与二里头文化相像，那自然会将偃师商城同二里头遗址相联系；但偃师商城出土的陶器、宫殿遗址等表明它不同于二里头文化而是另一种文化，这样偃师商城就可能是早期的商，而二里头是否是商便成了问题。以后张先生便不再坚持二里头文化是商文化的看法。张先生认为考古学是门日新月异的学科，每天都会有新发现，一项新的发现就可能打乱原有的体系，因此从事考古学研究就要有与时俱进的意识，与时俱进不同于浮躁，它有事实为基础，根据新的考古发现调整认识，这是考古学的特点，考古学必须求实，有一分证据说一分话，根据新材料、新研究吐故纳新。

带着这种学术态度和科学精神，张先生退休后长期坚持考古发掘，并根据新出土的考古资料继续新的研究。

20世纪90年代，张先生任中国社会科学院考古研究所与美国哈佛大学联合组成的中美考古队的中方领队，带着探寻商代早期都城和聚落的学术目标在河南商丘进行调查和发掘，之后又仔细整理和编撰商丘发掘的考古报告。

2005年，山东滕州前掌大墓地历次发掘的考古资料系统发表，张先生深入研究这批重要材料，发表了《前掌大墓地解读》(《安志敏先生纪念文集》，文物出版社，2011年)，提出前掌大北区以大型墓为主体，南区的"史"氏家族墓地则以中型墓为主体，两者在等级和年代上均有差别，实为两个墓地。北区墓地和山东苏埠屯墓地的等级和年代相当，墓主都是接受商文化的传统而并存的两个地缘政治势力，其中苏埠屯是薄姑氏墓地，前掌大北区则可能是奄君的墓地。前掌大南区墓地的史族或是奉命随征东夷的一支氏族而留驻于商奄的。这项研究厘清了对前掌大墓地的认识。

进入21世纪以来，河南、陕西、山西等地不断发现西周封国的墓地，极大地丰富了西周考古的资料，开拓出许多新的研究方向。张先生对此十分关注，从中发掘出具有重要意义的学术论题。在《论梁带村芮国墓地》一文中，张先生即研究了2005—2007年在陕西韩城梁带村发掘的5座两周之际的大型墓葬，认为梁带村南区四墓属芮国墓地，M27双墓道大墓和M28的墓主人均为芮公，M26和M19按常制应为夫妇异穴合葬墓，墓主或是芮太子夫妇。北区M502的随葬器物和葬俗与南区诸墓有较大差异，墓主人为毕伯克，并不属芮国墓。他还将墓中出土的青铜器与传世的芮国青铜器相联系并加以综合研究。张先生再次通过对第一手资料的仔细梳理和分析，对芮国墓地得出了合理、可信的认识。

张先生离开田野后，在中国社会科学院考古研究所的图书室中常能看到他的身影。他常谈起由考古新发现而生发的学术论题，寥寥数语中蕴含着敏锐的洞察和深邃的思考。他将追求学术新目标的期望寄予了下一代。

田野考古使张先生在研究中葆有开放的态度和与时俱进的精神。透过他的考古成就，我们可以领悟到更为超越的东西，那就是对学术的真诚、信念和无尽追求。

附记：

原文刊于《20世纪中国知名科学家学术成就概览（考古学卷）》，科学出版社，2015年。目前的文章题目为新加，行文略有修改。

精神长存：怀念陈公柔先生

施劲松

（中国社会科学院考古研究所）

一

美国哥伦比亚大学东亚语言文化系李峰教授曾送我他的英文专著《早期中国的地理和政权：西周的危机和灭亡》（*Landscape and Power in Early China: The Crisis and Fall of the Western Zhou*），书的扉页上用英文写有"纪念陈公柔教授，一位于 2004 年 10 月 13 日辞世的令人尊敬的师长和伟大的智者"（In Memory of Professor Chen Gongrou, A respected teacher and a man of great intellectual depth who passed away on October 13, 2004）。这是我所见的唯一一部题献给陈公柔先生的著作。

李峰教授是张长寿先生的学生，也是我的学兄。他于 1983 年就读于中国社会科学院研究生院，后曾在中国社会科学院考古研究所工作，一定受过陈公柔先生的教诲。他将英文专著献给陈先生，让更多的海内外学者看到了陈先生的名字。1993 年，我考入中国社会科学院研究生院，师从张长寿先生学习商周考古。陈公柔先生是博士生指导小组成员，我由此初识了陈先生。

到北京不久，张先生就专门引我去见陈先生。那时陈先生大约还常到考古所，办公室里放满了书籍。第一印象就是陈先生非常和善，不时呵呵地说笑。我本来有些莫名不安的心，顿时便放了下来。不过即便如此，我也没有料到日后会有缘与陈先生交往。

二

入学后，因在校时间多而到考古所的时间少，很长时间我都未再见过陈先生。1995 年，张长寿先生为我安排先秦文献学的课程，并请陈先生教授，每周一次。和我一起听这门课的还有安志敏先生的94级博士生巫新华。当时我得知，由陈先生亲授这门课，机会实属难得。那时陈先生已不再到考古所，我们便骑自行车到陈先生家里上课。陈先生住在东城区干面胡同的社科院宿舍院里。后来我才知，夏鼐、钱锺书、贺麟、金岳霖等社科院的许多学术大师都曾住干面胡同的专家楼，对那条胡同也景仰起来。在社科院的宿舍院内，陈先生住在普通宿舍的一楼，一个小门厅通向两个小房间。

第一节课，陈先生便开宗明义说明这门课主要是从考古学的角度讲授《尚书》、三礼、三传、《竹书纪年》、《世本》、《史记》、先秦诸子，以及各种类书和丛书，强调这不同于一般的目录学和史学，而是从考古工作的需要出发，学习利用考古研究所需的资料。为此，便要知道读何书，然后知作者、知版本、知何种注最好。知书目则可知领域的大小、引用的范围，"书目藏之心中，学问自然增长"。明白了书的结构，以及一个体系由哪些部分构成、用了哪些史料，我们才可以用同样的方法和自己的材料来构建自己的体系。

在接下来的一学期里，陈先生依次讲每部书，重点是各书的内容和版本源流等。如《尚书》重点讲书序、今古文问题与伪孔传作者；《诗》讲齐、鲁、韩三家诗与大小毛公，以及各诗异同；《三礼》讲授受源流、篇次内容和成书年代；《易》讲经、传的时代，作者与师承，新出土材料；《春秋三传》讲《公羊》、《穀梁传》与《公羊》学派，《春秋左氏传》与《左传》作者，未修《春秋》与《春秋经》；《逸周书》与《世本》讲版本；《史记》讲结构、材料来源、"书法"、司马迁与《史记》、三家注等；辑佚讲七录、七略和别录；一直讲到最晚近的丛书和类书。陈先生早把书目深藏于心，将各书的内容、版本源流、学术价值等娓娓道来。

讲授时陈先生并不局限于一书，而是将各种书相联系，细说、比较各书的特点和价值。比如《左传》与《国语》的异同：《左传》记周事略而记鲁事详，《周语》所存春秋的周事尚详，《鲁语》所记则多为琐事；《左传》记齐桓公霸业最略，而《齐语》却专记此事；《郑语》皆记春秋前事，《左传》亦详；《晋语》同于《左传》最多；《楚语》同《左传》者少，记内政详而记外交略；《吴语》记夫差伐越，《左传》却略；《越语》专记越灭吴之经过，《左传》却全无。再比如同一人或同一事，不同的书中记载又不一样：《汉书》中的《韩信传》如何全袭《史记》之文而删去蒯通一段，《日知录》因此说《韩信传》"零落不堪读"。

陈先生强调学习先秦文献还要充分利用古代的研究成果，如《汉书·艺文志》就将东汉时的书籍全部做了目录，并加以分类，辨别学术流派。除所讲的书外，陈先生还详细介绍从古至今的相关考订、研究，评述其价值。比如讲三礼时专门介绍康有为的《新学伪经考》，指出其价值在于认为六经并非全部被秦焚毁，而是在民间，特别是博士中有传本，若如此，便可解决许多古今文的问题；又介绍钱玄同在重印该书时如何加序说明该书的价值和过激之处等。陈先生每讲一部书便开列多本参考书。如讲《考工记》，即开列了从清代的《考工记创物小记》《考工记图》到近代的《考工记辨正》等数部参考书。

陈先生特别重视古文字，认为读《尚书》《诗经》等先秦文献需通古文字之学。一旦讲到某字，陈先生便随时引证金文或简牍文字。对于各书中文字的异同等非常细节的内容，陈先生皆随口举例。如《诗经》因始于口口相传，人各用乡音，故四家之诗有同音而异字，或同字而异音者。陈先生细举"君子好述"中的"述"字分别在《毛诗》及齐、鲁、韩三家诗中写作什么，"燕燕于飞"中的"燕燕"又如何引用假字。讲《易》，便举例商和西周的八卦、战国以后又如何表示等。再比如某个字或某句话，《熹平石经》中是怎样的，《史记》又如何写。这些具体材料，陈先生均信手拈来。

陈先生讲先秦文献，也非常重视新出土的考古材料。讲《诗》时便专门讲阜阳汝阴侯墓中出土的100多支竹简，其中的《诗经》篇次和假借字如何与《毛诗》不同，并由此认为这批景帝时埋藏的文帝时的竹简时代早于四家诗。讲三礼的篇次、内容时，便分析1959年武威磨咀子6号墓出土的《仪礼》篇。讲《易》，则专门讲含山凌家滩玉器、殷墟四盘磨卜辞、苗圃刻数石器、张家坡卜骨、阜阳竹简、临汝卦画、马王堆帛书等考古发现与相关研究。

陈先生讲课时也常即兴插入有趣的话题，并引出种种典故。比如一次不知因何提到"海晏河清"一词，便说到"海清"和"海青追天鹅"，最后饶有兴味地说起了《满洲源流考》中所记述的清入关以前满族的各种风俗。

陈先生讲授的语言平实，内容却广博深奥。整整一下午的课从头讲到尾，仿佛问题总也谈不尽。有一次讲类书，陈先生说综合性的专书一出，一些更零散的史料也就日渐湮没了。我想，在陈先生这一辈学问家之后，恐怕很多文献学、版本学的知识同样也会渐渐湮没。一代人有一代人的学问，知识结构会随着时代风貌和精神风俗的变迁而改变，但一代学人追求真理和智慧的精神是永存的。

陈先生上课不看任何讲稿，但为了让我们听懂，却把新课的要点工整地写在册页上，让我们带回预习。我每次都把内容一字不漏地抄写下来，上课再听一遍，然后再带回新的预习内容。尽管如此，因为我文献学的知识不多，每次课集中精神，但仍跟不上陈先生的思路，感觉陈先生讲述的与自己已有的知识存在距离，想要将课程内容真正"内化"成自己的知识颇有难度。好在陈先生极为和善，上课既不提问，也不讨论，像是看透了我的心思。那时我已开始写作关于南方青铜器的博士论文，有时也就遇到的问题向他请教，如商周青铜器上兽面纹的细部变化等，大约我的问题不得要领，陈先生只笼统回答研究兽面纹要综合考察。

多年以后，我曾向张长寿先生说起当年听陈先生课时的隔膜感，张先生只哈哈一笑，说那是因为你不明白陈先生所讲的问题从何而来。但先秦文献学这门课结束时，陈先生却给了我95分的高分。陈先生对年轻人非常宽容，以鼓励和引导为主。对我毕业时提交的学位论文和最后的答辩，陈先生未提任何尖锐问题，而是给予了很高的评价。陈先生不仅肯定了论文的选题和研究方法等具有开拓性，研究使得南方青铜器"在年代序列和文化属相上皆能纲举目张"，还特别指出论文虽然将南方青铜器与中原青铜器做了大量比较，"但尽力规避传统以中原为中心的观点，而力求奔向'不能一切以中原青铜器为标准'的研究目标"。对于后一点，当时我只是在张长寿先生的开导下而提出，在写作论文的过程中开始形成了一点粗浅认识，尚谈不上深入思考。陈先生特地指出这一点，或许其中自有陈先生的认识。只可惜那时尚未体会出陈先生此语的深意，不然定会当面请教。毕业近20年来，如何理解和认识商周时期中原地区与"周边"地区的文化及相互关系，已逐渐成为我关注的核心问题。由今天反观过去，也就更能体会黑格尔所说"密涅瓦的猫头鹰在黄昏时才起飞"的含意。在求知的过程中，很多事情就那么发生、开始了，但对其意义往往要相隔一定时间，通过反思才能真正领悟。求知如此，人生亦然。

三

课程结束后，我和陈先生更加熟识了。加之陈先生也是我的指导老师和博士论文的答辩委员，故常到陈先生家。临近毕业，论文的写作、毕业后的去向等，骤然间多出很多事。到陈先生那里，我总是把种种想法毫无保留地说出来，出了陈先生的家门，心便也平复了。

工作后，我住在王府井大街27号考古研究所的院内，离干面胡同很近。那时差不多每到周末就去看望陈先生。去前也不用先联系，陈先生独居，从未遇上他有事。带上些老北京的甜点或一盆小草花，陈先生都十分高兴。偶尔也从考古所的图书室捎回他想借阅的书。

一般总是我先说工作上的事，或是送上新发表的习作，然后就听陈先生谈天说地。陈先生的话题广泛，从古到今。比如清宫里的典章制度及诸种细节、他曾经接触过的学人掌故、马王堆的考古发掘等等。有一次，陈先生忽然问我对"后现代"的看法。我没想到陈先生饱读古书，对这样的时髦术语也感兴趣，便尽自己所知谈了几点。陈先生的议论颇耐人寻味，说我们才在"现代化"阶段，不能不弄明白就搬弄名词，跟着潮流跑。谈天中有时也免不了聊周围的事，事无论大小，陈先生都很清楚。我常吃惊于他不出门如何便知"天下事"。对寻常事，陈先生总是随意用浅显的话说出一番"道理"，细细品味，方能悟出其中的见解。陈先生看事敏锐、深刻，对事却豁达、开放。事事清楚，却与世无争。通常话题会转移到各种典故上，于是便主要听陈先生讲古书中所记的某人或某件趣事，或引出某句诗文，再加以品评。比如大约是由晚清俞樾的《春在堂全集》，陈先生便讲起了"春在堂"的来历和"淡烟疏雨落花天"、"花落春仍在，天时尚艳阳"的诗句。讲到高兴处，陈先生爱从木椅上直起身，双手握住扶手来回滑动，开怀大笑。这大约是我见过的一个人最为舒心、畅快的模样了。

陈先生也常说起他当时正在看的书，那大多是我不知晓的野史或者古人笔记之类。那些书就放在茶几上，好像刚从手中放下，又随时会被拾起。陈先生博览群书，但屋中存放的书却不多，收拾得干净整齐。我总想，这样从容地读书，需要一种怎样的心境呢？我曾说一个人得用多少时间方能将先秦文献或二十四史通读一遍，陈先生却说这些文献看似多，其实也就那些，看完就没有了，又用《逍遥游》中的"偃鼠饮河，不过满腹"来宽慰我。我疑心凡世上可见的古书，大约没有陈先生未读过的。对于看过的书，陈先生自己却是在反复地读。1998年陈先生到美国探亲，就从哥伦比亚大学图书馆借阅《尚书》。由借阅记录可知，那书是该图书馆几十年来第一次有读者。有意思的是，小说不在陈先生的阅读范围之内。但也有例外，有一次陈先生谈及他刚看完贾平凹的《废都》，不过那只是想了解当时社会上流行读物的内容。陈先生对"小说"有些"不屑一顾"，似乎在内心里仍秉承"大学"与"小说"之分。

陈先生异常健谈，有时时间太晚，我想告辞又不便打断他的谈兴。陈先生自己却说，你如果久坐又不好意思走，那就等待我说话的停顿，比如放唱片，来回地听而不想听了，就待翻放唱片时借机告辞。每次告辞，陈先生都要送至家门口，并向我鞠躬。以陈先生的辈分和年岁万不当如此，但陈先生从不因我年小而失了"躬送"的礼数。

陈先生很少出胡同，只有一次我陪他去中国历史博物馆看1997年的全国考古新发现精品展。陈先生看得饶有兴趣，在一件浙江出土的龙泉窑瓷瓶前驻足良久，告诉我那叫"玉壶春瓶"后，便自己欣赏，神色怡然。

白天去看陈先生时常一同外出吃饭，但陈先生也不去远地，只去胡同里的一家小餐馆。餐馆的人早熟识了，对陈先生非常热情、尊重。陈先生只吃家常菜，不吃辛辣或怪异食物，最爱点滑熘里脊、糟熘鱼片和干炸茄盒。一次到餐馆刚落座，便有熟人来问候。陈先生介绍之后见我只作礼节性应答，略感诧异，很快又释然，说我定不看京剧，所以不识，那人是梅葆玖，就住餐馆隔壁。果然不多时梅先生又返回，送陈先生一部他签名的书。

陈先生显然喜欢京剧。看我新参加工作，便告诫我，走入社会就如同上了舞台。演员在舞台上要努力往台中央站，这样才能成主角，不然一生都只能打着小旗绕舞台跑。陈先生说我是由家门进校门、再入单位门的"三门干部"，所以常通过日常小事给我讲做人做事的道理。1999年年末我到哥本哈根大学做访问学者，临行前陈先生未言其他，只交代我定要租个体面的住所，如此才利于与朋友交往。又说曾有人讲一口极为流利的日语，殊不知都是社会下层的用语，那便是交往不当的结果。

自1999年初我搬离考古所住到通州，去干面胡同听陈先生谈天的次数就少了很多。2003年我在博士论文基础上修改、完善的《长江流域青铜器研究》出版，即送给陈先生，自觉这当是我给陈先生最好的礼物了。2004年春节前我去看望陈先生，告诉他我即将为人父，节后陈先生专门请人买了一套婴儿衣服，送给我刚出生的女儿。陈先生告诉我按照他东北老家的习俗，年纪大的人送衣物给新生儿，是给小孩送福。

2004年10月，张长寿先生告诉我陈先生摔伤了腿，住协和医院。当时有一个瑞典考古代表团来访，考古所安排我陪同到外地参观。听说陈先生只伤了腿而无大碍，便想回京后即去看望。10月16日，代表团行至二里头遗址，时在二里头负责发掘的好友许宏来到旅行车上，突然告诉我他刚获知陈先生已因病去世。我惊疑不定，一时无语，很长时间都不确定心里究竟失去了什么。抬眼望车窗外正飘落着漫天细雨，我的心情一如平原上那无尽的阴霾。

四

陈先生去世后，文物出版社于2005年出版了陈先生的文集《先秦两汉考古学论丛》。徐苹芳先生特地送给我一本，并说"你是学生，应当有这书"。这部文集收录了陈先生的20篇文章。据徐苹芳先生的序，这是陈先生的自选集，从收文到目次都为陈先生亲定，内容有商周考古学研究、商周青铜器及其铭文研究、秦汉简牍研究、书评和纪念文章。陈先生的学问深如大海，不是我所能评述的。但我想，知识结构无论怎样随时光流转而变化，一代学人和智者用自己心血构建起来的知识体系，都将成为人类知识大厦上的砖石。这些砖石的意义不在于是否是通往新的知识体系的门径，而在于其中蕴含的对真理和智慧不懈追求的精神，这才是后人站立其上的"巨人的肩膀"。我也深信，任何人的学识、成就，连同他的品格，最终都将交付历史，一切由后人评说。

陈先生的著述之前我多未读过。在这部文集中，我所知的《士丧礼、既夕礼中所记载的丧葬制度》最早发表于1956年的《考古学报》。青铜器研究部分的《徐国青铜器的花纹、形制及其他》发表于《吴越地区青铜器研究论文集》上，我因关注长江流域的青铜器而认真学习过。陈先生与张长寿先生曾合著《殷商青铜容器上鸟纹的断代研究》和《殷商青铜容器上兽面纹的断代研究》，我写博士论文以及后来研究商周青铜器时，均完全依从这两文提出的鸟纹和兽面纹的分类和断代标准。不过这两篇文章并未收入这部文集。书评部分的《评介〈尚书文字合编〉》原发表于1998年的《燕京学报》，当时陈先生送过我抽印本。《评介〈中国文明之起源〉》发表于1984年的《考古》，评介的是夏鼐先生的最后一部专著《中国文明之起源》。夏先生的这部著作是日文版，在2011年华东师范大学出版社出版的《夏鼐日记》第9卷中，夏先生记有不少因该书的翻译、出版和书评而与陈先生往来的内容。仅有的一篇纪念文章《怀念于省吾先生》亲切感人，每每读起便"触情生情"，不自禁地怀念起陈先生来。

光阴似箭，陈先生辞世转眼已10年。回想往事，与陈先生交往的情形还历历如在目前。我和陈先生相处的时间不算多，但感觉远比这10年长久。时间并非只让人淡忘，有时反而会让一些东西刻骨铭心。人去物非，如今的干面胡同口建起了地铁站和高楼，早已不是当年的模样。10年来我每次上下班都要经过那里，却再也没走进过那条胡同。

附记：

此文写于陈公柔先生逝世10周年之际，发表于《南方文物》2014年第3期。文中陈先生讲述的内容若有差错，皆因笔者记录或记忆有误，责任全在笔者。

论 述 篇

陶寺城址：尧舜禹时代步入文明社会的标志

梁星彭

（中国社会科学院考古研究所）

一、陶寺城址的发现

我国有着悠久的历史，是世界六大文明古国之一。中国何时出现国家、进入文明时代，这是学术界乃至所有中国人都十分关心的问题。据史书记载，尧舜禹时代我国已形成了最早的国家。《尚书》是从《尧典》开始的，司马迁的《史记》是从《五帝本纪》开始的，其中对帝尧和虞舜就有较为具体的叙述。

山西临汾古称平阳，史有尧都平阳之说。《汉书·地理志下》："河东土地平易，有盐铁之饶，本唐尧所居，《诗·风》唐、魏之国也。"又师古注引应劭曰：平阳，"尧都也，在平河之阳"。《后汉书·郡国志》：河东郡平阳，"尧都此"。注云：《晋地道记》曰有尧都。"《帝王世纪》："帝尧，陶唐氏，……以火承木，都平阳，置敢谏之鼓。"《山西省辑要》卷二《平阳古城下》："在临汾西南，尧都平阳。"如上述所记，帝尧所都之平阳应在今临汾市西南一带。除此之外，也有禹都亦曾在平阳的说法。《史记·封禅书》"三代之君皆在河洛之间"句下，《正义》曰："《世本》云，夏禹都阳城，避商均也。又都平阳，或在安邑，或在晋阳也。"

考古发现的陶寺文化与尧舜禹部族有密切的联系。据不完全统计，晋南地区陶寺文化遗址达70余处，主要集中在临汾盆地塔儿山周围的汾浍流域。[①]此中最重要者当数陶寺遗址。

陶寺遗址位于山西省襄汾县东北约6.5公里的汾河东岸，处于塔儿山（明清时称为崇山或崇峰）西麓，该遗址西北—东南最长2 400米，东北—西南最宽1 800米，面积约400万平方米。

20世纪七八十年代，中国社会科学院考古研究所山西队与山西省临汾行署文物局合作，对该遗址进行了大规模发掘，发现陶寺文化大型墓地、分级墓葬，以及铜器、带文字陶器、各种礼乐重器等大批珍贵遗物，为揭示我国龙山时代社会等级制度、探索中国古代文明起源等学术课题提供了重要资料，引起中外学者的广泛关注。[②]

　　文明，从社会发展状况来说，是指由以血缘关系为基础的氏族制度发展到了以地缘统辖为基础的国家组织的社会阶段。一般认为，城市、宫殿、文字、金属，以及物质生产的高度成就等是文明社会的要素。20世纪七八十年代陶寺遗址虽然已有许多与文明相关的重大发现，但尚未找到与城市、宫殿相关的遗存。为此，从1999年秋季开始，中国社会科学院考古研究所山西队又与山西省临汾文物局合作，恢复了对该遗址的发掘，重点是寻找陶寺文化大型建筑基址和城址，以期充分发挥陶寺遗址在探索中国古代文明起源中的学术作用。经过前后三年共五个季度的发掘、钻探以及广泛而深入的调查，终于在陶寺遗址发现了一座陶寺文化的城址。[③]这是因明确的学术目的而发现的史前城址。

　　城址位于陶寺村西南，在中梁村和宋村以东、东坡沟村和沟西村以北的山麓坡塬上，处在陶寺遗址的中心区域（图一）。

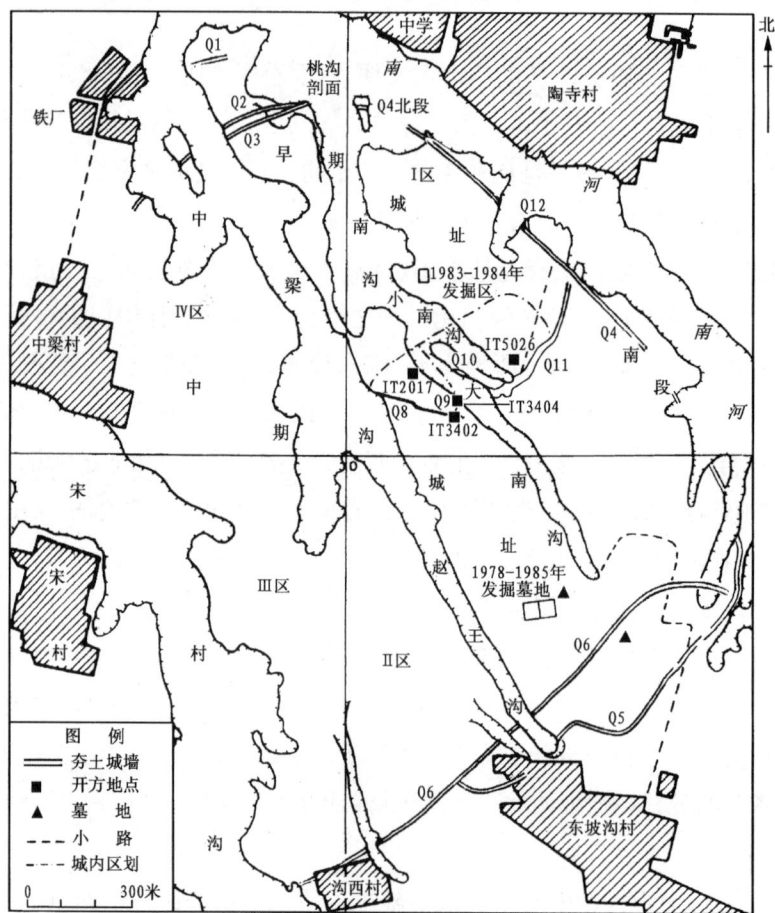

图一　陶寺早期城址平面图

目前已发现城址的北、东、南三面城墙。就现知情况看，城址方向为312度，平面为圆角长方形或圆角梯形，南北长1 725～2 150米，东西宽1 650米，总面积200万平方米。

北城墙址有3道，由北往南依次为Q1、Q2、Q3。

Q1大致呈东西向，残长约120米，墙体上宽6.6～7.5米，下宽7.6米，残高0.8～1.5米。

Q2位于Q1南185米处，东段与Q1大致平行，西段向西南方向延伸，已发现部分长约740米。据Ⅳ T8的发掘，墙体上宽7米，下宽7.3米，残高2米。

Q3位于Q2以南25米处，已发现部分长250米。西段基本上与Q2平行，东段逐渐与Q2合并，然后向东南方向延伸，东段被南沟毁坏。

东面城墙1道，编号Q4。Q4呈西北—东南走向，长1 660米以上，宽8～10米。

南面城墙有2道，由南往北编号Q5、Q6。

Q5为东北—西南走向，中段较平直，东段向北拐向Q4南段，西段呈曲尺形，发现长度约875米。

Q6位于Q5的北侧，长1 500米，宽8米，残高1.4米。与Q5中段大致平行，相距180米。在Q5向北折部位二者相距约85米。

在Q5、Q6之间，还钻探出一道与Q6垂直的墙，编号为Q7，其北端与Q6相接，可确定部分长约50米。

西城墙情况不明，可能已毁于宋村沟。

陶寺的各道城墙构筑方法不一，有的为夯筑；有的内外两侧夯筑，中间填土踩踏结实；有的用稠泥加碎石拍打堆筑而成。

城址的各道城墙均被陶寺文化晚期遗存叠压或打破，有的城墙还被中期灰坑打破，但也有的墙体又叠压着陶寺文化中期的遗存。由此推断陶寺文化城址年代大致属于陶寺文化中期。但城墙建筑年代略有先后，如北面的三道墙体呈逐步外移之势。

在城内，还发现有夯土墙4道，编号分别为Q8～Q11。其中Q8呈西北—东南走向，长约200米，宽约4米。

二、陶寺城址的意义

陶寺城址的发现，对于探索中国古代文明起源具有重要的学术意义，可以说它是尧舜禹时代步入文明社会的重要标志。

第一，关于陶寺城址的年代。按"夏商周断代工程"的成果，夏始年为公元前2071年。[④]从考古地层学研究来看，城址有明确的地层叠压关系，它完全为陶寺晚期地层所叠压。据《襄汾陶寺1978～1985年考古发掘报告》，其晚期二组居住址的4个碳-14测定年代数据的中间值为2085BC～2043BC，⑤因此我们推断陶寺城址的年代下限当在公元前2050年之前。陶寺文化早期二组年代约在公元前2400～公元前2300年之间，⑥如此，陶寺中期城址上限不应早于公元前2300年。

2000年出土于Q6墙体夯土中的一块动物骨头的碳素树轮校正测年，为2200BC～1970BC，且有52.9%的可能落在2150BC～2050BC（ZK6203，01JXTⅥTIQ6）。⑦综合这些因素考虑，我们估定陶寺中期城址的年代约为公元前2250～公元前2050年。据何驽等2002年后续的发掘，Q8的年代属于陶寺文化早期。据此，陶寺城址在陶寺文化中期以前便开始建造了，⑧其年代大致与尧舜禹时期相当。

第二，陶寺城址位于临汾市的南部，其地理位置与尧都平阳以及禹"又都平阳"的历史记载相符。据《史记·晋世家》，周成王封叔虞于唐。《正义》引《括地志》云："故唐城在绛州翼城县西二十里，即尧子所封。"叔虞是为晋国第一代诸侯王。《晋世家》又言，唐在河汾之东方百里。《正义》云："正合在晋州平阳县。"考古发现翼城天马—曲村一带正是晋侯墓地所在，与史载晋国位置相符，⑨则晋国所封领地正是唐尧故地。可见《尚书》、《史记》等史籍所记载的尧舜禹时代确实存在而非虚构，只是所记过于粗疏，未能详述而已。

第三，至今我国发现的史前城址有50余座。⑩其中，陶寺城址规模宏大，面积达200万平方米以上，比河南省最大的城址新密新砦城址⑪大130万平方米，更比王城岗⑫、平粮台⑬等城址大许多倍。同样，它比山东省最大的城址茌平教场铺城址⑭大160余万平方米，比长江流域的湖北天门石家河城址⑮大数十万平方米。《毛诗正义·文王有声》疏云："古者百里之国，九里之城；七十里之国五里之城；五十里之国三里之城。"可见古代城址的大小与古国等级高低、势力范围大小相关。陶寺城址是中原地区乃至黄河流域同时代城址中最大的一座，是强大的政治经济实力的体现，与尧舜禹时期都城的规模吻合。

陶寺中期城址的北墙残缺较甚，西墙尚未找到。若以保存较好的东墙Q4长1 660米、宽8～10米、估高6米计算，其土方量至少有79 680立方米；以保存较好的南墙Q6长1 500米、宽8米、估高6米计算，土方量可达72 000立方米。两道城墙土方量合计达151 680立方米。由此我们估算建筑陶寺城所需土方量可达30多万立方米。这在当时是一个浩大的工程。再从城墙夯土结构和构筑方式的多样性来看，当时的领导集团发动了若干个不同的集团来建造，可能包括本族集团之外的被统辖的外族集团。

陶寺城的存在表明当时已经形成了一个比氏族部落领导集团更为强大有力的管理机构。《淮南子·齐俗训》说："尧之治天下也，舜为司徒，契为司马，禹为司空，后稷为大田师，奚仲为工，其导万民也。"史籍所载也说明当时政权机构已有较明确的分职。

正因为有了一个强力的管理机构，它才能够调集大量人力物力来兴建这么巨大的建筑工程，并且有能力调集足够的军事力量来守卫这座城。

城是一种防御设施，是建有城垣的聚落中心。《吕氏春秋》："夏鲧作城。"《吴越春秋》："鲧筑城以卫君，造郭以守民，此城郭之始也。""筑城以卫君"是我国自古以来都邑建制的传统，陶寺城的兴建，其根本目的是保护统治阶级的利益。

综上所述，一个初期国家的权力中心在当时的社会已经形成。

第四，20世纪七八十年代在城址内清理的1 300多座墓葬（只占整个墓地很小的一部分），有大、中、小三种规格。几座大墓长3米，宽2米多，每墓有一二百件随葬器物，其中有鼍鼓、石磬、土鼓、龙纹陶盘等礼乐重器，以及成组的彩绘漆木器、彩绘陶器和玉石器。几十座中型墓也有较丰富的随葬器物，出有陶器、玉石器、木器等。根据随葬品的分析研究，陶寺文化从早期开始，已由玉石器、漆木器和特殊陶器构成一套非铜礼器，社会上、中层已普遍使用礼器。[⑯]关于这个问题，高炜先生曾做过较详细而精到的论述。[⑰]他认为，龙盘、鼍鼓、特磬只见于大墓，案、俎、盘、豆等彩绘木器及成套的彩绘陶器一般只见于大墓或较大的中型墓，同一种器物在各类墓中的数量、规格、尺寸、精美程度也有等差。非铜礼器的使用，实质上就是要固化全社会各阶层的等级秩序，是社会普遍存在阶级划分的鲜明写照。上千座小墓随葬品十分贫乏，有的一无所有。《襄汾陶寺1978～1985年考古发掘报告》将墓葬按大小、规格等分为六类：第一类甲墓主人是具有"王"者地位的方国首领，乙墓主人是王室成员；第二、三类墓主人是不同等级的贵族；第四类墓主人是下级贵族或富裕平民；第五、六类墓主人为平民，其数量占墓总数的80%。这些情况表明，当时社会氏族制度已经解体，贫富分化明显，社会呈现金字塔式的阶层、阶级结构，显示出当时已脱离原始社会进入阶级社会、血缘部族变为地域国家的特征。

第五，在20世纪七八十年代发掘的墓地中，有顶级大墓5座，分别为M3002、M3016、M3015、M3072、M3073，发掘报告称为一类甲型大墓。它们聚集在一个区域，发掘报告认为此即王陵区的雏形。[⑱]五座大墓的规模以及随葬品的数量和精美程度，都是中原地区同时期墓葬所不能比拟的。随葬器物有鼍鼓、石磬，有的还有土鼓[⑲]和龙盘。鼍鼓、土鼓和石磬都是重要乐器。鼍鼓、石磬这样的器物明显是王室权威重器，也曾见于殷墟1217号王陵中。[⑳]鼍鼓又见于山西灵石旌介村商代方国首领墓葬M1，伴随大量青铜礼器。[㉑]土鼓大而厚重，颇显神秘而庄严，是隆重祭祀典礼的特别用品。《礼记·明堂位》："土鼓、蒉桴、苇籥，伊耆氏之乐也。"郑玄注："伊耆氏，古天子有天下之号也。"《帝王世纪》："帝尧陶唐氏，伊祈姓。"据此可以推断土鼓为古时天子所用乐器。而这个天子，有可能就是帝尧。陶寺另有三座大墓出龙盘。龙盘是在陶盘的内底画一盘旋的彩龙。古籍记载龙的形象与尧或禹有关。今本《竹书纪年》："帝尧陶唐氏，母曰庆都，……赤龙感之，孕十四月而生尧于丹陵……封于唐。"《国语·晋语八》记范宣子说："昔匄之祖，自虞以上为陶唐氏，在夏为御龙氏。"由此可以推断陶龙盘应是尧或舜禹国族的徽识。综上所述，陶寺这五座大墓的主人应是当时的最高层统治者。因此有学者把陶寺大墓称为王墓是有道理的。

第六，陶寺文化遗址主要分布于临汾盆地汾河、浍河流域的临汾、襄汾、侯马、新绛、稷山、河津、曲沃、翼城、绛县等县市，在运城盆地也有部分存在。据考古调查，临汾盆地陶寺文化遗址在80处以上。[22]在陶寺城址周边，陶寺文化遗址具有分布密集、规模较大的特征。已发掘的曲沃东许遗址[23]面积在200万平方米以上，翼城的南石—曲沃方城遗址[24]达300万平方米，翼城县开化遗址面积128万平方米。[25]它们都在距陶寺城址三四十公里的范围以内。这种情况与尧舜禹时期统治中心区域的繁盛情况吻合，可以视为政治经济力量强大的表现。城市是一种高级的聚落形式。大的城址是与人口众多的聚落相匹配的。

第七，继发现城址之后，在陶寺城址内又有许多重大的考古发现。[26]

1. 仪礼性夯土建筑（ⅡFJT1）。[27]何驽视为"观象台"或"观象祭祀台"。它是在城址南墙Q6外侧接出的一个半圆形夯土建筑，由半圆形外环道和半圆台基构成。外环道直径约60米，总面积约1 740平方米；台基直径40米，总面积约1 001平方米。

2. 早期宫城。位于遗址中部偏北，长方形，东西长470米，南北宽约270米，面积近13万平方米，方向225度。宫城东墙与大城东墙平行。在宫城内部初步探明约有10余座夯土基址。

3. 宫殿基址（1FJT3）。这是位于宫城东部的陶寺中期核心夯土建筑。长方形，长约100米，宽约80米，面积约8 000平方米。主殿遗留有三排18个柱础，由柱坑、柱洞、柱础石构成。柱洞直径0.4～0.5米。

4. 铜器残片。发现于1FJT3主殿夯土内，推测是铜盆口沿残片。

5. 陶寺中期大墓（ⅡM22）。[28]位于王族墓地南段，墓坑长5米，宽3.6米，深7米。这是陶寺文化最大的一座墓葬，出土丰富而精美的玉石器和彩陶。最令人注目的是出土一个长0.6米、宽0.25米、高0.4米的漆箱，内盛5件喇叭口形礼器，近似于商代铜觚的上半部。由此可见墓主的地位。

以上发现进一步说明这座城址是一处号令四方的中央政权统治中心。我们认为，陶寺城址就是尧舜禹时代的都城。据《尚书》等史籍记载，尧舜禹时期国家机器已初具规模。当时已有十二牧、司空、司徒、后稷、虞、典乐、纳言等各种职官，管理国家事务；有流放、官刑、教刑、赎刑等成套刑法维护社会秩序；又有强大的军队足以放驩兜、窜三苗，对外族实行征讨。很明显，当时社会已脱离了氏族部落阶段。从考古发现来看，当时与陶寺城址同时存在的城址很多，在山西省以外的河南、山东、陕西以及湖北都多有发现，这种局面正是邦国林立、彼此展开武力兼并和掠夺的反映。这种频繁而具规模的战争，必然会促进国家形成和君王权力的集中。恩格斯在《家庭、私有制和国家的起源》这部经典著作中说，古代社会"在新设防城市的周围屹立高峻的墙壁并非无故，它的壕沟深陷为氏族制度墓穴，而它们的城楼已经耸入文明时代了"。

综合上述分析，我们认为，规模宏大的陶寺城址，应是我国早期国家已经出现的明证，是我国史书记载的尧舜禹时代步入文明社会的物化标志。

① 中国社会科学院考古研究所山西工作队：《晋南考古调查报告》，见《考古学集刊》第6集，中国社会科学出版社，1989年。

② 中国社会科学院考古研究所、山西省临汾市文物局：《襄汾陶寺1978～1985年考古发掘报告》第一册至第四册，文物出版社，2015年。

③ 梁星彭、严志斌：《山西襄汾陶寺文化城址》，见《中国重要考古发现（2001）》，文物出版社，2002年；《陶寺城址的发现及其对中国古代文明起源研究的学术意义》，《中国社会科学院古代文明研究中心通讯》2002年第3期。

④ 夏商周断代工程专家组：《夏商周断代工程1996—2000年阶段成果报告简本》，世界图书出版公司，2000年。

⑤ 中国社会科学院考古研究所、山西省临汾市文物局：《襄汾陶寺1978～1985年考古发掘报告》第一册，第390页，文物出版社，2015年。

⑥ 中国社会科学院考古研究所、山西省临汾市文物局：《襄汾陶寺1978～1985年考古发掘报告》第一册，第390页，文物出版社，2015年。

⑦ 数据待发表。

⑧ 中国社会科学院考古研究所山西队、山西省考古研究所、临汾市文物局：《山西襄汾陶寺城址2002年发掘报告》，《考古学报》2005年第3期。

⑨ a. 北京大学考古系商周组、山西省考古研究所：《天马—曲村（1980～1989）》，科学出版社，2000年。b. 李伯谦：《晋国始封地考略》，《中国文物报》1993年12月12日。c. 邹衡：《论早期晋都》，《文物》1994年第1期。

⑩ 任式楠：《中国史前城址考察》，《考古》1998年第1期。

⑪ a. 北京大学古代文明研究中心、郑州市文物考古研究所：《河南省新密市新砦遗址2000年发掘简报》，《文物》2004年第3期。b.《河南新密新砦遗址发现城墙和大型建筑》，《中国文物报》2004年3月3日。《河南新密新砦城址发掘城墙西北角与浅穴大型建筑》，《中国文物报》2006年6月30日。

⑫ 河南省文物研究所等：《登封王城岗与阳城》，文物出版社，1992年。

⑬ 河南省文物研究所等：《河南淮阳平粮台龙山文化城址试掘简报》，《文物》1983年第3期。

⑭ 中国社会科学院考古研究所山东队等：《山东茌平教场铺遗址龙山文化城墙的发现与发掘》，《考古》2005年第1期。

⑮ a. 北京大学考古系等：《石家河遗址群调查报告》，见《南方民族考古》第5辑，四川科学技术出版社，1993年。b. 石家河考古队：《湖北天门市邓家湾遗址1992发掘报告》，《文物》1994年第4期。

⑯ 中国社会科学院考古研究所、山西省临汾市文物局：《襄汾陶寺1978～1985年考古发掘报告》第

三册，第1131页，文物出版社，2015年。

⑰ 高炜：《中原龙山文化葬制研究》，见《中国考古学论丛》，科学出版社，1993年。

⑱ 中国社会科学院考古研究所、山西省临汾市文物局：《襄汾陶寺1978～1985年考古发掘报告》第三册，第1128页，文物出版社，2015年。

⑲ 高天麟：《黄河流域新石器时代的陶鼓辨析》，《考古学报》1991年第2期。

⑳ 梁思永、高去寻：《侯家庄》第六本《1217号大墓》，台北，1968年。

㉑ 山西省考古研究所、灵石县文化局：《山西灵石旌介村商墓》，《文物》1986年第11期。

㉒ 高炜：《关于陶寺遗存族属的再思考》，见《手铲释天书——与夏文化探索者的对话》，大象出版社，2001年。

㉓ 山西省考古研究所：《山西曲沃东许遗址调查、发掘报告》，见《三晋考古》第二辑，山西人民出版社，1996年。

㉔ 中国社会科学院考古研究所山西工作队：《晋南考古调查报告》，见《考古学集刊》第6集，中国社会科学出版社，1989年。

㉕ a. 中国社会科学院考古研究所山西工作队：《晋南考古调查报告》，见《考古学集刊》第6集，中国社会科学出版社，1989年。b. 山西省考古研究所：《山西翼城开化遗址调查》，《文物世界》1996年第1期。

㉖ 何驽：《早期政治中心型都城的范例——陶寺遗址聚落与精神文化研究概述》，"中国社会科学论坛·早期都邑文明的发现研究与保护传承暨陶寺四十年发掘与研究国际论坛"论文，2018年。

㉗ 中国社会科学院考古研究所山西队、山西省考古研究所、临汾市文物局：《山西襄汾县陶寺城址祭祀区大型建筑基址2003年发掘简报》，《考古》2004年第7期。

㉘ 中国社会科学院考古研究所山西工作队等：《陶寺城址发现陶寺文化中期墓葬》，《考古》2003年第9期。

试析蚌埠禹会村遗址和豫东龙山文化的关系

——兼谈夏商文化探索中的相关问题

高天麟

（中国社会科学院考古研究所）

一、前　言

21世纪初发掘的蚌埠禹会村遗址是一项重要的考古发现。经发掘揭示，该遗址的堆积以临时性的建筑为主，又富有为其他遗址所罕见的多种考古学文化因素。如报告《蚌埠禹会村》（以下简称《禹会村》）所指出的，"在文化特征上看，禹会村遗址既有淮河流域本地区强烈的文化个性，又有黄河中下游地区山东龙山文化和中原河南龙山文化的特点，而且还具有苏北同期文化长江流域良渚文化、江汉平原地区石家河文化的特点，表现了禹会村遗址复杂的文化面貌"①。禹会村遗址堆积单纯，存在时间短暂，上下承传关系不明朗，然而遗址所在地恰又明确叫禹会村，故发掘者即将其与《左传·哀公七年》"禹会诸侯于涂山，执玉帛者万国"相联系，结合当地又有古涂国之称，认为遗址当是大禹在治水期间会"万国"诸侯的地点，并形象地说"再现着朝拜大禹宏大而神圣的场面"。在发掘当时及发掘报告刊布之后所展开的学术研讨中，多数学者也都认同遗址就是大禹盟会万邦协调治水、祭祀的场所。

《禹会村》在文化因素分析中，除了对本地及周邻相关文化作比较分析外，也讨论了禹会村遗址与黄河中下游的河南龙山文化之间的关系，尤其和豫东王油坊遗址出土器物作了类比，从中可看出两者之间的密切关系。但稍嫌不足的是王油坊遗址并不能代表整个豫东龙山文化的面貌。学术界对豫东龙山文化面貌的揭示有个过程，最早发现的是造律台遗址，②后又发掘王油坊遗址，③因此有学者称之为造律台类型，④或王油坊类型。⑤但造律台、王油坊两遗址主要是豫东龙山文化较晚时期的遗存。豫东龙山文化早期的遗存见于鹿邑栾台⑥和郸城段寨⑦两遗址，但过去学者把它们归为山东大汶口文化，如认为"段寨中期类遗存是豫东地区庙底沟二期文化阶段的遗存。1979年发掘的河南郸城段寨遗址发现了早中晚三期文化遗存，早期是大汶口文化晚期遗存，晚期是河南龙山文化时期的王油坊类遗存，中期被认为河南龙山文化"⑧。亦有研究者称其为"段寨类型遗存"，认为它是豫东地区龙山文化的渊源。⑨20世纪末，由张长寿和张光直先生为首组成的中美联合考古队在柘城山台寺遗址发掘，取得重大的收获。⑩收获之一是根据地层理出了该遗址出土主要陶器的发展演变关系。遗址的早期一、二段出土陶器如鼎、盉、鬼脸鼎足、甗、罐、盆、豆、甑、碗、器盖等和禹会村遗址所见者异常相似，而且都是方格纹稀少。至于盉和鬼脸鼎足，在发掘山台寺遗址前，笔者和其他学者认为是山东龙山文化所固有。然而通过山台寺遗址的发掘，笔者进行比较后发现这两种器物极具个性，是豫东龙山文化的特点之一。⑪下文在《禹会村》就禹会村遗址和王油坊等龙山文化遗址出土陶器相比较的基础上，将禹会村与山台寺出土陶器进行比较，以揭示两者的共性，进一步认识豫东龙山文化与禹会村遗址之间的联系，进而探讨夏、商两文化的密切关系及其他相关问题。如有不妥请学者们指正。

二、禹会村与山台寺遗址出土陶器之比较

禹会村和山台寺两遗址出土的陶器有很多共性，以下就主要器类相比较的总体情况加以说明，具体标本的比较可见附表。

鼎：禹会村出土陶鼓腹鼎23件，有A、B、C三型；垂腹鼎15件，也分A、B、C三型；深腹鼎18件（图一）。禹会村出土的A型鼓腹鼎等（图一：1、3、4），在山台寺遗址中就有器形相似甚至酷似者，且数量也较多（图二）。

禹会村出土的盆形鬼脸式三足鼎（图三：1、2）不见于山台寺，但三台寺复原1件平底盆，底附鬼脸式鼎足（图三：3），两类器物风格近似。禹会村出土多种形式的鬼脸式鼎足（图四），山台寺也出土较多此类鼎足（图五），形制接近，这其中或许就有禹会村的盆形鬼脸式三足鼎。

甗：禹会村出土残甗（图六：1、2）。山台寺遗址的陶甗始见于早期，盛行于中晚期，只因本次发掘到的早期地层较少，因此仅见1件残器（图六：3），形制与禹会村残甗十分接近，尤其是甗腰部突出扉棱的作风相一致。

甑：两个遗址都有多种形式的甑，这也是两地陶器的共同点。禹会村陶甑的箅孔都比较大（图七：1、2、3、4），近似后来二里头文化陶甑的箅孔。山台寺陶甑多数为小圆箅孔（图七：5、6、7、8），两者存在差异，但也有少部分甑形制接近。

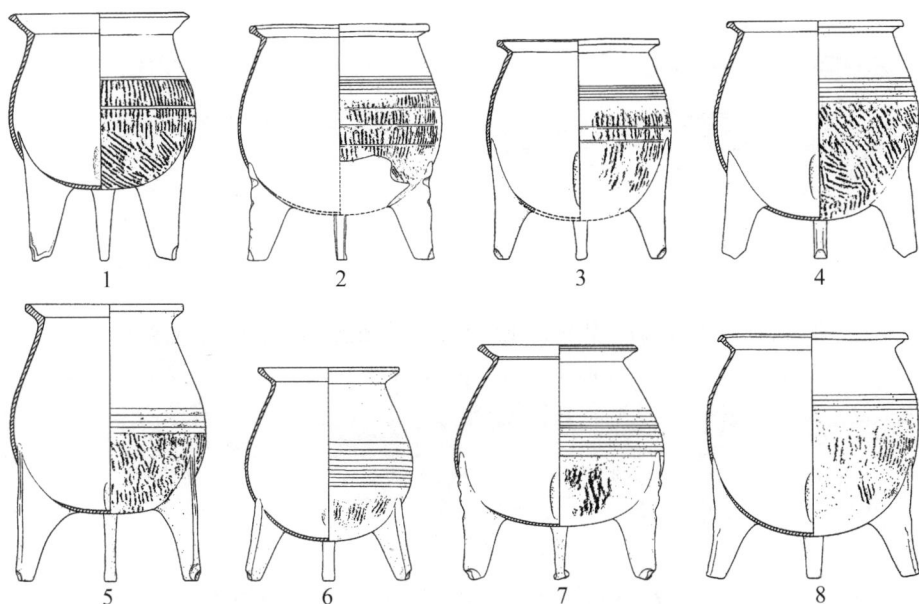

图一 禹会村遗址出土陶鼎

1. JSK2①：4；2. JSK2①：1；3. JSG②：2；4. HG5：12；5. JSG②：16；6. H44：46；
7. H44：49；8. JSK4：2（1—4、8为鼓腹鼎，5—7为垂腹鼎）

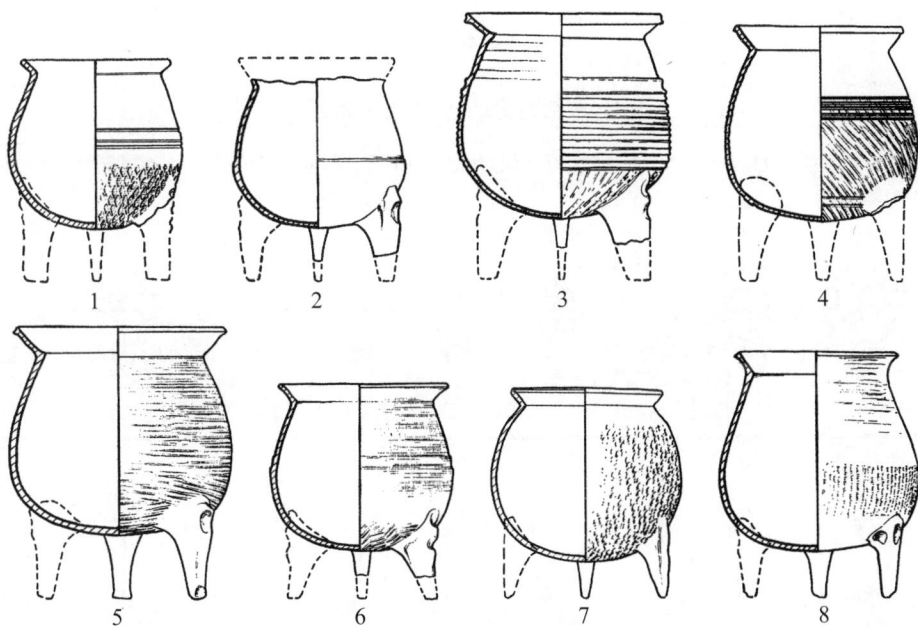

图二 山台寺遗址出土陶鼎

1. T4A③H：10；2. F2R2：29；3. T4A⑤A：3；4. H76：39；5. F2R2：30；
6. T4③H：27；7. H29：3；8. T1⑥E：24

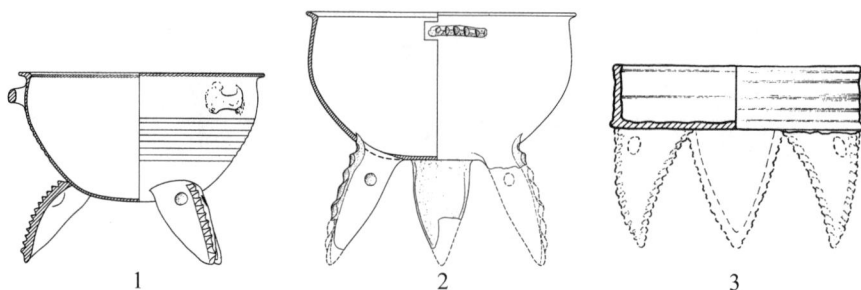

图三 禹会村出土盆形鬼脸式三足鼎和山台寺出土平底盆形鬼脸式足鼎

1. T2013④：1；2. H38：1（1—2禹会村）；3. H51：1（山台寺）

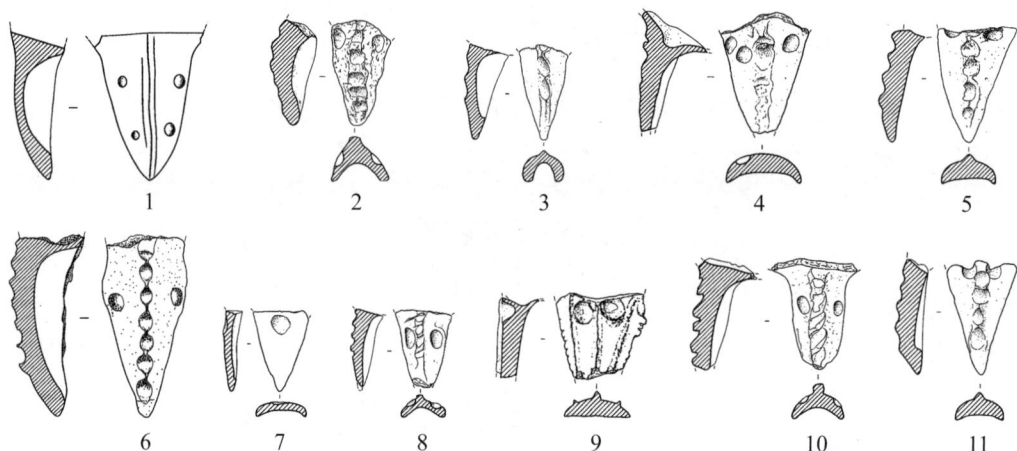

图四 禹会村遗址出土鬼脸式鼎足

1. JSK8出土；2、7、11. JSG④层出土；3. T1203出土；4、5、9. JSG③层出土；6. T2026④层出土；8、10. JSG②层出土

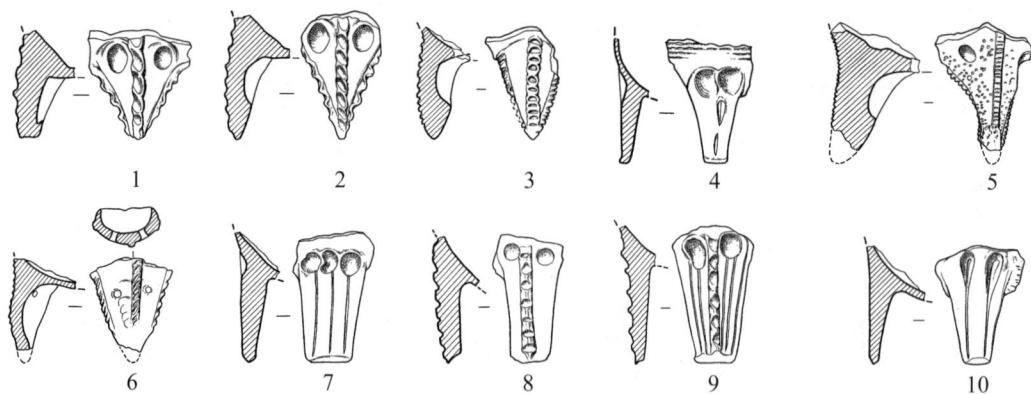

图五 山台寺遗址出土鬼脸式鼎足

1. T1⑦A：19；2. T1⑥G：23；3. T3⑤B：9；4. T2⑥J：5；5. F2R2：36；6. T5⑥F：11；7. T2⑥J：6；8. H31：10；9. T5⑥G：1；10. T1⑦B：6

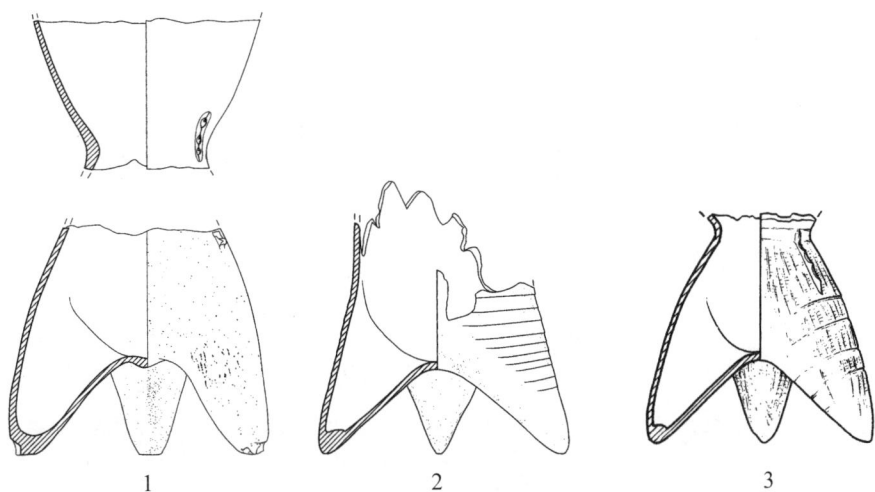

图六 禹会村遗址出土陶鬹残器和山台寺遗址出土陶鬹残袋足

1.（上）JSK3：39—（下）H40：2；2.H44：43（1—2禹会村）；3.T8⑤B：2（山台寺）

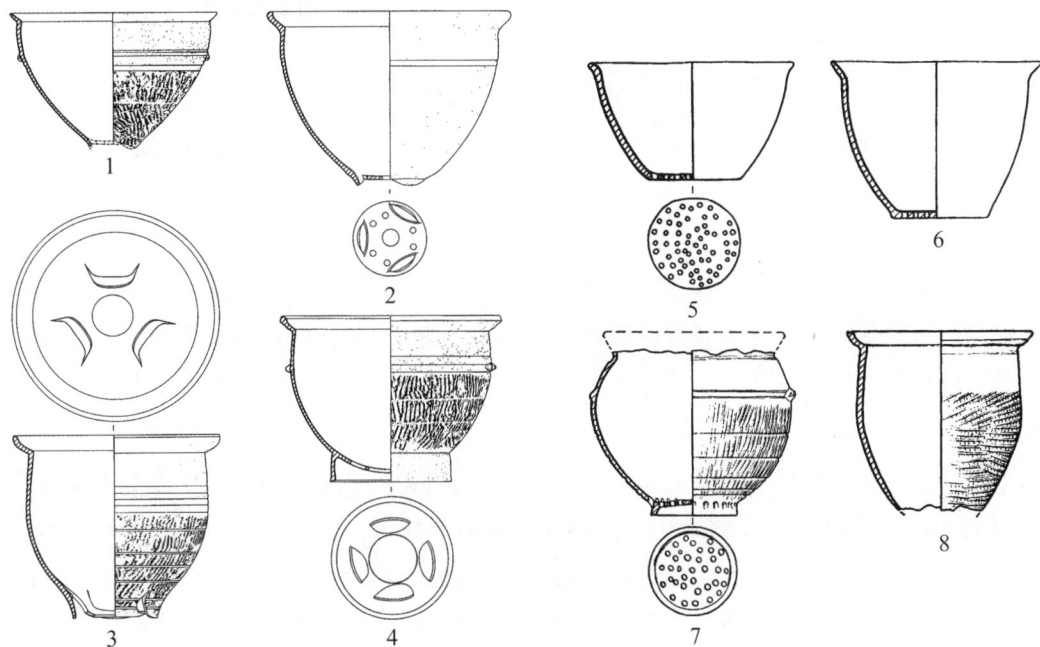

图七 禹会村遗址出土陶甗和山台寺遗址出土陶甗

1.T2035④：5；2.JSK3：31；3.JSG②：17；4.JSK4：7（1—4禹会村）；5.T4③A：5；
6.H32：15；7.T1⑥H：7；8.T2⑦C：9（5—8山台寺）

禹会村出土陶算子（图八：1、2、3），山台寺也出土多件陶算子（图八：4、5、
6），形制上稍有差别，但功能应相同。

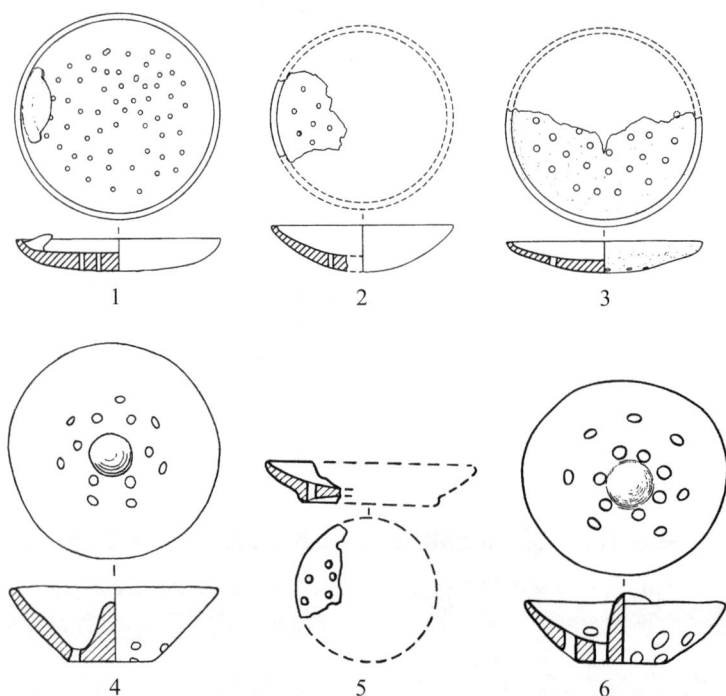

图八 禹会村遗址出土陶算子和山台寺遗址出土陶算子

1. JSK2②：39；2. JSK2①：9；3. H51：1（1—3禹会村）；4. T7④B：1；5. T1⑥E：27；6. T4A③H：9（4—6山台寺）

罐：禹会村出土罐类器众多，形制多样。其中，有多件深腹罐和山台寺出土深腹罐形制接近。如禹会村AⅠ式深腹罐JSK6：4（图九：2）与山台寺BⅡ式深腹罐的微折肩作风近同，禹会村AⅡ式深腹罐（图九：1、3、4、5、6）与山台寺AⅠ式深腹罐都具大口深腹的特点，禹会村AⅡ式深腹罐与山台寺AⅡ式（图九：9）、AⅣ式深腹罐（图九：7、8）也很相近。又如禹会村BⅠ式深腹罐与山台寺AⅡ式、BⅠ式深腹罐（图九：10）形制近同。不过，山台寺的这类罐多夹蚌末，表面粗糙无纹。另外，禹会村的A型敛口罐与山台寺CⅠ式子母口罐作风近同，禹会村子母口罐与山台寺同类罐近同。禹会村出土小口鼓腹罐（图一〇：1、2、3、4），此类罐在山台寺遗址也很盛行（图一〇：5、6、7、8）。

盆：两个遗址均有多种形制的盆。禹会村的深腹盆见于山台寺，禹会村的AⅠ式大口罐（即深腹盆）即与山台寺A型盆略同。但两遗址的共同特点是多浅腹盆（图一一）。禹会村有8件浅腹盆，山台村有12件，两地浅腹盆均分A、B、C三型，形制多相近，如禹会村的浅腹盆就与山台寺BⅠ式盆接近。不同的部分只口唇部有差别。可惜山台寺出土的盆口沿多不能复原，因此可资比较的标本较少。

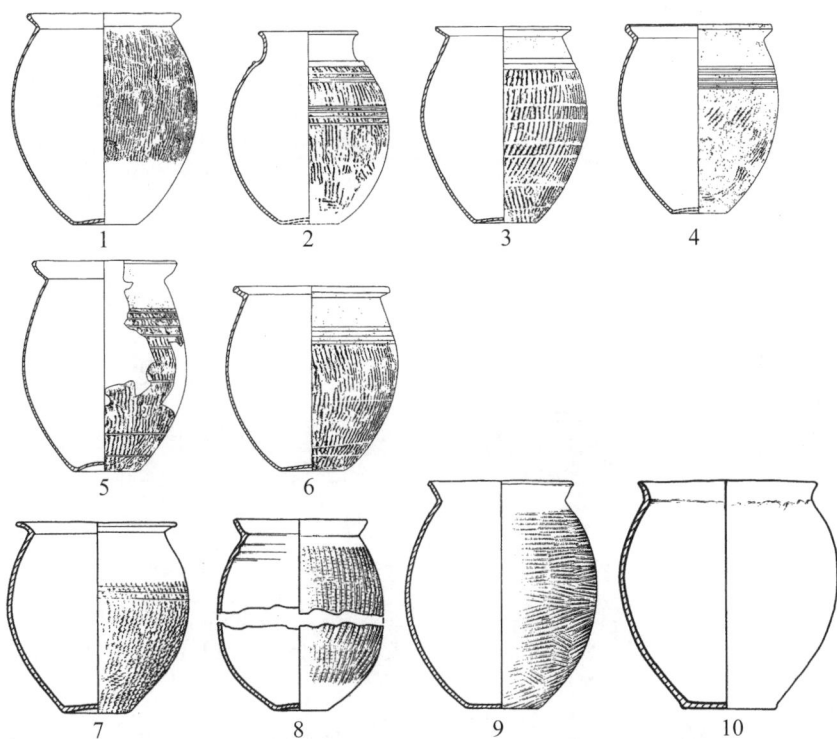

图九 禹会村遗址出土陶罐和山台寺遗址出土陶罐

1. JSK2②：46；2. JSK6：4；3. T2003④：1；4. T2046④：1；5. JSK2②：30；6. HG5：20（1—6禹会村）；7. H10：9（AIV）；8. T1⑥E：10（AIV）；9. T1⑥H：15（AII）；10. T3⑤A：4（BI）（7—10山台寺）

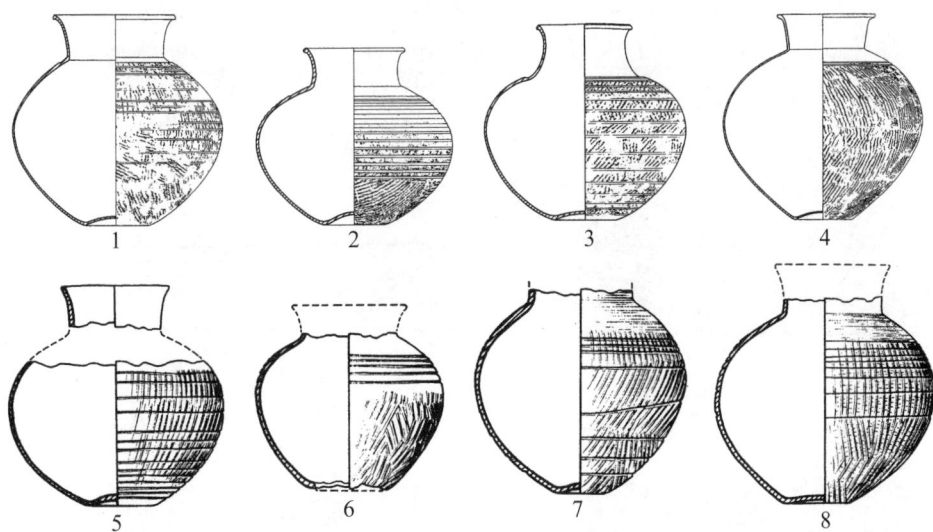

图一〇 禹会村遗址出土小口罐和山台寺遗址出土小口罐

1. JSK2①：7；2. JSK1：1；3. JSG③：72；4. T2035④：1（1—4禹会村）；5. T1⑥H：12；6. H38：1；7. H36：5；8. H32：16（5—8山台寺）

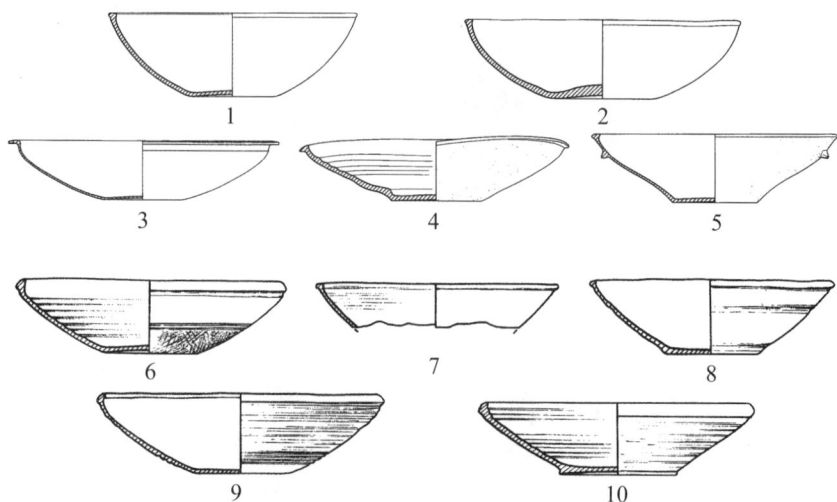

图一一　禹会村遗址出土浅腹盆和山台寺遗址出土浅腹盆

1. JSK2②：9；2. JSK2②：24；3. JSG③：2；4. JSK3：18；5. JSK7：4（1—5禹会村）；
6. T4③I：6；7. T1⑥E：22；8. T2⑥G：10；9. T7③I：18；10. T3③H：9（6—10山台寺）

　　刻槽盆：禹会村出土刻槽盆（图一二：1），形制接近河南龙山文化王湾类型的刻槽盆。刻槽盆在山台寺也盛行，多为深腹筒形，但也有浅腹的（图一二：2、3），两地的刻槽盆只是形制上稍有差别。

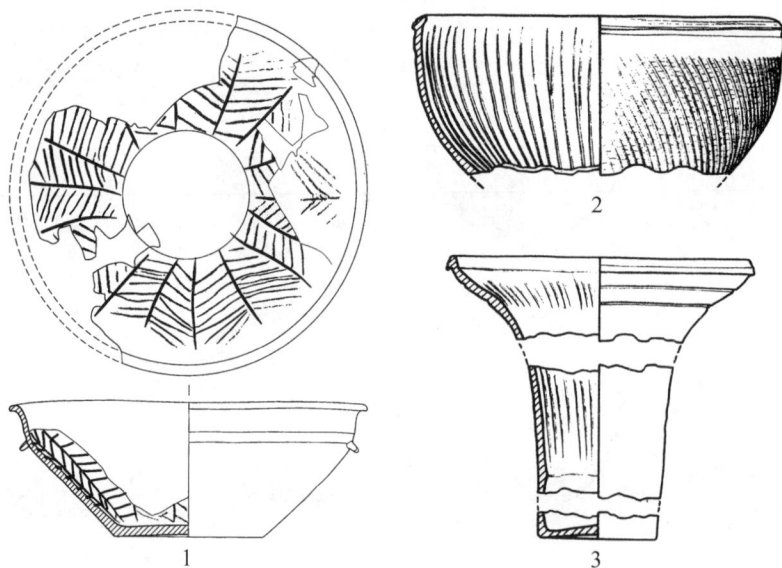

图一二　禹会村、山台寺遗址出土刻槽盆

1. 禹会村H44：4；2. 山台寺T8③D：13；3. 山台寺T4A③H：13

碗：禹会村ＡⅠ式碗接近山台寺ＢⅠ式碗，禹会村ＡⅡ式与山台寺ＡⅠ式圈足碗、禹会村Ｂ型与山台寺ＢⅢ式碗，也都近同。另外，山台寺出土的碗非常多（图一三），有的和《禹会村》称作器盖的器物近似，或是同一类器物。

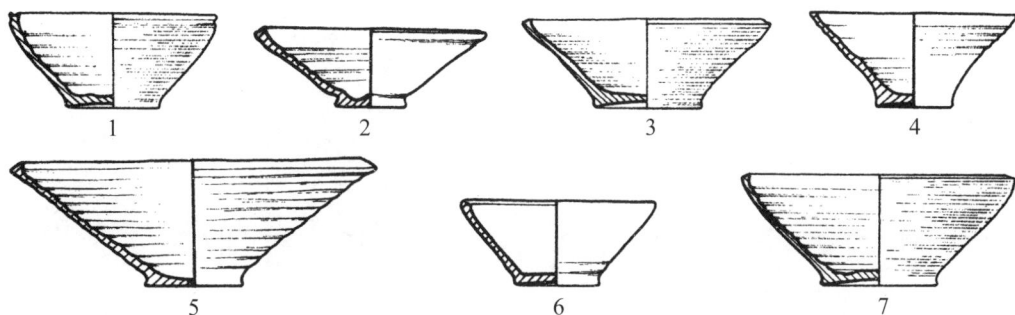

图一三 山台寺遗址出土陶碗

1. H59 ：6；2. H10 ：7；3. T8③D ：16；4. T3B⑥A ：2；5. H36 ：3；6. T2⑤A ：1；7. H77 ：57

器盖：禹会村的器盖实际上有相当一部分属于盖碗（图一四：1、2、3、4、5、6），山台寺的情况与此十分接近（图一四：9—11）。禹会村出土的盖面施附加堆纹，盖顶有残纽，相同的器盖在山台寺出土多件。禹会村的平底盘、圈足盘也见于山台寺。

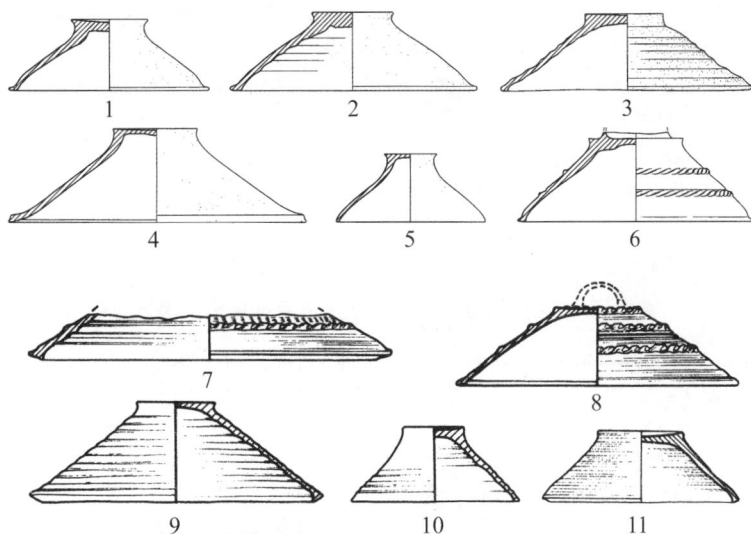

图一四 禹会村遗址出土器盖和山台寺遗址出土器盖、盖碗

1. JSK3 ：9；2. JSK3 ：17；3. H44 ：37；4. JSK4 ：1；5. JSG②：21；6. JSK2②：18（1—6禹会村）；7. T2⑤H ：1；8. T1⑦F ：12（7—8器盖，山台寺）；9. H36 ：3；10. T3B⑥A ：2；11.T8③D ：16（9—11盖碗，山台寺）

豆：禹会村的A型、B型、C型圈足豆，山台寺遗址也都有出土（图一五），只是多为残器。其中，禹会村A型圈足豆与山台寺AⅡ式豆近同，禹会村B型、C型圈足豆与山台寺AⅠ式豆近同。

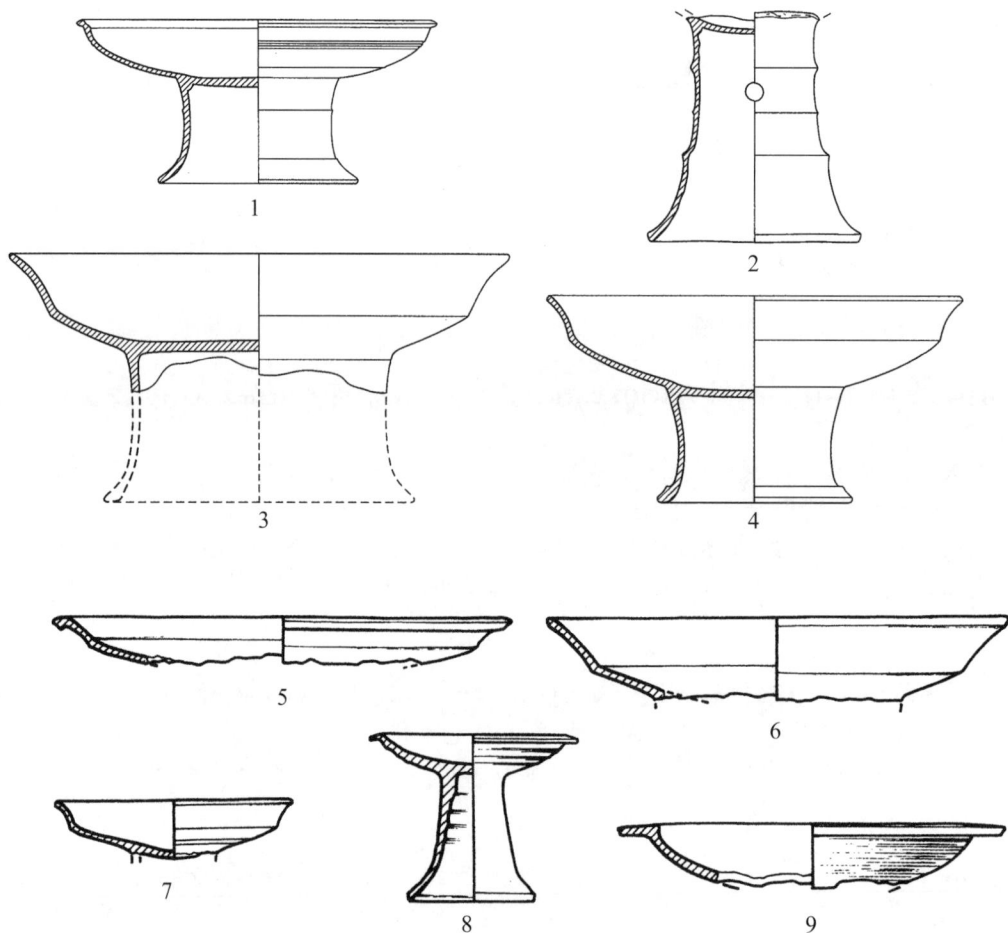

图一五 禹会村遗址出土陶豆和山台寺遗址出土陶豆

1. HG5：22；2. H44：14；3. JSK7：2；4. JSK8：1（1—4禹会村）；5. T4⑤A：17；6. T2A⑥H：1；7. T2⑦C：11；8. T1⑥H：8；9. H10：4（5—9山台寺）

壶形器：两个遗址的壶形器也可比较。禹会村的A型圈足壶与山台寺的AⅠ式瓶很相近。山台寺出土带流器，形制多样，有盆形、钵形、罐形等（图一六：3、4、5、6），个别也与禹会村的带流器（图一六：1、2）比较接近。

高柄杯：禹会村出土的高柄杯在山台寺也有出土（图一七），只是山台寺的高柄杯多为残器，形制上有些差别。

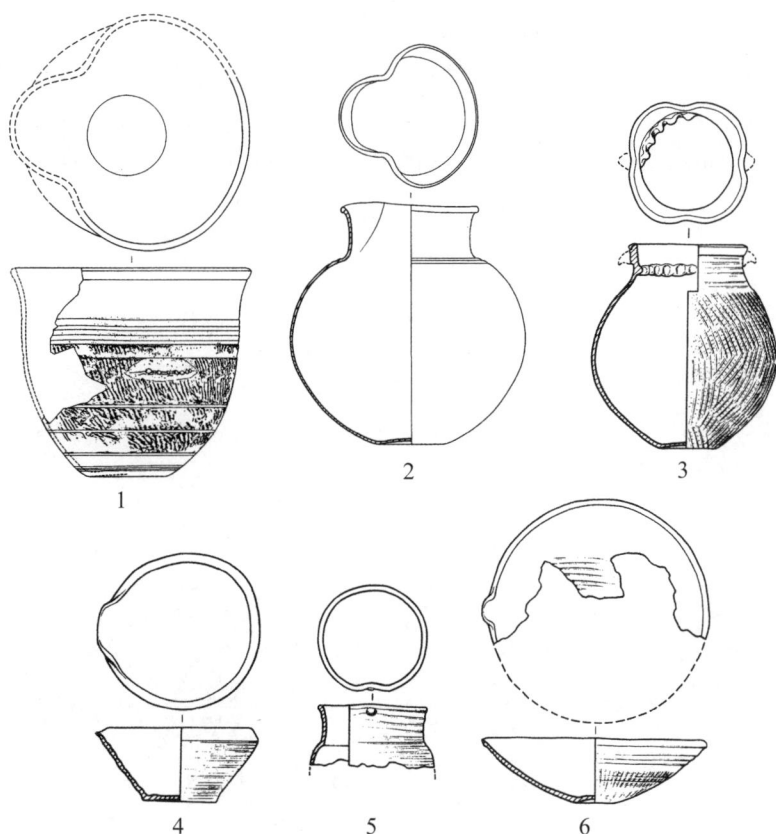

图一六 禹会村遗址出土带流器和山台寺遗址出土带流器

1. JSK2②：11；2. H38：2（1—2禹会村）；3. F2R2：23；4. T2⑥C：1；5. H76：38；
6. T5⑥E：14（3—6山台寺）

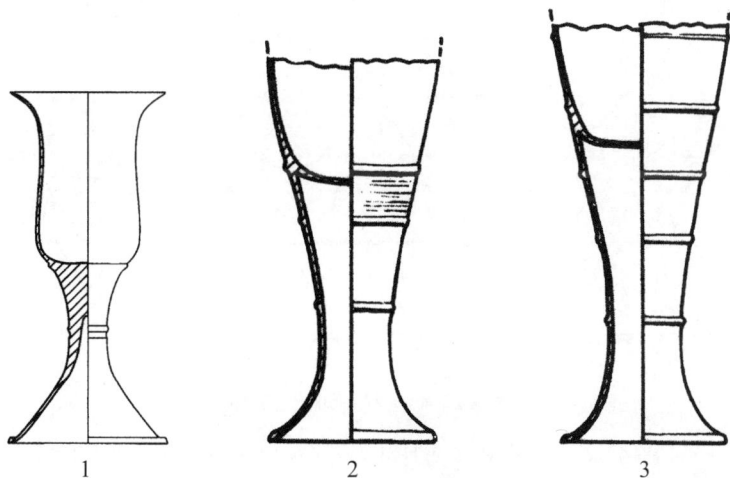

图一七 禹会村、山台寺遗址出土陶杯

1. JSK2②：31（禹会村）；2. T5⑥F：6；3. F2R3：3（2—3山台寺）

　　"璧形器"：禹会村的"璧形器"是一种较特殊的器形，山台寺曾出土2件底部有孔的盆形器，夹砂陶，器形硕大，器表附烟炱，似为炊爨用具。两地的这两种器形的共同点是器底都有孔。

　　盉：禹会村出土的AⅠ式盉与上蔡十里铺出土者接近，BⅠ式、BⅡ式、C型盉则与山台寺出土盉形制十分接近（图一八、图一九）。

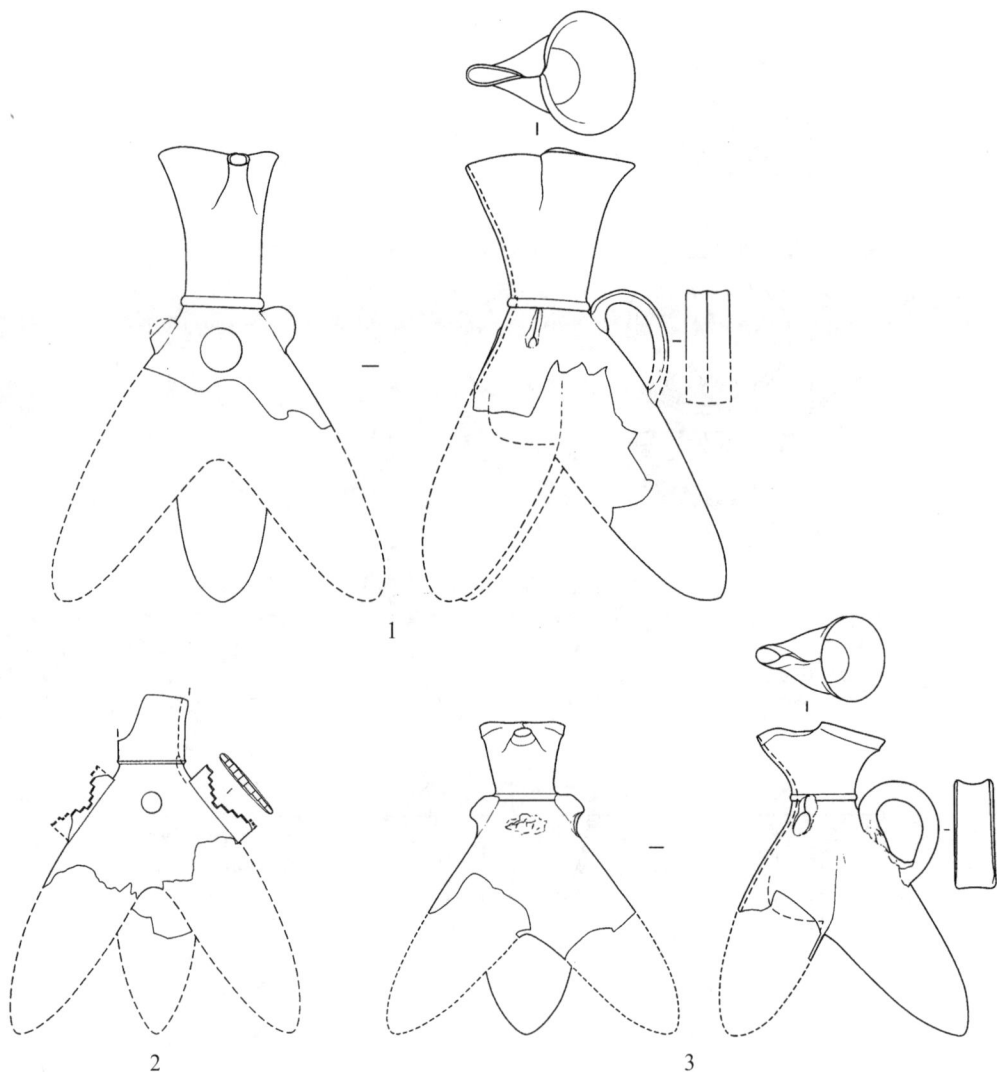

图一八　禹会村遗址出土陶盉

1. JSK2②：38（BI）; 2. H44：17（C）; 3. JSK2②：3（BI）

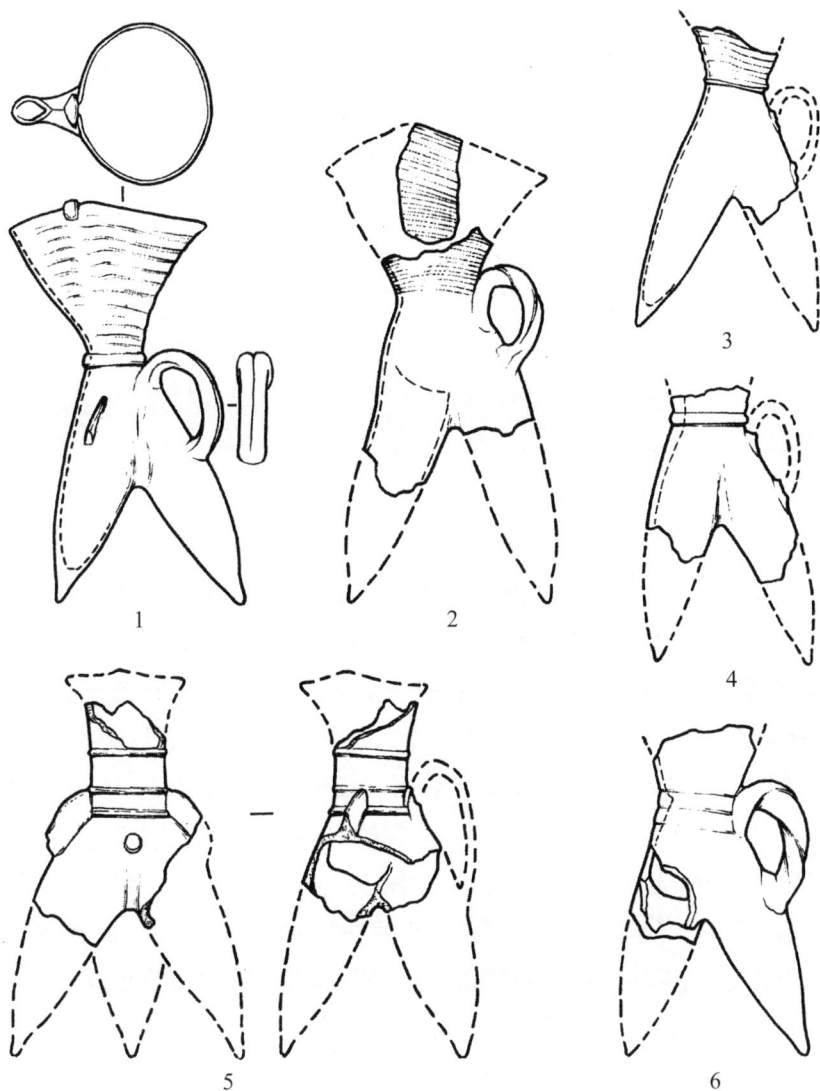

图一九 山台寺遗址出土陶盉

1. T1⑥G：1（AI）；2. H46：2（AI）；3. T4③J：19（AI）；4. T4③J：18（AI）；5. T2⑥G：9（AII）；6. T7⑥A：1（AI）

三、禹会村遗存与豫东龙山文化的相关问题

上文将禹会村和山台寺两个遗址出土的陶器作了比较。豫东山台寺龙山文化早期一、二段出土陶器有鼎、罐、甗、鬼脸鼎足、盆、豆、甑、盉、碗、高柄杯、器盖等15—16种器类，50余件器物，与禹会村遗址出土者异常相似。两地陶器也都是少见方格纹。在发掘山台寺遗址之前，笔者和其他学者一样曾认为盉和鬼脸鼎足是山东龙山文

化所固有，然而比较后就会发现它们也是豫东龙山文化的特色器物。

具有上述特点的豫东龙山文化器物，大量出现在禹会村这个含有多种文化因素的遗址中，这一现象如何解释？笔者以为还须回到禹会村这个遗址的名称上来。在《中国历史地图集》上，蚌埠附近就有一处标识为涂山氏的地名，⑫学者们认为是大禹盟会万邦、协调治水、祭祀先祖的场所，这也是20世纪中国古史学者凝聚的共识。而禹会村遗址的发现，验证了文献的这一记载不虚。写到这里尤使人感到冯时先生如下这段话的精辟："忽略甚至否定文献史学对考古学的作用，将不可避免地使考古学研究流于玄想。中国悠久的文明史积累了丰富系统的文献史料，构建了考古材料的诠释基础，重建古史，疏通知远而不诬，就不可能弃文献于不顾。"⑬从禹会村遗址含有多种考古学文化因素的特殊性看，禹会村可能就是当年大禹盟会万邦、协调治水、祭祀先祖的场所。而豫东龙山文化因素大量出现在禹会村这一盟会遗址中，似亦可以和文献记载相联系。《左传》昭公元年："昔高辛氏有二子，伯曰阏伯，季曰实沈，居于旷林。不相能也，日寻干戈，以相征讨。后帝不臧，迁阏伯于商丘，主辰，商人是因，故辰为商星；迁实沈于大夏，主参，唐人是因……故参为晋星。"《左传》襄公九年云："陶唐氏之火正，阏伯居商丘，祀大火。……以火纪时焉。"又《史记·殷本纪》："殷契。母曰简狄，有娀氏之女，为帝喾次妃。三人行浴。见玄鸟堕其卵，简狄取吞之，因孕生契。"契与禹同时代，《殷本纪》云"契兴于唐虞大禹之际"，"契长而佐禹治水有功，帝舜乃命契为司徒"。这就是说活动于豫东地区的以契为首领的部落或方国曾是夏禹治水的有力帮手，据传这种情况还延续至契的六世孙冥。《竹书纪年》帝少康"十一年，使商侯冥治河"。《国语·鲁语上》云"冥勤其官而水死"，韦昭注云："冥，契六世孙，根圉之子也，为夏水官。"因此夏禹在禹会村协和万邦治水和进行祭祀活动时，豫东地区以契为首领的部族或方国，因其距禹会村最近，又有水系相通（涡河），就可能加以协助。这样或许可以解释豫东地区的陶器出现在禹会村。

禹兴于中原豫西，这一带是河南龙山文化王湾类型的分布区域。禹会村遗存既有王湾类型龙山文化的面貌，也有豫东早期龙山文化的面貌，一定程度上后者似乎更突出。这也表明豫东龙山文化早期是处在夏禹时期，其对应的是王湾类型早期。如此，王湾类型就应当全部是夏文化，而非以前有学者所认为的夏文化是二里头文化再包括王湾三期的一部分；或二里头文化是夏文化，王湾类型并不是夏文化。另外，河北任丘哑叭庄龙山文化遗存，曾有学者认为是豫东龙山文化相当于契时期的一支，进入到河北南部与北方有娀氏一支相融合形成商文化。⑭本人也曾赞同这一说法，但在就相关陶器进行具体的比较后，提出了自己的认识。⑮现在禹会村遗存在一定程度上为夏文化探索提供了标尺，这样契的时代当是豫东龙山文化早期，而冀南任丘的哑叭庄文化遗存中，大部分呈现出豫东龙山文化晚期的面貌，自然就不能再与契相联系了。

豫东山台寺的龙山文化晚期遗存中有一座埋9头牛的祭祀坑，张光直先生认为这是探索豫东先商文化的重大突破。⑯据《竹书纪年》、《楚辞·天问》等古书记载，商王亥曾赶着牛群到有易氏地区，有易氏杀王亥，夺其牛群。后来王亥之子上甲微战胜有易氏，杀有易之君绵臣。《世本·作篇》亦有"相土作承马"、"胲作服牛"的内容，说明相土、王亥时商人开始用牛马挽车。张光直先生认为山台寺埋有9头牛的祭祀坑是探索先商文化的重要突破，或许也表明了他对相关文献记载的重视和认同。王亥所对应的时代约当夏王朝的少康时期，豫东龙山文化进入冀南大约也正当王亥的时代，哑叭庄文化遗存中大部分具有豫东龙山文化晚期的面貌，但也有河南龙山文化新砦期的陶甗，以及二里头文化早期的堆纹罐、瓮、敦等。冀南任丘哑叭庄龙山文化遗存的发现，无疑也是探索豫东先商文化的又一突破。这样，文献记载的先商的大体时代和考古材料所反映的时代也基本吻合。据此，夏的纪年只能推定到二里头文化中期。

20多年前我曾向"中国商文化国际学术讨论会"提交了《二里头文化陶甗管窥》一文，此文认为河南龙山文化王湾三期类型分布的中心地带缺少陶甗，这种情况一直延续至二里头文化第二期（包括同时期周边地区陶甗出土情况也如此）。联系到二里头遗址1号宫殿基址，当年的解剖发现它叠压二里头文化二期偏晚的灰坑H110，这样两者之间年代相差不到一期，如若把两者视为同一文化——夏文化的遗存，那么这座夏朝的宫殿从营建到使用都在一期之内，这在时间上也未免太短暂，更何况同期的还有2号宫殿及其他一些夯土基址。"至此，人们不禁要问在社会矛盾和阶级矛盾日趋尖锐的夏末，其社会环境、政治环境以及经济实力等客观条件，还能允许处在风雨飘摇中的夏王朝再有这般作为吗？"这种情况只能出现在一个王朝刚夺取政权时；与商人灭夏的历史相联系，"这一现象也恰巧与第三期出现陶甗的情况相一致，我们以为二里头第三期文化应属于早商文化，叠压在1号宫殿基址下的二里头第二期遗存是夏末期的文化"⑰。以上认识，对二里头遗址四期文化似乎是连续发展的情况也作了解释。我的上述构想，在二里头工作队近20年来的发掘成果中也可找到印证。如据近期的宫殿区5号基址发掘简报的报道，5号基址修建于二里头文化二期早段，最迟于二里头文化三期早段时已被废弃；其与3号基址相似的这种多进院落、院内有贵族墓葬、外无围墙的宫室建筑格局和内涵，构成了二里头文化早期宫室建筑、宫殿区布局的独特特征；二里头文化晚期，宫殿外围出现了城墙而形成宫城，以1、2号基址为代表的四合院式宫室建筑，以及以4、7、8号基址为代表的单体夯土台基式宫室建筑，与二里头文化二期的宫室建筑、宫殿布局和内涵有较大差别，但二里头文化二期时的"井"字形道路系统、大型夯土建筑和绝大多数墓葬的方向，则延续至二里头文化三、四期；二里头文化三、四期的陶器构成、形态特征也与二里头文化二期一脉相承、延续发展，表明都邑的主体人群并未发生变化，而宫殿区宫室建筑布局和内涵的较大变化，应是统治阶层的规划理念和政治理念发生变化的反映。[18]对此，我的理解是：二里头文化即夏文化，它的政权更迭是在二里头文化三期早段，新的统治集团保留、沿用原有的基础设施，主体人群的生活习俗依然如故，如同后世的朝代更迭。这和我当初的构想是相接近的，对此我倍感欣慰！

有学者力主下七垣文化为先商文化。而以淇县宋窑遗址和鹤壁刘庄墓地为代表的下七垣文化"辉卫型"，据学者考证则是夏商时期"韦"的文化遗存。[19]这就印证了王国维所考证的夏人和"商人错处河济盖数百岁"[20]的说法。同时这也说明先商文化中包含着"韦"的文化实显唐突，但如若除去"辉卫型"，那么下七垣文化为先商文化又显得太单薄。

从陶鬲流行的过程来看，先商文化北来说或许有较充分的理由，因为龙山时代的王湾类型、后冈类型、豫东龙山文化都不是盛行陶鬲的考古学文化，尤其是王湾类型除西边与三里桥类型相毗邻的遗址有陶鬲外，其余遗址均不见陶鬲。有学者曾断言豫东龙山文化不会出陶鬲，后来虽有出土，但数量确实少而又少。后冈类型的陶鬲也不多，经过报道的，后冈遗址有两三件、白营遗址两件、涧沟一两件，这三个遗址的情况说明，在后冈类型中陶鬲并不是主要炊具。到了夏代，二里头文化承袭了王湾类型龙山文化，依然少鬲，豫东尚没有太明确的相当于二里头文化时期的文化，因此还不能断言不存在陶鬲。关于豫北的下七垣文化"辉卫型"，从淇县的宋窑遗址和鹤壁刘庄墓地的情况来看，陶鬲数量较多，尤其是刘庄墓地，出土陶鬲不仅数量惊人而且型式繁复，但看不出它们与偃师商城或郑州二里冈的陶鬲有什么联系，更谈不上它们之间存在承传关系。[21]下七垣文化的本地根基不明显，至少目前还未能理出相关文化的渊源与承袭关系，从下七垣文化"辉卫型"的文化面貌来看尤其如此，它与后冈二期文化同样没有明确的承袭关系，相反，部分学者认为宋窑龙山文化更具王湾类型的特点。因此，从鬲在豫北的发现情况来看，先商文化北来说是否就是不易之论，还有待检验。

古本《竹书纪年》云："汤有七名而九征。"《孟子·滕文公下》云："汤始征，自葛载，十一征而无敌于天下。"《史记·殷本纪》云："汤征诸侯。葛伯不祀，汤始伐之。"《集解》引《地理志》曰："葛，今梁国宁陵之葛乡。"自从有学者提出先商文化北来说之后，上述这些文献记载基本不被采信或另作解释，可是《孟子·滕文公下》所说的"汤始征"是从哪里开始的？按先商文化北来说，那就是从北面开始征伐在豫东宁陵的葛，这是长距离的征战，按此说商与葛为邻的说法就被抹消了。如此一来有学者所说的"是知汤灭葛之后，继续出击，北伐韦、顾"又作何解？本在豫北、冀南的先商对"韦"、"顾"就近便可解决，还需要北伐吗？这就是先商文化豫北说的问题所在，但若把先商文化放在豫东商丘，这个问题就迎刃而解了。

总之，豫东龙山文化与禹会村龙山文化遗存有着密切的关系，这反映的应是文献所载的"契"协助夏禹王治水的历史事件，亦反映了夏、商文化初期的互助合作关系。若再结合山台寺发现的9牛祭祀坑，这种关系应引起足够重视。另外，山台寺龙山文化晚期有若干器形见诸二里头文化早期遗存中，[22]山台寺龙山文化的碳-14测定年代大约为公元前2135—公元前1626年，这些情况都是对豫东龙山文化年代学研究的重要推进，对中原龙山文化以至夏商文化年代学研究同样极具价值。

附表 禹会村与山台寺遗址出土同形陶器比较表

	蚌埠禹会村：见《蚌埠禹会村》	柘城山台寺：见《豫东考古报告》
鼎	A Ⅰ式鼓腹鼎HG5：12（图八六，1） A Ⅰ式鼓腹鼎JSK7：3（图八六，3） A Ⅰ式鼓腹鼎JSK2①：4（图八六，4） A Ⅰ式鼓腹鼎JSG②：2（图八六，5） A Ⅰ式鼓腹鼎JSK4：2（图八六，7） 盆形鼎H38：1（图九〇，8）	A Ⅰ式鼎T4A⑤A：3（图4-50，1） A Ⅰ式鼎T4③H：7（图4-50，5） A Ⅱ式鼎H76：39（图4-50，4） A Ⅱ式鼎F2R2：30（图4-50，6） A Ⅲ式鼎H29：3（图4-50，9） D型鼎H5Ⅰ：Ⅰ（图4-50，8）
鼎足	鬼脸式鼎足（图一二八）	鬼脸式鼎足（图4-53）
甗	甗JSK3：39（图九九，2） 甗H40：2（图九九，3）	A Ⅰ式甗T8⑤B：2（图4-54，7）
甑	A Ⅰ式甑JSG②：17（图一一一，1） A Ⅰ式甑T2035④：5（图一一一，2） A Ⅱ式甑JSK3：31（图一一一，3） B型甑JSK4：7（图一一一，4）	A Ⅱ式甑T4③A：5（图4-57，1） A Ⅱ式甑H32：15（图4-57，6） B Ⅰ式甑T1⑥H：7（图4-57，3） B Ⅱ式甑T2⑦C：9（图4-57，4）
甗	A型甗JSK2①：9（图一〇一，2） A型甗H51：1（图一〇一，4） B型甗JSK2②：39（图一〇一，6）	甗T4A③H：9（图4-56，3） 甗T1⑥E：27（图4-56，2） 甗T7④B：1（图4-56，1）
罐	A Ⅰ式深腹罐H23：1（图九二，4） A Ⅰ式深腹罐JSK6：4（图九二，2） A Ⅱ式深腹罐JSK2②：46（图九二，5） A Ⅱ式深腹罐T2003④：1（图九二，6） A Ⅱ式深腹罐T2046④：1（图九二，8） A Ⅱ式深腹罐JSK2②：30（图九二，9） A Ⅱ式深腹罐HG5：19（图九三，2） A Ⅱ式深腹罐HG5：20（图九二，10） A Ⅱ式深腹罐SJG②：5（图九三，1） B Ⅰ式深腹罐JSK3：33（图九三，5） B Ⅰ式深腹罐JSK3：2（图九三，10） A Ⅰ式鼓腹罐JSG③：72（图九七，1） A Ⅰ式鼓腹罐JSK1：1（图九七，2） A Ⅰ式鼓腹罐T2035④：1（图九七，3） A Ⅰ式鼓腹罐JSK2①：7（图九七，4）	A Ⅰ式深腹罐T3A⑤B：5（图4-61，5） A Ⅱ式深腹罐T4A③I：8（图4-63，8） A Ⅱ式深腹罐T8④A：5（图4-63，9） A Ⅳ式深腹罐H10：13（图4-63，7） A Ⅳ式深腹罐T1⑥E：10（图4-61，4） A Ⅳ式深腹罐H10：9（图4-61，3） A Ⅴ式深腹罐T6③D：4（图4-63，2） A Ⅵ式深腹罐H7：2（图4-62，1） B Ⅰ式深腹罐T3⑤A：4（图4-68，1） B Ⅱ式深腹罐H36：6（图4-73，5） A型小口高领罐H36：5（图4-72，1） A型小口高领罐H38：1（图4-72，4） A型小口高领罐TⅠ⑥H：12（图4-72，5） A型小口高领罐H32：16（图4-72，6） B Ⅰ式小口高领罐T7③I：20（图4-73，1）

	蚌埠禹会村：见《蚌埠禹会村》	柘城山台寺：见《豫东考古报告》
浅腹盆	AⅡ式浅腹盆 JSG③：2（图一〇八，3） B型浅腹盆 JSK3：18（图一〇八，5） B型浅腹盆 JSK2②：9（图一〇八，6） B型浅腹盆 JSK2②：24（图一〇八，7）	AⅢ式浅腹盆 T1⑥E：22（图4-84，7） BⅡ式浅腹盆 T3③H：9（图4-84，12） BⅡ式浅腹盆 T7③I：18（图4-84，6） BⅡ式浅腹盆 T4③I：6（图4-84，8）
器盖	AⅠ式器盖 JSG②：21（图一一七，3） AⅠ式器盖 HGI：1（图一一七，4） BⅠ式器盖 H44：37（图一一七，7） BⅠ式器盖 JSK3：17（图一一七，8） BⅠ式器盖 JSK4：1（图一一七，11） BⅡ式器盖 JSK2②：18（图一一七，12） CⅠ式器盖 HG1：6（图一一八，1） CⅠ式器盖 JSG3：14（图一一八，7） CⅠ式器盖 JSG3：12（图一一八，8）	AⅠ式器盖 T1⑦F：12（图4-97，4） BⅠ式盖碗 H36：3（图4-95，4） BⅠ式盖碗 T8③D：16（图4-95，2） BⅡ式盖碗 T3B⑥A：2（图4-95，3） 盖纽 T6③D：6（图4-97，8） 盖纽 T4③H：32（图4-97，9） 盖纽 T4A③I：7（图4-97，10）
豆	A型圈足豆 JSK8：1（图一〇九，1） A型圈足豆 T2030③：1（图一〇九，5） A型圈足豆 JSK7：2（图一〇九，7） B型圈足豆 HG5：22（图一〇九，6） C型圈足豆 H44：14（图一〇九，8）	AⅠ式豆 T1⑥H：8（图4-88，1） AⅡ式豆 T2A⑥H：1（图4-88，11） AⅡ式豆 T2⑦C：12（图4-88，3） AⅡ式豆 T4⑤A：17（图4-88，12） DⅡ式豆 H10：4（图4-88，10）
高柄杯	B型高柄杯 JSK2②：31（图一〇九，2）	Ⅱ式高柄杯 T5⑥F：6（图4-93，8） Ⅱ式高柄杯 f2R3：3（图4-93，9）
带流器	A型带流罐 JSK2②：11（图一一一，6） B型带流罐 H38：2（图一一一，5）	AⅡ式带流罐 H76：38（图4-71，1） B型匜 T2⑥C：1（图4-81，2）
盉	BⅠ式盉 JSK2②：38（图一一四，1） BⅠ式盉 JSK2②：3（图一一四，2） BⅡ式盉 JSK2②：4（图一一五，1） BⅡ式盉 HG5：8（图一一五，2） C型盉 H44：17（图一一五，4）	AⅠ式盉 T1⑥G：1（图4-60，1） AⅠ式盉 T4③J：19（图4-60，3） AⅡ式盉 T2⑥G：9（图4-60，5）

说明：表中图号为原发掘报告的图号。

① 中国社会科学院考古研究所、安徽省蚌埠市博物馆：《蚌埠禹会村》，第325页，科学出版社，2013年。

② 李景聃：《豫东商丘永城调查及造律台黑孤堆曹桥三处小发掘》，见《中国考古学报》第2期，1947年。

③ a. 商丘地区文物管理委员会、中国社会科学院考古研究所洛阳工作队：《1977年河南永城王油坊遗址发掘概况》，《考古》1978年第1期。b. 中国社会科学院考古研究所河南二队、河南商丘地区文

物管理委员会：《河南永城王油坊遗址发掘报告》，见《考古学集刊》第5集，中国社会科学出版社，1987年。

④ 李伯谦：《论造律台类型》，《文物》1983年第4期。

⑤ 李仰松：《从河南龙山文化的几个类型谈夏文化的若干问题》，见《中国考古学会第一次年会论文集》，文物出版社，1980年。

⑥ 张文军等：《河南鹿邑栾台遗址发掘简报》，《华夏考古》1989年第1期。

⑦ 曹桂岑：《郸城段寨遗址试掘》，《中原文物》1981年第3期。

⑧ 曹桂岑：《郸城段寨遗址试掘》，《中原文物》1981年第3期。

⑨ 段振宏、张翠莲：《豫东地区考古学文化初论》，《中原文物》1991年第2期。

⑩ 中国社会科学院考古研究所、美国哈佛大学皮保德博物馆：《豫东考古报告》，科学出版社，2017年。

⑪ 高天麟：《豫东地区的考古学文化与先商文化探索》，见《黄河流域史前·夏商考古》，社会科学文献出版社，2018年。

⑫ 中国历史地图集编辑组：《中国历史地图集》第一册，第9—10页，中华地图学社，1975年。

⑬ 冯时：《考古学中国学派的理论建设》，《中国社会科学报》2020年10月12日。

⑭ 韩建业：《先商文化探源》，《中原文物》1998年第2期。

⑮ 高天麟：《河北任丘哑叭庄龙山文化遗存再认识》，见《黄河流域史前·夏商考古》，社会科学文献出版社，2018年。

⑯ 张光直先生看到张长寿先生1995年的工作汇报后，在1996年2月13日致张长寿先生的回信中说："这次在山台寺发现牛祭祀坑给我很大的鼓励，这是我们头一次发现上面写着'商'的遗物。"见《豫东考古报告》第399页。

⑰ 高天麟：《二里头文化陶鬲管窥》，见《黄河流域史前·夏商考古》，社会科学文献出版社，2018年。

⑱ 中国社会科学院考古研究所二里头工作队：《河南偃师市二里头遗址宫殿区5号基址发掘简报》，《考古》2020年第1期。

⑲ 张立东：《论辉卫文化》，见《考古学集刊》第10集，地质出版社，1996年。

⑳ 王国维：《殷周制度论》，见《观堂集林》第十卷，中华书局，1959年。

㉑ 高天麟：《鹤壁刘庄下七垣文化墓地陶器分期等相关问题探析》，见《黄河流域史前·夏商考古》，社会科学文献出版社，2018年。

㉒ 高天麟：《浅议豫东龙山文化与二里头文化的关系——兼谈豫东地区先商文化探索的前途问题》，见《二里头遗址与二里头文化研究》，科学出版社，2006年。

东亚大陆早期用铜史上的"多种合金尝试期"

许 宏

（中国社会科学院考古研究所）

一

东亚大陆的用铜史，可以上溯到公元前4700年甘肃东乡林家遗址马家窑文化青铜刀的发现。在此后长达两千年的时间（约公元前4700～公元前2700年，大致属考古学上的仰韶时代）里，用铜遗存的考古发现寥若晨星，仅在陕西临潼姜寨、渭南北刘、山西榆次源涡镇和甘肃东乡林家4处遗址中发现有零星的小件黄铜（铜锌合金）、红铜（纯铜）、青铜（铜锡合金）器或炼渣等遗物，这4处遗址分属西北地区的马家窑文化、陕晋高原仰韶文化的不同时段和类型，它们在所属考古学文化中多为孤例，时空差颇大，彼此不相关联。这数例零星出现的红铜或原始铜合金具有极大的偶然性且不能量产，在各地皆昙花一现，作为孤例的东乡林家青铜刀则尚存争议。它们与后来集中发现的用铜遗存之间存在较大的空白期，无法看作后来青铜冶铸的先声。[①]

这种情况持续至龙山时代前期。龙山时代前期阶段的用铜遗存主要发现于华东与华中低地区域，涉及的考古学文化有大汶口文化（晚期）、海岱龙山文化（早期）和石家河文化（中晚期），年代约当公元前2500～公元前2100年。在数例用铜遗存的发现中，大汶口文化晚期仅在骨器上发现铜绿，山西绛县周家庄遗址陶寺文化早中期铜片和山东胶州三里河遗址铜锥形器均属黄铜，除此之外，仅在湖北天门石家河遗址群发现残器数件，但材质不详，背景不清。此外就是若干铜矿石、铜渣、炉壁和坩埚残片等与冶铸相关的遗物。[②]另有一些零星发现无法确认具体时段。

要之，在整个东亚大陆，公元前4700～公元前2100年这两千多年的时间里，对金属加工的探索尚处于初期阶段，或可称为"原始铜合金初现期"。而下一个阶段的公元前2100～公元前1700年，应属"多种合金尝试期"。这是东亚大陆青铜时代前夜的重要准备期，近年最新的考古资料使对这一阶段的深入梳理成为可能。

二

至公元前2100年前后，东亚大陆各地的用铜遗存始有较普遍的发现。除了上一阶段已有的黄铜、红铜、锡青铜外，还出现了铅青铜、锡铅青铜和砷青铜。在制造方法上，则锻造和范铸并存；虽已发现了零星的较复杂的复合范铜铸件，但尚无成功制造出铜容器的证据。在龙山时代的末尾阶段，中原腹地的嵩山周围兴起了新砦类遗存和二里头文化第一期遗存（约当公元前1900～公元前1700年），可以作为多种合金尝试期的下限。随着时间的推移，考古年代学测年的精度在提高。我们可以把这数百年时间再细分为两个小的时段，从中可窥知用铜活动在东亚大陆的扩展过程。

（一）"多元合金尝试期"早段

进入公元前2100～公元前1900年这一时段，各地的用铜遗存才开始有较多的发现，涉及的考古学文化有西北与华北高地区的马厂文化（晚期）、石峁文化（早期）、陶寺文化（中晚期），以及华中与华东低地区的王湾三期文化（晚期）、造律台文化（中晚期）、肖家屋脊文化（或后石家河文化）等。但在一般聚落中发现的成形器物，仍只有器形简单的刀、锥等小型工具，与前段相比并无明显的进步。与此形成鲜明对比的是，中原地区某些中心聚落异军突起，开始铸造工艺较复杂的铜铃和容器等空腔器。

1. 西北与华北高地区域

这一区域存在用铜遗存的遗址海拔高度多在1 500～500米之间，是较早集中出现用铜遗存的地区（图一）。

河西走廊上的甘肃酒泉照壁滩、高苜蓿地分别发现了红铜锥（锻造）和红铜块（铸造）。[3]张掖西城驿遗址，则发现了属于此期的炉渣（炼铜渣）。[4]陇东地区永登蒋家坪出土的残青铜刀，应系双合范铸造而成。[5]出土这类用铜遗存的马厂文化的年代，曾被认为约当公元前2300～公元前2000年，[6]依目前最新的认识，上述遗存均属马厂文化晚期，约当公元前2100～公元前2000年，[7]这与前述的东乡林家马家窑文化青铜刀之间存在着600余年的时间差。

应指出的是，西北和北方地区既往的测年数据，与黄河中下游和长江中下游遗存的系列测年数据不具有可比性。依据最新系列测年成果，中原地区"与传统的考古学文化谱系的编年框架相比较，新的认识普遍晚了约200～300年"[8]。就西北和北方地区早年的测年结论而言，这是一个可资比较的参考数值。在新的测年框架下，后者应有相应下拉的空间。

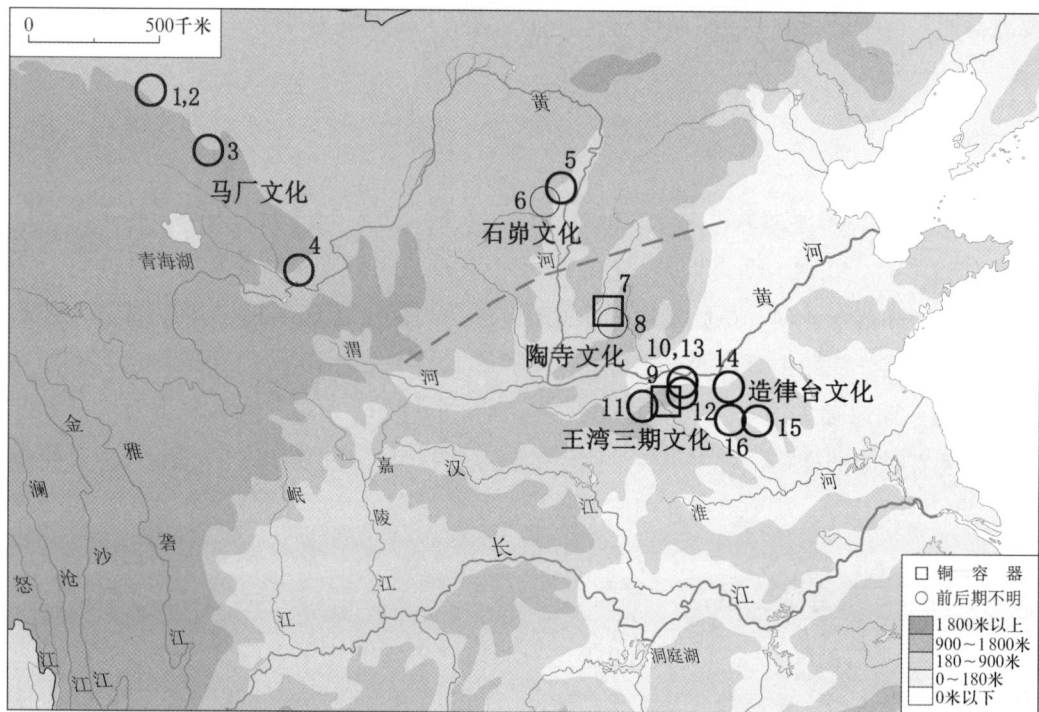

图一 "多元合金尝试期" 早段用铜遗存的分布

1. 酒泉照壁滩；2. 酒泉高苜蓿地；3. 张掖西城驿；4. 永登蒋家坪；5. 神木石峁；6. 榆林火石梁；7. 襄汾陶寺；8. 曲沃东白家；9. 登封王城岗；10. 郑州牛砦；11. 汝州煤山；12. 新密古城寨；13. 郑州董砦；14. 杞县鹿台岗；15. 鹿邑栾台；16. 淮阳平粮台

与上述甘青地区的发现大体同时，在陕北地区神木石峁遗址的早期遗存中发现了铜锥，时代约当公元前2100年前后。⑨遗址上采集的铜片和铜锥、传出石峁遗址的铜齿轮形器，以及榆林火石梁遗址发现的残铜刀⑩等，或属此期遗存。

在可以确认的公元前1900年之前的用铜遗存中，最令人瞩目的是山西襄汾陶寺遗址陶寺文化中晚期的发现。一件可能为盆的容器残片系用砷铜铸造而成，时代属陶寺文化中期。⑪在稍晚的陶寺文化晚期的一座小墓中，发现一件红铜铃，亦属复合范铸造技术的产物。⑫但此铃较为粗糙且多孔，证明红铜确实因流动性差，易吸收气体，这可能是迄今罕见红铜容器的原因之一。⑬陶寺遗址陶寺文化晚期遗存中还发现有砷铜齿轮形器、红铜环和蛙形饰，⑭前二者与上述陕北地区传出神木石峁遗址的铜齿轮形器和西北地区的铜环类同。另在曲沃东白家遗址采集到坩埚片，或属陶寺文化。⑮

陶寺遗址出土的铜盆（？）和铜铃，开启了东亚大陆利用陶质复合范铸造空腔器物和容器的文化传统之先河。该遗址位于广义中原地区的西北部，邻近西北、北方地区的区位特征值得重视。有学者直接将其划归"高地龙山社会"，⑯是有道理的。值得注意的是，陶寺遗址出土的铜器都不是大墓中的随葬品，都与后来以二里头为先导的中原王朝的青铜礼器没有承继关系，没有证据表明它们是贵族身份地位的象征物。在陶寺遗址没有发现铸铜作坊，这些铜器的功用和生产地等问题还有待进一步探究。

2. 华中与华东低地区域

这一区域存在用铜遗存的遗址多分布在海拔20～250米之间，大致可确认早至公元前1900年以前的用铜遗存仅有数例。

河南登封王城岗遗址龙山文化第四期遗存中，出土了一件青铜容器（可能为鬶）的腹部或袋状足的残片，其年代与陶寺文化晚期大体同时。[17]这是东亚大陆现知最早的用复合范铸造法（块范法）制作的青铜容器。

此外，在郑州牛砦、汝州煤山、新密古城寨等遗址还出土了熔炉残块、残片和可能为熔炉的陶缸残片。上述遗存均属王湾三期文化晚期。郑州董砦遗址也出土了或属王湾三期文化的铜片。[18]

偏东的豫东地区分布着造律台文化，在河南杞县鹿台岗、鹿邑栾台遗址相当于造律台文化中晚期的遗存中分别发现了可能是刀的铜器残件和铜块，在淮阳平粮台遗址则发现了铜渣。[19]上述铜器和铜渣等在遗址内都单独存在，至今尚未发现清楚的制造场所遗迹。

从上述用铜遗存较普遍地存在于普通聚落，而铜器又基本为日常用品的情况看，最初的冶铜和锻铸铜器的尝试应是"群众性"的。诚如有学者指出的那样，这一时期，"东亚大陆上几乎所有重要的聚落，都着手进行铜器铸造的实验，这些实验，大多数都失败了，即使有成功的，也未对整个社会造成太大的影响"[20]。

值得注意的是，最先出现使用复杂的陶质块范法铸造空腔铜器的山西襄汾陶寺和河南登封王城岗，都是中原文化区（以河南为中心的黄河中游地区，地跨上述高地区和低地区两大地理板块）的中心城邑，前者地处东亚大陆西北高地区的东南缘，后者地处东南低地区的西北缘，与西北高地区接壤。从地理位置上看，它们都是面向内陆地区的。

（二）"多元合金尝试期"晚段

这一阶段约当公元前1900～公元前1700年。地处内蒙古东部和辽西山地区的夏家店下层文化的年代上限，既往认为可早到龙山时代晚期，但依最新研究，其早期遗存应与二里头文化的年代相当；而辽东半岛上的双砣子一期文化出土的所谓青铜戈应系晚期遗物。可知东北地区南部在此阶段并无用铜遗存发现。[21]

排除了东北地区后，可知涉及此期用铜遗存的考古学文化有西北与华北高地区的西城驿文化、齐家文化（中期）、石峁文化（晚期），以及华中与华东低地区的新砦类遗存和二里头文化（第一期）等（图二）。

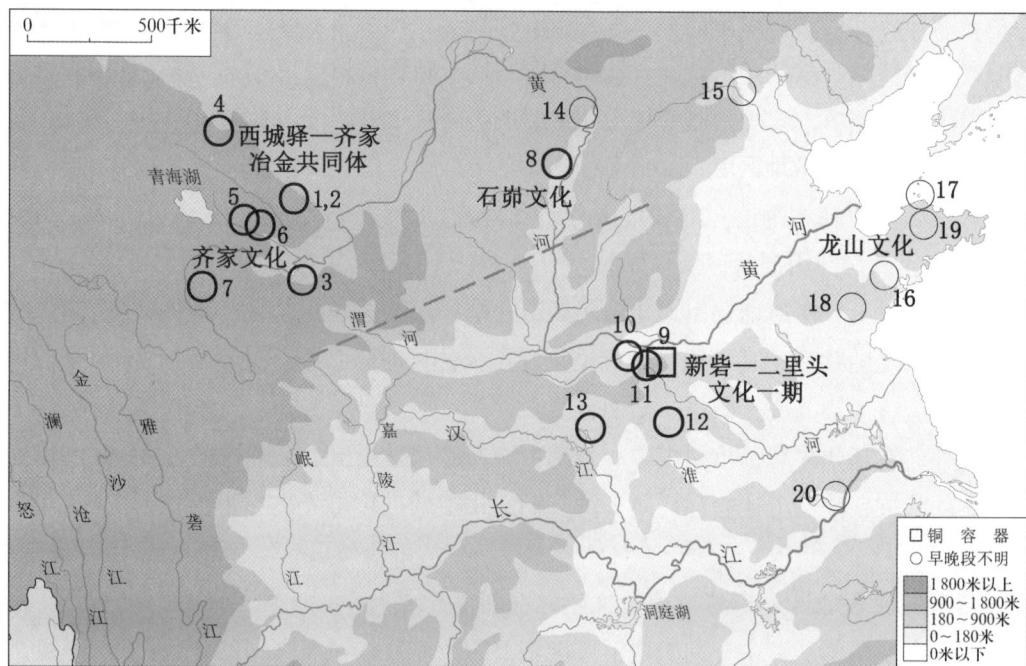

图二 "多元合金尝试期"晚段用铜遗存的分布

1.武威皇娘娘台；2.武威海藏寺；3.临夏秦魏家；4.张掖西城驿；5.大通长宁；6.互助总寨；7.同德宗日；8.神木石峁；9.新密新砦；10.偃师二里头；11.登封南洼；12.郾城郝家台；13.淅川下王岗；14.准格尔；15.怀来；16.诸城；17.长岛；18.临沂；19.栖霞；20.含山

1. 西北与华北高地区

约公元前2000～公元前1700年之间，在河西走廊地区，西城驿文化[22]的分布最西达于敦煌一带，有证据表明这一人群冶炼红铜和含砷、铅等合金活动的独立存在。在新疆哈密天山北路遗址也发现有西城驿文化风格的铜器，可能是该文化西向影响所致。在河西走廊偏东区域，西城驿文化与齐家文化共存于冶金遗址，二者冶金遗存的面貌难以区分，应形成了"西城驿—齐家冶金共同体"[23]。在甘肃武威皇娘娘台、海藏寺、临夏秦魏家和张掖西城驿[24]等遗址，都发现了相当数量的铜器，器类仍以工具（如斧、刀、锥、凿、钻等）和装饰品（如环、泡等）为主，红铜、砷铜、青铜兼有，锻造与铸造并存。在西城驿遗址还发现了铸造铜镜的石范，此外还发现了鼓风管、矿石、炉渣、炉壁等与冶金活动有关的遗存，推测该遗址从这一时期开始，可能是河西地区的一处冶金中心。青海大通长宁、互助总寨、同德宗日遗址[25]齐家文化早期用铜遗存的发现与其类同。

西城驿遗址发现的镜范，是迄今所知东亚大陆最早的石质镜范。铜镜的渊源，或可上溯至欧亚草原和中亚地区。

陕西神木石峁遗址晚期遗存则出土了铜质有銎镞和刀，以及制造刀、锥的石范。㉖石峁遗址出土的有銎镞，是东亚大陆现知最早的铜镞。有銎器，显然也是内亚地区的制器传统。该遗址出土的石质刀范和锥范，是东亚大陆现知最早的工具类石范。

有学者指出，正是西城驿文化形成的冶炼中心对齐家文化产生了强大的吸引力，才促使其大规模西进。㉗无论如何，齐家文化冶金技术（铜器）的出现确实是齐家文化到达河西走廊以后的事。西城驿文化是较先掌握冶炼技术和从事冶炼活动的人群，齐家文化的冶金技术应直接来源于西城驿文化。㉘

齐家文化虽发现较早，但一直没有建立起综合的分期框架。1987年，张忠培发表了《齐家文化研究》一文，㉙可以认为是奠基之作，其初步的分期研究结束了把延续数百年的齐家文化当作一个整体看待的局面。就用铜遗存而言，他把齐家文化分为三期八段，指出经过鉴定为青铜制品的遗迹单位，均属于齐家文化第三期，而早于第三期的铜器，经鉴定者全部为红铜。"在中国广大土地上孕育出来的许多不同谱系的考古文化中，还只有齐家文化可能被认为是独立地走过了纯铜—青铜这一基本完整的制铜技术的过程。"在此基础上，滕铭予提出了更为系统的甘青地区早期铜器起源和发展的序列：红铜、原始铜合金—红铜—红铜、青铜—青铜，认为这"反映了这一地区早期冶铜技术从不成熟到成熟的发展过程"㉚。

依韩建业的分期方案，"齐家文化中期"相当于龙山时代后期的铜石并用时代晚期（约公元前2200～公元前1900年），偏西的河西走廊东部诸遗址发现红铜器；而"齐家文化晚期"相当于夏代晚期至商代初期的青铜时代前期（公元前1900～公元前1500年），红铜与锡青铜、铅青铜、铅锡青铜共存。㉛这里被归为齐家文化中期的河西走廊东部诸遗址，如前所述，大致属于"西城驿—齐家冶金共同体"。

在最新发掘的甘肃临潭磨沟齐家文化墓地中，北区的墓葬年代较早，约当齐家文化中期。其中两座墓的"随葬陶器中各有1件白陶盉，形态甚似二里头文化的同类器物"㉜。从白陶盉的形态上看，与二里头文化第二期（绝对年代约公元前1680～公元前1610年）㉝晚段相当，可知这类墓葬的年代不早于此。这与最新估定的齐家文化的年代框架大致吻合，"暂时可以将齐家文化的年代上限定在公元前3千纪末叶，年代下限则相当于公元前2千纪中叶，公元前2100～公元前1450年应当是一个可以参考的年代范围"㉞。可知齐家文化青铜器出现的年代上限与二里头文化早期的年代大致相近，下限则相当于二里冈文化早期。

2. 华中与华东低地区

河南新密新砦遗址出土的一件红铜容器（鬶或盉类酒器？）残片，相当于中原龙山文化和二里头文化之间的"新砦类遗存"，约当公元前1850～公元前1750年。㉟该遗址的"新砦类遗存"中还出土了含砷的红铜刀、砷铜片和錾等。㊱

相当于二里头文化第一期的遗存中，用铜遗存乏善可陈。新密新砦遗址发现了含砷的红铜残片和红铜块；[37]偃师二里头遗址发现了青铜刀和红铜刀各一，此外还出土有铜渣。[38]登封南洼、郾城郝家台和淅川下王岗遗址[39]则分别出土了红铜凿、铜棒和若干残铜器。

从王城岗遗址的青铜容器残片，到新砦遗址的红铜容器残片，是东亚大陆腹心地区开始尝试制造铜质礼容器的例证。在二里头文化早期（第一期乃至第二期），关于铜质礼容器铸造的线索了无踪迹，虽有考古发现的或然性，但也暗示着铸造探索过程的曲折不易。

在龙山时代用铜遗存的发现中，有数例仅知大体属于此期而无法确认具体时段，它们分布于内蒙古准格尔旗，河北怀来，山东诸城、长岛、临沂、栖霞，安徽含山等地，其产品也均为造型和工艺简单的日常用品和装饰品中的小件器物，此外还发现有铜渣和可能与熔铜有关的坩埚片等。

三

综上所述，东亚大陆公元前4700～公元前2100年之间所出现的零星用铜遗存，应属"原始铜合金"，是古人"利用共生矿冶铜技术的探索实践"的产物，其出现具有偶然性且不能量产，与后来红铜、青铜器的生产存在大时段的冶金史空白。因而，这一阶段应仍属新石器时代的范畴。"新石器时代中期（仰韶）与晚期（龙山）的遗址中出土的残铜器或冶炼遗迹，经常是在其考古学文化或遗址中为孤例。换言之，即使证明出土的层位无误，偶然出现的冶铜经验，并未传承或推广，更未引发社会变化——比方有组织、有系统地找寻矿源，形成新的武器系统，形成新的意识形态，或新的礼器系统等——引领整体社会进入另一个阶段。"[40]

而由上述观察可知，东亚大陆应不存在以使用红铜器为主要特征的所谓"铜石并用"时代。[41]齐家文化铜器出现的初始阶段、陶寺文化中晚期是否仅使用红铜，还有待于今后的发现。即便它们都有一个以使用红铜器为主的阶段，其延续时间也不过200～300年。在多数区域，早期铜器的使用呈现出红铜、砷铜、青铜并存的状况。延续时间短、各种材质的铜器共存，暗寓着用铜遗存出现的非原生性。

如多位学者已分析指出的那样，东亚大陆用铜遗存的出现，应与接受外来文化影响关系密切。"中国西北地方对来自中亚及以远地区的冶金术并非全盘被动地接受，而是主动加以改造和利用，并不断形成自身的特色。"[42]在这里，"主动加以改造和利用，并不断形成自身的特色"就是技术创新的过程，也正是这样的过程才导致中原地区"华夏风格"冶金术的崛起。而"区域互动与技术创新是理解中国早期铜器区域特征的两把钥匙。因为有区域互动，所以会出现不同区域间某些文化因素的相似，如喇叭口耳环在西北和北方地区的流行；因为有技术创新，所以在某些区域的某些阶段会出现一些新的文化因素，如铜铃或组合范铸技术在中原地区的初现。因此，围绕区域互动与技术创新展开更深入的探究也应成为下一步研究的一个主导性方向"[43]。

至于东亚大陆部分区域进入青铜时代的时间，依据最新的年代学研究，要晚到公元前1700年前后了。[44]上述"多元合金尝试期"用铜活动的积极展开，无疑奠定了以中原为中心的东亚大陆青铜文明发展的基础。

附记：

张长寿先生、陈公柔先生都是我极为敬重的前辈。20世纪90年代，在我博士论文的写作答辩过程中，曾有幸得到二位先生的指导教诲。张长寿先生是我学位论文答辩委员会委员，陈公柔先生则是我博士课程指导小组成员，且专门为我开设了"先秦文献导读"课（详《智者陈公》文）。耳提面命，深得教益。入所工作后，我受命参与《中国考古学·两周卷》的编撰工作，又颇感受到作为主编的张长寿先生严谨敬业的治学风格和深厚的学养，先生审读我的初稿后写在纸片上的密密麻麻、一丝不苟的修改意见，历历在目。每每自惭于学术上有负二位先生的厚望，谨以此小文聊表晚学的拳拳缅怀之情。

另要说明的是，2020年，拙著《东亚青铜潮——前甲骨文时代的千年变局》正在最后修订完善中，蒙本文集编委会约稿，遂从中摘取与此议题有关的部分草成此文。现拙著已出版（生活·读书·新知三联书店，2021年），其中包含更详备的图表等，可参阅。

---

① 许宏：《从仰韶到齐家——东亚大陆早期用铜遗存的新观察》，见《2015中国·广河 齐家文化与华夏文明国际研讨会论文集》，文物出版社，2016年。

② a. 山东省文物管理处、济南市博物馆：《大汶口——新石器时代墓葬发掘报告》，文物出版社，1974年。b. 王建平、王力之：《山西周家庄遗址出土龙山时期铜片的初步研究》，《中国国家博物馆馆刊》2013年第8期。c. 中国社会科学院考古研究所：《胶县三里河》，文物出版社，1988年。d. 临沂地区文物管理委员会、日照县图书馆：《日照尧王城龙山文化遗址试掘简报》，《史前研究》1985年第4期。e. 栾丰实：《海岱龙山文化的分期和类型》，见《海岱地区考古研究》，山东大学出版社，1997年。

③ 甘肃省文物考古研究所、北京大学考古文博学院：《河西走廊史前考古调查报告》，文物出版社，2011年。

④ 陈国科、李延祥等：《张掖西城驿遗址出土铜器的初步研究》，《考古与文物》2015年第2期。

⑤ 北京钢铁学院冶金史组：《中国早期铜器的初步研究》，《考古学报》1981年第3期。

⑥ 夏鼐：《碳-14测定年代和中国史前考古学》，《考古》1977年第4期。

⑦ 陈国科：《西城驿—齐家冶金共同体——河西中走廊地区早期冶金人群及相关问题初探》，《考古与文物》2017年第5期。

⑧ 北京大学：《国家科技支撑计划项目"中华文明探源工程（二）"——3500BC—1500BC中国文明形成与早期发展阶段的考古学文化谱系年代研究》，中国考古网，2011年11月24日。

⑨ 孙周勇、邵晶等：《石峁遗址：2016年考古纪事》，《中国文物报》2017年6月30日。

⑩ a. 孙周勇、邵晶等：《石峁遗址：2016年考古纪事》，《中国文物报》2017年6月30日。b. 神木市石峁文化研究会编：《石峁玉器》，文物出版社，2018年。

⑪ 中国社会科学院考古研究所山西队、山西省考古研究所等：《山西襄汾县陶寺城址发现陶寺文化中期大型夯土建筑基址》，《考古》2008年第3期。

⑫ 中国社会科学院考古研究所山西工作队、临汾地区文化局：《山西襄汾陶寺遗址首次发现铜器》，《考古》1984年第12期。

⑬ 朱凤瀚：《中国青铜器综论》，上海古籍出版社，2009年。

⑭ a. 梁星彭：《山西襄汾陶寺文化城址》，见《中国重要考古发现（2001）》，文物出版社，2002年。b. 王晓毅、严志斌：《陶寺中期墓地被盗墓葬抢救性发掘纪要》，《中原文物》2006年第5期。c. 山西省考古研究所：《山西"十二五"重要考古发现出土文物》，山西人民出版社，2017年。

⑮ 山西省考古研究所：《塔尔山南麓古遗址调查简报》，《文物季刊》1992年第3期。

⑯ 李旻：《重返夏墟：社会记忆与经典的发生》，《考古学报》2017年第3期。

⑰ a. 河南省文物研究所、中国历史博物馆考古部：《登封王城岗与阳城》，文物出版社，1992年。b. 夏商周断代工程专家组：《夏商周断代工程1996—2000年阶段成果报告（简本）》，世界图书出版公司，2000年。

⑱ a. 李京华：《关于中原地区早期冶铜技术及相关问题的几点看法》，《文物》1985年第12期。b. 中国社会科学院考古研究所河南二队：《河南临汝煤山遗址发掘报告》，《考古学报》1982年第4期。c. 河南省文物考古研究所、新密市炎黄历史文化研究会：《河南新密市古城寨龙山文化城址发掘简报》，《华夏考古》2002年第2期。d. 严文明：《论中国的铜石并用时代》，《史前研究》1984年第1期。

⑲ a. 郑州大学文博学院、开封市博物馆：《豫东杞县发掘报告》，科学出版社，2000年。b. 河南省文物考古研究所：《河南鹿邑栾台遗址发掘简报》，《华夏考古》1989年第1期。c. 河南省文物研究所、周口地区文化局文物科：《河南淮阳平粮台龙山文化城址试掘简报》，《文物》1983年第3期。

⑳ 黄铭崇：《迈向重器时代——铸铜技术的输入与中国青铜技术的形成》，见《历史语言研究所集刊》第八十五本第四分，2014年。

㉑ 许宏：《论"青铜时代"概念的时空适用性——以中国东北地区为例》，见《聚才揽粹著新篇：孟凡人先生八秩华诞颂寿文集》，科学出版社，2019年。

㉒ 陈国科、王辉等：《西城驿遗址二期遗存文化性质浅析》，见《早期丝绸之路暨早期秦文化国际学术研讨会论文集》，文物出版社，2014年。

㉓ 陈国科：《西城驿—齐家冶金共同体——河西中走廊地区早期冶金人群及相关问题初探》，《考古与文物》2017年第5期。

㉔ a. 甘肃省博物馆：《武威皇娘娘台遗址发掘报告》，《考古学报》1960年第2期。b. 甘肃省博物馆：《武威皇娘娘台遗址第四次发掘》，《考古学报》1978年第4期。c. 李水城：《西北与中原早期冶铜业的区域特征及交互作用》，《考古学报》2005年第3期。d. 陈国科、李延祥等：《张掖西城驿遗址出

土铜器的初步研究》，《考古与文物》2015年第2期。e. 陈国科：《西城驿—齐家冶金共同体——河西走廊地区早期冶金人群及相关问题初探》，《考古与文物》2017年第5期。

㉕ a. 陈国科：《西城驿—齐家冶金共同体——河西走廊地区早期冶金人群及相关问题初探》，《考古与文物》2017年第5期。b. 青海省文物考古队：《青海互助土族自治县总寨马厂、齐家、辛店文化墓葬》，《考古》1986年第4期。c. 青海省文物管理处、海南州民族博物馆：《青海同德县宗日遗址发掘简报》，《考古》1998年第5期。d. 徐建炜、梅建军等：《青海同德宗日遗址出土铜器的初步科学分析》，《西域研究》2010年第2期。

㉖ a. 陕西省考古研究院、榆林市文物考古勘探工作队等：《陕西神木县石峁城址皇城台地点》，《考古》2017年第7期。b. 孙周勇、邵晶等：《石峁遗址：2016年考古纪事》，《中国文物报》2017年6月30日。

㉗ 李水城：《"过渡类型"遗存与西城驿文化》，见《早期丝绸之路暨早期秦文化国际学术研讨会论文集》，文物出版社，2014年。

㉘ 陈国科：《西城驿—齐家冶金共同体——河西中走廊地区早期冶金人群及相关问题初探》，《考古与文物》2017年第5期。

㉙ 张忠培：《齐家文化研究》，《考古学报》1987年第1、2期。

㉚ 滕铭予：《中国早期铜器有关问题的再探讨》，《北方文物》1989年第2期。

㉛ 韩建业：《中国西北地区先秦时期的自然环境与文化发展》，文物出版社，2008年。

㉜ 钱耀鹏、周静等：《甘肃临潭磨沟齐家文化墓地发掘及主要收获》，《西北大学学报》（哲学社会科学版）2009年第5期。

㉝ 仇士华：《¹⁴C测年与中国考古年代学研究》，中国社会科学出版社，2015年。

㉞ 陈小三：《河西走廊及其邻近地区早期青铜时代遗存研究》，吉林大学博士学位论文，2012年。

㉟ 张雪莲等：《新砦—二里头—二里冈文化考古年代序列的建立与完善》，《考古》2007年第8期。

㊱ 北京大学震旦古代文明研究中心、郑州市文物考古研究院：《新密新砦1999—2000年田野发掘报告》，文物出版社，2008年。

㊲ 刘煜、刘建宇等：《河南新密新砦遗址出土铜器分析》，《南方文物》2016年第4期。

㊳ 中国社会科学院考古研究所：《偃师二里头（1959年—1978年考古发掘报告）》，中国大百科全书出版社，1999年。

㊴ a. 郑州大学历史文化遗产保护研究中心：《登封南洼——2004—2006田野考古报告》，科学出版社，2014年。b. 河南省文物考古研究所：《郾城郝家台》，大象出版社，2012年。c. 河南省文物研究所、长江流域规划办公室考古队河南分队：《淅川下王岗》，文物出版社，1989年。

㊵ 黄铭崇：《迈向重器时代——铸铜技术的输入与中国青铜技术的形成》，见《历史语言研究所集刊》第八十五本第四分，2014年。

㊶ 许宏：《从仰韶到齐家——东亚大陆早期用铜遗存的新观察》，见《2015中国·广河 齐家文化与华夏文明国际研讨会论文集》，文物出版社，2016年。

㊷ 李水城：《西北与中原早期冶铜业的区域特征及交互作用》，《考古学报》2005年第3期。

㊸ 梅建军：《中国的早期铜器及其区域特征》，见《中国史新论：古代文明的形成分册》，"中研院"、联经出版事业股份有限公司，2016年。

㊹ 许宏：《从仰韶到齐家——东亚大陆早期用铜遗存的新观察》，见《2015中国·广河 齐家文化与华夏文明国际研讨会论文集》，文物出版社，2016年。

何以"殷墟":《殷人的观念世界》续篇

松丸道雄

（日本东京大学东洋文化研究所）

笔者过去曾著《殷人的观念世界》一文，[①]其结论大致如下所述：

（1）殷人的王族相信，太阳共有十个，每日轮流在空中出现。并且，他们对这十个太阳以甲乙丙等十干之名进行称呼。

（2）他们全族以十日的子孙而自居，并以此将自己的血缘集团分成十份，从而十个太阳也就成了十个支族各自的祖先，而各个支族也即以十干之名来称呼自己。进而，族中成员也以十干进行称名。

如果我只是写下上述结论，它可能是很难被理解的。但是，我计划近期将曾经只用日文公开发表的这篇文章进行中译和发表，请大家稍事等待，并敬请批评指正。

本文拟在前文的基础之上，就到目前为止被认为是商代后期都城的"殷墟"遗址进行探讨，认为这个推论是必须重新考虑的重要问题。本文拟就此问题先概述其要点。

一、有关"殷墟"遗址的种种问题

在甲骨文发现之初，罗振玉了解到此物出土于河南安阳市小屯村北，即认为此地一定即是《史记·项羽本纪》中讲到的"殷墟"。[②]之后，这个观点可以说为大多数研究者所接受（人数虽少，对此持有疑问的人并不是没有），直至今日。我本人很久以前即对此持有疑问，但是这毕竟是大量甲骨文出土之地，我们到底应该怎样来考虑此地的性质，对此问题却并不容易明确回答。因此，虽然我曾经口头上表达过疑问，但说到写文章来论述这个疑问，我却一直踌躇不前。

现在，以前述的殷王族的太阳信仰为前提重新来考虑这个问题，就此地对于殷王族的重要性，我们就会有更为明确的认识。今以此文记其概要。

按照过去的惯例，我在上边本文题目中用到"殷墟"这个称法。以下，对这个遗址将暂采用"小屯遗址"的表记，这一点请大家注意。

1. 关于规模

如前所述，在小屯遗址发现后不久，此地即被认为是商王朝后期王都的中心。但此后发现了商代前期的郑州商城，进而又发现了可以被认为是略早于小屯遗址的商代都城的洹北商城。而小屯遗址本身则由流经其北部和东部的洹水，和近年来在遗址西部和南部发现的人工水沟划定边界（图一）。这样看来，它的规模和前述两处都城有着巨大的差别。

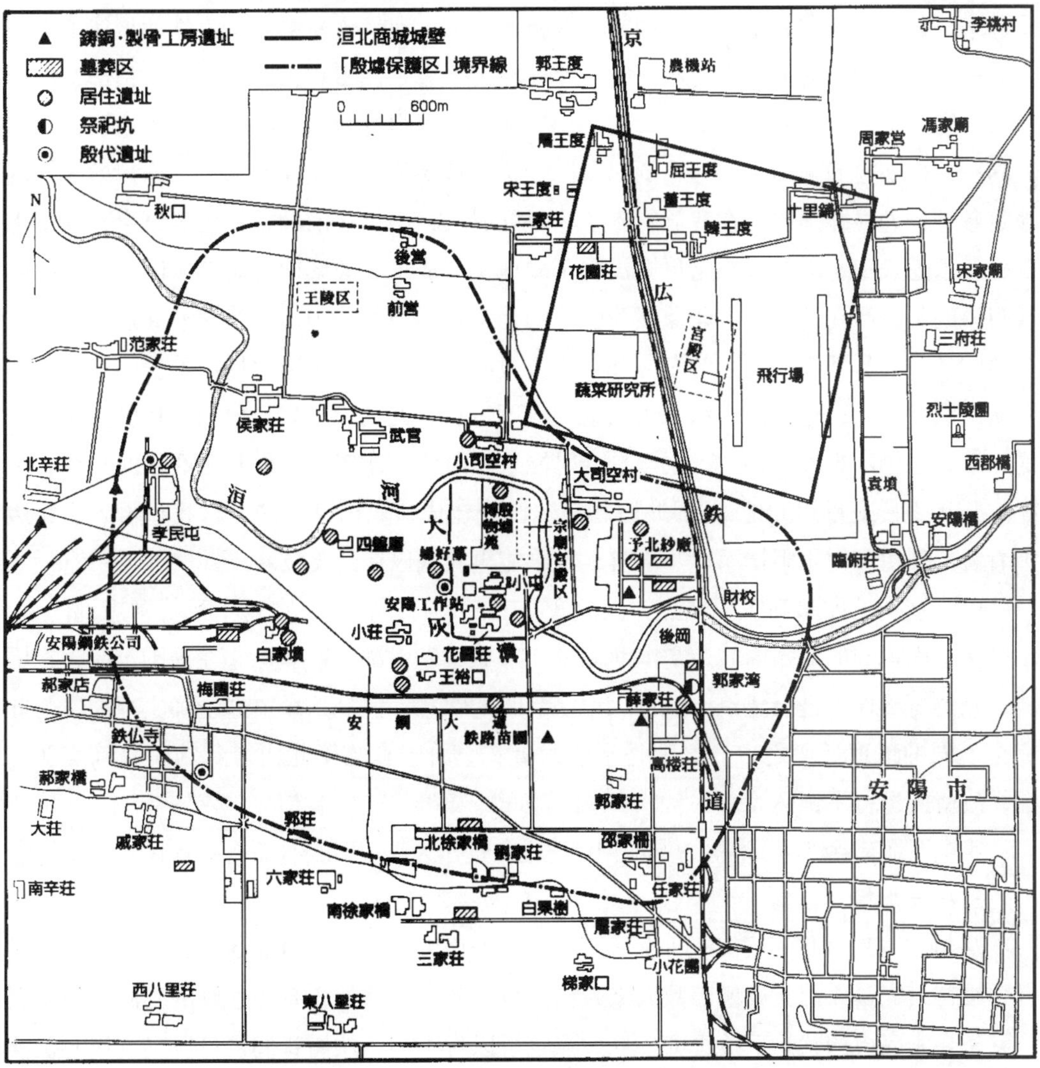

图一 殷墟平面布局图

图一:《世界历史大系·中国史》1《先秦～后汉》，第116页，山川出版社，2003年。

现在，如果我们把小屯遗址和可以认为是其之前的商代都城的洹北商城进行比较，根据我的粗算，小屯遗址只相当于后者的七分之一乃至八分之一的面积。仅就这一点而言，也很难认为它是和都城性质相同的一处遗址。

2. 关于地望

小屯遗址所在的地点也不能不说有很大问题。

我在年轻的时候，曾一个人来到这里进行徒步踏查。有一天，大概是从安阳市出来，先坐出租车到了洹水东岸。到洹水东岸以后看到一处小桥，"那正好"，就在此舍弃出租车，越过小桥，然后沿着洹水河道的西岸逆流北上，一路徒步而行。记忆中这好像是一条并不那么宽敞，连车马都少有通行的小道。走了一会儿，左侧的河岸渐渐变得高了起来。记忆中好像就是在河流即将向西折去之前，我发现左侧几乎直立的悬崖上有一条只有一个人才能勉强上去的小道，于是就爬了上去。左折右折终于爬到了顶部，向西望去视野一下就开阔起来了。这里农田一望无际，记得好像是刚刚耕过的土地，田垄整齐划一，但那是尚未播种农作物的时节。没错，这应该就是现在称为"宗庙宫殿区"的建筑基址群的最北地段（在我旅行到达这里的时候，当然战前的发掘已经结束，这里无疑已经重返农田。但是现在这里又没有了农田，变成了"殷墟博物院"）（图二）。现在，我想说的是，站在这里让人印象极为强烈的是，在眼前的安阳市的建筑群和近前的京广铁路的远方，从那里向更远的东方和东南方放眼展望，是树林连绵构成的美丽景观。尽管从地图上确认，这里高于洹水水面现在已不过只有九到十米高，但当时那种河岸高峻的印象，至今却难以忘怀。这无疑是当时能从"殷墟"建筑遗址最北端看到的景致。

几年之后我重返此地，"殷墟博物苑"已经建成，农田已经消失。我想再到悬崖边上看看，但由于树木阻挡而行步艰难，遂未能再看到以往的美景。

由于当初的印象确实很强烈，因此我在上面进行了记述。在这里我特别想说的是，不管是上面提到的郑州商城还是洹北商城，王城或是王都，平地而起在周围筑墙，在围墙内侧的宽阔地带进行建筑，这可以说是当时的常态。但是，小屯遗址确实存在于与此完全不同的地理环境之中，这则是不争的事实。由于有感于此而得到的印象确实非常深，故就此进行了记述。

小屯遗址有意建筑于高高耸起的河岸之上，这作为都城不能不说是一个不寻常的特例。

3. 关于城墙

郑州商城和洹北商城都有将全城环绕在内的城墙。特别是洹北商城的城墙在建筑过程中废弃，究其原因，或说因敌人来袭而不得不放弃，其他还有一些别的推测。但是至少它是在未完成的状态下被废弃，这一点是可以肯定的，从而我们也可以确定当时确实有修建城墙的计划。另一方面，小屯遗址看来在当时就没有修建城墙的计划，这作为当时的都城，完全是例外的。

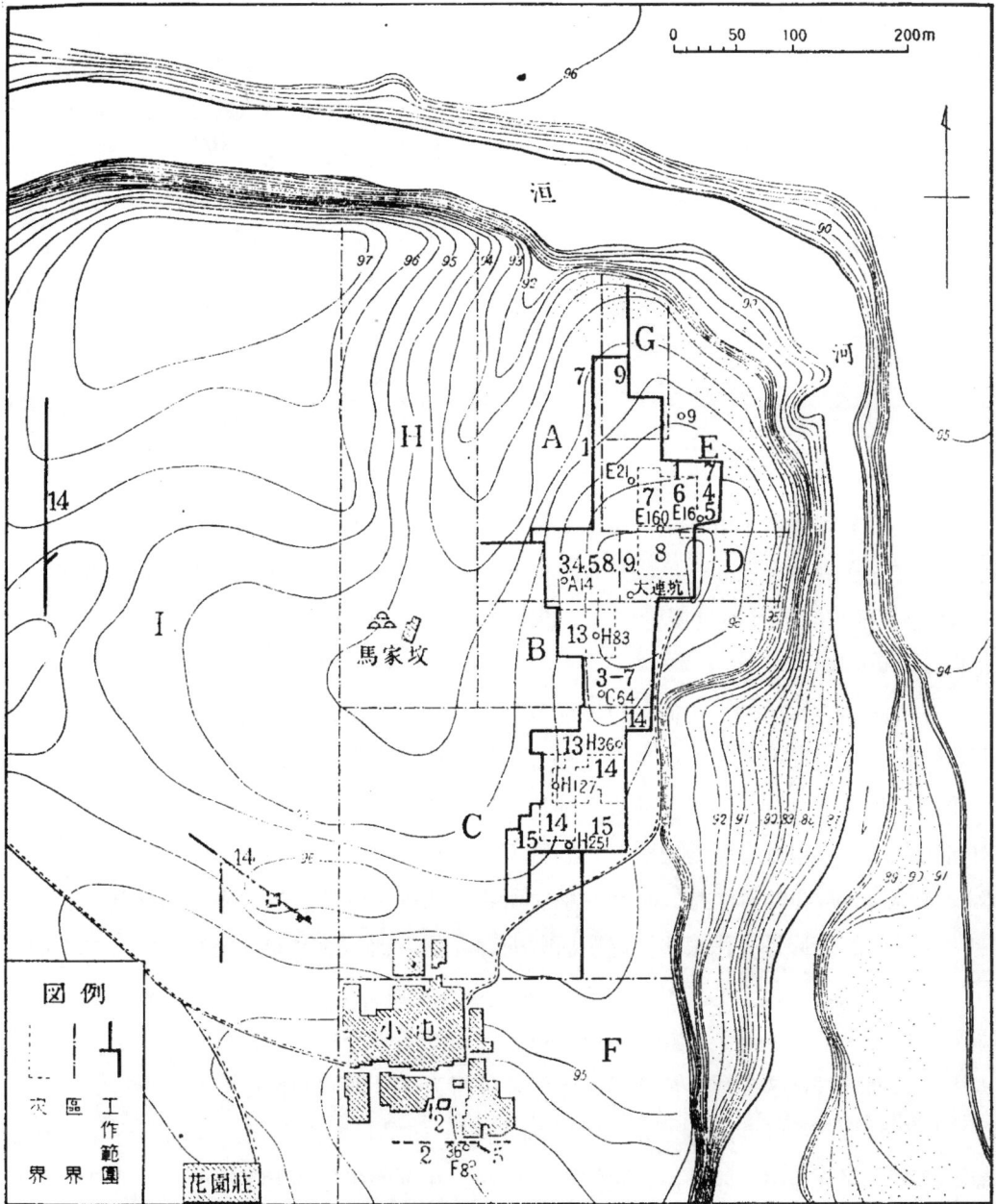

图二 殷墟"宗庙宫殿区"图

图二：《中国考古学报》第二册，第4页，1947年。

4. 关于建筑

郑州商城和洹北商城均在城址的大约中心部位建造有大型的建筑基址，被认为是宫殿。就建筑物本身来讲，每座建筑也都是东西向展开，后世的天子面南的宫殿建筑与之一脉相承。

而小屯建筑群分为三组，是逐次增建的结果。其建造顺序是从北向南，分别为甲组（十五座基址）、乙组（二十座基址）、丙组（小型建筑物的十七座基址），明显是不断增加建筑的结果。[③]这里特别应该瞩目的是在这些建筑基址中，真正大型的、可以被认为是中心建筑的基址，几乎无一例外都是南北向的长条形建筑，这是以在其他遗址的宫殿建筑中完全没有的方位进行建造的。我认为，这些建筑是为了每天早晨对从东方或东南方冉冉升起的太阳进行祷告的王室专用设施，只有这样解释我们才可能说明它们的用途。这群建筑之所以选择小屯遗址的最北角落来集中建造，并且选择了地势的最高处，这一点也只能以每天早晨对太阳的礼拜为目的，否则将不可能解释。

二、作为商王朝圣地的"小屯遗址"

在上一节，我就小屯遗址的诸多方面，与现在已知的其他都城遗址进行比较，说明小屯遗址存在着许多极其奇怪的特点。但是，另一方面，从此遗址出土了众多的甲骨坑（实际上此区域之外并不见甲骨坑），说明它是对商王朝具有极其重要意义的一个地方，这也是无可置疑的。

在考虑这个问题时，我们最应该注意的是，如前所述，在此地向东方和东南方展望所可看到的美丽景观。还有在由洹水和人工沟渠所界定的范围内，只有在它极其东北的一角才有含大型基址的建筑群的集中建造，这也是一个异常现象。应该说，如果我们不对这些奇异现象进行妥当的说明，我们就不可能理解这个遗址的特殊性质。

关于这点，我的看法是，这和我前文所主张的商王朝特有的太阳信仰有关系。

对太阳的崇拜是古代很多民族中所普遍存在的习惯，前文对此已有说明。如上面已经指出的那样，商代王族的特殊性在于他们认为太阳有十个，并在每天早晨轮替出现。而王族则是太阳的子孙，据此他们也将自己的血缘团体分成十支，分别是甲、乙等十个太阳的子孙。只有这个观念和其相符合的各种行为才是他们的特点。

现在我们来看小屯遗址，其种种奇怪现象，如果我们以上述的太阳观念来进行解释，都可以完全理解。即是说，我们可以推测，在近处居住的殷王族的十个支族，每天在被认为是自己的祖先的那个太阳出现的时候轮流来到此地。他们奉上祈祷，祈求全王族的永存，这可以认为是当时最高的礼仪。各个支族一定是在十天中按顺序每天早晨守候着一个太阳的日出时刻，这样反复进行下去。也许他们在月光尚未出现的前夜就到达这里，并在周围的某个建筑物中过夜。如果他们一年四季从不间断地进行这个活动，那么防寒的设施也就成了必需。其结果，过去一直被认为是王宫的建筑设施，就成了王族成员们每天轮流等待太阳出现的一个特殊设施。这就是我的看法。

现在集中于小屯遗址最东北部的所谓"宗庙宫殿区"的发掘图中共有五十三座基

址，其中最早建造的是甲组基址中的第十五号基址。而其中位置最南、规模最大的甲十一号基址则是最为重要的（图三）。只有这个建筑物才可能是殷王族十族的代表者们，轮流到这个建筑中的一些隔间里来过夜，并每天早晨对属于自己支族的甲、乙等太阳的出现进行膜拜的主要场所。如果我们拿这个地区的等高线图来进行确认，④就会发现甲

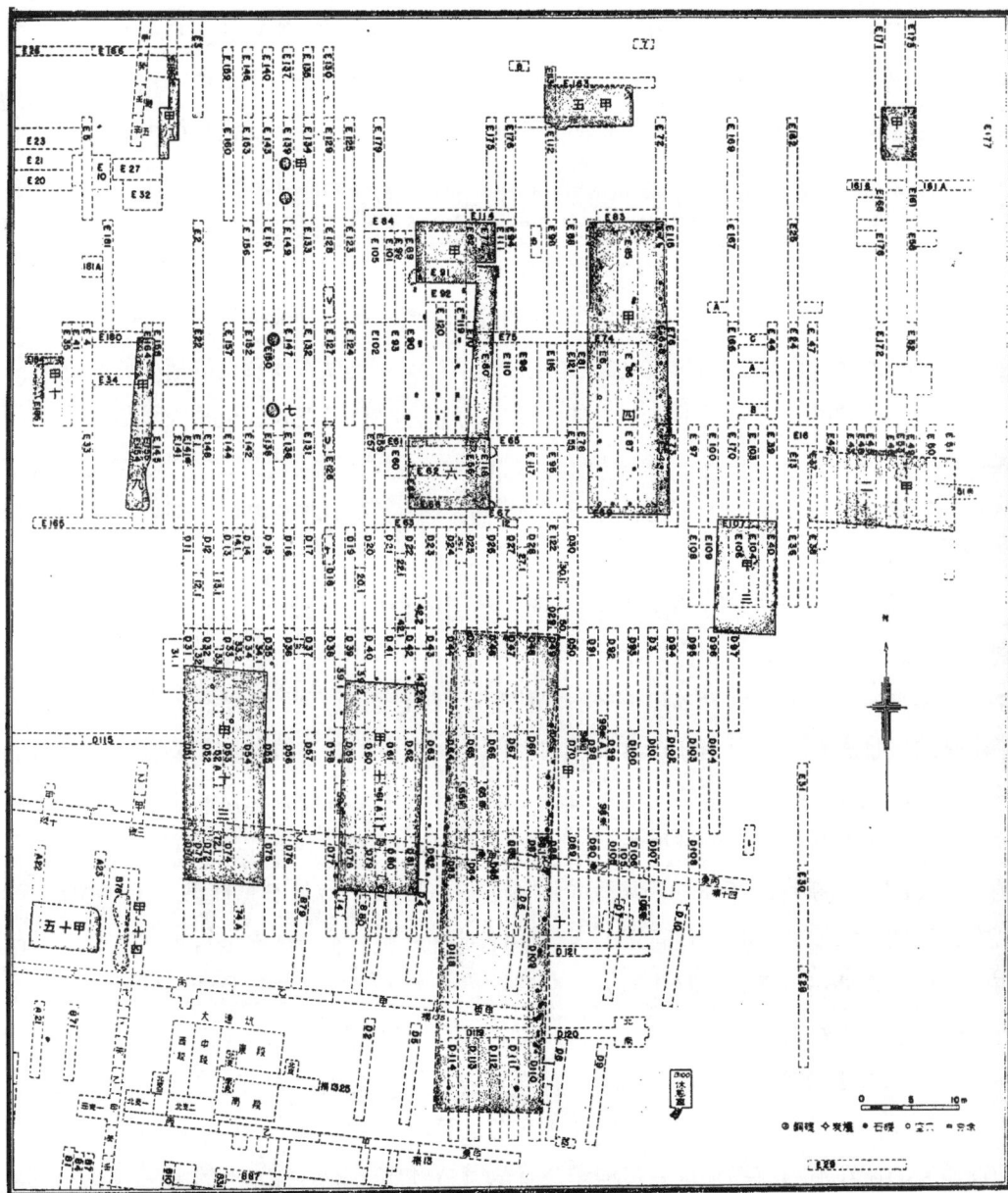

图三 殷墟甲十一号基址位置图

图三：石璋如：《小屯》第一本《遗址的发现与发掘》乙编《建筑遗存》，历史语言研究所，第26页，1959年。

十一这座建筑几乎是面向正东方向。它是以在其他遗址所见到的明显属于王宫的建筑中完全没有的方位来建造的，而且它选择建造在该地区的最高点（海拔96米）上。仅从这一点看，这座建筑也只可能是为了殷王族的十族每天早晨礼拜太阳而建造的。请有关方面一定将这座甲十一号基址作为建筑群中最古且最重要的中心建筑，并且把它作为殷王族的十族在三百年间每天早晨进行太阳崇拜的场所来进行复原。这是我的殷切期望。

这样看来，所谓"殷墟"也就是在三百年间连续不断，不管日晴还是天阴下雨，殷王族们都绝对不会错过地定时来到这里，对使他们自己的生活成为可能的祖先，即每天从不懈怠地出现的十个太阳，奉上感谢和祈求而设置的地方。这就是我得出的结论。

三、商王朝晚期都城所在地推测

小屯遗址的性质如果如上一节所述，那么当时商朝的都城就应该在其他什么地方。这是本节我们要讨论的主题。并且，如果是在前述的情况下宫城有所移动的话，那就应该：

1. 从洹水之北向南移动的主要目的，就是为了更便利于王族成员每天早晨对太阳的膜拜。

2. 它必须是离小屯遗址不远，位于平地上的，具有和洹北商城同样规模的面积和城墙的一处遗址。

能够满足这些条件的，我认为除了现在的安阳市的一部分外，几乎很难想象会有别处。

众所周知，现在安阳市周边的很大范围内已经进行过广泛的考古调查，并且发现了个别的遗址和墓葬。但是在这里发现的仅仅是一些小型的建筑基址和墓葬，而没有能够和洹北商城相匹敌的大型的遗迹。也就是说，这些小型遗迹，是安阳王城（暂且这么说）在三百年中并未能收入城里的遗迹；另一方面，都城又不宜迁到远离作为祖先崇拜的最重要的太阳膜拜之场所的小屯遗址的地方，故在安阳城外有这些散落的小型遗迹。现在，虽然在当地并没有发现直接的考古学证据，基于上述的理由进行推测，除了安阳市这个地方之外很难推想有其他地方。在这个意义上，它应该就是商朝都城所在地。另外，作为项羽大军的临时驻扎之地，自然应该选择一处宽阔的平地（如果都城在当时依然存在，那就更合适了），而小屯遗址面临悬崖，如果受到西南方向的攻击将无退路，是个很危险的地形。让大军在这样的地方露营的可能性其实很小。如果以我推定的"洹南商城"的所在地为前提来进一步推测三者的营造顺序，将会有如下的结果：

在盘庚迁殷之初，商人应该已经选定了洹北之地，开始建造王都。其后的某个时候，他们发现了河对岸的一个小高地，是适合每天祈祷日出的不二之地。于是，商朝的王族代表即渡过河水，登上悬崖，从而将对太阳的祝祷礼仪确定在这里举行。

但是，每天早晨，或者说每天日出之前的黑夜中这样渡过洹水，登上悬崖等待日出，这是很难做到或者说很勉强的事。这时候洹北商城的建造刚刚开始，在一些应该修城墙的地段也刚开始对其基槽进行加固。我们可以想象，在这样的情况之下，"走吧，现在将都城搬到洹南的小屯遗址附近，岂不更好？"这样考虑也是很自然的事。

我推测，就是这样，商人放弃了开始建筑时日尚不久的洹北商城，很快地在近处，也就是在洹水之南选定地点，重新开始建造都城。

结果，洹北商城在迁都之后不久就被放弃，而都城则被迁移到洹水之南的"殷墟"，这和过去大多数人的理解似乎是一致的。但是，如果认为洹北商城是受敌人袭击而被破坏，之后很快在附近重建王都，这却是很难说得通的。在那之前的所谓迁都，都必须是将都城迁移到离原址很远的地方。

可能位于现在安阳市区的商代晚期的都城，应该是一直存续到了帝辛之末。同理，在商末被周军所击溃之所，当然也即是这个地方。而商纣王逃入高台，自焚而死的地方也应该就在安阳市内。《史记·项羽本纪》所说的"殷墟"也正是这个地方。灭殷之后，这个都城可能彻底地被周军所破坏，只有"殷墟"的名字在这个地方流传到了汉代，并一直被人们所传述。

结　语

2003年，我曾写了一篇短文《殷墟》，作为《中国史概说》一书的第一卷，《殷》一章的短评发表了。⑤我在文中说道，这个"殷墟"和后来发现的都城相比，几乎所有方面都不一样。它到底是不是商代晚期的都城，我表示了疑问。那之后，我曾长期地反复考虑这个问题，现在有了一定的信心。尽管它可能是反于"常说"的"悖论"，写在这里，敬请有识之士批评指正。

（二〇二一年二月五日稿）

李　峰　译

① 见松丸道雄《殷人の観念世界》，载《中国古文字と殷周文化》第121—146页，东方书店，1989年；另载松丸道雄《甲骨文の話》第59—86页，大修馆书店，2017年。

② 罗振玉：《殷商贞卜文字考》，第2页，1910年。

③ 石璋如：《小屯》第一本《遗址的发现与发掘》乙编《建筑遗存》，历史语言研究所，1959年。

④ 见《中国考古学报》第二册第4页，1947年。

⑤ 松丸道雄：《世界历史大系·中国史》1《先秦～后汉》，第117页，山川出版社，2003年。

殷墟侯家庄西北冈大墓的建造顺序和墓主

饭岛武次

（日本驹泽大学）

河南安阳殷墟遗址的侯家庄西北冈一带曾发现多座大墓，被推定为商代王陵。这些墓葬的大部分在1934、1935年被发掘，1949年以后也有继续的考古工作。2006年殷墟名列世界文化遗产，之后对该遗址进行整备，以"殷墟王陵遗址"对外展示。对于大墓则沿轮廓在地表上种植了灌木，这使得我们可以确认大墓的位置。

关于侯家庄西北冈大墓的平面形，在日本习惯称呼四条墓道的大墓为"亚字型墓"，两条墓道的大墓为"中字型墓"，一条墓道的大墓为"甲字型墓"，无墓道的大墓为"长方型竖穴墓"，所以本文中也使用这些名称。另外，有关考古学的时期区分和名称，本文基本采用笔者自己的划分和名称。为了推定侯家庄西北冈大墓的建造顺序和墓主，本文采用了以下的研究方法和前提条件。

1. 根据过去发表的墓葬及其打破关系来再次确认遗存的早晚关系。

2. 从青铜器作为中心出土遗物的断代研究来推定墓葬的年代顺序。

3. 从大墓平面形即甲字型墓、中字型墓、亚字型墓的发展变化，来推定大墓的年代顺序的大框架，并且，甲字型墓、中字型墓、亚字型墓之间存在被葬者的身份的差距。

4. 本文采用根据甲骨文修订过的《史记》的殷王室世系，并将十四座大墓的墓主人按商王名进行推定。本文采用董作宾著《甲骨学五十年》中发表的基于《史记·殷本纪》和甲骨文断代研究的殷王室世系，和笔者认为是今天最可靠的岛邦男复原的殷王室世系，来讨论大墓的墓主问题。[①]

一、侯家庄西北冈大墓群的分布和研究前提

从大墓的平面形看，M1001、M1002、M1003、M1004、M1217、M1400、M1500、

M1550号墓的八座都是亚字型墓，M1129、M1443、50WKGM1号墓（武官大墓）的三座都是中字型墓，84AWBM260（传司母戊方鼎出土此墓）、78AHBM1号墓的两座是甲字型墓。②另外推定一座未完成墓的M1567号墓圹被发现。包括这座未完成的墓的话大墓总数为十四座。其中M1001、M1002、M1003、M1004、M1217、M1500、M1550、78HBAM1号墓，1567号墓圹形成西区，M1129、M1400、M1443、50WKGM1（武官大墓）、84AWBM260（传司母戊方鼎出土墓）号墓形成东区（图一）。侯家庄西北冈的十三座大墓的墓室的深、长、宽、墓室和墓道的全长，总结于表一。

侯家庄西北冈的这些大墓被认为是从盘庚到帝辛的十二个商王的墓葬。根据那样的考虑，殷墟遗址是从盘庚迁都（殷）到最后的帝辛的时代的商都的遗址，即所谓的商、大邑商、天邑商。盘庚从奄将都城迁到殷（殷墟），即大邑商。

《古本竹书纪年》曰：

　　盘庚旬，自奄迁于北蒙，曰殷。

并且，《尚书·盘庚上》曰：

　　盘庚迁于殷。

表一　侯家庄西北冈大墓测量表　　　　　　　（单位：米）

墓　号	南北全长	深度	墓口南北长	墓口东西宽	南墓道长	北墓道长	东墓道长	西墓道长	备考
M1001号墓	69.1	10.5	18.9	21.3	30.7	19.5	14.2	11	亚字型墓
M1002号墓	52.45	12.5	19	18	20.4	13.05	7.7	9.5	亚字型墓
M1003号墓	58.4	10.9	18.1	17.9	36.2	11	14	15.6	亚字型墓
M1004号墓	63.4	12	17.9	15.9	31.4	14.1	15	13.8	亚字型墓
M1129号墓	28?				16?				中字型墓
M1217号墓	120.19	12.8	18.24	18.1	60.4	41.55	28.9	25	亚字型墓

续　表

墓　号	南北全长	深度	墓口南北长	墓口东西宽	南墓道长	北墓道长	东墓道长	西墓道长	备考
M1400 号墓	74.07	8.5	18.3	10.27	36.8	18.97	15.01	18.16	亚字型墓
M1443 号墓	41.15	8.45	7.66	6.8	23.54	9.95			中字型墓
M1500 号墓	89.6	13.2	18.45	18.05	48.55	22.6	20.05	22.65	亚字型墓
M1550 号墓	47.55	10.9	17	13.6	18.1	12.45	6.9	9.5	亚字型墓
50WKGM1 号墓	29.55	7.2	14	12	15.55	15			中字型墓
78AHBM1 号墓	14.6?	6.2	7.7	5.2	6.9?				甲字型墓
84AWBM260 号墓	33.6	8.1	9.6	8.1	24				甲字型墓

《古本竹书纪年·盘庚》曰：

> 自盘庚徙殷，至纣之灭，七百七十三年，更不徙都。

这个殷，即是殷墟；不过，《史记·项羽本纪》集解曰：

> 项羽乃与期洹水南殷虚上。集解：洹水在汤阴界，殷虚故殷都也。……洹水在今安阳县北。

由此看来，这指今天的河南安阳包括洹北商城在内的殷墟之地。根据上述《古本竹书纪年》的记载，盘庚之后，小辛、小乙、武丁、祖庚、祖甲、廪辛、庚丁、武乙、太丁、帝乙、帝辛都应居住在这里。以这些古典文献记载中的殷，与甲骨文记载中的"商"、"大邑商"、"天邑商"等核实一下，来推定殷墟遗址暨洹北商城之地为商代都城，并以这个商的都城为视点，来推定侯家庄西北冈墓地即商都郊外的王陵区，这是本论文的前提。甲骨文曰：

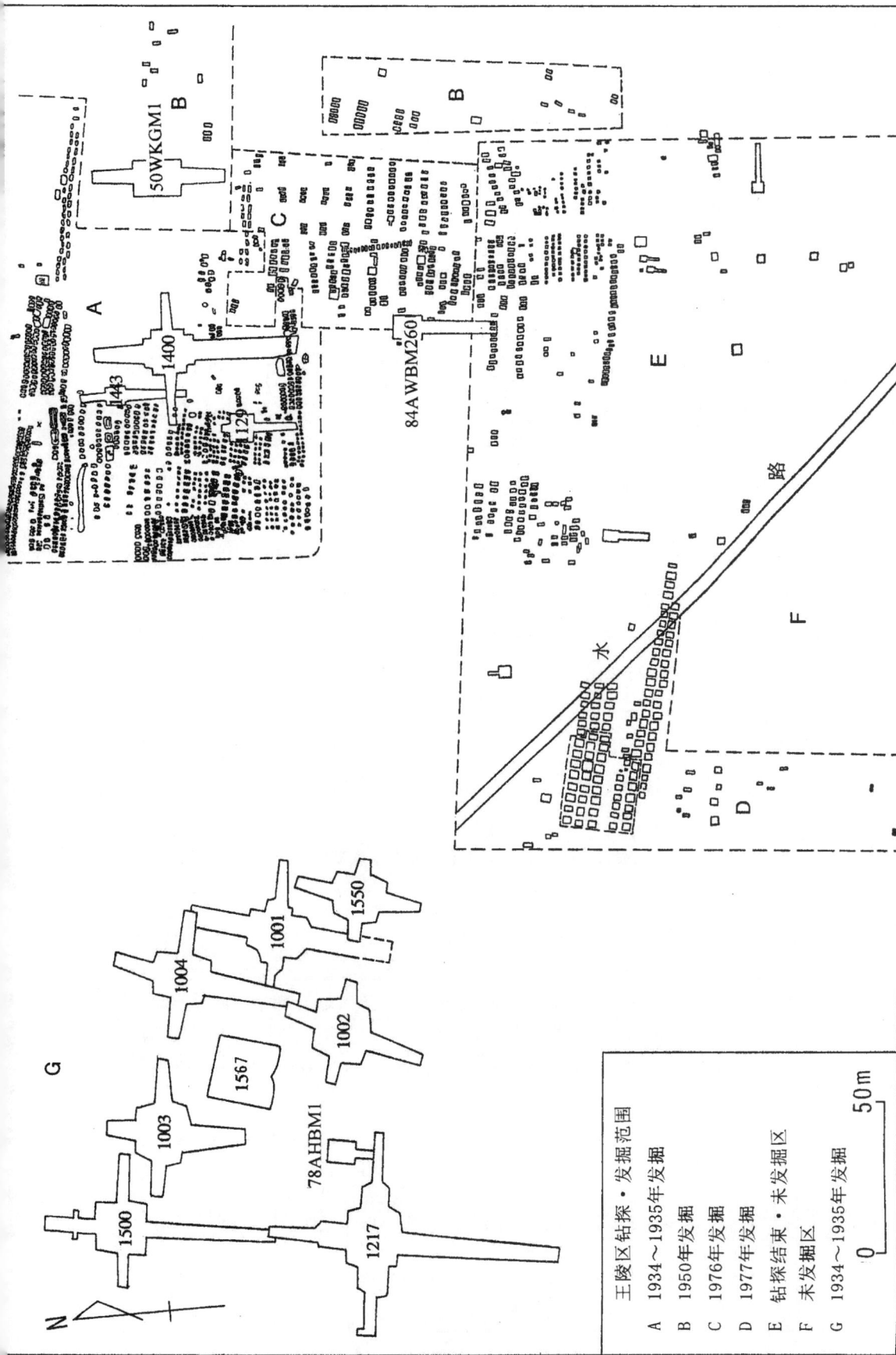

图一 侯家庄西北冈武官大墓群和祭祀牺牲坑

B

50WKGM1

B

C

A

1400

1443

1129

84AWBM260

E

路

水

F

D

G

1550

1001

1004

1002

1567

1003

78AHBM1

1500

1217

N

王陵区钻探·发掘范围

A 1934～1935年发掘

B 1950年发掘

C 1976年发掘

D 1977年发掘

E 钻探结束·未发掘区

F 未发掘区

G 1934～1935年发掘

0   50 m

乙未卜争贞王其入于商，庚午卜争贞呼子商。（合集，7803）

贞…入于商。（合集，7806）

丙戌卜争贞在商亡囚。（合集，7814）

于兹大邑商亡德在祸。（合集，36511）

辛酉卜贞在猷天邑商公宫衣兹夕亡祸宁。（合集，36541）

有关从商代中期到商代晚期文化的时期区分，在研究人员和研究机构之间有很多不同意见。分期的名称和年代认识不同。为了避免分期、文化名称的不同所带来的混乱，兹将笔者③、北京大学邹衡教授④、中国社会科学院考古研究所⑤所用的文化名称和年代在表二"商代中、晚期文化分期各家意见表"中进行表述。笔者把邹衡教授的"殷墟文化第一期"或者"殷墟文化早期第一期第1组"定为商代中期文化第3期，把邹衡教授的"殷墟文化第二期（武丁、祖己、祖庚）"分成商代晚期文化第1期（武丁时代）和商代晚期文化第2期（祖己、祖庚时代）。有关中国社会科学院考古研究所说的殷墟文化第一、第二期，唐际根先生曾说第一期是武丁早期，第二期是武丁后期和祖庚、祖甲时代。笔者的商代晚期文化第1期不包含盘庚、小辛、小乙，它们属于商代中期文化第3期。本文的商代晚期文化第1期在武丁时代，其后半包含了小屯M5（妇好墓）墓的遗物。⑥本文估定商代晚期文化第2期是祖己、祖庚的时代，第3期是祖甲、康丁、武乙、文武丁的时代，第4期是帝乙、帝辛时代。祖甲一般被认为是第2期的商王；不过，本文的结论是，M1004的墓主人可能是祖甲，而从M1004号墓出土的青铜器的年

表二 商代中、晚期文化分期各家意见表

基准文化名	饭岛武次时期区分	邹衡时期区分	中国社会科学院考古研究所时期区分
商中期文化	商中期文化第1期、仲丁～ 商中期文化第2期 商中期文化第3期、盘庚～小乙	郑州二里冈上层 邢台曹演庄下层 殷墟文化第一期、盘庚～小乙	中商文化第一期、小双桥、仲丁～ 中商文化第二期、洹北早期 中商文化第三期、洹北晚期、盘庚～小乙
商晚期文化	商晚期文化第1期、武丁 商晚期文化第2期、祖己·祖庚 商晚期文化第3期、祖甲～文武丁 商晚期文化第4期、帝乙·帝辛	殷墟文化第二期、武丁 殷墟文化第二期、祖庚·祖甲 殷墟文化第三期、廪辛～太丁 殷墟文化第四期、帝乙·帝辛	殷墟文化第一期、武丁早期 殷墟文化第二期、武丁后期～祖甲 殷墟文化第三期、廪辛～太丁 殷墟文化第四期、帝乙·帝辛

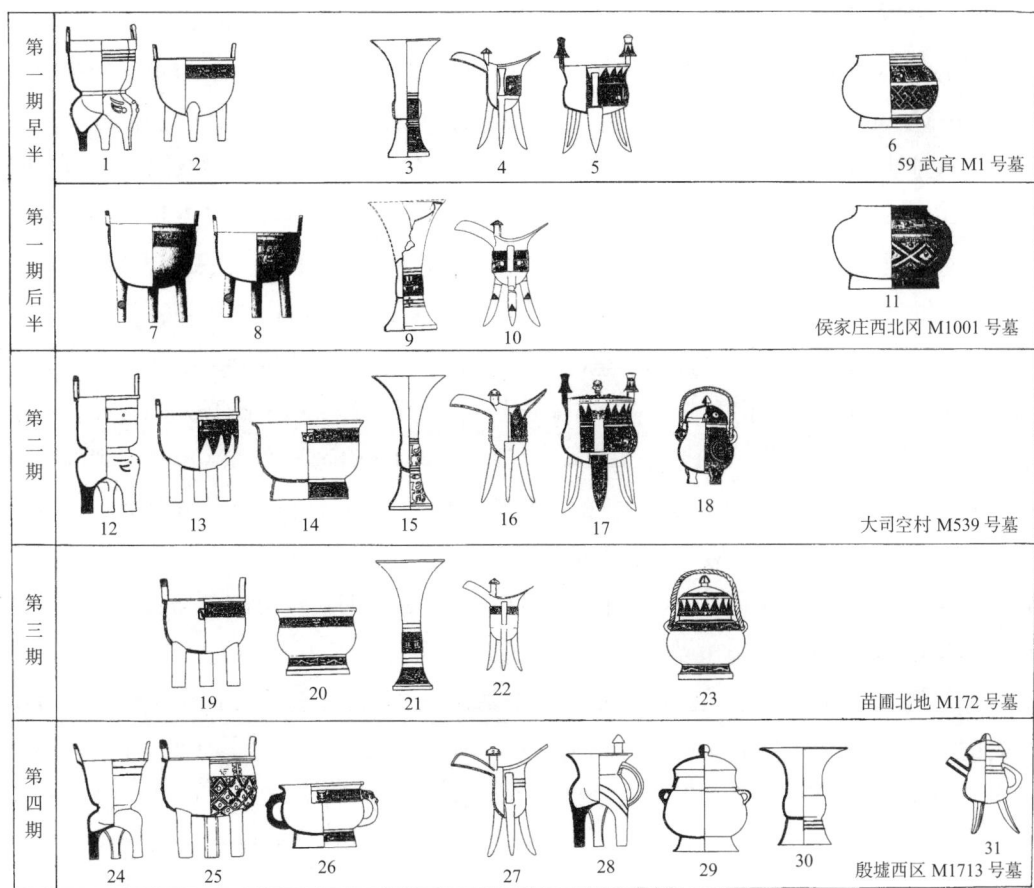

图二　商代晚期文化青铜器编年图

代看，祖甲应当属于第3期的开头。

　　有关商代晚期文化的青铜器，笔者在《中国考古学：夏商卷》的图7-3《殷墟晚商青铜器分期图》上[⑦]添加了一些内容，作成图二《商代晚期文化青铜器编年图》，以此为基础展开青铜器年代的讨论。图二的商代晚期文化第1期前半部分的青铜器以59武官M1号墓出土的器物为标准，[⑧]商代晚期文化第1期后半部分的青铜器以侯家庄西北冈M1001号墓出土的器物为标准。

二、侯家庄西北冈大墓群的互相打破关系和研究小史

　　包括八座亚字型墓，侯家庄西北冈的十四座大墓密接分布，有墓道互相打破的关系。

　　有关侯家庄西北冈西区的大墓的互相打破关系，1957年李济发表了《殷墟白陶

发展之程序》的图示，并说明了墓葬的打破关系。⑨关于大墓建造顺序，1959年李济的《觚形八类及文饰之演变》表十二中列出了M1001—M1550—M1004—M1002—M1003—M1500—M1217号墓的顺序。⑩李济1962年出版的《侯家庄（河南安阳侯家庄殷代墓地）》第二本《1001号大墓》的插图一《1001墓与其大墓之关系图》中也有同样的表示；1964年出版的《殷墟出土青铜觚容器形之研究》中对侯家庄西北冈西区的大墓的打破关系和东区大墓的打破关系进行图示，说明是根据梁思永未发表的遗稿。⑪根据这些报告和论文我们可知：侯家庄西北冈的王陵区西区M1217号墓的北墓道末端打破M1500号墓的南墓道末端，M1002号墓的北墓道末端打破M1004号墓的南墓道末端，还有M1004号墓的南墓道打破M1001号墓的西墓道，同M1004号墓的东墓道打破M1001号墓的北墓道，M1550号墓的西墓道打破M1001号墓的南墓道。王陵东区，M1400号墓的西墓道打破M1443号墓的南墓道。此后，1974年报告了作为M1500号墓的殉葬墓的M1421号打破M1003号墓的西墓道。⑫除李济的报告之外，1978年中国社会科学院考古研究所安阳工作队发掘了78AHBM1号墓，据报告M1217号墓的东墓道打破78AHBM1号墓的南墓道末端。⑬

有关侯家庄西北冈的十四座大墓的营造顺序过去多有研究，如邹衡教授在1964年发表的《试论殷文化分期》中，认为M1217、M1500号是他分的"殷墟文化第一期"盘庚、小辛、小乙的时代，认为M1001、50WGKM1（武官大墓）号墓是"殷墟文化第二期"的武丁、祖庚、祖甲时代，M1004、M1550号墓是"殷墟文化第三期"的廪辛、康丁、武乙、太丁时代，M1400、M1003号墓是"殷墟文化第四期"的帝乙、帝辛时代。⑭可是，如上述1974年的报告说，作为M1500号墓的殉葬墓的M1421号墓打破了商代晚期文化第3期的M1003号墓的西墓道，又M1217号墓的北墓道打破了第3期的M1500号墓的南墓道末端。因此，如下所述，M1217、M1500号墓的两座亚字型墓实际上是侯家庄西北冈最晚的亚字型墓。

胡厚宣在1977年的《安阳殷墟五号墓座谈纪要》中认为，东区从早到晚为M1129—M1400—M1443号墓，西区从早到晚为M1001—M1550—M1004—M1003—M1002—M1500—M1217号墓的顺序。不过，这基本上是根据李济的意见。⑮

1981年，杨锡璋把M1001、M1550、M1400、50WKGM1（武官大墓）、84AWBM260（传司母戊方鼎出土墓）号墓定为中国社会科学院考古研究所安阳工作队的"殷墟文化第二期"武丁、祖庚、祖甲的时代，把M1004、M1002、M1500、M1217号墓定为"殷墟文化第三期"廪辛、庚丁、武乙、太丁的时代，把M1003号墓定为"殷墟文化第四期"帝乙、帝辛的时代。⑯只读这篇论文，看来杨锡璋大概并不知道M1003号墓和M1500号墓的打破关系。

2018年有三篇重要的论文发表了。一篇是魏凯的《殷墟西北冈王陵区大墓的建造次序与埋葬制度》，[17]另一篇是朱凤瀚的《殷墟西北冈大墓年代序列再探讨》，[18]另外还有沟口孝司、内田纯子的英文文章，"The Anyang Xibeigang Shang Royal Tombs Revisited: A Social Archaeological Approach"。[19]魏凯的论文认为相对而言东区的埋葬时间较早，西区较晚，其大墓的早晚顺序为 M1129—M1443—M1400—50WGKM1（武官大墓）—M1567—M1001—M1550—M1004—M1002—M1003—M1500—M1217 号墓。至于年代和墓主的推定，M1129 号墓是"殷墟文化第一期"小辛，M1443 号墓是"殷墟文化第一期"小乙，M1400 号墓是"殷墟文化第二期"武丁，50WGKM1 号墓（武官大墓）是"殷墟文化第二期"祖己，M1567 号方圹是"殷墟文化第二期"祖庚，M1001 号墓是"殷墟文化第二期"祖甲，M1550 号墓是"殷墟文化第三期"廪辛，M1004 号墓是"殷墟文化第三期"康丁，M1002 号墓是"殷墟文化第三期"武乙，M1003 号墓是"殷墟文化第三期"太丁，M1500 号墓是"殷墟文化第四期"帝乙，M1217 号墓是"殷墟文化第四期"帝辛。朱凤瀚的论文是根据侯家庄西北冈大墓的打破关系，再根据残留在大墓中的青铜器、白陶、刻纹陶器、玉石器、骨笄、骨镞的年代判断，认为从早到晚为 78AHBM1—M1443—M1001—M1550—M1400—M1004—M1002—M1003—M1500—M1217 号墓的年代序列。他认为 78AHBM1、M1443 号墓是"殷墟文化一期早段"的盘庚、小辛、小乙时期，M1001 号墓是"殷墟文化二期早段"的武丁时期，M1550、M1400 号墓是"殷墟文化二期晚段"的祖庚、祖甲时期，M1004、M1002、M1003、M1500 号墓是"殷墟文化三期"的廪辛、康丁、武乙、太丁时期，M1217 号墓是"殷墟文化四期"的帝乙、帝辛时期。沟口孝司、内田纯子的论文根据侯家庄西北冈大墓打破的关系，出土骨柶断代，以及用甲骨文修正的殷王室世系，认为早晚顺序为 M1443—50WGKM1（武官大墓）—M1001—M1550—M1400—M1004—M1003—M1002—M1500—M1217—M1567 号墓。并且关于各自的墓主，他们认为 M1443、50WGKM1 号墓（武官大墓）是盘庚、小辛，M1001 号墓是小乙，M1550 号墓是祖己，M1400 号墓是武丁，M1004 号墓是祖庚，M1003 号墓是祖甲，M1002 号墓是庚丁，M1500 号墓是武乙，M1217 号墓是文武丁。

三、侯家庄西北冈大墓建造顺序

笔者根据到目前为止的发掘报告所表明的墓道打破关系（箭头所指为被打破墓），即 M1002→M1004→M1001 号墓，M1550→M1001 号墓，M1217→M1500 号墓，M1400→M1443 号墓，M1500→M1003 号墓，M1217→78AHBM1 号墓的早晚关系，并根据各墓出土的青铜器及陶器等的型式特征，来推定大墓建造的年代顺序。有关青铜器的年代，以笔者排定的图二《商代晚期文化青铜器编年图》为基准。

　　笔者推定，在侯家庄西北冈的八座亚字型墓中属于商代晚期文化第1期的墓，由出土的青铜器和白陶片的年代看，只有M1001号墓。M1001号墓是包含南北墓道的全长69.1米的大墓。[20] 从M1001号墓的殉葬坑盗掘之余出土了几件青铜器（图三）。西墓道殉葬坑出土的圆鼎（标本号码HPKM1133：4）（图三：1）有柱状细长的三足，在腹部上部有比较细微的饕餮纹带一周。圆鼎（标本号码HPKM1133：3）（图三：2）是稍稍浅腹的器形，有柱状细长身子的三足，腹部上为全部线条较细的饕餮纹和雷纹一周。这两件鼎的器形，接近于属于商代晚期文化第1期的59武官M1号墓出土的鼎（标本号码59武官M1：3）。[21] 瓿（标本号码R1030）（图三：3），腰部饰以比较粗的饕餮纹和雷纹，出自M1001号墓的这种瓿据报告共计三件，它们继承了59武官M1号墓出土的瓿（标本号码59武官M1：7）的器形。瓶（标本号码R11021）（图三：4），是小鼓腹有圈足，肩上有夔龙纹，腹部饰以大方格乳钉纹。这个器形和59武官M1号墓出土瓶（标本号码59武官M1：5）很接近。卵形爵（标本号码R1068、R11001、R11002）（图三：5、6、7），三件都大体相同。卵形爵是商代晚期文化第1期出现流行的器形。鬲鼎（标本号码3：1622）（图三：8），在袋足下有细长的柱状足，表现了商代晚期文化第1期的特色。作为M1001号墓出土的青铜戈被报告的照片中共有十八件，但图示器物中共有三件戈（标本号码R6819、R6826、R6825）（图三：9、10、11）。它们全都是商代晚期文化第1期典型的青铜戈，与59武官M1号墓出土的戈（标本号码M1：14和M1：10）接近，也很像50WGKM1号墓（武官大墓）出土的戈。銎内戈（标本号码R6825）（图三：11）可以认为从这个时期开始出现。总之，M1001号墓西墓道的殉葬坑出土的青铜器，器形继承了59武官M1号墓出土的青铜器型式，而与殷墟M5号墓（妇好墓）出土的圆鼎、卵形爵、戈等也类似，是商代晚期文化第1期后半的标准器物。除此以外，日本根津美术馆收藏的三件饕餮纹方盉，据传闻出自M1001号墓；不过据说李学勤教授认为，这些方盉的复杂的饕餮纹图样"复层花纹"是殷墟M5号墓（妇好墓）出土的青铜器纹样的同类。[22] 从M1001号墓出土了多数的白陶破片。[23] 白陶豆（标本号码3：546）从口缘部到底部的宽度10厘米，盘很浅，唇部平，在器身体外侧的W字花纹内饰以雷纹。商代晚期文化的白陶豆以这个纹样为基本，但这个白陶豆（标本号码3：546）类似小屯丙区的商代晚期文化第1期初的YM388号墓出土的白陶豆（标本号码R107：1、R107：2）（图四），[24] 它表现了商代晚期文化第1期后半的特色。

　　50WKGM1号墓（武官大墓）是有南北墓道的全长29.55米的中字型墓。[25] 有关50WKGM1号墓（武官大墓），多认为它随葬的鼎、鬲鼎、簋、瓿、爵、卣、戈等青铜器（图五）形态接近M1001号墓和殷墟M5号墓（妇好墓）出土遗物的年代，其年代与M1001号墓约同时或者稍晚。

　　属于商代晚期文化第2期的亚字型墓有M1400墓和M1550号墓。

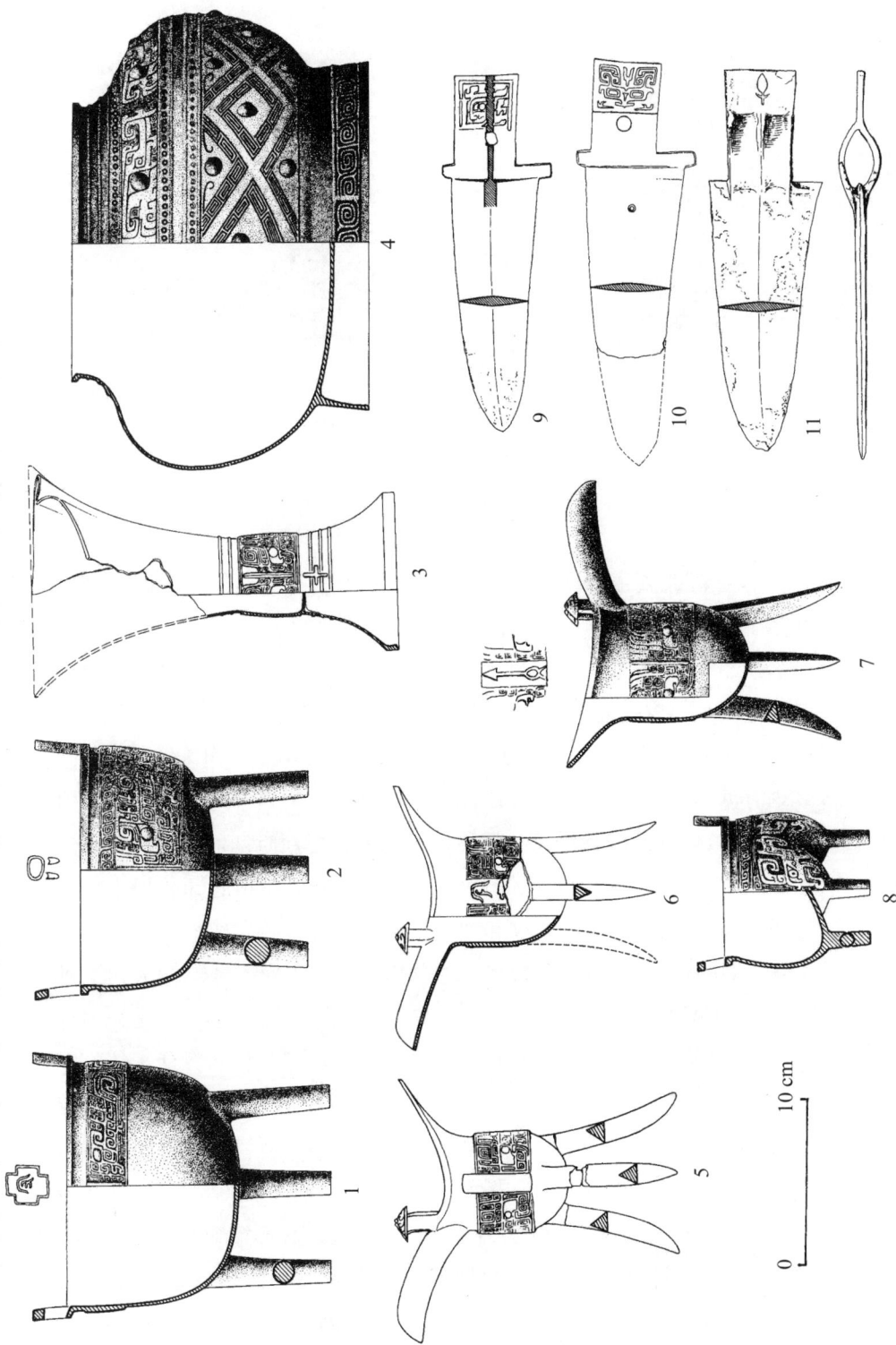

图三 M1001号墓出土青铜器

1、2. 鼎（HPKM1133：4、HPKM1133：3）；3. 舡（R1030）；4. 瓿（R11021）；5、6、7. 爵（R1068、R11001、R11002）；8. 鬲鼎（3：1622）；
9、10、11. 戈（R6819、R6826、R6825）

图四 殷墟YM388号墓出土白陶豆

（1. R107：1；2. R107：2）

M1400号墓，是包含南北墓道的全长74.07米的亚字型墓。[26]M1400号墓的南墓道及东西墓道出土的青铜器，是笔者排定的商代晚期文化第2期的器物（图六、七）。有肩圆尊（标本号码R1073）（图六：1），是自南墓道的西墙下出土的，从口缘部到颈部缺，不过，肩部是方肩折角，有高的圈足，腹部和圈足部饰以饕餮纹，羊头牺首附于肩部三个地方，窃曲纹填充牺首之间。从殷墟M5号墓（妇好墓）出土了司夒母圆尊（标本号码793、867）和子束泉圆尊（标本号码320、318），不过，M1400号墓的圆尊（标本号码R1073）一般认为是比殷墟M5号墓（妇好墓）的遗物更新时期的器物。斝（标本号码R1115）（图六：2）是圆底、小鼓腹、短颈，又有从颈部达到底部的把手、两个伞状柱、三个羊角形足。颈部饰以三角纹和圆圈纹，腹部饰以饕餮纹。这个斝，与作为商代晚期文化第2期的标准的大司空村M539号墓出土的斝（标本号码80大司空村M539：35）类似。[27]觯（标本号码R1079）（图六：3）是自斝里面出土的，无盖，有比较高的圈足。爵（标本号码R1053、R1054、R1055）（图六：4、5、6）有三件，都是卵形爵，唇部两个柱立，有把手，附有三个断面三角形的羊角足，腹部上饰以三道横方向的弦纹。爵（标本号码1056）（图六：7）也是卵形爵，饰以饕餮纹的腹侧三方向有扉棱。与这四件爵类似的卵形爵，在作为商代晚期文化第2期标准的大司空村M539号墓也出土过。觚（标本号码R1032）（图七：1）是口大敞开，腹部很细，圈足高，腹部和圈足有雷纹和由凸瘤的饕餮纹。觚（标本号码R1033、R1034、R1035）（图七：2、3、4）大体相同，口大敞开，口缘部有蕉叶纹，腹部很细，高圈足，四个方向有扉棱，之间饰以饕餮纹。从安阳花园庄东地的商代晚期文化第2期的M54号墓出土的青铜B型

图五 50WKGM1号墓（武官大墓）出土青铜器

1.鼎；2.鬲鼎；3.簋；4.卣；5、6、7.觚；8、9、10.爵；11～16.戈

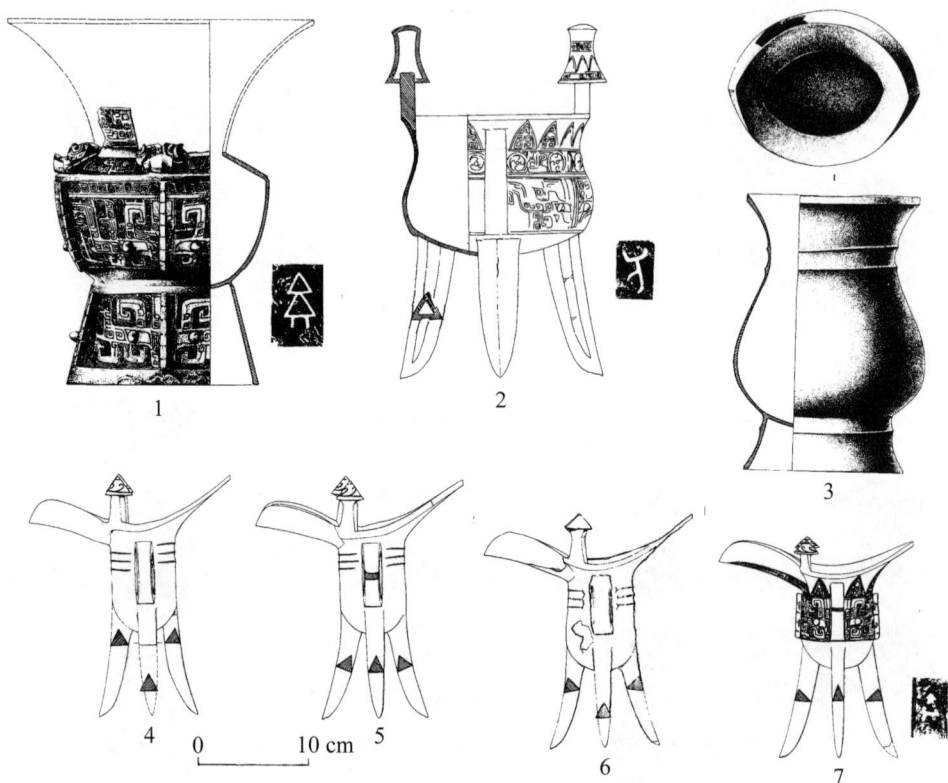

图六 M1400号墓出土青铜器

1. 尊（R1073）；2. 斝（R1115）；3. 觯（R1079）；4～7. 爵（R1053、R1054、R1055、R1056）

瓿（标本号码M54：200、205、206）和M1400号墓的瓿类似。[28]盂（标本号码R1092）（图七：5）是从M1400号墓的东墓道出土的器物，有盖，深腹，附有左右两个把手，圈足，盖子、口缘部和圈足部饰以夔龙纹带，器腹部饰以下垂三角夔龙纹。盂底面圈足之内有龙纹，盂内底面有"寝小室盂"的铭文。安阳花园庄东地的M54号墓，被认为是商代晚期文化第2期，曾出土类似器形的青铜盂（标本号码M54：169）。盘（标本号码R11039）（图七：6），器身侧面饰以横向的异样夔龙纹和鳞纹，圈足也见异形夔龙纹。此器被推定为属于商代晚期文化第2期的盘。

M1550号墓有南北墓道，是全长47.55米的亚字型墓。[29]圆鼎（标本号码R1109）（图八：1）是1550：49殉葬坑出土的器物。器身体呈半球形，口唇部有一对U字型的器耳，底部三个圆柱形实足。口沿下部两道弦纹间有七个圆泡配置。爵（标本号码R1058）（图八：2）是1550：49殉葬坑出土的器物。爵（标本号码R1057）（图八：3）是1550：40殉葬坑出土的器物。这些爵，与M1400号墓出土的爵（R1053、R1054）的器形和纹样类似。瓿（标本号码R1037）（图八：4）是1550：40殉葬

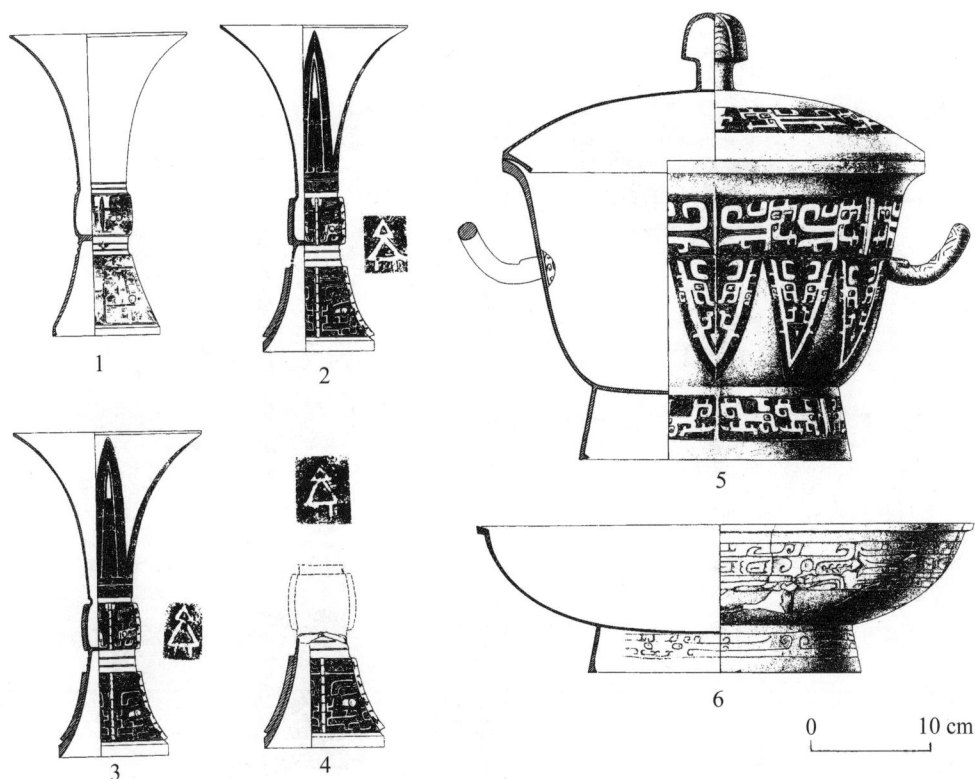

图七 M1400号墓出土青铜器

1～4.觚（R1032、R1033、R1034、R1035）；5.盂（R1092）；6.盘（R11039）

坑出土的器物。觚（标本号码R1038）（图八：5）也是1550：49殉葬坑出土的器物。这些觚，与M1400号墓出土的觚（R1032）的器形和纹样类似。戈（标本号码R6786、R6787、R6788、R6785、R6806）（图八：6、7、8、9、10）是1550：40殉葬坑出土的器物，图八的6、7是直内戈，8是曲内歧冠戈，9、10是銎内戈。M1550号墓出土的爵、觚其器形和纹样与M1400号墓出土的爵、觚同，大体上被认为是同时代的遗物。所以这两个墓的时代接近。M1550号墓出土了被推定属于商代晚期文化第2期的若干白陶破片。不过，笔者认为M1400号墓出土的盂（标本号码R1092）器形更接近作为商代晚期文化第1期后半的标准的殷墟M5号墓（妇好墓）出土的盂（标本号码811），或者被认为是"殷墟第二期"的花园庄东地M54号墓的盂（M54：169）和盂（M54：157）的器形和纹样的系列。在青铜器器形断代上，笔者认为M1400号墓是商代晚期文化第2期早段，M1550号墓是商代晚期文化第2期晚段。

属于商代晚期文化第3期的亚字型墓是M1002、M1003、M1004、M1500号墓。

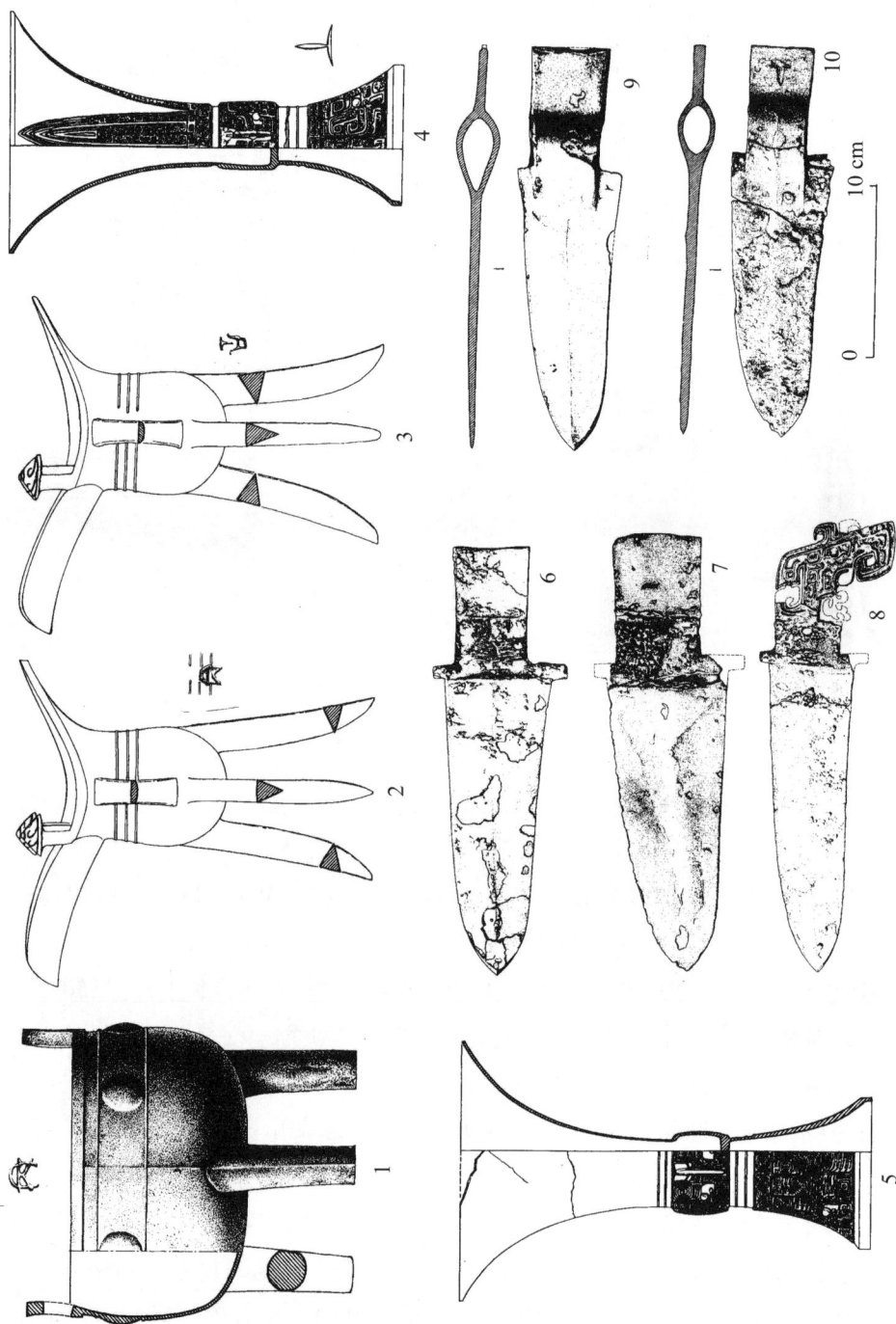

图八 M1550 号墓出土青铜器

1. 鼎（R1109）；2、3. 爵（R1058、R1057）；4、5. 觚（R1037、R1038）；6～10. 戈（R6786、R6787、R6788、R6785、R6806）

M1004号墓，是有南北墓道的全长63.4米的亚字型墓。从M1004号墓出土了牛方鼎（标本号码R1750）和鹿方鼎（标本号码R1751）（图九）。[30]牛方鼎（标本号码R1750）和鹿方鼎（标本号码R1751），与司母戊方鼎一起成为商代晚期文化第3期的青铜方鼎的基准器物。M1004号墓也出土了七十二件戈，其中銎内戈是七十件，曲内歧冠戈是两件，没有直内戈。发掘报告《侯家庄（河南安阳侯家庄殷代墓地）》第五本《第1004号大墓》中发表了七件銎内戈（标本号码R6744-1、3、6、8、29、31、37）和一件曲内歧冠戈（标本号码HPKM1004）的照片。图示有銎内戈（标本号码R6744-3）（图一〇：1）和一件曲内歧冠戈（标本号码HPKM1004）（图一〇：2）。这些青铜戈无疑是商代晚期文化第3期的遗物。

M1002号墓，是包含南北墓道的全长52.45米的亚字型墓，[31]因为盗掘而没有出土可以判定年代的青铜器，但有若干陶器出自盗掘坑等。这些陶器不一定是从遗存的原位置出土的，但是，本属于M1002号墓的殉葬坑的遗物通过盗掘的时候搅乱移动，再残留于盗掘坑填土中的可能性较高。因此，这些陶器的年代，可以成为讨论M1002号墓年代的参考。报告的陶豆（标本号码2：1820）（图一一：2）器壁直立，器身和圈足饰以弦纹。这个陶豆很接近殷墟遗址的赛格金地M10号墓出土的陶豆（标本号码M10：4）和物华公寓M60号墓出土的陶豆（标本号码M60：2）。[32]陶豆（标本号

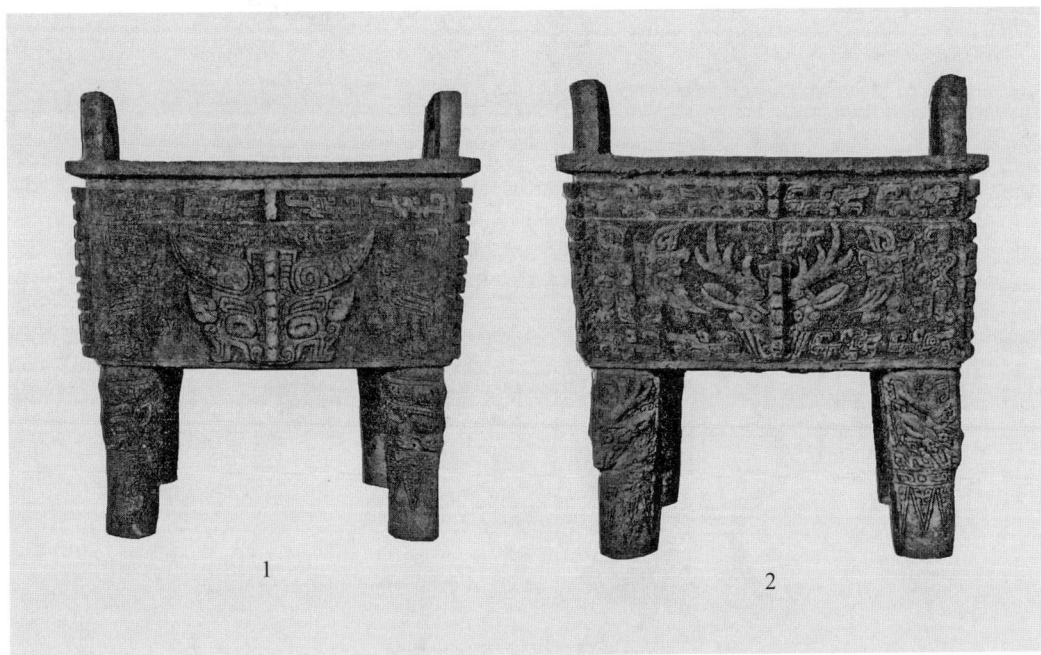

图九 M1004号墓出土青铜方鼎

1. 牛方鼎（R1750）；2. 鹿方鼎（R1751）

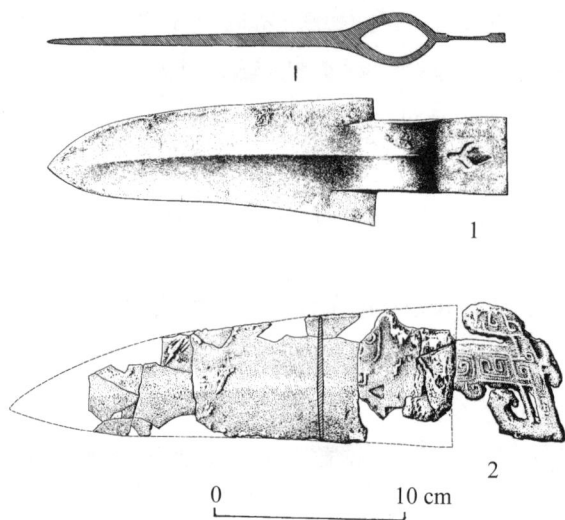

图一〇 M1004号墓出土青铜戈

1. 銎内戈（R6744-3）；2. 曲内歧冠戈（HPKM1004）

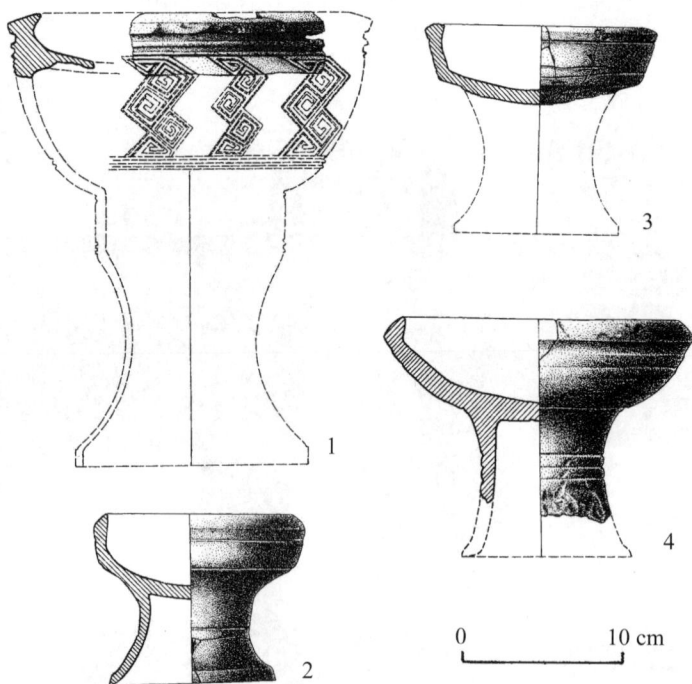

图一一 M1002号墓出土陶器

1. 白陶豆（2：2058）；2～4. 灰陶豆（2：1820、2：1833、3：1669）

码3：1669）（图一一：4）同样是器身和圈足饰以弦纹，赛格金地M13号墓曾出土过类似的陶豆（标本号码M13：5）。据报告，赛格金地M10号墓出土的陶豆（标本号码M10：4）、物华公寓M60号墓出土的陶豆（标本号码M60：2）、赛格金地M13号墓出土的陶豆（标本号码M13：5），都属于殷墟第三期，即笔者的商代晚期文化第3期。另外，郭家庄M160墓也有类似器形的灰陶豆（标本号码M160：2），是商代晚期文化第3期的遗物。㉝从M1002号墓的发掘报告图版八十中复原的白陶豆看（图一一：1）（标本号码2：2058），它属于商代晚期文化第3期的遗物当没有问题。灰陶豆（标本号码2：1833）（图一一：3），从底部到侧壁有折角。这个陶豆也许是盗掘时混入的西周时代的遗物。从M1002号墓的盗掘坑中出土了很多商代晚期文化第3期的陶器破片，所以1002号墓的年代是应被推定在与M1004号墓一样的商代晚期文化第3期。

M1003号墓，是包含南北墓道的全长58.4米的亚字型墓。㉞由M1003号墓伴随的遗址中出土了七件青铜戈。有的戈（标本号码R6780）（图一二：1）是直内戈。有的戈（标本号码R6782、R6778）（图一二：2、3）是直内有胡戈，援的根部下方附有胡，一孔。有的戈（标本号码R6783）（图一二：4）是銎内有胡戈。直内有胡戈或銎内有胡戈的盛行是在商代晚期文化第3期后半以后，《侯家庄（河南安阳侯家庄殷代墓地）》第四本《1003号大墓》的图版93～95照片和图表示的这些戈是第3期后半的标准的遗物。M1003号墓也有若干白陶破片的出土。白陶豆破片（标本号码3：3110、3884、3988）都有W字纹和雷纹，也是商代晚期文化第3期的遗物。

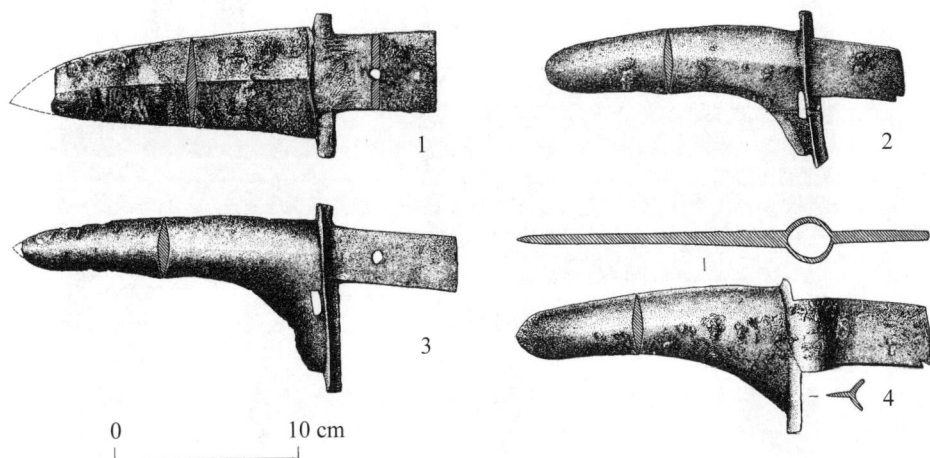

0   10 cm

图一二　M1003号墓出土青铜戈

1. 直内戈（R6780）；2、3. 直内胡戈（R6782、R6778）；4. 銎内胡戈（R6783）

M1500号墓，是包含南北墓道的全长89.6米的亚字型墓。[35]从M1500号墓出土了大理石夔龙形石雕（标本号码R14452：1、2）、大理石卧牛形石雕（标本号码R14451：1、2）、大理石虎形石雕（标本号码R14450：1、2）等很有趣的器物。不过因为被盗，对决定年代有用的青铜器和陶器几乎没有出土。

M1002号墓也没有出土青铜器，因此在侯家庄西北冈亚字型墓的建造顺序的判断上，属于商代晚期文化第3期的M1002号墓和M1003号墓的早晚关系的判断变得困难。在这里，由于商代晚期文化第3期的前半段直内有胡戈或銎内有胡戈尚不见，而侯家庄西北冈大墓群M1003号墓以后直内有胡戈或銎内有胡戈开始盛行，故推定了M1003号墓比M1002号墓较晚。顺便提一下，从作为商代晚期文化第4期青铜器标准群的殷墟西区M1713号墓出土了三十件戈，都是直内有胡戈。[36]

84AWBM260号墓（传出司母戊方鼎墓）是有南墓道的全长33.6米的甲字型墓。[37]这个墓出土的曲内歧冠戈残片的花纹的巨眼是一种简化了的形态，与商代晚期文化第3期的M1004号墓的曲内歧冠戈（标本号码HPKM1004）（图一〇：2）相似。又根据传出司母戊方鼎（图一三）的事，我们认为84AWBM260号墓（传司母戊方鼎出土墓）是商代晚期文化第3期的墓。商代晚期文化第1期的殷墟遗址出土的陶范中没看到像司母戊方鼎那样的大方鼎。司母戊方鼎的饕餮纹的尾部形状是商后期第3、4期常见的下垂尾的形态，且夔龙纹细长，没有乳钉纹，铭文的字体粗大厚重。基于这些理由我们认为它是商代晚期文化第3期的遗物。

图一三　中国国家博物馆藏司母戊方鼎

M1217号墓有南北墓道，全长120.19米，是侯家庄西北冈大墓群中最大的亚字型墓。[38] 从M1217号墓的西墓道出土了鼍鼓、石磬、木制架等有趣的遗物。不过，因墓主体部遭盗掘，没有青铜礼器等遗物出土。可是，从搅乱坑、填土层中出土了比较多的商代晚期文化第3、4期的白陶破片（标本号码4：1243、4：88-5、4：88-9、3：1767）（图一四：1、2、3、4）。以甲骨文断代第五期为商代晚期文化第4期，笔者认为属于商代晚期文化第4期的商王是帝乙和帝辛。如果帝辛的墓未被营造的话，在侯家庄西北冈的亚字型墓中属于商代晚期文化第4期的，就只有帝乙的墓一座。这样推定的话M1500号墓就成为商代晚期文化第3期的最后的墓，属于商代晚期文化第4期的墓就只有M1217号墓一座。

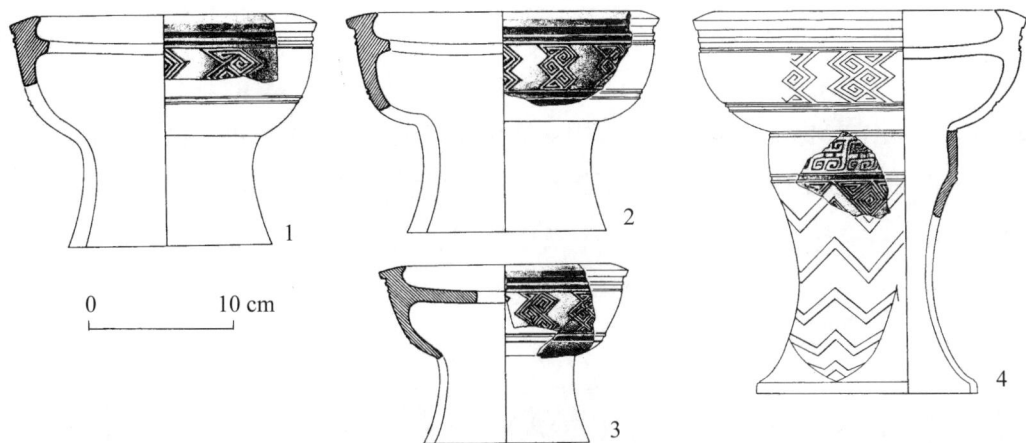

图一四 M1217号墓出土的白陶豆

（1. 4：1243；2. 4：88-5；3. 4：88-9；4. 3：1767）

亚字型墓以外，笔者推定78AHBM1、M1443、M1129号墓都是商代中期文化第3期的。

78AHBM1号墓是残存的南北全长14.6米的甲字型墓。[39] 墓室的南侧和北侧有二层台，墓底有长1.8米、宽0.75米、深0.4米的腰坑。本墓遭受惨烈盗掘，但出土了人骨和动物骨骼，推测墓中原有殉葬坑和动物祭祀坑。墓中也出土了饰以饕餮纹和雷纹等的石制品破片、白陶破片、象牙破片（图一五）。石制方形器残片（标本号码M1：038）（图一五：1）花纹有两巨眼和耳朵。大理石碗残片（标本号码M1：039）（图一五：3）也有两巨眼和两个角。石壶、石琮的残片（标本号码M1：084、M1：045）（图一五：2、4）饕餮纹也是巨眼的表现。白陶破片（标本号码M1：071、M1：0112、M1：070）（图一五：6、7、8）饰以雷纹。象牙破片（标本号码M1：087、M1：088）（图一五：9、10）饰以雷纹为纹样的地纹。这些巨眼和饕餮纹比二里冈上层期陶器上所刻划的巨眼和饕餮纹为晚，与内田纯子（难波纯子）所认为的中商文化饕餮纹类似。[40]白陶豆的雷纹（标本号码M1：071）（图一五：6）与殷墟YM388号墓出土的白陶豆（图四）的雷纹类似。78AHBM1号墓出土了侯家庄西北冈大墓群中最早的遗物，不过，它与侯家庄西北冈大墓群的其他的墓比较，作为商王的墓规模显得过小。但是，如果把78AHBM1号墓当作商代前、中期文化的墓来看，它并不是小墓。譬如郑州白家庄的属于商代前期第3期（二里冈上层第1期）的白家庄M3号墓，出土9件青铜器，这个墓的墓口南北长2.9米，东西宽1.17米，深2.13米，是没有墓道的竖穴墓。[41]再者，盘龙城李家嘴遗址的属于商代前期第3期（二里冈上层第1期）的PLZM2号墓（李家嘴M2号墓），是墓口南北长3.67米，东西宽3.24米，深1.41米，有二层台的大长方形竖穴土坑墓，出土殉葬品63件青铜器，不过没有墓道。[42]与白家庄M3号墓和李家嘴M2号墓比较，可知78AHBM1号墓的墓室规模的长度在7.7米，格外的大。白家庄M3号墓和李家嘴M2号墓两个墓没有墓道，而78AHBM1号墓有墓道。78AHBM1号墓是商代早、中期文化中特大规模的墓，可能也是我们今天知道的最古老的有墓道的商墓。如果这样，我们将无法排除78AHBM1号墓是商王墓的可能性。

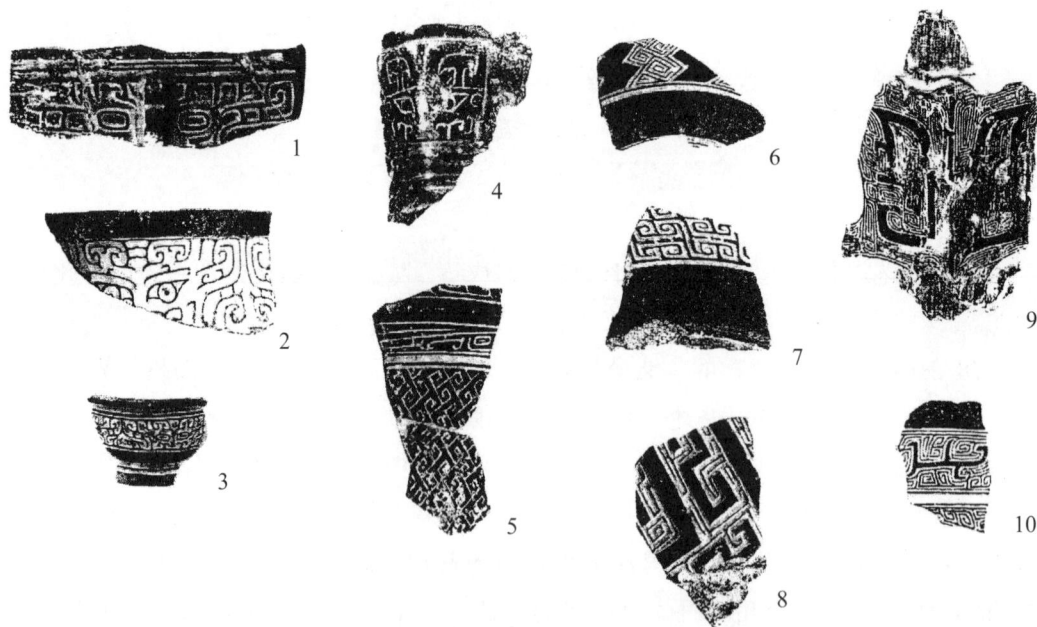

图一五 78AHBM1号墓出土遗物饕餮纹、雷纹等

1～5. 石产品（M1：038、084、039、045、092）；6、7、8. 白陶（M1：071、0112、070）；9、10. 象牙（M1：087、088）

M1443号墓是包含南北墓道的全长41.15米的中字型墓。[43]M1443号墓的出土遗物少，不过，我们可以从M1443号墓出土的玉石戈等来对78AHBM1号墓的时代进行估计。从M1443号墓出土玉石戈中，五件戈（标本号码R1326、1279、1276、1278、1277）见图一六所示。这些玉石戈，比小屯YM388号墓出土的石戈（标本号码R851、R852）看上去都更早，[44]器形接近湖北武汉盘龙城遗址的杨家湾M11号墓的玉戈。[45]可是，杨家湾M11号墓的玉戈是盘龙城7期中商代中期文化第1期的早期器物。M1443号墓出土的玉石戈，一般认为是杨家湾M11号墓的玉戈和小屯YM388号墓出土的石戈中间的年代的遗物。由78AHBM1号墓和M1443号墓的出土遗物来判断早晚关系很不容易，但从商王墓从甲字型墓向中字型墓的发展变化来看，可以认为78AHBM1号墓较早，M1443号墓较晚。

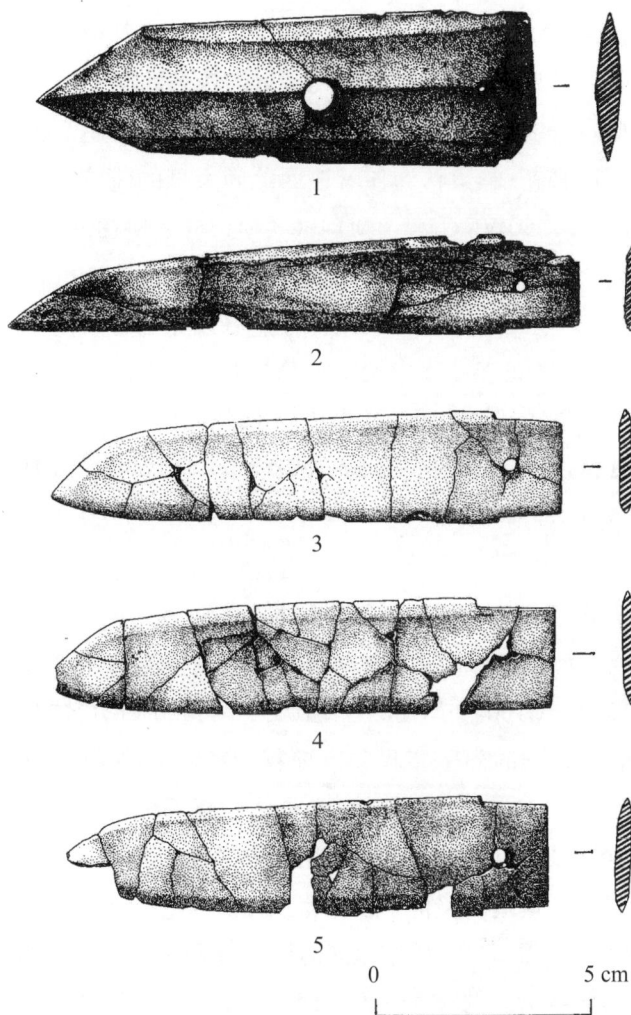

图一六 M1443号墓出土的玉石戈

（1. R1326；2. 1279；3. 1276；4. 1278；5. 1277）

M1129号墓是包含南北墓道的全长约25米的中字型墓，没有出土遗物，故很难决定时代。[46] 在侯家庄西北冈的十四座大墓和方框墓穴中，除了方框墓穴的M1567号以外，没有可据以判定时代的遗物的只有M1129号大墓。如后所述，从盘庚到帝乙、帝辛的商王中，只有小乙没有应该推定为墓主的墓；又，M1129号墓的墓主人不清楚。在这样的状况下，我们应该把小乙和M1129号墓联系起来，推定M1129号墓为商代中期文化第3期的最末期的小乙的墓，在年代上跟随M1443号墓之后。

四、侯家庄西北冈大墓建造顺序的结论

笔者认为，从商代早期文化到商代中期文化第2期的商墓是没有墓道的长方形竖穴土坑墓。到商代中期文化第3期开始有墓道的甲字型墓出现，接着中字型墓被建造，而进入商代晚期文化时亚字型墓出现。从盘庚到最后的帝辛的商王中，帝辛被推定没有陵墓建造；从盘庚到帝乙的商王的墓可假定都在殷墟。综合上述，从打破的关系、青铜器编年以及其他的理由看，笔者认为侯家庄西北冈大墓的建造顺序是：78AHBM1、M1443、M1129、M1001、50WKGM1、M1400、M1550、M1004、M1002、M1003、84AWBM260、M1500、M1217号墓。

盘庚以后，到小辛、小乙为止的三个王的墓可以推定是甲字型墓或者中字型墓。在侯家庄西北冈大墓中属于商代中期文化第3期，中国最早的有墓道的甲字型墓78AHBM1号墓，其墓主是迁都到"殷"的盘庚的可能性很高。继甲字型墓之后，开始出现了中字型墓的M1443号墓、M1129号墓，两墓的墓主人不确定，但有可能是小辛、小乙两位商王。

笔者认为，洹河南岸的小屯地区的真正的建造时间是武丁以后到帝辛时代，也认为侯家庄西北冈的王陵群规模宏大的亚字型墓的主人也应该是武丁以后的商王。八座亚字型墓的墓主人，推定为从武丁到帝乙的八个商王。如前述，亚字型墓的建造顺序为：M1001—M1400—M1550—M1004—M1002—M1003—M1500—M1217号墓。这个顺序，相当于武丁以后到帝乙为止的商王室世系。要把M1001—M1400—M1550—M1004—M1002—M1003—M1500—M1217号墓的墓主和具体的商王相联系，那么商王的即位和在位顺序就变成了一个重要的问题。以下先引用可以说是商王室世系研究之双璧的董作宾的商王室世系表和岛邦男的商王室世系表（表三、四）。[47]

第一方案，以继承了罗振玉、王国维以来的研究成果的董作宾的观点，作为商王室世系标配（表三）来推定各大墓的墓主。可以说接受董作宾的断代研究为基础的商王室世系的论文在今天占大多数，朱凤瀚的论文也是以董作宾的商王室世系为基础。属于商代晚期文化第1期的亚字型墓M1001号，墓主人当被推定为武丁。从M1001号墓出土的

表三 殷王室世系表（根据董作宾的研究）

先公远祖

帝喾（夋）—— 契（㝅）—— 昭明（王吴）—— 相土（土）——

—— 昌若（止若）—— 曹圉 —— 冥（季）—— 振（王亥）——

先公近祖

—— 微（上甲）—— 报丁（报乙）—— 报乙（报丙）—— 报丙（报丁）——

—— 主壬（示壬）—— 主癸（示癸）——

先王前期

—— （1）天乙（大乙）·汤王 —— 太丁（大丁）—— （4）太甲（大甲）——
　　　　　　　　　　　　　 —— （2）外丙（外丙）
　　　　　　　　　　　　　 —— （3）仲壬（南壬）

—— （6）太庚（大庚）—— （9）太戊（大戊）—— （10）仲丁（中丁）——
—— （5）沃丁（沃丁）　—— （5）小甲（小甲）—— （5）外壬（外壬）
　　　　　　　　　　　 —— （8）雍己（吕己）—— （8）河亶甲（戋甲）

—— （13）祖乙（且乙）—— （14）祖辛（且辛）—— （16）祖丁（且丁）——
　　　　　　　　　　　 —— （15）沃甲（羌甲）—— （15）南庚（南庚）

—— （21）小乙（小乙）—— （22）武丁（武丁）—— （24）祖甲（且甲）——
—— （20）小辛（小辛）　　　　　　　　　　 —— （23）祖庚（且庚）
　　　　　　　　　　　　　　　　　　　　 —— 祖己（且己）

先王后期

—— （19）盘庚（般庚）
—— （18）阳甲（虎甲）

—— （26）庚丁（康丁）—— （27）武乙（武乙）—— （28）太丁（文武丁）——
—— （25）廪辛（父辛）

—— （29）帝乙（父乙）—— 微子启
　　　　　　　　　　 —— （30）帝辛（纣王）—— 武庚

数字：殷王代数；括号内汉字：甲骨文王名

表四 殷王室世系表（根据岛邦男的研究）

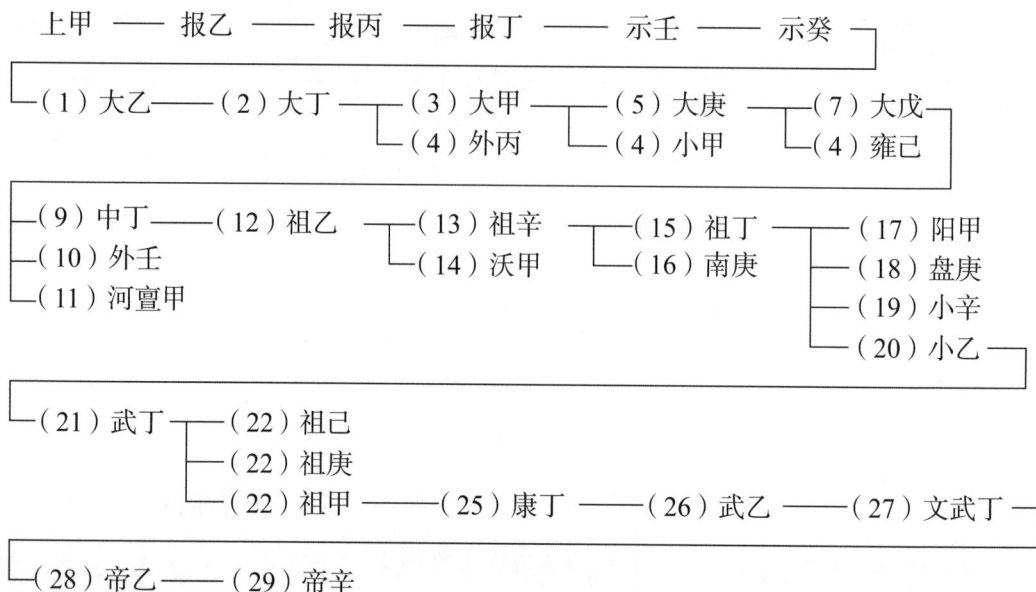

上甲 ── 报乙 ── 报丙 ── 报丁 ── 示壬 ── 示癸 ┐

┌─（1）大乙──（2）大丁 ┬（3）大甲 ─（5）大庚 ┬（7）大戊
│   └（4）外丙   （4）小甲 └（4）雍己

┌─（9）中丁──（12）祖乙 ┬（13）祖辛 ─（15）祖丁 ┬（17）阳甲
│（10）外壬   └（14）沃甲   （16）南庚 ├（18）盘庚
└（11）河亶甲   ├（19）小辛
                                                └（20）小乙

┌─（21）武丁 ┬（22）祖己
│   ├（22）祖庚
│   └（22）祖甲 ──（25）康丁 ──（26）武乙 ──（27）文武丁
└─（28）帝乙 ──（29）帝辛

数字：殷王代数

青铜器也与商代晚期文化第1期后半的器物相符合。属于商代晚期文化第2期的亚字型墓，M1400、M1550号墓，其中一座可以推定墓主是祖庚，另一座是祖甲。属于商代晚期文化第3期的亚字型墓，是M1004、M1002、M1003、M1500号墓，墓主人依次是廩辛、庚丁、武乙、太丁四人。属于商代晚期文化第4期的亚字型墓是M1217号墓，墓主人可推定为帝乙。M1567方圹无墓主人。推定中字型墓的50WKGM1（武官大墓）的墓主人是武丁的长子祖己，84AWBM260号墓（传出司母戊方鼎墓）的墓主人是武乙的配偶（见表五）。

表五 侯家庄西北冈大墓营造顺序和推定墓主（1）
（根据董作宾殷王室世系表）

时　　期	推定墓主名	亚字型墓	中字型墓	甲字型墓
商中期文化第3期	盘庚 小辛 小乙		M1443号墓 M1129号墓	78AHBM1号墓
商晚期文化第1期	武丁 （祖己）	M1001号墓	50WKGM1号墓	
商晚期文化第2期	祖庚 祖甲	M1400号墓 M1550号墓		

续　表

时　　期	推定墓主名	亚字型墓	中字型墓	甲字型墓
商晚期文化第3期	廪辛 康丁 武乙 武乙配偶 太丁	M1004号墓 M1002号墓 M1003号墓 M1500号墓		84AWBM260号墓
商晚期文化第4期	帝乙	M1217号墓		

　　第二方案，基于岛邦男的商王室世系表（表四）来推定各大墓的墓主人。笔者评价，岛邦男的商王室世系与实际情况最为接近，松丸道雄教授也曾说岛邦男的商王室世系"给出了一定的结论"㊽。我们推定M1001号墓的墓主人是武丁。从M1001号墓出土的青铜器和商代晚期文化第1期后半的器物相符合，属武丁时代。因为岛邦男认为祖己作为武丁的长子即位为商王，㊾可以推定属于商代晚期文化第2期的M1400号墓的墓主人是商王祖己。推定M1550号墓的墓主人祖庚。推定属于商代晚期文化第3期的M1004号墓的墓主人是祖甲。如果祖甲是商代晚期文化第3期的M1004号的墓主人，他的时代就要从董作宾的甲骨文断代的第二期㊿下拉一期，作为商代晚期文化第3期最初的商王。康丁的兄长辛没坐上王位，51因此不存在廪辛的墓。从而，我们推定商代晚期文化第3期的M1004、M1002、M1003、M1500号墓的墓主人依次为祖甲、康丁、武乙、文武丁四位商王。有关帝乙也有人否定其存在，52不过，周原凤雏甲组建筑址H11：1出土甲骨文有"……彝文武帝乙"卜辞，53我们认为帝乙是实际存在的人，属于商代晚期文化第4期的M1217号墓的葬主可推定为帝乙。M1567方圹未完成，不存在墓主人。进而，中字型墓50WKGM1（武官大墓）出土的青铜器属商代晚期文化第1期后半，即可以推定为武丁时代的后半。因此50WKGM1（武官大墓）的墓主人可能是武丁的某个配偶。84AWBM260号墓（传出土司母戊方鼎墓）的墓主人被推定是武乙的配偶。陈梦家认为司母戊鼎的戊（母戊）是武乙的配偶，太丁（文武丁）的母亲。54如果这样，84AWBM260号墓的被葬者就有武乙的配偶（母戊）的可能性（见表六）。

　　第一方案和朱凤瀚的观点极为接近，也是被比较广泛地接受的观点，基本上魏凯的考虑也是基于朱凤瀚的观点。它们的根基是由董作宾推定的商王室世系实际存在过。可是，笔者认为吸收了岛邦男的甲骨文研究成果的商王室世系更接近实际存在的商王继位状态，故也认为第二方案（表六）中对墓主人的推定可能性更高。

表六 侯家庄西北冈大墓营造顺序和推定墓主（2）
（根据岛邦男殷王室世系表）

时　　期	推定墓主名	亚字型墓	中字型墓	甲字型墓
商中期文化第3期	盘庚 小辛 小乙		M1443号墓 M1129号墓	78AHBM1号墓
商晚期文化第1期	武丁 武丁配偶	M1001号墓	50WKGM1号墓	
商晚期文化第2期	祖己 祖庚	M1400号墓 M1550号墓		
商晚期文化第3期	祖甲 康丁 武乙 武乙配偶 文武丁	M1004号墓 M1002号墓 M1003号墓 M1500号墓		84AWBM260号墓
商晚期文化第4期	帝乙	M1217号墓		

五、结　语

本文关于侯家庄西北冈大墓的建造顺序研究的第一方案，虽说有若干差异点，其结论和朱凤瀚2018年的论文非常相似。因为我们都用的是1928年以来的报告和其他发掘资料，得出相近的结论也许是很自然的事。笔者以可能性更高的第二方案，即岛邦男的商王室世系为根据排定的表六"侯家庄西北冈大墓建造顺序和墓主推定（2）"和朱凤瀚的考虑存在相当的差异。[⑤]魏凯的论文和笔者的观点差异也很大。[⑥]魏凯以M1129为侯家庄西北冈大墓群中最早的墓，推测墓主为小辛，但这没有任何考古学的证据。对祖己和廪辛的处理办法也和笔者不同。另外，他定M1400比M1567、M1001、M1550号墓更早，其墓主为武丁，这也没有什么根据。他将M1567方圹定为祖庚的，M1217的墓主推定为帝辛，这也是笔者不同意的。沟口孝司、内田纯子的论文有关祖己、[⑦]廪辛的看法可以积极评价，不过他们对各个大墓的墓主人的比定，笔者不能赞同的地方有很多。

最后，关于侯家庄西北冈大墓的墓主的推定，根据如何考虑商王室世系之不同而有变化。现阶段，可以认为基于最靠近实际状态的岛邦男的商王室世系作成的表六对商王墓主人的推定为最接近正确的观点。侯家庄西北冈大墓群的十四座大墓里面，十一座可推定是商王的墓葬；如果只有两座商王配偶的墓葬的话，配偶的墓则是一面倒地少。在后冈曾发现五座中字型墓和一座甲字型墓，它们有可能是商王的配偶的墓葬。还有，花园庄M54号墓、大司空村M539号墓等出土很多青铜器的无墓道的长方形竖穴墓也可以成为商王配偶墓的候选。

李　峰　译

插图出处：

图一：中国社会科学院考古研究所：《中国考古学：夏商卷》,《考古学专刊》甲种第二十九号，图6-6，2003年。笔者添加内容。

图二：中国社会科学院考古研究所：《中国考古学：夏商卷》,《考古学专刊》甲种第二十九号，图7-3，2003年。李济：《侯家庄（河南安阳侯家庄殷代墓地）》第二本《1001号大墓》（《中国考古报告集》之三），历史语言研究所，1962年。笔者添加内容。

图三：李济：《侯家庄（河南安阳侯家庄殷代墓地）》第二本《1001号大墓》（《中国考古报告集》之三），历史语言研究所，1962年。

图四：笔者照片。

图五：郭宝钧：《一九五〇年春殷墟发掘报告》,《中国考古学报》第五册，1951年。

图六：石璋如：《侯家庄（河南安阳侯家庄殷代墓地）》第九本《第1129、1400、1443号大墓》（《中国考古报告集》之三），历史语言研究所，1996年。

图七：石璋如：《侯家庄（河南安阳侯家庄殷代墓地）》第九本《第1129、1400、1443号大墓》（《中国考古报告集》之三），历史语言研究所，1996年。

图八：李济：《侯家庄（河南安阳侯家庄殷代墓地）》第八本《第1550号大墓》（《中国考古报告集》之三），历史语言研究所，1976年。

图九：陈梦家：《殷代铜器》,《考古学报》第七册，1954年。

图一〇：李济：《侯家庄（河南安阳侯家庄殷代墓地）》第五本《第1004号大墓》（《中国考古报告集》之三），历史语言研究所，1970年。

图一一：李济：《侯家庄（河南安阳侯家庄殷代墓地）》第三本《1002号大墓》（《中国考古报告集》之三），历史语言研究所，1965年。

图一二：李济：《侯家庄（河南安阳侯家庄殷代墓地）》第四本《1003号大墓》（《中国考古报告集》之三），历史语言研究所，1967年。

图一三：笔者照片。

图一四：李济：《侯家庄（河南安阳侯家庄殷代墓地）》第六本《第1217号大墓》（《中国考古报告集》之三），历史语言研究所，1968年。

图一五：中国社会科学院考古研究所安阳工作队：《1978年安阳殷墟王陵区侯家庄北地一号墓发掘报告》，《江汉考古》2017年第3期。

图一六：石璋如：《侯家庄（河南安阳侯家庄殷代墓地）》第九本《第1129、1400、1443号大墓》（《中国考古报告集》之三），历史语言研究所，1996年。

---

① 董作宾：《甲骨学五十年》，艺文印书，1955年。岛邦男：《殷墟卜辞研究》，中国学研究会，1958年；汲古书院影印版，1975年。在本论文中，笔者重视被认为可能性更高的岛邦男的商王室世系来推进讨论。

② M1001号墓见李济《侯家庄（河南安阳侯家庄殷代墓地）》第二本《1001号大墓》（《中国考古报告集》之三），历史语言研究所，1962年。M1002号墓见李济《侯家庄（河南安阳侯家庄殷代墓地）》第三本《1002号大墓》（《中国考古报告集》之三），历史语言研究所，1965年。M1003号墓见李济《侯家庄（河南安阳侯家庄殷代墓地）》第四本《1003号大墓》（《中国考古报告集》之三），历史语言研究所，1967年。M1217号墓见李济《侯家庄（河南安阳侯家庄殷代墓地）》第六本《第1217号大墓》（《中国考古报告集》之三），历史语言研究所，1968年。M1004号墓见李济《侯家庄（河南安阳侯家庄殷代墓地）》第五本《第1004号大墓》（《中国考古报告集》之三），历史语言研究所，1970年。M1500号墓见李济《侯家庄（河南安阳侯家庄殷代墓地）》第七本《第1500号大墓》（《中国考古报告集》之三），历史语言研究所，1974年。M1550号墓见李济《侯家庄（河南安阳侯家庄殷代墓地）》第八本《第1550号大墓》（《中国考古报告集》之三），历史语言研究所，1976年。M1129、M1400、M1443号墓见石璋如《侯家庄（河南安阳侯家庄殷代墓地）》第九本《第1129、1400、1443号大墓》（《中国考古报告集》之三），历史语言研究所，1996年。50WKGM1号墓（武官大墓）见郭宝钧《一九五〇年春殷墟发掘报告》，《中国考古学报》第五册，1951年。84AWBM260号墓（传司母戊方鼎出土墓）见中国社会科学院考古研究所安阳队《殷墟259、260号墓发掘报告》，《考古学报》1987年第1期。78AHBM1号墓A见中国社会科学院考古研究所安阳工作队《安阳侯家庄北地一号墓发掘简报》，《考古学集刊》第2集，1982年。78AHBM1号墓B见中国社会科学院考古研究所安阳工作队《1978年安阳殷墟王陵区侯家庄北地一号墓发掘报告》，《江汉考古》2017年第3期。

③ 有关笔者的商代中期、晚期文化的年代区分，见《商后期文化第一期和殷墟文化第一期的思考》，载"中国考古学研究、第二届中日论坛"论文集，四川大学，2018年。另详《中国殷王朝考古学研究》，同成社，2021年。

④ 邹衡：《夏商周考古学论文集》，第58—92页，文物出版社，1980年。

⑤ 中国社会科学院考古研究所：《中国考古学：夏商卷》（考古学专刊甲种第二十九号），第250—253、289—295页，中国社会科学出版社，2003年。

⑥ 中国社会科学院考古研究所：《殷墟妇好墓》（考古学专刊丁种第二十三号），文物出版社，1980年。

⑦ 中国社会科学院考古研究所：《中国考古学：夏商卷》（考古学专刊甲种第二十九号），第392、393页，中国社会科学出版社，2003年。

⑧ 中国社会科学院考古研究所安阳工作队：《安阳武官村北的一座殷墓》，《考古》1979年第3期。

⑨ 李济：《殷墟白陶发展之程序》，《历史语言研究所集刊》第二十八本，下册，1957年。又收录于张

光直、李光谟编《李济考古学论文选集》，文物出版社，1990年。

⑩ 李济：《笄形八类及其文饰之演变》，《历史语言研究所集刊》第三十本，上册，表一二，1959年。

⑪ 李济：《殷墟出土青铜瓠形器之研究》，《中国考古报告集新编·古器物研究专刊》第一本，历史语言研究所，1964年。笔者未及确认梁思永的未发表遗稿。

⑫ 李济：《侯家庄（河南安阳侯家庄殷代墓地）》第七本《第1500号大墓》（《中国考古报告集》之三），第40页，历史语言研究所，1974年。

⑬ 中国社会科学院考古研究所安阳工作队：《安阳侯家庄北地一号墓发掘简报》，《考古学集刊》第2集，1982年。

⑭ 邹衡：《试论殷文化分期》，《北京大学学报》1964年第4期。另收录于《夏商周考古学论文集》第76—87页，文物出版社，1980年。

⑮ 胡厚宣：《安阳殷墟五号墓座谈纪要：胡厚宣》，《考古》1977年第5期。

⑯ 杨锡璋：《安阳殷墟西北冈大墓的分期及有关问题》，《中原文物》1981年第3期。

⑰ 魏凯：《殷墟西北冈王陵区大墓的建造次序与埋葬制度》，《考古》2018年第1期。

⑱ 朱凤瀚：《殷墟西北冈大墓年代序列再探讨》，《考古学报》2018年第4期。

⑲ Koji Mizoguchi and Junko Uchida: "The Anyang Xibeigang Shang Royal Tombs Revisited : A Social Archaeological Approach," *Antiquity* 92.363 (June 2018).

⑳ 李济：《侯家庄（河南安阳侯家庄殷代墓地）》第二本《1001号大墓》（《中国考古报告集》之三），历史语言研究所，1962年。

㉑ 中国社会科学院考古研究所安阳工作队：《安阳武官村北的一座殷墓》，《考古》1979年第3期。

㉒ 李学勤：《安阳殷墟五号墓座谈纪要：李学勤》，《考古》1977年第5期。

㉓ 本论文中由于版面的关系有关白陶等的陶器省略了几个图。

㉔ 石璋如：《小屯（河南安阳殷墟遗址之一）》第一本《遗址的发现与发掘·丙编·殷墟墓葬之五·丙区墓葬·上下》（《中国考古报告集》之二），历史语言研究所，1980年。

㉕ 郭宝钧：《一九五〇年春殷墟发掘报告》，《中国考古学报》第五册，1951年。

㉖ 石璋如：《侯家庄（河南安阳侯家庄殷代墓地）》第九本《第1129、1400、1443号大墓》（《中国考古报告集》之三），历史语言研究所，1996年。

㉗ 中国社会科学院考古研究所安阳工作队：《1980年河南安阳大司空村M539发掘简报》，《考古》1992年第6期。

㉘ 中国社会科学院考古研究所：《安阳殷墟花园庄东地商代墓葬》（考古学专刊丁种第七十七号），科学出版社，2007年。

㉙ 李济：《侯家庄（河南安阳侯家庄殷代墓地）》第八本《第1550号大墓》（《中国考古报告集》之三），历史语言研究所，1976年。

㉚ 李济：《侯家庄（河南安阳侯家庄殷代墓地）》第五本《第1004号大墓》（《中国考古报告集》之三），历史语言研究所，1970年。

㉛ 李济：《侯家庄（河南安阳侯家庄殷代墓地）》第三本《1002号大墓》（《中国考古报告集》之三），历史语言研究所，1965年。

㉜ 安阳市文物考古研究所：《安阳殷墟徐家桥郭家庄商代墓葬——2004～2008年殷墟报告》（安阳市文物考古研究所田野报告之一），第61—96页，科学出版社，2011年。

㉝ 中国社会科学院考古研究所：《安阳殷墟郭家庄商代墓葬1982年～1992年考古发掘报告》（考古学专刊丁种第六十号），第121、122页，中国大百科全书出版社，1998年。

㉞ 李济：《侯家庄（河南安阳侯家庄殷代墓地）》第四本《1003号大墓》（《中国考古报告集》之三），历史语言研究所，1967年。
㉟ 李济：《侯家庄（河南安阳侯家庄殷代墓地）》第七本《第1500号大墓》（《中国考古报告集》之三），历史语言研究所，1974年。
㊱ 中国社会科学院考古研究所安阳工作队：《安阳殷墟西区一七一三号墓的发掘》，《考古》1986年第8期。
㊲ 中国社会科学院考古研究所安阳队：《殷墟259、260号墓发掘报告》，《考古学报》1987年第1期。
㊳ 李济：《侯家庄（河南安阳侯家庄殷代墓地）》第六本《第1217号大墓》（《中国考古报告集》之三），历史语言研究所，1968年。
㊴ 中国社会科学院考古研究所安阳工作队：《1978年安阳殷墟王陵区侯家庄北地一号墓发掘报告》，《江汉考古》2017年第3期。
㊵ 唐际根、难波纯子：《中商文化の认识とその意义》图6，《考古学杂志》第84卷第4号，1999年。
㊶ 河南文物工作队第一队：《郑州市白家庄商代墓葬发掘简报》，《文物参考资料》1955年第10期。
㊷ 湖北省文物考古研究所：《盘龙城——1963～1994年考古发掘报告》，文物出版社，2001年。
㊸ 石璋如：《侯家庄（河南安阳侯家庄殷代墓地）》第九本《第1129、1400、1443号大墓》（《中国考古报告集》之三），历史语言研究所，1996年。
㊹ 石璋如：《小屯（河南安阳殷墟遗址之一）》第一本《遗址的发现与发掘·丙编·殷墟墓葬之五·丙区墓葬·上下》（《中国考古报告集》之二），历史语言研究所，1980年。
㊺ 湖北省文物考古研究所：《盘龙城——1963～1994年考古发掘报告》彩版41、42，文物出版社，2001年。
㊻ 石璋如：《侯家庄（河南安阳侯家庄殷代墓地）》第九本《第1129、1400、1443号大墓》（《中国考古报告集》之三），历史语言研究所，1996年。
㊼ 董作宾：《甲骨学五十年》，艺文印书馆，1955年。岛邦男：《殷墟卜辞研究》，中国学研究会，1958年；影印版，汲古书院，1975年。
㊽ 松丸道雄：《甲骨文の话》，第165页，大修馆书店，2017年。
㊾ 岛邦男：《殷墟卜辞研究》，第74、75页，中国学研究会，1958年。
㊿ 董作宾：《甲骨文断代研究例》，载《庆祝蔡元培先生六十五论文集》（历史语言研究所集刊外编，第一种上册），1933年；同《甲骨文断代研究例》，《“中央研究院”历史语言研究所集刊》之五十附册，1965年。
(51) 岛邦男：《殷墟卜辞研究》，第74页，中国学研究会，1958年。
(52) 落合惇思：《殷代史研究》，第93页，朋友书店，2012年。
(53) 陕西周原考古队：《陕西岐山凤雏村发现周初甲骨文》，《文物》1979年第10期。
(54) 陈梦家：《殷代铜器》，《考古学报》第七册，1954年。
(55) 朱凤瀚：《殷墟西北冈大墓年代序列再探讨》，《考古学报》2018年第4期。
(56) 魏凯：《殷墟西北冈王陵区大墓的建造次序与埋葬制度》，《考古》2018年第1期。
(57) Koji Mizoguchi and Junko Uchida, “The Anyang Xibeigang Shang Royal Tombs Revisited: A Social Archaeological Approach,” *Antiquity* 92.363（June 2018）.

殷墟手工业者墓葬辨析

井中伟（吉林大学考古学院）

王建峰（山西大学考古文博学院）

安阳殷墟遗址作为晚商都城之所在，已发现与铸铜、制骨、制玉等有关的多处手工业作坊，[①]当时也必然存在相应的各级从业人员。殷墟手工业作坊附近发现有不少墓葬，其中一些随葬了与手工业生产相关的遗物。发掘者已注意到此类现象，指出这些墓葬的墓主生前应即附近作坊的手工业者。[②]我们认为，殷墟手工业作坊附近的墓葬众多，似不宜笼统地将其与手工业者关联，而应以随葬与手工业生产密切相关的"特殊遗物"[③]作为判断手工业者墓葬的标准，而且对于部分此前认为与手工业生产有关的遗物，也应细加分析。因此，本文拟通过分析那些指征性随葬品来辨识殷墟手工业者的墓葬特征，并在此基础上对殷墟手工业者的身份等级、组织管理等情况进行考察。

一、墓葬辨识

1. 铸铜手工业

以往一般将殷墟铸铜作坊附近随葬铜刀的墓葬指认为铸铜手工业者墓，近年出版的考古报告仍持这种认识。[④]已有研究表明，晚商时期的铜刀类型多样，功能也是多种多样的，其中仅有"细长直柄刀"可以明确判定为铸铜工具。[⑤]

细长直柄铜刀系单面范铸成，刀身和刀柄均较窄长，刀身后端呈圆弧形或钝角形，刀柄末端多开刃或呈锥状（图一）。此类铜刀数量较少，目前殷墟已公布25件，其中6件出自遗址点，19件为墓葬随葬品。

遗址出土的细长直柄铜刀中，PNTH4：5、PNT26⑥：5出土于苗圃北地铸铜作坊，且PNTH4：5与碎陶范、铜锈块等铸铜遗物共出。[⑥]2000AGH6：2、2001AGT4③：1出土于孝民屯铸铜作坊，且2000AGH6：2亦与陶范等铸铜遗物共出。[7]KBT4④：4所在的白家坟西B区紧邻2000～2001年发掘的孝民屯东南的铸铜作坊遗址点。[8]另有一件出土于高楼庄西（即薛家庄南），该地点发现有坩埚片、泥范、碎陶范、铜渣、铜锈等铸铜遗存，其附近也存在铸铜作坊。[9]以上6件细长直柄铜刀均出土于铸铜作坊或其附近区域，殷墟其他遗址点尚未见到此类铜刀。由此可见，细长直柄铜刀应是铸铜活动的专用工具，既可用长刃切削以修整陶模、陶范，也可用柄末端的窄刃或锥尖在模范上剔刻花纹。

出自墓葬的细长直柄铜刀中，新安庄西M111：1、[10]郭家庄西南M234：7[11]放置于墓室内墓主的腰部，应当是墓主的随身之物；殷墟西区M1014：1、[12]大司空南M40：5[13]和孝民屯南区墓葬随葬的15件也是墓室内的随葬品。[14]这19座墓以细长直柄铜刀随葬，每墓一件，墓主很可能是铸铜作坊的从业人员。

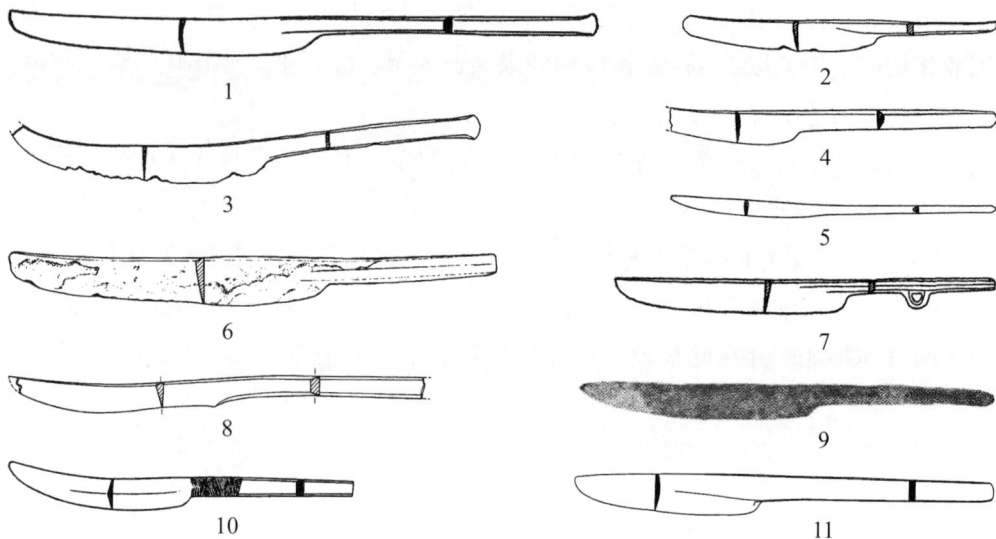

图一 安阳殷墟出土的细长直柄铜刀

1. 苗圃北地PNT26⑥：5；2. 孝民屯2000AGH6：2；3. 孝民屯2001AGT4③：1；4. 白家坟西KBT4④：4；5. 苗圃北地PNTH4：5；6. 新安庄西M111：1；7. 殷墟西区M1014：1；8. 郭家庄西南M234：7；9. 大司空南M40：5；10. 孝民屯南区M232：4；11. 孝民屯南区M674：7

陶质模范是铸造铜器的必备器具，坩埚是浇铸铜液时使用的容器，鼓风嘴是连接鼓风皮囊与坩埚、用以加速熔铜的辅助用具，它们在殷墟的几处铸铜作坊遗址中多有出土。[15]同时，在一些殷墟墓葬中也有意随葬陶范、鼓风嘴或坩埚等。

苗圃北地铸铜作坊遗址中，PNM17出土陶范一件，这块陶范与其他陶器并列摆放在该墓头端的二层台上，无疑是随葬品。PNM52出土一套陶范（图二，1），系一件鼎的两扇外范，出土时两扇鼎范一起被夯实在墓内的填土中，保存状况基本完好，应当是下葬时有意埋入的。PNM203的填土中出土一套直内戈的外范（图二，2），出土时两扇陶范扣合得相当完整，也应是有意埋入的。[16]同时，这三座墓共葬一地，墓主应该是苗圃北地铸铜作坊的从业人员。此外，前述新安庄西M111填土中出土一件比较完整的工具范，可能即因墓主系铸铜手工业者的身份而有意埋入的。与M111同批发掘的新安庄西M103填土中出土数块陶范，似属同一件折肩尊的外范，很可能也是有意埋入的，[17]由此推测墓主也应是一位铸铜手工业者。

孝民屯南区墓葬中，M590、M637、M676、M952各随葬一件鼓风嘴（图二，3～6），其中M590、M676同时随葬前述细长直柄铜刀，[18]这些墓葬的墓主无疑是铸铜手工业者。殷墟出土坩埚的墓葬，目前仅见花园庄东M54，在椁室内随葬一件完整的"盔形器"（M54：238），器外壁还有使用留下的烟炱痕迹[19]（图二，7）。以坩埚随葬，显示了墓主与铸铜手工业的密切联系，但该墓等级极高，墓主或身兼监管督造之职。此外，孝民屯南区M929出土一块铜渣（图二，8），[20]残长14.2厘米，与青铜觚、爵等随葬品一同放置于墓主头端，应是随葬品，该墓主很可能也属铸铜手工业者。

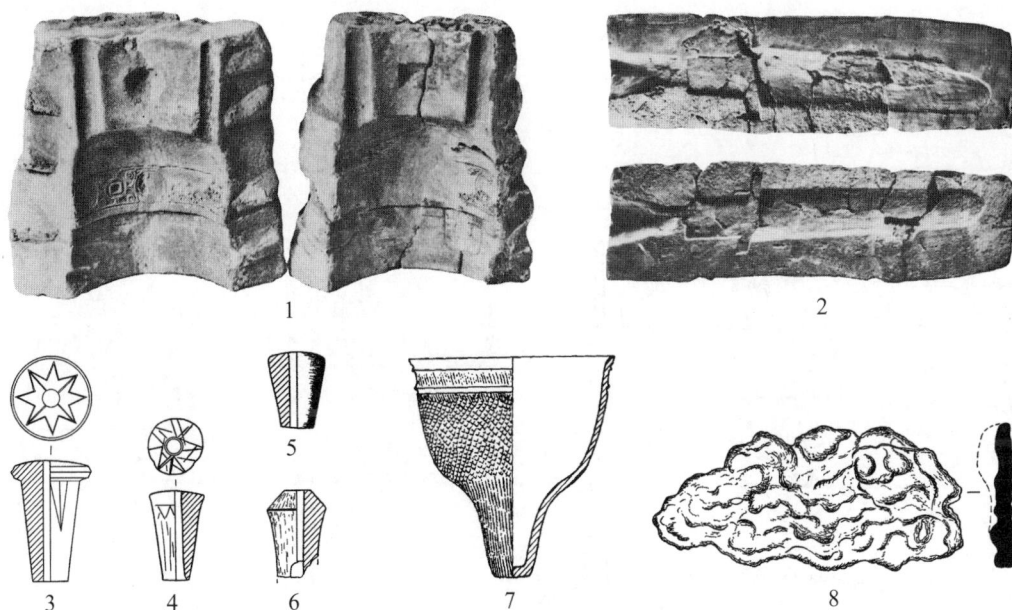

图二 安阳殷墓随葬的铸铜遗物

1～2. 陶范（苗圃北地PNM52：1、PNM203：2）；3～6. 鼓风嘴（孝民屯南区M590：1、M952：1、M676：5、M637：4）；7. 坩埚（花园庄东M54：238）；8. 铜渣（孝民屯南区M929：3）

除上述墓葬外，2007年新安庄西发掘的墓葬有不少随葬青铜削刀，[21]2016～2017年发掘的任家庄南地铸铜遗址内有随葬铜刻刀等工具的墓葬，[22]相信随着相关资料的发表，我们可以明确地识别出更多的铸铜手工业者。

2. 制玉石手工业

目前，我们还未发现专门用于制作玉石器的工具，但一些安阳殷墓出土有玉石料、玉石器半成品等与玉石器制作密切相关的遗物，颇为引人注目。

1981～1984年在戚家庄东南发掘的一批殷墓，分布相对集中，出土有不同形制的玉器。其中，玉虎、玉蝉、玉鹅等动物形玉饰件仅制成大致轮廓，没有进一步雕刻动物的细部特征，部分器物的边角也未琢磨，与同出的其他动物形玉饰件相比较为粗劣，似为未加工完毕的半成品（图三：1～3）；穿孔玉饰33件，分别出自24座墓中，大小不等，形状各异，应是用制玉过程中形成的边角废料改制而成的（图三：4～6）；碎玉块107件，分别出自80座墓葬，都是不成型的边角废料，留有加工痕迹；碎玉饰44件，出自M86，皆为边角废料。同时，有"石钻扶手"8件出自8座墓中，磨石17件出自10座墓中（图三：7～9、11）。[23]据研究，"石钻扶手"应是陀螺钻的钻杆顶端的钻陀，[24]正可作为同出玉器的钻孔工具，磨石也是制玉必不可少的工具。需要说明的是，以往笼

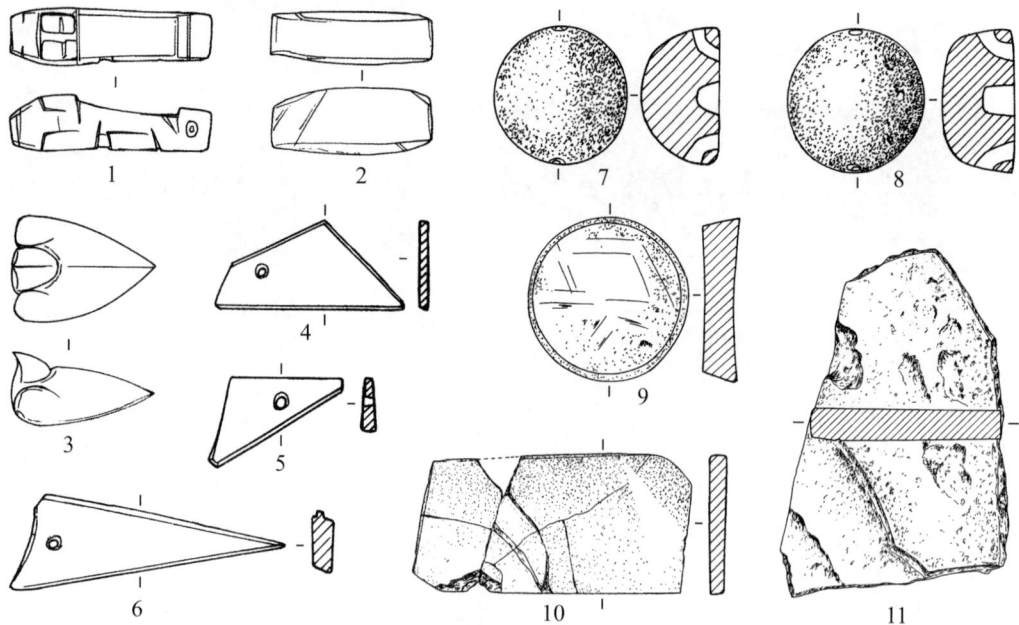

图三　安阳殷墓随葬的制玉遗物

1～3.动物形玉饰半成品（戚家庄东南M139：1、M112：4、M30：6）；4～6.边角料改制成的穿孔玉饰（戚家庄东南M5：4、M5：3、M268：13）；7、8.钻陀（戚家庄东南M8：1、M97：6）；9～11.非规整磨石（戚家庄东南M8：10、铁三路北M89：47、戚家庄东南M252：7）

统地看作手工业生产工具的磨石，其实可以细分为两大类。一类呈规整的长条形或梯形，上端中部多有一穿孔，罕见于作坊及其他类型遗址，而多出自殷墓中，且墓葬等级与随葬规整磨石的数量成正比。例如，小型墓孝民屯南区M384随葬1件，[25]中型墓刘家庄北M1046随葬4件，[26]妇好墓随葬13件，[27]西北冈大墓M1001出土总数则在一百件以上。[28]由于随葬的规整磨石多数没有使用痕迹，推测其主要是具有象征意义的随葬品，而与手工业生产没有直接关系。另一类为非规整磨石，或近圆饼形，或呈各种不规则形，它们多数与铸铜、制骨等手工业生产遗存伴出，[29]应是手工业生产工具。戚家庄东南出土磨石的10座墓中，除M246、M269外，其余8座墓皆有非规整磨石出土，很可能与玉器加工生产有关。

可见，戚家庄东南墓地内不但随葬有较多玉器成品、半成品、边角废料等各个制玉流程的遗物，还随葬钻陀、非规整磨石等加工工具。以完整玉器随葬不足为奇，随葬玉器半成品、边角废料也可能是玉器明器化的体现，但以制玉工具随葬，无疑显示了墓主与制玉活动的直接联系。因此，戚家庄东南墓地12座随葬制玉工具的墓葬，墓主基本可确定为制玉手工业者（详见附表）。

铁三路北M89随葬的玉石器36件，数量较多。[30]何毓灵先生已指出，此墓随葬的玉石器有一些属于未完工或制作过程中残损的器物，且伴出磨石等工具，推测墓主是一位与制玉有关的手工业者。[31]该墓随葬的3件磨石，正是本文所划分的非规整磨石（图三：10）。

3. 其他手工业

殷墟遗址出土的铜锯，以往仅见于大司空和北辛庄制骨作坊遗址内，[32]应是专门用于制作骨器的工具。孝民屯南区M17随葬铜锯一件，[33]墓主可能是制骨手工业者。在大司空北地，M52随葬骨制半成品10件，上有锯与刀削的痕迹；M69随葬的骨料（M69：7）系一段磨光的鹿角，两端整齐。[34]郭家庄西南M256随葬的骨料（M256：3）为一块大动物股骨片，两侧和两端均有锯痕。[35]梅园庄南M49随葬骨料2件，系切割后的下脚料。[36]这些墓葬以骨制半成品或骨料等制骨遗物随葬，墓主也可能是制骨手工业者。

1953年发掘的大司空东南M99填土中出土完整的陶拍、陶垫各一，应是下葬时有意埋入的。[37]以一组制陶工具随葬，墓主很可能是制陶手工业者。

除以上生产门类较为明确的手工业者墓葬，殷墟还有一些随葬非规整磨石、钻陀等生产工具的墓葬，如郭家庄西南M53，[38]苗圃北地M80、[39]M134，[40]铁三路北M22，[41]白家坟西M10，[42]孝民屯南区M607、M701、M735，[43]北辛庄西南M8，[44]梅园庄南M3、M29、M30、M39、M43、M100，[45]殷墟西区M532、M754、M846、M847等（见附表），[46]可以推测其墓主为手工业从业人员。此外，殷墟发现的铜锥基本出自铸铜、制骨作坊遗址内，[47]也应是专门的手工业生产工具，可用于在陶范、骨器上雕剔花纹。大司空东南M034、[48]殷墟西区M271、M272随葬铜锥，[49]也可能是手工业者的墓葬。

二、墓葬分布

根据遗存的空间分布，学者一般将殷墟手工业作坊划分为三个或四个群组，[50][51]称为"作坊群"、"工业园区"或"手工业园区"等。其中，西部的孝民屯作坊群、南部的苗圃作坊群和东部的大司空作坊群比较明确，它们皆发现有铸铜和制骨作坊遗存，苗圃作坊群还发现有以陶窑为标志的制陶作坊遗存。[52]从时间上看，它们在殷墟一期以后陆续出现并发展壮大，大多沿用至殷墟四期，使用时间较长。至于中部的小屯作坊群，情况比较复杂，也正因此学者对于殷墟作坊群的认识才会有数量上的差别。

具体来看，小屯东北地的铸铜遗存大部分被宫殿基址叠压，[53]很可能在洹北商城时期出现，而在殷墟二期以前就已经废弃了。[54]小屯东北地出土有骨料数百件，包含骨料的H18、J1都是殷墟一期的遗迹。[55]小屯南地的陶窑属于殷墟一期偏早，时间也比较早。[56]小屯南地H30、H44等单位出土陶模、陶范等铸铜遗物，年代属殷墟晚期。[57]小屯北地疑似制玉石场所的F10、F11年代较晚，为殷墟四期。[58]小屯西地大墓的墓道填土内出土骨料和骨质半成品千余件，墓葬年代为殷墟四期。[59]花园庄南地废骨坑H27出土破碎的兽骨近30万块，年代约为殷墟三期偏晚至殷墟四期偏早。[60]小屯东北地的所谓"玉料坑"只经过勘探，出土的玉料也没有加工痕迹，[61]其性质和年代还有待进一步确认。可见，在殷墟一期甚至更早，小屯附近即进行包括铸铜、制骨和制陶在内的手工业生产，至殷墟晚期仍存在铸铜、制骨等手工业活动。因此，小屯作坊群的存在当无疑问，只是殷墟二期以后随着小屯东北地宫殿建筑的兴建，原本在该处的作坊可能向小屯西地、南地等处稍作了迁移。

同时可以看到，殷墟的四个手工业作坊群中，每个作坊群都由几个不同门类的手工业作坊组成。前文论及的钻陀、非规整磨石、铜锥等工具可用于多种手工业生产，不同类别手工业作坊的群聚，有助于生产管理、技术交流和资源共享，从而推动生产效率的提高。

结合作坊群的位置来观察手工业者墓葬的分布（图四），铸铜手工业者的墓葬中，苗圃北地PNM17、PNM52、PNM203均位于苗圃北地铸铜作坊遗址内，新安庄西M103、M111和郭家庄西南M234也靠近苗圃北地铸铜作坊。殷墟西区M1014位于孝民屯南的殷墟西区第六墓区，它与孝民屯南区墓葬均靠近孝民屯铸铜作坊。大司空南M40

附近出土陶范、炉壁等遗物，亦应当存在铸铜作坊。⑩其余疑似铸铜手工业者墓葬所处的新安庄西、任家庄南地也都紧邻铸铜作坊。可见，这些铸铜手工业者的墓葬均位于铸铜作坊遗址或其近旁。

制玉石手工业者的墓葬中，铁三路北M89位于苗圃北地铸铜作坊和铁三路制骨作坊附近。在苗圃作坊群附近发现制玉石手工业者的墓葬，可能意味着该作坊群还进行玉石器生产。戚家庄东南墓地则位于殷墟南部边缘区。

制骨手工业者的墓葬中，孝民屯南区M17距离北辛庄制骨作坊较近，郭家庄西南M256也靠近铁三路制骨作坊。大司空北M52、M69，梅园庄南M49则分散在殷墟的北部和南部边缘区。

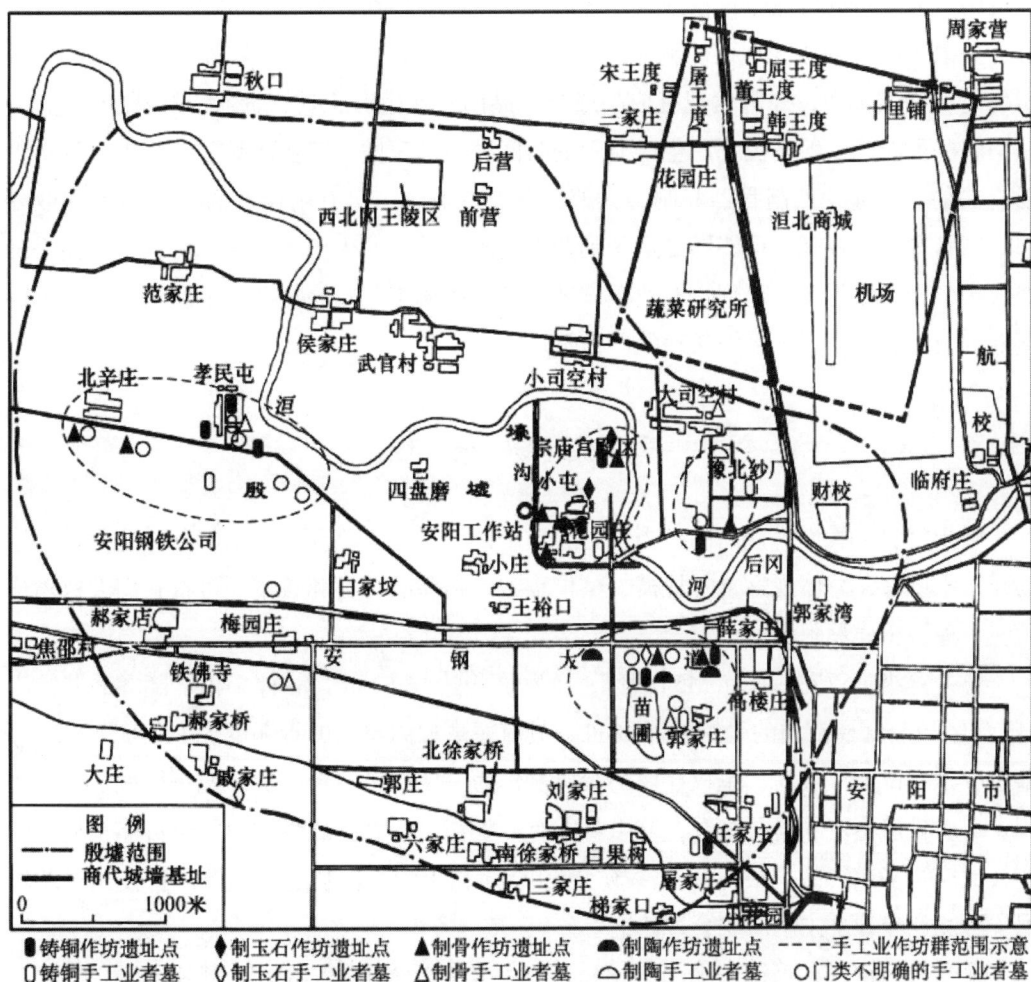

图四 殷墟遗址手工业作坊及手工业者墓葬分布示意图

（底图采自中国社会科学院考古研究所编《中国考古学·夏商卷》图6-1，据此改绘）

属于制陶手工业者墓的大司空东南M99，位于大司空作坊群附近，推测该作坊群可能也进行陶器生产。

具体门类不甚明确的手工业者的墓葬中，郭家庄西南M53，苗圃北地M80、M134，铁三路北M22位于苗圃作坊群附近，白家坟西M10，孝民屯南区诸墓，北辛庄西南M8，殷墟西区第三墓区的M754、M846、M847，第八墓区的M271、M272位于孝民屯作坊群附近，大司空东南M034位于大司空作坊群附近。唯有殷墟西区第一墓区的M532和梅园庄南诸墓距已知手工业作坊较远。

可见，殷墟手工业者的墓葬大多位于手工业作坊遗址近旁，既有铸铜手工业者，也有制玉石、制骨、制陶手工业者，他们应是专业的手工业生产者，生前在附近的作坊内从事生产，死后即被就近埋葬了。戚家庄东南墓地、梅园庄南墓地的手工业者墓葬也比较集中，推测附近可能也存在制玉石等门类的手工业作坊。另有少数制骨等手工业者墓葬，分散于殷墟的边缘地区。杨锡璋先生提出，"除了专业手工业者外，在殷墟的一些房屋遗址和灰坑中，经常发现有成品或半成品的农业生产工具、骨器、蚌器和纺轮等，其中有些可能是一般平民利用生产空隙的时间从事的家庭手工业产品"，"与平民日常生活有关的手工业，如制骨器和制陶器等，既有专业的，也有副业性的"。[63]以上零散分布的制骨等手工业者，可能即是这种副业性的家庭手工业生产者。相比而言，铸铜手工业者集中于作坊附近，全部是专业生产者，既因铸铜工艺较为复杂，也反映了统治者因铜器的政治意义而对于铸铜活动的严格管理。

三、组 织 管 理

限于材料，我们辨识出的应当仅是殷墟全部手工业者墓葬的一小部分。这些墓葬均为竖穴土坑墓，总体观察墓室规模、棺椁重数、随葬品种类和数量，可将它们大致划分为三个等级（详见附表）。

第一等级，仅花园庄东M54一座，墓室面积达16.63 m²，一椁一棺，随葬品非常丰富，包括9套觚爵在内的青铜礼器40件，具有军事权力象征的青铜钺7件，玉器222件，墓主应是一位地位极高、军权在握的贵族。作为一位高级军事权贵，统军征战是其主要职责，从骨骼鉴定的情况来看，墓主身上有多处伤口，而且最终致命的也可能是战争创伤，他应当多次征战、最终战死沙场。[64]在众多精美随葬器物之外随葬一件使用过的坩埚，可能意味着墓主生前兼管过铸铜事务。

第二等级，包括铁三路北M89、孝民屯南区M17等36座，墓室面积基本在2.7～6.1 m²，一椁一棺或一棺，未被盗扰者大多随葬包括一套觚、爵在内的青铜礼器和兵器。墓主属中小贵族，应当是手工业生产的基层管理者。

第三等级，包括殷墟西区M1014、孝民屯南区M232等31座，墓室面积在2.7 m²以下，多有一棺，少数为席或无葬具，随葬品以陶器为主，基本不随葬青铜礼器和兵器。墓主属平民阶层，应是直接从事手工业生产的工匠。

综合各类资料，何毓灵先生将殷墟手工业生产管理模式分为王室管理模式和家族管理模式，认为在王室层面上，商王委任官员管理手工业者，并推测甲骨文中的"司工"，应该是殷墟时期除商王外，统领手工业者最高的职官。[65]第一等级的花园庄东M54的墓主地位极高，可能生前即曾担任过"司工"一职，统领包括铸铜在内的殷墟各类手工业生产。

相较于第一等级，第二、第三等级的手工业者墓葬较多，分布在殷墟的多个墓地内。学者一般认为殷人合族而葬，殷墟的晚商墓地属于族墓地，[66]因此同一墓地内的手工业者很可能同属一族。

戚家庄东南墓地出土的铜器有"钺箙"、"宁箙"等族徽铭文，[67]或许表明这里主要是"箙"族的墓地。结合前文的分析，墓地内十余座制玉石手工业者墓葬的存在，可见"箙"族应为专业的制玉石族氏。铁三路北M89随葬的铜觚铭文为牙璋的形象，属于族徽，以牙璋这样的玉器形象作为族徽，应当与该族从事玉石器制作有关。[68]孝民屯南区K组墓葬，分布相对集中，墓向大都朝南，随葬陶器绝大多数为单件泥质弦纹鬲，葬俗基本一致，应是合族而葬的结果。其中有9座明确属于铸铜手工业者的墓葬，该族应是专业的铸铜手工业族氏。此外，苗圃北地、梅园庄南等处的手工业者墓葬分布也较为集中，显示了相应族氏与手工业生产的密切关系。由此推测，殷墟时期的手工业生产主要是以族为单位进行的。如朱凤瀚先生所说，殷墟时期商人的家族组织结构以宗族的形式存在，并以之作为从事社会活动的基本单位。[69]手工业者墓地内的第二等级中小贵族墓的墓主既是族长，也是生产的管理者，带领第三等级的墓主——族众进行手工业生产，这也正是何毓灵先生所划分的殷墟手工业生产管理模式中的家族管理模式。[70]

综上所述，通过对较为明确的手工业者墓葬的观察，殷墟的手工业生产模式可分为两大类：一类是以手工业作坊为依托的专业化集中生产，包括全部的铸铜手工业以及大部分的制骨、制玉石、制陶手工业，是殷墟手工业生产的主体。另一类为副业性的家庭手工业生产，作坊规模小，分布分散，生产技术含量低的日用产品，部分制骨、制陶等手工业可能属于此类。同时，根据手工业者墓葬的等级划分，可以观察到王室任命的高级手工业管理者和基层专业化手工业生产族氏的存在，这应是专业化集中生产模式的层级组织管理情况的体现。

附记：本文得到国家社科基金一般项目（批准号18BKG013）和吉林大学考古学院"十四五"标志性成果培育计划项目的资助。

附表　殷墟手工业者墓葬统计表

墓号	分期	墓室面积 m²	葬具	铜礼器	铜兵器	陶容器	等级	"特殊遗物"	备注
郭家庄西南 M234	二	3.12	椁棺		2	3	2	细长直柄铜刀	
新安庄西 M111	四	3.12	棺			3	2	细长直柄铜刀、陶范	
殷墟西区 M1014	?	1.68	棺				3	细长直柄铜刀	
大司空南 M40	?	2.71	椁棺			3	2	细长直柄铜刀	
孝民屯南区 M232	四晚	1.16	无			2	3	细长直柄铜刀	被盗
孝民屯南区 M579	四晚	3.16	椁棺			2	2	细长直柄铜刀	被盗
孝民屯南区 M585	四晚	1.15	棺			1	3	细长直柄铜刀、铜锥	被盗
孝民屯南区 M590	四晚	3.49	椁棺			1	2	细长直柄铜刀、鼓风嘴	被盗
孝民屯南区 M592	?	2.04	棺				3	细长直柄铜刀	
孝民屯南区 M597	四晚	2.61	棺		3	1	3	细长直柄铜刀	
孝民屯南区 M671	四早	2.09	棺			1	3	细长直柄铜刀	
孝民屯南区 M673	四晚	3.02	椁棺		2	1	2	细长直柄铜刀	被盗
孝民屯南区 M674	四晚	3.05	椁棺		1	1	2	细长直柄铜刀	
孝民屯南区 M675	四晚	3.55	椁棺	铅礼器 4	8	1	2	细长直柄铜刀	
孝民屯南区 M676	四晚	2.78	椁棺		4	1	2	细长直柄铜刀、鼓风嘴	
孝民屯南区 M677	四晚	2.75	椁棺		1	1	2	细长直柄铜刀	
孝民屯南区 M707	四晚	2.86	椁棺			1	2	细长直柄铜刀	被盗
孝民屯南区 M722	四晚	3.65	棺			1	2	细长直柄铜刀	被盗

续 表

墓号	分期	墓室面积 m²	葬具	铜礼器	铜兵器	陶容器	等级	"特殊遗物"	备注
孝民屯南区 M794	四晚	1.04	无			1	3	细长直柄铜刀	被扰
苗圃北地 M17	二	2.70	棺			4	3	陶范	被盗
苗圃北地 M52	四	4.68	棺			3	2	陶范	
苗圃北地 M203	四	2.53	席			2	3	陶范	被扰
新安庄西 M103	四	3.25	棺			3	2	陶范	被盗
孝民屯南区 M637	三	3.15	椁棺	1		2	2	鼓风嘴	被盗
孝民屯南区 M952	?	2.08	席				3	鼓风嘴	
花园庄东 M54	二晚	16.63	椁棺	瓬9爵9等40件	161	21	1	坩埚	
孝民屯南区 M929	三	2.31	棺	瓬1爵1	7	3	2	铜渣	
戚家庄东南 M8	四晚	3.51	棺			3	2	钻陀、非规整磨石	被盗
戚家庄东南 M12	二	2.80	棺	瓬1爵1	2	3	2	钻陀	
戚家庄东南 M97	四早	1.50	棺			2	3	钻陀、非规整磨石	
戚家庄东南 M122	四早	5.92	椁棺		1	3	2	钻陀	被盗
戚家庄东南 M123	四早	3.00	棺		1	4	2	钻陀	被盗
戚家庄东南 M134	四晚	2.93	棺			3	2	非规整磨石	被盗
戚家庄东南 M235	四早	1.58	棺			3	3	钻陀	
戚家庄东南 M252	四早	2.57	棺			3	3	非规整磨石	被盗
戚家庄东南 M256	四早	2.99	棺		2	4	2	非规整磨石	被盗

续表

墓号	分期	墓室面积 m²	葬具	铜礼器	铜兵器	陶容器	等级	"特殊遗物"	备注
戚家庄东南M258	四早	3.12	棺			1	2	钻陀、非规整磨石	被盗
戚家庄东南M259	四晚	2.09	棺			3	3	钻陀、非规整磨石	被盗
戚家庄东南M261	二	1.96	棺			4	3	非规整磨石	被盗
铁三路北M89	二	1.85	椁棺	觚1爵1	1	1	2	非规整磨石	
孝民屯南区M17	三	3.75	椁棺	觚1爵2等7件	5	4	2	铜锯	
大司空北M52	四	6.08	棺		5	1	2	骨制半成品	
大司空北M69	三	2.40	棺			5	3	骨料	
郭家庄西南M256	四早	2.16	棺			2	3	骨料	被盗
梅园庄南M49	四	4.80	棺		9	2	2	骨料	被扰
大司空东南M99	?	2.55	?			3	3	陶拍、陶垫	
郭家庄西南M53	四晚	2.88	棺	觚2爵2等12件	16	10	2	非规整磨石	
苗圃北地M80	三	3.24	棺	觚1爵1	1	3	2	非规整磨石	
苗圃北地M134	二	1.24	?			1	3	非规整磨石	
铁三路北M22	三	1.73	棺		1	1	3	非规整磨石	
白家坟西M10	三	2.39	?			3	3	非规整磨石	
孝民屯南区M607	三	1.76	棺			3	3	非规整磨石	被盗
孝民屯南区M701	二晚	1.94	棺			2	3	非规整磨石	
孝民屯南区M735	四早	4.69	椁棺		6	2	2	非规整磨石	被盗

续 表

墓号	分期	墓室面积 m²	葬具	铜礼器	铜兵器	陶容器	等级	"特殊遗物"	备注
北辛庄西南 M8	？	？	？			3	3	钻陀、非规整磨石	
梅园庄南 M3	四	1.85	棺			1	3	非规整磨石	
梅园庄南 M29	？	2.86	棺		1		2	非规整磨石	被扰
梅园庄南 M30	三	3.24	椁棺	爵 1			2	非规整磨石	
梅园庄南 M39	四	1.47	棺			2	3	非规整磨石	
梅园庄南 M43	四	3.05	棺			1	2	非规整磨石	被扰
梅园庄南 M100	四	3.51	棺	铅礼器 3		2	2	非规整磨石	被扰
殷墟西区 M532	四	2.50	棺			1	3	钻陀	
殷墟西区 M754	？	2.03	？				3	钻陀	被盗
殷墟西区 M846	三	1.76	棺			2	3	钻陀	
殷墟西区 M847	四	2.59	棺			2	3	钻陀	
大司空东南 M034	二	4.37	椁棺	觚 1 爵 1	2	4	2	铜锥	
殷墟西区 M271	三	3.36	椁棺	觚 1 爵 1 等 4 件	4	4	2	铜锥	
殷墟西区 M272	四	2.57	棺			5	3	铜锥	

说明：'等级' 一栏中，'1' 代表 '第一等级'，'2' 代表 '第二等级'，'3' 代表 '第三等级'。

① 中国社会科学院考古研究所：《殷墟的发现与研究》，第83—96、188—415页，科学出版社，1994年。近20年来中国社会科学院考古研究所安阳工作队、安阳市文物考古研究所对殷墟的发掘和相关报道，资料较多，兹不逐一列出。

② 殷墟手工业作坊附近墓葬的发掘报告、简报中多有论及。对此，何毓灵先生有较为全面的论述，参见何毓灵《论殷墟工匠墓及工匠》，见《夏商时期玉文化国际学术研讨会论文集》，科学出版社，2018年。

③ 雷兴山：《论周原遗址西周时期手工业者的居与葬——兼谈特殊器物在聚落结构研究中的作用》，《华夏考古》2009年第4期。

④ 中国社会科学院考古研究所：《安阳孝民屯·（四）殷商遗存·墓葬》，第1095—1096页，文物出版社，2018年。

⑤ 吕学明：《中国北方地区出土的先秦时期铜刀研究》，第222—236页，科学出版社，2010年。

⑥ 中国社会科学院考古研究所：《殷墟发掘报告（1958—1961）》，第56—294页，文物出版社，1987年。

⑦ 中国社会科学院考古研究所安阳工作队：《2000—2001年安阳孝民屯东南地殷代铸铜遗址发掘报告》，《考古学报》2006年第3期。

⑧ 《殷墟发掘报告（1958—1961）》，第167页。

⑨ 周到、刘东亚：《1957年秋安阳高楼庄殷代遗址发掘》，《考古》1963年第4期。

⑩ 中国社会科学院考古研究所安阳工作队：《河南安阳市殷墟新安庄西地2007年商代遗址发掘简报》，《考古》2016年第2期。

⑪ 中国社会科学院考古研究所：《安阳殷墟郭家庄商代墓葬（1982年～1992年考古发掘报告）》，第55页，中国大百科全书出版社，1998年。

⑫ 中国社会科学院考古研究所安阳工作队：《1969—1977年殷墟西区墓葬发掘报告》，《考古学报》1979年第1期。

⑬ 河南省文化局文物工作队：《1958年春安阳市大司空村殷代墓葬发掘简报》，《考古通讯》1958年第10期。

⑭ 《安阳孝民屯·（四）殷商遗存·墓葬》，包括M232：4、M579：3、M585：1、M590：2、M592：2、M597：1、M671：4、M673：3、M674：7、M675：1、M676：4、M677：4、M707：3、M722：3、M794：2。

⑮ 《殷墟的发现与研究》，第83—93页。

⑯ 《殷墟发掘报告（1958—1961）》，第34、39、231页。

⑰ 中国社会科学院考古研究所安阳工作队：《河南安阳市殷墟新安庄西地2007年商代遗址发掘简报》，《考古》2016年第2期。

⑱ 《安阳孝民屯·（四）殷商遗存·墓葬》，第1095—1096页。

⑲ 中国社会科学院考古研究所：《安阳殷墟花园庄东地商代墓葬》，第91、210—211页，科学出版社，2007年。

⑳ 《安阳孝民屯·（四）殷商遗存·墓葬》，第205—209页。

㉑ 中国社会科学院考古研究所安阳工作队：《河南安阳市殷墟新安庄西地2007年商代遗址发掘简报》，《考古》2016年第2期。

㉒ 安阳市文物考古研究所：《河南安阳市任家庄南地商代晚期铸铜遗址2016—2017年发掘简报》，《中

原文物》2018年第5期。

㉓ 安阳市文物考古研究所：《安阳殷墟戚家庄东商代墓地发掘报告》，第138—161页，中州古籍出版社，2015年。

㉔ 何毓灵、李志鹏：《殷墟出土之钻陀及相关问题》，《南方文物》2017年第4期。

㉕《安阳孝民屯·（四）殷商遗存·墓葬》，第466—469页。

㉖ 中国社会科学院考古研究所安阳工作队：《安阳殷墟刘家庄北1046号墓》，见《考古学集刊》第15集，文物出版社，2004年。

㉗ 中国社会科学院考古研究所：《殷墟妇好墓》，第200页，文物出版社，1980年。

㉘ 梁思永、高去寻：《侯家庄第二本·1001号大墓》，第170—176页，历史语言研究所，1962年。

㉙《殷墟发掘报告（1958—1961）》，第55—56、83页。

㉚ 中国社会科学院考古研究所安阳工作队：《河南安阳市殷墟铁三路89号墓的发掘》，《考古》2017年第3期。

㉛ 何毓灵：《试析殷墟一座玉匠墓》，见《三代考古（七）》，科学出版社，2017年。

㉜《殷墟发掘报告（1958—1961）》，第82—84、87页。

㉝《安阳孝民屯·（四）殷商遗存·墓葬》，第35—44页。

㉞ 中国社会科学院考古研究所安阳工作队：《1984—1988年安阳大司空村北地殷代墓葬发掘报告》，《考古学报》1994年第4期。

㉟《安阳殷墟郭家庄商代墓葬（1982年～1992年考古发掘报告）》，第64页。

㊱ 中国社会科学院考古研究所安阳工作队：《1987年秋安阳梅园庄南地殷墓的发掘》，《考古》1991年第2期。

㊲ 马得志、周永珍、张云鹏：《一九五三年安阳大司空村发掘报告》，《考古学报》第九册，1955年。

㊳《安阳殷墟郭家庄商代墓葬（1982年～1992年考古发掘报告）》，第58页。

㊴ 中国社会科学院考古研究所安阳工作队：《1980—1982年安阳苗圃北地遗址发掘简报》，《考古》1986年第2期。

㊵《殷墟发掘报告（1958—1961）》，第255—256页。

㊶ 中国社会科学院考古研究所安阳工作队：《河南安阳市铁三路殷墟文化时期制骨作坊遗址》，《考古》2015年第8期。

㊷《殷墟发掘报告（1958—1961）》，第255—256页。

㊸《安阳孝民屯·（四）殷商遗存·墓葬》，第11—12、107—109、362—368页。

㊹ 李阳：《殷墟北辛庄村商代遗存考察》，见《安阳历史文物考古论集》，大象出版社，2005年。

㊺ 中国社会科学院考古研究所安阳工作队：《1987年秋安阳梅园庄南地殷墓的发掘》，《考古》1991年第2期。

㊻ 中国社会科学院考古研究所安阳工作队：《1969—1977年殷墟西区墓葬发掘报告》，《考古学报》1979年第1期。

㊼ a.《殷墟发掘报告（1958—1961）》，第56—57、82—83页。b. 中国社会科学院考古研究所安阳工作队：《2000—2001年安阳孝民屯东南地殷代铸铜遗址发掘报告》，《考古学报》2006年第3期。

㊽ 高去寻、杜正胜、李永迪：《大司空村·第二次发掘报告》，第89页，历史语言研究所，2008年。

㊾ 中国社会科学院考古研究所安阳工作队：《1969—1977年殷墟西区墓葬发掘报告》，《考古学报》1979年第1期。

㊿ a. 唐际根、岳洪彬、何毓灵、牛世山、岳占伟、荆志淳：《洹北商城与殷墟的路网水网》，《考古

学报》2016年第3期。b. 常淑敏：《殷墟的手工业遗存与卜辞“司工”、“多工”及“百工”释义》，《江汉考古》2017年第3期。

(51) a. 殷墟手工业作坊附近墓葬的发掘报告、简报中多有论及。对此，何毓灵先生有较为全面的论述，参见何毓灵《论殷墟工匠墓及工匠》，见《夏商时期玉文化国际学术研讨会论文集》，科学出版社，2018年。b. 常怀颖：《夏商都邑铸铜作坊空间规划分析》，《中原文物》2018年第5期。

(52) a. 周到、刘东亚：《1957年秋安阳高楼庄殷代遗址发掘》，《考古》1963年第4期。b. 中国社会科学院考古所安阳队：《1982—1984年安阳苗圃北地殷代遗址的发掘》，《考古学报》1991年第1期。c. 中国社会科学院考古研究所安阳工作队：《河南安阳市殷墟刘家庄北地制陶作坊遗址的发掘》，《考古》2012年第12期。d. 何毓灵：《论殷墟手工业布局及其源流》，《考古》2019年第6期。e. 孟宪武、李贵昌、李阳：《殷墟都城遗址中国家掌控下的手工业作坊》，《殷都学刊》2014年第4期。

(53) 石璋如：《小屯第一本·乙编·建筑遗存》，第329—331页，历史语言研究所，1959年。

(54) 岳占伟、刘煜：《殷墟铸铜遗址综述》，见《三代考古（二）》，科学出版社，2006年。

(55) 中国社会科学院考古研究所安阳工作队：《2004—2005年殷墟小屯宫殿宗庙区的勘探和发掘》，《考古学报》2009年第2期。

(56) 中国社会科学院考古研究所安阳工作队：《1973年小屯南地发掘报告》，见《考古学集刊》第9集，科学出版社，1995年。

(57) 中国社会科学院考古研究所安阳工作队：《1973年小屯南地发掘报告》，见《考古学集刊》第9集，科学出版社，1995年。

(58) 中国社会科学院考古研究所：《安阳殷墟小屯建筑遗存》，第136—157页，文物出版社，2010年。

(59) 中国社会科学院考古研究所安阳工作队：《河南安阳市殷墟小屯西地商代大墓发掘简报》，《考古》2009年第9期。

(60) 中国社会科学院考古研究所安阳工作队：《1986—1987年安阳花园庄南地发掘报告》，《考古学报》1992年第1期。

(61) 中国社会科学院考古研究所安阳工作队：《2004—2005年殷墟小屯宫殿宗庙区的勘探和发掘》，《考古学报》2009年第2期。

(62)《大司空村·第二次发掘报告》，第158页。

(63)《殷墟的发现与研究》，第441页。

(64)《安阳殷墟花园庄东地商代墓葬》，第228—229页。

(65) 何毓灵：《殷墟手工业生产管理模式探析》，见《三代考古（四）》，科学出版社，2011年。

(66) a. 中国社会科学院考古研究所安阳工作队：《1969—1977年殷墟西区墓葬发掘报告》，《考古学报》1979年第1期。b. 杨锡璋：《商代的墓地制度》，《考古》1983年第10期。c. 唐际根：《殷墟家族墓地初探》，见《中国商文化国际学术讨论会论文集》，中国大百科全书出版社，1998年。

(67)《安阳殷墟戚家庄东商代墓地发掘报告》，第239—240页。

(68) 中国社会科学院考古研究所安阳工作队：《河南安阳市殷墟铁三路89号墓的发掘》，《考古》2017年第3期。

(69) 朱凤瀚：《商周家族形态研究》（增订本），第210页，天津古籍出版社，2004年。

(70) 何毓灵：《殷墟手工业生产管理模式探析》，见《三代考古（四）》，科学出版社，2011年。

略论殷墟甲骨的施灼与卜兆形态

刘一曼

（中国社会科学院考古研究所）

早在新石器时代晚期，我国先民已采用甲骨进行占卜。到了商代，特别是商代晚期即殷墟时期，用甲骨占卜之风极盛。殷人用甲骨占卜，事前要先对甲骨进行整治，然后在其上（通常在甲骨反面）制作"凿"、"钻"。凿为椭长形或橄榄形的凹槽，钻在凿的旁侧，呈圆形或椭圆形的洼穴。占卜时，卜者在钻内或凿旁灼烧，观察灼后甲骨正面形成的裂纹的状况，判断所卜问之事的吉凶，以指导自己的行动。施灼是甲骨占卜程序中的关键一步。

一、施　灼

商周时期的先民是如何烧灼甲骨的？《周礼·春官》卜师载："杨火以作龟，致其墨。"意谓卜师以炽热的火灼龟的反面，使其正面出现卜字形裂纹，即卜兆（直纹叫兆干，亦称墨；横纹叫兆枝，亦称"坼"）。那么卜者灼龟之火是燃着火焰的明火，还是没有火焰的炭火？甲骨上的灼痕大多有内、外两层，内层焦黑，是烧灼时的接触面，外层黄褐色，是受热的波及区，学者据此认为殷代的卜者是用炭火灼龟（或骨），因为燃烧着的火焰摇曳不定，热力难于集中，是灼不出这效果的。[①]

炭火的原材料是什么？《史记·龟策列传》云："荆支卜之，灼以荆若刚木。"《索隐》谓："按古之灼龟，取生荆枝及生坚木烧之，斩断以灼龟。"故大多数学者认为，灼龟与骨是用烧成炽炭的荆条或硬木枝。[②]但是也有学者认为，施灼的方法是"用一加热金属器在钻凿处灼烤"[③]。

为了究明殷人是如何对甲骨进行烧灼的问题，笔者与中国社会科学院考古研究所安阳工作队的三位技师，从2013—2018年间先后做了六次甲骨施灼实验，取得了不错的效果，灼出的灼点和兆纹与殷墟出土的商代甲骨上的相似。[④]下面扼要介绍施灼实验的情况与收获。

最初，我们用一根烧至通红的铜棒（直径约1厘米）在牛肩胛骨反面凿旁之钻内灼烤，很快在灼点处出现焦黑的痕迹，但骨之正面通常不见兆纹，有时偶尔出现裂纹，或只见兆干，或有兆干与兆枝，但兆纹细而模糊，不似殷墟甲骨上的卜兆。这是由于铜棒不易保温、容易冷却之故。所以，我们认为殷人是不用加热的金属棒对甲骨施灼的。

舍弃铜棒以后，我们就用坚木树枝（荆木、桃木、槭木、栗木、柳木等）进行施灼，采用的树枝要有一定的硬度和韧性，成炭后不易很快折断。具体做法是：施灼时取一根燃着火焰的圆柱形枝条，先将明火吹灭使其成为炽炭，迅速将之放入甲骨凿旁的钻（或单独的圆钻）内，边灼边用嘴吹钻内的枝条，使它继续保持红色高温，当枝条燃尽或灭火时，迅速换上另一根燃炽的枝条在原灼点上再灼，直到听见"卜"的爆裂声才停止。这时甲骨的正面便会出现裂纹（兆纹）了。

兆纹的形态与凿钻的制作、施灼的火力和手法有密切的关系。要灼出一个清晰的"卜"字形兆纹，凿槽必须要挖得好，槽穴的两侧倾斜而下，使其底部中央形成一条直线，凿槽的底部尽量挖深，以只剩一层骨衣又不透过骨面为好。施灼者在操作时，灼点要固定，不能移动，位置应尽量接近凿的中线。用嘴吹气时要均匀、慢慢地吹，若吹得太猛，火力过大，容易将甲骨面烧焦；若吹气不足，甲骨的正面难于见兆，或者出现兆纹的时间较长。

二、卜兆的形态

（一）卜兆的分类

据前辈学者的研究和笔者收集到的殷墟甲骨上卜兆的资料，[⑤]本文将其形态分为11类（图一）。

1. 兆枝横直。兆干与兆枝的夹角呈90度或近于90度。

2. 兆枝上仰。此类兆枝与兆干的夹角小于90度，以70～90度为多。据兆枝的形状，可细分为两小类：2A，兆枝呈向上的斜线；2B，兆枝先上仰至后段又向下弯折。

3. 兆枝下俯。此类兆枝与兆干的夹角大于90度，以100～120度为多。据兆枝的形状，可细分为两小类：3A，兆枝呈向下的斜线；3B，兆枝先向下俯至后段又向上仰。

4. 兆枝呈弯曲的横线。

5. 兆枝末端分叉。此类可细分为三小类：5A，在兆枝后段均匀地伸出二短枝；5B，在兆枝后段伸出一短枝，似侧置的"上"、"下"之形；5C，一干多枝，目前所见有一干三枝、一干四枝等，形态不大规则。

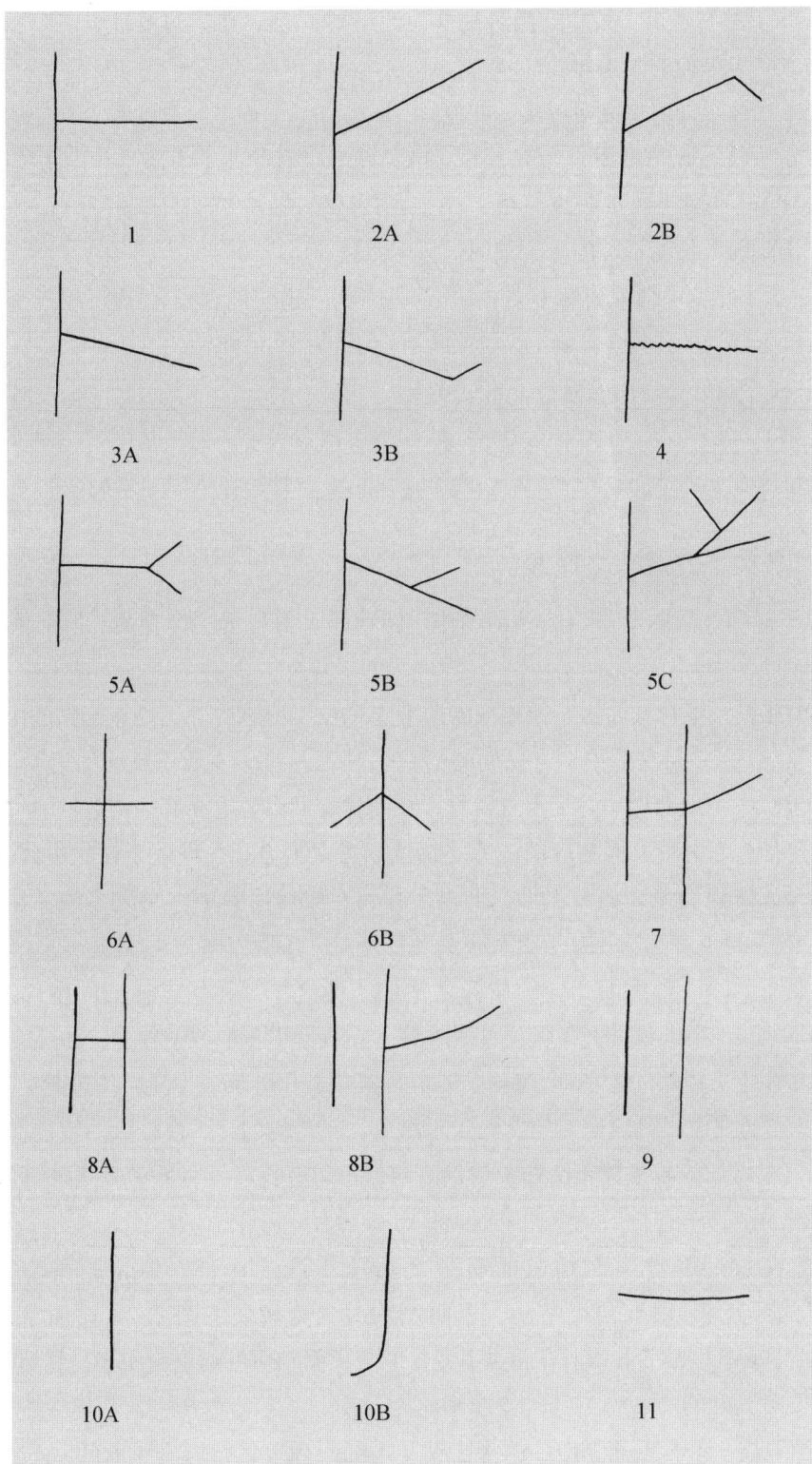

图一 殷墟甲骨卜兆形态示意图

6. 在兆干左右各出一枝。此类可细分为两小类：6A，兆干与枝呈十字形；6B，兆干两侧的兆支为单独的两条短线。

7. 二干二枝。即两个兆干各出一兆枝。

8. 二干一枝。此类可细分为两小类：8A，两个竖直的兆干中部与一横兆枝相连接，其形状似H形，但两兆干的长度不一；8B，兆枝从较长的一个兆干向外伸出。

9. 二干。两个长度不等的兆干并列，但无兆枝。

10. 一干。此类可细分为两小类：10A，兆干为一道竖的直线；10B，兆干中上段为直线，后段为弯卷的弧线。

11. 一枝。只见一横向的兆枝，未见兆干。

以上第1、2、3、5、6类卜兆见于殷墟的卜甲与卜骨上，尤其是第1、2两类，是殷墟甲骨中最为常见的卜兆。第4、7～11类，只见于卜骨，在卜甲上未见或偶见。

（二）各类卜兆成因之探索

上文已提到兆纹的形态与凿钻的制作、施灼的火力与手法等有关。下面依11类卜兆进行分析。

第1类兆纹，甲骨反面与兆纹相应的凿旁之钻位于凿之中部，灼点于钻的中央（图二，1）。如《丙》354左前甲上方反面的第1凿，《乙》5166左后甲反面的第4凿。此类卜兆，在商代中期及西周甲骨上十分常见，在商代晚期甲骨上亦有一定数量。[6]

第2类兆纹，甲骨反面相应的凿旁之钻位于凿之上方，灼点处于钻的中部（图二，2A、2B），故正面的兆纹兆枝上仰。此类卜兆，在殷墟甲骨中占了大多数。在《乙》、《丙》、《屯南》、《花东》等书中，此类卜兆比比皆是，不胜枚举。

第3类兆纹，甲骨反面相应的凿旁之钻位于凿之下部，灼点在钻的中部（图二，3A、3B），故正面的兆纹兆枝下俯。此类卜兆，在殷墟甲骨中数量较少，如《丙》41在右半甲的中甲上方的第一个卜兆，《丙》63在右半甲首甲外侧的卜兆，均属此类。

第1～3类兆纹，其反面对应的灼点呈黑色，颜色均匀，灼痕较大。我们在烧灼实验时，用一根燃炽的枝条置于钻处，灼点不动，均匀地吹气，约3～5分钟，即可灼出这三类兆纹。

第4类兆纹，甲骨反面相应的凿旁之钻位于凿的中部，但钻与灼点面积较小，灼痕的颜色较第1～3类略浅，表明烧灼时火力较弱（图二，4）。如大司空村2017H279：96一片无字卜骨上有此类卜兆，卜骨反面相应的灼点面积小，灼痕径约0.6厘米，该卜骨其余的灼痕约0.7～1.2厘米。[7]

第5类兆纹，甲骨反面相应的凿旁之钻与灼的面积较大，灼痕深黑色（图二，5A、5B、5C），表明烧灼时的火力较猛。此类兆，在卜甲与卜骨上均有发现，但以卜骨上较

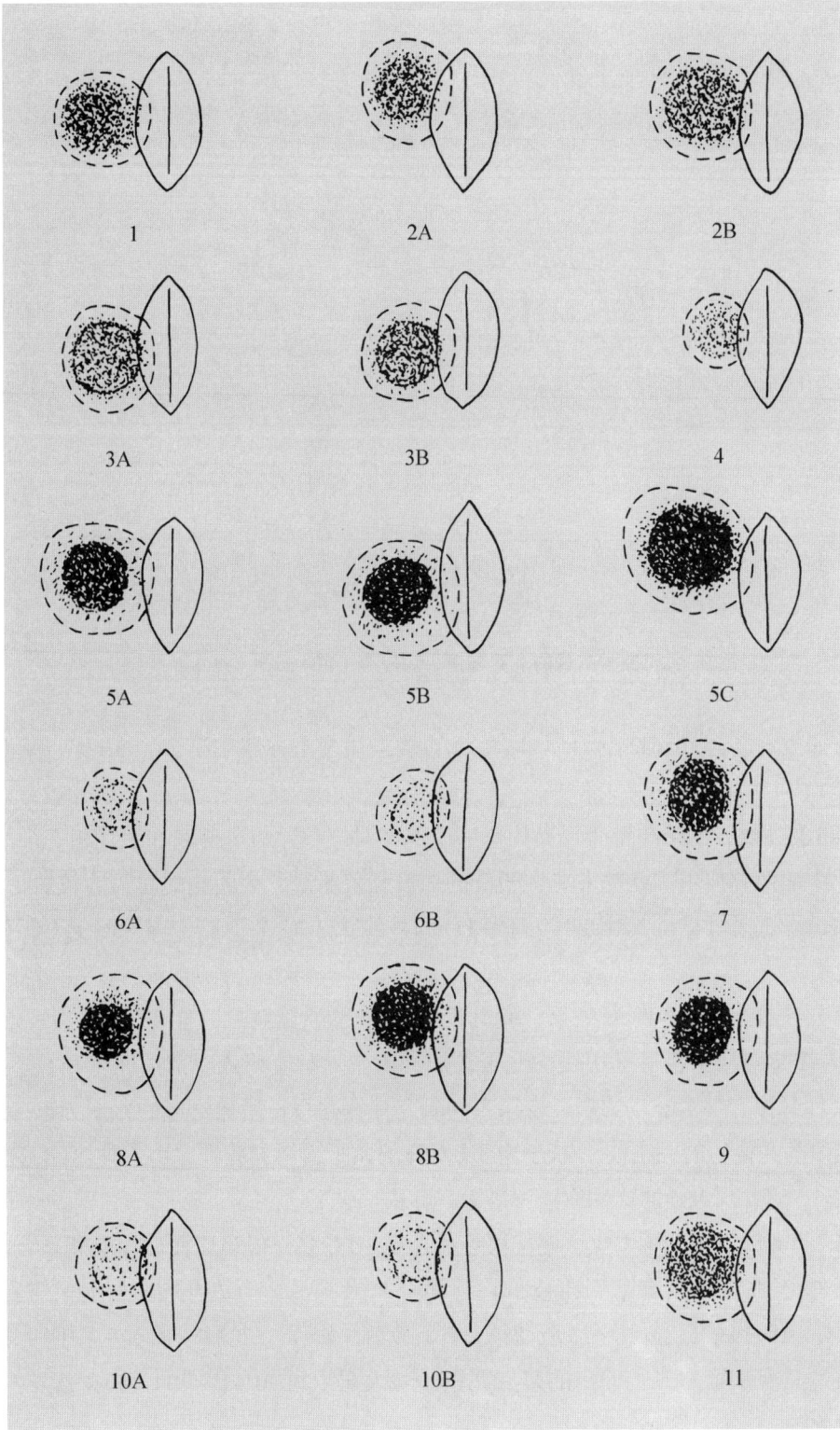

图二 各类卜兆相对应的凿、灼示意图

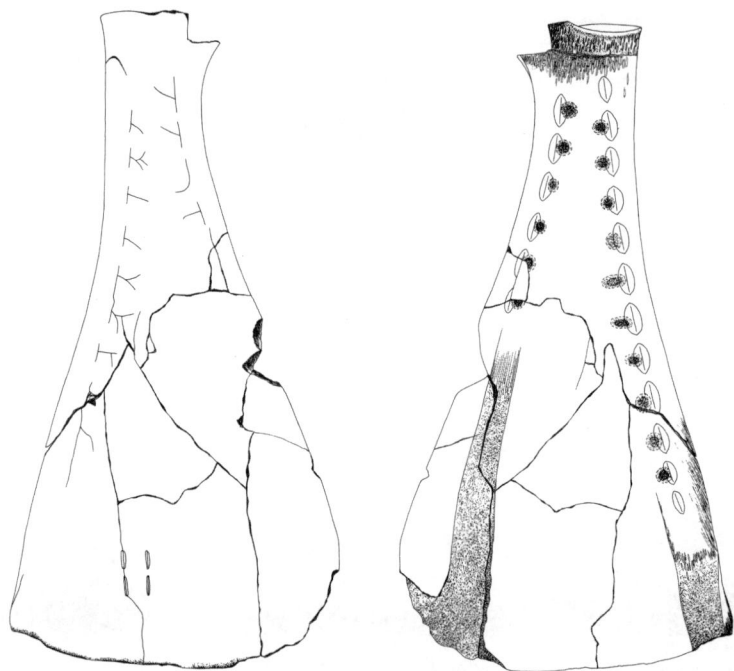

图三 大司空村卜骨的卜兆与凿、灼形态（2016J24：4＋8＋13）

常见。如大司空村2016J24：4+8+13外缘的第5、6个卜兆属于第5A、5B类，反面的灼痕直径1或1.2厘米（图三）。

第6类兆纹，兆干与甲骨反面灼点的中部相对应，并与凿槽底部中线相平行，兆枝从兆干中部两侧伸出。此类卜兆，相应的灼痕颜色略浅，表明施灼时火力较弱（图二，6A、6B）。如大司空村2016J24：7+9+11+20外缘第2、3个卜兆，内缘的第1个卜兆就属于此类。[⑧]

第7～9类，均有两个兆干，但其反面相应的位置只有一个钻、凿、灼（或凿、灼）。大多是对应凿槽底部中线的兆干较短、稍粗，对应灼点中部的兆干稍长、略细。孙亚冰对卜骨上双兆干现象作了较深入的研究，她称与长凿相对应的兆干为第一兆干，由它伸出的兆枝为第一兆枝，与灼点中部对应的兆干为第二兆干，由它伸出的兆枝为第二兆枝。[⑨]笔者认为她的这种称呼较科学，可从。

第7类兆纹，为二干二支，例子可见《合集》11955，但第二兆枝较模糊。[⑩]

第8A类兆纹，只有第一兆枝，它延伸至第二兆干，形成H形，如大司空村卜骨2016J24：10+14+21，外缘第3个及第8个（最后一个）卜兆属于此类（图四）。第8B类兆纹，只有从第二兆干伸出的第二兆枝。如大司空村2017H279：156外缘第三个卜兆属于此类。[⑪]

第9类兆纹，见于大司空村卜骨J24：10+14+21外缘第1、2个卜兆（见图四）。

图四 大司空村卜骨的卜兆与凿、灼形态（2016J24：10＋14＋21）

笔者观察出现第7～9类双兆干的卜骨，其反面与卜兆相对应的兆痕的尺寸较大，大多在0.9～1.2厘米，且颜色深黑（图二，7、8A、8B、9），表明施灼时火力较猛。

第10类兆纹，只见第一兆干，无兆枝。甲骨反面相对应的灼点面积较小，火力较弱（图二，10A、10B）。如2016J24：4+8+13内缘的第3个卜兆为单兆干，属于10B类。该卜兆所对应的灼点，径约0.6～0.7厘米，远较同版的其他灼点尺寸要小（见图三）。

第11类兆纹，只见第一兆枝，无兆干。这是由于凿槽底部挖得不够深之故。我们在起初两次施灼实验时常遇到灼不出兆干、只有兆枝的情况，后来用刀将凿槽底部尽量挖深、挖直才施灼，这样卜字形裂纹就呈现出来了。

三、殷墟宫殿区与其他遗址甲骨卜兆形态的差异

殷墟宫殿区内主要包括小屯和花园庄两个遗址。小屯出土甲骨数量最大，其中绝大多数有字甲骨都出于该地。但在已发表的甲骨著录中，大多看不清卜兆的形状，故难于作出精确统计，我们只能从可以看到卜兆的资料中作一粗略的估算。小屯甲骨以第1～3类卜兆最为常见，尤其是第1类与2A类发现最多，第5类很少。如《丙》一书中，可看清卜兆的拓片基本上都属于第1～3类，《村中南》一书有卜兆的甲骨摹本117片，亦属于第1～3类（图五）。《苏德美日所见甲骨集》[12]中，收录甲骨摹本576片，摹出

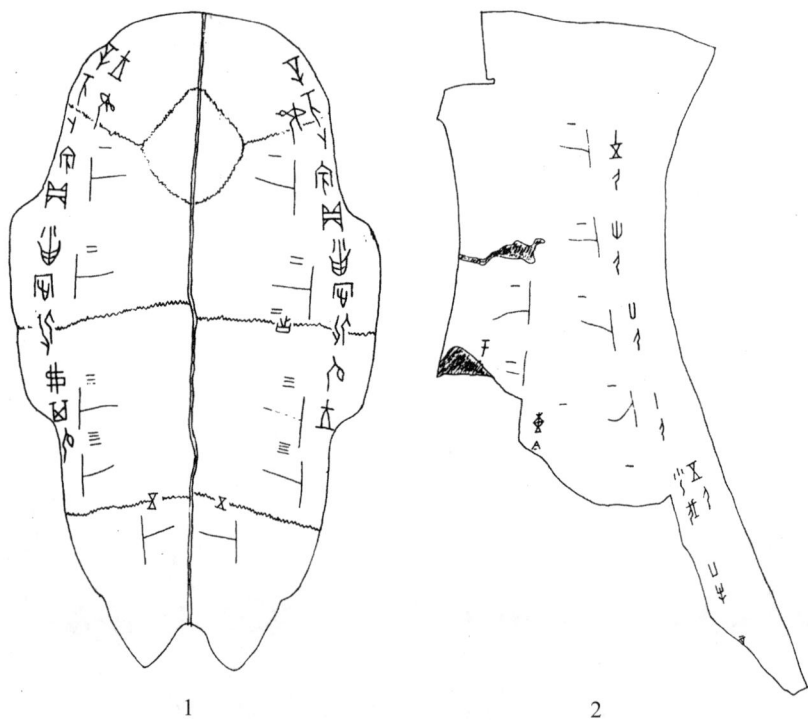

图五 小屯甲骨卜兆形态

1. 卜甲（《丙》354）；2. 卜骨（《村中南》36）

卜兆的57片，其中49片属第1～3类，8片属第5类，即兆枝开叉的卜兆数量少，只占14%，且都属于卜骨。该书的甲骨是早年流出国外的，推测其出土地在小屯。

花园庄出土的甲骨集中于花园庄村东。《花东》一书的甲骨卜兆，基本上属于第1～3类，第5类数量极少，不足1%。[13]

殷墟其他遗址出土的卜甲数量较少，其上的卜兆形态与小屯卜甲大体相似，亦以第1～3类占绝大多数。但卜骨上的卜兆与小屯存在差异，即第5类卜兆的比例大，还新见第4、6～11类。

以下以大司空村、苗圃北地、白家坟东、郭家湾四地的卜骨为例。

大司空村：2016年发掘的无字卜骨160余片，较大片的可看清卜兆的卜骨有数十片，这些卜骨上除见到第1～3类卜兆外，还发现第5～10类卜兆。如上文提到的J24：4+8+13，上有卜兆13个，属第1～3类的7个，第5类4个，第10类2个。J24：7+9+11+20，上有卜兆10个，属第1～3类的5个，第5类2个，第6类3个。J24：10+14+21，上有较完整的卜兆7个，属第1类的3个，第8类与第9类各2个。[14]

2017年在大司空村又发掘了一座甲骨坑H279。坑内出土无字甲骨100多片，[15]有数十片完整的大卜骨。笔者观察过其中的10多片，其上的卜兆除了第1～3类外还有第

5～9类，其中又以第5类兆较常见，与2016J24卜骨的卜兆类型基本相似。

苗圃北地：1984年发掘的可以看清卜兆的卜骨6片，[16]只有2片卜兆属第1～3类，占33.3%，其余4片的卜兆以第5类为主，第1～3类兆只占少数。如84PNT1④：20，上有卜兆8个，外缘的第1、3个与内缘的第1个卜兆属第1～3类，其余5个属第5类（图六，2）。

白家坟东：1996～1999年发掘的可以看出卜兆的卜骨17片，[17]其中6片属第1～3类，占35%，11片以第5类为主，间有第1、2、7、8、9几类。如98ABDH18：14，上有完整的卜兆5个，上部3个（即左行第1个，右行第1、2个）属第5类，下部2个属第8A与第7类（图六，3）。99ABDH17：12，上有完整的卜兆6个，第2、4、5个属第5类，占了一半，第3个兆属第9类，第1、6个兆属第1、2类（图六，5）。

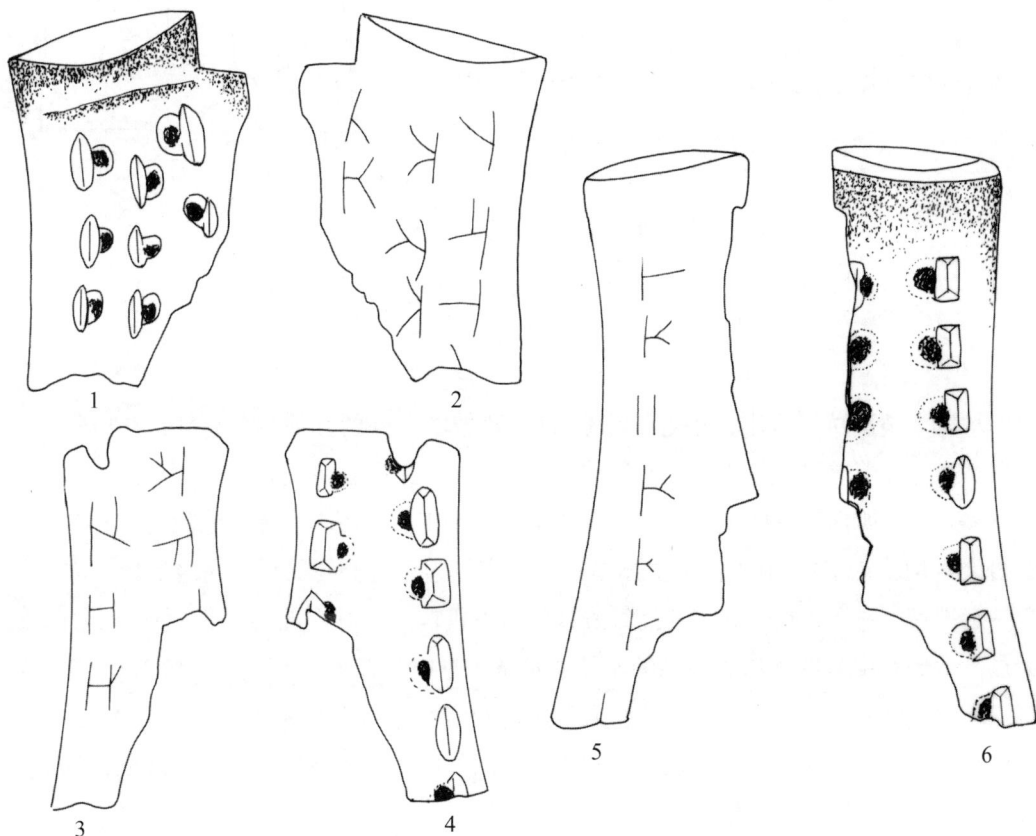

图六 苗圃北地、白家坟东卜骨卜兆形态

1. 苗圃北地84T1④：20（反）；2. 苗圃北地84T1④：20（正）；3. 白家坟东98ABDH18：14（正）；4. 白家坟东98ABDH18：14（反）；5. 白家坟东99ABDH17：12（正）；6. 白家坟东99ABDH17：12（反）

郭家湾：2000年发掘可以看清卜兆的卜骨28片，[18]其中卜兆属第1～3类的13片，占46%，其余15片卜骨上的卜兆除部分属第1～3类外常见第5类兆。如2000AJNH40：1，上有卜兆12个，6个属第1～3类，6个属第5类（图七，2）；2000AJNT25⑤：6，上有卜兆4个，第1类与第5类各2个（图七，4）。

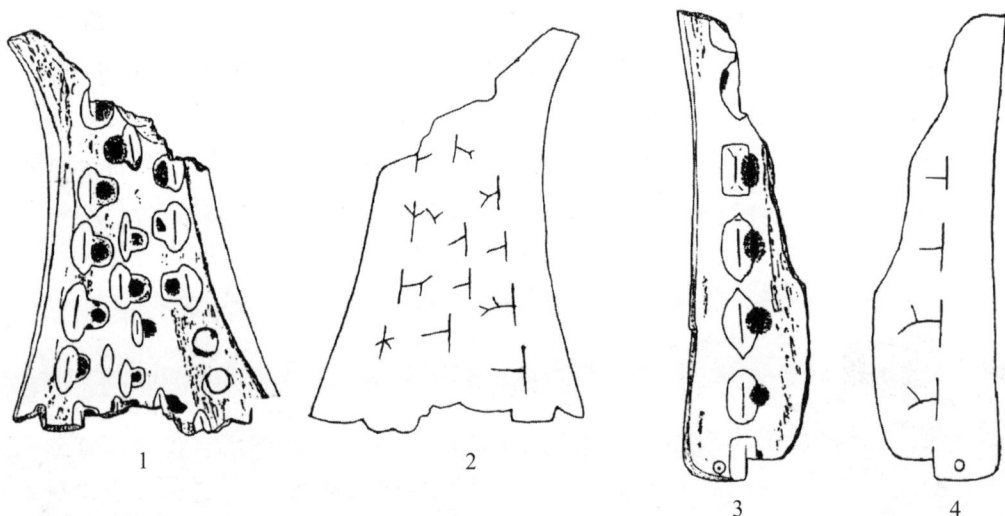

图七　郭家湾卜骨卜兆形态

1. 2000AJNH40：1（反）；2. 2000AJNH40：1（正）；3. 2000AJNT25⑤：6（反）；
4. 2000AJNT25⑤：6（正）

从以上情况可以看出，小屯、花东H3与宫殿区以外的其他几个遗址，在甲骨的卜兆形态上存在着差异。造成这一差异的原因是什么？笔者认为是与占卜主体的身份、地位有关。小屯所出甲骨的绝大多数，其占卜主体是王，有着至高无上的权力，拥有庞大的占卜机构，花东H3甲骨占卜主体是地位极高、与王有血缘关系的高级贵族，亦掌控着一定规模的占卜机构。在王和高级贵族的占卜机构内都有一批与占卜有关的专门工作人员，他们在甲骨的整治、凿钻的制作、贞卜（卜时的命龟、灼龟、占龟）、契刻卜辞等工作中都有分工和专人负责。这些人是经过专门训练的技术娴熟者，在占卜的各个程序中都有一定的操作规程。所以，王和高级贵族的甲骨上的卜兆形态相当规范，基本上都是本文所分的第1～3类卜字形的兆纹。

宫殿区外的遗址，占卜主体是中、小贵族。这些遗址中有的（如大司空村）占卜主体的地位略高，该族可能有小的占卜机构，但机构内人员少，其技术远不如王的占卜机构的卜者。大多数遗址上的族氏的政治地位、经济实力较低，其族长是小贵族，族内虽也进行占卜活动，但未设专门的占卜机构。卜者的身份可能与现代中国西南的纳西族、彝族的情况有些相似，[19] 即他们有一定的占卜经验，但并未以此作为固定职业，技术还不够熟练，制作的凿、钻不大规则，施灼时有时未掌握好温度，以致火力时大时小，故灼出的兆纹形态多样化，不大规范。

---

① a. 张秉权：《甲骨文与甲骨学》，第58页，"国立编译馆"，1988年。b. 王宇信、魏建震：《甲骨学导论》，第64—65页，中国社会科学出版社，2010年。

② a. 陈梦家：《殷虚卜辞综述》，第12页，科学出版社，1956年。b. 沈之瑜：《甲骨文讲疏》，第35页，上海书店出版社，2002年。

③ 高明：《中国古文字学通论》，第235页，北京大学出版社，1996年。

④ 我们的几次甲骨施灼实验，全部参加的有笔者和安阳队技师王卫国、何海慧，部分参与的有王好义、康睿元（安阳市工商银行员工，甲骨文爱好者）。2013年，河南文物考古所实验室的同志也做了甲骨施灼的实验，参见新华社《揭下晚商甲骨占卜的神秘面纱》，《安阳晚报》2013年5月14日第2版。

⑤ 严一萍将殷商甲骨卜兆分了10种类型，大体相当于本文的第1、2、3、5类。见严一萍《甲骨学》上册第732—733页，艺文印书馆，1977年。

⑥ 朴载福：《先秦卜法研究》，第139页，上海古籍出版社，2011年。

⑦ 中国社会科学院考古研究所安阳队大司空村2017年发掘资料。

⑧ 中国社会科学院考古研究所安阳工作队：《安阳殷墟大司空村东南地2015—2016年发掘报告》，《考古学报》2019年第4期，第546页，图四四。

⑨ 孙亚冰：《殷墟卜骨的双兆干现象》，见《甲骨文与殷商史》新九辑，上海古籍出版社，2019年。

⑩ 孙亚冰：《殷墟卜骨的双兆干现象》，见《甲骨文与殷商史》新九辑，第374页图七。

⑪ 孙亚冰：《殷墟卜骨的双兆干现象》，见《甲骨文与殷商史》新九辑，第371、372页图二左。

⑫ 胡厚宣：《苏德美日所见甲骨集》，四川辞书出版社，1988年。

⑬ 《花东》102（H3：330）左后甲、204（H3：613）右后甲、276（H3：882）右后甲各有一个兆枝后段分叉的第5类卜兆，因该部位无卜辞，当时做摹本时没有描出，但在该书的卜甲彩色照片中可以看到。

⑭ 中国社会科学院考古研究所安阳工作队：《安阳殷墟大司空村东南地2015—2016年发掘报告》，《考古学报》2019年第4期。

⑮ 中国社会科学院考古研究所安阳队大司空村2017年发掘资料。

⑯ 中国社会科学院考古研究所安阳队苗圃北地1984年发掘资料。

⑰ 中国社会科学院考古研究所安阳队白家坟东1996—1999年发掘资料。

⑱ 中国社会科学院考古研究所安阳队郭家湾2000年发掘资料。

⑲ 汪宁生：《彝族和纳西族的羊骨卜——再谈古代甲骨占卜习俗》，见《文物与考古论集》，文物出版社，1986年。

对山东半岛地区商周考古若干问题的思考

方 辉 王政良

（山东大学历史文化学院）

本文所说的山东半岛，指的是潍河以东的区域，包括今天的烟台、威海、青岛以及潍坊市的东部。因为商周王朝文化是由中原地区逐渐东进的，本区域便存在着本地土著文化逐渐商化、周化的过程，这对于认识中华文明多元一体格局的形成具有重要意义。20世纪80年代严文明提出了"珍珠门文化"的命名，并明确指出这是一支"与商文化风格迥异"的考古学文化，是"商人势力尚未到来时期的东夷土著文化"。[①]之后，烟台芝水遗址"三叠层"的发现，确定了珍珠门文化是当地岳石文化的发展去向这一事实。[②]而潍坊会泉庄遗址的发掘，为珍珠门文化的分期、年代及其分布的西界，提供了重要资料。[③]刘延常在此基础上，梳理了珍珠门文化的类型、分期和分布。[④]近年来，龙口楼子庄遗址、[⑤]归城遗址、青岛王家庄诸遗址、[⑥]古城顶遗址[⑦]等的调查、发掘资料的发表，大大丰富了珍珠门文化的内涵，为解读该地区商代晚期至西周时期的考古学文化提供了一批新材料。但目前存在的问题如珍珠门文化的分期、年代、分布范围等仍然没有很好解决，尤其是珍珠门文化的年代下限问题没有搞清，这不仅关系到商、周王朝文化的东渐过程，也涉及晚商，尤其是西周王朝对山东半岛地区的经略方式。本文对此加以讨论。

一、对珍珠门文化分布的新认识

珍珠门文化陶器多为夹砂陶，并含有一定数量的夹滑石和云母的陶器，几乎不见泥质陶。陶色以红褐陶为主，灰褐陶也占有一定比例。陶器多素面，有部分饰有刻划纹、乳钉纹、附加堆纹等，器形不甚规整，以手制为主。主要器形包括鬲、甗、罐、簋、圈足碗、豆、盂、簋等，早晚期有差别。[⑧]这类遗物与中原地区商周文化以夹砂、泥质灰陶为主，且多饰绳纹的陶器群有明显的差异，在考古遗存中具有较高的辨识度。

最初认识到的珍珠门文化主要分布区域是山东半岛，且主要在其西北部沿海地区，整体呈条带状分布，半岛南部地区分布较少。⑨目前经过发掘并刊布的材料有长岛珍珠门、烟台芝水、龙口归城、楼子庄和招远老店遗址，后三处遗址的珍珠门材料最近得以公布，加深了学界对珍珠门文化分布的认识。龙口归城遗址是胶东半岛发现的规模最大的西周时期都邑性遗址，其文化主体是周文化，但也发现一定数量的土著类遗存，⑩从系统调查来看，珍珠门文化遗存与周文化遗存分布范围高度重合，体现出两种文化高度融合。此外，在归城所在的黄水河流域也发现有不少珍珠门类遗存。

潍坊会泉庄遗址的发掘，发现了比较典型的珍珠门文化遗存，表明珍珠门文化的分布向西至少可以到达潍河流域，其在鲁北地区的影响甚至远及济南附近的小清河上游地区。鲁北地区出土的以素面鬲为代表的此类遗存早就引起学者的注意，如杜在忠就注意到，"胶莱地区的素面鬲在商、周时期的遗址中，多有发现"⑪。因为这类器物一般是以陶器个体而非完整组合的形式出现，其所依附的主体文化属于商文化或周文化，因此只能算是珍珠门文化的影响范围。淄河、淄河流域早年调查和发掘发现一些土著文化

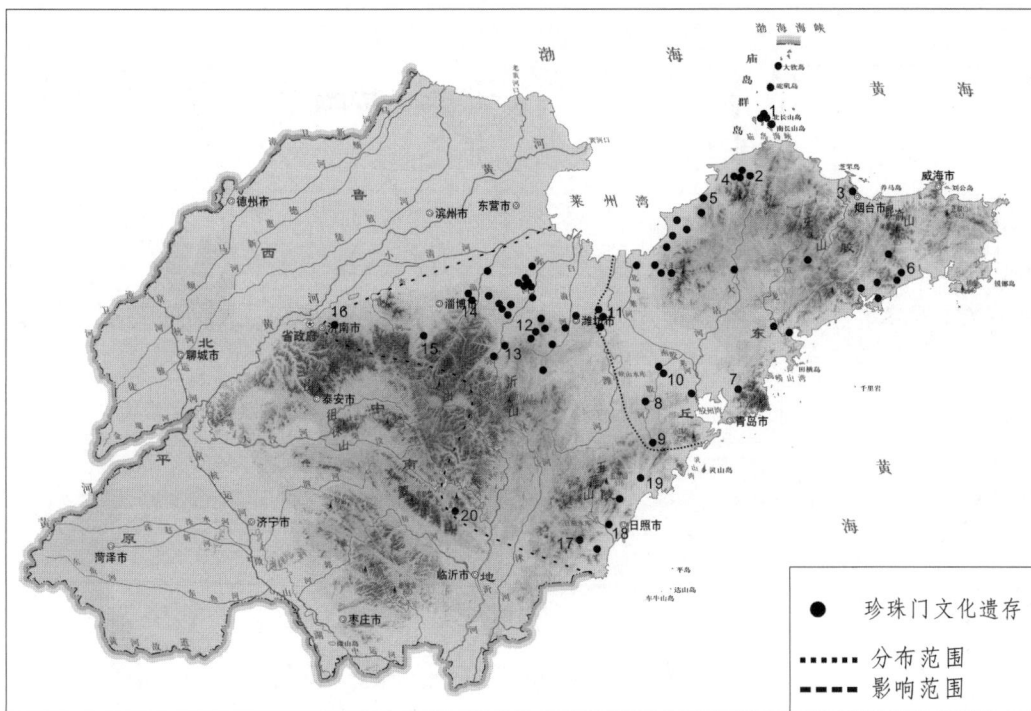

图一 珍珠门文化分布和影响范围

1. 长岛珍珠门；2. 龙口归城；3. 芝罘芝水；4. 龙口楼子庄；5. 招远老店；6. 乳山南黄庄；7. 青岛古城顶；8. 胶州西庵；9. 黄岛王家庄；10. 高密城律；11. 潍坊会泉庄；12. 昌乐后于刘；13. 临朐陈家河；14. 临淄后李；15. 淄川北沈马；16. 济南唐冶；17. 岚山辛留；18. 东港徐家村；19. 黄岛西寺；20. 蒙阴西长明

遗存，如临淄后李[12]、东古城[13]、青州凤凰台[14]、赵铺[15]等，近年来又新出土了一些新材料，如临朐陈家河[16]、淄川北沈马[17]、昌邑后于刘[18]、济南唐冶[19]等，进一步明确了珍珠门文化的分布和影响范围（图一）。[20]在上述区域内，珍珠门文化与晚商和西周早中期文化共存，反映了夷人文化并没有因为商周文化的东进而彻底消失，而是逐渐融入王朝主流文化当中。

虽然有学者认为，西周早期晚段至西周中期珍珠门文化仅分布于长岛县和胶东半岛南部的乳山市、海阳市和文登市，珍珠门文化是东夷文化的衰弱阶段，已退缩到半岛的最东端，[21]但有迹象表明珍珠门文化向南的分布已达胶河上游齐长城一线。20世纪70年代发掘的胶州西庵遗址，[22]墓葬M1中同出周文化典型陶器和土著的夹砂褐陶一类的陶器，器形有素面鬲和罐。该墓还出土多件青铜礼器和兵器，墓葬附近还有车马坑，表明墓主人等级较高，可能是接受周文化的土著贵族。其中的夹砂褐陶一类器物可归入珍珠门文化范畴。近年来胶河流域以及胶州湾附近的考古工作为确定珍珠门文化的南界提供了证据。胶河上游的王家庄遗址是一处比较单纯的珍珠门文化遗址，调查面积大约有1万平方米，属于小型遗址，采集到素面鬲、甗和碗等（图二，7）。此外，在胶河中游

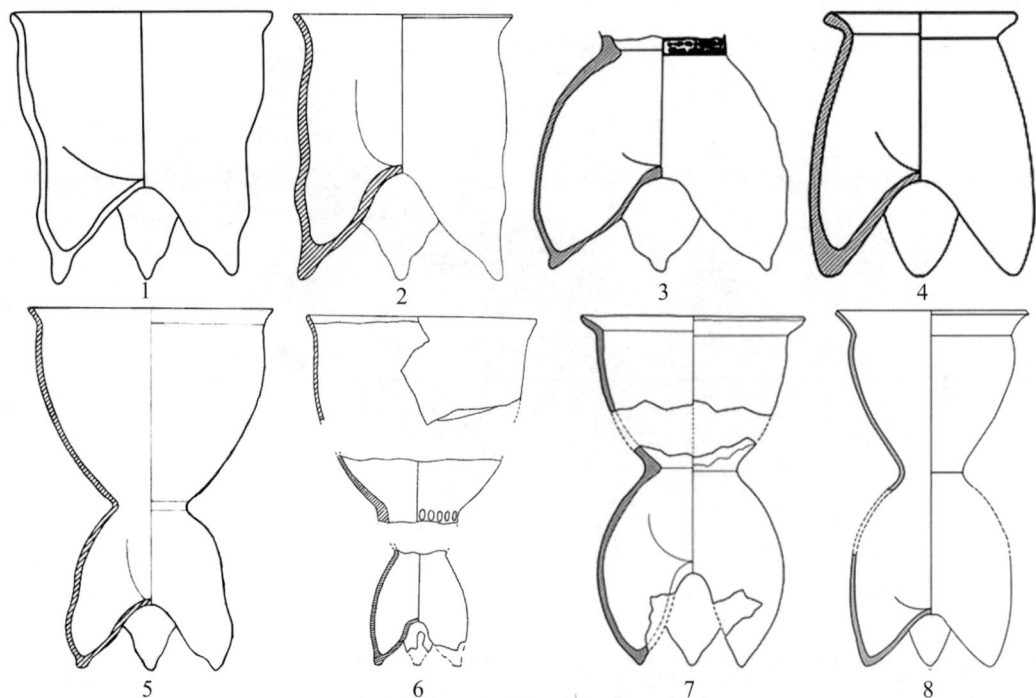

图二 胶东地区珍珠门文化遗存

1. 素面鬲（珍珠门H11：1）；2. 素面鬲（楼子庄H36：13）；3. 素面甗（会泉庄H12：20）；4. 素面鬲（西庵M1：9）；5. 素面甗（楼子庄H46：7）；6. 素面甗（老店H202：14、15、17）；7. 素面甗（王家庄WJZ-1 CAB：1）；8. 素面甗（古城顶H39：3）

也发现不少此类遗存，如高密城律遗址发现1件素面陶甗的袋足（图三：1），[23] 形制与会泉庄H12所出的甗足比较接近（图二，3）。由此可知包括胶河上中游在内的胶河流域也是珍珠门文化分布的重要地区。青岛古城顶遗址的发掘获得了一批珍珠门文化遗存，其中M1出土的1件素面鬲和H39所出的素面甗（图二，8）、平底碗均为珍珠门文化典型陶器。

图三 鲁东南调查采集珍珠门文化陶器

1. 甗足（高密城律）；2. 罐口沿（日照徐家村）；3. 鬲足（胶南西寺）；4、5. 缸（岚山辛留）；6. 陶片（徐家村）

我们在以日照为中心的鲁东南沿海地区的系统调查中，也曾发现有少量珍珠门文化风格的陶器残片，如胶南西寺遗址的素面鬲足（02-JN-XS-1-CAAA）、岚山辛留遗址2件陶缸（06-LS-XL-7-CAL-1、CAW-1）、徐家村陶罐口沿及残片（05-LS-CJC-1-CAA：1、2）等（图三），[24] 显示了与珍珠门文化之间的联系。但由于没有做过专门发掘，目前难以断定遗存的年代与性质，这一地区暂时作为珍珠门文化影响区较为合适。

二、对珍珠门文化年代问题的思考

对珍珠门文化的年代认识随着相关资料的刊布而不断更新。最初严文明根据珍珠门遗址材料认为珍珠门文化的年代属于晚商时期，[25] 王锡平也持同样的观点。[26] 此后二三十年间，鲁北地区珍珠门文化会泉庄类型遗存不断被发现，由于同出有周文化的典型器物可作横向对照，其年代下限也进入了西周时期，如会泉庄遗址发掘简报认为其第三段出土的圆肩、鼓腹罐已具有西周早期的特征，由此将其定在西周早期或初期。[27]刘延常、张琨等学者也作了专门讨论。[28]现结合新公布的材料对珍珠门文化年代问题提出一些意见。

龙口楼子庄遗址位于滨海平原的一处海拔较高的台地上，面积6万平方米左右，发现有较为丰富的岳石、珍珠门文化遗存，发掘者将该遗址分为四期，其第三期为珍珠门遗存。[29]该遗址是继芝水遗址后又一处从地层关系上确认珍珠门文化与岳石文化有承继关系的遗址。楼子庄珍珠门文化陶器种类比较多，有素面鬲、甗、盆、罐、碗、钵等（图二，2、5）。楼子庄的甗整体形态修长，裆部较高，比刘延常《初探》一文所分珍珠门第二期的甗从形态上看要早，故应该属于第一期遗存。

招远老店遗址也发现少量珍珠门文化遗存，以H202为代表，出土有素面甗、鼓腹罐、三足或四足盘等陶器，属于比较单纯的珍珠门文化遗存（图二，6）。老店所出的素面甗和钵与楼子庄同类器相似，年代上比较接近，也属于珍珠门文化一期遗存。

龙口归城作为目前已知的胶东半岛规模最大的周代都邑性遗址，为重新审视珍珠门文化与周文化的关系提供了重要线索。从试掘的几个单位的发现来看，虽然这类本地遗存（夹砂红褐陶）所占比例不大，但几乎从归城初建延续到其作为城邑的最后阶段，大致相当于西周早期偏晚到春秋时期。[30]从归城的城市规划（内外城、宫殿、道路等建设）及周边发现的青铜礼器来看，周文化在该城址占有绝对主导地位，是主流文化；而珍珠门文化遗存发现较少，是非主流文化。两者在该地区应该共存过一段时间，并于西周中期阶段融入主流的周文化当中。归城H20所出陶甗与会泉庄甗接近，年代约当西周早期（图四，4），同出的周式簋年代为西周早期偏晚，属于归城较早的一批遗存。和平村H1∶12的素面鬲方唇，卷沿，袋足，裆部较低，与珍珠门早期遗址所出的陶鬲有较大差别，尤其是其口沿部分与周式陶鬲接近（图四，3），[31]同出的簋圈足较高，中上部有一道凸棱，为西周中期器形，因此该素面鬲的年代也应相当，属于珍珠门文化较晚的形态。这类器物也见于招远典城、莱阳前河前等区域的中心遗址。[32]另外，张郑家墓地、东营周家M2出土的几件素面鬲、鼎也都属于珍珠门文化晚期遗存，年代应当在西周中期（图四，1、2、5）。

胶河以及邻近地区是珍珠门文化分布的一个重要区域。西庵遗址M1所出的夹砂红陶素面鬲整体瘦高，羊乳状袋足，《初探》将其归为珍珠门第四期，即西周早期（图二，4）。另外该墓所出的实足鬲和圆肩罐也都属于西周早期器形。该遗址还发现有方鼎、爵、觯、尊、卣、方彝、戈、车軎、銮铃等青铜礼器、兵器和车马器，其中方彝、爵、卣铸有"举母"、"举父癸"、"史"等铭文。[33]这批青铜器可能出自不同墓葬和车马坑，

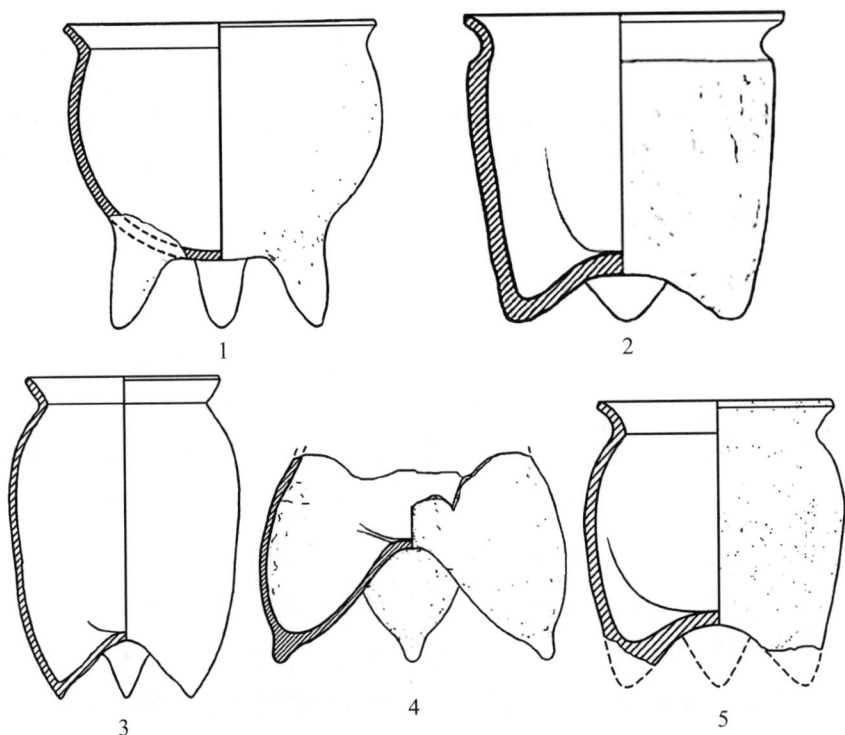

图四 归城地区所见珍珠门文化陶器（均引自《龙口归城》）

1.鼎（东营周家M2：143）；2.素面鬲（东营周家M2：147）；3.素面鬲（和平村H1：12）；4.甗（归城H20②：3）；5.素面鬲（张郑家墓地采集）

其年代有的可早至商代晚期，所使用的族徽和日名也是商代晚期常见形式，但其下葬年代大概与M1和车马坑一样，已经进入西周早期。西庵遗址的性质应该与归城一样，是一处以周文化为主、同时包含有珍珠门文化遗存的区域中心性遗址。青岛古城顶和黄岛王家庄发现一些珍珠门文化器物，从完整的陶甗形态看，古城顶的甗整体瘦高（图二，8），袋足外撇，比较接近会泉庄陶甗，属于西周早期遗存；而王家庄调查所得的陶甗整体偏矮，袋足肥大而足跟内收，年代或略晚（图二，7）。

由于缺乏较好的地层学证据，对珍珠门文化较为准确的分期断代尚需时日。但通过现有的一些年代学研究，并结合其空间分布特征，还是可以获得一些认识。首先，珍珠门文化的年代上限，根据楼子庄的测年数据可能达到公元前13世纪，属于晚商时期；其下限，根据会泉庄遗址地层关系及类型学研究，可晚至西周中期。也就是说，珍珠门文化所存在的时间，大约在公元前13—公元前9世纪，延续了约400年。其次，不同区域珍珠门遗存的发展轨迹并不相同。珍珠门文化早期阶段的遗存基本分布在胶东半岛北部，以烟台芝水、长岛珍珠门、龙口楼子庄为代表，这些遗址都发现有明显的岳石文化遗存，部分有明确的地层关系，表明珍珠门文化是由岳石文化直接发展而来。潍河流域的会泉庄类型涵盖了珍珠门文化的整个过程，其三、四期为珍珠门文化晚期，年代上约当西周早期至中期。第三，属于珍珠门文化晚期的遗存不但广泛存在于胶东半岛南部的胶河流域，也应存在于半岛北部归城、曲城等中心性遗址之外的基层聚落。这类遗存在城址或中心性聚落一般与周文化器物共存，显示出所谓"融合性"特征，而在基层聚落则不排除存在单纯珍珠门文化遗存的可能性。第四，珍珠门文化影响区所发现的此类遗存，大致也是在西周中期之后不见踪影，与该文化的终结基本同步。

三、商周王朝对山东半岛地区的经略

珍珠门文化所存续的约400年，恰恰跨越了商周两个王朝的更迭，对其兴衰历史的考察，正可以从区域史角度厘清山东半岛由东夷土著化向王朝化或华夏化的发展过程。

商王朝对东土的经略，大致经历了"商夷联盟继续维持"、"商势力东扩与东夷退缩"和"商夷对峙与征伐夷方"的三个阶段。[34]珍珠门文化早期大致处在第三阶段。在此之前，商人势力向东扩张很快，至少在商代中期之前就已推进到了鲁北地区的潍河流域，在鲁南及苏北则直达东海之滨。此后商王朝与东夷族群处于相对和平状态。甲骨卜辞显示，商王朝只是在商王武丁时期有过少量征伐夷人的记载，显示商夷关系总体平稳。从考古学上看，海岱地区商文化分布区在商代中期之后变化不大，而且从物质文化上来看，尽管局部地区存在着当地文化因素，但无论是鲁北的商文化大辛庄类型还是鲁南苏北的前掌大类型，抑或是鲁中地区的嬴城类型，其商文化的统一性还是十分明显的，此后直到商代晚期帝乙、帝辛在位时，对峙状态才被打破，对夷方的征伐成为商王朝战争的首要任务。对夷方征战的主要区域，长期以来一直存在争议，但近年来学者们的意见趋于统一，认为"征夷方"战争主要发生在商王朝的东土。尽管有学者仍然将"夷方"定位在皖北鲁南一带，[35]但越来越多的证据表明鲁北地区是商王朝用兵的重点区域之一。最近何毓灵撰文论及殷墟发现的"外来文化因素"，提及一组来自珍珠门文化的素面陶器，包括2件素面鬲和1件素面陶瓮，时代均属于殷墟文化第四期。[36]殷墟第四期相当于帝乙、帝辛时期，是商夷战争频发阶段。何文提到的这几件器物很值得注意，尤其那件素面陶瓮出自著名的后冈祭祀坑，笔者曾专门论及，认为学者指出的祭祀坑中的人骨应属于东夷战俘这一观点是正确的，这件珍珠门文化陶器就是直接证据。[37]反过来，在珍珠门文化遗址也发现了与商文化相关的遗存，如珍珠门遗址出土的商式绳纹陶鬲和楼子庄马坑（图五）。马匹对于山东半岛地区的东夷而言无疑是新鲜事物。根据发掘报告，这匹马是作为牺牲出自祭祀坑，而且共存有一具人牲。绳纹陶鬲、马匹和人牲，均可能是夷人对商人的战利品。由此来看，商王朝末年的征夷方，至少部分战争发生于鲁北地区，其征战对象就是山东半岛地区的夷人，也就是《尚书·禹贡》"潍淄其道，莱夷作牧"所言及的莱夷的后裔。按照传统的说法，莱夷以种植麦类作物而得名，[38] 近年来山东半岛地区屡屡发现龙山至岳石文化时期的小麦遗存，而且据研究，小麦传入的通道之一，便是通过欧亚草原、中国北方文化区传入黄河中下游地区，[39] 似可为此作注脚。不过，从珍珠门文化一直存续到西周中期这一事实来看，商王朝始终没有彻底征服东夷，反而因为常年征战导致国力虚弱，被崛起于西土的周人一举剪灭。《左传》昭公十一年说"纣克东夷而陨其身"，此之谓也。

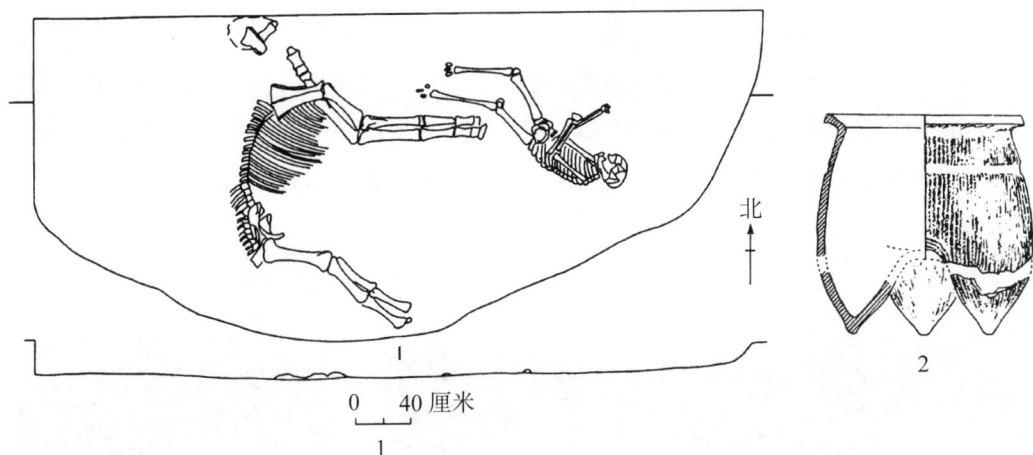

图五 珍珠门文化遗址所见商文化因素

1. 龙口楼子庄遗址 H16 祭祀坑（引自《龙口楼子庄遗址发掘报告》图四三）；
2. 长岛珍珠门遗址采集绳纹陶鬲（引自严文明《山东长岛县史前文明》图六）

西周初年作为周王朝军师的太公望被分封到齐地，面临的首要问题就是如何处理与商代旧族和东部邻居莱夷的关系。对于前者，据《史记·齐太公世家》，太公采取的是"因其俗，简其礼"，尊重当地礼俗习惯，因而得以较快站稳脚跟。接下来是平复东边的劲敌莱夷。据《史记》，太公刚刚抵达就封的营丘，便发生了"莱侯来伐，与之争营丘"的事件。莱夷有能力给太公如此一个"下马威"，说明其势力不可小觑。但土著的夷人毕竟不是周王朝的对手。据《今本竹书纪年》载："（成王）十四年，秦师围曲城，克之。"秦，孙之騄本作"齐"，[40] 可信。《晏子春秋·内篇谏下》也有"丁公伐曲沃，胜之"的记载，张纯一《校注》"城"旧作"沃"，《类聚》二十四引作丁公伐曲城。丁公即第二代齐侯吕伋，为太公之子。曲城即今招远市曲城故城，是汉代曲成县的置所。据调查和勘探，按汉代城墙面积计算，其面积大概在19万平方米，调查发现周代遗存分布也非常广，[41] 因此曲城在周代也应是一处中心聚落。尤为重要的是，最新调查资料显示，曲城故城还发现有明显的岳石文化和珍珠门文化遗存，如蘑菇状盖钮和素面鬲、鼎等（图六，2）。[42] 也就是说，在周文化或齐国军队到来之前，这里本是一处珍珠门文化夷人居地。此前笔者认为曲城是在一片空白土地上建立起来的齐国统治中心，主要是基于商周鼎革之后各地统治中心的转移这一史实，现在看对于曲城或许并不适合。[43]而且从"围"字用词来看，曲城在丁公吕伋率齐师攻伐之时应该存在城墙或壕沟一类防御工事，当地夷人还是有一定势力的。

曲城目前发现的最早的周文化遗存以M1和M7为代表，M7出土了多件有铭铜器，其中簋铭为"齐中作宝簋"，鼎铭为"姜作宝鼎"，属于齐国作器，年代约为西周中期（图六，1），[44]也有学者认为可以早到西周早期偏晚，[45]或西周中期开始阶段。[46]但无论哪种意见，铜器的年代都还早不到西周早期的成王时期，它们显然不是周人军事力量最早抵达曲城时期所留遗存。曲城地处渤海南岸、胶东半岛北缘，是周王朝和齐国经略半岛东部地区的必经要道，也是目前所知齐国对莱夷战争的第一战场。此后曲城便被作为齐国一处区域中心长期存在，城内以及邻近地区屡次发现两周时期铜器，还出土有大量齐国刀币，[47]可为明证。

图六 曲城故城出土周、夷文化典型器物

1. 齐仲簋及铭文（引自王恩田《曲城齐仲簋与"丁公伐曲城"》图二）；
2. 陶鼎（笔者摄于烟台市博物馆，曲城西周中期墓出土）

"齐师伐曲城"应该是成王时期周王朝对东夷采取的声势浩大的征伐行动之一。有迹象表明，周人势力在攻克曲城之后便势如破竹，很快就向东攻灭了50公里之外、位于龙口的莱夷大本营——归城。清代末年归城东邻的鲁家沟曾出土"旅鼎"，现藏国家博物馆，器内壁有铭文6行32字，铭末有1个族徽文字，铭文作"隹公大保来伐反夷年，在十有一月庚申，公在盩师，公赐旅贝十朋，旅用乍父尊彝。千"，被作为西周成康时期分裆柱足鼎的典型器物，[48]有学者将其年代定为西周早期偏早，[49]都是可信的。

旅鼎及其铭文非常重要。其中的"公大保"，郭沫若认为即召公奭，[50]它记载了西周早期作器者旅跟随召公大保对夷人"叛乱"的一次军事征伐，得胜后旅受到召公赏赐，旅作此鼎以志纪念。邵望平认为，周初成王东征，召公与周公分别承担了海岱北部战区和南部战区的统率、指挥任务，是值得重视的。[51]唐兰认为此"公大保"当是周公之子明保，即明公，因此把旅鼎定为昭王时器，[52]则显然失之偏晚。不过，唐兰将铭末的"𠂤"释作"來"，为来氏，则是正确的。有学者进一步认为此字与种植小麦有关，即莱的本字。[53]尽管有学者出于慎重，认为此族徽尚未见于其他的铜器，它和莱国的关系尚需进一步证明，[54]但鉴于莱字在甲骨金文中写法多样，"𠂤"在字形上释作"莱"完全说得通，加之与该器同时出土于鲁家沟的还有一件"莱伯鼎"，[55]将旅鼎断定为莱器是合理的，它很可能是莱伯受封之前所铸之器。旅的身份，从铭文"来伐反夷"判断，应是周王朝东征的军事将领，也是攻灭莱夷后最早的一批莱国贵族。归城西南的韩家村还出土一件"庿监鼎"，其形制与旅鼎几乎相同，时代也应属于西周早期，李峰认为作器者为周王朝派驻的监官。目前尚不清楚莱国是否在西周早期就已受封，但从上文引述的莱伯鼎来看，不会晚于西周中期。

从地理上看，泰沂山脉以北即鲁北平原地区，其东西方向上几无地理阻隔，因此自龙山时代以来就是重要的交通走廊。[56]沿该通道向东越过潍河即进入山东半岛地区，该区域中部多丘陵山地，地势起伏明显，而南北沿海地带则有宽窄不等的带状平原，半岛西北部平原（又称黄㧟平原[57]）是其中面积最大者，西靠胶东丘陵，东面渤海湾，西南连接鲁北平原，是鲁北平原进入胶东半岛北部最便捷的通道。李峰指出，周文化势力在胶东半岛的出现是沿渤海湾南岸由西向东突入的结果，[58]笔者赞同这一看法。此外，该通道不仅是周王朝势力北达归城的必经之路，也是春秋时期齐国东进灭莱的行军路线，后来也是秦始皇东巡胶东半岛的主要路线，[59]由此可以看到地理环境在历史事件发生背后不可忽视的作用。

在周文化进入这一区域之前，黄㧟平原是珍珠门文化分布较为集中的区域，目前已经发现了以楼子庄、老店、黑羊山为代表的20多处珍珠门文化遗址，[60]仅黄水河流域就有7处，[61]推测这里应是"夷人"活动的一个核心区域大致不会错。相反，胶东半岛中南部的珍珠门文化遗址相对较少，存在不少人口空白地带。考虑到这一聚落或人口分布情况，周王朝如要有效地控制夷人群体，理应优先选择在夷人分布的中心地带设置据点，黄㧟平原自然是首当其冲。

黄㧟平原的聚落形态进入西周时期之后发生较大变化，出现了一南一北两大中心聚落，北为归城，南为曲城，两者相距50多公里。归城考古工作的开展增进了学界对于胶东半岛西周时期大型都邑性遗址的认识。就目前所知，归城的始建年代不晚于西周早期偏晚阶段，历经西周中晚期一直延续到春秋时期。[62]目前学界一般认为其属于莱国国都，所依据的主要是鲁家沟出土的"莱伯"鼎以及后世地理志中的记载，另外李峰认为归城外城的形制与文献记载中齐国灭莱时"敷堞而上"的描述相一致，进而推测归城为莱国国都。[63]笔者也支持归城属于莱国这一推论。除以上论据外，还应考虑归城所发现的大量的珍珠门文化遗存，从调查来看其分布范围与周文化遗存高度重合，这一现象为其他西周都邑所未见，显示出土著文化的深远影响。另外，从旅鼎、莱伯鼎的发现来看，莱人首领很可能在西周早期就接受了周王朝的册封。当然，西周中期及此后归城还存在其他家族势力，如釐和启，有学者认为他们均为莱人，且与周王朝有密切联系；[64]而且归城和烟台上夼还出土有纪（己）国青铜器，以至于有学者力主纪、異、莱为一国。[65]由此看来，归城是由多股政治势力组成、土著文化与周文化共存的新兴的都邑性遗址。

根据现有的材料可以推测，周人早在成王东征时期就进入了胶东半岛北部，先占领夷人的据点曲城，然后向东进入归城地区。周王朝对归城和曲城所采取的经营策略有所差异，曲城可能被齐国国君丁公率军攻克后直接由齐国管理，而归城则由一些与周王朝有密切联系的家族和当地土著群体（莱伯）共同经营。根据史密簋和师袁簋铭文所述，莱国曾多次参与周王朝讨伐淮夷的战争，这表明莱国到西周中晚期已经融入了周文化圈（图七）。

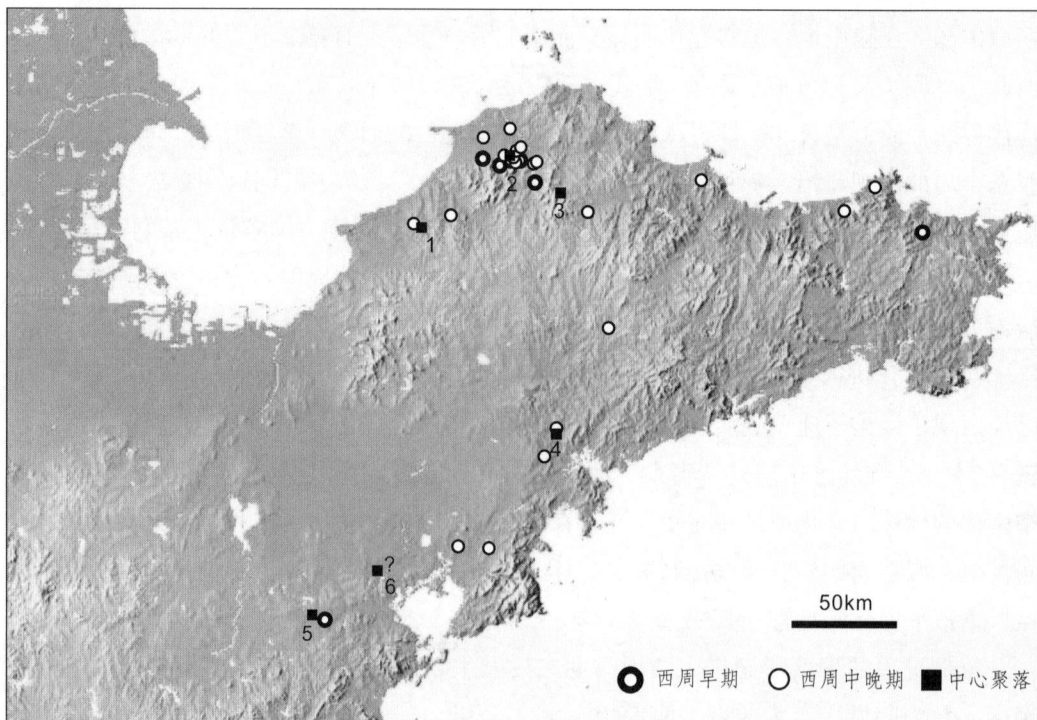

图七 胶东半岛西周时期中心聚落与青铜器分布图

1. 招远曲城；2. 龙口归城；3. 蓬莱村里集；4. 莱阳前河前；5. 胶州西庵；6. 胶州三里河

与半岛北部的曲城、归城类似，半岛南部在西周早中期也经历了周王朝势力迅速楔入的过程，其代表性遗址就是胶州西庵。虽然不像曲城、归城那样，该遗址没有如此集中的历史文献和金文记载可以援引，但这一地区还是有一些后人的追记，其中最早的记载可追溯到春秋时期。《春秋》隐公二年："夏五月，莒人入向。"《正义》曰："《谱》云：莒，嬴姓，少昊之后，周武王封兹舆期于莒，初都计（计斤），后徙莒。"计斤又称介根，当地人俗称介子城，故城旧址就是今胶州市南的三里河遗址，1958年刘敦愿先生就是根据清代胶州著名画家高凤翰一幅画有陶鬶的古画寻找到该遗址的。[66]近年来我们在胶河流域进行全覆盖式考古调查，在三里河遗址确实发现有珍珠门文化陶片，只是由于遗址几乎为今胶州市城市占压，其具体面积已所剩无几（调查面积约为4万平方米）。不过，位于胶河更上游的西庵遗址可作为西周早中期考古学文化的代表。西庵遗址曾发现车马坑和贵族墓葬，[67]墓主人随葬有青铜礼器和兵器，显然是受到周文化的影响，但从陶器上看却又有浓厚的本地珍珠门文化传统。调查所知，该墓地与附近的逄家沟遗址

图八 西庵遗址出土青铜器

1.方彝；2.爵；3.簋；4.觯；5.尊；6.卣；7.方彝铭文

属于同一处遗址，在西周时期其面积约 12 万平方米。从胶州博物馆所藏西庵遗址出土青铜器组合（图八）来看，这里应该存在着西周早期的墓地，其最早的铜器甚至可早至商代晚期。与曲城、归城一样，以西庵为中心的胶河流域也曾受到西周早期周人东征的波及。西庵墓地的主人可能是一位接受了周文化的土著贵族，从铜器多见族徽、日名来看，不排除他们曾经是殷商旧族。另一处值得提及的重要遗址是莱阳前河前。该遗址位于五龙河下游，所发现的贵族墓地出土了一批与周式风格青铜礼器并不一致的本地特色铜器，作器者是己侯，[⑧]而己国铜器在半岛北部也有发现（上夼村，归城），显然这些地方贵族之间存在密切往来。根据调查资料，该遗址面积 7.5 万平方米，规模上虽比不上归城、曲城和西庵，但据称该遗址过去曾有城墙，表明遗址等级不低，而与之形成鲜明对照的是青岛古城顶[⑨]、王家庄[⑩]等一类遗存，遗址面积只有万余平方米，出土清一色的珍珠门文化陶器，当属于西周时期最为基层的村落。

以上发现表明，与黄掖平原不同，周王朝对胶东半岛南部地区的统治很可能是通过本地莒、纪等上层精英集团而实现的，因此其贵族的政治身份得到默认，土著文化因素得以大量保留。他们可以建造规模较小的都邑，使用具有本地风格的青铜礼器和文字系统，[⑪]但它们绝非隔绝于世，而是保持着与其他区域之间的政治联系。《诗经·小雅·大东》描绘了"小东大东，杼柚其空；纠纠葛屦，可以履霜；佻佻公子，行彼周行；既往既来，使我心疚"，东方诸国的财富通过笔直的"周道"源源不断输往周王室。至少是西周早中期，周王朝通过不同的统治策略实现了其对东方的有效控制。

---

① 北京大学考古实习队等：《山东长岛县史前遗址》，《史前研究》1983 年创刊号。

② 北京大学考古实习队等：《烟台芝水遗址发掘报告》，见《胶东考古》第 96—150 页，文物出版社，2000 年。

③ 山东省文物考古研究所：《山东潍坊会泉庄遗址考古发掘报告》，见《山东省高速公路考古报告集（1997）》第 119—132 页，科学出版社，2000 年。

④ 刘延常：《珍珠门文化初探》，《华夏考古》2001 年第 4 期。

⑤ 烟台市博物馆等：《龙口市楼子庄遗址发掘报告》，见《海岱考古》第 11 辑，科学出版社，2018 年。

⑥ 鲁东南沿海地区中美联合考古队：《山东黄岛王家庄遗址调查及相关问题分析》，《东南文化》2017 年第 5 期。

⑦ 青岛市文物保护考古研究所、李沧区文物管理所：《李沧区古城顶遗址 2010 年度发掘简报》，见《青岛考古》（二），科学出版社，2015 年。

⑧ 王富强：《胶东地区周代地方文化遗存》，见《中国考古学会第十五次年会论文集》，文物出版社，2013 年。

⑨ 严文明：《东夷文化的探索》，《文物》1989 年第 6 期。

⑩ 中国社会科学院考古研究所、哥伦比亚大学东亚语言和文化系、山东省文物考古研究院编著，李峰、梁中合主编：《龙口归城：胶东半岛地区青铜时代国家形成过程的考古学研究》，科学出版社，

2018年。下文引此书，不再注作者、出版年代等。

⑪ 杜在忠：《山东胶莱地区的素面陶鬲》，见《考古学文化论集》（二），文物出版社，1989年。

⑫ 济青公路文物工作队：《山东临淄后李遗址第一、第二次发掘简报》，《考古》1992年第11期；《山东临淄后李遗址第三、四次发掘简报》，《考古》1994年第2期。

⑬ 山东省文物考古研究所：《临淄东古墓地发掘简报》，见《海岱考古》第1辑，山东大学出版社，1989年。

⑭ 山东省文物考古研究所等：《青州市凤凰台遗址发掘》，见《海岱考古》第1辑，山东大学出版社，1989年。

⑮ 青州市博物馆：《青州市赵铺遗址的清理》，见《海岱考古》第1辑，山东大学出版社，1989年。

⑯ 山东省文物考古研究所等：《山东临朐陈家河遗址发掘简报》，《文物》2016年第8期。

⑰ 任相宏等：《淄川北沈马遗址的考古发现与研究》，见《淄川考古》，齐鲁书社，2006年。

⑱ 翟松岩：《昌乐县后于刘遗址发掘报告》，见《海岱考古》第5辑，科学出版社，2012年。

⑲ 济南市考古研究所：《济南市唐冶遗址考古发掘报告》，见《海岱考古》第6辑，科学出版社，2013年。

⑳ 珍珠门文化的分布和影响范围参考以下文献。a. 刘延常：《珍珠门文化初探》，《华夏考古》2001年第4期。b. 王富强：《胶东地区周代地方文化遗存》，见《中国考古学会第十五次年会论文集》，文物出版社，2013年。c. 方辉、［美］文德安、［美］加里·费曼等：《鲁东南沿海地区系统考古调查报告》，文物出版社，2012年。d. 中美联合鲁东南考古调查队：《胶河流域2019年调查及相关问题分析》，待刊。

㉑ 《龙口归城：胶东半岛地区青铜时代国家形成过程的考古学研究》（上编），第39页。

㉒ 山东省昌潍地区文物管理组：《胶县西菴遗址调查试掘简报》，《文物》1977年第4期。

㉓ 中美联合鲁东南考古调查队：《胶河流域2019年调查及相关问题分析》，待刊。

㉔ 方辉、［美］文德安、［美］加里·费曼等：《鲁东南沿海地区系统考古调查报告》，文物出版社，2012年。分别见图版九九，5左下、6左下；图版七六，6左；图版九二，上右、上左。

㉕ 严文明：《东夷文化的探索》，《文物》1989年第6期。

㉖ 王锡平：《胶东半岛夏商周时期的夷人文化》，《北方文物》1987年第7期。

㉗ 山东省文物考古研究所：《山东潍坊会泉庄遗址考古发掘报告》，见《山东省高速公路考古报告集（1997）》，科学出版社，2000年。

㉘ a. 刘延常：《珍珠门文化初探》，《华夏考古》2001年第4期。b. 张琨：《东夷文化的考古学研究》，中国社会科学院博士学位论文，2010年。

㉙ 烟台市博物馆等：《龙口市楼子庄遗址发掘报告》，见《海岱考古》第11辑，科学出版社，2018年。

㉚ 《龙口归城：胶东半岛地区青铜时代国家形成过程的考古学研究》（上编）。

㉛ 《龙口归城：胶东半岛地区青铜时代国家形成过程的考古学研究》（下编）。

㉜ 王富强：《胶东地区周代地方文化遗存》，见《中国考古学会第十五次年会论文集》，文物出版社，2013年。

㉝ 李伯谦主编：《中国出土青铜器全集》，科学出版社，2019年。

㉞ 方辉：《商王朝对东方的经略》，见《海岱地区青铜时代考古》，山东大学出版社，2007年。

㉟ 孙亚冰：《甲骨文中的人方》，见《东方考古》第4集，科学出版社，2008年。

㊱ 何毓灵：《殷墟"外来文化因素"研究》，《中原文物》2020年第2期。

㊲ 方辉：《从考古发现谈商代末年的征夷方》，见《东方考古》第1集，科学出版社，2004年。

㊳ 王献唐：《炎黄氏族文化考》，第358页，齐鲁书社，1985年。

㊴ 赵志军：《小麦传入中国的研究》，《南方文物》2015年第3期。

㊵ 方诗铭、王修龄：《古本竹书纪年辑证》，第246页，上海古籍出版社，2005年。

㊶ 李峰：《归城考古的收获和胶东半岛青铜器时代的社会变迁》，见《龙口归城：胶东半岛地区青铜时代国家形成过程的考古学研究》第920—949页。

㊷ 王睿、林仙庭、聂政主编：《八主祭祀研究》，文物出版社，2020年。

㊸ 方辉：《鲁北地区出土的西周青铜器及其历史背景》，见《青铜器与山东古国学术研讨会论文集》，上海古籍出版社，2017年。

㊹ 李步青等：《山东招远出土西周青铜器》，《考古》1994年第4期。

㊺ 王恩田：《曲城齐仲簋与"丁公伐曲城"——兼说铜资源与齐国强弱的因果关系》，《管子学刊》2016年第4期。

㊻ 李峰：《西周的灭亡——中国早期国家的地理和政治危机》，第349页，上海古籍出版社，2007年。

㊼ 李步青等：《山东招远出土西周青铜器》，《考古》1994年第4期。

㊽ 王世民、陈公柔、张长寿：《西周青铜器分期断代研究》，第22—23页，文物出版社，1999年。

㊾ 朱凤瀚：《中国青铜器综论》（中），第1400页，上海古籍出版社，2009年。

㊿ 郭沫若：《两周金文辞大系图录考释》，第27页，上海书店出版社，1999年。

51 邵望平：《考古学上所见西周王朝对海岱地区的经略》，见《燕京学报》新10期，北京大学出版社，2001年。

52 唐兰：《论周昭王时代的青铜铭刻》，见《古文字研究》第二辑，中华书局，1981年；《西周青铜器铭文分代史征》，第226页，中华书局，1986年。

53 王锡平、孙敬明：《莱国彝铭试释及论有关问题》，《东岳论丛》1984年第1期。

54 李峰：《归城考古的收获和胶东半岛青铜器时代的社会变迁》，见《龙口归城：胶东半岛地区青铜时代国家形成过程的考古学研究》。

55 李峰：《归城考古的收获和胶东半岛青铜器时代的社会变迁》，见《龙口归城：胶东半岛地区青铜时代国家形成过程的考古学研究》。

56 孙波：《聚落考古与龙山文化社会形态》，《中国社会科学》2020年第2期。

57 山东省情库（自然地理库）网址：https://shandong-chorography.org/database/a/section/4/article/74/。

58 李峰：《归城考古的收获和胶东半岛青铜器时代的社会变迁》，见《龙口归城：胶东半岛地区青铜时代国家形成过程的考古学研究》。

59 《史记·秦始皇本纪》载始皇帝"过黄、腄"。

60 王富强：《胶东地区周代地方文化遗存》，见《中国考古学会第十五次年会论文集》，文物出版社，2013年。

61 李峰：《归城考古的收获和胶东半岛青铜器时代的社会变迁》，见《龙口归城：胶东半岛地区青铜时代国家形成过程的考古学研究》。

62 《龙口归城：胶东半岛地区青铜时代国家形成过程的考古学研究》。

63 《龙口归城：胶东半岛地区青铜时代国家形成过程的考古学研究》。

64 孙敬明：《莱国出土异地商周金文通释绎论》，见《东方考古》第13集，科学出版社，2016年。

65 王恩田：《商周铜器铭文与金文辑考》，文物出版社，2017年。

66 刘敦愿：《根据一张古画寻找到的龙山文化遗址》，《文史哲》1963年第2期。

67 山东省昌潍地区文物管理组：《胶县西菴遗址调查试掘简报》，《文物》1977年第4期。

⑱ 李步青：《山东莱阳县出土己国铜器》，《文物》1983年第12期。

⑲ 青岛市文物保护考古研究所、李沧区文物管理所：《李沧区古城顶遗址2010年度发掘简报》，见《青岛考古》（二），科学出版社，2015年。

⑳ 鲁东南沿海地区中美联合考古队：《山东黄岛王家庄遗址调查及相关问题分析》，《东南文化》2017年第5期。

㉑ 常兴照、程磊：《试论莱阳前和前墓地及有铭陶盉》，《北方文物》1990年第1期。

东南地区青铜时代的格局及社会复杂化进程

焦天龙

（香港故宫文化博物馆）

一、前　言

　　本文所指的东南地区是浙江南部、福建和广东东部地区。这一地区不仅在地理位置上独特，更重要的是史前文化的格局和社会复杂化进程也与中国其他地区有区别。该地区的新石器时代文化被学术界公认为是南岛语族的祖先文化，与台湾岛和东南亚岛屿地区的文化关系密切。但到了青铜时代以后，这一地区社会发生了重大变化。一方面，自新石器时代形成的文化分布区域格局虽仍在延续，但各区域内的文化共性明显加强。内陆对沿海地区的影响日益加大，或许有较大规模的人群向沿海地区移动。另一方面，由于青铜冶炼技术从长江流域的引进和早期瓷器生产的开始，使原来的物质文化发生了根本性的变化，社会形态也随之变化。一批带有中原特色的礼器开始在这一地区出现。等级社会出现，并最终建立了闽越国等国家形态的社会组织。

　　东南地区的青铜时代的文化特征和互动模式，与长江流域和中原地区有很大的不同，是研究目前中国境内的青铜时代社会复杂化进程多样性的重要个案。从时间上看，这一地区的青铜时代与长江和中原地区是不同步的。目前发现的最早的青铜器是在距今3 500年左右，其青铜时代的早期年代在距今3 500—3 000年左右，相当于中原的商代和西周早期。晚期的年代约距今3 000—2 200年左右，相当于中原的西周中晚期和春秋战国时期。但是需要指出的是，青铜技术的引进，虽然让这一地区与长江流域的青铜文化和社群的互动日益密切，但青铜制作始终以小型的工具和武器为主，容器制作始终不发达。整个青铜时代的文化特征一直是与长江和中原地区不同的。从聚落形态的变化来看，东南地区的青铜时代的早期一直没有出现大型的聚落或城邑，都市化或聚落分化在社会复杂化进程中所起到的作用与中原和长江地区明显不同。这或许是和人口的密度一直不高有关，同时也是和这一地区复杂的山地和海岸环境相关的。但是，这些情况到了距今2 500—2 200年左右显然发生了根本性的变化。大型墓葬和聚落开始在闽江的上游和下游地区出现，闽越国的建立和与秦汉帝国的互动，彻底改变了东南地区社会复杂化的进程，并使东南地区最终融入了汉帝国的版图。

二、青铜时代早期的文化格局

从文化区域的分布来看，目前该地区已经发现的青铜时代早期的文化有黄土仑文化、浮滨文化，庵山文化和白主段文化。已经发现的遗址已有数千处，部分遗址经过较大规模发掘（图一）。

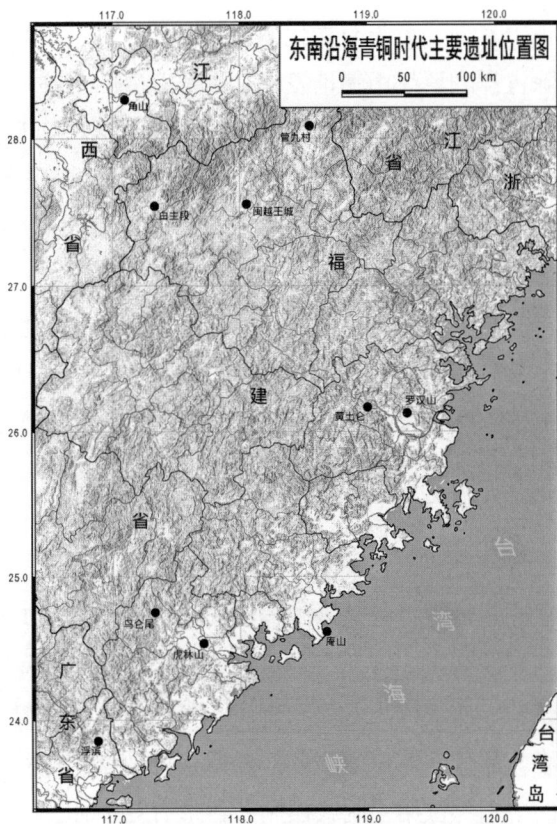

图一 东南地区青铜时代主要遗址分布图

1. 黄土仑文化

黄土仑文化是在闽江下游和闽东浙南一带发展出来的一个考古学文化。[①]典型遗址是位于福建省闽侯县鸿尾镇石佛头村南部的黄土仑遗址。黄土仑遗址是鸿尾中学师生于1974年夏天开辟操场时发现的，福建省博物馆多次调查试掘，先后清理了9座土坑墓，获得陶器等文物90余件。为了进一步探知遗址的文化面貌，了解古墓葬的分布情况，并配合学校的基建工程，福建省博物馆又分别于1978年1月和3月对遗址进行了两次发掘，在遗址东西两侧共开5×5平方米探方14个，发掘面积700平方米，清理了10座墓葬。与此前清理的9座墓葬合在一起，黄土仑共发现了19座墓葬。出土的有陶、石两种质料制作的生活用具、生产工具以及明器、装饰品等随葬品计148件。石器出土较少，仅石箭镞1件、石玦2件。陶器完整、较完整和可复原的有145件，占随葬品的绝大多数。这批材料一直到1990年代末期都是学术界认识黄土仑文化的基础。

黄土仑文化的分布范围与该地区新石器时代晚期的黄瓜山文化基本相似，涵盖闽江下游和闽东浙南沿海。不过，从目前的材料来看，其中心区域应该是闽江下游。目前已经在闽江下游多处遗址中发现了黄土仑文化的器物，如浮村、东张、昙石山、古洋、罗汉山等遗址。但是，除古洋和罗汉山遗址发现了一些墓葬的遗迹外，其他大多数遗址都缺乏完整的地层堆积，出土的材料也不很丰富。目前学术界对黄土仑文化的认识主要依靠黄土仑遗址和最近发掘的位于福州郊区的罗汉山墓地的材料。[2]

关于黄土仑文化的年代，学术界曾长期依靠北京大学碳-14实验室对黄土仑遗址文化层中采集的木炭标本的测定数据，为1 300±150BC，即相当于距今3 300年左右的商代晚期。黄土仑文化已经具备制作青铜器的技术，但很不发达。在目前已经发掘的主要黄土仑文化的遗址中，只有罗汉山出土了两件青铜器，一件为出自墓葬的铜锛，另一件是在地层中发现的铜镞。[3]小型的工具和武器应该是黄土仑文化青铜器的主要器类。这和闽南粤东地区的浮滨文化和庵山文化的青铜器的种类是类似的。长期以来，学术界主要根据陶器的纹饰中有相当部分与中原青铜器纹饰相似的特点，推测这些纹饰可能是模仿中原青铜器纹饰。这些推测需要未来的考古材料来证实。

黄土仑文化的陶器和石器特色很强。陶器以火候较高、羼有少量细砂的泥质灰色几何形印纹硬陶为主，刻划硬陶次之，还有少量泥质红陶和细砂红陶。泥质硬陶胎骨呈灰白色，质密，吸水性较弱；陶色因火候关系烧成浅灰、深灰、黑灰等，其中以黑灰色火候最高，击之发声清脆。部分陶器口沿、颈部残留褐色釉斑。陶器的制作方法以轮制为主，少量器物或器物的个别部位用手制或模制；器形有豆、杯、罐、壶、尊、簋、甗形器、钵、勺、盂、盘、釜、虎子形器、鼓形器、纺轮、网坠等。纹饰采用拍印、刻划、锥刺、镂孔、凸棱、出纽以及带有装饰意味的各种泥条附加堆贴，如S形、螺旋形、卷云状、涡旋状和羊、虎、夔龙等捏塑。其中凸棱节状柄下接喇叭形器座的豆、带圆饼座的觚形杯、单鋬鼓腹圜底罐以及杯口长颈宽肩双系壶等都是不同器类中普遍出现而富于地方特色的典型器物（图二）。

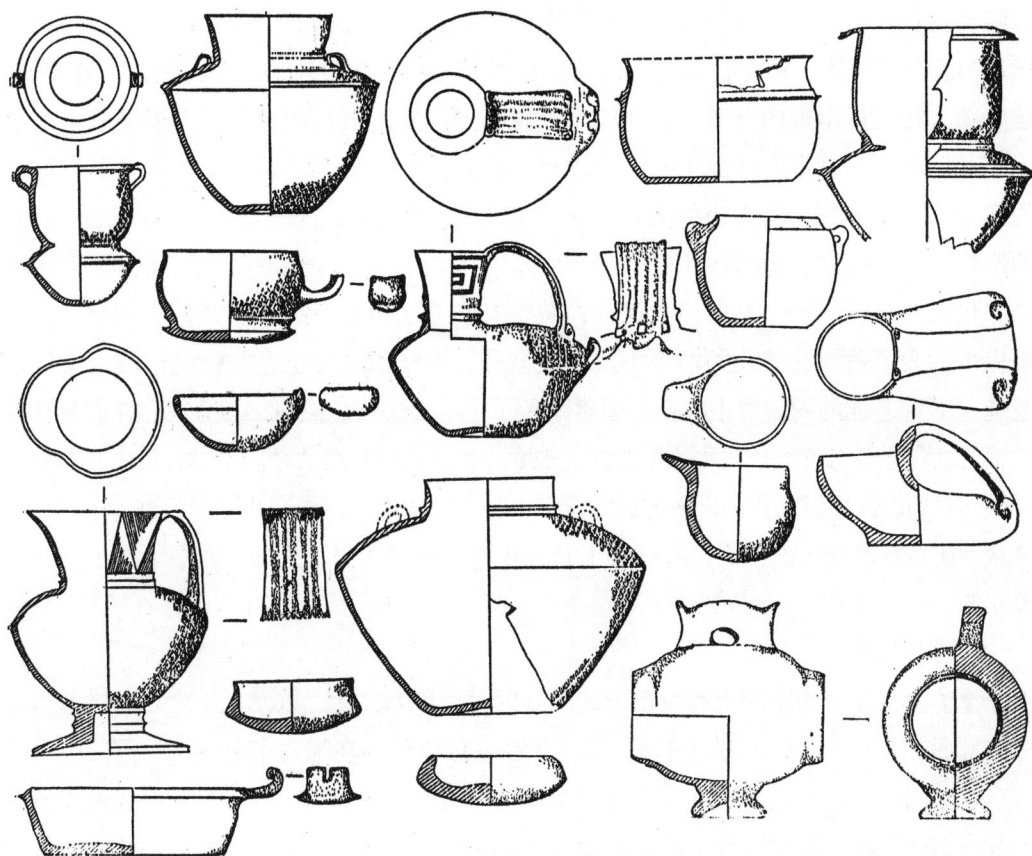

图二　黄土仑出土陶器群线图

黄土仑文化的墓葬形制曾经是一个有争议的问题。长期以来，由于黄土仑发现的19座墓葬是以19组陶器来断定的，除个别墓葬有不太明显的墓坑外，绝大多数没有明显的墓坑痕迹，有些学者据此认为，黄土仑的墓葬很可能是平地掩埋的土墩墓。不过，在罗汉山发掘的10座墓葬，基本上都清理出了墓圹，表明土坑葬仍是黄土仑文化葬制的重要特点。但需要指出的是，罗汉山的墓葬均埋在陡峭的山坡上，墓穴打入基岩，并用碎石回填墓葬。由于墓上的堆积基本被破坏，我们已无法知道当时是否保留了土墩。

黄土仑文化的很多陶器类型在福建内陆和江浙地区都有发现。其中尊形器、平底瓿形器、鸭形壶等分布的范围尤其广泛，表明黄土仑文化与周边地区的联系是非常频繁的。只是由于这些材料目前太零散，尚缺乏系统的研究。进一步探索黄土仑文化与周边地区交流和互动的方式，将是理解青铜时代早期闽东浙南和闽江下游地区社会变化的关键问题之一。

这一问题也是与黄土仑文化的来源密切相关的。从文化特征上分析，黄土仑文化的陶器与黄瓜山文化的陶器有很多相同的器类，特征也接近，表明黄土仑继承了很多黄瓜山文化的因素。但是，黄土仑文化的很多文化特征非常独特，在本地找不到渊源。这些新文化特征出现的背景，是一个亟待探索的问题。黄运明在最近发表的一篇文章中，对在闽江口发现的含黄土仑文化因素的遗址进行了分期，认为以下湾遗址为代表的遗存，应该是黄土仑文化的前身。而黄土仑文化的去向应该是以罗汉山墓地为代表的遗存。[④] 罗汉山墓地涵盖的年代范围较大，但发掘者将第一期的10座墓葬划归为黄土仑文化是很中肯的一个判断。我认为，黄土仑和罗汉山遗存之间的差别小于共性，它们应该代表了黄土仑文化的两个不同发展阶段，罗汉山是黄土仑文化晚期的一个代表遗址。下湾遗址的陶器群中有很多因素继承了黄瓜山文化，说明二者之间存在着延续关系。这批陶器群与黄土仑文化的相似性，表明二者或许有延续关系。不过，黄土仑与闽江上游同时期的白主段文化和闽南地区的浮滨文化也有很多共同的文化因素，整个东南地区的互动比新石器时代更密切，所以黄土仑文化的来源是相当复杂的，是多元的，而不是单元的。

2. 浮滨文化

浮滨文化是分布于闽南和粤东地区的青铜时代早期文化，以发现于广东省饶平县浮滨遗址而命名。[⑤] 浮滨文化的遗址，除了粤东地区以外，在福建东南沿海的厦门市、泉州市、漳州市，以及龙岩市都有广泛分布。在漳州地区的分布尤其密集，已经调查发现的就有300多处，表明漳州一带很可能是浮滨文化的中心地区。[⑥] 目前，经过较大规模发掘的遗址有两个：虎林山遗址和鸟仑尾遗址。[⑦] 其中虎林山遗址的发掘尤其重要，从根本上改变了长期以来学术界对浮滨文化的认识。

（1）虎林山遗址[⑧]

虎林山遗址位于漳州市龙文区朝阳镇后店村樟山自然村。2000年，福建省博物馆、漳州市文管办和漳州市博物馆等单位为配合高速公路的建设，联合对该遗址进行了抢救性发掘，发现了浮滨文化时期的20座墓葬，改写了学界对浮滨文化的认识。

虎林山遗址所在的漳州平原是福建省最大的冲积—海积平原，也属福建省四大河流之一的九龙江流域的下游地区。九龙江的干流分为北溪和西溪二支，遗址就位于北溪和西溪之间的低矮丘陵上，山顶海拔为36.1米。遗址南、西二面与其他山丘相连，东面邻近有零星小台地，北面是宽阔的平原，北侧山脚下有九龙江小支流穿过。现存遗址面积约12 000平方米（图三）。

虎林山是一处含居住生活堆积和墓葬的综合性质的遗址。前者保存范围较小，主要见于东北区北侧一角和西南区南侧部分。地层堆积相对简单，上下共分三层，其中东北区第3层和西南区第2、3层为青铜时代文化堆积层，其余为晚期堆积。未见

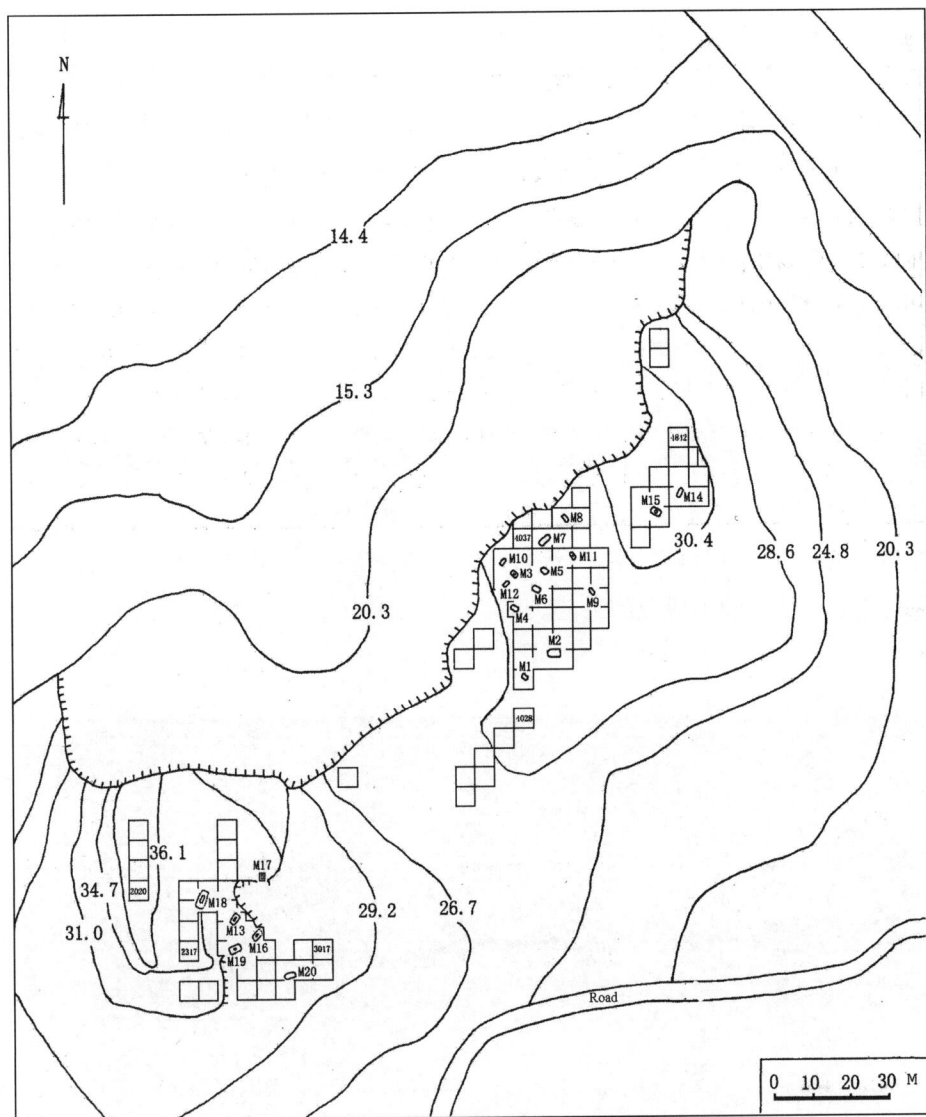

图三 虎林山遗址墓葬分布图

与生活相关的遗迹。出土物仅有为数不多的石器和破碎的陶片。陶质陶色以夹细砂的灰褐和红褐色陶为主，也有少量的灰色硬陶片。这部分反映了该遗址的居住生活状况。

虎林山遗址考古的主要收获在于在山丘中上部清理的20座青铜时代墓葬。其中东北区清理14座，西南区清理6座。总体上看西南区清理的墓葬无论在墓葬形制设置、随葬器数量还是主要器物的质量方面都优于东北区，反映出两区的墓葬可能存在着身份和地位的差别。墓葬均为竖穴土坑墓，除个别因破坏较甚使平面形态不完整外，其余墓葬平面均呈长方形，墓葬长度最长超过4.28米，最短仅1.76米。其中8座墓的墓底附设长方形、正方形或漏斗形腰坑，占墓葬总数的三分之一强。腰坑中有的见随葬品，也有的未摆放随葬品。出土随葬品近三百件。出土文物按质地可划分为青铜器、玉器、石器和陶器四大类。按器类划分青铜器有戈、矛、铃，玉器有玦，石器有戈、矛、镞、锛、铲、砺石、璋、钏，陶器有釜、尊、壶、罐、豆、盆、钵、杯、器盖、纺轮等。

青铜器的发现，首次以确凿的考古材料证明了浮滨文化中青铜技术的存在。在虎林山遗址发掘之前，学术界一直在为浮滨文化是否有青铜器而争论不休。当时唯一的一件青铜戈采集于广东饶平的顶大浦山，缺少地层证据。在虎林山的墓葬中，不仅发现了青铜戈，而且还有青铜矛和铜铃（图四、五）。这充分表明，浮滨文化是青铜时代的文化。

在虎林山出土的石器中，石锛数量最多，形态上绝大多数为长方形或方形，特点是刃口部位多以凹弧刃为特色，也有一部分为常形锛（图六）；其次为戈，形式多样，无栏戈为多，也有少部分为有栏戈。石钏为福建首次发现。石器均经精细磨制，小部分还经抛光处理，显示了较为成熟的工艺。

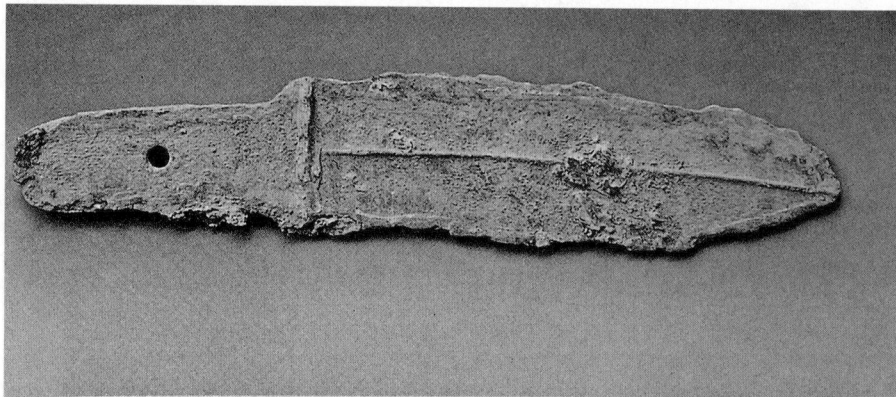

（M19②:17）

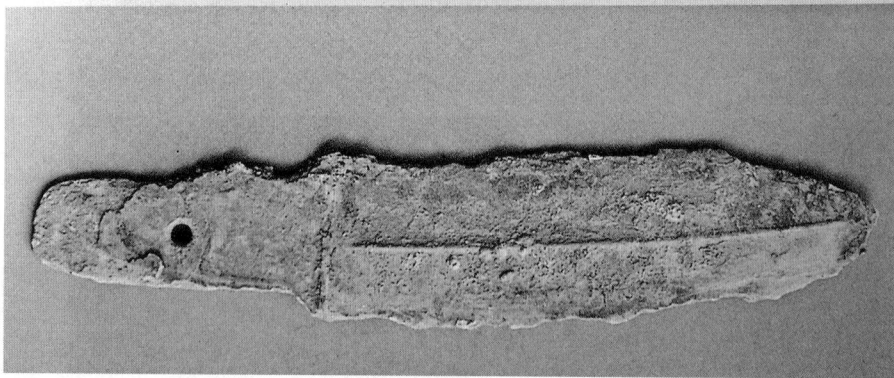

图四　虎林山M19出土青铜戈

图五　虎林山出土青铜铃

图六　虎林山出土石锛

石牙璋是虎林山墓地出土的另外一种反映礼制和社会等级的石器。其中一件出土于铜器墓中（M19）。另外一件（M13∶1）长达51.4厘米，最宽近14厘米，遍体磨光。牙璋的形体之大、制作之精，在浮滨文化已有的遗址中，目前是很少见的（图七）。这不仅表明虎林山遗址中有很明显的社会分层现象，而且还表明，虎林山是浮滨文化的中心遗址之一。

虎林山出土的陶器极大地丰富了对浮滨文化陶器的认识。陶系有夹砂软陶、泥质软陶和硬陶。早期阶段以夹砂陶器为主，晚期阶段硬陶器尤其是施青釉、褐釉和酱釉的釉陶器特别发达，据统计占陶器总数的三分之二；硬陶器（含釉陶器）表面常见各种由几种简单笔画构成的刻划符号。陶器中的纹饰以竖向拍印的密集条纹最有代表性。陶器中折沿长颈深腹尊、带流瘦长深腹陶壶、钵形或盆形圈足陶豆等器物特别突出。这几类主要器物构成了该遗存独特的区别于其他遗存的显著特点（图八、图九）。

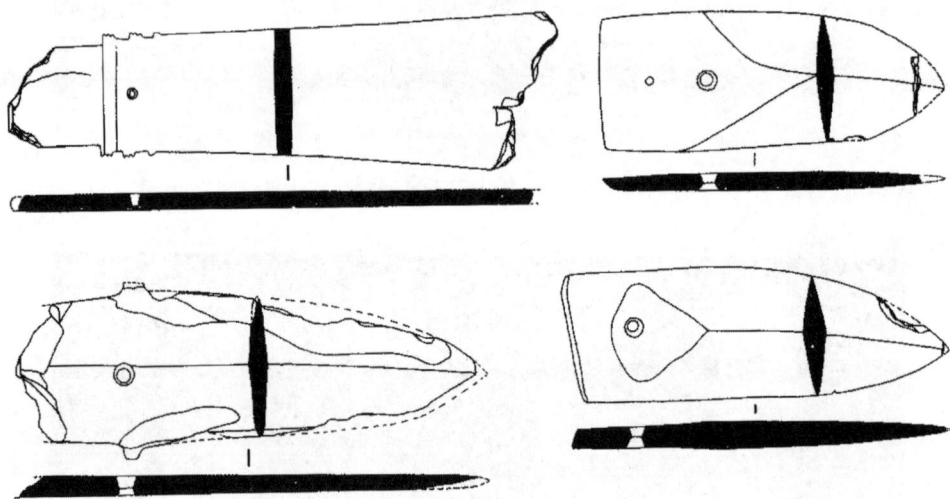

图七　虎林山M13出土石牙璋和石戈

图八　虎林山出土部分陶器

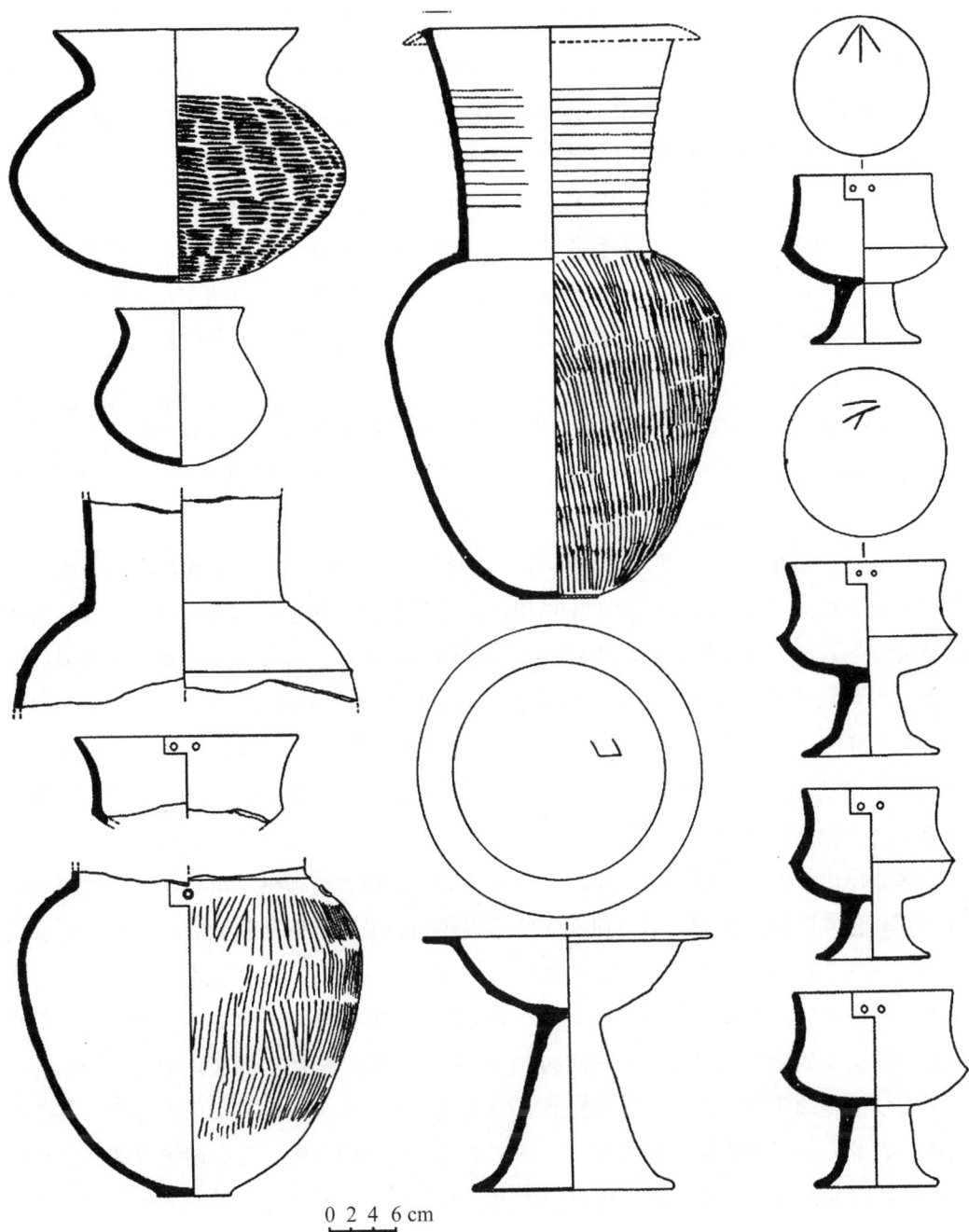

0 2 4 6 cm

图九 虎林山遗址陶器群

　　虎林山遗址的内涵经分析约可分为早晚二段，早期阶段以细夹砂陶系、红褐色和灰褐色陶为主和少量石锛、形制简单的石戈构成，器类以敞口折腹凹底尊、浅盘高足豆为组合；晚期阶段以硬陶系为主、泥质陶系为辅，各种形式磨制石戈、大量凹弧刃石锛和很有特色的石钏、青铜器、尊壶豆陶器组合及在陶器上刻划各种符号等因素构成其文化特色。

虎林山墓葬的年代，目前有两个测年数据。测年标本为从M13和M18两座墓葬的腰坑中采集2份木炭标本，经北京大学加速器质谱实验室、第四纪年代测定实验室碳-14年代测定，分别为距今3 040±60年和3 120±80年，与黄土仑文化的年代相当，表明浮滨文化与黄土仑文化是同时代的文化。

青铜器戈、石戈和石牙璋的发现，表明以虎林山为代表的浮滨文化已经受到了邻近内陆地区文化的影响。这三类器物都不是福建沿海本地发源的，而且都是反映社会上层地位和身份的器物。它们的出现，不仅表明福建南部沿海地区的物质文化的制作技术发生了突变，而且表明当时的社会结构也发生了较大的分化，阶层社会已经产生。

（2）鸟仑尾遗址[⑨]

鸟仑尾遗址位于福建省南靖县金山镇河乾村西北面的山坡上。2003年，福建博物院为配合高速公路的建设，对该遗址进行了大规模发掘，揭露面积2 050平方米，发现了23座墓葬，出土了300多件器物。

鸟仑尾发现的23座墓葬均为土坑墓。依其平面形状的不同，发掘者将其分成长方形、方形和梯形三类。墓葬均位于山坡顶部，这种选择墓地的地形观念与其他浮滨文化的墓地是一致的。墓葬的方向均为西北—东南向，排列有一定规律，表明墓地可能经过规划。少量墓葬设二层台和腰坑。从随葬品的数量来看，当时存在着一定的贫富分化。少者只有4件简单器物，而多者则达61件，并有玉器和石戈等精美器物。如M23随葬磨制精良的石戈12件、石锛28件、玉玦4件。如此数量的精美随葬品，在目前发现的所有浮滨文化的墓葬中也是罕见的。

鸟仑尾出土的陶器群为研究浮滨文化的分期或区域类型提供了重要材料。发掘者将这批墓葬分成两期。其中，第一期文化的凹底或圈底罐、尊形器和豆的形制，与以前发现的浮滨文化的陶器群存在一定的差别（图一〇、一一）。发掘者据此提出了"鸟仑尾类型"的命名，并建议将其作为独立于浮滨文化之外的一个考古学文化。我认为，鸟仑尾第一期文化的陶器的独特性是存在的，但不能简单地将其从浮滨文化中分列开来。一个考古学文化的建立，应该综合考虑所有的文化特征。鸟仑尾一期文化中与陶器共存的石锛、石戈、玉器的特征，均与其他浮滨文化的器物特征一致。鸟仑尾第二期文化是典型的浮滨文化。这一现象表明，鸟仑尾的第一期文化是浮滨文化的早期文化现象。在第一期墓葬M2采集的木炭，经测定年代为距今3 550±60年。这在浮滨文化已知的测年数据中是比较早的，也正反映了鸟仑尾的第一期文化是浮滨文化的早期。与此相类似的遗存，最近在南靖县的石土地公山也有发现。发掘者也注意到了鸟仑尾一期陶器与粤东地区新石器晚期的后山文化的相似性，也正表明二者的年代和文化的延续性。进一步寻找这类浮滨早期文化的分布范围，将是深入研究闽南粤东地区从新石器时代向青铜时代过渡问题的关键。

图一〇 鸟仑尾遗址陶豆

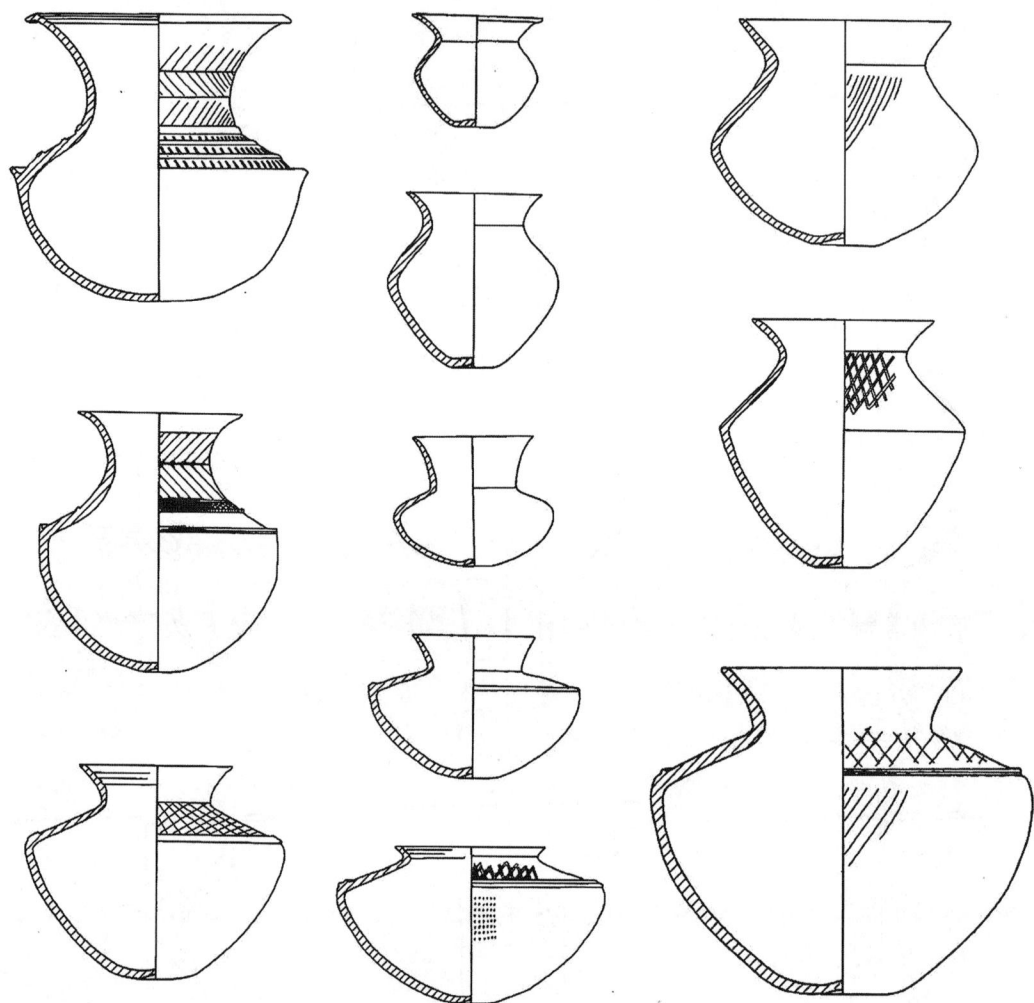

图一一 鸟仑尾遗址陶尊

3. 庵山文化

庵山沙丘遗址位于福建晋江市深沪镇。遗址出土的青铜器、早期瓷器和陶器的特征，与已知的浮滨文化差异巨大。由于庵山正位于浮滨文化的分布区内，而在年代上二者也是重合的，这就使得福建沿海地区青铜时代早期的文化格局变得复杂起来。

庵山是一座低矮的沙丘，地貌上属滨海沙丘类型。地层由下部棕红色砂（或称老红砂，厚度大于5米）、中部薄层富含炭质的砂质黏土（遗址文化层，厚度40—120厘米）、上部灰白色交错砂层（厚度3—5米不等）所构成。遗址在2007年被发现的时候，相当一部分已被夷为平地，现存面积大约6万平方米。

2007年和2009年，福建博物院考古研究所与晋江市博物馆联合组成考古队，对庵山遗址进行了二次抢救性发掘。共发掘面积755平方米。共发现贝壳坑、土墩、房基、活动面等遗迹，出土了一批富有特色的文化遗物。

陶器有夹砂陶、泥质陶、硬陶和原始瓷等。其中夹砂陶最多，泥质陶和硬陶较少。夹砂陶有红褐色、灰色、灰黄色、灰褐色、灰黑色等。红褐色和灰黑色数量较多，其次是灰褐色和灰黄陶，灰陶最少。大部分夹砂陶火候较低，质地粗糙。大部分夹砂陶陶胎都存在夹心或内外胎色不一样的现象。多数夹砂陶以手制为主，并加以慢轮修整；一些夹砂陶器内壁有因手制而形成凹凸不平的现象。纹饰装饰的手法有拍印、施衣、堆贴、刻划、镂孔等。拍印的纹饰有梯格填点纹、曲折纹、叶脉纹、方格纹、间断绳纹、栅篱纹、网格纹、席纹、绳纹等，其中以梯格填点纹、叶脉纹、曲折纹最多。施衣主要为红衣，零星陶片施黑衣和赭衣，施衣部位大多位于唇、颈部，少量施于陶器腹部。施衣陶多见于素面陶，但也见拍印纹饰后施衣。堆贴手法主要运用于器耳与罐的连接上。刻划和镂孔仅在极个别陶器中出现。以上几种装饰手法有时在一个器物组合中使用。可辨器形有罐、釜、甗、壶、尊、钵、支座、网坠、陶拍、陶环等。泥质陶大多为残片，以素面为主，少量拍印方格纹等。制法多为轮制。可辨器形有罐、豆、纺轮等（图一二）。

图一二 庵山遗址陶罐（TS11W6⑦A∶14）

遗址出土了一定数量的印纹硬陶，但大多为残片，胎大多呈灰色，火候较高。器表饰方格纹等，可辨器形有罐等。同时也发现了一定数量的原始瓷片，胎呈浅灰色和灰白色，质地致密。釉色有青色和青黄色，胎釉结合不均匀，大多有脱釉现象。器形主要为浅盘豆，纹饰有凹凸弦纹、刻划纹等。

石器有磨制石器、打制石器、凹石等。其中生产工具有石锛、石斧、石网坠、石拍等。兵器仅见石戈。石质装饰品有石玦、石环等。玉器主要为玉玦、玉环、玉璜等。

值得注意的是，庵山出土了数量较多的青铜器，初步统计有40余件，器型有鱼钩、矛、锛等，而且基本上都是发现在灰坑和其他废弃堆积中（图一三）。根

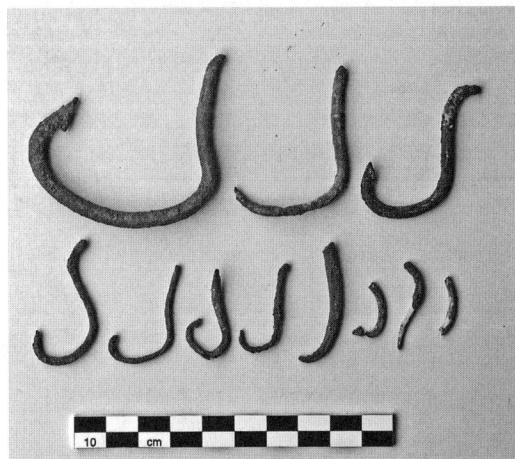

图一三 庵山出土的青铜鱼钩

据对其文化面貌的分析并结合2007年发掘样品的碳-14测年数据，庵山遗址延续时间较长，大体距今3 400—2 800年，与浮滨文化和黄土仑文化基本同时。

从地理位置上来看，庵山遗址正位于浮滨文化的分布区内，但在文化面貌上，尤其是陶器群的组合和特征上，庵山却完全不同于浮滨。更为重要的是，已经发现青铜器和原始瓷器，均与这些陶器共存，明确表明庵山是一处青铜时代的聚落。

与庵山相似的遗存，在闽南沿海一带分布相当广泛。目前在惠安音楼山、云霄墓林山（尖子山）、东山白塘澳、龙海许林头、厦门寨仔山等遗址中，均发现了与庵山遗址内涵相似的遗存。其中音楼山和寨仔山还经过一定规模的发掘，出土的陶器与庵山基本雷同。我认为，以庵山为代表的遗存是闽南滨海地区青铜时代土著文化代表之一，其居民很有可能与浮滨文化的居民杂处，或更多地居住于海滨或海岛上。目前发现的浮滨文化的墓地更多位于离海较远的山地或平原，但部分也位于海岸地带。在庵山遗址发现的石戈、凹刃石锛等，与浮滨文化完全相同，表明二者之间的联系也是很密切的。

4. 白主段文化

与沿海地区相比，内陆地区的早期青铜文化遗址的发现仍然是很零星的，主要是分散的墓葬，缺少大规模发掘的遗址。不过，已经发现的遗址或墓葬的地点却非常多，在闽江上游的各个县市均有发现，陶器群的区域特征非常显著。林公务首先对这批材料进行了总结，提出了"白主段类型"的命名。[⑩]他根据陶器群中相当部分器物与黄土仑文化相似或相同的特征，推论白主段类型是与闽江下游的黄土仑文化基本同时的青铜时代文化。在后来发表的一系列文章中，林氏进一步阐述了这一观点，并将有关的墓葬材料分成四期。目前已发表的代表性的墓葬大多集中在光泽县，包括白主段的5座墓葬（M1—M5）、香炉山的3座墓葬（M1—M3）、杨山的2座墓葬（M1—M2），以及池湖的积谷山、外罩山、粮库后山的10座墓葬（M1—M10）。根据调查和发掘的材料，同类型的器物广泛分布于闽北各县和临近的江西地区。目前看来，已经可以称这类遗存为白主段文化。这一文化的中心区域是闽江上游的建溪和富屯溪流域，分布范围涵盖闽北与邻近的浙江和江西边界地区。

白主段文化的陶器主要是烧制火候较高的灰硬陶，并出现了原始瓷器。陶器纹饰以拍印的几何纹饰为主，以方格纹为主，其他有云雷纹、遍体雷纹、席纹、曲折纹及绳纹等。部分陶器有黑衣。相当部分器物的口沿、内壁、器底或耳把上有刻划符号。主要器物类型有平底瓿、尊、折肩大罐、单把罐、圆腹罐、长腹罐、钵、带盖罐、盆、平底杯、圈足杯、单把杯、鼎等（图一四、一五）。林公务将这些器物分为甲、乙、丙三组。甲组为闽北地区特有的器物，而乙组则与黄土仑文化的器物基本相同。林氏认为，黄土仑器物在闽北的大量出现，是文化传播和影响的结果。丙组器物主要是与周边地区浙江、江西和上海等同时期的马桥文化和吴城文化相似，也是互相影响、互相吸收的结果。

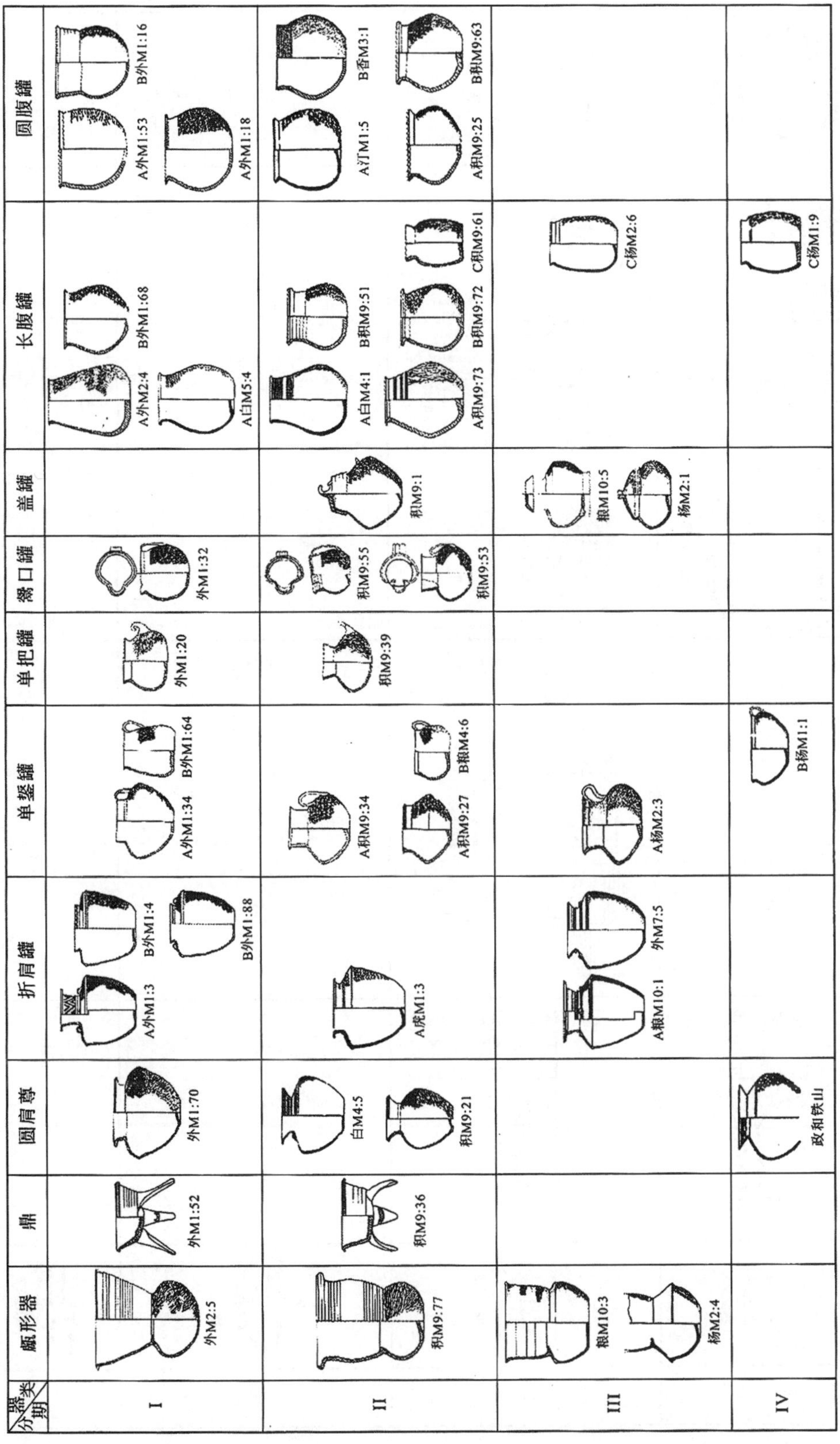

图一四 白主段陶器分期图（一）

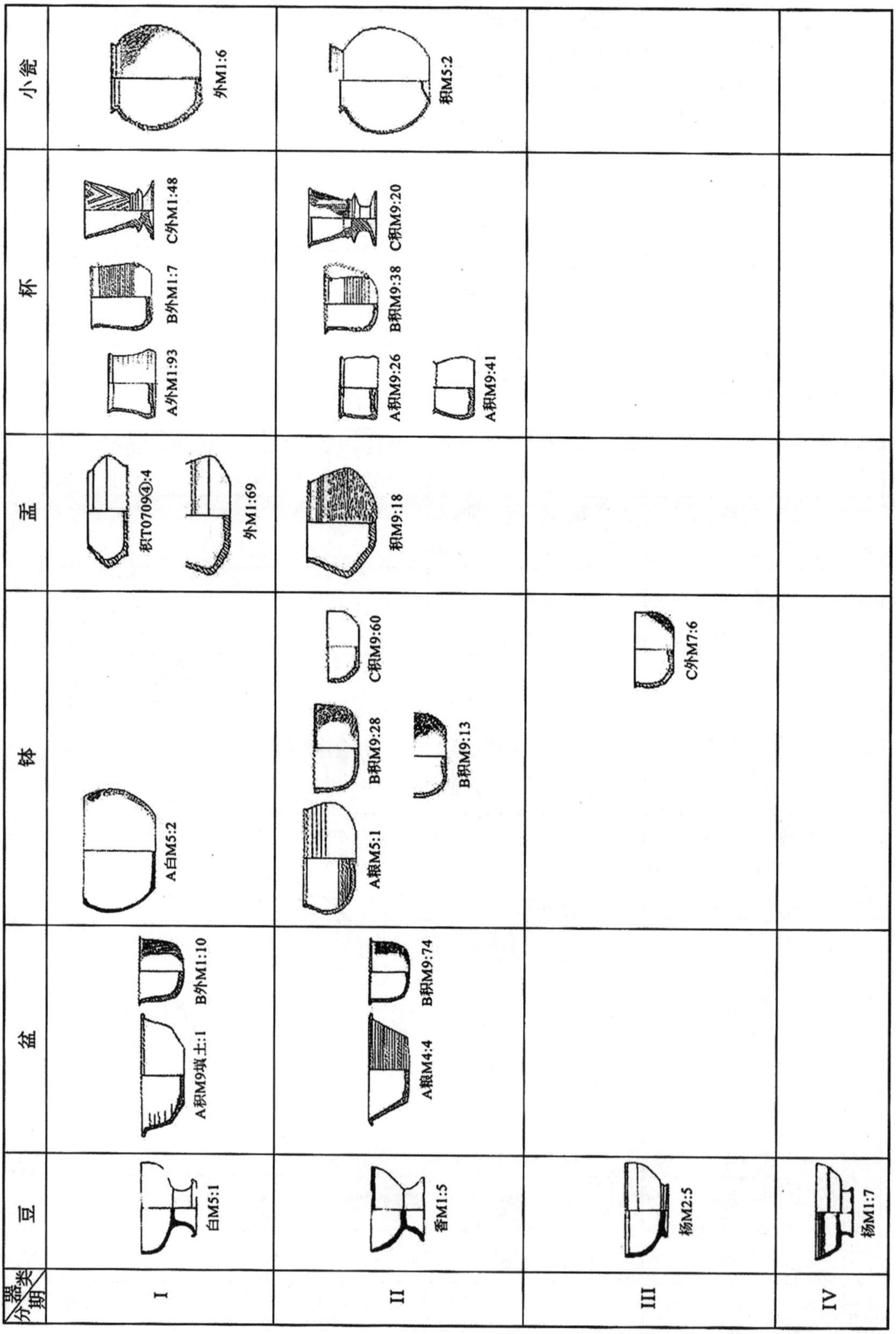

器类 分期	豆	盆	钵	盂	杯	小瓮
I	白M5:1	A积M9填土:1　B外M1:10	A白M5:2	积T0709④:4　外M1:69	A外M1:93　B外M1:7　C外M1:48	外M1:6
II	香M1:5	A积M4:4　B积M9:74	A积M5:1　B外M9:28　B积M9:13　C积M9:60	积M9:18	A积M9:41　A积M9:26　B积M9:38　C积M9:20	积M5:2
III	杨M2:5		C外M7:6			
IV	杨M1:7					

图一五 白主段类型陶器分期图（二）

关于白主段类型的年代范围，目前缺少相关的测年数据。根据器物类型学的比较，林公务认为第一、二期应该与黄土仑文化同时，年代在距今3 500—3 000年左右。但第三、四期的年代，根据瓷豆的特征，年代可能相当于中原的西周至春秋时期。

最近发表的江西鹰潭市角山遗址的发掘报告，为进一步认识白主段文化的制陶业和区域交流提供了重要材料。角山是一个以烧制陶器为主的窑厂遗址。江西省文物考古部门在1983—2007年间，曾先后在这里进行了五次较大规模的发掘，发现了9座窑炉遗迹，以及相关的作坊和窑工生活的遗迹和遗物。在这个窑厂发现的陶器种类，基本上都是白主段文化中常见的器物。发掘者认为，角山就是白主段文化的一个重要制陶中心。[11]我同意发掘者的这一判断，角山的发现表明，白主段文化已经存在集中大规模生产陶器的机制。这些陶器的生产和交换，也表明在这一区域内存在着可以调控陶器流通的中心聚落。如果未来能对这一问题进行细致的分析，将会极大地促进我们对其社会复杂化程度的认识。

三、青铜时代晚期文化

长期以来，东南地区青铜时代晚期的遗存，一直只有零星的墓葬材料。虽然偶尔也有青铜器发现，但多不是经过科学发掘的材料。因缺乏测年数据和系统发掘材料，所以学界对这类遗存的认识并不一致。部分墓葬的年代归属争议很大。部分学者将这类遗存命名为"铁山类型"。[12]不过，其涵盖的地域范围既包括闽江上游的内陆地区，也包括闽江下游的沿海地区，显然与考古材料的面貌不符。林公务则把这类遗存归为"白主段类型"的第三、四期，在区域上仅限于内陆地区。

自2003年以来，这一局面有了较大改变。福建博物院在浦城管九村附近的两次重要发掘，极大地促进了我们对福建青铜时代晚期的文化和社会的认识。第一个重要发现是2003年对位于管九村西部的大王塝土墩墓的发掘。土墩为长方形覆斗状，底座东西长22米，南北宽15米，残高约2米，系人工堆筑而成。在土墩内发现一个规模较大的石室木椁墓，长11米余，宽2米多。比较遗憾的是，此墓已经被洗劫一空，对其随葬品的组合已无从得知（图一六）。在墓底采集的木炭经测试年代为距今2 464±39年，其校正年代应该位于春秋末期或战国初期。这座墓的规模在福建目前发现的土墩墓中是最大的一座，显然是一座贵族墓葬。[13]

第二个重要发现也是在管九村附近取得的。2005年1月至2006年12月，为配合浦南（南平—浦城）高速公路的工程建设，福建博物院与福建闽越王城博物馆联合组成考古队，对位于浦城县管九村的土墩墓群进行了抢救性发掘，获得了一批重要资料和成果，是认识内陆地区青铜时代晚期文化的重要突破（图一、一七）。[14]

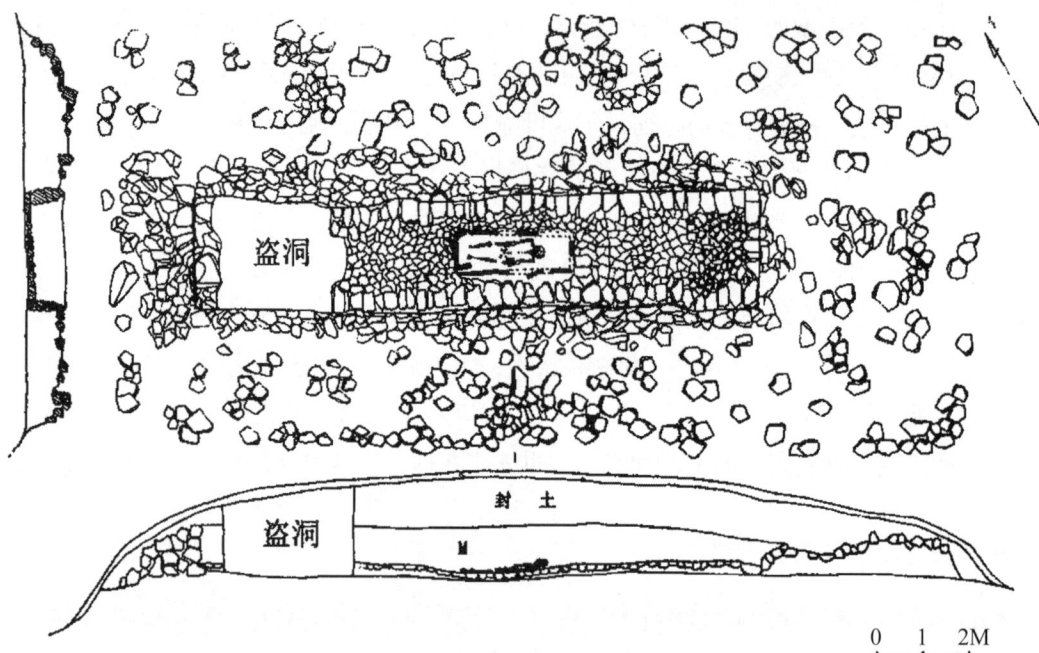

图一六 大王塝 D1M1 平面图

这次发掘在5个地点共发掘了33座墓葬，主要分布在管九村西北的山岗、坡地上。墓葬的分布情况如下：

（1）鹭鸶岗的长条形山岗上的3座土墩（编号为PLD1–D3）；

（2）社公岗的长条形山岗上（北向南）的6座土墩（编号PSD1–D6）；

（3）洋山岗顶东面山坡地上的11座土墩（编号PYD1–D11）；

（4）麻地尾U形岗脊与坡地上的12座土墩（编号PMD1–D12）；

（5）社公岗的北侧晒谷坪山岗上的1座土墩（PSGD1）。

这批墓葬的年代跨度很大，发掘者根据出土的器物和碳-14测年数据，将它们分成三期，年代跨越从距今4 000年左右的新石器时代晚期一直到春秋时代早期的青铜时代。由于保存较完整，出土了一批重要的青铜器和早期瓷器（图一八、一九、二〇、二一）。这些发现对于研究福建地区的青铜时代晚期的文化和社会，其意义是非常重大的，并因此被评选为当年中国十大考古发现之一。

发掘简报的作者杨琮在结语中，将管九村土墩墓发现的重要性总结如下：

1. 它们是福建首次发现的土墩墓群，填补了中国东南地区土墩墓分布区域的空白。2. 出土了一大批相对完整的黑衣陶、原始瓷器、印纹硬陶器组合，也是福建省一次性发现数量最多的青铜器器物群。3. 这批土墩墓群的年代约相当于中原的夏商、西周至春秋阶段，填补了福建地区该阶段考古学序列的缺环。4. 这批越式青铜器，特别是兵器的形

图一七　管九村土墩墓位置图

制对先秦时期越族青铜文化的研究有着重要的意义。5. 这批墓葬出土青铜器对福建地区先秦时期社会历史研究有着极为重要的学术价值。6. 黑衣陶的墓葬对南方土墩墓起源的研究有着重要的意义。并且，这批土墩墓以平地掩埋发展至浅坑并向深坑过渡，反映了西周至春秋这两个历史阶段土墩墓发展演变的脉络，对研究土墩墓的发展演变有着重要意义。

　　我认为，上述认识是相当中肯的。其实这批墓葬的重要性还不止于此。其中，相当于中原西周和春秋时期的墓葬中出土的器物，对于认识福建地区中原化的过程和社会结构的变化具有重要意义。仿中原礼器青铜尊和铜盘的出现，说明福

图一八　管九村洋山 D11M1 青铜尊

图一九 管九村洋山 D11M1 青铜杯

图二〇 管九村洋山 D11M1 青铜盘

图二一 管九村社公岗 D2M1 青铜戈

建的上层贵族开始接受中原礼制的影响。这批铜器在形制上与北方近邻越国的青铜器非常相似，也表明了越国的文化渗透和政治影响。王气南来，极大地冲击了东南原来的社会结构，为后来闽越国的建立奠定了基础。

四、东南地区青铜时代晚期文化及闽越国的建立

闽越国的建立，是东南地区自青铜时代开始以来的社会复杂化进程的重要里程碑。但是，闽越国始建于何时，史无可靠。《史记》曾对闽越国的建立过程有过推断式的描述，但目前仍然无法与考古材料相对应。从西汉早期的有关文献描述中，我们可以看出闽越国的中心地带实在闽江流域，与黄土仑和白主段文化的分布范围基本一致。这两个文化的考古材料表明，当时的部分聚落已经出现了明显的社会分化。不过，目前的考古材料仍太零散，无法推论是否有早期国家形态的社会出现。

史学界传统上多认为闽越国的建立与公元前 333 年越国的亡国事件有关。根据司马迁的记载，越国在被楚国灭掉以后，其王室贵族阶层大都向南逃亡，在新的逃亡地仍称

王称君。司马迁认为在秦代和汉初统治闽越国的王室就是越王的后代。《史记·东越列传》："闽越王无诸及越东海王摇者，其先皆越王句践之后也，姓驺氏。秦已并天下，皆废为君长，以其地为闽中郡。"后来无诸和摇均率众辅汉伐秦，"汉五年，复立无诸为闽越王，王闽中故地，都东冶"。这是最早关于越在亡国以后，其后裔向浙江南部沿海和福建逃散的记载，并参与了秦汉朝代更换的争斗，对汉朝的建立有功。司马迁的这条记载后来被史家广泛引用来说明汉代闽越国和东瓯国是由越国的后人所建立的。果真如此，那么闽越国建立的时间应该是在战国中后期。但是，福建和浙江南部地区的考古材料表明，历史的实际情况可能远比司马迁的记载要复杂得多。

如前所述，东南地区青铜时代在距今3 500年左右就已经开始，在闽江流域和闽南粤东形成了不同的文化体系。其中，闽江中下游地区的互动性明显增强。大多数考古学者以此为依据，认为闽越国文化是福建本地发展出来的土著文化，闽越国应该是生活在福建的土著人所建立的。⑮但是，强调闽越国悠久的历史文化传统，并不能否认在其立国的过程中，有从越国来的移民的影响。司马迁去秦朝不远，其所记载的秦将闽越王无诸废为郡长应该是可靠的，这也说明闽越国建立的时间是在秦统一中国以前。公元前333年越国的亡国是因为自己伐楚而造成的，是突发性的事件。这在战国时期虽非罕见，但越国毕竟是雄霸东南一百多年的强国，国虽被楚所灭，但逃亡的王室诸子在各地仍然称君称王，显然仍具有相当实力。他们中的一支在逃到闽地以后，很有可能促进了当地国家的形成过程。

福建闽越王城博物馆2001年在牛山的发掘，为研究闽越国和越国王室贵族之间的联系，提供了珍贵的线索。⑯牛山位于武夷山汉城遗址的东北部，一号大墓独占一座山头。封土呈长方形覆斗状，基座东西长46米，南北宽33米，现存高度7米。封土顶部东西长4.6米，南北宽3.3米。这一高大的封土堆系人工夯筑而成，每层夯土厚10—20米。墓坑平面呈"甲"字形，分墓室、甬道和墓道三部分，总长32米。墓室长10.2米，宽5米，深近8米。这是汉城遗址区内目前发现的规模最大的墓葬，其墓主人至少是西汉初期闽越国的高级贵族，或者这就是闽越国的某位国王的王陵。墓葬结构有三点特别引人注目：

第一，墓葬呈东西向；

第二，木椁室被分为前、后两部分，后室木椁呈"人"字形结构，椁外填筑大量木炭；

第三，甬道外设专门的器物坑。

这三个特征均与东周时期的越国贵族墓葬基本相似，其中"人"字形木椁更是与浙江绍兴印山发现的越国国王允常的大墓完全一致。发掘主持人杨琮据此认为，牛山大墓的主人应该是印山越王墓主人的后裔，支持司马迁在《史记》中的记载。杨氏的这一解释已经得到了很多学者的支持。不过，应该指出的是，牛山大墓毕竟晚于印山大墓二百余年，不仅规模小得多（印山墓口长46米，宽19米，深12.4米，墓道长54米，比牛山大墓大近4倍），在墓葬形制上也有很多不同之处，如印山大墓的隍壕、神道等均不见于牛山大墓；印山大墓的封土堆呈曲尺状，而牛山大墓则为覆斗状；印山大墓墓道在东，而牛山大墓的墓道则在西侧，表明其丧葬方位观念不一样；印山大墓的墓室分为前、中、后三室，而牛山大墓只有前、后两室。[17]如果将二者共有的"人"字形木椁理解为文化的传承关系，那么也应该对它们之间的差别作出合理的解释。从大的时代背景看，牛山大墓的埋葬年代已经是西汉时期，闽越国尽管在政治上还有很大的自主权，但上层贵族已经接受了很多汉文化。闽越王城内的宫殿建筑形态和所使用的建筑材料如瓦、砖等，均已与中原相似，表明闽越国的文化发生了较大变化。牛山大墓与印山大墓的差别可以解释为时代不同所造成的。不过，由于福建地区战国中、晚期的考古材料仍然缺乏，而越国国王之陵墓目前确认的也只有春秋末年允常的印山大墓，允常之后自句践至无疆七代越国国王的陵墓仍不知在何处。所以，牛山大墓的主人是否为允常的后代，在考古材料上仍有很多年代缺环。从已知的考古材料来看，"人"字形（或称三角形）木椁似乎不是越国王室贵族独有的葬制。这种形态的木椁在浙江东阳县前山和安吉县龙山的战国大墓也有发现。[18]2005年，南京博物院在吴国故地的江苏省的句容和金坛，就在土墩墓上发现了两面坡的木棚建筑痕迹，发掘主持人林留根等认为这种建筑实际上就是断面呈三角形的两面坡椁室，与印山越王墓的"人"字相似，而时代明显偏早。[19]这一发现表明，"人"字形木椁建筑有可能是青铜时代东南沿海地区流行的一种墓葬建筑形式，只是由于目前已发掘的大部分墓葬棺椁都已经严重朽坏，以至痕迹不存，所以目前发现仍然很少。木椁顶部呈两面坡形式的墓葬，在东周时期的中原的部分墓葬中也有发现。所以，探索牛山大墓与越国王室成员之间的关系，"人"字形木椁固然是很重要的特征，但要确定墓主人之间的血缘关系，仍然显得单薄。

牛山大墓的发现，虽然为研究闽越国王室与越国王室之间的关系提供了线索，但还不能确证秦汉时期的闽越国的王室就是战国时期越国王室的后代。这一问题的解决，仍然需要加强东南地区相当于战国中、晚期的考古研究，而闽北以闽越王城为中心的区域应该是一个重要地区，如未来能在该地区进行系统聚落调查和重点发掘，或许能在这一重要考古问题上取得突破。

附记：

1987—1990年我在中国社会科学院研究生院攻读硕士学位期间，曾经选修了陈公柔和张长寿先生讲授的多门课程，受益终生。两位先生不仅知识渊博，而且特别关心学生。由于当时我们要从位于北京西八间房的研究生院坐车到位于王府井大街的考古所来听课，车程奔波之后坐在老师的办公室里，有时不免显得疲劳。记得陈公柔先生这种时候总是体谅地暂停授课，让我们出去活动一下再回来继续讲课。张长寿先生的西周考古课，让我首次接触到了他自己发掘的丰富的考古材料，让我得以体会先生在西周考古和青铜器研究上的学问之深。后来在考古所工作和到哈佛大学攻读博士期间，两位先生仍给予了很多指导。谨以这篇小文章来追思两位老师，感恩他们在学术道路上对我的教诲和扶持！

————————

① 福建省博物馆：《福建闽侯黄土仑遗址发掘简报》，《文物》1984年第4期。

② 林公务：《福建境内史前文化的基本特点及区系类型》，载福建省博物馆编《福建历史文化与博物馆学研究》，福建教育出版社，1993年。

③ 福州市文物考古工作队：《福州市新店罗汉山商周遗址2008年度考古发掘简报》，《福建文博》2014年第4期。

④ 黄运明：《下湾、黄土仑与罗汉山——闽江下游地区商周遗存辨析》，《福建文博》2017年第3期。

⑤ a. 广东省博物馆等：《广东饶平县古墓发掘简报》，《文物资料丛刊》（8），文物出版社，1983年。b. 朱非素：《粤闽地区浮滨文化遗存的发现和探索》，《人类学论文选集》，中山大学出版社，1986年。

⑥ a. 陈兆善、杨丽华：《虎林山遗址》，海潮摄影出版社，2003年。b. 干小莉：《九龙江流域商周时期古文化分期初探》，《考古学报》2010年第1期。

⑦ a. 陈兆善、杨丽华：《虎林山遗址》，海潮摄影出版社，2003年。b. 福建博物院文物考古研究所等：《鸟仑尾与狗头山——福建商周遗址考古发掘报告》，科学出版社，2004年。

⑧ 陈兆善、杨丽华：《虎林山遗址》，海潮摄影出版社，2003年。

⑨ 福建博物院文物考古研究所等：《鸟仑尾与狗头山——福建商周遗址考古发掘报告》，科学出版社，2004年。

⑩ a. 林公务：《福建境内史前文化的基本特点及区系类型》，载福建博物馆编《福建历史文化与博物馆学研究》，福建教育出版社，1993年。b. 林公务：《光泽古墓葬出土陶器的类型学考察——兼论闽北地区史前文化发展序列》，《福建文博》1990年第2期。c. 林公务：《福建光泽先秦陶器群的研究——兼论"白主段类型"》，《东南考古研究》第3辑，厦门大学出版社，2003年。

⑪ 江西省文物考古研究院、鹰潭市博物馆：《角山窑址——1983—2007年考古发掘报告》，文物出版社，2017年。

⑫ 吴春明：《闽江流域先秦两汉文化的初步研究》，《考古学报》1995年第2期。

⑬ 福建闽越王城博物馆：《浦城县管九村大王墰土墩墓发掘简报》，《福建文博》2007年第2期。

⑭ 福建博物院、福建闽越王城博物馆：《福建浦城县管九村土墩墓群》，《考古》2007年第7期。

⑮ a. 蒋炳钊：《百年回眸——20世纪百越民族史研究概述》，载蒋炳钊主编《百越文化研究》，厦门大学出版社，2005年。b. 吴绵吉：《於越、闽越应是独立的两个不同民族》，载吴绵吉著《中国东南民族考古文选》，香港中文大学中国考古艺术中心，2007年。c. 吴春明、林果：《闽越国都城考古研究》，厦门大学出版社，1998年。

⑯ 杨琮：《近十年来闽越国遗存的考古新发现》，载蒋炳钊主编《百越文化研究》，厦门大学出版社，

2005年。

⑰ 陈元甫：《绍兴印山越王陵葬制的初步研究》，载高崇文、安田喜宪主编《长江流域青铜文化研究》，科学出版社，2002年。

⑱ 浙江省文物考古研究所、浙江安吉博物馆：《浙江安吉龙山越国贵族墓葬》，《南方文物》2008年第3期。

⑲ 林留根等：《江苏句容、金坛土墩墓考古发掘收获》，载国家文物局主编《2005中国重要考古发现》，文物出版社，2006年。

宝鸡石鼓山墓葬与先周文化

——兼论宝鸡地区出土的青铜器

施劲松

（中国社会科学院考古研究所）

2012年在陕西宝鸡渭河南岸的石鼓山发现3座西周墓M1～M3，[①]2013～2014年又于同一地点发现11座商周时期墓，其中M4出土的遗物尤为丰富。[②]这批墓位于关中西部，规格较高，随葬大量风格特别的青铜器，因而即刻引起学界关注，学者们围绕墓葬和青铜器的时代、文化属性等进行了热烈讨论。一般认为墓葬年代为商末周初或西周早期，出土铜器既有商代铜器、先周铜器，也有具西周风格的铜器。对于墓葬所属文化的认识存在较多分歧，如认为墓葬属姜戎人、周人、当地土著等。

宝鸡过去还出土过几批非常重要的青铜器，包括20世纪一二十年代出土的"柉禁十三器"和党毓琨盗掘的上千件青铜器，足以说明商周时期这里分布有重要的青铜文化。在关中西部还有诸多商周时期的文化面貌各异的考古遗存，可见这一区域存在着不同族群，各种文化在此发展、融合，这其中就包括先周文化。石鼓山墓葬及其随葬青铜器可与宝鸡过去出土的青铜器和其他考古遗存相联系，这一发现成为考察这一区域的文化格局、重新审视先周文化及其与商周文化的关系等重大学术问题的重要契机。为此，本文在既往研究的基础上对石鼓山墓葬和宝鸡地区的青铜器再作讨论。

本文的基本观点是，石鼓山墓葬出土的高领袋足鬲为先周陶器。墓葬所出商式铜器可能在西周以前由多种渠道流传至宝鸡地区，并非是周灭商后"分器"的结果。墓中的具有西周风格的青铜器，年代也可能为殷墟晚期，因为在安阳发现了殷墟晚期的同一风格的陶模和陶范。结合沣西等地所确认的先周墓葬，可以推定出土陶高领袋足鬲和乳钉纹鼎、簋的石鼓山墓葬也属先周文化。戴家湾历年出土的青铜器与石鼓山青铜器年代和文化面貌相近，大多也属先周文化遗存。这些观点还基于一种认识，即西周铜器的年代序列和标尺建立在考古资料之上，其断代标准并不是一成不变的，需要由考古新发现来检验、补充和完善。因此，如果在商代晚期确实已开始生产具有新风格的一类铜器，那么石鼓山墓葬和戴家湾出土的这类新型铜器，其年代就有可能为殷墟晚期而不一定都属西周。这个认识自然关乎本文对石鼓山墓葬和戴家湾铜器年代和文化属性的推断。

一、石鼓山墓葬的陶器

石鼓山墓葬的年代是讨论问题的基础。M3的发掘简报推断，M1、M2、M3的年代为西周早期，M3上至商末周初的可能性也存在。相关研究中，王颖等论证了简报对M3年代的推断，[③]曹斌认为M3属西周早期偏早阶段，下限或可进入康王初年。[④]M4的简报推测墓葬年代为西周初年，并从一件铜鼎底部的炭灰测得碳-14数据，经树轮校正为1200BC—1050BC（68.2%）。简报还推测M3墓主为男性，与M4的女性墓主可能是夫妻关系。其他研究同样持M4为西周初年或西周早期的论断。

对墓葬年代的认识大多来自石鼓山铜器与殷墟、西周铜器的比较。如丁岩、王占奎将M4的铜器分为三组：第一组为典型的商文化铜器，包括带族徽或日名的鼎、壶、罍、瓿；第二组为与先周文化相关的乳钉纹鼎和簋；第三组为商周之际的铜器，形体较大，有方座、四耳、突出的扉棱，饰长羽鸟纹、长乳钉纹和直棱纹等，包括牺尊、兽面纹鼎、直棱纹鼎、球腹簋、方座簋、四耳簋、簠、盂等。[⑤]石鼓山M3的铜器也可如此划分。第一组铜器的年代应为商代，第二组铜器的年代多被定为先周，第三组铜器具有西周风格。一些研究之所以将石鼓山墓葬年代定为西周，或是推测第一组商式铜器是周灭商后所获得的战利品，或是依据第三组铜器所呈现的西周风格。视第一组商式铜器为周灭商后的"分器"，这种对墓葬年代的认识只是基于对出土现象的一种解释而不是依据铜器自身的年代，第三组西周风格的铜器最早出现于何时其实也并不完全明确，下文还将会讨论。

M3和M4各出1件陶高领袋足鬲。M3的鬲为夹砂灰褐陶，方唇，高领较直，三袋足，圆锥形足尖外撇，口沿外有双耳，颈足之间有小圆饼，通体饰粗绳纹，高12.8厘米（图一，1）。M4的鬲形制不一样，为侈口，高领较斜，颈内束，不见足尖，口沿两侧有一字形双錾，饰较浅的细绳纹，高约16厘米（图一，2）。M4还有1件陶圆肩罐，侈口，束颈，平底，高17.3厘米（图一，3）。M4的简报认为墓中陶鬲大致相当于殷墟第四期。高领袋足鬲在关中分布很多，不少研究都论及石鼓山陶鬲与关中陶鬲的联系，并多用以推断墓主的族属。也有的研究是先确定石鼓山墓葬为西周墓，之后再讨论陶鬲的年代。[⑥]

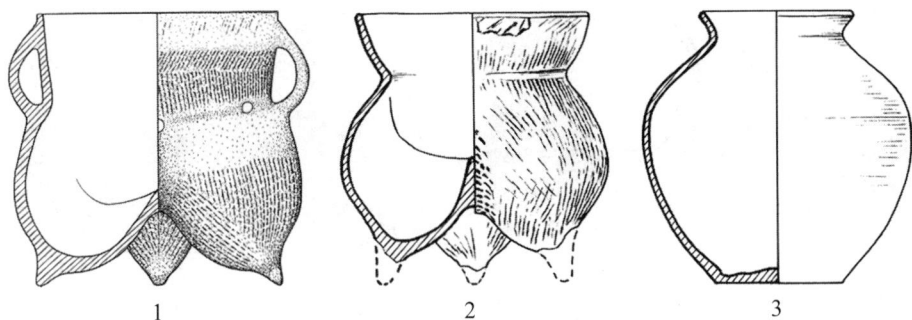

图一 石鼓山墓葬出土陶器

1. 鬲（M3：29）；2. 鬲（M4：506）；3. 罐（M4：505）

与M3和M4类似的双耳或带鋬的两类高领袋足鬲最早都于1930年代出自宝鸡斗鸡台（图二，1、2）。[⑦]1990年在宝鸡市西南渭河南岸的高家村墓地发掘15座竖穴土坑墓和4座偏洞室墓，[⑧]均出高领袋足鬲和罐，鬲带双耳或鋬，也有的无耳无鋬（图二，3、4）。宝鸡金河、石嘴头也零散发现过双耳鬲（图二，5、6），[⑨]还有的鬲为敛口，袋足外鼓。类似的鬲还见于宝鸡茹家庄遗址[⑩]（图二，7）和纸坊头遗址。[⑪]在一些墓葬中，双耳鬲、带鋬鬲和无耳无鋬的鬲与铜器共出，如宝鸡下马营旭光村[⑫]和林家村[⑬]的墓葬（图二，8、9）。

在岐山贺家村墓地[⑭]也出土了带耳或鋬的鬲，有的双耳鬲为敛口，有的双耳在颈与袋足间（图二，10）。扶风刘家的姜戎墓，[⑮]陶器多为鬲和罐。其中高领袋足鬲的种类较多，有双耳鬲和带鋬鬲（图二，11、12），双耳鬲中又有侈口、直口、敛口，以及耳在颈足间、颈中部外鼓等形制。扶风壹家堡遗址[⑯]也有带耳或鋬的袋足鬲。凤翔南指挥西村发掘的210座墓，[⑰]有10座墓出土带双耳或鋬，或无耳无鋬的袋足鬲，出袋足鬲的墓葬年代都被定为先周中晚期。长武碾子坡的墓葬和居址[⑱]都出双耳和带鋬的袋足鬲，其中晚期墓中的鬲鋬移到了口沿下，甚至到了袋足上方（图二，13、14、15）。武功郑家坡[⑲]出土的袋足鬲领有高有矮，有的口沿外有齿状鋬（图二，16）。

以上这些高领袋足鬲发现虽多，但高家村、南指挥西村、刘家、碾子坡等地的墓葬缺乏叠压打破关系等，石嘴头、贺家等资料又较简略，因而还难以梳理出这类鬲的翔实可靠的发展序列。不过学界认为这类鬲的年代早于西周，以上列举的出土袋足鬲的墓葬或遗址，基本上都被认定为周灭商之前的遗存。在高家村和刘家墓地等双耳鬲和带鋬鬲共存于一墓，碾子坡晚期墓中的鬲鋬由口沿外移到了颈部，或可表明几类鬲的相对年代。

最具意义的高领袋足鬲出自沣西。1967年在沣西张家坡发掘一批墓葬，[⑳]其中M89出土1件高领袋足鬲，领略斜，束颈，领两侧有横鋬。共出1件小口圆肩平底罐，肩部

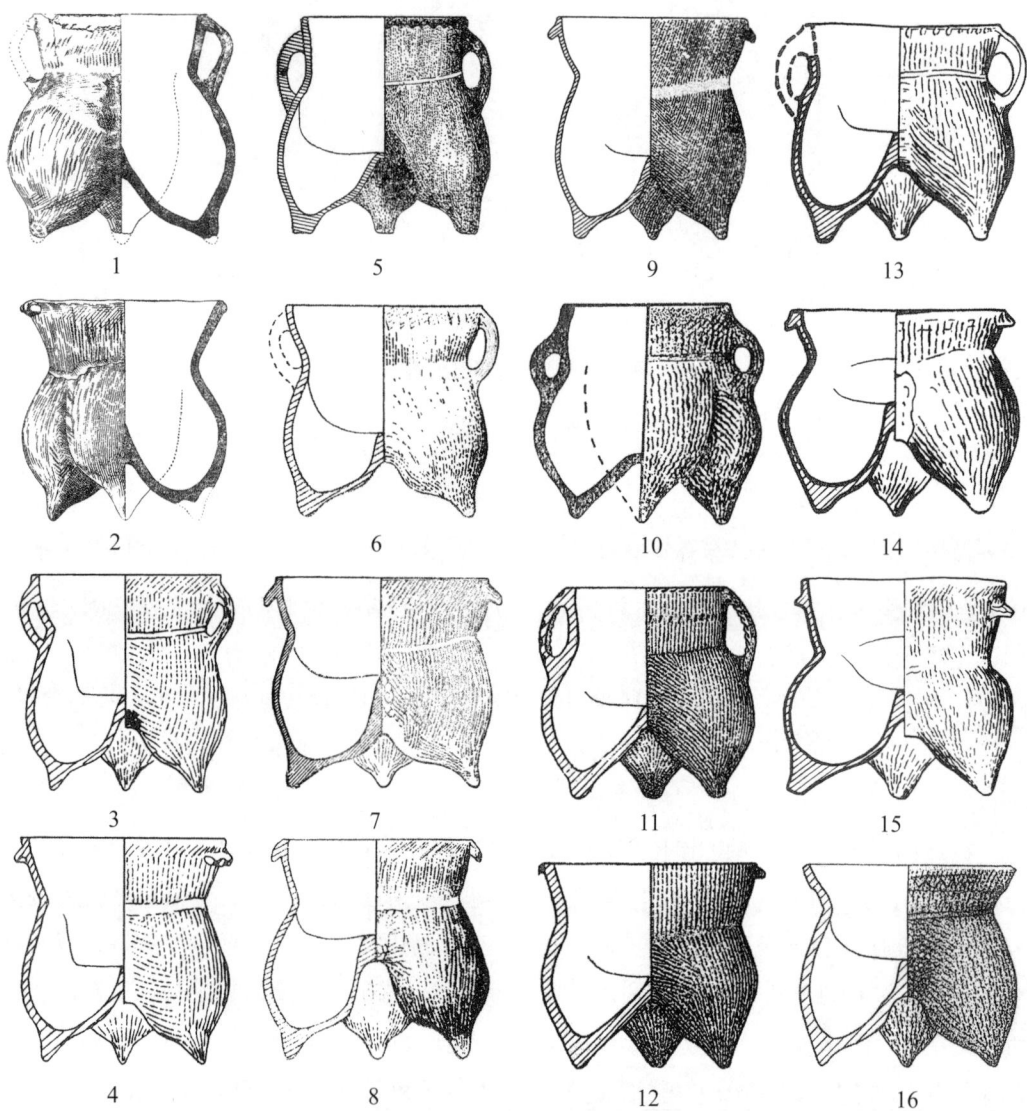

图二　关中出土陶高领袋足鬲

1. 宝鸡斗鸡台 No.40089；2. 宝鸡斗鸡台 No.50179；3. 宝鸡高家村 M7：2；
4. 宝鸡高家村 M7：1；5. 宝鸡金河公社出土；6. 宝鸡石嘴头采集；
7. 宝鸡茹家庄遗址 H3：1；8. 宝鸡下马营旭光 M1：4；9. 宝鸡林家村出土；
10. 岐山贺家村出土；11. 扶风刘家 M37：9；12. 扶风刘家 M37：8；
13. 长武碾子坡 M303：1；14. 长武碾子坡 H168：1；15. 长武碾子坡 M135：1；
16. 武功郑家坡 H14：29

有两周弦纹（图三：1、4）。1983 年在客省庄的 83SCKM1[21] 出土 1 件类似的高领袋足鬲，口沿两侧有鸡冠形錾（图三：3），同出 2 件内部饰凤鸟纹的铜戈和 1 件铜弓形饰。同年在张家坡村发掘的 83 沣毛 M1，出土 1 件高领袋足鬲，无耳无錾，共出陶小口圆肩平底罐、铜兽面纹鼎和方格乳钉纹簋各1件（图三：2、5）。张长寿先生认为这几座墓内的陶器组合为鬲、罐而不是西周早期墓中的鬲、簋、罐，特别是这几件高领袋足鬲与张家坡西周墓出土的鬲不同，而且与常见于安阳的铜戈等共出，为先周文化遗存。[22]张家坡墓地的几件袋足鬲都无双耳，M89及张家坡早期居址中的袋足鬲鋬位于颈部，或许年代稍晚于石鼓山墓葬的鬲。

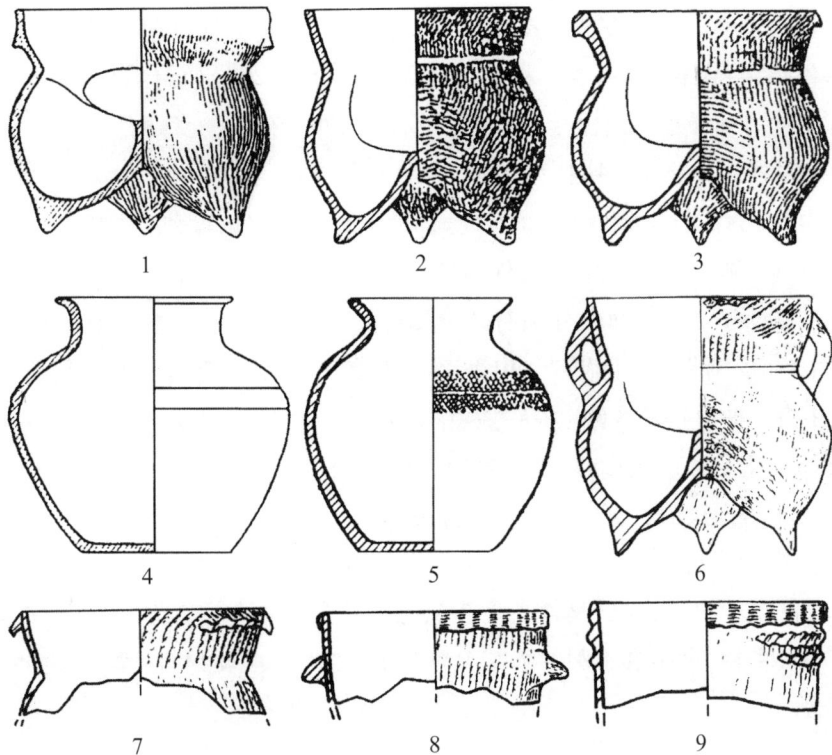

图三 沣西出土先周文化陶器

1. 鬲（67SCCM89：2）；2. 鬲（83沣毛M1：4）；3. 鬲（83SCKM1：1）；
4. 罐（67SCCM89：1）；5. 罐（83沣毛M1：3）；6. 鬲（97SCMT1H18：53）；
7. 鬲（97SCMT1H18：124）；8. 鬲（97SCMT1H18：128）；9. 鬲（97SCMT1H18：127）

1997年在沣西发掘了几座先周时期的灰坑，其中的97SCMH18出土袋足鬲，有带双耳、口沿外有两道泥条、颈部有鋬等不同形制（图三：6～9）。由地层关系和碳-14测年数据可知，以H18为代表的遗存是周人在丰镐一带的最早遗存，时代与周人始居丰相当，H18等遗迹单位和相关地层剖面也被视为商周分界年代的界标和先周西周考古学文化分期断代的标准考古文化层。[23]

由以上陶鬲看，石鼓山M3和M4两墓所出的陶鬲形制虽有差异但时代相近，都属于先周文化。

二、石鼓山墓葬的青铜器

（一）M3出土青铜器

石鼓山M3出土青铜器14类31件。计有鼎、簋、卣各6件，禁、斗各2件，彝、尊、壶、瓿、罍、盉、盘、爵、觯各1件。鼎又有5类，兽面纹分裆鼎2件，兽面纹鼎、带扉棱的直棱纹鼎、乳钉纹鼎、素面鼎各1件。簋有3类，乳钉纹盆式簋4件，双耳簋和方座簋各1件。卣有2类，带扉棱的鸟纹卣4件，腹部素面的卣2件。器类显然以鼎、簋和卣为主。另外，墓室内出兵器30件、马器24件（组）、工具5件、饰件3件，填土中也出土车马器、兵器和工具16件（组）。

铜器中有16件带族徽和铭文。2件分裆鼎上分别有"正"和"中臣登鼎辛司"，兽面纹鼎上有鸟形族徽和"父甲"，2件鸟纹卣上有"户"，另外2件鸟纹卣上分别有"单父丁"和"𤔲卯"，2件素面卣分别有"冉父乙"和"重父乙"，彝上有"户"，尊上有"□□商用作父癸彝"，壶上有"父甲🐎"，瓿上有"万"，罍上有"亚羌父乙"，盉上有"冉"，盘上有"曲臣🦌癸"，爵上有"曲臣🦌父癸"。

M3有6个壁龛，铜礼器出自5个龛中。

K1：父甲兽面纹鼎、直棱纹鼎、乳钉纹簋。

K2：分裆的正鼎、素面鼎、3件乳钉纹簋、双耳簋、万瓿。

K3：2件禁、户彝、4件鸟纹卣、冉父乙卣、父甲🐎壶、冉盉、2件斗、亚羌父乙罍、父癸尊、曲臣🦌父癸爵、觯。大禁上置户彝、2件户卣及1件小禁、1件斗，是一套完整的组合。

K4：乳钉纹鼎、方座簋，分裆的中臣鼎位于K4下。陶鬲即出自K4。

K6：重父乙卣、曲臣🦌癸盘。

M3各龛的铜器或许并非随意放置，同类铭文的铜器大都在同一龛，但也有同铭的爵和盘不同龛。铜器最多的K3全是酒器，多带铭文。综合各龛的铜器放置可见M3最突出的组合。一是K3的禁、卣、彝组合；K3另外还有一套爵、觯组合，不同于殷商的爵、瓿组合。二是见于3个龛的鼎、簋组合，细分又有乳钉纹簋与不同的鼎组合，乳钉纹鼎与方座簋组合。李宏飞还将M3各龛的铜器都辨别为西土系铜器和商器两类，以此说明M3铜器以西土系铜器为主，商器则被纳入周文化的器用组合方式之中。[24]

（二）M4出土青铜器

M4出土青铜礼器11类50件。计有鼎15件，簋16件，瓿、罍各4件，盉、簠、壶、牺尊各2件，甗、尊、盘各1件。鼎共3类，其中圆鼎11件，包括兽面纹鼎4件，乳钉纹鼎2件，涡纹或夹夔纹鼎2件，带扉棱的直棱纹鼎、蝉纹鼎、纹饰不清者各1件；分裆鼎2件；方鼎2件，一饰兽面纹，一饰龙纹和乳钉纹。簋分6类，其中乳钉纹盆式簋10件（有1件纹饰较精致而与其他9件有所差别），双耳夔凤纹簋2件，四耳乳钉纹簋、兽面纹鼓腹簋、球腹凤鸟纹簋、方座簋各1件。4件甗纹饰不同。4件罍大小各2件。M4铜器仍以鼎和簋为主。M4的棺内另出3件小铜铃及玉石项饰等，4个瓿内还有海贝。

M4有8件铜器带铭文。夔纹鼎上有"▨父丁"，2件分裆鼎上有"子父丁"，兽面纹方鼎上有"乍韦亚乙尊"，1件甗上有"叾父辛"，1件罍上有"▨"，2件壶上分别有"史母庚"和"臣辰▨父乙"。

M4有8个壁龛，铜器出自7个龛。

K1：乳钉纹簋、甗、史母庚壶。

K2：兽面纹圆鼎、涡纹圆鼎、纹饰不清的圆鼎、分裆子父丁鼎、乳钉纹簋、兽面纹簋、双耳簋、四耳簋、盂、甗、2件罍（大小各1件）、尊、2件牺尊。

K3：▨父丁鼎、2件兽面纹圆鼎、蝉纹鼎、直棱纹鼎、分裆子父丁鼎、乳钉纹簋、方座簋、盂、甗、2件瓿（含叾父辛瓿）、2件罍、盘。

K4：乳钉纹簋。

K5：2件方鼎、双耳簋、父乙壶。陶鬲和圆肩罐出此K5。

K6：简化兽面纹圆鼎、3件乳钉纹簋。

K8：2件乳钉纹鼎、3件乳钉纹簋、球腹簋、2件簠。

M4铜器仍以鼎、簋最突出，有5个龛有此组合，铜器最多的K2和K3两龛内均有多件不同的鼎和簋。7个龛置簋，6个龛都有乳钉纹簋，可见簋的重要性。形制和纹饰相近的同类器多置于同一龛，如均为2件的牺尊、罍、方鼎、簠。但也有同类器物分置的，如甗、壶和同铭的分裆鼎。

（三）M3、M4出土青铜器的比较

M3、M4两墓铜器都分龛放置，尚难明确其中的规律或含义，也可能各龛铜器就为一套组合。但通过以上分述至少可知两座墓在分龛放置方面有共同点，如西壁北部第一龛都没有青铜器，陶鬲都出自北壁西部第一龛，同组、同铭的铜器大都同龛，大多数龛的铜器都具备鼎簋组合。

M3和M4青铜器的异同都很明显。相同点在于：都以鼎和簋为主，另外都有甗、尊、罍、壶、盘等差别不大；鼎、簋、罍等差别不大；很多铜器带族徽和铭文；装饰风格比较一致，多兽面纹、夔纹、涡纹、鸟纹、乳钉纹、直棱纹等，个别铜器上都有突出的扉棱；都装饰一些特别的纹饰，如方座簋座上的鸟纹，鸟喙如同象鼻。两墓铜器也有差异，最明显的是M3的酒器多而M4极少。M3中的两类卣数量较多而M4不见，M4还缺少禁、彝、卣、斗的成套酒器，爵、觯、盉等组合，以及兵器和马器，但有簋、甗和牺尊，簋的类型更多样。M4铜器上还有一些特别的装饰，如球腹簋上的散羽大鸟纹、四耳簋的耳与扉棱上数量多达28个的浮雕牛首等。两墓铜器的族徽和铭文也不同，尽管均出土多件带铭铜器，但两墓并无同铭者。带铭铜器中，M3以"户"铭铜器为主，M4或以两件分裆鼎的"子父丁"为主。

M3和M4的青铜器的差异可能缘于年代略有差别。M3出土铜器最多的K3均为酒器，有2个龛无鼎、簋。M4显然更重食器，各龛都具鼎、簋，却无禁、卣组合。另外，M4的铜器与西周铜器联系似乎也更加紧密。由此看，M3铜器群的年代也可能稍早于M4铜器群。

（四）其他墓出土的青铜器

石鼓山M1出土5件铜容器，为乳钉纹鼎和簋、亚共庚父丁尊、罍、守卣，另有铜弓形器、马器、兵器、工具、玉器、蚌器、海贝，与M3的出土物基本相同。石鼓山M2出土乳钉纹鼎、乳钉纹簋和双耳簋，仍为鼎、簋组合。石鼓山4座墓的青铜器面貌相同，时代接近。

过去在渭河南岸石鼓山墓地以北的石嘴头还出土青铜器，相关论述多将其与石鼓山墓葬的铜器相提并论。1983年有8件铜器可能出自石嘴头一带，[25]其中有1件涡纹柱足圆鼎。1992年在石嘴头发现一座竖穴土坑墓，[26]出土兽面纹柱足圆鼎、带"史妣庚"铭文的云雷纹、兽面纹觯各1件，还有车马器和兵器。

三、戴家湾和石鼓山青铜器的比较

石鼓山以北、渭水北岸的戴家湾曾出土大批青铜器，这些铜器以数量众多、风格独特和广为流传而闻名于世。

（一）既往的发现与研究

20世纪初以来，在戴家湾共出土4批青铜器，分别是1901年出土的20余件铜器，包括著名的"柉禁十三器"；1920年代地方军阀党毓琨所盗50余墓的1 500余件铜器；1934～1937年国立北平研究院发掘的56座墓出土的少量青铜器；1980年施工发现的5件青铜器。[27]

1901年出土后曾由端方收藏、现藏于美国大都会博物馆的铜器实有21件。其中最重要的一组是1件大禁及禁上2件带"鼎"字铭的鸟纹卣和1件尊，其中1件卣下又有小禁。另外还有斝、盉、瓠、爵、角、4件觯、斗，以及据说是同时出土的6件匕。除斗、匕和1件觯外的铜器都有铭文。

1920年代盗掘出土的青铜器数量既多，流传又广，很多铜器下落不明，又有不少铜器不能确知是否出于此。对这批铜器的最早著录是刘安国1954年编撰的《雍宝铜器小群图说长编》，著录后来缺失，现今只能看到青铜礼器99件。1957年陈梦家对他所见的刘安国的资料做了笔记，登记和初步整理的青铜礼器有104件。20世纪八九十年代，王光永收录戴家湾青铜器107件，[28]刘明科收录115件。[29]任雪莉整理、分析以上各种著录，得出1901～1980年出土的四批青铜器共172件，同时梳理相关学术史，收录刘安国和陈梦家的著述，并就戴家湾铜器及其族属、文化因素、墓地性质等进行了系统、深入的研究。[30]

2015年，"中研院"历史语言研究所和陕西省考古研究院共同编著研究性图录《宝鸡戴家湾与石鼓山出土商周青铜器》，[31]收录明确可证于1926～1928年出自戴家湾的青铜酒器、食器和水器116件，另有多件兵器和车马器，同时收录端方原藏铜器21件、1935年戴家湾沟东区墓葬出土铜器1件、1980年卧龙寺戴家湾段出土铜器3件、石鼓山2012年发掘的3座墓出土铜器39件。如此，全书共收青铜酒器、食器和水器180件。其中出自戴家湾的铜器资料取自美洲、欧洲、亚洲和澳洲的22个博物馆和收藏机构。该书仔细辨析每件铜器，梳理历来的著录，列出相关或可对比的其他铜器。同时，收录陈梦家笔记手稿、刘安国《雍宝铜器小群图说长编》自序、梅原末治研究柉禁的两文，以及新撰研究论文、参考书目与提要。这是迄今关于戴家湾和石鼓山出土青铜器最完备、最可信的学术资料。

（二）戴家湾与石鼓山出土青铜器的比较

20世纪初戴家湾出土的两批铜器虽然重要，但因系盗掘且早已失散，难以进一步研究。但有了石鼓山科学发掘的资料相比较，便可就这几批青铜器及相关历史与文化进行更为全面、深入的讨论。已有比较研究指明石鼓山和戴家湾青铜器存在紧密联系。如任雪莉认为两地共有禁、直棱纹鼎、乳钉纹簋、四耳簋、凤鸟纹卣、方彝、斗等器形和凤鸟纹等纹饰，都突出鼎簋、彝卣组合。[32]两地铜器在总体上具有共同点，即都由三部分组成，为典型商式铜器、铸造技术较低的先周式铜器、富有特色且不见于其他地区的青铜器。最后一部分特色铜器包括禁、方座簋、四耳簋等新器形，方彝、提梁卣、方罍、豆等形体巨大厚重的器物，散羽大鸟纹、直棱纹、尖刺乳钉纹、浮雕牛头、勾戟与扉棱等新装饰。两地的酒器组合还表明周人的重食与禁酒或许仅及于一般贵族。[33]

除以上认识外，现据《宝鸡戴家湾与石鼓山出土商周青铜器》收录铜器和分类标准，补入石鼓山M4的50件铜器，以及石嘴头发现的两批3件铜器，作进一步比较。以下对比表中戴家湾和石鼓山的铜器均出自多座墓葬，戴家湾铜器更不知一座墓内的具体组合，但汇总所有铜器可把握两地铜器的整体情况（表一）。

表一 戴家湾与石鼓山出土青铜器对比表　　　（数量单位：件）

			戴家湾出土（1901）	戴家湾出土（1926～1928、1935、1980）	石鼓山出土（1983、1992、2012～2014）
酒器		方彝		1	1
	尊	大口尊			1
		带扉棱筒形尊	1	1	1
		无扉棱筒形尊		4	1（带把）
		牺尊			2
	卣	直棱纹鸟纹卣	2	2	4
		鼓腹垂腹卣		5	3
		长颈卣（石鼓山简报称壶）		1	3
	罍	圆罍		1	6
		方罍		1	
		觥		1	
		角	1	1	
		爵	1	8	1
		瓠	1		
		觯	4	7	2
		罘	1	1	
		盉（酒器盉）	1		1
		斗	1	4	2
		禁	2	2	2
		小计	15（71.4%）	40（33.3%）	30（32.6%）
食器	鼎	方鼎		4	2
		分裆鼎		3	4
		扁足鼎		2	
		直棱纹圆鼎		4	2
		乳钉纹圆鼎		2	5
		兽面纹等其他圆鼎		19	12

续　表

			戴家湾出土（1901）	戴家湾出土（1926～1928、1935、1980）	石鼓山出土（1983、1992、2012～2014）
食器		鬲		4	
		甗		5	5
		甑			1
		簠			2
	簋	方座簋		2	2
		四耳簋		1	1
		双耳簋		15（2件带盖）	5（1件带盖）
		无耳乳钉纹簋		11	16
		无耳兽面纹簋			1
		豆		4	
		匕	6		
		小计	6（28.6%）	76（63.3%）	58（63%）
水器		盘		2	2
		盂		1	2
		盉（水器盉）		1	
		小计		4（3.3%）	4（4.3%）
总计			21	120	92

戴家湾1901年出土铜器中，梅原末治早年认为尊、卣同时，禁为后制，但为一组器；整个铜器群并非为某一目的而同时铸造，而是于某一时期收集手法、年代各异之诸器而成。[34] 见到1920年代出土第二套禁的图像资料后，他同样认为第二套铜器也是收集既存器物摆于禁上而构成一组，只有觚与禁时代相同，而且两禁诸器所呈现的，正可以作为西周铜器的一个基准。[35] 1901年出土的铜器中，现已确认6件匕为西周晚期器，它们和其中1件觯都是另外的器物。如此，这批铜器都是酒器，有可能本就如此，也可能组合不全。这群酒器与石鼓山M3的3号龛所出酒器的器类、组合、形制、纹饰最为接近，尤其大小禁和带鼎铭的尊、卣，与3号龛大小禁和带户铭的彝、卣铜器最相近，这也可证禁与尊卣、彝卣的组合。同样，1901年器组还另有爵、瓿、斝的组合，这也与

石鼓山3号龛中的爵、觯组合相似。另外，器群中还较石鼓山多了觥、角。1901年所出铜器全为酒器而无鼎、簋，保留有爵、觚组合，且觚为两地所仅见，盉作酒器不是水器；装饰方面除小禁和2件卣上有直棱纹和鸟纹外，其他铜器纹饰仍以兽面纹为主，未见散羽大鸟纹、尖刺乳钉纹和突出的勾戟等。由这些特点看，其年代或许早于石鼓山M3出土铜器。

戴家湾1926～1928年铜器和石鼓山铜器的相似性也很强。两地都以食器最多，酒器其次，水器很少。戴家湾的少数铜器时代较晚，如记载周公伐东夷的方鼎、鲁侯熙鬲、用征尊、用征卣、环带纹盉、附耳盘和水器盉等，它们出自晚期墓葬或来自其他收集而不属商末周初。尽管如此，两地酒器和食器的比例出奇地接近。酒器又都以卣最多，食器均以鼎和乳钉纹簋最多。除组合、器形、纹饰相近外，两地还共见一些族徽和铭文，如"𦥑"、"守"、"中"等，其中有的多出自宝鸡一带。

由石鼓山铜器同样可以确定戴家湾1920年代出土的大小禁、觥和2件鸟纹卣是一组器。这组器中，觥替代了另两套铜禁组合中的尊和彝，鸟纹卣上有粗大的勾戟，年代可能又较石鼓山铜器稍晚。由此也可见宝鸡地区酒器的另一个鲜明特点，即一大一小2件卣和另1件酒器相配：1901年铜禁组是1尊2卣，1920年代铜禁组是1觥2卣，石鼓山M3铜器是1彝2卣。1920年代还出土过1件夔纹尊和2件夔纹卣，现分别藏于日本神户白鹤美术馆和美国明尼亚波利美术馆，同样为一套。

两地的青铜器当然也有差异，如石鼓山罍多而戴家湾爵、觯多，石鼓山乳钉纹盆式簋多而戴家湾双耳簋更多。另外，石鼓山有大口尊、牺尊、酒器盉、甒、簠、无耳簋，戴家湾则有方罍、觥、角、斝、扁足鼎、鬲、豆、水器盉。戴家湾的盉与盘同出而为水器，或许也晚于石鼓山的酒器盉。但这些不互见的器形在两地都不多甚至仅只1件，无论从类别还是数量衡量，这都不应是太大差异。

总之，除戴家湾有少数铜器年代可能晚至西周中晚期外，两地铜器在很多方面都很相近，大多属于同一时代，应为同一族群、同一文化的遗存。

四、石鼓山和戴家湾青铜器的来源

石鼓山和戴家湾的大部分铜器实属同一文化，如此众多的青铜器的产地和来源便是个重要问题。前述《宝鸡戴家湾与石鼓山出土商周青铜器》将两地的青铜器分为商式铜器、富有特色的新风格铜器、地方型铜器三部分，对于这三类铜器宜分别讨论。

（一）商式铜器

石鼓山和戴家湾的商式铜器时代特征明确。由于这类青铜器数量、种类既多，又有多种族徽和铭文共存，很多学者视之为周灭商后将掳获的铜器分给有功者的结果。如黄铭崇对西周墓葬中的"分器"现象及西周的礼器制度的系统讨论，认为西周前期约25年左右的一段时间内，在安阳—郑州—上蔡一线以西的出土商式铜器的墓葬，几乎都是"典型分器墓"，其中便包括戴家湾铜器，而石嘴头 M1 则属于西周早期的"局部分器墓"。[38]类似观点较多，如林森认为石鼓山 M3 铜器来自多个家族，为周初分器所致；[37]李龙俊认为石鼓山铜器的年代并不完全一致，其中有仿制现象，技术较高的商式铜器乃至于户氏和冉氏铜器都为商人在安阳铸造并因分器而来，形制和纹饰相近但较粗糙者为周人灭商后生产。[38]但也有不同观点。如辛怡华等认为把通过战争掠夺来的敌对方祭祀用礼器埋入墓中不合情理，这些铜器应是当时流行的赗赙制度的体现。[39]还有观点认为这些铜器到宝鸡的途径可能不止一种，婚姻礼品、赗赙助葬、商业交换、战争掠夺，都有可能达到铜器传递与流动的结果。[40]

　　不论是商式铜器，还是后文即将论及的生产于安阳孝民屯的一类富有特色的铜器，它们出现在宝鸡都被解释为分器的结果，这种认识需要考虑以下几个问题。一是即使在商时期，商文化分布区域以外也有带铭文的商式铜器出土，说明商式铜器在商灭亡前也有流通。宝鸡地区的人群也不可能在"分器"前与商完全没有联系和交流。二是如苏荣誉所言，妇好墓中也存在多组青铜器，这提醒我们宝鸡的商式青铜器为重新分配的战利品并不一定是最合理的解释。[41]三是石鼓山 M3、M4 以及戴家湾的铜器可能还存在早晚差异。石鼓山 M3 和 M4 两墓铜器的铭文并不互见，同一墓中除成组的铜器外，铭文也不相同。这些也不像是"分器"的结果。至于那类富有特色的铜器既不见于殷墟，也不见于宝鸡以外的其他地区，同样不好理解为"分器"。

（二）富有特色的新风格铜器

　　戴家湾那类富有特色且不见于其他地区的青铜器早已流传在外，具类似特点的青铜器后来又在宝鸡强国墓地出土，这使得这类铜器备受关注，所具有的新风格也被认为是西周青铜器的开端。2000～2001年在安阳殷墟发现铸造这类器形的陶范、2012年后石鼓山青铜器的出土，更引发了对这类铜器的产地、时代、流通，以及殷墟与宝鸡地区的关系等更多问题的讨论。

　　殷墟陶范出自安阳孝民屯东南地的一处铸铜遗址，所出铸铜遗物中，有不少楞脊模、牛首模、直棱纹簋范、乳钉纹簋范、簋耳范、牛首罍范、鸟纹卣范、带楞脊的卣范、觚范、斗范、器座（禁）范、兽首范等。它们大多出自灰坑，发掘报告认为大部分灰坑属于殷墟文化第四期，少量属第三期甚至第二期；铸铜遗址出现于殷墟第二期，发展于第三期，繁荣于第四期，消亡于商周更替之际；铸铜遗址内不见西周时期的文化遗物，上述陶范所铸的器形与纹饰也不见于殷墟发掘品，与这类陶范相对应的传世铜器，年代可定为殷墟时期。[42]

李永迪等曾从国内外的博物馆中找出可与这批陶范对应的凤鸟纹卣、觥禁、直棱纹鼎、乳钉直棱纹簋，它们多出自戴家湾。李永迪等认为，孝民屯东南地的陶范明确证明这类青铜器是在殷墟铸造的。由于陶范中可辨识者绝大多数属于典型的商晚期风格而不见西周风格，铸铜遗址使用年代的下限似不超过商末周初，因而相关的一般被定为西周早期的那些没有科学考古发掘品可对应的馆藏铜器，年代或许应当提前到商末。[43]

石鼓山青铜器出土后，这类富有特色的青铜器有了科学发掘品。李永迪等再次讨论宝鸡青铜器与殷墟陶范的关系，两者的相关性被分为四类。一为范与器可以直接对应者，如直棱纹和鸟纹卣、鼎、禁、簋；二为范与器在局部附件上可以对应，如棱戟模和范、器耳牛首垂珥范；三是范的形制纹饰不见于殷墟铜器，与宝鸡铜器相关但不完全对应，如直棱乳钉纹簋；四是范的形制不见于安阳，但对应铜器也不限于宝鸡，如兽首长方垂珥簋耳、直棱筒形卣。其中前两类铜器来自殷墟确凿无疑。[44]虽然对应关系明确，但对这类铜器的制作年代及它们如何由殷墟传入宝鸡，学界仍有不同看法。如路国权据孝民屯的簋范和完整陶罐，进一步将集中出土这类陶范的H31定为帝辛二十年前后，认为戴家湾的凤鸟纹卣等是商末在孝民屯铸造的，但在周初分器后才流入宝鸡。[45]曹斌则认为孝民屯铜器作坊的年代已进入西周。[46]唐际根、汪涛还认为殷墟的最晚阶段或许已进入西周纪年。[47]有鉴于此，李永迪等也提出另一种可能，即殷墟的铸铜遗址在西周早期并未完全停止运作，仍在个别地点为宝鸡地区铸造特定类型的铜器，但也说这一推测尚无更多的材料佐证。目前，无论是发掘者还是研究者都认为，依现有证据孝民屯的铸铜遗址并没有西周时期的遗存。如此，目前也没有确切的证据表明石鼓山青铜器一定会晚至西周，西周青铜器的新风格也可以出现在灭商以前。苏荣誉即认为戴家湾、石鼓山和纸坊头出土的四耳簋表现出技术的一致性，结合孝民屯的陶范，推测这类铜器可能是殷商晚期某些氏族在安阳殷王室的作坊订做的。[48]

考古材料中并没有殷墟的铸铜作坊在西周早期还在为宝鸡地区生产铜器的证据，认为宝鸡的铜器是殷商晚期在安阳定做的，这也只是一种推测。但据现有材料可以肯定两点：一是殷墟出土生产这类铜器的陶范，铸铜遗址内无西周遗存，说明这类铜器的年代为殷墟时期；二是这类铜器大多只见于宝鸡地区，它们与殷墟存在某种我们还不清楚的联系。据发表的资料，与宝鸡铜器相关的陶模和陶范大多数出自灰坑2000AGH31，另一些出自相邻探方2000AGT14，或表明这类铜器是在作坊区的特定区域制造的，与其他殷墟风格铜器的生产并不相混。

丁岩和王占奎认为石鼓山这类富有特色的青铜器是墓中年代最晚的器物，即晚于商式和土著式铜器而属于西周早期。[49]张天恩认为这类约在商周之际的青铜器真正具有时代特征，也最靠近墓葬下限的年代范围。[50]既然殷墟孝民屯东南地出土的陶范表明，这类铜器的年代可能相当于殷墟文化第四期，那么，这类铜器并不一定晚于土著式铜器，也不能以此说明墓葬年代为西周。

特别需要说明的一个相关问题是，按传统观点，这类新风格的青铜器大多是在西周出现的。对于西周铜器的特征和年代，学界早有明确一致的认识，西周铜器自然也成为判定墓葬年代的可靠标准。但问题在于任何标准都是从考古材料中总结得出的，如果有了确切的考古新材料，就应当据新材料调整标准，而不是让新材料去"符合"原标准。对这个问题的不同态度，决定着我们对石鼓山这类墓葬的年代的不同看法。

（三）地方型铜器

石鼓山和戴家湾的第三部分铜器即乳钉纹鼎和簋，有的器壁较薄，纹饰浅而粗糙，与其他青铜器的铸造质量有差别，学者多推断它们可能是在当地铸造的地方型器物。除宝鸡外，商代晚期关中其他地区也出土铜器，当地可能已掌握青铜器铸造技术。宝鸡一带虽未见作坊遗址，但据说曾从戴家湾的窖藏中出土过36件陶范，完整者21件，可辨识出鼎、罍、簋、彝等器形。[51]不过制造质量较差的乳钉纹鼎和簋也见于殷墟西区和刘家庄北约为殷墟第四期的墓葬中，铜器上还有族徽，当是殷墟本地所造。[52]如此，还难以确定这类铜器是否都产于同一地，但殷墟的发现却进一步表明这类铜器的年代也为殷墟晚期。

五、石鼓山墓葬的文化属性

石鼓山铜器的年代较为集中，戴家湾铜器的年代跨度较大，但主体与石鼓山铜器一致。两地青铜器特点相同，应为同一族群所有，代表同一文化。

石鼓山和戴家湾墓地的族属，学界恰好存在明显分歧。戴家湾墓地的族属有西虢、西周矢国、先周的周贵族、周公家族、受周文化影响的殷遗民、当地姜戎土著等观点。[53]石鼓山墓葬出土后，对其族属也有诸多不同认识，其中，最主要的观点是石鼓山墓葬为姜戎人遗存。除墓葬的发掘简报持此种观点外，王颢等认为石鼓山西周墓地是姜戎族的户氏家族墓地，[54]张天恩认为铜器属于刘家文化的后裔户氏家族。[55]李学勤又进一步将M3的墓主"户"释为"扈"。[56]也有其他意见，如张懋镕认为在宝鸡一带"户"等标志的器物比例太低，不能代表墓主。[57]姜姓遗存的观点还如，辛怡华认为M3墓主是姜姓的"父乙"，[58]尹盛平、尹夏清认为属于姜姓矢国的姜太公家族，[59]王占奎、丁岩认为属"姜炎文化"或刘家文化等。[60]此外，张懋镕还持宝鸡当地土著说，[61]曹斌[62]和李宏飞[63]认为是"西土集团"遗存。刘莉、刘明科[64]和彭曦[65]则持石鼓山墓主为姬姓的观点。

需要注意的是有一类观点是将石鼓山墓葬与先周文化相联。如雷兴山认为斗鸡台、石鼓山一带是先周时期姬姓周人的采邑，石鼓山墓地的墓主是西周早期的姬姓周人。[66]任雪莉、郭晶认为石鼓山西周墓地的文化属性与碾子坡先周文化晚期的关系较为密切。[67]朱凤瀚认为"周人"不是一个血缘概念，应包括姬、姜等有世代通婚关系的姓族，故石鼓山墓主人虽可能归于刘家文化之族属，但已完全可以称为周人，其文化是周人的一种。[68]姜戎文化逐渐被先周文化乃至西周文化融合的看法，也见于刘军社关于石鼓山为姜戎族群户氏家族墓地的论述中。[69]

石鼓山M3和M4出土铜器类别和数量虽多，但都以鼎簋组合最重要。一般认为，以乳钉纹鼎簋为代表的铜器和高领袋足鬲最能说明石鼓山墓葬的文化属性。既如此，这几类铜器和陶器在沣西共存，而且年代和性质确定，沣西的这类遗存就应成为判定石鼓山墓葬年代和族属的重要依据。如前文所述，沣西的先周文化墓葬中最富特征的典型器物就是高领袋足鬲，伴出的铜器即为鼎、乳钉纹簋、鸟纹内戈和弓形器。出这类遗物的墓葬属先周文化，这是在沣西地区经过40年的工作和探索而得出的认识。[70]由沣西的发现应可以推断石鼓山墓葬属先周文化。即使墓葬的埋葬年代或个别铜器的年代可能到了西周，墓葬的主体文化也应为先周文化。

关中地区还存在与石鼓山墓葬同时代的众多遗存，它们属于何种文化，或哪种遗存为先周文化，这是学界长期探索的复杂问题，并形成了众多学说。张长寿和梁星彭先生系统分析了华县南沙村和西安老牛坡遗址、淳化黑豆嘴墓葬、武功郑家坡遗址、刘家"姜戎墓"、斗鸡台瓦鬲墓、凤县岩口郭家湾上文化层等关中地区的遗存，最终判定以斗鸡台瓦鬲墓为代表的，包括岐山贺家、扶风北吕、长安张家坡与客省庄、长武碾子坡等地的遗存是先周文化。[71]石鼓山墓地的所在区域、时代、文化面貌都表明墓葬正属于这类遗存。因而可以说，石鼓山墓极大地丰富了这类遗存的内涵，充实了这类遗存属于先周文化的论证。

过去在关中发现的一些墓葬出土陶袋足鬲和铜鼎、簋等，有的也应属于先周文化，或保留了先周文化的特点。如前述宝鸡下马营旭光发现的一座墓葬，出土2件带鋬袋足鬲、1件小口平底罐，铜器有方格乳钉纹簋和瓿各1件；林家村发现的墓葬出土高领袋足鬲和罐各2件，铜器有弦纹鼎和方座簋各1件；岐山贺家村发掘的M1壁龛内置乳钉纹鼎和簋、罍、卣、斝，一些小墓中也有陶高领袋足鬲。它们与石鼓山墓葬相比，只不过规格较低。也有一些墓与铜器共出的陶鬲是联裆鬲而不再是袋足鬲，如凤翔南指挥西村有4座墓共出土分裆鼎2件、简化兽面纹鼎1件、乳钉纹簋4件，简报定其年代为先周晚期和西周初期；1980年在岐山王家嘴发现的一座墓，也是方格乳钉纹鼎和联裆鬲共出，为西周早期墓。[72]

与以往发现的先周墓葬相比，石鼓山墓葬的一个显著特点是随葬青铜器数量和种类丰富，其中不乏众多的商式器物。其他如沣西的先周墓，虽然也出带铭文的铜鼎和商式的鸟纹内戈，但数量有限。这说明石鼓山墓葬的墓主地位非常高，不仅掌握有当地生产的器物，也有能力通过多渠道获得商式的铜器，但对于墓主的具体身份目前还不能明确。结合戴家湾铜器，可知宝鸡的这一区域是先周文化最核心的分布区。

除随葬品外，石鼓山墓葬还有一重要特点，即 M3、M4 两墓二层台上方的东、北、西三壁上有壁龛。张海滨、解华顶认为石鼓山等西周早期墓中的壁龛的源头可追溯到先周晚期刘家文化和碾子坡文化的壁龛墓，并认为这些墓同属戎狄系统。[73]刘家墓葬为洞室墓，并不带壁龛。在碾子坡，不仅晚期墓葬多壁龛，而且早期居址内的半竖穴式和窑洞式房址中也常见壁龛，一般为 1～3 个，房址 H820 四周有 9 个壁龛。而碾子坡类遗存为先周文化本就是学术界的一类重要认识。[74]前述出土高领袋足鬲的墓葬中，宝鸡林家村、岐山贺家村等墓葬也都有壁龛。在沣西的西周墓中，壁龛已少见。在如张家坡 M152 这样的单墓道大墓中，二层台上的东、北、西的坑壁下，还有 5 处集中的漆器痕，[75]与石鼓山墓放置铜器的壁龛位置相似。

由石鼓山墓葬，可以归纳出先周文化墓葬的主要特点。即都为竖穴土坑墓，高规格墓葬四周有熟土二层台，带壁龛，使用木棺椁，随葬品以铜鼎、簋和陶袋足鬲为主，还有从多渠道获得的商式铜器、有可能产于安阳的特殊铜器和仿制的地方型铜器，其中铜器已出现不同于商器的新风格。规格较低的墓中，有的有壁龛而无棺椁，随葬品数量少，但仍以铜鼎、簋和陶袋足鬲为主。

有关石鼓山墓葬族属的现有认识中，最主要的观点是墓葬属刘家文化或以其为代表的姜戎文化，对此有必要再作讨论。刘家文化遗存以 1981 年在扶风刘家发现的 20 座姜戎墓为代表，其中 15 座为洞室墓，1 座为竖穴土坑墓，4 座被破坏。有 18 座墓含随葬品，有陶鬲和罐、铜泡、管和铃。除竖穴土坑墓 M49 外，其他墓葬的每件陶器口部都盖有石块。M49 四周有二层台，头端有龛，陶器口部不盖石块，陶鬲的陶质、形制和纹饰不同于其他墓的鬲。发掘简报判定 M49 时代最晚，可能为文武王之际，与其他墓葬间有缺环。可见，刘家墓地唯一的 1 座竖穴土坑墓可能不属于刘家文化。宝鸡高家村刘家文化墓地发掘的 19 座墓同样有两类，15 座为有头龛的竖穴土坑墓，分布于墓地的东西两区；4 座为洞室墓，呈一排位于墓地东区。两类墓似各自排列。简报推断含洞室墓的东区墓葬相当于殷墟文化第三期，而西区墓相当于殷墟第四期。可见刘家文化的墓葬是洞室墓，陶器口部盖石块，缺乏青铜容器，这些特点与石鼓山墓葬完全不同。即使刘家文化最终融合入先周文化，也难以认为石鼓山墓葬具有刘家文化原有的传统。

推断石鼓山墓葬为先周文化墓，石鼓山和戴家湾青铜器为周人所有，这有助于理解先周时期关中的文化格局、先周文化与商文化的关系，以及西周文化的来源。

据史籍记载，关中是周人灭商前的发祥地和主要活动区域，在商代晚期周人也是关中最重要的政治力量。在发现石鼓山墓地以前，宝鸡地区未见随葬大批青铜器的高规格墓葬，戴家湾铜器群的年代和文化面貌又因缺乏科学发掘的对比资料而不甚清楚，因此在关中似乎缺乏一种足够发达的青铜文化与先周文化相对应。但现在发现了石鼓山墓葬、明确了石鼓山和戴家湾青铜器的年代和文化面貌，所以将关中这种最为发达的文化与先周文化对应显然会更符合实际。若是关中姜戎文化广为分布且高度发达，反而难以让人理解。

作为关中最强大的力量，周人在商代晚期与商人存在密切联系。这可以解释石鼓山和戴家湾何以有大量商式铜器存在，以及周人可能从安阳的铸铜作坊获得符合自身需求的青铜器。姜戎人或其他土著应没有能力与渠道广泛获取如此众多的铜器。

石鼓山墓葬为先周文化遗存，也可以解释这类墓葬和相关的陶器、铜器在沣西的出现，有助于理解西周青铜文化的来源与发展，以及石鼓山和戴家湾青铜器所代表的文化的去向。

周人对商代青铜器有所继承，但也创造出了符合自身文化与体制的新器物。青铜器最主要的变化就是以鼎和簋为代表的食器替代了以觚、爵、斝为代表的酒器。簋还出现了方座簋、带盖簋等新器形。酒器虽然仍在使用，但组合和器形有所变化，比如以卣和尊相配，使用觥和盉，还多见石鼓山 M3 已出现的爵、觯组合。装饰沿用兽面纹，但不断增多或愈加重要的是华丽的鸟纹、牛头纹、兽纹等，以及更为突出的扉棱。显然，青铜器的这些重要特点或变化，在石鼓山和戴家湾铜器群中已明显出现。除整体特征外，石鼓山和戴家湾一些备受关注的特殊器形也与西周风格的铜器存在联系。如石鼓山和戴家湾的铜禁可能演变成了簋下的方座，两地本也出土方座簋，张懋镕即认为西周的方座簋可能起源于宝鸡。[76] 又如石鼓山 M4 出土 2 件牺尊，类似者有张家坡 M163 的牺尊，[77] 两地的牺尊因时代不同而有所区别，但在诸如兽腹两侧都有小翼等重要细节上完全相同，也显示出它们间可能存在的联系。诸如此类的具体器形和纹饰，还可以有更多的比较。

除青铜礼器外，石鼓山墓葬随葬兵器与车马器，戴家湾也有此类铜器。这也是沣西西周墓中的常见器类。

石鼓山和戴家湾铜器也有一些自身特点，如酒器还占重要地位、少见西周铜器上的长篇铭文等，或许正好表明这些铜器的时代较早。至于那些厚重的扉棱或棱戟装饰，可能流行时间较短而在西周铜器上不再那么突出。

总之，石鼓山墓葬内涵丰富，所出铜器可与戴家湾铜器相联系，两地的铜器将使我们对宝鸡地区商末周初的文化和社会图景产生新的认识。更重要的是，石鼓山墓葬的发现更加明确了先周文化的主体，并足以为先周文化的探索带来新的反思。

附记：

我于 1993 年在张长寿先生的指导下学习商周考古学，并以"中国南方商周青铜礼乐器研究"为题撰写博士学位论文。此后，我便将长江流域青铜时代的文化和社会作为我的研究领域，但张先生一直期望我更多关注商周时期的主流文化。石鼓山这批墓葬出土后，张先生便希望我能参与学界正在开展的研究和讨论，并就石鼓山墓葬的年代、性质、相关资料、墓葬对于探索先周文化的意义等问题，和我交流了看法。我最终完成的这篇论文的主要观点，并不同于学术界对石鼓山墓葬的主流认识，原因之一如我在正文中的说明，即如果有确实可靠的考古新发现，那么我们应当用新材料去检验、完善以考古材料为基础建立的铜器断代标准，而不是以一成不变的标准来衡量新材料。张先生曾说，考古学是门日新月异的学科，每天都会有新发现，一项新发现就可能动摇原有的体系，因此从事考古学研究就要有与时俱进的意识，根据新材料、新研究吐故纳新。我对石鼓山墓葬和宝鸡地区青铜器的认识可能并不恰当，但我愿以这样的尝试和努力作为我对张先生的缅怀。

① 石鼓山考古队：《陕西宝鸡石鼓山西周墓葬发掘简报》，《文物》2013 年第 2 期。

② 陕西省考古研究院、宝鸡市考古研究所、宝鸡市渭滨区博物馆：《陕西宝鸡石鼓山商周墓地 M4 发掘简报》，《文物》2016 年第 1 期。

③ 王颖、刘栋、辛怡华：《石鼓山西周墓葬的初步研究》，《文物》2013 年第 2 期。

④ 曹斌：《宝鸡石鼓山三号墓研究》，《考古与文物》2016 年第 2 期。

⑤ 丁岩、王占奎：《石鼓山商周墓地 M4 再识》，《文物》2016 年第 1 期。

⑥ 西江清高著，路国权、近藤晴香译：《宝鸡石鼓山西周墓的发现和高领袋足鬲的年代》，见《西部考古》第 10 辑，科学出版社，2016 年。

⑦ 苏秉琦：《斗鸡台沟东区墓葬》，北平，1937 年。

⑧ 宝鸡市考古工作队：《陕西宝鸡高家村刘家文化墓地发掘报告》，见《古代文明》第七卷，文物出版社，2008 年。

⑨ a. 刘宝爱：《宝鸡发现辛店文化陶器》，《考古》1985 年第 9 期。b. 王桂枝：《宝鸡下马营旭光西周墓清理简报》，《文博》1985 年第 2 期。

⑩ 卢连成、胡智生：《宝鸡强国墓地》上册，第 10 页，文物出版社，1988 年。

⑪ 宝鸡市考古队：《宝鸡市纸坊头遗址试掘简报》，《文物》1989 年第 5 期。

⑫ 王桂枝：《宝鸡下马营旭光西周墓清理简报》，《文博》1985 年第 2 期。

⑬ 宝鸡县博物馆阎宏斌：《宝鸡林家村出土西周青铜器和陶器》，《文物》1988 年第 6 期。

⑭ a. 陕西省博物馆、陕西省文物管理委员会：《陕西岐山贺家村西周墓葬》，《考古》1976 年第 1 期。
   b. 陕西省考古研究所徐锡台：《岐山贺家村西周墓发掘简报》，《考古与文物》1980 年第 1 期。

⑮ 陕西周原考古队：《扶风刘家姜戎墓葬发掘简报》，《文物》1984 年第 7 期。

⑯ 北京大学考古系：《陕西扶风县壹家堡遗址发掘简报》，《考古》1993年第1期。

⑰ 雍城考古队韩伟、吴镇烽：《凤翔南指挥西村周墓的发掘》，《考古与文物》1982年第4期。

⑱ 中国社会科学院考古研究所：《南邠州·碾子坡》，世界图书出版公司北京公司，2007年。

⑲ 宝鸡市考古工作队：《陕西武功郑家坡先周遗址发掘简报》，《文物》1984年第7期。

⑳ 中国社会科学院考古研究所沣西发掘队：《1967年长安张家坡西周墓葬的发掘》，《考古学报》1980年第4期。

㉑ 中国社会科学院考古研究所丰镐发掘队：《长安沣西早周墓葬发掘记略》，《考古》1984年第9期。

㉒ 张长寿：《沣西的先周文化遗存》，《考古与文物》2000年第2期。

㉓ 中国社会科学院考古研究所丰镐工作队：《1997年沣西发掘报告》，《考古学报》2000年第2期。

㉔ 李宏飞：《论宝鸡石鼓山M3的商器周用现象及其背景》，见《三代考古》（七），科学出版社，2017年。

㉕ 高次若：《宝鸡市博物馆藏青铜器介绍》，《考古与文物》1991年第5期。

㉖ 高次若：《宝鸡石嘴头发现西周早期墓葬》，《文物》1993年第7期。

㉗ 任雪莉：《百年牵手 同气连枝——新出宝鸡石鼓山与戴家湾铜器的对比研究》，见《周野鹿鸣：宝鸡石鼓山西周贵族墓出土青铜器》，上海书画出版社，2014年。

㉘ 王光永：《陕西宝鸡戴家湾出土商周青铜器调查报告》，《考古与文物》1991年第1期。

㉙ 刘明科：《党毓琨盗掘斗鸡台（戴家湾）文物的调查报告》，见《宝鸡考古撷萃》，三秦出版社，2006年。

㉚ 任雪莉：《中国古代青铜器整理与研究·戴家湾卷》，科学出版社，2015年。下文引此书，不再注作者和出版年代等。

㉛ "中研院"历史语言研究所、陕西省考古研究院：《宝鸡戴家湾与石鼓山出土商周青铜器》，2015年。下文引此书，不再注作者和出版年代等。

㉜ 任雪莉：《石鼓山的新发现与戴家湾的再思考》，见《中国古代青铜器整理与研究·戴家湾卷》。

㉝ 《宝鸡戴家湾与石鼓山出土商周青铜器·前言》，第26—45页。

㉞ 梅原末治：《枊禁的考古学考察》，《东方文化学院京都研究所研究报告》，1933年，邓宜欣、蔡佩玲、土口史记、陈昭容译，见《宝鸡戴家湾与石鼓山出土商周青铜器》。

㉟ 梅原末治：《陕西省宝鸡县出土的第二枊禁》，《东方学纪要》，1959年，土口史记、蔡佩玲、邓宜欣、陈昭容译，见《宝鸡戴家湾与石鼓山出土商周青铜器》。

㊱ 黄铭崇：《从考古发现看西周墓葬的"分器"现象与西周时代礼器制度的类型与阶段》，《"中研院"历史语言研究所集刊》第八十三本第四分、第八十四本第一分，2012、2013年。

㊲ 林森：《宝鸡石鼓山西周墓地所见"分器"现象研究》，见《边疆考古研究》第17辑，科学出版社，2015年。

㊳ 李龙俊：《陕西宝鸡石鼓山墓地出土铜器仿制现象研究》，《考古》2018年第5期。

㊴ 辛怡华、王颢、刘栋：《石鼓山西周墓葬出土铜器初探》，《文物》2013年第4期。

㊵ 《宝鸡戴家湾与石鼓山出土商周青铜器·前言》，第26—45页。

㊶ 苏荣誉：《论西周初年的牛首饰青铜四耳簋》，见《宝鸡戴家湾与石鼓山出土商周青铜器》。

㊷ 中国社会科学院考古研究所安阳工作队：《2000—2001年安阳孝民屯东南地殷代铸铜遗址发掘报告》，《考古学报》2006年第3期。

㊸ 李永迪、岳占伟、刘煜：《从孝民屯东南地出土陶范谈对殷墟青铜器的几点新认识》，《考古》2007年第3期。

㊹ 李永迪、岳占伟：《殷墟孝民屯东南地出土陶范与戴家湾石鼓山铜器群》，见《宝鸡戴家湾与石鼓山出土商周青铜器》。

㊺ 路国权：《殷墟孝民屯东南地出土陶范年代的再认识及相关问题》，《考古》2011年第8期。

㊻ 曹斌：《宝鸡石鼓山三号墓研究》，《考古与文物》2016年第2期。

㊼ 唐际根、汪涛：《殷墟第四期文化年代辨微》，《考古学集刊》第15集，科学出版社，2004年。

㊽ 苏荣誉：《论西周初年的牛首饰青铜四耳簋》，见《宝鸡戴家湾与石鼓山出土商周青铜器》。

㊾ 丁岩、王占奎：《石鼓山商周墓地M4再识》，《文物》2016年第1期。

㊿ 张天恩：《石鼓山户氏青铜器相关问题简论》，《文物》2015年第1期。

51 罗宏才：《党毓琨西府盗宝记》（续），《文博》1997年第5期。

52 李宏飞：《论宝鸡石鼓山M3的商器周用现象及其背景》，见《三代考古》（七），科学出版社，2017年。

53 《宝鸡戴家湾与石鼓山出土商周青铜器·前言》，第26—45页。

54 a. 王颖、刘栋、辛怡华：《石鼓山西周墓葬的初步研究》，《文物》2013年第2期。b. 刘军社：《再谈石鼓山M3的主人及其族属》，见《周野鹿鸣：宝鸡石鼓山西周贵族墓出土青铜器》，上海书画出版社，2014年。

55 张天恩：《石鼓山户氏青铜器相关问题简论》，《文物》2015年第1期。

56 李学勤：《石鼓山三号墓器铭选释》，《文物》2013年第4期。

57 张懋镕：《如何利用族徽铜器识别西周早期墓地的族属》，见《古文字与青铜器论集》第四辑，科学出版社，2014年。

58 辛怡华：《宝鸡石鼓山M3墓主及相关问题》，见《西部考古》第9辑，科学出版社，2015年。

59 尹盛平、尹夏清：《关于宝鸡市戴家湾、石鼓山商周墓地的国别与家族问题》，《考古与文物》2016年第2期。

60 a. 王占奎、丁岩：《石鼓山商周墓地4号墓初识》，见《周野鹿鸣：宝鸡石鼓山西周贵族墓出土青铜器》，上海书画出版社，2014年。b. 丁岩、王占奎：《石鼓山商周墓地M4再识》，《文物》2016年第1期。

61 a. 张懋镕：《宝鸡石鼓山墓地文化因素分析》，《宝鸡社会科学》2013年第3期。b. 西江清高著，路国权、近藤晴香译：《宝鸡石鼓山西周墓的发现和高领袋足鬲的年代》，见《西部考古》第10辑，科学出版社，2016年。

62 曹斌：《宝鸡石鼓山三号墓研究》，《考古与文物》2016年第2期。

63 李宏飞：《论宝鸡石鼓山M3的商器周用现象及其背景》，见《三代考古》（七），科学出版社，2017年。

64 刘莉、刘明科：《也谈石鼓山西周M3墓主及相关问题》，《宝鸡社会科学》2013年第2期。

65 彭曦：《蠡测石鼓山西周早期M3主人》，《宝鸡社会科学》2013年第3期。

66 雷兴山此观点，见常怀颖《"宝鸡戴家湾、石鼓山与安阳出土青铜器及陶范学术研讨会"纪要》，《古代文明研究通讯》第68期，2016年。

67 任雪莉、郭晶：《石鼓山墓地特殊葬俗现象的分析》，见《三代考古》（七），科学出版社，2017年。

68 朱凤瀚：《宝鸡戴家湾与石鼓山出土商周青铜器·序·二》，第17—21页。

69 刘军社：《石鼓山三号墓的发掘情况及其文化属性》，见《宝鸡戴家湾与石鼓山出土商周青铜器》。

70 张长寿：《沣西的先周文化遗存》，《考古与文物》2000年第2期。

71 张长寿、梁星彭：《关中先周青铜文化的类型与周文化的渊源》，《考古学报》1989年第1期。

72 巨万仓：《陕西岐山王家嘴、衙里西周墓葬发掘简报》，《文博》1985年第5期。

⑦ 张海滨、解华顶：《石鼓山墓地M3及西周早期壁龛墓渊源及族属探析》,《中原文物》2016年第2期。

⑦ a. 胡谦盈：《南郊碾子坡先周文化居住址和墓葬发掘的学术意义》，见《周秦文化研究》，陕西人民出版社，1998年。b. 王巍、徐良高：《先周文化的考古学探索》,《考古学报》2000年第3期。

⑦ 中国社会科学院考古研究所：《张家坡西周墓地》，第22—25页，中国大百科全书出版社，1999年。

⑦ 张懋镕：《戴家湾铜器的历史地位》，见《中国古代青铜器整理与研究·戴家湾卷·代序》。

⑦ 中国社会科学院考古研究所：《张家坡西周墓地》，第161—163页，中国大百科全书出版社，1999年。

西周王朝"畿内地域"的交通路线

西江清高

（日本南山大学）

一、绪论——西周王朝的"畿内地域"与三个"都城圈"

本稿尝试从地理考古学的视角对构成西周王朝"畿内地域"的三个"都城圈"（三个王都）之间相互连接的交通路线进行初步的考察。[①]

笔者此前曾针对二里头文化时期的中原王朝（夏王朝）的政治圈，以聚落的阶层结构和文化要素的分布圈为依据，指出其存在"畿内地域"、"次级地域"和"外域"的三重构造的可能性。[②]所谓的"畿内地域"是反映以王都为顶点，直接统治的政治秩序的地理空间；所谓"次级地域"是在"畿内地域"周围设置王朝"殖民据点"的地理空间；"外域"在"次级地域"的更外围，是围绕在中原王朝（二里头文化）文化圈外侧的广阔区域。[③]

这种政治圈的三重构造，在此之后的商王朝、西周王朝也残留着一定影响。研究西周史的专家佐藤信弥以"令方彝"的铭文为例，整理了关于"三事"和"四方"的区别。根据他的研究，"三事"指的是诸官统辖的西周王朝的直辖范围（内服），"四方"指的是王畿外侧东西南北的地域（外服），即诸侯管辖的地域。佐藤还指出王畿"实际仅限于周王和其属官直接统治的所谓周原、宗周和成周的都邑，以及地位接近于都邑的邑；其周边的地域作为采邑被分封给服从周王的贵族。周朝通过诸官对这些采邑进行间接的统治，同时采邑之主也经常成为周王朝的高官"[④]。笔者曾通过对二里头文化的研究提出中原王朝的"畿内地域"与"次级地域"之概念。窃以为前者与佐藤所言王畿（内服）相对应，后者与四方（外服）相对应。

"周"、"宗周"、"成周"是西周金文和传世文献中所见西周王朝的三个都邑之名称，三个地点都是作为周王的所在地或王朝的祭祀活动的场所而被知晓，亦可称之为三王都。关于史料中所见的三个王都，"周"是周原（广义的周原或者狭义的周原遗址），"宗周"是镐京（丰镐遗址或其一部分），"成周（洛邑）"一般被认为位于今洛阳市。⑤笔者认同此说。基于考古学认知明显可见，由以关中平原西部的周原遗址和周公庙遗址为中心的"周原地区"、以西安市西郊的丰镐遗址为中心的"丰镐地区"、洛阳盆地的"洛邑地区"形成了西周王朝据点聚落遗址集中的三个中心地域。这三个"地域"，笔者称其为三个"都城圈"。

所谓的"都城圈"并不是单一都邑遗址的概念，而是指由拥有宫殿或宗庙等设施的中心地（例如周原遗址或丰镐遗址等）、在中心地周围分散设置的诸地点（诸如支持王都的农耕聚落、军事据点、交通要地和接触并获得自然资源的地点等）所构成的"地域系统"⑥。

通过金文和传世文献可知，西周时代的王实际上在这三个都城圈之间边移动，边进行国家祭祀等行为。⑦所谓西周王朝的"畿内地域"，可以说就是周王或政治权力的中枢在这三个都城圈之间游移的同时，施行以周王为顶点的直接统治的地理的空间。

但是，在畿内地域的三个都城圈之间，人们具体是怎样往来的呢？如果不能实现人与物资稳定地输送，王朝的直接统治是无法实施的。交通路线是使这一切成为可能的基本前提。本文基于这样的考虑，尝试对连接西周王朝畿内地域三个都城圈的河流交通路线和陆上交通路线进行初步的考察。

二、连接"都城圈"的河流交通路线

周原地区、丰镐地区、洛邑地区这三个都城圈并不是各自独立形成的。毫无疑问，维持恒常稳定的交通网络是支持人员、信息和物资往来的交互过程实现的前提。

从周原地区的中心地（周原遗址）到丰镐地区的中心地（丰镐遗址），直线距离约90公里，丰镐地区的中心地到洛邑地区的中心地（假设为洛阳的王城遗址），直线距离约350公里。可以设想在此之间，以地形条件等各种自然条件为背景，通过最为合理的路线筛选，河流交通路线和陆上交通路线才能得以确立。

能够作为西周时代交通路线复原依据的传世文献和西周金文资料非常有限。首先，西汉时代以降，有关渭河—黄河的河流交通（水运）仅存在片段的史料与资料。笔者参照诸位学者的历史地理学研究成果，整理其问题点，并结合若干考古学的见解，尝试推定复原西周时代的河流交通路线。与陆运相比，利用河流水运可以高效率大规模地运输粮食等农产品和以木材为代表的森林资源等物资。但是，渭河和黄河的水流中夹杂着大量来自黄土的泥沙，具有沉积于河床和河岸的特性，容易导致河流的深度和流经路线的变化，难以作为稳定的河流交通路线利用。

可用于了解西周时代的河流交通真实情况的史料极为稀少。⑧年代略晚的春秋时代文献《左传》僖公十三年（前647）有"秦输粟于晋，自雍及绛相继，命之曰泛舟之役"的记载。秦雍城位于现在的陕西省凤翔县，即西周时代周原地区的西部。其位于南有渭河、西有渭河支流千河的台地上。此外，晋的都城绛被认为位于汾河中游的山西省南部曲沃侯马故城一带。历史地理学者黄盛璋根据这条记事，推定该运输路线以雍城为起点，利用渭河到达黄河河曲附近（潼关附近），然后，溯黄河北上，在黄河的东岸进入汾河，再东向抵达晋都绛附近。⑨这一输送路线实际上大部分依托水运，或许还包含一部分陆运，其真实情况不明。此记事是关于渭河—黄河水运最古老的确实的记录。

存在水量丰沛的河流并不意味着无条件地利于水运。渭河水流具有包含大量泥沙的水质特性，增水期的河流沉积作用使得河道或河床的状态比较容易发生变化。参考历代王朝的记录，为了维持稳定的水运会遇到很多问题。⑩西汉武帝时期，长安以东的渭河下游河道的弯曲显著，产生了对于水运极为不利的因素。根据大司农郑当时的建议，以长安（可能是昆明池）为起点，至关中平原东部华阴的渭河南岸，开凿了一条与渭河平行的漕渠。实际上这一大工程取得了成功。从这条记录可以看出渭河的水运在国家运作上占有重要的地位，同时也可得知渭河的河道变化对水运有着深刻的影响。⑪渭河的河道与河床的状态、气候（降水量）的变化，以及关中平原包括周边地带因土地开发导致的森林环境恶化、土地保水能力的变化等因素都会对水运产生显著影响。根据西汉时代沟渠的开凿情况可以推测，如果放任自然状态而不施加人为的作用，渭河的水运条件会随着时代的变迁而逐渐恶化。实际上，渭河的水运在东汉末已开始衰退。⑫即便如此，此后渭河的水运虽然存在着源于自然条件的困难，但仍然被持续利用。隋唐时代疏浚了汉代以来的漕渠，使之隆盛。然而，11世纪中叶以降，除木筏以外，一般船只难以航行，这种状况一直持续至今。⑬

西汉时代的渭河水运的考古学资料中，存在疑为暂时保管水运粮食的仓库群遗址。1979年发掘的华阴市京师仓（华仓）就是其中代表性的遗址。据发掘报告推测，遗址的位置在上述西汉武帝时期开凿的漕渠东段附近。在东西1 120米、南北700米的广阔范围内发现了粮仓的建筑遗迹。1号仓有着东西62.5米、南北26.6米的巨大规模。⑭该遗址位于渭河、黄河合流处附近的潼关西约10公里，距渭河主流南侧约3公里，距西汉漕渠遗址极近，只有大约400米。而且有学者指出汉代在此地附近设立了"船司空"。⑮

汉代以来，史料所涉及的主要是长安以东渭河—黄河的水运状况。为了推测西周时期周原地区—丰镐地区之间的水运状况，有必要获取西溯渭河而上，包含今宝鸡市周边、西安市以西的渭河水运的相关线索。2004年凤翔县长青发现的西汉时代仓储建筑遗址，⑯是探索从今宝鸡市周边到西安市的渭河水运状况的极为重要的线索。该遗址发掘出南北216米、东西33米的建筑遗迹，被推测为大规模仓库关联设施的一部分。在此之前，凤翔县曾经发现过"百万石仓"的文字瓦，推测与该遗址存在关联。[⑰]遗址坐落在千河（汧水）东岸之东约300米的低台地上，位于流经周原台地西端部（即"周原地区"西端部）崖面的千河河岸近旁。毋庸置疑，其作为与河川交通、漕运粮食相关的仓库，发挥了一定的作用。如果以遗址前面的河岸为起点沿千河顺流南下，可以到达直线距离20公里的今宝鸡市东部的渭河、千河合流点。从此沿渭河顺流东下约130公里，到达西安市西部的汉长安城遗址附近。西汉时代，载满粮食的船在此区间往来的可能性很高。

前文所述春秋时代的文献记载着从秦雍城到晋绛都的河流交通。推测这条路线以今凤翔县雍城遗址附近的千河（汧水）东岸为起点，经由宝鸡市以东的渭河，其后到达渭河与黄河交汇点的可能性很高。渭河的水量和水质，基本上距今年代越久远，作为河流交通路线的条件就越好。不难设想在西周时代，极有可能使用同一河道以船只施行水运。

笔者据此推定的西周时期渭河—黄河航行可能的交通路线如图一所示。西边以现在的宝鸡市附近为起点沿渭河东下，经由咸阳市、西安市附近，到达潼关附近的黄河、渭河合流点。在黄河、渭河合流点，航道出现两条歧路。一条沿黄河主流东进到达河南省三门峡市附近。另一条逆黄河溯流北进，抵达龙门以南的黄河、汾河汇合点。三门峡市附近，古来以黄河中游行船之险关而闻名。[⑱]因此，从三门峡东至洛阳的路段，如后文所述，一般考虑利用陆路交通比较妥当。根据前述文献记载，在关中平原的渭河支流中，千河上也有船只航行。但是，基本看不到与泾河、洛河相关的水运记录，似可认为其不适合船只的航行。[⑲]

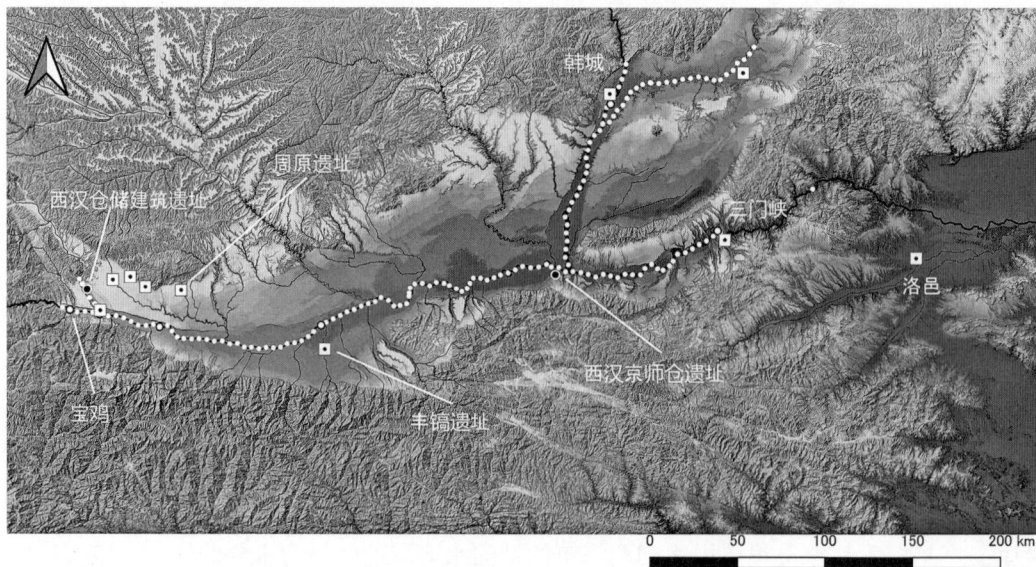

图一　西周时期河川交通路线的推定

三、连接 "都城圈" 的陆上交通路线

关于西周王朝的陆路交通路线，传世文献和一部分金文中可见 "周道"、"周行" 的名称。迄今为止，顾颉刚、[20] 杨升南、[21] 丁岩[22] 等学者的研究为学界所知。然而，包括金文的相关史料非常有限，而且与道路相关的考古学的认知也不过处于片段状态，研究并无实质性进展。杨升南的研究涉猎了传世文献和金文资料，对从西周王朝的各个王都通往四方的 "周道" 进行了最大限度的探索，但受到史料、资料不足的制约。虽然可知某地点与某地点（例如宗周与成周、成周与某诸侯国）通过陆路交往的事实，但在地图上很难描绘出交通线的具体路径。

本文所采用的陆上交通路线的复原方法，是把以地形为代表的自然条件作为交通线的第一要素，应用GIS的方法解析连接两个地点间合理的路线，并在地图上绘出。这种解析，以下述①和②为前提。

① 推定交通路线连接的诸地点，或者交通路线通过的诸地点。所谓诸地点：第一，三个都城圈的中心地，即周原地区的中心地（周原遗址）、丰镐地区的中心地（丰镐遗址）、洛邑地区的中心地（假设是洛阳的王城遗址）；第二，除此之外的近邻据点、聚落遗址（大型农耕聚落或军事的遗址等）；第三，从历史时代的文献中可获得线索的重要关隘及河流渡口，即便追溯到西周时代也应该是交通路线上合理的通过地点。

② 作为自然条件，不仅着眼于地表的起伏或山川等障碍，必须考虑交通线的通过地是否适合作为人类的生活圈。笔者以前对于关中平原的水资源问题作过相关探讨，指出关中平原西部的沣河（后河）以南的台地（周原台地南半部的积石原）、关中平原中部的咸阳原、关中平原东部的泾河以东、渭河以北的大部分土地因不能确保生活用水，或者由于农业条件恶劣等原因，从新石器时代到西周时代定居聚落难以形成。[23] 复原交通线时，要顾及陆上交通线所通过的地域，基本上避开这样的地区才是合理的。

确认研究方法之后，首先，尝试复原连接周原地区和丰镐地区的交通路线。需要注意的是，穿过渭河北侧广阔的咸阳原台地上的路线难以利用。现代的咸阳原台地上东西方向有众多街道的存在，看似古代以来的干线道路，然而，过去的咸阳原上可利用的水资源绝对不足，从新石器时代到早期王朝时代，考古学上没有发现人的居住痕迹。[24] 连接关中平原上两个都城圈最实际的路线是沿咸阳原南侧渭河北岸东西方向的路径，以及连接秦岭北麓与渭河南岸之间的东西向路径。渭河南岸的路径与推测存在于眉县或岐山县南部（五丈原附近）的渭河渡口相连接的可能性很高。这一地点，也是后世所建穿越

秦岭连接汉中、四川的褒斜道的起点。

其次，需要探索连接丰镐地区与东方的洛邑地区的长距离陆上交通线。如果此路线以丰镐遗址为起点，应由此处沿渭河南岸向东方延伸。关中平原东部的泾河以东、渭河以北一带，古来存在水资源匮乏或土地不适于农耕的问题，除洛河等部分河流的河岸以外，是几乎没有发现从新石器时代到早期王朝时代聚落遗址的贫瘠之地。[25]然而，以华县（华州）附近为起点，沿东北方向横断渭河以北的土地，跨越洛河到达黄河西岸的韩城附近的交通路线是可以推定的。如下文所述，西周时代、春秋时代的韩城附近形成了大规模的据点聚落，此地作为黄河渡口十分重要，该交通路线应与此有关。由此地点东渡黄河，是山西省黄河和汾河的交汇处，沿汾河东进可抵达晋国的中心区域。[26]

另一方面，由丰镐地区向东的渭河南岸通路可以从秦岭北麓与渭河南岸之间的狭窄平地处通过，具有自仰韶文化以来，恒常维持稳定的农耕聚落等良好地理条件。先周时期的商系文化据点聚落老牛坡遗址、其东方的华县南沙遗址等重要聚落在这一带呈点状分布。西周时代的华县附近，被认为是郑的所在地，是渭河南岸的交通要地。[27]渭河南岸的路径可迅速抵达关中平原东端的黄河、渭河合流点附近（潼关附近）。由此再向东进，即可东出关中平原到达河南省境内。

从此处到洛邑地区的区间，相当于黄河中游的南侧一带。黄河的河岸鲜有适合陆上交通的连续平地，不得不选择经由黄河南岸南侧延绵的丘陵地带的路线。历史上著名的函谷关（秦函谷关）就位于三门峡市南部丘陵地的山谷之间。西汉时代新设置的所谓新函谷关（汉函谷关），位于秦函谷关之东直线距离约110公里的新安县城。虽然这些关隘是晚于西周时代设置的，但仍然可以推测是在充分考虑古代地形条件的基础上，于合理的路线上设置的关隘。如若假定潼关、秦函谷关、汉函谷关这三个地点也是西周时代陆路交通的要冲，似可推测连接丰镐地区与洛邑地区的陆上交通路线，经由渭河南岸—潼关—秦函谷关—（三门峡）—汉函谷关，向东沿着涧河河岸到达现在的洛阳市。

此外，秦函谷关和汉函谷关之间并不是以单纯的直路连接。东出秦函谷关可直接到达比较开阔的谷间地带。沿着这一谷间地带北上4—5公里，即可到达黄河南岸的平原地区。从河岸的平原东进约20公里，可抵达今三门峡市区。该地区至迟在西周后期以降是重要的姬姓诸侯虢的所在地。推测西周王朝在此地设置强势诸侯的意义之一是守备连接丰镐地区和洛邑地区交通线上的重要枢纽。

如前文所述，三门峡附近是黄河水运中船舶航行的危险航段，渭河—黄河的水运交通线很可能以此地附近为终点。此外，虢国墓地遗址所在三门峡市附近极有可能是黄河南北两岸的渡口。黄河南岸的三门峡附近与黄河北岸的山西省平陆附近，近代以来也设置着渡船码头。

山西省南部，是西周时代、春秋时代的强大诸侯——晋国的势力影响下的区域。黄河的第二支流汾河流经这一带。从晋国的中心地出发沿汾河西进，不久会到达因水流湍急而闻名的龙门之南，并和黄河主河道合流。水深较浅、水流稳定的黄河、汾河合流点附近极有可能是上述连接山西省和陕西省的渡口。这一地点的黄河西岸是今陕西省韩城附近。在这一带，近年发现了包括大规模墓地的梁带村遗址，推测其与西周后期到春秋前期的芮国有关。[28]梁带村遗址位于黄河西岸台地的边缘部，与黄河主流的距离非常近。包括前述河流交通的要地韩城一带的迹象表明，存在着韩城附近（芮）—华县附近（郑）—丰镐地区的陆上交通线。

至迟自西周后期以降，在连接黄河中游南岸（河南省三门峡附近）—黄河中游北岸（山西省平陆附近）—山西省南部（曲沃附近的晋国中心地）—汾河—黄河西岸（陕西省韩城附近）等的交通要冲，西周王朝部署了有实力的诸侯。田畑润关注了黄河中流域的虢、芮、晋并列的状况，并将其命名为"L字排列"，指出西周后期存在夹黄河的诸侯之间的联网区域。[29]丰镐地区与洛邑地区之间的陆上交通线，由于直线距离长达350公里，推测是出于安全方面的考虑，在路线中间设置了重要诸侯，试图稳定畿内地域的交通网络。

复原西周时代的交通路线，很多场合不得不依靠推测。前文推定了数个经由地点，在此基础上，可以考虑构建人的徒步移动合理路线图（图二）。这是应用GIS的方法解析地形条件的制约，在地图上描绘的交通路线。有研究显示成人男子一日徒步的移动距离为40公里左右，[30]据此推算，从周原地区到丰镐地区大约需要2日左右，从丰镐地区到洛邑地区大约需要7—10日。

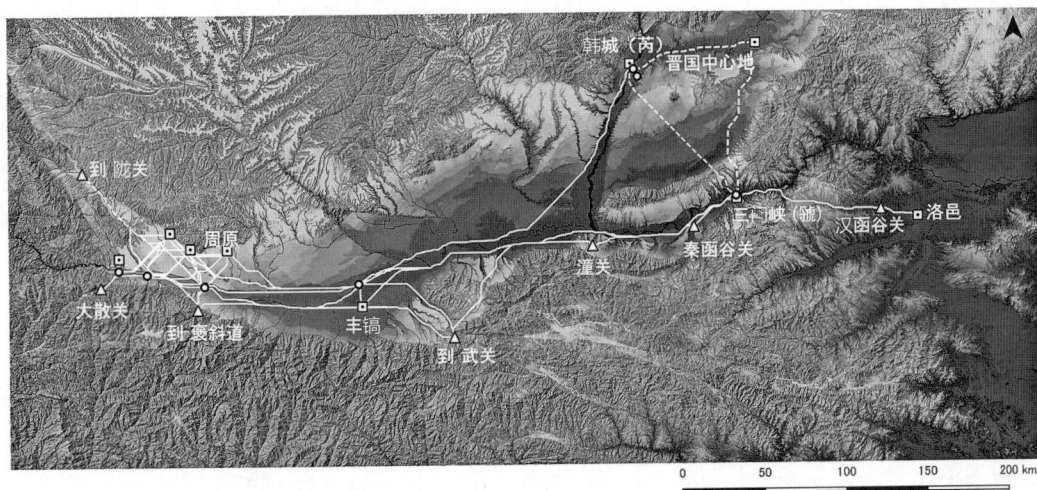

图二　西周时期陆上交通路线的推定

四、结　语

通过上述考察，对西周王朝的畿内地域的河流交通路线和陆上交通路线（图一、图二）进行了推定复原。在结语中，想再次确认推定的交通路线与"周原地区"、"丰镐地区"两个都城圈的关系。

笔者认为作为都城圈的"周原地区"的范围，大致可想定为位于关中平原西部，东起漆水河、西迄千河的广义周原（周原台地）再加上其南侧的渭河两岸、秦岭北麓一带。设定这一地理范围的依据如下。第一，运用GIS方法解析先周、西周时期的遗址间距离，将遗址分布视为"连续"的"遗址群"，提取分布距离上有意义的聚落群（cluster），进而确定其范围。[31]第二，可以指出在这一地理范围之中，存在拥有宫殿、宗庙遗址的中心区域（周原遗址）、近邻的岐山南麓的大型聚落遗址（周公庙、劝读、孔头沟等）、中小农耕聚落遗址、军事性质的聚落遗址（水沟等）、接触获取自然资源的地点（周原台地南边缘或秦岭北麓等）等，[32]是各种具备维持都城机能的地点紧密配置的空间构成（地域系统）。周原地区的范围，以周原遗址为中心，距离东边的漆水河西岸约30公里，距离西边的千河东岸约50公里，距离南部的渭河北岸约25公里，这一距离是徒步一日可以到达的范围。

本文指出周原地区的西侧（千河）和南部（渭河），可能西周时代已作为航运交通线被利用。周原地区的西部与南部被河流航运线所包围。此外，主要的陆上交通路线存在从周原地区向东通往丰镐地区的道路群，以及从周原地区西去（宝鸡市一带）的道路群。还存在通往畿内地区以外的交通路线，沿千河向西北通往甘肃东部的道路、从宝鸡市附近南下经过大散关通往汉中、四川的道路（陈仓故道）、从五丈原附近想定的渭河渡口沿后世的褒斜道南下之道路（图三）。

其次，关于丰镐地区的地理范围设定的依据。第一，是运用GIS的方法解析先周、西周时期的遗址间距离，将遗址分布视为"连续"的"遗址群"，提取分布距离上有意义的聚落群（cluster），进而确定其空间。第二，推定以丰镐遗址为中心，其周围分布着广袤的可耕地，也可以作为这一地理范围的参照项。[33]丰镐地区现在尚未发现类似周原地区的拥有维持都城机能的大型聚落遗址、军事聚落遗址等。如以丰镐遗址为中心，推定丰镐地区的范围四至应为20—30公里以内，亦属于徒步一日可至的移动距离（图四）。

渭河自西而东流，横切推定的丰镐地区北部。西周时代的渭河和现在的渭河相比，河道更靠南，可能接近丰镐遗址的北侧。[34]西周时代的渭河水运因其距离极近而被利用的可能性很高。从丰镐地区通向西方周原地区的陆上交通线，设定在渭河的南岸和北岸

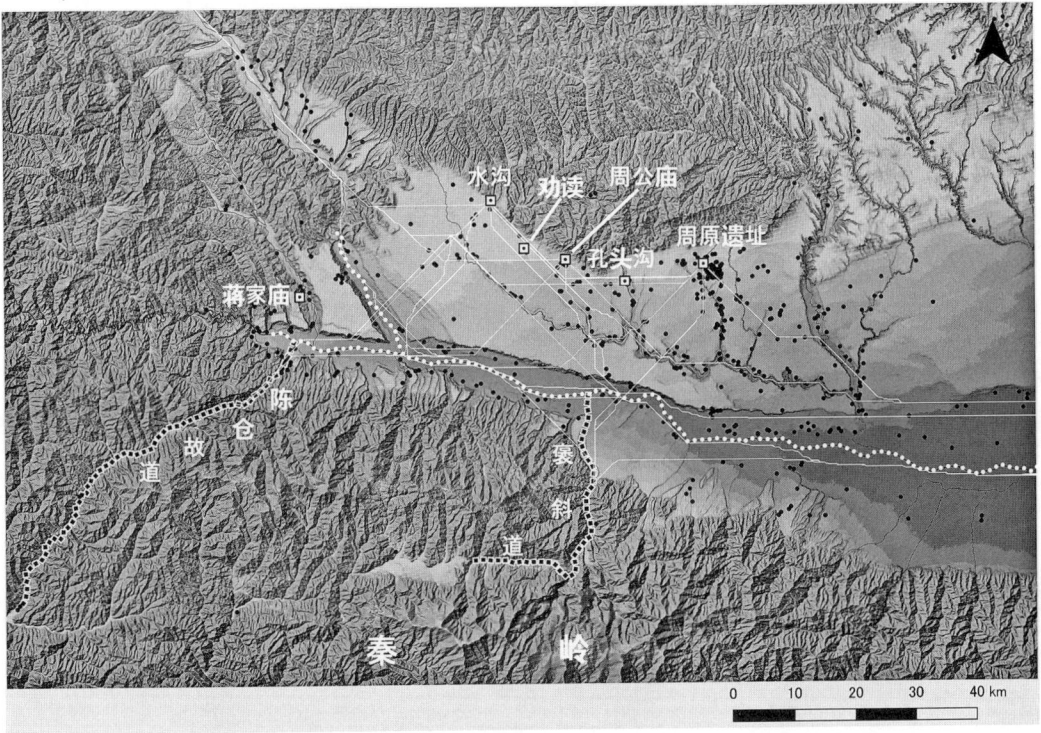

图三 周原地区周边的交通路线

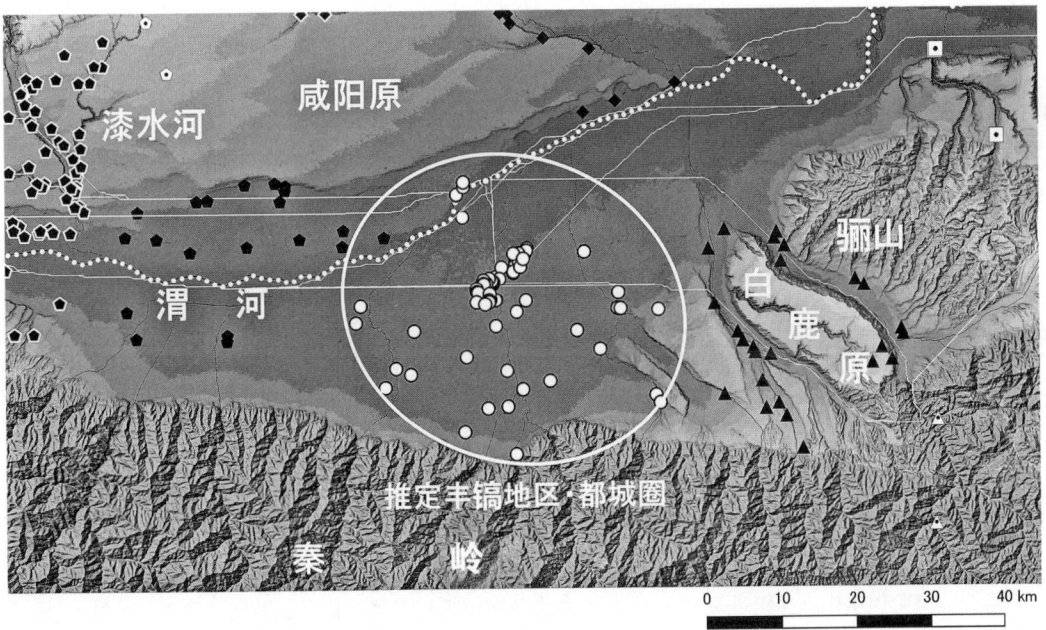

图四 丰镐地区周边的交通路线

两侧。同时，通往东方洛邑的陆上交通路线设定在渭河南岸。此外，从丰镐地区向东南方向前进，在蓝田附近跨越秦岭，到达武关的道路，可推定为通往畿内地域外部的交通路线。

综上所述，虽然包含着诸多假设，终究实现了连接西周王朝畿内地域的周原地区、丰镐地区、洛邑地区这三个都城圈（王都）的河流交通路线和陆上交通路线的具象化，初步构筑了这一交通体系的复原模型。作为今后的课题，笔者将设想继续应用与本文同样的方法，在诸侯国都邑被确认的情况下，探析连接畿内地域与远隔地的诸侯国之间的交通路线。

笔者在北京大学留学的1980年代，在西安的丰镐遗址、北京的社会科学院考古研究所和北京大学，几次有幸与张长寿先生会面。1987年的冬天，偶然地在从西安开往北京的列车上与先生同处一室，度过一日。张长寿先生渊博的学识和诲人不倦的儒雅风范，给我这个反复求教先周、西周陶器的学子留下了鲜明的记忆，至今仍难以忘怀。多年以后，自愧研究未有大成，但仍将拙文呈上，以寄托感激怀念之情。

本研究是日本学术振兴会、科学研究费补助金JSPS KAKENHI 18K18545（研究代表者：渡部展也）、JSPS KAKENHI 21K00976（研究代表者：西江清高）资助研究的一部分。

宋　殷译

---

① 本稿内容基于笔者的近著，略微变更视角，并进一步充实内容而成，见西江清高《西周王朝の形成と关中平原》第5章，同成社，2019年。最初使用日文写作，之后在宋殷（北京大学博士后）的协助下翻译成中文。此外，关于交通线的推定是应用GIS作图，在渡部展也（中部大学人文学部）的协助下完成的。在此对二位表示衷心的感谢。

② 见西江清高《二里头文化期中原王朝的政治空间模式》，《夏商都邑与文化（一）》第159—168页，中国社会科学出版社，2014年；西江清高《论中原王朝的"外域"出土的牙璋及其在中国古代史上的意义》，《アカデミア》（人文·自然科学编）第21号，第69—84页。

③ 笔者曾提出二里头文化时期，中原王朝（夏王朝）的政治圈是由"畿内地域"、"次级地域"和"外域"等三重空间构成。详细内容兹不赘述，可以概略如下。畿内地域：① 新石器时代晚期以来，本地文化具有连续性；② 王朝能对畿内地区进行直接统治；③ 墓葬构成呈阶层结构；④ 聚落构成呈阶层结构。次级地域：① 新石器时代晚期以来，本地文化发生断裂，缺乏连续性；② 为了确保资源和交通设置殖民据点；③ 殖民据点周围存在本地固有的土著文化。外域：① 不存在二里头文化遗址；② 外域的一些地域中心的领导阶层拥有一些来自或模仿自二里头文化的文化因素；③ 中原王朝和外域可能有某种程度的政治交流。

④ 见佐藤信弥《周——理想化された古代王朝》第50—53页，中央公论社，2016年。

⑤ 这种主张以尹盛平的研究颇具代表性，见尹盛平《周原文化与西周文明》第215—265页，江苏教育出版社，2005年。前述佐藤信弥也支持此说，见佐藤信弥《周——理想化された古代王朝》第45—46页。此外，角道亮介近年来对此问题进行了详细的再检讨，得出了"宗周"所指并非镐京，而是周原一带的结论，见角道亮介《西周王朝とその青铜器》第161—179页，六一书房，2014年。关于文献所见西周王朝的都邑的问题，需要更多的研究，也期待着考古学上的新发现。

⑥ 见西江清高《历史的地域としての"周原地区"——考古学GISの初步的试み》，《南山大学人类学博物馆所藏考古资料の研究》第150页，六一书房，2011年；西江清高《西周王朝の形成と关中平原》第5章。所谓都城圈，是笔者从对周原一带的地理考古学研究中提出的关于中国古代都城的概念。迄今，针对中国古代都城遗址的考古学研究多集中于宫殿、宗庙等都城中核部分的构造，或围绕这些中核部分的城墙的有无及其构造而展开。笔者对于学术界未能足够重视实际上承载着都城居住者生活和经济的"地域"基础这一侧面之倾向进行了批判。笔者由此提出了"都城圈"的概念。都城圈的思考方法对于解明具有都城的机能的诸地点在一定的"地域"内怎样被设置、怎样互相协作是极为重要的。为了便于观察其结果，笔者将其称为"地域系统"。

⑦ 近年、日本的谷秀树对西周金文中所见周王所在地的相关记载进行了集成，见谷秀树《周王の所在地の变迁について——西周王朝における2つの王统》，《立命馆文学》第637号，2014年，第39—62页。如果根据他的集成表计算周王在"周"、"宗周"和"成周"的记载次数的话，西周早期"周"3次，"宗周"（含"丰"）12次，"成周"（包括"新邑"）13次；西周中期"周"25次，"宗周"7次，"成周"2次；西周晚期"周"29次，"宗周"8次，"成周"8次。从中可以得知，周王实际在三个都城圈之间往来，并举行各种政治和宗教活动。笔者将包含三个都城圈的地理范围称之为西周王朝的"畿内地域"的依据之一就在于此。

⑧《诗经·大明》云"亲迎于渭，造舟为梁"，被认为是文王时期的说法，述说当时渭河上已经行船的事实。

⑨ 见黄盛璋《历史上的渭河水运》，《历史地理论集》第148页，人民出版社，1982年。

⑩ 据黄盛璋，渭河和黄河的主流相似，存在水运困难的三个问题点。即：① 初始水量就少；② 泥沙多；③ 洪水期与枯水期之间的水量差非常大。见黄盛璋《历史上的渭河水运》，《历史地理论集》第162页。

⑪ 见王子今《秦汉时期水源资源考察》，《秦汉时期生态环境研究》第126—131页，北京大学出版社，2007年。

⑫ 见王子今《秦汉时期水源资源考察》，《秦汉时期生态环境研究》第149页。

⑬ 见黄盛璋《历史上的渭河水运》，《历史地理论集》第160—161、166—169页。

⑭ 见陕西省考古研究所《西汉京师仓》，文物出版社，1990年。

⑮ 在汉代，此"华仓"作为接近渭河和黄河交汇点的中继地，从西往东形成太仓—华仓—敖仓（河南荥阳）的水运路线，见王子今《秦汉时期水源资源考察》，《秦汉时期生态环境研究》第125—126页。

⑯ 见陕西省考古研究所、宝鸡市考古工作队、凤翔县博物馆《陕西凤翔县长青西汉汧河码头仓储建筑遗址》，《考古》2005年第7期，第21—28页。

⑰ 见王子今《秦汉时期水源资源考察》，《秦汉时期生态环境研究》第131页。

⑱ 见史念海《三门峡与古代漕运》，《黄土高原历史地理研究》第35—47页，黄河水利出版社，2001年；河南省交通厅交通史志编审委员会《河南航运史》第26—31页，人民交通出版社，1989年。

⑲ 见黄盛璋《历史上的渭河水运》,《历史地理论集》第148页。

⑳ 见顾颉刚《"周道"与"周行"》,《史林杂识初编》第121—124页,中华书局,1963年。

㉑ 见杨升南《说"周行""周道"——西周时期的交通初探》,《西周史研究》第51—66页,《人文杂志丛刊》第二辑,1984年。

㉒ 见丁岩《岐丰"周道"及相关问题》,《文博》2003年第4期,第7—11页。

㉓ 见西江清高《西周王朝の形成と关中平原》第3、第4章。

㉔ 见西江清高《西周王朝の形成と关中平原》第118—121页。

㉕ 见西江清高《西周王朝の形成と关中平原》第115—118页。

㉖ 杨升南关于这一带的论述如下:"镐京到河东晋地的道路,从王城(大荔县)渡河而至韩侯之国。由此即沿汾水北上到达晋中地区。"见杨升南《说"周行""周道"——西周时期的交通初探》,《西周史研究》第62页。

㉗ 见杨升南《说"周行""周道"——西周时期的交通初探》,《西周史研究》第54页。

㉘ 见陕西省考古研究院、渭南市文物保护考古研究所、韩城市景区管理委员会《梁带村芮国墓地:二○○七年度发掘报告》,文物出版社,2010年。

㉙ 见田畑润《黄河中流域における西周时代后期葬制の变化と扩散》,《中国考古学》第12号,2012年,第61—84页。

㉚ 根据金森敦子对于日本江户时代旅行的相关研究,平坦道路的条件下,成人男子一日步行9—10里(35—39公里左右),见金森敦子《江户庶民の旅 旅のかたち・关所と女》第24页,平凡社,2002年。可以想定一般徒步移动的距离的上限是1日40公里左右。

㉛ 见西江清高《西周王朝の形成と关中平原》第5章。

㉜ 见西江清高《西周王朝の形成と关中平原》第144页。

㉝ 见西江清高《西周王朝の形成と关中平原》第5章。

㉞ 见中国社会科学院考古研究所、陕西省考古研究院、西安市周秦都城遗址保护管理中心《丰镐考古八十年》第14页,科学出版社,2016年;西江清高《西周王朝の形成と关中平原》第148—150页。

临淄齐故城考古研究札记

白云翔

（中国社会科学院考古研究所）

临淄齐故城位于山东省淄博市临淄区齐都镇，是周代齐国都城、秦王朝临淄郡（即"齐郡"）郡治、汉王朝齐郡郡治和齐王国的都城遗址，由东北部的大城和西南部的小城组成，面积约16.8平方千米（含护城壕），埋藏有丰富的历史文化遗存，是中国历史考古学的重镇之一（图一）。

近代以来临淄齐故城的研究，始于1930年历史语言研究所李济、吴金鼎二人到临淄齐故城的实地考察。[①]1934年，时任山东省图书馆馆长的王献唐曾赴临淄，对齐故城封泥出土地点进行实地考察，进而对临淄齐故城的形制进行初步研究。[②]1940年3月至1941年3月间，在北京大学留学的日本东京大学关野雄曾先后三次到临淄齐故城进行考古调查，踏查了淄河沿岸的东城墙、大城南墙以及小城的城墙残迹，记录了当时地面所见的城墙等遗迹，并结合历史文献和地方志的记载，绘制了第一张临淄齐故城位置图以及平面略图。[③]1956年以后，临淄齐故城系统的考古工作逐步展开，并不断取得进展，[④]尤其是1972年公布的《临淄齐国故城钻探实测图》[⑤]和2013年《临淄齐故城》考古报告的出版，[⑥]标志着其总体的布局结构得到揭示，为进一步深化和细化研究奠定了坚实的基础。

与此同时，史学界和考古学界也基于文献记载和考古成果，对临淄齐故城尤其是其布局结构等多方面开展研究，并不断进展和深化，取得诸多成果。择其要而言之：1976年，侯仁之对齐都临淄的兴起和演进进行综合论述；[⑦]1982年，刘敦愿主要以1960年代以后的考古勘探和发掘成果为基础，结合系统的文献资料梳理，就春秋时期齐都临淄城的布局结构尤其是城门和城内功能区等进行了复原研究；[⑧]1991～2007年间，曲英杰发表多篇论著，就齐都临淄城进行了多方面研究；[⑨]2013年，《临淄齐故城》在全面公布1964～1984年间齐故城田野考古资料的同时，设立专门章节就临淄齐故城的营建、

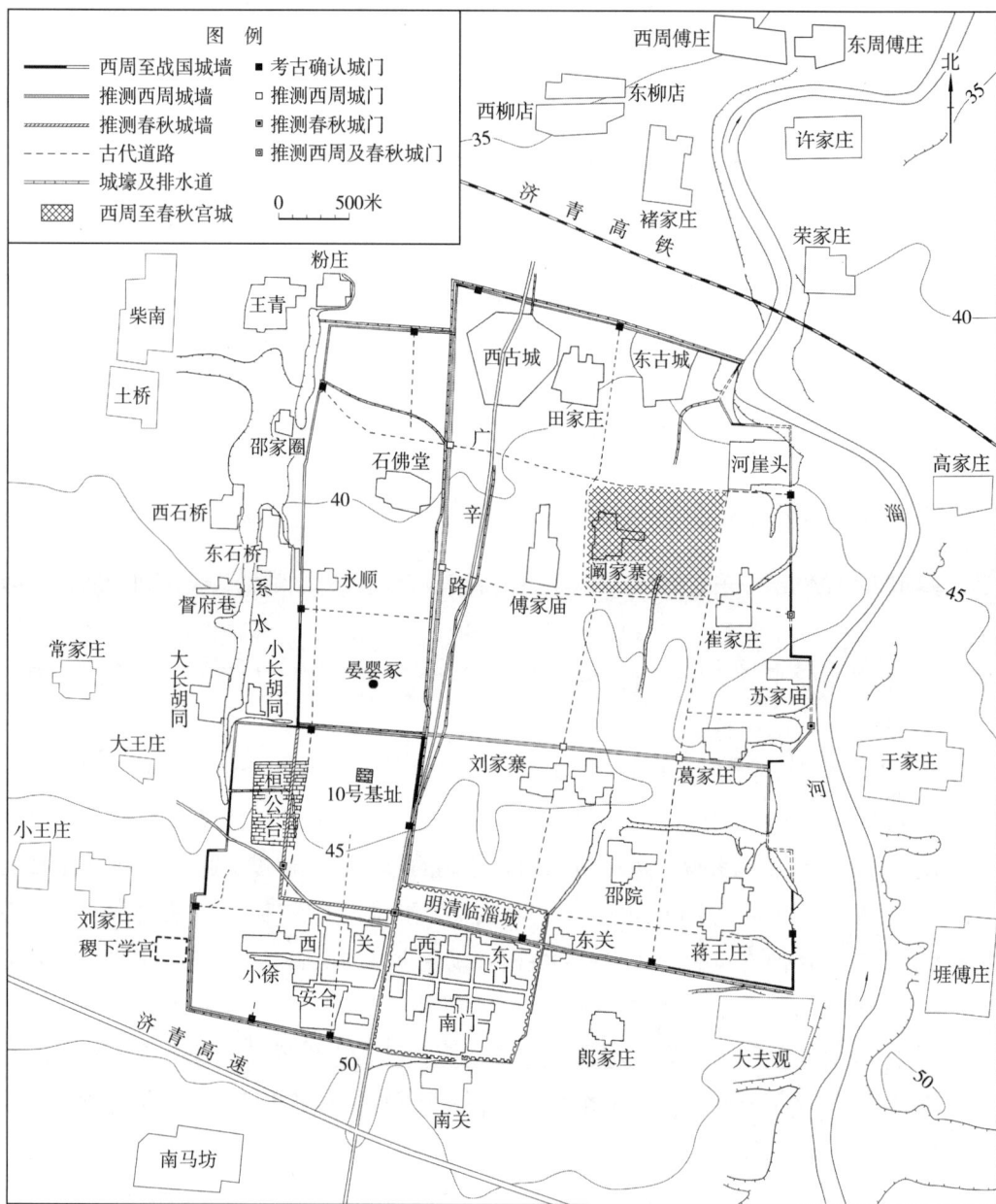

图一 临淄齐故城及西周至秦汉临淄城平面图

（据群力1972年"临淄齐国故城钻探实测图"、侯仁之1979年图、刘敦愿1982年图等改绘）

布局结构及其变迁等从考古学上进行了系统的论述。⑩

毫无疑问，近90年来临淄齐故城的考古调查、发掘和研究，不断取得丰硕成果；与之相伴随，临淄齐故城研究的基本问题——临淄齐故城的始建、布局、结构及其变迁等，同样取得了长足进展。但毋庸讳言，依然有诸多问题若明若暗，众说不一。

作为一名考古学者，临淄齐故城并不是笔者的主要研究领域和重点，但与之结缘已有40余载。1976年春，作为山东大学的学生实习，笔者参加了临淄齐故城小城桓公台东北遗址的发掘。[11]1998年初，前往齐都镇刘家寨遗址进行实地考察。[12]2003年春，主持临淄齐故城汉代铸镜作坊址专题调查。[13]2004～2006年，主持中日合作"山东省临淄齐国故城出土镜范的考古学研究"。[14]2011～2020年，主持中国社会科学院哲学社会科学创新工程项目"山东临淄齐故城冶铸遗存考古发掘与研究"（简称"临淄齐故城冶铸业考古"）。[15]

当然，笔者在临淄齐故城的考古活动，主要是围绕手工业方面展开的，但手工业考古又不是孤立的，不能不涉及临淄齐故城的其他方面。在田野考古、实地调查、资料整理、读书和思考过程中，对于临淄齐故城乃至齐文化的诸多问题多有所学也多有所想，[16]尤其是关于临淄齐故城的始建、布局结构及其演变等虽多有关注、多有所思但又不甚成熟、更不系统甚至是多有疑惑，故以札记的形式记录于此，供学界批评。

一、关于营丘与齐都临淄的始建年代

临淄齐故城的研究，首先涉及的是其始建年代问题，即临淄何时成为周代齐国都城。对此，学术界长期以来争论不休，但归纳起来主要有两说：一说认为始于公元前11世纪中叶的西周初年，另一说认为始于公元前859年的齐献公元年，即西周中期。两说争论的关键是"营丘"在何地的问题，因此，前一说可简称为"营丘即临淄说"[17]（这里的"临淄"，是指周代齐都临淄城，下同），后一说可简称为"营丘非临淄说"。

实际上，"营丘非临淄说"中还包括诸多不同的观点，诸如：昌乐县营陵说、[18]青州市何官乡臧台一带说、[19]昌乐县马宋镇河西村说、[20]淄博市张店区沣水镇昌城村的昌国故城说、[21]寿光县胡营乡呙宋台说、[22]益都苏埠屯说，[23]以及临淄区敬仲镇姬王冢一带说等。[24]上述诸观点，都有一定的立论依据，但同时也都存在可商榷之处，对此这里不一一论及，仅就"营丘即临淄说"略作讨论。

营丘是否就在后来的临淄城，需要从文献史料和考古资料及其两者的结合上进行考察。

据《史记·齐太公世家》："武王已平商而王天下，封师尚父于营丘。"唐张守节正义引《括地志》云："营丘在青州临淄北百步外城中。"[25]又《汉书·地理志》："齐郡，秦置——临淄，师尚父所封。"颜氏注引臣瓒曰："临淄即营丘也。故《晏子》曰：'始爽鸠氏居之，逢伯陵居之，太公居之。'又曰：'先君太公筑营之丘。'今齐之城中有丘，即营丘也。"师古曰："瓒说是也。筑营之丘，言于营丘地筑城邑。"[26]北魏郦道元《水经注》"淄水"条载："淄水自山东北流，径牛山西，又东径临淄县故城南。淄水又北径其城东，城临淄水，故曰临淄，王莽之齐陵县也。《尔雅》曰：水出其前左为营丘。武王以其地封太公望，赐之以四履，都营丘为齐，或以为都营陵。郭景纯言，齐之营丘，淄水径其南及东也。非营陵明矣。"[27]由于此，后来的《括地志》、《元和郡县志》、《史记正义》等，皆持营丘即临淄说。据此说来，营丘似乎就在临淄。

但文献记载中有几个问题值得注意。其一，《史记·齐太公世家》又载："哀公时，纪侯谮之周，周烹哀公，而立其弟静，是为胡公。胡公徙都薄姑，而当周夷王之时。哀公之同母少弟山怨胡公，乃与其党率营丘人袭攻杀胡公而自立，是为献公。献公元年，尽逐胡公子，因徙薄姑都，治临淄。"[28]其中的临淄，无疑是临淄城。至于薄姑，唐张守节《史记正义》引《括地志》云"薄姑城在青州博昌县东北六十里"，一般认为是在今山东博兴县境内，尽管具体地点尚难确定。[29]问题在于，在这段文献中，营丘与薄姑、临淄两地并列，显然是另外一个地方，并且记述的是先自营丘"徙都薄姑"，后"徙薄姑都，治临淄"，并没有自薄姑迁都回营丘或临淄之类的意思，显示出营丘、薄姑、临淄曾先后作为齐国都城——齐之"三都"。其二，唐颜师古注《汉书·地理志》"临淄，师尚父所封"时，即引西晋臣瓒曰"临淄即营丘也"，并称"瓒说是也"，但同时又引东汉应劭曰"齐献公自营丘徙此"。其三，《汉书·地理志》"北海郡"条载："营陵，或曰营丘。"颜氏注引应劭曰："师尚父封于营丘，陵亦丘也。"同时，颜氏注曰："临淄、营陵，皆旧营丘地。"[30]由此，出现了营丘在营陵说，并流传于后世。据此说来，营丘似乎不在临淄。

很显然，就迄今所见传世文献而言，难以确证营丘即临淄。那么，临淄齐故城的考古发现能否可证临淄即营丘呢？同样需要具体分析。

首先，临淄齐故城小城筑城年代的考古学确认，证实了营丘并不在小城内。《水经注》"淄水"条言营丘在临淄城中写道："今临淄城中有丘，在小城内，周回三百步，高九丈，北降丈五，淄水出其前，故有营丘之名，与《尔雅》相符。"[31]今也有学者认为"古营丘位于今齐都镇西北"，即"桓公台"。[32]经考古调查勘探，小城西北部的确有一座夯土台基"桓公台"，残存高14米，基部呈椭圆形，南北长86米，建在生土之上，南面有缓坡，东、西、北三面呈陡壁，周围散布有许多夯土基址，应是宫殿建筑基址。[33]但是，1964年在小城东垣、西垣和北垣的发掘表明，小城城垣的始建年代"上限不早于春秋晚期，下限不晚于战国中期"；[34]1976年在桓公台东北约200米处的5号宫殿建筑基址的发掘表明，夯土台基"属于战国早中期的建筑遗迹"；[35]在小城内其他地点的勘探和发掘，均未发现早于战国时期的遗存。[36]由此可证，小城系战国早中期始建，桓公台及其周围的建筑基址为战国时期乃至秦汉时期的宫殿建筑基址，并非营丘之所在。

其次，临淄齐故城大城东北城垣始建年代的确认，为临淄城始建年代的判定提供了重要的考古学证据。1981年对东古城村东齐故城大城东北角的北城垣东端进行试掘

（T101～T107），并于2010年对T101进行复核。发掘表明：大城北垣可分为七期，其中，第一期包括T101和T103的第1期夯土，"均在大汶口文化层上起建，被西周中期的墓葬和遗迹打破，从层位关系看，属于大城最早的城墙遗迹。可以确认大城北墙东段的年代应在西周中期以前"；"第二期，包括T101和T103的第2期夯土，均位于第1期夯土的外侧——该期夯土的年代上限不早于第1期夯土，即西周中期，下限不晚于西周晚期"。[37]由此可知，此处城垣的始建年代当在西周早期。换言之，西周早期这里就有城邑建筑。

再者，临淄齐故城大城东北隅西周遗存的发现，为临淄即营丘说提供了重要的线索。1965年在阚家寨村东南遗址发掘清理的第一期遗存中，有文化堆积层和11个灰坑，出土遗物中包括具有西周早期偏早特征，又有别于通常的"商式鬲"和"周式鬲"而遗留有晚商东夷土著陶器特征的A型I式陶鬲、具有晚商特征的商式鬲、具有西周早期偏晚特征的周式鬲，"该期年代上限可早至西周早期"。[38]1971年阚家寨村东南遗址发掘的第一期遗存中，同样包括具有典型西周早期特征的周式鬲、具有商末周初东夷土著陶器遗风的B型I式素面鬲，"应属于西周早期遗存"。[39]1976年"韩信岭"北端河崖头村西遗址的发掘表明，其地层堆积的第8～9层为西周晚期遗存，第10层有可能属于西周中期或早期的遗存。[40]1981年河崖头村南遗址发掘，文化堆积分为四期，其中，第一期为西周中晚期文化遗存。[41]1989年在河崖头村西5号墓殉马坑的西南角一带清理3座被叠压在殉马坑下面的西周墓葬（HM101～HM103），其中，HM101出土铜鼎和铜簋各1件以及陶器5件，HM102出土铜鼎和铜簋各1件、铜鬲2件（其中一件的内壁有铭文"叔□作宝尊彝其万□"9字；另一件的内壁有铭文"作旅尊"3字，底部有铭文"伯俞作其尊彝"6字）、原始瓷豆2件以及陶器15件，HM103出土铜鼎和铜簋各1件以及陶器6件。根据出土铜器以及陶器的比较研究可知，"HM102的具体年代约在西周中期前段的昭王时期"，HM101和HM103的年代"约在西周中期穆王时期"；[42]或认为"3座西周墓时代应在西周早期晚段与中期前段之间"。[43]另外，1965年东古城村北出土一组车马器，包括铜车軎、车踵、车軓饰、车轸饰、车门部件以及马衔等，"属于典型的殷商晚期车马器，下限不会晚于西周初年"。[44]1965年河崖头村东淄河西岸发现一组青铜器，包括铜鼎、盂、瓶、镈钟各1件和铜簋4件，其年代为西周晚期至春秋早期。[45]此外，1981年在东古城村北（地处齐故城大城北墙外侧，东临淄河）发掘的91座商周时期的墓葬中，M1002的年代为商末周初，可证齐故城大城东北角一带，分布有晚商至周初文化遗存。[46]

基于上述考古发现并结合文献记载以及西周时期山东半岛的历史变迁及其态势，有考古学者认为"在目前对太公之营丘的研究中只有临淄城具备了一定的条件"，包括：临淄城营建于献公迁都之前；城内西周早期的遗存具有一定的分布范围；发现有西周中期的齐国贵族墓葬区；出土有商代晚期镶嵌绿松石的高规格车马器；具有与营丘相同的战略地位，达到了控制东夷西进并继续向东扩张的战略目的等。因此，"临淄作为西周初年太公所都之营丘的可能性不但不能排除，而且可能性最大"。[47]毫无疑问，这是迄今营丘即临淄说最充分的考古学论证。也正因为如此，2003年，当地文物部门在齐故城大城东北隅的齐都镇崔家庄村西立了"营丘城故址"石碑。[48]

尽管如此，无论从历史文献上还是考古学上，营丘即临淄说还难以成为定论。首先，齐故城大城东北隅的始建年代可以早到西周初年，表明这里在西周早期甚至晚商之时已有城邑，但它与太公之营丘城之间还不能画等号，因为齐献公自薄姑迁都临淄之前，"临淄必定已有城邑，而且有利于防御而自固，不可能在一片荒野上从头修筑都城"。[49]其次，齐故城大城东北隅发现的西周早期遗存还有限，尤其是西周早期的宫室建筑遗存尚未发现，尚无法说明这里在当时究竟是太公之营丘还是齐国的一处政治据点。再者，齐故城大城东北隅东临淄河，但其南面尚未发现天然古河道，显然与"齐之营丘，淄水径其南及东"的记载不符。其四，齐故城大城东北隅的"韩信岭"台地（今河崖头村西南和阚家寨村东北一带）"高出地面约4米"[50]，似乎是一处"陵丘"，但据考古勘探，"河崖头村西南和阚家寨村东北一带的'韩信岭'高地，文化堆积特别厚，一般为3～4米左右，往往有4～5层堆积，是故城文化堆积最厚最复杂之处——发现有西周晚期、春秋、战国至汉代的文化堆积"[51]。也就是说，"韩信岭"是西周至秦汉时期堆积而成的台地，在周初太公封营丘之时，这里是否存在可称之为"丘"的天然台地尚无明证，[52]若此，因有"丘"而名为营丘就无从谈起了。

总之，笔者并不否认营丘即临淄之说，甚至倾向于此说，但需要更多、更重要的考古发现去证实。一方面，既然齐故城大城东北隅发现有西周早期乃至商末的文化遗存，那么，以西周早期城邑（包括四周城垣、城内道路系统、各种功能区等）、宫室建筑和贵族墓葬等为重点，进一步系统地开展考古勘探、发掘和研究，是实证营丘即临淄的关键所在。与之相关联，采用考古铲探与RTK测量相结合的方法，对大城东北隅建城之前的原始地表和地貌进行探查和复原，将为探索这一带是否是营丘所在提供有益的信息。另一方面，进一步拓宽视野，在牛山以及鲁中山地北麓以北、淄河以西的广阔地区探寻晚商时期和西周早期的大型聚落遗存。[53]因为，齐之所以得名为"齐"，是因为牛山西北山脚下五泉并出的著名泉水天齐渊，[54]那么，齐之初都当在天齐渊附近，理想之地当在牛山及鲁中山地北麓的山前平原地带；周初的势力范围，向东只发展到淄河流域；[55]周初齐国的威胁，主要来自东方的纪和莱等，而淄河是防御东方侵扰的天然屏障，齐胡公自营丘迁都薄姑，同样是地处鲁中山地北麓以北、淄河以西地区，或可为佐证；周初之营丘，此前不会是荒无人烟之地，而应是东夷土著或晚商时期的区域性中心聚落甚至有城邑；[56]至于临淄北朝崔氏墓5号墓（崔德墓）墓志所言之"营丘"，是指当时的临淄一带，并非特指齐故城之所在。⑤概言之，笔者虽倾向于营丘在临淄，但其具体地点以及临淄成为齐国都城的初始年代，还有待于更多、更扎实的考古学证据。

二、关于西周临淄城

周初之齐都营丘是否在临淄、如果在临淄究竟具体在何处的问题，前已论及。这里的"西周临淄城"主要是指齐献公元年（公元前859年）"治临淄"之后、春秋扩建（公元前7世纪中叶）之前的临淄城。

关于西周临淄城，历史文献少有记载。考古发掘表明，齐故城大城北墙东段第一期城墙的年代下限不晚于西周中期，可知其建造年代或为西周早期；"第二期城墙系在第一期城垣基础上的增补加宽或扩建，并为春秋早中期的城垣所叠压，其上限不早于西周中期，下限不晚于春秋早期"；齐故城内西周时期的遗存，主要发现于大城东北隅一带。据此推知，齐故城大城东北隅一带即西周临淄城之所在。关于其范围和布局，《临淄齐故城》根据不同时期文化遗存的分布状况并结合自然地理环境作出推论：北垣即齐故城大城的北墙东段，东垣即东临淄河的齐故城大城的东墙北段，南垣在今葛家庄村北第一条冲沟、西至晏婴家的东西一线，西垣在南北纵贯齐故城大城的今东辛公路一线；东西约2 100米，南北约2 640米，面积约554万平方米；城内有4条呈"井"字形分布的东西向道路和南北向道路，将城内划分成9个区域；"井"字形的中心区域，即今阚家寨村及村南和村东一带，应为当时的"宫城"所在。⑧上述推论的考古学证据，是比较充分的。

以上述推论为基础，这里就有关问题略作讨论。

其一，关于西周临淄城的范围，北垣和东垣即齐故城大城的北墙东段和东垣北端，当无疑问。至于其西垣的位置，似乎应在北起齐故城大城北墙西段的内折处、南至小城东北角的连线一带，即大城西部纵贯南北的排水河道东侧，而这条排水沟渠很可能与西周临淄城西垣外的护城壕有关。之所以如此推断，主要是因为：大城北墙西段内折，应是前后两次筑墙的设计；大城西部纵贯南北的排水河道，可能是春秋时期扩建大城时利用原有的护城壕并将其改造成了排水河道；大城中部横贯东西的大道，其西端止于这条排水河道；这条排水河道以东，文化堆积明显深厚且丰富，而以西区域则明显稀少，尤其是缺乏早期遗存。至于其南垣的位置，似乎应在东起大城东墙中部外凸部分的南端（即"东墙六段"与"东墙七段"的交汇点）、西至小城东北角一线（即今葛家庄村南缘、刘家寨村北缘一线）一带，因为西周时期的遗存以及齐故城大城"文化堆积厚的高地"主要分布在这一线以北区域。若此，西周临淄城的范围则东西2 500米（以大城北墙内折处即"北墙二段"以东计），南北2 800米（以大城西部南北向排水河道长度计），面积约700万平方米。

其二，西西周临淄城的城门，有学者基于西周临淄城的复原推测有12座，[59]但笔者基于上述关于西周临淄城西城垣和南城垣位置的推论，初步推测当时的城门可能有8座，即四面城垣各有两门。其中7座，即城内纵横交错的4条大道直通城垣处各有一门（东部南北大道北通北垣处似乎无城门，除外），另一座是考古勘探出的"北墙中门"[60]。经考古勘探确认的齐故城大城北墙东门和东墙北门，都可能是以西周临淄城城门为基础沿用或扩建而成，其他城门或被淄河水冲毁，或被后来的文化堆积叠压打破而尚未探明。

其三，西周临淄城的"宫城"在今阚家寨村及村南和村东一带的推论，除了这一区域居于"井"字形区划的中央、西周时期的文化堆积尤其是生活遗存最为丰富等依据外，从阚家寨村东南发现有春秋时期的冶铸遗存推知这一带有西周时期的青铜冶铸作坊，也是佐证之一。因为，"西周时期的青铜冶铸业主要服务于贵族统治及社会生活，几乎完全被掌控在周天子及各诸侯国的王室手中，于是青铜冶铸作坊往往就建在宫城之内，或者建在宫城附近"[61]。

其四，就城内的功能区划而言，"井"字形区划的中央区域为"宫城"所在，其东北区域为墓葬区；"宫城"以北、以东和以南区域为主要的生活居住区和手工业作坊区，而以西区域地势相对低洼并有东南—西北向古河道流经，文化堆积较稀薄，明显不是当时人们主要的活动区域。

当然，上述推论还有待于更多的考古发现去验证或修正。因此，西垣和南垣的探寻、"宫城"及其范围的确认等，是西周临淄城田野考古中亟待解决的问题。

三、关于春秋临淄城

考古发现表明，春秋时期临淄城曾经过一次大规模扩建，但其具体扩建的年代历史文献无载，尚难以准确判定，或大致在齐桓公时期（公元前685～公元前643年）。公元前386年田氏代齐前后，临淄城经历了第二次大规模扩建。因此，这里的"春秋临淄城"，是指公元前7世纪中叶至公元前4世纪初叶的齐都临淄。

关于春秋临淄城，《左传》以及《管子》、《晏子春秋》等关于齐国政治生活和社会生活的记述中，对临淄城的城郭、城门、道路、里坊以及有关的建筑等多有涉及，前辈学者据此做过复原研究。[62]《临淄齐故城》基于考古发现和研究，提出了如下认识：春秋临淄城"是在西周城的基础上由北向南、由东向西逐步扩建扩展而成"，其西、南的范围即齐故城大城的西墙和南墙；"如大城西墙向南延伸，大城南墙向西延伸，并予以相交点作为春秋时期大城的西南角，大城东西约3 500米，南北约4 100米，总面积约14平方千米"；"大体以西周时期的布局为基本格局，宫城、道路网、排水道以及诸市手工业作坊等得到沿用，并在此基础上进行扩展"；其"南部和西部扩建的新区则主要是新兴的手工业作坊区与商业集市"。⑥至此，临淄城四周夯土城垣环绕，东、西城垣的方向为北偏东10度左右，东临淄河、西依系水，南垣和北垣外有护城壕的城郭架构最终形成，反映出当时选址建都的基本设计和建造理念。⑥笔者赞同上述认识，这里再就有关问题略作讨论。

首先，春秋时期临淄城的扩建时间虽然史书无载，但大致可以推定是在齐桓公时期。⑥因为，公元前685年齐桓公即位之后，任用管仲为相，进行了以人为本、招贤纳士、富国强兵等一系列政治和经济改革，以都城为中心的社会经济尤其是工商业迅速发展，城市人口迅速增加，此前的西周临淄城已经无法满足工商业发展和人口增加的需要；同时，军政改革和国力的增强，也使得大规模扩建都城成为可能。临淄城的扩建，正是在这样的社会动因和历史条件下进行的。

其次，春秋临淄城的总体格局，应当是大致呈"回"字形，中央偏东北为"宫城"，宫城之外四周为郭城，并且郭城和宫城均由夯土墙垣所环绕。⑥宫城的位置基本上是西周"宫城"的沿用，但其范围显示出向南扩展的迹象。因为，在今阚家寨村以南500余米的阚家寨B区3个地点的发掘中，发现有春秋时期夯土建筑基址的残留，⑥表明这一带当时分布有高等级建筑群。齐景公三年（公元前545年）庆封作乱，"入伐内宫"⑥的内宫，应当指的是宫城。

其三，齐故城大城内勘探出的7条道路中，有5条是建在生土上（南墙内侧的东西向道路和西墙内侧的南北向道路，年代较晚，⑥与春秋临淄城无涉）。因此，春秋临淄城总体上沿用西周临淄城"井"字形格局，原有的纵横交错的4条大道分别向西、向南延伸的同时（尽管"大城中部东西干道"并非直接向西延伸，而是在其南侧另辟一条横贯西部新区的东西道路"大城西门干道"），推测在齐故城大城西部南北向排水河道东侧可能另有一条纵贯南北的道路（有待于田野考古验证），于是大致形成了三纵二横的城市主干道路网络。另外，在城的西北隅有一条北至北墙西门、长500余米的南北向道路，在城的东侧中部有一条东至东墙五段和六段接点、长500米的东西向道路（即今苏家庙村南与葛家庄村北之间），同时推测在桓公台南侧还有一条通向西垣南门的东西向道路，作为城市主干道的补充。

其四，随着临淄城的扩建和城内新的交通网络的形成，城门数量也相应地增多。据研究，《左传》所记春秋时期的城门有8座……（另有）诸子及后代著作认为春秋时期城门的3座"⑩；有学者复原为12座，即每面城垣有城门3座，⑪其说可从。若此，春秋临淄城郭城的12座城门中，有8座经考古勘探大致可以确认。⑫即：北垣3座，即考古勘探出的北墙西门、北墙中门、北墙东门；东垣3座，即考古勘探出的东墙北门，另有2座可能分别在崔家庄村东、葛家庄村东北（考古勘探出的东墙南门，因与之对应的道路年代较晚，应与春秋临淄城无涉）；南垣3座，即考古勘探出的"南墙东门"和"南墙西门"，另一座应在齐故城小城东墙下；西垣3座，即考古勘探出的"西墙西南门"、位于"大城北部东西干道"西端的西墙北门（位于今邵家圈村东北，即3号排水道口南侧），另一座大致在桓公台东南侧一带，并且可能是"申门"。⑦至于各城门的名称，前辈学者多有研究，但众说不一，迄今尚缺乏有说服力的推论。

其五，齐故城大城内勘探出的2组排水河道和5处排水涵洞构成的排水系统，大都应是在春秋临淄城排水系统的基础上形成的。其中，大城西部的南北向排水河道，可能是利用了西周临淄城西城垣外的护城壕整修而成。

其六，春秋临淄城的西部和南部虽然都分布有春秋时期的文化遗存，但其南部区域地势较高且文化堆积丰富，而其西部区域"地势低洼，文化堆积层相对较薄，居住点比较分散"⑭，因此，手工业作坊、商业集市、达官贵人和工商业者的居住区以及市民生活区，主要是向南部新区扩展，⑮而西部新区的居民多为平民乃至贫民，⑯"除一些居住点外，是大片的空隙地"⑰，并且可能与农耕活动有关。⑱当时有的贵族以所居郭门作为族氏，史籍所载齐国名氏中，见有"东郭"、"南郭"和"北郭"诸氏，唯独不见"西郭"氏，⑲或为旁证。从这个意义上说，公元前5世纪初的春秋晚期，临淄城的发展是否达到了文献所载"齐之临淄三百闾，张袂成阴，挥汗成雨，比肩继踵而在"⑳的繁华程度，城内居民是否多达4万余户，㉑需要审慎地看待。㉒

其七，春秋临淄城的郭城（即齐故城大城）中，除了手工业作坊、商业集市和居住生活区等之外，还分布有多处墓地。城的东北隅（今河崖头村及村西一带）在西周时期就是包括贵族墓在内的墓葬区，春秋时期依然延续，是一处包括国君墓在内的王室贵族墓葬区。㉓城的东南隅，今葛家庄村东南靠近东城墙一带，发现有春秋时期的中小型墓葬，其中有的随葬铜鼎、敦和舟等礼器；今刘家寨村南和邵院村南一带的南城墙以北区域，曾先后探明中型墓10余座，其年代为春秋时期。㉔宫城西侧，今阚家寨村和傅家庙村之间，发现有年代为春秋时期的积石或积蚌壳的中小型墓葬。㉕很显然，郭城四郭之中均辟有以贵族墓为主的墓地，是春秋临淄城功能区划的特点之一。㉖

其八，春秋临淄城在微地理环境上"东临淄河，西依系水"，既有因地制宜、用水之利而防水之患的考虑，同时也突出了其防御功能，尤其是在东城垣的设计和建造上表现得更为突出。临淄城东城垣东临淄河，总体上是南北向，但并非像其他三面那样取直，而是多处凹凸弯曲，考古勘探报告中将其分为九段进行记述。㉗后来，一般表述为"东墙沿淄河西岸，蜿蜒曲折"。㉘关于其设计理念及其功能，前辈学者早就有所关注，并对其进行阐释：东垣的设计和建造，巧妙地利用淄河东、西摆动而形成的西岸的断崖和弧形河滩地，即利用高达数米的断崖峭壁御敌，利用平坦开阔的河滩地监视并伺机杀伤来敌，"就是为了因河设防，这样既有利于保卫城市，又便于打击敢于进犯的敌人……这一设计意图，真是跃然纸上，是再明显不过的了"[88]。因此，临淄城东城垣的蜿蜒曲折，并不是简单地"随着河流的蜿蜒曲折而形成多处曲折"[89]，而是通过对淄河西岸自然地形的巧妙利用，以强化其防御功能。这也从一个侧面反映出，当时齐国的主要威胁仍然是来自东方的纪和莱等。

四、关于战国临淄城

公元前386年田氏代齐前后，临淄城经历了一次大规模改扩建，[91]主要是在春秋临淄城的西南隅并向外扩展增建一处小城，形成了今日所见临淄齐故城之大城西南角嵌入一小城的总体格局，这里称之为"战国临淄城"。考古勘探和发掘表明，战国临淄城由大城和嵌入西南角的小城构成，两城周长21 433米（按城墙外壁计），总面积15.5平方千米。

大城平面大致略呈南北长方形，面积12.5平方千米。除西南角为小城外，四周有夯土城墙环绕，周长14 158米，墙基宽17～43米不等。西墙平直，南端与小城北垣西段相接，长2 812米，城墙外为系水；北墙全长3 316米，西段有一处弯折，其他均平直，城墙外为西接系水、东连淄河的护城壕；东墙沿淄河西岸而建，蜿蜒曲折，全长5 209米，南北直线长约4 200米；南墙平直，西端与小城东墙中部相接，长2 821米，城墙外侧为东与淄河相通、西与小城东护城壕相接的护城壕。南、北护城壕一般宽25～30米，深3米以上。四周城墙上勘探出或大致确认的城门有8座。城内勘探出5条东西向道路和4条南北向道路、[92]2组排水河道和3处排水涵洞，以及大量的夯土建筑基址、各种手工业作坊址等。

小城平面也大致呈南北长方形，面积约3平方千米。四周夯土城墙除西墙有两处弯折外，其余三面均平直，周长7 275米，墙基宽20～56米不等。西墙长2 274米，北墙长1 404米，东墙长2 195米，南墙长1 402米。四周城墙外约10米处挖建有护城壕（西墙南段的护城壕长约800米，北与古系水相接），其中，西墙南段和南墙外的护城河宽13米左右，其余的护城河宽25米左右。四周城墙上勘探出城门5座，其中南墙上2座，其余三面各1座。城内勘探出南北向道路2条和东西向道路1条、由排水河道和2处排水道口组成的一组排水系统、以桓公台为中心的大量夯土建筑基址，以及铸钱等手工业作坊址等。

战国临淄城作为当时的东方大都市，其发展盛况可谓空前。《战国策·齐策一》：苏秦为赵合纵说齐宣王，"临淄之中七万户，……临淄甚富而实，其民无不吹竽、鼓瑟、击筑、弹琴、斗鸡、走犬、六博、蹹鞠者；临淄之途，车毂击，人肩摩，连衽成帷，举袂成幕，挥汗成雨；家敦而富，志高而扬"[93]。类似的记载还见于《史记》。[94]关于战国临淄城改扩建的动因、布局结构及其特点等，《临淄齐故城》已有比较全面的论述。[95]
在此基础上，这里再就有关问题略作讨论。

首先，田氏齐国统治者之所以要增建小城作为宫城并将其建在大城西南角，一方面
是新建田氏宫室宗庙的需要，并且避免在大城内营建"与民争地"等动因，[96]另一方面
与当时临淄城的社会经济发展、人文地理环境和自然地理环境等密切相关，是"筑城以
卫君，造郭以守民"[97]理念的进一步强化。公元前5世纪前后，齐国以农业发展为基础，
手工业和商业获得迅速发展，[98]临淄作为其都城，手工业和商业更是繁荣，城市人口也
随之迅速增加。在这种情况下，春秋临淄城以宫城为中心的东北部区域，人口密集，以
原有的宫城为基础扩建或另建宫城，不仅缺乏必要的空间条件，而且周围以工商业者和
官员为主体的城市居民众多而庞杂，[99]不利于新的宫城的建设和守卫，只能另择他地而
建。前已述及，春秋临淄城扩建的西区和南区中，西部新区虽然人口较为稀少，但这
一带地势低洼，不宜建设宫城；南部新区较为发达，并且地势较高，[100]尤其是西南隅一
带，地势较高且西有系水，利于防御和排水，居民和建筑相对稀少，并且远离城市生活
繁华的东北部地区，利于守卫，于是成为新建宫城的理想之地。小城的城防特点重在大
城方向，[101]从一个侧面反映出其选址的重要理念是：既要与大城连为一体，又要重点防
御来自大城的威胁。

其次，小城作为田氏齐国的宫城和政治中枢所在，政治性、礼仪性建筑和王室贵
族的生活性建筑等，无疑是小城的主要内涵，正如考古勘探和发掘所揭示的那样，西
北部以桓公台为中心分布有宫殿建筑群，[102]东北部的夯土建筑基址是一处重要的宫殿
建筑遗存，[103]中部区域的大量夯土建筑基址显示出宫室建筑及其他高等级建筑的广泛
分布等。但是，小城内是否存在一定数量和规模的手工业作坊，需要具体分析。有学
者认为，"小城内除去宫殿建筑的遗址外，也发现有直接为宫廷服务的冶铁、冶铜的作
坊"[104]。在小城内的考古勘探和发掘中，的确发现多处青铜冶铸、铁器冶铸和铸钱作坊
遗址。其中，安合村西南铸钱作坊址的年代为战国；西关村青铜冶铸作坊址和小徐村冶
铸作坊址，其年代未能准确判定；小徐西北铁工场址的年代为东汉甚至更晚；桓公台
东北铸铁工场址的年代为东汉；小城东部的铁器冶铸遗址，是东汉或东汉以后的冶炼遗
存；桓公台东北五铢钱铸钱作坊址的年代为东汉。也就是说，这些青铜冶铸、铁器冶铸
和铸钱遗存中，除了位于小城南墙内侧的安合村西南铸钱作坊址的年代为战国时期外，
其余已究明其年代者均为东汉甚至更晚，与战国临淄城小城无涉。[105]很显然，战国临淄
城小城内确实设有铸钱作坊，但其他类型的手工业作坊尚无任何的考古学证据。实际
上，小城内并没有战国时期的青铜冶铸和铁器冶铸作坊。因为，战国时期的青铜冶铸业
和铁器冶铸业虽然是当时的重要产业，但已经不再是专门为王室服务，也不属于王室控
制的产业，因之也没有必要将这些作坊设在宫城内；而钱币铸造业则不然，钱币的铸造

和发行由王室所控制，于是有必要将铸钱作坊设在宫城内以便于掌控。⑩

其三，随着小城的增建和宫城的转移，大城内的功能分区发生诸多变化。一是，春秋临淄城宫城所在的今阚家寨周围及其以南地区，在田齐将其宫城迁移到西南小城之后，这里以原有的手工业作坊为基础，手工业进一步发展，迅速演变为作坊集中的"手工业园区"，迄今在这一带已经发现10处战国后期的铁器冶铸遗址，并且其中有的是集铁器冶铸和青铜冶铸于一体的综合性金属冶铸工场，⑩另有多处制骨作坊遗址。二是，大城东南部区域发现的战国后期遗存中，既有多处手工业作坊遗址，更有不少夯土建筑基址，说明小城东门外一带的大片区域，当时不仅工商业发达，并且是达官贵人和工商业者居住的一个重要生活区，是"仕者近宫、工贾近市"居住生活的一种直接反映。三是，大城西北部以今石佛堂村为中心的区域，发现多处战国晚期的铁器冶铸和青铜冶铸遗址，反映出这一带的手工业获得发展，居民逐步增多，一个新的"手工业园区"迅速形成。四是，城区范围内不再设有墓地，无论是贵族墓还是平民墓，均已移到城外，尤其是城南郊区更是战国时期墓地的主要分布区。譬如，南马坊战国贵族墓，北距齐故城约1 400米；⑩国家庄战国晚期贵族墓，东北距齐故城约2 000米；⑩临淄商王庄发掘4座战国晚期的大中型墓葬，其地点位于齐故城以南约5 000米处。⑩又如，相家庄墓地和单家庄墓地发掘出土战国早期至晚期大中型墓葬，位于齐故城南3 500～6 000米；淄河店墓地，北距齐故城7 500米。⑪实际上，将墓地辟在城外近郊，早在春秋时期就已开始，但城内不再营建墓地则始于公元前5世纪的战国初年，因为，迄今齐故城内发现的墓葬均为西周至春秋时期而未见战国墓葬，而城南郊外既发现有春秋墓葬，⑫又发现有战国初年的贵族墓。⑬其动因，一方面与丧葬观念的变化有关，另一方面是随着经济的发展和城市人口的增多，当时临淄城内已缺乏用于墓地的空间。五是，有些重要的公共性建筑建在城外近郊，如稷下学宫等。

五、关于秦汉临淄城

秦灭齐国、最终完成了统一六国的大业而建立秦王朝之后，设临淄郡（即"齐郡"），临淄城改为临淄郡的郡治。两汉时期，临淄城为齐郡郡治和齐王国的都城所在。魏晋以后，随着历史的变迁和区域政治中心的转移，临淄城逐渐废弃。这里所言之"秦汉临淄城"，即指秦、西汉、新莽和东汉时期的临淄城。

关于秦汉临淄城，《史记》《汉书》和《后汉书》等历史文献中多有记述，秦汉时期的文化遗存遍及临淄齐故城遗址各个区域，并且有些方面的考古研究还比较深入。据考古发现，秦汉临淄城基本上是战国临淄城及其城市基础设施的沿用，其基本的布局、结构和功能分区等未发生大的变化，只是西汉初年、西汉中期和西汉末年曾先后对小城城墙进行过多次增补修筑。[14]在此基础上，这里就有关问题略作讨论。

首先，就其功能分区来看，秦汉时期有所变化。小城作为西汉齐王宫所在，其北部仍然分布有大量宫殿建筑，如位于桓公台东北的5号宫殿建筑基址，其第4层堆积是西汉时期的宫殿建筑遗存（叠压在第5层战国宫殿基址之上）；[15]有些是以战国宫殿建筑为基础进行修缮或改建后的继续利用，如东北部的10号宫殿建筑基址本来是一处战国时期的"凹"字形高台建筑，后来被大火焚毁，西汉时期对其北部凹进的部分用夯土填实，重建后再利用。[16]至于齐王宫的"北宫"和"南宫"之具体所在，[17]目前尚难以作出考古学的说明。大城东南部的今刘家寨村南和邵院村及其以西一带，考古发现有大片的汉代夯土建筑基址，并且1930年代以来多次出土秦汉封泥，包括齐国、郡、侯国、县、乡等职官印文，[18]可知这一带是西汉"国相郡守县令治事之所"，即齐郡郡治和临淄县治的衙署及库府之所在；"刘家寨村南一带，可能是齐郡铁官的官署所在，而刘家寨南和邵院西铁器冶铸遗址，有可能是齐郡铁官所属的铁工场"[19]。大城东北部以今阚家寨村为中心的广阔区域，分布有大量西汉至新莽时期的青铜冶铸、铁器冶铸、铸钱、铸镜和制骨作坊遗存，可知这一带是当时手工业作坊集中分布的"手工业园区"，并且其中包括大型的综合性官营铁器冶铸工场。大城西北部的石佛堂村及其以南地区，发现有西汉时期的青铜冶铸、铁器冶铸和铸镜等作坊遗存，战国后期开始形成的"手工业园区"获得进一步发展。

其次，秦至新莽是秦汉临淄城的空前发展繁荣期。对此，史书多有记载，谓之"悼惠王之齐，最为大国"[20]。《汉书·地理志》载：临淄，"有服官、铁官"[21]。又据《汉书·贡禹传》：贡禹奏言汉元帝曰，"故时齐三服官输物不过十笥，方今齐三服官作工各数千人，一岁费数巨万"。颜氏注曰："三服官主作天子之服。"[22]可见，临淄不仅是铁器工业重镇，而且是重要的纺织服装业基地，人口众多，工商业发达。正因如此，司马迁说："临淄，亦海岱之间一都会也。"[23]主父偃曾进言汉武帝："齐临淄十万户，市租千金，人众殷富，巨于长安，非天子亲弟爱子不得王此。"[24]直到新莽时期，临淄依然是著名的工商业大都市，即如《汉书·食货志》所载：王莽始建国二年（公元10年），"遂于长安及五都立五均官，更名长安东西市令及洛阳、邯郸、临淄、宛、成都市长皆为五均司市师。东市称京，西市称畿，洛阳称中，余四都各用东西南北为称，皆置交易丞五人，钱府丞一人"[25]。从考古发现来看，西汉时期对小城之东墙、北墙和西墙进行过多次修补增筑；迄今齐故城遗址内普遍发现的秦汉文化遗存主要为秦至新莽时期；大城内发现2处汉初半两钱铸钱作坊址、1处新莽时期大泉五十铸钱作坊址以及2处半两钱范出土地点、3处西汉前期的铸镜作坊址、3处汉代铸铜作坊址、11处以西汉遗存为主要内涵的汉代铁器冶铸作坊址等，在大城东北部和西北部形成了以金属冶铸业为主的手工业园区，[26]可见当时的手工业之发达，并且还是当时全国的铜镜铸造中心之一。[127]迄今临淄齐故城南郊一带已发现汉代墓葬24 000余座,其中绝大部分是西汉墓,[128]从一个侧面反映出当时的临淄城经济之发达和人口之众多。

其三,东汉时期,临淄城由盛而衰。在整个临淄齐故城遗址的考古勘探和发掘中,东汉文化遗存虽有发现,但比较稀少贫瘠;无论大城还是小城,其城墙未见东汉时期增补修筑的迹象;作为王宫的小城,更是一改昔日宫殿林立、华美壮观的景象。譬如,小城西墙内侧、西门东北约200米处的铁器冶铸遗址,其年代为东汉甚至更晚;桓公台东北叠压在西汉大型建筑基址之上的铸铁工场址,"是东汉时期的冶炼遗存",同时还是一处东汉五铢钱的铸钱作坊址;小城东墙以西、东门南侧约200米处的铁器冶铸遗址,是"东汉或东汉以后的冶炼遗存"[129]。由此可知,小城在东汉时期虽然还是齐王国的王宫,但多处铁器冶铸遗址以及铸钱作坊址的发现表明,此时的小城已失去了往日只为王宫的政治地位和功能,社会人口和产业开始向小城集中。实际上,临淄城小城的变化,早在西汉晚期就已露端倪。小城东北部10号宫殿建筑基址,其"西部被西汉晚期水井打破"[130],显示出西汉早期以毁弃的战国夯土高台为基础重修改建后的建筑,到西汉晚期可能被废弃或已改作他用。这显然与齐怀王刘闳于汉武帝元封元年(公元前110年)卒、无后而国除、之后未再分封齐国有关。[131]很显然,东汉临淄城可谓人口骤减、辉煌不再。秦汉临淄城南郊发现的24 000余座两汉墓葬中东汉墓占比很少,可为旁证。东汉临淄城的衰败,一方面与东汉初年的战乱不无关系。史载,东汉建武五年(公元29年),刘秀部将建威大将军耿弇率兵"东攻张步,以平齐地","遂攻临淄,半日拔之,入据其城",后张步等率兵20万至临淄大城东攻耿弇,被耿弇大破之,"杀伤无数,城中沟堑皆满"[132],对临淄城及社会经济造成了极大的破坏。另一方面,与当时的整个社会背景有关。据史载,东汉自光武帝建武二年(公元26年)至建安十一年(公元206年)间封有齐国,[133]但此时的诸侯王国已是国小力薄,大致相当于一个汉郡;[134]而东汉齐国仅有"六城,户六万四千四百一十五"[135],已远不可与西汉时的"齐郡……户十五万四千八百二十六……县十二"[136]相比。因此之故,作为区域性政治和经济中心的东汉齐王都,临淄城走向衰败似乎势在必然,最后终于失去了往日的辉煌。

无论如何,秦汉时期的临淄城,既有西汉时期人口十万户、市租千金、人众殷富、巨于长安的空前繁荣和辉煌,又经历了东汉时期的迅速衰败,是古代临淄由盛而衰的历史见证。因此,秦汉临淄城及其文化遗存的考古发掘和研究,是整个临淄齐故城考古发掘、研究、保护和展示的重要组成部分,给予足够的重视是必要的。

六、关于稷下学宫及其所在

稷下学宫,是周代齐都临淄一颗璀璨的明珠,是齐国历史和文化发展史上浓墨重

彩的一笔。它集讲学、著书立说、国政咨询于一体，是当时诸子百家争鸣的重要舞台和
列国之间学术交流的中心，极大地推动了各个学派和各种思想的交流、碰撞、交融和传
播，极大地促进了天下学术争鸣局面的形成，极大地促进了学术思想的发展和繁荣，被
誉为我国最早的书院，或开办最早、规模最大的官办大学，或最早的学术院等，在中国
教育和思想文化史上具有独特的地位和作用；由此而形成的稷下之制、稷下精神和稷下
学风，对中国古代思想、文化和学术的发展产生了深远的历史影响，"在中国文化史上
实在是有划时代的意义"⑬。关于稷下之学和稷下学宫的历史评价，文史学界多有研究，
笔者无力论及，这里主要就稷下学宫之所在等略作讨论。

　　"稷下"之称，先秦典籍偶见。如《韩非子·外储说左上》："兒说，宋人，善辩者
也，持白马非马也，服齐稷下之辩者。"⑱两汉史籍，多有所见。《史记·田敬仲完世
家》："宣王喜文学游说之士，自如驺衍、淳于髡、田骈、接予、慎到、环渊之徒七十六
人，皆赐列第，为上大夫，不治而议论。是以齐稷下学士复盛，且数百千人。"⑲又，
《史记·孟子荀卿列传》："自驺衍与齐之稷下先生……各著书言治乱之事，以干事主，
岂可胜道哉……于是齐王嘉之，自如淳于髡以下，皆命曰列大夫，为开第康庄之衢，高
门大屋，尊宠之。览天下诸侯宾客，言齐能致天下贤士也。"⑭东汉末年，始有"稷下
之宫"之称，即汉末人徐干在其《中论·亡国》中所言："昔（田）齐桓公立稷下之官
（宫），设大夫之号，招致贤人而尊宠之，自孟轲之徒皆游于齐。"⑭至西晋，又有"稷
下馆"之称，即《左传》昭公十年"五月庚辰，战于稷"，杜预注："稷，地名。六国
时齐有稷下馆。"⑭宋代以后，又有"讲堂"⑭、"学堂"⑭、"学舍"⑭、"学宫"⑭之称。
一般认为，稷下学宫创办于田齐桓公时期（公元前374～公元前357年），系田氏代齐
（公元前386年）之后为招致"天下贤士"而设，其兴盛是在齐威王和齐宣王时期（公元
前356～公元前301年），⑭最盛时在此讲学的稷下先生以及游学者多达千人，⑱齐湣
王时期由盛而衰，直至秦灭齐。

　　正因为如此，稷下学宫之所在，⑭是学界长期研究的问题之一，尤其是近年来随着
"齐文化传承创新示范区"建设的实施，更是受到社会各界的关注，成为临淄齐故城考
古面临的一个重要课题。

　　关于稷下学宫之所在，前人多有研究，主要根据文献记载先后提出多种说法，即
稷山立馆说、临淄城大城内庄岳之间说、临淄城西系水左右说、临淄城西门或南门附近
说，⑲以及齐故城大城西边北首门外说、⑮齐故城小城西南城外至大城西墙外说、⑮齐故
城小城外西南说、⑮战国临淄城小城南西门内说、⑯战国临淄城小城内中部说等。⑮基于
文献记载和考古发现审视上述诸说，笔者以为稷下学宫应设在战国临淄城小城西南城外
近郊，这里就此略作讨论。

　　稷下学宫不在战国临淄城内，而是在其城外近郊。先秦两汉的历史文献对稷下学

宫虽多有记述，但都未记其具体所在。虽然《史记·田敬仲完世家》司马贞索隐引东晋虞喜曰"齐有稷山，立馆其下以待游士"，但乃"亦异说也"。⑬齐故城南约8 000米的稷山脚下迄今并未发现战国时期有一定规模的建筑遗迹，亦可为证。从齐宣王时"齐稷下学士复盛，且数百千人"等记载可以推知，当时的稷下学宫规模庞大，那么它无疑应拥有相当规模、一定规格的建筑群。然而，临淄齐故城大城的全面考古勘探和重点遗址发掘，迄今未发现能与之对应的夯土建筑遗址群，⑮而稷下学宫又不可能设在作为宫城的小城之内。因此，稷下学宫遗址只能在齐故城城垣之外寻找。无论稷下先生们的"高门大屋"宅第是建在临淄城内所谓"康庄之衢"的繁华地带还是在稷门附近，⑬基于交通、生活、人员交往便利等因素，既在城外又靠近城区，是设立稷下学宫的最理想之地。就微地理环境分析，战国临淄城地处淄河冲积扇的前缘，东临淄水，地势南部高敞，西北部低洼，城东和城北不能或不宜建设重要的大型建筑群。近年来东古城村⑲和粉庄⑩等地齐故城大城北郊一带的考古发掘表明，齐故城大城北墙东段城外、北墙西段城外，都是战国时期的平民墓地。因此，稷下学宫遗址只能在临淄齐故城之城南和西南的城外近郊探寻。

稷下学宫究竟在临淄城外近郊的何处，一般认为与临淄城的稷门有关，并在系水附近。系水在临淄城西垣外侧，无须多论。至于稷门，《史记·田敬仲完世家》裴骃集解引刘向《别录》曰："齐有稷门，城门也。谈说之士期会于稷下也。"司马贞索隐引刘向《别录》曰："齐有稷门，齐城门也。谈说之士期会于其下。"十六国时期南燕晏谟的《齐地记》曰："齐城西门侧，系水左右有讲室，趾往往存焉。"盖因侧系水出，故曰稷门，古侧稷音相近耳。⑯又《史记·孟子荀卿列传》索隐："稷下，齐之城门也。或云稷下，山名。谓齐之学士集于稷门之下。"由此说来，稷下学宫位于临淄城稷门之侧。于是，稷门的考订便成为一个关键。

稷门究竟是临淄城的哪个城门，学界也多有讨论，且众说不一，主要有齐国国都的西门说、⑯齐城西门说、⑯齐故城小城的南门说、⑭春秋临淄城郭城南垣西门说、⑮临淄城西南首门说、⑯齐故城大城西垣北门说等。⑰审视上述诸说，笔者以为稷门应当是春秋临淄城郭城南垣之西门和战国临淄城小城南垣之东门（即考古报告中的小城"南东门"），⑱理由如次。

关于"稷门"之名的由来，一般认为因其面向或通向临淄城南之稷山而得名，因此它是临淄城南城垣上的一个城门，前人也多认为如是。稷门最初见于文献记载是鲁昭公二十二年，即："莒子如齐莅盟，盟于稷门之外，莒于是乎大恶其君。"⑲鲁昭公二十二年为公元前520年，而据考古研究结果，齐故城小城始建于公元前4世纪初叶的战国前期，公元前6世纪末尚无齐故城之小城，因此，《左传》所记之稷门应是春秋临淄城郭城南垣的一个城门。如前所述，春秋临淄城郭城南垣有3个城门，而历史文献中又往往将稷门与城西的系水相联系，据此可以推定稷门是春秋临淄城郭城南垣3个城门中的西首之门（即南垣西门），其位置约当齐故城（战国临淄城）大城南墙与小城东墙交界处一带。田氏代齐之后修建小城之时，原稷门被拆除，但稷门之名由来已久，于是将新建小城南垣之东门仍沿用"稷门"称之。有学者认为，"'稷下'，即稷门（原大城南垣西门）之下，很可能在春秋以前已有此定称，此时稷门虽被拆除而'稷下'之名犹存"。其说可从。之所以将稷门之侧称之为"稷下"，一则是说从临淄城所在之大的地理上看有稷山之下的含义，二则是说在微地理上地当稷门之下方。如果"稷下"所指系微地理上稷门的下方之说可以成立，那么，稷下应当在稷门以西及其以北一带，因为齐故城的地形总体上呈东南高、西北低之势。如果这样的推论可以成立，那么，稷下学宫应在战国临淄城小城南垣东门以西及其以北一带，即战国临淄城西南城外近郊一带。

据考古勘探和发掘，临淄齐故城小城四周有城墙环绕，墙外挖有护城壕。小城南墙东西呈直线，长1 378米（如果加上西墙南端的宽度24米，则为1 402米）；南墙上探出城门2座，其中，南墙东门（即"南东门"）西距城墙西南角1 030米，门道宽8.2米；南墙西门（即"南西门"）西距小城西南角（内角）456米，门道宽13.7米；南城壕北距南墙约10米，宽一般为13米。小城西墙大致呈南北向，全长2 274米，有两处弯折，自北至南分为五段，最南部的第五段长795米；西墙上探明城门1座，位于西墙五段之北部，南距小城西南角664米，门道宽20.8米；城门外连接一条东西大道（以下简称"西门外大道"），已探明长度有46米；西城壕在城墙外约10米，宽约13米，自城墙西南角向北长约800米，北与古系水相接。考古勘探并结合文献记载表明："小城的西城壕自西南角向北约800米处，与古系水相接，此处有泉，即系水的源头所在。《左传》杜预注，说'申池'就在这一带。普探时仍是一片沼泽，应是齐君的一处园囿。"基于考古勘探资料和地形地理等可知，战国临淄城小城西门外大道以北不足百米为系水源头，即齐君园囿"申池"之所在，而西门外大道以南则空间广阔。据此推论：小城西门外大道南侧、小城西城垣西侧这片区域，应是稷下学宫之所在，与《太平御览》引《郡国志》所说基本吻合。

近年来的考古调查、勘探和发掘，为上述推论提供了有力证据。据当地文物部门2017年前的调查，"在齐国故城小城西门西南约1 000米处，有一夯筑高台，俗称歇马台，是春秋时期的遄台，相传这里是齐王城外的一座宫室建筑。在台东约100米处，有一长400米、宽200米的高台地，当地群众称其为'稷堰'。经考古调查，发现附近有多处战国建筑遗迹，出土了大量的战国时期铺地花纹砖、瓦当和板瓦。并发现一条古大道通向齐故城小城方向，世称黉大路"。黉者，古代学校也。2017～2018年间，山东省文物考古研究院等在小城西门南侧（东距今小徐村约300米，西距遄台路130米）一带进行了大规模考古钻探，探出夯土建筑基址16处，大致呈南北四排分布，其分布范围东西约220米，南北约160米，总面积约3.5万平方米。其中，最大一处夯土基址约700平方米，其他基址的面积多为200～400平方米。2019年，经对11号建筑基址发掘，可知其南北宽12～13.5米，东西已揭露长度为43.5米，面积约560平方米；另外，在发掘区西北部一带，集中发掘清理出"齐法化"等刀币铸范残块700余件。[17]2020年，又在夯土建筑基址群的西南部进行勘探和发掘，发现了这一建筑群南面的围墙及墙外的壕沟，显示出这里是一处有墙垣及壕沟环绕的封闭性建筑群。[18]该建筑基址群位于齐故城小城西门外大道的南侧，东距小城西墙约15米，东北距小城西门约230米，其年代为战国时期。尽管其准确的分布范围尤其是西界的位置、四周墙垣及出入口、具体的布局结构、始建和废弃年代，以及其南侧和西侧是否还有与之相关的建筑基址群等有关问题尚待更多的考古工作去究明，[18]但据已有的资料和信息可以推断：这组建筑群应当就是学界探寻已久的稷下学宫。

基于上述分析和推论可以认为：始建于田齐桓公、兴盛于齐威王和齐宣王时期的稷下学宫，位于战国临淄城小城西门外大道南侧，东邻小城，北望申池，向西不足千米有高台建筑遄台，是一处规模庞大的封闭性夯土台基建筑群，四周由墙垣及墙外壕沟围合，南垣和北垣各设有出入口；学宫内夯土台基建筑密集分布，蔚为壮观。稷下学宫之所以设在临淄城西南城外并与作为宫城的小城毗邻，[18]既有交通便利的因素，[18]也有自然地理环境优美的因素，如地势较高、北面有泉水涌出并形成申池、林木茂盛[18]等，更有邻近宫城以示尊宠贤士之意。

上述诸问题，都是临淄齐故城考古的一些基本问题，笔者的认识仅仅是初步的，有待于进一步深化乃至修正。实际上，临淄齐故城考古需要关注的问题还有很多，诸如城市环境及其变化、城市人口及其构成、城市社会生活及其风貌、临淄城与周邻地区的交流等，都有待于从考古发现与文献记载的结合上展开研究。

附记：
本文插图由李森同志协助绘制，谨此致谢。

① 李济：《城子崖·序二》，见《城子崖》，历史语言研究所，1934年。

② 王献唐：《临淄封泥文字叙目》，山东省立图书馆，1936年编印。

③ ［日］关野雄：《齐都临淄の调查》，《考古学杂志》第32卷第4、6、11号，1942年；收入《中国考古学研究》第241—294页，［日］东洋文化研究所，1956年。

④ 中国社会科学院考古研究所等：《临淄齐故城冶铸业考古》，第2—5页，科学出版社，2020年。以下引此书，不再注作者和出版年代等。

⑤ 群力：《临淄齐故城勘探纪要》，《文物》1972年第5期，第46页，图1。

⑥ 山东省文物考古研究所：《临淄齐故城》，文物出版社，2013年。以下引此书，不再注作者和出版年代等。

⑦ 侯仁之：《淄博市主要城镇的起源和发展》，《历史地理学的视野》，生活·读书·新知三联书店，2009年。该文最初发表于氏著《历史地理学的理论与实践》，上海人民出版社，1979年。

⑧ 刘敦愿：《春秋时期齐国故城的复原与城市布局》，《刘敦愿文集》（下卷），科学出版社，2012年。该文最初发表于《历史地理》（创刊号）1982年第1期。

⑨ 曲英杰：《先秦都城复原研究》，第227—256页，黑龙江人民出版社，1991年；《齐都临淄城》，齐鲁书社，1995年；《史记都城考》，第178—209页，商务印书馆，2007年。

⑩ 《临淄齐故城》，第532—543页。

⑪ 《临淄齐故城》，第10、551页。

⑫ 白云翔：《西汉时期日光大明草叶纹镜及其铸范的考察》，《考古》1999年第4期。

⑬ 中国社会科学院考古研究所、山东省文物考古研究所：《山东临淄齐国故城内汉代铸镜作坊址的调查》，《考古》2004年第4期。

⑭ 白云翔、[日]清水康二主编：《山东省临淄齐国故城汉代镜范的考古学研究》，科学出版社，2007年。

⑮ 《临淄齐故城冶铸业考古》。

⑯ 白云翔：《齐故城考古的学术价值》，《齐文化》2003年第1期（创刊号）。

⑰ 持营丘即临淄说者甚多，其中，王恩田氏的考论比较系统，见王恩田《关于齐国建国史的几个问题》，《东岳论丛》1981年第4期；《齐都营丘续考》，《管子学刊》1988年第1期。

⑱ 西汉北海郡治营陵县，在今山东省昌乐县。21世纪以来的考古调查和勘探表明，昌乐营陵城始建于西汉早期，可以确认为西汉营陵侯刘泽始建或为西汉北海郡所建之郡城，从而从考古学上否定了营丘在昌乐营陵说。见魏成敏《营丘考疑：昌乐营陵城新探》，《中国考古学会第十五次年会论文集》，文物出版社，2012年。

⑲ 夏名采：《营丘初探》，《东岳论丛》1986年第2期。

⑳ 李学训：《营丘地望推考》，《管子学刊》1989年第1期。

㉑ 于嘉芳：《昌国即营丘考》，《管子学刊》1991年第4期。

㉒ 张学海：《齐营丘、薄姑、临淄三都考》，《张学海考古文集》（下），文物出版社，2020年。该文最初刊于《张学海考古论集》，学苑出版社，1999年。

㉓ 黄川田修：《齐国始封地考——中国山东省益都苏埠屯遗迹的性格》，[日]《东洋学报》第86卷第1号，2004年。

㉔ 田国明、白导华：《论营丘遗址在临淄区姬王冢处——"齐公二"残损陶片揭开的齐文化千年迷案》，《齐文化》2019年第4期；《辨淄渑、明营丘》，《齐文化》2020年第4期。

㉕ 《史记》卷三十二《齐太公世家》，第1480页，中华书局，1959年。

㉖ 《汉书》卷二十八《地理志》（上），第1583页，中华书局，1962年。

㉗ 《水经注·淄水》，引自陈桥驿校证《水经注校证》第622页，中华书局，2007年。

㉘ 《史记》卷三十二《齐太公世家》，第1481—1482页。

㉙ 张学海：《齐营丘、薄姑、临淄三都考》，《张学海考古文集》（下）。

㉚ 《汉书》卷二十八《地理志》（上），第1583—1584页。

㉛ 《水经注·淄水》，引自陈桥驿校证《水经注校证》第623页。

㉜ 曲英杰：《史记都城考》，第178—182页。

㉝ 群力：《临淄齐故城勘探纪要》，《文物》1972年第5期。
㉞《临淄齐故城》，第65—86页。
㉟《临淄齐故城》，第90—143页。
㊱《临淄齐故城》，第181—183页。
㊲《临淄齐故城》，第253—255页。
㊳《临淄齐故城》，第332—334页。
㊴《临淄齐故城》，第354页。
㊵《临淄齐故城》，第383页。
㊶《临淄齐故城》，第408页。
㊷《临淄齐故城》，第465—466页。
㊸ 魏成敏、贾健：《临淄齐故城出土商周青铜器与相关问题探索》，《青铜器与山东古国学术研讨会论文集》，上海古籍出版社，2017年。
㊹ a.《临淄齐故城》，第526—531页。b. 魏成敏、贾健：《临淄齐故城出土商周青铜器与相关问题探索》，《青铜器与山东古国学术研讨会论文集》。
㊺《临淄齐故城》，第526—530页。
㊻ 山东省文物考古研究所、齐城遗址博物馆：《临淄东古墓地发掘简报》，《海岱考古》第1辑，山东大学出版社，1989年。
㊼《临淄齐故城》，第547—549页。
㊽ 淄博市临淄区文物管理局：《临淄文物志》，第54—55页，文物出版社，2015年。
㊾ 张学海：《齐营丘、薄姑、临淄三都考》，《张学海考古文集》（下）。
㊿ 淄博市临淄区文物管理局：《临淄文物志》，第53页。
(51) 群力：《临淄齐故城勘探纪要》，《文物》1972年第5期。
(52) 许慎：《说文解字》第169页："丘，土之高也，非人所为也。"中华书局，1963年。
(53) 有学者认为："营丘地望，不会在淄河以东，只能在淄河以西原薄姑氏地域范围内。"（于嘉芳：《昌国即营丘考》，《管子学刊》1991年第4期。）
(54) 应劭《地理风俗记》："齐所以为齐者，即天齐渊名也。"引自《两汉全书》第二十四册第14111页，山东大学出版社，2009年。
(55)《左传》昭公九年："及武王克商，薄姑、商奄，吾东土也。"引自《春秋左传集解》第1320页，上海人民出版社，1977年。
(56)《左传》昭公二十年，晏婴与齐景公对话谈及齐都临淄的历史，"昔爽鸠氏始居此地，季萴因之，有逄伯陵因之，薄姑氏因之，而后太公因之"。引自《春秋左传集解》第1464页。按：由此可知，姜太公封齐所都之营丘，周初之前长期是一处区域性文化中心。
(57) 临淄北朝崔氏墓群，位于今临淄区辛店街道窝托社区，地处鲁中山地的黄山北麓，北临乌河（黑水），东北距临淄齐故城约15千米。葬于北齐天统元年（公元565年）的5号墓（崔德墓）墓志载："君讳德，字子明，清河武城人也。自惟周桢干，返葬营丘，因食邑如为氏……葬于黄山之北、黑水之南，太保翁之墓所。"见山东省文物考古研究所《临淄北朝崔氏墓》，《考古学报》1984年第2期。
(58)《临淄齐故城》，第532—541页，图四四八。
(59) 曲英杰：《史记都城考》，第194页，图二〇-2。
(60)《临淄齐故城》，第44页。按：考古勘探出的齐故城大城"北墙中门"，"门道附近地势低洼……门道缺口长26、宽9.6米，方向356度。门道中有路土遗迹，深处地表下0.5、厚约0.3米。路土下为淤土层，包含较多的灰屑，至1.7米下是黄细砂，厚约0.2米，其下为生土层"，城门内、外均探出淤泥堆积层但未探到路土。该城门比"北垣西门"的宽13.2米（方向8度）和"北垣东门"（方向16度）的宽17米都要狭窄得多，并且方向也有别。据此分析，该城门最初是西周时的城门，后来被洪水冲毁曾一度废弃不用，再后来才又继续作为城门使用。该门以西约470米处的"北墙西门"，其始建年代要晚，或与"北墙中门"的一度废弃有关。另外，作为一种假说：大城东部南北大道北向延长线至北城墙处，西周时应有一座城门，可能因淄河冲刷而被毁后未再重建，而是沿淄河西岸断崖筑成了墙垣，其时或在春秋时期，于是形成了今日所见大城东北角凹进城内的样子。这有待于大城东北角城墙的发掘去验证。

(61)《临淄齐故城冶铸业考古》，第1148—1149页。

(62) 刘敦愿：《春秋时期齐国故城的复原与城市布局》，《刘敦愿文集》（下卷）。

(63)《临淄齐故城》，第541—542页，图四四八。按：关于春秋临淄城的范围大小，曲英杰称：北城垣长3 316米，东城垣长5 209米，南城垣长3 300米，西城垣长3 800米，周长15 600米左右（《史记都城考》，第187页）。

(64)《管子》卷一《乘马》："凡立国都，非于大山之下，必于广川之上。高勿近旱而水用足，下勿近水而沟防省。因天材，就地利，故城郭不必中规矩，道路不必中准绳。"引自《诸子集成》第五册第13页，中华书局，1954年。

(65)《临淄齐故城》第532—533页称：关于临淄城的营建年代，可以分为九个阶段，其中"第三阶段，大城第二次增补或扩建……其上限不早于西周晚期，下限不晚于春秋晚期，年代约属春秋早中期"。据此，笔者推论春秋临淄城的扩建始于春秋早期的齐桓公时期。但与此同时，《临淄齐故城》第533页又称："第四阶段，大城第三次大规模营建、扩建……包括大城西墙的第一期（主要应为长胡村东T101北段发掘西墙内侧的解剖部分）的营建和大城北墙第四期的扩建。大城西墙第一期为新营建的城墙……其时代上限不早于春秋晚期，下限不晚于战国早期，修建时代约在春秋晚期或战国早期。由此形成大城基本规模，成为东周至战国时期诸侯国最大的都城之一。"这段记述的言外之意是，春秋临淄城（即齐故城大城）城郭的最终形成是在春秋晚期和战国初年。但综合考古发现、文献记载及史载有关的人物和活动等分析，春秋临淄城的扩建应始于春秋早期，其城郭的基本形成也是在春秋早期，至于当时的南城垣和西城垣，有待于考古确认。

(66) 据《左传》襄公十八年载：公元前555年，晋鲁诸师伐齐，十二月"乙亥，焚雍门及西郭、南郭……壬寅，焚东郭、北郭"。引自《春秋左传集解》第943页。这里的"西郭、南郭、东郭、北郭，即大城四面城墙"。见曲英杰《史记都城考》第188页。又，《史记·齐太公世家》：齐灵公二十七年（公元前555年），"晋使中行献子伐齐。齐师败，灵公走入临淄……晋兵遂围临淄，临淄城守不敢出，晋焚郭中而去"。引自《史记》卷三十二《齐太公世家》第1499页。又《管子·度地篇》："内为之城，城外为之郭。"引自《诸子集成》第五册第303页。由此可证，当时的临淄城由宫城（内城）和外郭城构成，即宫城四面为郭城，宫城和郭城之四周都有坚固的墙垣环绕。

(67)《临淄齐故城冶铸业考古》，第1048页。

(68)《左传》襄公二十八年："陈须无以公归，税服而如内宫。庆封归，遇告乱者。丁亥，伐西门，弗克。还伐北门，克之。入伐内宫，弗克。"引自《春秋左传集解》第1100页。

(69)《临淄齐故城》，第48—49页。

(70) 刘敦愿：《春秋时期齐国故城的复原与城市布局》，《刘敦愿文集》（下卷）。按：据该文研究，《左传》所记的8座城门为东门、东闾、北门、西门、雍门、稷门、阳门、虎门，诸子等所记的3座城门为广门、南门、申门。

(71) 曲英杰：《史记都城考》，第198页、图二〇：3。

(72) 春秋时期，西周临淄城的北垣东门（或“东垣北门”）可能已经因淄河冲毁而废弃。

(73) 关于申门之所在，虽然数见于文献记载，但其所指及后人的理解多有不同，故出现齐故城小城西门说、小城南垣西门说等。“申门”之称在先秦典籍中未见，西晋和北魏文献中始见。《左传》文公十八年：“夏五月，（齐懿）公游于申池。”杜预注曰：“齐南城西门名申门，齐城无池，唯此门左右有池，疑此则是。”见《春秋左传集解》第520页。如果文中的“齐南城”是指齐故城的小城，那么“申门”就是小城的西门。又，《水经注・淄水》：系水“水出齐城西南，世谓之寒泉也。东北流直申门西，京相璠、杜预并言：申门即齐城南面西第一门矣”。见陈桥驿校证《水经注校证》第626页。若据此说，那么“申门”指的是齐故城小城南垣之西门。又，元代于钦著《齐乘・古迹》称：“临淄古城……西南有申门，门外申池。”引自《齐乘校释》第287页，中华书局，2012年。文中的“西南有申门”指的应当是齐故城小城，但并未指明是南垣西门还是西垣的城门。上述文献所言之临淄城，都应当是战国临淄城（即临淄齐故城）西南的小城，但问题在于，春秋临淄城尚无此小城。据研究，“申池”在齐故城小城西门外东西大道北侧（详见下文），故申池之畔的申门，应当是指春秋临淄城郭城西垣之南门。另外，新莽时期出现的博局四神镜，镜钮四周的方格框内往往有十二辰名，其外侧主纹区是青龙、白虎、朱雀、玄武等四神图像，十二辰名一般是按亥子丑（玄武一方）、寅卯辰（青龙一方）、巳午未（朱雀一方）、申酉戌（白虎一方）的方式排列，说明当时用“申”表示西南方位，或可为旁证。参见霍宏伟、史家珍主编《洛镜铜华——洛阳铜镜发现与研究》第144—149页，科学出版社，2013年。因此，无论以《左传》杜预注为据将“申门”考订为小城西门，还是以《水经注》为据将“申门”考订为小城南垣之西门，战国临淄城小城的“申门”，实际上都是移用了春秋临淄城郭城西垣南门的“申门”之称，类似于战国临淄城沿用春秋临淄城“稷门”（详见下文）。见群力《临淄齐故城勘探纪要》，《文物》1972年第5期，第54页注释①；李剑、宋玉顺《稷下学宫遗址新探》，《管子学刊》1989年第2期。

(74)《临淄齐故城》，第445页。

(75) 孔子为避鲁国内乱，曾于齐景公三十一年（公元前517年）适齐，在此期间，“子与齐太师语乐，闻《韶》乐，学之，三月不知肉味，齐人称之”（《史记・孔子世家》）。据1920年《临淄县志》载，“相传，清嘉庆时，于城东枣园村掘地得石碑，上书‘孔子闻韶处’，后人又于地中得石磬数枚，遂易村名为邵院”，并在邵院村立“孔子闻韶处”碑。见淄博市临淄区文物管理局《临淄文物志》第52页。又，1982年，邵院村一村民曾将当地出土并由其保存30多年的一件石磬捐献给当地博物馆，石磬上刻有篆书“乐堂”二字。见张龙海、张爱云《齐国故城内发现一件带铭文石磬》，《文物》2008年第1期。今邵院村地当春秋临淄城东南部，可证这一带是当时临淄城的繁华地区。

(76)《晏子春秋・外篇》：“景公宿于路寝之宫，夜分，闻西方有男子哭者，公悲之。明日朝，问于晏子……晏子对曰：西郭徙居布衣之士盆成适也。父之孝子，兄之顺弟也。又尝为孔子门人。今其母不幸而死，祔柩未葬，家贫，身老，子孺，恐力不能合祔，是以悲也。”引自《诸子集成》第四册第188—189页，中华书局，1954年。

(77) 群力：《临淄齐故城勘探纪要》，《文物》1972年第5期。

(78)《管子・轻重甲》：“桓公忧北郭民之贫，召管子而问曰：‘北郭者，尽屦缕之甿也，以唐园为本利，为此有道乎’。”引自《诸子集成》第五册第392页。按：据此可知，北郭内有不少农民以种植园圃为业，可旁证西郭内也有不少农民。

(79) 刘敦愿：《春秋时期齐国故城的复原与城市布局》，《刘敦愿文集》（下卷）。

⑧⓪ 《晏子春秋·内篇杂下》，引自《诸子集成》第四册《晏子春秋校注》第158页。

⑧① 《国语·齐语》："管子于是制国以为二十一乡，工商之乡六，士乡十五。"韦昭注曰："二千家为一乡，凡肆万二千家。"引自《国语》上册第229—230页，上海古籍出版社，1978年。

⑧② 更有著述认为"至桓管之世，临淄有居民4万户，人口20多万"（刘斌：《临淄与齐国》，第27页，山东大学出版社，1995年）。

⑧③ a. 群力：《临淄齐国故城勘探纪要》，《文物》1972年第5期。按：该文称，在大城东北隅今河崖头村下和村西一带的墓地，"已探出大、中型墓20余座，有的大墓有南北墓道……这里是一处西周到春秋时期齐国贵族的墓地"。b. 山东省文物考古研究所：《齐故城五号东周墓及其大型殉马坑的发掘》，《文物》1984年第9期。按：关于该墓及殉马坑的墓主人，发掘者认为可能是齐景公（卒于公元前490年）；也有学者根据"崔杼弑其君（齐庄公）"的事件，推测可能是公元前553～公元前558年在位的齐庄公姜白（曲英杰：《史记都城考》，第199页）。

⑧④ 《临淄齐故城》，第62—63页。

⑧⑤ 《临淄齐故城》，第62页。

⑧⑥ 无论是贵族墓还是平民墓，春秋时期的墓葬主要还是分布在临淄城南郊。

⑧⑦ 《临淄齐故城》，第40—41页及图六。

⑧⑧ 淄博市临淄区文物管理局：《临淄文物志》，第49页。

⑧⑨ 侯仁之：《淄博市主要城镇的起源和发展》，《历史地理学的视野》。

⑨⓪ 《临淄齐故城》，第532页。

⑨① 《春秋》记事迄于鲁哀公十四年（公元前481年），《左传》记事迄于鲁悼公十四年（公元前454年），而两书中都未见任何有关临淄城增建和扩建的记述，可作为战国临淄城改扩建时间不早于公元前454年的旁证。

⑨② 《临淄齐故城》第48—49页称：大城内勘探出8条交通干道，但根据第17页图六《临淄齐故城1964～1966年勘探图》所示，大城东部的今葛家庄村北有一处东西向道路，而该道路东段与淄河西岸的一条冲沟相连。《临淄齐国故城勘探纪要》图1《临淄齐国故城钻探实测图》与之相同。因此，大城内勘探出的东西向道路应为5条。

⑨③ 《战国策·齐策一》，第337页，上海古籍出版社，1998年。

⑨④ 《史记》卷六十九《苏秦列传》第2257页，苏秦说齐宣王曰："临淄之中七万户，臣窃度之，不下户三男子，三七二十一万，不待发于远县，而临淄之卒固已二十一万矣。临淄甚富而实，其民无不吹竽鼓瑟，弹琴击筑，斗鸡走狗，六博蹹鞠者。临淄之涂，车毂击，人肩摩，连衽成帷，举袂成幕，挥汗成雨，家殷人足，志高气扬。"

⑨⑤ 《临淄齐故城》，第542—543页。

⑨⑥ 《临淄齐故城》，第542页。

⑨⑦ 《吴越春秋·佚文》："鲧筑城以卫君，造郭以守民。此城郭之始也。"引自《两汉全书》第十六册第9532页。

⑨⑧ 李玉洁：《齐国史》，第235—243页，新华出版社，2007年。

⑨⑨ 《管子·大匡》："凡仕者近宫，不仕与耕者近门，工贾近市。"引自《诸子集成》第五册《管子校正》第110页。

⑩⓪ 临淄齐故城的地势特点为南高北低，尤其西北部一带为低洼地。据载，齐故城选址在淄河冲积扇的前缘部分，其南墙接近海拔50米，而北墙已在海拔40米以下。刘敦愿：《春秋时期齐国故城的复原与城市布局》，《刘敦愿文集》（下卷）。

⑩1 刘敦愿：《齐国故城所体现的国家职能以及早期城市的特点》，《刘敦愿文集》（下卷）。按：该文最初发表于1982年。

⑩2 据齐故城小城的考古勘探并结合地形地理分析，“桓公台”并非田齐国君的主要宫殿建筑，而有可能是宫殿区北部苑囿内的高台建筑基址，齐国国君的正殿推测在“桓公台”以南、小城西门以北一带。

⑩3 魏成敏、吕凯：《山东临淄齐国故城10号宫殿建筑遗址》，《中国重要考古发现（2012）》，文物出版社，2013年。

⑩4 侯仁之：《淄博市主要城镇的起源和发展》，《历史地理学的视野》。按：目前学界在论及临淄齐故城小城时，这是一种常见的认识和表述。

⑩5《临淄齐故城冶铸业考古》，第1131—1150页。

⑩6 近年在小城西门外的考古发掘中，清理出一个钱范坑，出土战国晚期“齐法化”等刀币铸范残块1 000余块及冶铸遗物，但无其他冶铸遗迹发现。这些钱范所代表的铸钱作坊址，究竟是在小城内还是在小城外，有待于更多的发现。

⑩7《临淄齐故城冶铸业考古》，第1149页。

⑩8 淄博市博物馆：《山东淄博市临淄区南马坊一号战国墓》，《考古》1999年第2期。按：该墓为“甲”字形，年代为战国中期。

⑩9 淄博市临淄区文物局：《山东淄博市临淄区国家村战国墓》，《考古》2007年第8期。按：墓葬形制均为“甲”字形，墓圹内各有2座陪葬墓和1个器物坑。

⑪0 淄博市博物馆、齐故城博物馆：《临淄商王墓地》，第1—70页，齐鲁书社，1997年。

⑪1 山东省文物考古研究所：《临淄齐墓》（第一集），第35—37页，文物出版社，2007年。

⑪2 临淄区文物局：《山东淄博市临淄区刘家新村春秋墓》，《考古》2013年第5期。按：这2座墓东北距临淄齐故城约3 000米，其年代为春秋中期，其中保存完整的M28随葬铜鼎、簋、壶、盘、匜等青铜礼器14件以及兵器和车马。

⑪3 1971年发掘的郎家庄1号东周墓是一座有9个殉人和17个陪葬坑的大型贵族墓，“年代当属春秋末期或迟到战国初期”，其地点位于齐故城大城南墙外约500米处。见山东省博物馆《临淄郎家庄一号东周殉人墓》，《考古学报》1977年第1期。按：关于该墓的年代，也有学者认为是战国早期，见王恩田《临淄国子墓和郎家庄墓的年代与墓主问题》，《考古与文物》1985年第6期。

⑪4《临淄齐故城》，第534—535页。

⑪5《临淄齐故城》，第144页。

⑪6 魏成敏、吕凯：《山东临淄齐国故城10号宫殿建筑遗址》，《中国重要考古发现（2012）》。

⑪7 临淄大武西汉齐王墓（墓主人为卒于公元前189年的齐悼惠王刘肥或卒于公元前179年的齐哀王刘襄）陪葬坑出土的铜器上见有“南宫”和“北宫”的铭刻，见山东省淄博市博物馆《西汉齐王墓随葬器物坑》，《考古学报》1985年第2期。文献中见有“北宫”，《史记》卷一百五《扁鹊仓公列传》第2804页：“齐北宫司空命妇出于病，众医者皆以为风入中。”

⑪8 a. 王献唐：《临淄封泥文字叙目》。b. 山东省文物管理处：《山东临淄齐故城试掘简报》，《考古》1961年第6期。c.《临淄齐故城》，第521—526页。d.《临淄齐故城冶铸业考古》，第654—655页。

⑪9《临淄齐故城冶铸业考古》，第1149—1150页。

⑫0《汉书》卷三十八《高五王传》，第2002页。

⑫1《汉书》卷二十八《地理志》（上），第1580页。

⑫2《汉书》卷七十二《贡禹传》，第3070页。

⑫③ 《史记》卷一百二十九《货殖列传》，第3265页。

⑫④ 《汉书》卷三十八《高五王传》，第2000页。

⑫⑤ 《汉书》卷二十四《食货志》（下），第1180页。

⑫⑥ 《临淄齐故城冶铸业考古》，第1138—1143页。

⑫⑦ 白云翔：《汉代临淄铜镜铸造业的考古学研究及其意义》，《光明日报》2007年7月6日《理论周刊·史学》版。

⑫⑧ 淄博市临淄区文物管理局：《山东临淄战国汉代墓葬与出土铜镜研究》，第14页，文物出版社，2017年。按：该书收录的这批战国和汉代墓葬出土镜计684枚，其中630余枚出自西汉至新莽时期的墓葬。

⑫⑨ 《临淄齐故城冶铸业考古》，第1106—1117页。

⑬⓪ 魏成敏、吕凯：《山东临淄齐国故城10号宫殿建筑遗址》，《中国重要考古发现（2012）》。

⑬① 《汉书》卷十四《诸侯王表》第418页："齐怀王，武帝子。元狩六年四月乙巳立，八年，元封元年薨，亡后。"

⑬② 《后汉书》卷十九《耿弇列传》第708—711页：建武五年，"因诏弇进讨张步"，此时"诸郡太守合万余人守临淄"，耿弇"遂攻临淄，半日拔之，入据其城"。张步"乃与三弟蓝、弘、寿及故大彤渠帅重异等兵号二十万，至临淄大城东，将攻弇。弇先出淄水，与重异遇，突骑欲纵，弇恐挫其锋，令步不敢进，故示弱以盛其气，乃引归小城，陈兵于内。步气盛，直攻弇营，与刘歆等合战，弇升王宫坏（环）台望之，视歆等锋交，乃自引精兵以横突步陈于东城下，大破之……至暮罢。弇明日复勒兵出……乃出兵大战，自旦及昏，复大破之，杀伤无数，城中沟堑皆满"。见《后汉书》，中华书局，1965年。

⑬③ 《后汉书》卷十四《宗室四王三侯列传》，第549—554页。

⑬④ 历史地理学者曾指出：东汉光武帝一朝，所封诸侯王国为12个（包括建武十九年进封齐国公爵为王），"这些诸侯王之封域，除中山王辅、东海王强兼食二郡外，其他诸王仅有一郡之地，且彼此分散，互不相连……分封的诸侯王徒具虚名，所封之国仅供他们'衣食租税'而已。所以，东汉虽然推行的仍然是郡国并行制，但实际上这些王国与汉郡几无二致"。见李晓杰《东汉政区地理》第5—6页，山东教育出版社，1999年。

⑬⑤ 《续汉书·郡国志》，引自《后汉书·志第二十二》第3475页。按：东汉时设有齐国而不再设齐郡。《元和郡县图志》卷十《河南道·青州》载："武帝复封次子闳为齐王。后国除，遂以齐为郡，领县十二，理临淄。后汉改齐郡为齐国。"《元和郡县图志》，第271页，中华书局，1983年。

⑬⑥ 《汉书》卷二十八《地理志》（上），第1580页。

⑬⑦ 郭沫若：《稷下黄老学派的批判》，《郭沫若全集·历史编》第二卷，人民出版社，1982年。

⑬⑧ 《诸子集成》第五册《韩非子集解》，第201页。

⑬⑨ 《史记》卷四十六《田敬仲完世家》，第1895页。

⑭⓪ 《史记》卷七十四《孟子荀卿列传》，第2346—2348页。

⑭① 徐干：《中论·亡国》，《两汉全书》第三十册，第17716页。

⑭② 《春秋左传集解》，第1331页。

⑭③ 《太平御览》卷一百七十六引《郡国志》云："齐桓公宫城西门外有讲堂。齐宣王立此学也，故为稷下学。莒子如齐盟于稷门，此也。"引自《太平御览》第858页，中华书局，1960年。

⑭④ 《太平寰宇记》卷十八《河南道·青州》第353页"益都"条下："刘向《别录》云：'齐有稷门，齐之城西门也。'外有学堂，即齐宣王立学所也，故称为稷下之学。"中华书局，2007年。

⑭ 《齐乘》卷四《古迹》："临淄古城……又有稷门，下立学舍。"《齐乘校释》，第287页。

⑭ 郭沫若：《庄子的批判》，见《郭沫若全集·历史编》第二卷。按：文中称，庄子"未曾到过齐国，没有参加过稷下学宫"。该文最初发表于1944年，是首次有"稷下学宫"之称。

⑭ 《风俗通义·穷通》："齐威、宣王之时，聚天下贤士于稷下，尊宠若驺衍、田骈、淳于髡之属甚众，号曰列大夫，皆世所称咸作书刺世。"《两汉全书》第二十四册，第14177页。

⑭ 《盐铁论·论儒》："盖齐稷下先生，千有余人。"《盐铁论校注》，第149页，中华书局，1992年。按：文中的"千有余人"，所指可能不仅仅是"稷下先生"，实际上还应包括来此游学的其他学士。

⑭ 这里的"稷下学宫之所在"，主要是指当时稷下先生和学士们的讲学和集会之处（尽管其中也可能包含部分稷下先生的居所），并非指他们的居住生活之处。

⑮ 李剑、宋玉顺：《稷下学宫遗址新探》，《管子学刊》1989年第2期。

⑮ a. 李剑、宋玉顺：《稷下学宫遗址新探》，《管子学刊》1989年第2期。b. 张龙海：《稷下学宫遗址考略》，《临淄拾贝》，2001年淄博市临淄区印刷本。

⑮ a. 张龙海、刘文熙：《稷下寻踪》，《管子学刊》1990年第3期。b. 张龙海：《稷下学宫遗址的考证与定位》，《齐文化》2003年第1期。

⑮ 临淄区文物局：《临淄文物志》，第53页。按：该书"稷下学宫遗址"条下称：齐故城小城西门西南一带，"战国时期的瓦砾积存甚厚，且南去小城西南角，北至大城西门，战国时期建筑遗迹片片相连，是否是战国时期稷下学宫遗址的位置，待考"。

⑮ 张学海：《齐营丘、薄姑、临淄三都考》，《张学海考古文集》（下）。该文称："小城是座宫城。宫城居住君王、卫队，可能还住有'稷下学士'。小城南西门遥对南郊稷山，应是稷门。门内西侧的夯土基址，北距宫殿区不到1千米，可能是稷下先生们的'列第'遗迹。"

⑮ 曲英杰：《史记都城考》，第205页，图二〇-4。按：该书第204页称：据有关的文献记载，"可知在小城西门外建有讲堂，当建于齐宣王时期，为'齐稷下学士复盛'的一个重要标志"。但是，该书第205页的图二〇-4《战国临淄城推测复原示意图》中，小城内东北隅为田氏齐国的宫城，宫城南门外标注为稷下学宫。

⑮ 《史记》卷四十六《田敬仲完世家》，第1895页。按：也多有学者认为，稷山脚下立学馆"是难以令人置信的"，见李剑、宋玉顺《稷下学宫遗址新探》，《管子学刊》1989年第2期。

⑮ 《临淄齐故城》，第36—64、190—477页。

⑮ 稷下先生们居住的"高门大屋"，有学者认为"是沿'康'与'庄'所连通的大城中部东西向大道南北两侧依次而建，各院设高门，直临大道，内有大屋，气度不凡"，见曲英杰《史记都城考》第204页。也有学者认为，稷下先生们"居住在临淄的稷门附近"，群力：《临淄齐故城勘探纪要》，《文物》1972年第5期。

⑮ 据考古发掘工地参观考察笔记，发掘资料存山东省文物考古研究所。

⑯ a. 王子孟、杨小博：《山东临淄粉庄1号墓地出土瓮棺葬概述》，见《瓮棺葬与古代东亚文化交流研究》，科学出版社，2018年。b. 朱磊：《山东临淄粉庄2号墓地出土的瓮棺葬》，见《瓮棺葬与古代东亚文化交流研究》。

⑯ 《史记》卷四十六《田敬仲完世家》，第1895页。

⑯ 郭沫若：《稷下黄老学说的批判》，见《郭沫若全集·历史编》第二卷。

⑯ 郭墨兰、吕世忠：《齐文化研究》，第182页，齐鲁书社，2006年。按：该书称，"不管因山得名，还是因水得名，稷门是齐城西门，史无异议"。其问题在于，战国临淄城大城和小城均有西向之门，并且大城有2座西门，但不知这里所说之"齐城西门"究竟是大城的西门还是小城的西门。

⑯ 刘敦愿：《春秋时期齐国故城的复原与城市布局》，《刘敦愿文集》（下卷）。按：将稷门推定为小城南门的主要根据，是临淄城南二十余里有稷山，稷门因通向或面向稷山而得名。又据考古勘探，齐故城小城南墙有2座城门，但该文未确指稷门究竟是哪一座，而同时推定另一座南门是"杨门"。问题在于，齐故城小城系战国前期增建，春秋时尚无此小城，而"稷门"之称早在《左传》昭公二十二年即公元前520年就已见到。

⑯ 曲英杰：《史记都城考》，第189页、第198页图二〇-3。该书第189页称，春秋临淄城郭城"南垣西门极有可能设于（齐故城）大城南垣西向延伸线与小城南垣东门大道北向延伸线交界处……此门面对稷山，当称稷门"。又，第201页称，田氏齐国增筑小城之后，"原大城（即春秋临淄城郭城）南垣西门即稷门被移设至与之相对应的小城南垣东部（东门），是否沿称稷门已无法推知"。同时，该氏根据《左传》文公十八年杜预注，推定齐故城小城南垣西门为"申门"，即《水经注·淄水》"申门即齐城南面西第一门矣"。

⑯ 李玉洁：《齐国史》，第427页。按：该书在论及稷下学宫时称，"稷下，是齐都临淄的稷门，即临淄城的西南首门"，或"稷门在临淄城的西南"，或"稷门是临淄西南首之门"，但是并未指明是大城还是小城，如果是小城也未指明是其南门还是西门，并且小城有2座南门。文中的"西南首门"，或可理解为战国临淄城小城南垣的西门。

⑯ a. 张龙海：《稷下学宫遗址考略》，《临淄拾贝》。b. 李剑、宋玉顺：《稷下学宫遗址新探》，《管子学刊》1989年第2期。

⑯ 《水经注·淄水》："申门即齐城南面西第一门矣。"陈桥驿校正：《水经注校证》，第626—627页。按：郦道元这里所说之"申门"，应当是指战国临淄城小城南垣之西门。

⑯ 《左传》昭公二十二年，引自《春秋左传集解》第1482页。

⑰ 也有学者推定稷门为春秋临淄城南之西门（曲英杰：《史记都城考》，第189页、第198页图二〇-3），但关于其具体位置的认识与笔者所论有所不同。

⑰ 曲英杰：《史记都城考》，第204页。

⑰ 自古以来，很多地方在表示方位时，往往根据微地理环境的高低用上、下指代。譬如，在陕甘宁一带问路时，当地人一般不用东西南北或向左、向右回答，而是往往会说，"往上"或"往下"等。

⑰ 《临淄齐故城》，第20—29页。

⑰ 群力：《临淄齐故城勘探纪要》，《文物》1972年第5期。按：以往有学者根据文献推论"申池"在齐故城小城外西北部，不确，实际上应在小城中部西城垣外侧，即小城西门外的北侧一带。

⑰ 《左传》文公十八年："夏五月，（齐懿）公游于申池。"杜预注曰："齐南城西门名申门，齐城无池，唯此门左右有池，疑此则是。"引自《春秋左传集解》第520页。

⑰ 有学者根据《史记·田敬仲完世家》索隐引南燕晏谟《齐地记》以及《水经注·淄水》的有关记载，推断稷下学宫在小城西门以北至大城西门一带的系水两侧。但是，据考古调查，"齐国故城大城西的系水西岸，南起齐故城小城北墙外，经现在的长胡同村、督府巷村、西石桥村、邵家圈村至王青村约3千米，均为专门烧制瓦当的陶窑作坊遗址"。见张龙海《山东临淄齐国故城陶窑遗址的调查》，《考古》2006年第5期。

⑰ 《太平御览》卷一百七十六引《郡国志》云："齐桓公宫城西门外有讲堂。齐宣王立此学也，故为稷下学。"《太平御览》，第858页。

⑰ 临淄区文物局：《临淄文物志》，第53页。

⑰ 据考古工地现场"齐故城小城西门西南侧夯土基址考古发掘成果"展示牌。鉴于有的夯土基址之

上发现有战国晚期齐刀币和汉初半两钱的相关铸钱遗物，或可认为，战国晚期稷下学宫逐渐衰败，尤其是齐湣王十七年至齐襄王五年（公元前284～公元前279年）燕军占领齐都临淄期间或之后，这里有可能曾改作铸钱作坊。

⑱ 据笔者2020年11月考古发掘工地现场考察资料。

⑱ 稷下学宫从田齐桓公时期出现到齐湣王时由盛而衰（约当公元前374～公元前284年），历时近百年，其建筑也不是一时而建，而是经历了一个不断扩建的过程。据此推测，小城西门外建筑群以南和以西一带，可能还分布有与之相关的建筑遗存。

⑱ 考古勘探表明，齐故城小城南城壕和西城壕均宽约13米，其宽度大约是东城壕和北城壕宽约25米的一半。对此，过去往往认为是当时统治阶级与被统治阶级之间的阶级斗争尖锐激烈、小城防御的重点是大城的一种表现。现在看来，小城西南城壕狭窄的主要原因，应当与这一带有稷下学宫等大型建筑群密切关联。

⑱ 张龙海、刘文熙：《稷下寻踪》，《管子学刊》1990年第3期。

⑱ 《左传》文公十八年（公元前609年）："夏五月，（齐懿）公游于申池……乃谋弑懿公，纳诸竹中。"《春秋左传集解》，第520页。又，《左传》襄公十八年（公元前555年）：齐灵公率师伐鲁，晋、宋等国出兵相救。齐师败归，诸侯之师尾追其后，"十二月……乙亥，焚雍门及西郭、南郭。刘难、士弱帅诸侯之师焚申池之竹木。壬寅，焚东郭、北郭"。《春秋左传集解》，第943页。"纳诸竹中"、"焚申池之竹木"等语表明，申池一带竹木茂盛。

湖北钟祥黄土坡春秋墓年代序列及有关问题

徐少华

（武汉大学历史学院）

1988—1996年，荆州博物馆在湖北钟祥黄土坡一带先后发掘清理了48座东周至秦代墓葬，其中有五座随葬青铜礼器的春秋墓，对分析楚墓年代和器物的发展演变有着重要价值。发掘报告已于前些年正式刊布，主持这项田野工作的同行在其中对有关问题作了较细致的分析类比，[①]结论可信。本文拟在此基础上，就这几座墓葬的青铜礼器与基本特征作进一步的讨论，以期明确它们的年代序列及相互关系，为今后的深入研究创造更加有利的条件。

一、墓葬年代及先后序列

钟祥黄土坡墓地大致分为南、中、北三个墓区，五座春秋墓均为土坑竖穴，葬具都应是一棺一椁，[②]其中M31、M35为一组位于中区，头向朝南；M3、M4、M6为一组位于南区，头向朝东。两组之间相距约70米，其间或有亲缘关系。

这五座墓的随葬品，以青铜器为主，仅M35中发现有一些玉石器。就青铜礼器而言，M3随葬有鼎二、簠、浴缶、尊缶、鉴、盘、匜各一；M4为鼎二、簠二、浴缶一；M6是盆、盏、锡浴缶各一；M31有鼎一、盏二、盘一、匜一；M35为鼎一、盏二、浴缶二。发掘报告经过认真比较，将M31、M35定为该墓地的第一期，时代为春秋中期晚段，并认为M31略早于M35；将南区的三座墓葬定为第二期，时代为春秋晚期的早段，其先后关系是M6→M4→M3。

今按，发掘报告将这五座墓葬分为两组，并定于春秋中期后段至晚期前段，是完全正确的。然而，关于它们的先后序列、相互关系及文化面貌，仍有进一步讨论、深入的必要。

M31和M35属于春秋中期偏晚的墓葬，当无可疑，然说M31略早于M35，恐未必。

M31出土的盏，侈口、束颈、弧腹、平底略内凹、三个小兽足，上腹一对称的小环耳，隆盖，顶部有喇叭形捉手，盖沿有三个小边卡；颈部一周雷纹，上腹一周三角纹，盖面饰五周变形窃曲纹组成的宽带纹，上面另有一周三角纹；捉手正中是两周重环纹（见图一：5）。整个形制、纹饰与河南淅川下寺M7随葬的盏接近。③

M31所见的鼎，附耳，箍口承盖，敛口、鼓腹、圜底、蹄足；隆盖，顶部有喇叭形捉手，下部有四个对称的小穿孔；中腹一周凸弦纹，上、下腹各有数周变形窃曲纹，下面一周三角纹；盖面亦数周变形窃曲纹，上部一周三角纹（图一：4）。这是一件比较典型的楚式鯠鼎（亦称"箍口鼎"），与淅川下寺M8出土的"以邓"鯠鼎相似而稍晚，又较下寺M4之鯠鼎略早，④而与前几年面世的"随仲妠加鼎"类同。⑤

M31随葬的盘，侈口、折沿、直腹壁较浅、坦底，三个小蹄足，腹部一对称的小环耳，下腹饰索状凸弦纹一周；匜作敞口、束颈、短流、鼓腹、平底，流尾上翘而内卷，尾部有一环形錾，肩部一周索状凸弦纹（图一：6）。这套盥洗器，和下寺M7之同类器相近又略晚，⑥而与下寺M8所出"以邓"匜、南阳李八庙M1的盘和匜接近。⑦

黄土坡M35出土的鼎，附耳，子母口承盖，圆腹、圜底，三蹄足；平盖、折沿，盖中心有一环钮，周边匀分有三个扁平曲尺形立钮；中腹一周凸弦纹，上腹饰带状变形窃曲纹，下腹一周三角纹，盖面饰三周变形窃曲纹（图一：1）。其形制、纹饰，与下寺M7、李八庙M1随葬的平盖鼎相似。⑧

M35之盏，与M31的盏大体相近，不同之处一是由平底变为坦底，再是盖面增加了一对小环耳（图一：2），显得稍晚一些。该墓所见的浴缶，为侈口、折沿、直颈较短、广肩、下腹内收、小平底，平盖，肩腹处一对中间穿孔的方形耳，盖面正中有一半环钮；上腹两周凸弦纹，其间为三周雷纹，盖面亦有两周雷纹（图一：3）。这件缶，要早于下寺M7和李八庙M1出土的浴缶，⑨应该是楚式浴缶的较早形态。

淅川下寺诸墓的时代，发掘报告曾作过全面细致的分析，推定M7、M8和M36三墓属于春秋中期晚段，即公元前620—公元前571年之间；M4略晚于M36而早于M1、M2、M3，约在春秋晚期的初年，其余三墓属于春秋晚期早段。⑩经过最近二十多年来若干新材料的检验，证明下寺墓地发掘者当年所作的这一结论是准确可信的，可谓春秋时期楚墓断代的重要标尺之一。随仲妠加鼎，学界将其定为春秋中期偏后，⑪是正确的。南阳李八庙M1，发掘简报认为属"春秋中期偏晚或晚期偏早"⑫，当以中期偏晚为是。黄土坡M31、M35随葬的这两套铜礼器，既早于下寺M4的有关器物而与下寺M7、M8和李八庙M1中的同类器近似，时代自应相当，将其定于春秋中期晚段，非常贴切。

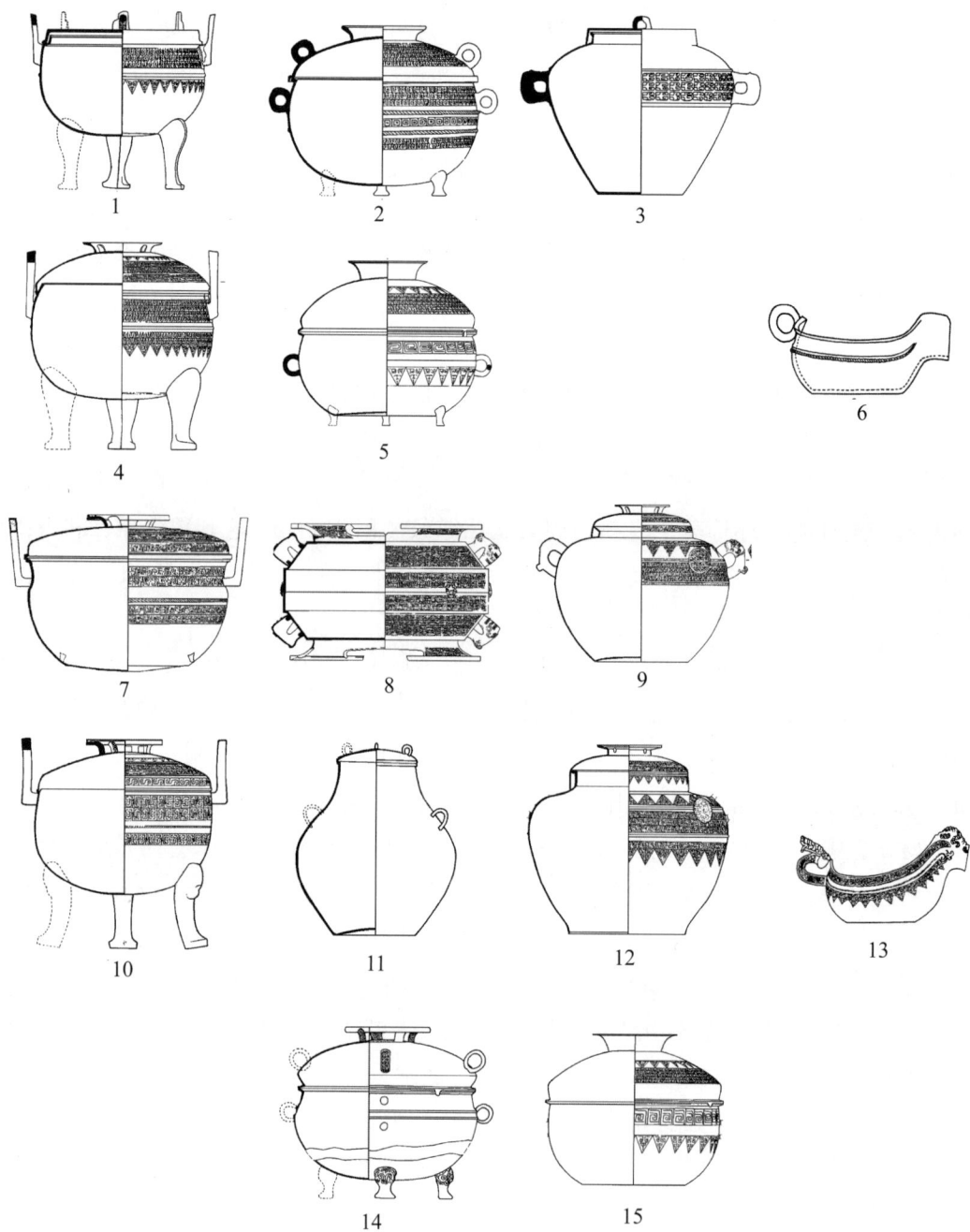

图一 钟祥黄土坡春秋墓出土主要铜礼器

1. 鼎（M35：7）；2. 盏（M35：8）；3. 浴缶（M35：10）；4. 鬎鼎（M31：1）；5. 盏（M31：4）；
6. 匜（M31：2）；7. 盂鼎（M4：3）；8. 簠（M4：1）；9. 浴缶（M4：5）；10. 鬎鼎（M3：2）；
11. 尊缶（M3：4）；12. 浴缶（M3：6）；13. 匜（M3：9）；14. 盏（M6：3）；15. 盆（M6：2）

至于两墓的先后关系，还需要在系统比较的前提下再作判断。

首先，就盏的形制而言，M31的盏确实略早一些，然从鼎、浴缶来看，情况就不一样了。M31出土的鼎，是一件典型而成熟的楚式鬲鼎，其形制不但要晚于下寺M7，亦要晚于下寺M8随葬的鬲鼎，而与"随仲妳加鼎"差相同时；而M35所见的子母口平盖鼎，是楚式鬲鼎的初始原型，在中原及春秋列国如晋国的上马墓地中亦较常见，[13]后经楚人的改良、演化，才形成该类鼎的自身特征，这从下寺M7、李八庙M1的子母口平盖鼎，到下寺M8的子母口隆盖鬲鼎，再到黄土坡M31及"随仲妳加鼎"的箍口隆盖鬲鼎的发展过程即可概见（参见图二、三）。

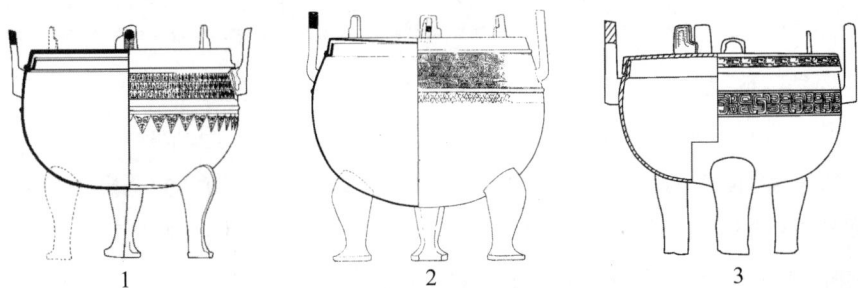

图二　平盖鼎比较

1. 坡M35：7；2. 下寺M7：6；3. 李八庙M1：2

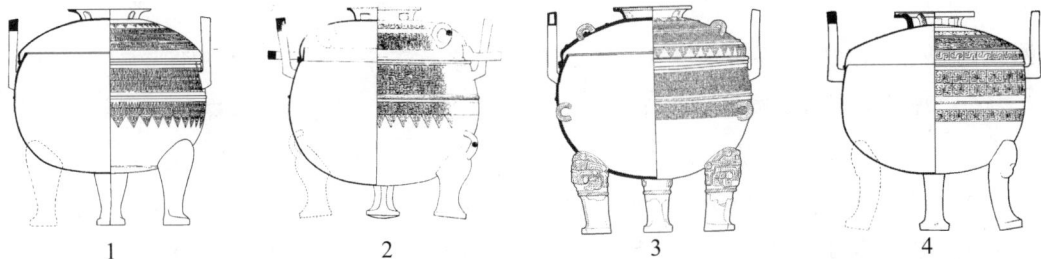

图三　鬲鼎比较

1. 坡M31：1；2. 下寺M8：8；3. 沈岗M4：4；4. 坡M3：2

M35出土的平底、平盖、腹部无圆饼装饰的缶，亦要早于下寺M7、李八庙M1的浴缶，是目前所见楚式浴缶中最早的一例，对分析楚器的发展、演变具有重要的作用。

其次，从黄土坡五座春秋墓的分布与相对位置来看，M31、M35作为较早的一组位于北边，M3、M4、M6作为较晚的一组位于南边约70米处，说明这两组墓葬的早晚关系是由北往南发展；再就南组的M3、M4而言，发掘者据器物形态推论M4略早于M3，可见南组墓内部亦存在由北往南的先后次序。M31、M35呈南北一线排列，且M35位于

M31 以北 17 米，从而亦见两者之间的早晚关系。

通过以上比较，我们认为，位于中区南边的 M31 时代稍晚，大体与下寺 M36 相当，属于春秋中期的末年；位于其北 17 米的 M35 相对较早，但又略晚于下寺 M7，大致与下寺 M8 相当，约下葬于公元前 600—公元前 580 年之间。

黄土坡 M4 出土的鼎，附耳、侈口、折沿、束颈、弧腹内收、圜底近平；隆盖，顶部有 6 根小柱支撑的环状捉手；上腹一周索状凸弦纹，颈与上腹饰带状蟠虺纹，盖面三周索状凸弦纹，其间饰蟠虺纹（图一：7）。此乃一件典型的楚式盂（亦作"鬲"）鼎，虽然三足残失，但从器体和盖的形制、纹饰来看，和下寺 M36 所见的同类器相似但略晚，[14]而与下寺 M1、湖北襄阳沈岗 M70 随葬的盂鼎接近。[15]

M4 所见的浴缶，侈口、宽折沿、直颈较矮、广肩、弧腹；平底略内凹，肩腹处一对兽形半环耳；隆盖，顶部有喇叭形捉手，下部有四个对称的小穿孔；肩与上腹部饰三周索状凸弦纹，其间为两周蟠虺纹、一周三角纹，中间一周凸弦纹上匀分有四个凸起的圆饼饰；盖面饰一周凸弦纹、两周带状蟠虺纹和一周三角纹（图一：9）。整个形制、纹饰与下寺 M36 出土的同类器相近又稍晚，较下寺 M1 中的浴缶又略早，[16]而与下寺 M4、襄阳沈岗 M70 随葬的浴缶基本一致（见图五）。[17]

黄土坡 M3 随葬的几件铜礼器，总体来说较 M4 的器物略晚，如 M3：2 之𫐉鼎，三蹄足下部略向外张（图一：10），明显晚于下寺 M4 的𫐉鼎，而与下寺 M1、M2 的风格类似；[18]所出浴缶下腹内收明显、底部显现假圈足的特征（图一：12），与下寺 M4 的浴缶接近而稍晚。

M3 所出具铭盘，平折沿、腹较深、圜底近平，三个小蹄足，上腹四个对称环耳，其中一对环耳另衔有大圆环；匜作平底，管状流较短，上部饰浅浮雕龙纹，尾部有龙形鋬（图一：13）。这对盥洗器的形制和纹饰，与下寺 M4、M1 中的盘、匜近似。[19]

M3 所见的尊缶，平折沿、方唇、斜颈、溜肩、鼓腹、底内凹，盖稍隆，肩部和盖面各有三个半环钮（图一：11），其形制，较下寺 M1、M2、南阳八一路 M38（彭射墓）诸墓出土的尊缶都要早一些。[20]

黄土坡 M6 随葬的盏，形制与 M35 的盏相似，但三足略大，膝部有兽面装饰，捉手变为由 5 根小柱支撑的环状，肩部和盖面均为两对环钮（图一：14），显得略晚一些。盆作侈口、折沿、直腹较深、平底、双耳残；隆盖、顶部有喇叭形捉手；颈部一周雷纹，上腹一周三角纹，盖面饰带状变形蟠虺纹，其上一周三角纹（图一：15）。其形制、纹饰要晚于南阳李八庙 M1 和襄阳沈岗 M65 出土的盆。[21]

分析可见，黄土坡 M4 随葬的礼器，与下寺 M4、沈岗 M70 所见同类器基本一致，属于春秋晚期的初年；M3 的器物略晚一些，大体和下寺 M1、M2 的接近；M6 的几件器物可比性虽不太明显，但从其盏的形态略晚于 M35 之器、墓坑位于 M3 以南诸因素推测，下葬时间当更晚一些，亦为春秋晚期的前段。

如果M6早于M4，则该组墓葬的布局就是先南后北，最晚的M3位于中间，这与该墓地两组春秋墓由北往南，南组内部的M4、M3亦是先北后南的规律不合，令人怀疑。

二、相互关系和文化特征

从M35随葬有铜戈一件的现象来看，墓主应该是一位男性；M31内未见兵器，然与M35下葬时代相若、位置相近，说明其间的亲缘关系，不能排除夫妇异穴合葬的可能性。

南组三墓，墓坑亦相邻近，下葬时间虽前后有别，但相差不大，其与北组两墓，有可能是同一家族的上下两代人，因而死后葬于同一墓地且早晚南北排列，分组有序。

至于南组墓葬的内部关系，因墓内棺椁及人骨腐蚀严重，难以分辨其中的男女性别。就墓坑规模而言，M4、M6大小相若，M3的规模略大，其随葬品中虽然未见兵器，却随葬有车軎、马衔、马镳等铜车马器。从淅川下寺诸墓的情况分析，凡是男性墓葬如M2、M8、M10、M11等，随葬品中既有兵器，亦有车马器，而几座性别明确的女性墓，如M1、M3、M7等，既无兵器，亦无车马器。[22]黄土坡M31、M35的情况也是如此，说明车马器的有无也是判断墓主人性别的重要标准之一。黄土坡M3中虽无兵器，但有车马器，其墓主人很可能也是一位男性，而位于其南北两边M4、M6的墓主，当是其夫人或直系亲属。这两墓中既无兵器亦无车马器随葬，亦可作为这一推论的旁证。

需要说明的是，M3所出铜盘的内底有阴刻铭文4行20余字："隹正月初吉丁亥，鄧（邓）子⬜䞍叔⬜盥……子孙永……"由于铭文被刮削，多处文字模糊不清，但第1行大体可读，第2行前2字为"邓子"依稀可辨，第3字似为"與"（与）。"叔"下一字颇为关键，《新收》释为"曼"[23]，即邓姓之"嫚"，但难以确定。该盘可能是"邓子与"为其女或亲属所做的媵器，铭文受到刮削，说明器物曾经经历某些周折，发掘报告推测"墓主可能并非铜盘的原主"，可从。因而，这件旧有媵器的出土，并不影响对M3墓主人为男性楚系贵族的推论。

就黄土坡五座墓葬的头向而言，位于北边一组的M31、M35朝南，位于南边一组的M3、M4、M6朝东，这一现象与河南三门峡上村岭虢国墓地头向明确的230座墓葬中95%左右朝北，[24]洛阳中州路东周墓头向明确的255座墓葬中绝大多数朝北、少数朝东的情况大不一样；[25]而与湖北当阳赵家湖297座楚墓中头向朝南者占绝大多数、少数朝东或朝西、几无朝北者，[26]襄阳余岗墓地179座楚墓中178座头向朝南，[27]淅川下寺24座楚墓一律朝东、均无朝北的埋葬习俗大体类同，[28]说明其文化上的差别与关联。

黄土坡M3的葬具虽为一棺一椁，然椁内出现了分为三室的迹象，这与下寺M7内的棺椁结构相近，是目前所见楚系墓葬中椁内分室的较早实例。

钟祥黄土坡M35随葬青铜礼器的组合是平盖鼎、盏、浴缶，M31是鬲鼎、盏、盘、匜，M4为盂鼎、簋、浴缶，M3是鬲鼎、簋、浴缶、盘、匜等，M6为盏、盆，核心器物是鼎、盏和鼎、簋、浴缶（见图一）。这一特征与河南三门峡上村岭虢国墓地、洛阳中州路东周墓、山西侯马上马墓地铜器墓中多以鼎、簋、壶或鼎、豆、壶为核心组合的作风明显不同，[29] 而与河南淅川下寺楚墓中M7随葬鼎、盏、浴缶，M8、M36和M4均随葬鼎、簋、浴缶的组合情形相似，[30] 体现了楚文化的基本特征。

就几件代表性铜礼器的特征而论，M31出土的盏与下寺M7的相当，M35之盏稍晚一些，但又早于湖北当阳赵家湖金家山M9、下寺M1、南阳八一路M38诸墓中随葬的铜盏，[31] 属于春秋中晚期楚式盏的早期形态，对进一步认识楚盏的演变，具有很好的参考价值（见图四）。

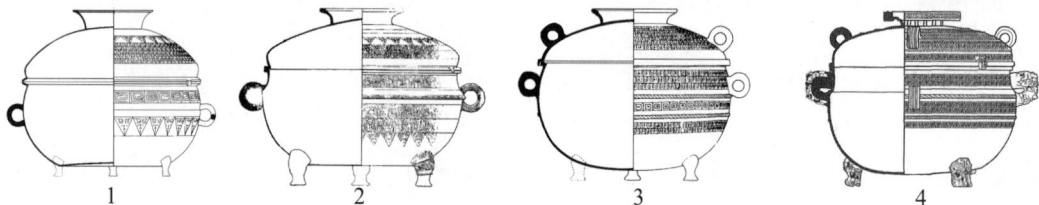

图四　铜盏比较

1.坡M31：4；2.下寺M7：8；3.坡M35：8；4.彭射墓：49

M31的鬲鼎，其形制介于下寺M8、襄阳沈岗M4和下寺M4、M1诸墓出土的鬲鼎之间，是成熟型楚式鬲鼎较早的器例之一（见图三），为今后的楚墓、楚器断代确立了更加可信的标尺。

M35之平底平盖，器身无圆饼装饰的浴缶，形态简略原始，此前楚墓中并不多见。M4所见的浴缶，特征突出，侈口、折沿、直颈、广肩、鼓腹、下腹内收、底略内凹；肩腹处有一对称的兽形半环耳，上下三周凸弦纹，四个匀分的浅浮雕圆饼饰压在中间一周凸弦纹上。后一种浴缶，早期形态见于淅川下寺M7，[32] 至下寺M36、M4以及南阳八一路M38诸墓出土物（见图五），[33] 基本形成了楚式浴缶的典型特征，黄土坡M4随葬的这件缶，与下寺M4之浴缶的形制、纹饰非常相似，是楚文化走向成熟的标志性器物之一。

M3随葬的尊缶，溜肩、鼓腹、底内凹，腹部最大径偏下，肩部与盖面的6个半环耳均为简略，形态比较原始，是目前所见同类器物中最早的一件（参见图六），对考察楚式尊缶的源流变化与基本特征，增添了一个难得的实例。

图五 浴缶比较

1. 坡 M35：10；2. 下寺 M36：3；3. 下寺 M4：4；4. 坡 M4：5

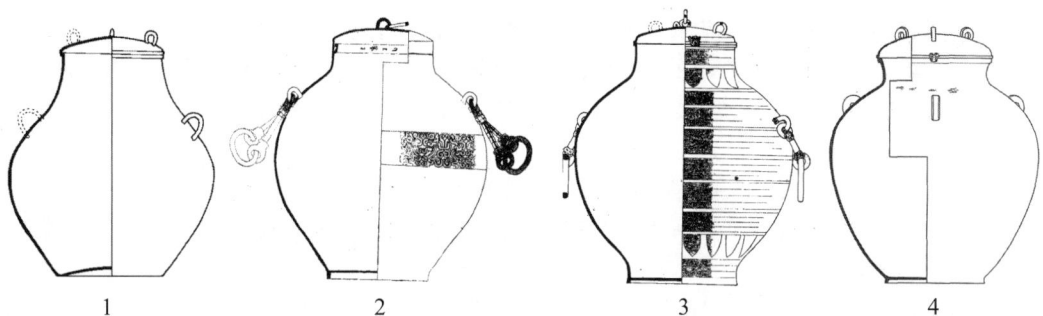

图六 尊缶比较

1. 坡 M3：4；2. 下寺 M1：51；3. 下寺 M2：52；4. 彭射墓：51

结 语

综上所论，钟祥黄土坡墓地位于北组南边的 M31 时代稍晚，大体与淅川下寺 M36 相当，绝对年代约在公元前 580 年左右，属于春秋中期的末年；位于该墓以北 17 米的 M35 相对较早，但又略晚于下寺 M7，而与下寺 M8 相当，约下葬于公元前 600—公元前 580 年之间。

位于南组北边的 M4，大致和下寺 M4、沈岗 M70 接近，下葬时间约在公元前 560 年前后，属于春秋晚期的初年；M3 则与下寺 M1、M2 相当，下葬于公元前 550 年左右；从 M6 之盏的形态略晚于 M35 之器、墓坑位于 M3 以南诸因素推测，下葬时间与 M3 差相同时而稍晚，亦为春秋晚期的前段。

M35 内随葬有铜戈，墓主应该是一位男性；M31 未见兵器，然与 M35 时代、位置相近，两者可能是夫妇异穴合葬。M3 中虽无兵器，但有车马器，墓主人很可能也是一位男性，而位于该墓南北两边的 M4、M6 之墓主，当是其夫人或直系亲属。

从墓主头向、棺椁结构、器类组合及器形特征来看，这五座墓葬均体现出比较典型的楚文化特征，发掘报告称之为"典型楚墓"，言之有据，属于春秋中晚期楚国低等贵族中某一家族前后两代成员的葬地。至于两组墓葬中，何以北边较早的一组墓向朝南，而南边较晚的一组改为朝东，其间出现了某些变化，则需要我们进一步地深入探索。

附注：

本文为国家社科基金重大招标项目"周代汉淮地区列国青铜器和历史、地理综合整理与研究"（批准号：15ZDB032）、武汉大学重大委托项目"两周汉淮地区列国青铜器和历史地理探析"（2016年）的阶段性成果。

① 荆州博物馆等：《湖北钟祥黄土坡东周秦代墓发掘报告》，《考古学报》2009年第2期。

② 据"墓葬登记表"的"备注"栏（第291—293页）描述，M3、M4、M6和M35均为一棺一椁，而M31栏内没有说明。从墓坑尺寸看，M31虽比M35要小，然与M4、M6大体相近，应该也是一棺一椁结构。

③ 见河南省文物研究所等《淅川下寺春秋楚墓》第37页之图30、图版14：3，文物出版社，1991年。

④ 淅川下寺M8、M4的緐鼎，见河南省文物研究所等《淅川下寺春秋楚墓》第7页之图4、图版5，第242页之图179、图版90。

⑤ "随仲嬭加鼎"，见曹锦炎《"曾"、"随"二国的证据——论新发现的随仲嬭加鼎》，《江汉考古》2011年第4期。

⑥ 下寺M7的盘、匜，见河南省文物研究所等《淅川下寺春秋楚墓》第35页之图28、图版13：5，第36页之图29、图版14：1。

⑦ 下寺M8的匜，见河南省文物研究所等《淅川下寺春秋楚墓》第15页之图10、图版5：3；李八庙M1的盘、匜，见南阳市文物考古研究所《河南南阳李八庙春秋楚墓清理简报》，《文物》2012年第4期，第31页之图4。

⑧ 下寺M7出土的鼎，见河南省文物研究所等《淅川下寺春秋楚墓》第29页之图21、图版12；李八庙M1之鼎，见南阳市文物考古研究所《河南南阳李八庙春秋楚墓清理简报》，《文物》2012年第4期，第29页之图1。

⑨ 下寺M7的浴缶，见河南省文物研究所等《淅川下寺春秋楚墓》第34页之图26、图版13：2—3；李八庙M1之缶，见南阳市文物考古研究所《河南南阳李八庙春秋楚墓清理简报》，《文物》2012年第4期，第31页图4：5。

⑩ 关于淅川下寺诸墓的分期与年代，参阅河南省文物研究所等《淅川下寺春秋楚墓》第三章第一节、第二节，第308—319页。

⑪ a. 张昌平：《随仲嬭加鼎的时代特征及其他》，《江汉考古》2011年第4期。b. 黄锦前：《随仲嬭加鼎补说》，《江汉考古》2012年第2期。

⑫ 南阳市文物考古研究所：《河南南阳李八庙春秋楚墓清理简报》，《文物》2012年第4期。

⑬ 见山西省考古研究所《上马墓地》第三章第一节《一》第28—46页，文物出版社，1994年。

⑭ 淅川下寺M36的盂鼎，见河南省文物研究所等《淅川下寺春秋楚墓》第39页之图32、图版16：1。

⑮ 下寺M1出土的盂鼎，见河南省文物研究所等《淅川下寺春秋楚墓》第55页之图44、图版23；襄阳沈岗M70所见的盂鼎，见襄阳市文物考古研究所《湖北襄阳市沈岗春秋时期墓葬》，《考古》2017年第5期，第60—61页图15：1、图16。

⑯ 下寺M36、M1随葬的浴缶，见河南省文物研究所等《淅川下寺春秋楚墓》第42页之图34、图版16：3，第68页之图57、图版27：2。

⑰ 下寺M4的浴缶，见河南省文物研究所等《淅川下寺春秋楚墓》第244页之图181、图版91：2；沈岗M70出土的浴缶，见襄阳市文物考古研究所《湖北襄阳市沈岗春秋时期墓葬》，《考古》2017年第5期，第61页图18—19。

⑱ 下寺M4、M1、M2的絴鼎，分别见河南省文物研究所等《淅川下寺春秋楚墓》第242页之图179、图版90：2，第53页之图43、图版22：1，第107页之图87、图版44：1。

⑲ 下寺M4、M1的盘和匜，见河南省文物研究所等《淅川下寺春秋楚墓》第245页之图182、图版91：3—4，第71—72页之61、62，图版28：1—3。

⑳ 下寺M1、M2出土的尊缶，见河南省文物研究所等《淅川下寺春秋楚墓》第70页之图59、图版27：3—4，第133页之图109、图版54；南阳八一路M38出土的尊缶，见南阳市文物考古研究所《河南南阳春秋彭射墓发掘简报》，《文物》2011年第3期，第21页图51：4。

㉑ 南阳李八庙M1、襄阳沈岗M65的盆，见南阳市文物考古研究所《河南南阳李八庙春秋楚墓清理简报》，《文物》2012年第4期，第31页之图4：1；襄阳市文物考古研究所《湖北襄阳市沈岗春秋时期墓葬》，《考古》2017年第5期，第58页图11。

㉒ 见河南省文物研究所等《淅川下寺春秋楚墓》"淅川下寺春秋楚墓登记表"，第345—348页。

㉓ 钟柏生、陈昭容等编：《新收殷周青铜器铭文暨器影汇编》，第872页第1242器，艺文印书馆，2006年。

㉔ 参阅中国科学院考古研究所编著《上村岭虢国墓地》第二章第一节，第3页，科学出版社，1959年。

㉕ 中国科学院考古研究所编著：《洛阳中州路（西工段）》第四章第三节，第60页，科学出版社，1959年。

㉖ 湖北省宜昌地区博物馆等：《当阳赵家湖楚墓》附表二至附表五，第224—246页，文物出版社，1992年。

㉗ 参阅襄阳市文物考古研究所《余岗楚墓》第二章第一节，第7页，科学出版社，2011年。

㉘ 河南省文物研究所等：《淅川下寺春秋楚墓》"淅川下寺春秋楚墓登记表"，第345—348页。

㉙ a. 中国科学院考古研究所编著：《上村岭虢国墓地》第二章第三节，第28—41页。b. 中国科学院考古研究所编著：《洛阳中州路（西工段）》表4—表10，第151—163页。c. 山西省考古研究所：《上马墓地》第四章第二节，第170—171页。

㉚ 见河南省文物研究所等《淅川下寺春秋楚墓》"淅川下寺楚墓登记表"，第345—348页。

㉛ 当阳赵家湖金家山M9的铜盏，见湖北省宜昌地区博物馆等《当阳赵家湖楚墓》第12页图之86，图版32：2；淅川下寺M1的盏，见河南省文物研究所等《淅川下寺春秋楚墓》第76页之图65、图版32；南阳八一路M38出土的盏，见南阳市文物考古研究所《河南南阳春秋彭射墓发掘简报》，《文物》2011年第3期，第21页图51：1。

㉜ 下寺M7出土的浴缶，见河南省文物研究所等《淅川下寺春秋楚墓》第34页之图26、图版13：3—4。

㉝ 下寺M36、M4之浴缶，见河南省文物研究所等《淅川下寺春秋楚墓》第42页之图34、图版16：3，第244页之图181、图版91：2；黄土坡M4的浴缶，见荆州博物馆等《湖北钟祥黄土坡东周秦代墓发掘报告》，《考古学报》2009年第2期，第274页图27：3、图版10：6；南阳八一路M38出土的浴缶，见南阳市文物考古研究所《河南南阳春秋彭射墓发掘简报》，《文物》2011年第3期，第14页之图17。

江苏丹徒北山顶春秋墓之国别再议

周 亚

（上海博物馆）

　　1984年江苏省丹徒考古队在宁镇山脉的北山顶发掘了一座带墓道的竖穴土坑墓，出土有青铜鼎、缶、盘、编钟、编镈、镈于及兵器等器物。《江苏丹徒北山顶春秋墓发掘报告》（以下简称《发掘报告》）认为：从墓中出土"青铜器上的铭文来看，虽有徐器和吴器之分，然此地属吴，徐墓不可能葬在吴地"。并释读墓室中出土一件矛上的铭文为"余眜（合文）自作□工其元用"，然后以此为依据，推断墓主可能就是吴王余眜。①

　　《发掘报告》发表以后，部分学者提出"丹徒谏壁至大港沿江低山丘陵上分布着一系列吴国大型墓葬，我们推测，这里正是吴国的王陵区"。进而认为1954年出土宜侯夨簋的烟墩山1号墓即宜侯夨（周章）墓（唐兰等先生认为宜侯夨可能就是吴国第五代君主周章②）；1982年发掘的大港乔木山母子墩墓出土的中原风格青铜簋上有铭文"伯作宝尊彝"，认为墓主当为吴伯，推断可能是周章之子熊遂，是吴国第六代君主。如此，若再加上北山顶墓被认为是吴王余眜墓，则这里似乎就是吴国王陵区了。③

　　然而，自宜侯夨簋出土之后，对于宜侯夨簋是否属于吴器、宜侯夨是否是吴国周章、宜国是否就是吴国的讨论一直在继续。即便宜侯夨簋属于吴器，其是否就是烟墩山1号墓墓主之器也并非是定论。④同样，大港母子墩墓出土的伯簋是否为该墓墓主之器、墓主是否为吴伯熊遂，以及该墓的时代是否为发掘报告所认定的"西周早期偏晚或中期之初"也存有争议。⑤

　　至于北山顶墓的讨论，在《发掘报告》发表之后一直存在，但讨论主要集中在该墓出土青铜器铭文的识读，乃至对这些青铜器国属的争议上。

　　周晓陆、张敏在《北山四器铭考》一文中认为根据该墓出土的缶盖铭文，作器者应该是吴王寿梦之子余祭，故该缶"当属吴器无疑"。并认为"余祭作器在去齐为君之时，此时寿梦尚未称王，故作器的时间当在吴王寿梦称王之前"。文章最后指出："北山四器中，缶盖为吴王余眜所作，编钟为徐王章羽所作，鼎是徐王章羽为赂吴王余祭和吴王余眜之庶弟蹶由以达攻卢王而作，可见北山四器虽各自独立成文，然又相互关联，且与墓主有着密切的关系，为墓主的考定提供了有力的佐证。墓在吴地朱方，当属吴墓无疑。尸祭缶仅存缶盖，且尸祭二字被铲，显然墓主不是吴王余祭，而余祭之祖頭（去齐），父剩（寿梦）及元子皆未铲去，那么铲去尸祭二字者应为尸祭之弟。甚六鼎和邍邟编钟虽为章羽所作，然鼎铭中却明确地记载着是在余眜始为吴王之时赂蹶由以达攻卢王，此攻卢王非余眜莫属。而墓室中随葬的矛为余眜自作，系死者的近身之物，故墓主为余眜的可能性最大。因此推断北山顶春秋墓应为吴王余眜之墓。"⑥其中"缶盖为吴王余眜所作"与其前文考证缶盖为余祭所作相互矛盾，根据其文当是缶盖铭文曾为余眜所铲之误。

商志醰和唐钰明在《江苏丹徒北山顶春秋墓出土钟鼎铭文释证》一文中认为：墓中出土的钟、镈铭文中"余为徐之省，是舍、余通作徐，器皆是徐国所作。铭文云'舍王之孙'，知器为徐王后代所铸"。墓中出土矛上的铭文，他们认为首字"合文之字迹尚可辨析：其上部作舍，此字形又见于1号镈和1号纽钟。可定为余即徐；下半部似作'王'，如不误，当是王字。此为徐王自作矛"⑦。文章虽认定该墓出土的铜器多为徐国之器，但未就该墓的墓主及国别提出意见。

曹锦炎在《北山铜器新考》中，首先讨论了缶盖的铭文，他将缶盖铭文首句隶定为"郐（徐）頩君之孙利之元子次□"，认为"缶铭'頩'读为'驹'，頩、驹均从句得声，故可相通。'徐驹君'即典籍中的徐驹王"。对墓中出土邍邟编钟，他认为铭文中的"舍"字应该是"舍"字，"本铭之舍，当为舒国之舒的本字"。按照曹锦炎的这个意见，北山顶墓中出土的编钟、编镈以及邍邟之妻鼎，都应该视为舒国铜器。至于墓中出土矛之铭文，他认为"首字释为'余眜'合文是欠妥的"。文章的最后，曹锦炎讨论了墓主及国别，他指出发掘《报告》判断为吴王余眜墓的主要依据，是该墓出土的铜器铭文，根据上面的论述，所谓尸祭缶，实际是徐器，鼎与编钟是舒器。……北山顶的春秋墓，就不是吴墓，而应该是舒人之墓，墓主很可能就是邍邟的妻子，虽然其地是属于吴国的"。在这段话的注释中，他进一步认为"从鼎铭结合钟铭考察，邍邟也许早已去世，鼎铭云跟从吴王，征伐四方，显然邍邟之妻是位女将，故墓中出有兵器。当然也不能排除墓主是其后代的可能性"⑧。

此后，吴聿明同意将北山顶出土的编钟、编镈铭文中的"舍"字释为"徐"，也同意缶盖铭文中的人名是徐国人，并同意商志醰、唐钰明把矛铭的第一个字释为"徐王"的合文。⑨

刘兴则同意墓中出土的钟、鼎、矛均是舒国铜器，缶则属于徐器。他认为"这个墓葬是属于舒国流亡于吴地的国王墓葬"，缶属徐器，是徐舒交恶时的战争掳获品，故徐字被舒人铲去，舒君死后，又作为他的胜利品而随同陪葬。⑩

董珊对所谓的吴王余眛矛铭文有很好的研究，他认为"此矛旧称'余眛矛'，恐怕是不对的。学者多认为，该矛铭文顺序有错乱，应改正为'工𩡾自乍（作）□，其元用'。设此不误，则'工𩡾'就相当于'句余'或'工吴'，此矛器主也是余祭"。他指出"传世文献中吴王余祭又称'戴吴''句余'"，并引用保利博物馆收藏的一柄吴剑、一位藏家收藏的一柄吴剑和曹锦炎公布的一柄吴王余祭剑铭文中的人名"工𩡾"、"工吴"，论证此即为文献记载中吴王余祭的名字"戴吴"或"句余"。⑪董珊此论已被学界普遍接受。

经过学界对北山顶春秋墓出土青铜器铭文的持续讨论，我们现在可以基本确定的是该墓出土的缶是徐国器，矛是吴国余祭矛（此矛铭文无国名，也未称王，推测是余祭即位前所铸）。尚有争议的是该墓出土的编钟、编镈、鼎铭中的"舍"字究竟是"舒"还是"徐"，这是解决编钟、编镈和鼎之国属问题的关键。我认为黄锦前和孔令远对此字的研究应该可以彻底解决这个问题。他们在文章中分别引用了郭店楚简中《老子》甲简9—10："孰能浊以静者将舍清，孰能安以动者将舍生。"指出其中的二"舍"字分别写作𠁁、念，而马王堆帛书《老子》甲本中此字作"余"，乙本作"徐"，三国时王弼注《老子道德经》、唐代傅奕校注的《老子》中此字均为"徐"。⑫这样，在出土文献和传世文献相互印证下，北山顶墓出土编钟、编镈和鼎铭中的"舍"字可以确释为"徐"，也就彻底解决了这几件青铜器的国属问题，它们应该都属于徐国青铜器。

如此，北山顶春秋墓中的青铜器大致可分为两大族群之器。一是以𨓠邟编钟和编镈、𨓠邟之妻鼎、尸祭缶为主的徐国青铜器，其中还可包括墓中出土的另外两件鼎，这两件鼎形制和纹饰都不具吴地青铜鼎的特点，而接近于楚式青铜鼎和徐国青铜鼎；墓中出土的另外一件缶，因形制纹饰都类似于尸祭缶，也可归于徐国器；墓中出土有一件鉴，其器形、纹饰与1979年江西靖安县水口乡李家村兴山南坡窖藏出土的徐王义楚盘相同，⑬只是底部多了三个短足，故应该也是一件徐国的青铜盘。二是如余祭矛等的吴地青铜器，包括墓中出土的杖首和杖镦、三件錞于等。

我们认为在一座墓葬中，最可能代表墓主身份的，应该是该墓随葬的青铜礼乐器。北山顶春秋墓中随葬的𨓠邟之妻鼎及另外两件具有徐国青铜鼎风格的鼎，𨓠邟编钟和编镈，尸祭缶、蟠虺纹盘（发掘报告称"鉴"）等，它们才是属于该墓墓主的器物。《发掘报告》根据一件误释铭文的青铜矛，就认定该墓墓主是吴王余眛是不妥当的。我们无法想象一代吴王入葬时仅随葬一件铸有自己名字的矛，而用大量别国的礼乐器来代表自己的身份，哪怕这些没有铲除别国人名的礼乐器是自己的战利品。

此外，我们似乎还可以从墓葬的形制来探讨一下北山顶春秋墓的国别问题。《发掘报告》表明这是一座东西向带墓道的竖穴土坑墓，墓道和墓坑两侧有陪葬人，出土器物主要集中在侧室。墓室中出土有四个棺钉，表明墓主是安放在木棺中下葬的。然我们目前所知出土明显带有吴地风格器物的墓葬，多为土墩墓，罕见带墓道的竖穴土坑墓，也罕见带棺下葬的现象。过去把六合程桥几座春秋时期土坑墓定为吴国墓葬，主要是依据这些墓中出土青铜器上的铭文，及几件具有吴国风格的器物。但是这几座墓中出土青铜器的铭文，虽然带有攻敔或吴王等字，但细审铭文，这些器物多是吴王之外孙或甥之器，如臧孙钟、罗儿匜等，显然他们不一定是吴人，吴只是他们外祖或舅家之国，刘彬徽就认为臧孙钟与罗儿匜的"器主之族属则为徐人"[14]。故我们认为不能根据这几件器物的铭文就断定这是吴国墓。

既然我们根据北山顶春秋墓出土礼乐器铭文，推测墓主应该属于徐国贵族，我们不妨将该墓与近年发掘的几座形制、等级相仿的徐国墓葬作比较。自20世纪90年代以来，在江苏邳州市九女墩连续发掘了几座徐国墓葬，研究表明这里很可能是徐国的一处高级贵族墓地。[15]邳州九女墩的2—6号墓都是带墓道的竖穴土坑墓，且均为东西向。各墓中多有陪葬人，最多的3号墓有16具陪葬人骨。随葬的礼乐器主要放置在前室或侧室，主室则出土器物较少（4号和5号墓主室被盗严重，情况不明）。[16]这些现象都与北山顶墓极为相似，这就为我们推测北山顶春秋墓为徐国墓葬提供了重要的依据。

北山顶春秋墓的墓主，我认为根据墓中出土徐国青铜器的铭文，很可能就是编钟、编镈铭文中的遹邟或鼎铭中的遹邟之妻，尸祭缶的器主应该不会是墓主，因为缶上器主的名字被铲刮过。曹锦炎认为墓主可能是遹邟之妻，并指出"鼎铭云跟从吴王，征伐四方，显然遹邟之妻是位女将，故墓中出有兵器"[17]。但我觉得墓中随葬有编钟、编镈、编磬、鼓、錞于等全套乐器，这应该是当时身份、地位比较高的一级贵族才可有的配享。钟、镈铭谓遹邟是"舍（徐）王之孙、寻楚酨之子"，鼎铭称其为"甫虎公遹邟"，可见遹邟属徐王宗亲，且有"甫虎公"之官爵，随葬鼎、编钟、编镈、编磬、鼓、錞于等礼乐器亦属在"礼"，故墓主是遹邟的可能性更大一些。

至于徐人之墓为何葬在吴地，郑小炉引韩愈《衢州徐偃王庙碑》中记载："衢州，故会稽太末也，民多徐氏，支县龙丘有偃王遗庙。或曰：偃王之逃战，不之彭城，之越城之隅，弃玉几、研于会稽之水。或曰：徐子章禹既执于吴，徐之公族子弟散之徐扬二州间，即其居立先王庙。"后指出："可见在后世人眼中，徐人是曾经有过南逃经历的。"[18]虽然徐偃王是西周时人，但据韩愈《衢州徐偃王庙碑》，直至徐王章禹被吴灭后，徐人也有南逃至吴、越等地，故其后人散布吴越之地也是可能的，绍兴坡塘306号墓就是徐人葬在越地的明证。[19]邳州九女墩3号墓中有一件与绍兴坡塘306号墓出土青铜尊几乎一模一样的残尊，[20]九女墩诸墓中也出土一些吴文化器物，表明在春秋时期，徐与吴、越之间的来往和交流是一直存在的，这也是北山顶春秋墓中随葬有吴地器物的原因之一。

　　遳邲之妻鼎铭"以伐四方，以从攻吴王"，表明遳邲及其妻曾追随吴王征战四方，这应该是遳邲葬在吴地最主要的原因了。

　　本文讨论了北山顶春秋墓为徐国宗亲"甫虎公遳邲"之墓的可能性，若此论成立，则宁镇山脉为吴王陵区之说中的三座所谓吴王墓（烟墩山1号墓、大港母子墩墓、北山顶墓）都存在讨论的余地，现在就断言宁镇山脉为吴王陵区可能是不妥当的。

附记：

　　20世纪90年代初期，马承源先生组织了一次南方出土青铜器的考察活动，参加的有国内部分商周考古专家和青铜器研究学者，中国社会科学院考古研究所的张长寿、陈公柔、王世民三位先生应邀参加。我当时有幸跟随各位前辈学者一路学习，在安徽、江苏、上海、浙江、江西、湖南等地考察各地出土青铜器的时候，聆听了各位前辈学者对当地出土青铜器的评议，受益良多。此后在我的工作、学习过程中也经常请教考古所的三位前辈，他们也都对我多有教益。此次《张长寿、陈公柔先生纪念文集》编辑委员会邀我撰稿，虽诚惶诚恐，但为缅怀两位前辈，勉力写此短文以致纪念。不妥之处，尚祈指教。

① 江苏省丹徒考古队：《江苏丹徒北山顶春秋墓发掘报告》，《东南文化》1988年第3—4期。

② 唐兰：《宜侯夨簋考释》，《考古学报》1956年第2期。

③ 肖梦龙：《吴国王陵区初探》，《东南文化》1990年第4期。

④ a. 张懋镕：《谈谈半个世纪以来围绕宜侯夨簋论争给我们的启示》，《古文字与青铜器论集》第3辑，科学出版社，2010年。b. 王卫平：《半个世纪以来围绕"俎侯夨簋"的论争》，《文博》2001年第5期。c. 王永波：《宜侯夨簋及其相关的历史问题》，《中原文物》1999年第4期。d. 李朝远：《烟墩山墓青铜器的时代及其他》，《吴越地区青铜器研究论文集》，两木出版社，1997年。

⑤ a. 马承源：《长江下游土墩墓出土青铜器的研究》，《上海博物馆辑刊》第4辑，上海古籍出版社，1987年。b. 郑小炉：《吴越和百越地区周代青铜器研究》，第19页，科学出版社，2007年。

⑥ 周晓陆、张敏：《北山四器铭考》，《东南文化》1988年第3—4期。

⑦ 商志醰、唐钰明：《江苏丹徒北山顶春秋墓出土钟鼎铭文释证》，《文物》1989年第4期。

⑧ 曹锦炎：《北山四器新考》，《东南文化》1988年第6期。

⑨ 吴聿明：《北山顶四器铭释考存疑》，《东南文化》1990年第1—2期。

⑩ 刘兴：《丹徒北山顶舒器辨疑》，《东南文化》1993年第4期。

⑪ 董珊：《吴越题铭研究》，第11—16页，科学出版社，2014年。

⑫ a. 黄锦前：《谈两周金文中的"舍"字》，复旦大学出土文献与古文字研究中心网站，2011.7.9，http://www.gwz.fudan.edu.cn/SrcShow.asp?Src_ID=1585。b. 孔令远：《徐国青铜器综合研究》，《考古学报》2011年第4期。

⑬ 江西省历史博物馆、靖安县文化馆：《江西靖安出土徐国铜器》，《文物》1980年第8期。

⑭ 刘彬徽：《吴越地区东周铜器与徐楚铜器比较研究》，见《吴越地区青铜器研究论文集》。

⑮ 徐州博物馆、邳州博物馆：《江苏邳州市九女墩春秋墓发掘简报》，《考古》2003年第9期。

⑯ a. 南京博物院、徐州市文化局、邳州市博物馆：《江苏邳州市九女墩二号墩发掘简报》，《考古》1999年第11期。b. 孔令远、陈永清：《江苏邳州市九女墩三号墩的发掘》，《考古》2002年第5期。c. 徐州博物馆、邳州博物馆：《江苏邳州市九女墩春秋墓发掘简报》，《考古》2003年第9期。

⑰ 曹锦炎：《北山四器新考》，《东南文化》1988年第6期。

⑱ 郑小炉：《试论徐与群舒青铜器——兼论徐、舒与吴越的融合》，《文物春秋》2003年第5期。

⑲ 绍兴坡塘306号墓的国别也曾有争议，牟永抗认为是越墓（《绍兴306号越墓刍议》，《文物》1984年第1期），曹锦炎比较隐晦地提出质疑（《绍兴坡塘出土徐器铭文及其相关问题》，《文物》1984年第1期），林东华则明确指出应是徐墓（《绍兴306号"越墓"辨》，《考古与文物》1985年第4期）。目前学界比较肯定的是徐墓说。

⑳ a. 孔令远、陈永清：《江苏邳州市九女墩三号墩的发掘》，《考古》2002年第5期。b. 浙江省文物管理委员会、浙江省文物考古所、绍兴地区文化局、绍兴市文管会：《绍兴306号战国墓发掘简报》，《文物》1984年第1期。

从"证经补史"到"考古写史"：
两周考古的成就及其史学意义

徐良高

（中国社会科学院考古研究所）

本文在正式展开讨论之前，我们首先需要讨论文中所使用的两个重要概念，即"证经补史"与"考古写史"。

何为"证经补史"？即以传统文献记载为构建历史叙述的基本史料和主体框架，考古发现与研究围绕历史文献记载的古史体系展开。通过考古发现与研究，证明文献记载之真伪，补充文献记载之不足。

何为"考古写史"？即以考古发现与考古学文化为构建古史叙述的基本史料和主体框架，传统文献记载围绕考古学的古史建构体系，用于解读考古发现，弥补考古学之不足。

两者的研究对象虽然都是曾经发生的"自在的历史"，目标都是构建有关过去的"表述的历史"，但由于出发点、所用史料、研究理论、手段和方法的差异，构建的历史叙述内容、叙述历史的方式、概念等也会不同，形成不同版本的历史叙述。两周考古在这方面非常明显。

两周包括西周与东周。从学科特点来说，两周时代的考古具有既不同于文献缺乏、完全依赖人类学概念与理论的旧石器与新石器时代考古，也不同于文献丰富的秦汉以后的各时代考古。两周考古既有文献记载，但相关文献又基本为片段记载，且有关其版本真伪和内容真假充满争议。同时，两周考古还有另一类文字记载的史料——地下出土的甲骨文、金文和简册，这类地下出土文字史料虽然比传世文献更接近三代历史本身，但也存在内容破碎和文本性的问题。如何看待考古发现的物质文化遗存、地下出土文字资料和传世文献这三类史料，处理好三者之间的关系，进而构建合理的两周历史叙述，是两周乃至三代考古的突出特点。

一、两周考古的出现与 1949 年以前的主要工作

两周考古在 1949 年以前属创始阶段，当时的发掘工作零星，研究成果不多，考古学方法也尚未成熟，发掘和研究都缺乏系统性。这一阶段的主要工作有以下几项。

1929 年和 1936 年马衡先生等对燕下都的考古调查和试掘。

1933 年冬至 1934 年春，华西大学博物馆对广汉三星堆遗址内的月亮湾附近进行发掘，并根据玉石器与中原玉器的相似性，判定其年代为铜石并用时代至西周初年。①

1923 ～ 1924 年，瑞典学者安特生（J. G. Anderson）在青海湟中县卡约遗址发现卡约文化墓葬，限于当时的认识，他将之归于寺洼文化。他将辛店遗址所出陶器称为 "辛店期"，将在甘肃临洮寺洼山调查发现的古代文化称为 "寺洼期"，将以甘肃民勤沙井遗址为代表的文化遗存定为沙井期，并认为是甘青古文化六期中最晚的一期。②

1933 年，由前北平研究院史学会的徐旭生、苏秉琦等诸先生领导的考古调查队在关中地区作第一次考古调查。③徐旭生说："周秦民族迁移之地，由史传所言迁都之地，略可考知。最初后稷居有邰（今枸邑），后公刘迁邠（今邠县），至古公亶父迁于岐下（今岐山），文王迁丰（今沣水西，长安户县交界处），武王迁镐（今沣水东，长安县西南境），懿王时迁犬丘（今兴平）。至平王被逼东迁，则已离陕西境。……秦族先世所居，西垂、西犬丘、秦，均在甘肃境内。后文公居汧渭之会，宁公居平阳（似在今凤翔县界内），德公居雍（今凤翔），灵公居泾阳（今泾阳），献公据栎阳（今高陵），孝公居咸阳，则均在陕西境。此次原拟先考察丰镐，后顺大道西行，经咸阳、兴平、武功、扶风、岐山、凤翔，南转至宝鸡，或自渭水南眉县、周至、户县东返，考察丰镐、咸阳、犬丘、岐下、平阳、雍及汧渭之会。"④所以苏秉琦先生后来回忆说，他们 "最初的动机和目的是受前辈史家的启发，企图探索 '先周' 和 '先秦' 的渊源问题"⑤。1934 年北平研究院史学研究会发掘斗鸡台，并通过对发掘品的创新性研究，开创了中国考古学器物类型学研究的方法。

1943 年，中央研究院历史语言研究所的石璋如也专门以文献记载的周人政治中心邰、豳、岐、丰、镐为目标开展考古调查，对丰镐遗址进行了第二次调查。⑥

北平研究院史学会和历史语言研究所的两次工作均是根据文献中关于 "周都" 的记载去开展考古调查，又根据调查结果来确认周都之存在及具体位置。调查对象都是与文献记载相关的地点，如丰镐一带的丰镐村、灵台，周原的齐阳堡等地。

这一时期，随着日本侵华战争的全面爆发和日本在中国各方面的渗透，日本学者也在中国开展了一系列的考古工作，如 1942 年原田淑人等对赵国都城邯郸遗址进行过调查和试掘，⑦1940 ～ 1942 年，关野雄等对齐国临淄故城和曲阜鲁故城进行了调查和发

掘，⑧等等。

总的来说，1949年以前的两周考古的工作目的基本是为了"证经补史"，是在相关文献记载指导下的考古调查。这与当时的时代大背景密切相关，因为随着1920年代中国近代疑古学派的兴起，需要考古发现的实物证据来检验古代文献中历史记载和古史叙述的真伪并重构古史。

这一时期的两周考古处于起步阶段，谈不上考古学文化时空框架体系的建立，因此当时的考古发现是零星的，对考古发现的解读则是依据文献所作的简单、片面解读。这些研究也未能将不同时代、不同考古学文化，如新石器文化、周文化、秦文化等的遗物、遗迹作明确的断代、定性区分，而是混为一谈，解释多主观臆测。由此也造成诸多误判，如石璋如将彩陶文化认定为羌文化，认为早期周人无拍纹陶器等。

二、1949年以后的主要工作与成就

1949年以后，两周考古在极为薄弱的初创基础上，取得了巨大发展，系统梳理可以归纳为以下几个方面。

（一）两周时期考古学文化时空框架体系基本构建完成

对于考古学来说，首要任务是建立以考古发现的古代物质文化遗存为基础的时空框架体系和分期断代标尺，这是从考古学角度研究、重构古史的前提与基础，两周考古也不例外。鉴于1949年以前两周考古的零散发现与随意阐释问题，以及考古学文化时空框架体系的基础作用，1949年以后两周考古的工作重点首先放在确认两周时期考古学文化及其断代，建立考古学文化时空框架体系。经过几十年的考古发掘和研究，两周考古学文化分期断代和区系类型体系基本建立，为从考古学角度构建两周历史奠定了基础。

1. 以都城遗址为核心的考古发现和两周考古学文化体系及其分期断代标尺的建立

丰镐遗址的周文化陶器分期断代为西周考古建立了考古学分期断代标尺。丰镐遗存被分为六期，其中，第一期约相当于文王迁丰至武王伐纣时期的先周文化晚期，第二期约相当于西周初期成王前后，第三期约相当于西周康昭王时期，第四期约相当于穆恭王时期，第五期约相当于懿孝夷王时期，第六期约相当于厉宣幽王时期。⑨

1996年，"夏商周断代工程"启动，三代年代学研究由单个遗址的年代序列研究提升到夏商周三代重要遗址分期断代的贯通、整合研究，全面梳理了夏商周三代考古学文化分期断代序列及其标尺。其中，在周原遗址、丰镐遗址、天马—曲村遗址和北京琉璃河遗址的考古工作中，整合了从先周到春秋初期的考古学文化分期，细化了先周和西周考古学文化的分期、断代研究。

东周时期考古通过对三晋、秦、燕、楚、齐鲁、吴越等东周时期诸国都城和各种等级墓葬的发掘与随葬陶器的分期、断代研究，基本掌握了各区域、诸侯国的考古学文化面貌，构建了东周时期的考古学文化谱系和不同区域的考古学文化分期断代标尺，为进一步开展多方位的考古学研究奠定了基础。

例如，1950年代以来，对东周王城的钻探和发掘，除了对其布局有了大致的了解外，在洛阳中州路西工段发掘东周墓葬260座，年代从春秋初期至战国晚期，共被分为7期6段。[⑩]1963～1987年，在侯马遗址上马村东浍河南岸二级台地上发掘墓葬1 373座，除第一期的38座墓属西周晚期外，其余的都是从春秋早期至春秋战国之际。[⑪]这些发现与研究初步建立了三晋地区以陶器为代表的东周时期考古学文化的分期断代标尺。

1955～1957年在长安客省庄发掘东周墓葬71座；[⑫]1970～1980年代在雍城遗址南侧的凤翔八旗屯发掘东周秦墓50座，[⑬]在高庄发掘秦墓46座；[⑭]1995年在咸阳塔儿坡发掘战国晚期至秦代墓葬381座等。[⑮]通过对这些墓葬的发掘与研究，建立了东周秦文化的陶器分期断代标准。[⑯]

东周楚系墓葬数量巨大，据初步统计，迄今已发掘楚墓约6 000多座。比较重要的有寿县蔡侯墓、[⑰]随县曾侯乙墓、[⑱]江陵纪南城周围大型楚墓、淅川下寺楚墓、[⑲]荆门包山墓地、[⑳]江陵雨台山墓地、[㉑]九店墓地、[㉒]当阳赵家湖墓地。[㉓]学者们根据这些资料，对楚墓进行了系统的研究，[㉔]总结了楚墓特征，建立了楚文化的分期断代标尺。

临淄齐故城、[㉕]曲阜鲁故城[㉖]等遗址内墓葬的发掘与研究，基本建立了东周时期齐鲁文化的分期断代标尺。

吴越地区发现的与吴国有关的丹阳大夫墩春秋墓、[㉗]丹徒粮山2号春秋墓、[㉘]丹徒北山顶春秋晚期墓、[㉙]真山大墓、[㉚]以及其他的宁镇地区土墩墓等，与越国有关的绍兴印山大墓、[㉛]绍兴M306、[㉜]鸿山越国墓地等，[㉝]使我们对东周时期东南地区的考古学文化分期有了基本的认识。

通过以上这些考古发掘与研究，中国考古学建立起了两周考古学文化序列和分期断代标尺。

2. 以西周京畿与两周诸侯国考古为基础的考古学文化时空框架体系基本构建完成

两周时期，由于相关文献记载较多，且考古发现的青铜器铭文与相关文献记载可以相互对应，因此，两周时期考古学文化区系类型一般表现为王畿地区考古学文化和西周诸侯国与东周列国考古学文化。丰镐、周原、成周遗址及其所在的王畿地区一直是西周考古的重点，考古收获最丰，包括考古学文化分期断代标尺的建立、都城聚落布局的初步探明、区域调查的开展和聚落群研究。王畿之外是服从周王权威、接受礼乐文化的诸多姬姓与非姬姓封国。迄今考古发现的西周封国文化遗存有強、齐、鲁、滕、曾、卫、虢、应、燕、邢、晋等。例如，在陕西省宝鸡市渭水两岸的茹家庄、竹园沟、纸坊头等地发现強国家族墓地，^㉞在三门峡市上村岭发掘了虢国贵族墓地和李家窑城址，^㉟在平顶山市薛庄乡原滍阳镇一带发现应国墓地，^㊱在邢台市区及其附近的小黄河以北和西关外一带发现邢国贵族墓地，^㊲在北京房山琉璃河发现燕国城址与墓地。^㊳在山西天马—曲村发掘了西周时期晋国遗址与墓地，尤其是晋侯墓地等一大批遗存。^㊴在皖南^㊵和宁镇地区发现土墩墓，通过对丹徒大港烟墩山宜侯墓出土矢簋铭文等的研究，^㊶学术界一般认为这类遗存与西周时期的吴文化有关。

近年来，又有一系列与西周封国有关的考古发现，特别突出的有：山东高青陈庄齐国贵族墓地和城址、^㊷湖北随州叶家山曾侯墓地和附近城址、^㊸山西黎城县黎国贵族墓地、绛县横水镇西周倗伯家族墓地、^㊹翼城县大河口霸伯家族墓地等。^㊺陕西韩城梁带村^㊻和澄城刘家洼^㊼两周墓葬和城址的发现为研究西周晚期至春秋早期芮国的地望和文化提供了重要资料。甘肃礼县秦文化调查和大堡子山、西山坪、李崖等遗址的发掘使我们对早期秦文化的研究更加深入。^㊽所有这些考古发现对研究西周封国分布、文化面貌和当时的社会、政治结构提供了重要资料。

东周时期的诸侯国考古同样取得了巨大成绩，尤其是东周诸侯国城市考古。20世纪50年代以来，做过全面勘探和调查的东周时期重要都城遗址有晋都新田、^㊾郑韩故城、^㊿赵国都城邯郸、燕下都、⁵¹中山国灵寿古城、⁵²齐国都城临淄、⁵³鲁国都城曲阜古城、⁵⁴山东龙口归城、⁵⁵苏州木渎春秋古城、⁵⁶秦国都城雍城⁵⁷与栎阳城、楚国都城纪南城遗址等。⁵⁸其他的重要东周列国城址还有山东邹县的邾城遗址、滕州市的滕国故城与薛国故城、河南潢川县的黄国古城、上蔡的蔡国故城、固始的蓼国故城、商丘宋城、登封阳城、湖北季家湖城址、武进淹城等。⁵⁹通过这些考古发现及相关研究，初步构建了东周时期的考古学文化体系。

3. 周边区域考古学文化谱系初步建立、文化面貌日益清晰

封国之外的周边区域则是所谓的"东夷、南蛮、西戎、北狄"文化所构成的"四方"考古学文化。迄今，我们已经知道，两周时期在西北有辛店文化、寺洼文化和沙井文化等，在北方有夏家店上层文化、玉皇庙文化、桃红巴拉文化、毛庆沟文化、杨郎文化，在四川地区有巴蜀文化，在东南地区有以土墩墓和印文硬陶等为文化特色的百越文化，在云南地区有古昆明、古滇文化等。⁶⁰

1950年，裴文中率领东北考古发掘团对吉林西团山石棺墓地进行发掘，这是中华人民共和国成立后对周边地区考古学文化遗存进行的首次发掘。⁶¹此后，通过对内蒙古赤峰夏家店遗址⁶²和宁城南山根石棺墓⁶³等的发掘，辨识出分布于辽宁西部和内蒙古东南部的夏家店下层文化和夏家店上层文化。⁶⁴辽宁地区高台山、庙后山、魏营子、双砣子一至三期、双房等商周时期青铜文化遗存的发现，为研究东北地区东夷、秽貊等部族的历史与文化，及其与中原和山东半岛、朝鲜半岛诸文化的关系提供了丰富的资料。⁶⁵

京津地区商周时期的蓟县张家园和围坊、北京镇江营等遗址的发掘，对大陀头文化、围坊三期文化的命名以及综合研究，使京津唐地区商周时期考古学文化的序列得以初步建立。[66]北京昌平白浮村西周墓的发掘使学术界了解到西周时期北方的文化面貌及其与周王朝的关系。[67]河北易县七里庄遗址的发掘，展现了易水流域乃至太行山东麓北部地区商周时期比较全面的文化序列，提供了研究南北文化交流、碰撞的过渡地带的文化证据。[68]

山东半岛发现并命名的有珍珠门文化。[69]

浙江、闽北一带也是土墩墓文化的重要分布区。福建南平浦城管九村的土墩墓群出土大批相对完整的西周到春秋时期青铜器、原始瓷器和印纹硬陶器组合，填补了福建地区这一阶段考古学文化的缺环。[70]

江西靖安李洲坳发现的东周大墓，显示当时在赣西北存在一个区域政治集团。[71]湖南炭河里城址据研究始建年代不早于商末周初，使用年代主要为西周早中期，可能废弃于西周晚期。[72]这一城址的发现，对研究备受学术界关注的"宁乡铜器群"所属的考古学文化的特征、社会状况及与周边文化的关系，认识湘江流域乃至整个南方地区商周青铜文明提供了重要资料。

四川成都十二桥木构建筑遗迹、[73]金沙遗址、[74]蜀王墓葬、[75]双元村蜀国贵族墓地等的发现，[76]揭示出在两周时期，四川盆地存在着颇具特色且高度发达的青铜文化——蜀文化，并与中原文化有密切的联系。

在云南大波那楚雄万家坎发现的青铜时代墓葬，表明在两周时期云南地区已经进入了青铜时代。云南大理剑川海门口遗址1957年、1978年、2008年的多次发掘使我们对云南地区铜器时代的聚落状况和人们的生产、生活状况有了一定的了解。[77]

甘青地区的考古发现有甘肃民乐东灰山墓地、庄浪徐家碾、合水九站墓地等，为理清西北地区青铜时代考古学文化谱系——寺洼文化、四坝文化、辛店文化和卡约文化之间的关系创造了条件。[78]

新疆境内发现一大批青铜时代早期至铁器时代早期的墓葬和遗址。其中，较晚期的遗址和墓葬，在东疆的哈密巴里坤、木垒、阜康、奇台、吐鲁番、托克逊、且末、乌鲁木齐南山矿区、和静、轮台，北疆的昭苏、新源、阿勒泰、乌苏等地都有发现，时代为距今3 000～2 500年左右，最晚或至西汉前后。[79]进入21世纪，重要的发现有鄯善洋海墓地，清理墓葬521座，时代从青铜时代晚期延续到铁器时代早期，绝对年代为公元前1000年至公元前后。[80]

香港大屿山东湾、沙螺湾、路过湾等遗址出土刀、箭镞、戈等精巧的青铜兵器，空銎斧、鱼钩等青铜工具，南丫岛大湾和沙埔村出土青铜器和牙璋等，表明3 000多年前香港就已与珠江三角洲甚至中原地区建立了密切联系，并表现出与中原文化的同步性。

台湾地区自1896年发现第一个古代遗址——芝山岩遗址、1897年发现圆山遗址以来，发现的金属器时代考古文化有十三行文化、番仔园文化、崁顶文化、大邱园文化、茑松文化、龟山文化、北叶文化、静浦文化等。[81]

以上这些考古发现使我们对两周时期各地域考古学文化的特征、分布及其与周文化的关系有了较明确的认识。从两周考古学文化体系及其演变中，我们可以看到从西周时期以周原、丰镐和成周为核心的"三环四方"格局到东周时期列国"多元并争"格局的演变过程。

总之，经过多年的发掘和研究，两周时期考古学文化时空框架体系基本建立，对两周时期各区域考古学文化的基本特征、分布、性质、彼此之间的关系及其与周文化、周王朝的关系都有了较明确的认识，为从考古学角度重构两周历史奠定了基础，也使学术界对两周时期"多元一体"的文化格局和历史发展模式有了深入的认识。

（二）以两周都城遗址为代表的城市考古由简单的定性、年代学研究向聚落考古理念下的结构布局、聚落群及其所反映的社会、文化研究深化

两周时期的都城是两周考古的重中之重，相关考古工作也最多，具有代表性。梳理两周都城考古的发展历程可以发现，两周时期的城市考古经历了如下转变，即从传统的"证经补史"思路下的考古调查发掘，到以古代文化遗存为本位的考古学发掘与研究；从重在分期断代和重要遗存如大型建筑基址、墓葬的发掘与研究，到聚落考古理念下的结构布局探索、多学科研究、以文化遗产保护为目的的考古发掘与研究。研究视野不断拓展，研究成果不断深化。

在聚落考古理念的指导下，我们基本掌握了周原、丰镐以及东周列国都城等中心性遗址的范围，以及遗址内宫殿与宗庙区、手工业作坊区、宫室建筑、居民区、水系与道路、墓地等的分布状况、结构特征及其所反映的城市聚落布局和文化特征。其中，周原、丰镐考古不仅掌握了聚落的基本布局，初步探明了聚落内由人工和自然河道构成的水系，还形成了大周原、大丰镐考古思路，开展了大周原和沣河流域区域调查，将狭义的周原、丰镐遗址放在区域聚落群中来开展考古发掘和研究，即研究西周时期王畿地区的文化面貌与社会结构，由此，考古发现的周原、丰镐呈现出不同于根据文献记载所想象的周原、丰镐景象。

以丰镐遗址考古为例，自1933年徐旭生、苏秉琦等先生首次在沣河沿岸开展考古调查工作以来，经历了80余年的工作。1949年以前，丰镐考古的目的是"证经补史"，是在文献记载指导下的考古调查。从1949年到1990年代，基本上是以古代文化遗存为研究本位，以文献为辅助，开展大规模考古调查和发掘工作，建立了先周晚期至西周晚期的陶器分期断代标尺，初步确定了遗址的范围，并以考古学证据确认了西

周都城——丰镐的精确所在，否定了传统史学依据文献记载对丰镐遗址所在地点的推论。这一时期的考古发掘主要围绕重点区域的墓地、重要墓葬和宫殿区建筑基址展开。相关研究也主要是围绕西周墓葬展开，包括西周葬俗、家族结构、社会组织、政治制度等。另外，围绕玉器、青铜器、陶器也做了一些多学科的研究。进入21世纪后，丰镐考古转向聚落考古与文化遗产保护理念下的勘探与试掘，划定了丰镐遗址精确的四至，对遗址的结构布局有了新认识。聚落考古思路下工作方向的转变，加强了专题性发掘和多学科结合的研究，考古工作的主要目的为文化遗产保护，同时开展区域调查和研究。^⑫

窥一斑而知全豹，这一演变反映出中国的大遗址考古从传统文献指导下的历史探索向考古本位的历史探索、从分期断代研究和重点遗存的发掘向以文化遗产保护为目的的多学科相结合的聚落考古理念的转变历程。

（三）两周墓葬考古由聚焦年代、性质到探讨社会组织、政治制度、风俗习惯、宗教信仰等

迄今，两周考古发掘了大量墓葬，墓葬研究由简单的墓主身份推断、阶级划分发展为深层次的社会文化研究。西周时期家族墓地在周原、丰镐以及各诸侯国考古中屡屡可见，1950年代以来，我们发现西周时期墓葬在丰镐、周原遗址范围内广为分布，居址、灰坑与墓葬互相打破。这些发现对研究都城聚落内居址与墓葬的分布关系和不同时期的人口分布与居址区域的变化提供了重要资料。对丰镐遗址西周墓葬的发掘和研究不仅建立了西周时期考古学文化的分期断代标尺，而且对西周社会的家族组织、宗法制度和世卿世禄制度等有了初步了解。

除都城内的墓地，有关诸侯国墓地的重要发现更多。1950年代，对河南三门峡上村岭周代虢国墓地的发掘使我们对周代诸侯国的墓葬制度开始有所认识。^⑬迄今，考古发现的重要诸侯国墓地有：河南三门峡虢国墓地、平顶山应侯墓地、浚县辛村卫国墓地，^⑭山西曲沃县与翼城县两县相接处的晋侯墓地、^⑮绛县横水镇倗国墓地、翼城县大河口霸伯墓地、^⑯黎城县黎国墓地、^⑰浮山县桥北村先族墓地，^⑱北京房山琉璃河燕国墓地和M1193号大墓，^⑲天津蓟县刘家坟与张家园墓地，^⑳河北邢台邢国墓地，^㉑陕西西安张家坡井叔家族墓地、^㉒宝鸡强国墓地、^㉓韩城梁带村芮国墓地、^㉔泾阳县高家堡村戈族墓地，^㉕甘肃灵台白草坡潶伯、奚伯家族墓地，^㉖山东济阳县刘台子墓地，湖北叶家山、苏家垄^㉗等曾国墓葬，以及早期秦文化墓葬等。^㉘

通过对这些西周家族墓地的研究，我们对西周社会以血缘宗族为核心的社会组织与结构、分封制度、宗法制度、联姻制度、世卿世禄制度、祖先崇拜等宗教信仰、礼乐制度、丧葬习俗等社会文化面貌有了较全面的认识。

东周时期的墓地发现很多。1963～1987年发掘的侯马遗址上马墓地，显示为族墓地，墓地中的群、组划分反映了亲属组织的存在以及亲属组织的分级程度。1970年代，在曲阜鲁故城西部发掘东周墓葬31座，按照葬俗和随葬品的不同，可分为甲、乙两组，[99]可能反映墓主属于不同的族属——部分属殷遗民，部分属周人，为研究鲁国周文化的构成和周代居民组成、统治方式等提供了重要资料。大量秦墓的发现，如前述的雍城遗址南部的凤翔八旗屯东周秦墓、高庄秦墓、咸阳塔儿坡战国晚期至秦代墓、甘肃礼县大堡子山和凤翔南秦公陵园内的秦公墓、[100]马家塬戎人墓等，[101]不仅基本建立了东周秦文化的陶器分期断代标准，[102]而且使我们了解了不同等级秦墓的特点、秦人的特定葬俗和秦戎关系。

在20世纪70年代发掘的墓葬中，中山王𰀲墓是为数不多的东周国君墓，墓葬保存完好，出土了大量遗物。近年，又在河北行唐故郡发现一处与中山国密切相关的鲜虞墓地。[103]这些墓葬使我们对东周时期中山国的文化、墓葬制度和戎狄文化华夏化过程等有了较全面的认识。[104]

如前所述，东周楚系墓葬数量巨大，比较重要的有寿县蔡侯墓、随县曾侯乙墓、江陵纪南城楚墓、淅川下寺楚墓、荆门包山墓地、江陵雨台山墓地、九店墓地、当阳赵家湖墓地、湖北枣阳九连墩楚墓1、2号大墓等。这些墓葬使我们对楚墓特征及其所反映的楚人墓葬制度、生活习惯与文化面貌有了较全面的了解。

安徽蚌埠双墩一号春秋墓墓主属钟离国国君，此墓的发掘使我们对东周时期东夷文化及其华夏化过程有了一定的认识。[105]

东周时期吴越文化区有大量的土墩墓和石室土墩墓的考古发掘成果，揭示了吴越文化的特色和风俗习惯。其中重要墓葬包括前述的与吴国有关的丹阳大夫墩春秋墓、丹徒粮山2号春秋墓、丹徒北山顶春秋晚期墓、真山大墓，以及宁镇地区的土墩墓等；与越国有关的绍兴印山大墓、绍兴越王陵和越国贵族墓葬、[106]鸿山越国墓地等。江苏句容、金坛土墩墓的考古发掘，发现一墩一墓与一墩多墓等形式，使我们对土墩墓的结构、形制、布局、营造过程和吴越文化等有了全面了解。[107]

通过对东周列国墓葬的研究，不仅建立了各列国区域的考古学文化分期断代标尺，而且使我们清楚地看到列国文化的特色及其与周文化的"多元一体"关系。可以说，东周列国文化都是建立在共同文化大传统——周文化基础之上的，东周社会是"统一中的分裂"，这也是秦统一和中国"大一统"传统的历史与文化基础。

（四）相关族群历史溯源研究成果突出

两周考古围绕周、秦、楚等两周时期重要族群文化的起源与发展过程，开展了大量的考古调查、发掘和研究，取得了突出的成果。

1. 先周文化探索

围绕先周文化，重要发现有沣西地区早期遗存、[⑱]刘家墓地、[⑲]礼村遗址与墓葬、[⑩]郑家坡遗址、[⑪]壹家堡遗址、[⑫]宝鸡纸坊头遗址、[⑬]碾子坡遗址、[⑭]扶风北吕先周墓地等。[⑮]基于这些重要考古发现，学者就各遗存时代和文化属性提出了各自对先周文化的认识，主要分为以下六类。

（1）认为以长方体瘪裆鬲（或称联裆鬲、弧裆鬲）为代表、极少见高领袋足鬲的郑家坡—北吕类遗存是姬周文化，它们主要分布于周原及漆水中下游一带。以高领袋足鬲为代表，不见或少见瘪裆鬲的刘家墓地、碾子坡遗址和墓地及宝鸡纸坊头早期遗存是"姜戎文化"。再向前追溯，姜炎文化源自西部的辛店、寺洼文化，而山西的光社文化则被视为姬周文化的源头。[⑯]

（2）认为以瘪裆鬲为代表的郑家坡类遗存是先周文化，以袋足鬲为代表的刘家文化是姜戎文化。[⑰]由此前推，刘家文化与齐家文化年代上相连接，刘家文化源自齐家文化。郑家坡文化与客省庄文化双庵类型时间接近，郑家坡文化源自客省庄文化双庵类型[⑱]或客省庄类型。[⑲]

（3）认为"以斗鸡台瓦鬲墓初期为代表的文化遗存最有可能是先周文化"，其早期代表性遗址是碾子坡早期居址和墓葬。[⑳]

（4）认为已知最早的先周文化分布在泾水中上游，主要代表性遗存是碾子坡早期居址和早、晚两期墓葬，其年代大约在古公亶父迁岐之前。先周文化南迁到关中地区后，晚期先周文化的居址以郑家坡为代表，墓葬以北吕、斗鸡台、西村、贺家村为代表，年代相当于古公亶父、王季、文王三世。晁峪、石咀头、刘家类遗存则属古羌人遗存。至于先周文化更早的源头，则认为不是辛店文化和寺洼文化，而可能是该地域一种未知的更古老的考古学文化。[㉑]

（5）将先周文化分三期：第一期典型遗址和墓葬是碾子坡先周文化早期遗存，年代约稍早于太王时期，大致与殷墟二期文化相当；第二期居址遗存以邠县下孟村为代表，墓地有碾子坡晚期墓地、刘家墓地、贺家先周葬、晁峪墓葬，时代约属于古公、季历时期，大致与殷墟三期文化的年代相当；第三期居址以客省庄、礼村、柿坡、郑家坡等遗址为代表，墓葬有岐邑、丰邑、北吕、西村、斗鸡台等多处先周墓葬，时代属文王至灭殷前的先周遗留，年代与殷墟四期文化相当。这一观点认为"周文化是在寺洼文化的基础上发展起来，并可能是从寺洼文化中分化出来的一种新类型文化"，"姬周文化渊源于寺洼文化"[㉒]，"姬周属戎狄族群体中的一支"[㉓]。

（6）认为先周文化包括两个类型：第一类遗存称为姬家店·石嘴头·晁峪—刘家—斗鸡台类型；第二类遗存称为郑家坡—北吕类型。由此前推，辛店文化的姬家川类型及寺洼文化是先周文化的重要源头之一，而先周文化实际是从西北羌戎文化中分出的一支。至于齐家文化，则可能是辛店文化、寺洼文化乃至先周文化的共同祖源。[124]

（7）认为先周文化可以分为早、晚两期，早期以碾子坡早期遗址和墓葬为代表，晚期以周原地区、宝鸡斗鸡台、沣西等先周文化遗存为代表。郑家坡类遗存可能是商文化退出关中西部地区后，由商文化京当类型衍生而成的一种文化遗存。随着周人势力扩张，郑家坡—岸底中晚期遗存并入周人势力范围，融合为周文化的一部分，但不是姬周文化的主干。[125]

2. 早期秦文化和楚文化探索

随着礼县大堡子山秦公大墓、圆顶山秦贵族墓的发掘，以及近年在礼县、天水一带发现的多座城址、祭祀遗址和密集的聚落遗址，甘肃礼县的西汉水上游和天水一带被公认为是探索早期秦文化及秦人活动的最重要地区之一，[126]《清华简》的记载和相关考古发现显示秦文化最早来自东方。

关于早期楚文化的中心地——丹阳地望的研究则基本集中在商州说、丹淅之会说和沮漳河流域的枝江说，[127]另外，对于早期楚文化陶器群与周文化的异同也有了初步认识。

（五）由物见人：从物质文化遗存描述到探讨其背后的人及其社会组织、思想观念等

1949年以后，马克思主义在中国确立指导地位。早在20世纪50年代，尹达先生提出考古学家的任务是要透过遗迹遗物以了解当时的社会组织与人们的生活。[128]苏秉琦先生指出："关于学科发展的目标，我们是不是可以这样来概括：建立新的中国考古学学科体系，通过它来阐明中国文化的起源和发展，中华民族的形成和发展，统一多民族国家的形成和发展，并以它为骨骼系统复原中国历史的真实轮廓。"[129]俞伟超明确提出："就考古学研究的总过程来说，当然是从具体到抽象的，在考古学研究的总体中，第一步自然应先作好年代学的研究，……第二步似乎应理清不同考古学文化之间的相互关系，……就是要整理出考古学文化的发展谱系。……第三步，就应该透过那最最具体的考古材料，进而探讨人们的社会关系，乃至意识形态。"[130]因此，中国考古学的具体研究目标被确定为"作为一门历史科学，考古学的研究不应限于对古代遗迹、遗物的描述和分类，也不应限于鉴定遗迹、遗物的年代和判明它们的用途与制造方法。考古学研究的最终目标在于阐明存在于历史发展过程中的规律，而马克思列宁主义的历史唯物论便是指导研究这种规律的理论基础"[131]。

两周考古在这方面也展开了广泛的研究，并取得了诸多成果。如通过两周墓葬的等级现象研究当时的社会制度与等级分层现象，通过两周墓地的分区现象探讨当时的族葬制度及其所反映的血缘组织广泛存在的可能性，[132]通过研究随葬品中的青铜礼器和玉器

等作为等级、地位象征物的礼乐器探讨当时的礼乐制度及其背后的基本信仰——祖先崇拜，[13] 还有对两周礼器及用鼎制度的研究等。[14]

（六）多学科手段广泛使用、信息采集精细化、研究视野多方位拓展

多学科手段的应用经过了从无到有、从少到多的不断拓展过程。通过多学科手段，中国考古学在古代历史信息的获取数量、质量和系统性方面都有了巨大进步，两周考古也不例外。研究方面，由专注于传统考古发掘和遗存年代、性质，到重视多学科结合的考古发掘和多角度、全方位的古代社会、文化与人地关系的研究与阐释。各学科，如古动物学、浮选与古植物学、碳-14测年、冶金考古、DNA检测、古环境古地理分析等，也由专注于自身的学术问题到尝试将多学科真正结合起来去认识古代社会与文化，如动植物品种的出现与人群迁徙、文化传播、气候变化和社会变化之间的关系，手工业作坊所呈现的古代工艺技术与生产过程、作坊与聚落的关系，以及手工业的管理与生产所反映的两周社会政治、经济特色等。其中，两周考古比较突出的多学科研究有环境考古、铜矿采冶、青铜器铸造、制盐、制骨、制陶与原始瓷生产、建筑、制车、动植物饲养与使用等。

1. 矿冶、铸铜作坊遗址考古与手工业研究

这个领域的重要发现包括在周原发掘的西周时期庄李铸铜作坊、在洛阳发掘的北窑铸铜遗址、[15] 在侯马发掘的东周时期铸铜作坊遗址。[16]

两周铸造业研究的思路不断发展、变化。早期主要是通过铸铜作坊的发掘来研究制范、熔铜、浇铸、打磨等铸造工艺和过程。随着青铜器研究的深入，铜矿来源和开采技术越来越受重视，江西、安徽、湖北、辽西等地一系列古铜矿遗址的发现，以及对铜器合金成分和铅同位素等的分析，为我们了解两周铜矿的来源提供了线索，为研究商周时期的采矿工艺提供了重要资料，也为研究商周王朝对江南及其他周边地区拓展势力的背景和原因提供了新的视角。[17] 近年来，随着对特定资源、工业在古代社会中重要作用的认识的深入，对特定资源的开采、流通、管理所显示的社会政治管理状况的重要价值的重视，通过铸铜作坊和铜矿遗址以及特殊物资的流通来研究当时的社会组织管理、区域分工与文化交流等成为新的学术研究方向。

2. 盐业考古的兴起及其带来的新认识

一些特定资源的开发、流通对某些区域社会的存在和运行模式等具有重大影响，因此，古代社会对重要资源的开发利用正成为中国考古学的研究重点。过去学术界对铜等金属资源的研究较多，近年来随着四川和山东沿海等地区一系列重要的古代盐业生产遗存的发现和研究，古代盐业资源的开发利用及其对当地社会的影响渐渐成为学术界的热点问题。四川盆地及邻近地区古代盐业的景观考古学研究，即试图重建该地区早期制盐

技术，揭示早期盐业生产的组织和管理方式，把盐业生产视为"产业系统"的一个组成部分来探讨制盐业这种在生态背景下的"经济行为"与"社会—文化发展"之间的互动关系。[13]对山东沿海地区商周时期的盐业遗址的考古学研究也正方兴未艾。[13]

3. 制陶、原始瓷窑址等作坊遗址考古与手工业研究

在多个遗址，比如丰镐、周原，以及秦雍城、郑韩故城等东周各国大型城址中都发现了烧制陶器的窑址，有学者据此对三代的陶器制造工艺进行了研究。[14]随着浙江德清火烧山西周晚期至春秋晚期原始瓷窑址[14]和亭子桥战国窑址[14]的发掘，对南方早期瓷器制造工业的研究有了很大进展。

4. 制骨、制石作坊遗址考古与手工业研究

在丰镐、周原等大型遗址中都发现了骨器制造手工业作坊遗址，出土了大量骨器半成品和下脚料，以及锯、磨石等制骨工具，使我们对两周的制骨工艺、原料及骨器在社会生活中的地位有了更多的认识。[14]

在周原遗址还发现了较大规模的专业制造石玦的手工业作坊遗址，使我们对西周的玉石器制造业有所认识。[14]

5. 古建筑、车马等专题研究不断深化

在丰镐、周原和东周各国都城遗址中都发现了大量不同等级的建筑遗存，从高等级的宫殿建筑到一般民居。学者们对这些建筑遗存也都进行了深入的研究。[14]

自殷墟以后，车马随葬是大中型墓葬的常见现象，与之相关的考古发现和复原研究成果众多，使我们对商周时期的养马业、制车技术、车马与社会的关系、车马所反映的中西方文化交流等有了较全面的认识。[14]

总之，对于两周时期手工业开展了多层次的研究。从最基础的工艺技术、生产过程或曰操作链研究，到由作坊内各种遗存结构与布局探讨工匠的行为过程，再到作坊考古与聚落研究、手工业与社会研究，最后将手工业作坊遗址置于特定的历史、文化背景中，去理解和探讨商周手工业作坊遗址所反映的中国古代都城特色和政治、社会结构特点等。这些成果为我们全方位认识两周社会提供了传统文献记载所缺乏的史料信息。

（七）全球史视野下的两周文化与周边文化互动关系的新认识不断增加

召陈西周建筑遗址出土的2件具有典型西方欧罗巴人种特征的蚌雕胡人像显示周文化与西方有一定的联系。东周时期的"玻璃蜻蜓眼"作为贸易品，一般被认为经由中亚游牧民族进口到我国中原地区。从现在的考古发现与研究成果看，秦以前中国接受的西方文化因素包括小麦、黄牛、绵羊、冶铜和冶铁术、黄金及黄金崇拜文化、家马和马车、欧亚草原风格青铜器和动物纹饰、玻璃器等。与此同时，两周文化对朝鲜半岛文明的出现和日本弥生文化的兴起发挥过作用。从全球史视野看，两周文化无疑是当时世界

文化体系的一部分，与其他文化密切互动，中国从来就不是孤立的，中国的政治、经济与文化的发展、变化一直与世界其他文化紧密相连。

三、两周考古的价值呈现：由"证经补史"到"考古写史"

从以上两周考古发展历程及所取得成绩的简单梳理，可以看出，两周考古的发展彻底改变了传统先秦史的关注对象、叙述内容与表述方式。两周考古学不仅填补了传统文献记载的大量历史空白，而且已经基本具备重构考古本位的两周历史叙述的条件，无论是新资料的发掘、积累，还是在研究内容的拓展；无论是一系列新方法的引进、利用，如考古学地层学与类型学、多学科手段的使用，还是广泛引入各种新理论解读考古发现，如世界体系理论、人地关系理论、阶级斗争与五阶段理论等，与建立在文献记载和考证基础上的传统两周历史叙述相比，各个方面均发生了根本性的变化。考古学由证经补史的辅助学科发展成以考古写史的主流历史学科，两周历史叙述由以文献为基础的传统王朝政治体系史转变为以考古学为基础的全方位文化、社会发展史，史观由传统的中原中心论转变为多元一体史观，叙述对象由以王朝帝王为核心的政治史发展为以古人社会、文化为核心的社会文化史，关注重心由精英历史转向大众历史。其中，典型案例如秦国、曾国、晋国、芮国的历史已经可以通过考古发现重新建构出一个从起源、发展、都城迁徙、政治变迁到最终消亡的叙述新版本，呈现出一种既与相关文献记载相呼应，又大大不同于文献记载的历史发展图景。

附记：

张长寿、陈公柔两位先生都是两周考古、青铜器和金文研究方面的大家，许多科研成就是两人合作的成果。其中，张长寿先生还是西周都城——丰镐遗址1950～1980年代考古工作的重要参与者、领导者。张长寿先生曾长期担任中国社会科学院考古研究所丰镐考古队队长，在《沣西发掘报告》的编写、丰镐周文化陶器分期断代标尺的建立、张家坡井叔家族墓地的发掘与研究等诸项工作中发挥了重要作用。正如张长寿先生自己所说："我从事西周考古研究受益于在沣西发掘工地几十年的锻炼。1957年我到沣西遗址，1989年以后离开，共30多年。这期间我绝大部分时间都在沣西。以后写的很多文章也都是受沣西发掘的启发。我还参加了两次沣西发掘报告的整理，一次是在60年代，一次是在1999年。"[14]丰镐考古的成就和丰镐队的发展与张长寿先生的贡献密不可分，陈公柔先生对丰镐考古和相关问题研究也多有指导。两位先生不仅学术造诣深厚，成果卓著，而且为人低调谦和，待人诚恳，堪为后辈楷模。谨以此文表达丰镐队全体同仁对两位先生的怀念。

① a. 戴谦和：《四川古代石器》，《华西边疆研究学会会志》第4卷，1936年。b. 林名钧：《广汉古代遗址之发现及其发掘》，《说文月刊》第3卷第7期，1942年。

② 安特生著，乐森璕译：《甘肃考古记》，《地质学报》甲种第五号，1925年。

③ 徐旭生、常惠：《陕西调查古迹报告》，国立北平研究院院务汇报第4卷第6期，1933年。

④ 徐旭生、常惠：《陕西调查古迹报告》，国立北平研究院院务汇报第4卷第6期，1933年。

⑤ 苏秉琦：《山东史前考古》，《华人·龙的传人·中国人——考古寻根记》，辽宁大学出版社，1994年。

⑥ 石璋如：《传说中周都的实地考察》，《历史语言研究所集刊》第20本下册，1943年。

⑦ 驹井和爱：《邯郸》，东亚考古学会，1954年。

⑧ 关野雄：《齐都临淄的调查》，《中国考古学研究》，东京大学东洋文化研究所，1956年。

⑨ a. 中国科学院考古研究所沣西发掘队：《1967年长安张家坡西周墓葬的发掘》，《考古学报》1980年第4期。b. 中国社会科学院考古研究所丰镐工作队：《1997年沣西发掘报告》，《考古学报》2000年第2期。

⑩ a. 中国科学院考古研究所：《洛阳中州路（西工段）》，科学出版社，1959年。b. 中国科学院考古研究所洛阳发掘队：《洛阳涧滨东周城址发掘报告》，《考古学报》1959年第2期。

⑪ 山西省考古研究所：《上马墓地》，文物出版社，1994年。

⑫ 中国科学院考古研究所：《沣西发掘报告》，文物出版社，1962年。

⑬ a. 吴镇烽、尚志儒：《陕西凤翔八旗屯秦国墓葬发掘简报》，《文物资料丛刊》（3），文物出版社，1980年。b. 陕西省雍城考古队：《一九八一年凤翔八旗屯墓地发掘简报》，《考古与文物》1986年第5期。

⑭ 吴镇烽、尚志儒：《陕西凤翔高庄秦墓发掘简报》，《考古与文物》1981年第1期。

⑮ 咸阳市文物考古研究所：《塔儿坡秦墓》，三秦出版社，1998年。

⑯ a. 叶小燕：《秦墓初探》，《考古》1982年第1期。b. 滕铭予：《关中秦墓研究》，《考古学报》1992年第3期。

⑰ 安徽省文物管理委员会、安徽省博物馆：《寿县蔡侯墓出土文物》，科学出版社，1956年。

⑱ 湖北省博物馆：《曾侯乙墓》，文物出版社，1989年。

⑲ 河南省文物研究所、河南省丹江库区考古发掘队、淅川县博物馆：《淅川下寺春秋楚墓》，文物出版社，1991年。

⑳ 湖北省荆沙铁路考古队：《包山楚墓》，文物出版社，1991年。

㉑ 湖北省荆州地区博物馆：《江陵雨台山楚墓》，文物出版社，1984年。

㉒ 湖北省文物考古研究所：《江陵九店东周墓》，科学出版社，1995年。

㉓ 湖北省宜昌地区博物馆、北京大学考古系：《当阳赵家湖楚墓》，文物出版社，1992年。

㉔ 郭德维：《楚系墓葬研究》，湖北教育出版社，1995年。

㉕ 山东省文物考古研究所：《临淄齐故城》，文物出版社，2013年。

㉖ 山东省文物考古研究所、山东省博物馆、济宁地区文物组、曲阜县文管会：《曲阜鲁国故城》，齐鲁书社，1982年。

㉗ 大夫墩考古队：《丹阳市河阳大夫墩发掘报告》，《通古达今之路——宁沪高速公路（江苏段）考古发掘报告文集》，《东南文化》1994年增刊（二号）。

㉘ 刘建国：《江苏丹徒粮山石穴墓》，《考古与文物》1987年第4期。

㉙ 江苏省丹徒考古队：《江苏丹徒北山顶春秋墓发掘报告》，《东南文化》1988年第3、4期合刊。

㉚ 苏州博物馆：《真山东周墓地——吴楚贵族墓地的发掘与研究》，文物出版社，1999年。

㉛ 浙江省文物考古研究所、绍兴县文物保护管理所：《浙江绍兴印山大墓发掘简报》，《文物》1999年第11期。

㉜ 浙江省文物管理委员会、浙江省文物考古所、绍兴地区文化局、绍兴市文管会：《绍兴306号战国墓发掘简报》，《文物》1984年第1期。

㉝ 南京博物院、江苏省考古研究所、无锡市锡山区文物管理委员会：《鸿山越墓发掘报告》，文物出版社，2007年。

㉞ 卢连成、胡智生：《宝鸡強国墓地》，文物出版社，1988年。

㉟ a. 中国科学院考古研究所：《上村岭虢国墓地》，科学出版社，1959年。b. 河南省文物考古研究所等：《上村岭虢国墓地M2006的清理》，《文物》1995年第1期。

㊱ 河南省文物研究所等：《平顶山市北村两周墓地一号墓发掘简报》，《华夏考古》1998年第1期；《平顶山应国墓地九十五号墓的发掘》，《华夏考古》1992年第3期；《平顶山应国墓地八十四号墓发掘简报》，《文物》1998年第9期。

㊲ 任亚珊、郭瑞海、贾金标：《1993—1997年邢台葛家庄先商遗址、西周贵族墓地考古工作的主要收获》，《三代文明研究（一）：1998年河北邢台中国商周文明国际学术研讨会论文集》，科学出版社，1999年。

㊳ a. 中国社会科学院考古研究所等琉璃河考古队：《1981—1983年琉璃河西周燕国墓地发掘简报》，《考古》1984年第5期；《北京琉璃河1193号大墓发掘简报》，《考古》1990年第1期。b. 琉璃河考古队：《琉璃河遗址1996年度发掘简报》，《文物》1997年第6期。

㊴ 李伯谦：《山西天马·曲村遗址发掘》，《晋文化研究座谈会纪要》，山西省考古研究所编，1985年。

㊵ 安徽省文化局文物工作队：《安徽屯溪西周墓葬发掘报告》，《考古学报》1959年第4期。

㊶ a. 江苏省文物管理委员会：《江苏丹徒县烟墩山出土的古代青铜器》，《文物参考资料》1955年第5期。b. 王永波：《宜侯夨簋及其相关的历史问题》，《中原文物》1999年第4期。c. 王卫平：《半个世纪以来围绕"俎侯夨簋"的论争》，《文博》2001年第5期。d. 王文轩：《宜侯夨簋及其相关问题研究综述》，《苏州文博论丛》2016年（总第7辑）。

㊷ 山东省文物考古研究所：《山东高青县陈庄西周遗存发掘简报》，《考古》2011年第2期。

㊸ a. 湖北省文物考古研究所、随州市博物馆：《湖北随州市叶家山西周墓地》，《考古》2012年第7期。b. 湖北省文物考古研究所、随州市博物馆：《湖北随州叶家山M28发掘报告》，《江汉考古》2013年第4期。

㊹ 山西省考古研究所、运城市文物工作站、绛县文化局：《山西绛县横水西周墓发掘简报》，《文物》2006年第8期；《山西绛县横水西周墓发掘简报》，《文物》2006年第8期。

㊺ 山西省考古研究所大河口墓地联合考古队：《山西翼城县大河口西周墓地》，《考古》2011年第7期。

㊻ 陕西省考古研究所、渭南市文物保护考古研究所、韩城市文物旅游局：《陕西韩城梁带村遗址M26发掘简报》，《文物》2008年第1期。

㊼ 陕西省考古研究院：《周代封国考古的新发现——陕西澄城刘家洼春秋墓地发掘取得重要收获》，《中国文物报》2018年1月12日第8版。

㊽ 早期秦文化联合考古队：《西汉水上游周代遗址考古调查简报》，《考古与文物》2004年第6期；《2006年甘肃礼县大堡子山21号建筑基址发掘简报》、《2006年甘肃礼县大堡子山祭祀遗迹发掘简报》、《2006年甘肃礼县大堡子山东周墓葬发掘简报》，《文物》2008年第11期。

(49) 山西省考古研究所侯马工作站：《晋都新田》，山西人民出版社，1996年。
(50) 河南省博物馆新郑工作站、新郑县文化馆：《河南新郑郑韩故城的钻探和试掘》，《文物资料丛刊》（3），文物出版社，1980年。
(51) 河北省文物研究所：《燕下都》，文物出版社，1996年。
(52) 河北省文物研究所：《战国中山国灵寿城——1975～1993年考古发掘报告》，文物出版社，2005年。
(53) 山东省文物考古研究所：《临淄齐故城》，文物出版社，2013年。
(54) 山东省文物考古研究所、山东省博物馆、济宁地区文物组、曲阜县文管会：《曲阜鲁国故城》，齐鲁书社，1982年。
(55) 中国社会科学院考古研究所、哥伦比亚大学东亚语言和文化系、山东省文物考古研究院编著，李峰、梁中合主编：《龙口归城：胶东半岛地区青铜时代国家形成过程的考古学研究》，科学出版社，2018年。
(56) 中国社会科学院考古研究所、苏州市考古研究所：《江苏苏州市木渎春秋城址》，《考古》2011年第7期。
(57) a. 陕西省社会科学院考古研究所凤翔队：《秦都雍城遗址勘查》，《考古》1963年第8期。b. 韩伟、焦南峰：《秦都雍城考古发掘综述》，《考古与文物》1988年第5、6期。
(58) 湖北省博物馆：《楚都纪南城的勘查与发掘》（上、下），《考古学报》1982年第3、4期。
(59) 中国社会科学院考古研究所：《中国考古学·两周卷》，第227—271页，中国社会科学出版社，2004年。
(60) 中国社会科学院考古研究所：《中国考古学·两周卷》，第500—563页，中国社会科学出版社，2004年。
(61) 东北考古发掘团：《吉林西团山石椁墓发掘报告》，《考古学报》1964年第1期。
(62) 中国科学院考古研究所内蒙古工作队：《赤峰药王庙、夏家店遗址试掘报告》，《考古学报》1974年第1期。
(63) 中国科学院考古研究所内蒙古工作队：《宁城南山根发掘报告》，《考古学报》1975年第1期；《宁城南山根石椁墓》，《考古学报》1977年第2期。
(64) 徐光冀：《赤峰英金河阴河流域石城遗址》，《中国考古学研究》，文物出版社，1986年。
(65) a. 沈阳文物管理办公室：《新民高台山新石器时代遗址和墓葬》，《辽宁文物》1981年第2期。b. 辽宁省博物馆等：《辽宁本溪县庙后山洞穴墓地发掘简报》，《考古》1985年第6期。c. 李恭笃、高美璇：《太子河上游洞穴墓葬探究》，《中国考古学会第六次年会论文集》，文物出版社，1990年。d. 辽宁省本溪市博物馆：《马城子》，文物出版社，1994年。e. 辽宁省博物馆文物工作队：《辽宁朝阳魏营子西周墓和古遗址》，《考古》1977年第5期。f. 中国社会科学院考古研究所：《双砣子与岗上》，科学出版社，1996年。g. 许明纲、许玉林：《辽宁新金双房石盖石棺墓》，《考古》1993年第4期。
(66) a. 天津市文物管理处考古队：《天津蓟县围坊遗址发掘报告》，《考古》1983年第10期。b. 天津市文物管理处：《天津蓟县张家园遗址试掘简报》，《文物资料丛刊》（1），文物出版社，1977年。c. 北京市文物研究所：《镇江营与塔照》，中国大百科全书出版社，1999年。
(67) 北京市文物管理处：《北京地区的又一重要考古收获——昌平白浮西周木椁墓的新启示》，《考古》1976年第4期。
(68) 段宏振：《河北易县七里庄遗址》，《中国重要考古发现（2006）》，文物出版社，2007年。

⑥ 刘延常：《珍珠门文化初探》，《华夏考古》2001年第4期。

⑦ 福建博物院、福建闽越王城博物馆：《福建浦城县管九村土墩墓群》，《考古》2007年第7期。

⑦ a. 江西省文物考古研究所：《江西靖安李洲坳东周墓葬》，《考古》2008年第7期。b. 江西省文物考古研究所、靖安县博物馆：《江西靖安李洲坳东周墓发掘简报》，《文物》2009年第2期。

⑦ 湖南省文物考古研究所、长沙市考古研究所、宁乡县文物管理所：《湖南宁乡炭河里西周城址与墓葬发掘简报》，《文物》2006年第6期。

⑦ 四川省文物考古研究院、成都文物考古研究所：《成都十二桥》，文物出版社，2009年。

⑦ 成都市文物考古研究所：《成都金沙遗址Ⅰ区"梅苑"地点发掘一期简报》，《文物》2004年第4期。

⑦ 成都文物考古研究所：《成都商业街船棺葬》，文物出版社，2009年。

⑦ 成都文物考古研究院、青白江区文物保护中心：《四川成都双元村东周墓地一五四号墓发掘》，《考古学报》2020年第3期。

⑦ 云南省文物考古研究所、大理州文物管理所、剑川县文物管理所：《云南剑川海门口遗址》，《考古》2009年第7期。

⑦ a. 甘肃省博物馆：《甘肃文物考古工作三十年》，文物出版社，1979年。b. 甘肃省文物考古研究所：《甘肃文物考古工作十年》，《文物考古工作十年》，文物出版社，1990年。c. 甘肃省文物考古研究所等：《民乐东灰山考古》，科学出版社，1998年。d. 中国社会科学院考古研究所泾渭工作队：《甘肃庄浪徐家碾寺洼文化墓葬发掘纪要》，《考古》1982年第6期。e. 北京大学考古学系等：《甘肃合水九站遗址发掘报告》，《考古学研究》(三)，科学出版社，1997年。f. 甘肃省文物工作队等：《甘肃西和拦桥寺洼文化墓葬》，《考古》1987年第8期。

⑦ 新疆文物事业管理局、新疆文物考古研究所：《新疆维吾尔自治区文物考古五十年》，《新中国考古五十年》，文物出版社，1999年。

⑧ 吐鲁番市文物局等：《新疆洋海墓地》，文物出版社，2019年。

⑧ a. 臧振华：《台湾考古》，艺术家出版社，1999年。b. 刘益昌、陈惠君、王巨中、陈隆智：《十三行博物馆展示单元细部内容文字、图像数据库建立项目报告》，台北县立十三行博物馆筹备处委托历史语言研究所之研究报告，2001年。

⑧ 徐良高：《由文献指导的"证经补史"到遗存本位的考古学研究——丰镐考古理念与方法的发展历程》，《保护与传承视野下的鲁文化学术研讨会论文集》，上海古籍出版社，2018年。

⑧ 中国科学院考古研究所：《上村岭虢国墓地》，科学出版社，1959年。

⑧ 郭宝钧：《浚县辛村》，科学出版社，1964年。

⑧ 北京大学考古系、山西省考古研究所：《1992年春天马—曲村遗址墓葬发掘报告》，《文物》1993年第3期；《1992年春天马—曲村遗址北赵晋侯墓地第二次发掘》，《文物》1994年第1期；《1992年春天马—曲村遗址北赵晋侯墓地第三次发掘》、《1992年春天马—曲村遗址北赵晋侯墓地第四次发掘》，《文物》1994年第8期；《1992年春天马—曲村遗址北赵晋侯墓地第五次发掘》，《文物》1995年第7期。

⑧ 山西省考古研究所大河口墓地联合考古队：《山西翼城县大河口西周墓地》，《考古》2011年第7期。

⑧ 张崇宁：《山西黎城黎国墓地》，《中国重要考古发现（2007）》，文物出版社，2008年。

⑧ 桥北考古队：《山西浮山桥北商周墓》，《古代文明》第5卷，文物出版社，2006年。

⑧ 北京市文物研究所：《琉璃河西周燕国墓地（1973—1977）》，文物出版社，1995年；《北京琉璃河1193号大墓发掘简报》，《考古》1990年第1期；《1995年琉璃河遗址墓葬发掘简报》，《文物》1996年第6期。

⑨ 天津市历史博物馆考古队：《天津蓟县张家园遗址第二次发掘》，《考古》1984年第8期；《天津蓟县张家园遗址第三次发掘》，《考古》1993年第4期。

㉑ a. 任亚珊、郭瑞海、李恩玮：《1993—1997年邢台葛家庄先周遗址、两周贵族墓地考古工作的主要收获》，《三代文明研究》（一），科学出版社，1999年。b.《中国考古学年鉴（1999）》，第103页，文物出版社，2001年。

㉒ 中国社会科学院考古研究所：《张家坡西周墓地》，中国大百科全书出版社，1999年。

㉓ 卢连成、胡智生：《宝鸡強国墓地》，文物出版社，1988年。

㉔ 陕西省考古研究院、渭南市文物保护考古研究所、韩城市景区管理委员会：《梁带村芮国墓地：2007年度发掘报告》，文物出版社，2010年。

㉕ 陕西省考古研究所：《高家堡戈国墓》，三秦出版社，1995年。

㉖ 甘肃省博物馆文物队：《甘肃灵台白草坡西周墓》，《考古学报》1977年第2期。

㉗ a. 方勤、胡长春、席奇峰、李晓杨、王玉杰：《湖北京山苏家垄遗址考古收获》，《江汉考古》2017年第6期。b. 湖北省文物考古研究所：《湖北京山苏家垄墓群M85发掘简报》，《江汉考古》2018年第1期。

㉘ 梁云：《关于早期秦文化的考古收获及相关认识》，《中国史研究动态》2017年第4期。

㉙ 山东省文物考古研究所、山东省博物馆、济宁地区文物组、曲阜县文管会：《曲阜鲁国故城》，齐鲁书社，1982年。

⑩ 秦文化与西戎文化联合考古队：《2006年甘肃礼县大堡子山东周墓葬发掘简报》，《文物》2008年第11期；《甘肃礼县大堡子山秦墓及附葬车马坑发掘简报》，《文物》2018年第1期。

⑪ a. 甘肃省文物考古研究所、张家川回族自治县博物馆：《2006年度甘肃张家川回族自治县马家塬战国墓地发掘简报》，《文物》2008年第9期。b. 王辉：《张家川马家塬墓地相关问题初探》，《文物》2009年第10期。

⑫ a. 叶小燕：《秦墓初探》，《考古》1982年第1期。b. 滕铭予：《关中秦墓研究》，《考古学报》1992年第3期。

⑬ 故郡考古队：《河北行唐故郡发现鲜虞或早期中山国等北方族群贵族墓地》，《中国文物报》2017年6月6日第1版。

⑭ 河北省文物研究所：《響墓——战国中山国国王之墓》，文物出版社，1995年。

⑮ 安徽省文物考古研究所、蚌埠市博物馆：《安徽蚌埠市双墩一号春秋墓葬》，《考古》2009年第7期；《安徽蚌埠双墩一号春秋墓发掘简报》，《文物》2010年第3期。

⑯ 浙江省文物考古研究所、绍兴市文物考古研究所等：《绍兴越墓》，文物出版社，2016年。

⑰ 南京博物院、镇江市博物馆、常州市博物馆：《江苏句容及金坛市周代土墩墓》，《考古》2007年第7期。

⑱ a. 中国科学院考古研究所沣西发掘队：《陕西长安户县调查与试掘简报》，《考古》1962年第6期。b. 中国社会科学院考古研究所沣西发掘队：《1967年长安张家坡西周墓葬的发掘》，《考古学报》1980年第4期；《长安沣西早周墓葬发掘纪略》，《考古》1984年第9期。

⑲ 陕西周原考古队：《扶风刘家羌戎墓葬发掘简报》，《文物》1984年第7期。

⑳ 陕西省博物馆等：《陕西岐山礼村附近周遗址的调查和试掘》，《文物资料丛刊》（2），文物出版社，1978年。

⑪ 陕西周原考古队：《陕西武功郑家坡先周遗址发掘简报》，《文物》1984年第1期。

⑫ 北京大学考古系：《陕西扶风县壹家堡遗址发掘简报》，《考古》1993年第1期。

⑬ 宝鸡市考古队：《宝鸡市纸坊头遗址试掘简报》，《文物》1989年第5期。

⑭ 中国社会科学院考古研究所泾渭工作队：《甘肃庄浪县徐家碾寺洼文化墓葬发掘纪要》，《考古》1982年第6期。

⑮ 罗西章：《北吕周人墓地》，西北大学出版社，1995年。

⑯ 邹衡：《论先周文化》，《夏商周考古学论文集》，文物出版社，1980年。

⑰ 陕西周原考古队：《扶风刘家姜戎墓葬发掘简报》，《文物》1984年第7期。

⑱ 周文化是继承龙山时代客省庄二期文化而来的假说最早见徐锡台《早周文化的特点及其渊源的探索》，《文物》1979年第10期。

⑲ 牛世山：《试论周文化的渊源》，《考古与文物》2000年第2期。

⑳ 张长寿、梁星彭：《关中先周青铜文化的类型与周文化渊源》，《考古学报》1989年第1期。

㉑ 李峰：《先周文化的内涵及其渊源探讨》，《考古学报》1991年第3期。

㉒ 胡谦盈：《姬周族属及其文化探源》，《亚洲文明》，四川人民出版社，1986年。

㉓ 胡谦盈：《太王以前的周史管窥》，《考古与文物》1987年第1期。

㉔ 卢连成：《扶风刘家先周墓地剖析——论先周文化》，《考古与文物》1981年第2期；《先周文化及周边地区的青铜器文化》，《考古学研究》，三秦出版社，1993年。

㉕ 王巍、徐良高：《先周文化的考古学探索》，《考古学报》2000年第3期。

㉖ 早期秦文化联合考古队：《西汉水上游周代遗址考古调查简报》，《考古与文物》2004年第6期；《2006年甘肃礼县大堡子山21号建筑基址发掘简报》、《2006年甘肃礼县大堡子山祭祀遗迹发掘简报》，《文物》2008年第11期。

㉗ a. 石泉：《楚都丹阳地望新探》，《古代荆楚地理新探》，武汉大学出版社，1988年。b. 王光镐：《楚文化源流新证》，武汉大学出版社，1988年。

㉘ 尹达：《新石器时代》，第226页，生活·读书·新知三联书店，1955年。

㉙ 苏秉琦、殷玮璋：《关于考古学文化的区系类型问题》，《文物》1981年第5期。

㉚ 俞伟超：《先秦两汉美术考古材料中所见世界观的变化》，《庆祝苏秉琦考古55年论文集》，文物出版社，1989年。

㉛ 夏鼐、王仲殊：《考古学》，《中国大百科全书·考古学卷·序》，中国大百科全书出版社，1986年。

㉜ 朱凤瀚：《商周家族形态研究》，天津古籍出版社，1990年。

㉝ 徐良高：《中华民族文化源新探》，社会科学文献出版社，1999年。

㉞ 俞伟超、高明：《周代用鼎制度研究》，《北京大学学报》（哲学社会科学版）1978年第1期。

㉟ 洛阳市文物工作队：《1975—1979年洛阳北窑西周铸铜遗址的发掘》，《考古》1983年第5期。

㊱ 山西省考古研究所：《侯马铸铜遗址》，文物出版社，1993年。

㊲ a. 夏鼐、殷玮璋：《湖北铜绿山古铜矿》，《考古学报》1982年第1期。b. 刘诗中、卢本珊：《江西铜岭铜矿遗址的发掘与研究》，《考古学报》1998年第4期。

㊳ 李水城、罗泰主编：《中国盐业考古——长江上游古代盐业与景观考古学研究》第一集，科学出版社，2006年。

㊴ a. 李水城等：《莱州湾地区古代盐业考古调查》，《近年来中国盐业考古领域的新进展》，《盐业史研究》2003年第1期。b. 朱继平、王青等：《鲁北地区商周时期的海盐业》，《中国科学技术大学学报》第35卷第1期，2005年。

㊵ a. 周仁、张福康、郑永圃：《我国黄河流域新石器时代和殷周时代制陶工艺的科学总结》，《考古学报》1964年第1期。b. 中国硅酸盐学会主编：《中国陶瓷史》，文物出版社，1982年。

⑭ 冯小琦、周建忠、郑建民：《浙江德清火烧山原始瓷窑址发掘》，《中国重要考古发现（2007）》，文物出版社，2008年。

⑭ 陈元甫、郑建民等：《浙江德清亭子桥战国窑址》，《中国重要考古发现（2008）》，文物出版社，2009年。

⑭ a. 陕西周原考古队：《扶风云塘西周骨器制造作坊遗址试掘简报》，《文物》1980年第4期。b. 马萧林：《近十年中国骨器研究综述》，《中原文物》2018年第2期。c. 马萧林、魏兴涛、侯彦峰：《三门峡李家窑遗址出土骨料研究》，《文物》2015年第6期。d. 中国社会科学院考古研究所丰镐队：《西安市长安区冯村北西周时期制骨作坊》，《考古》2014年第11期。

⑭ 陕西省考古研究院、北京大学考古文博学院、中国社会科学院考古研究所周原考古队：《周原——2002年度齐家制玦作坊和礼村遗址考古发掘报告》，科学出版社，2010年。

⑭ a. 陕西周原考古队：《陕西岐山凤雏村西周建筑基址发掘简报》，《文物》1979年第10期；《扶风召陈西周建筑基址发掘简报》，《文物》1981年第3期；《陕西扶风云塘、齐镇西周建筑基址1999～2000年度发掘简报》，《考古》2002年第9期。b. 杨鸿勋：《西周岐邑建筑遗址的初步考察》，《文物》1981年第3期；《战国中山王陵及兆域图研究》，《考古学报》1980年第1期。c. 傅熹年：《陕西岐山凤雏建筑遗址初探》，《文物》1981年第1期。d. 徐良高、王巍：《陕西扶风云塘西周建筑基址的初步认识》，《考古》2002年第9期。e. 陕西省文管会雍城考古队：《凤翔马家庄一号建筑遗址发掘简报》，《文物》1985年第2期。f. 荆州地区博物馆、潜江县博物馆：《湖北潜江龙湾发现楚国大型宫殿基址》，《江汉考古》1987年第3期。

⑭ a. 杨宝成：《殷代车子的发现与复原》，《考古》1984年第6期。b. 张长寿、张孝光：《殷周车制略说》，《中国考古学研究》，文物出版社，1986年。

⑭ 施劲松：《商周考古纵横谈——张长寿先生访谈录》，《南方文物》2008年第3期。

中国青铜时代青铜器装饰艺术的发展

张昌平

（武汉大学历史学院）

中国青铜时代大体对应于夏商周三代王朝，青铜器在早期国家中多作为标志贵族身份等级的礼器，也因之成为当时最为重要的物质文化生产材料。青铜礼器在仪式性活动中成为礼仪的载体，这样，装饰作为渲染外在的手段，几乎成为不可或缺的形式。因此，对于青铜器装饰的研究，一直以来都为学者们所重视。在过去浩如烟海的研究成果中，既有马承源、林巳奈夫先生主编的鸿篇巨制，[①] 也有罗越（Max Loehr）、陈公柔与张长寿先生对兽面纹、鸟纹的经典专题研究。[②] 但纹饰种类繁多、变化繁复，仍然是大多数研究呈现给人的印象。本文试图去繁就简，梳理装饰发展的轮廓，并尝试探讨装饰形成的技术与社会背景。

青铜礼器是以容器类为主，装饰在单体青铜器上主要表现在器表纹饰，以及独立于器表、在足耳等附件上的装饰。这些装饰内容彼此关联，其风格集中体现在器表的主题纹饰上。本文将首先简单勾勒主题纹饰的变化轮廓，再以此为基础阐述不同时期纹饰布局等总体发展。

在讨论之前，本文对中国青铜时代发展阶段将采用孙华先生的认识，[③] 即划分为如下六个阶段：二里头文化至二里冈文化早期、二里冈文化晚期至殷墟文化早期（包含中商文化时期）、殷墟文化晚期至西周中期、[④] 西周中期偏晚至春秋早期、春秋中期至战国早期、战国早期偏晚至汉代。这其中最后的第六个阶段战国中晚期至汉代，青铜器已进入衰落时期且实际上是在铁器时代的发展，特别是传统的青铜礼器走向衰败，其装饰少见无须专论。

一、主题纹饰及其变化

主题纹饰是装饰艺术成熟的标志之一，同时也是装饰风格的体现。观察主题纹饰的变化，可基本把握装饰发展的脉络。自二里冈文化晚期开始，青铜器的装饰主题就开始显现，此后一直都比较明确，并在不同阶段都有明显的变化。

兽面纹、鸟纹及其变体、龙纹及其解体可视为青铜时代不同时期的主题纹饰，其中的一些变化还被命名为其他的纹饰名称。这些纹饰的流行时间，可于表一简单表示。以下分别讨论。

表一　不同时期流行的主题纹饰

项目		时　　　期											
考古学文化或历史时期		二里头	二里冈		殷墟		西周			春秋			战国	
			早	晚	早	晚	早	中	晚	早	中	晚	早	中
发展阶段		一	二		三		四			五			六	
纹饰	兽面纹	———————————												
	鸟纹及其变体				———————————									
	龙纹及其解体								———————————					

（一）兽面纹

兽面是一般哺乳类动物面部的抽象形象，除了浮雕形态的兽首之外，平面装饰的兽面纹往往还在面部两侧展开躯体等器官。兽面纹有着很早的文化渊源，新石器时代末期如良渚文化、石卯文化都出现构图较为成熟的兽面纹。青铜器上的兽面纹从二里头文化一直延续到西周早期，并从二里冈文化晚期开始成为压倒多数的主题纹饰。兽面纹的形式多样，过去不同的研究者提出有多种分类与研究方案，其中罗越提出五型发展，[⑤]对兽面纹的发展逻辑作出了简明的总结。

罗越Ⅰ型的兽面纹主体是由线状的纹饰构成（图一，1）；[⑥]Ⅱ型是宽带状纹饰（图一，2）；Ⅲ型是线条复杂而展开的构图（图一，3）；Ⅳ型开始出现云雷纹的地纹，躯体等轮廓有了明确的体现（图一，4）；Ⅴ型则是半浮雕的形式，在浮雕的上面和下面都有云雷纹的地纹，俗称"三层花"（图一，5）。罗越五型揭示出兽面纹由抽象到具象的发展过程：从Ⅰ、Ⅱ型在兽面纹刚刚出现时躯体和器官不是很明确，到了Ⅳ型特别是Ⅴ型的时候，兽面纹的肢体、角、眉毛、爪子、尾巴等器官就表现得非常具体了。

罗越五型主要是观察纹样设计上的演进逻辑，但现在根据考古学认知也可将其作年代归结。比如罗越Ⅰ型是基于线状纹饰在陶范上刻划而成的考虑，反映的是最原始的技术，最早在二里头文化至二里冈文化早期青铜器上也的确就是这类纹饰。Ⅱ型主要是流行在二里冈文化晚期至殷墟第一期；Ⅲ型主要流行在中商文化至殷墟文化第一期；Ⅳ型数量不多，见于殷墟文化晚期；Ⅴ型则从殷墟文化晚期延续到西周早期。当然纹饰发展也是复杂的，比如罗越Ⅰ、Ⅱ型在二里冈文化晚期是并行的，Ⅳ型和Ⅴ型也同见于殷墟文化晚期。显然，兽面纹的发展并不是一个单线条的发展过程。

殷墟文化第二期时，罗越Ⅴ型为主的兽面纹已经非常发达，并出现了不同的构图形式，这表明兽面纹处于繁荣的阶段。其后的殷墟晚期到西周早期，兽面纹有着两个不同

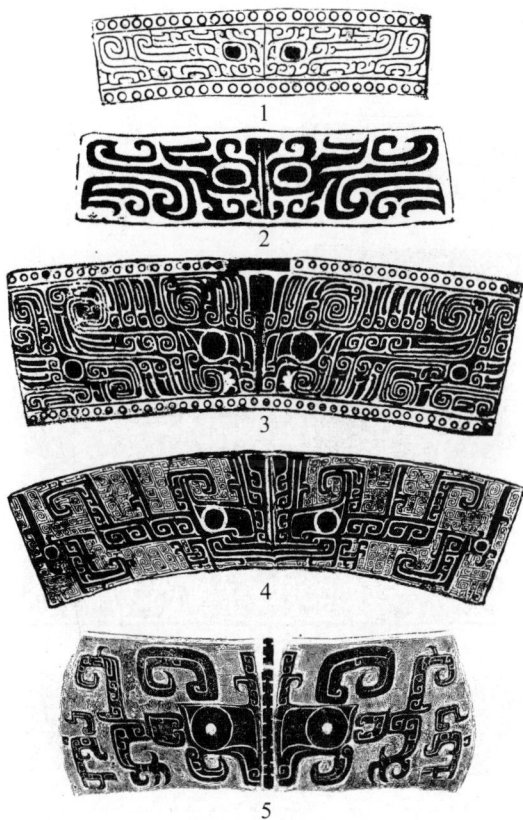

图一　兽面纹发展的五型

图二　兽面纹的异化

的发展流向，一是去掉地纹，只留下了半浮雕的形态（图二，1）；另一方向是只留取地纹，形成细密的纹饰，并因为细密的云雷纹纹饰单元，构成窄长带状的兽面纹（图二，2），比如在殷墟末期M1046多件青铜器就有这样的纹饰。[⑦]西周早期，在上述两个分支继续保持的同时，原来主流的Ⅴ型兽面纹也有发展，除了少数如德方鼎、利簋等保持殷墟文化晚期传统的半浮雕带地纹式样，其尾声形态是在兽面纹的角上和躯体上设置很多类似脊刺状的纹饰（图二，3），这是受到其时流行的鸟纹风格的影响所致。

（二）鸟纹及其变体

鸟纹也被称为凤鸟纹，是对鸟类形象的抽象。新石器时代鸟的形象就已出现，中商文化时期青铜器上出现圆雕的鸟和平面装饰的鸟纹。鸟的突出特征是尖喙，因此在平面装饰上侧面表达鸟喙的轮廓，这样鸟首、眼、躯、足、尾等部件相应地都是侧视的。

中商文化及殷墟文化时期的早期鸟纹，有的分布在兽面纹两侧的下角，或者以较窄的幅面作为辅助纹带出现（图三，1、2）。殷墟文化晚期的鸟纹开始出现半浮雕，因此，从中商文化鸟纹（图三，1）到殷墟文化晚期鸟纹（图三，2）的变化，相当于罗越Ⅳ型到Ⅴ型兽面纹的变化。殷墟文化晚期鸟纹数量开始明显增多，并越来越多地以独立纹带出现。总体上，早期鸟纹直至其后西周中期的鸟纹（图三，3），从构图到布局都受到同时期兽面纹的很大影响。

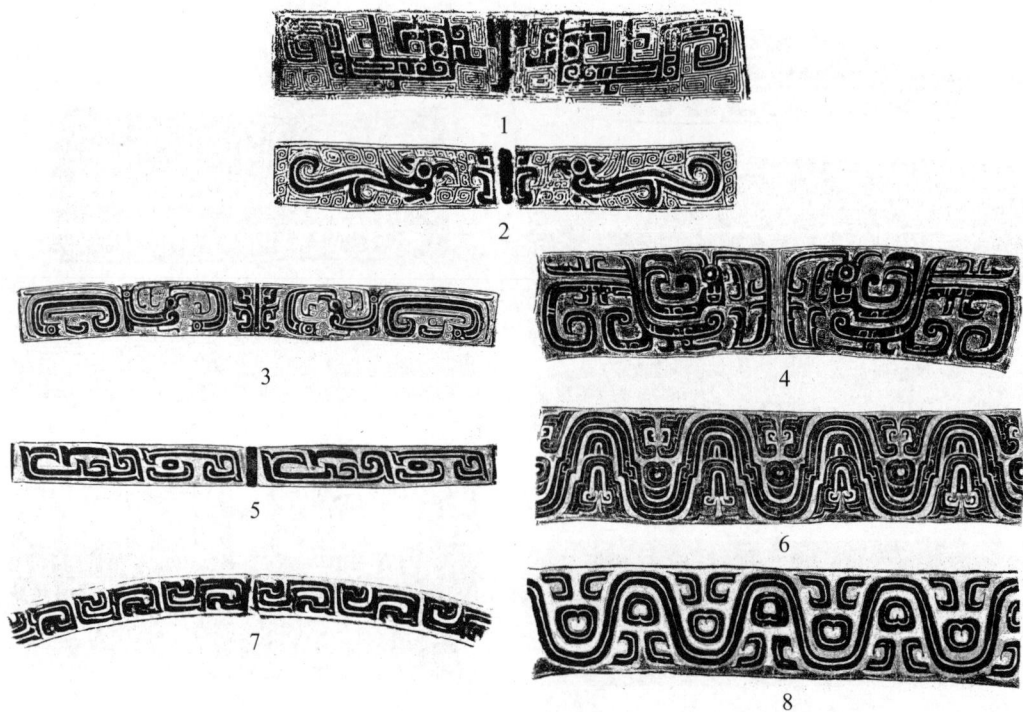

图三 鸟纹的演变

殷墟文化晚期，少数提梁卣上出现鸟纹为主题的装饰，鸟纹半浮雕的层次很强，形成繁缛而豪华的作风。西周早期偏晚和西周中期偏早，鸟纹开始作为主题纹饰并在数量上成为压倒性的装饰。这一时期鸟纹都有幅面比例很大的冠和尾，即鸟冠和尾的装饰复杂而华丽，这尤其在尊、卣、壶、簋等装饰幅面较大的器类中多见（图三，4）。

西周中期偏晚到春秋早期青铜器装饰流行窃曲纹、波曲纹、重环纹等几何形构图，不少构图都可以理解为是鸟纹简化的结果。例如图三-5的窃曲纹是从图三-3这类鸟纹简化而来，纹饰保留了鸟纹的单目，两侧仍然可以看出鸟冠和尾的构图。图三-6的波曲纹是从图三-4的鸟纹转化而来，从波曲纹中仍然可以看出豪华鸟纹冠与尾的构图以及立羽的层次。这些窃曲纹与波曲纹进一步的发展，如同属于春秋中期的图三-7和图三-8那样，不仅动物特征彻底消失，更重要的是纹饰单元开始作单向连续排列，对称的布局走向终结。这些纹饰也可以说是春秋中期龙纹构成新风尚之前，鸟纹发展的尾声。

（三）龙纹及其解体

龙也是虚构动物，在新石器时代也已出现。青铜器上有浮雕或全雕的龙，龙纹在平面装饰上表现为侧面长躯、单目的轮廓。有时龙纹的长躯与鳍构图与鸟纹略似，但龙或张嘴，或口中吐舌，有别于鸟纹的尖喙。

西周晚期之前的早期龙纹，纹饰单元受到同时期主题纹饰的很大影响。西周早期及以前的龙纹构图风格类似兽面纹，其中二里冈文化晚期至殷墟文化早期多以夔纹的形式出现，纹饰都是处于陪衬位置。这时期的夔纹或者是在尊、罍、瓿的肩部连续排列9个或6个，以配合腹部的主题纹饰（图四，1），或者是在兽面纹两侧的下角各设一个。殷墟文化晚期的龙纹除了继续在兽面纹两侧陪衬之外，开始出现了类似兽面纹布局的独立纹带（图四，2），但这些纹带的幅面较小，往往不是主题纹饰。从西周早期开始，龙纹构图风格类似同时期主题的鸟纹纹饰，纹饰单元上特别是冠与躯尾多见鳍刺类构图（图四，3）。西周中期之后龙纹也开始抽象化，部分纹饰朝着窃曲纹发展（图四，4）。西周时期的这些龙纹多作双首相对，构图基本是遵循兽面纹的对称布局。

西周晚期开始出现两条躯体交汇的龙纹造型，此后，龙纹以不同形式的交体构图进入了大发展的时期，并在春秋早期之后在数量上居于压倒性优势。交体龙纹最早在西周晚期的盨、簋、鬲等器类上出现（图五，1），但传统的对称布局仍然在两条龙的构图中可见。春秋早期龙纹多见，且龙嘴中常常有舌吐出，龙纹的构图摆脱对称性，常常为斜对称布局，双首共身的龙开始形成真正意义的交体（图五，2），学者们或称之为蟠螭纹。春秋中晚期龙纹躯体的缠绕更加复杂，更多的龙纹呈现为细躯（图五，3），或被称为蟠虺纹。春秋晚期至战国早期之间的龙纹仍然是复杂的缠绕，但纹饰的图案性和设计感都较强。一些龙纹的躯尾填以勾云纹（图五，4），侯马铸铜作坊青铜器还可见一些对

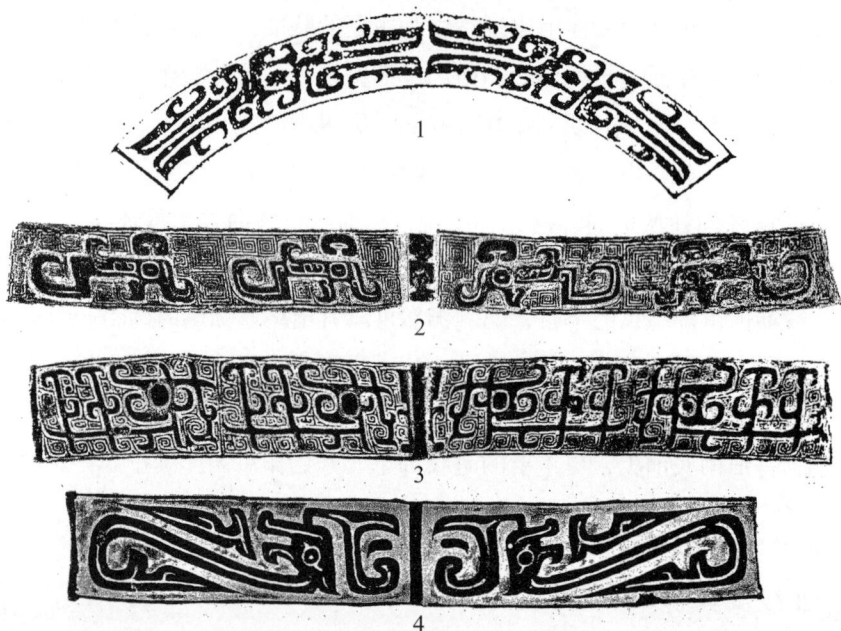

图四 早期龙纹

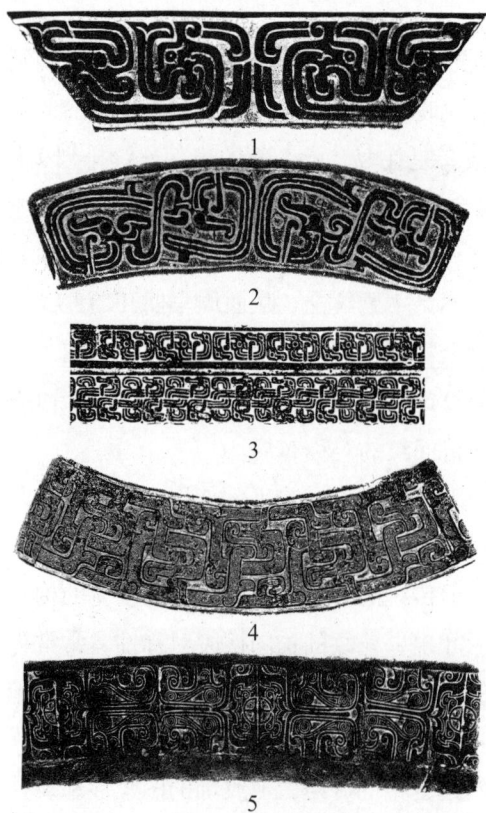

图五 龙纹的发展

称性布局的龙纹，隐约有复古之感。战国早期偏晚开始，龙纹开始解体，或发展为曾侯乙编钟那样由一些龙首等部件构成的龙纹，或者是构图不完整的龙纹单元（图五，5）。

兽面纹、鸟纹、龙纹都有悠久的史前发展渊源，都是以虚构动物形象作为装饰题材，虚拟动物装饰也是其他大部分青铜纹样的共同特性，这和植物题材缺失一样，共同构成中国青铜时代装饰的突出特征。而抽象的艺术形式，则成为中国古代艺术有别于西方艺术的不同传统。

从兽面纹、鸟纹到龙纹，造型的发展与现实动物的距离越来越远。在构图的表现上，从兽面纹的正面，到鸟纹和龙纹转向侧面。这个转向与以下变化相协调：鸟纹在完成变体的同时，还完成了从兽面纹左右对称的构图，变为几何形纹饰和龙纹的连续构图。这样的改变，既催生了装饰技术的变革，又体现出社会需求对装饰发展的主导。

二、纹饰布局与装饰风格

主题纹饰与辅助性装饰搭配，构成器物纹饰的布局，这在二里冈文化晚期就已经开始，说明当时的装饰已经达到较高的水平。不同纹样在同一件青铜器上的组合与搭配，以及不同器类之间装饰的协调性，构成了该时期装饰的风格。

（一）二里头文化至二里冈文化早期

这是青铜时代的初始阶段。这一阶段的青铜容器数量和类别都不多，器类有斝、爵、盉、盍等酒器，以及鼎、鬲等炊器，器类与造型都未脱陶器窠臼。装饰上在主题纹饰之外，还有云纹、网格、弦纹、圆点、三角等样式，如二里头遗址出土的网格纹鼎（图六，1）。⑧青铜容器器表较为清素，纹饰少见或装饰幅面较小，且均为阳文。一般器物只有一周甚至是一组纹饰，装饰缺乏整体性。不过，如果考虑到同时期青铜牌饰上复杂的绿松石镶嵌兽面纹构图，⑨以及青铜容器在当时已具有礼器性质，就可以理解此时青铜礼器上简陋的纹饰，是因为铸造技术尚不能满足发展需求。

1   2

图六　二里头到二里冈时期青铜器纹饰的变化

1.《全集1》图001网格纹鼎；2.《全集1》图132兽面纹罍

虽然如此，二里头文化至二里冈文化早期的青铜器装饰，仍然开创了一些原则性的先河，其中最重要的，是纹饰按照器物的外范来划分为构图相同的单元，铸造时留下的合范范缝也就是纹饰单元的分割线。⑩例如三分外范的鼎和两分外范的觚，一周纹饰相应地分为相同的三组和二组。由于容器的外范是基本等分的，各个单元纹饰也大体等长，这又使得视者从不同的视角得到的观感相同（图七）。⑪纹饰布局的这一原则，一直持续到春秋中期模印纹饰技术形成之前。

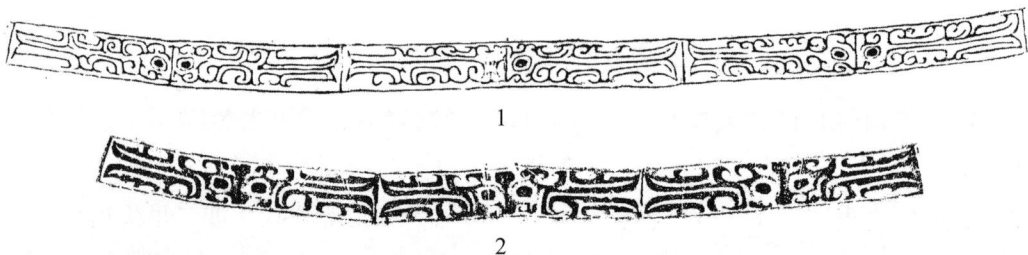

1

2

图七　纹饰单元的划分

（二）二里冈文化晚期至殷墟文化第一期

这是早期青铜器大发展的阶段。青铜器的数量和类别大大增加，在高等级贵族墓葬中，青铜器在数量和地位上都成为最主要的随葬品。青铜器在造型上基本脱离陶器而独立发展，不同的铸造技术手段也多已形成。青铜器器表多较光滑，说明铸造过程中脱范技术已经达到很高的水准。这一阶段绝大多数铜器器表都会加以装饰，纹饰简洁而有较强的力度感。纹饰的类别和装饰手法也都有较大发展，兽面纹占压倒性多数，夔纹、涡纹、弦纹、三角云纹等也有一定数量。这一阶段装饰的发展，还体现在如下方面。

其一，纹带形成比较明显的主次关系，说明了当时装饰的成熟性（图六，2）。主题纹饰均为兽面纹，所占纹饰幅面一般也较大。夔纹、云纹、弦纹往往处于器物的次要位置，或者装饰在较小的器体上，或者装饰在不甚重要的器类如斝、鬲上。

其二，装饰在器体上所占的空间比例越来越大，其实现方式是将纹带增加到两周甚至是三周，或者纹带的宽度增加。

其三，作为纹带边框的圆圈纹、弦纹等也被普遍采用（见图六，2），从而使装饰幅面的层次、完整性得到了强调。

其四，装饰的表现手法仍然是在二维平面上，但在少数尊、罍上的兽面纹中，开始出现半浮雕的纹饰；同时，一些尊类器开始出现扉棱、兽首，立体化装饰开始起步。

（三）殷墟文化晚期至西周中期偏早

本阶段是中国青铜时代青铜器发展的高峰期。这一时期青铜器器类、体量和数量都有极大的增加。新出现的器类包括方彝、卣、觥等，造型多较复杂。器物从类别到形制都已完全摆脱陶器的影响，更多地显示出工业产品的特质。这一时期同样是青铜器装饰的高峰期，出现多种纹样，既有兽面纹、鸟纹、夔龙纹等虚构动物纹饰，也有半写实的虎、牛、貘、象、蝉等动物纹饰，以及几何形的云雷纹、勾连雷纹、涡纹、直条纹、圆圈纹、乳钉纹等。为满足复杂的装饰需求，制作上广泛使用技术难度较高的"复杂分范技术"[⑫]。因此，这一阶段的装饰真正体现了青铜器发展高峰的水平。

这一阶段的单件器体上，不同的纹饰以兽面纹等主题纹饰为核心布局，并在风格上彼此协调，形成较为一致的装饰特征（图八）。例如，受兽面纹对称布局的影响，夔龙纹、鸟纹，甚至包括一些几何形纹饰等，也多作对称性布局。当主题纹饰如兽面纹作"三层花"布置，其他纹带也会相应地作类似的半浮雕效果。此外，以下两个方面还充分体现了鼎盛期的装饰布局效果。

其一，通体满饰花纹的倾向。等级越高的器物或器类，往往越是满饰不同种类纹饰，并在风格上形成较好的协调性。一般来说，器体纹带较多的器物较之纹带较少的更为高级，如觥和尊在口下、腹部、圈足上饰满纹饰，较之只在腹部，或者只在腹部和圈

图八 大都会艺术博物馆兽面纹方彝及其细部

足上有装饰更为豪华。同时，满饰花纹还表现在附件上，足部有花纹的鼎，提梁有花纹的卣，耳或鋬有花纹的鼎、鬲、斝等，都较之无花纹的同类器更为豪华。

其二，浮雕的倾向强烈，使装饰的张力大大加强。伴随着半浮雕兽面纹的盛行，其他纹样也相应地使用半浮雕的方式。同时，浮雕的兽首出现在平面纹饰的中轴位置，全雕的兽首则出现在提梁、器耳等附件之上。扉棱较多出现，位置一般在纹带的中轴和纹带分界处。

浮雕的繁缛风格，从殷墟晚期到西周早期在一些器物上越来越被加强，甚至在少数器物上特别地夸张。西周早期一些器物发达的扉棱、夸张的半浮雕或全雕兽首等，都是这一追求下的表现。

（四）西周中期偏晚至春秋早期

这是青铜器发展的转变阶段。西周灭亡，西周晚期宗周为主的青铜器，转而在春秋早期以诸侯国青铜器为主。另一方面，西周晚期王室衰微、春秋早期诸侯国失去文化中心，使青铜文化的发展较为滞缓。具体而言，与此前相较，青铜器器类发生较大变化，过去诸多的酒器基本只剩下壶一类，鼎、簋等食器成为最常见器类，盘、匜组合为水器，编钟成为高等级贵族器用的标志。器类减少是因为形成了鼎、簋组合为核心的列器制度。在同一个铜器群中，同类器物往往有多件相同的，这样的铜器群以其整体来体现社会等级。器物个性不再被强调，体现了社会对于礼器风尚的转变和需求降低。与此同时，受社会需求的影响，青铜器铸造技术开始趋于简化，分铸、焊接等技术难度较低的手段越来越多地被运用。

受到社会背景的影响，这一时期青铜器装饰发展也较为滞缓，纹饰类别主要是几何形构图的窃曲纹、重环纹、波曲纹、垂鳞纹、瓦纹以及龙纹等不多的几种。各类纹饰构图变化不多，布局上常常是几种几何形纹带反复出现。装饰在简化的趋势下，在风格上较为程式化（图九）。

本阶段青铜器装饰风格上的"转变"，具体还体现在如下几个方面。

其一，基于兽面纹等动物形象的对称性构图消失，取而代之的是连续排列的构图方式（见图九）。兽首作为对称布局的标志物，从蜕化到取消，直至兽首处不再处于铸造合范的分型面。

其二，体现装饰层次的地纹、"三层花"消失，平面装饰不再追求空间上的层次感。鸟纹、龙纹等动物型纹饰抽象为几何形构图纹饰，西周中期之后简化的装饰作风形成。

其三，体现立体化装饰效果的兽首、扉棱严重蜕化，扉棱只在少数鼎足上部有所保留。

其四，单件器物个性化装饰趋于消失。列器中同类器物不仅形制相同，纹饰也基本相同。

图九 西周晚期青铜器纹饰例

1.《全集6》图079不娶簋；2.《全集6》图106仲称父簋

（五）春秋中期至战国早期

这是青铜器发展的新兴期。本阶段诸侯国势力崛起，晋、楚、秦等地域文化集团形成，社会生产的发展也给青铜器生产带来了影响。晋、楚等诸侯强国形成大规模青铜器生产，并在器物群、技术以及装饰等方面形成新的风格。生产规模上有所扩大，青铜器群的数量和体量都有增加，出现如太原金胜村墓、随州擂鼓墩曾侯乙墓等大规模铜器群。除了高等级贵族承袭鼎、簋为核心的传统礼器之外，出现盖鼎为核心的新式礼器，其使用对象主要为新兴贵族。在生产上，青铜礼器几乎无一不采用分铸或焊接技术，这使生产分工细化，单个铸件的范型简化，由此提高了生产效率并形成规模化生产能力。这一阶段开始，青铜礼器生产总体走向衰落，同时一些日用器得到了重视和发展。

装饰艺术在这一阶段也进入新兴期。龙纹以多种复杂的形式构图在数量上居于绝对优势。纹饰制作的一个重大改变，是范作纹饰取代了过去模作纹饰的传统主导地位。范作纹饰的方式主要有两种，一是以纹饰模压印出泥片，再将泥片贴接到陶范上，如侯马陶范的做法，[13]另一种是直接在陶范表面压印纹饰。这样的制作技术，使纹饰构图较为细密而规整，纹饰单元会在单器上反复重复（图一〇）。基于装饰技术的变化，主题的龙纹纹带上下两侧往往还以不同形式的绚纹作为界栏。

本阶段装饰的新发展，一是平面装饰走向蜕化的同时，突出器表的动物型装饰加强。壶、罍、簋、匜等器耳或錾做成爬兽形，其装饰性超过了实用性。二是在一些实用性较强的器类如壶、缶、豆等器类中出现错红铜或铸镶装饰，在盘、匜等器类上出现刻划纹装饰。装饰艺术朝着多元化手段发展。

图一〇 上海博物馆藏犀尊

本阶段之后的战国中期开始，传统礼器的制作日渐衰败，其装饰性自然大大下降，大部分礼器也是以素面为基调，只一些传统礼器如鼎、簋有少量解体的龙纹（见图五，5）。作为生活用品的青铜器类别和数量日渐增加，其上常见镶嵌或错金银等华丽的装饰。类似的情形一直延续到西汉前期，直至以礼器为制作青铜器的主要目的结束。

三、结　语

因为青铜器作为礼器的性质，装饰贯穿于中国青铜时代的始终。总体来说，装饰的发展经历了两个不同方向的阶段，一是西周中期偏晚之前的青铜时代早期，强调对装饰性的追求。这一时期的装饰主要施加在器体的表面，装饰朝复杂的构图、浮雕化方向发展。直至商周之际装饰达到顶峰，形成繁缛、华丽的风格。具体纹饰都以较为具象的想象动物如兽面纹为主体，构图强调对称与工整，主题与配属纹带搭配协调。二是西周中期偏晚及其后的青铜时代晚期，装饰内容较为抽象或变体，纹样构图较为灵动。平面装饰越来越不受重视，对称性、单元划分趋弱直至消失。纹饰以较为抽象的想象动物纹饰如龙纹为主，构图多几何形，纹带的主题和配属地位减弱。由于分铸技术越来越普遍，突出器表的錾耳等附件装饰性加强，出现较多纯粹装饰的附件。平面与突起装饰之间缺乏协调性，直至青铜时代末期装饰性在青铜礼器中全面退化。

装饰的社会需求的变化，也会直接影响到生产技术。中国青铜时代早期，青铜器器表装饰趋繁的需求，使青铜器的铸造技术处于发展上升阶段，青铜时代晚期的艺术风格的简化，使得此前围绕纹饰而形成的高难度工艺也相应地追求低技术难度。可以说，社会需求在掌控着近千年来青铜器铸造技术的发展。

① a. 上海博物馆青铜器研究组编：《商周青铜器纹饰》，文物出版社，1984年。b. 林巳奈夫：《殷周青铜器综览·殷周时代青铜器纹样の研究》，吉川弘文馆，1986年。c. 林巳奈夫著，广濑薰雄、近藤晴香译：《殷周青铜器综览·殷周时代青铜器纹饰之研究》，上海古籍出版社，2019年。

② a. Max Loehr, "The Bronze Styles of the Anyang Period（1300–1028 B.C.），" *Archives of the Chinese Art Society of America* 7（1953），pp. 42–53. b. 陈公柔、张长寿：《殷周青铜容器上鸟纹的断代研究》，《考古学报》1984年第3期；《殷周青铜容器上兽面纹的断代研究》，《考古学报》1990年第2期。

③ 孙华：《中国青铜文化体系的几个问题》，《考古学研究》（五·下册），科学出版社，2003年。

④ 本文所谓的殷墟文化晚期，是指始自妇好墓的殷墟文化时期。

⑤ Max Loehr, "The Bronze Styles of the Anyang Period（1300–1028 B.C.），" pp. 42–53.

⑥ 本文引用的拓片如未作专门说明，均系出自上海博物馆青铜器研究组编《商周青铜器纹饰》，文物出版社，1984年。

⑦ 中国社会科学院考古研究所安阳工作队：《安阳殷墟刘家庄北1046号墓》，《考古学集刊》第15集，文物出版社，2004年。

⑧ 中国青铜器全集编辑委员会：《中国青铜器全集》第1卷图版1，文物出版社，1996年。以下引《全集》（1994～1998年）仅注卷数和图版号。

⑨ 如著名的二里头宫殿区出土大型的绿松石拼塑龙，体现了很高的装饰艺术水准。中国社会科学院考古研究所二里头工作队：《河南偃师二里头遗址中心区的考古新发现》，《考古》2005年第7期。

⑩ Robert W. Bagley, "Shang Ritual Bronzes：Casting Technique and Vessel Design," *Archives of Asian Art* 43（1990），pp. 6–20.

⑪ 图中两幅拓片分别来自盘龙城李家嘴M2：35鼎、盘龙城李家嘴M2：36鼎，文献参见湖北省文物考古研究所《盘龙城——1963—1994考古发掘报告》，文物出版社，2001年。

⑫ 张昌平、刘煜、岳占伟、何毓灵：《二里冈文化至殷墟文化时期青铜器范型技术的发展》，《考古》2010年第8期。

⑬ Robert W. Bagley, "What the Bronzes from Hunyuan Tell Us about the Foundry at Houma," *Orientations* 26.1（1995），pp. 214–222.

西周青铜器纹饰中兽面纹与凤鸟纹的演变

曹 玮

（陕西师范大学历史文化学院）

一、古代祭祀中动物的作用

祭祀是古代社会区别于现代社会的一项国家任务。尤其是青铜时代，祭祀成为自国家至一般贵族日常生活不可或缺的事情；从尼罗河流域、两河流域、印度河流域、爱琴海，到中国的黄河流域，都是如此。德国政治学家罗曼·赫尔佐克（Roman Herzog）论述到早期国家的任务时，总结有以下四点：

1. 防御外部敌人；
2. 保障国家的内部秩序；
3. 做个人或少数人完成不了的事情；
4. 祭祀神灵。[①]

前两项是古今中外所有国家的基本任务。第三项，对于早期农业国家来说，修建水利工程和道路是基本任务；第四项祭祀神灵现代国家没有，是古代国家的基本任务。

英国学者塞缪尔·E.芬纳曾论述到："在古代宗教时期，……大自然的力量被神化，它们通过某种方式和活着的人相联系……古代宗教的典型行为是崇拜。这一阶段的人和神是分开的，因此需要某种互动系统，这种互动是通过崇拜和献祭来实现的。"[②]古代中国亦是一样，尤其是先秦时期，人们的信仰决定了祖先灵魂的存在。"祖先在人间的生命结束之后，并没有消失为无，而是仍然以某种形式（灵魂或其他）存在，他们不仅仍然保持着对人间种种享受的乐趣和能力，而且可以直接或间接的方式对人世生活发生影响。基于这种信仰，人需要向祖先献祭，以求得对人世生活的福佑。"[③]

人神沟通是祭祀的主要目的，祭祀的形式多种多样，目的只有一个，祈求上神和先祖享受祭品，并给自己、家族以及后人带来福佑。在人们驯服了动物之后，动物也成了人类敬神的物品之一。在欧亚大陆上，驯服动物和栽培植物成了新石器时代文明的标志之一。人们从旧石器时代晚期就开始驯化了狗，时间约为距今15 000—13 000年；进入新石器时代以后，多种动物得到了驯化，山羊的驯化约为距今10 000年，绵羊的驯化约为9 000年，家猪的驯化约为9 000年，黄牛的驯化亦为9 000年，鸡的驯化约为8 000年，家马的驯化约为6 000年。④这些驯化了的牲畜，为人所用，除了供给肉、乳以及毛皮制品之外，其作用之一就是成为人献给上神与先祖的祭品，或是成为沟通人神的工具。有关这一点可以从三个方面表现出来：1. 牲肉献祭；2. 牲骨进行占卜；3. 塑造的神奇动物成为与先祖沟通的媒介。

第一种，用牲肉祭祀供上神与先祖享用。《说文解字》："牲，牛完全。"朱骏声《说文通训定声》："《周礼·庖人》注：'始养之曰畜，将用之曰牲。'是牲者祭祀之牛也。而羊、豕亦以类称之。"凡人间有任何大事，都要向上神和先祖禀告，用牲是必然的。如周初营造成周，《尚书·召告》记："若翼日乙卯，周公朝至于洛，则达观于新邑营。越三日丁巳，用牲于郊，牛二。越翼日戊午，乃社于新邑，牛一，羊一，豕一。"郑玄注曰："于乙卯三日，用牲告立郊位于天，以后稷配，故二牛。后稷贬于天，有羊豕。羊豕不见，可知。"孔颖达疏曰："用牲于郊，告立祭天之位，牛二，天与后稷所配各用一牛。于丁巳明日戊午，乃祭社于新邑，用太牢牛一、羊一、豕一。"用牲献祭，禀告上神和先祖，得到他们的同意，并祈求在建造的过程中得到他们的庇佑。《诗·大雅·桑柔》云："靡神不举，靡爱斯牲。圭璧既卒，宁莫我听。"郑玄《注》曰："言王为旱之故，求于群神，无不祭也。无所爱于三牲，礼神之圭璧又已尽矣，曾无听聆我之精诚而兴云雨。"孔颖达《疏》曰："是遭遇天灾，必当广祭群神。神皆用牲祭之，故言'靡爱斯牲'。"可见在人神沟通的祭祀仪式上，牲畜是必不可少之物。商代甲骨文记载，商人的祭祀用牲畜是比较常见的事，用牲数量从几头、数十头到上百头，甚至上千头。

> ……戉卜，贞㞢献百牛，盠用自上示。（《合集》102）
> 辛亥卜，王，贞酻父乙百窜，十一月。（《合集》6664正）
> 丁巳卜，又燎于父丁百犬、百猳、卯百牛。（《合集》32647）
> 丁巳卜，争，贞降酻千牛。二告（《合集》1027正）
> 不其降酻千牛、千人。（《合集》1027正）

这些牲畜及人都是献给先祖与上神享用的。宋镇豪归纳了用牲的类别："祭祖御灾或祭山川求丰年，用牲有兕、鹿、牛、犬、猳（公猪）、羊、豕、豰、象等……"⑤单育辰归纳了商代甲骨文中记载的动物，兽类就有二十一类，此外还有爬行类、鸟类、鱼类、贝类等。⑥

第二类，是对动物骨骼的利用，从旧石器时代就已经开始了，制作各种工具、农具以满足人们生活上的需要。用动物兽骨进行占卜，当始于新石器时期。河南淅川下王岗仰韶文化三期遗址（仰韶文化晚期）出土了一件卜骨，为羊的肩胛骨，上有灼烧痕迹；⑦距今约5 300年的内蒙古巴林左旗富河沟门遗址，曾出土了带有灼痕的鹿肩胛骨；⑧20世纪90年代初，在甘肃武山马家窑文化石岭下类型的傅家门遗址的房子和窖穴里，发现6块带有阴刻的卜骨，分别为牛、羊、猪的肩胛骨，卜骨不加修饰，无钻无凿，有的有灼痕，有的带有"＝"、"S"、"|"等阴刻痕迹，年代距今约5 800年。⑨这3件史前遗址出土的卜骨当是我国境内发现最早的占卜用骨。从龙山时期开始，用动物骨骼进行占卜的习俗在各地都有发现，至商周时期达到高峰。张光直论述到："在华北新石器时代的龙山期，商代，及西周的初期，有所谓骨卜的习俗，即用牛、鹿、羊或猪的肩胛骨刮制以后炙烧出裂纹，以为卜兆而审吉凶……从卜辞可知，商代的占卜乃是借动物骨甲为媒介而与死去的祖先沟通消息。"⑩

第三类，是除上述两种动物（牲畜）的用法之外，参与人神沟通的还有一类动物，即被人所神化了的动物。张光直在分析了《左传》宣公十三年王孙满"铸鼎象物"之说后，总结为两点："其一，文中说'铸鼎象物'，而我们所见的古代彝器上全是'动物'而没有'物品'，因此铸鼎所象之'物'除了动物以外，没有别的意义可解。其二，文中明说了象物之目的是'用能协于上下，以承天休'，这个目的与铸鼎的目的是一致的。青铜彝器是巫觋沟通天地所用配备的一部分，而其上所象的动物纹样也有助于这个目的。"⑪这直截了当地点明了商周青铜器上纹饰的作用。

二、商周青铜器纹饰的作用

商周青铜器上主要的动物纹饰是兽面纹（包括夔龙纹）和凤鸟纹。这类纹饰是用有象可抽的抽象方法，抽象出来的奇异动物——用某一类动物具有神奇之力的部分肢体，拼合而成。如兽面纹，过去称作饕餮纹，这一称呼最早见于《吕氏春秋》。《吕氏春秋·先识览》："周鼎著饕餮，有首无身，食人未咽，害及其身，以言报更也。"《吕氏春秋·恃君览》、《左传》文公十八年亦有记载。兽面纹（饕餮纹）就是被人抽象出来的神话动物，自宋代学者定为青铜器纹饰后，历代学者一直在用。容庚著《商周彝器通考》时，仍然沿用这一称呼，将其划在奇异动物纹类中。⑫这种称呼发生变化是在20世纪60年代。李济在整理殷墟铜器时，并没有沿用饕餮纹一说，而是称之为动物纹，将云雷纹衬地的兽面纹称作云雷纹动物兽面。⑬郭宝均在整理商周铜器时直接称之为兽面纹，他在论述殷墟铜器的纹饰时说："殷代花纹内容，亦较中商远为增多，重要的还是以兽面纹（饕餮）、对夔纹、对鸟纹、对龙纹、对蛇纹（旧称蚕纹）、对蝉纹、涡纹、斜角云纹等为主，也有鱼纹、龟纹、人头纹的采用。"⑭此后，学术界逐渐接受了郭宝均先生的这种说法，"饕餮纹"一词在学者的论述中渐次消失，"兽面纹"得到普遍应用。从20世纪80年代起，研究青铜器纹饰的学者也多了起来。刘敦愿分析了兽面纹的起源和具体含义，将青铜器纹饰中的兽面纹分成羊、牛、龙、虎、鹿、人面等，质疑饕餮纹的命名。⑮马承源在分析总结商周青铜器纹饰时，将"兽面纹"分为虎头纹、牛头纹、外卷角兽面纹、内卷角兽面纹、曲折角兽面纹、长颈鹿角兽面纹、变形兽面纹等多种形式。⑯陈公柔、张长寿亦用兽面纹名称，根据商周青铜器上兽面纹的不同形态，按时代先后分成了四型40式。⑰也有学者仍然沿用饕餮纹一词，如日本著名学者林巳奈夫就用饕餮纹一词，将商周青铜器上的饕餮纹分了14类；他对饕餮纹的定义是："正面脸被装饰在器表最显眼的地方，头上戴很大的角或鸟的羽冠等，其种类多种多样；眼睛非常引人注目，鼻子像动物的鼻子，嘴巴的表现方法有点像被劈成两半的干鱼。有些饕餮在头部两侧有身躯，左右身躯各有一只脚；有些饕餮只有头部……为了判断是否可以称为饕餮，还有一个重要标准。饕餮是在鼻梁或前额处有上部呈倒梯形的刮刀状或倒U形装饰。"⑱朱凤瀚也是用饕餮纹称呼，将二里冈时期到西周早期的兽面纹分为有首有身不减省类、有首无身的减省类、有首有腿而无躯干之半减省类三大类别。⑲兽面纹是商代早期至西周早期较为流行的纹饰。

鸟纹在新石器时期就出现了，半坡类型和庙底沟类型遗址出土的鸟纹陶器不在少数。至石家河遗址出土的器物中，已经出现了凤鸟形象的玉器，所以有学者认为是"凤诞石家河"⑳。凤鸟的意义，往往与太阳崇拜有着联系，将太阳称作"金乌"。对此，孙作云曾有推测："一因在原始人的心目中，太阳在天空运行和鸟类在天上飞一样，把太阳与鸟同一视。第二，朝暾初上，群鸟乱飞，金乌西坠，百鸟归巢，在行动上有类似之点，所以基于类推的心理，把它们看做同类，也是可能的。"㉑张光直分析了商代各种鸟的形象和作用，说道："这些鸟的形象，不仅是为装饰而来的，而至少有若干在商人通神仪式中起过作用。"㉒相对于兽面纹来说，鸟纹出现在铜器上的时间比较晚，但要写实得多。鸟纹是兽面纹、夔龙纹以外出现在青铜器上最多的纹饰，始于殷墟时期，兴于西周早中期。学者对鸟纹的研究，还是比较多的。容庚先生将商代与西周的鸟纹分为鸟纹和凤纹，㉓将东周的鸟纹分为立鸟纹、鸟兽纹、鸟首纹、夔凤纹㉔。马承源将鸟纹命名为凤鸟纹类，包括凤纹与各种鸟纹，皆为禽鸟之属；除了鸥鹩纹和雁纹外，将鸟纹归纳为多齿冠凤纹、长冠凤纹、花冠凤纹、弯角鸟纹、长颈鹿角鸟纹、变形鸟纹等多种形式。㉕林巳奈夫将鸟纹看作凤凰纹，在分析和论述之后，将其归纳为真正凤凰、鸾、鸣鸟、没有羽冠的凤凰、宝鸡凤凰、羊角凤凰、牛角凤凰、前端圆钝C形羽冠的凤凰、其他凤凰鸟类以及介于龙鸟之间的鬼神等多种鸟纹。㉖陈公柔、张长寿从断代的角度，将鸟纹分为小鸟纹、大鸟纹和长尾鸟纹三种，并依据不同时期鸟纹的不同形态进行了型式划分和断代研究。㉗朱凤瀚将鸟纹分为小鸟纹、大鸟纹和长尾鸟纹；此外，鸱鸮纹也作为鸟纹的一种。㉘尤其是与中国古代神话相结合的论述就更多了，这里不再一一论述。

《礼记·表记》云："殷人尊神，率民以事神，先鬼而后礼，先罚而后赏，尊而不亲……"从文献和殷墟卜辞的记载来看，商代人的信仰受原始社会万物有灵论的影响很大。陈梦家用卜辞和文献总结了商代祭祀的对象，《周礼·大宗伯》所记祭祀的对象，可大别之为三类：

> 甲、神、天神、大神　　昊天，上帝；日，月，星辰；司中，司命，风，雨
> 乙、示、地示、大示　　社，稷，五祀，五岳；山，川，林，泽；四方，百物
> 丙、鬼、人鬼、大鬼

卜辞所祀，可分为相应的三类：

> 甲、天神　　上帝；日，东母，西母；云，雨，雪
> 乙、地示　　社；四方，四戈，四巫；山，川
> 丙、人鬼　　先王，先公，先妣，诸子，诸母，旧臣㉙

从文献和商代甲骨文的记载来看，商人与周人都祭祀上帝，商周对上帝的看法却有不同。周人灭商，使周人的宗教观念发生了很大的变化。变化最为突出的有三点：一是商人帝祖合一的思想观念发生了变化，上帝与祖先神分离，"周人认为，他们的祖先是上帝的儿子，被派到下界来做最高统治者，死后回到天上去，仍然是天的下属"。二是天命转移思想，这是周人灭商的理论根据，"天随时都在寻找适合于做人民君主的人……这种天命可以转移的宗教思想表明，周人在探求三代更替的原因时形成了自己的历史观念"。三是将"德"的思想引入理论体系中，"周人提出的'德'是处世得宜的意思，包括敬天、孝祖、保民三项内容，运用在政治上即是要求明察和宽厚"。㉚思想观念的变化，必然引起社会生活的反映。"由于这样一种观念的出现，对于人类的社会性生活而言，人不再需要盲目地向上天顶礼膜拜或祭祀谄媚以求好运。既然天是有伦理理性的可知的存在，人所要做的，就是集中在自己的道德行为上，人必须自己为自己负责，自己负责自己行为的后果，也即自己负责自己的命运。而社会的统治者尤必须了解，天命即体现为民众的欲求。"㉛所以，《礼记·表记》云："周人尊礼尚施，事鬼敬神而远之，近

人而忠焉，其赏罚用爵列，亲而不尊……"周人与商人的不同在青铜器纹饰上的差异也是实实在在的。

张光直曾论述到："我希望能借对于这些动物在商周的宗教仪式生活，以及宗教仪式以外一般的社会文化生活里所占的功能地位的一些讨论，来把商周神话与美术中的动物的宗教仪式上的意义作相当程度的澄清。"[32]兽面纹和凤鸟纹的出现与逐渐消失是当时人对自然认识的过程，也是当时周人宗教信仰转变的直接反映。

从周人灭商建国开始，商周显现出差别来。王国维从商周制度方面论述了二者之不同点，[33]而就祭祀之器的青铜器来说，周人虽然接受了商人的祭祀理念和铸造工艺，但也有逐渐消除殷人风俗和影响的趋势。从铜器上看，"重食"的特点从西周初年就显现出来，炊食器的比例越来越高；酒器的组合发生了改变，废除了商代爵觚斝等酒器的组合，代之而起的是列鼎列簋加编钟的"钟鸣鼎食"制度。[34]从周初伊始，带有周人特点的铜器越来越多，如长珥簋、四耳簋、高圈足簋、方座簋、长方座（禁）等等，都是周初出现的器物。[35]铜器铭文突破殷人的习俗，叙事内容增多，金文数量骤增，并逐渐形成一种程式化的趋向。同时，青铜器的纹饰也随其宗教思想的变化而变化：神秘、抽象的兽面纹和夔龙纹逐渐演变成窃曲纹；线条流畅、装饰华丽的鸟纹抽象成羽尾纹（即过去所称的重环纹）。

兽面纹（或称饕餮纹）与夔龙纹向窃曲纹的转变，已有多位学者研究过；[36]除此之外，日本著名学者林巳奈夫将窃曲纹划归至"罔两纹"，其特点是眼睛两侧附加左右对称的羽毛的纹饰。[37]彭裕商总结了以往学者的研究，提出窃曲纹分别由饕餮纹（A型）和象鼻龙纹（B型）变形发展而来，认为"二者各有特征：由饕餮纹演变而成的窃曲纹，兽目与其它线条均互不连属，呈分离状，承早期的分解状饕餮纹而来；由龙纹演变成的窃曲纹，兽目都在线条之中，相互连属"。"……所谓窃曲纹实际上是早期的饕餮纹和象鼻龙纹的变形，也可以说是饕餮纹和象鼻龙纹在西周中晚期的形式"。[38]清晰地梳理出兽面纹（饕餮纹）和夔龙纹演变为窃曲纹的脉络（参见上引彭裕商文图一至图三）。

三、甲骨、金文与铜器纹饰中凤鸟的表现特点

与窃曲纹同时出现的还有一种纹饰，即学者们所称的"重环纹"。对于重环纹的解释，有学者将其划为几何形纹饰类，有学者划为兽体变形纹类或省简变形动物纹类。[39]我们认为重环纹当是从凤鸟纹抽象出来的一种纹饰，所谓的"重环纹"是鸟纹尾羽上眼状斑的抽象化表现，可暂时称作尾羽纹。[40]

青铜器上鸟形的纹饰一般称作凤鸟纹，也有学者称为凤凰纹，是各种鸟纹的代表，将凤鸟纹铸在青铜器上，表达对鸟的崇拜，反映了中国古人对于天和上天思想的一种追

求。凤鸟纹是以自然界的孔雀为原形，以各种禽鸟类为蓝本，抽象出来的一种超自然的鸟类。《说文》云："凤，神鸟也。天老曰：凤之像也，麐前鹿后，蛇头鱼尾，龙文龟背，燕颔鸡喙，五色备举。出东方君子之国，翱翔四海之外；过昆仑，饮抵柱，涤羽弱水，暮宿风穴。见则天下大安宁。"天老，黄帝之臣，他所描述的凤，是中国古代传说中抽象各类鸟之特点的一种神鸟。《山海经·南山经》曰："有鸟焉，其状如鸡，五采而文，名曰凤凰，首文曰德，翼文曰义，背文曰礼，膺文曰仁，腹文曰信。是鸟也，饮食自然，自歌自舞，见则天下安宁。"金祥恒曾对孔雀有过这样的描述：孔雀"属脊椎动物，鸟类雉科，体色美丽。雄之羽毛优美，形略似雉，颈稍长，头顶有红青色之毛冠，此毛冠中之毛，唯尖端分枝，颈部亦红青色，带金光，有半椭圆形之绀色斑，背部亦有半椭圆形绀色斑，斑缘罗列金色细羽，尾甚长，殆达体之二倍，色艳丽有眼斑。雌体较小，美色雌不及雄；尾小，且尾端无金眼斑"。并指出，凤凰与孔雀，"华冠、长尾，有眼斑，身披五彩则同"[41]。尤其是雄性孔雀开屏的时候，可以清楚地看到尾羽上的眼状斑呈有规则的环状（图一：1），这也成了凤凰的主要标志。这一点从商代甲骨文和西周金文中就有所反映。

商代甲骨文的"鳳"字，其中的一种写法就是尾羽带有眼斑的写法，在"鳳"字的尾羽上，有着清晰的符号表示眼斑，或为一个眼斑，如 （《粹》八八四）、 （《簠天》七）、 （《粹》八二九），或为二个眼斑，如 （《甲》六一五）、 （《乙》一八）。金文中仍然保留了这种写法，或为一个眼斑，如 （中鼎，原名南宫中鼎二），或写作三个眼斑，如 （中鼎，原名南宫中鼎三）。可见，眼斑成为凤鸟的标志性符号是一个不争的事实。当周人抽象鸟纹的时候，用尾羽上的眼状斑代替凤鸟纹则是很自然的事情了。

从商代甲骨文或西周金文上看，表示"凤"字尾羽眼斑的写法是 （《甲》六一五）、 （《乙》一八）、 （中鼎二）、 （中鼎三）。从西周中期开始，在青铜器的纹饰上大量使用凤鸟纹的同时，就出现了用眼斑抽象出来的尾羽纹装饰青铜器。主要可分为三类：

第一类，呈 形，较为直观地描绘出眼斑的形态来；除了眼斑之外，旁边的羽毛也表现出来。这一类纹饰往往在壶颈部的环带纹中比较常见。如现藏台北故宫博物院的殷句壶，颈部饰二周环带纹，环带下方饰有眼状斑纹饰（图一：2）。[42]1981年陕西扶风强家村一号墓出土了一对环带纹壶（甲、乙），在颈部环带下饰有眼斑纹（图一：3壶甲）。[43]陕西扶风庄白一号青铜器窖藏出土的一对三年瘐壶（图一：4壶甲），壶颈部的环带纹中间，饰有眼斑纹。[44]现藏于英国大英博物馆的师望壶是西周晚期器（图一：5），壶颈部的波带纹下也有装饰这种眼斑。[45]除了壶以外，其他器物上也有这类纹饰。2007年，山西翼城大河口西周墓地M1017号墓出土的两件霸伯山簋，簋盖上的山峰形捉手外侧，亦饰有眼斑纹（图一：10）。[46]这与西周铜器凤鸟纹上眼状斑 （泉屋博古

1

2

3

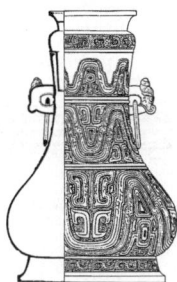

4

5

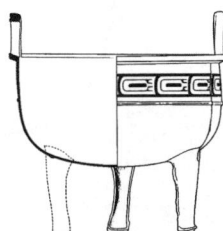

6

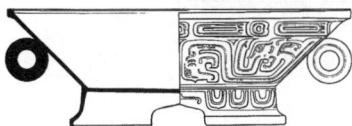

7

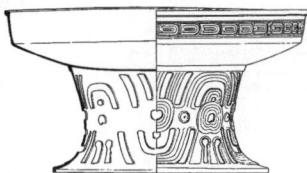

8

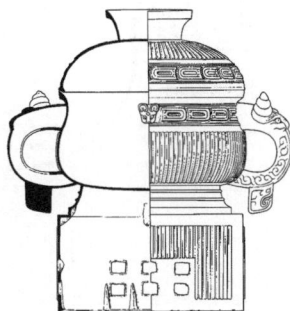

9

10

图一　尾羽纹的演变之一

1. 孔雀开屏图；2. 台北故宫博物院：殷句壶；3. 扶风强家村一号墓：环带纹壶（甲）；4. 扶风庄白一号青铜器窖藏：三年㽙壶（甲）；5. 大英博物馆：师望壶；6. 扶风黄堆西周墓地45号墓：尾羽纹鼎；7. 扶风任家村：夔纹觚；8. 扶风庄白一号青铜器窖藏：㽙铺；9. 扶风庄白一号青铜器窖藏：㽙簋；10. 翼城大河口霸伯山簋（M1017∶35）簋盖捉手外侧

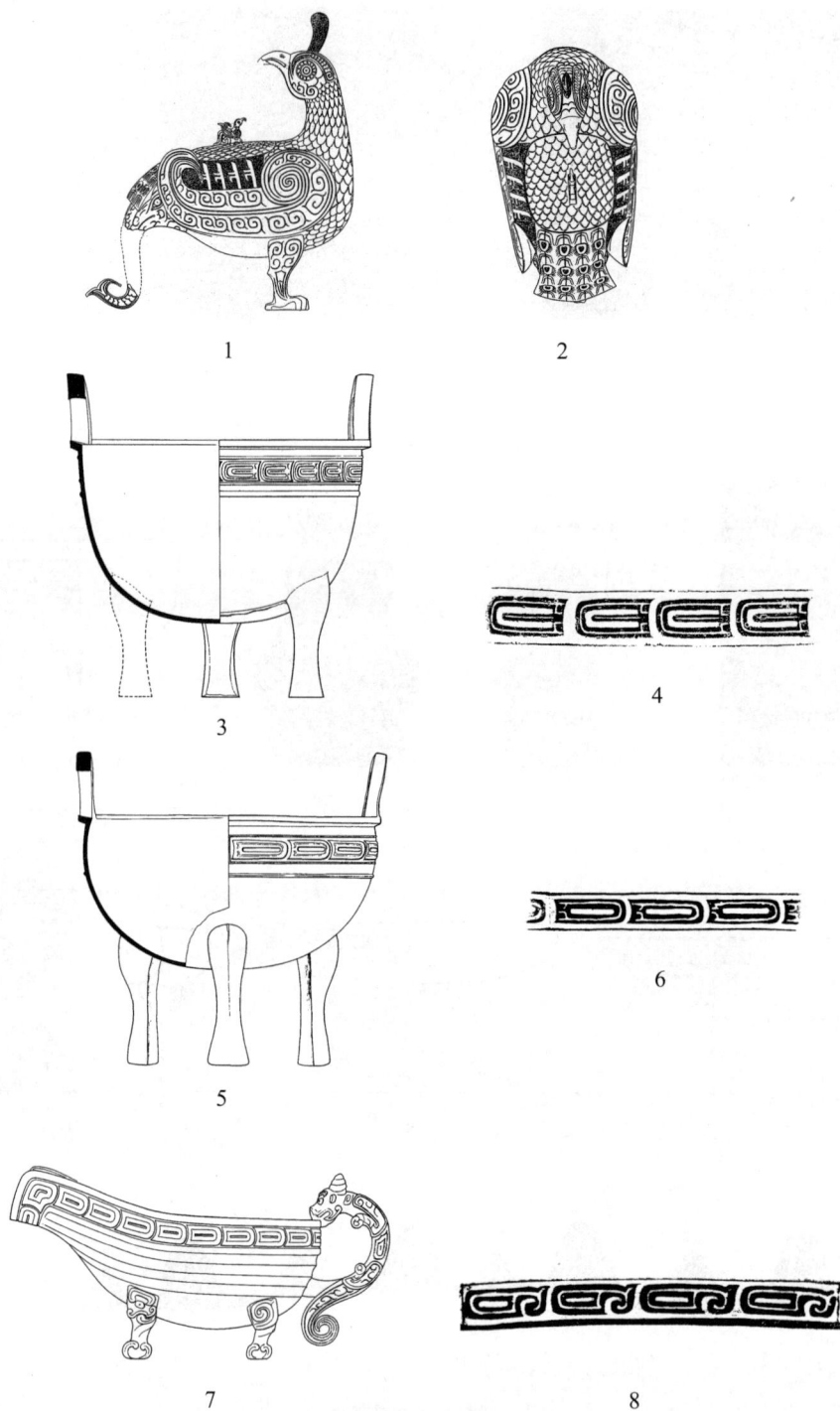

图二 尾羽纹的演变之二

1—2. 晋侯墓地114号墓出土的晋侯鸟尊（M114：210）；3—4. 岐山京当乡董家村西周铜器窖藏：庙屏鼎（75QDJ：19）；5—6. 尾羽纹鼎甲（75QDJ：24）；7. 扶风齐家村西周铜器窖藏：尾羽纹匜；8. 扶风齐镇村：尾羽纹铺

馆：井季盨卣腹部纹饰）装饰形式极为接近。

第二类，这类尾羽纹从眼状斑带羽翅的形制抽象而来，较多地保留了眼状斑全貌的特点，包括眼状斑旁边的羽毛也抽象出来。如1992年陕西黄堆西周墓地45号墓出土了一件西周中期的铜鼎，[47]亦为尾羽纹（图一：6）；1981年在扶风任家村出土一件西周中期的夔纹鍸，[48]口沿饰一周大小相间的尾羽纹（图一：7）；瘨铺亦是西周中期器，盘口外壁饰一周尾羽纹（图一：8）；同出的瘨簠，尾羽纹的纹饰是同样的（图一：9）。[49]这些尾羽纹有一个特点，就是呈 形（黄堆西周墓地M45鼎的颈部纹饰），纹饰的一端呈圆形，另一端尾部并不封口，用四道短线表示眼状斑旁边的羽毛；这与晋侯墓地西周早期114号墓出土的晋侯鸟尊（M114：210）尾部的眼斑下左右各有二道羽毛非常相似（图二：1—2），当是尾羽纹从眼斑抽象时保留的一种形式。直到西周晚期，有一部分铜器的尾羽纹仍然呈这种形状。如1975年出土于岐山京当乡董家村西周铜器窖藏的庙孱鼎（75QDJ：19）、尾羽纹鼎甲（75QDJ：24；过去称为重环纹鼎甲）的纹饰（图二：3、4、5、6），均为半环状而不封口，应是尾羽眼状斑的原形保留较好的结果。[50]

第三类，即完全闭合的尾羽纹，呈 形，没有眼斑旁边的羽毛，如1963年扶风齐家村西周铜器窖藏出土的尾羽纹匜（图二：7），[51]这也是它被学者称作重环纹的缘由。这类尾羽纹直接从眼状斑抽象而来，并不带旁边的羽毛，较好地保存了眼状斑本身的特点。

其他形制的尾羽纹，都是由此三类演变而成，如1966年扶风齐镇村出土的尾羽纹铺（图二：8）盘口外壁装饰的尾羽纹，[52]这里就不一一阐述了。

从上述三类眼斑的表现方式来看，抽象的程度不同，但从眼斑向尾羽纹变化的过程是清晰可见的。综上所述，凤鸟纹逐渐抽象、演变成了尾羽纹。青铜器上的纹饰，无论是兽面纹（包括夔纹）还是凤鸟纹，都是起着人与上神和先祖沟通媒介的作用。从西周昭穆时期开始，周人从承袭殷人崇尚鬼神的思想中，逐渐淡化、脱离出来，不仅在器物上有了很大的变化，尤其是代表殷人的祭祀器物——酒器的逐渐消失、鼎簋制度与编钟制度的确立，[53]由窃曲纹和尾羽纹（重环纹）产生变化的过程，从另一个侧面也反映出西周中期周人思想上的改变。

①　罗曼·赫尔佐克：《古代的国家——起源和统治形式》，第92—102页，北京大学出版社，1998年。

②　塞缪尔·E.芬纳：《统治史：古代的王权和帝国——从苏美尔到罗马》，第24页，华东师范大学出版社，2015年。

③　陈来：《古代宗教与伦理》（增订本），第131页，北京大学出版社，2017年。

④　［美］Elizabeth J. Reitz、Elizabeth S. Win：《动物考古学》，第236—258页，科学出版社，2013年。

⑤　宋镇豪：《商代社会生活与礼俗》，第125页，中国社会科学出版社，2010年。

⑥ 单育辰：《甲骨文所见动物研究》，上海古籍出版社，2020年。

⑦ 河南省文物考古研究所等：《淅川下王岗》，第200页，文物出版社，1989年。

⑧ 徐光冀：《富和文化的发现与研究》，载社会科学院考古研究所编《新中国的考古发现与研究》第176—180页，文物出版社，1984年。

⑨ 中国社会科学院考古研究所甘青工作队：《甘肃武山傅家门史前文化遗址发掘简报》，《考古》1995年第4期。

⑩ 张光直：《商周神话与美术中所见人与动物关系之演变》，载张光直《中国青铜时代》第295页，生活·读书·新知三联书店，1983年。

⑪ 张光直：《商周青铜器上的动物纹样》，载《中国青铜时代》第323页。

⑫ 容庚：《商周彝器通考》（上册），第99—106页，燕京大学燕京学社，1941年。

⑬ 历史语言研究所：《古器物研究专刊第一本·殷墟出土青铜觚形器之研究》，1964年。

⑭ 郭宝均：《商周铜器群综合研究》，第156页，文物出版社，1981年。注：1. 郭宝均先生所说中商，是指老中商而言，即现在二里冈时期；2. 是书虽然出版于1981年，但写作都是郭宝均先生在1966年以前完成的，可看参邹衡、徐自强的《整理后记》。

⑮ 刘敦愿：《〈吕氏春秋〉“周鼎著饕餮”说质疑——青铜器兽面纹样含义之探索》，《考古与文物》1982年第3期。

⑯ 马承源：《商周青铜器纹饰综述》，上海博物馆青铜器研究组编《商周青铜器文饰》第1—34页，文物出版社，1984年。

⑰ 陈公柔、张长寿：《殷周青铜容器上兽面纹的断代研究》，《考古学报》1990年第2期。

⑱ 林巳奈夫：《殷周青铜器综览（第二卷）：殷周时代青铜器纹饰之研究》，第19页，上海古籍出版社，2019年。

⑲ 朱凤瀚：《古代中国青铜器》，第384—387页，南开大学出版社，1995年；《中国青铜器综论》，第540—547页，上海古籍出版社，2009年。

⑳ 王仁湘：《风诞石家河》，载王仁湘《凡世与神界：中国早期信仰的考古学观察》第198—201页，上海古籍出版社，2018年。

㉑ 孙作云：《鸟官考——中国古代鸟氏族诸酋长考补》，载《孙作云文集：中国古代神话传说研究》（下）第488页，河南大学出版社，2004年。

㉒ 张光直：《商代的巫与巫术》，《中国青铜时代（二集）》第39—66页，生活·读书·新知三联书店，1990年。

㉓ 容庚：《商周彝器通考》（上册），第123—125页。

㉔ 容庚：《商周彝器通考》（上册），第139—156页。

㉕ 马承源：《商周青铜器纹饰综述》，载《商周青铜器纹饰》第9—14页。

㉖ 林巳奈夫：《殷周青铜器综览（第二卷）：殷周时代青铜器纹饰之研究》，第128—151页。

㉗ 陈公柔、张长寿：《殷周青铜容器上鸟纹的断代研究》，《考古学报》1984年第3期。

㉘ 朱凤瀚：《古代中国青铜器》，第391—394页；《中国青铜器综论》，第559—568页。

㉙ 陈梦家：《殷墟卜辞综述》，第562页，中华书局，1988年。

㉚ 张岂之主编：《中国思想史》（上卷），第9—16页，西北大学出版社，2012年。

㉛ 陈来：《古代宗教与伦理》（增订本），第230页，北京大学出版社，2017年。

㉜ 张光直：《商周神话与美术中所见人与动物关系之演变》，载《中国青铜时代》第290页。

㉝ 王国维：《殷周制度论》，《观堂集林》（二）第451—480页，中华书局，2004年。

㉞ 曹玮:《从青铜器的演化试论西周前后期之交的礼制变化》,《周秦文化研究》,陕西人民出版社,1998年。
㉟ 陈梦家:《西周铜器断代》(上册),第354页,中华书局,2004年。
㊱ 见彭裕商《西周青铜器窃曲纹研究》,《考古学报》2002年第4期。
㊲ 林巳奈夫著,广濑薰雄等译:《殷周青铜器综览》第二卷《殷周时代青铜器纹饰之研究》,第171页,上海古籍出版社,2019年。
㊳ 彭裕商:《西周青铜器窃曲纹研究》,《考古学报》2002年第4期。
㊴ 容庚在《殷周青铜器通论》里,将其划在几何形花纹类,称之为"方形纹"。马承源在《商周青铜器纹饰综述》一文中,将其划在兽体变形纹类,称之为鳞纹(载《商周青铜器文饰》);陈梦家亦称作鳞纹(《西周铜器断代》[上册],第475—477页)朱凤瀚将其归入省简或变形动物纹中,仍然称之为重环纹(《中国青铜器综论》上,第577页)。
㊵ 曹玮:《西周青铜器上的"重环纹"命名探讨》,《文物》2021年第2期。
㊶ 金恒祥:《释凤》,载《中国文字》第三卷,1961年4月。
㊷ 台北故宫博物院编辑委员会:《故宫西周金文录》,第127页,台北故宫博物院,2006年。
㊸ a. 周原扶风文管所:《陕西扶风强家一号西周墓》,《文博》1987年第4期。b. 曹玮主编:《周原出土青铜器》(9),第1792—1804页,巴蜀书社,2005年。
㊹ a. 陕西周原考古队:《陕西扶风庄白一号西周青铜器窖藏发掘简报》,《文物》1978年第3期。b. 曹玮主编:《周原出土青铜器》(4),第662—674页。
㊺ 刘雨、汪涛:《流散欧美殷周有铭青铜器集录》,第330页,上海辞书出版社,2007年。
㊻ 山西省考古研究所等:《山西翼城大河口西周墓地1017号墓发掘》,《考古学报》2018年第1期。
㊼ a. 罗红霞:《扶风黄堆老堡西周残墓清理简报》,《文博》1994年第5期。b. 曹玮主编:《周原出土青铜器》(9),第1942—1943页。
㊽ 曹玮主编:《周原出土青铜器》(10),第2168—2170页。
㊾ a. 陕西周原考古队:《陕西扶风庄白一号西周青铜器窖藏发掘简报》,《文物》1978年第3期。b. 曹玮主编:《周原出土青铜器》(4),第684—685、728—772页。
㊿ a. 庞怀靖等:《陕西省岐山县董家村西周铜器窖穴发掘简报》,《文物》1976年第5期。b. 曹玮主编:《周原出土青铜器》(3),第449—450、453—455页。
(51) a. 梁星彭等:《陕西长安、扶风出土西周铜器》,《考古》1963年第8期。b. 雒忠如:《扶风县又出了周代铜器》,《文物》1963年第9期。c. 曹玮主编:《周原出土青铜器》(2),第260—262页。
(52) a. 陕西省考古研究所等编:《陕西出土商周青铜器》(三),第73页,文物出版社,1980年。b. 曹玮主编:《周原出土青铜器》(2),第277—279页。
(53) 曹玮:《从青铜器的演化试论西周前后期之交的礼制变化》,《周秦文化研究》。

论倒置兽面的青铜卣和壶

——青铜工艺与铸地和年代研究例

苏荣誉

（中国科学院自然科学史研究所）

兽面纹是商周青铜器最普遍的纹饰，虽然有人认为源自二里头文化，[①]但迄今尚无确证。兽面纹装饰青铜器大概出现于商代早期的二里冈下层，至二里冈上层迅速普及，多以细线或宽线单元组成纹带装饰器表，多在器物的颈部或腹部。

自商代早期开始，青铜器所饰的兽面纹渐趋多样，基本上正置于器表，多以三或六组图案成带状分布，个别器物由两或四组图案对称分布于器物前后左右，较大鼎足根部也会以之为饰。在器物盖及其钮出现后，一些器的盖钮甚至盖面的兽面纹会倒置。然而，主体兽面纹饰倒置的实例很少，迄今所知仅两三件，一件卣出土自石楼桃花者，另一件收藏在旧金山亚洲艺术馆，还有一件壶纹饰小而不典型。本文即是对桃花者卣和旧金山壶的讨论，包括其技术、艺术风格和年代，以及两件器物的关系，其中会涉及铸工在青铜器风格和工艺方面发挥的作用，以及工艺因素与器物产地和年代问题，以求正于方家。

一、石楼桃花者卣

1959年，农民在石楼桃花者耕地发现若干件青铜器，经清理后认为它们出自一座墓葬。墓已残，仅存腰坑残迹和2具骨架，出土有多件铜器、玉器、金器、骨器，其中青铜器51件，包括鼎、盘和瓿各2件，甗、簋、斝、爵、瓿、觥、卣、壶、斗、匕、铲形器、戈、斧、弓形器各1件，另有箭镞7件和若干小铜饰物，清理者将墓葬年代确定为商或西周。[②]

该墓所出器物多藏于山西博物院，其中的一件卣（藏品号60E1158），③即是本文讨论的对象。

（一）桃花者卣的造型与纹饰

这件卣体为大口壶形，椭圆形截面，深腹，无盖。口大，沿宽，沿外侈，也向内出。外唇甚宽且加厚，并向下内斜，素面。唇下壁内弧为结构不明显的颈，随即腹壁向下外弧形成鼓腹，再内收并出平底，下接圈足（图一，1）。颈部和深腹外纹饰一体，饰倒置浮雕兽面纹。兽面宽吻上抵口唇，平铺云纹为鼻头和鼻翼，鼻梁不隆起。上吻两侧都露出两排锯齿状牙齿，足见嘴的巨大。锯齿状牙齿犹若鲨鱼，其外侧当为下吻，同样平铺云纹，说明构图是从下颌剖开展平的形式（图一，2）。李零讨论兽面纹，认为是以鳄鱼为祖形的抽象，他注意到锯齿形牙齿，④但未讨论鳄鱼牙齿不似如此，鲨鱼才是。由此可见，鲨鱼也应是龙形象的一个来源。

兽面的一对臣字形眼，内眦大而眼珠向外边。眼珠圆突，中间有圆凹点瞳孔。额中勾菱形双线，其上耸立的冠饰近乎平铺，并以细密云雷纹为地，饰与兽面方向相反的蝉纹。冠饰两侧各高耸一对浮雕的叶形大耳，高约为兽面一半，耳轮宽而光素，根部则为螺旋突起，大小与眼珠相若，耳蜗及周边以细密云雷纹为地。这些云雷纹纤细而规矩，视觉上呈干涉效应。两侧棱边，兽嘴外布细圆角雷纹，角外在底纹上平铺夔纹，方向与兽面相反，张口翘唇，足前踞，身出鳍，长尾向下回卷。

卣腹底下接较高圈足，其直壁向外斜，中间勾一周窄云纹带（图二）。

卣颈两侧对设半环钮，一条带状提梁外鼓内凹，截面呈槽型（图三，1），两端均有圆雕兽

图一 石楼桃花者卣（作者摄）

1.正面；2.侧面

0　　　　　　　10厘米

图二　桃花者卣纹饰拓片

（引自《晋西商代青铜器》第265页图375）

图三　桃花者卣（作者摄）

1.提梁；2.提梁兽头与半环连接

头，兽头中空，内有横梁穿过半环与之连接。提梁端的兽头口微张，露出牙齿（图三，2）；面近三角形，吻较尖，周边勾云纹；小眼圆睁，额上耸立一对长颈鹿角（见图一，2）。提梁内面光素，外面饰菱形纹，主体造型若蛇身，两端兽头若龙头，为双头龙形（见图二）。提梁拱起太低，几乎触及口沿，与腹比例颇不协调。过于拮据的空间自然不能带盖，口沿内折也不能使盖的子口内插，高唇外凸又不会将之作为子口插入盖中，据此知卣无盖，也就不能如普遍所认识的用于盛酒。[5]全器通高41.8厘米，通口高34.8厘米，口13.8×7.6厘米，圈足20.1×14.3厘米，重4 475克，容量6 010毫升。[6]

（二）桃花者卣铸造工艺

此卣所遗留的铸造工艺信息不多，腹部在两侧可见纵贯上下、通过半环和圈足纹带的披缝（图四，1、2；图一，2），说明器腹沿两侧对开分型。

这件卣特别重要的工艺现象在内壁，颈部以下可见与器表浮雕倒置兽面纹相应的下凹（图五，1、2），用意在于使器壁厚度基本均一，以减小缩孔、热裂等发生的可能性，当然，如此就要求泥芯在相应的部位突起，而且位置必须准确，否则会产生孔洞类缺陷。这一工艺不仅要求泥范自模翻出，泥芯也必须由同一模所翻制的芯盒——相当于母模翻制，对此，下文将予讨论。从铜器的X光成像看，虽然兽面的唇和耳浮雕突起，但壁厚基本均匀（图六），达到了设计要求。

提梁卣的提梁后铸是商周青铜器的基本形式，[7]但这件卣颇为特殊，颈部对置的半

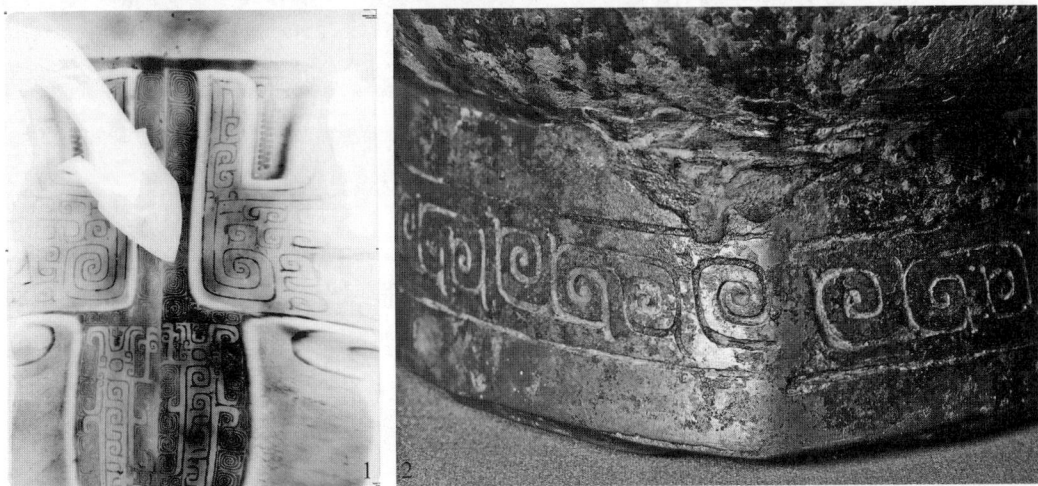

图四　桃花者卣

1. 颈部X光片（王杰、李鑫摄）；2. 圈足披缝（作者摄）

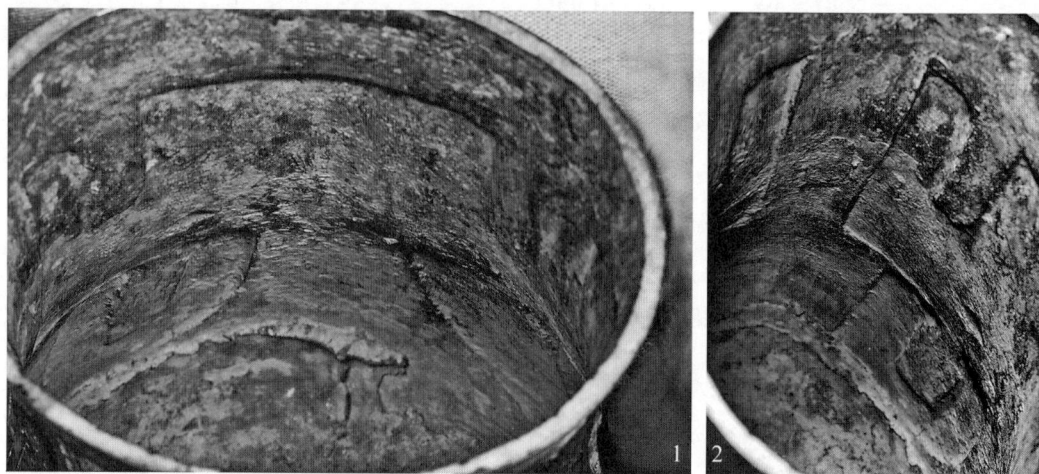

图五 桃花者卣（作者摄）

1. 内壁下凹；2. 内侧壁下凹

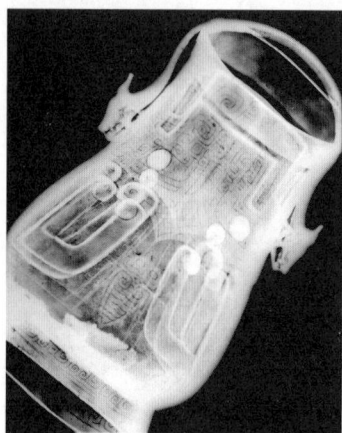

图六 桃花者卣X光片
（王杰、李鑫摄）

图七 桃花者卣（作者摄）

1. 半环分铸；2. 半环铸接

环是先铸成形，再与器腹铸接，腹部叠压并包络半环根部十分明显（图七，1、2），X
光片也清晰表现了半环为先铸。另外，较为特殊且重要的是，虽然提梁中间未见接痕
（见图三，1），但X光片表现出提梁先铸为两段并在此结合（图八），以焊接（铸焊）形
式固定形成完整提梁。如此，说明提梁也是先铸成形，与半环连接后安置在卣腹铸型
中，在浇注器腹时完成铸接，最后再将两段提梁焊接在一体。半环的铸型简单，属于对
开分型，提梁的铸型包括内壁的一块并自带两端兽头下侧和其中的泥芯，其中横向打孔
形成兽头中横梁铸型，提梁顶面和两侧范具有提梁型腔，两侧范包括兽头颈部和角后

半，兽面一范包括双角的前面部分。铸造提梁时与颈部一对半环实现连接。至于提梁的铸焊，铸型较为简单，但器上未见痕迹，当是小心打磨所致。

器腹铸造质量上乘，壁厚均匀，只是兽面纹上唇和冠饰的蝉纹处有很小的缩孔，耳根的圆突处略薄，应当是内壁下凹略多所致。与器身高质量相反的是器底，可见到大面积而且复杂的补铸现象。X光片表现出底部多次相叠的补铸（图九，1），而其中心有一个大孔洞（图九，2），可能是原铸时腹芯下垂移位造成

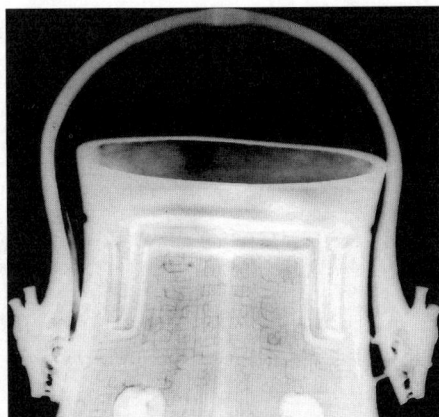

的，或者说明原铸器时没有使用垫片，因为腹部未发现使用垫片的痕迹（见图六）。为补铸该孔洞，铸工采用了几乎满覆器底的方案，并设置了4枚垫片，成框形布在孔的四周，下边2枚的部分已经落在孔洞中。所以，原铸未采用垫片而补铸使用了垫片，这是新发现的不寻常的技术现象，突出表现了铸工的个性。从外观看，内底至少可见3个叠压的补块（图一〇，1），中间一个位于表层，形状不规则，尺寸10毫米多；下层的补块很大，几乎铺满底部，在向右侧流动时形成了浇不足孔，下侧还有突起的较

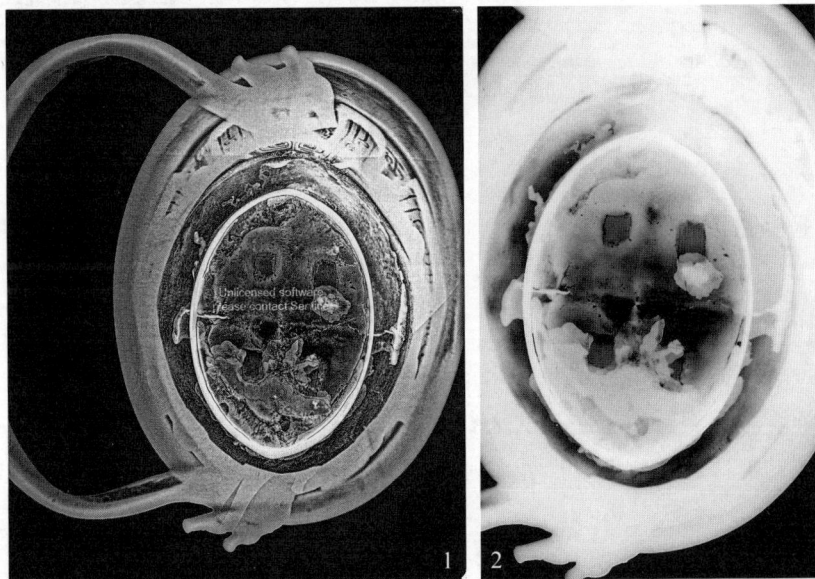

图九 桃花者卣（王杰、李鑫摄）

1.底部X光成像模拟图；2.底部X光片

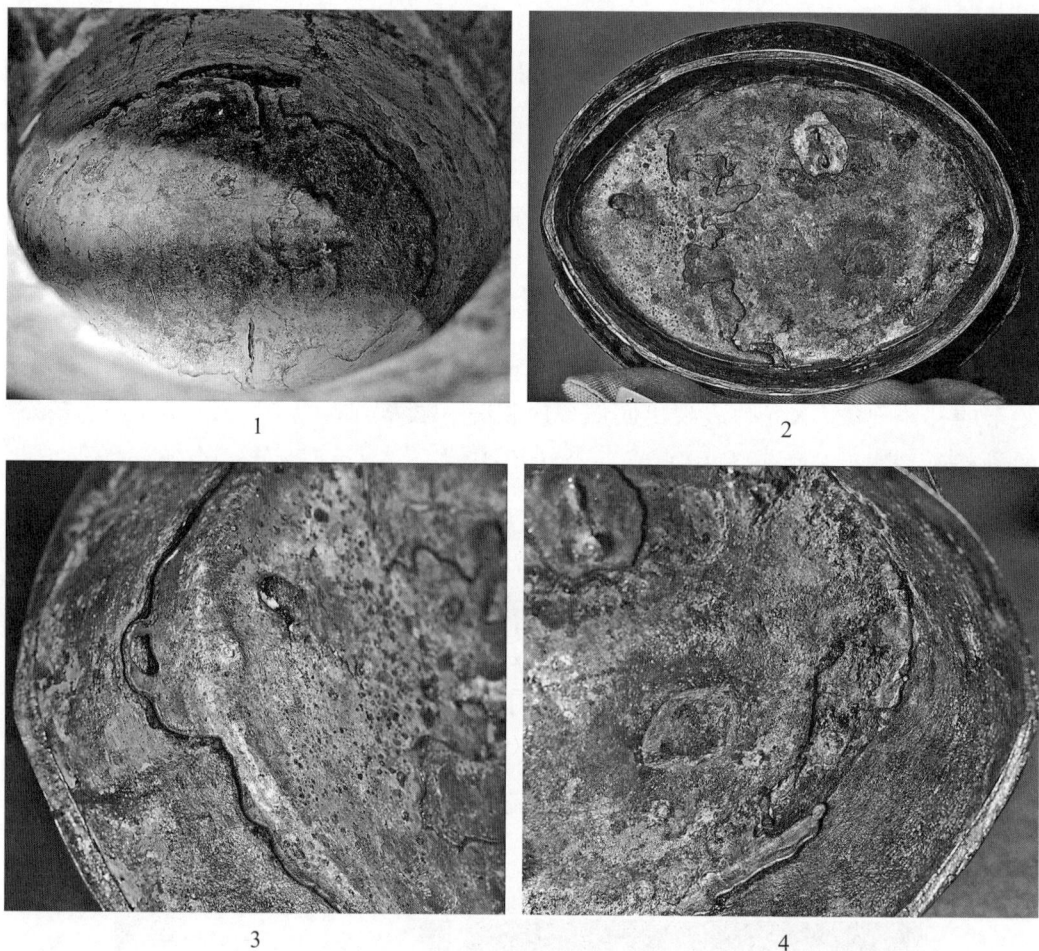

图一〇 桃花者卣（作者摄）

1. 内底；2. 外底；3. 外底补块；4. 外底补块

大毛疵，是补铸时泥芯皴裂而铜渗入形成的。外底所见到的补铸现象更为复杂（图一〇，2），也可分三层。右下角最底层的与圈足一体的一块面积很小，可能是原铸器底。中层补块几乎满铺底部，比较薄，可见向左流动的痕迹，在下侧还贴着圈足壁，较厚且明显分层；靠近中部有明显的未浇足孔，说明流动性不够好。上方可见三道断续毛疵，是补铸芯皴裂所致。左边的大补块约占底部面积的四分之一，位于最表层，有明显向右流动痕迹，左侧明显厚，并贴覆部分圈足，虽无浇道痕迹，却也有两个浇不足孔，右侧的一个较大，左侧的较小，连同右侧流出的叉丫形状，都说明流动性不够好；中上部偏右的补块较小，也在最表层，形状不规则，颜色灰白发亮，厚约1.5毫米，上面两个浇道残迹，显然是对中层大补块未补全孔洞的再次补铸，叠压了部分毛疵。

商周青铜器造型复杂、纹饰细密华丽，器壁往往过薄，易于出现浇不足、缩孔和热裂等铸造缺陷。尽管古代工匠发明了特殊的泥范技术成功改善了青铜的充型能力，但对其机理还不很清楚，而舛误时常发生，多次补铸是商周青铜器的常见现象，特别是在商代南方青铜器中颇为突出。[8]桃花者卣底部的复杂补铸，起因可能是铸工初铸弄险不设垫片，组合时芯移位致底部中心形成大孔洞，补铸底部时为保险采用了4枚垫片，但在铜上补铸，散热过快，青铜流动差，补铸形成了诸多孔洞，便再次对这些孔洞进行补铸，明显的补块有二，至少进行了两次浇注。从表层左侧补铸贴圈足壁处形成的浇不足孔（图一〇，3），以及中层补铸右侧的青铜圆"颗粒"（图一〇，4），都说明其流动性不如人意。很明显，铸型在孔洞的流动性较在青铜面好得多。

只有一个补块可见补铸浇道孑遗，其他补块的浇道，即青铜导入的通道仍是一个有待探究的问题。对于卣体，除圈足底沿的长弧形浇道痕迹外（图一一），提梁的浇注位置同样未知。

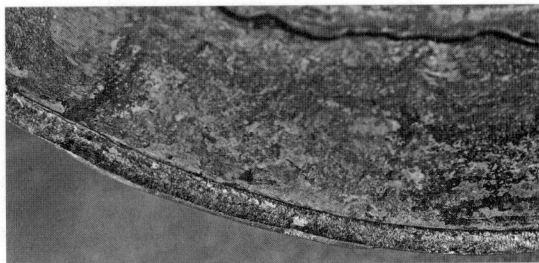

此外，半环耳的分铸是特殊现象，而提梁的分铸焊接则更为罕见。焊接起于补铸，商代的焊接往往与补铸

图一一　桃花者卣圈足底沿浇道痕（作者摄）

有关，[9]张昌平汇集了若干商和两周时期的青铜器的焊接实例，表现出焊接技术长期沿用，[10]但是否形成了技术传统，还需要进行普遍性调查。对这件早期的焊接实例，也可深探。

（三）桃花者卣的时代与属性

关于这件器物的年代和属性，说法较多。清理简报认为墓葬年代为商或西周。[11]郭宝钧似着眼器形而未关注纹饰，在指出器形少见的同时，说该卣"本体若殷墟的壶，只是加上一提梁"成卣。[12]郭氏显然影响了张长寿，张氏指出此器形较特殊，"原本是壶而另加了提梁"，并进而指出这种形式的壶在殷墟第二期才开始出现。[13]邹衡将桃花者铜器分早晚两组，分别相当于殷墟早期和晚期，卣属于晚期，相当于殷墟晚期。[14]陶正刚认为与之同出的一组器年代属于商晚期，相当于帝乙、帝辛阶段。[15]郑振香和陈志达从组合考察石楼桃花者青铜器，认为接近殷墟第二期，但有浓厚的地区性特点。[16]张万钟则指出，石楼出土铜器可分早、晚两期，但不能截然分开，早期相当于殷墟文化第二期，晚期相当于第三期。"石楼出土青铜器的内涵、特征大部分酷似殷墟出土的青铜器，其文化性质应属于殷墟文化范畴，保存有一定的地方性特点。"[17]《中国青铜器全集》将该卣笼统归入商晚期，[18]而韩炳华认为此卣年代不晚于殷墟第二期。[19]

　　李伯谦分析晋陕高原商代青铜器，并援引甲骨和金文资料，将之分为灵石旌介和石楼—绥德两个系统，前者是商文化在当地形成的一个分支，是与商王朝有较为稳定的臣属关系包括友好方国的遗存；后者是与商文化并行发展、相互影响、长期与商王朝处于敌对状态的方国遗存。石楼—绥德系统器物分布地域广大，出土器物多，时代可分五期，跨殷墟各个阶段，而桃花者器群在第三期，上限可到祖丁、祖甲，下限似不晚于康丁。李氏对所出铜器按照文化属性分殷墟群（A）、石楼—绥德群（B）和卡拉苏克影响群（C），桃花者卣属于B群。石楼—绥德类型青铜器"虽含有以A群器物为代表的与典型商文化及旌介类型遗存相同的因素，证明两者有着十分密切的关系，但它在性质上并不属于商文化系统，因为最能体现其文化特质的应是以数量最多的B群器物为代表的那部分具有浓厚草原文化特色的因素。……因此，石楼—绥德类型应是与商文化并行发展又相互影响的一支独立的考古学文化"。其中心分布区"在晋、陕交界的黄河两岸高原山地，其最远扩及范围，往北大约可到鄂尔多斯，往南可达汾河下游以西洛河、泾河中上游地区，西以子午岭为界同与其在时间上基本相当的寺洼文化、辛店文化分布区相毗邻，东部南端基本不过太岳山脉，北端则达滹沱河上游，而灵石往南沿着汾河则是它与以旌介商墓为代表的具有地方特征商文化的交界线"。在该地区出土具铭青铜器，"不大可能是当地所铸或友好赠与，恐怕绝大部分都是战争的掳获物"。[20] 至于无铭特别是B、C两群青铜器的来源，在他后续的研究中有清晰的表述："石楼—绥德类型青铜文化除了大量掳掠、使用商王朝的青铜器，自己也能铸造青铜兵器、工具和容器，……具有明显地方特色的石楼—绥德类型青铜文化B组和C组铜器，主要都应该是自己铸造，当然商文化青铜铸造技术的影响无疑起到了重要的作用。"[21] 很明显，他认为桃花者卣是本地人铸造的。

　　宋新潮研究商代区域文化，对晋陕高原出土商代青铜器采用了和李伯谦相同的划分，认为这些青铜器属于李家崖文化。[22] 岳洪彬虽然没有展开对石楼桃花者器群的讨论，但参照殷墟青铜器将晋陕高原商代青铜器分为两段。前段集中于该区的东南部和黄河东岸，时代相当于殷墟二期晚段之前，以第二期早、晚段器物为主，有的可早到第一期甚至更早，惜未说明究竟包括哪些器物。但岳氏明确指出，虽然晋西青铜器形制特征与殷墟青铜器有着较为明显的相似性，但差异也很明显，显然已非商文化系统，当属李家崖文化，可能就是甲骨文所见"鬼方"、"工方"或"土方"等方国的遗存。[23]

　　朱凤瀚认为桃花者青铜器相当于殷墟四期说中第二期第一阶段，提梁卣晚至第三期第一阶段。朱氏经对比分析，认为陕北与晋西商代青铜器有一定差异，应视为密切联系的两种所谓方国文化更妥，并审慎地指出李家崖文化可能与这里的青铜器的关系较大。[24]

　　很明显，这些讨论基于各自的知识积累和问题诉求，有些认识易于达成一致，有些则各执一词。此外，哪些因素可以作为断代依据均缺乏讨论，器物的铸地和出身等因素，在未辨析的情形下，其内涵有可能被严重地忽略或曲解。

二、旧金山亚洲艺术馆壶

一件流落海外的倒置兽面纹壶，曾是布伦戴奇（Avery Brundage，1887—1975）的藏品，后遗旧金山亚洲艺术馆（Asian Art Museum in San Francisco，编号B60 B6），该壶通高35.6厘米（图一二）。[25]

这是一件典型的大口壶，形状与桃花者卣颇为接近。椭圆形截面，深腹。大口微侈，平沿略内折，宽唇，素面。唇下沿微内收，接在不明显的颈上。颈的长轴两端对设贯耳，耳的前后面饰勾云纹。壶下腹垂鼓，平底下接圈足。壶颈和腹同饰三层花形式的倒置浮雕兽面纹，其结构、眼型、牙齿和面部勾纹，甚至底纹的结构，均与桃花者卣相同。差别在于此壶一对大耳的宽耳轮上有勾云纹，蝉纹的头略大，一对长须内侧歧出爪形，而桃花者卣蝉纹双须不向内出鳍，但向外的鳍略大，复翅向外的鳍也较大。壶圈足虽也饰一周阴纹云纹带，云纹结构为倒T形，而桃花者卣圈足饰T形云纹带。此外，壶圈足长轴端顶部各有一个形状不规则的透孔，桃花者卣则没有。

关于这件壶的铸造工艺，较之有提梁的桃花者卣自然相对简单，但很少见诸讨论。从壶前后面的中间未见铸造披缝，推测其铸型也是由沿长轴对开的两块范与一块腹芯、一块圈足芯和两贯耳芯组成。贯耳中的芯设在分型面上，类似于浑铸环钮、鼻所采用的"开槽下芯法"[26]。然而考察器物内壁，会发现与外壁浮雕纹饰相应的下凹（图一三），与桃花者卣如出一辙，工艺思路和手法完全相同。据许杰博士告知，这件卣的X光成像分析揭示出它的底部曾经大面积多次修复，[27]很可能铸造时底部产生了严重浇不足类缺陷再行补铸，希望馆方早日发表底部详细图像及其X光片。

罗越（Max Loehr，1903—1988）认为这件壶的风格，在他划分的五种风格中不够典型（atypical）。圈足的纹饰带介于Ⅱ型和Ⅲ型，而

图一二 旧金山亚洲艺术博物馆倒置兽面纹壶
（引自《中国青铜器全集》第4卷图版141）

图一三 旧金山壶内壁下凹（作者摄）

兽面的构图，尤其上耸的高浮雕大耳，使之具有Ⅴ型的特点；而蝉纹与底纹具有Ⅳ型风格；突出的眼珠和眦，则具有Ⅲ型特征。他一方面认为主体风格具有Ⅳ型面貌，另一方面认为预示着Ⅴ型的出现。㉘

很明显，旧金山壶和桃花者卣，主体如出一辙，差别只是有无提梁以及提梁的联系（半环）和贯耳等细节，下文将就某些突出特点展开进一步的讨论。

三、纹饰风格与倒置兽面纹

贝格立（Robert W. Bagley）称桃花者卣为壶，他著录这件器，称其腹壁为S形，提梁与1950年安阳武官村大墓出土的北单卣接近。贝氏沿用罗越的风格理论和分析方法，认为兽面稀疏的勾线、臣字形眼及其突出的眼珠为罗越Ⅲ型，而突起的耳（角）和细密底纹看起来属罗越Ⅳ型。可与之相比的是旧金山亚洲艺术博物馆所藏壶，主要差别在贯耳和提梁。此外，贝氏还指出与桃花者卣同墓出土的容器，或具非常造型，或有怪癖（eccentric）纹饰。他据简报，一方面觉得墓葬年代应早于殷墟，另一方面却仍将该器物年代定为殷墟，但也指出墓葬或与鬼方有关，同出土某些器物与北方草原还有联系。㉙贝氏在赛克勒藏商代青铜礼器图录中，指出桃花者卣年代早于殷墟，并再次申明可与之相比之器是旧金山亚洲艺术博物馆所藏的壶。㉚这部图录的一个重要特点是分析商代南方青铜器，但却没有指出这两件器具有南方风格特点。

关于桃花者卣的倒置兽面，d'Argencé、贝格立、陈佩芬、韩炳华、张昌平称眼上的叶形耳为U形角，㉛张氏还据构图率先指出桃花者卣及其相关的壶具有南方风格特征。在对兽面纹的讨论中，角是基本元素，马承源对于兽面纹即是以角形和面相进行分类，㉜但并非诸兽都有角。本文末将讨论的湖南省博物馆藏的石门卣，下腹饰散列式兽面纹，向两侧横伸一对有节大角，面两侧各有叶形耳；上腹的兽面纹，面两侧无耳，顶虽无角，但有一对竖立的叶形耳，其形状与下腹兽面纹耳一致，为耳必然。桃花者卣倒置兽面纹的耳，更为高挑巨大，根部都有一对圆突。中商分布在长江中上游的南方风格的大口折肩尊，腹和圈足多饰高浮雕散列式兽面纹，腹部兽面纹有大角无耳，圈足兽面纹竖一对耳而无角，耳形与两件倒置兽面者一致，尊腹和圈足兽面的搭配是否寓意雌雄同在，亦未可知。㉝罗越称布伦戴奇壶兽面上的为耳，㉞确然。

以倒置兽面纹装饰青铜器，最初可能出现在青铜器盖钮和盖上。盖钮从伞状饰涡纹发展出瓜棱形或盝顶式钮，前者往往饰倒置蝉纹，后者饰倒置兽面纹，并随之影响到盖面饰倒置兽面纹。东京国立博物馆收藏的带盖瓿，盖面饰三组倒置兽面纹，其年代应当在中商向殷墟的过渡阶段。㉟从中商晚期开始，随着方形带盖容器如方彝、方罍、方罍等的出现，盖面布局倒置兽面纹。安阳小屯M238出土的一件方彝R2067即是如此

1

2

图一四 殷墟青铜器

1. 小屯M238方彝R2067（引自《殷墟出土伍拾叁件青铜容器之研究》图版14）；

2. 方彝R2067盖内钮的铸接铆头（引自《殷墟出土伍拾叁件青铜容器之研究》图版14附）

图一五 Paul Singer壶

（引自 Bagley, *Shang Ritual Bronzes in the Arthur M. Sackler Collections*, p.350, fig.60.2）

（图一四，1），其钮为铸铆式后铸（图一四，2），应当出自商中期南方铸工之手。[36]较之略早或同时的石门卣，它是典型的商前期南方铸铜作坊的产品，其瓜棱形盖钮饰倒置蝉纹（详后）。[37]倒置蝉纹与倒置兽面纹的关系如何，是否是商前期南方铸工的发明，尚待研究。自殷墟时期方彝、方壶和方罍增多，盖面和盖钮兽面纹均倒置，沿用到西周早期后式微。

纽约收藏家Paul Singer曾藏一件青铜壶，通高22.9厘米，细长颈，较厚且高的弧唇，直口内插入穿盖子口，盖中央设伞状钮，盖面纹饰不详。壶长颈微内弧，上端饰两周凸弦纹，下方颈壁外撇接宽壶肩，颈下端饰一周凸弦纹，中间素面。肩部纹带浮凸于器表，由两周圆雷纹组成，内外侧以凸弦纹镶边。壶腹垂鼓，饰宽纹带，并以窄素带与肩部纹带区隔。腹部纹饰甚为特别，由三组倒置的双身兽纹组成。兽的构图颇为特殊，巨口大张，两侧深咧的嘴角露出牙齿，中间的吻上有一对坑点状眼睛，额中勾菱形，向两侧对称伸出粗壮的兽身，勾饰连续的宽线人字纹并略下斜，尾下折并回勾。与吻相对侧竖立宽冠饰，中间勾人字纹，两边竖羽刀纹，并向两侧延伸，而嘴角两侧勾两组细线圆角雷纹并横置两羽刀纹（图一五）。[38]此壶双层纹饰，年代当在中商，是否具有南方风格还难以确定，期待有更多关于它的信息和研究。

殷墟时期，随着方彝的出现，其盝顶式盖的四面或前后两面的兽面纹以倒置的形式布局，兽面口鼻向盖中央的钮，而盝顶式钮面所饰兽面纹虽然小或简化，也为倒置。至殷墟晚期，方形器逐渐减少，器盖的钮从瓜棱形演变为圈形，倒置的兽面纹渐渐少见，西周早期方彝盖或可见其孑遗。很明显，作为母题的倒置纹饰罕见，开始应是商南方作坊某铸工偶然之作，尔后被引入带盖器的体、盖纹饰中。这类纹饰的出现具有偶然性，也应该具有地域性。

四、青铜技术和青铜器年代与产地

本文所论倒置兽面纹的卣和壶虽然只有两件，其中所包含和涉及的问题却颇不少。关于器物铸造及器底缺陷和南方几件代表性器物的对比已有讨论，[39]在此着重从铸造工艺以及与之密切关联的纹饰出发，讨论产地和年代两个重要议题。

桃花者卣和旧金山壶在结构上的最大特点，是与器表的浮雕兽面纹相应的内壁下凹，力求器壁厚一致，均匀过渡。这一设计思想符合金属凝固原理，是铸造工艺设计的基本原则。青铜注入铸型后，随着温度降低开始凝固，体积也开始收缩，如果没有熔融的青铜经过孔道补缩，就会形成浇不足或产生热裂缺陷。因此，合理的工艺设计是让铸件同时凝固，而壁厚均匀或均匀过渡是浇注后同时凝固的一个重要条件。如前所述，具外凸内凹结构的器物的范、芯均需自模和由模制作的芯盒翻制，然后才可准确组装成可靠的铸型，此法可称之为模芯合作纹。[40]

青铜器纹饰出现在二里头晚期，多是直线、折线、交线、圆圈和简单勾线纹。在此之前，应当如新石器时代彩绘陶在器表绘纹；在铸造纹饰定形之后，则往往在纹线沟槽中填彩以凸显纹饰，[41]彩绘作为青铜器装饰手段，在战国中期又再度复兴。

除色彩反差外，青铜器纹饰还有平铺与浮凸的高低对比。二里头晚期青铜器开始出现的铸造纹饰，到商早期二里冈期，基本是平铺类型，纹线贴浮在器表。二里冈上层文化时期的青铜器中，只有个别器物出现局部浮雕纹饰。郑州白家庄出土的折肩龟纹罍C8M2：1，侈口，尖沿圆唇，束颈上均布三个"龟纹"，肩部饰勾云纹带；下腹近半球形，饰宽兽面纹带，上下侧以云雷纹带镶边；兽面浮雕但紧凑成团，若肩部牺首。兽面高冠，一对C形兽角开口向下，角稍回卷，一对甚小的臣字眼，眼珠如豆但突出，宽鼻的鼻翼为阳线螺旋形突出，鼻两侧的兽足浮雕突出。宽线勾云纹向两侧铺展，而兽面的角、足、鼻、冠等勾勒卷云纹（图一六，1）。[42]盘龙城王家嘴出土的一件折肩罍WZM1：2残缺较多，造型和白家庄罍一致，腹部纹饰有所不同但亦拘谨浮突（图一六，2）。[43]山西公安部门缴获的一件大鼎，通高64.5厘米，口径46厘米，重25.9公

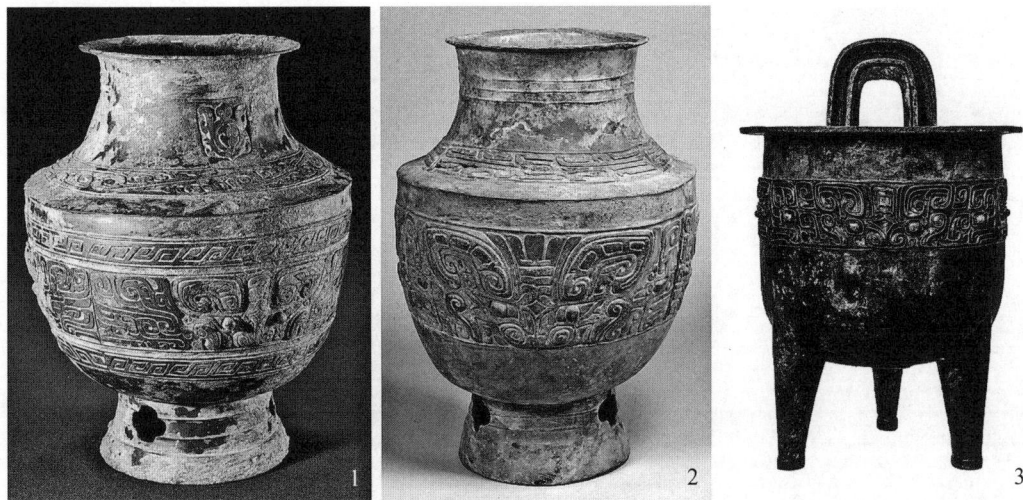

图一六 商代青铜器

1. 郑州白家庄罍C8M2：1（引自《中国青铜器全集》第1卷图版128）；2. 盘龙城王家嘴罍WZM1：2（作者摄）；3. 山西鼎（引自《国宝回家2020（一）》第12页）

斤，具有典型的二里冈上层时期铜器的特点，堪与平陆前庄出土的两件鼎比肩。[44]其腹部的纹带由三组兽面纹和两侧填饰的夔纹构成，纹线深竣，且兽面浮雕突出（图一六，3）。

1980年城固苏村窖藏中的一件罍CH71-2，造型与前揭二罍相同但纹饰有别，颈部饰三周凸弦纹，肩部饰宽线夔纹带，腹部饰宽线兽面纹带，形式接近王家嘴罍；然兽面布局较舒展，高冠两侧竖叉形角，眼角后隐有兽身，阔鼻，两侧填无目兽面（图一七，1），[45]器内壁可见与器表高浮雕兽面纹相应的下凹（图一七，2），年代在二里冈时期或略晚。近些年盘龙城发现的青铜器中，局部浮雕纹饰而内壁下凹者有4件，年代在二里冈时期或略晚。[46]这些均是这一工艺的早期实例。

1957年阜南月儿河发现的龙虎尊（图一八，1），既有圆雕装饰如龙、虎头，也有半圆雕装饰的龙、虎身，还有高浮雕兽面和人纹（图一八，2），是中商早期青铜器的典型。与器表的高浮雕纹饰相应，内壁随器表凸凹而凹凸，而且是完整图像的下凹（图一八，3），它奠定了商代南方风格青铜器的这一工艺和风格特征。[47]这样的风格在商中期南方风格大口折肩尊中得到普遍应用，广泛出土于六安、岳阳、华容、江陵、枣阳、广汉、巫山等地的这类尊，往往饰高浮雕散列式兽面纹，内壁相应凹下，成为具有标识性的技术因素。[48]藁城台西墓地出土的一件瓿M112：4，腹部兽面纹的鼻、几字形角、嘴角、S形兽身及身下变形夔为浮雕式，内壁相应下凹，和前述大口折肩尊的散列式浮雕兽面纹异曲同工。[49]在石门卣、新干大洋洲所出的罍、华县桃下村出土的鬲、户县侯家庙出土的斝、淳化黑豆嘴出土的壶，以及洪洞上村出土的鬲均有这样的风格特征，[50]这些器物特别的造型和南方类型的纹饰风格相吻合，年代都在中商中期前后。

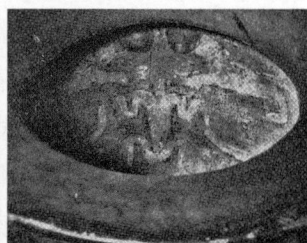

1

2

1

2　　　　3

图一七 城固苏村罍CH71-2

图一八 阜南月儿河龙虎尊

1. CH71-2（引自《汉中出土商代青铜器》第1卷第102页）；2. CH71-2内壁下凹（引自《中国国家博物馆馆刊》2020年第11期）

1. 龙虎尊（引自《中国青铜器全集》第1卷图版119）；2. 龙虎尊虎—人纹（据《中国青铜器全集》第1卷图版118）；3. 龙虎尊内壁下凹（引自《商周铜器群综合研究》图版32）

与商中期这一工艺的普及相反，殷墟时期这一工艺退化严重。西北冈大墓M1004南墓道北端出土的牛方鼎R1750和鹿方鼎R1751，仅仅在高浮雕牛（图一九，1）、鹿首部位，内壁稍微相应下凹（图一九，2），甚至鹿方鼎内壁的下凹微小难辨，有若铭文。⑤较这两件方鼎年代早的是出土于小屯YM331的圆口方腹带盖提梁卣R2066，腹四角饰高浮雕兽面，上吻和鼻头高起形成棱角，一对大角内卷而角尖翘出（图二〇，1）。因长颈口小，腹内壁的相应下凹未被注意，笔者新核查后才予确认，并进而讨论认为这件卣很可能是中商晚期南方作坊出产的舶来品。⑤而殷墟早期如妇好墓出土的一对司雪母大

方壶，[53] 器形高大，造型和装饰华丽。M5：806
通高55.6厘米，重约31公斤，上腹双身龙的龙
头圆雕、身体高浮雕，肩部和腹部兽面纹均高浮
雕，兽角突起0.6—0.8厘米（图二〇，2、3），但
内壁光滑，没有相应下凹。包括外凸内凹纹饰的
诸多具有南方风格和工艺特点的青铜器出现在殷
墟，如铸铆式铸接、三层花纹、圆雕动物附饰、
扉棱分铸等，特别是殷墟早期阶段的武丁时期，
造就了殷墟青铜器的迅速繁荣和辉煌。对此的合
理解释是武丁王朝很早即毁弃了中商时期的南方
铸铜作坊并迁徙其铸工到殷墟所致。但是，南方
铸工与本土铸工间的冲突也是明显的，一些工艺
有不少运用，如铸铆式铸接，另一些工艺，如外
凸内凹的纹饰工艺则被排斥，而采用增加器壁厚
度的方法平抑厚度梯度，减小厚度差造成的缺陷
倾向，当然也大大地增加了器物分量，使用了更
多青铜。这一技术选择的结果，使得中商在南方
大行其道的外凸内凹工艺，除个别圆雕动物形器
外，一般器物中几乎不见，仅仅在牛方鼎和鹿方
鼎这类器物上，留下一点痕迹而已，[54] 这成为分
析这类器物年代的一个有力证据。桃花者卣和旧
金山壶均是商代南方铸铜作坊同组工匠，或者是

图一九 武官村牛方鼎 R1750

1. R1750（引自《中国青铜器全集》第
2卷图版41）；2. R1750内壁下凹（引自
《殷墟出土青铜鼎形器研究》图版27.1）

师徒两代人在殷墟初期或之前铸造的产品。桃花者卣年代早于旧金山壶，若后者年代在
中、晚商之交，或是徒工出师之作，则桃花者卣的年代当在中商晚期或略早，是师傅的
作品。

与上述两件卣和壶可参比的另有两件卣和壶，一件是传出石门的卣，前文曾涉
及而未展开；另一件壶出自淳化黑豆嘴西周墓。二者的工艺是研究年代产地的重要
实例。

1957年在株洲废旧物资交接站仓库内，从石门县运来的一批废铜中拣选所得一件
卣，被认为出自石门，姑称石门卣，藏于湖南省博物馆（藏品号39190）。此卣发现时
残缺严重，修复补配了小半个盖和整个圈足。

此卣有盖有提梁，盖的尺寸相对过小，与腹的截面均呈椭圆形。盖子口插入腹口内
以子母口扣合，提梁设在卣的长轴方向（图二一，1、2）。盖面隆鼓，中心蘑菇形钮系

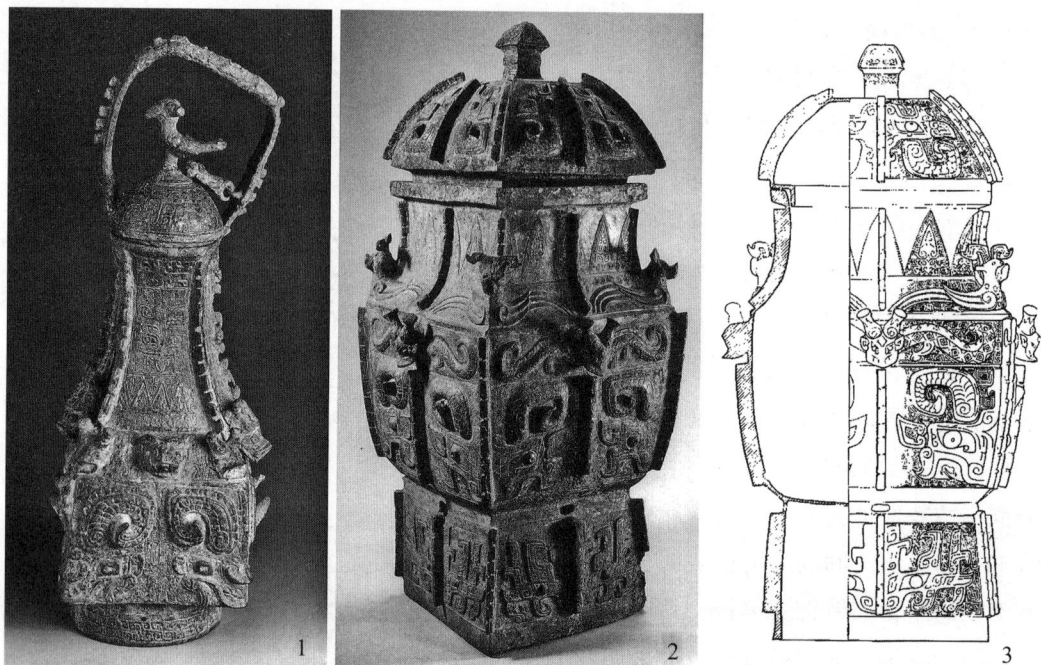

图二〇　殷墟青铜器

1. 小屯 YM331 圆口方腹卣 R2066（引自《中国青铜器全集》第 3 卷图版 133）；2. 司臱母壶（引自《中国青铜器全集》第 3 卷图版 93）；3. 司臱母壶线图（引自《殷墟妇好墓》第 65 页图 43.1）

修补，钮根周围一小圆饼形涡纹；在长、短轴向设四道透空的勾云形扉棱，中心皆有纵向的铸造披缝。盖面满布纹饰，为沿长轴的扉棱左右对称的兽面纹。盖内中心可见穿出的钮的榫头（图二一，4）。

卣腹较深，口沿平，颈部微收，饰两周凸弦纹；上腹壁近斜直，下腹垂鼓，底近平，下接圈足。腹部纹饰分上下两段，均饰兽面纹；在过渡处的长轴端各设半环耳连接提梁。上腹纹带前后正中设有勾牙形透空扉棱，顶端为鸟形，下接三个透空 C，其中线上的铸造披缝十分明显。上腹纹带由前后面的半散列式无身无角兽面及其两侧的夔纹构成。扉棱位于兽面鼻头至冠饰的中间。与上腹浮雕兽面及其扉棱相应，在卣内壁可见坑状下凹及其正中垂向的筋状突起（图二一，3），说明此卣十分强调壁厚的均一，上腹扉棱分铸，为强化连接，采用了突棱式铸接。

下腹宽鼓，沿长、短轴对称设四道垂直扉棱，前后扉棱和上腹一致，两侧扉棱由三只鸟上下排列组成，与腹壁无任何分铸现象，但"铸造披缝"也从纵向串接鸟首与鸟身。腹部纹饰分前后对称的两组，均由兽面纹和两侧的竖立夔纹构成。兽面纹属散列式无身兽面纹，兽面主体近于十字形，和上腹兽面结构相近，鼻头和上吻短，沿扉棱对称展开；兽面两侧夔纹为浅浮雕类。与上腹纹带相同，浅浮雕兽面纹在内壁也相应下凹，

图二一　石门卣（作者摄）

1.正面；2.侧面；3.腹内壁下凹及其突棱；4.盖内钮、扉棱铸接痕

也有垂直的凸棱贯过下凹，说明在下腹也同样强调壁厚一致，前后的先铸扉棱也是以凸棱式铸接。

　　带状提梁两侧内弧，端头外撇并有兽头；梁带外面中间起勾云形脊，由横置开口向上的 C 连续构成，但脊间有残缺。提梁脊棱两侧各饰一道水波形鳞纹，早年曾多处残断并经粗糙补铸，故提梁宽窄不匀，底面亦不平齐。

　　盖和腹以子母口配合，应是相配分别制作模，再翻制铸型的。盖钮和四条扉棱分别先铸，钮下设有凸榫，扉棱根部或可有相应的结构；扉棱属对开分型，盖钮痕迹不清，可能也是如此；而盖的铸型很可能由两块范与一块芯组成。为了铸接这些先铸的附件，在芯的中心设了凹坑，在扉棱位置设了凹槽，先铸的钮和扉棱置于盖面的范中，钮的凸榫可伸入芯中心凹坑且还保有型腔，扉棱依然，浇注冷凝后，盖壁包裹住了钮榫和扉棱根并凸起于盖内壁（见图二一，4），强化了它们与盖的结合。

　　关于这件卣的深入讨论不多，朱凤瀚认为其年代属殷墟二期第二阶段，[55]熊建华认为或在二期二段或在二、三期之际。[56]或认为其整体造型类似于安阳殷墟妇好墓出土的妇好壶，差别在此器之提梁而彼器之贯耳。[57]工艺分析清楚表明，石门卣具有商代南方风格中富有特色的多种工艺技术，如扉棱分铸、钮先铸、外凸内凹的模范合作纹饰；其别具特点的纹饰、装饰和提梁，也与这些技术或铸工特殊的设计有关，因而这是一件南方铸铜作坊铸造的产品，年代当然在殷墟之前，或在中商晚期。[58]

1982年冬，有农民在淳化黑豆嘴平整土地发现4座墓，其中3号墓出土一件青铜壶，现藏陕西历史博物馆。壶通高32.8厘米，口径14.2×11.2厘米，腹深28厘米，最大腹径21厘米。[59]该壶属于大口贯耳式，无盖；颈部不明显，垂腹鼓，上、下腹平滑过渡；椭圆形截面，长轴端布局贯耳和扉棱，结构和纹饰均对称（图二二，1、2）。

图二二　淳化黑豆嘴壶（作者摄）

1. 正面；2. 侧面；3. 内壁下四

壶口微侈，但向口内出斜沿；颈部纹带上方饰两道凸弦纹，长轴端所设一对贯耳压在凸弦纹上。上腹纹带的两侧饰有勾牙形扉棱，扉棱的上端为头侧向的伏鸟，身下为三个连续的开口向外的C，高度与纹带宽度一致。纹带由中心的浮雕兽面纹和两侧倒竖的夔纹构成，细密云雷纹衬地，兽面主体若十字形。下腹垂鼓，纹带较宽，兽面纹结构与颈部的主要差别有四：一是兽面的一对叶形耳移至两侧并与兽面分离；二是一对横展的高浮雕大角若蛹形，饰水波纹，尾尖翘；三是方形冠饰分两层，下层大，浅浮雕，上层小，高浮雕；四是两侧的勾牙式扉棱，伏鸟下有四个C。壶底略圜，以矮圈足承器，圈足壁外斜。圈足顶在长轴端对置两个透空，其下平铺的纹带由两行勾云纹构成。

黑豆嘴壶身存留有明确的铸造工艺信息，两侧的扉棱和贯耳中间有清晰的铸造披缝，而前后面中间没有类似的痕迹，说明此壶是沿两侧对开分型，两块范；圈足、腹各一块泥芯，贯耳各一块泥芯。仔细考察壶腹内壁，不难发现有与上腹、下腹高浮雕兽面相应的形状相同的下凹，尤其是下腹兽面有横展的一对高浮雕兽角，内壁也相应下凹，但上腹兽面竖起的叶形耳属浅浮雕，内壁则没有相应下凹（图二二，3）。也就是说，腹部泥芯在相应的位置上有相同的兽面形突出，目的是使高浮雕兽面处的壁厚与其他部位较为均一。[60]

关于这件壶的年代，李学勤、张文立和林沄没有涉及，姚生民断其为商至西周初期，[61]李伯谦将之划在晋陕高原商器的第四期，绝对年代约当武乙、文丁时期；[62]张长寿与梁星彭认为属于殷墟三期；[63]朱凤瀚认为黑豆嘴所出青铜容器属于殷墟形式，M2和M3所出铜器的年代在殷中期至晚期；[64]杰西卡·罗森（Jessica Rawson）则指出纹饰的布局和湖南石门卣一致，并认为动物形扉棱是西周青铜器的特点，将之断为西周器。[65]

与石门卣对比不难发现，黑豆嘴壶与之关系紧密，装饰和工艺如出一辙，鉴于扉棱分铸和外凸内凹的模芯合作纹工艺的高度特殊性，可以推定二者出自南方作坊同组铸工之手。石门卣的年代在中商晚期，黑豆嘴壶当在中、晚商之交，可以认为也是两代铸工的师徒之作。

桃花者倒置兽面纹卣虽然是南方作坊某铸工心血来潮之作，在当时青铜器中当属耳目一新之器，其徒没有简单复制一件卣，而是制作了一件壶，几乎保留了全部风格特点，传承了关键的技术工艺，只是局部纹饰上有所改观，如在耳轮上勾饰云纹。但究竟是出自徒工自创，抑或是师傅的指导，或者是定做者的要求，不得而知。但是，所具有和表现的时代与地域特征十分清晰。

无独有偶，石门卣和黑豆嘴壶是同样的一对器物。具有相同的装饰元素和制作工艺，而且更加典型。它们造型和装饰更加华丽，风格上较倒置兽面纹卣和壶更加奢华，属于典型的罗越 V 型。最为突出的是串鸟扉棱和鸟起首的勾牙式扉棱，而且扉棱先铸，工艺上更为复杂。然而，无论是模芯合作纹的外凸内凹纹饰工艺，还是扉棱分铸工艺，都是商南方风格青铜器的特色，说明南方青铜作坊的铸工有不同的组系。本文所讨论的倒置兽面纹卣和壶、石门卣和黑豆嘴壶，即是不同的组别。此前讨论扉棱分铸，可分为内壁凸棱式（如石门卣和黑豆嘴壶）与平光式（新干大洋洲诸器）两组，[66]可见同在南方铸铜作坊中，铸工技术各有其长，并非一律，但技术思想则是高度一致的。

两组同地铸造的风格有所差异的青铜器，组内的先后顺序或可排列如前，而两组之间，如果着眼于装饰和纹饰的进化，桃花者卣的相对拙朴当较早，石门卣的奢华略晚，旧金山壶也就早于黑豆嘴壶。若黑豆嘴壶的年代在殷墟初年或中、晚商之交，例如相当于洹北商城阶段，桃花者卣的年代或可推到中商时期中晚段之交。

五、结　语

很明显，本文对桃花者卣、旧金山壶以及石门卣和黑豆嘴壶的断代，与诸多前贤的认识出入较大，大体上差一个时段。反思原因，一方面是学术研究的历史所决定的，因为商周的政治、经济和艺术中心在中原，考古发现并可认定时代与属性的青铜器也在中原，考古学建立的最初谱系基于中原，看待未知青铜器自然以中原的视角出发，往往认为其他地域的青铜器都是在中原影响和辐射下的结果，年代当然要晚于中原。通常将非中原出土的商代青铜器定为商晚期，甚或有晚至春秋者。

其次，对业已建立的中原青铜器的年代序列的严密性反思不够。中原考古学年代序列基本上基于陶器，岳洪彬清楚地揭示了以陶器断青铜器年代的纠葛：

> 青铜器与陶器质料不同，具有明显的自身特点，有传代的特质。因此，在说到青铜器的年代时，一般应考虑到青铜器自身的生产年代、使用的时间区间以及它的埋藏年代。我们通常所说的青铜器分期，是指其使用年代（或者说是流行的时间区间）。而通过陶器断定的墓葬的年代则往往是青铜器的埋藏年代。通过与青铜器共存的陶器分期来确定的青铜器年代，实际上是指青铜器的埋藏年代，即个例青铜器或某一青铜器群的使用下限，这一年代并不代表青铜器的使用和流行的时间区间。

此外，他还揭示了铜器与陶器变化的规律与节奏的不同。而对于青铜器风格的断代分析，岳洪彬指出：

> 较早的青铜器胎质较薄，略显轻飘，纹饰多呈条带状，少见文字；后来胎质较厚，显得庄重，纹饰多满装，常见铭文；最后胎质又变薄，器形、纹饰制作粗

糙，明器化，偶有厚胎庄重者，则铸长篇铭文。[67]

毫无疑问，探讨和建立更可靠的青铜器年代序列，需要全方位取得信息进行多角度的探索。青铜器是铸件，是青铜合金铸造的产品。从生产角度分析探讨其技术和工艺特征，甚至追索和把握铸工的思路、特长和心态，或者可以找到某些特殊器物的产地和年代特征。本文针对两件倒置兽面纹器并涉及10多件器物，就是这一探讨的尝试。

很明显，这一尝试的结果引发了更多的问题，尤其以铸地问题、地方青铜艺术、地方考古学文化为突出。如晋陕高原的B组青铜器，过去被认为是当地受商文化影响而铸造的，桃花者卣被认为是李家崖文化产品，本文则证明是中商南方作坊产品流通至晋西的，类似的器物在北方还有若干，揭示了南方风格青铜器具有很大的流动空间。

事实上，泥范块范法铸造青铜礼乐器，是操作链长、工艺复杂、技巧高超、工装要求高，且需多人协作的劳动，具有一定的实力特别是高级铸工的王室或诸侯才能建设工场，不似锤锻或失蜡法铸造饰品适合家庭作坊生产，所以绝大多数商代方国和西周诸侯国没有条件和能力铸造青铜礼器。[68]许多需要青铜器者只能去王室作坊定做，正是如此，广袤的中原及其周边地区，青铜器才有惊人的一致性。对块范法技术及其产品的控制，成为王室构筑与地方联系的重要媒介和手段。就目前的资料看，某些地方也许可以铸造青铜工具和兵器，但铸造精美的青铜礼乐器却未有确证。

和中亚、近东、欧洲以至北非的青金石、琥珀和铜、锡等原料及其制品的流通一样，商周青铜器也具有长距离、多方向的流通格局。面对这一格局，自然会对认识地方青铜艺术、技术和考古学文化产生巨大的影响，对地方的青铜艺术和文化提出新问题：哪些器物、怎样的器形和纹饰反映了地方艺术与文化？因为地方所拥有的青铜器基本上都是外来的（受赏、定做、购买、馈赠、掠夺、盗墓等），春秋吴国青铜礼乐器多铸于晋即是一个典型。[69]

青铜器铸地问题十分复杂，本研究是由特殊器物具有的可辨析的特征而得出认识的，对类似的特征需要不断探索和积累，因此，多角度、多方法的全息提取和积累遗迹、遗物信息，有助于解决这类问题，对此前贤也已经进行过重要探索。[70]而产地问题的突破，对形成断代、流通、社会经济关系等知识链，都具有一定的推动作用。期望来者更上一层楼。

附记：

本作是山西博物院张元成院长组织领导的"山西博物院和山西青铜博物馆藏青铜器研究"课题于2020年夏启动后的最初成果之一，其他成果将陆续发表，作者在此首先要对张元成院长和梁育军馆长致谢。对于这件器物的研究，山西博物院王杰、李鑫二位先生完成了高质量的X光成像分析，中国科学院自然科学史研究所博士生陆晶晶等协助拍摄照片，博物院和博物馆同仁齐心协作，成效颇高。此外，2020年3月18日，新冠肺炎疫情致使旧金山亚洲艺术馆闭馆，该馆研究员贺利女士特别安排作者一人观瞻馆藏，隆情高谊，权以小文为报。

荣誉庚子年秋分日起草于洛阳旅途，冬至日定稿于北京天通苑

① 陈公柔、张长寿：《殷周青铜容器上兽面纹的断代研究》，《考古学报》1990年第2期。

② 谢青山、杨绍舜：《山西吕梁县石楼镇又发现铜器》，《文物》1960年第7期。

③ 中国青铜器全集编辑委员会：《中国青铜器全集》第4卷，图版139—140，文物出版社，1997年。下文引用此书，不再注作者及出版年代等。

④ 李零：《说龙，兼及饕餮纹》，《中国国家博物馆馆刊》2017年第3期。

⑤ 容庚：《商周彝器通考》（容庚学术著作全集），第21—22、410—423页，中华书局，2012年。

⑥ a. 韩炳华主编：《晋西商代青铜器》，第263—270页，科学出版社，2017年。b.《中国青铜器全集》第4卷，图版139—140。以上二者著录的尺寸有出入，后者口纵有误，故从前者。

⑦ 苏荣誉等：《弜国墓地青铜器铸造工艺考察和金属器物检测》，见《宝鸡弜国墓地》，文物出版社，1988年。

⑧ 苏荣誉：《商周青铜铸造泥模范的七个问题》，见《対照実験を主軸とした：東アジア鋳造技術史解明のための実験考古学的研究》，奈良国立文化財研究所，2020年，又见《南方文物》2020年第3期；《晋西两件商代南方风格青铜器研究》，《中国国家博物馆馆刊》2020年第11期。

⑨ 苏荣誉：《中国古代泥范块范法青铜铸造》，见《中国青铜技术与艺术》（丁酉集），上海古籍出版社，2019年。

⑩ 张昌平：《商周青铜礼器铸造中焊接技术传统的形成》，《考古》2018年第2期。

⑪ 谢青山、杨绍舜：《山西吕梁县石楼镇又发现铜器》，《文物》1960年第7期。

⑫ 郭宝钧：《商周铜器群综合研究》，第171页、图版26-2，文物出版社，1981年。

⑬ 张长寿：《殷商时代的青铜容器》，《考古学报》1979年第3期。此文初稿于1965年，作者将商代的早、中、晚分别对应二里头、二里冈和殷墟，而殷墟分三期。

⑭ 邹衡：《关于夏商时期北方地区诸临境文化的初步探讨》，见《夏商周考古学论文集》，文物出版社，1980年。

⑮ 陶正刚：《山西出土的商代青铜器》，见《中国考古学会第四次年会论文集》，文物出版社，1985年。

⑯ 郑振香、陈志达：《殷墟青铜器的分期与年代》，见《殷墟青铜器》，文物出版社，1985年。

⑰ 张万钟：《商时期石楼、保德与"沚方"的关系》，《中国历史博物馆馆刊》第11期，1989年。此文未涉及青铜卣，不解。

⑱ 《中国青铜器全集》第4卷，图版139—140。

⑲ 韩炳华主编：《晋西商代青铜器》，第263—270、656页，科学出版社，2017年。

⑳ 李伯谦：《从灵石旌介商墓的发现看晋陕高原青铜文化的归属》，《北京大学学报》（哲学社会科学版）1988年第2期。

㉑ 李伯谦:《晚商时期中国青铜文化的分布格局及其相互关系》,见《"周边"与"中心":殷墟时期安阳及安阳以外地区的考古学发现与研究》,历史语言研究所,2015年。

㉒ 宋新潮:《殷商文化区域研究》,第111—116页,陕西人民出版社,1991年。

㉓ 岳洪彬:《殷墟青铜礼器研究》,第380—385页,中国社会科学出版社,2006年。

㉔ 朱凤瀚:《中国青铜器综论》,第1092—1098页,上海古籍出版社,2009年。

㉕ a. René-Yvon L. d'Argencé, *Bronze Vessels of Ancient China in The Avery Brundage Collection*, San Francisco: Asian Art Museum in San Francisco, 1977, pp. 44–45. b.《中国青铜器全集》第4卷,图版141。

㉖ 苏荣誉等:《強国墓地青铜器铸造工艺考察和金属器物检测》,见《宝鸡強国墓地》,文物出版社,1988年。

㉗ 苏荣誉:《晋西两件商代南方风格青铜器研究》,《中国国家博物馆馆刊》2020年第11期。

㉘ Max Loehr, "The Bronze Styles of the Anyang Period (1300–1028 B.C.)," *Archives of the Chinese Art Society of America* 7 (1953), pp. 42–53.

㉙ a. R. Bagley, "The Appearance and Growth of Regional Bronze-using Cultures," in *The Great Bronze Age of China, An Exhibition from the People's Republic of China*, edited by Wen Fong, pp.127–128, New York: The Metropolitan Museum of Art, New York, 1980. b. 北单卣图见中国青铜器全集编辑委员会《中国青铜器全集》第3卷图版117,文物出版社,1997年。以下引此书,不再注作者、出版年代等。

㉚ Robert W. Bagley, *Shang Ritual Bronzes in the Arthur M. Sackler Collections*, Washington DC: The Arthur M. Sackler Foundation, 1987, p. 56, n. 121.

㉛ a. René-Yvon L. d'Argencé, *Bronze Vessels of Ancient China in The Avery Brundage Collection*, San Francisco: Asian Art Museum in San Francisco, 1977, p. 44. b. R. Bagley, "The Appearance and Growth of Regional Bronze-using Cultures," in *The Great Bronze Age of China, An Exhibition from the People's Republic of China*, edited by Wen Fong, pp.127–128, New York: The Metropolitan Museum of Art, New York, 1980. c. 陈佩芬:《殷墟以外的商代晚期青铜器》,见《中国青铜器全集》第4卷。d. 韩炳华主编:《晋西商代青铜器》,第263页,科学出版社,2017年。e. 张昌平:《北美地区所见中国商时期南方或南方风格特征青铜器》,见《商周时期南方青铜器研究》,商务印书馆,2016年。

㉜ 上海博物馆青铜器研究组:《商周青铜器文饰》,第3—95页,文物出版社,1984年。

㉝ 苏荣誉、宫希成:《六安滗河青铜大口折肩尊的风格与工艺研究——兼及同类器物的时代与产地等问题》,见《李下蹊华:庆祝李伯谦先生八十华诞论文集》,科学出版社,2017年。

㉞ Max Loehr, "The Bronze Styles of the Anyang Period (1300–1028 B.C.)," *Archives of the Chinese Art Society of America,* Vol. 7 (1953), pp. 42–53.

㉟ 苏荣誉、童凌骜:《藤田美术馆藏四件商代青铜器研究》,见《中国青铜技术与艺术》(丁酉集),上海古籍出版社,2019年。

㊱ 苏荣誉、董韦:《盖钮铸铆式分铸的商代青铜器研究》,《中原文物》2018年第1期。

㊲ 苏荣誉等:《石门卣初探》,见《湖南省博物馆》第12辑,岳麓书社,2016年。

㊳ a. 梅原末治:《冠斝楼吉金图》卷2,图2,小林写真,京都,1947年。b. Robert W. Bagley, *Shang Ritual Bronzes in the Arthur M. Sackler Collections*, fig. 60.2.

㊴ 苏荣誉:《晋西两件商代南方风格青铜器研究》,《中国国家博物馆馆刊》2020年第11期。

㊵ 苏荣誉:《安阳殷墟青铜技术渊源的商代南方因素——以铸铆结构为案例的初步探讨兼及泉屋博古

馆所藏凤柱斝的年代和属性》，见《泉屋透赏》，科学出版社，2015年。

㊶ 苏荣誉：《凸显纹饰：商周青铜器填纹工艺》，见《青铜器与金文》第3辑，上海古籍出版社，2019年。

㊷ a. 河南省文物研究所：《郑州商城：1953—1985年发掘报告》，第821页，文物出版社，2001年。b. 中国青铜器全集编辑委员会：《中国青铜器全集》第1卷，图版128，文物出版社，1996年。下文引此书，不再注作者、出版年代等。

㊸ 湖北省文物考古研究所：《盘龙城：1963—1994年考古发掘报告》，第138页，文物出版社，2001年。

㊹ a. 山西省公安厅、山西省文物局：《国宝回家：2020山西公安机关打击文物犯罪成果精粹（一）》，第12—13页，2020年。b. 卫斯：《山西平陆发现商代前期遗址》，《中国文物报》1990年3月29日第一版。c.《中国青铜器全集》第1卷，图版33。

㊺ 曹玮主编：《汉中出土商代青铜器》第1卷，第102—103页，巴蜀书社，2006年。

㊻ 苏荣誉：《晋西两件商代南方风格青铜器研究》，《中国国家博物馆馆刊》2020年第11期。

㊼ a. 葛介屏：《安徽阜南发现殷商时期的青铜器》，《文物》1959年第1期。b. 郭宝钧：《商周铜器群综合研究》，第32页，文物出版社，1981年。c. 石志廉：《谈谈龙虎尊的几个问题》，《文物》1972年第11期。d. 苏荣誉、杨夏薇、李钟天：《阜南月儿河龙虎尊研究——兼论南方风格商代青铜器的渊源》，见《艺术史研究》第19辑，中山大学出版社，2017年。

㊽ 苏荣誉：《巫山李家滩出土大口折肩青铜尊探微——兼据同类尊的风格和关键工艺探讨其年代和扩散》，见《南方民族考古》第14辑，科学出版社，2017年。

㊾ 河北省文物研究所：《藁城台西商代遗址》，第129页、彩版3，文物出版社，1985年。

㊿ a.《中国青铜器全集》第4卷，图版142—145、15。b. 江西省博物馆等：《新干商代大墓》，第73页，文物出版社，1997年。c. 梁彦民主编：《神韵与辉煌：陕西历史博物馆国宝鉴赏·青铜器卷》，第94页，三秦出版社，2006年。d. 苏荣誉、孙岩、梁彦民：《淳化黑豆嘴出土的青铜壶研究》，《文博》2019年第1期。e. 韩炳华主编：《晋西商代青铜器》，第642—648、708—713页，科学出版社，2017年。

(51) a. 李济、万家保：《殷墟出土青铜鼎形器之研究》（古器物研究专刊第四本），图版25、27.1、29、31.1，历史语言研究所，1970年。b. 中国青铜器全集编辑委员会：《中国青铜器全集》第2卷，图版41—41，文物出版社，1997年。

(52) a. 李济、万家保：《殷墟出土伍拾叁件青铜容器之研究》，图版14、57.4，历史语言研究所，1972年。b. 中国青铜器全集编辑委员会：《中国青铜器全集》第3卷，图版133。c. 苏荣誉、柳扬：《论商代圆口长颈方腹卣》，待刊。在此对内田纯子博士和黄铭崇博士的帮助致以感谢。

(53) a. 中国社会科学院考古研究所：《殷墟妇好墓》，第64—65页，图43-1、2，彩版8-2，图版23-2，文物出版社，1981年。b.《中国青铜器全集》第3卷，图版93。

(54) a. 中国社会科学院考古研究所编：《殷墟青铜器》，第49页，文物出版社，1985年。b. 苏荣誉：《妇好墓青铜器与南方影响——殷墟青铜艺术与技术的南方来源与技术选择新探》，见《商周青铜器铸造工艺研究》，科学出版社，2019年。

(55) 朱凤瀚：《中国青铜器综论》，第1182页，上海古籍出版社，2009年。

(56) 熊建华：《湖南商周青铜器研究》，第127—129页，岳麓书社，2013年。

(57) 湖南省博物馆、上海博物馆编：《酌彼金罍：皿方罍与湖南出土青铜器精粹》，第78页，上海书画出版社，2015年。

(58) a. 苏荣誉等：《石门卣初探》，见《湖南省博物馆》第12辑，岳麓书社，2016年。b. 苏荣誉、孙岩、梁彦民：《淳化黑豆嘴出土的青铜壶研究》，《文博》2019年第1期。

(59) 姚生民：《陕西淳化县出土的商周青铜器》，《考古与文物》1986年第5期。

(60) 苏荣誉、孙岩、梁彦民：《淳化黑豆嘴出土的青铜壶研究》，《文博》2019年第1期。

(61) 姚生民：《陕西淳化县出土的商周青铜器》，《考古与文物》1986年第5期。

(62) 李伯谦：《从灵石旌介商墓的发现看晋陕高原青铜文化的归属》，见《中国青铜文化结构体系研究》，科学出版社，1998年。

(63) 张长寿、梁星彭：《关中先周青铜文化的类型与周文化的渊源》，《考古学报》1989年第1期。

(64) 朱凤瀚：《中国青铜器综论》，第1111—1113页，上海古籍出版社，2009年。

(65) Jessica Rawson, *Western Zhou Ritual Bronzes from the Arthur M. Sackler Collections*, Volume IIB, Cambridge: Harvard University Press, 1990, p. 49.

(66) 苏荣誉：《读青铜器图录札记：牛首饰四耳簋》，见《青铜器与金文》第一辑，上海古籍出版社，2017年。

(67) 岳洪彬：《殷墟青铜礼器研究》，第128—136页，中国社会科学出版社，2006年。

(68) 苏荣誉：《二里头文化与中国早期青铜器生产的国家性初探——兼论泥范块范法铸造青铜器的有关问题》，见《夏商都邑与文化（一）》，中国社会科学出版社，2014年。

(69) 苏荣誉：《吴鉴初论：兼反思考古学的青铜文化》，“交融与碰撞：青铜时代的吴越文化学术研讨会”论文，苏州，2017年6月27—29日。

(70) 白云翔：《论基于风格与分布的考古遗物产地推定法》，《考古》2016年第9期。

试论青铜盉的归属

张懋镕

（陕西师范大学历史文化学院）

一

关于青铜盉的归属即它的用途，是学术界长期以来颇有争议的问题，主要有两种观点。一种是酒器说，以近代王国维先生为代表。他在《说盉》一文中根据端方所藏宝鸡出土铜禁上所列诸酒器中杂有一铜盉，认为其是酒器，并指出盉"盖和水于酒之器，所以节酒之厚薄者也"。如此一来，人们可以根据酒量大小调节浓淡，使人既合乎于礼而又不为酒所苦。他还对盉的每一个部位的作用作了详细说明，"自其形制言之，其有梁或鋬者，所以持而荡涤之也。其有盖及细长之喙者，所以使荡涤时酒不泛滥也。其有喙者，所以注酒于爵也。然则盉之为用，在受尊中之酒与玄酒而和之，而注之于爵"[①]。因其说较有说服力，多被后来学者采用。如容庚、[②]郭宝钧、[③]郭沫若[④]先生在各自的代表作中都同意王氏之说，还对其观点进行了补充。另外张亚初先生在《对商周青铜盉的综合研究》一文中，认为"盉从主要功能讲，是水器和酒器"[⑤]，他将盉的用途分为六种，其中五种与酒器相关，一种与水器相关，似乎还是倾向于酒器说。

另一种是水器说。马承源先生在《中国青铜器》中虽把盉放在酒器类，但在论述其作用时却倾向于水器，认为"很可能，盉本身就是盛玄酒（水）以调和酒味浓淡的，未必是把水和酒放在盉中调和后再注以爵中。因为从盘盉的组合来看，盉主要是盛水的，它与酒器组合，用水以调和酒；它与盘相组合，则起盥沐作用"[⑥]。张临生先生在《说盉与匜——青铜彝器中的水器》中认为西周中期周人因实行沃盥之礼而使用盘盉组合，后将觥加以改造，创造出极佳注水器匜，使盘匜组合成为主体。但盉并未因匜的兴起而终止取代水器的差事，从西周到春秋，它一直担负着水器的职务，但扮演的是配角，为匜的分支。[⑦]朱凤瀚先生在《中国青铜器综论》中直接把盉（附鐎）归为水器类，并从墓葬出土青铜礼器的组合关系以及盉与匜的自名互证等方面进行了论证。[8]近年来，彭裕商先生也主张青铜盉是水器。[9]

我们曾经在《夷曰匜研究——兼论商周青铜器功能的转化问题》一文中也谈到了盉的功用问题，运用考古资料论证了西周中期前后盉从酒器转化为水器，并对其功能转化的因素进行了详细分析。[10]

<h1 style="text-align:center">二</h1>

本节拟在充分利用考古新资料和吸取近年来研究成果的基础上作进一步的讨论。

在讨论之前，先要说明一下春秋战国流行的一种新式提梁盉的归属问题。这种型式的提梁盉与以前的盉有所不同，圆腹，扁体，直颈，小口，前有流，后或有鋬，肩上有提梁，腹下有三或四足。朱凤瀚先生在《中国青铜器综论》里称之为"鐎"。[11]早在宋代，《博古图录》即称其为盉，容庚先生在《商周彝器通考》中认为这类器与盉不同，遂引《玉篇》"鐎，温器有柄也"改称其为鐎，容先生并以见过一件汉代的富平侯温酒鐎为证。可惜，富平侯温酒鐎没有留下图形。巧的是，1967年太原市东南郊东太堡砖厂附近出土1件西汉孙氏家铜鐎，自名为"鐎"（图一，1）。[12]除无梁有柄外，其他均与容先生所命名之鐎相同。因此，朱凤瀚先生在《中国青铜器综论》一书中主张用汉代的名称为春秋战国的提梁盉命名，然后分商周的盉与春秋战国的盉为两类器物，前者称名为"盉"，归属水器，后者称名为"鐎"，归属酒器。马承源先生在《中国青铜器》一书中则将两者归并，统称为盉，指出："春秋晚期至战国有所谓提梁盉，小口广肩有提梁，有的学者称之为鐎，但鐎是有柄的三足温器，实指鐎斗，不是这类器的专名。"[13]鐎斗是汉晋时期的一种炊器，《中国青铜器》将其归入杂器，与我们上述的鐎不同。吴小平先生为了防范两者混淆，将鐎称为"鐎壶"。[14]

我们注意到无论是《玉篇》所说的鐎，还是太原市东太堡出土的鐎，一个显著特点是有柄，它不但与从夏代到春秋的有鋬盉有别，也和春秋战国的新式的提梁盉有别（尽管二者有密切联系），所以直接用晚起的汉代称谓去解释早先的战国名物，可能不够严谨。况且春秋战国的提梁盉已经有了自己的称谓，最好的证据是1980年江苏吴县枫桥公社何山东周墓出土的提梁盉，肩部有铭文8字："楚叔之孙途为之盉"[15]（图一，2），说明这种型式的提梁盉就是"盉"。无独有偶，近年发现的黄子娄盉肩部有铭文10字："黄子娄以作叔芈母宾盉"[16]（《铭图续编》0973），进一步证明将这种型式的提梁盉称盉是稳妥的（图一，3）。还有上海博物馆收藏的1件春成侯盉，铭文曰："春成侯中府白金铸盉。"[17]（图一，4）盉字的写法比较特别，左半为金字旁，右半为禾字，也可为证。所以，本节讨论的青铜盉包括流行于东周的青铜鐎，从夏代一直到战国晚期，一并归属

图一　铜鐎与铜盉

1.孙氏家铜鐎；2.逨盉；3.黄子娄盉；4.春成侯盉

于酒器类。

古代的青铜盉究竟是酒器还是水器，衡量的办法最好是实测一下商周青铜盉里的液体，但是很遗憾，由于年代久远，青铜盉中即便有液体也早已挥发了，无从检测。

我们认为，以往的研究比较笼统，青铜盉在什么时候是酒器，什么时候转变为水器，什么时候又恢复酒器的功能，需要分阶段地分析青铜盉的功能以及功能变化的时间和原因，然后再作总体上的判断。在判断每一个阶段青铜盉的功能时，要运用三种方法：第一是考古学的研究方法，看一看墓葬中青铜盉的位置，是否与青铜盘在一起配置，关系是否紧密；第二是青铜器的研究方法，看一看同墓所出青铜盉与青铜盘在装饰风格上是否接近；第三是文字学的研究方法，看一看同墓所出青铜盉与青铜盘在铭文方面是否一致。下面拟分五个阶段来讨论盉的功能。

第一，青铜盉刚开始出现的一段时间内，也就是夏代晚期和商代早中期，它究竟是酒器还是水器，这一点非常重要，可以说在很大程度上决定了它的归属。

最早的一件青铜盉出在偃师二里头遗址86M1，由于缺乏共存器物，所以无法根据组合关系来推断它的功能。不过我们可以通过陶盉的组合关系及功能来推断青铜盉的功能。刘绪先生在《从墓葬陶器分析二里头文化的性质及其与二里冈期商文化的关系》一文中指出："用陶盉作随葬品，是二里头文化墓葬特有的现象，数量在早期居第三位。"说明陶盉在当时应是比较重要的器物。刘绪先生对二里头晚期墓葬陶器组合作了统计，发现陶盉和陶爵形成比较固定的组合，⑱ 如此则陶盉也应是酒器。《中国考古学·夏商卷》也将陶盉定为酒器。⑲ 既然青铜盉的前身陶盉是酒器，那么定二里头这件青铜盉为酒器，自在情理之中。

我们先考察一下商代早期墓葬的青铜礼器组合情况。1971年9月，在郑州东里路东头路南省中医院家属院出土1件弦纹盉和1件弦纹爵，属于二里冈下层文化期。⑳ 1974年2月，河南中牟县黄店村出土饕餮纹铜盉和饕餮纹爵各1件，年代属于郑州二里冈期。㉑ 上述几件铜盉出土时均与铜爵、铜斝等酒器共出，可以看出铜盉在二里冈期应该是作为酒器的。

中原以外，1974年湖北黄陂盘龙城李家咀M2出土盘和盉，盉与爵、斝等放置在棺与内椁间的西南角，而盘、尊、簋等却放置在内外椁的西北角，从出土位置来看，还未形成组合。其年代属于二里冈上层期。㉒

主张盉是水器的学者，乐于举1977年8月北京平谷刘家河商代墓葬中出土铜盉的例子。2件盉，出土时Ⅰ式盉与爵、甗、盘相邻，Ⅱ式盉置于盘上。该墓年代相当于郑州二里冈上层，其下限年代不会晚于殷墟文化第一期。㉓ 但是，这样的例子太少，不足以改变盉是酒器的局面。

我们说在夏代晚期和商代早中期，盉不可能是水器，还基于一个基本事实：本阶段作为水器的青铜盘才开始出现，就数量而言，总共只有7件，仅在郑州白家庄M2、湖北黄陂盘龙城李家嘴M1和M2等极少数墓葬中出现，在青铜器组合中的重要性远远逊于后世，自然降低了盘与其他器物形成水器组合的可能性。

第二，即使到了青铜器发展的第一个高峰期——商代晚期，青铜盉的功能也没有多大变化，主要还是作酒器用。

首先是出盘的墓葬不多，出盉的墓葬也不多，同墓出土盘、盉的例子更少。2001年发掘的殷墟花园庄东地54号墓，墓室面积16.63平方米，出土青铜器265件，然而如此规模的青铜器墓葬却既不出青铜盉，也不出青铜盘。㉔ 由此可见，即使到了商代晚期，水器也不是大中型墓葬中必不可少的器物。

商代晚期盉与盘同出的墓葬只有妇好墓、郭家庄M160、西区M1713三座墓葬。妇好墓出土青铜盉6件、青铜盘2件。关于盉与盘在墓中的位置，发掘报告没有提及。无论从器物风格还是铭文来看，也无法说明这两类器物有没有组合关系。所以要据此推定盉是水器，显然证据不足。㉕还有安阳郭家庄160号墓，墓室面积13.1平方米，出土青铜盉与盘，盘的腹部饰鳞纹，圈足饰龙纹，而盉饰弦纹，两者装饰风格有别，盘有铭文"亚址"，盉亦有铭文"亚址"，㉖由于该墓同出的铜器上普遍都铸有相同的铭文，尚不能断定两者是一套组合。1984年发掘的安阳殷墟西区1713号墓，年代为殷墟四期晚期。墓室面积4.68平方米，出土1件铜盉和1件铜盘。㉗出土时两者虽然距离很近，但问题是与盘叠压的是铜尊、铜斝、铜觚，后三者似乎与盘的关系更密切。再说盉装饰弦纹，盘系素面，所以很难说盉与盘已形成水器组合。

其次，我们注意到此时的盘与盉不相匹配。商代晚期的青铜盉不仅体量大，而且装饰极其华丽，譬如安阳武官村西北冈M1001出土的左、中、右三件盉，现藏日本东京根津美术馆，通高超过70厘米，㉘不仅纹饰遍布全器，而且层次感极强，可谓精美绝伦的国宝级文物（《铭图》14581—14583，见图二）。这种器物怎么看也是祭祀所用酒器，而不是水器。至少我们找不到能与之匹配的水器盘。

图二 安阳武官村西北冈M1001出土左、中、右盉

第三，西周早期盉与盘同墓出土的事例增多，于是成为盉是水器的证据。但是，经甄别后发现大部分例子缺乏证据，所以说，西周早期盉盘同出虽然比商代晚期有所增加，但盉是酒器的主流形态并未改变。

有文章指出在河南鹿邑太清宫长子口墓中有盉、盘共出现象。㉙《鹿邑太清宫长子口墓》的作者也在水器一节下列有盘与盉，没有说出任何理由。我们认为恰恰有很多理由能反证盉不是水器。首先这两件盘、盉出在墓葬不同的部位，盉出在"北椁室西部"，盘出在"西椁室北部"。㉚其次是装饰风格不同，盘饰夔龙纹、兽面纹，均以云雷纹衬底，纹饰清晰；盉饰云雷纹、连珠纹，纹饰不太清楚，尤其是器口下纹饰带的中部间断，这一点连《鹿邑太清宫长子口墓》的作者都说"很是鲜见"。再次，铭文不同，盘上没有铭文，而盉有铭文"子口"二字。可见无论从出土位置，还是器物风格、铭文特征三方面来看，都无法证明盉是水器。

陕西泾阳高家堡戈国墓地M1出土鼎、簋、卣、爵各2件，甗、尊、盉、觯、盘各1件，饪食器、酒器、水器俱有。[31]因遭破坏，出土器物的位置不详，我们只能根据器物的特征来判断。盉的盖面、颈部和肩上主要装饰夔龙纹，盘的口沿下及圈足主要装饰兽面纹，盉上有铭文"戈，父戊"，盘上没有。很难找到盉与盘之间有什么关联。M4出土鼎3件，卣、爵、觚、觯、罍各2件，甗、簋、尊、盉、盘各1件，饪食器、酒器、水器俱有。首先从出土器物位置图来看，盘与盉之间隔着觚、鼎、簋，有一定距离；其次，盉的盖缘与颈部饰夔龙纹，纹饰比较浅，盘的口沿下饰兽面纹，圈足饰四瓣目纹间涡纹，纹饰的凹凸感明显，两者的装饰风格不同；再次，盉有铭文"子弓作尊彝"[32]，盘无铭文。所以，要说这件子弓盉是水器，也没有什么证据。

当然也有一些盉为水器的例子，但很少。综合来看，自商代晚期至西周早期，盉盘共出的现象有增多的趋势，预示着盉的功能开始由酒器向水器转化。譬如山东济阳刘台子出土的盘盉位置相邻，且铭文相同，都有"夆"字，纹饰风格近同。[33]在北京琉璃河燕国墓地M251中，铜盉置于铜盘内。[34]

第四，盉的功能发生了变化，真正转化为水器的年代在西周中期，并延续到西周晚期。西周中期是盘盉组合使用频率最高的时期，水器中以盘盉组合为主，成为中型和大型墓葬中重要的器类，说明商代重酒器、西周重食器的情况有所改变，开始了重视水器的新局面。其根本原因是此时周人实行沃盥之礼，背景是水器地位的上升。这一点必须承认，但问题在于：盉转化为水器与盘组合，究竟经历了多少时间？这种功能变化对青铜盉的影响是整体的有决定性的，还是局部的和阶段性的？

首先，西周中期盘或盉单出的情况很少，一般都是盘与盉同出，形成水器组合。这样的例子很多。譬如1980—1981年陕西长安斗门镇花园村M17出土1件铜盉，与铜卣、铜觚、铜盘等同出。盘盉两器铭文字体风格相同，内容为"公作宝尊彝"，且不同于其他器。[35]临潼零口西周墓出土的盘盉纹饰均为窃曲纹，应为一套组合。[36]扶风齐家村M19出土盘盉均饰云雷纹填地的分尾鸟纹，风格一致，且均无铭。[37]1975年扶风法门乡庄白村墓出土的有流盘、盉颈部均饰回首夔纹。[38]

其次，从自名现象看西周时期盉为水器以及与盘组合的时间。从铭文来看，西周中期开始在盘或者盉上出现"盘盉"连称的现象，表明当时的西周贵族已经将盉当作水器，与盘形成稳定的水器组合。我们共收集到21条铭文。

1. 盘上出现"盘盉"连称的铭文有11条。弢伯盘铭曰："弢伯自作盘鋬。"（《铭图》14367）免盘铭曰："用作盘盉。"（《铭图》14515）作册吴盘铭曰："用作叔姬盘盉。"（《铭图》14525）吕服余盘铭曰："用作宝盘盉。"（《铭图》14530）狱盘铭曰："用作朕文祖戊公盘盉。"（《铭图》14531）士山盘铭曰："用作文考釐仲宝尊盘盉。"（《铭图》14536）旅盘："旅盘鋚。"（《铭图续编》0917）诸君盘："诸君作厥文考日癸盘盉。"（《铭图续编》0946）周晋盘铭曰："铸宝盘鋚。"（《铭图续编》0950）霸姞盘："用作宝盘盉。"（《铭图三编》1220）^㊴以上属于西周中期器。应侯盘铭曰："应侯作宝盘盉。"（《铭图》14385）属于西周晚期器。

2. 盉上出现"盘盉"连称的铭文有10条。如狱盉铭曰："用作朕文祖戊公盘盉。"（《铭图》14799）第传盉铭曰："用作宝盘盉。"（《铭图》14795）伯舅盉铭曰："作尊盘盉。"（《铭图》14787）毳盉铭曰："毳作王母媿氏沬盉。"（《铭图》14767）弭伯鋚铭曰："弭伯自作盘鋚。"（《铭图》14726）周晋盉铭曰："铸宝盘鋚。"盘铭相同（《铭图》14793）。作册吴盉："用作叔姬盘盉。"（《铭图》14797）应侯盉："应侯作宝盘盉。"（《铭图续编》0967）以上属于西周中期器。王仲皇父盉铭曰："用作宝盘盉。"（《铭图》14775）王盉铭曰："王作丰妊单宝盘盉。"（《铭图》14762）以上属于西周晚期器。

总而言之，属于西周中期"盘盉"连称的器物共18件，属于西周晚期"盘盉"连称的器物只有3件，暂时还没有发现西周早期"盘盉"连称的器物。这说明盉扮演水器的角色主要在西周中期，到了西周晚期只有很少一部分盉担当水器。从西周晚期开始到春秋早期，铭文显示盘盉逐渐为盘匜组合所取代。有意思的是，年代最早的匜自名为盉，譬如朕匜铭曰："朕用作旅盉。"（《铭图》15004）时间在西周中期偏晚，说明匜开始取代盉时还用盉的称谓。西周晚期还有部分匜自名为盉，如宗仲匜铭曰："宗仲匜作尹姞盉。"（《铭图》14861）毳匜铭曰："毳作王母媿氏沬盉。"（《铭图》14934）贾子己父匜铭曰："贾子己父作宝盉。"（《铭图》14958）数量的增加表明匜在更大范围取代了盉。至于到了春秋早期，已无匜用盉的称谓，恰恰说明匜几乎完全取代了盉的功能，所以没有必要再用借代的方式。

西周晚期新兴的水器匜大量流行之后，盉的地位开始下降，盘盉组合呈现出衰落迹象，但并没有从水器中完全消失。春秋早期仍有一些盘盉搭配使用的例子，但数量已很少。有些墓虽然仍有盘盉出土，但多为明器，已失去实用价值。譬如虢国墓地M2012，出土明器盘6件、盉5件、匜1件，盉、匜数量之和等于盘的数量，这是"盘匜组合取代盘盉组合过渡形态的一种"^㊵。铜匜作为新出现的器类，发展势头迅猛，取代铜盉从而与盘形成组合的趋势更加明显。

总而言之，盉转化为水器与盘组合，主要在西周中晚期，时间并不长，所以这种功能变化对青铜盉的影响并不是整体的有决定性的，而是局部的和阶段性的。

第五，春秋战国时期，盉又转化为酒器，即便偶尔作为水器出现，也只是客串而已。春秋中期至战国中期，鐎形盉多出于大中型墓葬中，且制作精美，纹饰也较华丽，从墓葬出土青铜器的组合关系来看，又恢复了最初的酒器功能。但是也不排除其仍有水器功能，譬如山西长治分水岭M269铜盉出土时与铜盘单独置于椁室西侧北端，[41]山西长子县M7铜盉出土时与铜盘、铜盆紧靠。[42]可见，在山西地区铜盉亦充当水器角色。另外，铭文也证明了这一点。譬如黄子戍盉："黄子戍自作汤盉。"（《铭图续编》0977）说明即使在春秋晚期，某些盉也具有水器的功能。不过，这不能改变盉主要作为酒器的事实。

综上所述，从夏代晚期到战国青铜盉的总体发展来看，青铜盉的主流趋向是什么？即主要是以酒器的身份出现，还是以水器的身份出现？

既然青铜盉在某一历史阶段充当水器，那么我们不妨具体算一算，在青铜盉的全部发展阶段，作为酒器使用的时间有多长，作为水器使用的时间又有多长。好在李云朋在其硕士论文《商周青铜盉整理与研究》中，对各个阶段的青铜盉的数量有一个统计表。他将青铜盉分为10期。各期数量分别为：夏代晚期1件，商代早中期11件，商代晚期22件，西周早期29件，西周中期26件，西周晚期24件，春秋早期30件，春秋中晚期28件，战国早中期30件，战国晚期9件。[43]在商代，青铜盉可能为水器的只有个别例子。青铜盉转化为水器主要在西周中期，这种情形部分延续到西周晚期甚至到春秋早期，即便如此，也不会超过50件，只占总数210件的23.8%。所以我们说青铜盉归根结底是酒器，只是在某些发展阶段兼作水器用而已。

三

本文旨在说明以下问题。

第一，如果将青铜盉归属水器，会有负面影响。假设盉从夏代晚期开始就是水器，那么西周早期以后所谓盉从酒器转化为水器的过程将无从凸显，周人从"重酒"到"重食"、"重水"的革新思想和理念将受到一定程度的屏蔽。

第二，已有学者指出，如果将春秋战国流行的提梁盉从盉中割裂出去，另立一个类型"鐎"，对于我们研究盉的形制演变是不利的，对于我们历史地考察鐎与盉的用途也是不利的。[44]

第三，盉在西周中晚期从酒器转化为水器，告诉我们一个道理，即某一类青铜器的功能不是一成不变的，在发展过程中，它有可能从酒器转化为水器；或者在某一阶段以某一种功能为主（如盛酒），而在另一阶段以另一种功能为主（如盛水）；或者由于功能的变化，导致器物在墓葬出土铜器组合中角色和地位的变化。当然就器物本身来说，必须具备可以转化的基本因素。譬如就盉来说，其形制就具备盛酒或容水的条件。盉与作为水器的匜有共同之处，都有流适合注水，因而盉可以与盘搭配充当注水器。依据文献记载，盉是用来调和酒的味道，包括轻重厚薄感，所盛装的也有可能是水。调酒时，它与其他酒器放在一起，自然是酒器；当它没有与其他酒器放在一起时，可能就是一件水器。盉的可塑性决定了它可以根据需要而发挥不同的功能。这对于我们辩证地看待青铜器的性质、功能和发展态势有重要意义。

① 王国维：《说盉》，见《观堂集林》（卷三）第72—73页，河北教育出版社，2001年。

② 容庚：《商周彝器通考》（上册），第385页，大通书局，1973年。

③ 郭宝钧：《商周铜器群综合研究》，第151页，文物出版社，1981年。

④ 郭沫若：《长安县张家坡铜器群铭文汇释》，《考古学报》1962年第1期，第10页。

⑤ 张亚初：《对商周青铜盉的综合研究》，见《中国考古学研究——夏鼐先生考古五十年纪念论文集（二集）》第60页，科学出版社，1986年。

⑥ 马承源：《中国青铜器》（修订本），第242页，上海古籍出版社，2003年。

⑦ 张临生：《说盉与匜——青铜彝器中的水器》，《故宫季刊》第十七卷第一期，1982年，第25—31页。

⑧ 朱凤瀚：《中国青铜器综论》，第295—296页，上海古籍出版社，2009年。

⑨ 彭裕商、韩文博、田国励：《商周青铜盉研究》，《考古学报》2018年第4期。

⑩ 张懋镕：《夷曰匜研究——兼论商周青铜器功能的转化问题》，见《古文字与青铜器论集》（第三辑）第155—163页，科学出版社，2010年。

⑪ 朱凤瀚：《中国青铜器综论》，第174—175页，上海古籍出版社，2009年。

⑫ 戴尊德：《太原东太堡发现西汉孙氏家铜鐎》，《考古》1982年第5期，第474—475页。

⑬ 马承源：《中国青铜器》（修订本）第244页，上海古籍出版社，2003年。

⑭ 吴小平：《汉代青铜容器的考古学研究》，第106—112页，岳麓书社，2005年。

⑮ 吴县文物管理委员会：《江苏吴县何山东周墓》，《文物》1984年第5期，第17页。

⑯ 吴镇烽：《商周青铜器铭文暨图像集成续编》，上海古籍出版社，2016年。文中简称《铭图续编》。

⑰ a. 唐友波：《春成侯盉与长子盉综合研究》，见《上海博物馆集刊》第八期，上海书画出版社，2000年。b. 陈佩芬：《夏商周青铜器研究·东周篇下》，上海古籍出版社，2004年。

⑱ 刘绪：《从墓葬陶器分析二里头文化的性质及其与二里冈期商文化的关系》，《文物》1986年第6期，第52页。

⑲ 中国社会科学院考古研究所：《中国考古学·夏商卷》，第122页，中国社会科学出版社，2003年。

⑳ 杨育彬等：《近几年来在郑州新发现的商代青铜器》，《中原文物》1981年第2期，第2页。

㉑ 赵新来：《中牟出土商代铜器》，《中原文物》1980年第4期，第59页。

㉒ 湖北省博物馆、北京大学考古专业盘龙城发掘队：《盘龙城一九七四年度田野考古纪要》，《文物》1976年第2期，第11—13页。

㉓ 北京市文物管理处：《北京市平谷县发现商代墓葬》，《文物》1977年第11期，第2页。

㉔ 中国社会科学院考古研究所：《安阳殷墟花园庄东地商代墓葬》，第93页，科学出版社，2007年。

㉕ 中国社会科学院考古研究所：《殷墟妇好墓》，第70—73、92页，文物出版社，1980年。

㉖ 中国社会科学院考古研究所：《安阳殷墟郭家庄商代墓葬》，第90、104页，中国大百科全书出版

社，1998年。

㉗ 中国社会科学院考古研究所安阳工作队：《安阳殷墟西区一七一三号墓的发掘》，《考古》1986年第8期，第707—708页。

㉘ 吴镇烽：《商周青铜器铭文暨图像集成》14581—14583，上海古籍出版社，2012年。文中简称《铭图》。

㉙ 李云朋：《商周青铜盉整理与研究》，第22页，陕西师范大学硕士学位论文，2011年。

㉚ 河南省文物考古研究所、周口市文化局：《鹿邑太清宫长子口墓》，第218、221页，中州古籍出版社，2000年。

㉛ 陕西省考古研究所：《高家堡戈国墓地》第28、30、68页，三秦出版社，1995年。

㉜ 陕西省考古研究所：《高家堡戈国墓地》，第79—81、97—98页，三秦出版社，1995年。

㉝ 山东省文物考古研究所：《山东济阳刘台子西周六号墓清理报告》，《文物》1996年第12期，第9—10页。

㉞ 北京市文物研究所：《琉璃河西周燕国墓地（1973—1977）》，第34页，文物出版社，1995年。

㉟ 陕西省文物管理委员会：《西周镐京附近部分墓葬发掘简报》，《文物》1986年第1期，第14页。

㊱ 赵康民：《临潼南罗西周墓出土青铜器》，《文物》1982年第1期，第88页。

㊲ 陕西周原考古队：《陕西扶风齐家19号西周墓》，《文物》1979年第11期，第4页。

㊳ 罗西章、吴镇烽、雒忠恕：《陕西扶风出土西周伯㦰诸器》，《文物》1976年第6期，第54页。

㊴ 吴镇烽：《商周青铜器铭文暨图像集成三编》，上海古籍出版社，2020年。文中简称《铭图三编》。

㊵ 阴玲玲：《两周青铜匜研究》，第47页，陕西师范大学硕士学位论文，2008年。

㊶ 山西省文物工作委员会晋东南工作组、山西省长治市博物馆：《长治分水岭269、270号东周墓》，《考古学报》1974年第2期，第65页。

㊷ 山西省考古研究所：《山西长子县东周墓》，《考古学报》1984年第4期。

㊸ 李云朋：《商周青铜盉整理与研究》，第43页，陕西师范大学硕士学位论文，2011年。

㊹ 张亚初：《对商周青铜盉的综合研究》，见《中国考古学研究——夏鼐先生考古五十年纪念论文集（二集）》第61页，科学出版社，1986年。

"妇闌"铭铜器群的重新整理

崎川隆

（吉林大学考古学院古籍研究所）

一、前　　言

在以往著录的商周青铜器铭文材料中，以"妇闌"为作器者的器物一共有如下11件（参图一）：

1. 卣（日本东京台东区立书道博物馆藏，《集成》05349，简称"A卣"）

2. 卣（藏处不明，《集成》05350，简称"B卣"）

3. 卣（日本奈良国立博物馆藏，《坂本》69，简称"C卣"）

4. 瓿（日本久保惣记念美术馆藏，《集成》00922）

5. 鼎（上海博物馆藏，《集成》02403）

6. 爵（美国弗里尔美术馆藏，《集成》09092）

7. 爵（藏处不明，《流散》0309）

8. 爵（日本出光美术馆藏，《集成》09093）

9. 斝（南京市博物馆藏，《集成》09247，简称"A斝"）

10. 斝（藏处不明，《集成》09246，简称"B斝"）

11. 罍（器：藏处不明，盖：广东省博物馆藏，《集成》09820）①

这些器物铭文内容完全相同，皆为"妇闌作文姑日癸尊彝，⚥"10字。

我们通过对以往公布的这11件器物的图像及铭文拓本的仔细研究发现，其中的卣、斝、罍盖等器物的著录信息中存在一些重复、遗漏、混乱等值得重新探讨的问题。那么在下面，我们首先从3件卣的著录情况进行讨论。

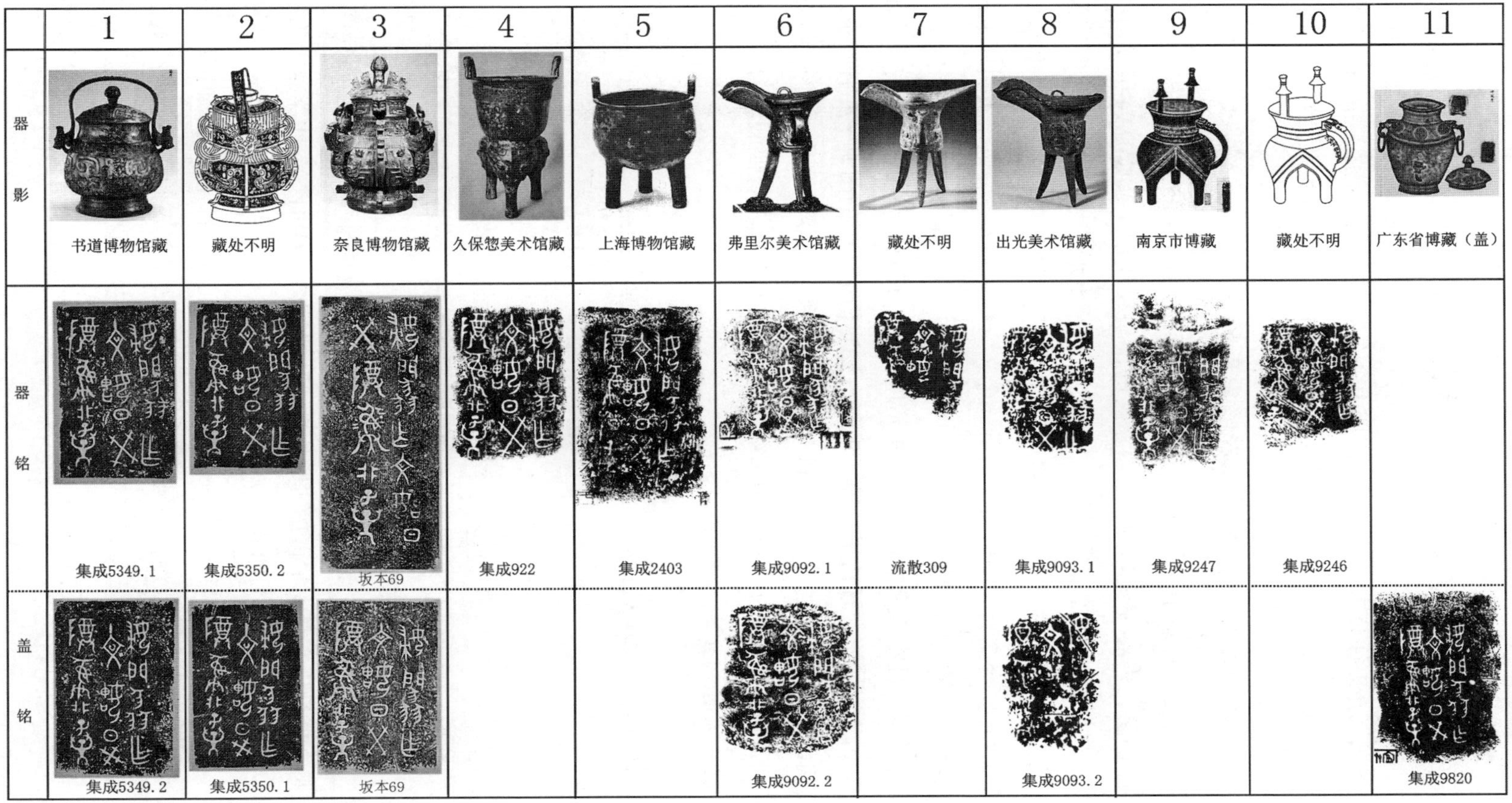

	1	2	3	4	5	6	7	8	9	10	11
器影	书道博物馆藏	藏处不明	奈良博物馆藏	久保惣美术馆藏	上海博物馆藏	弗里尔美术馆藏	藏处不明	出光美术馆藏	南京市博藏	藏处不明	广东省博物藏（盖）
器铭	集成5349.1	集成5350.2	坂本69	集成922	集成2403	集成9092.1	流散309	集成9093.1	集成9247	集成9246	
盖铭	集成5349.2	集成5350.1	坂本69			集成9092.2		集成9093.2			集成9820

图一

二、3件妇闌卣铭文、器影的著录情况及其重新整理

如图一所示，在以往公布的"妇闌"诸器中含有3件提梁卣。为行文方便，现将其分别称作"A卣"、"B卣"、"C卣"。在下面。我们首先对A、B两卣的铭文拓本进行比较。

（一）A、B两卣及其铭文著录情况的重新整理

A、B两卣铭文均收录于《集成》，其编号分别是05349和05350。两器均器、盖对铭，铭文3行10字，内容完全相同。A卣铭文的出现年代较早，如1894年成书的《缀遗》以摹本形式收录了此器铭文（图一）。最早以拓本形式收录A、B两卣铭文的是1908年刊行的《陶斋》，随后刊行的《周金》、《殷存》、《续殷》、《三代》、《集成》、《总集》、《铭图》等主要金文著录书以及史语所《金文资料库》等各种电子资料库也都有收录两卣器、盖铭文（图一）。

其中A卣现藏于日本东京的台东区立书道博物馆，其器影和盖铭照片曾著录于《获古》、《古美术》、《上代》、《日精华》等；近年由该博物馆印行的图册中亦有收录其器影以及器、盖铭的照片和拓本。[②]我们通过对已公布各种A卣器形照片的对比可以发现，此器的提梁和盖钮似乎是在1925年至1934年之间经过修补或被替换的。而且，由于最早著录A卣的《缀遗》（12.3）题跋云：

> 右妇闌卣器、盖铭各十二字。器见苏州，提已失。……

由此可知，见于《陶斋》（1908年刊）所录器形图像中的提梁也应该是1894年以后（或方浚益观看此器以后）的后补。此外，被替换之前的盖钮略呈扁平，与商末周初同类提梁卣上常见的球形花蕾状钮有所不同，有可能也是后补的。不过，既然《缀遗》已经收录盖铭，盖子的主体部分就应该不是后补的（图二）。

B卣器、盖均藏处不明，其器形图像长期以来除了《陶斋》收录的一张线图以外，未见其他材料。但最近吉林大学古籍研究所博士生孙启灿先生面告，此器器影照片曾登载于1925年发行的《新上海》期刊第7期封面上（图三右）。这张照片题为"妇闌卣"，而且其器形、纹饰细节特征与B卣线图十分接近，我们可以肯定这张照片就是B卣器影。另外，照片左侧还注明"遂吾庐藏"，可知当时（1925年）此卣为上海收藏家程霖生藏品（另参文末附记）。程氏藏品后来流散各地，其中一部分归入上海博物馆，但就B卣的去向而言，目前没有任何线索。下面，我们试对A、B两卣铭文进行仔细观察和比较。

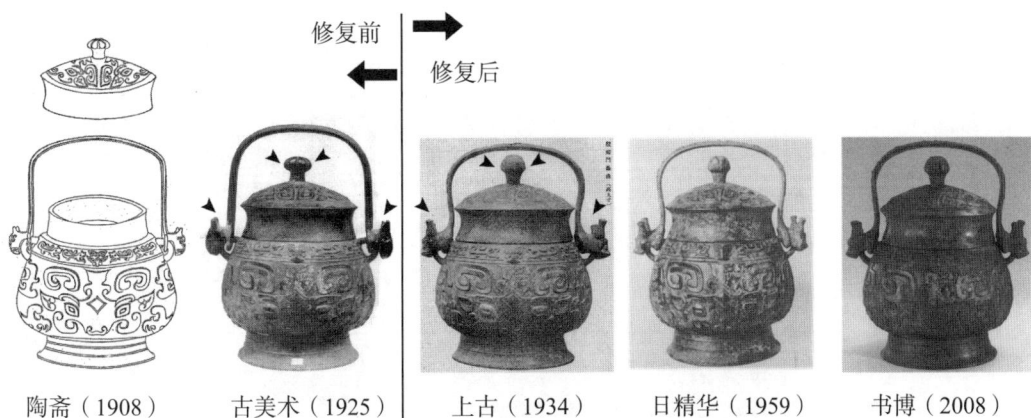

修复前 →
← 修复后

陶斋（1908）　　古美术（1925）　　上古（1934）　　日精华（1959）　　书博（2008）

图二

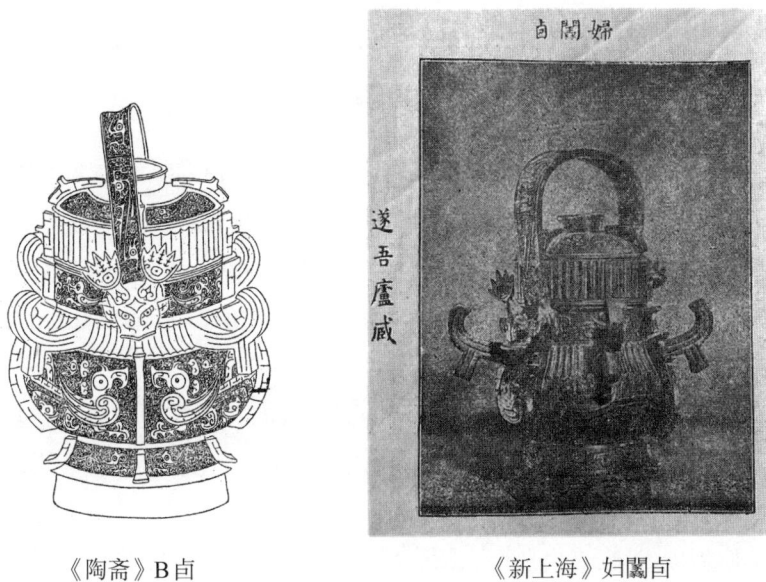

《陶斋》B卣　　　　　　　　　《新上海》妇闌卣

图三

通过对《集成》所收A、B两卣铭文和《陶斋》所收A、B两卣铭文的比较，我们不难发现，《集成》所录B卣的器、盖铭文拓本排列顺序与《陶斋》所录B卣的排列顺序明显是相反的（《陶斋》在拓本下面注明器、盖的区别），将器铭当作盖铭，盖铭当作器铭。这有可能是《集成》编辑工作中出现的排版错误，我们现在按照《陶斋》的排版顺序将05350-1和05350-2分别看作盖铭和器铭。在此基础上，我们再次对A、B两卣的器、盖铭文拓本进行了仔细的观察和比较。结果发现，A卣器铭和B卣器铭，以及A卣盖铭和B卣盖铭之间，其字体风格、字形大小和字距、行距、文字倾斜角度等细节特征分别相当一致，甚至彼此可以完全互相重合（图四）。

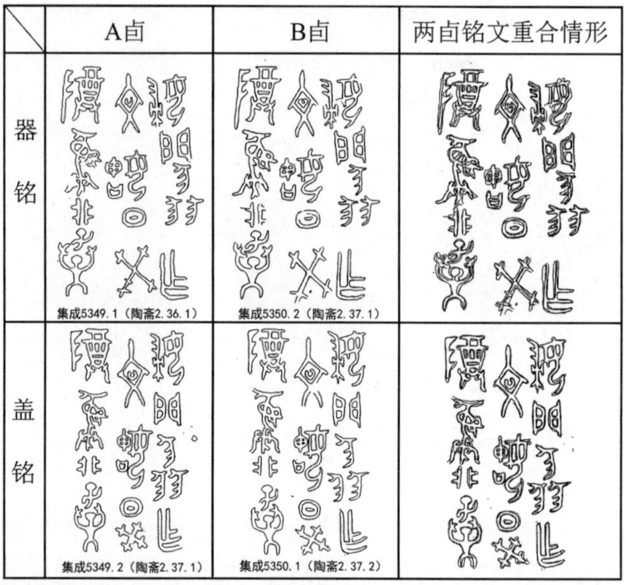

	A卣	B卣	两卣铭文重合情形
器铭	集成5349.1（陶斋2.36.1）	集成5350.2（陶斋2.37.1）	
盖铭	集成5349.2（陶斋2.37.1）	集成5350.1（陶斋2.37.2）	

图四

当然，若对文字笔画更细节的形态作仔细观察的话，比如在A盖B盖铭文中的"妇"字所从"女"旁最后一笔转折处的形状上，或者出现在铭文末尾的"举"字所从"子"旁左手收笔形状上，能看到细微的差异。但无论如何，A、B两卣铭文的一致程度远远超过手工复制所能做到的水平，也就是说，这两器铭文中至少一方应该是由某种机械方法复制过来的。

众所周知，在商周青铜器铭文中，不同的器物或同一件器物的器、盖上铸有相同铭文的情况是比较常见的。学界一般将其称作"同铭器"③。这种同铭器虽其记载内容彼此完全相同，但就其字体大小、文字布局（包括字距、行距、各个文字之间的相对位置等）以及文字倾斜度等细节特征而言，每一篇铭文都有出入，彼此在平面上可以重合的情况是非常少见的。④例如，图五上所示的"亚址觚"有10件铸有同样铭文的器物，但其中没有一对完全可以重合的铭文。

图五下所示8件"癞簋"也是如此，其器、盖铭文虽内容彼此完全一致，但通过对每一件铭文字形的仔细观察和比较可知，其中没有一对可以彼此完全重合的铭文。

由此可知，至少就东周之前的金文材料而言，除了部分非科学出土的材料以外，基本不存在彼此可以完全重合的铭文。从这一现象我们可以肯定，至少在东周之前的铸铭工艺中，即便在需要制造多件同铭器物的情况下也从不采用以模印为代表的机械复制方法（即图六中的"方法A"），而每一篇铭文都是由手工方法一件件独立地复写过来的（即图六中的"方法B"）。⑤

10件同铭亚址觚

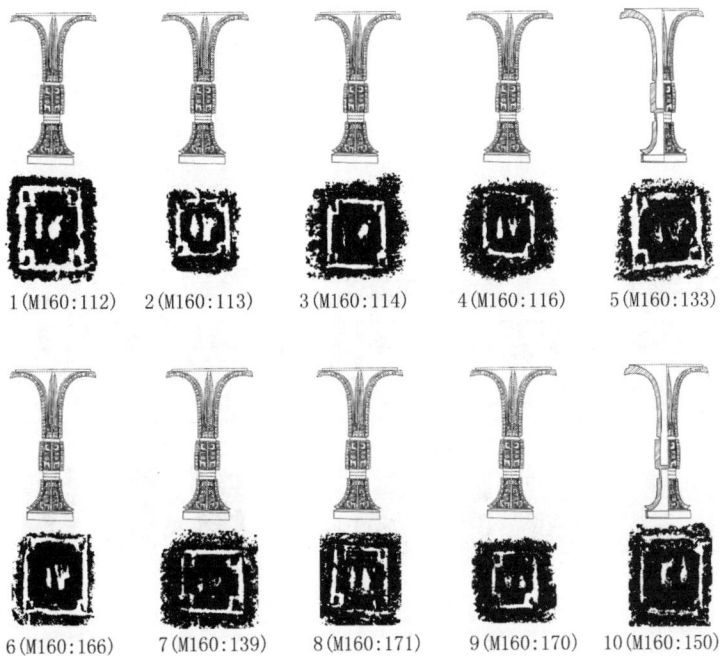

1 (M160∶112)　2 (M160∶113)　3 (M160∶114)　4 (M160∶116)　5 (M160∶133)

6 (M160∶166)　7 (M160∶139)　8 (M160∶171)　9 (M160∶170)　10 (M160∶150)

8件同铭瘭簋

	第1器	第2器	第3器	第4器	第5器	第6器	第7器	第8器
瘭								
皇								
其								
佩								

图五

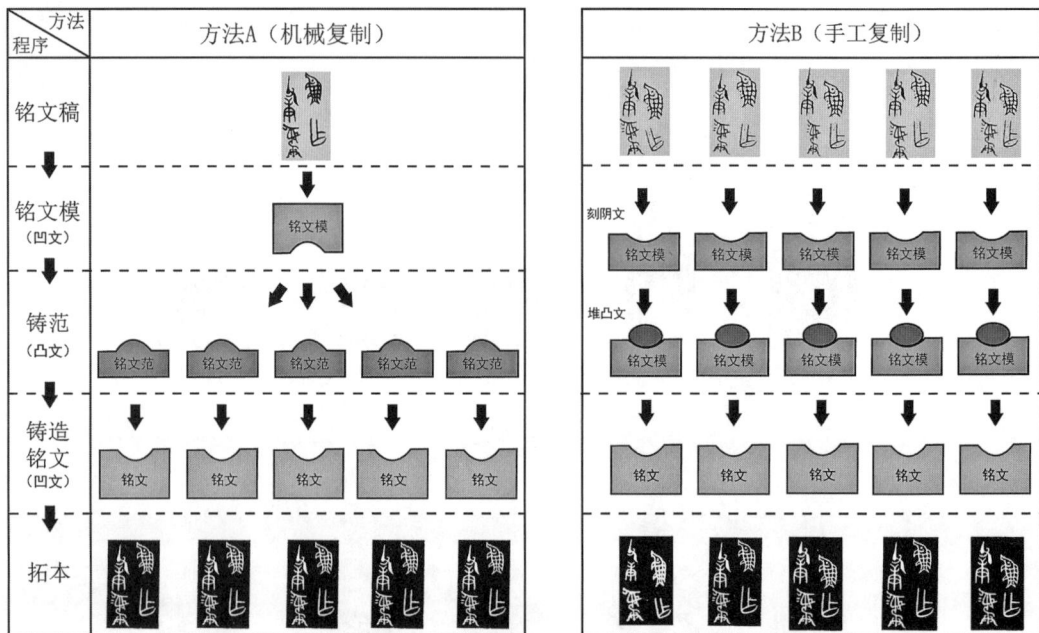

图六

所以，反过来我们可以这样理解：如果在东周之前的铸造铭文材料中出现两篇（或多篇）彼此完全重合的铭文，那么至少其中一篇应是后代的伪（仿）造，或者重复著录等"不原始"的材料。这就是我们所提出的"铭文重合辨伪法"的基本思路。⑥

如果以上的理解没有错误，那么A卣和B卣到底哪一方是"不原始"的材料？我们通过对日本书道博物馆新近公布的铭文照片与《陶斋》所录A卣铭文拓本进行了仔细比较。结果发现，两铭除了字体大小、文字行款布局完全一致之外，还有泐痕、气孔的形状和位置都几乎完全相同。因此，我们可以肯定：书道博物馆所藏的提梁卣无疑就是《陶斋》A卣（图七）。既然如此，那么我们就可以根据"铭文重合辨伪法"的原则将B卣铭文视为伪作、仿作、重复等"不原始"材料。也就是说，所谓的"B卣"铭文其实全部都是A卣的铭文，或者是按照A卣铭文由某种机械手段复制过来的伪（仿）作铭文。所以，我们现在可以将图一、附图中所有的"B卣"铭文都并到A卣处。

若此，那么B卣器物本身到底是何物？遗憾的是，B卣从20世纪20年代以来一直下落不明，目前我们能看到的材料只有一张线描图和最近重新发现的一张单色照片，无法按照实物材料进行考证。但由于重新发现的单色照片图版上标注的器物名称也是"妇闖卣"，所以，按理说，至少在B卣的盖或器身上铸有"妇闖"铭的可能性是比较大的（另参文末附记）。可是另一方面，我们通过比较B卣器形和商周时期具有类似特征

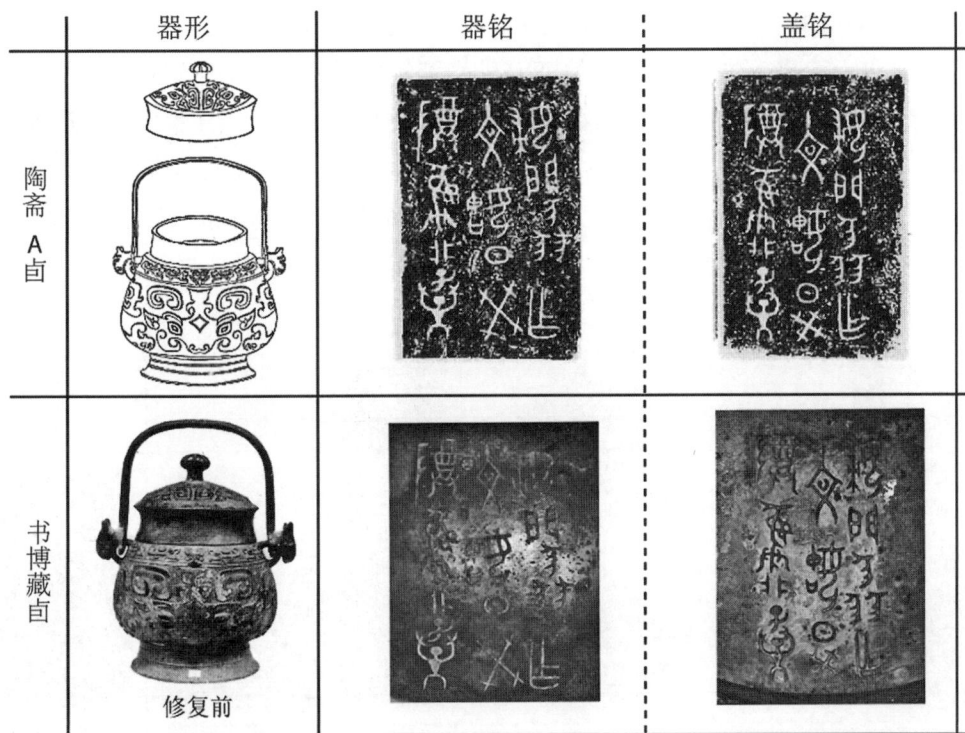

	器形	器铭	盖铭
陶斋 A 卣			
书博藏卣	修复前		

图七

（如：器腹横出四支柱状突起、大鸟纹、提梁两端饰手掌形角兽面等）的提梁卣可知，B卣的盖子具有如下几点不寻常特征：

1. 盖两侧没有横出嘴形扉棱；

2. 盖侧不饰大鸟文，纹饰结构与器身不符；

3. 盖顶部略平，盖钮呈杯形，其形状接近于筒形卣的盖子。

这些特征都暗示着B卣盖子系后配的可能性。若B卣盖确实是后配的，那么在盖上出现的铭文自然也不能视作"原始"的。实际上，在"后配"的盖子上出现仿自A卣的铭文是很有可能的事情。至于B卣器身是否有铭文，我们目前无法根据实物资料进行检验，但若考虑到商周时期的类似器物多为无铭，B卣本来就没有铭文的可能性也不能否定。

综上所述，通过以上的整理可知：在以往研究中被认定为B卣的铭文拓本其实全部都是A卣的，或根据A卣机械复制过来的"不原始"资料（另参文末附记）。

（二）C卣铭文著录情况的重新整理

2002年，日本奈良国立博物馆收藏了另一件"妇闌"卣（即C卣），其器影以及器、盖铭文拓本收录于2002年由该馆出版的藏品图录中。⑦此卣器、盖对铭，铭文内容与其他

"妇闌"诸器相同。[8]其中的盖铭曾经在1954年出版的《书道全集》中收录过（第一卷，编号41），但由于此铭在字体、行款特征上与A卣铭文比较接近，《金文著录简目》（1981年刊）将其误归入A卣编号下。[9]这一错误在后来出版的《总集》、《集成》、《资料库》、《铭图》等资料汇编以及相关工具书中也并没有作过纠正，一直将其当作A卣铭文处理。结果，当前的学术界似乎完全忽略了C卣的存在。[10]可是通过对拓本的仔细比较可以知道，《书道全集》所收的"妇闌卣"铭文并不是A卣的，而无疑是C卣的盖铭（图八右一）。[11]

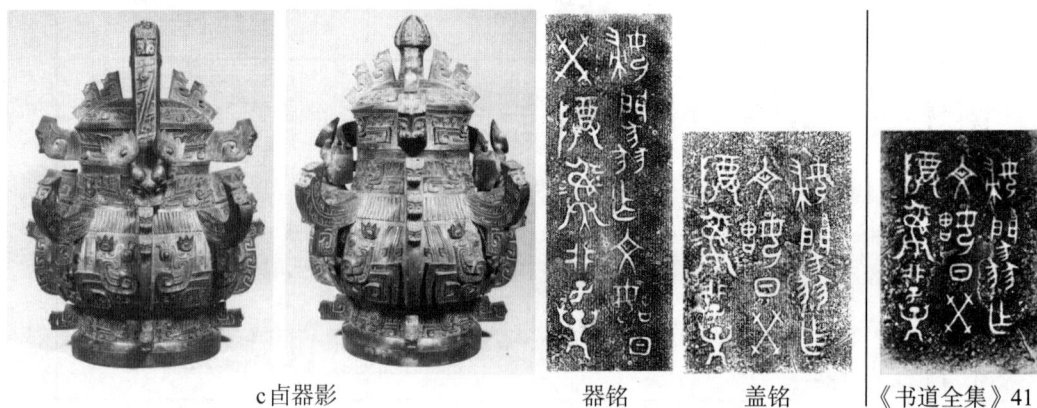

c卣器影　　　器铭　　盖铭　　《书道全集》41

图八

在器形方面，C卣器腹横出四支柱状突起，器腹上部和盖顶部均饰直棱纹，器腹下部饰大鸟纹。通体遍饰扉棱，盖口两侧横出犄角形扉棱，盖钮呈六瓣花蕾形，提梁两端均饰兽首，兽首角上有手掌形饰，器高约51厘米。具有同样特征的提梁卣比较罕见，除了此卣以外，现存材料只有美国弗里尔美术馆藏卣、[12]美国波士顿美术馆藏卣、[13]上海博物馆藏卣等三件，[14]从器形、纹饰特征以及2000年在安阳殷墟孝民屯东南地铸铜作坊遗址殷墟四期灰坑（2000AGH31）中出土同样类型提梁卣的陶范可知，其年代大概相当于商末周初时期（图九）。[15]

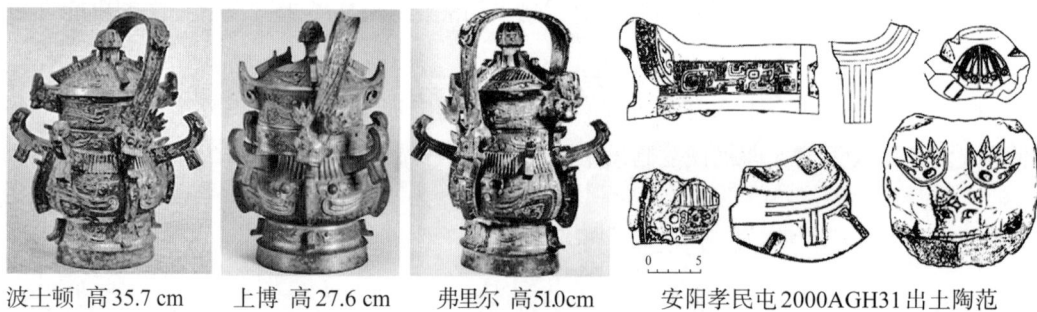

波士顿　高35.7 cm　　上博　高27.6 cm　　弗里尔　高51.0cm　　安阳孝民屯2000AGH31出土陶范

图九

（三）关于A、B、C三卣之间的关系

在商末周初时期，器侧饰扉棱、器腹饰大鸟纹的扁圆体提梁卣通常构成大小双器，例如美国大都会美术馆藏大小双卣、⑯弗里尔美术馆和波士顿美术馆收藏的大小双卣、宝鸡石鼓山三号墓出土的大小双卣等（图一〇）。⑰

| 高47 cm | 高35 cm | 高51 cm | 高35.7 cm | 高50 cm | 高36 cm |
| 大都会 | | 弗里尔 | 波士顿 | 石鼓山 | |

图一〇

而且这些双卣尺寸一般大卣为50厘米左右，小卣为30厘米左右，这正好合于C卣（51厘米）和B卣（32厘米）的尺寸。同时也考虑到B、C两卣是同铭器，我们曾经认为C卣和B卣有可能原来是构成双卣的一大一小两件。但后来，我们看到重新发现的B卣照片后发现：除了后配的盖子以外，B卣的器形、纹饰构成其实比C卣更接近于现藏上海博物馆的无铭提梁卣（图一一右）。所以，我们目前倾向于认为，若B卣确实没有铭文，那么原先与B卣配套的应该不是C卣，而有可能是上海博物馆藏无铭提梁卣。也就是说，这两卣与"妇闌诸器"之间不存在任何关系。⑱

《新上海》妇闌卣　　　　上海博物馆藏无铭卣

图一一

此外，最近苏荣誉先生从铸造技术角度对C卣的资料性质提出了几点疑问。[19]当然，在没有获得确定性证据的情况下，我们未能全面否定C卣的真实性。但考虑到C卣在1954年之前的来历不明，对其进行史料批判工作是十分必要的。它曾经经过大面积修补的可能性也不能排除。

三、妇闖斝、妇闖罍铭文、器影著录情况的重新整理

如图一二所示，在以往著录"妇闖诸器"材料中有2件斝（为行文方便，以下简称A斝、B斝）和1件罍盖。

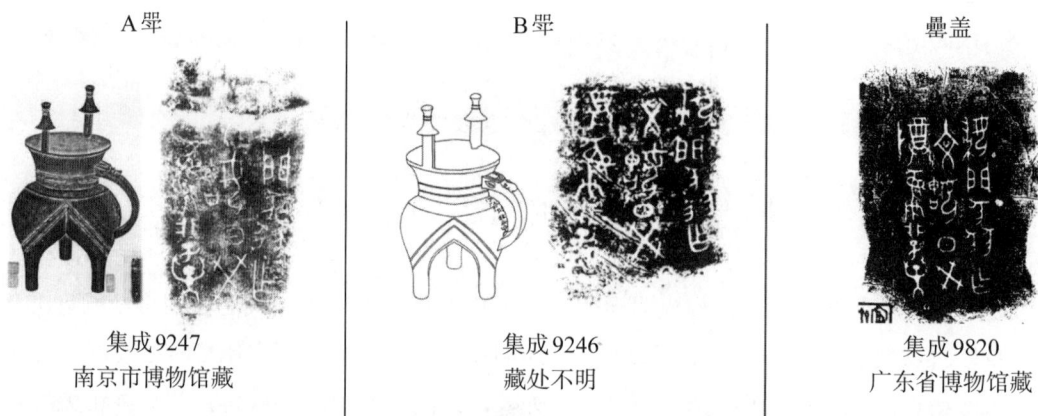

A斝	B斝	罍盖
集成9247 南京市博物馆藏	集成9246 藏处不明	集成9820 广东省博物馆藏

图一二

我们首先讨论"罍盖"铭文。这件罍盖的铭文以往著录于《周金》（5-30-2）、《殷存》（5-11）、《三代》（5-8-7）、《集成》（09820）、《总集》（5575）、《铭图》（13819）等，[20]现藏于广东省博物馆。器影照片未见公布，但2012年周亚先生在《〈愙斋集古图〉笺注》中首次介绍了此罍器、盖整体的全形拓本以及铭文拓本（参图一三左，吴大澂将其称作"尊"）。[21]我们通过对《愙图》所收拓本的仔细观察可知，以往著录的"妇闖罍盖"铭文拓本确实是《愙图》所录妇闖罍的盖铭。与此同时，我们还可以知道过去没有公布过的妇闖罍器身及其铭文的实际情况（图一三中）。但我们细察此罍器铭发现：此罍器铭无论在文字大小、行款布局上还是泐痕分布情况上，其实都与以往以"B斝"名义著录的铭文完全相同（图一三右），毫无疑问是从同一件标本采取的拓本。实际上，《周金》（5-30-1）在拓本上早就注明是一件"罍"的器铭。但后来的整理者将其误认为是一件"斝"铭，随后一直到现在没有人纠正这一错误。

因此，我们现在可以肯定，在以往研究中被认为"B斝"铭文的拓本其实全部都是

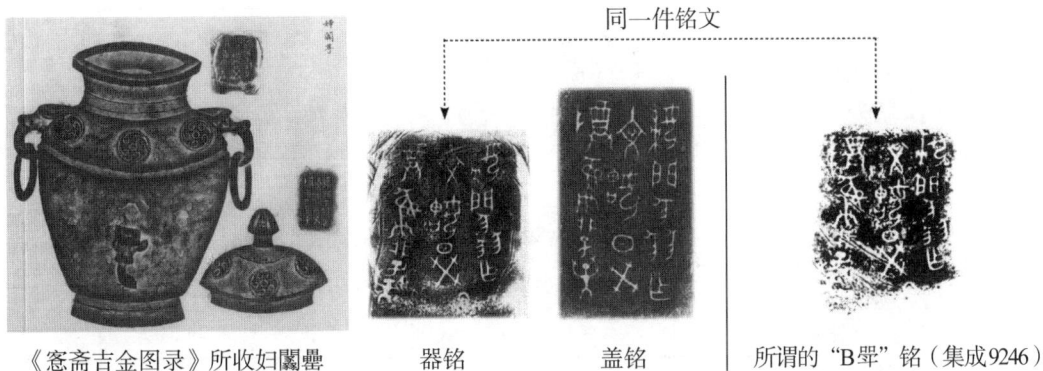

	同一件铭文	
《愙斋吉金图录》所收妇闌罍	器铭　　盖铭	所谓的"B斝"铭（集成9246）

图一三

《愙图》所录妇闌罍的器铭。至于所谓"B斝"器影线图（首见于《总集》4342），很有可能是根据A斝全形拓本摹绘的（图一二）。

四、结　　论

通过以上的整理和考证，本文对妇闌诸器的器物组成提出了如下修改意见：

（1）所谓的B卣铭文实际上应该都是A卣的铭文，或者是根据A卣铭文机械复制的仿作、伪作等"不原始"铭文。

（2）根据收录于《新上海》的"遂吾庐藏妇闌卣"器影（参看图三）可知：《陶斋》的B卣曾经确实是存在过的，但至少其盖应是后补的。

（3）B卣原来很有可能是个无铭器物，而或许与上海博物馆藏另一件无铭提梁卣形成一对双卣。若此，我们可以从"妇闌"诸器组合中删去B卣。

（4）C卣盖铭早在20世纪50年代出版的《书道全集》里面就公布过，但后来金文整理工作者都误认为是A卣铭文，结果C卣的存在被学界忽略。

（5）像C卣那种"出戟"或带厚重扉棱的大鸟纹提梁卣经常构成大小双卣。所以我们认为：C卣也同样原来与一件同型的"小卣"构成一大一小"双卣"的可能性比较大。[22]

（6）C卣在1954年以前的来历不明，而且其在铸造技术上存在一些可疑之处，为了确定其资料性质，我们还需要做进一步的鉴定工作。

（7）在以往的研究中被视为"B斝"铭文的拓本其实全都是"罍"的器铭。

（8）综上，目前可以确定的"妇闌诸器"共有9器，即：卣2、甑1、鼎1、爵3、斝1、罍1（图一四）。

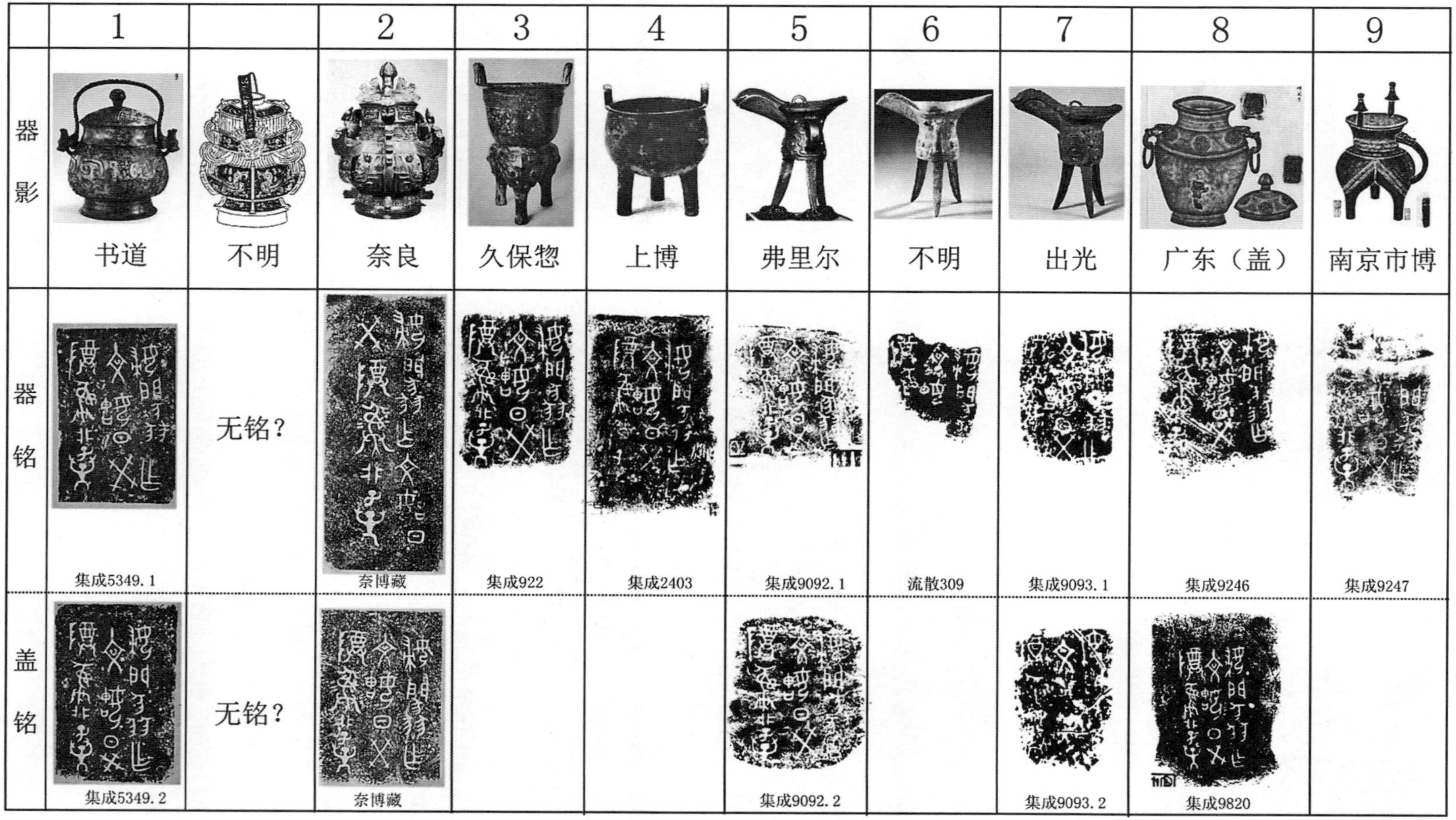

	1	2	3	4	5	6	7	8	9
器影	书道	不明	久保惣	上博	弗里尔	不明	出光	广东（盖）	南京市博
器铭	集成5349. 1	无铭？	集成922	集成2403	集成9092. 1	流散309	集成9093. 1	集成9246	集成9247
盖铭	集成5349. 2	无铭？			集成9092. 2		集成9093. 2	集成9820	

图一四

引书简称：

《缀遗》——方浚益：《缀遗斋彝器款识考释》，1894年。

《陶斋》——端方：《陶斋吉金录》，1908年。

《周金》——邹安：《周金文存》，1916年。

《殷存》——罗振玉：《殷文存》，1917年。

《获古》——大村西崖：《获古图录》，だるまや书店，1923年。

《古美术》——大村西崖：《支那古美术图谱》，艺苑社，1925年。

《上代》——中村不折：《支那上代书史》，雄山阁，1934年。

《续殷》——王辰：《续殷文存》，北平考古学社，1935年。

《三代》——罗振玉：《三代吉金文存》，罗氏百爵斋，1936年。

《通考》——容庚：《商周彝器通考》，哈佛燕京学社，1941年。

《书道》——下中弥三郎：《书道全集》第一卷《中国1·殷周秦》，平凡社，1954年。

《日精华》——梅原末治：《日本搜储支那古铜精华》，山中商会，1959年。

《美集录》——中国科学院考古研究所：《美帝国主义劫掠的我国殷周青铜器集录》，科学出版社，1962年。

《总集》——严一萍：《金文总集》，艺文印书馆，1983年。

《集成》——中国社会科学院考古研究所编：《殷周金文集成》，中华书局，1984—1994年；修订增补本，中华书局，2007年。

《坂本》——奈良国立博物馆：《坂本コレクション中国古代青铜器》，奈良国立博物馆，2002年。

《奈博》——奈良国立博物馆：《奈良国立博物馆藏品图版目录·中国古代青铜器篇》，2005年。

《流散》——刘雨、汪涛：《流散欧美殷周有铭青铜器集录》，上海辞书出版社，2007年。

《书博》——书道博物馆：《台东区立书道博物馆图录》（增补版），台东区立书道博物馆，2008年。

《资料库》——史语所金文工作室：《殷周金文暨青铜器资料库》，2010—　　　。

《铭图》——吴镇烽：《商周青铜器铭文暨图像集成》，上海古籍出版社，2012年。

《恧图》——周亚：《〈恧斋集古图〉笺注》，上海古籍出版社，2012年。

《铭图索》——吴镇烽：《商周青铜器铭文暨图像集成索引》，上海古籍出版社，2019年。

附图

	缀遗 (1894)	陶斋 (1908)	周金 (1916)	殷存 (1917)	获古 (1923)	续殷 (1935)	三代 (1936)	书道 (1954)	日精华 (1959)	总集 (1983)	集成 (1984)	坂本 (2002)	书博拓 (2008)	书博 (2008)	铭图 (2012)
器铭	12.3	2.36	5.94.2			上85.2	13.33.2			5435	5349				13245
盖铭			5.94.1	上41.3		上85.1	13.33.1								
器铭		2.37	5.93.4			上84.6	13.32.7(13.33.4)			5436	5350				13246
盖铭			5.93.3			上84.5	13.32.6(13.33.3)								
器铭								缺							
盖铭															

集成5349
书道博物馆藏

集成5350
下落不明

集成未收
奈良博藏旧

附记：

本文初稿提交后，作者经孙启灿先生函告得知，2021年12月国家图书馆出版社影印出版了《歙县程氏钟鼎彝器款识·程霖生藏器、徐乃昌藏拓》（郑伯象整理。此书原书曾在"东京古典会"平成二十五年拍卖图录《古典籍展观大入札会目录》中出现过。以下简称《程氏》）一书，其中收录程霖生旧藏"妇闌卣"器、盖铭文（即B卣）清晰拓本。我们通过对该拓本与书道博物馆所藏A卣铭文的仔细比较可以发现：

（1）《程氏》所录的B卣器、盖铭文拓本基本都可以与A卣铭文相重合，其一致程度远远超过手工复制所能做到的水平；

（2）但与此同时，从每一字的笔画末端形状以及气泡分布情况看，A、B两铭之间仍然存在一定的微小区别。

因此，我们认为A、B两铭之间的关系似乎不是单纯的重复著录，也不是同一标本的两种不同拓本，而是"仿造"或"伪造"。也就是说，B卣铭文很有可能是仿照A卣铭文，以某种机械手段錾刻（或补铸）于原来没有任何铭文的B卣器、盖上的。

2022年7月7日

---

① 《窓图》第81页指出：《总集》将日藏"妇闌瓶"铭文误当作此罍的器铭。可从。另参《铭图》13819以及《铭图索》（下）"铭图补正"149。

② a. 大村西崖：《获古图录》，だるまや书店，1923年。b. 中村不折：《支那上代书史》，雄山阁，1934年。c. 梅原末治：《日本搜储支那古铜精华》，山中商会，1959年。d. 书道博物馆：《台东区立书道博物馆图录》（增补版），台东区立书道博物馆，2008年。

③ 例如：亚址瓿（《新收》198—207，见图五上）、癫簋（《集成》04170—04177，见图五下）、追簋（《集成》04219—04224）、史颂簋（《集成》04229—04236）、善夫梁其簋（《集成》04147—04151）、佣生簋（《集成》04262—04265）、小克鼎（《集成》02796—02802）等，同样的例子也不胜枚举。

④ 关于同铭器之间的字体差别问题，可参Noel Barnard, "The Ch'en Ni Fu-Tray: Problems of Identification in the Study of Forgery," *Monumenta Serica*, Vol. XXX（1972-1973），pp. 461-462; Li Feng, "Ancient Reproductions and Calligraphic Variations: Studies of Western Zhou Bronzes with 'Identical Inscriptions'"（《古代的复制和书体的变异——西周同铭青铜器研究》），*Early China* 22, 1997；张昌平《商周青铜器铭文的若干制作方式——以曾国青铜器材料为基础》，《文物》2010年第8期等，但他们没有讨论春秋战国时期金文材料中所见"机械复制铭文"的问题。

⑤ 到了东周以后，在青铜器铭文铸造工艺中就开始出现利用同一模件翻印多数铸范的技法（其中包括单字模、复字模、全铭模等），例如春秋早期的"宗妇诸器"（《集成》02683—02689、04067—04087、09698、09699、10152）、春秋晚期的"秦公簋"（《集成》04315）、战国中期的"曾姬壶"（《集成》09710、09711）等。关于东周时期铸造铭文的机械复制问题，可看吉开将人《曾

侯乙墓出土戈戟の研究》，《东京大学文学部考古学研究室研究纪要》第12号，1994年，第1—50页；吉开将人《先秦时期における单字模铸造法について——曾侯乙墓出土青铜器群を中心に》，《东京大学东洋文化研究所纪要》第129册，1995年，第1—51页；Noel Barnard, "A Lid Core with Intaglio Inscription; and a Reappraisal of Methods of Casting Inscriptions," Appendix A, in *The Shan fu liang ch'i Kuei and Associated Inscribed Vessels*（《善夫梁其簋及其他关系诸器研究》），Taipei: SMC Publishing Inc, 1996, pp. 215-268；林巳奈夫《殷周青铜器铭文铸造法に关する若干の问题》，《东方学报》第51册，1979年，第1—57页。

⑥ 关于"铭文重合辨伪法"的理论和实践，可参看崎川隆《"铭文重合法"对商周青铜器铭文辨伪研究的有效性》，《出土文献研究视野与方法》第5辑，台湾政治大学，2014年；崎川隆《春秋时期青铜器铭文铸造工艺中机械复制技术的出现与发展》，《出土文献与物质文化》，香港中华书局，2017年；崎川隆《"非机械复制时代"青铜器铭文真伪判定》，《浙江大学艺术与考古研究》第4辑，2019年等。

⑦ 参奈良国立博物馆编《坂本コレクション中国古代青铜器》第32—33页，奈良国立博物馆，2002年；同馆编《奈良国立博物馆藏品图版目录·中国古代青铜器篇》第32—35页，奈良国立博物馆，2005年等。器影又收入朱凤瀚《中国青铜器综论》上册图版1-10-2，上海古籍出版社，2009年。

⑧ 但其中的器铭行款与其他诸器有所不同，是分两行书写的。

⑨ 孙稚雏：《金文著录简目》，第286页，中华书局，1981年。

⑩ 吴镇烽（2016）、苏荣誉（2014）也没有注意到C卣在以往的著录情况。参看苏荣誉《青铜工艺与青铜器风格、年代和产地》，《艺术史研究》第16辑，2014年；崎川隆《妇闔卣铭文拓本的重新整理》，《古文字研究》第30辑，中华书局，2014年等。

⑪ 其实在《书道全集》的说明中，贝塚茂树早就指出此卣铭文并不是A卣或B卣的，而是"第三个妇闔卣"的。参见《书道全集》第一册第176页。

⑫ 高51厘米，器影收录于《美集录》A591；历史语言研究所、陕西省考古研究所编《宝鸡戴家湾与石鼓山出土商周青铜器》第109—113页，历史语言研究所，2015年等。

⑬ 高35.7厘米，器影收录于《中国青铜器全集》第6卷《西周2》第149页，文物出版社，1996年；历史语言研究所、陕西省考古研究所编《宝鸡戴家湾与石鼓山出土商周青铜器》第109—113页等。

⑭ 高27.6厘米，见陈佩芬《夏商周青铜器研究·西周篇（上）》第180页，上海古籍出版社，2005年。

⑮ 中国社会科学院考古研究所安阳工作队：《2000—2001年安阳孝民屯东南地殷代铸铜遗址发掘报告》，《考古学报》2006年第3期。

⑯ 《美集录》A589、590。另参梅原末治《柲禁の考古学的考察》，东方文化学院京都研究所，1933年。

⑰ 石鼓山考古队：《陕西宝鸡石鼓山西周墓葬发掘简报》，《文物》2013年第2期。

⑱ 不过，B卣和上博藏卣的尺寸比较接近，所以我们暂时不能肯定它们是"一大一小"的双卣。

⑲ 同注⑩苏荣誉论文注释48。

⑳ 同注①。

㉑ 参见《窓图》第81页。另外，《铭图索》（四）也转录了《窓图》所录的全形拓本。

㉒ 同注⑫、⑬。

令方彝、令方尊及新出土曾公畎编钟
所见"康宫"年代质疑

李　峰
（吉林大学考古学院、美国哥伦比亚大学东亚语言和文化系）

一、问题的重新提出

1962年，唐兰先生发表了《论西周青铜器断代中的"康宫"问题》，文中继续他早年在令方尊、令方彝考释中的观点，[①]系统论述了"康宫"的性质及其在西周铜器断代中的意义。唐兰先生认为：西周金文中讲到的"康宫"是祭祀周康王的宗庙，而讲到"康宫"的青铜器则一定铸造于周昭王及以后时期。以此类推，金文中的"昭宫"、"穆宫"、"夷宫"等也都分别是昭王、穆王和夷王等的宗庙，而讲到这些宗庙的铜器也一定晚于与这些宗庙同名的周王。这就是著名的"康宫理论"。[②]根据这个理论，唐兰先生重新确定了一大批青铜器的年代，这其中包括著名的令方彝和令方尊。过去，郭沫若和陈梦家先生都曾将它们断定在成王时期，[③]而唐兰先生则将其断定在昭王时期。自唐兰文章发表之后，许多学者接受了将这两件铜器断定于昭王时期的观点，这可以说是目前学术界的主流看法。[④]但是，反对唐兰"康宫理论"的声音一直存在，特别是近年来不断有所发扬。譬如，较早著文否定唐兰"康宫理论"的有赵光贤和何幼琦先生；[⑤]后来又有杜勇著长文指出唐兰先生文章中的种种矛盾。[⑥]近年来更有学者否定了唐兰对"康宫"的基本定义，认为它是康王时期所建立的一所王宫，当然不是康王自己的宗庙；[⑦]或主张康宫本来是康王以其母命名的王宫，只是里面后来有了康庙，那才是康王自己的宗庙；[⑧]等等。总之，我们尚不能说唐兰的"康宫理论"就是目前学术界的共识。

笔者一直认为唐兰对"康宫"含义的解读是正确的，并且认为"康宫"是位于周地（即周原）的一组复合型宗庙，其中包括了"昭宫"、"穆宫"、"夷宫"等宗庙。但是，我也一直认为唐兰先生对令方彝、令方尊的断代是错误的。我的这个看法来源于自己早年基于随葬铜器对西周青铜器器形演变进行研究所得到的基本认识，⑨更是受启发于对西周行政制度的进一步研究。记得在芝加哥大学读博士学位期间曾和夏含夷先生交换过这个看法。夏先生显然不同意这个观点。他不仅是唐兰先生"康宫理论"的坚决拥护者，而且在他的书中写了很长一章介绍"康宫"问题对西周青铜器断代的意义。⑩后来到纽约工作，几次到华盛顿弗里尔去看令方彝，并在《西周的政体》中将它的铭文作为复原西周早期政府体系的基本框架。⑪书出版七年以后罗泰先生（Lothar von Falkenhausen）发表书评，反对我用令方彝铭文来复原西周早期政府，原因是唐兰先生《康宫》一文已经将令方彝、令方尊断定在西周昭王时期（但即使这样，它们仍在西周早期，当然可以用来研究西周早期政府）。⑫我在2017年答复罗泰的一文中，简述了自己相信令方彝、令方尊早于昭王时期的理由。⑬很幸运的是，近年来不断有新资料出土，特别是湖北随州枣树林新出土的曾公䜌编钟铭文又明确讲到曾国始君在"康宫"受封立国，为我们重新探讨这一问题提供了新的契机和证据。在唐兰先生文章发表五十八年之后，我们有必要系统地来重新审视这个问题。本文的目的就在于理清反对和支持令方彝、令方尊昭王断代说的种种理由，从而得出一个客观的结论，以加深对这对反映西周早期行政制度的重器的时代背景的认识。

二、令方尊、令方彝中"康宫"的特殊性

唐兰的"康宫理论"虽然独具慧眼，但也存在许多悬而未决的矛盾，这是事实。比如他的"京宫"、"康宫"并列之说并未全面考虑到金文中有关宗庙、宫室的资料，特别是与金文中常常出现的"周庙"之关系问题；⑭而他主张的"康宫五庙"中并不包括恭、懿、孝三王的宗庙；他解释说三王是附于昭王、穆王两代的庙中，但这是说不通的。现在山东新发现的引簋上又出现了"龚（恭）太室"，按照他对"夷太室"的解释这就应该是恭王庙的太室，这使他的康宫学说又面临新的挑战。⑮总之，唐兰先生的康宫理论不能被看作是不可怀疑的定说，而是需要进一步研究和反思的，这是学术发展的必然。但这是一个涉及西周时期宗教和礼制系统的复杂问题，需要另写专文讨论。这里，我们只需要讨论令方彝、令方尊中所讲的"康宫"和两器的年代问题，即不能将它们断定在昭王时期的理由：

（1）"康宫"一词在其他铭文中出现时，总是被冠以"周"的地名首字。在本文附表的33篇讲到康宫或康庙或康某宫的铭文中，有21例康宫前面都是要冠"周"地的，这个比例很高。这说明康宫是限于周地的，它是只位于今天周原的一个宗庙综合体（其中可能包括康王、昭王、穆王、夷王，甚至厉王的宗庙），甚至不在渭河平原的其他任何城市，这一点我在之前的西周政府研究中已经阐述得很清楚。⑯只有令方彝、令方尊

铭文提到的"康宫"是远离西周王畿，位于东方成周的一处设施；令方彝铭文中明公用了两个月时间才到达成周。令方彝这个"康宫"地点的特殊性表明它与作为康王宗庙的"康宫"可能不是一回事。否则，有21次康宫被提到时标明在周地，却没有一次（除去令方彝）是在成周，这从金文的用语习惯上讲是很不自然的。如果它是一个与康王的宗庙无关的建筑，那么唐兰的"康宫理论"就不能被用来判定令方彝、令方尊的年代。

（2）从铜尊的形态发展看，在过去的传世铜器中，令方尊与《西清古鉴》中所描绘的著名的麦方尊（可惜原器已不存）很相似：两者颈、腹、足比例相当，体态端直，只是腹部微鼓；扉棱的造型和长度也很相像（图一）。不同的只是麦方尊饰以小鸟纹，而令方尊饰以兽面纹。麦方尊以及其他由麦铸造的几件青铜器被大多数学者断定于康王时期。[⑰]到了昭王时期，青铜尊已经开始发展出了足部较短、整体较矮、腹上下两周花纹或者素面的新式风格，处于向西周中期垂腹尊的过渡阶段，这与令方尊是明显不同的（图二）。令方尊的器形设计与纹饰无疑更符合成、康时期的铜尊风格。

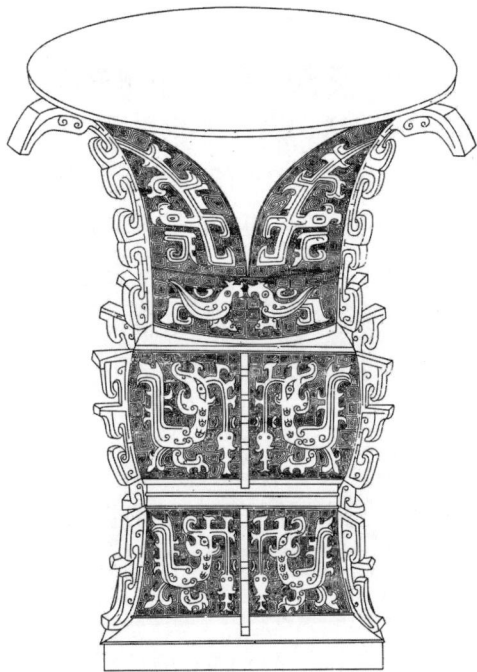

图一 令方尊（左）和传世麦方尊（右）的比较

（3）从"康宫"年代上讲，除令方彝、令方尊以外，讲到康宫（或康太室、康庙、康宫某宫）的33器中，表一中所谓"西周中期前段"的四器是年代最早的。其中的申簋讲到益公，属于益公组铜器。夹簋和狱簋则和香港私藏及国博所藏的卫簋完全一样；而另四件1973年出土于长安新旺村的卫簋讲到荣伯为右者，过去学者一致认为即裘卫

图二 西周早期向中期过渡阶段的铜尊

1.琉璃河出土復尊；2.作册睘尊；3.召尊

所作，属于荣伯组铜器。⑱无独有偶，下面的古鼎铭文正是讲到荣伯为右者。总之，这四件最早讲到"康宫"的铜器均属于荣伯或益公组，年代在恭王、懿王时期，但是没有一件是早于恭王时期的。穆王时期有那么多铜器，且很多有长铭，册命制度也已经出现，再加上昭王时期也有很多铜器，怎么就没有一件讲到"康宫"？如果按照唐兰的观点康宫建于昭王初，那么这座新的宗庙在昭、穆两代的政治、仪礼活动中应该受到足够重视，但昭、穆两代的铜器铭文却完全不予提及，这是不能不让人怀疑的。即使按唐兰意见定令方彝于昭世，那么昭王、穆王时代铜器中完全不记述"康宫"，这也在令方彝和其他讲到"康宫"的铜器之间形成一个很大的年代间隔，这是无法解释的。即使这33件铜器中的"康宫"就是康王的庙，我们也必须考虑一种可能性，即康宫这套宗庙体系在昭王时尚未建立，而可能是穆王死了以后才建立的。⑲但显然，我们不可能将令方彝、令方尊两器定在恭王或以后。换言之，如果我们不能把令方彝的年代定在恭王或以后，那么它所讲到的"康宫"就不是康王的庙，而必须另作他解；而以它为标准把令方彝、令方尊定在昭王时期就完全丧失了意义。

（4）明显的是，在令方彝、令方尊铭文中，周公仍然活着，他（通过矢令）给自己的儿子明保发布命令，令其外出并会同卿事寮的官员行施政务，而明保则是这篇铭文叙事中的主角。铭文曰："丁亥，令矢告于周公宫，公令𪘩（出）同卿事寮。"周公死于成王时期，这是众所周知的事。这一点是主张令方彝、令方尊昭王说的人万万难以克服的。唐兰说"周公宫"也是祭周公的庙，即这时周公已死。但矢告于周公宫就像王到庚嬴宫、师汒父宫，邢侯到麦宫一样；它们各自铭文后面紧接的一句中，庚嬴、师汒父、麦分别是行动主体人或受惠人，即都是活着的有行动的人；而这里公（即周公）则更是直接对矢发号施令。这都是生人所居之宫。[20]有什么理由非要避直求曲，说它们是庙呢？如果非说这时周公已死，只是周公的神灵在，那如同“出同卿事寮”这样的具体行为指令，也不像神灵所发。唐兰先生又说它可以是第二代或第三代周公。但是铭文明明说“周公子明保”（又称明公，而并不称“周公”），可见他并未及袭“周公”之号，这暗示周公还活着。荣簋里也直称“周公”而不加区别，指的自然也是周公旦。总之，唐兰这样把“周公宫”当作周公之庙的解释至多是一个迂曲的假设，它是需要证明的，否则它是没有力量的。总之，对令方彝铭文这段的最直接明了的解释就是：这是周公所居之宫，并且周公在那里对矢发号施令。只要对令方彝、令方尊的年代不抱先入为主的成见，大家都会得出这样的结论。

（5）2003年眉县杨家村青铜器的发现为上述这一观察提供了新的支持。在逨盘记录的单氏家族的世系中，有一位叫“皇高祖惠中盉父”，是单氏家族的第四代祖先。铭文明确指出，他曾经辅佐昭王和穆王。这使我们想到1955年眉县李家村（与杨家村毗邻，相距600米）出土的一组铜器，包括盉方彝和盉方尊；这两件铜器过去一般被定在西周中期的懿王或孝王时期。[21]杨家村铜器发现以后，凡是考释逨盘铭文的学者均认为惠中盉父就是盉方彝和盉方尊作器者，并主张将两器的年代提早到昭王或穆王时期，至晚是穆王时期，这是很合理的。[22]即使以盉方尊和盉方彝作为穆王时期方彝和方尊的标准，令方尊与令方彝的造型仍与它们有巨大的差距（图三）。特别是盉方尊和盉方彝整体变得低矮，腹部变小，完全是新时代的新器型（且不说两器两侧均有上卷之把手），这说明它们和令方彝、令方尊之间有着相当大的年代间隔。即使基于这一比较，即以盉方尊和盉方彝为穆王时期的标准，按铜器演变的一般规律我们也不能将令方彝和令方尊置于西周早期之末的昭王十九年以内。

（6）最后，我们再来看令方彝、令方尊和另外一件铜器的关系，这就是宜侯矢簋。令方彝、令方尊铭文中，作器者先被称为“矢”，后被称为“令”，可见他是可以称矢的，且其父为“父丁”。无独有偶，宜侯矢名矢，其父也是“父丁”，因此所有学者（包括唐兰先生）都认为令方彝、令方尊的矢令就是宜侯矢簋的矢。而且学者均认为矢令应该是先在周王室为作册（令方彝、令方尊、令簋），后受封为宜侯的（见宜侯矢簋）；相反地，矢一旦受封为宜侯，再回到王室担任作册的可能性就微乎其微。因为宜侯矢簋是明确的康王时期铜器，那么令方彝、令方尊就不应该晚于康王时期。这一点，过去陈梦家先生已经清楚论述，近年更引起一些学者重视。[23]关于这一点还可以从与另一件铜器的关系上得到印证，即作册大方鼎。该鼎铭末也有“鸟册”族徽，和矢令簋一致，无疑属于同族，且因讲到“公束鑄武王、成王異鼎”，铸鼎者为皇天尹太保，可断定是康王时器。一般认为作册矢令和作册大为父子关系，矢令为父，这进一步要求矢令担任作册

图三 三组方彝和（方）尊的比较

1—2.义方彝/义尊；3—4.令方彝/令方尊；5—6.盠方彝/盠方尊

的时间应在成王至康王早期。如果一定要说作册夨令是作册大的儿子，那就要求把宜侯夨簋的年代推到昭王或更晚，这是不可能的。总之，与宜侯夨簋的同人关系又将令方彝、令方尊与较早的成王、康王时期联系在一起，而不是昭王时期。

综上所述，唐兰先生以来很多学者之所以相信令方彝、令方尊作于昭王时期，主要是因为它们的铭文中出现了"康宫"。但是这个"康宫"的地点、时代和其性质与恭王及以后铜器铭文中作为康王之庙的"康宫"是有很大差别的。唐兰先生也曾试图从令方彝铭文本身说明"康宫"是康王的宗庙，其主要依据有两点：一是令方彝上"甲申，明公用牲于京宫，乙酉，用牲于康宫，既咸，用牲于王"的并列关系；二是《逸周书》"作洛解"的五宫有"太庙、宗宫、考宫，路寝，明堂"。但是，他的解释有很多漏洞。如他说宗宫即令方彝的京宫，所以他后面的考宫一定就是康宫，但他不能解释前面太庙又是怎么回事。"作洛解"说的是成王时期事，这里的"考宫"按说也只能是武王的宗庙，怎么又能是康王的庙？这是战国文献的追述，其准确性值得怀疑，不能以此为据就说"康宫"就是"考宫"，是康王的庙。即使按京宫、康宫在令方彝上的并列关系来论定它是康王的庙，也有问题，因为后面还有"王"（代表王城），难道"王"也是宗庙？可见进行牲祭，并不一定是宗庙，一般的宫室内也可以有祭祀活动。

三、最近的两项新发现及其意义

总之，上述各条均是将令方彝、令方尊与西周早期的成王、康王时期紧密地联系在一起，而不容它们被断定在西周早期最晚的昭王十九年内。当然，我们还有更新的证据：

（1）最近一个重要的新证据是由山西省公安部门缴获的义尊和义方彝，现入藏于新建的山西青铜博物馆。两器铭文明确讲到："唯十又三月，武王锡义贝三十朋，用作父乙宝尊彝。"[24]按照学界过去判定利簋的办法，这无疑是另一套武王时代的标准器。两器的器形、花纹与令方彝和令方尊都很相似（但义方彝有提梁，义尊为圆体），只是义方彝腹部更直一些，显得更加古朴，年代自然也更早，但两组器物年代差别并不是很大（图三）。换言之，令方彝和令方尊最适合的年代是离武王尚不太远的时代，而它们不可能跨越成王、康王两世，晚到唐兰先生所定的昭王时期。应该提到，有些学者主张金文中的王号为"谥号"，而像义方彝乃至利簋等讲到武王为叙事主体的铜器也不必作于武王时期（换言之，铭文中的叙事是追述）。这种观点不仅对铜器研究造成了很大混乱，也与现有证据相抵牾。譬如和义方彝同时入藏山西青铜博物馆的懋尊和懋卣铭文讲到穆王在郑地对懋施行蔑历，懋因而作器。这两器按照学术界对西周青铜器器形花纹的常识绝不能晚于穆王时期，而很可能作于穆王早期（图四）。它们说明西周金文叙事中讲到的"武王"、"穆王"一类的王号一定是生称，而非"谥号"。这个问题也涉及其他一些铜器的年代问题，需要另文专门讨论。

现在我将义方彝和义尊、令方彝和令方尊、盠方彝和盠方尊的三组尊、彝放在一个时间线上相比较（图三），任何人都会赞同令方彝、令方尊一组和义方彝、义尊一组更为接近，而与盠方彝、盠方尊一组相去甚远。根据目前对西周年代的研究成果，我们知道成王在位至少有28年（燹公簋），[25]康王至少有25年（小盂鼎）；成王和康王时期相加一共至少有53年（甚至更长，如夏含夷先生定成王36年＋康王27年＝63年），[26]再加上昭王19年，共至少72年（或82年）。在这个时间段中，我们以义方彝和义尊为武王时期标准，盠方彝和盠方尊为穆王时期标准，毫无疑问将令方彝和令方尊置于靠近武王一段（成康时期的53—63年间）要比把它们硬放入昭王的19年里更为合理（这样会在它们和义方彝和义尊之间造成两代53年乃至63年的间隔，且它们的器形与盠方彝和盠方尊相差太远），这是很明显的。显然令方彝和令方尊不可能作于西周早期之末的昭王

图四 新发现讲到"穆王在郑"的㦤尊和㦤卣（山西青铜博物馆）

时期，而是应该作于更早的时期。过去，笔者在研究西周随葬铜器演变时曾指出，周人自己铜器的风格在成王和康王早期已经逐渐成熟，完全可以与商代铜器区分开来。㉗令方彝腹部已经较义方彝略微鼓出，它所反映的正是这一时期的特点。

（2）2019年，湖北省的考古学家在随州枣树林发掘了M190曾国贵族墓，从中出土了226字长铭的曾公求镈和编钟。报告作者认为墓葬的年代在春秋中期早段，曾公求镈和编钟则铸造于公元前646年。㉘镈（M190：35）上铭文前二十四行读为：

> 隹（唯）王五月吉日丁亥，曾公求曰：昔在辤不（丕）顯高且（祖），克逑（仇）匹周之文（？）武。淑＝（淑淑）白（伯）旨（括），小心有德。召事一□（帝？），逼襄（懷）多福。左右有周，□神其鏗（聖）。受是不（丕）忞（盤？），不（丕）顯其霝（令），甫（甸）匍辰（祗）敬。王客我于康宫，乎厥命。皇且（祖）建于南土，敝（蔽）蔡南門，質（誓）應京社，適於漢東。【南】方無疆，涉政（征）淮夷，至于繁湯（陽）。曰：邵王南行，豫（舍）命于曾，咸成我事，左右有周，易（賜）之甬（用）鉞，用政（征）南方。南公之剌（烈），斁（睿）聖有聞，陟降上下，保埶（藝）子孫。曰：……（下略）

这段铭文也出现在九枚一组的编钟（甬钟A组）上，完全一致。但在八枚一组的编钟（甬钟B组）上，特别是M190：238上的一段读为：

南門。王客我于康宮，乎命尹（？）厥命（？），質（誓）應京社（〈鉦部〉）。不（丕）忩（盗？），不（丕）［顯］其䨼（令），甫（匍）匐辰（祗）敬。皇且（祖）建于南土，敝（蔽）蔡（〈右鼓部〉）。適於漢東（〈左鼓部〉）。

这显然是甬钟 B 组的刻手误读铭文底本（如镈铭文），在上模时审乱所致，所以我们在考虑这篇铭文内容时不能以甬钟 B 组铭文为据。㉙但重要的是，这篇长铭文以曾公畎的三段话分为三大段落。第一段（前两个“曰”之间）讲的是曾国在周初受封建国的史迹，即“我”（即我祖伯括）在周的“康宫”受命，从而皇祖（南公）得建国于南土，地处蔡国之南的汉东地区；第二、三个“曰”之间为第二段，讲后来昭王南征时对曾国赐用钺及曾国所发挥的作用；第三个“曰”之后为第三段。报告作者郭长江和凡国栋等先生指出，这里的“我”可指伯括，可指皇祖，也可能指曾公畎。他们虽然采取了曾公畎说，但指出：“因为上下文都是追述祖先的功绩之词，突然从历史的追述中跳脱出一句现时时事的描述，非常奇怪。”㉚当然这里奇怪的并不是这篇铭文；由于“王客我于康宫，乎厥命”的前一句和后一句说的都是先祖业绩，这里的“我”指的当然是先祖，而不会突然讲几百年以后的曾公畎（曾公畎对自己情况的陈述在第三个“曰”之后的第三段）。这里的问题是所谓的“康宫”的年代。关于这点，报告作者郭长江和凡国栋等先生说：

> 据笔者检索所及，这是东周金文第一次出现“康宫”的记载，也极可能是对“康宫原则”的一次重大挑战。因为根据叶家山墓地的年代，曾国始封（以第一代曾侯谏的年代来看）不可能晚至昭王或其后。如果伯括是皇祖的父辈，伯括“在康宫”的事自然早于叶家山；如果是同人，它的年代也只能等于或早于叶家山。那么“在康宫”这件事必然早于昭王。这样就与唐兰先生的“康宫原则”产生冲突。㉛

据学者们的研究，叶家山曾国墓地最早的墓葬如 M1、M2 均应断定在成王、康王时期，特别是 M1 应该在成王或康王早年。㉜根据我们对西周铜器器型变化的认识，这是比较可靠的（图五）。那么根据曾公畎镈和编钟（A 组）的铭文，曾国先祖因在“康宫”受命而建国，这个“康宫”自然是早于昭王时期的，即早于叶家山曾国墓地中最早的墓葬（“康宫受命”出现在曾公畎铭文的第一段，昭王事迹在第二段，按铭文的叙事顺序“康宫”也应该早于昭王）。它当然不可能是恭王以后铜器中所讲的属于康王宗庙的位于周地的“康宫”，而是另一个早于昭王时期的“康宫”。这自然是对唐兰的“康宫理论”的一个挑战。

当然，反对这个解读的学者可能说，这篇铭文是一篇东周文献，它所追记的并不

图五 叶家山曾国墓地M1出土青铜器

一定符合历史上的史实。但是，这等于是法律上的"有罪设定"，是需要证明的。他们之所以可能有这样的怀疑，就是因为受到唐兰"康宫理论"的束缚。如果我们突破这个桎梏，客观地来读这篇铭文，就会得出上述的结论。如果曾公𫘫镈和编钟（A组）确实铸造于公元前646年，那么距离西周灭亡只有一百余年，曾国的贵族对曾国分封这样重要的事件应该有明确的记忆。至少它应该比《逸周书》一类文献中战国时期的追记要可靠得多。[33]但更重要的是，曾公𫘫镈和编钟（A组）铭文所反映的这个"康宫"的年代，与令方彝、令方尊年代所显示的在周初即已经存在的成周的"康宫"是正相符合的，并且它们第一次以金文资料的形式指明了昭王以前"康宫"的存在。曾国的先祖伯括就是在令方彝、令方尊中所讲的位于成周的这个"康宫"中受命，从而才有曾国的建立。

四、支持令方彝、令方尊昭王断代的其他理由

除了"康宫"的字面联系外，坚持令方彝、令方尊的昭王断代的学者认为还有几点

理由可以支持这一年代，包括它们和折尊、折方彝的关系，令簋中的伐楚问题以及“王姜”的时代问题。下面，我们将来讨论这些理由。

（1）在新出土青铜器中，与令方彝最为相似的无疑是微史家族器中的折方彝（图六）。但折方彝被认为属于昭王时期，这主要是李学勤先生排定微史家族世系时所得出的结论。[34]微氏的第二代烈祖在武王时归周，第五代丰在穆王时期，那么怎样在第三世乙祖和第四世折之间分配成王、康王和昭王三个王世的时间就成了问题。李学勤先生说：

1   2

3   4

图六 令方尊、令方彝和折尊、折方彝比较

1—2.令方尊/令方彝；3—4.折尊/折方彝

第三世"乙祖"，墙盘说他"弻匹厥辟，远猷腹心仔侧"，意即长为周王的腹心之臣。他在职的年数不短，成康两王共约四十年，此人活动年代应大致相当。

第四世作册折，其继父任职不会早于康王末年。墙盘称他"甄育子孙，繁拔多爱"，自是享长寿的人。周昭王据古本《纪年》在位仅十九年，故折应该活到穆王的初期，其主要活动则在昭王时期。

现在看来，这段话有不少问题，其推定的乙祖和折两代人所占之王世也就不能那么可靠了。首先，从"远猷"（意为远谋）推不出乙祖长期服务的事实，更不能说他就能占据成、康两世的40年（这个40年的说法无疑是受到《史记》成、康治世"刑措四十余年不用"的影响）。同样，从"甄育子孙，繁拔多爱"这句也得不出折长寿的事实。如上所述，现在的研究已经表明成、康两世加在一起应该有53年到63年之久，乙祖一个人是不可能占这么长的时间段的。简言之，成、康两世时间的拉长要求我们对李学勤先生推定的微史家族世系和周王世的对应关系进行调整，唯一的办法就是将第四世折的年代上推至康王时期。也就是说，李学勤先生排定的微史家族世系中折和周王世的对应关系本来就缺乏证据，因此我们不能因为他将折方彝排在昭王时期作为证据来要求把令方彝也排在昭王时期。其实，李学勤先生将折方彝排在昭王时期，这反倒是他受到唐兰用"康宫"将令方彝断定在昭王时期的影响。当然，李学勤先生的另一个证据就是折尊和作册睘卣的联系，两器均讲到"十九年"和"在㞔"。但是这种通过时间（只是年，缺乏月份）和地点上的一致建立起来的联系（而不是通过人名和所从事职事的联系）偶然性太大了。不能以它为证据来否定或建立别的铜器的年代。况且，一种器型的流行有一定的时间段，我们本不应该把器型上的联系看得那么绝对。要之，令方彝和折方彝均反映了周人铜器成熟期的风格。

（2）令簋和令方彝、令方尊显然为同人所作，所以令簋的年代自然要牵动令方彝、令方尊的断代。令簋铭文讲到：

隹（唯）王于伐楚白（伯），才（在）炎。隹（唯）九月既死霸丁丑，乍（作）册矢令尊（尊）俎于王姜，姜商（赏）令貝十朋、臣十家、鬲百人。

由于传世文献和史墙盘、逨盘铭文一致讲到昭王曾经伐楚，于是一些学者过去就将令簋和昭王伐楚联系起来了，进而把令方彝、令方尊也断到了昭王时期。但是，这个推定是以一个假设为前提的，那就是只有昭王曾经挞伐过楚国，其他王世楚国均与周关系友好，或太弱小而不足以与周为敌。但这是一个无法证明的前提。过去唐兰先生曾经将几乎所有讲到"南征"的铜器均排在昭王时期，我们不能再犯这样的错误。

另外，令簋的铭文中也提到了"王姜"，她也出现在很可能是昭王铜器的作册睘卣铭文中。唐兰先生起初认为她是昭王的配偶，后来又改定为康王之后，也就是昭王的母亲，她随周昭王一起南征楚国。再后来，唐兰先生又把她改回到昭王之后，可见在这点上他其实是很任意的。关于周王的后妃，过去刘启益先生作过专门研究。他认为，在西周早期除了康王的配偶可能是姜氏，还有武王的配偶邑姜，她们都可以称为"王姜"。[35]而且重要的是，这两位"王姜"在金文中都有表现。如作册睘卣中的王姜、山东济阳刘台子西周墓出土的"王姜作鼎"的王姜，根据它们的器形都是西周早期晚段的。可以认为两器所讲的"王姜"符合康王之后的时代，她可能活到了昭王时期。但是，叔卣讲"王姜史（使）叔事于大保"，显然作于太保还在世之时。这篇铭文所讲到的"王姜"自然应该是武王的配偶，和太保召公奭同辈的王姜。有了这两个选择，我们自然不能因为令簋有"王姜"就把它定在昭王时期了。总之，令簋讲的"王姜"可能就是武王之后王邑姜，她活到成王晚期乃至康王早期都是可能的。

五、结 语

唐兰以后学者多认为令方彝、令方尊中出现的"康宫"一词指祭祀康王的宗庙，从而以此为据将令方彝、令方尊断定在康王死后的昭王时期。但上文已经指出，令方彝、令方尊记载的这个"康宫"与恭王以后铜器铭文中才出现的作为康王之庙的"康宫"相比，不仅时间间隔很长，而且也位于相隔很远的地方，因此它的性质可能与恭王以后出现的"康宫"完全不同。这个分析使得唐兰以来学者对令方彝、令方尊属于昭王时期的断代失去了基础。除了这点以外，本文全面分析了反对和支持昭王断代的两方面证据。

反对的证据首先包括由铭文中人名等信息提供的直接证据，如令方彝、令方尊中所讲的"康宫"和恭王以后铭文中康王之庙的"康宫"在时间、地点上的严重脱节；令方彝、令方尊中周公仍然在世，并且能对明公发号施令；令方彝、令方尊和宜侯夨簋为同人所作，而后者是公认的康王时期铜器，而且应该晚于令方彝、令方尊；新出土的春秋中期早段铜器曾公铎镈和编钟铭文直接指出在曾国受封立国之际有一所"康宫"已经存在，它应该正是令方彝、令方尊所记载的位于成周的康宫。这些都是强有力的直接证据，它们毫不妥协地将令方彝、令方尊的年代指向昭王以前的成康时期。另外还有可以由年代和世系推定的间接证据：根据西周年代学的最新研究，成王和康王加在一起，要比过去估计的40年长得多，至少在53年以上，可能长达63年；而昭王只有短暂的19年。这就要求将微史家族器中原先定在昭王时期的第四世折上推到康王时期，才能使得微氏世系和王年的对应变得合理。折方彝和令方彝器型非常相似，但器型方面的联系只能是间接证据，因为每种器型都有它流行的时间段。进一步从铜器类型学上讲，眉县的新发现要求我们把过去定在懿、孝时期的盠方彝、盠方尊年代提前到昭王或穆王时期；而另一方面，山西义方彝和义尊的发现又提供了西周初年武王时期方彝和尊的标准器形。与这两组方彝和尊作比较，令方彝和令方尊无疑更加接近义方彝和义尊，而远离盠方彝和盠方尊。这使得我们必须把它们放置在成、康时期才显得合理，而不是接近穆王一端的昭王 19 年间。总之，令方彝和令方尊反映的正是成、康时期周人铜器逐渐发展成熟的风格。

在支持令方彝、令方尊昭王断代方面，首先我们完全没有类似上述的直接证据。目前支持这一昭王断代的最主要的证据就是令簋中"伐楚伯"的记载。但是这种通过国族的联系所建立的时间一致性远没有通过人名的联系（如令方彝、令方尊和宜侯夨簋的联系）可靠，因为国族长期存在，并且国族间的关系随时可能发生变化，而传世文献中所遗留下来的记载只是极少的一部分。"王姜"所提供的联系也只是间接的，因为它只能帮助建立令簋的时代，涉及令方彝、令方尊，它所提供的只能是第二次关联。但是由于"王姜"在时代上本来就有可选择性，它所提供的第二次关联也不可靠。至于作册睘卣所提供的联系更为遥远，首先根据相同的年数和王所在地点判定折尊属于同一王世本身就有很大的偶然性，而对令方彝年代的支持还要进一步通过折方彝和令方彝的器形联系来建立，这又引入更多的不确定性，致使这种支持的有效性变得微弱。

总之，在判定令方彝、令方尊年代时，我们不仅要全面考虑到反对和支持两方面的证据，还要清楚判定这些"证据"本身的性质，从而客观地评估它们作为证据的有效性。基于上述分析，我们认为将令方彝、令方尊的年代定在昭王以前的成康时期，这是一个合理的客观选择。

2020 年 8 月 11 日初稿，2021 年 6 月 24 日定稿

表一　西周金文中所见之"康宫"

器　名	时　代	与"康宫"相关的金文内容	著录书编号
作册令方彝	西周前期	乙酉用牲于康宫，咸既，用牲于王	《集成》9901
申簋盖	西周中期前段	王在周康宫，格大室即位	《集成》4267
夾簋	西周中期前段	王在周康宫卿（飨）醴	《新收》1958
獄簋甲	西周中期前段	王格于康大室	《铭文暨图像集成》5315

续 表

器 名	时 代	与"康宫"相关的金文内容	著录书编号
古盨盖	西周中期	王在康宫，格［于］大室	《铭文暨图像集成》5673
古鼎	西周中期前段	王在康宫，格于大室	《铭文暨图像集成》2453
师遽方彝	西周中期	王在周康寝，卿（飨）醴	《集成》9897
康鼎	西周中期	王在康宫	《集成》2786
敔簋盖	西周中期	王在康宫，格齐伯室，召敔	《新收》671，《集成》10166
师道簋	西周中期	王在康宫，格于大室	《新收》1394
走马休盘	西周中期	王在周康宫，旦，王格大室	《集成》10172
君夫簋盖	西周中期	王在康宫大室	《集成》4178
卫簋丙	西周中期	王客（格）于康宫	《集成》4211
扬簋	西周中期	王在周康宫，旦，王格大室	《集成》4294
望簋	西周中期	王在周康宫新宫	《集成》4272
辅师嫠簋	西周中期后段	周康宫即位	《集成》4286
即簋	西周中期后段	王在康宫，格大室	《集成》4250
楚簋	西周中期后段	王格于康宫	《集成》4246
伊簋	西周晚期	王在周康宫，旦，王格大室即位	《集成》4287
师颖簋	西周晚期	王在周康宫，旦，王格大室	《集成》4312
南宫柳鼎	西周晚期	王在康庙	《集成》2805
元年师兑簋	西周晚期	王在周，格康庙即位	《集成》4274
颂鼎	西周晚期	王在周康邵（昭）宫，旦，王格于大室	《集成》2829
趞鼎	西周晚期	王在周康邵宫，格于大室	《集成》2815
袁鼎	西周晚期	王在周康穆宫，王格大室	《集成》2819
善夫克盨	西周晚期	王在周康穆宫	《集成》4465
吴虎鼎	西周晚期	王在周康宫穆宫	《近出》364

续　表

器　名	时　代	与"康宫"相关的金文内容	著录书编号
訇攸从鼎	西周晚期	王在周康宫徲（夷）大室	《集成》2818
此鼎甲	西周晚期	王在周康宫徲（夷）宫，旦，王格大室	《集成》2821
四十二年逨鼎	西周晚期宣王	王在周康穆宫，旦王格大室即位	《铭文暨图像集成》2501
四十三年逨鼎	西周晚期宣王	王在周康宫穆宫，旦王格周庙即位	《铭文暨图像集成》2503
克钟	西周晚期	王在周康剌（厉）宫	《集成》204
克镈	西周晚期	王在周康剌（厉）宫	《集成》209

（据王晖《西周金文"京宫""周庙""康宫"考辨》，《中华文化论坛》2019年2期，第44—45页表。有个别订正）

（为方便起见，本文的一些插图直接采自台湾"中研院"历史语言研究所"殷周金文暨青铜器资料库"，谨此致谢！）

---

① 唐兰：《作册令尊及作册令彝考释》，《国学季刊》（国立北京大学）第4卷第1号，1934年，第47—56页。

② 唐兰：《西周金文断代中的"康宫"问题》，《考古学报》1962年第1期，第15—48页。

③ a. 郭沫若：《两周金文辞大系图录考释》，第5—10页，科学出版社，1958年。b. 郭沫若：《令彝令簋与其他诸器物之综合研究》，载《殷周青铜器铭文研究》（修订本）第43—81页，科学出版社，1961年（初版1931年）。c. 陈梦家：《西周铜器断代（二）》，《考古学报》1955年第10期，第86—91页。

④ 特别重要的是，马承源先生著《商周青铜器铭文选》也接受了这种观点。见《商周青铜器铭文选》第三册第61—69页，文物出版社，1986—1990年。

⑤ a. 赵光贤：《"明保"与"保"考辨》，载《古史考辨》第69—85页，北京师范大学出版社，1987年；《亡尤室文存》第618—621页，北京师范大学出版社，2000年。b. 何幼琦：《论"康宫"》，《西北大学学报》（哲学社会科学版）1955年第2期，第10—16页。

⑥ 杜勇：《关于令方彝的年代问题》，《中国史研究》2001年第2期，第3—16页。

⑦ 王晖：《西周金文"京宫""周庙""康宫"考辨》，《中华文化论坛》2019年第2期，第33—49页。

⑧ 尹夏清、尹盛平：《西周的"京宫"与"康宫"问题》，《中国史研究》2020年第1期，第5—22页。

⑨ 李峰：《黄河流域西周墓葬出土青铜礼器的分期与年代》，《考古学报》1988年第4期，第383—419页；收入《青铜器和金文书体研究》第211—264页，上海古籍出版社，2018年。

⑩ 对于康宫的争论与令器断代的讨论，亦见 Edward L. Shaughnessy（夏含夷），*Sources of Western Zhou*

History: Inscribed Bronze Vessels, Berkeley: University of California Press, 1991, pp. 193–216。

⑪ 李峰：《西周的政体：中国早期的官僚制度和国家》，第50—58页，生活·读书·新知三联书店，2010年。

⑫ Lothar von Falkenhausen, "Review: Li Feng, *Bureaucracy and the State in Early China: Governing the Western Zhou*, Cambridge：Cambridge University Press, 2008,"《浙江大学艺术和考古学研究》1，2014年，第252—277页。

⑬ Li Feng, "Method, Logic, and the Debate about Western Zhou Government: A Reply to Lothar von Falkenhausen," *Frontier of History in China* 12.3 (2017): 485–507.

⑭ 这一点王晖已经指出，见《西周金文"京宫""周庙""康宫"考辨》，《中华文化论坛》2019年第2期，第37—40页。

⑮ 李学勤：《高青陈庄引簋及其历史背景》，《文史哲》2011年第3期，第120—121页。

⑯ 关于西周金文中所见宫室的分类和"康宫"一类宗庙的特殊性，见Li Feng, "'Offices' in Bronze Inscriptions and Western Zhou Government Administration," *Early China* 26-27 (2001-2002): 1-72。中文版见李峰《青铜铭文中所见的"官署"及西周的行政制度》，载陈致主编《当代西方汉学研究集萃（上古史卷）》第109—170页，上海古籍出版社，2016年。另见李峰《西周的政体：中国早期的官僚制度和国家》第118—120页。

⑰ a. 郭沫若：《两周金文辞大系图录考释》，第42—43页。b. 陈梦家：《西周铜器断代（三）》，《考古学报》1956年第1期，第73—77页。c. 马承源：《商周青铜器铭文选》第三册，第46—49页。

⑱ 马承源：《商周青铜器铭文选》第三册，第138—139页。

⑲ 如果这样，恭王时期铜器中常讲的"新宫"可能指的就是这座"康宫"，而不是简单地就是穆王的宗庙。这也能解释为什么"新宫"只出现在恭王时期的铭文中，而不见于西周其他王世。

⑳ 这些不仅是活人所居之宫，而且其中一部分如师司马宫、师录宫其实是西周时期的官署，见Li Feng, "'Offices' in Bronze Inscriptions and Western Zhou Government Administration," 3-14。中文版见李峰《青铜铭文中所见的"官署"及西周的行政制度》，载《当代西方汉学研究集萃（上古史卷）》第109—170页。

㉑ 如李学勤《郿县李家村铜器考》，《文物参考资料》1957年第7期，第58—59页。马承源：《商周青铜器铭文选》第三册，第228—229页。两人均定盠方彝和盠方尊于孝王时代。

㉒ a.《陕西眉县杨家村西周青铜器窖藏发掘简报》，《文物》2003年第6期，第37页。b.《陕西眉县出土窖藏青铜器笔谈》，《文物》2003年第6期，第43—65页。c. 李学勤：《眉县杨家村新出青铜器研究》，《文物》2003年第6期，第66—73页。

㉓ a. 陈梦家：《西周铜器断代（一）》，《考古学报》1955年第9期，第166—167页。b. 杜勇：《关于令方彝的年代问题》，《中国史研究》2001年第2期，第8—9页。c. 刘义峰：《令方彝断代论》，《南方文物》2015年第4期，第204—206页。

㉔ 韩炳华：《新见义尊与义方彝》，《江汉考古》2019年第4期，第78—83页。

㉕ 朱凤瀚：《𫑡公簋与唐伯侯于晋》，《考古》2007年第3期，第64—69页。

㉖ Edward L. Shaughnessy, *Sources of Western Zhou History: Inscribed Bronze Vessels*, pp. 241–245.

㉗ 李峰：《黄河流域西周墓葬出土青铜礼器的分期与年代》，《考古学报》1988年第4期，第385、397页。

㉘ 郭长江、凡国栋等：《曾公畩编钟铭文初步释读》，《江汉考古》2020年第1期，第3—31页。

㉙ 譬如，甬钟B组的刻手可能误将"厥"字读为"氏"字，才衍出前面的"尹"字。另如"南门"

被误刻在钲部首行，这使得"敝（蔽）蔡"孤立而不成句。这些均是此套编钟刻手的错误，并不影响镈和甬钟A组铭文所反映的文本的质量。

㉚ 郭长江、凡国栋等：《曾公畎编钟铭文初步释读》，《江汉考古》2020年第1期，第7页。

㉛ 郭长江、凡国栋等：《曾公畎编钟铭文初步释读》，《江汉考古》2020年第1期，第7页。他们并在此文后注⑩中引述了本人2017年英文文章中关于成周之"康宫"不同于康王宗庙之"康宫"的观点。

㉜ a. 湖北省博物馆等：《随州叶家山西周早期曾国墓地》，第148—183页，文物出版社，2013年。
b. 方勤：《曾国历史与文化：从"左右文武"到"左右楚王"》，第87—89页，上海古籍出版社，2018年。c. 张昌平：《论随州叶家山墓地M1等几座墓葬的年代以及墓地布局》，《中国国家博物馆馆刊》2012年第8期，第77—87页。

㉝ 当然《逸周书》中也有成文于西周时期的文献，则另当别论。

㉞ 李学勤：《西周中期铜器的重要标尺：周原庄白、强家两处青铜器窖藏的综合研究》，《中国历史博物馆馆刊》1979年第1期，第29—36页。

㉟ 刘启益：《西周金文中所见的周王后妃》，《文物与考古》1980年第4期，第85—90页。

从曾公畋编钟铭文重新考虑大盂鼎和小盂鼎的年代

夏含夷（Edward L. Shaughnessy）

（美国芝加哥大学东亚语言和文明系）

在2019年，湖北省文物考古研究所对随州枣树林义地岗曾国墓群进行了考古调查，发掘了一系列春秋中期曾国贵族墓葬。[①]这些墓葬中有位于墓地北部的"甲"字形墓M190，出土了320件文物，其中包括34枚曾公畋编钟，说明墓主是曾公畋。考古学家判断墓葬年代是春秋中期前段（约公元前650年）。根据铭文和花纹，34枚编钟可以分成五组，包括镈钟一组（4枚）、钮钟两组（一共13枚）和甬钟两组（一共17枚）。长达227字完整的铭文基本上相同，主要部分叙述曾国的早期历史，按照镈钟铭这一部分可以隶定如下：

> 唯王五月吉日丁亥，曾公畋曰：昔在辟丕顯高祖，克逑匹周之文武；淑淑伯括，小心有德，召事一帝，遹懷多福，左右有周，□神其聲，受是丕寧，丕顯其需，甫甸辰敬。王客我于康宮，乎氏命皇祖建于南土，敝蔡南門，質應亳社，適于漢東，南方無疆，涉政淮夷，至于縣陽。曰：卲王南行，豫命于曾，咸成我事，左右有周，賜之用鉞，用政南方。南公之烈，濬聲有聞，陟降上下，保嶽子孫。[②]

这段历史记载提到了四个名称：高祖、伯括、皇祖和南公。学者对这四个名称持有不同的理解，有人以为是一个人，有人以为是两个人，有人以为是四个人。我们可以暂时不管四人说（也就是"高祖"、"伯括"、"皇祖"和"南公"应该分开理解），因其与下面的讨论没有多少关系。持一人说的学者大多数根据同一墓地的M169所出媸加编钟和邻近义地岗墓群M1的曾侯腆编钟铭文，以为"伯括"就是"南公"。媸加编钟谓：

> 唯王正月初吉乙亥，曰：伯括受命，帥禹之堵，有此南洭。余文王之孫，穆

之元子，之邦于曾。

曾侯腆编钟谓：

> 曾侯腆曰：伯括上帝，左右文武，逢殷之命，撫奠天下。王逝命南公，誊宅
> 汭土，君庇淮夷，臨有江夏。

学者们说南公是伯括的另外一个原因恐怕来自西周铜器研究的常识，即南公是大盂鼎（《集成》2837）作器者盂的"祖"。大盂鼎铭文记载了王对盂说"令汝盂井乃嗣祖南公"、"赐乃祖南公旗"，也记载了"盂用对王休用作祖南公宝鼎"。因为大盂鼎长期以来被视为铜器断代的标准器，作于康王二十三年，所以作为盂的祖父南公的生涯应该大约在文王和武王时代。这和曾侯腆编钟谓"伯括上帝，左右文武"、曾公畎编钟谓伯括"克逑匹周之文武"相同。按照这样的常识，南公和伯括应该是一个人。

虽然如此，从曾公畎编钟的整个叙述来看，伯括和南公是两个不同时代的人。伯括应该是文王和武王时代的"高祖"，因为他的确"克逑匹周之文武"，而南公则受命于周昭王："豫命于曾，咸成我事，左右有周，赐之用钺，用政南方。"除此之外，石安瑞（Ondřej Škrabal）指出湖北省叶家山西周早期曾国墓地M111出土的曾侯犺簋（M111：67）铭文提到："犺作烈考南公宝尊彝。"据发掘者判断，M111的年代略在昭王时期，[③]曾侯犺是南公的儿子，这也说明南公完全可以活到昭王时代，并受到昭王的命令南行开辟曾国。[④]无论南公受命是不是和"昭王南征"有关系，以及"卲王南行"到底是哪一年（不但西周诸王在位年代的说法分歧，就连昭王南征的年代也有十六年说和十九年说），他肯定生活在周开国之后的两三代大约一百年的时间内，因此南公不可能是伯括。南公如果不是伯括，那么曾国的"皇祖"南公是不是大盂鼎的南公？这个问题牵涉到西周铜器断代的基本方法，值得再次考虑。

因为大盂鼎铭文记载周王说"我闻殷堕令，惟殷边侯、甸于殷正百辟率肆于酒"，与《尚书·酒诰》颇相似，所以徐同柏（1775—1854）和吴大澂（1835—1902）最初以为是周成王时代铜器。此后，因为同时出土的小盂鼎（《集成》2839）铭文记载周王"用牲禘周王、武王、成王□□□卜又臧"，"成王"应该是周成王的谥号，所以郭沫若（1892—1978）定其为康王时代铜器。从那个时候起，学者们几乎都接受了这个年代。

当时，小盂鼎已经失传，郭氏在《两周金文辞大系》里，发表了一篇非常模糊的拓本，铭末载有"廿又五年"的纪年（见图一：1）。郭氏这篇拓本重刊在《殷周金文集成》里，[⑤]也为"夏商周断代工程"所接受。[⑥]因为传统史书说康王在位26年，所以二十五年正好可以属于康王在位的年代，因此载有"廿又三年"纪年的大盂鼎和小

盂鼎都定为康王时代标准器。然而，郭氏发表载
有"廿又五年"纪年的拓本时，还有另外一篇小盂
鼎的拓本问世，即罗振玉（1866—1940）旧藏的拓
本。这个拓片也同样模糊，但是铭末的纪年比郭氏
发表的拓本更为清晰，是"卅又五年"。罗氏这个拓
本后来发表在马承源编的《商周青铜器铭文选》里
（见图一：2）。

陈梦家在1940年代见到罗氏影印拓本，在之后
发表的《西周铜器断代》中引用他的学术日记说：
"铭末'隹王廿又五祀'，旧释如此。昔日在昆明审
罗氏影印拓本，似应作卅。本铭'卅八羊'之卅，
直立两笔距离与此略等。"[7]不但罗氏拓本铭末"卅"
字和《小盂鼎》铭文他处"卅"字相同，并且郭氏
拓本的"廿"字上头中间的圆点与西周铜器铭文其
他的"廿"字都不一样，读作"廿"就很难想象这
个圆点起什么作用。这个圆点似乎只能是卅字中间
竖笔的上端。石安瑞也指出作拓本的技术很容易漏
掉原有的笔画，但是不太可能造出原本没有的笔
画。[8]这似乎说明小盂鼎应该断为某王三十五年。问

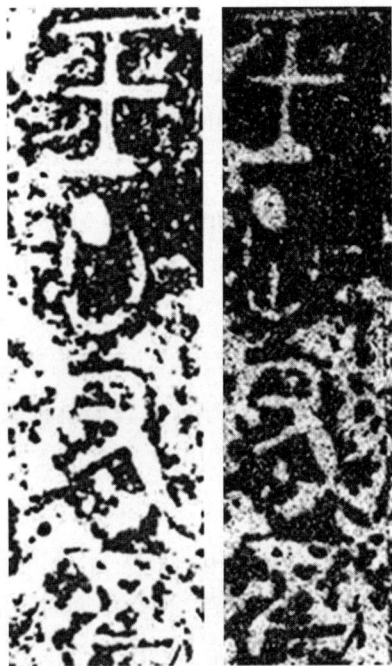

图一 1（左）：郭沫若《两周金文辞大
系》收小盂鼎拓本铭末
纪年；
2（右）：罗振玉《三代吉金文
存》4.45收小盂鼎拓
本铭末纪年

题是，如上面所说，传统史书说康王在位只有26年，除非传统说法有错误，不然康王
在位期间不会包括三十五年的记载。大多数学者采用郭氏"廿又五年"的拓本，少数采
用罗氏"卅又五年"拓本的学者如陈梦家（1911—1966）和马承源（1927—2004），则
认为康王在位年代应该拉长到35年以上。[9]

自从郭沫若《两周金文辞大系》将《大盂鼎》和《小盂鼎》定为康王时器以后，
只有极少不同的看法。譬如，丁骕《西周金器年谱》将之列为穆王时器，但是没有详
说，[10]也没有引起多数学者的注意。张闻玉说是昭王时器，[11]但是大多数学者以为昭王
在位19年南征而去世，很难让人相信他在位35年以上。面对这样的矛盾，丁骕定为穆
王时器也不无可能。历来史书皆谓周穆王在位55年之长，这个数字不一定可靠，但是
他在位至少34年已经被西周铜器鲜簋所确认，他在位35年以上应该不会有问题。因此，
李山和李辉前不久发表的《大小盂鼎制作年代康王说质疑》一文，提供了"二十二条证
据"论证大盂鼎和小盂鼎不制作于康王时代，而应该是穆王时器。[12]这个结论本身很合
理。虽然文章相当有启发性，两位李教授也很有自信，但是因为他们的论证方法像律师
那样只列举支持自己看法的证据，而不像学者那样客观地评判所有证据，所以文章缺乏

一定说服力，也没有得到诸多金文学家的认同。

这并不是说大盂鼎和小盂鼎作于康王时代的旧说仍然可靠。最近几位西方学者提出了好几条理由来论证这两件器应该是穆王时代的铜器。最早和最全面的论述是夏玉婷（Maria Khayutina）参加2016年北京论坛时宣读的一篇题为"The Conquest of Shang in Bronze Inscriptions and Memory Policy of the Zhou Royal House during the Western Zhou Period（ca. mid-11th–early 8th c. BCE）"（《铜器铭文中的克商与西周时代周王室的记忆政策》）的论文。[13]她指出大盂鼎器形和花纹（见图二：1）都和旟鼎（《集成》2704；见图二：2）非常相似，两件器铭文的书法也几乎一模一样。这是金文学家公认的。旟鼎自1972年出土于陕西省眉县杨家村以后，大多数金文学家立刻定之为康王时器。与此不同，夏玉婷指出旟鼎出土地点离2003年出土单氏家族铜器的窖藏不远，很可能也是单氏的铜器。这之所以重要是因为1975年出土于陕西岐山县董家村的裘卫盉（《集成》9456）提到"司马单旟"，这个"司马单旟"应该就是旟鼎的"旟"。裘卫盉有共王说，有懿王说，肯定是西周中期后段铜器。旟鼎如果是康王时器，很难想象能够铸造铜器的旟怎么会经过昭王和穆王至少50多年（昭王19年加穆王至少34年）的时间，到共王时代仍然做"司马"。

图二 大盂鼎（左）和旟鼎（右）

除了旟鼎和裘卫盉，旟的名称还见于𥂕鼎（《集成》2740）和员卣（《集成》5387）铭文。这两件器物同样通常被视作西周早期器。这种断代虽然表面上比较合理，可是再深入考察也有可商榷的余地。先从器形谈起，𥂕鼎和刺鼎（《集成》2776）器形基本上相似，只是口沿下花纹稍微不同，𬙐鼎是两条弦纹，而剌鼎是对立的长尾鸟纹（见图三和图四）。

图三 𬙐鼎器影（左）和铭文拓本（右）

图四 剌鼎器影（左）和铭文拓本（右）

因为剌鼎铭文谓"王禘用牲于大室，禘昭王"，所以一律视作穆王标准器，这样断代确实无误。既然两器的器形这样相同，𬙐鼎的铸造年代不会比剌鼎早多少。

再从𬙐鼎铭文内容看，很可能记载穆王前后的史实。

　　惟王伐東夷，祭公令寧眔史旗曰：以師氏眔有司後或夒伐貊。寧孚貝，寧用作饗公寶尊鼎。

　　周王室和东夷的战争时时都有，从西周早期的成王时代一直到晚期的宣王时代几乎没有一个时代不提及这样的征伐。因此，"惟王伐东夷"的记载对器物的断代不是决定性的线索。然而，"祭公"比较重要。过去通常把"**惠**"隶定为"潇"，以为是西周早期的某个人物。然而，郭店楚简《缁衣》出土以后，李学勤先生首次指出《缁衣》里同一个字型应该读作"祭"，"祭公"指《逸周书·祭公》的"祭公谋父"，这也说明铜器铭文的"**惠**公"也是"祭公"，应该是频繁出现在《竹书纪年》和《穆天子传》里的"祭公"。据《竹书纪年》记载，祭公在穆王二十一年"薨"，是穆王前期的重要功臣。这样对刺鼎的断代如果不误，铭文里所提到的"史旗"应该也是穆王前后的人物。

　　员卣铭文也提到了"史旗"和员共同伐"会"，会应该是东夷之一。铭文很简单，没有其他线索可以用来断代：

　　員從史旗伐會，員先內邑，員孚金，用作旅彝。

　　员卣确实呈现出比较早的器型和花纹特征（见图五）：

图五　员卣器影（左）和铭文拓本（右）

员卣和士上卣（《集成》5421；也称作"臣辰卣"）比较相似（见图六）。士上卣原来多定为成王时器，可是后来的学者更多将之定为昭王前后器，我觉得后来的断代不会失之过远。

"员"做了不少其他器物，是不是同一个人当然是一个问题，但是有一件簋的铭文记载员"伐东夷"，因为和员卣的铭文相同，所以很可能是同时代的器物（见图七）。

这件员簋的器型是比较典型的西周中期偏早风格，口沿下的花纹是一圈对立的长尾鸟纹，也属于穆王前后。因此，把

图六 士上卣器影

"员"视为昭王和穆王之间的人物应该合理。当然，不但"员"是不是指同一个人是一个问题，同样旟鼎的"旟"、裘卫盉的"司马单旟"与剌鼎和员卣的"史旟"是不是同一个人也要画一个问号。然而，无论是不是同一个人，这几件铜器都集中于西周中期，不是西周早期的铜器，这点大概不会有问题。因此，从旟其人和旟鼎器型判断大盂的年代，穆王说就比康王说更加合理。

图七 员簋器影（左）和铭文拓本（右）

夏玉婷还指出与大盂鼎和旟鼎相似的鼎还有庚嬴鼎（《集成》2748）。这件铜器虽然只存有《西清古鉴》的线图，但是器形和花纹的特点与大盂鼎实在很相似（见图八）：

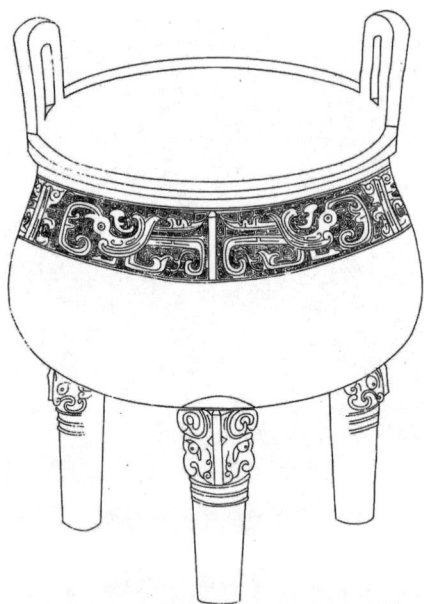

图八 庚赢鼎器形线图（左）和铭文木板模仿（右）

除了庚赢鼎以外，还有庚赢卣（《集成》5426）。幸亏这件器物仍然存世，收藏于美国哈佛大学美术博物馆。庚赢卣的花纹是一对长尾鸟纹（见图九），具有典型的穆王时代的特征。因此，庚赢鼎也应该断为穆王时器，大概无疑。

图九 庚赢卣器影（左）和铭文拓本（右）

夏玉婷接着指出庚嬴鼎载有"隹廿右二年四月既望己酉"的完整纪年，这个纪年合于另外八件穆王时代载有完整纪年的铜器给出的历谱（表一）：

表一　穆王时代载有完整年代记载的铜器

器铭	在位年	月	月相	干支	公元前年	月日
庚嬴鼎	22	4	既望	己酉（46）	935	23
亲簋	24	9	既望	庚寅（27）	933	19
小盂鼎	25	8	既望	甲申（21）	932	18
裘卫簋	27	3	既生霸	戊戌（35）	930	12
虩簋	28	1	既生霸	丁卯（04）	929	14
班簋	【29】	8	初吉	甲戌（11）	928	01
虎簋盖	30	4	初吉	甲戌（11）	927	05
作册吴盂	30	4	既生霸	壬午（19）	927	13
鲜簋	34	5	既望	戊午（55）	923	13

引自 Maria Khayutina, "Beginning of Cultural Memory Production in China and Memory Policy of the Zhou Royal House during the Western Zhou Period（ca. mid-11th – early 8th c. BCE）", *Early China* 43（2020）。

在表中，除了班簋铭文年代完全是夏氏推测的和小盂鼎错置于二十五年可能有问题以外，其他六件铜器（也就是说除了正在讨论的庚嬴鼎）大概都没有问题，大多数的金文学家应该都会断为穆王时器。夏氏所利用的月相定义是王国维的四分法，也是最广为接受的定义。除了鲜簋有两三天的差异之外，其他几件都完全合乎四分法。这似乎可以说明庚嬴卣和庚嬴鼎都是穆王时器。若此说不误，则又旁证了大盂鼎和旗鼎也应该是穆王时器。

在这张表中，夏玉婷将小盂鼎列为穆王二十五年。如上所述，这一年份大概靠不住。她之所以这样列表是因为她以为穆王在位时间只有34年，即公元前956年至公元前923年。虽然如此，她另外假设小盂鼎可能是公元前922年做的，也就是以公元前956年为元年的穆王三十五年。她推测盂既然知道穆王已经崩逝，可是由于某种原因宁愿继续利用穆王的在位年代。我自己觉得这样的假设非常勉强，恐怕说服力不大。按照我自己早年发表的西周诸王年表，穆王在位年代为公元前956年至公元前918年，一共39年，完全可以容纳小盂鼎所载三十五年的年代记载。如果我们将夏玉婷的表续到公元前922年，小盂鼎所载"隹八月既望辰在甲申"和"隹王卅又五年"也和四分说完全吻合。据张培瑜《中国先秦史历表》，公元前922年八月朔日是己亥（36），⑱该月没有甲申（21），但若改变闰制得八月朔日戊申（5），甲申（21）为该月第17日，与"既望"月相完全符合。无论穆王绝对在位年代如何，小盂鼎"隹王卅又五年"和穆王二十二年到三十四年诸件铜器历日的一致也说明它应该属于穆王时代。

器名	在位年	月	月相	干支	公元前年	月日
小盂鼎	35	8	既望	甲申（21）	922	17

结　　语

2019年出土的曾公𣄴编钟，对曾国早期历史提供了极为重要的信息，说明曾国"皇祖"是南公，也受命于周昭王，昭王"赐之用钺，用政南方"。因为南公是大盂鼎作器者盂的祖父，所以曾公𣄴编钟的铭文也为整个周代早期史学（特别是西周铜器学）提供了重要信息。本文根据南公的年代和大盂鼎的关系再提出四点证据说明大盂鼎和小盂鼎断为康王时器应该重新考虑，这两件器物更可能是穆王时代的铜器。这些证据如下：

1. 小盂鼎铭文末尾的纪年，过去都以郭沫若《两周金文辞大系》拓本的"廿又五年"为准，但是这个拓本恐怕漏掉了一笔，当从罗振玉旧藏拓本释作"卅又五年"。因为传统史书几乎都载有康王在位26年，所以小盂鼎如果确实有"卅又五年"的纪年，就不可能是康王时器。

2. 大盂鼎的器形与花纹与1972年陕西省眉县杨家村出土的㫃鼎一模一样。㫃鼎的出土地点离2003年出土的单氏家族铜器窖藏很近，很可能是单氏家族的铜器。公认为共王或懿王时代的裘卫盉所提到的"司马单㫃"，应该就是㫃鼎的"㫃"，说明㫃鼎不会早于穆王时代。

3. 大盂鼎和㫃鼎又和庚嬴鼎非常相似。庚嬴鼎的作器者还制作了花纹是典型穆王时代长尾鸟纹的庚嬴卣，两件器物应该都是穆王时代所作。

4. 小盂鼎铭文所载的"隹八月既望辰在甲申"和"隹王卅又五年"与穆王二十二年至三十四年有纪年的七件铜器的历法完全一致，可以定为穆王在位年历。

这四点论证单独看来可能没有绝对说服力，但是加在一起恐怕只能说明西周铜器学以大盂鼎和小盂鼎为康王时代标准器是一个根本的误解，这两件器都应该断为周穆王时代的铜器。

（为方便起见，本文的一些插图直接来自台湾"中研院"历史语言研究所"殷周金文暨青铜器资料库"，谨此致谢！）

① 湖北省文物考古研究所：《湖北随州枣树林墓地2019年发掘收获》，《江汉考古》2019年第3期。

② 郭长江、凡国栋、陈虎、李晓杨：《曾公畎编钟铭文初步释读》，《江汉考古》2020年第1期。

③ 湖北省文物考古研究所、随州市博物馆：《湖北随州叶家山M111发掘简报》，《江汉考古》2020年第2期。

④ 石安瑞：《由曾公畎编钟铭文错乱看制铭时所用的写本》，武汉大学简帛研究中心网站论文，2020年7月24日，链接：http://bsm.org.cn/show_article.php?id=3574，注49。

⑤ 中国社会科学院考古研究所编：《殷周金文集成》第2839号，中华书局，1986—1994年。

⑥ 夏商周断代工程专家组：《夏商周断代工程1996—2000年阶段成果报告（简本）》，世界图书出版公司，2000年。

⑦ 陈梦家：《西周铜器断代》上册，第112、113页，中华书局，2004年。

⑧ 石安瑞私人邮件，2020年7月3日。

⑨ 见陈梦家《西周年代考》第31—32页，商务印书馆，1945年；马承源编《商周铜器铭文选》第43页注28，文物出版社，1986年。

⑩ 丁骕：《西周金器年谱》，《中国文字》1985年第1期。

⑪ 张闻玉：《小盂鼎非康王器》，《人文杂志》1991年第6期。

⑫ 李山、李辉：《大小盂鼎制作年代康王说质疑》，《北京师范大学学报》（社会科学版）2012年第2期。

⑬ Maria Khayutina（夏玉婷），"The Conquest of Shang in Bronze Inscriptions and Memory Policy of the Zhou Royal House during the Western Zhou Period（ca. mid-11th–early 8th c. BCE），" 2016年北京论坛"出土文献与古代文明"分论坛（北京大学，2016年11月4日—6日）；"Beginning of Cultural Memory Production in China and Memory Policy of the Zhou Royal House during the Western Zhou Period," *Early China* 43（2020）。相同的结论见Maria Khayutina, "Reflections and Uses of the Distant Past in the Chinese Bronze Inscriptions from the 10th to 5th Centuries BC," 载于John Baines, Henriette van der Blom, Yi Samuel Chen, and Tim Rod ed., *Historical Consciousness and the Use of the Past in the Ancient World*（Sheffield: Equinox, 2019），pp.166-167。除了夏玉婷以外，罗泰（Lothar von Falkenhausen）也说大盂鼎很可能反映西周中期的一种复古趋势，但是没有详细说明，只说"这种器物的断代对以后的学者是一个挑战"，见Lothar von Falkenhausen, "Review: Li Feng, *Bureaucracy and the State in Early China: Governing the Western Zhou*, Cambridge: Cambridge University Press, 2008," *Zhejiang University Journal of Art and Archaeology* 1（2014），p. 260, n. 20。另外，石安瑞也针对这个问题提出了很好的建议，见石安瑞《由曾公畎编钟铭文错乱看制铭时所用的写本》，武汉大学简帛研究中心网站论文，2020年7月24日，链接：http://bsm.org.cn/show_article.php?id=3574，注49。

⑭ 张培瑜：《中国先秦史历表》，齐鲁书社，1987年。

再论安徽中南部春秋青铜文化类型

朱凤瀚

（北京大学历史学系）

今安徽中南部（这里指安徽处于江淮间与长江南北沿岸的区域）历年来多有商周时期的青铜器出土（图一），其中尤以春秋时期的青铜器为多。近年来有关春秋时期青铜器出土的报道，除了考古简报以外，安徽省的考古工作者已相继出版了四本图录，即《皖南商周青铜器》（下文简称《皖南》）、[①]《江淮群舒青铜器》、[②]《安徽江淮地区商周青铜器》（下文简称《江淮》）、[③]《枞阳商周青铜器》。[④]

2009年出版的拙著《中国青铜器综论》[⑤]曾将这一区域的春秋青铜器分作"安徽中部舒城及附近地区"与"长江以南地区"两块区域作了论述，认为这两块区域出土的春秋青铜器（按：严格地说，应指这两块区域出土春秋青铜器中各自的主要成分，或云主体），在常见器类、器型以及形制、纹饰诸方面有一定差别，二者不应归入同一文化系统，只有前者属于群舒文化。对于这个问题，近年来有学者有不同的见解，将此两块区域出土的春秋青铜器的主体皆归入"群舒文化"。[⑥]但如对相关铜器群作细致的分析，两块区域器物的差别还是比较明显的，所谓"群舒文化"大概不会蔓延至长江南北沿岸区域。

以下拟在上述拙著基础上补充新见到的资料，对群舒青铜器与皖南长江沿岸区域另一种青铜文化类型的器物作进一步的分析，探讨二者在主要器类的器形、纹饰方面的异同，希望使安徽中南部春秋青铜文化的面貌更为清晰。

一、群舒青铜器的特征

20世纪50～90年代到21世纪初，在安徽中部江淮间的舒城及附近地区陆续出土几组春秋时期的青铜器，它们在器类、组合及形制上有独特之处，显示了一种区域性的

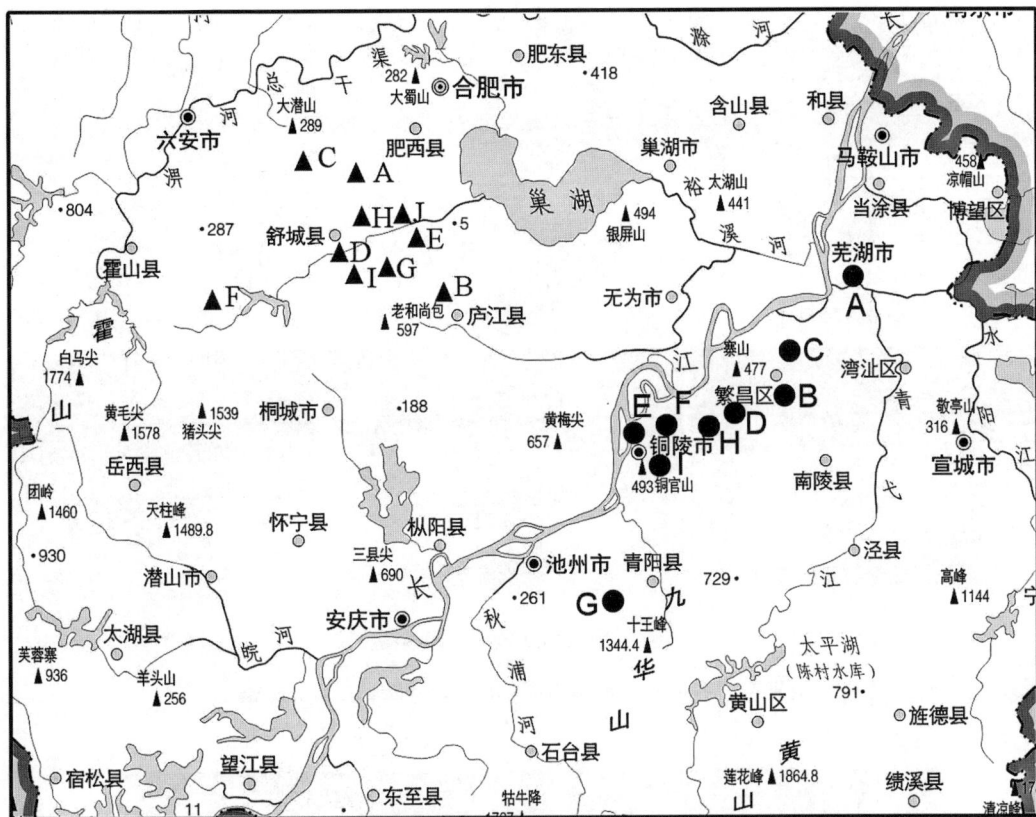

图一 皖中部与皖南青铜器出土地点示意图

青铜文化之存在。现将重要发现按铜器形制反映出来的年代早晚分列如下。需要说明的是，部分器类的年代主要是依靠与中原地区及相邻的楚国青铜器的形制及纹饰作比较而定的。江淮间与长江流域的铜器，有相当一部分器类、纹饰是仿照中原式铜器或略加变化铸造的，其年代当不早于同形制或形制近同的中原器，纹饰亦不当早于有同样或近似纹样的中原器，这在断定安徽中南部铜器年代时大致可以作为一个原则。以下群舒器凡未注出处的，连同附图均见《江淮》。

A. 1971年在肥西县红卫乡柿树岗村小八里出土立耳浅腹圜底盆形腹鼎（下简称为"立耳浅腹鼎"）2件，簋、瓢形曲柄盉、盘、匜、四环耳方盒形器各1件（图二）。[7]其出土情况不详，但从此组器之组合看，特别是盘、匜各1件相配，很像是出自一座墓葬。

B. 1991年在庐江三塘乡轮窑厂出土一组铜器，有兽首鼎、匜、双小环耳缶、方盒形器各1件（图三）。

C. 1981年在肥西县金牛乡长庄村一座长方形土坑竖穴墓出土铜器3件，有立耳浅半球腹鼎、戈、剑。墓室面积约10.4平方米，有一棺。[8]

图二　肥西小八里出土青铜器

1.鼎；2.簋；3.瓢形曲柄盉；4.方盒形器；5.匜；6.盘

图三　庐江三塘乡出土青铜器

1.兽首鼎；2.方盒形器；3.缶；4.匜

D. 1974年在舒城东南五里乡砖瓦厂出土铜容器5件，包括鼎4件（立耳浅腹扁平盖鼎2件、立耳垂腹鼎与兽首鼎各1件）、鬲形曲柄盉1件。

E. 2012年在舒城百神庙官塘村出土立耳浅腹鼎、鬲形曲柄盉各1件。鼎残。⑨

F. 1989年在六安县南端毛坦厂镇燕山村走马岗发现一座长方形土坑竖穴墓，墓室面积11.8平方米，墓内出土铜容器6件，计铜尊、有盖鬲形曲柄盉、鬲形曲柄盉、盘、器盖、斗各1件，此外有铜削柄、青瓷碗、硬陶罐、残印纹陶器各1件。⑩墓中未出铜食器，因是农民挖出，似有流散的可能。

G. 1988年在舒城县河口镇西南一小山丘上发现近方形的较大型的竖穴土坑墓一座，墓室面积38.6平方米。墓内出土青铜器一组，计鼎4件（附耳平顶盖鼎2件、直立耳罐形腹鼎与兽首鼎各1件），簋、缶、带流缶、鬲形曲柄盉、器盖形器各1件（图四、图五），同出有印纹陶罐2件、青瓷盉1件。⑪

H. 1959年在舒城县东2 000米的龙舒乡凤凰嘴清理墓葬一座，墓室近正方形，面积8.4平方米，墓内出土铜器一组，计有鼎、鬲、缶各3件（带铉平顶盖附耳鼎2件、兽首鼎1件），鬲形曲柄盉、小罐、盘形器、盖形器、曲尺形器各1件。⑫盉口有盖。

I. 1964年在舒城县河口乡杨家村许家山嘴出土铜容器一组，计有鬲形曲柄盉、带扉棱的敛口钵形器、鐎各1件。据《舒城县文物志》记载，此组器出土时尚有鼎、鬲各1件，已散失。由器物组合看，亦当是出于一座墓。⑬

J. 1980年在舒城县孔集乡九里墩清理了一座较大型的长方形竖穴土坑墓，墓室面积28.3平方米，此墓早期被盗，仅余铜容器及残件8件，即鼎盖1件、鼎足3件、簋2件、盉（仅存流口）与敦各1件。此外尚余有甬钟4件、鼓座1件，以及兵器（包括矛、戈、戟、殳等）、车马器、工具等，陶器仅有罐3件。⑭

图四　舒城河口镇出土青铜器（一）

1.鼎；2.鼎；3.兽首鼎

图五 舒城河口镇出土青铜器（二）

1.簋；2.甗形曲柄盉；3、4.缶（4或称"缶形盉"）

以下扼要地讨论A～J共10组器物的形制特征与年代。

A组器，即肥西小八里墓葬出土的一组青铜器，此组内器物的年代似有早晚之别，所出铜鼎之一扁平盖，中间一圆顶长方形环状捉手，两侧各以双圆形凹口容纳鼎耳；双立耳，略向外撇，较浅的盆状腹，腹上壁近直下部圜曲内收，圜底。鼎腹部饰勾连吐舌的龙纹带，其构形特点已近于蟠螭纹，唯尚与多条小龙四方伸展的典型蟠螭纹略有别。小方盒形器盖顶亦饰有弯曲而交错分布的四条吐舌的小龙。类似的小龙尚未勾连，与蟠螭纹亦略有别，但显然已相近。典型的蟠螭纹始流行于春秋中期，所以此鼎与方盒形器均约当在春秋早期偏晚。匜形器形制亦较早，深腹，长流，上腹部饰带状三角形顶云纹，下腹部饰变形窃曲纹，年代可早到春秋早期偏早。盘作浅腹，上腹部生双柱与附耳相连，腹与圈足分别饰窃曲纹与变形垂鳞纹，年代亦可早到春秋早期偏早。瓦纹盖圆鼓腹簋，双半环耳极小，是中原簋制的变形，其造型特征与楚春秋青铜器中的簋，如赵家塝M4：6相近同，赵M4时在春秋中期偏晚，⑮但小八里簋饰瓦纹，显示较早特征，所以其年代可能会较早。甗形曲柄盉上部作钵状，曲角状鋬柄只余根部，缺上部，器身形近于光山宝相寺上官岗砖瓦厂黄君孟夫妇合葬墓（G2）出土的甗形曲柄盉（G2：A6），约在春秋中期偏早。综合以上情况看，出此组器的墓葬年代约在春秋早期偏晚，亦可能晚至早、中期之际。

B组，即三塘乡轮窑厂器组，匜属于春秋早期形制，但流已较短且上扬程度较小，在形制上略晚于小八里匜。匜与兽首鼎的纹饰虽已细密，但纹样母题仍是变形的窃曲纹，尚非蟠螭纹。方盒形器饰细密的瓦纹。从上述情况看，此器组年代当约在春秋早期偏晚。

C组，即肥西县金牛乡墓出土器。鼎浅半球腹，双直立耳外侈，细高蹄足，内侧平齐，其形制与洛阳中州路M2415：4鼎相同，纹饰位置与图案亦相近。剑作柳叶形，无格，柱脊，形制与中州路M2415所出柱脊剑亦相近，唯此剑为扁茎，与中州路M2415柱脊剑以柱为茎不同。据此，此组器的年代可能与中州路M2415相近，即约在春秋中期偏早。

D组，即五里乡出土器。鼎作立耳扁平盖浅半球腹，立耳亦已外侈，形近金牛乡墓的立耳鼎。立耳垂腹鼎形制近同于西周中期鼎，但纹饰为两圈竖直条纹，上下界以弦纹，有可能是一种形制上的"复古"，未必是西周器的遗存。立耳垂腹形制的鼎在皖南长江沿岸出土器中较为多见，亦多与春秋器共存，年代自然要下置到春秋。此组器年代当依立耳扁平盖浅半球腹鼎定在春秋中期偏早。

E组，百神庙的双立耳浅腹鼎，耳已外侈，此组器年代当近于C、D组，在春秋中期偏早。

F组，即六安毛坦厂墓出土器。尊垂腹，形制近于西周中期尊，颈部凸起，并饰一组顾首垂冠鸟纹，与形制显示的年代相合，唯西周中期垂腹尊未有颈部凸起的，亦罕见在颈部饰纹饰带的形式，可见此尊仍是本地具"仿古"色彩的制品。盘深腹，高圈足，形制亦不晚于春秋中期偏早。本组器中，曲柄的鬲形盉与甗形盉之角状柄均上卷，与河南光山宝相寺黄君孟夫妇墓出土的曲柄鬲形盉与甗形盉相近，黄君孟夫妇墓年代在春秋中期偏早。甗形曲柄盉口沿下纹饰作相互勾连的S形垂舌龙纹。垂舌并相互勾连的龙纹出现于春秋早期偏早，洛阳中州路M2415出土的盘、侯马上马村M13出土的鉴上都有此种勾连的垂舌龙纹，二墓分别为春秋中期偏早至偏晚。根据以上情况，F组器的年代亦当在春秋中期偏早。

G组，即舒城河口墓出土器。鼎有盖，盖平顶，竖直折沿，盖顶有三曲尺形钮。附耳蹄足平盖鼎与曲尺形盖钮在中原与山东地区都是在春秋中期偏晚后才出现的。此组器中亦出甗形曲柄盉，体形近同于上述六安毛坦厂墓出土同形器，同形的盉亦见于怀宁杨家牌器组，该组年代不早于春秋中期偏晚（详下文）。本组带区域色彩的是无流与有流的圆鼓腹扁平顶盖缶。此外，有盖鼓腹簠与春秋楚国铜器中的Ⅱ式簠形近，但圈足下已无小足，又已近于楚Ⅲ式簠，所以此簠介于楚Ⅱ、Ⅲ式簠间，其年代可能在春秋中期偏早之后，已近于中期偏晚。⑯本组的罐形腹、直立附耳鼎，与楚式鼎中的鐈（汤）鼎形同，楚器中此类鼎是在春秋晚期偏早出现的。⑰但此型鼎在皖南繁昌汤家山墓中亦有出土，该墓的年代不晚于春秋早中期之际。本组器纹饰仍有较传统的窃曲纹、变形的窃曲纹、S形的双首龙，但未有典型的细密的蟠螭纹。综言之，本组多数器的年代约在春秋中期中叶，少数器可能已到中期偏晚，墓葬年代约已在春秋中期偏晚。

H组，即舒城凤凰嘴墓出土器。附耳鼎盖作平顶有钲，耳部为弦纹夹圆点纹，与F组平顶盖鼎同，唯腹较河口鼎扁宽且相对较浅，蹄足亦显高。兽首鼎形制亦同于F组，鼎耳饰弦纹夹圆点纹，同于平盖附耳鼎。本组与F组同，也有缶与甗形盉。但缶腹最大径上移，下腹斜收，盖亦改为覆盆式，圈足状捉手。甗形曲柄盉之三袋足足跟较尖，裆已较F组同型盉为低、宽，腹侧之柄残剩下端之筒形（按：同出有"角状器"，疑是盉断开的曲角状柄）。鬲形制与甗形曲柄盉下部近同。本组器已出现细小的S形龙纹带。从以上器物形制相对F组的演化情况看，估计本组器的年代与F组接近而略晚，约在春秋中晚期之际或晚期偏早。

I组，即舒城许家山嘴墓器组，此组器有鐎（或称"鐎盉"），鐎是在春秋晚期出现的器类。此件鐎腹部纹饰带的纹样近似于变形的蟠螭纹。此墓的年代约在春秋晚期。

J组，即舒城九里墩墓所出器，已多散失，残留的鼎足之一细长外撇，鼎的器形当同于楚式鼎的Ba①Ⅲ式（或BbⅡ式），在年代上属于春秋晚期中叶或稍晚。同出的簠相当于春秋楚国铜簠的Ⅱ式。⑱此组器中尚有球形敦1件，盖上三环钮，底有三矮蹄足，饰蟠虺纹，亦与春秋晚期中叶后的楚铜敦相同。球形敦在楚墓中正是在近春秋晚期中叶才出现。从以上情况看，本组器年代当在春秋晚期中叶或稍晚。至于墓葬本身年代当在此范围内，或稍晚。李学勤先生曾指出，大墓中所出窄援长胡三穿戈是多戈戟的一部分，曾在楚、随、吴、蔡等国出现，始见于春秋末，盛行于战国前期，舒城大墓年代应在此范围内。⑲此外，此墓的发掘报告亦指出该墓的形制及出土物均与寿县蔡侯墓相似，这当是因为二者年代相近且地域相近，故得以在青铜文化上相融汇的缘故。

上面举出的几组铜器出土地点皆在舒城周围不远（六安毛坦厂虽属六安但距舒城更近），从典籍可知，春秋时此区域恰是群舒之所在。《左传》文公十二年记"群舒叛楚"，郑玄注："群舒，偃姓，舒庸、舒鸠之属，今庐江南有舒城，舒城西南有龙舒。"孔颖达疏："《世本》：'偃姓舒庸、舒蓼、舒鸠、舒龙、舒鲍、舒龚。'以其非一，故言属以包之。"可见舒原本是一大的亲属集团，后分化而为各部，并在此基础上形成国家，诸小邦国既有宗亲关系，又相互独立。各邦都城之具体地点今已不能确指。杨伯峻先生《春秋左传注》认为群舒之宗国大致在今舒城，而散居于舒城、庐江至巢县一带，其说大致可信。唯巢县在舒城东北，此一带尚少有春秋铜器出土，群舒辖地是否已东至巢县尚待证实。据《左传》，群舒先曾服属于楚，文公十二年（前615）叛楚，故楚"子孔执舒子平及宗子"。此后前601年楚灭舒蓼，"楚子疆之，及滑汭"。前574年楚灭舒庸。前548年楚又灭舒鸠。则大致自春秋中期中叶至晚期偏早，群舒先后为楚灭。以上10组铜器中前8组的年代，约在春秋早期偏早至晚期或中晚期之际，从年代范围上看，均大致可归属群舒。唯各组器及相关之墓葬当归属群舒之中何邦，因群舒之各自准确的方位尚未能详知，故尚难一一指出。

以上第10组（J组）铜器，即九里墩墓葬出土容器，在年代上已在春秋晚期中叶至偏晚，此时群舒多已灭亡，且墓中遗留下的铜器从形制及组合上看与春秋楚器相同，所以此墓似已非群舒之墓，而很可能是楚国占领该地后封于此地之贵族（封君）之墓。当然还有另一种可能性，即据《左传》定公二年（前528），是时舒鸠虽已亡（亡于前548，即鲁襄公二十九年），但由于"桐叛楚，吴子使舒鸠氏诱楚人"，可知其君主仍有一定的地位，如此则九里墩墓主人也可能是已附属于楚的群舒贵族。

春秋群舒铜器各时段常见器类与其形制的变化，由上举9组器的情况能大致有所了解，列如表一（画括号的器类表示依照记录有，但佚失）。

表一 春秋群舒铜器常见器类形制

春秋时段	出土单位（地点）	鼎	兽首鼎	簋	方盒形器	甗（或鬲）形曲柄盉	缶	盘	匜	其他
早期偏早	A.肥西小八里	立耳直立扁平盖2		1	1	钵形口1		1	龙形鋬1	
早期偏晚	B.庐江三塘乡		1		1		1		龙形鋬1	
中期偏早	C.肥西金牛乡	立耳外侈1								戈1、剑1
中期偏早	D.舒城五里乡	立耳外侈扁平盖2、垂腹1	1			钵形口1				
中期偏早	E.舒城百神庙	立耳外侈1	1			侈口束颈1				
中期偏早	F.六安燕山村					侈口束颈1、鬲形1	1			尊1
中期偏晚	G.舒城河口镇	附耳有盖三矩形钮1、立耳罐形腹1	1	1		侈口束颈1	1			有流缶1

续 表

春秋时段	出土单位（地点）	鼎	兽首鼎	簋	方盒形器	颤（或鬲）形曲柄盉	缶	盘	匜	其他
中期偏晚	H.舒城凤凰嘴	附耳有盖三矩形钮2	1			侈口束颈1	3			鬲3、罐1、盘形器1
晚期	I.舒城许家山嘴	（鼎1）				侈口束颈1				钵形器1、鐎1、（鬲1）

由表一可知，群舒铜器常见器类有鼎、兽首鼎、颤形曲柄盉，此外较常见的有缶。簋、盘、匜较少见。中原式匜似主要存在于春秋早期。常见器类的形制变化特点可以归纳为如下方面。

1. 浅腹、圜底立耳鼎的双耳由春秋早期直立到中期外侈，春秋中期出现附耳、盖折沿、平顶三矩形钮的鼎，均与中原鼎形制变化特点近同。立耳浅腹鼎在春秋中期中叶前多有扁平盖。在上腹部有一较窄、较细密的纹饰带是群舒鼎的特征。

2. 立耳弇口罐形腹鼎亦见于皖南器群及楚器，因皖南此形器从目前资料看出现较早，还不能确知群舒器中此型鼎的来源。颤形曲柄盉多见于皖南器群，光山黄君孟墓也有出土，可知此型器春秋时流行于今豫南与安徽中南部、淮水以南至长江南岸。颤形曲柄盉上部在春秋中期由钵形器转变为侈口束颈形制，似是此型盉形制变化的重要表现。鬲形曲柄盉流行区域似接近，但皖南尚未见出土。

3. 双小半环耳圆腹矮圈足簋以及晚期出现的鐎，有可能是受到楚式器的影响，或是仿楚式器，或是来自楚。这与史籍所记楚国势力对群舒的影响相符合。

4. 兽首鼎与春秋早期曾存在的方盒形器、扁平盖圆腹双小半环耳缶，应是群舒青铜器中有独特性的器类。

5. 与南方其他东周青铜文化情况相同的是，群舒铜器在器形上有"仿古"倾向，如六安毛坦厂出土的垂腹尊、舒城五里乡等地点出土的立耳垂腹鼎等。又如青铜器纹饰中较长时间保留窃曲纹、重环纹等传统纹样亦是此种倾向的反映。

二、江淮间与群舒文化关系密切的青铜文化

1982年在安徽怀宁东北金拱乡人形河南岸一丘岗上出土一组铜器，计容器6件、削4件。[20] 铜容器中有立耳、浅腹、高蹄足盆式鼎2件，耳外撇。兽首鼎、颤形盉各1件，形制与上述群舒铜器同。匜1件，为中原式，流口较短而直，浅腹，高蹄足。扁平顶盖的圆鼓腹缶1件，形制亦与群舒器中庐江三塘乡器组中的缶近同，唯器底稍内凹。金拱

乡此组铜器当与春秋早期偏晚的三塘乡器组相近，唯匜已出现较细密的蟠螭纹，立耳鼎出现垂叶纹饰带，所以年代可能比三塘乡器组稍晚，约在春秋中期偏早。

怀宁在桐城西南，铜器出土地点又在怀宁东北边缘，宋以前曾为桐城县辖治，桐城在春秋时为桐国都城之所在。简报推测此组铜器属于桐国器物是可能的。《左传》定公二年（前508年）记"桐叛楚"，可见桐国直至春秋晚期偏晚时仍存在。

由本组铜器器类与形制可知，桐国铜器与群舒铜器可大致归属同一青铜文化系统。

1975年在安徽寿县枸杞乡肖严湖堤南侧一边长1米的方形土坑中出土一组铜器，计立耳浅腹鼎1件、兽首鼎（简报作"羊尊"）2件、簠1件、缶2件、匜1件、方盒形器1件。[20]鼎的形制是中原式的浅圆腹、圜底、立耳，唯双立耳已微外侈，浅腹，高蹄足。匜亦是中原式的，但流口短且低矮。簠是楚式，近同于上文引述过的春秋楚器中的Ⅲ式簠。缶与群舒铜器中平顶盖圆鼓腹缶同。兽首（羊首）鼎与群舒兽首鼎特征近，但作三钩形足，盖部与兽首相对一侧有扇形鸟尾饰下垂，起到鋬的作用，此种扇形鸟尾形鋬，与长江沿岸出土青铜匜鋬上加鸟尾形饰的形制有相近处。从以上器类的形制特征看，肖严湖此组器总体上与群舒器中肥西小八里及庐江三塘乡器组相近，而可能更近于三塘乡器组，其年代当在春秋早期偏晚。此组器某些器类的形制特异，如兽首鼎，纹饰中斜角云纹也很特殊，匜腹部饰五道弦纹，亦有地方特征。

寿县在春秋时曾为州来国所在。《春秋经》昭公十三年"吴灭州来"，时在公元前529年，故肖严湖铜器很可能是州来器。其与楚、群舒相邻，故在具自己独特作风外，亦带有很多群舒铜器及楚器的形制特征。

三、皖南长江南岸及邻近地区的一种青铜文化类型

在此区域内，春秋青铜文化中的一类铜器集中出土于皖南长江南岸的铜陵、繁昌、芜湖、青阳，在邻近的南陵、宣城（今宣州市）、青阳以及江北的桐城等地也有少量出土。自20世纪70年代以来，相关的较重要的发现有如下诸组（下举诸器资料及图像均出自《皖南》）。

A. 1986年在芜湖县火龙岗镇韩墩村出土一组器物，多已散失，所存有立耳浅腹鼎、匜各1件，以及陶罐2件、陶鬲1件。

B. 1972年在繁昌县孙村镇窑上出土鼎3件（立耳垂腹鼎、立耳浅腹鼎、附耳半球形腹鼎各1件），匜、戈、矛、凿各1件。

C. 1979年在繁昌县城关汤家山（山顶）一座墓葬中出土鼎6件（方鼎、立耳浅半球腹鼎、附耳罐形腹鼎各2件），甗、罐形腹盉、簠、盘、甬钟、饰件各1件，鸟形杆首2件（图六、图七）。

图六　繁城汤家山出土青铜器（一）

1～4.鼎；5.盉；6.甗

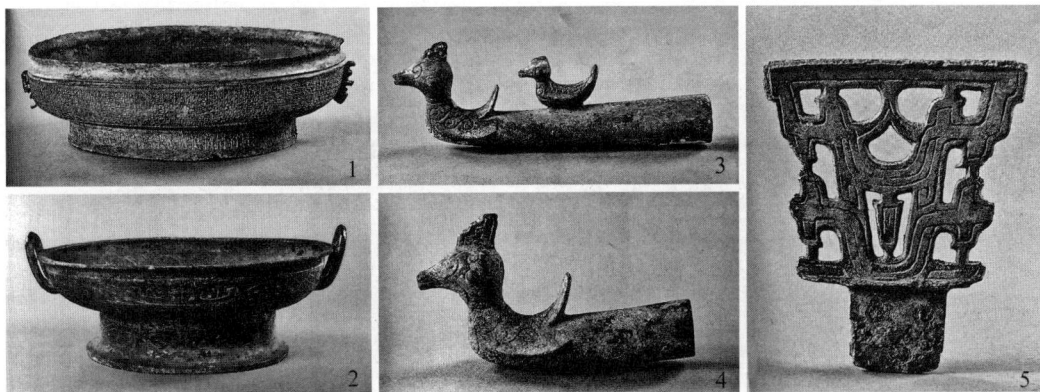

图七 繁城汤家山出土青铜器（二）

1.簋；2.盘；3、4.鸟形竿首；5.饰件

D. 1979年在铜陵市钟鸣镇余村出土鼎3件（立耳浅半球腹鼎2件、立耳垂腹鼎1件）、曲柄瓶形盉1件。

E. 1972年在铜陵市西湖轮窑厂出土鼎2件（立耳垂腹鼎、立耳浅腹鼎各1件），瓶、瓶形曲柄盉各1件。

F. 1989年在铜陵市北郊谢垅的椭圆形土坑内出土鼎2件（立耳浅半球腹鼎、附耳平顶盖鼎各1件），瓶、匜、瓶形曲柄盉各1件（图八、图九）。

G. 1979年在青阳县庙前汪村墓葬中出土鼎2件（附耳鼎、附耳扁鼓腹罐形鼎各1件）、尊2件（龙耳尊、兽形尊各1件），盘1件（图一〇）。

H. 铜陵市顺安镇铁湖村出土立耳浅腹鼎、匜各1件。

除以上器组外，尚有以下属同类型文化的零散铜器。

I. 1971年在铜陵市车站出土附耳罐形鼎1件（图一一，1）。

上举诸组青铜器多数当出土于墓葬。最初以为出土于窖藏者，可能也是出于墓葬。以下对诸组铜器的年代的推定，亦是依靠与中原及相邻区域的铜器形制与纹饰作比较，并参考上述群舒器物形态变化的特点。

A组，即芜湖韩墩村出土的鼎、匜。鼎作立耳，浅腹，微圜底，双耳直立。匜腹身为中原式，流口较短低，鋬甚小，作半环的一半接于口沿下，上部覆接一平板式的鸟尾形提手。此组器年代当在春秋早期略偏晚。

B组，即繁昌窑上器组。立耳浅圆腹鼎的双耳尚未明显外侈。匜仍有中原式的腹、足，但腹已较浅，流口甚低矮，下部有一小凸钮，鋬上有鸟尾形提手。几件器物的纹饰皆作变形的窃曲纹，尚未出现蟠螭纹或受到蟠螭纹形式影响的纹饰。所出戈、矛未见著录。从刊布的几件器物看，此组器物的年代约当在春秋早期偏晚。垂腹鼎同于群舒器，可视为"复古"风格。

图八 铜陵谢垅出土青铜器

1、2.鼎；3.甗形曲柄盉；4.甗

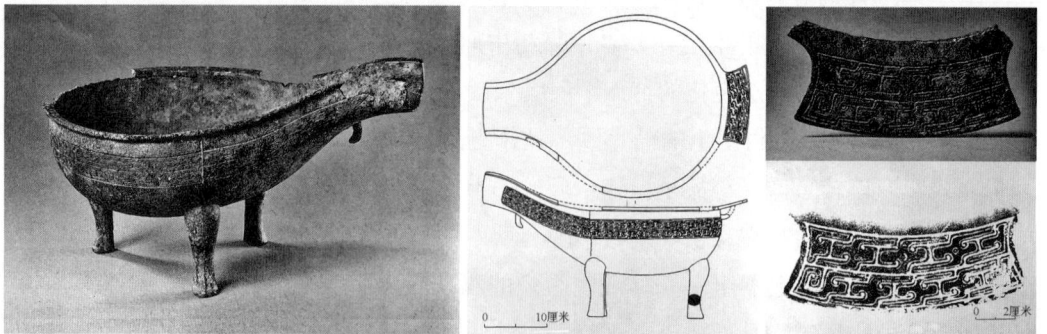

图九 铜陵谢垅出土青铜鸟尾形提手匜

图一〇 青阳庙前镇汪村出土青铜器

1、2.鼎；3.兽形尊；4.龙耳尊；5、6.盘

图一一 铜陵、南陵出土青铜器

1.铜陵车站鼎（附耳罐形鼎）；2.南陵团结村龙耳尊；3.桐城商桥龙耳罍

C组，即繁昌汤家山墓器组。立耳浅半球腹鼎的双耳外侈程度略甚于A组立耳鼎。甗仍是上下联铸，形制亦大致保持西周晚期特点，唯鬲足甚长。盘腹较深，高圈足，亦与春秋早期中原式盘形近。此组器中有1件属吴式的极浅腹、束颈的盘形簠，1976年丹阳司徒乡窖藏中出土有同形簠，[22]窖藏年代不晚于春秋中期偏早。从以上可与中原器相对比的器类以及器物的纹饰（未出现与典型蟠螭纹相近的纹饰）看，汤家山墓的年代可定在春秋早期偏晚，或早、中期之际。值得注意的是，此器组中已出现楚器中自名为"鐈鼎"的直立耳罐形腹鼎，如按上述墓葬年代，此型鼎早于在楚墓中出现的时间（约春秋中期偏晚）。此墓中出土的罐形腹圈足盉及"鸟形竿首"亦有特色。

D组，即铜陵市钟鸣乡出土器组。两件立耳浅圆腹高蹄足鼎中，一件双立耳特长，微外侈，另一件腹相对浅的鼎，双立耳已明显外侈。甗形曲柄盉侈口，束颈，口沿下有由细小的蛇状曲线纹组合成的图案，已有蟠螭纹的风格。此组器的年代约在春秋中期。

E组，即铜陵市西湖轮窑厂器组。立耳浅腹鼎双耳亦外侈，甗形曲柄盉上部已作侈口束颈形。上文已论及，在群舒器中，此种形制出现于春秋中期。故此组器的年代与C组同，为春秋中期。

F组，即铜陵市北郊谢垅器组。立耳半球形腹鼎饰有变形的重环纹，属春秋早期形制，应是早期器的遗留或复古。附耳平顶盖鼎，盖上有三矩形钮，其形制近同于群舒器中舒城河口镇墓出土的附耳平顶盖鼎，此鼎双耳上亦饰有群舒器上常见的弦纹夹圆点纹，不排除是与群舒器交流所致。匜的器形近同于A组繁昌窑上器组中的匜，流下有勾形小钮，鋬上亦有鸟尾形捉手，但腹更浅且更显横宽，饰有细密的变形蟠螭纹。综合以上情况，此组器埋于坑内的时间当与舒城河口镇墓的年代近同，亦当在春秋中期偏晚。

G组，即青阳县庙前汪村墓器组，最大特点是出现若干新的器形，纹饰也有更新。罐形腹鼎的双耳已由直立变为上腹部斜出的双半环耳，龙耳尊、兽形尊亦是上述各组器中未见过的器形。此组器的年代当晚于E组，约在春秋晚期。墓葬的年代近同。

H组，即铜陵市顺安镇铁湖村器组。立耳浅圆腹有盖鼎，双立耳外侈，上腹与耳部饰变形的蟠螭纹。匜腹身平面已近圆形，流口极短小，錾上鸟尾形捉手亦已简化为窄弧状。此组器有可能已在春秋晚期偏晚。

I组，为零散发现的同类型文化的铜器，即铜陵市车站出土的罐形腹盉。其腹身近于G组的罐形腹鼎，但斜出的双半环耳在此鼎上已发展为斜出的粗大的兽首形附耳，器腹甚扁，发生较大的变形，这种形制的罐形腹盉似当晚于G组中的罐形腹鼎，年代当不晚于春秋晚期偏晚。

上举9组青铜器，亦可依其年代顺序，约略检讨各时段常见器类的变化与典型器类的形制特点，见表二。

表二 皖南长江南岸及邻近地区出土铜器常见器类形制

春秋时段	出土单位（地点）	鼎	甗	尊	甗形曲柄盉	罐形腹盉	盘	匜	其他
早期偏晚	A. 芜湖火龙岗韩墩村	立耳浅腹1						较浅腹、宽鸟尾形提手1	
早期偏晚	B. 繁昌孙村镇窑上	立耳浅腹1、附耳半球腹1						较浅腹、流口稍长、宽鸟尾形提手1	戈1、矛1、凿1
早期偏晚（早、中期之际）	C. 繁昌城关汤家山墓	方鼎1、立耳微外侈浅半球腹2、直立耳罐形腹1	1				1		浅腹束颈簋1（宁镇类型）、鸟形竿首2
中期	D. 铜陵钟鸣镇余村	垂腹1、立耳外侈浅腹1			侈口束颈1				
中期	E. 铜陵西湖轮窑厂	立耳外侈浅腹1、垂腹1	1		侈口束颈1				
中期偏晚	F. 铜陵谢垅	立耳浅腹1、附耳有盖三矩形钮1	1		侈口束颈1			浅腹、窄鸟尾形提手1	
晚期	G. 青阳庙前汪村墓	附耳浅腹1、斜出双半环耳罐形腹1		龙耳圆肩鼓腹1、兽形1			1		

续 表

春秋时段	出土单位（地点）	鼎	瓹	尊	瓹形曲柄盉	罐形腹盉	盘	匜	其他
晚期偏晚	H.铜陵顺安镇铁湖村	立耳外侈浅腹1						浅圆腹、短小流口、极窄鸟尾形提手1	
不早于晚期偏晚	I.铜陵车站					扁罐形腹、大双半环耳、三蹄足1			

仅就上表所示而言，可将此区域常见的青铜器类与其形制变化的特点概括如下。

鼎类是皖南在整个春秋时期皆常见的青铜容器，立耳浅腹圜底盆形腹鼎贯穿此时段始终，其器型变化仍大致遵循中原同型鼎的规律，如双立耳渐外侈至明显外侈，附耳平顶盖、盖顶三矩形钮鼎也是在较晚时出现。正因为鼎的变化可联系中原同型器的时段变化，这成为判定A至H组器出土单位年代的重要参考因素。

罐形腹鼎在本区域内出现于春秋早期偏晚的墓中，最明显的形制变化体现于耳部，即春秋早期偏晚双耳直立于上腹部，约晚期时变为斜出的双半环耳（如青阳庙前镇出土鼎）。较晚时更出现两侧为大双半环耳，如表二未列之铜陵市区出土此形鼎（见图一一，1；《皖南》109）。

瓹形曲柄盉也是此区域内常见的器形。表二中所见此型盉均在春秋中期，器上部皆作侈口、束颈，与同时段的群舒瓹形曲柄盉特征相同。本区域内目前所见唯一的钵形口的瓹形曲柄盉，出土于铜陵市金口岭M2（见《皖南》52），说明本区域内亦有钵形口的此型瓹。金口岭还出土1件铜鼎，直立耳浅腹，饰粗犷的重环纹饰带（见《皖南》29），器形约属春秋早期，如此鼎与以上曲柄盉同出，亦可证瓹形曲柄盉中的钵形口形制确较早，与群舒中钵口盉的年代相同。

本区域常见的匜，虽器身属中原式，但鋬甚小，已不能起到提持的作用，使用时需同时依靠鋬上的平板形鸟尾形提手，流口下多有可能为了便于手持的小凸钮或勾形小钮。此种匜从春秋早期至晚期形制的变化，表现在腹部愈浅，且向圆形转化，晚期时流口渐变成觞口状，而鋬上的鸟尾形提手亦从近于扇面而变为窄条弧形。这种鋬上带鸟尾形提手的匜，除上举诸器组外，在皖南其他地点亦多有出土，如2013年繁昌县平铺镇新牌村出土的匜、[23]芜湖市文管会藏匜（见《皖南》39）、当涂县文管所藏匜（见《皖南》40）约属此形匜较早形制，至于繁昌汤家山窖藏出土的罐形腹盉则属于独特的形制。

皖南此区域内有形制特异的龙耳尊，除表二所列青阳庙前镇汪村墓出土的1件外，南陵县绿岭乡团结村亦曾出土1件（图一一，2；见《皖南》36），不同的是，青阳尊作圆肩，南陵尊为折肩，且口更外张。

研究者或将皖南长江沿岸的这一区域亦归为群舒文化圈，应该是仅注意到两个区域出土青铜器的相同点，而忽视了其间的差别。

铜陵、青阳、繁昌、芜湖一带虽在皖南之长江以南，但紧邻长江，与上述群舒青铜器分布地区相近，所以此一区域春秋青铜器与群舒青铜器在常见器类与形制方面多有相同之处。如以春秋为一整时段作比较，则二者共有的常见器类、器形有：中原式的或明显从中原式演化来的器形，如立耳、浅半球形或浅腹圜底的盆形腹鼎，附耳、平顶盖、三矩形钮的盆形腹鼎，立耳垂腹鼎，以及盘、匜。具区域性特点的器形，如扁鼓腹立耳的罐形腹鼎；具有皖中、皖南区域特点的器形，如瓿形曲柄盉。

但更重要的是，二者有以下重要差别。

1. 皖南器群有群舒器群未见出土的器形，如龙耳尊，鋬上有鸟尾形提手的匜，斜出双半环耳或两侧出大双半环耳的罐形腹鼎，罐形腹匜（即繁昌汤家山墓匜），大双半环耳、三蹄足罐形腹盉。除以上所举器形外，桐城市商桥出土的龙耳折肩罍（图一一，3；见《江淮》148），应该也是皖南特有器形而未见于群舒器群。此形龙耳罍造型近于龙耳尊，只是以龙半身为耳，区别于上举龙耳尊以顾首攀龙为耳，应属一种类似的工艺设计。

相应的，群舒器群中最常见的延续时间长的兽首鼎，以及楚式小双环耳圆腹簋，春秋早期的方盒形器，附耳、扁平顶盖、圆鼓腹的缶，均未见于皖南器群。

2. 青铜器纹饰二者也有较大差异。比如立耳浅腹盆形鼎，群舒器中此型鼎常在上腹部有一较窄的纹样细密的纹饰带，饰有变形的重环纹等，较晚时有变形的蟠螭纹。但皖南同型鼎则多在上腹部甚至中腹部有一甚宽的纹饰带，饰有粗犷的多种变形窃曲纹及环带纹、顾龙纹，这类纹饰也见于其他鼎，如立耳垂腹鼎、附耳鼎。在春秋晚期时，皖南青铜器上纹饰的粗犷程度更剧，如最有代表性的青阳庙前镇汪村墓的附耳浅腹鼎、双半环耳罐形鼎上的纹饰（见图一○，1）。在纹饰母题上，群舒器在春秋中期后多见变形的蟠螭纹，虽变形但还能较清楚地看出小龙的形象，皖南同时器则仍基本延续变形的窃曲纹及顾龙纹、环带纹等，很少见变形蟠螭纹。在带鸟尾形提手的匜上虽常有细密的以一个单元多方连续铺设的纹饰，但也非以变形蟠螭纹构成单元，仍是以变形窃曲纹之类为单元。二者间上述这种纹样与纹饰风格的差异还是较明显的。

饰有皖南粗犷风格纹饰的铜器亦多见于表二所未列举的皖南其他地点，如繁昌县黄浒乡大冲村出土鼎（见《皖南》90）、南陵县三里乡白云村出土鼎（见《皖南》15、18、19）、桐城市桃园乡出土鼎（见《江淮》071）。饰有此种风格纹饰的鼎亦出在江北，如无为县襄安镇出土鼎（见《江淮》070、072）。

上文列举的群舒器群，出土地点大致集中在文献记载的群舒主要活动区域，文献并未有群舒活动区域南延至长江流域，特别是越过长江的记录。所以本文所论的第二个区域，即皖南区域（主要是长江南岸诸市县）出土的与群舒有上述差异的青铜器所属族群，未必是群舒，皖南青铜器似不宜简单地归入群舒青铜器中。

在皖南青铜器群分布区域与群舒青铜器群分布区域之间，也出土过少量有皖南区域特征的器物，如1994年安徽桐城高桥镇长岗村窖藏中出土有中原式立耳浅腹圜底的盆形腹鼎与双兽形耳的折肩小口尊，㉔其与皖南器物中的双兽耳尊有类似的风格。

从群舒器类与器型中有楚式器的影响来看，群舒当是因地域因素而与西边的楚有较多的联系，而且从纹饰的变化来看，群舒器在整个春秋时期受中原器的影响还是较大的，比如中期后变形蟠螭纹的使用。但皖南春秋青铜器中则罕见楚式器的影响，而且纹饰少见中原式蟠螭纹的影响，这都表明皖南的青铜文化在此一时段与皖中及楚地、与中原诸文化的联系并不紧密，而是因袭自西周以来皖南与今江苏宁镇地区吴早期文化遗存关系密切的传统，顺长江而向东北，与宁镇地区春秋早期吴文化有较多的交往。如上举繁昌汤家山山顶墓葬发现的铜器中即出有吴式的盘形簋（见图七，1；《皖南》图132），腹极浅而宽，两侧带扉棱，除束颈、侈口与盘不同外，余形制均与盘相近，腹部饰有细密的变形小龙纹相互勾连形成格状多方连续展开的纹样，此种形制的盘形簋在处于吴国中心区域或邻近地区的江苏无锡、丹阳等地区皆有出土。此外，繁昌以南不远的南陵三里乡荣林村还出土过吴王光剑，也是春秋时期皖南与吴文化相互多有联系的证据。

本文得到国家社科基金冷门绝学研究专项学术团队项目"近出两周封国青铜器与铭文的综合研究"（20VJXT019）的资助。

① 安徽大学、安徽省文物考古研究所：《皖南商周青铜器》，文物出版社，2006年。
② 安徽省博物院：《江淮群舒青铜器》，安徽美术出版社，2013年。
③ 安徽大学、安徽省社会科学院、安徽省文物考古研究所：《安徽江淮地区商周青铜器》，文物出版社，2014年。
④ 安徽大学历史系、枞阳县文物管理所：《枞阳商周青铜器》，安徽大学出版社，2018年。
⑤ 朱凤瀚：《中国青铜器综论》，上海古籍出版社，2009年。下文引此书，不再注作者及出版年代等。
⑥ 张爱冰等：《群舒文化研究》，上海古籍出版社，2018年。下文引此书，不再注作者及出版年代等。
⑦ 安徽省博物馆：《安徽省博物馆藏青铜器》，上海人民美术出版社，1987年。图像见《江淮》。

⑧ 安徽省文物工作队:《安徽肥西县金牛春秋墓》,《考古》1984年第9期。

⑨ 《群舒文化研究》,第81页。

⑩ 安徽省博物馆、六安县文物管理所:《安徽六安县发现一座春秋时期墓葬》,《考古》1993年第7期。

⑪ 安徽省文物考古研究所、舒城县文物管理所:《安徽舒城县河口春秋墓》,《文物》1990年第6期。图像见《江淮》。

⑫ 安徽省文化局文物工作队:《安徽舒城出土的铜器》,《考古》1964年第10期。

⑬ 《群舒文化研究》,第81页。

⑭ 安徽省文物工作队:《安徽舒城九里墩春秋墓》,《考古学报》1982年第2期。

⑮ a. 湖北省宜昌地区博物馆:《当阳赵家湖楚墓》,文物出版社,1992年。b.《中国青铜器综论》,第1785—1788页。

⑯ 关于楚簋的型式分类与年代见《中国青铜器综论》第1776、1785、1786页。

⑰ 《中国青铜器综论》,第1774—1775、1788页。

⑱ 以上楚式鼎与簋的型式与年代见《中国青铜器综论》第1773—1776、1785、1786页。

⑲ 李学勤:《东周与秦代文明》,第151—152页,文物出版社,1984年。

⑳ 怀宁县文物管理所:《安徽怀宁县出土春秋铜器》,《文物》1983年第11期。

㉑ 寿县博物馆:《寿县肖严湖出土春秋铜器》,《文物》1990年第11期。

㉒ 镇江市博物馆、丹阳县文物管理委员会:《江苏丹阳出土的西周青铜器》,《文物》1980年第8期。

㉓ 谢军:《安徽繁昌新出土的三件铜器》,《江汉考古》2015年第6期。

㉔ 江小角:《桐城出土春秋时期青铜器》,《文物》1999年第4期。

我簋与周夷王鲁慎公纪年

王占奎

（西北大学文化遗产学院、陕西省考古研究院）

吴镇烽先生《金文通鉴》收录有一件记时四要素（年、月、初吉、干支）俱全的铜器，即我簋（又称伐簋），后收录于吴先生编著的《商周青铜器铭文暨图像集成》。[①]笔者初见到此铭时，立即就被其中的称谓所疑惑："朕公子鲁侯"一语实在费解。在以往所见西周金文的例子中，受对扬之人尚未见到这样的称谓。如果把朕公子和鲁侯理解作同一个人，似乎很不合于西周金文的习惯。还有，既然是鲁侯了，为什么还要称公子呢？

2016年11月在山东曲阜参加的一个周文化学术会议上，笔者试图按照鲁侯与朕公子是两个人来对我簋铭文作出解释。会议之后，又反复思考，是否可以在这两个称谓是同一个人的基础上给出合理的解释呢？现在，笔者认为既称鲁侯又称作"朕公子"很有可能就是老侯死后新侯即位时间不长的特有现象，即见于《春秋》与《左传》的"新君称子"现象。遂撰成小文，以求教于方家。

一、我簋的"朕公子鲁侯"

该器"直口鼓腹，腹部有一对兽首耳，下有垂珥，盖面隆起，沿下折，盖上有圈状捉手，矮圈足连铸三个兽面小足。盖面及口下均饰窃曲纹，腹部饰瓦沟纹，圈足饰变形对角夔龙纹（图一）。通高23、口径19.6、腹深12.8厘米"[②]。

盖、器同铭，各90字（其中合文1，重文1）。铭文云（见图二：3）：（在吴先生释文基础上稍作改动，常见字径用今字）

唯七年正月初吉甲申，王命我遗鲁侯，伯夏蒾厥老父我曆，赐圭瓒彝一肆，醻尊以（与）厥倘；赐小子寽一家，师曰引，以（与）友五十夫。我拜稽首，敢對揚

图一 我簋器形

朕公子鲁侯丕顯休，用作吕姜寶尊簋，其用夙夜享于宗室，用祈純鲁，世子孫孫永寶用。

下面就铭文内容谈一点粗浅的看法。

唯王七年正月初吉甲申

初吉。关于初吉，现在有几种观点。或谓朔日，即初一；或谓初一到初七、初八，以王国维为代表，影响甚为广泛（其实有理无据）；或谓初一到初十即初干吉日说；或谓吉日。笔者的看法则彻底"叛逆"：以上观点全都认为初吉是阴历性的（除吉日说外），而笔者认为初吉是阳历性的。笔者的看法可以简略地称为"初吉类数九说"——从冬至计起每九天一个初吉。在"五九"之前跳两天，在"二十五九"前跳三天。基本上与今天的数九相似，故称"类数九说"。③铭文的七年很可能是夷王七年（详见下文）。

王命我遺鲁侯。白戛薎厥老父我曆。

遗，吴雪飞先生解释作存问，全句谓作器人——我奉王命到鲁国见鲁侯行存问之礼。④但是，从铭文"对扬朕公子鲁侯"一语似乎可以提出另外一种解释：遗，读为馈，也就是《春秋》隐元年"天王使宰咺归惠公、仲子之赗"的归。或读作襚。《左传》襄三十年："伯有死于羊肆。子产襚之。"（之，指代伯有）《左传》定九年："乃得其尸。

公三襚之。"襚谓为死者送、陈列、穿衣服。《白虎通·崩薨》:"襚之为言遗也。"又,《春秋说辞题》:"衣被曰襚。襚,遗也。"从意思上讲,两者均可。但是,检索先秦文献,似乎没有见到归后加人名作为宾语的例子(前引"天王使宰咺归惠公、仲子之赗"虽然有人名,但实际的宾语当是"赗")。所以,我倾向于读作襚。虽然也没有检索到襚后加人名的实例,但是有"襚之"的实例。现代汉语的遣送一词也许可以当之。古有送葬一词。《左传》襄公二年:"齐侯使诸姜宗妇来送葬。"我簋之遗,殆送葬乎?

蔑曆

蔑历一词,金文习见。大意是鼓励、勉励、奖励之意。吴雪飞先生说伯夏是鲁侯之名,今从之。但是对于铭文把同一个人既称"鲁侯"又称"朕公子"一句的理解,吴文并未给出令人满意的解释。又,吴文把"鲁侯"与伯夏当作同一个人,这与本文不同。

赐小子寽一家

吴雪飞先生把小子寽理解作另外一个受赏赐的人,他说,此人可能是我的儿子。笔者觉得"小子寽一家"是赏赐品——赏赐给器主我的。

對揚朕公子鲁侯丕顯休

此句是理解全铭人物关系的关键,也是本文探讨的重点。按照西周金文的通例,谁赏赐,谁受对扬(李峰兄审稿时提示,柞钟的"右"者,受到对扬,虽然铭文中并未说明赏赐者是何人,但参以西周金文通例,右者并不是赏赐者。是为一例外。特致谢意。另一例是作册夨令方彝,王姜赏赐器主,而器主对扬皇王。皇王当非王后或王太后),从未见过受对扬者是两个人。鉴于此,笔者认为"朕公子"和"鲁侯"是指同一个人。朕公子者,我的公之子,此人也就是鲁侯。可是,这样理解,似乎面临着如下困难:同一个人,既是公子又是侯即公,显然"矛盾",一个人不可能既是公又是公之子,二者只能居其一(前公死后才能立新公)。《左传》隐十一年"公之为公子也"(公作公子之时)一句,表明了公与公子是互相排斥、互相替换的关系。诚然,任何人既是本人也是其父之子。但是,侯是其社会地位的标识,即便是"公子"——公之子这种血缘关系的称谓也还具有社会地位的含义。通览《春秋》经传,公与公子不可同时指代同一个人:要么是公,要么是公子,二者不可兼得。

如果公指当时在任之侯的前任,则此时面对两个公,不加特指,极易引起歧解。既然承认了侯的身份，还有必要说到其以前的公子身份吗？如果理解作公之子与公是两个人，则不存在此种矛盾，但又存在前述与西周金文对扬的对象均为一个人（而非两个人）的普遍惯例不相一致的困境。这究竟是为什么呢？

笔者认为，这很可能是新、旧侯交替时期特有的"新君称子"现象。《左传》隐元年，即位"未逾年"的王曰"小童"，侯则曰"小子"。笔者曾经把《春秋》与《左传》的新侯"称子"记录全部搜罗，发现"新侯"称子，既不尽是"未逾年"，也不尽是旧君"未葬"，但都是新君。新君称子的时间最短五个月，最长九个月（两头计内）。比如：

《春秋》僖九年，九月"甲子，晋侯佹诸卒"。"冬，晋里克杀其君之子奚齐。"同年《左传》曰："冬十月，里克杀奚齐于次。书曰'杀其君之子，未葬也'。"按《左传》，此时奚齐虽然已经在晋侯之位，但旧君献公尚未入葬，所以《经》称作"君之子"。对比我簋的"朕公子"——（我的）公之子，与"君之子"是完全相同的。奚齐之君位虽新，但毕竟已然为君。但正因为君位未久，又被特别称作君之子（而不是径直称作君）。我簋的伯戏当与此相似：新君，故可称作鲁侯；但正因为是新君，故又称"公子"（也许新死之侯尚未葬），于是便有了"公子鲁侯"这种在西周金文里极为罕见的特殊称谓。在我簋铭文里，"朕公子鲁侯"一句，正好可以起到与新死之侯即"遗鲁侯"之侯相区别的作用。

如此理解，很好地解释了前述"矛盾"现象。但是，其他条件是否与这一解释相容呢？

二、我簋的王与鲁侯

通过分析我簋铭文的两个不同寻常之处（遗鲁侯而蔑历者却是伯戏，称所对扬的人作"朕公子鲁侯"），推定这是新、老侯交替时节的特有现象。这意味着某王的七年要么是老侯的末年，要么是新侯的元年。

两者之中，以新侯元年为上选：我簋历日是王七年正月甲申。即使假设甲申是该月的最后一天，老侯死在初一，从曲阜到京师（丰镐）报丧再到我奔丧抵达曲阜，一来回路程大约两千公里，合四千里，乘马车平均一天得跑 $4\,000 \div 30 = 133$ 里多，很难做到。《左传》隐三年："三月壬戌，平王崩，赴以庚戌，故书之。"从平王在洛阳死，到鲁国在曲阜接到噩耗，经过了从壬戌到庚戌共49天（两头计入），远远超过了一个月。《春秋》隐元年记"天王使宰咺来归惠公、仲子之赗"，《左传》以为是"讥其迟也"。《说苑》："赠死不及柩尸，吊生不及悲哀，非礼也。故古者吉行五十里，奔丧百里，赠赗及事之谓时；时，礼之大者也。"可见，送葬之事，以及时为要。如果把簋铭之七年当作老侯死之年，便会导致时间紧迫，鲁国报丧、王室送葬人因路途遥远"赠死不及柩尸"的结果，与铭文伯戏蔑历器主、赏赐器主的事实形成不可调和的矛盾。

若是新侯元年，便不存在这种困境。按《左传》隐元年诸侯五月而葬的说法，送葬人即器主我有足够的时间。换言之，如果五月而葬的规矩在此时得到实施，则旧君之死当在去年九月。从去年九月到本年正月，时间足够。所以，簋铭的"七年"当是某位新鲁侯的元年而不是老鲁侯的末年，而老侯当死在上一年即某周王的六年。

根据前文的理解，某王七年是某鲁侯的元年。这等于架起了一个鲁侯纪年与王室纪年的并联节点。那么，老侯、新侯会是哪两个侯呢？王又是哪个王呢？

第一个问题，根据现有的西周青铜器类型学研究成果，正如吴镇烽先生的判断，我簋相当于西周中期后段。其对应的王世当在龚王以后的懿、孝、夷三王中求之。考虑到青铜器分期与王世的对应关系存在着合理的上下浮动范围以及西周中期与晚期前段的分别很难把握，不妨把范围放到宣王。也就是说，从懿王经孝王、夷王、厉王到宣王共五个周王的七年，均被假定为"候选者"。这样大的范围，似乎很难做出选择。但幸运的是，鲁国侯位的传承是传子与传弟间隔实行，即上一个侯如果是子承父位，则下一个侯必然是弟承兄位。我簋的鲁侯是伯夏，说明不是弟，而是老大——伯。这样，淘汰了一半候选者。虽然司马迁没有给出"共和"以前鲁侯与王室的对应关系，但《鲁世家》和《十二诸侯年表》（以下简称作《年表》）还是提供了难得的资料。

《鲁世家》云：

> 鲁公伯禽卒，子考公酋立。考公四年卒，立弟熙，是谓炀公。炀公筑茅阙门。六年卒，子幽公宰立。幽公十四年，幽公弟溃杀幽公而自立，是为魏公。魏公五十年卒，子厉公擢立。厉公三十七年卒，鲁人立其弟具，是为献公。献公三十二年卒，子真公濞立。真公十四年，周厉王无道，出奔彘，共和行政。二十九年，周宣王即位。三十年，真公卒，弟敖立，是为武公。

> 武公九年春，武公与长子括、少子戏西朝周宣王。宣王爱戏，欲立戏为鲁太子。卒立戏为鲁太子。夏，武公归而卒（徐广曰：刘歆云立二年）。戏立，是为懿公。……懿公九年，懿公兄括之子伯御与鲁人攻弑懿公，而立伯御为君。伯御即位十一年，周宣王伐鲁，杀其君伯御，……乃立称于夷宫，是为孝公。

共和以前的鲁侯为（由后向前）：慎公（在位30年，子承父位，按《年表》，共和前在位14年）、献公（在位32年，弟承兄位）、厉公（在位37年，子承父位）、魏公（在位50年，弟弑兄即位）、幽公（在位14年，子承父位）等。再往前，与本题明显无关。

共和以后是慎公（共和以后，在位16年）、武公（在位9年，弟承兄位）、懿公（在位9年，少子承父位）、伯御（杀其叔父自立）。

下面分别讨论。

先看共和以后的。

武公。武公弟承兄位，被铭文"伯"排除出局。

懿公。关于懿公的上位，《国语·周语》和《鲁世家》（后者当据前者）均有记载。武公九年（奎按：《国语》无纪年。九年当系司马迁推算或据其他资料所得），携其二子——长子括与少子戏西朝周。宣王喜欢少子，违反立长不立少的规矩，立戏为太子。当年夏，武公"归而卒"。懿公（少子戏）上位。由于其少子的排行与我簋铭文的"伯"不合，也可以出局。

最后，伯御。伯御是老大，与铭文伯夏的伯可相一致。但是，这位弑杀王亲自挑选的鲁太子（并进而为侯）而自立的人，很可能并未受到王的认可，这从他后来被宣王诛杀可见一斑。作为王室特使的我还把此人的赏赐作为荣幸之事铸之于彝器，便不好理解；从另一个角度看，我簋的"公之子伯夏"也不可能是伯御。司马迁说，伯御在位11年，且据《国语》说在宣王三十二年被诛，则其元年不可能是宣王的第七年（32-11=21≠7）；最后，据器物风格，伯御也被排除在外。

再看共和以前的。

慎公（真公），子承父位，当是嫡长子，《鲁世家》云："献公三十二年卒，子真公濞立。"与簋铭伯字合。

献公、魏公由于是弟，与"伯"矛盾，可以排除。子承父位的厉公、幽公尚在候选人之内。

以上，在颇为宽广的时间范围内筛选，剩下幽公、厉公与慎公三位候选人。下面继续筛选。

首先看看幽公。按照《鲁世家》与《年表》推算，幽公即位在公元前988年。即使粗略估计也可以知道这已经远远超过了惯常的"西周中期后段"的早限，应该排除。

再看厉公。按照《鲁世家》推算，厉公即位年当在公元前924年。由于公元前899年是懿王元年，粗略估计公元前924年不是龚王早期就是穆王晚期。由于簋铭是七年，而据鲜簋可知穆王在位至少有34年，所以穆王不可取。经过这样一路筛选，我簋只剩下两个时间节点——魏、厉之交与献、慎之交——可以对应，且必须对应于其中之一。

也就是说，铭文中的"王命我遗鲁侯"之鲁侯当是献公或魏公，而"朕公子鲁侯"则是新侯——当是慎公或厉公。

看来，只能让慎公和其伯父——厉公作一番"对决"了。粗看起来，这只是上下两辈人时间范围内的器物类型学与字体风格的对比，要分出来，似乎很难。但是，由于鲁国的一继一及制度，这期间经历了厉公、献公（比嫡长子继承制下多出了一任首领）两个鲁公的在位时间，况且，厉公与献公在位时间还不短，长达69年。到簋铭所记之年

（按我的理解就是新侯元年）为70年。从风格上应该能够作出抉择。

试把我簋和穆王三十四年鲜簋、一般认为属于龚王或懿王的三年师遽簋（接近厉公元年）与从晚向早接近慎公元年的元年师兑簋作一对比，如图二。

1

2

3

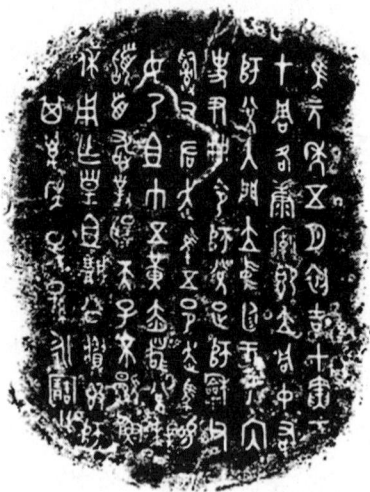

4

图二 我簋与其前后之簋铭文对比

1. 鲜簋（穆王三十四年，笔者拟穆王在位36年，由此到龚王七年只有10年）；2. 师遽簋盖（笔者拟龚王三年，后距"七年"只有四年）；3. 我簋；4. 元年师兑簋（一般认为铭文中的师龢父就是"干王位"的共伯和，笔者拟厉王元年，前距夷王七年不会过远）

不难看出，就字形而言，我簋明显远离前者而接近后者。所以，基本可以排除厉公的可能。

简言之，我簋的时代当在鲁慎公之世。铭文中的第一个鲁侯当是新死的献公，而第二个鲁侯也就是"朕公子鲁侯"，当即慎公。

第二个问题，王是何王呢？

其实，推定了慎公就差不多推定了王。由于西周列王纪年问题尚未解决，厉王和夷王都有可能，还需要再作一番筛选。

鲁公室与周王室纪年的对应关系，如同其他诸侯国的情况一样，只能早到所谓共和元年（尽管各诸侯国的纪年资料中，鲁国是最好的一个）。司马迁既给出了共和元年相当于鲁慎公十四年，也给出了伯御在宣王"三十二年"被杀（此据《国语》。此条记载成为连接周王室与鲁公室纪年的重要而唯一的节点。共和首年所对应的鲁公纪年，并非原始记载，有推算结果之嫌，其他的对应关系亦应该如此看）。

按照司马迁的《年表》和《鲁世家》，从慎公元年到伯御被杀的宣王"三十二年"（即伯御十一年，已见上述），分摊到相关的鲁公账下是这样的：

$$慎公30+武公9+懿公9+伯御11=59年$$

也就是说，从宣王三十二年前推58年，就应该是慎公元年，也就是某王的七年。

按照上述条件，先看厉王七年。

厉王积年，有长年说与短年说。前者出自《周本纪》，为37年。后者则是后人根据《史记》的几个《世家》推算出来的，为15到17年（见下文）。

由于㝬簋的出现，使得长期以来厉王积年的争论有了结果。《竹书纪年》记载："懿王元年天再旦于郑。"天文学家回推天象，证明只能是公元前899年4月21日黎明时分发生的大食分日食所造成的天亮了两次的罕见天象才能对应于这一忠实而奇特的记载——天再旦。[⑤]从公元前899年到公元前841年，为59年，如果厉王积年取37年说，则留给懿、孝、夷三王只有22年，而㝬簋的"十年"，由于簋铭中明确说到王的父亲是恭王，则王只能是懿王或孝王。即使假设懿王只有10年，留给孝、夷二王也只有12年。《清华简》的《摄命》发现之后，马楠认为摄当是夷王燮，而孝王则据《世本》认为可能是懿王弟而不是司马迁所说的恭王弟。[⑥]即使㝬簋属于孝王，也不影响这一推论。结合西周四要素俱全的铜器历日可知，这无论如何不能满足金文记载。这说明，厉王37年说应该放弃，而陈梦家根据几个《世家》推算出来的厉王积年在15、16、17年当中的一个才是可取的。[⑦]

前文据司马迁的记载可知，慎公30+武公9+懿公9+伯御11=59年。依照厉王长年说与短年说并据《年表》，有两种计算结果：其一，按《年表》且按短年说。59=13（厉王）+14（共和）+32（宣王），即留给厉王的空档只有13年。这显然与37年说直接矛盾。同时，这也与厉王短年说（不少于15年，不多于17年）相矛盾。显然，无论厉王积年取长年说还是短年说，都容不下我簋的"七年"。我簋与厉王的联系可以割断。我簋的王世只可能属于夷王了。

三、我簋与夷王拟年

由于夷王积年和年值均不知道，这给推定夷王纪年带来了困难，但也留下了"自由"。由宣王三十二年前推58年，就是夷王七年。这一区间里，既要满足厉王短年说，还要至少包括夷王的第七年。58年里，宣王已经占了31年（第32年不计入内），剩下26年，而共和14年加厉王15年已经超过了26年。显然，厉王在位年数既不可否认，只有挤掉共和14年了。这也许是我簋在西周年代学上的重大意义之一。

我簋必须找一个王世，这个王就是夷王。于是，问题由前面的能否对合于夷王变成了依照我簋的要求给夷王"安排"一个纪年。也就是说，我簋给拟构夷王纪年既提出了一个要求也提供了一个条件。所幸的是，以我簋的七年是夷王七年为先决条件，按照笔者的既生霸、既望、既死霸定义和前述"初吉类数九说"，在前后夹击条件下留给夷王的狭小"窗口期"之内，容得下我簋历日，且与其他历日记载形成了符合通例的匹配。我簋可以对应于公元前853年。[⑧]也就是说，夷王七年很可能就是公元前853年，而其元年就是公元前859年。

附记：

笔者对张长寿先生的为人与学问深为敬仰。2004年春在北京"十大发现"评选期间，我带着杨家村铜器窖藏和随后发掘的一批小墓的材料，有幸参加评比。中间因为某种原因评委们内部可能产生了争论。作为评委的张先生与我恰好一同乘坐电梯下楼，先生对我说："都是因为你。"语气当中既有为我鸣了不平而发生了不该发生的"争论"的"遗憾"，也有对我的特别的关照，令我非常感动。随后，电梯不知为何突然掉下，我与张先生等人着实吃了一大惊，所幸电梯并未掉到底。此事在我心里牢牢记着。适逢李峰兄在微信群里征文，特撰写此文以纪念张长寿先生和陈公柔先生。

① 吴镇烽：《商周青铜器铭文暨图像集成》第12卷，第21页，上海古籍出版社，2012年。
② 吴镇烽：《商周青铜器铭文暨图像集成》第12卷，第21页。
③ 王占奎：《初吉等记时术语与西周年代问题申论——答李仲操先生》，《文博》1997年第6期，第57—62页。在此文中，笔者主张初吉与"三既"为同一个系统，且均为阳历性的。现在笔者认为初吉是阳历性的而三既是月相即阴历性的，初吉与三既分属于阳历与阴历两套系统。另外，在此

文中，笔者假定每年365天的最后5天亦即冬至前5天跳过去不参与初吉的循环，现在，笔者假定这5天分成前2后3天"跳过去"。并参见笔者最新的一篇文章：《西周列王纪年的构拟》，《考古与文物》2021年第3期，第75—85页。

④ 吴雪飞：《新见伐簋铭文考释》，《文博》2016年第2期，第56—59页。

⑤ 刘次沅：《从天再旦到武王伐纣——西周天文年代问题》，第79页，世界图书出版公司，2006年。

⑥ 马楠：《清华简〈摄命〉初读》，《文物》2018年第9期。

⑦ 陈梦家：《西周年代考》，第46页，商务印书馆，1955年。

⑧ 王占奎：《西周列王纪年的构拟》表三，《考古与文物》2021年第3期。

官塘青铜器年代商榷

林 沄

（吉林大学考古学院）

作为"国家哲学社会科学成果文库"而出版的《群舒文化研究》，[①]收集资料详尽，分析细致全面，确是一本好书。不过，在讨论枞阳县官塘墓葬出土的一尊二鼎的年代时，有可以商榷之处，所以谈谈我的看法，以就正于各位同好。

1992年5月，在枞阳县横埠镇官塘村寺墩的一座竖穴土坑墓中发现了这一尊二鼎，首次在《群舒文化研究》一书中发表（图一、图二）。据"后记"介绍，第六章的"二、青铜器的年代和性质"这部分，是由研究生申学国完成的。对官塘尊年代的结论是"应为西周早期"，对重环纹鼎1年代的结论是"可拟定为西周晚期"；鼎2的年代"应与鼎1相同，即西周晚期"。综合起来，"可以拟定官塘铜器的年代为西周晚期"。

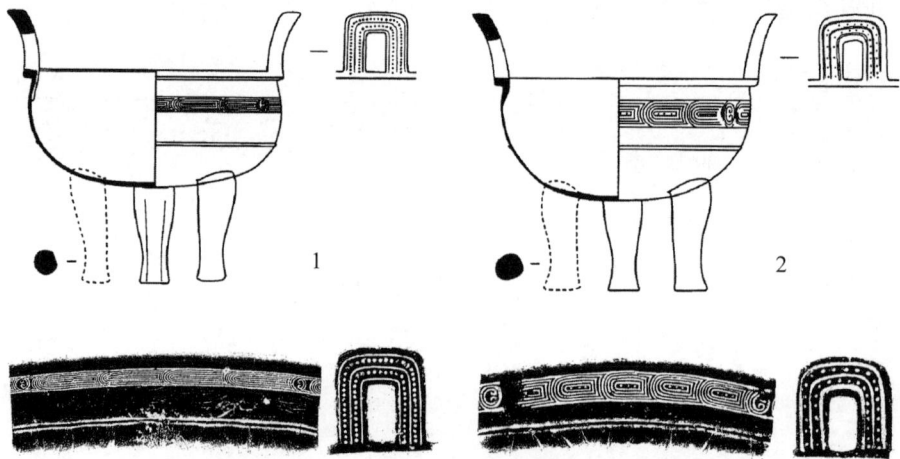

图一 官塘两鼎的器形和纹饰

1.鼎1 上：线图，下：纹饰拓本；
2.鼎2 上：线图，下：纹饰拓本

图二 官塘尊的器形和纹饰

上：线图；左下：纹饰照片；右下：纹饰拓本

先看官塘鼎1和鼎2的年代是怎么断定的。申学国显然对鼎的断代不得要领。他根据这两件鼎都饰有重环纹，而称之为"重环纹鼎"。但从西周中期到春秋中期都有"重环纹鼎"，他先从器形比较入手，举出山东栖霞吕家埠M1、M2鼎（图三左起第一列）、莒县西大庄三件鼎（图三左起第三列）、临沂中洽沟M1鼎（图三左起第二列）、河南洛阳中州路M816鼎（图三右起第一列）为例。其实，其中只有吕家埠下方一鼎和西大庄三件鼎是饰重环纹的，其他几例都并不饰重环纹。而且，官塘鼎1和鼎2的特点是较浅的圜底、立耳外翻、三蹄足内聚。只有吕家埠两鼎在器形上与之比较相似。中洽沟鼎耳有点外倾，弯曲度不如官塘鼎；西大庄三件鼎耳都是竖直的，三蹄足并不内聚，和官塘鼎1、鼎2显然不同。然而申学国误信栖霞吕家埠墓葬简报"吕家埠一、二号墓的年代属西周时期"的错误结论，而且还误引被彭裕商定为西周中晚期的中州路M816鼎，把官塘两鼎写为西周晚期。其实中州路M816无论在腹形和耳、足的特点上都和官塘两鼎完全不同，是一目了然的。

像官塘两鼎这样立耳外翻、蹄足内聚的形制，实际是春秋中期一度比较流行的形制，和《洛阳中州路》东周第一期墓葬M2415的鼎最为相似（图四，1）。在1959年出版的《洛阳中州路》中，东周第一期被定为"春秋初期"，这是因为写此报告时春秋时期的墓葬发掘还不多，写作者对传世的有铭的春秋早期青铜器还不够熟悉而造成的误会。洛阳中州路的作者对东周墓葬排的序列是完全正确的，只是把M2415的青铜器群

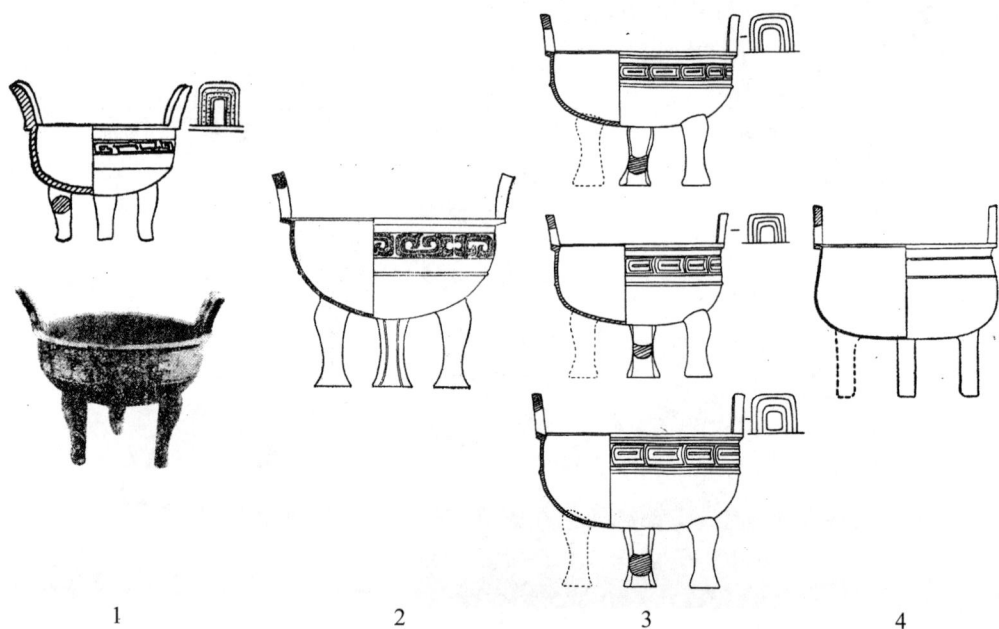

图三 鼎形的比较

1.栖霞吕家埠M1、M2；2.临沂中洽沟；3.莒县西大庄；4.中州路M816

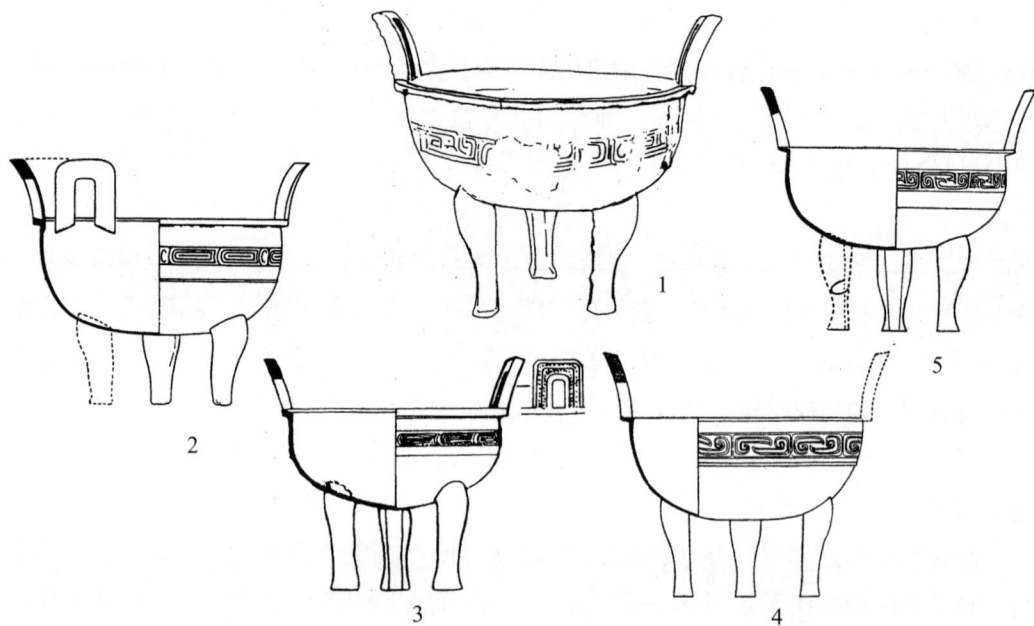

图四 春秋中期偏早流行的一种鼎形

1.中州路M2415；2.闻喜上郭村M6；3.滕州薛故城M1；4.肥西长庄村；5.丹阳司徒乡

和当时已定为春秋早期的河南郏县大仆乡的青铜器群相比，并认为器形和纹饰都"相似"[②]，这是不对的。郏县太仆乡的青铜器基本上还保持着西周晚期的器形的纹饰，唐兰定为春秋早期是对的，李学勤在1984年出版的《东周与秦代文明》中已经指出：M2415的鼎是"内聚足的浅腹鼎，是春秋中期前段盛行的型式，敦和铀都是这一时期新产生的器种。这组器物的花纹，大体上也已摆脱从西周沿袭下来的传统格局，从这些方面看，估计其年代为春秋中期偏早是合适的"[③]。2009年出版的朱凤瀚《中国青铜器综论》便把中州路M2415鼎定为盆鼎的Ae型Ⅵ式，将其年代定为"约春秋中期偏早"了。[④]

当然，春秋时期各地青铜器已经出现地方性的差异。M2415式的鼎也并非在各地都出现，但除了王畿地区，在山西南部如闻喜上郭村M6（图四，2），[⑤]山东地区如滕州薛故城M1（图四，3）也有发现；[⑥]皖南也是盛行这种鼎的地区之一，如肥西长庄村（图四，4），[⑦]向东还分布到江苏的丹阳司徒乡（图四，5）。[⑧]

现在再看和两件鼎共出的官塘尊。在中原，尊到西周中期已较少见。所以申学国看见官塘尊的器形就想到商代和西周早期的尊。其实，尊在西周晚期也没有绝迹，[⑨]而东周时期尊在江淮地带仍很流行。以春秋晚期的寿县蔡侯墓为例，该墓随葬的尊就有三种型式。[⑩]一种鼓腹明显，圈足直径缩小，是江淮多见的地方式（图五，3；可参看图五，6、7，即屯溪M5、武进淹城）。另一种鼓腹不明显，和中原西周流行的型式接近，也和官塘尊相似（图五，1；可参看图五，4、5，即屯溪M1及叶家山M1）。第三种则介于两者之间（图五，2）。因此，官塘尊不必在器形上和西周中期或更早的尊去比附。

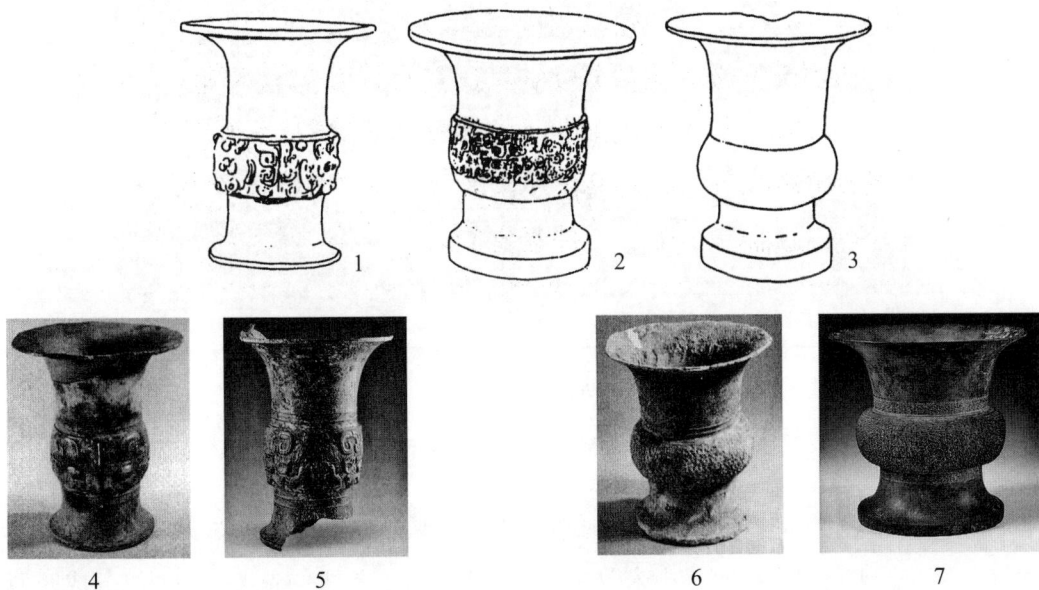

图五　蔡侯墓出土的三种尊形

1—3.蔡侯墓；4.屯溪M1；5.叶家山M1；6.屯溪M5；7.武进淹城

申学国把官塘尊和安徽屯溪土墩墓M1：90尊、叶家山西周墓M1：09尊比附，主要在纹饰上下功夫。其实，两者差别太大了！屯溪M1尊有"子刀父乙"铭文，应是商代器，和叶家山M1这件西周早期尊的兽面纹差别不大，都是云雷纹底，主题凸起，两旁有夔纹和鸟纹，都属于陈公柔、张长寿所分的Ⅰ3式（图六）。[11]只是叶家山这件目上有眉，两旁的鸟都有耳，而且凸起部分的阴线形状有所不同。而官塘尊上的兽面纹，虽然也有云雷纹底，可以分辨出两角、圆目、菱形耳，却已经分解而不成整体，而且不凸起。至于申学国所说的简体呈U形的立鸟，"鸟头昂首向前，尖喙，鸟尾呈两股尾羽……"，则纯属个人想象。把剩下的条带状物说成是"倒置夔龙纹，伸直向前，尾部90度垂直上扬，有一角一足……"，就更难令人信服了。

1

2

图六　Ⅰ3式兽面纹

1. 屯溪土墩墓M1：90；2. 叶家山M1：09

总之，我们只能同意申学国把官塘尊纹饰的主要部分称为"兽面纹"，而这种"兽面纹"是在过去任何一种著录中未曾见过的，也是陈、张两位先生把兽面纹分成四型四十式所不曾包含的。我们完全不能同意把这种纹饰和Ⅰ3式牵强附会地类比，从而同归西周早期。

官塘尊的这种奇特的纹饰，要勉强找类似的纹饰，只能是西周中期师遽方彝上的分解的兽面纹，[12]或可称为有目的窃曲纹。然而还是有很大的不同。只能猜想是演化的一种可能的途径。所以，目前官塘尊只能参照共出的两件鼎暂定为春秋中期器，而它的这种纹饰乃是南方青铜器的一个新的研究课题。

———————

① 张爱冰等：《群舒文化研究》，上海古籍出版社，2018年。

② 中国科学院考古研究所：《洛阳中州路》，第129页，科学出版社，1959年。

③ 李学勤：《东周与秦代文明》，第18页，上海人民出版社，1984年。

④ 朱凤瀚：《中国青铜器综论》，第94、99页，图三·四之6，上海古籍出版社，2009年。

⑤ 朱凤瀚：《中国青铜器综论》，第1590页，图一二·二六之6。

⑥ 朱凤瀚：《中国青铜器综论》，第1661页，图一二·七九之1。

⑦ 朱凤瀚：《中国青铜器综论》，第1804页，图一二·一五八之1。

⑧ 朱凤瀚：《中国青铜器综论》，第1824页，图一二·一七二之1。

⑨ 如河南省文物考古研究所等《河南平顶山应国墓地八号墓发掘简报》，《华夏考古》2007年第1期；河南省文物局南水北调文物保护办公室等《河南南阳夏饷铺鄂国墓地M5、M6发掘简报》，《江汉考古》2020年第3期。

⑩ 安徽省文物管理委员会等：《安徽省寿县蔡侯墓出土遗物》图版玖、图版拾叁，1，科学出版社，1956年。

⑪ 陈公柔、张长寿：《殷周青铜器容器上兽面纹的断代研究》，《考古学报》1990年第2期。

⑫ 中国青铜器全集编辑委员会编：《中国青铜器全集》第五册之133号，文物出版社，1996—1998年。

东周时期小口盥洗器的自名

——兼论"氵朿"字的释读和用法

凡国栋

（湖北省文物考古研究院）

东周时期诸侯国的盥洗器除了流行盘、匜之外，还盛行一种口部较小的鼎和缶。这类器物的共同特征是口部很小，与粗壮的身躯颇不相称。小口鼎多自名为"汤鼎"，小口缶的自名较多，如"浴缶"、"盥缶"等，虽然用字不同，但是均有相通之处，大致可以借此明了其用途。路国权先生对其谱系源流有很好的梳理。[①]与此相关的是青铜器铭文以及楚墓遣册经常记载一种称为"氵朿鼎"、"氵朿缶"的铜器。目前学界主流的看法是将"氵朿"读为"沐"，与器物的沐浴功能建立联系。[②]乍看起来，这样释读有其合理的因素，能够自圆其说。但是也有几位学者提出了不同的看法。[③]我们也应该注意到，"氵朿"字在楚系简牍中还常常用在职官的称谓中组成职官名，如氵朿尹、氵朿令、氵朿令尹等，旧说多认为与卜筮相关。但是有这么多的神职人员，这也有违常理。我们在梳理材料的过程中渐渐对"氵朿"字的释读及其相关问题产生一些新的想法，现不揣谫陋，将拙见略陈如下，祈望方家指正。

一、东周时期小口鼎和小口缶的功用

首先将具有铭文信息的小口鼎和小口缶的相关材料系统梳理，为直观明了，我们采用表格的方式。其中表一为"东周时期有铭文小口鼎统计表"，表二为"东周时期有铭文小口缶统计表"。

表一 东周时期有铭文小口鼎统计表

名称	器物图片及铭文拓片	铭　　文	出土地点及著录信息
徐贅尹譬鼎	 	唯正月吉日初庚，徐贅尹譬自作湯鼎，温良聖敏，余敢敬盟祀，丩津（洗？）沐俗（浴），以知卹辱，壽躬穀子，眉壽無期，永保用之。	绍兴市坡塘乡狮子山西麓M306：采3，《文物》1984年第1期。
襄惠子汤鼎	 	襄惠子湯之鬻，子子孫孫永保用之。	六安市九里沟乡九里沟村，《安徽江淮地区商周青铜器》，文物出版社，2014年，第94页。
彭子射鼎	 	彭子射之湯鼎。	南阳市宛城M38：58，《河南南阳春秋楚彭射墓发掘简报》，《文物》2011年第3期。
无所鼎		彭公之孫無所自作湯鼎，眉壽無期，永保用之。	南阳市物资城工地M1，《南阳市物资城一号墓及其相关问题》，《中原文物》2004年第2期。
倗鼎	 	楚叔之孫倗之遱（湯）鼎。	淅川下寺乙M2：56，《淅川下寺春秋楚墓》，文物出版社，1991年，第112、114页。
倗鼎	 	楚叔之孫倗擇其吉金，自作浴（浴）鬨（瓮），眉壽無期，永保用之。	淅川下寺乙M3：4，《淅川下寺春秋楚墓》，文物出版社，1991年，第218、220页。

续　表

名称	器物图片及铭文拓片	铭　文	出土地点及著录信息
蓮夫人伽鼎		佳（唯）正月初吉，歲在涒灘，孟春在奎之際，伽（蓮）夫人嬭擇其吉金，作鑄伽鼎，以和御湯，長麵（邁）其吉，永壽無疆，伽（蓮）大尹（君）嬴作之，後民勿忘。	河南省淅川徐家岭楚墓HXXM11：11，《文物》1984年第1期。

表二　东周时期有铭文小口缶统计表

名称	器物图片及铭文拓片	铭　文	出土（收藏）地点及著录信息
嘉子孟嬴觕不缶		佳（唯）正月初吉庚午，嘉子孟嬴觕不自作行缶，子孙其萬年無疆，永用之。	美国华盛顿弗利尔-赛克勒美术馆，《新收殷周青铜器铭文暨器影汇编》1806。
宽儿缶		唯正八月初吉壬申，蘇公之孫寬兒擇其吉金，自作行缶，眉壽無期，永保用之。	《古文字与青铜器论集》第三辑，第75—79页。
佣缶		楚叔之孫鄙子佣之浴（浴）缶。	淅川下寺乙M2：51，《淅川下寺春秋楚墓》，文物出版社，1991年，第130—131页。同墓出土两件。
孟縢姬缶		唯正月初吉丁亥，孟縢姬擇其吉金，自作浴缶，永保用之。	淅川下寺乙M1：72，《淅川下寺春秋楚墓》，文物出版社，1991年，第65页。同墓出土两件。

续　表

名称	器物图片及铭文拓片	铭文	出土（收藏）地点及著录信息
倗缶		倗之缶。	淅川下寺乙M3：5，《淅川下寺春秋楚墓》，文物出版社，1991年。同墓出土两件。
□缶		□缶	襄阳山湾M23：3，《襄阳山湾东周墓葬发掘报告》，《江汉考古》1983年第2期。
蔡侯申缶		蔡侯申之盥缶。	寿县西门蔡侯墓（22），《考古学报》1956年第2期。
蔡侯申缶		蔡侯申作孟姬縢盥缶。	寿县西门蔡侯墓（21），《考古学报》1956年第2期。
彭子射缶		彭子射之御缶。	南阳市宛城M38：57，《河南南阳春秋楚彭射墓发掘简报》，《文物》2011年第3期。
邯子彭缶		邯子彭之赵缶。	谷城县禹山庙嘴，《中子宾缶初探》，《江汉考古》1985年第3期。

续　表

名称	器物图片及铭文拓片	铭文	出土（收藏）地点及著录信息
曾旨尹乔缶		曾旨尹乔之迗缶。	文峰塔墓地M61：11，《湖北随州市文峰塔东周墓地》，《考古》2014年第7期。
曾公子弃疾缶		曾公子弃疾之迗缶。	随州市义地岗M6：5，《湖北随州义地岗曾公子去疾墓发掘简报》，《江汉考古》2012年第3期。
蔡公子缶		蔡公子□姬安之鬻□。	襄阳蔡坡M4：8，《襄阳蔡坡战国墓发掘简报》，《江汉考古》1985年第1期。
曾侯丙缶		曾侯丙之迗缶，硈以爲长事。	随州文峰塔M18：2，《湖北随州市文峰塔东周墓地》，《考古》2014年第7期。

　　据以上表一、表二统计，小口鼎共有七例铸有铭文，其中四例作"汤鼎"，一例作"浴（浴）爨（瓮）"，④一例作"迗鼎"，一例作"鬻"。小口缶共有十四例铸有铭文，其中四例"迗缶"、两例"浴缶"、⑤两例"行缶"、一例"盥缶"、一例"御缶"、一例单称"缶"，两例字迹漫漶不清。⑥当然这只是从器物是否铸有标明用途的铭文的角度进行统计，肯定存在缺漏。比如说绍兴市坡塘乡狮子山西麓M306除了表一已经列出的小口鼎之外，还出土有一件小口缶（编号M306：采4），只是因为其形制与本文所论的小口缶有一定差别，铭文虽然清晰，但无法可靠释读，⑦暂不列入本文的研究范围。

　　关于这两类器物的功用，学界也有不少的讨论。李零先生指出小口鼎与盛食物的鼎无关，当是煮开水的鼎。⑧但不少学者把汤鼎和浴瓮区分开来，如刘彬徽先生根据《广雅·释诂二》"汤，爓也"，王念孙《疏证》"沉肉于汤谓之爓"，认为汤鼎是煮肉汤用的鼎，浴瓮则是煮热水、开水用的鼎。⑨王人聪也认为鼎铭之汤字系指用沸水烫熟食物之意，"汤鼎"是作烹煮用的炊器。⑩董全生、李长周两位先生也认为浴鼎是日用品，而汤鼎与浴鼎有所区别，古代食用的汤浆也称汤，汤鼎可能是盛汤浆的。⑪朱德熙、裘锡圭、李家浩先生结合其形制特征来论述说："鼎口小，不宜散热，搬动时液体不易晃出，用来盛热水比较适宜。"⑫广濑薰雄先生认为汤鼎和浴缶都是用来洗浴的：

> 缶只能盛热水，不能烧水；鼎则能烧水，却不方便拿起来使用。当时楚人可能在沐浴时，用沐鼎烧水；等烧好了水，用勺子把热水盛到沐缶里，然后把沐缶拿到沐浴的地方，用勺子浇热水沐浴。洗浴用的缶、鼎和勺一起随葬就是这个原因。⑬

广濑先生的论述很好地兼顾了器物的形制和铭文的记载，也是目前广为大家接受的意见。不过王宁先生从缶的音乐性能出发提出缶既可盛水以盥洗沐浴，也可以扑击以和乐节歌，故既可称"浴缶"，也可称"扑缶"。因此，他认为"赴（卜）缶"应读为"扑缶"，即击缶、敲缶之意。⑭不过问题是"赴（卜）缶"读为"扑缶"虽可通，但是"扑鼎"、"扑斗"却是讲不通的。

当然，广濑先生的意见是建立在将"辵"读为"沐"的基础上的。这样根据铭文，小口鼎和小口缶的功用有共同性，比如"盥"、"浴"等指向的是器物的盥洗功能。但是这样的认识其实存在一定的局限性，因为仍有一部分器物自名的修饰词使用的是"行"、"御"、"鬺"等词，而这类词并无明确的指向性。比如盘、匜作为青铜水器向来没有人怀疑过，但是其自名的修饰词并不都是"盥"、"沐"、"沬"之类，而是有"宝"、"御"、"行"、"旅"样的修饰词。⑮因此即便我们承认小口鼎和小口缶的功能为洗浴，也不能证明"辵"一定就是读为"沐"。这里有两个非常明显的作为反证的例子：一是随州义地岗曾公子弃疾墓出土的浴缶铭文自名为"行缶"，但是配套的斗却自名为辵斗；⑯二是曾侯丙墓出土的缶，铭文自称为"辵缶"，但是器物呈方形，形制与曾侯乙墓出土与铜鉴配套使用的鉴缶相同，其功用反而可能为盛放酒的铜器。正是基于上述现象，尽管我们也倾向于认为小口鼎、小口缶的功能与洗浴相关，但是我们却对"辵"的释读存在疑虑。

二、关于"辵"字的释读

楚墓简册记载的盥洗器中浴缶和汤鼎往往同时出现。其出现的辞例如下：

> 一汲瓶、一（A1）缶、一汤鼎，純有蓋。　　　　　　长台关一号墓简2.14
> 一（A2）缶、一汤鼎。　　　　　　　　　　　　　　望山2号墓54简
> 二（A3）缶、一汤鼎。　　　　　　　　　　　　　　包山2号墓265简

表三　本文中讨论的有关文字表

A1	A2	A3	A4
望山简 M2：54 号	信阳简 2-014	包山简 265	邨子彭缶
B1	**B2**	**B3**	**B4**
郭店《缁衣》简 46	新蔡甲三 189	上博《简大王泊旱》简 1	望山 1 号墓简 132
C1	**C2**	**C3**	**C4**
《集成》4688 "上官豆"	《孔子见季桓子》简 26	郭店《五行》简 45 《容成氏》简 3	清华简《耆夜》简 10
D1	**D2**	**D3**	
郭店《语丛二》简 45	鄂君启节 《集成》12110	楚王熊章钟 《集成》00085	
E1	**E2**	**E3**	**E4**
《集成》02766	《集成》01502	信阳简 2-08	《集成》06428

　　信阳长台关的■字，彭浩先生隶定作"迅"，读为"酳"，二字属真韵心母，《仪礼·士婚礼》"酳酳主人"注："酳，漱也。酳之言演也、安也，漱所以洁口且演安其所食。"据此认为■缶是用作盛漱口水的缶。⑰后来包山楚简的整理者也将 A3 隶定作

"迅"，读为"酌"。⑱汤余惠先生读为"深缶"。⑲刘彬徽认为迅缶即尊缶。⑳刘信芳先生将"迅"读为"扺"。㉑

作为对照材料，谷城县禹山庙嘴楚墓出土一件浴缶非常重要。其中的▨，陈千万先生隶定为"趈"，认为字从走、从攴亦声，"趈"、"福"声近韵同，故可通假，也是"宝"字之借。施谢捷先生认为"趈"字从走从攴，攴当为声符，"趈缶"是"趋缶"、"行缶"的意思。刘彬徽先生认为"趈"可能是"浴"字的通假。

1998年郭店楚简公布，其中《缁衣》46简的"卜"作▨。这一字形为A1之类字的释读带来了新的契机。李零先生指出A1、A2从"卜"得声（古帮母侯部字），疑读为"瓿"，并将其与谷城县禹山庙嘴楚墓出土中子宾缶的▨字联系起来，指出"趈"、"让"皆"赴"之异文，"让缶"是"浴缶"或"盥缶"的别名。陈昭容先生大致与此同时也观察到郭店简《缁衣》中"卜"字的写法并联系到中子宾缶，但是对让字的读法不同：

我们以为将"趈"读为"浴"的可能性是存在的，"趈"从"卜"得声，"卜"与"浴"同在上古屋部，不过声母相去较远。"趈"字或可读为"沐"，从卜声与"沐"声韵并近。究竟"趈"是读为"浴"或"沐"，需再研究。笔者认为"趈"也有读为"湢"的可能，《礼记·内则》谓男女"不共湢浴"，《注》"湢，浴室也"。从卜或从饼，声母皆唇音，韵部职屋旁转，"趈"与"湢"声音是相近的。"邡子彰之趈（湢）缶"点出此"缶"之置用之地，正与"呷所献为下寝盂"相似。㉒

广濑薰雄先生先后对"让缶"、"让鼎"进行系统研究。他赞同陈昭容先生文章将"趈"读为"沐"的观点，在此基础上结合遣策记载和出土的随葬器物，指出："战国时代楚国用从'卜'声的字表示｜沐｝这个词，'沐'字是秦系文字的用字习惯，在秦国统一文字后，全国统一使用'沐'字；汉代也沿用'沐'字。"㉓

其实从文字学的角度看，战国楚文字中另有一个可能用作"沐"的字。其中一个已经见于上所引的绍兴市坡塘乡狮子山西麓M306，该字字形写作▨，此外还有▨、▨等。对上述文字有释"会"、㉔释"柔"、㉕释"采"（穗）、㉖释"粤"、㉗释"颖"、㉘释"沐"等不同的意见。㉙蒋玉斌先生将该字与商代金文中的▨联系起来，认为该字中与战国楚文字写法相近的▨是在"沐"的表意字（图形式会意字）上加注的声符，因此他也赞同将战国楚文字中的E1—E3释读为"沐"。这样严先生在文中也提出了应该重新思考"让（趈）"字与"沐"字的关系。㉚

当然，在古文字中同一个字用不同的写法来表示的现象比较多见。如楚文字中的一/壹，有"一/弌"、"罷、鼠"等多种写法。因此E字释为"沐"并不能作为A字释为

"沐"的反证。也就是说我们不能因为E字释为"沐"了，就否认A字释为"沐"。不过这倒是一个很好的契机促使我们重新研究A字的释读。如果A字可以释为"沐"，那么A和E是什么关系？如果A不是"沐"，那么它又应该怎样释读？

三、"辻"字当改释为"役"

通过上述梳理，我们了解到目前学界对"辻"字的释读是建立在对"卜"字字形认识的基础上的。古文字学界在借助郭店楚简认出楚文字中的"卜"字之后，楚简中又出现了不少"卜"字。例如新蔡楚简甲三189号简"卜筮"之 ，上博楚简《简大王泊旱》有占卜的记载，其"卜"字作 ，可见B这类形体释为"卜"应该是确凿无疑的。而A1—A3所从与这一形体几乎看不出太大的差别，这也是目前古文字学界多数人对"辻"字释读深信不疑的原因。

事实上，我读到广濑薰雄先生文章后的很长一段时间也非常相信这一观点，直到一次偶然读到刘洪涛先生考释上官豆"役"字的文章，感觉A字与刘先生讨论的C字在形体上存在很大的相似性，[31]当时就觉得A字也应该跟C字一样释作"役"才对。不过这仅仅只是直觉，仔细分析后发现存在若干环节无法给出合理的解释，只好暂时搁置。直到最近读到刘钊先生考释"役"字以及牛新房先生补充论述该字的文章，[32]才逐步完善了当初的猜想，感觉A字释为"役"的把握增加了几分。

刘洪涛先生将《集成》4688的C1与上博《容成氏》、《孔子见季桓子》，郭店《五行》，清华简《耆夜》的"役"字联系，将这一类字释作"役"。他在对字形的具体分析中指出C2是最常见的写法，跟"返"字形近，只是多出一横。C3在C2的基础上横画下又多出一横，C4则是C3省掉"又"旁的写法。从字形看C1与C2形体最为接近，只要把前者右上所从的曲笔拉直，就会变成后者，并用古文字中"盘"、"般"二字所从"殳"的形体变化来说明。[33]

刘钊先生赞成刘洪涛先生的释读，并将甲骨文中原释为"永"或"衍"的字改释为"役"，这就找到了刘洪涛先生所释战国文字中"役"字的早期来源。刘钊先生将甲骨文中的"役"字分为如下五类：

1. （合集34236+32082）、 （屯南228）、 （合集32925）

2. （合集33263）、 （新获15）、 （合集32112）、 （合集363）

3. （屯南332）、 （合集32176）、 （合集34711）、 （屯南4553）

4. （合集34712）、 （屯南3594）、 （屯南3099+3237+3317）

5. （屯南723）

在这五类中：1 式从"彳"从"人"从"𠬞（左右两手）"；2 式仍然从"彳"从"人"，但不再从"𠬞"而是从"又（右手）"。2 式是由 1 式的两只手简化为一只手。3 式是 1 式的变体；4 式左边的形体是反体，正过来就是手中拿一物的"**彡**"形，即"殳"字；5 式为以上各式的省减。

刘钊先生指出战国文字中 C1—C5 诸形中的 **乚**、**二**、**丶**、**乚**、**一**、**二** 部分可能是饰笔，则将其去掉，形体就会作 **彶**、**攴**、**𢼡**、**𣏗**、**攴**、**牝** 形，其中的 **戈**、**反**、**𠂊**、**𠃊**、**攴** 部分，最后讹混成了"殳"旁，字形于是最后定型演变为从"彳"从"殳"的"役"字。

牛新房先生顺着上述思路，在古文字材料中找到了从 **反** 形的"役"字，并总结出"役"和"返"的关键性差别在于：不加饰笔的"役"字的右上部，竖笔和横笔相连且竖笔突破了横笔，成了卜形；而"返"所从的"反"字竖笔和横笔也相连，但竖笔不会突破横笔，作"厂"形。[34]

结合上述分析，我们的结论已经呼之欲出了。辨析完相关字形之后，实际上可以得出这样的认识：A1—A3 实际上就是 C1 省掉了手形，A4 实际上与 D1—D3 同形。因此 A1—A4 实际上都是"役"字，只是因为"役"字所从的"殳"讹变太大，以致与"卜"字形近，并发生混淆，以致误释为"让"，读为"沐"。

四、"让"字的用法

改释为"役"是否成立，关键还要看能否读通辞例。下面我们回到具体的语言环境中来加以检验。

首先考察作为小口盥洗器物自名的"役缶"和"役鼎"。我们认为"役"可理解为"行役"之"役"，如《诗·魏风·陟岵》："嗟！予子行役，夙夜无已。"用"役"与用"行"，其意思可能没有太大的差别。比如上引上官豆（《集成》4688）铭文云："富子之上官隻（获）之畫□鍼鉌十，台（以）为大役之従鉌，莫其居。"刘洪涛先生对此处的"大役之従鉌"有这样一段论述：

> "大役"一词见于文献。《周礼·夏官·大司马》"大役，与虑事，属其植，受其要，以待考而赏诛"，郑玄注："大役，筑城邑也。"《庄子·人间世》"上有大役，则支离以有常疾不受功"，成玄英疏："国家有重大徭役，为有痼疾，故不受其功程者也。"此指大型的徭役。《国语·晋语五》"国有大役，不镇抚民而备钟鼓，何也"，韦昭注："役，事也。"此指战争。因此，"大役之从鉌"应该是指服兵役或徭役所携带的铜器。[35]

今按，淅川下寺M1出土"敬事天王钟"铭文曰："敬事天王，至于父兄，以乐君子，江汉之阴阳，百岁之外，以之大行。"㊱随州文峰塔墓地M21出土铭文"曾孙卲之大行之壶"㊲。"大行"乃古人对死亡的讳称，因此随州文峰塔M21"大行之壶"显然是为了曾孙卲下葬专门制作的明器。上官豆的铭文恐与此类似，"大役之从鉌"似可读作"大行之从鉌"，铭文最后三字"莫其居"未见有学者专门作解释，我们认为这句话是用来补充说明鉌的用途的。《诗·唐风·葛生》"百岁之后，归于其居"。郑玄笺："居，坟墓也。"这样"莫"似可读作"墓"，坟墓连用，"莫其居"似乎是说明这批器物是专门用作坟墓随葬用器。如此看来，我们将"大行"解释为死亡的讳称也是合适的。因此"大役"实际上就是"大行"。"役缶"、"役鼎"也就相当于"行缶"和"行鼎"。㊳

与此相关的还有曾侯乙墓出土楚王熊章钟，其中"役自西阳"一句颇多争议，"役"字原有多种释法，如薛尚功释"徙"，郭沫若隶定作"迏"，亦读作迁徙之徙。李学勤、裘锡圭先生均释作"返"，但理解不同。如李学勤先生读作报丧之报，裘锡圭先生则认为是惠王自己从西阳返回楚国。㊴此字，牛新房改释作"役"，正确，可从，但是他将其读为"疫"，认为曾侯乙之死与西阳之疫相关，则嫌不妥。根据上文的讨论，我们认为这里的"役"实际上就相当于"行"，即上文所云的"大行"。"行自西阳"就是说曾侯乙在西阳归天。

最后，我们来讨论楚简中与"役"相关的职官名该如何理解。目前主流的看法是认为该字从"卜"，读为卜，为占卜之卜。但是正如刘信芳先生指出的那样，迏不大可能读为卜，因为从中央到地方有如此众多的神职人员，很难理解。㊵陈颖飞先生也指出楚简中的"迏"没有一条材料与占卜有关，不太可能是《左传》中的"卜尹"㊶。

刘信芳先生认为：

> 简265记有"迏缶"，犹行缶，因疑诸以"迏"为名之职官乃"行人"之类，《周礼·秋官·大行人》："大行人掌大宾之礼及大客之仪，以亲诸侯。"又《小行人》："小行人掌邦国宾客之礼籍，以待四方之使。"行人即使者，乃外交、礼仪官员。

刘先生指出"迏缶"犹"行缶"很有见地，但是说"迏"乃"行人"之类则没有依据。范常喜先生曾指出"迏"为一种司法部门的分支机构。㊷石小力提出两种看法，一是认为"迏"与楚国的"行府"相关，一是认为职掌比较宽泛，可能与金文中的"走马"和《周礼·夏官·司马》中的"趣马"相当。㊸陈颖飞通过具体分析简文中的案例来了解其执掌，她得出的结论是：

"讠"疑是司制造的特殊机构，中央与地方皆可设，职官等级由高到低疑为：大讠尹（讠令尹、讠尹）、讠史（按讠，原释为弁）、讠令、大讠、讠。

陈颖飞在书中将与"讠"有关的职官归纳为"讠+尹"、"讠+令"、"佫+讠"以及"讠"四种格式。其实将"佫+讠"单独列为一类显得体例不纯，若按此分类，"新佫役尹"既可归入第一类，也可归入第三类。而这种分类也最终导致其结论指向与制造有关。我们知道"佫"才是楚国专司造作的机构，设在"佫"的"役尹"、"役令"当然要处理与制造有关的事务。若剔除这一影响，我们发现"役尹"、"役令"除了设在"佫"和"新佫"这类制造机构外，设在县一级机构的情况更为多见，其执掌领域颇广，有民事，有诉讼，也有赋役，似乎为总揽全局的要员。

因此"役尹"、"役令"的性质恐怕要从另外的角度来考虑。我们注意到传世文献中官员往往有"行……事"的记载。如《史记·高祖功臣侯者年表》："侯石为太常，行太仆事。"再如《留侯世家》："留侯行少傅事。"《南越列传》南海尉任嚣病重，临死之期让龙川县令赵沱"行南海尉事"。"役尹"、"役令"的性质很可能与上引的记载相似，即以某种身份行令或尹之事，在正式的令或尹不在岗的情况下代为履行职责。这种官员任命中出现的"行……事"的现象在秦汉时期十分普遍，文献中往往用"守某官"表示，如守令、守丞等，其中"守"字如何理解，目前学界有试用和代理等多种意见，暂时未达成一致。[44]关于守官之任用规则，出土秦汉律令简牍中有明确的记载。如睡虎地秦律十八种《置吏律》："官啬夫即不存，令君子无害者若令史守官，毋令官佐史守。"《内史杂律》："苑啬夫不存，县为置守，如厩律。"岳麓秦简也有一条记载："郡尉不存，以守行尉事；泰守不存，令尉为假守；泰守、尉皆不存，令吏六百石以上守吏风真官者为假守；尉丞、守丞不存，令吏六百石以上为假尉丞、假守丞。……"[45]可见秦代法律对守官的制度安排已经颇为严密，有一套既定的规则来维持职能机构的正常运作。

包山楚简中的"役官"已经较为多见，可以作微观的考察。细绎之下，包山简中实际上只有"役尹"、"役令"两类而已。[46]其中有格式作"役+人名"的例子，恐怕是与秦汉时期多见的类似的那种职官省称现象。[47]一个明显的证据就是包山简185的"佫役鄙甬"，在简186中作"佫役尹鄙甬"。可见前者单称"役"的应是"役尹"之省。另一个值得注意的现象是某地身份为"役"的令或尹同时存在多位。如简186的正阳役为殷获志，简174的正阳役为雷秦，简179的正阳役为周坚，陈颖飞已经指出他们有同时任职的可能。这种情形与里耶秦简所见迁陵县守丞同时存在多位同时任职的现象非常吻合。[48]王伟先生对"守"的性质曾提出一种颇为合理的解释，他认为守类职官和机构反映的是一种合法的临时的职官兼摄，守丞即是守府中每日或某段时间内当之人员。[49]这种意见能够很好地解释为什么同一守府内同时存在多位守官的现象，想来包山简中三位正阳役尹同时存在也是类似的情况。

根据上述意见，上博四《昭王毁室》篇出现的"役令尹陈省为视日"句中的"视日"也可以得到合理的解释。据陈伟师研究，楚简中的"视日"即《国语》卷十五《晋语九》及韦昭注所见的"当日"、"直日"，即当日值班人员。[30]如果我们了解到此时陈省的身份只是楚令尹府众多"役令尹"中的一位，那日恰好他当值来处理诉讼案件，那么简文的意思就不难理解了。

综上所述，楚国的"役官"与秦汉时期的"守官"存在如下类似的情形：1. 存在职官省称现象；2. 同时期某机构的"役官"或"守官"存在多位人员同时任职的情形，并可能存在轮值现象。因此我们将楚国的"役官"与秦汉时期的"守官"联系起来是一种较为合理的推测。此前我们只能将这种守官制度的源头追溯到秦，而现在我们了解到东周时期楚国已经开始流行这种制度，这就为秦汉时期的守官制度在楚国找到了源头。

结　　论

本文认为东周楚简和青铜器中原隶定为"辻"读为"沐"的字应该改释为"役"，在"役缶"、"役鼎"中，作"行役"之"役"，相当于"行缶"和"行鼎"。

在曾侯乙、包山和上博楚简中的有关职官名相应地也均应改释作"役尹"或"役令"，意思是代行"令尹"或"令史"的职务，相当于文献中的"行……事"，是一种暂时代理政务的任职模式。

楚国的"役官"与秦汉时期的"守官"存在如下类似的情形：1. 存在职官省称现象；2. 同时期某机构的"役官"或"守官"存在多位人员同时任职的情形，并可能存在轮值现象。因此我们将楚的"役官"与秦汉时期的"守官"联系起来是一种较为合理的推测。我们有理由相信楚简中的"役"可能与此秦汉时期的"守"一样，是一种楚地特有的"役官"任职模式。此前我们只能将这种守官制度的源头追溯到秦，而现在我们了解到东周时期楚国已经开始流行这种制度，这就为秦汉时期的守官制度在楚国找到了源头。

附记：

本文为国家社科基金重大项目"湖北随州枣树林春秋曾国墓地考古发掘资料的整理和研究"（项目编号：21ZD236）成果之一，并得到武汉大学青年学者学术团队"新资料与先秦秦汉荆楚地理的空间整合"资助。

① 路国权：《东周青铜容器谱系研究》，上海古籍出版社，2018年。

② 此说参见陈昭容、广濑薰雄等文。据陈昭容文，季旭升先生也有类似的看法，但出处不详。陈昭容：《从古文字材料谈古代的盥洗用具及其相关问题——自淅川下寺春秋楚墓的青铜水器自名说起》，《"中央研究院"历史语言研究所集刊》第七十一本第四分，2000年。广濑薰雄：《释"卜缶"》，《古文字研究》第二十八辑，中华书局，2010年；《释卜鼎——〈释卜缶〉补说》，《古文字研究》第二十九辑，中华书局，2012年。

③ 此类观点见于王宁、蒋玉斌等文。王宁：《"赴缶"别议》，简帛网，2015年1月4日。蒋玉斌：《说与战国"沐"字有关的殷商金文字形》，复旦大学出土文献与古文字研究中心主编《战国文字研究的回顾与展望》第46—49页，中西书局，2017年。

④ 广濑薰雄：《淅川下寺3号墓出土的"瓮"》，《简帛》第七辑，第317—320页，上海古籍出版社，2012年。

⑤ 吴镇烽：《商周青铜器铭文暨图像集成》14059，上海古籍出版社，2012年。

⑥ 山湾M23：3这件器物铭文，刘彬徽（《楚系青铜器研究》）、黄锡全（《湖北出土商周文字辑证》）释为"浴缶"，吴镇烽（《商周青铜器铭文暨图像集成》14051）释为"贵（浣）缶"，广濑薰雄怀疑首字为"尸"，乃是器主之名，今存疑待考。蔡坡M4：8这件器物铭文后两字，隶字学界多有研讨，迄无定论。相关综述可参考查飞能《商周青铜器自名疏证》（西南大学博士学位论文，2019年，第373—376页）中的梳理，末尾一字，黄锡全和广濑薰雄均认为是从皿之字，今存疑。

⑦ 李零：《绍兴坡塘306号墓的再认识》，《中国国家博物馆馆刊》2020年第6期。

⑧ 李零：《楚国铜器类说》，《江汉考古》1987年第4期。

⑨ 刘彬徽：《楚系青铜器研究》，湖北教育出版社，1995年。

⑩ 王人聪：《徐器铭文杂释》，《南方文物》1996年第1期。

⑪ 董全生、李长周：《南阳市物资城一号墓及相关问题》，《中原文物》2004年第2期。

⑫ 朱德熙、裘锡圭、李家浩：《望山一、二号墓竹简释文与考释》，湖北省文物考古研究所《江陵望山沙冢楚墓》第301页注145，文物出版社，1996年。

⑬ 广濑薰雄：《释"卜缶"》，《古文字研究》第二十八辑；《释卜鼎——〈释卜缶〉补说》，《古文字研究》第二十九辑。

⑭ 王宁：《"赴缶"别议》，简帛网，2015年1月4日。

⑮ 陈昭容：《从古文字材料谈古代的盥洗用具及其相关问题——自淅川下寺春秋楚墓的青铜水器自名说起》，《"中央研究院"历史语言研究所集刊》第七十一本第四分，2000年。

⑯ a. 湖北省文物考古研究所、随州市博物馆：《湖北随州义地岗曾公子去疾墓发掘简报》，《江汉考古》2012年第3期，第3—26页。b. 马智中：《释"沐斗"——随州义地岗曾国铜器铭文补说》，《江汉考古》2014年第1期。

⑰ 彭浩：《信阳长台关楚简补释》，《江汉考古》1984年第2期。

⑱ 湖北荆沙铁路考古队：《包山楚简》，第63页，文物出版社，1991年。

⑲ 汤余惠：《战国铭文选》，第139页，吉林大学出版社，1993年。

⑳ 刘彬徽：《论东周青铜缶》，《考古》1994年第10期。

㉑ 刘信芳：《楚器物释名（上）》，《中国文字》新22，艺文印书馆，1997年。

㉒ 陈昭容：《从古文字材料谈古代的盥洗用具及其相关问题——自淅川下寺春秋楚墓的青铜水器自名说起》，《"中央研究院"历史语言研究所集刊》第七十一本第四分，2000年。

㉓ 广濑薰雄：《释"卜缶"》，《古文字研究》第二十八辑；《释卜鼎——〈释卜缶〉补说》，《古文字研究》第二十九辑。

㉔ 李家浩：《信阳楚简"浍"字及从"类"之字》，载《著名中年语言学家自选集·李家浩卷》第194—211页，安徽大学出版社，2002年。

㉕ 何琳仪：《战国古文字典：战国文字声系》，第258页，中华书局，1998年。

㉖ 白于蓝：《释褰——谈秀、采一字分化》，《中国古文字研究》第一辑，第348—352页，吉林大学出版社，1999年。

㉗ 王宁：《释"𩁹"及相关的几个字》，复旦大学出土文献与古文字研究中心网站，2014年12月4日。

㉘ 张崇礼：《释"颖"及从"颖"得声的字》，复旦大学出土文献与古文字研究中心网站，2014年12月29日。

㉙ 黄杰：《释古文字中的一些"沐"字（摘要）》，复旦大学出土文献与古文字研究中心网站，2015年12月2日。

㉚ 蒋玉斌：《说与战国"沐"字有关的殷商金文字形》，复旦大学出土文献与古文字研究中心主编《战国文字研究的回顾与展望》第46—49页。

㉛ 刘洪涛：《释上官登铭文的"役"字》，复旦大学出土文献与古文字研究中心网站，收入氏著《形体特点对古文字考释重要性研究》第268—272页，商务印书馆，2019年。

㉜ a. 刘钊：《释甲骨文中的"役"字》，《出土文献与古文字研究》第六辑，上海古籍出版社，2015年。b. 牛新房：《释楚文字中的几个役字》，《古文字研究》第三十二辑，第464—468页，中华书局，2018年。

㉝ 刘洪涛：《释上官登铭文的"役"字》，复旦大学出土文献与古文字研究中心网站，收入氏著《形体特点对古文字考释重要性研究》第268—272页。

㉞ 牛新房：《释楚文字中的几个役字》，《古文字研究》第三十二辑，第464—468页。

㉟ 刘洪涛：《释上官登铭文的"役"字》，复旦大学出土文献与古文字研究中心网站，收入氏著《形体特点对古文字考释重要性研究》第268—272页。

㊱ 河南省文物考古研究所等：《淅川下寺春秋楚墓》，文物出版社，1991年。

㊲ 湖北省文物考古研究所等：《湖北随州市文峰塔东周墓地》，《考古》2014年第7期。

㊳ 至于金文中大量出现的行器到底是与征行、出行、行旅相关，还是应该理解为大行之器。我们现在倾向于是后者。杨华先生从丧礼的角度有系统分析（《"大行"与"行器"——关于上古丧葬礼制的一个新考察》，《湖南大学学报》2018年第2期）。目前在金文中出现了越来越多可明确为下葬使用的遣器，如枣阳郭家庙M17出土铜鼎铭文"曾亘嫚非禄"、山西黎城西关墓地M7出土铜盘铭文"中宾父不禄"，非禄即不禄，即死亡的讳称。由于这个问题牵涉甚广，容另文专门讨论。此处可参考付强《青铜"遣器"小考》，复旦大学出土文献与古文字研究中心网站，2017年11月10日；吴镇烽《论青铜器中的"行器"及其相关器物》，复旦大学出土文献与古文字研究中心网站，2018年9月11日。

㊴ 参考罗运环《楚王熊章镈铭文疏证》，《武汉大学学报》（人文科学版）2008年第4期。

㊵ 刘信芳：《楚系简帛释例》，第16页，安徽大学出版社，2011年。

㊶ 陈颖飞：《楚官制与世族探研——以几批出土文献为中心》，第174页，中西书局，2016年。

㊷ 范常喜：《读上博四札记四则》，简帛研究网，2005年3月31日。

㊸ 石小力：《东周金文和楚简合证》，第35、117页，上海古籍出版社，2017年。

㊹ a. 陈治国、农茜：《从出土文献再释秦汉守官》，《陕西师范大学学报》（哲学社会科学版）2007年

第36卷。b. 王伟：《秦守官、假官制度综考——以秦汉简牍资料为中心》，《简帛研究》二○一六年（秋冬卷）。最近的梳理参考袁延胜、时军军《再论里耶秦简中的"守"和守官》，《古代文明》2019年第2期。

㊺ a. 陈松长：《岳麓书院藏秦简中郡名考略》，《湖南大学学报》（社会科学版）2009年第2期。b. 朱锦程：《秦制新考》，第43页，湖南大学博士学位论文，2017年。

㊻ 包山简74有所谓"役御"，这里实际上也存在省文，应该看作上文所见"役大令朋"的御者，而不是将"役御"看作一种职官。另外，简194"役令史"一见，似也应该视作"役令"之史，而不是将"役令史"作为职官名。

㊼ a. 李学勤：《〈奏谳书〉与秦汉铭文中的职官省称》，《中国古代法律文献研究》第一辑，巴蜀书社，1999年。b. 张金光：《秦制研究》，第571—572页，上海古籍出版社，2004年。c. 刘乐贤：《里耶秦简和孔家坡汉简中的职官省称》，《文物》2007年第9期。

㊽ 相关的研究比较多，最近的研究可参考杨智宇、鲁家亮制作的"里耶秦简牍所见迁陵丞、守丞任职表"和"迁陵县令史情况复原表"。据此表，迁陵守丞是由流担任的。详见杨智宇《里耶秦简牍所见"迁陵守丞"补正》，《简帛》第十三辑，第121—126页，上海古籍出版社，2016年；鲁家亮《里耶秦简所见秦迁陵县的令史》，《简牍学研究》第七辑，第28—55页，甘肃人民出版社，2018年。

㊾ 王伟：《秦封泥职官地理研究》，第296页，中国社会科学文献出版社，2014年。

㊿ 陈伟：《关于楚简"视日"的新推测》，《新出楚简研读》，武汉大学出版社，2010年。

谈青铜器盆的一种自名

——兼论仲阪父盆的真伪

李春桃

（吉林大学考古学院古籍研究所）

一、关于⬚字的考订

吴镇烽先生《商周青铜器铭文暨图像集成续编》第0537号著录了一件毁仲姜盆，其铭文云："毁仲姜作好⬚（⬚），永保用。"[①]⬚形用为器物自名，形体左面的"舟"是形符，右部为声符。盆器的自名为何作此形需要讨论。与毁仲姜盆自名相关的形体在古文字中曾有出现，而且也用为器物自名：

> ⬚（⬚）哀成叔豆
> ⬚（⬚）、⬚（⬚）上官豆

其中哀成叔豆中形体与⬚显然是同一个字。它们左部从舟，右下部从皿，右上部从⬚（⬚），⬚与⬚形体相同。而上官豆中形体以"金"为意符，以⬚为声符，可见⬚形是考释此类字的关键。

哀成叔豆与上官豆出现较早，所以考释意见颇多。其中上官豆为传世器物，又被称为上官登、富子登，自清代起即有学者对其进行著录和研究。方浚益将该器命名为"登"，对自名之⬚仅作隶定而无说；[②]邹安亦将其命名为"登"，并说"瓦登多出齐鲁之郊而铜者绝少。上官登不知何地所出，字从金，与汉镫易浑。此亦如以豆名烛豆也"[③]。

哀成叔豆出土于河南省洛阳市西工区玻璃厂春秋墓葬，发掘者将该器自名⬚形隶定后括注为"登"。[④]李学勤先生则最先将该器与上官豆联系起来："豆铭自名为'䣂'，即登，与《周金文存》三·一六七富子上官登相同。"[⑤]李家浩、刘秋瑞等先生赞同此

说。⑥《商周青铜器铭文选》将 [字] 隶定为"盤",并解释说:"盤,《说文》所无。从皿,
朕声。朕为定纽侵部,与豆字同纽,音近可通。盤,假豆。"⑦这也是认为豆铭从朕
得声,只是破读为"豆"而不是"登"。另外,《金文编》等字编、字典类工具书也多把
[字]、[字] 隶定成"盤"、"鉄",认为他们所从为"朕"的声符。

与以上观点不同,对两件豆铭形体还有另外一种分析。林沄先生认为《金文编》对
以上两类豆类器的自名形体处理并不可从。他在校订《金文编》的文章中云:

> [字]释朕误。此乃哀成叔豆之自名,注文豆误作盘。《说文》:"盨,豆属,从豆弄
> 声。"此艦字假借为盨,宜入盨字条。
>
> [字]隶定为鉄误。应释盨。《说文》:"盨,豆属,从豆弄声。"上官登乃豆形器而
> 自名为鑑,鑑即盨之或体无疑。⑧

裘锡圭先生赞同此说。⑨

以上关于 [字] 的形体分析,诸家意见大概可分为两类:一种认为该形是"朕"的声符
"弄"(也多写成"关");⑩另一种认为该形是"类"(也多写成"弄")字。目前学界信
从前说的人较多。⑪

综合来看,笔者认为林沄先生的释读是可信的。《集成》10456号著录了一件器
物,铭文云:"和室门 [字]([字])。"此形以往多隶定作"鉄",认为右部是"朕"的声符
"弄"。董莲池先生在《新金文编》中将其隶定作"鉄",并括注"读为楗或肩"⑫。而
近年谢明文先生撰文讨论此器及相关形体。他联系清华简《芮良夫毖》中的"[字]"形,
认为它们都应该释成"键"字,并论证 [字] 形与古文字中常见的 [字] 形是一字异体,应该
是"类"字。⑬苏建洲先生也认为 [字] 是"类"字,但是按照语音通假规律,将 [字]、[字]
都读为"管",认为"和室门管"指的是钥匙。⑭按,综合来看,苏文观点似更为可信,
将 [字] 读作"管",于文义及语音都十分通顺。退一步说,无论是读成"键"还是读成
"管",都说明 [字] 形应该是元部字,所以把 [字] 类形体释为"类"是正确可从的。

有"和室门键"铭文作为定点,相关形体的释读便可找到依据。门键中 [字] 与上官
豆铭中 [字] 为同一个字,那么与之相关的 [字]、[字],它们都应该从"类"得声。上官豆以
及哀成叔豆的自名正如林沄先生所说,应释读为"盨"。

《说文》:"盨,豆属,从豆、类声。"将上官豆以及哀成叔豆的自名释作"盨",于
其器类是十分通顺的。而毀仲姜盆是盆类器,它的自名作"盨"该如何解释呢?其实青
铜器自名称谓十分复杂,有的自名与器物本身只是因为功能相关而相互代替,并非完
全的一一对应。如大家所熟知的"鼎"、"鬲"两类器物经常互称。⑮很多"盨"自名为
"簋"。⑯器物之间存在代称现象,是因为互称的器物在形制、功能上关系密切。功能相

近的器物存在这种情况比较常见，此不赘举。

关于"盆"的功能，文献记载存在差异。《周礼·地官·牛人》："凡祭祀共其牛牲之互与其盆簝以待事。"郑玄注引郑司农曰："盆所以盛血。"文献中更多的记载则谓"盆"为盛水器，《仪礼·士丧礼》："新盆、盘、瓶、废敦、重鬲，皆濯，造于西阶下。"注："盆以盛水。"故以往多将盆归在水器中。后来学者逐渐意识到盆也有粢盛功能。陈芳妹先生从盆的自名、墓葬中器物组合方式、陶器组合方式类比、盆的形制等角度全面论证了"盆"具有粢盛功能。[17] 马承源先生主编的《中国青铜器》云："盆的用途与盂相同，盛食兼可盛水。"同时把盆归在饪食器当中。[18] 朱凤瀚先生则从形制上，把曾孟嬭谏盆和息子行盆归到盛食器中，认为它们的功用与敦接近。[19] 从铭文内容上也可看出盆具有粢盛功能，如

> 息子行自作食盆，永宝用之。　　　　　　　　　　　　　　　　《铭图》6262
>
> 黄太子伯克作其馈盆，……永宝用之。　　　　　　　　　　　　《铭图》6269

其用"食"、"馈"二字作为修饰语，说明其具有食器功能。而"豆"也属于食器，所以毁仲姜盆自名作"𣪕"，与豆类器自名相同，也属于上文所论的器物之间代称之例。

二、仲阪父盆的真伪

与毁仲姜盆自名写法相关的形体还见于仲阪父盆铭文。近年周博先生公布了重庆中国三峡博物馆收藏的一件仲阪父铜盆，[20] 盆的器身、器盖铸有内容相同的铭文（参看图一）。

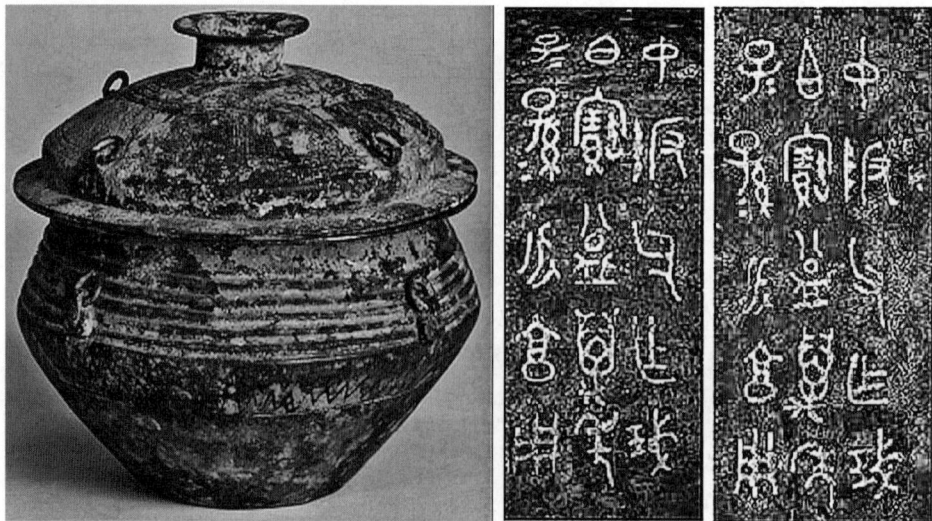

图一　三峡博物馆藏器形及铭文照片

周博先生已经对此作了初步的研究。此处本文再提出一些不成熟的补充意见。

仲阪父盆铭文云："仲阪父作戎伯宝🐚（🐚）㉑，万年子子孙孙永享用。"铭文中自名用字写法特殊。周博先生认为此形是"益"字，并谓"综合辞例与音韵通假证据，仲阪父盆铭的'益'似可读为'彝'。彝，《说文》云：'宗庙常器也。'作为礼器，盆的功能主要用于盛水或祭祀时盛血"。按，此说恐不可信，上古音中"益"为影母锡部字，"彝"为喻母脂部字，声母、韵部都相隔甚远，两者读音不近，典籍中也未见两声系字相通的例证，所以两字通用的可能性不大。

仲阪父盆曾见于早期著录。刘体智《善斋吉金录》曾著录一件仲阪父铜盆，㉒铭文为拓本，器形为手绘（图二），将其与重庆中国三峡博物馆所收藏者相互比较，两者纹饰相同，铭文一致，不难发现它们就是同一件器物。容庚先生曾在《商周彝器通考》"辨伪"一章中提及此器，谓其"铭文与叔舞父尊如出一手"，并将其归入"器与铭俱伪"类。㉓张光裕先生从之，并云："同铭之器当见于重庆市博物馆，惜当日手旁并无资料细加查对，未知是否即《善斋》所录原器。"㉔可见学者曾怀疑其为伪器。笔者最初曾认为该盆自名🐚与毁仲姜盆🐚形体相关，前者是后者声符的省体（古文字中存在省略"廾"形的例子）。而作伪者是无法做出这样的伪铭的，据此认为仲阪父盆不伪。后来与吴良宝先生讨论时，他提示笔者对这件器物的真伪还需持谨慎态度。笔者反复思考，又梳理了相关铭文与器形材料，发现仲阪父盆铭文以及器物本身确实存在诸多可疑之处。

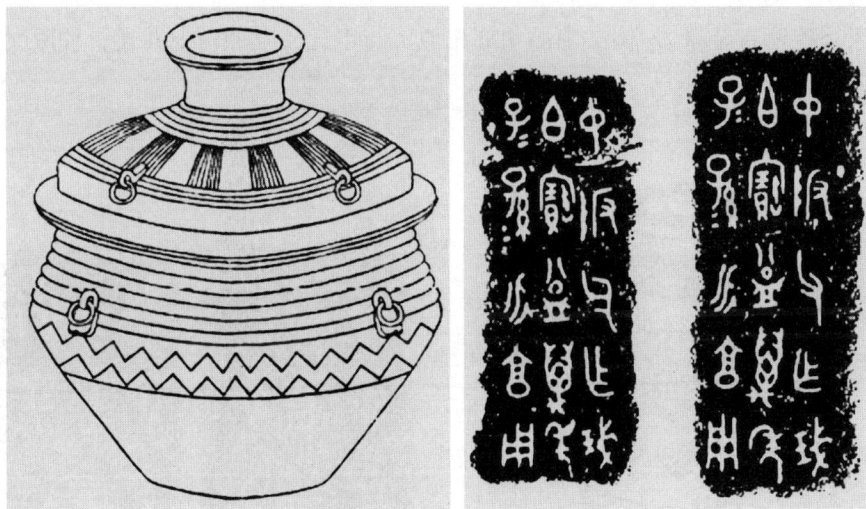

图二 《善斋吉金录》所收器形及铭文拓本

观诸铭文写法，🐚形虽然有可能与毁仲姜盆自名写法相关，但两者也可能只是巧合，或许作伪者就是想铸"盆"（🐚）字，但不慎误铸成与"盆"相近的"益"字。🐚形可以作为"证真"的依据，同时也可作为"证伪"的凭证，这只是分析的角度不同而已。

着眼于铭文内容，铭文最后一句作："万年子子孙孙永享用。"此类句子在金文中较为常见，一般都作"子子孙孙永宝用"。"宝"为珍爱、珍视之义，"子子孙孙"后面使用"宝"字是作器者要求后世子孙永久珍爱、使用此器。而"享"在金文中多为享献、享祭之义，如"用享用孝"、"永宝用享"。"享"的对象多是作器者的祖先或被祭祀者，而非后世子孙。仲阪父盆铭文却说子孙永享用，这与金文常规用法不合。"享"字在金文中极为常见，检其用例，"永享用"仅仅出现一次，见于铸侯求钟铭文。其云："铸侯求作季姜媵钟，其子子孙孙，永享用之。"铸即文献中的祝国，铸侯求钟属于媵器，祝国为任姓，此钟是祝侯为异姓女子所作的媵器，情况十分特殊。㉕钟铭里面"永享用"的主语——子孙，不是祝侯的子孙，而是出嫁之后的季姜的子孙，之所以使用"享"字，大概是因为季姜或其夫家地位较高，祝侯使用此语以示尊崇。而仲阪父盆是祭器，与铸侯求钟的用途、性质不同，两者不宜直接类比。从铭文内容来看，此盆铭文"子子孙孙永享用"与金文常见用例不合。

此外，《善斋吉金录》还著录了一件所谓的申比父豆，该豆器身和器盖有相同的铭文（图三）："申比父作孟姜豆，子子孙孙永享用。"㉖铭文中也出现了"子子孙孙永享用"的词例。容庚先生亦曾讨论过此器，他将此器归入"器真而铭伪者"类别，并云："申比父豆，亦用硝酸腐蚀法而伪者，以器归于余，故得知之，伪铭中之上驷也。"㉗因这件豆后来归容庚先生所有，故容先生对此器的判断应是可信的，后出《殷周金文集成》这一大型金文著录书籍未收录该铭文，㉘应是由于其是伪作。仲阪父盆、申比父豆都著录于《善斋吉金录》，铭文中语句亦相似，与申比父豆的情况对比，仲阪父盆铭文属于伪作的可能性也很大。

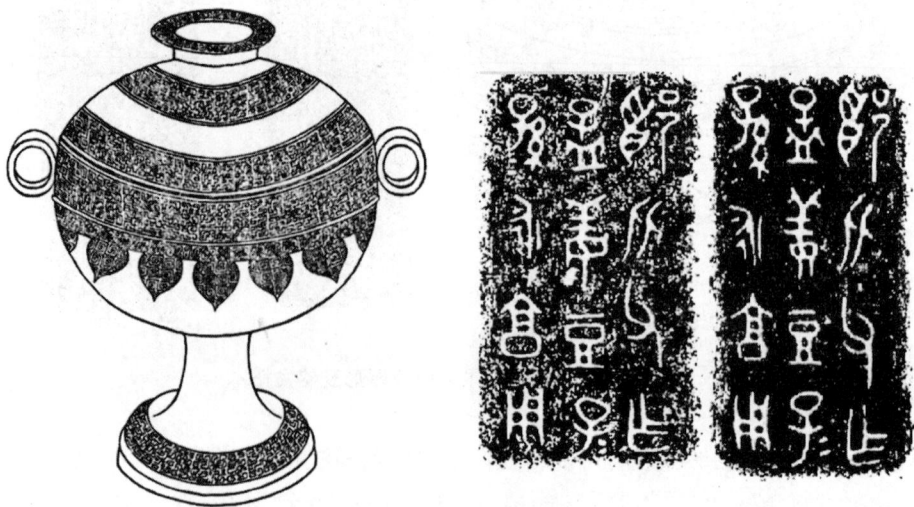

图三　申比父豆及其铭文

　　器物形制方面，此器有盖，盖饰直棱纹，上有圈形捉手。器身束颈，折肩，腹下斜收。肩上饰瓦纹，腹部饰两道波折纹，下部为一道弦纹。器、盖各有四个小钮衔环耳。彭裕商先生曾指出盆的小钮衔环耳特征在西周晚期流行，东周早期则变成了较大的双鋬耳。[29]而直棱纹在东周时期已经很少出现，周博先生根据这些特征将仲阪父盆的时代定在西周晚期。然而西周晚期的盆多数无盖，只带有两个衔环耳，未见有四耳者。如陕西扶风庄白1号窖藏所出土的两件（参图四，1、2），[30]陕西长安张家坡M115所出土的一件（参图四，3）、[31]天马—曲村M7164、M7176所出土的两件（参图四，4、5），[32]它们都只有两个环形耳，[33]而且环耳较大，是小钮的数倍。而仲阪父盆则有四个环耳，器身上环耳大小与钮的轮廓相仿。可见，此盆环耳的数量和大小，都与同时期的其他盆存在差异。再看西周时期的青铜盆的肩部，它们曲折的程度都较小，肩部曲折的特征并不明显。而仲阪父盆肩部曲折程度则较为明显，与 ⬛ 类陶罐的折肩程度相似。综合来看，仲阪父盆与西周时期盆的形制存在区别。扩大范围来看，纵观两周时期的盆，几乎很难找到与仲阪父盆形制相同者，这难免令人生疑。

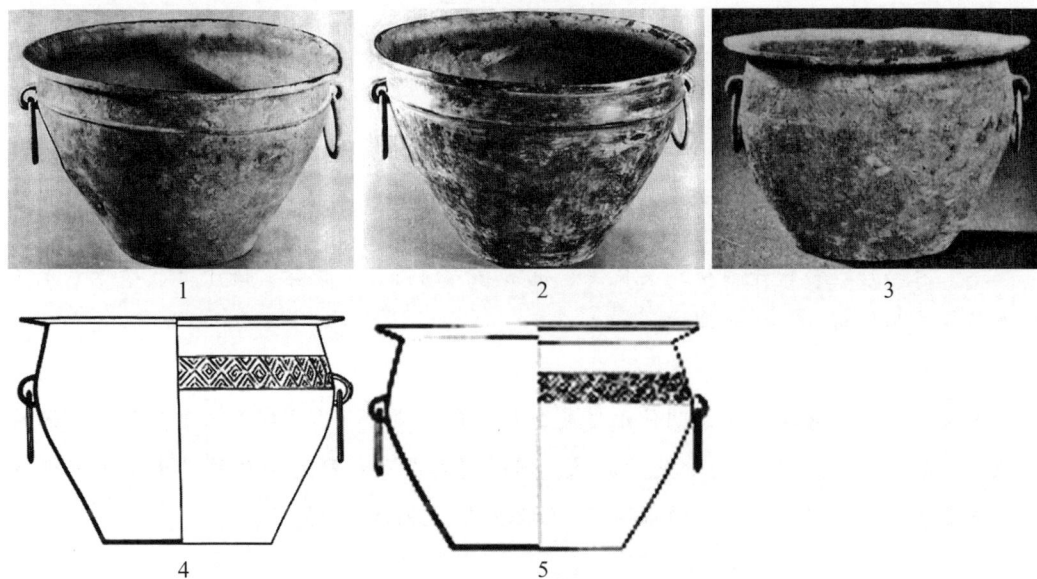

图四　西周晚期的盆

　　同时，仲阪父盆腹部饰有两道几何波折纹饰，波折纹下还饰有一道弦纹，它们属于阴纹。这种波折纹饰在先秦时期十分鲜见，之前似乎并未出现与此相同者。且据整理者说，仲阪父盆上的波折纹内添有炭泥，也十分怪异。笔者曾查检到此器较早时期的全形拓本（参图五），[34]其腹部并没有出现波折纹。[35]仔细观察此盆的照片，可以看出下面一道波折纹的个别底角有与弦纹存在交合处。而在全形拓上，阴弦纹十分清楚，但却没有

图五 仲阪父盆全形拓本

任何波折纹的踪迹。而且从器物照片来看，波折纹的深度并不浅显，很难想象制作全形拓的时候将其遗漏。这些都说明该器原来可能并没有这两道波折纹，但到《善斋吉金录》的手绘本中，器形中便出现了波折纹，似乎暗示该纹饰是此间加刻而成。可见此器甚为复杂。

那么能否根据以上所列诸多疑点径将仲阪父盆定为伪器呢？目前来看，事情并不如此简单。李峰先生提示笔者，从仲阪父盆盖内照片来看，其中有几处痕迹像是垫片，只是照片不够清晰，不能确认。若此推测可信，那么此盆为真品的可能性就大大增加了。无论如何，仲阪父盆铭文当属伪铭，并非真品。至于仲阪父盆器物自身，其非科学考古挖掘品，流传过程又比较复杂，自身存在可疑之处。关于此器真伪的判定，我们期待将来有机会能够目验原器，到时或可对此作出进一步的判断。

附记：

本文在写作过程中先后得到吴良宝、范常喜、周博、吴镇烽、陈小三、李峰等先生以及吴振武师的帮助，谨致谢忱。

本文是"古文字与中华文明传承发展工程"资助项目"古文字人工智能识别系统的建设"（项目号：G3829）的阶段性成果，同时得到国家社科基金项目"出土文献视野下的先秦青铜器自名、定名、功用研究"（批准号：18BYY135）的资助。

---

① 吴镇烽：《商周青铜器铭文暨图像集成续编》第二册，第321页，第0537号，上海古籍出版社，2014年。
② 方浚益：《缀遗斋彝器款识考释》，《金文文献集成》第14册，第386页，线装书局，2005年。
③ 邹安：《周金文存》，《金文文献集成》第23册，第204页。
④ 洛阳博物馆：《洛阳哀成叔墓清理简报》，《文物》1981年第7期。
⑤ 李学勤：《考古发现与东周王都》，《欧华学报》1983年第1期；又见氏著《新出青铜器研究》（增订版）第201页，人民美术出版社，2016年。

⑥ a. 李家浩：《关于君𨟻陵铜器铭文的几点意见》，《江汉考古》1986年第4期。b. 刘秋瑞：《河南出土战国文字辑证》，第115页，安徽大学博士学位论文，2011年。

⑦ 马承源主编：《商周青铜器铭文选（三）》，第501页，文物出版社，1990年。

⑧ 林沄：《新版〈金文编〉正文部分释字商榷》，中国古文字学会第八届年会论文，1990年。

⑨ 裘锡圭：《〈说文〉与出土古文字》，《裘锡圭学术文集》第435页，复旦大学出版社，2012年。

⑩ 与现在通行的简化字"关闭"之"关"只是同形关系。

⑪ 類类形体也曾单独出现，用为人名。董莲池《新金文编》释为"夯"，参该书第295页（作家出版社，2011年）。陈斯鹏、石小力、苏清芳《新见金文字编》怀疑此字与郭店简、上博简中《缁衣》中的類、類形是同一个字，参该书第81页（福建人民出版社，2012年）。按，据后文讨论可知，此二书的处理似乎不可从。

⑫ 董莲池：《新金文编》，第576页。

⑬ 谢明文：《金文丛考（二）》，《出土文献综合研究集刊》第3辑，巴蜀书社，2015年；又见氏著《商周文字论集》，上海古籍出版社，2017年。

⑭ 苏建洲：《说〈芮良夫毖〉及"秎室门管"的管》，《第一届出土文献与中国古代史学术论坛暨青年学者工作坊会议论文集》第135—145页，2019年。

⑮ 张亚初：《殷周青铜鼎器名、用途研究》，《古文字研究》第18辑，第291页，中华书局，1992年。

⑯ 《铭图》5529、《铭图》5594、《铭图》5613、《铭图》5671等十数件𥂴都自名作"𥂴"。

⑰ 陈芳妹：《盆、敦与簋——论春秋早、中期间青铜粢盛器的转变》，《故宫学术季刊》1984年第2卷第3期，又收入《金文文献集成》第37册。本文据后者。

⑱ 马承源：《中国青铜器》（修订本），上海古籍出版社，2010年。

⑲ 朱凤瀚：《中国青铜器综论》，第315、144页，上海古籍出版社，2009年。

⑳ 周博：《重庆中国三峡博物馆藏仲阪父盆》，《文物》2018年第10期。

㉑ 此为盖铭，器铭写法作類（類）。

㉒ 刘体智：《善斋吉金录》8.58，1935年影印本。

㉓ 容庚：《商周彝器通考》，第175页，上海人民出版社，2008年。

㉔ 张光裕：《从𥂴字的释读谈到盨、盆、盂诸器的定名问题》，《考古与文物》1982年第3期。

㉕ 关于祝国为任姓，《世本》中有所记载。金文资料祝公簠盖铭文（《铭图》5905）："祝公作孟任车母媵簠。"也可证明祝国为任姓。关于此点以及祝公钟铭文，陈昭容先生曾有讨论，参氏著《两周婚姻关系中的"媵"与"媵器"——青铜器铭文中的性别、身份与角色研究之二》，《"中研院"历史语言研究所集刊》第七十七本第二分，2006年。

㉖ 刘体智：《善斋吉金录》9.17。

㉗ 容庚：《商周彝器通考》，第178页。

㉘ 中国社会科学院考古研究所编：《殷周金文集成》，中华书局，1984—1994年。

㉙ 彭裕商：《东周青铜盆、盏、敦研究》，《考古学报》2008年第2期。

㉚ 陕西省考古研究所：《陕西出土商周青铜器》（二），第73—74页，文物出版社，1980年。

㉛ 中国社会科学院考古研究所沣西发掘队：《1967年长安张家坡西周墓葬的发掘》，《考古学报》1980年第4期。

㉜ 邹衡：《天马—曲村（1980—1989）》，第546、549页，科学出版社，2000年。

㉝ 更多关于西周晚期盆的器形及讨论参张懋镕《再议青铜盆——从新发现的中市父盆谈起》，《古文字与青铜器论集》第三辑，科学出版社，2010年。

㉞ 此全形拓可参北京图书馆编《北京图书馆藏青铜器全形拓片集》第三册第170页，北京图书馆出版社，1997年。该书亦认为此器、铭均伪。

㉟ 另《善斋藏器全形拓本》所录全形拓中亦无波折纹，详参历史语言研究所"青铜器拓片数位典藏"，网址 https://ndweb.iis.sinica.edu.tw/rub_public/System/Bronze/Search/List.jsp，著录信息蒙李琦提示并帮助查检。

金文所见西周时期胡国的历史及有关问题

金正烈

（韩国崇实大学历史系）

一、绪　　言

西周金文里有当今不使用的"𣫭"字。这一字可用为人名，也可用为地名。唐兰先生证明了这字是现在所通用的"胡"字（以下"𣫭"字以"胡"字标记）。[①]这个"胡"在《春秋》经传等传世文献中以列国之一而登场。但春秋时期胡国的相关资料自不必说，西周时期有关胡地的记载也寥寥无几，且其内容也没有一贯的脉络，学界对此没有给予过多的关注。迄今为止，对胡国的研究是以春秋时期的传世文献为中心，对其地望或者其族姓等问题，可以说也仅限于探讨基本事实。然而，通过最近学界报告的几篇金文资料，我们获得了一些对于研究西周胡国有意义的信息。本文主要研究西周金文资料里出现的胡国的情况，希望在理解西周王朝和地方政体的关系以及地方政体的性质方面有所裨益。本文讨论的时间范围限制在西周时期，但必要时会参考其他时期的有关资料。错误之处敬请大家指正。

二、新出资料的启示

近几年，李学勤先生连续报告了两篇有关"胡"的金文资料：胡应姬鼎（《铭图续》0221）和胡国方鼎（《铭图续》0213，应称为"伯㚪方鼎"，下文从此），两者均为新出资料。[②]

首先，胡应姬鼎（图一），出土时间和地点都不明确，为立耳浅腹圆鼎，下腹倾垂，圆底近平，三细柱足，颈饰两道弦纹。此类圆鼎属于王世民、陈公柔、张长寿三位先生合著的《西周青铜器分期断代研究》所分Ⅳ型3式，大致流行于康王到共王前后。[③]鼎内壁铸出铭文，共有6行36字，对于其内容已有诸位学者发表过考释。④在文字隶定方面，诸位的意见大体相同，其铭为（尽量用通行字，下同）：

佳（唯）昭王伐楚荆，胡應姬見于王，辭皇易（錫）貝十朋、玄布二。乙對揚王休，用作厥嘗（嫡）君公叔乙尊鼎。

图一 胡应姬鼎及其铭文

（器形照片采自注④黄锦前文第37页）

对于铭文中"辞皇"是何意，且胡应姬、乙以及公叔乙三人的关系如何等一些细节，诸家在看法上有差异，但都同意铭文的大体内容是记录昭王讨伐楚荆时胡应姬谒见昭王一事和制作此鼎的经纬。昭王南征在《古本竹书纪年》中能看出其传承，⑤而正如众多学者已经指明的，有关事实在金文中也可以见到。文中"昭王"这个称谓究竟是生称还是谥号，诸家还有不同看法，它对推测胡应姬鼎的制作年代具有重要意义。但不管是尊从哪种看法，很明确的是胡应姬鼎的制作时点与昭王南征时隔不久。如此的推定与在胡应姬鼎上所能观察到的器形特征毫无矛盾。

在诸家的字释上所出现的又一重要分歧就是对于"胡应姬"的"应"字。起初，李学勤先生把这个字隶定为"应"字，黄锦前先生也赞同此看法，但曹锦炎先生将这个字隶定为"膓"字，读作"唐"。现在看不到铭文拓本，只能看到照片，因此，虽然不能确切地了解到其字迹，但依以读作"应"为好。如曹先生所言，"膓"作为从肰昜声的形声字，可与"唐"字通假，但此字是在西周金文里从来看不到的后起字，并与照片的字迹也有一段距离。"胡应姬"可能是出嫁胡国的应侯家女儿，⑥应国是个姬姓诸侯国，封建在现在河南平顶山市附近。

如果是应侯的女儿，成为她丈夫的人起码是胡邑的首领或是其近亲。正如下面所提到的，胡国曾有称为"伯"或"侯"的首领。昭王南征时胡应姬谒见昭王，有可能是因为南征过程中胡国立了某种功劳，也有可能是昭王在非常情况之下想安抚地方政体而为之，但仅是通过铭文不能确切地了解到其理由。但无论是什么样的理由，都可以看得出昭王想通过这个举动与胡国建立纽带关系，或是欲巩固其关系的意图。

其次，伯夗方鼎（图二）的来历也不明确，为长方槽状器身，浅腹圆底，立耳无盖，四条凤鸟形扁足，口沿下饰有没底纹的鸟喙夔纹。此类方鼎属于《西周青铜器分期断代研究》所分 I 型 5 式，流行于西周早期。[⑦]据黄锦前先生意见，伯夗方鼎应是成王时器。[⑧]此器共有 6 行 31 字铭文：

> 隹（唯）公省，徝南或（国），至于漢，厥至于胡，公易（锡）伯夗寶玉五品馬四匹，用鑄宫伯寶尊彝。

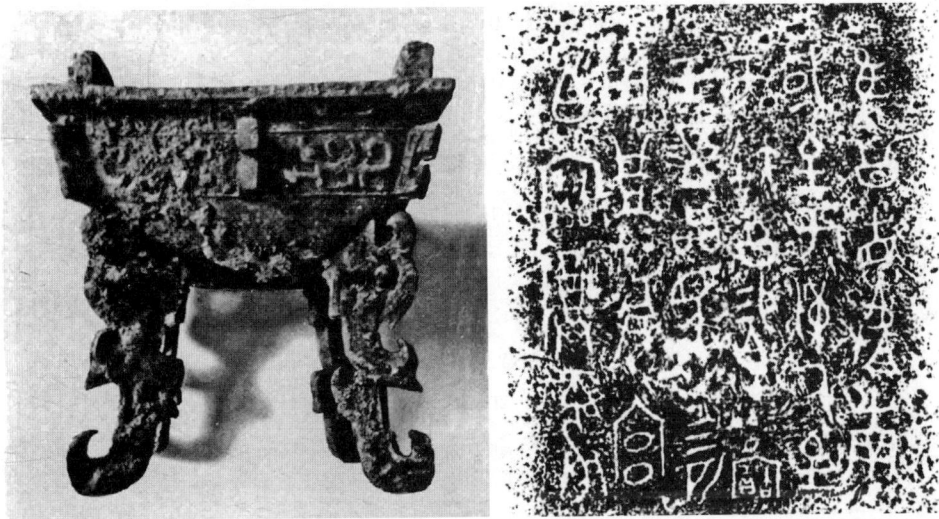

图二　伯夗方鼎及其铭文

"省"是巡狩或是巡抚之意。文中没有明示巡狩的"公"是谁。但是，正如李学勤先生指出的，西周初年与"南国"开发最有关联的人是召公奭，成王期的太保玉戈也说召公"省南国"，因此铭中的"公"很可能是召公奭。[⑨]西周时期的所谓"南国"是指称成周以南的广阔区域，大体上属于淮水流域、南阳盆地、随枣走廊以及江淮平原一带。[⑩]伯夗方鼎铭文的大意是巡狩南国的"公"，巡狩了汉水一带到了胡邑，此时"公"见到了伯夗，给了宝玉五品和马四匹等赐品。

文中说伯㝔受到"五品宝玉、四匹马"的赏赐，与此类似的赏赐在应侯见工簋乙（《铭图》05232）"锡玉五瑴，马四匹，矢三千"，及在噩侯鼎（《集成》2810）"王親易（赐）驭［方玉］五瑴，馬四匹，矢五［束］"中都可以看到。前者为懿孝期周王赐给征伐南夷立功的应侯见工的飨礼之时，后者是孝夷期前后某王南征回归时访问噩侯赐以飨礼之时的事情。不仅如此，《左传》庄公十八年（前676）还有虢公和晋侯一起入见时，王飨礼并赐予了玉五珏和马四匹的事例。⑪虽然不能通过伯㝔方鼎铭文了解到伯㝔从召公处得到赏赐品的理由，但很有可能是作为对诸侯飨礼的一环来进行的。

尤其要注意的是，从周王施飨礼的角度上看，噩侯是南淮夷和东夷的实质性领袖，虢和晋是春秋早期最有实力的诸侯，那么周王的飨礼和赐予的玉、马等特定物品很可能是将有实力的诸侯作为对象的。伯㝔是否称"侯"，通过铭文是了解不到的。即便如此，伯㝔是胡国的领袖，就如下面说明的，穆王期的金文里出现了"胡侯"，因此很可能在成王期的伯㝔也是很有实力的"侯"。可推断，胡应姬以女性身份谒见周王受到赏赐一事，或是胡侯家与应侯家联姻一事，都是基于如上的背景，才有可能发生。

三、西周时期胡国史的构建

1978年陕西武功任北村窖藏坑出土了胡叔胡姬簋3件（《集成》4065·1），均带有盖，另有失去器身的簋盖3件。这些器及器盖，铭文全同，有4行26字，大体内容为：胡叔、胡姬为出嫁女儿"伯媿"作媵器，叮嘱女儿"享孝于姑公"（图三左）。⑫在这里女儿的名字"伯媿"是以"排行+族姓"的形式构成的，此人的族姓是"媿"，其父亲"胡叔"的族姓当然也是"媿"。据《左传》襄公三十一年（前542）记载，鲁襄公死亡之后，"立胡女敬归之子子野"，随后子野死亡，再"立敬归之娣齐归之子公子裯"。杜注云："胡，归姓之国。敬归，襄公妾。"先学已有论证，春秋胡国的国姓"归"可以通假胡叔簋之"媿"。⑬通过上面的资料，可了解到西周时期胡国称媿姓，并延续到春秋时期。

胡国的地望，历来有两说。《汉书·地理志》云"汝南郡汝阴，本胡子国"，其地相当于现在的安徽阜阳。《史记·楚世家》记楚昭王二十年（前496）"灭胡"，《正义》引《括地志》云："故胡城在豫州郾城县界。""郾城"这个地名沿用至今。目前，能够推定西周胡国位置的最有价值的信息是1975年陕西扶风庄白村西周墓出土的癹诸器。⑭其中，癹簋（原报告称"I式簋"）是公认的穆王标准器，其铭云："隹（唯）六月初吉乙酉，才（在）塞师，戎伐馭。癹遂有司师氏奔追鄀戎于臧林，博戎胡。"（《集成》5050）在铭文中癹邀击的"鄀戎"，参考同一墓地所出的癹鼎（原报告称"II式鼎"），就是"淮戎"（《集成》4322），即西周金文习见的淮夷。⑮通过铭文可知，西周穆王某年六月对抗淮夷的攻击，戜带领军队并击退它，此时“胡”与“棫林”一起成为主要战场，可推定胡国位于与棫林相近的位置。据裘锡圭先生的研究，棫林是《左传》成公十五年（前576）中提到过的棫林，位于当时许国都城叶附近，[16]叶相当于现在的河南叶县。因此将西周时期胡国的位置看成郾城附近更为接近事实。

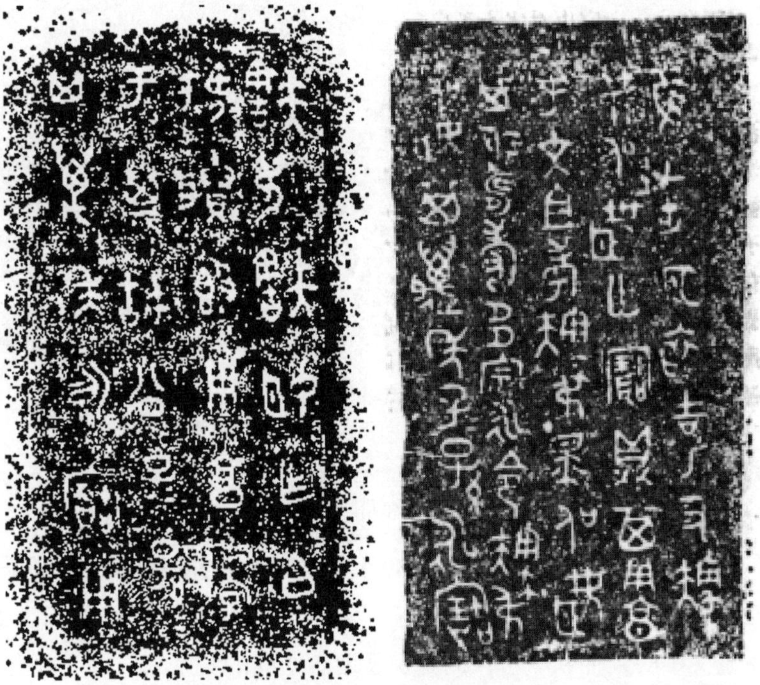

图三 胡叔胡姬簋（左）与胡叔信姬鼎铭文

西周王朝和胡国建立关系的时间最晚推定为西周早期。陕西岐山凤雏村甲组建筑遗址77QF11出土西周甲骨H11：232云：“其于伐胡夷。”[17]卜问征伐胡夷的理由，通过简短的卜辞是无法了解到的。周原西周甲骨的年代上限可追溯到克商之前，下限是西周初期。因此这条卜辞显示在克商前后的某个时间点上，西周王朝和胡国已经形成紧张关系。此时的胡国是位于郾城附近还是处在另地不得而知，但是，从胡应姬鼎及伯夌方鼎铭中的胡国在西周王朝的南方经营中成为了重要的考虑对象来看，可以了解到，至迟西周早期，胡国位于现在的郾城，已成为当地有实力者。尤其像伯夌方鼎所显示的，“公”访问胡国时，胡国和西周王朝已经摆脱了矛盾，迈进了友好之路。

荣仲方鼎（《铭图》02413）（图四）说明成王期以来的友好关系一直延续到西周中期。荣仲方鼎是长方形槽状器身，通体素面，四角和四壁中间有平直扉棱，属于《西周青铜器分期断代研究》所分Ⅰ型3式，其形制与1986年张家坡西周墓地M284出土的丰大母方鼎（咸方鼎）接近。[18]学界一般认为此类方鼎的年代大约是西周早中期之际，可能是昭穆期。此器腹内壁铸有铭文10行48字：

> 王作荣仲宫，在十月又（有）二月生霸吉庚寅，子加（贺）荣仲璋瓒一，牲大
> 牢。己巳，荣仲速芮伯、胡侯、子。子易（锡）白金钧，用作父丁鼛彝。史。

图四 荣仲方鼎及其铭文

此鼎发现之后，其铭文内容就引起了一些学者注目，已有多篇文章讨论。[19]据陈
絜先生解释，其铭的大意是：因时王为荣仲建造了宫庙（宗庙），叫"子"的人带着祭
祀用品为荣仲恭贺其事。经过一段时间（39天）之后，荣仲邀请芮伯、胡侯以及"子"
做客，并赏赐给"子"白金一钧，于是"子"铸造了一件用于祭祀"父丁"的方鼎以示
纪念。虽然对于文中的荣仲和"子"的身份及两者之间的关系等一些问题有争议，但现
在我们要关注的是荣仲邀请赴会的名单中出现了"胡侯"。"荣仲"此人可能是西周世族
荣氏一支。[20]西周金文多次出现"荣子"、"荣伯"，而"荣仲"则不多见。不过，考虑
到周王为他建筑宗庙的情况，他无疑是当代显贵之一。仅看铭文，荣仲此次聚会的场
所无从而知，但斟酌西周早期荣氏宗主"荣子"的器物集中出土在洛阳及其附近，且
1965年洛阳北窑西周墓地M299（西周中期墓）也出土过一件"荣仲爵"等现状，暂可
认为荣氏一族直到西周早中期之际居于成周，[21]那么此时胡侯赴会的地方也很可能是
成周。

胡侯有可能离开自己的居邑来到了成周，参加周王的近臣荣仲举行的此次宴会。这
表明从西周早期到中期，胡国稳定地处于西周王朝的统治下，与王朝的核心地区进行了
一些交流。如下面所说，穆王期西周王朝进入与淮夷的战争时，胡国发挥了作战基地的
作用，就是因为有着这样的背景。穆王期的甗鼎（《集成》2721）云：

> 隹（唯）十又（有）一月，师雝父省道，至于胡，甗從。其父蔑甗曆，易（锡）
> 金，对扬其父休，用作宝鼎。

遇甗（《集成》948）云：

> 隹（唯）六月既死霸丙寅，師雝父戍才古師，遇從。師雝父肩，史（使）遇事于胡侯，胡侯蔑遇曆，易（錫）遇金，用作旅甗。

前者记录师雝父和敔受到王命巡狩往胡国道路一事，而后者记载遇作为使臣被派遣给胡侯一事。敔和遇是同音字，两起事件不仅都与胡侯有关联，并且此时以敔、遇的上级登场的人物都是师雝父，因此我们可以接受敔和遇是同一人物，而两件器物所记载的事情是相同的推断。遇被派遣给胡侯的事情是在他作为师雝父的属下驻扎在古师时发生的，而这件事在彔戒卣（集成5419）、戒方鼎（集成2824）、穏卣（《集成》5411）、臤尊（《集成》6008）等铭文中也提及过。其中彔戒卣记录了事情的经过，如下：

> 王令曰彔，叔淮屍（夷）敢伐内國。女（汝）其以成周師氏戍於古師。白雝父蔑彔曆，易（錫）貝十朋。彔拜稽首，對揚白（伯）休，用作文考乙公寶尊彝。

由于彔戒卣的伯雝父就是敔鼎和遇甗中所看到的师雝父，因此敔鼎和遇甗中所记录的事件，也许都是由淮夷的内国侵入所引起的西周王朝的军事对应。即穆王使师雝父带领彔、戒、穏、敔（遇）、臤等驻扎古师，防备与淮夷的军事冲突。可以看出此时为防御淮夷，驻扎在古师的王朝直辖军为确保与胡国的连接道路，向胡侯派遣使臣，要求胡国协助。在西周王朝和淮夷的战争中胡国很可能起到桥头堡作用。根据戒簋铭文，与淮夷展开战争的主要战场为"棫林"和"胡"，在这场战争中胡侯或许扮演了很重要的角色。

进入昭王期后，西周王朝积极尝试向南方扩张。最初的经略目标是位于从随枣走廊到江汉平原一带的楚荆，但是以失败告终。之后，王朝的经略集中在淮水一带的淮夷。虽然这也有因为淮夷内侵而不可避免的一面，但也存在着获取王朝所需要的各种资源的目的。穆王期以后到厉宣期，西周王朝和淮夷进行了反复的攻防。可推断，穆王期淮夷经略全面展开之时，胡国在西周王朝的天下经略中占了十分重要的位置。

胡国在穆王期与淮夷的战争过程中显露其名后，有关胡国资料数量不多，其内容也是零碎的。1973年在陕西蓝田出土的西周后期胡叔信姬鼎（《集成》2767），其铭说明此器是胡叔和信姬为祭祀文祖考而铸造的（图三右）。[22]通过铭文可知胡叔与叫作信姬的姬姓家女性结婚的事实。还有，如上所引，1978年在陕西武功任北村发现的青铜器窖藏坑中，也出土了胡叔和胡姬为了其女儿"伯媿"出嫁制作的同铭铜簋（胡叔胡姬簋）3件。这些器物都是属于西周后期，但两位胡叔，其配偶的名字不同，可认为是不同的人。在关中地区出土了多件能够证明胡叔和姬姓女性结婚的青铜礼器，可看出胡国公室的有些成员与姬姓贵族通婚，居住在西周王朝的核心地区。

不清楚上述的胡叔是早先居住在关中的，还是因婚姻而新迁到核心地区的人。但在任北村窖藏坑发现3件胡叔簋时，一起出土的3件同铭器盖扣在内（芮）叔簋器上，且此窖藏还出土了3件芮叔鿑父簋（《集成》4065·2）。考虑到这些出土情况，"伯媿"的母亲"胡姬"很可能是芮国出身。在前文引用的荣仲方鼎中，荣仲邀请的名单里并排列举了"芮伯"和"胡侯"。虽然不清楚胡国和芮国的关系从何时开始，但是从中可推断，最晚在昭穆期以来成立的胡国和芮国的关系延续到了西周晚期。从这一点来看，至西周晚期，西周王朝和胡国的友好关系并没有发生重大变化，胡叔和姬姓家的婚姻很可能也可以在这样的背景下理解。

除了通过以上片面记录进行推测外，能够更详细地追踪西周时期胡国历史的资料，在传世文献乃至金文记录中都是看不到的。唯有《韩非子·说难》里的一篇故事，[23]可以推测至两周之际胡国依然在故地维持命脉。这段故事由"郑人袭胡，取之"结尾。据李峰先生的研究，平王东迁以后几年里，郑武公在河南新郑一带建立了郑国。[24]《韩非子·说难》的很大部分是教育性很强的故事，很难相信文本的内容就是史实，但这篇故事能够说明郑国和胡国彼此相邻是时人以常识认可的。胡国的故地郾城离新郑不远。

东周王室成立之际，一直植根在这一地区的胡国和新进入的郑国之间形成了新的紧张关系。上引《韩非子·说难》中，"取之"就应意味着侵夺了胡国的土地，但此时胡国没有完全灭亡。可以推断胡国由于郑国迁徙到邻地，没能展现出过往的国势，但是胡国真正灭亡是在公元前496年的事。

四、西周王朝与地方政体

上面以金文资料为中心，简单地描绘了西周时期胡国历史的几个场景。当然，仅凭这些不能充分地复原西周时期胡国历史的全貌。即便如此，不难看出胡国最晚在成王期成为西周王朝的侯国，服从并协助王朝持续到周室东迁之际。不仅如此，有关胡国的金文资料还包含着西周时期地方政体的几个具有意义的信息。下面来讨论与此相关的两个问题。

首先，引人注目的是胡应姬鼎的"胡应姬"。这个名字里包含着她是出嫁到胡国的应侯家女儿的信息，因此可知胡国与相邻的应国通了婚。应国是姬姓侯国之一，位于现在河南平顶山市境内，与郾城的胡国相邻。异姓地方政体与姬姓侯国通婚的事例，也可在位于山西南部的倗国看到。山西北赵晋侯墓地M91出土的伯喜父簋铭云：

佳（唯）正月初吉丁亥，伯喜父肇作倗母寶簋，用夙夜享於王宗，子子孫孫其永用。㉕

铭文说明，此器是伯喜父为其夫人"倗母"所制。据西周中期倗仲鼎（《集成》2462），倗国的国姓是"媿"。最近，在山西运城横水镇发现了倗国墓地，㉖此地的位置紧邻山西曲沃的北赵晋侯墓地。倗国的例子同样可以看作是异姓地方政体与相邻的姬姓侯国结成联姻关系。

异姓地方政体与姬姓侯国通婚时，其对象不仅限于相邻的侯国。山西翼城大河口霸国墓地M1推定为西周早中期之际的霸伯墓，此墓出土的M1：276-1铜卣有铭："燕侯旨作姑妹宝尊彝。"同墓出土的一件铜爵铭文云："旨作父辛爵。世。"㉗铭中的"旨"应是上引铜卣的"燕侯旨"。燕侯旨制作的铜器，出土在霸伯墓是因为其姑妹与霸伯建立了婚姻关系。燕国是分封在现在北京琉璃河附近的同姓侯国。

地方政体的通婚对象除了姬姓侯国之外，还扩展到了西周核心地区的贵族，甚至西周王室。上面所引的胡叔簋和胡叔鼎中可看到，胡叔家可能与包括芮国在内的姬姓宗族通婚。在与晋国通婚的倗国也能看到同样的事例。倗国与核心地区的毕公宗族通婚的史实，可通过横水倗国墓地M1所出土的鼎、簋、甗、盘等铭文所知晓。例如M1：212鼎有铭"倗伯作毕姬宝旅鼎"，文中毕姬指的是毕出身的姬姓女性。据《左传》僖公二十四年（前636），毕是文王的后裔，与周室同姓。且在同一墓葬出土的M1：205铜簋铭文（《铭图》0528）说：

佳（唯）廿又三年初吉戊戌，益公蔑倗伯再曆，右告令金車旅，再拜手稽首，對揚公休，用作朕考尊彝，再其萬年，永寶用享。

仅通过此铭是无法得知益公勉励并赏赐倗伯一事是出于什么原因而实现，但是有可能益公和倗伯再之间存在着某种特殊联系。

根据毕鲜簋（《集成》4601），"益公"是毕鲜的皇祖，因此与毕姬同样是毕氏家族的人。毕氏是西周早期的显族，西周时期有两处毕地，其一在丰镐西南，是文王、武王和周公的葬地；其二在咸阳县以北，其地名"毕原"，学界一般认为是毕氏封地所在。㉘倗伯不仅与毕氏通婚，也与王室通婚。最近报告的倗国墓地M2158是西周中期偏早的一代倗伯墓，此墓出土的甗、盘、盉各1件铸有内容相同的铭文，其中盘铭云："芮伯拜稽首，敢作王姊般（盤），其罪倗伯万年，用享王逆俦。"（《铭图续》0939）这些礼器可能是在"王姊"嫁予倗伯时，芮伯作为同姓一族媵嫁他的女儿，而为此赠送的媵器。据说，此铭的"王姊"指的是周王的姐姐。㉙像倗伯一样，地方政体与西周王朝通婚不是稀奇的事情。比如西周晚期的噩侯簋（《集成》3928）有证明姞姓的噩侯和王室通婚的记录。据分析西周、春秋时期汉淮地区诸国婚姻的一项研究，在西周一代，汉淮地区的噩、陈、番、申诸国都与王室通婚，且蔡国、胡国、许国、柏国、邓国等都曾与北方的姬姓侯国或是核心地区贵族联姻。[30]后者中除了蔡国，其余都是异姓地方政体。

综上所述，西周时期的地方政体与西周王室、同姓侯国及核心地区贵族建立了广泛的婚姻关系。可推测，地方政体通过这个措施确保自己的政治地位，而西周王朝也在各地区营造有利于贯彻其统治的环境。

因此，西周王室与包括地方政体首领在内的各地支配贵族之间的婚姻起到了一定的作用。近年，在陕西贺家村北西区墓地出土的昔鸡簋也包含相关问题的有趣信息。[31]虽然对于铭文内容中的一些细节，学者之间存在着若干分歧，[32]但据谢乃和先生的考释，铭文大意应为"周王后派遣昔鸡，到姞姓南燕国为王朝大夫芍氏迎逛妻子芍姞，燕侯以礼宾赐昔鸡贝及马，昔鸡扬颂王的恩德"。昔鸡簋铭文阐明西周王室介入南燕国和核心地区贵族芍氏之间婚姻的事实。当然，王室不可能介入所有统治阶层的婚事，我们也无法了解到王室是否介入胡应姬出嫁胡国一事。然而，胡国无疑被编入西周王朝各地统治阶层之间广泛展开的婚姻联络网中。这正像在王朝与淮夷的战争中胡国做出一定贡献被透露的一样，对周王朝的天下经营给予了很大的帮助。如此，西周王朝统治天下，除了正式的、制度性的机制外，包括婚姻在内的各种人际关系的构建，也已成为有效手段。

接下来将探讨的是关于所谓"爵称"问题。《孟子·万章》以来，流传着周代诸侯有五个不同等级的所谓"五等爵"说法，直至今日。在学界，关于五等爵制是否真实存在，向来有着各种各样的见解，但是，即便不存在"五等爵"，但却有成为其雏形的某种制度的看法仍然具有很大的影响力。[33]对探讨这个问题，胡国有关的一些金文资料可能会发挥很有启发性的作用。

上文看到的伯爹方鼎铭文记载了，"公"到胡国赏赐"伯爹"玉和马等的事情。文中作器者的称呼是"伯爹"，而仅看这个称呼，不能确定胡国的首领是否使用所谓"伯"的"爵称"，因为在这里，"伯"有可能不是"爵称"中的"伯"，而是"伯仲叔季"的"伯"。不过，考虑到文中伯爹方鼎的作器对象是"宫伯"，且"宫伯"应是死后的谥号，可以判断胡国的首领曾使用"伯"的"爵称"。

使人感兴趣的是，西周早中期之际的荣仲方鼎中记录着胡国的首领是"胡侯"。"胡侯"这一称呼在与荣仲方鼎相近时期的遇甗中也能看到。当然，伯爹方鼎和荣仲方鼎之间有一定的时间差，或可认为"胡伯"后来被任命为"胡侯"。但是，如上文所说，伯爹方鼎中"公"对胡伯所施的赏赐，却是对"侯"的礼。那么，也不能排除"胡伯"当时已经使用"侯"称呼的可能性。

事实上，西周时期的诸侯互用"侯"与"伯"的例子并不罕见。比如，平顶山应国墓地的M84和M95都是西周中期的应侯墓,其中M84出土了"应侯再"铭的铜盨1件,㉞而M95出土了"应伯"铭盨、壶、盘各1件。㉟"应伯"这一称呼在大河口西周墓地西周晚期墓M6096出土的铜盆上(M6096:21)也能见到。㊱渣司徒逑簋(《集成》4059)的"康侯"一般认为是卫国的始封者卫康叔。河南浚县辛村卫国墓地M2,据朱凤瀚先生的意见应是属于西周早期的贵族墓,㊲此墓出土了7柄铸有"侯"铭的铜戟(M2:81—87)。㊳这些资料都能够说明西周早期的卫侯的称号应是"侯",而据《史记·卫康叔世家》记载,卫康叔之后6代卫侯都被称为"伯"。不仅如此,位于当今湖北随州境内的曾侯也互用"侯"与"伯"。据张昌平先生整理的资料显示,曾侯从两周之际到春秋中期都使用"侯"和"伯"的称呼。㊴这在西周早期也可能是同样的,例如,叶家山曾侯墓地西周早期墓M2、M27、M28、M65、M111等中,都出土了有"曾侯谏"或"曾侯犺"铭的礼器,㊵可见西周早期曾侯以"侯"作为普遍的称呼使用。但是在M27与"曾侯谏"铭的铜器一起出土的伯生盉(M27:15)有"伯生作彝。曾"铭文,其意可推断是"曾伯生制作礼器"。可见曾国也自西周早期以来一直并用"伯"和"侯"的称呼。除了如上的几个例子以外,晋侯还有可能并用"侯"和"伯"两种称呼。据觉公簋(或称为"尧公簋")铭推测,晋国自从第2代燮父"侯于晋"以来开始使用"侯"称。㊶然而,上引北赵晋侯墓地M91出土的伯喜父簋有铭"伯喜父肇作倗母宝簋",而在同墓出土的另一件铜器铭中此人却称自己为"晋侯喜父"。㊷另外,北赵晋侯墓地某一座墓中还出土过西周晚期的晋伯睰父鬲(《铭图》03339),且首阳斋藏品中也有一件西周中期的晋伯卣(《铭图续》13279)。㊸

有学者认为称"伯"是由尚未继位所致,㊹就是说称"伯"的人后来继承"侯"位之后才能称"侯"。但问题是,如此的例子并不少见,不能看作特例,且这种解释无法令人信服的例子也不在少数。例如,韩巍先生认为上引的晋伯卣是晋伯为祭祀其亡父而作的祭器,㊺而如果父亲已经过世,就不好解释其子未继承"侯"位的理由;上引大河口M6096:21铜盆铭开头云"唯王二祀,王令(命)应伯正(征)淮南夷",那么,既然已有"应侯",为何周王不是命令"应侯",而是直接使"应伯"征伐南淮夷,这也无法圆满解释。

考虑到如上的史实,可认为西周时期的一些诸侯可以互用"侯"和"伯"两种称呼。如果这样的看法无误,就不能草率地苟同西周时期存在"五等爵制",而"侯"与"伯"各代表同一系统上不同层位的观点。据李峰先生的看法,"侯"和"伯"分别是属于不同秩序之内的称号,即"侯是根据其在西周国家中的政治地位来定义和表述自己的身份的",而"伯"是"按照宗族的自然血缘关系来定义和表述自己身份的"称呼。㊻参考李峰先生的见解,西周时期的诸侯互用"侯"和"伯"等两种称号也并不奇怪。这是因为"伯"本身是出自兄弟排行"伯仲叔季",为"长子"之意,而嫡长子继承制下,长子有更多的机会继承父亲而成为"侯"的政治地位。

的确，西周时期诸侯中一些称"某伯"的应是宗族的嫡长子，但同时需要考虑的是，"伯"已在商晚期作为指示"首领"的普通名词使用。据朱凤瀚先生的研究，商人称非商人之族首领为"伯"，而这个"伯"已经成为"所有异族群首领之泛称"[47]。

要注意的是，在西周时期的传世文献里也能看到同样的辞例，如《尚书·酒诰》云："越在外服，侯、甸、男、卫、邦伯。"此文的"伯"并非表示排行上的长兄，而是表示"邦"的"首领"。含有这个意思的"邦伯"称呼在金文中也可以看到。随州叶家山西周曾国墓地M2出土（M2：2）的西周早期荆子鼎铭（《铭图》02385）云：

> 丁子（巳），王大祐。戊子，荆子蔑曆，敞（赏）白牡一。己未，王赏多邦伯。荆子麗，赏秬鬯卣、贝二朋，用作文母之尊彝。[48]

有学者将文中的"邦伯"看作是"诸侯之长"[49]，但斟酌《尚书·酒诰》的"邦伯"排列在"侯"的后面，恐难解释为这种意思。还要考虑的是，在成王期的保卣（《集成》5415）铭中，上引荆子鼎的"大祐"之礼是"四方"出席的礼仪，而在西周中期癲钟（《集成》251）所记的"匍有四方，会受万邦"中对举了"四方"和"万邦"。那么，荆子鼎的"多邦伯"，与其解释为"诸侯之长"，不如理解成"众多邦伯"更为接近事实。

如果"邦伯"指的是邦的"首领"，此与"邦君"意思相同，而西周金文中更多采用的词汇是"邦君"。"邦君"这一词在五祀卫鼎（《集成》2832）、豆闭簋（《集成》4276）、梁其钟（《集成》189）、静簋（《集成》4273）、义盉盖（《集成》9453）、文盨（《图铭》05664）等众多西周金文中都有出现，且班簋（《集成》4341）的"邦冢君"也应是相同的称呼。这里要注意的是，"诸侯"和"邦君"所指的对象是并不相同的。西周中期的义盉盖云：

> 隹（唯）十又（有）一月既生霸甲申，王才（在）鲁，合即邦君、诸侯、正、有司大射。义蔑曆，眔于王迹，义易（锡）贝十朋。对扬王休，用作宝尊盉，子子孙孙永宝用。

西周晚期的文盨说：

> 隹（唯）王廿又（有）三年八月，王命士智父殷南邦君、者（诸）侯，乃易（锡）马，王命文曰，率道（导）於小南。隹（唯）五月初吉，還至於成周，作旅须（盨），用对王休。

这两篇金文里"诸侯"和"邦君"以并列的称呼登场。这就意味着两者是在指称彼此区别的人时所用的称呼。

西周时期的"邦"就是以一个大邑为中心，包有一定范围土地的政治实体，[50]相当于本文所说的"地方政体"。西周时期的地方政体，尤其是非周系异族政体的首领，如上文所见到的，广泛使用"伯"称表示"统治者"身份，其确凿的含义与其解释为"长子"，不如解释为"统治者"，而"胡伯"也很可能如此。

那么，"胡伯"为何除"伯"之称外，还可以使用"侯"的称呼？这是和西周时期"侯"的含义有直接联系的问题。西周金文中含有与诸侯册封直接或间接相关内容的有伯晨鼎（《集成》2816）、宜侯夨簋（《集成》4320）、麦尊（《集成》6015）、四十二年逑鼎（共2件：铭图02051、02052）、觉公簋（《铭图》04954）、克罍（《图铭》13831）、克盉（《铭图》14789）等，共有6种8件。这些金文无一例外都将诸侯册封表现为"侯于某（地）"。文中"侯"都以动词来使用，那"侯"原本就是一种特定的行为，从这里开始被引申为"做这种行为的人"的名词。

对于"侯"字的意思有些学者从《说文解字》的解释，认为起初意为射礼中的靶子，后来引申为武艺精湛的人。[51]但是这样的解释与金文中将"侯"用作动词的文例是不相符的。据《甲骨文字诂林》，"侯"和"候"是同字，且"侯"是衍化而来的字。[52]《说文解字》解释"候"字说"伺望也"，看成"观望"的意思。裘锡圭先生引《尚书·禹贡》伪孔传所云"侯，候也，斥候而服事"，认为"侯的本职是为王斥候"[53]。朱凤瀚先生也认为西周时期的侯"仍是与商后期王国的'侯'有近似职能的官称，即驻在边地保卫王国、有较强武力的武官"[54]。考虑到西周金文里"侯"的词性，两位先生的解释更为妥当。

如果"侯"指的是在西周王朝有着特殊任务的人无疑，"胡伯"并称"胡侯"，是因为他作为地方政体的首领，被西周王朝任命为"侯"才可能这样称呼。可以推测，西周王朝之所以任命"胡伯"为"侯"，很可能是因为胡国的地理位置具有重要的战略价值，且胡国是在当地拥有强大力量的地方政体。

五、结　语

西周时期的胡国作为地方政体之一，西周早期以来服从于王朝，在淮河上游流域对王朝的统治扮演了重要角色。胡国和西周王朝的关系一直维持到西周王朝灭亡，随着西周王朝的灭亡、已有的政治秩序瓦解，胡国逐渐消失在历史中。

西周时期的"天下"有众多地方政体，它们时而服从时而离叛王朝，延续命脉或是绝灭。西周王朝在全国各地分封同姓诸侯、功臣，作为王朝的手足来统治"天下"。不仅如此，它还通过各种政策，将地方政体编入统治机制内，这一方面扩大了支配范围，另一方面提高了统治效率。它在各种制度之外，还通过包括通婚关系在内的各种人际网络等方策来笼络地方政体。

　　凭借现存资料无法完美地复原西周时期胡国的历史及其在王朝内的角色。尽管如此，胡国一直与王朝保持友好关系，直至西周王朝灭亡，在这一点上它与豫南鄂北地区的噩国形成明显的对比。噩国虽然与周王室通婚，也被任命为王朝的"侯"，但在西周晚期开始脱离王朝的政治秩序，最终成为叛乱的主角。西周时期地方政体面前摆着两条路，其选择根据所处的历史环境而不同。胡国可视为在其中选择服从协力之道的一个事例。

---

① 唐兰：《周王斁钟考》，《唐兰先生金文论集》第41页，紫禁城出版社，1995年。
② 李学勤：《胡应姬鼎试释》，《出土文献与古文字研究》第6辑，第109—111页，上海古籍出版社，2015年；《胡应姬鼎再释》，《武汉大学学报》（人文科学版）2017年第4期，第5—6页；《试说新出现的胡国方鼎》，《江汉考古》2015年第6期，第69—70页。
③ 王世民等：《西周青铜器分期断代研究》，第29—31页，文物出版社，1999年。
④ 上引李学勤先生的两篇文章之外，还有黄锦前《新刊两件胡国铜器读释》，《出土文献》第10辑，第37—46页，中西书局，2017年；曹锦炎《胡唐姬鼎铭文小考》，《披沙拣金——新出青铜器铭文论集》第9—14页，浙江人民美术出版社，2019年。
⑤ 方诗铭、王修龄：《古本竹书纪年辑证》，第45页，上海古籍出版社，2005年。"周昭王十六年，伐楚荆，涉汉，遇大兕。"
⑥ 通过在河南省平顶山市滍阳镇所发现的西周应国墓地，我们可以了解到应国曾在这一带。参看河南省文物考古研究所、平顶山市文物管理局编《平顶山应国墓地·Ⅰ下》第871—872页，大象出版社，2012年。
⑦ 王世民等：《西周青铜器分期断代研究》，第16—19页。
⑧ 黄锦前：《新刊两件胡国铜器读释》，《出土文献》第10辑，第42页。
⑨ 李学勤：《试说新出现的胡国方鼎》，《江汉考古》2015年第6期，第69—70页。
⑩ 朱凤瀚：《论西周时期的"南国"》，《历史研究》2013年第4期，第7—12页。
⑪ 《左传》庄公十八年："虢公、晋侯朝王，王飨礼，命之宥，皆赐玉五谷马三匹，非礼也。"
⑫ 卢连成、罗英杰：《陕西武功县出土楚簋诸器》，《考古》1981年第2期，第128—133页："胡叔胡姬作伯媿媵簋，用享孝于其姑公，子子孙孙其万年永宝用。"
⑬ a. 李学勤：《从新出青铜器看长江下游文化的发展》，《文物》1980年第8期，第37页。b. 徐少华：《周代南土历史地理与文化》，第213页，武汉大学出版社，1994年。
⑭ 罗西章等：《陕西扶风出土伯㦥诸器》，《文物》1976年第6期，第51—60页。
⑮ 李学勤：《从新出青铜器看长江下游文化的发展》，《文物》1980年第8期，第36—37页。
⑯ 裘锡圭：《说㦥簋的两个地名——"械林"和"胡"》，《裘锡圭学术文集》（三）第36页，复旦大学出版社，2012年。
⑰ 陈全方：《周原与周文化》，第131—132页，上海人民出版社，1988年。最后一字字迹不明，暂从陈全方先生的意见。

⑱ 王世民等：《西周青铜器分期断代研究》，第15—16页。

⑲ a. 李学勤：《试论新发现颊方鼎和荣仲方鼎》，《文物》2005年第9期，第62—69页。b. 何景成：《关于〈荣仲方鼎〉的一点看法》，《中国历史文物》2006年第6期，第63—66页。c. 冯时：《坂方鼎、荣仲方鼎及相关问题》，《考古》2006年第8期，第69—73页。d. 陈絜：《浅谈荣仲方鼎的定名及其相关问题》，《中国历史文物》2008年第2期，第61—68页。

⑳ 韩巍：《西周金文世族研究》，第104—115页，北京大学博士论文，2007年。

㉑ 陈絜：《浅谈荣仲方鼎的定名及其相关问题》，《中国历史文物》2008年第2期，第66页。

㉒ 尚志儒、樊维岳、吴梓林：《陕西蓝田县出土胡叔鼎》，《文物》1976年第1期，第94页："隹（唯）□（王）正月初吉乙丑，胡叔伯（信）姬作宝鼎，其用享于文且（祖）考，胡叔㝬伯（信）姬其易（锡）寿老多宗永令（命），胡叔伯（信）姬其万年子子孙孙永宝。"

㉓ 《韩非子·说难》："昔者郑武公欲伐胡，故先以其女妻胡君以娱其意。因问于群臣，吾欲用兵，谁可伐者。大夫关其思对曰，胡可伐。武公怒而戮之，曰，胡，兄弟之国也，子言伐之何也。胡君闻之，以郑为亲己，遂不备郑。郑人袭胡，取之。"

㉔ 李峰：《西周金文中的郑地和郑国东迁》，《文物》2006年第9期，第70—78页。

㉕ 李伯谦：《晋伯卣及其相关问题》，上海博物馆、香港中文大学文物馆编《中国古代青铜器国际研讨会论文集》第29—36页，上海鹏程商务传播有限公司，2010年。

㉖ 山西省考古研究所等：《山西绛县横水西周墓地》，《考古》2006年第7期，第16—21页；《山西绛县横水西周墓发掘简报》，《文物》2006年第8期，第4—18页。

㉗ 山西省考古研究所大河口墓地联合考古队：《山西翼城县大河口西周墓地》，《考古》2011年第7期，第9—18页。

㉘ 韩巍：《西周金文世族研究》，第58—59页。

㉙ 山西省考古研究所、运城市文物工作站、绛县文物局联合考古队等：《山西绛县横水西周墓地M2158发掘简报》，《考古》2019年第1期，第15—59页。

㉚ 陈昭容：《从青铜器铭文看两周汉淮地区诸国婚姻关系》，《"中央研究院"历史语言研究所集刊》第七十五本第四分，2004年，第637—646页。

㉛ 周原考古队：《陕西宝鸡市周原遗址2014—2015年的勘察与发掘》，《考古》2016年第7期，第31—44页。

㉜ a. 黄锦前：《岐山贺家村M11出土昔鸡簋、卣铭文释读》，《陕西历史博物馆馆刊》第24辑，第73—77页，三秦出版社，2017年。b. 黄益飞：《略论昔鸡簋铭文》，《中国国家博物馆馆刊》2018年第3期，第53—59页。c. 何景成：《新出昔鸡簋与甲骨文"害"字考释》，《青铜器与金文》第2辑，第278—288页，上海古籍出版社，2019年。d. 谢乃和：《近出昔鸡簋铭文及相关史实考论》，《古代文明》第13卷第2期，2019年，第38—45页。

㉝ 如王世民《西周春秋金文中的诸侯爵称》，《历史研究》1983年第3期，第3—17页；《西周春秋金文所见诸侯爵称的再探讨》，《古文字与古代史》第3辑，第149—157页，"中研院"历史语言研究所，2012年。

㉞ 河南省文物考古研究所、平顶山市文物管理局编：《平顶山应国墓地·Ⅰ上》，第578—599页，图266、267。

㉟ 河南省文物研究所等：《平顶山应国墓地九十五号墓的发掘》，《华夏考古》1992年第3期，第92—103页。

㊱ 山西省考古研究所等：《山西翼城大河口西周墓地M6096发掘简报》，《文物》2020年第1期，第12

页，图16。
㊲ 朱凤瀚：《西周青铜器综论》（中），第1334—1351页，上海古籍出版社，2009年。
㊳ 郭宝钧：《浚县辛村》，第44页，科学出版社，1964年。
㊴ 张昌平：《曾国青铜器研究》，第348—355页，文物出版社，2009年。
㊵ 湖北省文物考古研究所等：《湖北随州叶家山M65发掘简报》，《江汉考古》2011年第3期，第3—40页；《湖北随州叶家山西周墓地发掘简报》，《文物》2011年第11期，第4—60页；《湖北随州叶家山西周墓地》，《考古》2012年第7期，第31—52页；《随州叶家山西周墓地第二次考古发掘的主要收获》，《江汉考古》2013年第3期，第3—6页；《湖北随州叶家山M28发掘报告》，《江汉考古》2013年第4期，第3—57页。
㊶ 朱凤瀚：《䚄公簋与唐伯侯于晋》，《考古》2007年第3期，第64—69页。
㊷ 北京大学考古系、山西省考古研究所：《天马—曲村遗址北赵晋侯墓地第五次发掘》，《文物》1995年第7期，第4—39页。
㊸ 首阳斋：《首阳吉金——胡盈莹、范季融藏中国古代青铜器》，第92页，上海古籍出版社，2008年。
㊹ 李伯谦：《晋伯卣及其相关问题》，上海博物馆、香港中文大学文物馆编《中国古代青铜器国际研讨会论文集》第29—36页。
㊺ 韩巍：《新出金文与西周诸侯称谓的再认识——以首阳斋藏器为中心的考察》，美国芝加哥大学顾立雅中国古文字研究中心和芝加哥艺术博物馆联合主办“二十年来新见古代中国青铜器国际研讨会”宣读论文，第4—5页，2010年。
㊻ 李峰：《论“五等爵”称的起源》，《古文字与古代史》第3辑，第164—168页，“中研院”历史语言研究所，2012年。
㊼ 朱凤瀚：《殷墟卜辞中“侯”的身分补证——兼论“侯”、“伯”之异同》，《古文字与古代史》第4辑，第19页，“中研院”历史语言研究所，2015年。
㊽ 湖北省文物考古研究所等：《湖北随州叶家山西周墓地发掘简报》，《文物》2011年第11期，第16页。
㊾ 王健：《西周政治地理结构研究》，第132—151页，中州古籍出版社，2004年。
㊿ 赵伯雄：《周代国家形态研究》，第49—51、93—104页，湖南教育出版社，1990年。
(51) 李峰：《西周的政体——中国早期的官僚制度和国家》，第49页注4，生活·读书·新知三联书店，2010年。
(52) 于省吾主编：《甲骨文字诂林》第3册，第2542—2545页，中华书局，1996年。
(53) 裘锡圭：《甲骨卜辞中所见的“田”“牧”“卫”等职官的研究——兼论“侯”“甸”“男”“卫”等几种诸侯的起源》，《文史》第19辑，第1—13页，中华书局，1983年。
(54) 朱凤瀚：《关于西周封国君主称谓的几点认识》，《两周封国论衡——陕西韩城出土芮国文物暨周代封国考古学研究国际学术研讨会论文集》第274页，上海古籍出版社，2014年。

甲骨文、金文"远"及相关问题

冯 时

（中国社会科学院考古研究所）

殷墟甲骨文有"㞢"字，从"止"，"丙"声，其形如图一：

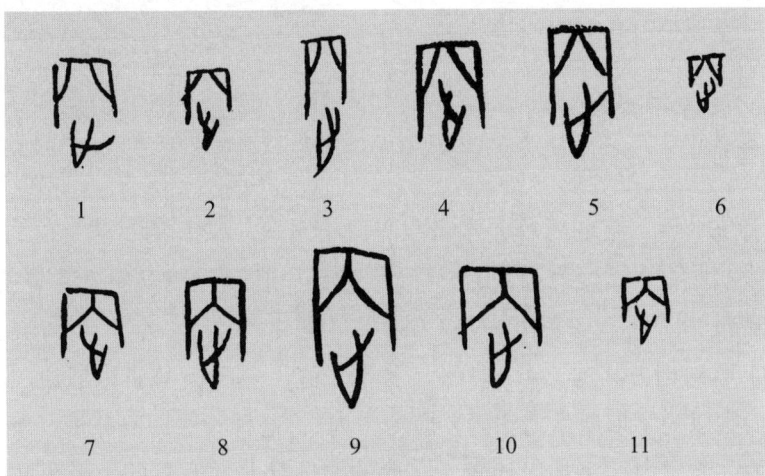

图一 甲骨文"远"字

1.《甲》3627；2.《乙》4509；3.《佚》195；4.《掇二》155；5.《铁》
5.2；6.《佚》234；7.《乙》6549；8.《铁》132.3；9.《前》4.21.5；
10.《佚》546；11.《乙》4729

此字于《甲骨文编》收入卷二之二十四，隶定作"㞢"，以为《说文》所无。

商周金文也有此字，见于殷墟大司空村殷墓所出铜爵（M304∶6）及西周中期的
盏方彝（图二）。大司空村铜爵的此字作为族氏徽识铸于鋬内，[①]学者或视为二字，[②]其
实则与甲骨文"㞢"字形全同，为从"止"，"丙"声；而在盏方彝铭文中，"㞢"字已
发展为从"辵"，"圂"声。

图二 铭文拓本

1. 远爵（《集成》7476）；2. 盠方彝（《集成》9899）

对于甲骨文"匹"字的考释，学者意见颇有分歧。或释为"遹"之省文，[③]或释"处"，[④]或释"纳"，[⑤]或疑为古"定"字，[⑥]或释"退"，[⑦]或以为"远"字或体，[⑧]或释"各"，[⑨]或读为"逢"，[⑩]莫衷一是。"遹"、"处"、"定"、"各"，甲骨文、金文皆有其字，与此字形构相去甚远，可以不论。读为"逢"则于卜辞难以通说。而释"纳"、释"退"者，则以为字形所从之"丙"应为"内"，这种看法需要分析。事实上，如果将甲骨文"匹"与"内"字加以比较，字形的差异是非常明显的。甲骨文"内"字如图三。

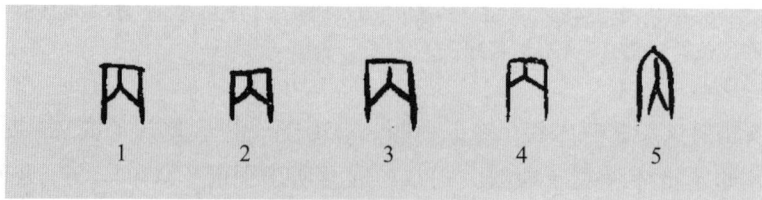

图三 甲骨文"内"字

1.《甲》3343；2.《乙》4540；3.《乙》4667
4.《掇一》538；5.《前》4.28.3

皆作"入"在"冂"中之形，没有例外。据此可以判断，前录甲骨文"㢠"字诸例，凡"丙"作两斜笔分开者，如第1—4例，绝无可能释为"内"字。再以其比较甲骨文"丙"及从"丙"之"更"字，如图四：

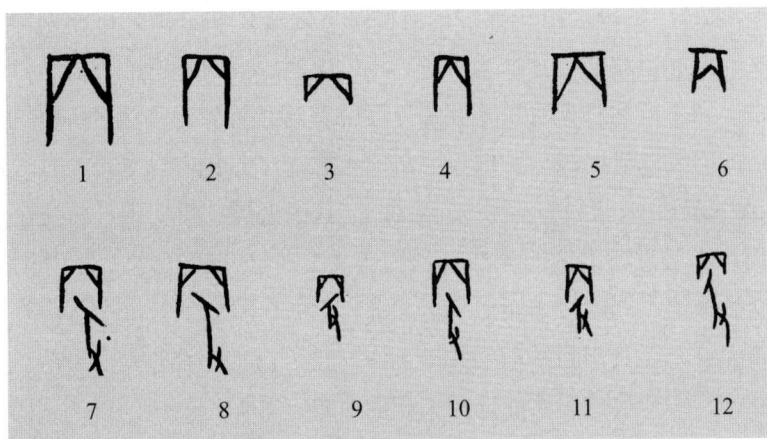

图四 甲骨文"丙"、"更"字

1—6. 丙：《佚》28、《前》7.15.3、《甲》2907、《粹》174、《甲》2356、《林》1.15.12；7—12. 更：《乙》7680、《邺三》下50.6、《陈》106、《摭续》128、《京津》2457、《佚》439

其"丙"字之两斜笔或分或合，没有区别。⑪显然，"㢠"字所从之字当为"丙"字无疑，这一点于金文之"㢠"也看得很清楚，大司空村出土的商代晚期铜爵（图二，1），其铭文所从之"丙"即与甲骨文第五期的"丙"字形构全同（图四，6），故从"内"之说诚不可据。

除"丙"与"内"的字形比较之外，我们还可以作进一步的分析。古文字从"止"与从"辵"作为意符每每可以互通，⑫由此可知，西周金文之"遏"与商代甲骨文、金文之"㢠"实为一字。二字字形的区别其实仅在于表音部分的"丙"与"㕒"所呈现出的字形的繁省不同而已，而"丙"、"㕒"通用则不乏其例。如"更"字的写法，甲骨文及战国文字皆从"丙"声，但西周金文则从"㕒"声，是为明证。据此可知，金文"遏"字实际就是甲骨文"㢠"字的繁形，而"㢠"当然应是从"止"，"丙"声之字。

关于甲骨文"㢠"字的释读，张秉权论曰："㢠字在此有获或捕杀之义，疑即远之或体踉字，通作阬（俗作坑）。"⑬尽管其训解字有捕杀猎获意并不正确，但疑即"远"之或体"踉"则最近事实。事实上，甲骨文"㢠"与金文"遏"正是"远"之本字。⑭

《说文·辵部》："远，兽迹也。从辵，亢声。踉，远或从足更。"是知"远"本指兽迹，亦即野兽之足迹，故字本从"止"以表意，后因"止"、"足"作为意符而互通；⑮ "更"字从"丙"，"丙"、"更"同音，遂有"踁"之异体。字或作"遖"，见于《玉篇·辵部》。而"更"即本从"丙"声，与从"亢"得声之字同在阳部，故又声符互换而作"远"。是甲骨文"𨒅"一变而为金文之"遖"，"囝"为"更"字之所从，故意符一变而为"踁"、"遖"，音符互换而作"远"。⑯

《说文解字叙》："黄帝之史仓颉，见鸟兽蹄远之迹，知分理之可相别异也，初造书契，百工以乂，万品以察。""远"为兽迹，不同之兽，其足迹必有差异，这种现象使造字者得到启发，知不同之物象可以相互加以区分，这种物象之间区分标准的建立当然是文字得以创造的必要基础。段玉裁《说文解字注》引《吕氏春秋》高诱注，解仓颉造字之说云："仓颉生而知书，写仿鸟迹以造文章。"其说大谬。事实上，古文字中并无兽迹之象形文，而许氏之意所强调的显然也是创造文字所必须建立的区别不同物象的标准，而并不是说仓颉描绘不同的兽迹而造字。

古人分辨兽迹乃是其田猎活动的关键工作。猎人行猎，首先就需要辨识兽迹，熊有熊迹，鹿有鹿迹，辨清兽迹后才能选择猎获的对象，并循着相应的兽迹追踪，终可有所斩获。若不循兽迹行猎，或舍此迹而逐彼迹，则或无斩获，或事与愿违。这些事实于殷商卜辞所反映的田猎之事非常清楚。卜辞云（图五）：

图五 《合集》190 正

1. 贞：王其逐兕，获？弗远兕，获豕二。
    弗其获兕？
    贞：其逐兕，获？弗远兕……   《合集》190正

卜辞的内容很明白，其记商王在此次田猎中希望猎获兕牛，但没有寻得兕牛的足迹而追踪，最后只打到了两头野猪。"远"的本义是兽迹，卜辞中引申而用为动词，为寻兽迹追踪之意。《玉篇·辵部》："远，迹也，长道也。"《广雅·释诂二》："远，长也。"又《释宫》："远，道也。"《文选·张平子西京赋》："远杜蹊塞。"刘良注："远，兽迹也。"兽因行走而其迹连续，故"远"亦为兽径，为道，为长，于是迹亦有寻迹之意。《大戴礼记·保傅》："不务袭迹于其所安存。"王聘珍《解诂》："迹，行也。"《汉书·季布传》："汉求将军急，迹且至臣家。"师古注："迹，谓寻其踪迹也。"《后汉书·儒林传》："迹衰敝之所由致。"李贤注："迹，犹寻也。"《周礼·地官·叙官》："迹人。"郑玄注："迹之言跡，跡，知禽兽处。"猎人寻兽迹追踪，则知兽之所在。《楚辞·九思·怨上》："拟斯兮二踪。"旧《注》："踪，迹也。"《释名·释言语》："蹤，从也，人形从之也。"王先谦《疏证补》引苏舆曰："蹤，從字同。"故"蹤"即为从其迹而追逐之义，此与田猎卜辞"远"字的用法相同。

必然特别强调的是，这版卜辞出现的四个"兕"字写法并不相同，其所呈现的繁省差异应该不是只为避复的追求，而应有着更为具体的表意需要。尤其值得注意的是，位于前右甲与右甲桥之间的一条记有验辞的卜辞，两个"兕"字形构的不同处理显然具有不同的意义。殷人在贞问此次田猎希望获得的猎物时，将"兕"字写得象形而逼真，但在卜问寻其兽迹的时候，厕于"远"字之下的"兕"字却只描绘出了兕牛的轮廓而已（见图五）。很明显，书契者是想通过这种图迹动物轮廓的做法刻意表现"远"字本所具有的兽迹的意义。因此从这些材料反证，"𨒅"为远迹之字也非常清楚。

商周田猎，辨识兽迹的工作自有专官负责，其于《周礼》则曰"迹人"。《周礼·地官·迹人》云：

> 迹人掌邦田之地政，为之厉禁而守之。凡田猎者受令焉。禁麛卵者与其毒矢射者。

郑玄注："田之地，若今苑也。令谓时与处也。为其夭物且害心多也。麛，麋鹿子。"贾公彦疏："迹人主迹，知禽兽之处，故知掌邦田之地政。云为之厉禁而守之者，有禽兽之处，则为苑囿，以林木为藩罗，使其地之民遮厉守之，故郑云田之地若今苑也。……此谓四时常禁。案《月令》孟春云'不麛不卵'，又《曲礼》云'国君春田不围泽，大夫不掩群，士不麛不卵'者，彼以春时先乳，特禁之。"孙诒让《正义》："时谓田猎所

宜及禽兽茁壮之时，处亦谓苑囿所在之地。"《叙官》孙诒让《正义》亦云："此迹人亦掌踪迹禽兽，知其所藏之处。《左》哀十四年传：'迹人来告曰：逢泽有介麋焉。'杜注云：'主迹禽兽者。'亦同郑义。"今据卜辞则知，殷王田猎，迹人必与其事，辨识兽迹，以知行猎方向，而相关之厉禁亦然，制度一脉。

在殷代的官制体系中，迹人之官当名"远人"。卜辞云：

    2. 自卜，远人枣？   《合集》34379

商代占卜，卜事自有专官负责，此则占卜由商王亲卜，故称"自卜"。卜辞云：

    3. 乙未卜，殼贞：勿唯王自正猷？   《遗》481
    4. 甲申卜，王贞：余正猷？   《乙》5323

对读两辞，"自"指王身的意义甚明。自卜之占还有：

    5. 贞：其自卜？   《京津》1598
    6. 其自卜，有来祸？   《粹》1253
    7. 癸酉卜，其自卜？   《补》267

很明显，"自卜"之"自"既指商王，则"远人"与之对举，为官名可知，此实即《周礼》之迹人。

远人之官或可省称曰"远"。卜辞云：

    8. 王其令远归，弗悔？
       其呼戍禦方及？
       戍弗及方？   《合集》28013

古制以田猎演兵，然远人参与田猎事，却不参与征伐事，故待战事开始，则卜问其归。因此，辞8的"远"显然应即远人。卜辞又云：

    9. 辛亥贞：有获在白、木远？   《佚》195（《合集》33380）

"白"、"木"均为商王田猎之地，其例有：

10. 庚子卜，王往田于白？ 《南明》534

11. 于白东擒？
    于白西擒？ 《甲》816

12. 戊午卜，贞：王田木，往来亡灾？王占曰："吉。"兹节。获兕十、虎一、
    狇…… 《遗》121

13. 戊辰王［卜］，贞：田木，往来亡灾？ 《簠·游》90

故辞9所言当为在白、木二地之远人有所猎获。"远"为官名亦明。

商王于田猎事或躬亲体察，舍远人而自辨远迹。卜辞云（见图六）：

14. 惠在庞田封示（视），王弗悔？大吉。
    惠在祼田又示（视），王弗悔？彝（殚）？吉
    惠在泞田远示（视），王弗悔？彝（殚）？吉。 《屯南》2409

15. 戊子卜，亘贞：今十月……？王占曰："其□，远唯示（视）。"
    《合集》3771

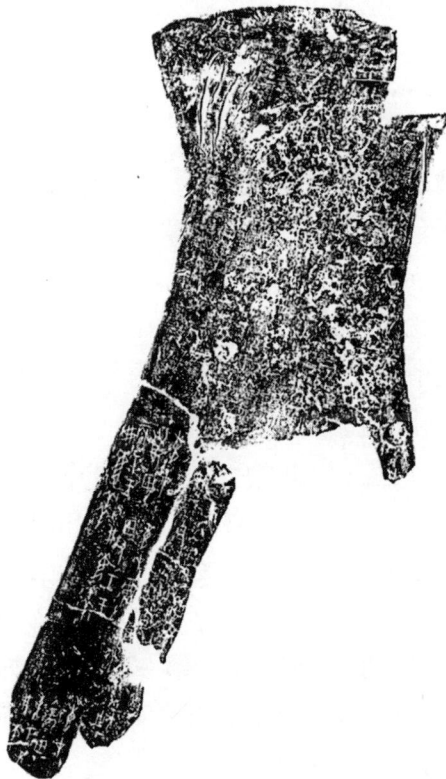

图六 《屯南》2409

辞14卜问商王在庞、裸、泞三地田猎之前的视察活动。"示"，读为"视"。《诗·周颂·敬之》："示我显德行。"《鲁诗》"示"作"视"。陈奂《诗毛氏传疏》："示，古视字。"《说文·见部》："视，瞻也。"《尔雅·释诂下》："监，视也。"郭璞注："视，谓察视也。"《国语·晋语八》："其母视之。"韦昭注："视，相察也。"《释名·释姿容》："视，是也，察其是非也。"《管子·四时》："令有时无时则必视。"尹知章注："视，谓观而察之。"商代五种记事刻辞常见贡龟而检视选核的内容，[17]如"我以千。妇井示（视）百"（《乙》6686），此"示"即检视之谓。[18]准此可知，辞14之"封示"意即视封，"封"为苑囿之封，犹《周礼》所言之藩篱。商王田猎多在其苑囿，苑囿自有封域，[19]古今皆然，作用当然在于御兽，以免其越出伤人，故王亲察其事。同辞"又示"所言亦此之谓，唯地点不同。以此例彼，则"远"与"封"对文并举，封既为藩篱，则"远"亦必为名词，意指兽迹，故"远示"即言视远，为商王亲察兽迹之谓。以此例彼，知辞15之"远唯示"也即视远，所卜当为同类之事。

辞14反映的商代田猎制度非常重要。商王先于庞苑视察封畛，再至裸苑视察封界，最后至泞苑察辨兽迹，都属田猎之前的准备工作。商王连续巡视三地，亲力亲为，殚精竭虑，遂有卜辞贞问"王弗悔，殚"的内容，关心商王不致因劳而病。

卜辞时有占卜商王是否有祸患。卜辞云：

16. ……至……弗悔，不雨？	《甲》641
17. ……先马，其悔，雨？	《诚》492
18. 其于己卯王廼□召，王弗悔，擒？	《续》3.20.6
19. 惠盟田，弗悔，亡烖，昏（禫）王擒？	《京都》2049
20. 贞：王其悔，弜田？	《甲》2034
21. 王其比望再册光及伐望，王弗悔，有烖？	《摭续》141
22. 弜丁卯寻，其悔，亡烖？	《粹》660

可以看出，占卜所关心的商王祸患之后的文字都是补充所记的造成祸害的原因或避除祸咎的办法。准此可知，辞14所记之"羴"也应具有相同的含意。

甲骨文、金文"羴"本从二羊，[20]或饰数点于其旁，以示羶气弥漫。《说文·羊部》："羴，羊臭也。从三羊。羶，羴或从亶。"字或从"亶"声，今之经传多从或体作"羶"。此卜商王无祸而问其"羶"，似不见于第一地视封之时，而仅涉及第二地视封及第三地视远之事，足以显见"羶"字之意当关乎王事繁重而致精力耗竭，故当读为"殚"，或读为"瘅"或"癉"，其义并同。

《说文·亩部》："亶，多谷也。"《尔雅·释诂下》："亶，厚也。"此明"亶"有多意，故用心用力极多亦曰"亶"。《国语·周语下》："亶厥心肆其靖之。"韦昭注："亶，厚也。"至多则穷尽，故其意同殚。《墨子·非乐上》："士君子竭股肱之力，亶其思虑之智。"孙诒让《闲诂》："苏云 :'《非命》篇"亶"作"殚"。'诒让案 : 亶、殚声近字通。《太玄经》范望注云 :'亶，尽也。'""亶"又与"癉"、"瘅"并通，同用不别。《仪礼·士冠礼》："嘉荐亶时。"郑玄注："古文亶为癉。"《礼记·缁衣》："下民卒亶。"陆德明《释文》："亶，本亦作瘅。"皆其明证。

《说文·歺部》："殚，极尽也。"段玉裁注："穷极而尽之也。极，铉本作殛，误。古多假单字为之。《郊特牲》云 :'社事，单出里。'《祭义》:'岁既单矣。'《大雅》:'其军三单。'《笺》云 :'单者，无羡卒也。'皆是也。"《吕氏春秋·本味》："相为殚智竭力。"高诱注："殚、竭，皆尽也。"《文选·张平子东京赋》："征税尽，人力殚。"薛综注："殚，尽也。"字又可读为"癉"或"瘅"，意亦相同。《说文·疒部》："癉，劳病也。"《尔雅·释诂上》："癉，劳也。"《诗·大雅·板》："下民卒癉。"毛《传》："癉，病也。"《齐诗》"癉"作"瘅"。《尔雅·释诂上》："瘅，病也。"陆德明《释文》引孙炎云："瘅，疫病。"郝懿行《义疏》："瘅者，癉之或体也。……因劳而致病，故曰劳病。"《类篇·疒部》："瘅，劳病。"亦此之谓。卜辞所记商王连续视察三地田苑，其仅巡视一地尚好，但连续巡察二地三地，则恐其因劳力竭而致祸患。

殷商田猎自有厉禁。卜辞云 :

23. □子卜，宾贞 :……子鹿……? 王占曰 : 获，……弗远……　　《合集》10323

卜辞所见之商王田猎厉禁严格，如《礼记·王制》所谓之"昆虫未蛰，不以火田。不麛不卵，不杀胎，不殀夭，不覆巢"之制度，于卜辞反映得非常清楚。殷人以"获"或"擒"以记正常猎获的猎物，但属禁猎之物而偶伤之者，则以"蔺赤"记之，遣词分明。[21]辞23之"子鹿"当即鹿子，属不杀之物，卜辞或贞辨麛之远迹而弗逐之，此即避而不杀之意。

24. ……远，区其延，在宷卜。　　　　　　　　　　　　　《合集》34676

卜辞之"区"即为搜田，意在索取不孕者。[22]辞言延续辨兽迹以区别其与可猎之兽的工作，亦见厉禁制度。

25. 惠宫麇希，远，擒? 　　　　　　　　　　　　　　　《合集》28369

"希"字用于田猎，有与"逐"对文的情况。卜辞云：

26. 辛王其希牢虎，亡弐？

于来自牢延逐辰麇，亡弐？

惠壬逐□□，亡弐？ 《屯南》3599

知"希"与"逐"一样，均为行猎之法。商王先于牢地希虎，再卜从牢地而归以逐辰地之麇，"希"为田法甚明。卜辞又云：

27. ……田，希牢虎，亡弐？ 《屯南》4140

28. ……［王］往田，于来希……

□□卜，王往田，从来希豤，擒？

壬午卜，王往田，亡弐？ 《合集》33362

29. 乙未卜，王往希啄，从……遘？

于白西擒？ 《合集》28315

30. 澧希右豤，春日亡弐，禅王？ 《屯南》2686

31. 王其呼戈擒虎，骍录牛？

惠殷希，擒虎，比丁十？

辛酉卜，王其田，惠省虎？

惠牢虎戈叔，亡弐？ 《合集》33378

卜辞或贞希而有擒，故"希"当读为"肆"，突袭之义。《诗·大雅·皇矣》："临冲茀茀，崇墉仡仡。是伐是肆，是绝是忽。"毛《传》："肆，疾也。"郑玄笺："肆，犯突也。"朱熹《集传》："肆，纵兵也。"《左传》文公十二年："赵有侧室曰穿，晋君之婿也，有宠而弱，不在军事；好勇而狂，且恶臾骈之佐上军也，若使轻者肆焉，其可。"刘文淇《疏证》引旧注："肆，突。言使轻锐之兵，往驱突晋军。"杜预《集解》："肆，暂往而退也。"刘文淇《疏证》以《御览》引注"退"上有"速"字。是明"肆"字用于田猎，当指猎者纵兵突袭，疾速而退。其所猎多涉虎、豤等猛兽，不可缠斗。准此，则辞25当言突袭宫地之麇，寻其远迹而有擒获。

甲骨文"远"用为蹄远之迹者，文意比较清楚的卜辞还有如下诸例。

32. 壬子卜，史贞：唯其远鹿？ 《合集》10303

33. ……远鹿，允远，三……获鹿一…… 《合集》10321

寻鹿之远迹而猎，故有猎获。

34. ……远兕？	《合集》10442
35. 贞：子画弗其获兕？	
……远麇……	《合集》10426
36. 戊戌卜，王往田，亡弐？	
戊申卜，王往田，亡弐？	
……远兕？	《合集》33423
37. 丁巳卜，史贞：呼任夕虎远？十月。	《合集》10917

追踪之兽迹有麇、兕、虎。

甲骨文又有"寎"字，从"宀"，"远"声，亦读为"远"。卜辞云：

38. 弜逐，其……	
王其比言寎（远）兕？	《合集》28408
39. 戊子卜，何贞：王其田，……寎（远）？	《合集》29368

用法与"远"相同。

甲骨文"远"字的又一用法则读为"赓"。西周盠方彝铭云：

盠敢拜稽首曰：剌剌（慄慄）朕身远（赓）朕先宝事。

相同之辞例如：

命汝更（赓）乃祖考嗣卜事（智鼎）
王命毛伯更（赓）虢城公服（班簋）
更（赓）厥祖考服（趩觯）

意皆谓某人继承某事，故"更"皆读为"赓"。准此，则"远朕先宝事"也应读为"赓朕先宝事"[23]，"远"又作"踁"，其与"更"并从"丙"声，故可通用。"剌剌"金文常用为"烈烈"，以颂先祖之功烈。此为器主盠述其自身，不敢夸伐，故当读为"慄慄"。《诗·小雅·四月》："冬日烈烈。"朱熹《集传》："烈烈，犹栗栗也。"是"烈"、"栗"通用之证。《广雅·释训》："慄慄，惧也。"知"慄慄朕身"意即盠自谓其身惶惧。《吕氏春秋·侈乐》："不知其所以知之谓弃宝。"高诱注："宝，重也。"《礼记·檀弓下》："丧人无宝，仁亲以为宝。"郑玄注："宝，谓善道可守者。"是"宝事"意即重要而值得坚守之事业。文云盏自谓以惶惧之心继承先人的重要事业。

殷卜辞"远"用为"赓"的事例也非常清楚。卜辞云：

40. 壬寅卜，殻贞：妇［好］娩，嘉？王占曰："其唯［戊］申娩，吉，嘉。其唯甲寅娩，不吉，远唯女。"　　　　　　　　　　　《合集》14001正

"远"读为"赓"，"赓唯女"是说妇好在这次分娩中继续生女孩。当然，这样的占辞显然是针对妇好在其前一次的分娩中所生为女婴而言的，而前次产女，卜辞恰有明确的记录。卜辞云：

41. 甲申卜，殻贞：妇好娩，嘉？王占曰："其唯丁娩嘉，其唯庚娩引吉。"三旬又一日甲寅娩，不嘉，唯女。
　　甲申卜，殻贞：妇好娩，不其嘉？三旬又一日甲寅娩，允不嘉，唯女。
　　　　　　　　　　　　　　　　　　　　　　　　　　《合集》14002

妇好前次产女在甲寅日，故此次占断仍以甲寅为产女之征，以甲寅日所生必当继续为女婴，其间的逻辑关系非常清楚。

42. 贞：勿远犬？
　　勿往逐磬燕，弗其擒？
　　擒获燕十、豕一、麂一。　　　　　《合集》10106+10500（《拼五》1117）

此条卜辞之"远"亦应读为"赓"，为田猎卜用猎犬之贞。卜辞不循兽迹追踪猎物所用之否定副词为"弗"，此言"勿"，知其所说非循兽迹之谓。显然，"勿远犬"是言不要继续使用猎犬，验辞记获燕，也证明其所获或也与田犬无关。

殷代田猎使用猎犬相助的情况非常普遍。卜辞云：

43. 王惠斦犬比，亡裁？
　　惠盖犬比，亡裁？
　　惠□犬比，亡裁？
　　惠枫犬比，亡裁？　　　　　　　　　　　　　　　《屯南》106+4584

綈、盖、肭，皆为田猎之地。属沁阳田猎区。㉔"比犬"，意即携犬田猎，所以这条卜辞反映了殷田以犬助猎的活动。《周礼·秋官·犬人》："凡相犬、牵犬者属焉，掌其政治。"贾公彦疏："犬有三种，一者田犬，二者吠犬，三者食犬。若田犬、吠犬，观其善恶；若食犬，观其肥瘦，故皆须相之。"卜辞卜问犬参与田猎，自为田犬。田狩有犬，是为制度。《说文·犬部》："獵，放獵，逐禽也。"段玉裁《注》："放，小徐作畋。畋，平田也，非许义。"《玉篇·犬部》："獵，犬取兽也。"田犬助以狩猎自然不会是靠其辨寻远迹，而是发挥犬的嗅觉特长。《说文·犬部》："臭，禽走臭而知其迹者犬也。从犬自。"段玉裁注："走臭犹言逐气。犬能行路踪迹前犬之所至，于其气知之也，故其字从犬自。自者，鼻也。"故卜辞之"勿远犬"应读为"勿赓犬"，意即不再用田犬。

下列诸条卜辞中的"远"，其用为赓续之意仍很清楚。卜辞云：

44. 燎五牛于河？
　　弗其远？　　　　　　　　　　　　　　　　　《丙》312（《合集》811反）

45. 贞：燎于王亥十牛？
　　弗其远？　　　　　　　　　　　　　　　　　《合集》14734正、反

46. 贞：戊弗其远？　　　　　　　　　　　　　　《合集》7684

47. 贞：弗其远？十二月。　　　　　　　　　　　《合集》18249

48. ……远其用，若？八月。　　　　　　　　　　《合集》16388

49. 不其远？　　　　　　　　　　　　　　　　　《合集》18251

"远"皆读为"赓"。辞44、45当言燎祭之继续。戊为商王附庸，辞46卜其继续用事。

50. 辛丑卜，燎洀，载三牢？
　　今夕远载？
　　辛丑卜，远逆（朔）方？
　　癸卯卜，令拔田逆（朔）？　　　　　　　　《合集》21099

"洀"为水名。"载"字的写法与"戋"不同，作"才"在"戈"下之形，读为"载"。《诗·小雅·大田》："俶载南亩。"马瑞辰《毛诗传笺通释》："才、载、哉古通用。"是"载三牢"意即以三牢载俎。《仪礼·士冠礼》："若杀则特豚载合升。"郑玄注："凡牲皆用左胖，煮于镬曰亨，在鼎曰升，在俎曰载。"《仪礼·士丧礼》："乃朼载。"郑玄注："载，受而载于俎。"《周礼·天官·内饔》："王举则陈其鼎俎。"郑玄注："实俎曰载。"故对贞之"远"读为"赓"，"今夕赓载"即谓今晚继续载俎。"朔"字本作"逆"

图七 《合集》21099

字横写，读为"朔"。"朔方"，北方。《尚书·尧典》："宅朔方。"《诗·小雅·出车》："城彼朔方。"毛《传》："朔方，北方也。"段玉裁《说文解字注》："北方曰朔方，亦始之义也。朔方始万物者也。"而同日所卜之"远朔方"亦即读为"赓朔方"，意承载俎以明其方位，乃言继续于北方载俎，故启下文"令拔田朔"。"拔田"乃围猎之义，㉕则"朔"言朔方，为围猎开始的方位，故殷人为求围猎而有获，连续于围猎之起点载俎以祭之。

51. 己酉卜，远宜…… 《合集》32936

"远"读为"赓"。"宜"亦载俎之谓。

52. 弜引，若远𝕏一牢？
三牢？兹用。 《屯南》295

"引"意为长，"远"与其对文，必有延长、赓续之意，故读为"赓"。"𝕏"为宗庙之一种，㉖"赓𝕏一牢"意即继续于宗庙用牲。

53. 戊辰子［卜，贞］：人归？

戊辰子卜，贞：我远？ 《合集》21645

卜辞先卜人归，他人既归，则我继之而复去，故"远"必读为"赓"，言我继承归人之责往出之。

54. 王占曰："今夕远雨。" 《合集》12997反

55. ……比雨？

……丁□远雨？ 《合集》12682反

56. 辛酉……今夕……远…… 《怀》854

57. 贞：今夕不雨？

寇□？ 《合集》12172

"远"皆宜读为"赓"。辞54"今夕赓雨"是说今晚继续下雨。卜辞习见"延雨"，"延雨"与"赓雨"的区别在于，延雨意即降雨无间歇，连续不断，也就是俗称的连绵雨，而"赓雨"则谓雨止又降，其间有停歇。犹先人亡故而致官事中断，后人复继之方曰"赓"，其言降雨事亦然。

58. 庚戌［卜］，争贞：□雨，帝不我［莫］（暵）？王占曰："远，不莫（暵）。"

《合集》10165正、反

"远"亦读为"赓"，其对命辞"□雨"而言，意即继续降雨，故不为暵灾。

59. □丑卜，［古］贞：甘？王占曰："毓，远甘。" 《合集》517正、反

"远"读为"赓"。王配在孕期而临产，故必继续调制美食以将养之。《说文·甘部》："甘，美也。"段玉裁注："《羊部》曰：美，甘也。甘为五味之一，而五味之可口皆曰甘。"此辞之"甘"显即佳肴之甘味。

古代以子妇主掌家务，服侍长幼，饮食则居次，辛劳非常。《礼记·内则》："父母在，朝夕恒食，子妇佐馂，既食恒馂。父没母存，冢子御食，群子妇佐馂如初。旨甘柔滑，孺子馂。"可见媳妇或佐食，或后于孺子食，唯妊娠临产，方得独居将养。《内则》："妻将生子，及月辰，居侧室。夫使人日再问之，作而自问之。妻不敢见，使姆衣服而对。至于子生，夫复使人日再问之。夫齐，则不入侧室之门。……妾将生子，及月

辰，夫使人日一问之。子生三月之末，漱浣夙齐，见于内寝，礼之如始入室。君已食，彻焉，使之特馂，遂入御。"可见子妇饮食之制。辞59乃卜王配生育，必在独居将养之时，故调以甘味。

60. ……唯……中录□远……嘉，二日…… 　　　　　　　　　　　《合集》14103

61. □午卜，争贞：……嘉……远，唯丁不吉……？王占曰："远……吉。其唯……" 　　　　　　　　　　　　　　　　　《合集》14076正、反

62. 王占曰："远。"旬…… 　　　　　　　　　　　　　　　　《合集》17727

卜辞残甚，意难明晓，但推测诸"远"字也应读为"赓"。辞60言于午夜继续某事，辞61、62亦皆言事之继续。

卜辞之"远"或为地名或国族名，当即文献所见之"郹"。卜辞云：

63. ……于远……
　　于北方兮南乡？ 　　　　　　　　　　　　　　　　《怀》1379

64. ……王其于远？ 　　　　　　　　　　　　　　　　《合集》33176反

大司空村所出远爵自名"远"，亦属此例。卜辞及金文作为地名之"远"，文献则作"郹"。《说文·邑部》："郹，琅邪莒邑。从邑，更声。《春秋传》曰：取郹。"《左传》昭公十年："平子伐莒，取郹。"杜预《集解》："郹，莒邑。"朱骏声《说文通训定声》："郹，当在山东沂州府沂水县境。"此亦见商王朝之东方经略。

甲骨文还有一字从"邼"从"攴"，或可分析为从"止"从"更"，当即"远"之或体"踁"。卜辞云：

65. 大踁敦帥？
　　勿卒踁敦帥？ 二告 　　　　　　　　　　　　　　《合集》5658正

"敦"为商王田猎之地，地在今河南范县东。[27]卜辞有言：

66. 戊申王卜，贞：田敦，往来亡灾？王占曰："吉。" 　　　　　《前》2.16.1

67. □辰王卜，贞：田敦，往来无灾？王占曰："吉。"兹节。获鹿二。
　　　　　　　　　　　　　　　　　　　　　　　　　　《前》2.26.5

图八 《合集》5658 正

准此则知，辞65之"大踠"意即于敦之商王驻扎之地大范围地察辨兽迹，而"勿卒踠"则言于其地持续不停地察辨兽迹。这种于馆次周围寻察兽迹的工作，显然是出于保护商王人身安全的考虑。《周礼·秋官·司隶》："掌帅四翟之隶，使之皆服其邦之服，执其邦之兵，守王宫与野舍之厉禁。"郑玄注："野舍，王者所止舍也。"贾公彦疏："云守王宫与野舍者，即师氏职云帅四夷之隶守王宫野舍亦如之者是也。"此辞记商王野舍于敦次，故依制度，必有厉禁守之。殷代田猎与出行备守制度，于此可见一斑。

综上所考，知甲骨文"亞"实即"远"之本字，或体作"踠"或"宽"。以往学者普遍将其与《说文》作为"退"或体之"衲"字加以比较，进而隶定"亞"作"㞦"，释为"退"，这一观点显然并不正确。"远"字于卜辞中有四种用法，其本义为兽迹，用于田猎卜辞或谓辨识兽迹，或谓寻兽迹而追踪猎物；又用为官名，称为远人，或省称远，以辨察兽迹为职，相当于《周礼》之迹人；或读为"赓"，意述事之赓续；或用为地名或族名。此字之考释，关系到我们对殷商田猎、官制及相关制度问题的客观理解，对正确了解殷商历史的诸多具体问题具有意义。

2020年8月30日据旧札写于尚朴堂

① 马得志、周永珍、张云鹏：《一九五三年安阳大司空村发掘报告》，《考古学报》第9册，1955年。

② 中国青铜器全集编辑委员会编：《中国青铜器全集》第3卷，文物出版社，1997年。

③ 孙诒让：《契文举例》卷下，第74页，齐鲁书社，1993年。

④ 罗振玉：《增订殷虚书契考释》卷中，第64页，东方学会石印本，1927年。

⑤ 叶玉森：《说契》，《学衡》第31期，1924年。

⑥ 王襄：《簠室殷契征文考释》，天津博物院，1925年。

⑦ 于省吾：《甲骨文字释林》，第56—58页，中华书局，1979年。

⑧ 张秉权：《殷虚文字丙编》上辑（二），第180页，历史语言研究所，1959年。

⑨ 徐中舒主编：《甲骨文字典》，第97—98页，四川辞书出版社，1988年。

⑩ 单育辰：《释"罨"》，复旦大学出土文献与古文字研究中心网站，2008年8月18日。

⑪ 有观点认为，甲骨文"内"字应释为"丙"，见王子扬《甲骨文所谓的"内"当释作"丙"》，《甲骨文与殷商史》新三辑，上海古籍出版社，2013年。然而甲骨文"更"字从"丙"，却绝无写作从"人"的结构。可见在甲骨文中，"内"和"丙"的形体虽时有混淆，但区别仍很明显。

⑫ 高明：《中国古文字学通论》，第157—158页，文物出版社，1987年。

⑬ 张秉权：《殷虚文字丙编》上辑（二），第180页。

⑭ 冯时：《中国古文字学概论》，第330页，中国社会科学出版社，2016年。

⑮ 高明：《中国古文字学通论》，第156—157页。

⑯ 冯时：《中国古文字学概论》，第138—139页。

⑰ 胡厚宣：《武丁时五种记事刻辞考》，《甲骨学商史论丛初集》，成都齐鲁大学国学研究所专刊之一，1944年。

⑱ 冯时：《中国古文字学概论》，第409页。

⑲ 冯时：《西周蒡京与殷周馂祭——殷周苑囿与祭灶传统》，《中原文化研究》2019年第6期。

⑳ 冯时：《群聚与群分——荀子群学思想探源》，《中国文化》第49期，2019年。

㉑ 冯时：《中国古文字学概论》，第337页。

㉒ 冯时：《殷代田礼献牲考》，《考古学集刊》第18集，科学出版社，2010年。

㉓ 郭沫若：《盠器铭考释》，《考古学报》1957年第2期。

㉔ 中国社会科学院考古研究所：《小屯南地甲骨》下册第一分册，第844页，中华书局，1983年。

㉕ 屈万里：《殷虚文字甲编考释》，第101页，历史语言研究所，1961年。

㉖ 赵诚：《甲骨学简明词典》，第213页，中华书局，2009年。

㉗ 冯时：《殷人疾祸考略》，《首届中国文字发展论坛暨纪念甲骨文发现110周年学术研讨会论文集》，中国文字博物馆编辑部，2009年11月。

出土玉器研究路径与模式

杜金鹏

（中国社会科学院考古研究所）

一、传统古玉研究回顾

喜爱古玉，是中华民族的嗜好。早在夏商周时代，人们已经在收藏一些新石器时代的玉器。如二里头遗址出土的龙山文化玉刀、[①]玉钺，[②]殷墟妇好墓出土的"红山文化"玉器、龙山文化玉牙璧残件、石家河文化玉鹰纹锥状器，[③]成都金沙遗址出土良渚文化玉琮，[④]沣西西周墓出土龙山文化玉雕神像（M17：01）等，[⑤]但那只是作为宝物而已，并非用作研究。至迟自汉代以来，经学家们努力探究《诗》、《书》、《礼》等典籍中关于礼玉的制度，但主要限于纸面讨论，并未与传世古玉直接联系起来——那时还没有这样的条件。

北宋时期金石学兴起，主要以具有文字材料的青铜器和石刻等为研究对象，旨在证经补史。古玉亦在关注范畴，如吕大临《考古图》卷八便收录庐江李氏所藏古玉器13件，以其图示，多汉代之物。宋代学者已经提出金石研究的三大方向：礼仪制度、古文字、世次考证。[⑥]然而，官修《新定三礼图》虽"钻研寻绎，推较详求，原始以要终，体本以正末"，却依然以"《三礼》旧图"为本，[⑦]其"玉瑞图"、"祭玉图"与先秦玉礼器缺乏直接关系，从此可以看出当时的古玉研究尚较浅显。晚清时吴大澂在《古玉图考》自序中说"余得一玉，必考其源流，证以经、传"[⑧]，依然在证经补史的圈子里。

以《考古图》、《古玉图考》为代表的古玉研究法，是我国古器物学的重要成果。将《诗》、《书》、"三礼"典籍所见玉器名称和功用、汉唐学者所作考证解释，引进古玉器的研究中，从而形成了一套中国古玉认知体系。这个体系，对中国学术界影响深刻，几近成为传统文化要素之一。即便当今学术界，依然不能完全避舍。

清代以降，古玉研究逐渐进入文物学范畴，大体限于就物论物。现代考古学在中国兴起后，田野发掘中出土的一些古代玉器，成为考古学家研究的对象，古玉研究逐步扩展到透物见人的境界。但以古文献为基础的古代礼仪制度与出土文物的对应关系，一直困惑、束缚着考古学家。

自中国考古学家启动殷墟考古，陆续出土一些殷商玉器，记录、发表这些玉器时，如何进行功能分类、科学称名，便是考古学家面临的问题。大体上，他们的方法是一方面沿用传统认识，借鉴古物学家已有定名，而又体现新时代风格。如小屯墓葬发掘报告便将"石玉器"按功能类别分为容器、锋刃器、装饰品等，其中容器分别定名为"石皿"、"石盒"、"石流形器"，锋刃器分别定名为"戚形器"、"戈形器"，装饰品则定名为"笄形器"、"玦形器"、"箸形笄"、"璧形器"、"剑形小石器"、"鱼饰"、"绿松石珠"。⑨王陵发掘报告"玉石器"中有戈、戚、环形石器、珠、笄、"琴拨"。⑩甚至连青铜器定名，也采用"爵形器"、"斝形器"等，尽量避免直接采用古器物学定名，但也无法完全回避古器物学的羁绊。这种情况至今依然不同程度地存在于考古学者中，如关于出土玉器的功能分类，便是典型例子。

直到20世纪80年代初，夏鼐先生发表《商代玉器的分类、定名和用途》，利用妇好墓玉器资料，并参考此前殷墟出土的玉器，从考古学的角度研究商代玉器的分类、定名和用途。他说："这种考古学的方法，基本上以考古发掘品为基础，然后再去结合文献，一反过去那种以不可靠的文献资料或博物馆和私人藏品作为出发点的旧作法。"⑪夏鼐的观点在考古学界影响极大，殷墟考古学家们因此便说："殷墟出土的玉礼器，其名称大多见于《周礼》。"⑫最近有殷墟考古学者仍认为"商代玉器的定名，尤其是礼器名称，早先存在被混淆的情况"，夏鼐"以考古学方法为基础，结合文献，对商代玉器的定名进行了考证和规范"。⑬

当然，也有学者以为：《古玉图考》误将《周礼》当作周代礼俗记录去强释各种玉器，这是错误的，必须予以修正。但《周礼》等传统文献又"确有相当真实的写成背景。书中固然将古代典章制度过于整齐化、理想化，但的确保留了早于东周二千多年前，新石器时代巫教盛行时期的礼俗的影子"，"《周礼》一书所述，并非全为周代之礼，有许多为新石器时代巫教盛行时的礼俗。积淀到东周时，成为《周礼》的作者的思想背景"。⑭

以上，便是传统的出土玉器研究历史。⑮

二、多学科结合探索

中国考古学历来注重与自然科学的结合。如早年引进碳-14、热释光等测年技术，后来引进地质学等。以笔者工作的中国社会科学院考古研究所来说，出土玉器的多学科结合研究，便走过了三个阶段。

1976年殷墟妇好墓发掘后，根据发掘者委托，地质矿物学家张培善对妇好墓出土部分宝玉器进行了矿物岩石学鉴定，发表了《安阳殷墟妇好墓中玉器宝石的鉴定》。⑯这只是单纯的出土玉器矿物学鉴定，由于需要进行有损检测，不能实现全部标本的材质鉴定，研究目的缺乏与人文方面的有机结合。这个阶段的考古学、地质学之结合，"两张皮"现象比较明显。

1999年出版的《张家坡西周墓地》，全面介绍墓葬类型、等级、时代、分期，对墓葬随葬的玉器、石器和料器专列一节进行详细描述。谓随葬玉器、石器、料器的墓葬凡217座，共1 246件（组），包括礼玉（璧、琮、璜、圭、璋）、兵器和工具（钺、戈、铲、锛、凿、锥、刀）、葬玉（琀、握、面幕、棺饰）、装饰品（串饰、玦、环、笄、管、珠坠、柄形器、人物动物饰等）。⑰

该书附录中，有闻广、荆志淳师生合著《沣西西周玉器地质考古学研究》一文，指出"古玉研究所要解决的基本问题是区分真玉与假玉的矿物成分及其显微结构"，在此基础上，"可进一步考虑探索古（真）玉原料来源问题"。文章认为利用新刊布的台湾花莲丰田软玉的稳定同位素测定数据，可以用作判别古玉原料来源的重要参考。该文采用红外光谱分析了张家坡出土42件标本的矿物成分，同时采用X射线粉晶照相和比重测量进行校验，运用扫描电子显微镜观测显微结构，部分样品还作了稳定同位素含量测定。鉴定结果表明，张家坡西周墓出土玉器60%以上为透闪石软玉，其次是蛇纹石和大理石，其他种类极少。难能可贵的是，文章还就矿物学鉴定结果讨论了一些历史、考古问题。如根据同位素分布变化情况，推定张家坡玉器原料是多源的——包括中国多个软玉产地却不包含韩国春川软玉产地；新疆昆仑软玉至迟西周时已经传入中原而非西方学者所说汉武帝时方才传到中原；中国古代用玉等级制度在《考工记》中有记载，即"天子用全，上公用龙，侯用瓒，伯用将"，用现代语言说，就是天子用玉全部为真玉，天子以下混合使用真玉、假玉，其比例根据身份高低而有所不同。张家坡等遗址考古发现证明这种制度在西周确实存在。⑱这次成分鉴定采用中红外光谱分析法，依然属于有损检测（尽管样品量只需1毫克），并且取样部分未必具有最佳代表性，加之费用高、费时长，无法也不允许对全部出土标本进行检测，其局限性显而易见。

2007年出版的《张家坡西周玉器》，共有三部分内容：第一编《张家坡西周墓地玉器考古学研究》，第二编《张家坡西周墓地玉器地质考古学研究》，第三编《张家坡西周墓地出土玉器工艺特征与微痕探索》。⑲

第一编由张家坡西周墓地考古发掘主持者张长寿先生负责，比较全面地介绍了张家坡西周墓玉器的出土背景、种类、型式、纹饰，为其他学科的研究奠定了科学基础。当初，由于报告体例之局限，《张家坡西周墓地》只是按器类、形制、式别进行举例介绍，大部分标本略而不述，图像资料发表很少（不及玉器总数的十分之一）。而《张家坡西周玉器》尽可能利用考古研究成果，全面系统地发布资料。该编将墓葬分为五期四等，按族属分组，逐一介绍出土玉器，以期考察不同时期、不同等级、不同家族在随葬用玉制度方面的特点、变化，深化了西周玉器的考古学研究。

第二编由三个部分组成。一是闻广、荆志淳师生旧作《沣西西周玉器地质考古学研究》，内容如前。二是闻广先生新作《古玉地质考古学研究方法续》，就古玉研究方法作了几点补充。文章指出，软玉组织结构表里不一，不可貌相。软玉生成之地质条件不同，软玉原料产地寻求方向有异。古玉颜色复杂多变，致色因素亦各不相同。古玉有"玉重石轻"现象，经高温等外力，可致古玉矿物特性改变。三是荆志淳先生新作《沣西西周玉器近红外光谱矿物学鉴定和分析》，在已有中红外光谱研究基础上，运用近红外光谱测定，对张家坡遗址45座西周墓葬出土的532件玉器进行系统的分析研究，结果表明，这批玉器中有427件软玉，占标本总数的80%，其他包括蛇纹石37件、锂云母39件、大理石23件、方柱石和利蛇纹石等6件。

荆志淳结合考古学研究成果指出：在不同等级墓葬中，软玉比例从高等级到低等级墓有依次递减现象；在不同时期墓葬中，第三期是用玉高峰阶段，软玉比例也最高，似反映该墓地的兴衰情况；在考古学家划分的五类功能玉器中，装饰品软玉比例最高，达87%，葬玉中软玉的比例为70%，礼玉的软玉比例为77%，兵器和工具的软玉比例是62%；各类器物中，玉鱼数量最多（119件），软玉所占比例也最高（80%以上），显示玉鱼饰在张家坡西周墓葬用玉中的重要地位；另一种数量多（鉴定105件）、软玉比例高（达92%）者为柄形器，"反映柄形饰的选材要求高，其功能不太可能是装饰品，而作为礼器的可能性反而更高"，"相比之下，被定为礼玉的璧和琮，不仅数量少而且其中的软玉比例低"。张家坡出土玉琮的"形制、雕琢技术和装饰，它们应该都是年代属于新石器时代的传世品，因此这些琮不可能是西周墓用玉制度化中的礼玉"；在测定的12件玉璧中，除了M14：22可能是新石器时代制品，其他器物形体小，不同于通常的璧，其材质则有约一半是蛇纹石，"所以这些'璧'也不可能是西周墓葬用玉中制度化的礼玉"。荆志淳先生在结合考古学研究成果进行的讨论中，除了把4件玉琮均排斥在西周制品之外尚需存疑外（如玉琮M170：197，其纹饰为典型西周凤鸟纹），他论断琮、璧并非礼玉，十分中肯；指出玉柄形器不是通常认为的装饰品而应该是礼玉，更属灼见。[20]他指出的玉戈数量虽较多但软玉比例却相对很低等现象，也值得我们注意。

第三编为陈启贤先生执笔的《张家坡西周墓地出土玉器工艺特征与微痕探索》，该文在明确张家坡西周墓葬年代与分期、理顺西周玉器分期的基础上，着重进行治玉工艺特征解读和显微痕迹探索，希望能够在古玉雕琢工艺技术研究方面再进一步，同时能够引用工艺痕迹体现的时代特征和顺序，为古玉断代分期提供辅助性支持。陈先生对张家坡玉器按照西周早、中、晚三个时期进行分期归纳后，对各期标本进行微痕观察与分析，然后就其工艺技术按切割、钻孔、打洼、锉磨、拉丝、直线、斜刀、卷线、圈纹、抛磨等10种治玉工艺，逐一阐述。图文并茂，资料翔实，为研究西周玉器微痕特征及其体现的工艺技术水平作出了重要贡献。该文如果能够提炼出西周玉器各种工艺之一般特征和变化规律，指出西周时期改制的前代玉器上所见早、晚不同时代的工艺特点，甚至分辨出晚期墓葬中所用早期玉器，会更加完美。

《张家坡西周玉器》一书整合了考古年代学和类型学研究、地质矿物学研究、以微痕观察分析为基础的工艺技术研究，是当时出土玉器多学科综合研究的模范。张长寿先生在该书《编后记》中说，这样做的"目的是想通过多个学科、多种手段来拓宽玉器研究的途径，加深对于古代玉器的认识。这是一种尝试，希望得到古玉研究学术界的批评和指教"[21]。笔者认为，这是一项非常有益的探索和创新，也是一个有启发和指导意义的成功范例。

2001～2005年，唐际根、何毓灵、徐广德等殷墟考古专家与加拿大英属哥伦比亚大学地质学专家荆志淳合作开展了殷墟花园庄M54号大墓出土玉器的综合研究，撰成《M54出土玉器的地质考古学研究》，[22]该文以考古材料分析为基础，利用对玉器进行的矿物学分析结果，就其玉料物性和器物类型的相互关系及其反映的社会关系和文化内涵，作了相当深入和精彩的探讨。

他们认为，如果古玉质地的矿物学鉴定不结合器物出土的具体条件、器物类型、时代和风格等，便很难了解古代用玉的特征和发展历史及其社会意义，因此孤立的矿物学鉴定，并没有多少科学价值，也不能帮助我们认识和理解古人用玉之文化内涵。古玉矿物学研究主要包含两方面的问题，一是质地，二是矿源。文中举四条理由说明"考古学家自身有非常好的条件，直接参与和指导古玉原料质地和产地的研究"。"认为古玉质地和产地研究，必须立足于古玉的考古学分析"，即玉料分析，要考量器物的出土条件，器物的类型、风格、年代；古玉溯源不是简单地追寻原料产地，还应考虑玉器本身来源，根据其功能性质，结合其时代特征和地方风格，讨论相关问题。而古玉材料和器物本身来源问题讨论，更须与出土玉器的考古学分析紧密结合。以上，是他们开展此项研究的理论方法思考，也是其出发点。

在对M54出土224件玉器标本进行肉眼观察后，使用近红外光谱仪（PIMA SP）对每件标本逐一测定，根据测定结果将这些玉器的质地分为四类，并根据对玉器功能的理解将玉器分类作了部分调整（按功能、形制等混合因素。其实，同时采用不同标准分类，也会造成分析研究时的困惑），将这批玉器划分为武器和工具形器、环形器、动物饰、柄形饰、玉管、其他计6类。经多角度思考，文中提出一些重要认识：石钺M54：578为迪开石，属于XZ13号殉葬人，其形制特殊，罕见于殷墟以往的考古发现，与殉葬人身份相符；石钺M54：367为叶蛇纹石，推测是"外来品"或"仿制品"；玉琮M54：349虽然与同属A类玉质的其他玉器一样也是软玉，但它在光谱元模型中，孤立于其他A类器物，"很大可能是通过某种手段获得的'外来品'，而且是时代要早得多的旧器"。另外，M54：368等3件素面圆雕龙形饰，虽然形制与新石器时代玉器相仿，但其红外光谱特征属典型商代龙形饰无疑，因此排除了它们是"传世品"、"外来品"的可能性，属于古物仿制品的可能性较大。B类器物中也有属于外来品或传世品者，如玉戚M54：320、M54：314等。作者发现，器物类型与质地之间有内在对应关系，即武器、工具和有领玉璧，几乎全是B类玉质，而动物饰、B型和C型玉管、杂器等，几乎都是A类玉质。它们应该反映了某种社会关系。

关于玉料来源问题，该文认为玉料为多来源，B类玉料是镁质大理岩型软玉，其中专用于雕琢武器、工具、有领玉璧的玉料来自某个特定未知地点。这些器物均为商人制造；A类玉料也是镁质大理岩型软玉，但它们可能来自不同地方。

这项研究是以考古学为基础，利用地质考古和微痕研究等手段，重点解决一些历史学和考古学问题。这是一个特殊群体（对殷墟考古均非常熟悉且朝夕相处）、在特定环境下（皆常驻殷墟且接触殷墟玉器十分方便）所进行的一次独特的学术研究，尽管不太具有可复制性，但是确实具有可借鉴性。

对花园庄M54号墓葬玉器作科学研究的，还有陈启贤、徐广德、何毓灵合作的《M54出土玉器制作工艺显微痕迹探索》。[23]该项研究选取13件标本进行工艺显微特征观察与分析，观察的微痕现象包括：管形钻具微痕、实心钻具微痕、片状切割微痕、器物边缘微痕、玉琮射部微痕、器物平面微痕、纹饰工艺微痕、镶嵌工艺微痕，从而总结出该墓玉器制作主要经过锉磨、抛磨、刮蹭三种工艺成器，包含次级工艺12种。

该文虽然十分简约，但直指实质，无有赘言。当然，研究没有触及玉器类别、等级、时代差异、个体差异，没有关注工艺技术蕴含的社会现象，显示出考古与微痕研究之间的结合还不够紧密。

2015年笔者主持中国社会科学院"创新工程"项目"中国文化遗产科学体系创新研究"课题之一"考古出土玉器科学研究"2015年度课题"妇好墓出土玉器综合研究"（2016年申报为国家社科基金项目，批准号16BKG003）。该课题采取开放式，以跨学科、跨部门、跨地区方式组建复合型人才队伍，试图创立古玉研究新机制，突破单一学科进行独立研究的科研模式，采取多学科的叠加与融合，形成新的人文社会科学与自然科学技术的有机结合模式。课题内容广泛，多学科联合攻关，体现系统性、全面性、深入性，突破"就物论物"思路，力求"透物见人"，即通过玉器探讨复原当时的社会形态、人类活动方式与艺术审美。课题首先把妇好本人、殷商都邑、商代社会等纳为主要研究目标，通过玉器认识古代人类与社会，探讨中华传统文化的发展与传承。

课题的研究内容主要包括：殷墟出土商代玉器综述、殷墟宫殿区制玉手工业遗存研究、迁台殷墟玉石器研究、甲骨文和古文献所见商代玉文化、殷墟丧葬用玉制度研究、殷墟玉匠墓的发现与研究、妇好墓出土玉器概论、妇好墓玉器的矿物学研究、妇好墓玉器的治玉工艺研究、妇好墓玉器的次生变化研究、妇好墓玉器的功用研究、妇好墓玉器的艺术成就、妇好墓玉器中的遗玉探索、妇好墓玉器科学研究的大众传播。

其技术路线为：通过对殷墟甲骨卜辞记载的有关商代用玉情况进行解读、分析，探讨商代的玉文化。器物功用研究主要从三方面进行：一是文献学的方法，古代文献中有关玉器类型用途的记载可以提供玉器功用的重要信息；二是按器物形态及器物出土时的位置及组合关系来推定；三是通过玉器表面遗留的使用痕迹进行判断。三种方法相互结合，共同探讨玉器的具体功用。利用红外光谱仪、拉曼光谱仪、高光谱仪等设备对玉器进行无损检测分析，确定玉器的矿物品类。通过与现有矿物标本的比对，探讨玉料来源问题。通过高倍数码显微系统扫描玉器加工、使用痕迹，利用电镜观察使用硅胶翻模提取的玉器微痕，结合玉器的出土状况、玉器的形态特征，并参照民族学的例子，研究玉器的制作工艺。次生变化研究，一方面对古玉表面的性状、颜色进行观察记录，结合科学检测结果进行对比分析；另一方面利用模拟实验对古玉埋藏后的特征进行总结，进而探索古玉次生变化的机理。改制玉器是商周时期常见的类别，对这类玉器的判别主要基于器物的形态特征、制作工艺、特殊结构等方面。通过识别改制玉，一方面探讨玉器改制的基本情况，另一方面深入探讨商代人们的用玉观念等问题。利用艺术史中的情境分析、风格分析、图像学、物质文化分析等方法，分析妇好墓玉器的造型特征、风格特点、艺术观念，进而探讨玉器在文化归属、性别认知及信仰禁忌上的表达方式。通过电视媒体的全程跟踪采访，探索古玉科学研究的公众传播价值和意义。㉔

该课题的研究思路和研究内容之广泛是空前的，但研究团队的力量稍嫌软弱，不同研究者之间的交流、不同研究专题之间的联系均不太紧密，导致了成果的分散性和割裂性，读者需要自己去解读关联性。

以上案例表明，我国出土玉器研究，走过了地质学介入（应邀提供基础资料）、多学科结合（各学科分别追求自己的目标）、多学科融合（运用各自手段解决共同问题）三个阶段。

由此可见，中国玉器研究走过的道路越来越宽广，其理论方法越来越进步，探讨的问题越来越广泛和深入，运用的手段越来越先进，参与的学科和专家也越来越多。

三、展望未来

在中国，古玉研究的历史十分悠久。这门学问需要传承，更需要创新。在大数据、云计算之现代信息处理利用模式下，古玉研究也必然走向现代化道路。其发展方向，应该是以海量信息数据为基础，以云计算为手段，以智能分析为目标，快速、准确地提供古玉的断代、辨伪、材质鉴别、来源追溯、工艺技术、装饰艺术、使用制度、保护修复、传承创新等方面研究所需的信息数据，从而实现研究手段的人工智能化。

实现上述目标的第一步，是创建出土玉器数据库——从各类信息数据采集开始。笔者认为，古玉数据至少包含考古类、地质类、工艺技术类、文物保护类。数据采集要点至少包括以下方面。

（一）基本信息

主要包括器物名称，器物编号，出土时间，出土地点，收藏地点，保存现状，尺寸，重量，信息采集时间、地点。

（二）形制

器物造型描述，注重时代特征和艺术特点。

（三）纹饰

装饰艺术描述，注重时代特征和艺术特点。重点关注纹饰种类和装饰手法。

（四）功用

包括功用分类、材料结合、使用组合、共存关系。

（五）残损病害

加工和使用过程中产生的残、损痕迹的观察记录。

（六）玉料（以无损检测为限）

矿物定性：设备型号，检测样点，检测结果，包括拉曼光谱、红外光谱、X荧光衍射、高光谱扫描等，比重，硬度，透光度，微量元素（稳定同位素含量）。

（七）工艺技术

以微痕观察为基础的工艺技术观察描述。主要包括：剖切、刻线、钻孔、琢磨、抛光、镶嵌。

（八）沁色

沁色种类特征、沁色成因、受沁时间。

（九）风蚀

内外伤异化现象：绺裂（横竖）、石皮粉化、伤痕异化。外因风化现象：外观变化、纤维组织结构变异。

（十）包浆

使用过程中形成的外表变异观察描述。

（十一）附着物

玉器表面附着物包括：土、纺织物、金属锈、朱砂、其他（漆皮、竹苇、木屑、植物根系）。

（十二）影像资料

普通照相：要素包括器材型号、拍摄种类和数量、拍摄人。显微照相：同样包括器材型号、拍摄种类和数量、拍摄人。三维扫描：记录器材型号和扫描人。

以上数据库的建立，将为未来的玉器研究奠定坚实的基础。

附记：

谨以此文纪念张长寿、陈公柔先生。张长寿先生是我的老领导和前辈学者，治学严谨，为人低调；陈公柔先生的儒雅和博学，对我的学术成长影响甚大。

---

① 中国社会科学院考古研究所二里头工作队：《1984年秋偃师二里头遗址发现的几座墓葬》，《考古》1986年第4期。

② 中国社会科学院考古研究所二里头队：《1980年秋河南偃师二里头遗址发掘简报》，《考古》1983年第3期。

③ 中国社会科学院考古研究所：《殷墟妇好墓》，图版一六二：1（1）、（2），图版一六四：1，图版一六二：2（2），文物出版社，1980年。

④ 成都文物考古研究所：《21世纪中国考古新发现：金沙》，第56页，五洲传播出版社，2005年。

⑤ 中国社会科学院考古研究所：《考古精华》，第189页图版一五六：3，科学出版社，1993年；《中国考古学·两周卷》，图版19-3，中国社会科学出版社，2004年。

⑥ （宋）刘敞：《公是集·先秦古器记》，见《文渊阁四库全书》第1095册，台湾商务印书馆，1986年。

⑦ （宋）窦俨：《新定三礼图·序》，清华大学出版社，2006年。

⑧ 吴大澂：《古玉图考》，上海同文书局石版影印，1889年。

⑨ 石璋如：《小屯》第一本《遗址的发现与发掘·丙编·殷墟墓葬之五·丙区墓葬》，历史语言研究所，1970年。

⑩ 梁思永遗著，高去寻辑补：《侯家庄》第六本《1217号大墓》，历史语言研究所，1969年。

⑪ 夏鼐：《商代玉器的分类、定名和用途》，《考古》1983年第5期。

⑫ 中国社会科学院考古研究所：《殷墟的发现与研究》，第328—353页，科学出版社，1994年。

⑬ 丁思聪、唐际根：《殷墟玉器的发现与研究》，见《殷墟妇好墓出土玉器研究》，科学出版社，2018年。

⑭ 邓淑苹：《古玉图考导读》，第22—25页，艺术图书公司，1992年。

⑮ 关于20世纪的中国古玉研究，有学者曾经做过梳理，可参阅邓淑苹《百年来古玉研究的回顾与展望》，见《庆祝高去寻先生八十大寿论文集·考古与历史文化》，正中书局，1991年。

⑯ 张培善：《安阳殷墟妇好墓中玉器宝石的鉴定》，《考古》1982年第2期。后作为附录收入中国社会科学院考古研究所编著《殷墟妇好墓》。

⑰ 中国社会科学院考古研究所：《张家坡西周墓地》，中国大百科全书出版社，1999年。

⑱ 闻广、荆志淳：《沣西西周玉器地质考古学研究》，见《张家坡西周墓地》。该文此前发表于《考古学报》1993年第2期。

⑲ 中国社会科学院考古研究所：《张家坡西周玉器》，文物出版社，2007年。

⑳ 笔者在拙作《商代玉字新探》（《中原文物》2021年第3期）中，详细论证了玉柄形器是夏商时代最基本、最重要的礼玉。

㉑ 中国社会科学院考古研究所：《张家坡西周玉器》，第280页。

㉒ 中国社会科学院考古研究所：《安阳殷墟花园庄东地商代墓葬》，第345—387页附录十，科学出版社，2007年。

㉓ 中国社会科学院考古研究所：《安阳殷墟花园庄东地商代墓葬》，第388—390页附录十一。

㉔ 杜金鹏主编：《殷墟妇好墓出土玉器研究》，科学出版社，2018年。

周代的"明心"：一种统治工具

柯鹤立（Constance A. Cook）

（美国理海大学现代语言和文学系）

在早期帝国时代（秦和西汉），"心术"包含着自我修身的技艺，既被用于提升"君子"的治国能力，也服务于避免死亡与追求长生的目标。就其结果而言，这两种途径均能使人成为圣人。这种将修身与心结合起来的观念，可以追溯至西周时期。然而，二者存在本质差异：到战国晚期，修身已然成为一种个人行为；而在西周时代，青铜器铭文揭示出修身乃是在宗族和国家这二者所构成的社会、政治语境下的礼仪性活动。

众所周知，当代对心的二分法（精神属性和生理属性）并不适用于古代中国社会。在中国，"心"的观念呈现出一个不断"具身化"的过程（embodied process）。心的精神属性依托于人的身体，并能不断进化、发展。在西周时期，心通过祭祀祖先与侍奉周王扩充开来，达到"明"的境界。到战国中晚期，心的生理属性在哲学文本中得到确认：心位于人身体的中心，像君主一样，控制用以维持生命的气血流动。这一时期，心尚未得到五脏之一的命名法。到了汉代，在此体系中以培育神明为基础的个体修身实践进一步发展。然而，这一后世所强调的心的个体化功能并不见诸西周文献；在彝铭资料中，我们没有见到"气"的概念。应当说，和后世的哲学文献相比，西周时期青铜器铭文所承载的功能无疑更具公共性。这些铭文所镌刻、纪念的带有个人色彩的活动，往往是那些和周王及王朝目标紧密相连的政治及宗教行为。尽管西周青铜器铭文和后世的哲学文献均涉及治国这一主题，但后者所依托的师徒私人传承无疑和西周金文所记更具公共性的诰命及赏赐活动迥然有别。同样地，尽管战国时代哲学家（及其他专家）之间的知识传承可能同样具有某种礼仪素地，但西周时期在宗庙中被用于祭祀祖先的钟鼎彝器无疑给当时的仪典提供了更为清晰的礼制背景——即使这些仪典的最终指向是政治上及看似颇为世俗的目标。正是在这一社会性躯体（而非个人身体）之中，该时期心趋"明"的过程才得以进行。

在西周赏赐仪式上，受命对象常常需要宣称他们内心的状态。从表面看，这可以被理解成一种关于忠诚的直接表达：受命者的精神状态必须和王家利益保持一致；但从深层次讲，这亦体现出祖先和宗族对受命者自身的控制和庇护。无论是生人还是祖先，他们都必须与当时的等级秩序相契合。赏赐仪式作为一种隐蔽的政治控制手段，实际上是由祖先对受命者服务于西周政府、参与礼仪活动的功绩给予认可，从而将个人及宗族的轨迹与国家命运相结合。由赏赐仪式所确认的个人意义上的成功，既体现了来自过去的宗族祖先的支持，又为其进一步获取未来庇护奠定基础。这种在宗族内部世代累积的功绩被称为"德"。可以说，在西周时代，"德"的延续、积累就是"心"不断趋"明"的过程。而在后世，这一过程则是运用"心术"的个人活动及追求身体健康状态的修身行为。①

在汉代医学文献中，"心"与"明"在生理上的联系十分明显。例如，在《素问·灵兰秘典论篇》中，心由宇宙中的阴阳之气组成，作为十二脏器之一存在于人身体之中："心者，君主之官也；神明出焉。"②这种将心视作人身体系统中君主的观念又见于最近公布的清华大学藏战国竹简《心是谓中》。③两者之间的区别在于，战国文本中的"心"能见于身体外部（实际指胸部位置，而非身体内部的脏腑），掌管感官和肢体。④《韩非子·喻老》进一步解释了二者（身体各部位和内在修炼而成的"神明"）之间的关系："空窍者，神明之户牖也。耳目竭于声色，精神竭于外貌，故中无主。"⑤在此材料中，"神明"不仅仅被视作一种单纯的灵魂状态。类似的观念亦见于郭店简《太一生水》。在是篇中，神明作为一种气类的物质由天地不断相辅而成，神明相辅又形成阴阳（"天地复相辅也，是以成神明。神明复相辅也，是以成阴阳"⑥）。在此观念下，如果由于心缺乏调节功能而导致神明枯竭或者阴阳之气失衡，那么人将会患病。

席文（Nathan Sivin）曾依据战国至汉代传世文献资料，指出古代中国人对身体系统、官僚系统及宇宙系统的观念塑造有重叠之处。⑦由以上例子可知，这一重叠的隐喻可以从新见战国出土文献中得到确认。如果我们再往前追溯至青铜器铭文资料，那么我们可以发现，呈现身体和国家二者关系的语境框架将更为清晰。在此语境下，心之显"明"亦更具有公共性。目前来说，没有证据显示那些在后世用以形容养身文化的术语（如气、阴气和阳气、神明）已出现在西周时期。同理，尽管在青铜器铭文中官员之"心"与其事君行为具有明显联系，但后世那种将身体内部的心比作君主的隐喻在此时并未出现。西周时期的君主作为天的代言人，控制着臣下内心获取"德"（并非秦汉时期外化为阳气的德）的途径。到春秋时代，我们能够看到，宣扬"明心"即象征着通过忠诚服务君主而获取贵族地位。这份忠诚不仅包含生人和时君的关系，亦蕴含着先祖对先王的义务。换而言之，这一套"明心"表述已成为象征政治效忠的隐喻。为了检视这一隐喻的演变历程，接下来我将利用不同时代的青铜器铭文资料，梳理在不同社会政治语境下"心—明"这一组关系的内涵变化，以期了解个人之"心"这一概念在其成为掌管身体之君主前的发展状况。

一、西周早期对祖先之"享"

在西周早期，只有一篇铭文讨论了"心"和"明"的关系。铭文中关键语句的释读尽管存在争议，但对我们的讨论极具启发意义。克罍和克盉（太保罍、太保盉）⑧所铸铭文内容相同。铭文记载时王（周成王或周康王）对太保的一次封赏。根据李峰的考证，太保在西周早期政府中地位崇高，有很高的威望。⑨按照铭文记载，周王在册封太保侯于燕之前，首先向在场者（包括受命者、其他在场贵族及祖先神）陈述了本次封赏的理由，其中一句提到："大保，佳乃明乃心，享于乃辟……"学者对这句话含义的争论富有启发性。

从专家对这句话中"明"和"心"的不同释读中，我们能窥见"明心"与祭祀死者之间的清晰联系。一些学者将"明"释为"盟"，意谓在在场神灵面前发誓。这一通假用法见于后世的彝铭及竹简材料中。除此之外，对于"心"的释读也存在问题。一些学者将此字释作"鬯"（一种香酒）。巴纳（Noel Barnard）指出，"心"和"鬯"二字的书写差异显示，此字更可能是"心"，但亦有可能是"鬯"字的一种简略写法。李峰在对克罍和克盉这一组"同铭器"进行综合比较后，指出克盉铭文中的"㫃"字应该被隶定为"鬯"，其写法和克罍中的"心"字不同（此字更像"心"）。李峰认为，克罍铭文所揭示的书体艺术自觉性和准确性显示出这篇铭文的原创性，而克盉铭文则更有可能属于复制品。无论哪一种可能，我们都必须承认"鬯"字已被简化。巴纳明确将此字释为"心"，但亦怀疑它其实是"鬯"字，因为后者更符合他对于西周"封建"仪式的固有看法。⑩

在古文字写法中，"心"和"鬯"有诸多相似之处。比较"鬯"字在西周早期的写法（"鬯"，矢令尊，《集成》6016）和"心"在稍晚时代的写法（"心"，师酉鼎，《集成》2830⑪）可知，"鬯"字像在各个室内盛满谷物或液体的容器，而"心"的构形则像脏器的解剖形，中室中有一竖笔。"心"字在西周早期并未出现单独写法，而是作为其他字的部件存在。"心"字的一种常见简省写法（"心"）见于恭王时期的史墙盘（《集成》10175）铭文，亦见于懿王时期史墙之子癫所作的癫钟（《集成》247，248，249，250）铭文。⑫

在癫钟铭文中，"明心"的表述首次清晰可见。此铭记录癫对其祖先的赞扬之辞："癫曰：丕显高祖，亞祖，文考，克明厥心，胥尹册厥威仪，用辟先王。"⑬很明显，在这里贵族达到"明"的境界需依赖于其服务周王完成文书及档案职责。在礼仪性语境中，这种服务即以"威仪"来概括。在祖先及周王（包括时王和先王）的注视下，事先精心编排好的"威仪"得到展示，宗族世代累积之"德"在这一过程中亦得以呈现。如何展现"威仪"由宗族传统所规定，并作为一种既定的知识世代相承；为延续福佑，子孙后代必须"帅型祖考"、"秉明德"⑭。在这一过程中，每一代人所获取的功绩都被描述成"明"。

对于"明"和"心"在西周中期使用语境下的理解，使得我们在分析西周早期这两个词的用法时不能仅依靠对金文书体差异的分析。我们必须尝试理解它们所反映的更大语境。克罍和克盉铭文中的这个短语属于周王在封赏之前的称扬之辞。这类命官辞中的称扬话语常常包括对受命者服务国家、时王、先王乃至宗族祖先之功绩的赞扬。我们知道，在西周中期的长篇铭文中（例如史墙盘铭文），受命者及其宗族祖先的仕宦历程往往和周代国家的历史及历代周王的功绩紧密相关。⑮

类似地，在周王对太保宣布新命之前，他亦对其进行了称扬。按照读法的不同，这一短语既可以被释作"隹乃明乃心，享于乃辟"，又可以被读成"隹乃盟乃鬯，享于乃辟"⑯。实际上，就其总体意图而言，这两种读法的差异可能没有那么大。无论我们采取哪一种读法，在本铭中使受命者"明心"的过程都是通过献祭祀用酒和对周王及其祖先宣誓效忠来完成的。另一方面，我们需要考虑一些语言上的细微差异。"乃明乃心"并不见于他处。后世更为典型的短语是"克明厥心"。这两个短语中，位于"明"和"心"之间的代词有所不同：前者用"乃"（"你的"），后者用"厥"（"他的"，"他们的"）。在早期的"乃明乃心"中，如果我们接受"心"是动词"明"的宾语，那么第一个"乃"的用法必须是人称代词（"你"）而非作物主代词解，这种用法非常罕见。还有一种可能是"乃"作为副词使用，表示承接关系。在后世的相似短语中，这一位置的词由副词"克"替换。⑰在此情况下，整个短语的语法结构就相当于"及物动词+宾语"。如此，则将"明"读成"盟"就比较困难。同理，按照这种读法，如果"心"被读成"鬯"字，那么"鬯"在此句中将作为名词存在。无论我们选择哪种读法，我们至少可以说整个短语从属于接下来的行为——"享"。⑱这一大语境，同样适用于后世青铜器铭文中的"明心"。

二、礼仪性语境下的"明"

在另一处记载相似仪式的材料中，"享"同样用"明"修饰。西周中期服尊铭文记载："服肇夙夕明享，作文考日辛宝尊彝。"（《集成》5968）⑲马伯乐（Henri Maspero）曾依据传世文献指出，"明"的过程实际上和沟通神灵（主要是祖先神）密切相关。⑳"明"的这一用法常见于西周早期青铜器铭文（可能的例外是用作西周早期的重要官名，如"明保"、"明公"㉑）。在这些铭文中，"明"被用于描述祭器。一件西周早期的铜器铭文便记载了"明尊彝"被用于"荌宫"（"戒作荌宫明尊彝"，《集成》566）中。㉒这种用法反映了"明器"的观念。根据《礼记·檀弓上》的解释，明器乃用于献祭死者的非实用器，并不为生者所使用。是篇记载："其曰明器，神明之也。"㉓"神明"的含义可以有两种理解：一种是将"明"理解成动词，意为"神使明之"；另一种则是将"神明"理解成一个名词，即神灵之意。在战国简《凡物流形》中，"神明"一词和人"鬼"关系密切。是篇对给死者献享祭品的观念进行了质疑，理由是死者并没有身体来享用祭品（简5—6）。在简8中，作者进一步认为："奚事之？敬天之明。"㉔可见，即使在战国时代的怀疑思潮中，"明"作为一种品质，仍和"天"密切相关，亦作为周王"受命"得以统治天下的来源之一。

身体对于祭品的需求，赋予了子孙后代一个关键性角色：他们不仅是祭祀仪式的参与者，同时也作为一个生理媒介，使祭品和人体同时从正常状态转换成"明"状态。贵族宴飨时君及祖先神时呈现敬意的过程，㉕便涉及自己和身体。西周早期的叔趯父卣（《集成》5429）铭文说：

> 叔趯父曰：余考（老）不克御事，唯汝燮其敬嬖乃身，母（毋）尚爲小子，余兄爲汝兹小鬱彝，汝其用鄉（饗）乃辟軏侯……

在此铭中，我们看到"乃身"用以指代一位宗族继承人自己的身体；他要怀着敬意来整治自己的身体，并要在宴飨诸侯的礼仪中用其兄为之所作的装满祭祀香酒的彝器享于其君主軏侯。此处"乃身"的用法如同克器铭文中的"乃心"。二者均涉及一系列礼仪活动，例如向统治者及祖先享香酒。然而，在叔趯父卣中，表示香酒的字是"鬱"，此字在铭文中以"小鬱"合文写成（ ），表示一件小型容器。"鬱"字所代表的是一种高足酒器（如爵），和"卣"字所代表的器型（如多室鬲或甒）有很大不同。在金文中，"鬱"字可以修饰"卣"。在西周早期，"鬱卣"作为等级很高的赏赐品之一，常常和用于制作"寶尊彝"的金属材料一起，被赏赐给贵族（《集成》4132，6001）。

天、作为天子的周王、通过侍奉祖先而获取的"明"，以及人的身体，这几者之间的紧密联系明确见于西周青铜器铭文。周王发布命令的合法性来源于其承自天的命令（即西周早中期铭文中的"天令"和春秋金文及传世文献中的"天命"）。在西周早中期，"明"亦被用来修饰周王之命，即"明令"。㉖马伯乐认为，"明"被用于形容墓葬物品，并扩散至所有"神圣"事物，这些事物（包括周王之命）均和神灵有关："通往他的住所、他的生活、他的行为将国王与世俗的世界分开。"（séparé le roi du monde profane par sa demeure, par sa vie, par ses actes ... ）㉗因此，"明"所蕴含的这种被单独分隔开来的"神圣场域"包括了"令"。在西周中期的青铜器铭文中，"明令"的神圣空间进一步用

"粦明"来描述。[28]在西周晚期金文中，先祖则因其侍奉先王而被称赞为"粦明厥心"：

> 丕顯朕皇考克粦明厥心，帥用厥先祖考政德，享辟先王。[29]

《说文》对"粦"的解释是："兵死及牛马之血为粦。粦，鬼火也。"我们可以将其理解成黑夜中有机物发酵所产生的发光气体（will-o'-wisps）。在其他西周中期的青铜器铭文中，这个术语亦被用于形容被赏赐者祖先侍奉先王的忠诚品质。[30]因此，我们现在可以自信地说，癲钟等器铭文所展现的"明心"行为，正是指侍奉这些曾经服务先王的祖先神。

三、西周中期：以身事王

在西周中期的青铜器铭文中，"心"作为一个术语，呈现出向周王表达忠诚的"具身化"过程。心是储藏宗族祖先之"德"的地方。在上文提及的师酉鼎铭文中，周王称赞师酉服侍其父考穆王：

> 王曰：師酉，汝克盡（盡）乃身，臣朕皇考穆王，[31]用乃孔德遜屯（純），乃用心引正乃辟安德，隹余小子肇淑先王德。

周王在这里所称扬的旧臣，忠心侍奉先王，并通过教导自己如何效法先王从而将忠诚转移至时王身上。这种由祖先传至生者的累积品质被称为"德"。正如他的祖先曾经侍奉先王那样，师酉通过尽其身、心侍奉周王，[32]增加自身之"德"。因此，身体和心作为转移"明"的媒介，既适用于服侍周王的贵族，也适用于年轻时（效法先王）的周王自己。在师酉鼎铭文中，周王接下来赐给酉礼服（"玄衮黼純"）和马饰（"鋚勒"），并教诲他继续"用型乃聖祖考，粦明令辟前王，事余一人"。

先王之"德"中所蕴含的"安"的品质，实际上指其安抚蛮夷的军事能力（参见作册睘卣、尊，《集成》5407，5989）。它将周之大命散布至四方（"匍［敷］有四方"，大盂鼎，《集成》2837），是周人修"德"的关键所在。对于周王和其所受的"大命"而言，军事性职事如同祭祀仪式上依赖人尽心尽力用身体的表演，丰富了祖考之德。对于每位宗族继承人来说，他们有义务帅型祖考并增加祖先之德。在西周中期的敔器（敔鼎、敔簋，《集成》2824，4322）铭文中，作器者敔称扬祖先在其参与军事行动期间对自己身体和心的影响。[33]在鼎铭中，敔首先叙述其为周王征伐淮戎的事迹，接下来他提及他的父考母姒：

　　戜曰：烏虖（乎）！朕文考甲公文母日庚，[34]弋（式）休則尚（常），安永宕
乃子戜心，安永襲戜身，厥復享于天子……母（毋）又（有）尤于厥身。

　　戜称颂其文考文母对周王之"享"，并感念他们开拓（"宕"）其心，使其勇敢；延及
（"襲"）其身，使其在为周王征战时永保平安。戜以身以心补充考妣对周王以前所作之
"享"，考妣则以保护他们儿子与王两个身体作为回应。

　　戜簋铸于另一场战事之后。在此器铭文中，戜自己以第三者（"厥"）的角度特别称
颂其妣："朕文母竸敏启行，休宕厥心，永襲厥身，卑克厥嗇（敵）……無尤于戜身。"
（《集成》4322）在其他彝铭材料中，"宕"字被用于描述战车在"伐"戎狄时盛大浩荡、
所向披靡的样子（《集成》4328，4329）。在他处，"宕"似可作为动词，用于测量可耕作
土地的规模（《集成》4292）。此字亦见于西周晚期的𤲷盨（《集成》4469）铭文。值得注
意的是，该铭中还见有诸如"明乃心"这样的在当时看来十分古典的表述。

　　"宕"字见诸𤲷盨铭文后半部分（前半部分可能位于已经丢失的盖上），有"不受
约束"的意思。在此铭中，周王称扬𤲷："迺龢（迪）宕，俾復虐逐厥君。"周王接着说
道："王曰：𤲷，敬明乃心，用辟我一人，善效（教）乃友内（納）辟，勿事（使）暴
虐從（縱）獄，爰（援）夺且行道。"周王命𤲷"明"其心，实际上是要求其对王家保
持忠心。

　　在我们开始讨论西周晚期的"明心"套语前，我们还需要再逐一检视西周中期关
于"心"的其他例子。首先，让我们聚焦于身和心的关系。在戜器铭文中，我们已经
看到，祖先使其后代得以在王朝军事行动中畅通无阻。这涉及扩展其心（增强勇气）与
保护身体。在上文提及的瘨钟铭文中，我们见到祖先因其能在服侍周王时"克明厥心"
而受到称许。另外，从𤲷盨铭文中，我们知道"明心"并不局限于祭祀仪式中的表演，
还包括臣服于周王。在此语境下，整个身体（包括关键部位"心"）都必须服务于王朝
职事。

　　在史牆盘（《集成》10175）铭文中，史牆称其祖能"匹"周王。"匹"字展现了周
王和其助手（臣）的关系：二者像两匹马被套在同一队伍中。这一比喻表明周王与臣子
共同承担职事。在铭文接下来关于军事征伐的叙述中，此观念进一步得到呈现：史牆
之祖深谋远虑（"遠猷"），甚至是周王身体的一部分，是他的"腹心"。牆之祖父是"彝
明"之祖，他的父考则被形容成"爽"。当牆向所有祖先进行祈请时，他们作为一个整
体又被称作"烈祖"[35]。由此可见，"明"的积累、传递依赖于宗族内每一代人都尽其身
以忠诚事王。

　　以"腹心"来指称身体全部（至少是主干部分），明确见于战国时期卜问楚国官员
健康状况的卜筮祭祷简材料。在这些公元前4世纪的记载中，"气"的概念首次和人体

的机能发生联系。这些文本中，"气"与"心"相关，胃口（食欲）与"腹"相关。㊱
尽管在早先的古文字资料中没有证据显示"气"的观念已经出现，但史牆盘铭文中出
现的"腹心"比喻可能暗示了周代官员除了充当国王旁边的"外存在"角色外，还代
表了一种王国（王身）内在的功能。这是将政府官僚制"内部化"到人身体中的重要
一步。

四、君主的"内化"：心与君主，身体与国家

"明"作为一种政治工具，被描述成一种可感知的状态，这种用法习见于西周中期。
然而，除了参与军事征伐时所获得的祖先庇护外，"明"或许还体现在个人的外在形象
上。"明"作为一种生理性过程，这能从"心"这个词中得到证明。福佑或许外化于人
可见的面容上。例如，公元前2世纪成书的马王堆帛书《五行》篇就记载修德而产生
"玉色"。㊲在汉代，君主被内化为个人之"心"，控制气通过平衡的阴脉和阳脉在身体
各个部位上下运行。"阳"与天及生命相关，"阴"则与地及死亡相关。其中一脉叫"阳
明脉"。根据马王堆帛书《足臂十一脉灸经》的记载，阳明脉从手指和脚趾出发，经由
身体直达脸部。此脉出现问题将会引发头部以下各个部位（包括心和腹）的疾病。它亦
能引发心理疾病与幻觉。㊳

《荀子》记载了这种由气组成的"心"如何正确地运行。按照《荀子》所论，君子
只有通过礼乐才能修"德"，才能"耳目聪明"。㊴在战国哲学文本及后世文献中，可见
于外在形貌的"明"反映了个体从心中萌生的内在品质。㊵在早期的古文字材料中，这
一过程并不那么明显。在当时，"心"可以展现动机（正如彝器铭文所示），但它同时
也是身体的一部分。实际上，所谓"心思"（"the mind"）毫无疑问是生理性的；如果个人
的心思通过祭祀祖先或侍奉周王而获得"明"，那么他的身体必定同样会发光。㊶进而言
之，身体发光就是"昭"的过程。在癲那里，这一过程是在"秉明德"之后获得的：㊷

> 癲曰：丕顯高祖，亞祖，文考，克明厥心，疋尹册厥威儀，用辟先王。癲不敢
> 弗帥祖考秉明德，昭凤夕左尹氏。皇王對癲身楸（懋），賜佩；敢作文人大寶協穌
> 鐘，用追孝享祀，昭恪樂大神，大神其陟降嚴祐，業綏厚多福，其豐豐繹繹，授余
> 純魯，通祿永命眉壽霝終。癲其萬年永寶日鼓。

由此铭可知，癲之祖先在过去通过实行"威仪"的仪式表演而自觉"明心"；而癲则通
过效法祖考"秉明德"实现这一过程。正因为癲追循祖考的脚步敬事周王，周王赐佩
以饰其身。癲佩戴闪闪发光的玉佩，敲着铜钟，"昭"其丕显祖考之灵。这一过程所呈

现的关键语境在于荐献祭品("享")。正如前文所述,"享"在不同时期都和"明"密切相关。

五、沟通社会政治性躯体与天

"明"主要在同一宗族内世代相传。但值得注意的是,"明"亦可以扩散至整个氏族。在豳公盨(NA1607)铭文中,祭祀时候的"心"被描述成"無期心"。我们可以看到,在此语境下,"心"的功能正如白瑞旭(K. E. Brashier)在分析汉代祭祀时所述,已成为子孙后代沟通祖先神及其他祭祀对象的"心灵桥梁"。[43]在这一扩展空间中,双方相遇,巩固彼此之间的纽带,确认共同义务。这一纽带的关键在于宗族权力。它由宗族祖先所确立,用以规定宗族行为与"德"。它作为一种"气",使得福佑与健康降临。它亦像宝石或铜器,代代相传。

在豳公盨铭文中,"民"被要求在祭祀中"好德"。这种"德"已被先王和圣人所"明",并由后嗣在祭祀中进一步得到彰显("昭")。他们须继续扩大"明"的程度("訏明")。这种祖先之德亦被称作"懿德",它在宗族内世代修养而成。在此铭中,主持仪式的豳公自称圣王禹的后裔,或属古周族分支。[44]铭文并未记录赏赐或册命仪式,因此缺乏对个人功绩的称扬之辞;它所记载的仪式乃祖先神降临人间,并监视整个氏族之"德"("監德")。从中可以看出,"心"作为一个"共体机关"(corporate organ),呈现整个氏族的"精神性",维持了"敬"的态度,并为祖先享用祭品创造空间。作为享受祭品及其他娱神活动的反馈,祖先为子孙后代禳除灾害,降下福祉。铭文以豳公之祈请作结:"豳公曰:民惟克用兹德,亡侮。"这句话更像是占卜者告发的占后结果。换而言之,心中对祖先之"德"的关照需要全体成员的不懈努力。这就是周代的"心术"。[45]因此,周代"明心"并非是个体行为;相反,它在周代政治网络中得以形成,并被束缚于宗族这一特定时空框架中。[46]

周厉王(约公元前877—公元前841年在位)延续这一叙述模式。他自视为周代政治共同体势力最理想的继承人。㝬簋(《集成》4317)铭文记载:[47]

> 王曰:有余唯小子,余亡康晝夜,經離先王,用配皇天,簧(廣)嵩(至)朕心,墜(遂)于四方,肆余以餼士獻民,再盩(戾)先王宗室。

周厉王所运用的"心术",涉及"廣"与"至"。他对于心的培育,既包括军事行动("遂于四方"),也包括祭祀献享之事。对于㝬来说,开拓其心能使自己在战争中受到其母姓的庇护。而对于厉王而言,这有助于他沟通天上的祖先神,满足他们对自己的期待，并提供祭品，以换取他们对国家、王权及自己身体的荫庇。

西周晚期的克鼎（《集成》2836）铭文主要记载克（一位富裕的土地所有者）纪念其祖父。在此铭中，"心术"是"恖慶厥心"。"恖慶厥心"的意思是打开内心，接受祖先福佑。"恖"和"慶"或均为动词。[48]通过柔远能迩、恭保先王及治乂王家，克之祖父得以完善其"德"。"𤕦"字读作"恖（聰）"，此字乃开口的"心"字中间加一竖笔，表示洞察一切或是富有智慧。我们可以将此字视为心作为"心灵桥梁"的物化表现。这一"桥梁"用于接收福祉。这种观念甚至保留在春秋南方青铜器铭文中。例如，蔡侯申镈（《集成》210—211，217—219，220—222）铭文记载，作器者蔡侯申向其祖称扬自己辅佐楚王安定诸邦，"休有成慶，既恖于心"。通过这种方式，他得以"延中厥德"，为本族及国家谋取福利。

在西周中后期，周人仅用"明"这个动词来形容扩展心灵的过程。这一时期，那些用以描述通过祭祀祖先和奉献周邦来开拓明心的修辞已被标准化。在师訇簋（《集成》4342）铭文中，[49]周王称颂老臣师訇效法其父考并充当周王之"肱股"。师訇父子的角色相当于周王"躯体"的附肢，通过镇压叛乱捍卫王身与周邦。在受到赏赐后，訇不仅需要继续康静民众，还须避免让自己使周王陷于艰难。此外，和量盨铭文所示一样，訇还可以率领其族人（"友"）朝王。在铭文中，周王命曰："敬明乃心。"这里"敬"和"明"的作用就相当于"恖"和"慶"。

六、跨越二元：幽与明

需要注意的是，"明"并非仅仅被动地承自祖先，它还有主动的一方面。这反映在两条铭文材料中。在师望鼎（《集成》2812）铭文中，师望颂扬其父考。[50]尽管其父之神灵此时已趋幽暗（"穆穆"），但其在世时却能够"克盟（明）厥心哲（慎）厥德，用辟于先王，得屯（純）亡敃"。在西周晚期单氏家族所作铜器铭文中，将"明心"与幽暗相对比的叙述尤其明显。[51]在逨钟铭文中，作器者逨之皇考因能"斄明厥心"、效法先祖考"政德"并"享辟先王"而得到赞扬。在逨盘铭文中，逨称颂服务于历代周王的几代高祖，其中有一位服侍周康王的祖先被描述成"克幽明厥心"。在《礼记·祭义》中，"别幽明"与"制上下"相连。在《祭义》的写成时代（迟至西汉早期），"上"和"下"分别与在檀上祭日（"阳"）和在坑内祭月（"阴"）有关。但在西周社会，"上下"与上下神灵相关。"幽明厥心"的目的或许是纪念祖先埋于地下的形魄和居于上的魂灵。换而言之，它作为一种记忆的"桥梁"，扩展子孙后代的心灵空间，将祖先之灵置于他们体内，并通过祭祀使其"超越性（transcendence）"形态为自身所用。[52]这一过程就是以增加"德"为目的的"斄明"。它像一种内丹，不过其实现与否依赖于对周王的服务。此外，戎生钟铭文见有开拓明心的表述。^{⑤③}在此铭中，戎生赞扬其祖“啓厥明心”，能成功镇压“叛乱”族群。显然，“明心”得到在上祖先神的护佑。^{⑤④}

七、后代的化用

西周灭亡后，周代的“明心”隐喻（承自神灵的智慧）得以继续存在。春秋早期秦国统治者便宣称其在祭祀时“克明有厥心”。这显然是为了便于治理国家。当帅型祖考之时，他“穆穆帅秉明德”^{⑤⑤}。春秋后期齐国君主在赏赐大夫之前称：“余經乃先祖余既尃乃心。”与此同时，齐侯称扬其臣叔夷在治政时能做到“小心畏忌”。由此，齐君言：“余引厭乃心。”^{⑤⑥}“尃（敷）”字作为动词，原本在西周早期时用于描述周王天命在四方的散布（通过征伐四方和对四方之民的改造），现在则含有“正和心意”的意思，用以展现大夫对于君主的忠诚。叔夷教导君主所效法的祖先典范被称为“明型”。有趣的是，这里被称扬的祖先并非周王，而是殷商时期的先王。尽管在西周和春秋时代忠诚均作为一种“心”的品质，但是心能得到“扩展”这一事实似乎仍然暗示着心可以被自己祖先所鞭策与庇佑。叔夷之祖光明而盛大，但叔夷本人必须通过“小心”来展现自己对齐侯的忠诚。像其祖先一样，叔夷只有服务于周朝，才能通过带兵打仗和治理民众而拥有“政德”。

八、简短的结语

西周时期的“明心”过程，与后世在山洞中成圣的个体修行迥异。这是一个在政治宗法关系网络下连接宗族和国家历史的社会性确认过程。个体之“明”只有在更大的社会结构中才得以彰显。“明心”通过对祖先之“享”而得以完成，同时亦取决于周王对其个人价值及其“心”之“明”的认可。西周灭亡后，所有致力于完善这一理念的尝试均告失败。在战国时代，“明心”作为君子教育的一部分，被逐渐用于实现治理理想国家的目标。这一目标同时被彻底内化，反映于君子的个体修身实践中。

宣　柳译

---

① 关于西周与战国“心术”实践之间的联系，参见 C. A. Cook, *Ancestors, Kings, and the Dao*, Harvard-Yenching Monograph Series 107, Cambridge, MA: Harvard University Asia Center, 2017, pp.228–231。

② 姚春鹏译注：《黄帝内经》，第71页，中华书局，2018年。英文翻译参见 Paul U. Unschuld and Hermann Tessenow, trans., *Huang Di Nei Jing Su Wen: An Annotated Translation of Huang Di's Inner Classic — Basic Questions*, Berkeley: University of California, 2011, p. 155。译者将"官"译成"official"而非"office"。值得注意的是，尽管《黄帝内经》部分内容的写作年代可追溯至汉代，全书的最终写成年代当在几个世纪之后。

③ a. 清华大学出土文献研究与保护中心编，李学勤主编：《清华大学藏战国竹简（捌）》，第148—152页，中西书局，2018年。b. 曹峰：《清华简〈心是谓中〉的心论与命论》，《中国哲学史》2019年第3期，第5—13、29页。

④ 柯鹤立、蔡丽利：《关于"心"在汉以前出土文献中所表示的身体部位及其内涵变化的研究》，清华大学出土文献研究与保护中心编《半部学术史，一位李先生——李学勤先生学术成就与学术思想国际研讨会论文集》第883—894页，清华大学出版社，2021年。

⑤ 王先慎：《韩非子集解》，第122页，上海书店，1992年。

⑥ 荆门市博物馆编：《郭店楚墓竹简》，第125页，文物出版社，1998年。亦参见 Scott Cook, *The Bamboo Texts of Guodian: A Study and Complete Translation*, Cornell University East Asia Series 164; Ithaca, NY: Cornell University East Asia Series, 2012, Vol. 1, pp. 343–345。

⑦ Nathan Sivin, "State, Cosmos, and Body in the Last Three Centuries B.C.," *Harvard Journal of Asiatic Studies* 55.1(1995): 5–37.

⑧ a. 历史语言研究所金文工作室，殷周金文暨青铜器数据库（Digital Archive of Bronze Images and Inscriptions），https://bronze.asdc.sinica.edu.tw/, NA1368, NA1367（"N"开头的序号代表《集成》出版后发表的铭文材料）。b. Li Feng, *Bureaucracy and the State in Early China: Governing the Western Zhou*, Cambridge: University of Cambridge, 2008, p. 43, n. 3, p. 48, n. 11, pp. 241–242（铭文拓片），p. 263, n. 59, p. 326. c. Yan Sun, "Kei *He* 克盉 and Ke *Lei* 克罍," in *A Source Book of Ancient Chinese Bronze Inscriptions* (Revised Edition) (Early China Special Monograph Series No. 8, edited by Constance A. Cook and Paul R. Goldin, Berkeley, CA: The Society for the Study of Early China, 2020), pp. 19–20. d. Noel Barnard, *Inscriptions of Chin and the San-Chin, Chung-Shan, and Yen*, Taipei: AMC Publishing, 2018, Vol. 2, pp. 1331–1347.

⑨ Li, *Bureaucracy*, p. 59.

⑩ a. Li Feng, "Ancient Reproductions and Calligraphic Variations：Studies of Western Zhou Bronzes with 'Identical' Inscriptions," *Early China* 22 (1997): 1–41, esp. 9, 11. b. Barnard, *Inscriptions of Chin and San-Chin*, Vol. 2, pp. 1335–1338.

⑪ 此器断代参见 Li, *Bureaucracy*, p. 338。相关辞例研究参见 Cook, *Ancestors, Kings, and the Dao*, pp. 59–64。

⑫ 相关辞例研究，参见 Cook, *Ancestors, Kings, and the Dao*, pp. 69–86。

⑬ 参考 Cook, *Ancestors, Kings, and the Dao*, p. 81; Li, *Bureaucracy*, pp. 76–77, 199–200, 311。

⑭ 西周中期至春秋时期许多青铜器铭文中都见有"帅型"、"秉明德"及类似短语。

⑮ 详细解读参见 Cook, *Ancestors, Kings, and the Dao*, Introduction, Part I。

⑯ 关于"明"和"盟"的不同含义，参见 Henri Maspero, "Le mot ming," *Journal Asiatique* 223（Oct-Dec 1933）, pp. 249–297。

⑰ 值得注意的是，在克罍铭文中，"厥"字（"𠂤"）和"乃"（"𠄎"）字可能相混，"厥"字可能被写作"乃"字。

⑱ 关于西周时期用以表示宴飨的不同词汇研究，参见 C. A. Cook, "Ritual Feasting in Ancient China: Preliminary Study I"（The Second International Conference Volume on Chinese Paleography）（The Chinese University of Hong Kong, October 1993）, pp. 469–487。

⑲ 白川静：《金文通释》卷一下，第14辑，第786—789页，白鹤美术馆，1962—1984年。"肇夙夕明享"亦见于獣簋（NB2031），相似辞例见于再簋（NA1606）和伯姜鼎（《集成》2791）。李峰在私人通信中指出，金文中"肇"经常位于动词前（如"肇作"）。这表明"夙夕明享"在此铭中修饰"作"。

⑳ Maspero, "Le mot ming," pp. 249–297.

㉑ "明保"见于《集成》5400，5991；"明公"（或与"明保"同一人）见于《集成》4029，三字铭文"明作旅"，6016，9901。

㉒ 有趣的是，此铭表述异于常例。一般而言，"X作Y尊彝"中，"Y"为人名，而此铭中"荼宫明"显然非人名。同样地，"尊彝"之前常见"宝"，用于修饰"尊彝"，"珍贵"的意思。而此铭则作"明"。"明"字功能应类于"宝"，形容礼器的功用，表示"显明的"，或通"盟"，表示此器用于盟誓场合。

㉓ 郑玄注，孔颖达正义：《礼记正义》卷八，第1289页，见阮元校刻《十三经注疏》，中华书局，1980年。相似观点亦见于《荀子》。在《荀子·礼论》中，作者将"明器"解释成用于"送死"之器，并未用"神明"一词来指代死者魂灵，见王先谦《荀子集解》卷十三，第245页，中华书局，1954年。"明"除了用作名称外，在甲骨文材料中还可表示晴天，和表示阴天的"阴"相对。这里，"明"的概念近于"阳"。当然，没有任何证据表明战国以前存在阴阳宇宙观。

㉔ 马承源主编：《上海博物馆藏战国楚竹书（七）》，第232—235、238页，上海古籍出版社，2008年。

㉕ 据《说文》记载，"彝"乃宗庙用器之专称。"彝"用以指代"享"于祖先之祭器的用法相当古老，可以追溯至商代。因此，尽管此铭并未明确记载"飨"的对象包括祖先神，但此器的用途已表明这一点。

㉖ 麥尊，见《集成》6015。

㉗ Maspero, "Le mot ming," p. 20.

㉘ 师𩵄鼎，见《集成》2830。

㉙ 逨钟，NA0772，0773，0774，0779。逨盘（NA0757）铭文中有"幽明厥心"，二者语境相似。

㉚ 尹姞鬲，《集成》0754，0755；史牆盘，《集成》10175；虎簋，NA1874；虎簋盖，NA0633。

㉛ 此处"穆"字是否重文不得而知。

㉜ "克盡乃身"这个短语将身体比喻成容器。《说文》将"盡"字释成"器中空也"。

㉝ Li Feng, *Landscape and Power in Early China: The Crisis and Fall of the Western Zhou, 1045–771BC* (Cambridge: Cambridge University Press, 2006), pp.96–97; Li, *Bureaucracy*, pp. 312–313; Cook & Goldin, ed., *A Source Book*, pp. 64–71.

㉞ "甲公"、"日庚"乃商代典型死后称名方式：男性祖先被冠以位于十天干之首的日名"甲"，女性祖先则被冠以居于十天干末尾的日名"庚"。

㉟ Cook, *Ancestors, Kings, and the Dao*, pp. 69–80.

㊱ C. A. Cook, *Death in Ancient China: The Tale of One Man's Journey*, Leiden: Brill, 2006, pp. 198–207.

㊲ 参见 Mark Csikszentmihalyi, *Material Virtue: Ethics and the Body in Early China*, Leiden: Brill, 2004。"玉色"或指人的面容像玉那样发光。但是齐思敏（Mark Csikszentmihalyi）将"明"和眼睛相联系，参见 Csikszentmihalyi, *Material Virtue: Ethics and the Body in Early China*, pp. 135, 154–156, 285–

286。

㊳ Donald J. Harper, *Early Chinese Medical Literature: The Mawangdui Medical Manuscripts*, London and NY: Kegan Paul International, 1998, pp. 196, 202, 205–206, 219.

㊴ John Knoblock, *Xunzi: A Translation and Study of the Complete Works*, Stanford: Stanford University Press, 1994, Vol. 3, pp. 83–84.

㊵ 艾兰:《水之道与德之端——中国早期哲学思想的本喻》(增订版),第112—144页,商务印书馆,2010年。

㊶ 在战国文本中,音乐影响身、心状态,并最终帮助人达到明圣境界。

㊷ Cook, *Ancestors, Kings, and the Dao*, pp. 81–82;亦参见李峰关于“疋”的讨论,Li, *Bureaucracy*, pp. 199–200。

㊸ K. E. Brashier, *Ancestral Memory in Early China*, Cambridge, MA: Harvard Asia Center, 2011, pp. 201–207.

㊹ 参见C. A. Cook, “Sage King Yu 禹 and the Bin Gong *XU* 豳公盨,” *Early China* 35, 2014, pp. 69–103。

㊺ Cook, *Ancestors, Kings, and the Dao*, pp. 87–89.

㊻ 因此,我们能看到,在西周晚期的散氏盘铭文(《集成》10176)中,如果土地交易没有顺利完成,则散氏之“心”将会变成“贼”的状态。参见Robert Eno, “Sanshi *Pan* 散氏盘,” in *Source Book*, edited by Cook & Goldin, pp. 168–171; Li, *Bureaucracy*, pp. 184–187。

㊼ Cook, *Ancestors, Kings, and the Dao*, pp. 116–119; Cook & Goldin, *A Source Book*, pp. 147–153; Li, *Bureaucracy*, p. 295.

㊽ Cook & Goldin, *A Source Book*, pp. 172–180.

㊾ Cook & Goldin, *A Source Book*, pp. 112–114; Cook, *Ancestors, Kings, and the Dao*, pp. 95–97.

㊿ Cook & Goldin, *A Source Book*, pp. 77–79.

(51) Cook, *Ancestors, Kings, and the Dao*, pp. 133–140; Cook & Goldin, *A Source Book*, pp. 231–242;钟铭:NA0772, 0773, 0774, 0779; NB 0779;盘铭:NA0757。

(52) 相关讨论参见C. A. Cook, *Death in Ancient China: The Tale of One Man's Journey*, Leiden: Brill, 2006, Chapter 2。

(53) 关于此器铭文,参考Maria Khayutina, “Rong Sheng *bianzhong* 戎生编钟,” in *A Source Book*, edited by Cook & Goldin, pp. 251–254; NA1613; Noel Barnard, *Inscriptions of Chin and the San-Chin, Chung-shan, and Yen*, SMC Publishing Inc., 2018, Vol. III, pp. 1869–1894。

(54) 关于魂灵升天的问题,参见C. A. Cook, *Death in Ancient China: The Tale of One Man's Journey*, Leiden: Brill, 2006。

(55) Cook, *Ancestors, Kings, and the Dao*, pp. 173–179;秦公镈(《集成》270)、秦公簋(《集成》4315);亦参考Martin Kern, “Qin Gong *bo* 秦公镈, Qin Gong *gui* 秦公簋, and Qin Gong *yongzhong* 甬钟,” in *A Source Book*, edited by Cook & Goldin, pp. 245–250。

(56) 叔尸钟(《集成》0272–0278, 0281, 0285);Cook, Ancestors, *Kings, and the Dao*, pp. 188–194; Cook & Goldin, *A Source Book*, pp. 258–264。有趣的是,用以形容个人身、心奉献的词是“盡”,意思是使其放空。与之相反,用以展现君主对此奉献的满意程度的词是“厭”,“满”的意思。

简论天命与腾格里

巫新华

（中国社会科学院考古研究所）

中国天命观滥觞于夏商两代，成熟于周代，是中国史前三代时期最为重要的中国特色思想文化代表。此后，人们逐渐树立了对天的绝对崇拜和塑造出代代相传的对天的内心敬畏。

"天命"的提出实际是着眼于处理天与人的关系问题。"天"是神明、是偶像、是权威，是至高者之意，"令，发号也"（《说文解字》）。"天命"就是上天的命令，命令发出者是天，接受者是人；在天与人的命令与服从的关系中，人们普遍存在着只能被动接受天命且不可违背天意的观点，这是古代中国天命观的基本含义。

一、"天"、"天命"

"天"字乃由"帝"字演变而来，"帝"字有根本之意。吴大澂在《古史辨》中说："帝"像花蒂的"蒂"字，即为天地万物之根本。[①]关于"天"的本义，《说文解字》说："天，颠也。至高无上，从一大。"[②]由此而言，"天"是个指事字，至上至高，大而无边。

1."天"

汉代贾公彦把"天"分成了五类："天有五号，尊而君之，则曰皇天；元气广大，则称昊天；仁覆愍下，则称旻天；自天监下，则称上天；据远视之苍苍然，则称苍天。"[③]宋代朱熹说"天"："夫天专言之则道也，天且弗远是也。以形体谓之天，以主宰谓之帝，以功用谓之鬼神，以妙用谓之神，以性情谓之干。"[④]近代冯友兰把中国哲学史上的"天"分为"物质之天、主宰之天、运命之天、自然之天、义理之天"[⑤]。傅伟勋认为天有六义："天地之天、天然之天、皇天之天、天命之天、天道之天、天理之天。"⑥劳思光则将"天"分为《诗经》的形上天、《易经》的宇宙秩序天、《尚书》的政治意义天以及古代的人格天，而且主张其中形上天发展为天的法规，原理为天道、天理，而人格天发展成为意味着主宰、人格的天意、天志。⑦

张立文把天区分为三种：其一，指人们头顶上苍苍然的天，即天空之天、天地之天、天然之天等自然的天；其二，指超自然的至高无上的人格神，是有意志的造物者、主宰一切的上帝或帝，包括皇天之天、天命之天，属于主宰之天；其三，指理而言，有以理为事物的客观规律和以理为精神实体或伦常义理，即天道之天、天理之天，属于义理之天。⑧

由上引诸家之说可见，"天"字既可指自然性的天，也有后人赋予的精神含义，包容了自然、社会与历史文化等方方面面。而我们关注和讨论的则只是关乎"帝、上帝、鬼神、天命"的天。

2. "天命"

追溯中国史前史，夏商周上古三代，我们的祖先已经完成了从原始思维巫术，即由原始存在"民神杂糅"的状态与交感巫术中的"万物有灵论"，向宗教化观念的转变过程，这一点与古代世界所有文明区域的历史进程和发展阶段并无不同。但是，我们的史前先辈在宗教文化的发展方面，并未如同世界其他区域那样发展出严格意义上的宗教体系，而是创造性地发展出一种极为深远影响整个东亚地区的意识形态或准宗教信念。这就是"天命"。

单从词义来看，"天命"是天道的意志。但是作为一种概念，"天命"是中国古代思想的一个重要命题，历代儒家经典无论是四书五经还是后起的各种学说，无不以此作为核心内容。不过实际上，天命这一概念所表达的内在含义并不仅仅局限于儒家思想的范畴，其影响遍及诸子百家。"天命观"是一套由"奉天承运"和"天谴弗违"辅助论证的天人感应意识形态体系，与现代西方的"命运"观念完全不同。这种意识形态思想更强调天命与人事之间的双向效应，具有强烈的"取象于天"、"有征予人"的象征色彩。正是"天命观"这样的思想性文化成果使中国文明发展数千年，一脉相承生生不息，一枝独秀地区别于世界其他文明。

3. 至上神：帝、上帝、天

所谓至上神，即驾驭诸神、主宰天地万事万物之神。至上神的产生，一般认为是统一政权和社会等级结构的反映。原始公社人与人之间的平等关系被破坏以后，人们对诸神地位平等的信仰也产生了变化。在古人看来，人有等级之分、上下之别、主从之异；天上诸神也一样，日、月、雷、雨、风、云、星诸神都是天界独立的神，但这些神都活动在天界之中，似乎是天神在支配着它们的一切行动。⑨

各部族的至上神虽然名称不同，神职也不完全一样，但都有共同的特点，即它不仅统辖天上万物，而且主宰人间的一切。中国古代的至上神"上帝"和"天"不是来源于天的纯粹自然神，"不是自然神，而是人为地综合各种神灵的属性而创造出来的人格神"⑩。至上神是客观和主观的统一体，是自然和社会的统一体，又有很强的人格意味。不少中国古代部族和现代少数民族语言中的"天"，既用以称至上神，又用以称天空，如匈奴、突厥、蒙古等部族的"撑犁"或"腾格里"一样。

至上神观念在夏代已经形成，并被称为"天"。《墨子》所引的《虞夏书》的史实中，多次提到作为天神的天，如当禹征伐有扈氏时，说是"天用剿绝其命"，而自己是"共（恭）行天之罚也"。⑪禹征三苗时，说是"用天之罚"⑫。另外，《史记·匈奴列传》说匈奴为夏后氏苗裔，而匈奴的"撑犁"既指天空，又是至上神的称谓，这可能是夏代至上神称谓在匈奴人中的遗留。周族姬姓相传为黄帝后裔，黄帝部落集团是华夏族主要组成部分之一。周人称至上神为"天"，恐怕不是他们自己创造的，而是沿用华夏族的称呼。古代突厥人和蒙古人的"腾格里"也一样，均为一词两义。

从一些资料来看，中国古代的至上神可能萌芽于颛顼时代。"炎黄之前，氏族的范围大约还很小，社会自身还没有变化的倾向，社会秩序的问题还显不出很重要。""及至炎黄与蚩尤大动干戈以后，散漫的氏族扩大成部落，再扩大为部落联盟社会的新元素已经在旧社会里面含苞和发芽，新旧的矛盾开始显露，……社会的秩序问题因此就渐渐地重要起来。"⑬而且，当时生产力发展，贫富的分别已经在公社内部开始形成，劳力的与劳心的人又要开始分工。这样的分工在当时表现为宗教内部的变革。由于"社会组织逐渐扩大，社会秩序的问题也就成了宗教的重要内容"⑭。但是，那时人们崇拜的主要是氏族神、部落神和天上的雷、雨等神，各氏族部落的男女巫师又可以自行传达神的意旨，各氏族部落可以各行其是，不听从部落联盟的号令。这种"民神杂糅，不可方物"的状况，严重威胁着部落联盟的社会秩序。颛顼即帝位以后，"命南正重司天以属神，命火正黎司地以属民，……是谓绝地天通"⑮。

这样一来，地与天不能随便相通了，就好像天比较高了，地比较低了。此外，无论什么样的巫师都不再能随便妄传群神的命令。只有颛顼和司天之神才管得天上的事情，把群神的命令会集起来，传达下来。而"地上号令的统一，相应地需要一个对天上诸现象和社会上主要问题具有无限权威的神来维护它"⑯。所以，从颛顼帝当时的社会状况和由他发动的宗教变革来看，至上神已经萌芽和产生。

夏代至上神"天"，到商代改称为"帝"或"上帝"。殷灭夏，为了有所区别，创造了"帝"和"上帝"来称呼至上神。夏人的"天"与殷人的"上帝"或"帝"神职基本相同，仅名称不同。不过"帝"或"上帝"可能只是在商族内部使用，而其他各族仍然叫至上神为"天"。《尚书·商书》中，或称至上神为"上帝"，或称"帝"或称"天"，而且称"天"的次数最多。虽然《商书》的作者是周人，但所记载的历史事实应当是有根据的。⑰

周灭商以后，至上神的称谓又有所变化，《尚书·周书》和《诗经·周颂》等文献中更多地是称"天"，有时也沿用商人的"上帝"。此外，还称"皇天"、"上帝"、"昊天"，也连称"皇天上帝"、"昊天上帝"。大概在商代，周人便沿用夏代的"天"，而没有接受殷人的"上帝"。当周人取得政权以后，便主要以"天"作为至上神的称谓。而殷人所创造的"上帝"这一称谓也同时被保留下来。周代以后，"天"和"上帝"并用，延续了几千年。

4. 至上神"天"、"上帝"的职能

关于天或上帝的职能，学术界观点众多，且互有交叉。笔者赞同何新亮先生的观点，⑱转述如下。其一，"天"或"上帝"是万物的创造者，"万物本乎天"⑲，"天作高山"⑳，"天造草昧"、"天生烝民"㉑，总之，天地是"万物父母"㉓，而且，它还能"使万物皆盛，草木畅茂，禽兽硕大"㉔。

其二，上帝或天是整个社会命运的决定者，所谓"惟天为大"㉕，"天命不易"㉖，就是说天是最高神，天命是最高的命令，是不可变易的。下民必须按天命行事："天之所置，其可废乎？"㉗"均天之所废，谁能兴之？"㉘任何人都不得违天意而行之。

其三，天或上帝决定朝代的更替，若君王不尽天职，"不若于道者，天绝之也"㉙，如"有夏多罪"㉚。天命"降灾于夏，以彰厥罪"㉛，"天命殛之"㉜，而且命商出兵灭夏，"帝用不减，式商受命，用爽厥师"㉝，商汤"畏上帝，不敢不正"㉞。至商纣无道，"帝乃大命文王，殪戎殷"㉟。总之，凡改朝换代，无不是天或上帝的主意。

其四，天或上帝是最高的立法者和司法者。社会上的道德规范，都是由天或帝所制订。所谓"上帝降衷于下民"㊱，"惟天佑于一德"㊲，意即上帝既是降德者，又是佑德者。而且，天监督下民，是否遵守道德规范，视情进行赏罚，所谓"惟天监下民，厥典义，……民若有不德，不听罪，天既孚命，正厥德"㊳。"善人富谓之赏，淫人富谓之殃，天其殃之也，其将聚而歼旃"㊴，若有人违反道德规范，也可告于天庭，"付与昊天，制其罪也"㊵。

其五，天或上帝主宰人间祸福，它喜怒无常，"作善降之百祥，作不善降之百殃"㊶。它护佑有德之人，"皇天无亲，惟德是辅"㊷，"皇天亲有德"㊸。而且，天或上帝还主宰人的生死寿命，所谓"降年有永，有不永"㊹，意在于世间一切，无论贵贱皆有天命。

至上神具有人格化的精神与意志，按照至上神要求和规矩主导人世间的一切。史前人们认为至上神就存在于抬头举目可见的广阔天空，称其为"天"或者"帝"。"天"为夏人所创，"帝"为殷人所创，同为至上神。它们虽然所代表的文化不同，但其神性、神职基本上是相同的。

西周时期，王朝统治者对夏商两代的统治经验教训进行反思，以"天命"思想为基础建立封建宗法制社会，规定礼乐典章制度。至此，早期天命观念发生了一次巨大变革，附加了道德规范意义，一种新的思想体系——天命观最终确立。

二、天 命 观

1. 概念界定

在早期"天命"文化之下，"天命观念"和"天命观"既是重大哲学命题，也是重要历史学概念。"天命"就是人们对天的敬畏崇拜，以及天命这个至上神意志对社会统治者与社会个体命运的统御。天命主要有两方面的含义。一是指上天的意旨，由天主宰王朝统治者的命运和社会个体人的命运，如《尚书·盘庚上》："先王有服，恪谨天命。"⑤《左传》宣公三年："周德虽衰，天命未改，鼎之轻重，未可问也。"⑥二是指自然的规律、法则，如《荀子·天论》："从天而颂之，孰与制天命而用之。"⑦

上古时期，"天命"应该是一个发展的思想文化概念，从上文所举释例中可以看到天命由神意向自然力的转移，这是一个"祛除巫魅"的过程。这里我们对天命观念的讨论着重于夏商周三代，尤其是以商周时期为主，"天命"所指主要是至上神"天"的主观意志主宰社会王权和社会个人的命运。

"天命观念"和"天命观"并不完全一致，是有所区分的。天命观念是上古先人在早期史前历史阶段基于原始思维的宗教思想，天命观则是在史前天命观念基础上发展出来的哲学思想，正式出现于周代。也就是说，天命观是天命观念进一步发展的产物，是天命观念的思想理论体系。概言之，天命观念是天命观的早期形态，天命观是天命观念的历史总结。于此，天命观念与天命观的最大区别在于前者多重于神意，后者多重于道德法则。⑧

天命观是在西周时期确立起来的以敬天保民为中心的伦理化思想观念，而天命观念早在原始社会就产生了。天命观念盛行于夏、商、周三代，集中体现在殷商时代的至上神"帝"、"上帝"观念和周王朝的天命观中。在天命观念的嬗变过程中，有两方面明显的转变值得我们注意：一方面是从万物有灵的原始社会思想阶段进步到绝地天通、至上神"帝"或"天"兴起的神权集中、敬祖畏神的思想阶段；另一方面是从至上神意志向内在社会道德法则的转移。周王朝统治者在继承殷商王朝至上神信仰的同时，为其政权合法性发展出"敬德保民"、"以德配天"的社会道德思想，正式确立天命观，并用以巩固神权和王权，也因此开启由"神本"向"人本"转化的理性思想道路。这是上古时期哲学与宗教思想领域的两次重大变革，也是天命观念从萌发走向成熟思想体系的标志。

天命观念是早期中国社会的思想核心，它主导了各个时期的中国人对于世界、自然、人生的认识，集中表现在精神层面的信仰崇拜，更渗透到先民生活中的方方面面。天命观念可能早在旧石器时代末期的山顶洞人时期就已经出现了，[49]从殷商到周，天命观念集中体现在对至上神的崇拜。随着周王朝的发展，在信仰至上神的同时，人的主体性逐渐突出。

在人类文明的初始阶段，先民怀着惊怖和敬畏的心情，凭着有限的认识力对各种人力难于抗拒的自然现象进行解读。"在原始人看来，自然力是某种异己的、神秘的、超越一切的东西，在所有文明民族所经历的一定阶段上，他们用人格化的方法来同化自然力。"[50]他们神化自然，相信一切自然现象的背后都隐藏着神灵，而这些神灵无所不在，像人一样有意志和情绪，就像英国人类学家泰勒在《原始文化》中提到的："野蛮人的世界观就是给一切现象凭空加上无所不在的人格化神灵的任性作用……古代的野蛮人让这些幻象来塞满自己的住宅，周围的环境，广大的地面和天空"。[51]这是人类童年时期对自然力量的直观解释，开启了人类史上的万物有灵阶段。在此基础上，先民们对于生存和死亡的疑惑进行神灵化的解释，从而产生灵魂信仰。万物有灵与灵魂信仰构筑成这一时期的思想世界，早期天命观念由此而产生。

中国的上古时期当然也经历了这样的思想阶段，那是可以被描述为"民神杂糅"、"家为巫史"[52]（《国语·楚语下》）的原始宗教状态。随着生产力的发展、社会权力的集中，上古先民的认知能力和思维能力逐步提高，神国与人界开始逐渐分离，出现了颛顼"绝地天通"的事件，实现了社会集团统治者事神权利的集中和垄断。上古中国人很早就完成了从"民神杂糅"、"万物有灵"到神人区隔的天命观念阶段，随后发展出中国独有的哲学宗教思想体系天命观。

2. 天子与天命

《尚书·召诰》有一段话："呜呼！皇天上帝，改厥元子，兹大国殷之命。"[53]商王朝统治者殷王曾受命于天，是天下的元首，也是上天（皇天、上帝）的长子，现在上天取消了殷王作为上天长子的资格，从而结束了大国殷商的国运。这其实就是古代中国天子名称与文化的来源。"元子"即长子，上天把管理天下之权利交付给长子，这里的天作为至上神与人间发生类似血缘关系的关联。"改厥元子"以替换天之长子的做法，赋予周人改朝换代取代殷商王朝的统治权的合理性与合法性。这里的理与法就是天命。

《诗经》中频繁出现"天子"一词，这时的"天子"指的是天的嫡长子。在这个时期，人们普遍认为民众百姓都是上天的子民，而人间帝王独具统领万民的权威，故尊其为天之长子。这与后来指称人间帝王为天子的用法已经十分接近。类似的文化现象，在古代中国北方草原地带也如出一辙，《汉书·匈奴传》记载："单于姓挛鞮氏，其国称之曰'撑犁孤涂单于'。匈奴谓天为'撑犁'，谓子为'孤涂'，单于者，广大之貌也，言其象天单于然也。"匈奴人把"天"叫作"撑犁"，与现代蒙古语中的"腾格里"

（tengri）同音异记；"孤涂"，即"子"之意。"单于"，是王，即最高统治者。也就是说匈奴部族集团军政最高领导人名称也是"天子"。

根据史料，匈奴单于在给汉朝皇帝的书信中，常以"天地所生日月所置匈奴大单于……"、"天之骄子"，或"天所立匈奴大单于"自称。这种称呼，一则传递着匈奴单于受命于天，受"天"之护佑的思想，也显示出匈奴单于"至高无上"、"唯我独尊"的政治地位；另一方面，更能表明以匈奴人为代表的古代北方游牧部族也都有崇拜天、敬畏天的天命观传统思想。

综上所述，夏商两代已经形成至上神天崇拜，天的命令与意愿就叫作天命。"天命的原意就是作为主宰神的'天'，要让世界朝着自己希望的方向运动的意志。"㉞作为至上神的命令和意志，天命具有不可预测性和不可抗拒性。周朝的建立，一方面继承了夏商王朝的天命思想，认为君权神授，周王朝秉承天意剪除殷商而立，都是对上古中国传统天命思想的继承。不过以周公为代表的周王朝统治者从殷商王朝灭亡中明显看到了天命的无常和维持天命的不易，因而提出"皇天无亲，惟德是辅；民心无常，惟惠之怀"的理论，㉟认为天命是随着有德者而转移的。天子名称的出现，是中国人信天命为一种至上神的力量，可以控制人的行为、赏罚人的善恶、预示人的未来等天命观思想已走向成熟的标志。

三、北方的"腾格里"与"天命"

夏商周三代，不仅仅是早期中原社会把天作为灵魂皈依之所，与之邻近的北方阿尔泰语系各部族也应该同样如此奉天神为至上神。即便今天，生活在中国北部草原地带阿尔泰语系突厥语族与满-通古斯语族各部族人群依然如此。比如生活在蒙古高原、东北丘陵山地、阿尔泰山南北部草原、天山南北草原等地的蒙古人、布里亚特（Bur-iat）人、哈萨克人、克尔克孜人、维吾尔人、塔塔儿人、鄂伦春人、锡伯人、达斡尔人、通古斯（Tungus）人、尤加基里（Yukagir）人全部敬畏和崇拜天。

中国北方部族人群中，有关"天"的崇拜，最早见于史籍的是秦汉之际的匈奴人。匈奴自称像天一样广大，匈奴王自称"天地所生日月所置匈奴大单于"。匈奴谓天为"撑犁"（Tengri），单于其国称之曰"撑犁孤涂单于"。匈奴谓天为"撑犁"，谓子为"孤涂"，单于者，广大之貌也，言其象天单于然也。㊱"撑犁"今译"腾格里"，即"天"。韩儒林先生指出，"'甘教'所崇拜者为天，其字为Tengri，唐译'腾里'、'登里'等等，实含天及天神二意"㊲。

1. 匈奴的天崇拜

崇天、敬天是匈奴族宗教文化体系中的核心内容。也正因为此，匈奴族每年都要进行祭天之举。《史记·匈奴列传》记载："岁正月，诸长小会单于庭，祠。五月，大会茏城，祭其先、天地、鬼神。秋，马肥，大会蹛林，课校人畜计。"⑱

《史记·匈奴列传》记载，匈奴单于"朝出营，拜日之始生，夕拜月"。北方各部族人群天崇拜信仰系统中，以"天"崇拜为核心，还包含有与之相对的"地"的崇拜，以及与其密不可分的日、月、星辰等天体崇拜，同时演化出树木、山水，及人格化的"天神"、龙神、鬼神等万物的崇拜。

《史记集解》引《汉书音义》："匈奴祭天处本在云阳甘泉山下，秦夺其地，后徙之休屠王右地，故休屠有祭天金人，象祭天人也。"《史记索隐》引韦昭云："作金人以为祭天之主。"⑲"金人"作为天的代表，是匈奴人祭拜天地、祭祀天神的偶像。可知，匈奴人在当时已经形成了相对完备和有一定规模的祭天内容与形式。

匈奴人崇敬天地、畏惧鬼神的观念不仅渗透到匈奴人的日常生活，还影响着其军事、政治，体现在其每年举行的集会以及祭祀活动中。《后汉书·南匈奴列传》记载："匈奴俗，岁有三龙祠，常以正月、五月、九月戊日祭天神。"⑳

先秦两汉之际，匈奴人作为中国北方整个草原游牧部族的统领者，天崇拜的宗教思想文化意识直接影响了几乎所有草原游牧部族。东胡与匈奴同时兴起，活动于中国北方草原东部地区，其敬天拜天习俗与匈奴俗大抵相同。西汉时期东胡被匈奴击溃，部分避居鲜卑山，成为鲜卑部族；另一部分避居乌桓山，后成为乌桓部族，魏晋后称为乌丸。乌桓山，今在内蒙古赤峰市阿鲁科尔沁旗西北。

2. 乌桓、鲜卑的天崇拜

《后汉书》记载："乌桓者，本东胡也。汉初，匈奴冒顿灭其国，余类保乌桓山，因以号焉。……敬鬼神，祠天地、日月、星辰、山川及先大人有健名者。祠用牛羊，毕皆烧之。"㉑《三国志》中有同样的记载："乌丸者，东胡也。……敬鬼神，祠天地日月星辰山川，及先大人有健名者，亦同祠以牛羊，祠毕皆烧之。炊必先祭。""鲜卑亦东胡之余也，别保鲜卑山，因号焉。其语言习俗与乌丸同。"㉒

乌桓与鲜卑，同北方草原上其他部族一样，尊敬神鬼，祭祀天地、日月、星辰、山川，以及对本部族有贡献的祖先。他们以牛羊为祭品，并在祭祀结束后把祭品全部焚烧。这种焚烧祭品的祭祀习俗，在后来的契丹、女真，以及蒙古等北方部族中普遍存在。

3. 突厥的天崇拜

突厥兴起于公元6世纪的中国北方草原地带，也是一个崇"天"的部族。据《周书·突厥传》记载："可汗恒处于都斤山，牙帐东开，盖敬日之所出也。每岁率诸贵人，祭其先窟。又以五月中旬，集他人水，拜祭天神。㉓于都斤山四五百里，有高山迥出，上无草树，谓其为勃登凝黎，夏言地神也。"《隋书·北狄·突厥》记载："五月中，多杀羊马以祭天。男子好樗蒲，女子踏鞠，饮马酪取醉，歌呼相对。敬鬼神，信巫觋，重兵死而耻病终，大抵与匈奴同俗。"[64]

突厥人每年五月中旬祭祀天神。突厥人的崇天文化，同匈奴人及其他北方部族一样，以天地日月等自然物为崇拜对象。"天"是突厥人的至上神，众神皆在其下，古突厥碑铭大多强调天是突厥可汗力量的赐予者，突厥可汗受命于天治理国家是智慧可汗等等。诸如"朕尊奉天命，定为可汗"，"依上天之意，且因朕有威严"（《阙特勤碑》）；"朕天所立象天突厥贤圣可汗"，"朕从天生象天贤圣宓伽突厥可汗"（《毗伽可汗碑》）。

突厥语中，"天"称为"tangri"，突厥可汗在名号前一般加"tangri"。法国学者雷纳·格鲁塞认为，词源上"腾格里"一词蒙语与突厥语同源："关于长生青天，蒙古语里面的tanggeri或tenggeri，和突厥语中的tangri，或tengti，同时都指'天'和'天神'。mongka、mongke的意义为'长生'，这个蒙古词等同于突厥词mangkii，和畏兀儿词mangii，蒙古语中的koko，在突厥语为kok，此言为'青'。可见'宗教'的词汇，在突厥语中和蒙古语中很多是共通的。"[65]这一现象与突厥语、蒙古语同为阿尔泰语系语言有关，就崇天文化而言，北方部族之间这种天崇拜文化应该是共性的一种历史存在，其思想亦与天命观一致。

4. 契丹、女真的天崇拜

契丹对天崇拜之重视与执着，其皇帝的尊号就是明证。辽太祖耶律阿保机尊号"天皇帝"，太宗耶律德光尊号"法天启运"，世宗耶律阮尊号"天授皇帝"，等等。契丹几乎每位皇帝、皇后都以天为尊号，笃信自己的天命身份。

女真同契丹，金朝历任皇帝也以"天"为其年号、尊号以及谥号，天崇拜文化极为厚重。"金因辽旧俗，以重五、中元、重九日行拜天之礼。"[66]之所以如此，只能是因为"天"也是女真人的至上神。

"天道主宰生命运"[67]的天命信仰十分清楚就是腾格里信仰，是中国古代北方各部族共有的文化传统，这种"万物本乎天，人本乎祖"的天命观意识形态主宰着他们的生活。

5. 蒙古部族的腾格里信仰

腾格里信仰是古代北方各个部族共有的信仰习俗。对大自然的强大依赖与幻想，使得先民们与他们生产、生活有密切联系的天地、日月、星辰、山川产生崇拜之心与祭祀之举。"天"的意识在这些以狩猎和畜牧为生活方式，过着逐水草而居生活的北方各部族传统观念中根深蒂固，"万物本乎天"的天命观意识形态主宰着他们的生活。随着蒙古人在北方草原的崛起，"天"崇拜观念被蒙元王朝广泛使用，并得到了进一步的丰富和发展。

13世纪兴起于北方草原的蒙元王朝完全继承了之前北方少数部族的天崇拜风俗习

惯。"元兴朔漠，代有拜天之礼。"[68]类似的蒙古人对天的崇拜和敬仰记载比比皆是。《黑鞑事略》记载，"鞑靼部族之信仰……皆承认有一主宰，与天合名之曰腾格里"，"其常谈，必曰'托着长生天底气力、皇帝底福荫'。彼所为之事，则曰'天教凭地'。人所已为之事，则曰'天识着'，无一事不归之天。自鞑主至于民，无不然"[69]。《蒙鞑备录》记载，"其俗最敬天地，每事必称天"、"每事必敬天。闻雷声则恐惧，[70]不敢行师，曰'天叫也'"。[71]显而易见，蒙古人十分真诚地相信天主宰着自然界和人类的命运。

蒙古人崇信的天，蒙古语发音即为腾格里（Tengri）。天崇拜的主要内容一是敬天，二是惧天。在这种既崇拜又惧怕，由敬而生畏的文化心理驱动下，上到王臣贵族，下到平民百姓，蒙古人每事必称腾格里，无一事不归之腾格里。

元朝建立之后，从世祖忽必烈（1215—1294）至元顺帝（1320—1370），汉文文献中均有皇族按照蒙古传统方式祭天的记载。《元史·祭祀志》记载："世祖中统二年（1261），亲征北方。夏四月己亥，躬祀天于旧桓州之西北。洒马湩以为礼，皇族之外，无得而与，皆如其初。"[72]祭祀时间为春季，符合蒙古传统春、秋祭天的特点，并以洒马奶（马湩）为礼，只允许皇族参与祭礼活动。此为典型蒙古腾格里祭祀的内容，是典型传统祭天仪式。

与上文述及北方各部族的天崇拜文化内容和形式相比较，文献记载所提供的古代蒙古人的腾格里信仰，核心内涵并无二致，区别只在于具体的时代特征和蒙古人自身的特殊习俗。作为北方草原地带天崇拜历史延续传统明确的腾格里信仰，与来源于商周时期的天命观念和天命信仰具有高度相似性，是当时蒙古社会普遍存在的主流思想性社会文化，深深植根于从汗王贵族到普通民众的各方面社会活动与社会生活中。可以说，腾格里信仰是当时蒙古社会最为普遍和广泛的天命信仰。

四、结　语

《蒙古秘史》开卷便说明成吉思汗祖先"奉天命而生"[73]，"腾格里因吉雅"即为天命观，天命是《秘史》中出现的一个重要概念。萨满教主张人在社会中的状况，是由其生来具有的命运决定的，而命运完全取决于腾格里天神的意志。顺从命运的安排，是敬天神的最重要表现，对抗是徒劳的。腾格里天神是社会秩序的制定者和维护者。天神创造了两种人，一种人是"察干牙速惕"——白骨人，这一部分人是高贵的阶层，是"天子之裔"，是统治者的必然之选；另一类人被称为"哈剌出惕"——黔首人，天生是一般民众，服侍、顺从统治者是他们的天职。人间的统治者是由腾格里天神指定的，"白骨人"为统治阶层，都有担任最高首领的可能。[74]

清王朝兴起于16世纪末17世纪初，从《满文老档》、《清太宗实录》[75]等文献资料中可见，从努尔哈赤立朝开始，举凡用事、用人、用兵，一概不离"天灵"、"天兆"、"天意"、"天理、"天助"、"天佑"、"天命"。1616年，努尔哈赤统一了女真各部，建立了"大金国"，称帝即位时，年号即为"天命"，宣称"天任命汗，汗任命诸大臣"，声称"靠天保佑必定会富裕起来"，"抚育天委托给的国人，天也会嘉奖"。他把自己屡战不败的战绩视作"天宠"，每获胜战便以"天神使之躲避"、"天神的保佑"等强调之。1616年正月壬申日，努尔哈赤召开了诸贝勒、大臣会议，公布说："因我国没有汗，生活非常困苦，所以天为使国人安居乐业而生汗，应当给抚育全国贫苦黎民、恩养贤才士、应天命而生的汗上尊号。"尊号的满文原意是"天任命的抚育诸国的英明汗"。满族统治者不仅宣扬"皇权天授"，也信仰"靠天保佑必定会富裕起来"，"天"是其至上神。

努尔哈赤多次指斥明万历帝"违背天意"，"天以为大恶"。致书朝鲜王时宣称："天以非为非，以是为是，……天以我为是，以尼堪（汉人）为非。""那大国的尼堪皇帝，同样在天的法度下生存。但尼堪皇帝却改变天的法度，违背天理，诸国苦之。""因为尼堪万历帝过错甚多，所以天以为非。""诸申（女真）国的英明汗善行甚多，天地佑我。"天命三年（1618），努尔哈赤宣告出征明王朝的宣战仪式是在农历四月十三寅日巳时举行的。在这个仪式上发布了著名的《告天文书》，祷告中列数"天以叶赫（部落）为非"，"尼堪（汉人）逆天而行"，"帮助天以为非的叶赫"，"天将哈达（部落）给我，天给我后，尼堪皇帝还助哈达，威胁我"，"天以为非的人，必定失败而死，天以为是的人，必定胜利而存"，等等，已经是系统完备的天命观思想。⑯

在近代锡伯族看来，人间的祸福、兴盛、衰落均由天定，任何人违抗不了天命，天在监视着人们的言行，民间谚语说"苍天有眼"、"天眼尖"、"天耳长气"，而且，天惩恶彰善，并为善者或冤者申冤报仇。如有冤屈，可向天申诉，受冤者往往写"状子"指西天烧化，并把自己的冤枉事如实述说给"天"，意为告天起誓，打赌者也指西天跪磕。⑰

可以看到，历代北方统治集团都明确地将王权的兴替看作是天之意志，王朝可以因仁德享有天佑，因失德而被天惩。这是典型的天命观思想，统治者行使权力，不能无所顾忌，要时时警惕天谴。比如，金王朝常以天人感应检修国政，遇到自然灾害等异常自然现象，都会与朝纲治乱联系起来，采取补救、调整等国政措施，以响应天命。努尔哈赤一样认为"抚育天委托给的国人，天也会嘉奖"，"即使天佑，心里从不怀一点骄傲"。成吉思汗主张"如果我们忠诚，长生天会保佑我们"，"如果我们团结，长生天会保佑我们"，认为"天道"可循。⑱这是地地道道的天命观思想。

关于天命观与我们每一个人的关系，钱穆先生这样说："中国人是把'天'与'人'和合起来看。中国人认为'天命'就表露在'人生'上。离开'人生'，也就无从来讲'天命'。离开'天命'，也就无从来讲'人生'，所以中国古人认为'人生'与'天命'

最高贵最伟大处，便在能把他们两者和合为一。离开了人，又从何处来证明有天。所以中国古人，认为一切人文演进都顺从天道来。违背了天命，即无人文可言。中国人之'天人合一'论，能得宇宙人生会通合一之真相。"⑦这一点，无分南北东西，普遍存在于中国大地。

综上所述，中国北方部族的腾格里崇拜，汉代就已经完成"奉天承运"和"天谴弗违"的从自然崇拜到哲学宗教思想体系的构建。无论是从文化机理与核心内涵看，还是从历史发展过程看，都与"天命观"一致，可以明确地说腾格里崇拜与天命崇拜完全属于同一个文化系统。

---

① 何世明：《基督教与儒学对谈》，第29页，宗教文化出版社，1999年。

② （汉）许慎撰，（清）段玉裁注：《说文解字注》第一卷第一篇注上，经韵楼藏版，上海古籍出版社，1981年。

③ （清）阮元校刻：《十三经注疏》，《周礼·春官·宗伯》，第752页，中华书局，1982年。

④ （宋）程颐撰，孙劲松、范云飞、何瑞麟译注：《周易程氏传译注》上册，第45页，商务印书馆，2018年。

⑤ 冯友兰：《中国哲学史》上册，第55页，商务印书馆，1947年。

⑥ ［美］傅伟勋：《儒家思想的时代课题及其解决线索》，《孔子研究》1987年第4期。

⑦ 劳思光：《新编中国哲学史》（一），第80—93页，三民书局股份有限公司，1986年。

⑧ 张立文：《中国哲学范畴发展史·天道篇》，第65页，中国人民大学出版社，1988年。

⑨ 何新亮：《中国自然神与自然崇拜》，第53页，生活·读书·新知三联书店，1992年。

⑩ 朱天顺：《中国古代宗教初探》，第7页，上海人民出版社，1982年。

⑪ （汉）司马迁：《史记》卷二《夏本纪》，第84页，中华书局，1982年。

⑫ 吴毓江撰，孙启治点校：《墨子校注》，第178页，中华书局，1993年。

⑬ 徐旭生：《中国古史的传说时代》（增订本），第83页，文物出版社，1985年。

⑭ 徐旭生：《中国古史的传说时代》（增订本），第6页。

⑮ （春秋）左丘明：《国语》，（吴）韦昭注，第506页，南京大学出版社，1997年。

⑯ 朱天顺：《中国古代宗教初探》，第254页。

⑰ 何新亮：《中国自然神与自然崇拜》，第54—55页。

⑱ 何新亮：《中国自然神与自然崇拜》，第57—58页。

⑲ （清）阮元校刻《十三经注疏》，《礼记·郊特牲》，第1453页。

⑳ （清）阮元校刻《十三经注疏》，《诗经·周颂·天作》，第585页。

㉑ （清）阮元校刻《十三经注疏》，《周易·屯》，第19页。

㉒ （清）阮元校刻《十三经注疏》，《诗经·大雅·烝民》，第568页。

㉓ （清）阮元校刻《十三经注疏》，《尚书·泰誓·上》，第179页。

㉔ （清）阮元校刻《十三经注疏》，《诗经·小雅·天保》，第412页。

㉕ （清）阮元校刻《十三经注疏》，《论语·泰伯》，第2486页。

㉖ （清）阮元校刻《十三经注疏》，《尚书·大诰》，第197页。

㉗ （清）阮元校刻《十三经注疏》，《左传·僖公二十八年》，第1826页。

㉘ （清）阮元校刻《十三经注疏》，《左传·襄公二十三年》，第1976页。

㉙ （清）阮元校刻《十三经注疏》，《穀梁传·庄公元年》，第2379页。

㉚ （清）阮元校刻《十三经注疏》，《尚书·商书·汤誓》，第160页。

㉛ （清）阮元校刻《十三经注疏》，《尚书·商书·汤诰》，第162页。

㉜ 《清）阮元校刻《十三经注疏》，《尚书·商书·汤誓》，第160页。

㉝ （清）阮元校刻《十三经注疏》，《尚书·商书·仲虺之诰》，第161页。

㉞ （清）阮元校刻《十三经注疏》，《尚书·商书·汤誓》，第160页。

㉟ （清）阮元校刻《十三经注疏》，《尚书·周书·大诰》，第197页。

㊱ （清）阮元校刻《十三经注疏》，《尚书·商书·汤誓》，第160页。

㊲ （清）阮元校刻《十三经注疏》，《尚书·商书·咸有一德》，第165页。

㊳ （清）阮元校刻《十三经注疏》，《尚书·商书·高宗肜日》，第176页。

㊴ （清）阮元校刻《十三经注疏》，《左传·襄公二十七年》，第1994页。

㊵ （清）阮元校刻《十三经注疏》，《诗经·小雅·巷伯》，第456页。

㊶ （清）阮元校刻《十三经注疏》，《尚书·商书·伊训》，第163页。

㊷ （清）阮元校刻《十三经注疏》，《尚书·周书·蔡仲之命》，第227页。

㊸ （清）阮元校刻《十三经注疏》，《诗经·大雅·泂酌序》，第544页。

㊹ （清）阮元校刻《十三经注疏》，《尚书·商书·高宗肜日》，第176页。

㊺ 周秉钧：《尚书易解》，第87页，华东师范大学出版社，2010年。

㊻ 杨伯峻：《春秋左传注》，第672页，中华书局，1990年。

㊼ （清）王先谦：《荀子集解》，沈啸寰、王星贤点校，第317页，中华书局，1988年。

㊽ 李友广：《先期天命观念溯源》，《理论界》2009年第2期。

㊾ 李友广：《先期天命观念溯源》，《理论界》2009年第2期。

㊿ 《马克思恩格斯全集》第二十卷，第672页，人民出版社，1971年。

51 转引自朱狄《艺术的起源》第101页，武汉大学出版社，2007年。

52 徐元诰：《国语集解》，王树民、沈长云点校，第515页，中华书局，2002年。

53 周秉钧：《尚书易解》，第191页。

54 ［日］池田知久：《道家思想的新研究——以〈庄子〉为中心》（下），王启发、曹峰译，第367页，中州古籍出版社，2009年。

55 《尚书·蔡仲之命》，《十三经注疏·尚书正义》第55页，上海古籍出版社，2007年。

56 （汉）班固：《汉书·匈奴传》，第3751页，中华书局，1982年。

57 韩儒林：《穹庐集——元史及西北民族史研究》，第286页，上海人民出版社，1982年。

58 （汉）司马迁：《史记》，第2892页。

59 （汉）司马迁《史记》，第2892页。

60 （宋）范晔：《后汉书》，第2944页，中华书局，1965年。

61 （宋）范晔《后汉书》，第2980页。

62 （晋）陈寿著，（宋）裴松之注：《三国志》，第833—836页，中华书局，1969年。

63 （唐）令狐德棻等：《周书》，第910页，中华书局，1971年。

64 （唐）魏徵等：《隋书》，第1864页，中华书局，1973年。

65 ［法］雷纳·格鲁塞：《蒙古帝国史》，龚钺译，翁独健校，第364页，商务印书馆，1989年。

㊅ （元）脱脱等：《金史》，第826页，中华书局，1975年。

㊆ 语出《尚书·盘庚》："先王有服，恪谨天命。"

㊇ （明）宋濂等：《元史》卷七十二《祭祀志一·郊祀上》，第1781页，中华书局，1976年。

㊈ 王国维笺证：《黑鞑事略》，文殿阁书庄，1936年。

㊉ 额尔登泰：《蒙古秘史》（校勘本），第913页，内蒙古人民出版社，1980年。

㊋ （宋）赵珙著，王国维笺证：《蒙鞑备录笺证》，文殿阁书庄，1936年。

㊌ （明）宋濂等：《元史》，第1781页。

㊍ 《蒙古秘史》卷一，余大钧译注，第5页，河北人民出版社，2001年。

㊎ 孟慧英：《尘封的偶像——萨满教观念研究》，第414—415页，北京出版社，2000年。

㊏ a. 中国第一历史档案馆、中国社会科学院历史研究所译注：《满文老档》一至九卷，中华书局，1990年。b. 辽宁大学历史系编：《清太宗实录》（打印稿），1978年。

㊐ 乌丙安：《萨满信仰研究》，第17—18页，长春出版社，2014年。

㊑ 贺灵：《锡伯族的原始信仰研究》，内部油印本，1989年。

㊒ 孟慧英：《萨满教的天神与天命》，《内蒙古社会科学》2000年第1期。

㊓ 钱穆：《中国文化中的"天人合一观"》，《中国文化》1991年第4期。

中国古代竞舟与龙舟文化研究

崔乐泉

（中国体育博物馆）

在中国古代水上运动中，以舟船为"运动器械"而进行的竞舟运动，始终保持着最广泛的大众基础和最庞大的运动规模。虽然多数人的心目中将"龙舟竞渡"贯穿于中国古代竞舟运动形式的始终，但由其历史发展进程分析，"龙舟竞渡"只是竞舟发展史上很晚才出现的一个词。不过，正是由于"龙"形态的注入，才使得中国古代的舟船竞渡被赋予了更多的人文内涵，并影响深远。本文研究资料的来源包括三个方面：以"舟船"、"竞渡"、"龙舟"和"龙舟竞渡"为关键词，在中国知网、万方数据库等电子资料库获取代表性的相关研究文献68篇；以"二十四史"为主的古文献所载相关资料；文物考古报告以及传世所见的相关实证资料。在对上述资料作出综合分析的基础上，对中国古代舟船竞渡的历史演进、类型、时代特点、文化内涵以及历史价值作出全面研究。

一、从舟船到竞舟

舟、船，是生活在水乡人们的一种生产和生活用具。先秦文献中一般以舟称之，屈原《九歌·湘君》即有"美要眇兮宜修，沛吾乘兮桂舟"的描写，《诗经·邶风·谷风》也有"就其深矣，方之舟之"的记载。汉代以后，舟又有了船的称呼。东汉许慎编写的中国第一部系统分析汉字字形和考究字源的字书《说文解字》称："船，舟也，从舟铅省声。"自此以后，舟船或舟、船开始常见于文献和人们的生活之中。

（一）舟船的产生与早期发展

考古发现的舟船用品，目前所见最早的资料，为距今7 000多年前浙江余姚河姆渡新石器时代遗址出土划舟用的木浆和陶舟形器（图一）。[①]在距今4 400多年前的新石器

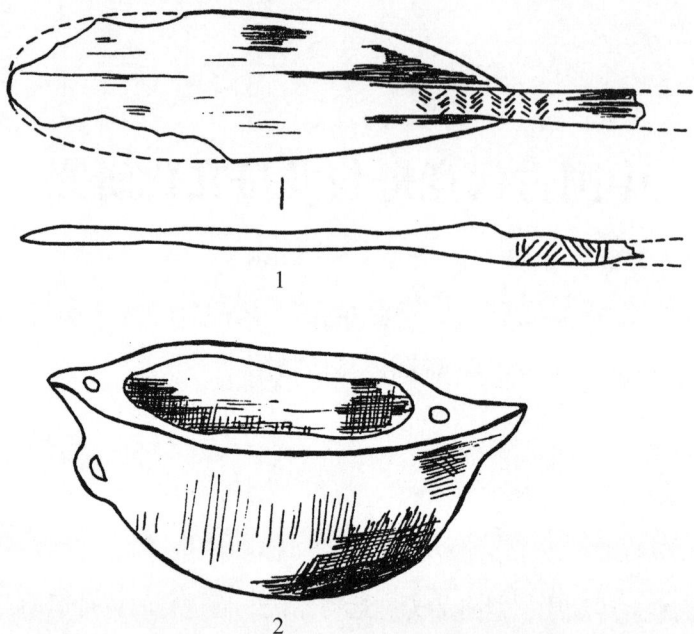

图一　浙江余姚河姆渡遗址出土新石器时代木浆和陶舟形器

时代晚期浙江吴兴钱山漾下层遗址，也出土了同样的木桨。②这表明人们在水上生活时，已经将舟船作为一种谋生手段了。

但由考古发现和文献资料的记载来看，早期的舟船多见于水域较多的江浙地区，而这一地区在早期是古越族生活的区域。古越族因生活环境的关系，本身就善于制作舟楫、巧于操舟。西汉淮南王刘安主持编写的《淮南子·齐俗训》说：“胡人便于马，越人便于舟。”东汉专门记载吴越地方史的《越绝书》卷八也有越族“水行而出山处，以船为车，以楫为马”的描述。上述发现的考古资料和文献记载表明，生活在南方水乡地区的古代民族最早发明了舟船。

关于夏、商、周时期的舟楫，文献中有关的记载屡有出现，考古出土的相关实物也逐渐增加。《周易·系辞》记载有当时流行的“刳木为舟，剡木为楫”的独木舟。考古资料中，1958年江苏武进奄城出土了3只春秋晚期到战国时期的独木舟，③说明直至春秋战国时期，水乡人们使用的舟船仍然是独木舟，而且主要还是人们进行水上运输、捕捞等作业的一种辅助工具和手段。

（二）舟船竞技与“竞渡”的出现

按照人类发展的历史进程，当早期的某种生产生活用具转化为某一文化活动的媒介时，必然伴随着人们某种信仰或习俗的嵌入。作为人类早期生活与生产用具的舟船，逐渐向一种水上竞渡的文化形式转化时，也同样把人们早期的文化信仰与习俗融入其中。

这样，关于舟船竞渡的起源，就有了不同形式的民间传说。

一种说法为祛病驱瘟。这种说法源于古人对常常出现的疫病等自然灾害的无奈。于是，将舟船竞渡的目的附会于帮助人们驱邪、避瘟、保健康和祛病消灾，而人们通过舟船进行水上竞渡，就可以达到驱邪逐疫的主要目的。[④]

一种说法为祈求丰收。这一说法基于人们对通过自己劳动而获得丰收果实的一种祈愿。在古人的日常生活之中，食物的来源与他们的生命有着同等的价值，而在南方水乡，进入农业社会后人们的主要食物来源于水稻的种植。通过舟船竞渡的形式来祈求龙神降雨、保佑谷物丰实，便蕴含着人们对风调雨顺、五谷丰登生活的一种期盼。而用于竞渡的舟船便成为一种能够影响增产丰收的神秘器物。[⑤]

一种说法是图腾崇拜。与南方水乡操舟先民们信仰的图腾对象有关。为了保佑平安，人们就把自己信仰的图腾图案装饰或刻在竞渡船上，以此来密切他们与图腾之间的联系和对图腾之神的敬仰。久而久之，这种祭祀的竞渡活动就延续了下来。[⑥]

还有一种说法为人物纪念。这一说法在古代南方各地都有着自己的传说，如在吴地是为纪念因吴王夫差而冤死的伍子胥，后来更成为吴地的一种竞渡习俗；在越地是为了纪念越王勾践，通过竞渡以昭彰他坚韧不拔的复仇精神；在楚地则是为了纪念爱国主义诗人屈原，这也是流传最广而被人们所普遍认可的一种说法。[⑦]

当然，上述传说仅仅是人们将自己的信仰或祈愿注入舟船竞渡中的一种寄托，而且多出现在魏晋以后。实际上，早期舟船竞技的出现，是南方水乡舟船发展到一定阶段的产物。善于操舟的南方民族，在水上交通运输或捕鱼获取生活资料之余，自然会产生通过自己使用的生产工具进行游戏、娱乐的愿望。久而久之，以舟船竞技为目的的所谓水上活动，就成为他们的一种"业余"演习形式。

其实，时代为春秋战国至东汉时期的竞渡考古资料，在我国南方和西南地区多有发现：浙江鄞县在1976年出土过1件春秋时期的青铜钺，上面就有"羽人划船"纹形象（图二）；[⑧]在我国西南地区的云南、广西、四川和贵州一带，曾发现了许多战国中期至东汉的被我国学者称之为石寨山式的铜鼓形器，部分器形上面亦铸有装饰性的"羽人划船"纹（图三）。[⑨]在这些"羽人划船"纹中，船上的人皆头戴羽冠，前后排成一行，做相同的划船动作。这些人中，有的执羽杖指挥，有的划

图二　浙江鄞县出土春秋"羽人划船"纹铜钺

图三 云南晋宁石寨山出土西汉"羽人划船"纹铜鼓纹饰拓本

桨，有的掌梢，有的舞蹈，各有固定的位置和行动的程式。他们前后坐成一行，动作协调一致，具有强烈的节奏感。这应该就是早期具有竞渡特点的水上竞舟活动。[10]

那么，这种早期的水上竞舟活动，何时被冠以"竞渡"名称呢？

在西晋周处记述地方风俗的名著《风土记》中，有一段这样的记载："仲夏端午，烹鹜角黍……踏百草、竞渡。"[11]稍晚于周处的南朝梁宗懔，在其《荆楚岁时记》中，也有魏晋时期盛行"五月五日竞渡"的记载。[12]也就是说，依据目前所知资料，中国传统的水上竞舟活动在不晚于距今1 700年前的魏晋南北朝时期，已经被正式命名为"竞渡"了。

二、从龙饰舟到龙舟竞渡

在中国古代水上竞舟活动被正式冠以"竞渡"之称后，传统的"龙"文化也逐渐出现在这一水上竞技运动中，而且其对竞舟文化的影响与日俱增，以致人们逐渐地对竞舟以"龙舟竞渡"相称。但是，正是由于龙舟竞渡文化的影响越来越大，以致后人对"龙文化"渗入竞舟的过程、龙舟文化替代竞舟文化等问题产生了许多疑惑。其实，这既是人们对中国传统龙文化的情感因素所致，亦涉及对文献与考古资料的完整分析。

（一）鹢鸟舟与龙饰舟

其实，如果我们对相关资料作出综合分析就会发现，早期的竞舟或许出于图腾崇拜或水乡民族风俗之故，常能发现其与鹢鸟或龙等形式的结合。西汉刘安的《淮南子·本经训》也有"龙舟鹢首，浮吹以娱"的记载。亦即说舟船被装饰成龙形，船头饰有鹢鸟（一种水鸟）。而前述战国中期至东汉的石寨山式铜鼓形器上的"羽人划船"纹中，船的造型就是将其首尾装饰成鸟的形象，有的专家甚至直接将其命名为"鹢首舟"。[13]而且，"从铜鼓上所有的船型纹看，特别是将各种船型纹排列比较来看，是一种'竞渡图'，则

图四 广西西林出土西汉"羽人划船"纹铜鼓纹饰展开图

是无可怀疑的"⑭（图四）。这说明，在古代竞舟文化中，"鹬鸟"和"龙形"是最早和竞舟结合在一起的。

鸟形饰于竞舟容易理解，因为鹬鸟本身就是一种生活在水上的水鸟。但"龙"是如何注入竞舟文化之中的呢？

1987年夏，考古工作者在河南濮阳市西水坡引黄供水工地的考古调查中，发现一座公元前4500年左右的仰韶文化墓葬M45，墓主骨架左右两边有用蚌壳分别排列成的"龙"与"虎"的图形。这一"左龙右虎"的形象随葬于墓主身边，表明"龙"在远古先民的生活中已经具有重要位置了。⑮

战国时期魏襄王陵墓出土的《穆天子传》一书，虽属文学作品，但其中出现的"天子乘鸟舟龙卒浮于大沼"⑯的记载，也间接反映出西周时期以鸟和龙为形象的装饰就出现在舟船上了。前文提及的浙江鄞县出土的春秋时期青铜钺，其"羽人划船纹"图案的上方，就有前肢弯曲、尾向内卷、昂首向天的两条相向的龙。这说明早至春秋战国时期用于水上竞技比赛的装饰有龙形的竞舟，已经出现在人们的生活之中了。

（二）龙舟与龙舟竞渡

那么，龙饰舟是在什么时间真正发展为龙舟呢？

宋代类书《太平御览》引东晋王嘉《王子年拾遗记》说："汉成帝尝与飞燕泛舟戏太液池，以沙棠为舟，贵不沉没也。以云母饰于鹬首……又刻大桐木为虬龙，雕饰如真像。"⑰这则记载是说西汉成帝刘骜与赵飞燕泛舟嬉戏于太液池，文中特意指出船的两弦用整棵桐木雕成的龙栩栩如生。这类装饰豪华的龙舟虽然不是用于竞渡，但真正的"龙舟"已经出现了。

根据我们对相关资料的分析，真正的"龙舟"形制出现在竞渡中，还是进入隋唐以后。《资治通鉴》就记载："自唐以来，治竞渡船，务为轻驶，前建龙头，后竖龙尾，船之两旁，刻为龙鳞而彩绘之，谓之龙舟。"[18]这种前有龙头、后有龙尾、两边雕刻并彩绘有龙鳞的龙舟型制式，自唐代开始正式出现在竞渡中，并一直为后代所采用。

三、龙舟竞渡的类型及其特点

龙舟竞渡自唐代出现后，作为中国古代竞舟的主体流行于全国各地。但由于地理环境的原因和客观条件的限制，早期的龙舟竞渡多数还是见于南方，而且有着较高的普及率。至于北方，龙舟竞渡还多与宫廷活动结合在一起。因此，按龙舟形制、竞赛规模和方式而言，中国古代的龙舟竞渡主要包括宫廷龙舟竞渡和民间龙舟竞渡两大类。

（一）宫廷龙舟竞渡

隋唐以后盛行的宫廷龙舟竞渡，与隋炀帝有着一定的关系。虽然与隋炀帝有关的龙舟与后来的宫廷龙舟竞渡并不是一回事，但帝王对龙舟的推崇，还是在一定程度上为龙舟竞渡起到了推波助澜的作用。公元605年，杨广登上皇位之后，即开始下令开凿通往江都（扬州）的运河。为了以此巡游，又命人大造龙舟、楼船等各种舟船数万艘。根据唐代杜宝所撰《大业杂记》记载，杨广登基后一幸江都时，所乘坐的"龙舟高四十五尺，阔五十尺，长二百尺，四重"[19]。此后，杨广又两次巡游江都。先后三次江都之游，杨广乘坐的龙舟船队，数量之多、规模之大、豪华之极，堪称隋朝造船、航运之盛举。隋炀帝如此规模的龙舟游行，对龙舟形象在民间的宣传，其作用是毋庸置疑的。虽然宫廷龙舟竞渡直到唐代才开始流行，但隋炀帝大规模的龙舟巡游活动显然有推动作用。

从唐代武则天开始，皇家在长安宫苑内的兴庆池、鱼藻池、新池陆续举办龙舟竞渡比赛，而且皇帝亲自观看。如唐敬宗李湛在公元825年继位不久，就不断命令举办皇宫的竞渡比赛：公元825年"五月庚戌，观竞渡于鱼藻宫"；公元826年"三月戊寅，观竞渡于鱼藻宫"，"五月戊寅，观竞渡于鱼藻宫"，"八月丙午，观竞渡于新池"。[20]几个月期间，连续四次上鱼藻宫、新池观竞渡。为了在宫中进行大规模的竞渡，唐敬宗"诏王播造竞渡船二十只供进，仍以船材京内造"[21]。一次就向盐铁转运使王播索要造20艘龙舟的材料，这个费用竟是当年全国盐铁转运总税额的一半。

一般来说，宫廷举办的竞渡自成系统，由将士充任划桨的"舟子"，以豪华奢侈为其显著标志。而这类宫廷竞渡的内部情形，往往也被御用文人在颂扬奉承中渲染出来。唐代中后期诗人王建，在其《宫词》中就有"竞渡船头掉采旗，两边溅水湿罗衣。池东争向池西岸，先到先书上字归"的诗句。㉒豪华的竞渡船，衬托出宫廷与民间竞渡气氛的巨大差异。

唐代以后至明清，宫廷龙舟竞渡最突出的还是北宋时期的金明池竞渡。北宋东京的金明池，经过五代后周周世宗柴荣和宋太宗赵光义的大规模扩建，形成了周长9里、蓄水量丰富的人工大湖，可以说是当时世界最大的人造水上运动场。在宋太宗后期，北宋的宫廷龙舟竞渡活动开始大规模开展。据《宋史》所载，宋太宗曾于公元992年"三月，幸金明池，命为竞渡之戏，掷银瓯于波间，令人泅波取之。因御船奏教坊乐，岸上都人纵观者万计"㉓。一次竞渡活动前来观看者就达到了上万人，这可以说是一次声势浩大的综合性水上比赛。

宋太宗以后，宋真宗也是一位竞渡活动的"粉丝"。公元1000年五月，宋真宗"幸金明池观水戏，扬旗鸣鼓，分左右翼，植木系彩，以为标识，方舟疾进，先至者赐之"㉔。这次竞渡活动非常热烈，在飘扬的彩旗伴以鼓鸣声中，竞渡的舟船分左右两列激进竞争，最先到达终点者，将获得标竿上彩色的锦标。在这里，竞渡争胜夺标的意义更为明确。

据北宋孟元老《东京梦华录》所载，金明池中龙舟的规模"大龙船约长三四十丈，头尾鳞鬣，皆雕镂金饰"㉕。这种龙舟虽然是专为皇帝观看竞渡比赛而建造的，但反映了皇家对龙舟竞渡的重视程度。

北宋在宫廷龙舟竞渡方面，还有一项重大发明不得不提，这就是朝廷还拨出专款在金明池建造"大澳"，也就是船坞。北宋沈括在其《梦溪笔谈》中曾对此作了全面介绍："于金明池北凿大澳，可容龙船，其下置柱，以大木梁其上，乃决水入澳，引船当梁上，即车出澳中水，船乃笐于空中，完补讫，复以水浮船，撤去梁柱，以大屋蒙之，遂为藏船之室。"㉖船坞凿建在金明池的北部，这种既可以停泊各类龙舟，又便于对龙舟进行修复作业的"大澳"，可以说是世界科技史上最早而又最宏伟的船坞，被誉为中国造船史上一个重大的发明创造。宋人为了举办竞渡活动，不知耗尽了多少智慧，花费了多少精力和财力。

对于声势浩大的金明池竞渡的颂咏，北宋文人也毫不惜墨。在众多的诗文中，被誉为"苏门六君子"之一的北宋李廌，在其《有怀都下寒食》词中，讴歌了金明池竞渡的魅力："阑干仙人深雾縠，楼前彩缆系龙舟。锦标霞举夺日精，万楫竞渡驰蛟虬。"㉗金明池宏大的龙舟竞渡场面，炫耀了华丽雄伟的皇家气派。

明清时期，宫廷龙舟竞渡多在端午节时举办，但与北宋相比，规模显然小多了。明成化二年进士陆容的《菽园杂记》记载说："朝廷每端午节，赐朝官吃糕粽于午门外，酒数行而出。文职大臣仍从驾幸后苑，观武臣射柳，事毕皆出。上迎母后幸内沼，看划龙船，炮声不绝。"㉘明代万历年间太监刘若愚在其编写的明宫廷杂史《酌中志》中也记载说:"五月初五日,圣驾幸西苑,斗龙舟划船。"㉙但总体上看,这种宫廷龙舟竞渡活动,已经今非昔比。

清代皇宫的龙舟竞渡活动,早在清初的顺治、康熙年间就在西苑不断举办,而在乾隆时期达到了鼎盛。清徐珂在《清稗类钞》一书中称:"乾隆初,高宗于端午日命内侍习竞渡于福海,画舫箫鼓,飞龙鹢首,络绎于波涛间,颇有江乡竞渡之意,召近侍王公同观。"㉚清代皇室的龙舟竞渡一直在圆明园的福海举行,乾隆、嘉庆帝等均曾前往观看过。而爱好竞渡的乾隆皇帝更是多次借诗意来咏颂这一传统的竞技活动。

但在乾隆后期,从避免激发皇子们的竞争欲望出发,宫廷便很少提倡大规模的龙舟竞渡活动了,此后宫中龙舟再也没有从前那种激烈竞渡夺标的场面,人们所看到的仅仅是颐和园昆明湖上皇家零星的游幸龙舟。

(二)民间龙舟竞渡

在中国古代历史上,龙作为皇权的象征,在封建社会后期的影响越来越明显。但唯有在龙舟竞渡领域,民间的龙舟虽然亦以龙为主题,却从没有与象征皇权之龙出现过真正意义上的对抗。帝王和百姓的龙舟及其活动,一直相互影响、互相促进,这对于龙舟竞渡文化的传承与发展起到了不可否认的推动作用。正因为如此,唐代以后民间龙舟竞渡的开展可谓如火如荼,且异彩纷呈。

唐代的民间龙舟竞渡,已经发展成为一种定期举办的水上体育活动。在民间开展的范围极为广泛。《旧唐书》记载,江南一带的竞渡活动多在春天举行,其竞赛形式是在多条舟船参与的情况下,以划行速度快并最先到达者为胜。为了规范竞渡比赛,杜亚"令以漆涂船底,贵其速进;又为绮罗之服,涂之以油,令舟子衣之,入水而不濡"㉛。传为唐李亢撰写的《独异志》一书,曾记载了唐文宗时期发生在江苏瓜步镇的一次龙舟竞渡事故:"宝历二年,……五月三日,瓜步镇申浙右试竞渡船十艘,其三船平没于金山下,一百五十人俱溺死。"㉜这是一次不小的竞渡事故,透露出当时已经出现了每竞渡船50人的建制,这已经属于大型民间竞渡船了。

为了准确地判断竞渡比赛的胜负,唐朝人首次创立了"锦标"制度。最初的"标"是一根长竿,立在水面终点界线上,竿顶挂彩系锦,所以称之为"锦标",又称为"彩标"。在中文里,今人体育比赛所称"锦标赛"、取得胜利所称"夺标",其典故均来自唐代的竞渡。唐朝中期名臣、诗人张建封在其《竞渡歌》中,对当时竞渡的入场仪式、起发、争进、夺标以及最后因争标而出现的打斗,作了全过程的记述,描写十分生动,给人以身处其境的感觉。其中一段竞渡争标的描写是这样的:"鼓声三下红旗开,两龙跃出浮水来。棹影斡波飞万剑,鼓声劈浪鸣千雷。鼓声渐急标将近,两龙望标目如瞬。坡上人呼霹雳惊,竿头彩挂虹蜺晕。前船抢水已得标,后船失势空挥桡。"㉝唐代的龙舟竞渡，追求的是一种能力的释放和意志的张扬。论规模，场面雄壮；论人气，举世恢宏。尤其是激动人心的先船夺标，总是把比赛推向最高潮。

宋代的竞渡活动可以分为北宋与南宋两大时段。北宋时期以东京金明池为大本营，但基本体现的是宫廷龙舟竞渡；南宋时期以临安西湖为根据地，虽然有朝廷及当地官府参与，但基本是以民间形式开展，并形成了竞渡隆盛一代的新高潮。

由于地理和气候的因素，南宋的西湖龙舟竞渡一般开始于正月，至深秋结束，持续时间要比北宋长得多。西湖龙舟竞渡的规模倾向于华丽奢侈，同时更具特色。南宋钱塘人吴自牧在其《梦粱录》一书中，就对西湖的竞渡情形作了记载：二月"初八日，……龙舟六只，戏于湖中。其舟俱装十太尉、七圣、二郎神、神鬼、快行、锦体浪子、黄胖，杂以鲜色旗伞、花篮、闹竿、鼓吹之类。……令立标竿于湖中，挂其锦彩、银碗、官楮，犒龙舟，快捷者赏之"㉞。参与竞渡的六只龙舟，均有装扮成各种形象的竞渡手，比赛竞争的"标竿"上面还挂以锦彩、银碗以及被称为"官楮"的纸质钞票，以此作为优胜者的奖赏。除了参赛的六只龙舟，西湖竞渡还配备了乘载指挥比赛工作人员的小舟，专门执旗协调参赛龙舟的阵型并保证竞渡的安全。比赛结束后，获胜者得到锦标，失败者则众人筹钱置办酒席犒赏参赛者。

由吴自牧的记载可以看出，西湖的龙舟竞渡虽然由临安府的官吏主持，但民间性非常浓厚。龙舟竞渡选手的装扮，具有浓重的戏剧和神话色彩。另外还有重要的一点，就是将竞技夺取锦标作为最终目的，体现了龙舟竞技运动的传统风格和继承精神。

元人灭南宋后，朝廷曾诏令端午节禁止赛龙舟，一则担心保留宋朝这一类具有国家和民族意识的风俗会离析元朝的统治，此类民间风俗属于群聚性的大型活动，容易激发民情；二则龙舟赛事常常发生溺水事件。但在龙舟禁赛诏令生效后，民间依旧还有私下赛龙舟的活动，甚至在江淮、江西、福建、两广等地的民间仍然广为盛行，但与宋代相比，其规模与气势已经远远落后了。

明清时期，每年的龙舟竞渡仍以南方水乡为盛，且更趋于规范化。明代中期戏曲作家王济在其《君子堂日询手镜》中对广西的竞渡有这样的描述："横川……遇端阳前初一日，即为竞渡之戏，至初五日方罢。舟有十五数只，甚狭长，可七八丈，头尾皆刻龙形。每舟有五六十人，皆衣红绿短衫裳，鸣钲鼓数人，搴旗一人，余各以桨棹水，其行如飞。"㉟比赛一般是每两舟一组争较胜负，以最先到达终点者为胜，并获得红绸酒肉的奖赏。

明朝万历年间进士、武陵人杨嗣昌也对家乡湖南武陵的龙舟竞渡活动作了描述："今洞庭以北，武陵为沅，以南长沙为湘也。故划船之盛甲海内，盖犹有周楚之遗焉。……旧制四月八日揭篷打船。五月一日新船下水，五月十日、十五日划船赌赛。十八日送标讫，便拖船上岸。"㊱武陵一带龙舟竞渡一般在每年的五月端午前后举行，由描述可见其竞渡的组织、方法和仪式都有着一定的规范性。

明末清初史学家张岱还对明代南京、杭州西湖、无锡、扬州和镇江等地的龙舟竞渡作了总结："西湖竞渡，以看竞渡之人胜，无锡亦如之。秦淮有灯船无龙船，龙船无瓜州比，而看龙船亦无金山寺比。"[37] 可见，广布南方水乡的明代民间竞渡，在继承以往竞技比赛的基础上，更加突出休闲和娱乐，而且不同地区还将当地的民俗风情融入其中，使得中国传统的竞渡得到了更为广泛的普及。

进入清代，竞渡活动呈现出前所未有的盛大场面，在中原以南的广大地区，龙舟竞渡更为常见。苏州、桐城、扬州、常州、淞沪、杭州，甚至安徽、湖北、江西、岭南的珠江、西南的四川，每到竞渡时节，总会吸引水上健儿前来比试高低（图五）。清康熙时期文人张英曾专门以苏州的风土民情为描述对象，创作了竹枝词20首，其中一首是对苏州龙舟竞渡盛会健儿水上畅游的颂咏："五月龙舟水神庙，儿郎击鼓夺标时。波心跳掷如飞燕，自脱红衫裹鸭儿。"[38]

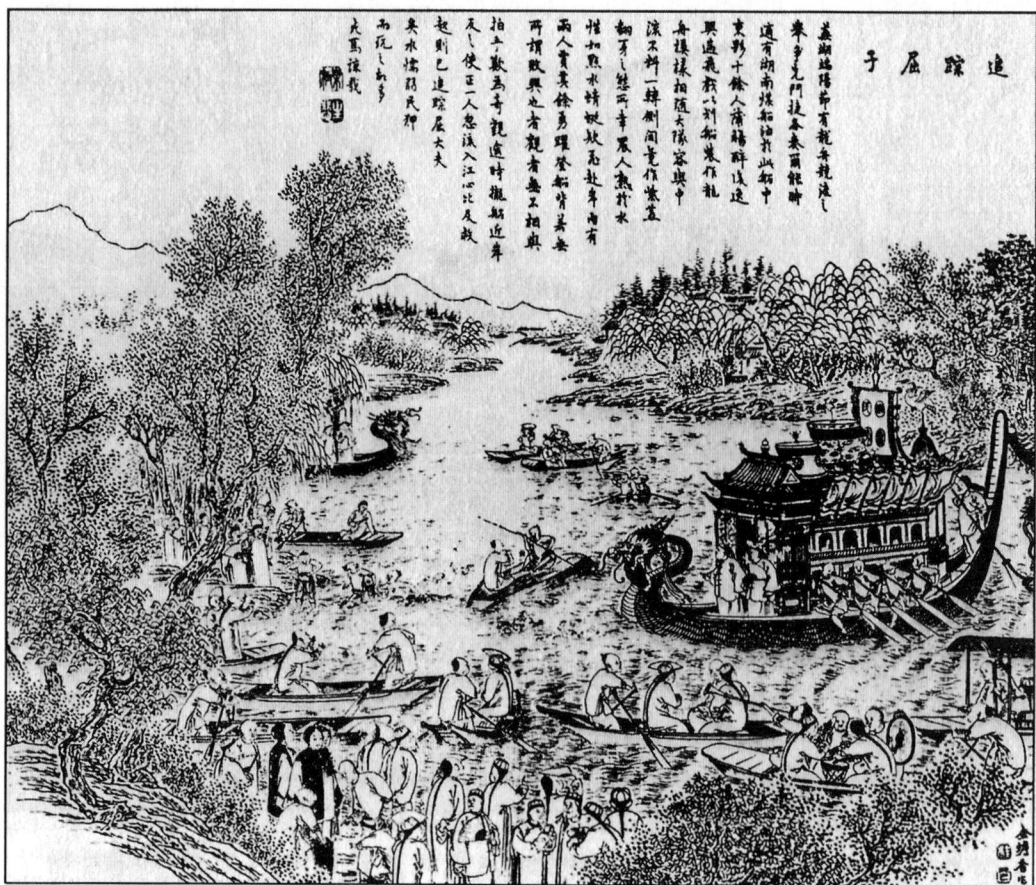

图五 清代《追踪屈原图》（芜湖竞渡龙舟吊唁屈原，选自《点石斋画报》）

此外，清代的南方地区还流行一种称为"凤舟"的竞渡船，这当为早期鸟饰舟（包括龙首凤尾饰舟等）演进而来，如清代檀萃撰写的《粤囊》一书中，就有"龙舟以吊大夫，凤船以奉天后，皆与五日为胜会"的记载，但都不是主流的竞渡舟型。

上述在南方普遍开展的传统龙舟竞渡，也慢慢浸润北方地区，尤其是在北京、天津等地，民间的龙舟竞渡活动得到了广泛开展。由清代学者完颜麟庆撰文，汪春泉、王圻等人绘图的《鸿雪因缘图记》，就将麟庆路过天津时遇到的三岔河口端午节龙舟竞渡盛况，以图画的形式描绘了下来，并在图旁作了如下题记："龙舟齐趁午时开，喜见扬髻棹尾来。海望楼前争夺锦，是谁真个解怜才。"㊴通过图文，我们可以想见当时津门夺标的热闹场面。

清人李声振在其记述清代北京及河北地区百戏表演的竹枝词专集《百戏竹枝词》中亦描述说："龙舟，舟作龙形，上设彩幡，置箫鼓为乐，京津门亦有，五月演者。"㊵这种保持着传统浓厚竞技色彩的龙舟竞渡，在北方的京津一带已成为五月端午节的盛事。

总之，发展至明清的民间龙舟竞渡活动，在继承唐代以来龙舟竞渡特色的基础上，于不同时期都有新的发展。明代以前，民间的龙舟竞渡主要以江南各地为主，北方所见多为朝廷举办的宫廷龙舟竞渡活动。只是随着清代乾隆后期宫廷龙舟竞渡活动的衰微，由南而北发展的民间龙舟竞渡才逐渐在京津一带普及开来。而且由于民间的着力推动，南北方不同地区、不同特色的龙舟活动始终未曾中断，并为后来中国龙舟竞渡运动的新发展奠定了基础。

四、中国古代竞舟的文化内涵与历史价值

由人类水上生活与生产实践演进而来的中国古代竞舟活动，经过了"刳木为舟，剡木为楫"的独木舟、鸟饰舟、龙饰舟以及龙舟的变化，最终发展成为一种影响力广泛的龙舟竞渡。在此发展与演化的过程中，不同时代的信仰、风俗习惯，甚至形形色色的人文趣事不断融入其中，使其逐渐成为一种具有中华文化特色的、具有深刻内涵的文化形态。正是在此基础上，龙舟竞渡在不同时期反映出来的时代特色，更为我们提供了可资探讨的历史价值。

（一）中国古代竞舟的文化内涵

古代竞舟作为一种具有民族特色的传统文化形态，在几千年的发展过程中，积蕴了丰富的传统与民族文化内涵。而民族认同、民族精神和民族审美则是其丰富内涵的典型代表。

民族认同感的形象化媒介。舟船，最初只不过是人们用于水上交通和获取生活资料的一种工具，但历史的发展将其带进了人们的竞技生活之中。如果对中国古代众多竞技

体育项目加以分析就会发现，竞舟是最能体现中华民族认同感的项目之一，究其缘由就是在竞舟的发展过程中，作为中华民族象征的"龙"融入其中，并形成了最活跃、最形象、最普及、最有动感，也最引人注目的龙舟文化。虽然龙仅仅是存在于人们想象中的动物，但人们赋予它包容、创新、进取与正义的精神，龙舟文化成为中华民族一种独特的文化凝聚与积淀，成为民族认同感的一根"标尺"。而这根标尺就会通过龙舟竞渡活动，储藏于人们的心里，谈吐于人们的口中，体现在人们的行为上，并约定着人们的聚散，凝聚着人们的意志，影响着人们的走向。一句话，龙舟文化作为民族认同感的形象化媒介，已经扎根、深藏于每个人的潜意识里。

民族精神的生动体现。竞舟自出现在人们的生活中，就以其独特的群体性竞技方式，规范、凝聚着人们的心智。而龙舟竞渡的出现，使得"龙的传人"精神进一步与中华民族文化联系起来。龙是中华民族共有的"图腾"，龙舟竞渡的形式展现出了中华民族的进取、团结、协作精神。后人赋予竞舟的诸种起源传说，无论是祛病驱瘟、祈求丰收，还是图腾崇拜、人物纪念，也都源于中华民族自身的"文化基因"，也是中华民族精神的原初体现。而正是这些"原初"的"文化基因"所延伸出来的朴实的民族情感和民族凝聚力，通过龙舟竞渡的形式发挥得淋漓尽致。尤其是将竞舟的起源与纪念屈原合为一体，虽然是出于一种怀古思贤的情调，但其中所蕴含的爱国精神，更将中华民族的精神体现在龙舟竞渡活动中。以屈原为"民族精神标志"的中华龙舟竞渡，在几千年的竞舟发展和演进过程中，已经从"楚地"湖北发展到了全国乃至国门之外。

传统审美功能的独特展示。从最初的独木舟到后来的鹢首舟、龙舟，从竞舟桨手到龙舟竞渡的"舟子"[41]，舟船的构造、装饰，竞渡选手的装扮、寓意，犹如民族文化的展示，将民族文化的自然之"美"通过舟船的形式不断展示给世人。无论是战国至东汉时期江南地区舟之首尾饰有鹢鸟的"羽人划船"竞渡，[42]还是配有"太尉"、"七圣"、"二郎神"、"神鬼"、"快行"、"锦体浪子"、"黄胖"等竞渡手形象的宋代龙形竞舟，[43]乃至狭长七八丈、头尾皆刻龙形、配有衣红绿短衫裳桨手的明代龙舟，[44]既体现了不同时期竞舟的整体变化，更是中华民族传统审美功能的独特发挥。通过竞舟人们实践了融入生活的竞技文化，更将自己的传统之美尽情加以展示。

（二）中国古代竞舟的历史价值

中华传统文化精深博大、源远流长，是世界上唯一一脉相传的文化形态。同样，作为中华传统竞技文化典型代表的竞舟文化，亦是中国古代众多体育项目中传承未绝的代表形式之一。正因为如此，竞舟文化的历史价值同样值得总结。

不同时期的竞舟造型和竞渡形式，给我们留下了不同时代民族原典文化的"活化石"。商周时期竞舟流行的是独木舟，这类独木舟见于如今的湖南、湖北、四川、重庆，在东北满族、赫哲族（"威呼"或"快马子"船）和贵州苗族中也有流行。但现在所见的这些"独木舟"，有的是用木板精心拼装成独木舟造型，有的经过了象征性加工。贵州苗族中流行的竞渡型独木舟是"用三根形直完整的杉树挖槽绑扎而成"，属于木料组合的独木龙舟。[45]因此，商周时期的独木舟作为古代竞舟的早期形式，为我们留下了原典式"竞舟化石资料"。

隋唐以后，"前建龙头，后竖龙尾，船之两旁，刻为龙鳞而彩绘之"[46]的龙舟正式登上了竞舟的历史舞台。及至宋元明清，以此为基调的龙舟成为了中华龙舟竞渡的主流，宫廷竞渡之龙舟更为豪华气派，这在北宋张择端《金明池争标图》中得到了完美展示（图六）。[47]这类竞渡之舟如今已经很难见到，但古人留下的许多文献记载与形象资料，却是了解古代龙舟文化的十分珍贵的"活化石"。

随着竞舟运动的发展，由独木舟到龙饰舟，再到龙舟，甚或伴随龙舟竞渡而出现的新的创造，都成为了古代竞舟运动科技进步的典范。最早的独木舟是人们利用石斧、石锛、锸等工具，将树干削平制作而成。随着社会的进步，不同时代出现的龙饰舟、鸟饰舟、龙舟的制作，均融进了不同时期的科技创造。尤其是竞渡中出现的乘载60人以上的大舟，蕴含着较高的科技含量。[48]为了完善北宋金明池宫廷龙舟竞渡而建造的"大

图六 宋代张择端《金明池争标图》（天津博物馆藏）

澳"船坞，可停泊各类龙舟，又便于对龙舟进行修复，这是竞渡史上的重大创举，也是中国古代造船科技史上的一项重大成果。

在中国古代竞技体育项目中，竞舟运动的普及与影响力堪为首举。正因为如此，这项运动也成为不同时代画家描绘、文人颂咏的对象。如南宋李嵩的《钱江观潮图》卷（北京故宫博物院藏）和《中天戏水图》页（台北故宫博物院藏）（图七）、南宋佚名《龙舟竞渡图》页（北京故宫博物院藏）、元王振鹏的《龙池竞渡图》（台北故宫博物院藏）（图八）等，[49]都真实地描绘了北宋金明池与南宋西湖的竞渡龙舟和宏大的竞渡场面，在为中国古代竞舟运动提供极具价值的形象化资料的同时，更留下了具有时代价值的丰厚艺术瑰宝。

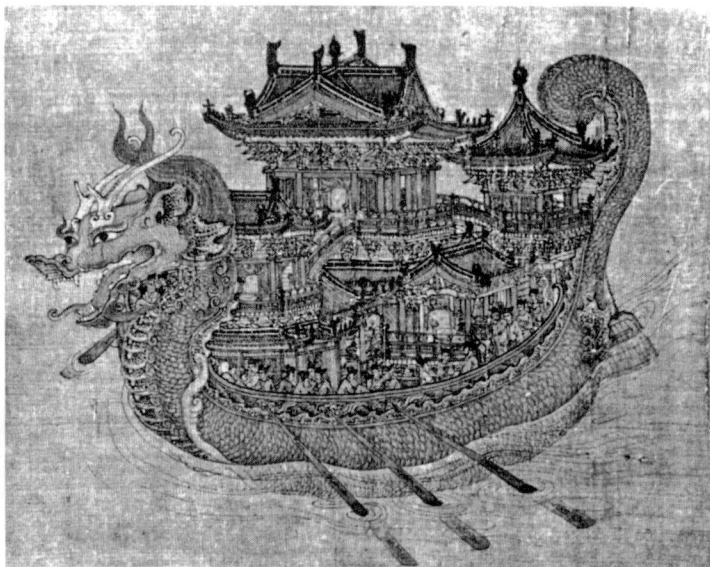

图七　南宋李嵩《中天戏水图》（台北故宫博物院藏）

图八　元王振鹏《龙池竞渡图》局部（台北故宫博物院藏）

在由形象资料展示中国古代竞舟文化的同时，历代文人还以诗词歌赋描绘了不同时代的竞舟文化。唐宋至明清时期留下的有关竞舟、竞渡、龙舟竞渡的描写最为丰富。其中唐代有关竞渡的颂咏涉及竞渡的规模、龙舟的形制、举办形式、选手的具体动作以及大江南北各地的竞舟比赛特点。[50]宋代除了对北宋金明池皇宫竞渡和南宋西湖竞渡的描写，文人们还对风靡江南的各地竞渡给以吟咏。到了明清时期，乾隆皇帝凭其对龙舟竞渡的高度热情，在位期间几乎每年的端午节都要写一首"竞渡"诗。这些展示竞舟运动时代价值的文学作品，同样为我们提供了研究中国传统竞舟运动的丰富史料。

五、结　语

中国古代的竞舟文化，有着丰富的内涵和自身演进的轨迹。由独木舟到鹢首舟、龙饰舟，再到龙舟，这一演进过程也是竞舟运动与中国传统文化逐步融合的过程。虽然在竞舟运动的发展演进过程中，不同时代、不同地域对于竞渡文化有着不同的解读，但中华民族对龙与舟结合以后的龙舟竞渡习俗的理解，却表现出了惊人的一致。究其原因，是因为在龙舟竞渡这一文化主体的参与上，人们都有着共同的信仰、审美情趣和民族文化认同。作为寄托着中华民族情感的一项民俗竞技运动，它在极大地满足着中国传统社会大众精神需求的同时，更将团结协作精神与拼搏争先精神贯穿于每一个参与者，这就是中国古代竞舟运动所体现的民族精神。正因为如此，深入开掘中国古代竞渡文化的内涵与时代价值，既可以深切体验中国传统文化所蕴含的民族自豪感和归属感，又可以为我们弘扬与培育民族精神，储备丰厚的历史人文内涵。

① 河姆渡遗址考古队：《浙江河姆渡遗址第二期发掘的主要收获》，《文物》1980年第5期。

② 浙江省文物管理委员会：《吴兴钱山漾遗址第一、二次发掘报告》，《考古学报》1960年第2期。

③ 谢春祝：《奄城发现战国时期的独木舟》，《文物参考资料》1958年第11期。

④ 张婷：《龙舟竞渡演变历程研究》，长江大学硕士学位论文，2015年。

⑤ 陈丽珠：《中国龙舟活动的发展及"龙"文化特征》，《天津体育学院学报》2002年第1期。

⑥ 霍丽明：《初探龙舟竞渡的文化内涵与时代价值》，《广州体育学院学报》1992年第4期。

⑦ 崔乐泉：《中国古代的龙舟竞渡》，《江汉考古》1990年第2期。

⑧ 曹锦炎、周生望：《浙江鄞县出土春秋时代铜器》，《考古》1984年第8期。

⑨ 云南省博物馆：《云南晋宁石寨山古墓群发掘报告》图版肆捌、肆玖，文物出版社，1959年。

⑩ 崔乐泉：《中国古代的龙舟竞渡》，《江汉考古》1990年第2期。

⑪ （唐）李匡乂：《资暇集》卷中，《文渊阁四库全书》电子版。

⑫ （南朝梁）宗懔：《荆楚岁时记》，《文渊阁四库全书》电子版。

⑬ 胡小明：《体育人类学》，第188页，高等教育出版社，2017年。

⑭ 冯汉骥：《云南晋宁出土铜鼓研究》，《文物》1974年第1期。

⑮ 李学勤：《西水坡"龙虎墓"与四象的起源》，《中国社会科学院研究生院学报》1988年第5期。

⑯《穆天子传》卷五，《文渊阁四库全书》电子版。

⑰（宋）李昉等：《太平御览》第七六九卷"叙舟中"，第3410页，中华书局，1960年。

⑱（宋）司马光：《资治通鉴》卷二四三，第7844页，中华书局，1956年。

⑲ 牟发松：《〈大业杂记〉遗文校录》，见《魏晋南北朝隋唐史资料》第15辑，武汉大学出版社，1997年。

⑳（宋）欧阳修、宋祁：《新唐书》卷八《敬宗》，第228、229页，中华书局，1975年。

㉑（后晋）刘昫等：《旧唐书》卷十七上《敬宗》，第516页，中华书局，1975年。

㉒（清）曹寅、彭定求等点校：《全唐诗》卷三〇二，第3440页，中华书局，1999年。

㉓（元）脱脱等：《宋史》卷一一三《礼志十六》，第2696页，中华书局，1977年。

㉔（元）脱脱等：《宋史》卷一一三《礼志十六》，第2697页。

㉕（宋）孟元老：《东京梦华录》卷七《驾幸临水殿观争标锡宴》，第70—71页，山东友谊出版社，2001年。

㉖（宋）沈括：《梦溪笔谈·补谈》卷二，第296页，中华书局，2015年。

㉗（宋）李鹰：《济南集》卷三《有怀都下寒食》，《文渊阁四库全书》电子版。

㉘（明）陆容：《菽园杂记》卷一，第1页，中华书局，1985年。

㉙（明）刘若愚撰，冯宝琳点校：《酌中志》，第180页，北京古籍出版社，1994年。

㉚（清）徐珂：《清稗类钞·时令类四·端午龙舟》，商务印书馆，1917年。

㉛（后晋）刘昫等：《旧唐书》卷九十六《杜亚传》，第3963页。

㉜（唐）李亢：《独异志》卷五十，《丛书集成初编》电子版。

㉝（清）曹寅、彭定求等点校：《全唐诗》卷二七五，第3117页。

㉞（宋）吴自牧：《梦粱录》卷一《八日祠山圣诞》，第7—8页，浙江人民出版社，1980年。

㉟（明）王济：《君子堂日询手镜》卷二，《丛书集成初编》电子版。

㊱（清）陈梦雷：《古今图书集成》"岁功典，武陵竞渡略"，《古今图书集成》电子版。

㊲（明）张岱：《陶庵梦忆》卷五，《丛书集成初编》电子版。

㊳（清）张英：《文端集》卷十五《吴门竹枝词二十首》，《文渊阁四库全书》电子版。

㊴（清）麟庆、汪春泉等：《鸿雪因缘图记》（五）《津门竞渡》，北京出版社，2015年。

㊵（清）李声振：《百戏竹枝词·龙舟》，见《清代北京竹枝词》，第165页，北京出版社，1962年。

㊶ 王赛时：《中国古代体育文明》上册，第358页，山东大学出版社，2018年。

㊷ 崔乐泉：《中国古代的龙舟竞渡》，《江汉考古》1990年第2期。

㊸（宋）吴自牧：《梦粱录》卷一《八日祠山圣诞》，第7—8页。

㊹（明）王济：《君子堂日询手镜》卷二，《丛书集成初编》电子版。

㊺ 中国体育博物馆、国家体委文史委员会：《中华民族传统体育志》，第83页，广西民族出版社，1990年。

㊻（宋）司马光：《资治通鉴》卷二四三，第7844页。

㊼ 余辉：《宋都的龙舟运动与界画》，《紫禁城》1994年第3期。

㊽ 王赛时：《中国古代体育文明》上册，第358页。

㊾ 余辉：《宋元龙舟题材绘画研究——寻找张择端〈西湖争标图〉卷》，《故宫博物院院刊》2017年第2期。

㊿ 王赛时：《中国古代体育文明》上册，第361—365页。

被池、池毡、画池考

孙　华
（北京大学考古文博学院、北京大学中国考古学研究中心）

宋赵令畤《侯鲭录》卷一"被池"条，专门解释被子周边缝纫的质料或花色不同于被里和被面的布帛为何被称为"被池"。赵氏引述唐人颜师古《匡谬正俗》"池毡"条云：

> 或问今以卧毡着里施缘者，何以呼为池毡？答曰："《礼》云：'鱼跃拂池。'池者，缘饰之名，谓其形象水池耳。左太冲《娇女》诗云：'衣被皆重池。'即其证也。今人被头别施帛为缘者，犹呼为被池，此毡亦为有缘，故得名池耳。"俗间不知根本，竟为异说。

赵令畤因而感叹说，被缘称池，"当时已少有知者，况比来士大夫耶？独宋子京博学，尝用作诗云'晓日侵帘压，春寒到被池'"。并特地补注说："余得一古被，是唐物，四幅红锦，外缘以青花锦，与此说正合。"[①]

我们知道，被子由被里、被芯和被面组成，为了避免被里与被面直接缝缀带来的不舒适感，被里与被面一般采取这样两种连接方式：一是被里比被子大一圈，将超出被子范围的被里向上再向内卷折，与被面缝缀在一起，这是我们今天常见被子的形态；二是被子的被里和被面的尺寸一般大，另在被子周边加一块对折的纺织品，将被里与被面缝缀在一起，赵令畤收藏的唐被应该就是这种式样。为了使被子更美观，被子周边另加的被缘与被子里外往往质料不同，花色不同，从而形成鲜明的对比。这个布料和色彩不同于被子主体的被缘，被称作"被池"。与被子相仿，毛织的地毯、卧毯、坐毯之类的方形或长方形织品，其周边容易磨损，造成线头脱落而损坏，故往往在周边另用其他纺织品包裹，形成单独的包边。这种带包边的地毯一类毡子，古人称之为"池毡"。所谓

"被池"或"池毡"的"池",尤其是毯子的周边,也不一定真的要用另外的布帛来包裹镶边,由于传统和习惯的作用,在毯子四周边缘用不同颜色的毛线织出,或用不同的颜料染出或画出一个边框图案(这在今天的地毯中也常常见到),应该也可以称作"池",也属于"池毡"的范畴。

关于池毡的来源,唐人颜师古《匡谬正俗》卷七"池毡"条云:"或问今以卧毡著里施缘者,何以呼为池毡?答曰《礼》云:'鱼跃拂池。'池者,缘饰之名,谓其形象水池耳。今人被头别施帛为缘者,犹谓之被池。此毡亦有缘,故得池名耳。"②颜师古所说的池毡形象水池,表述恐怕有点不准确,因为后世的水池有各种形态,即便方形的水池,也就是像被子或毯子整体的形态,不大像被子或毯子的四周边缘。颜师古实际上想表述说,地毯等纺织品四周的方框状边缘被称作"池",与古代送葬"柳车"的顶盖(名"荒")周边的装饰"池"有关。这个解释,自然是有根据的。不过,如果将生者使用的卧具和地毯与死者使用的柩车顶盖直接联系,毕竟有点不大符合常理。关于被池和池毡的源流演变,还得作一点考证。

池毡和被池之"池",首先应该来源于城池之"池"。中国古代有天圆地方的观念,因而主流的城邑营建思想是城邑法像大地,故方形的城邑成为中国城邑最常见的平面形态。方形的城邑周围修筑有高厚的城墙,城墙外还绕以跟随城墙同形的宽深的城壕,如果站在附近的山丘上俯瞰周围有城壕的方形城邑,其平面轮廓也基本上是由条带围合成的一个方框,好似汉字的"回"字。城四周的护城壕,有的有水,有的无水,故有水者称"池",无水者称"隍"。③《说文·阜部》:"隍,城池也。有水曰池,无水曰隍。"原先的城池之池应为围绕城郭的有水的方框状护城河,护城河为人工挖掘的水渠形态,所以才会引申为人工的水沟。④

城邑周围的护城河称池,城内某些功能区周边围墙外的水沟也得称池。古代大型城邑的城墙和城壕往往不止一重,中心都城更有三重城墙和城壕。这些城内的呈"回"字形的环壕,当然也可以称之为池。中国古代的城邑规划是以理想的井田制的"井里"为基础,"井"为城邑或城邑内功能区分区的形态基础,"里"为城市规划的尺度基础,以"里"为基本的规划模数进行组合规划,就好像拼图一样。一里或数里组成的功能区,如宫殿、庙宇、府库、军营、居住区等,其周围也往往绕以厚墙或水壕。考古学家在东魏北齐邺城的南郭城发现一座佛教寺院(赵彭城佛寺遗址),寺院外部以方形壕沟为边界,长宽范围大致是南北453米,东西434.5米,其范围大致是一个里坊的大小。⑤寺院周边以壕沟代替围墙,该壕沟如果注水,自然也可称之为池了。

城邑内一些方形或长方形功能区周边围绕的壕沟可以称池,推而广之,宫殿、庙宇、府库、军营、居住区等功能区内部的建筑周围的水沟,也可以称之为池。《太平广记》卷三一七"糜竺"条:

竺赀贷如丘山，不可算记，内以方诸为具。及大珠如卵，散满于庭，故谓之宝庭，而外人不得窥。数日，忽见有青衣童子数人来曰："糜竺家当有火厄，万不遗一。赖君能恻愍枯骨，天道不辜君德，故来禳却此火，当使君财物不尽。自今已后，亦宜自卫。"竺乃掘沟渠，周绕其库内。旬日，火从库内起，烧其珠玉，十分得一。皆是阳燧得旱烁，自能烧物也。火盛之时，见数十青衣童子来扑火，有青气如云，复火上即灭。童子又云："多聚鹳鸟之类以禳灾，鹳能聚水巢上也。"家人乃收集鸱鹳数千头，养于池渠之中，厌火也。(《王子年拾遗记》)⑥

在糜竺防火这个故事中，糜竺先是在库房周围挖水沟以隔绝火源和储蓄消防用水，后来则是水沟内养水鸟以象征水能克火，反映了从实际的积极防火到心理的消极防火的变化过程。这种消极防火的象征观念并非形成于糜竺之时，但正如糜竺防火故事一样，人们一旦形成了以水池的象征物预防火灾的消极防火观念，就将池的象征物从房屋周围搬到房屋的屋顶周边，也就是很自然的事情了。

房屋屋顶周边设置水池的象征物，这在古代中国出现甚早，至迟在周代就已经流行在重要建筑的屋盖周边设"池"，在池内或池下装饰水生动物和植物的象征性替代品的做法，并且池的多寡和水生动植物之象征物的表现形式，已经成为当时贵族阶级等级制度的组成部分。由于文献资料中没有关于周代宫室制度细节的描述，实物资料中也没有完整的周代建筑遗存保存至今，今人无法据以复原当时宫室屋顶的这些装饰。不过，古人"慎终思远"，事死如事生，为死者营建的殡宫和墓室也要仿效生者所居宫室的一些要素。《礼记·檀弓上》："孔子之丧，公西赤为志焉。饰棺，墙置翣，设披，周也。"⑦至迟从西周开始，周人就开始根据死者的身份地位，在死者棺柩外罩以模仿宫室建筑形态的帷幄——"饰棺"。这种屋形饰棺的形态和装饰有四个等级，分别对应于周王、国君、大夫和士，《礼记·丧大记》记载周王以下三个等级的棺饰情况说：

饰棺，君龙帷，三池，振容。……鱼跃拂池；大夫，画帷，二池，不振容。……鱼跃拂池；士，布帷，布荒，一池。⑧

按照这个说法，最低等级贵族的饰棺可能是一面坡形的屋顶，故只在屋面前檐处设置一池，并且池下不悬鱼形的装饰；较高等级的贵族的饰棺是两面坡的屋顶，故在前后两面屋顶的屋檐口处各设置一池，共计两池，池下悬鱼形装饰；国君一类高级贵族的饰棺大概是四面坡的屋顶，屋顶的前檐口及左右两侧檐口各设一池共三池，池下也都悬鱼形装饰并增加有水草形的装饰——"振容"。该文献没有说到周王饰棺的情况，但从其下三级贵族的饰棺可以推测，周王的饰棺应该是四面坡的屋顶，屋顶四周的檐口都设置

有池，共计四池，池下均悬鱼形装饰并有水草形装饰。当运载有这种屋形棺罩的棺椁的
柩车从殡宫出发到墓地时，随着柩车的摇晃，柩车上饰棺的屋形棺罩檐口边缘"池"下
悬挂的鱼形装饰也随之晃荡，好似鱼在有水的池上跳跃一般，这就是所谓"鱼跃拂池"。

关于周人饰棺之"池"，古人和今人一般都解释作屋形棺罩檐口竹编并蒙以青色布
料的装饰，认为它仿自生人宫室屋顶上的承水天沟。《礼记·檀弓上》"池视重霤"，汉
郑玄注："如堂之有承霤也。承霤以木为之，用行水，亦宫之饰也。柳，宫象也，以竹
为池，衣以青布，县铜鱼焉。今宫中有承霤，云以铜为之。"唐孔颖达疏：

> 池者，柳车之池也。重霤者，屋承霤也。以木为之，承于屋，霤入此木中，又
> 从木中而霤于地，故谓此木为重霤也。天子则四注，四面为重霤。诸侯四注，重霤
> 则差降，去后余三。大夫唯余前后二。士则唯一在前。生时既屋有重霤以行水，死
> 时柳车亦象宫室，而在车覆鳖甲之下，墙帏之上，织竹为之，形如笼，衣以青布，
> 以承鳖甲，以象重霤。方面之数，各视生时重霤。⑨

孔颖达认为饰棺的池是柳荒之下、墙帏之上，也就是屋顶檐口处用竹子编制并包裹有青
色布的槽子，得到了当时和后来学者们的支持。他们作为证据的，是在西汉长安城的宫
殿屋顶上，就有用铜做的屋檐天沟。《汉书·宣帝纪》神爵元年："金芝九茎产于涵德殿
铜池中。"颜师古注："铜池，承溜是也，以铜为之。"不过，这种槽形屋檐天沟比较少
见，一般出现在前后相接的两个屋顶之间，通常屋顶不大使用檐口天沟。考古发现的周
秦两汉建筑基址周围，都未见专门承接天沟管道流水的地坑或地沟，却普遍发现有防止
檐口滴落雨水破坏地面的"散水"，就是一个证据。作为一种普遍的屋顶装饰制度，屋
檐有池应该是一种普遍做法，不会特指前后相连屋顶的天沟。屋顶之池以及饰棺之池，
也该重新予以解释。

我认为，先秦两汉屋顶的承霤或池是指在屋盖靠近屋檐处使用不同材质或色彩的材
料加固檐口，如草顶的房屋在屋檐处覆盖青灰瓦，瓦顶的房屋在屋檐处覆以青铜瓦等，
使得屋顶边缘一周的颜色好似有水的城池一般。屋顶之池有保护屋顶檐口免遭风雨和鸟
虫侵蚀的实际功能，也有象征城邑建筑周边水沟的心理防护作用。后来唐宋时期的宫殿
等高等级建筑，屋顶普遍覆盖青灰瓦，但屋的檐口等处则用绿色琉璃瓦镶边；金元以后
宫殿一类高等级建筑，屋顶普遍用黄色或黑色琉璃瓦，屋檐边缘则采用绿琉璃瓦。直至
明清时期，高等级琉璃瓦的建筑，还在黄色或褐色的屋盖边缘部位覆盖绿色琉璃瓦，也
都还有用绿色屋顶边缘来寓意屋顶上有池，以达到用水克火的消极防火目的。

至此，我们可以得出一个结论：被池和池翣之池，原本自纺织品制成的饰棺棺罩坡
形顶部边缘之池，饰棺棺罩之池又本自宫室建筑屋顶檐口边缘之池，而宫室之池又来源

于城邑周边护城河的城池之池。城池本来用以防御外敌入侵，兼有提供作消防用水的功能；以后宫室屋顶之池，就从周边实际提供防火用水之池演变为防火象征物之池。当这种防火的象征物经由棺罩之池而移植到室内的被子和毯子的边缘时，防火的寓意就转变为保护的作用和防止损坏的寓意了。

最后，我们还是回到开头提到的"被池"与"池氍"。由于仿自宫室建筑屋顶的饰棺棺罩表面是纺织品做成的，这些纺织品周边有不同颜色纺织品做成的池，因而同样是纺织品的被子、地毯和坐毯周边的不同颜色布料的边框也就被称作池。这种名为池的方形或长方形纺织品周缘的包边或边框被推而广之，那些并不一定是规则形状的衣服，其似水颜色的包边或边缘也可称作池，这就是所谓"衣池"。《玉台新咏》卷二晋左思《娇女》诗有"衣被皆重池，难与沉水碧"的句子，除了提到被池外，还提到了衣池。衣服和被子的边缘水色池形装饰如果不止一道，两道碧绿色的被池或衣池，自然就是"重池"了。衣服、被子、氍毯都没有防火的要求，其边缘缝缀碧色边带自然也没有防火的寓意，却有着防止边缘磨损的实际功能，以及使得衣被等更加美观的装饰功能。宋代以后，除了"城池"一词还经常使用且意义接近原初含义外，其余如衣池、被池、氍池以及屋顶上之池，其名称已比较少见，意义也都隐而不显了。

我国历史延绵不绝，传统根深蒂固，池的这种"回"字形的形态意义，以及具有保护作用的功能意义，在我国的传统文化中却没有彻底消失。直到近现代，传统的书画装裱，画心周边的不同质地或色彩的衬托和保护画心的边框，还被称作"池"，就说明了这一点。明人文震亨《长物志》卷五"御府书画"条：

> 宋徽宗御府所藏书画，俱是御书标题，后用宣和年号，玉瓢御宝记之。题画书于引首，一条，阔仅指大，傍有木印黑字一行，俱装池匠花押名款。[10]

书画装裱最主要的形象体现就是书画外围多出了不同色彩和花纹的边缘，文震亨用"装池匠"称装裱匠人，可知他是将画心周围的边框称作池，名称未错。但与文震亨同时代的方以智已经不大清楚书画装池的意义了，方以智《通雅·器用》这样解释书画装潢说："潢，犹池也，外加缘则内为池，装成卷册，谓之'装潢'，即裱背也。"[11] 书画装潢之池，本来应该指书画外侧的方形或长方形的框形边缘，不应指书画的画心本身，后人不察，导致误解。当代介绍书画装裱技艺的书籍，基本都将装裱后的传统字画的画心称作池，其致误渊源至迟可以追溯到明代方以智那里。

当然，现当代仍然有不少学者都知道，书画装池应该是指书画原物外缘装裱起衬托作用的边框，不是指画心本身。中央民族大学图书馆藏有一册线装《云南风俗图》，该书曾为近代金石学家陆和九所藏。陆氏在卷末题写道："右图不知刻于何处，自番至獠共四十六图，刻工精纯，神态活泼，可谓画风俗画之善本也。爰付装池，并志数语于卷尾。"陆氏将"不知刻于何处"的风俗画装裱成册，每页的图画外都有衬托的外缘，故他用"装池"来称呼。徐中舒主编的《汉语大字典》解释池的字义，其中一义为"字画和衣物边缘的镶饰"，这无疑是正确的。由此可知，直到近现代，好古之人仍然清楚书画装裱之画池应该指书画外侧的边框，还将古画装裱的四边称作池，也就是"画池"。传统的图画有绢绫等纺织品作为绘画材料的"绢本"，也有纸张作为绘画材料的"纸本"；装裱图画的边框用材，也有用纺织品的"绫裱"和用纸张的"纸裱"。裱画术语中的"画池"应该来源于被池或氈池，这不会有多大疑问的。

① （宋）赵令畤撰，孔凡礼点校：《侯鲭录》第一卷，第33页，中华书局《唐宋史料笔记丛刊》，2002年。

② （唐）颜师古：《匡谬正俗》卷七，第673册第70页，上海古籍出版社影印《文渊阁四库全书》本，2003年。

③ 《资治通鉴》卷二百三十："天子所居必有城隍。"胡三省注："有水曰池，无水曰隍。"

④ 《周礼·地官·雍氏》："雍氏掌沟、渎、浍、池之禁。"郑氏注："池谓陂障之水道也。"

⑤ 中国社会科学院考古研究所、河北省文物研究所邺城考古队：《河北临漳县邺城遗址赵彭城北朝佛寺遗址的勘探与发掘》，《考古》2010年第7期。

⑥ （宋）李昉等：《太平广记》第三册，第323—324页，上海古籍出版社影印《文渊阁四库全书》本，1990年。

⑦ （清）阮元等编校：《十三经注疏》下册，第1284页，中华书局影印原世界书局缩印阮元刻本，1980年。

⑧ （清）阮元等编校：《十三经注疏》下册，第1583—1584页。

⑨ （清）阮元等编校：《十三经注疏》下册，第1293页。

⑩ （明）文震亨著，陈植校注，杨超伯校订：《长物志校注》，第149—150页，江苏科学技术出版社，1984年。

⑪ （明）方以智：《通雅》卷三第十二《器用》，清康熙五年姚氏浮山此藏轩刻本（中华再造善本），国家图书馆出版社，2009年。

论巴蜀符号的器物性

严志斌

（中国社会科学院考古研究所）

巴蜀符号出现的器类有印、戈、剑、矛、镞、铍、镡、刀、削、斧、钺、斤、凿、錾、盘、釜、釜甑、罍、钫、勺、豆、瓮、钟、錞于、钲、梳、带钩、兽头饰、铜泡、耳杯、棺。有的符号出现在多种器类上，如常见的 🐛 🐚；部分巴蜀符号似乎与器物种类有密切的关系；有的巴蜀符号只出现在特定的器类上，如 ♠ 绝大多数只出现在印章上，有82例，只有1例出现在漆耳杯上。①巴蜀符号在铜印与铜兵器两类性质不同的用器上使用情况有比较明显的差别。所以，对巴蜀符号的讨论有必要与器类联系起来考虑。

笔者曾整理出272种巴蜀符号。②下面拟对每一种符号出现的器物种类进行考察。如果某种器类也仅出现1例者，如镞、镡、铍，暂时不纳入考察。另外，器盖不是完整的器类，本文也不加考察。如果符号只出现1例，考察其所出的器类的意义不大。目前仅出现1例的巴蜀符号有106种（图一），本文对这些符号不作考察。

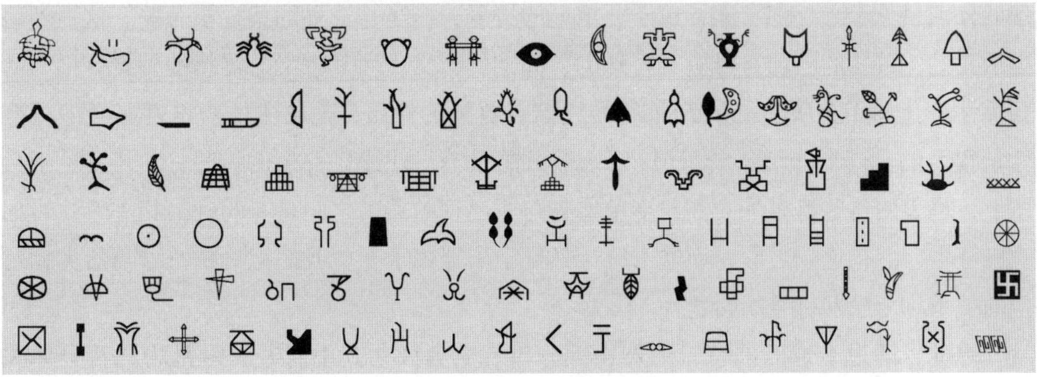

图一 仅出现1例的巴蜀符号

据《巴蜀符号集成》③所收巴蜀符号器物，列举166种巴蜀符号所出的器类如下表（表中数字为出现的器类数量）。

据表显示，有13种符号仅出现在青铜矛上：〔符号〕、〔符号〕、〔符号〕、〔符号〕、〔符号〕、〔符号〕、〔符号〕、〔符号〕、〔符号〕、〔符号〕、〔符号〕、〔符号〕、〔符号〕。

有29种符号只出现在印上：〔符号〕、〔符号〕。

有3种符号只出现在錞于上：〔符号〕、〔符号〕、〔符号〕。

有4种符号只出现在青铜剑上：〔符号〕、〔符号〕、〔符号〕、〔符号〕。

有1种符号只见于木棺上：〔符号〕。

如果将器类从功能上进行归类，如戈、剑、矛为兵器类，钲、钟、錞于为乐器类，斧、钺、刀、削、斤、凿为工具类，鍪、釜、罍、盘、耳杯、缶、勺、豆、瓮为生活用具类。分类进行考察，有如下情况。

有25种符号只见于兵器大类：〔符号〕、〔符号〕。

见于兵器与印两大类器的符号有：〔符号〕、〔符号〕、〔符号〕、〔符号〕、〔符号〕、〔符号〕、〔符号〕、〔符号〕、〔符号〕、〔符号〕。

见于兵器与乐器两大类器的符号有：〔符号〕、〔符号〕、〔符号〕、〔符号〕、〔符号〕。

出现在三种大器类及以上的通用性符号有：〔符号〕、〔符号〕。这些符号与器类没有明显的关系。

因为样本量的限制，以上归纳的都是暂时性的结论。但我们也能看出一些与器物种类有关的特征性的因素。王仁湘先生曾从符号组合出发讨论了符号与器物的关系，认为某些符号组合有特定的约禁现象，④即某些符号组合出现在特定的器物上。笔者统计发现的分别只见于矛、剑、印、錞于、棺上的符号，应当与这种约禁现象有关。这强烈地提示我们，具体的巴蜀符号有其特殊的、固定的意义，而其意义与器物的种类有很大的相关性。比如印上所独见的29种符号，结合器类的性质，是器主的身份姓名号的可能性是很大的。外形作矛形的符号〔符号〕只见于青铜矛上，外形作戈形的符号〔符号〕、〔符号〕只见于兵器上，也表明这些符号的意涵与形象本身与所出现的器类之间具有明确的相关性。再如〔符号〕符号，上有建鼓之形，而这个符号只见于乐器錞于上。我们把这种符号与器类相对应的关系称为巴蜀符号的器物性。

另外，通过上述巴蜀符号的器物性分析，笔者认为其中有些符号是为同符异体关系。如只见于兵器上的〔符号〕与〔符号〕、〔符号〕与〔符号〕。这也有助于我们对巴蜀符号的认识。

符号 / 器类	棺	瓮	豆	勺	缶	耳杯	盘	带钩	罍	釜	鍪	凿	斤	削	刀	钺	斧	钲	錞于	钟	矛	剑	戈	印
符号1																		2	1	1	18	4		
符号2														1		1		3	2	1	66	110	9	5
符号3																					4			
符号4																					4	11	1	
符号5																					14			2
符号6																								
符号7																					2	2		
符号8																					3	1		11
符号9																			5					
符号10																		1			3	2		3
符号11																					2	1		1
符号12			1	1																	2			
符号13																		1			10			1

续表

器类符号	印	戈	剑	矛	钟	錞于	钲	斧	钺	刀	削	斤	凿	鍪	釜	矍	带钩	盘	耳杯	缶	勺	豆	瓮	棺
[符号]		1	9	20																				
[符号]	4			2																				
[符号]				2																				
[符号]	1		2		1																			
[符号]		1	1	1		25	1		4												1			
[符号]	3			1																				
[符号]			1	2																				
[符号]	1			2																	1			
[符号]			1	4																				
[符号]		7	3	15																				
[符号]		1	4	6																				
[符号]		1	1			3																		
[符号]		1	1			15																		

续表

器类 / 符号	印	戈	剑	矛	钟	錞于	钲	斧	钺	刀	削	斤	錾	鍪	釜	罍	带钩	盘	耳杯	缶	勺	豆	瓮	棺
符号1			1										1											
符号2				6																				
符号3			1	1		1																		
符号4	1	8	129	136		6		1									1							
符号5	29																							
符号6	1			1																		1		
符号7	4	5	14	13																				
符号8	11																							
符号9				3																				
符号10	2																							
符号11	1			1																				
符号12				2			1																	
符号13			5	14																				

续表

符号\器类	棺	瓮	豆	勺	缶	耳杯	盘	带钩	鼎	釜	鍪	盉	凿	斤	削	刀	铖	斧	钲	镎于	钟	矛	剑	戈	印
（符号1·丫）																						12	1		
（符号2·丘）																						4			1
（符号3·镞形）													1			1						1			
（符号4·兽形）																		2		10					
（符号5·⊕）									1								1					1	1	2	2
（符号6·橐形）		1															1								5
（符号7·〈）																									6
（符号8·丨）					1		1				1						1							1	1
（符号9·士）							1												1						3
（符号10·丄）																			1						3
（符号11·米）																									1
（符号12·巛）																						16	11	9	
（符号13·网）					1				1																

续表

器类符号	印	戈	剑	矛	钟	錞于	钲	斧	钺	刀	削	斤 凿	鉴	鍪	釜	罍	带钩	盘	耳杯	缶	勺	豆	瓮	棺
[符号1]			28	15																				
[符号2 ✛]	1		5	1		1																		
[符号3 ✿]	3		1	2																				
[符号4 ✚]						1	1											1						
[符号5 ✳]	12																							3
[符号6]	3																							
[符号7]	2																							
[符号8]	3																							
[符号9]	2	1	1					1																
[符号10]			3																					
[符号11]	2																							
[符号12]																								
[符号13]	4																							

续表

器类＼符号	棺	瓮	豆	勺	缶	耳杯	盘	带钩	罍	釜	鍪	凿	斤	削	刀	铖	斧	钲	镈于	钟	矛	剑	戈	印
(符号)																								2
(符号)																						3		1
(符号)									1			12	10	11	5	2	5						26	1
(符号)																								3
(符号)																				1	1			13
(符号)																					5			
(符号)																1		1			1	1		
(符号)																					1			
(符号)																				1	7	5	3	5
(符号)					1																4			
(符号)																					8	1		6
(符号)																					4	1	1	3
(符号)			1																				1	1

续　表

器类 / 符号	印	戈	剑	矛	钟	錞于	钲	斧	铖	刀	削	斤	凿	鏊	釜	罍	带钩	盘	耳杯	缶	勺	豆	瓮	棺
✳			1	2																				
◆	13																							
✚	9																							
✕	2																							
⌣			3	2																				
◯			2	1																				
◆			2	1																				
⬭			6																					
⬭	4	9	123	116		6		1	1													1		
)))		3	58	10																				
)))		2	3	8																				
))))			2																					
)))			1	1																				

续表

符号	棺	瓮	豆	勺	缶	耳杯	盘	带钩	罍	釜	鍪	凿	斤	削	刀	钺	斧	铖	钲	錞于	钟	矛	剑	戈	印
〰〰〰											1						1					6	19	5	3
〰〰						1								1										2	
●																									4
▽																									2
⋈																						78	65	19	10
⌐								1						1			5	1				11		1	3
⎍					2			1									5	5	1		2	35	36	15	32
⌒⌒																									2
⌐																						3			16
{																						13	16	7	6
C			1																			4	1		18
Ꮯ																						4	9		
⬡											1											6	22	4	4

续表

器类 符号	印	戈	剑	矛	钟	镎于	钲	斧	钺	刀	削	斤	凿	鍪	釜	罍	带钩	盘	耳杯	缶	勺	豆	瓮	棺
■	3																							
▣			11																					
王	80	6	9	15		1	2	2	1	4					2	1	1	1						
Ｙ	1			1					2					2	1					1				
巴	1								1									1						
〔符号〕			1						1															
〔符号〕	3	1		1					1															
〔符号〕	82																		1					
〔符号〕	2																							
〔符号〕	26																							
〔符号〕		2		1			1										1				1			
〔符号〕				6																				
〔符号〕	58																							

续表

器类\符号	印	戈	剑	矛	钟	錞于	钲	斧	铖	刀	削	斤	凿	鍪	釜	罍	带钩	盘	耳杯	缶	勺	豆	瓮	棺
⊡				2																				
⼬	1						1																	
⌣	4																							
⊛	49		12	15	2	10	5							2	2					1	1			
∿		1	29	8							1													
8	1													1	1									
►	3																							
▶	2																							
◢																	1							
◀	4		4	2																				
⊞	1																							
⏢			1	1																				
⊠		1	1																	1				
⊓		1		2																				

续表

符号＼器类	印	戈	剑	矛	钟	錞于	钲	斧	铖	刀	削	斤	凿	鏊	釜	罍	带钩	盘	耳杯	缶	勺	豆	瓮	棺
⊠		1																						
乂	2							1																
几	3		1					1		1														
⤵	1																							
干	2													1										
Y																								
冂				1					1									1						
⊐																								
⊕			2	4																				
☰																								
✸	2	1																						
▯	2	1	1			1																		
ᕰ			1								1													

续表

符号	印	戈	剑	矛	钟	錞于	钲	斧	钺	刀	削	斤	凿	錾	釜	鼍	带钩	盘	耳杯	缶	勺	豆	瓮	棺
T	2	1																						
《ⅲ》			2	4																				
◁	3	1	1	7	1		1	1	2					1			1							
╪	1	1	1																					
ꒂ		1	1																					
∽∽						3																		
⧄		26		1	1			5	2	5	11	10	12											
⊠		2		1																				
⋀⋀⋀	3		3	1	1																			
⌐	2		1				1																	
⚮	1																							
甲	1							1																

① 严志斌、洪梅：《巴蜀符号述论》，《考古》2017年第10期。

② 严志斌、洪梅：《巴蜀符号述论》，《考古》2017年第10期。

③ 严志斌、洪梅：《巴蜀符号集成》，科学出版社，2019年。

④ 王仁湘：《巴蜀徽识研究》，见《中国考古学会第七次年会论文集》，文物出版社，1992年。

秦汉武备与汉匈之争

——兼谈东西方武备之差异

杨　泓

（中国社会科学院考古研究所）

一

古代中国，在公元前221年发生划时代的变革，秦王嬴政宣布自己为"始皇帝"，建立秦帝国，奠定了此后延续长达21个世纪的中央集权专制主义的统一帝国政权的基础。

在战国七雄的争霸中，秦先后灭掉韩、魏、楚、赵、燕、齐六国，依靠的是其强大的军事实力。战国时代，正处于中国古代军队结构和武备开始发生大变革的时代，军队的组成由西周、春秋时代传统的战车兵，开始改为车兵、步兵、骑兵并重，钢铁兵器也已经出现在战场上。但到秦王朝建立时，这一变革并未完成，秦始皇陵陶俑坑的考古发现，反映出秦王朝军队的组成仍以战车兵和配属于战车的步兵为主，骑兵的比例较低，并未成为军队的主力兵种，且出土兵器基本还是青铜兵器。

秦统一全国后，还需要防御来自北方的强敌，那就是聚居于中国北方大漠南北的游牧民族匈奴。匈奴族"居于北蛮，随畜牧而转移。其畜之所多则马、牛、羊，其奇畜则橐驼、驴……逐水草迁徙，毋城郭常处耕田之业，然亦各有分地。毋文书，以言语为约束"①。其最高首领称"单于"，②"咸食畜肉，衣其皮革，被旃裘。壮者食肥美，老者食其余。贵壮健，贱老弱"。单于同时也是最高军事首领，单于以下为左、右贤王等，下至当户，均领兵作战，大者万骑，小者数千。匈奴实行全民皆兵制，成年男子"力能毌弓，尽为甲骑"，平时游牧狩猎，战时从事攻伐。其骑兵快速、轻捷，作战时"利则进，不利则退，不羞遁走"③。其战法飘忽不定，聚散无常，善于奇袭和突袭。

早在战国时期，燕、赵、秦等国，都受到北方游牧民族的侵扰，各国不断加强沿边的防御工事，分别构筑"长城"。公元前221年，秦并天下后，始皇命秦将蒙恬率30万大军北击匈奴。次年收复河南地（今内蒙古伊克昭盟一带），自榆中至阴山设34县，在黄河边筑城以为边塞。又渡河取高阙，在阳山、北假修筑戍亭，徙民实边。其后，主持筑长城，在燕、赵、秦旧长城基础上缮治增修，使连成一体，形成了西起临洮、东至辽东郡，长达5 000余里的"万里长城"。④又修直道，由九原到甘泉，凿山填谷，长1 800余里，便于用兵。屯兵上郡，逼迫匈奴退往大漠以北，十余年不敢南下。公元前210年秦始皇死后，蒙恬受中书令赵高谮毁，被秦二世遣人拘系，蒙恬乃吞药自杀。蒙恬死后，"诸侯畔秦，中国扰乱，诸秦所徙适戍边者皆复去，于是匈奴得宽，复稍度河南与中国界于故塞"⑤，使得秦边防毁于一旦。

二

秦王朝的统一是短暂的。公元前207年，秦末民众起义摧垮了秦王朝，继之出现了历时数年的楚汉战争，最终汉高祖刘邦取得胜利，西汉王朝建立。在平息了各地异性诸侯王的叛乱以后，在公元前195年，汉高祖刘邦荣归故乡——沛，悉招故人父老子弟纵酒，他一边击筑一边唱出了抒发心声的《大风歌》："大风起兮云飞扬，威加海内兮归故乡，安得猛士兮守四方！"⑥在夺取政权后，守卫国土四方，就成为西汉王朝组建的军队的主要任务。所以汉代的武备，正是为这一主要任务服务的。

公元前2世纪至公元1世纪，在世界的东方，正是秦王朝和西汉王朝建立和兴旺的时期。而同一时期，在世界的西方，古代罗马也正处于兴旺的时期。但是对比同一历史时期雄踞世界东西的两大古代帝国的军队，从军队的编成，到战略、战术乃至他们的兵器装备，都呈现出完全不同的面貌。西方的罗马是典型的奴隶制社会，由选举产生的元老院主政，元老院再选出执政官。罗马军团由罗马社会中的自由民组成，执政官是军团的统帅。而东方的秦和西汉是在古代东方的农业社会基础上建立的中央集权专制主义的帝国，最高统治者是至高无上的皇帝。军队的统帅和将领由皇帝任命。西汉时统军的将帅，虽然多出身当时的贵族高官，但是与此前东周至秦时有很大区别，他们是在推翻秦朝和楚汉之争过程中产生的新贵，与东周时诸侯国中靠血统世袭的贵族不同，多出身于社会的底层。在反秦义军中数量众多的下层小吏、屠夫、商贩等都成为统军名将，出现在战争舞台上，进一步改变了统军将帅的成分。而军队的成员是从西汉各地的农民中征召的。据《汉官仪》的记载，当时农民年23以后，开始分为"材官"（即步卒）和"骑士"（即骑兵），在各地方官员领导下练习军事技术，"习射御骑驰战阵"。每年八月，还由太守带领地方官员对练习的成绩进行考核。直到56岁时，因人已老衰，才可免除兵役训练。在邻水的地区，则为"楼船"，即水军，练习行船作战。⑦国家有事，则应召去参战。皇权至上，军队的统帅和成员成分的改变，促进了战略、战术的发展和军队组织方面的变革。

西汉与罗马在军队组训和战术等方面的不同，主要的原因是两者战争目的的差异。罗马军团除了为保卫政权而战（如抗御迦太基军队入侵罗马本土的战争）外，主要是对外进行侵略扩张，使其统治范围从意大利半岛扩展到北非、近东乃至中东的广大地域，建设殖民城邦，将财富和奴隶送回罗马。反之西汉帝国的军队，在完成国内统一的战争后，主要是抗御游牧民族外来的侵扰，战争的目的是保家卫国、自卫反击。

西汉与罗马军队的组训和装备不同，还与两者承袭的历史渊源和民族传统有关。罗马军团的步兵方阵，承袭自古代欧洲希腊的步兵方阵乃至后来著名的马其顿方阵。但是在古代中国，先秦时期盛行的是车战，诸侯国的军队由战车兵组成，每乘战车配属一定数量的徒兵，国力以拥有战车的数量来区分，一次战役，交战双方出动的战车从数百乘到多达几千乘。但在古代埃及和希腊，虽然军队中也有马拉的双轮战车，埃及军中曾有数量较多由单人乘车的战车兵，但并非军中主力兵种，也不像古代中国春秋时期战车盛行，车前驾四匹马，车上有三个分工明确的乘员，还配属有徒兵。在古希腊军中，战车只是把主将送至战场的运载工具，正像荷马在史诗《依利亚特》中所吟咏的。在西方更不见有交战双方以大规模车战为战争方式的记载。而且不同民族习惯使用的传统兵器也有很大不同，各有特点。古代中国夏商时期的主要格斗兵器是戈，到先秦时期发展为将戈和矛两种兵器结合而成的戟。这类兵器在希腊、罗马军队的装备中是没有的，而希腊、罗马士兵大量使用的投掷的标枪，在古代中国军队的装备中则从未出现过。同样是手握短柄的格斗兵器——剑，东西方也并不相同，西方的剑是直体阔刃适于劈砍，而中国先秦时期的剑，则侧刃两度弧曲适于直刺。护体的防护装具也有不同，希腊勇士以裸体健美为荣，除铠甲遮护的部位外，手臂、大腿都赤裸着。而古代中国则以裸露肢体为耻，铠甲下着战袍，除铠甲遮护部位外，臂、腿也都有衣袖和裤遮掩。铠甲也各具特色，从希腊到罗马习惯用整体的胸甲和背甲，中国古代则使用甲片编缀的铠甲，从先秦时期的皮甲到西汉的铁铠都是如此。

三

西汉时期武备的发展，是与抗击匈奴族骑兵的侵扰密不可分的。就在秦末民众起义以及后来楚汉之争，中原地区内战正酣之时，北方大漠的一股武装势力也在悄然复兴，这就是曾经被秦将蒙恬击退的匈奴族骑兵。

秦末汉初，趁着中原战乱，匈奴天才的军事首领冒顿单于，以鸣镝指射[8]的传奇手法，训练出一支效忠自己且能打善战的骑兵部队，杀掉其父头曼单于及后母并所有不从己者，自立为新一代单于，继而统一了匈奴各部。接着他东灭东胡（北方游牧民族），西击大月氏（游牧于今河西走廊一带），南并白羊河南王、楼烦王，夺回了当年被蒙恬收复的所有汉地。自此匈奴军力强大，有号称"控弦之士"的骑射部队30余万，不断袭掠西汉北部边郡。⑨

西汉刚建立时，国力还很衰弱，由于连年战乱，劳民伤财，社会经济凋敝，兵员锐减。特别是马匹奇缺，连皇帝的马车都找不到四匹同样纯净毛色的辕马，将相高官更是缺少马匹驾车，只能勉强坐牛车。⑩

由于马匹缺乏，自然难以组建可以与匈奴对抗的骑兵。汉高祖刘邦虽然得了天下，却难挡来自匈奴人的铁骑。公元前200年，发生了韩王信以马邑地方降匈奴一事，刘邦想借此出兵解决匈奴这一北方的强敌，于是倾全国兵力亲率征伐。汉军先遇到大寒雨雪天气，出师不利，但是刘邦受到匈奴单于冒顿诈败的诱惑，仍然倾全力向北追击，兵力虽号称32万，可惜主要是步兵，行进迟缓，与剽悍的匈奴骑兵轻捷机动的战术实在无法相比。当刘邦的先头部队到达平城地区、后继的步兵还未抵达时，强大的匈奴骑兵40万骑将刘邦和部分汉军主力包围在平城白登山上（今山西大同西北）。汉军所见四面的匈奴骑兵，乘骑的战马毛色各不相同，"匈奴骑，其西方尽白马，东方尽青骓马，北方尽乌骊马，南方尽骍马"⑪，极显兵马之强盛。汉军接连被困七天，加之天寒地冻，缺食少衣，许多士卒冻伤甚至冻掉手指，几近绝境。士卒哀歌："平城之下亦诚苦，七日不食，不能彀弩。"⑫全军减员率高达百分之二十至三十。最后不得已，只能不光彩地用陈平"秘计"，遣军中妇女出去，以女色诱引匈奴军，掩护刘邦乘隙从另一面溃围出逃。这便是历史上有名的"白登之围"。

"白登之围"后，匈奴骑兵更加肆无忌惮，频繁南来袭扰，刘邦只好以嫁女和亲的办法求得边境一时安宁。刘邦死后，匈奴单于冒顿竟然向刘邦夫人吕后下"求婚书"："孤偾之君，生于沮泽之中，长于平野牛马之域，数至边境，愿游中国。陛下独立，孤偾独居。两主不乐，无以自虞，愿以所有，易其所无。"⑬受到这样的侮辱，吕后虽然大怒，但由于军事实力不足，特别是骑兵不够强大，最终不敢对匈奴发兵，只得委曲和亲。

此后西汉文、景二帝时依然委曲求全，向匈奴和亲送礼，虽换取一时安宁，但并不能阻止其屡屡来犯。匈奴铁骑很轻易地就深入汉地，乃至威胁西汉都城长安。如孝文帝前元十四年（前166年），"匈奴单于十四万骑入朝邶、萧关，杀北地都尉卬，虏人民畜产甚多，遂至彭阳。使奇兵入烧回中宫，候骑至雍甘泉"。孝文帝后元二年（前162年），再约和亲。四年以后，军臣单于立，立后四年又绝和亲，大举入侵，烽火通于甘泉、长安。景帝立，复与匈奴和亲，通关市，"终孝景时，时小入盗边，无大寇"⑭。

汉代文帝和景帝时期，面对匈奴的侵扰，只能临时发兵防卫，如孝文帝前元十四年

（前166年）匈奴军入侵时，文帝急以中尉周舍、郎中令张武为将军，发车千乘，十万骑，军长安旁以御敌。因为西汉初军队仍沿袭秦制，主要由车骑和步兵组成，行军速度难与匈奴骑兵相比，仅取守势，屯军备战，待匈奴军自行出塞，无力追击。常是"汉兵至边，匈奴亦去远塞，汉兵亦罢"。只是在边境诸郡的守将，在守卫边防的局部战斗（双方仅出动数千兵力）中，有时能击败匈奴，出现了李广、程不识等名将。⑮究其原因，一方面因西汉初经济凋敝，缺乏建立强大军队的经济基础。组建骑兵最起码的条件，是需要有足够的战马，但是汉初马匹极度缺乏，前已述及当时连皇帝的马车都无法有四匹同样毛色的辕马。另一方面在于汉初制度皆依秦制，军队的组成和兵器装备都落后于形势发展的需要，为了获取抗击匈奴战争的胜利，迫切需要改进军队的装备，改革军队组训和作战方式。上述两个方面的缺憾，直到汉武帝时才发生了根本的变化。

军队装备改进，基础在于社会经济的恢复和发展，经过文帝到景帝的努力，经济很快恢复并有了很大发展，后世史家誉为"文景之治"。农民户户自给有余，国家仓库中钱粮充足。"都鄙廪庾皆满，而府库余货财。京师之钱累巨万，贯朽而不可校。太仓之粟陈陈相因，充溢露积于外。"⑯同时民间养马业迅速发展。各个街巷都可见到马匹，田野上更是骏马成群，官员们自然早就不再为无马驾车发愁。普通老百姓聚会都乘马，而且习俗规定，与会必须乘父马（雄马）而不得乘牝马（雌马），以免马匹为争偶发生相互咬斗的事故。⑰仅次一举，足见民间马匹之繁盛。充足的粮食和养马业的繁盛，为建立强大的骑兵部队准备好了坚实的物质基础。

文景时期恢复和振兴经济的政策措施，同样促进了钢铁冶炼技术和钢铁冶炼工业的发展，武帝时盐铁官营制度的建立，进一步扩大了钢铁冶炼生产的规模，有利于工艺技术的提高。汉代钢铁冶炼技术的新发展，更提高了钢铁兵器的质量。20世纪80年代以来重点对徐州狮子山楚王陵、广州象岗山南越王墓、⑱河北满城中山王墓⑲等诸侯王陵墓出土的兵器材质进行金相鉴定研究，取得了可喜的成果，阐明了西汉钢铁兵器技术获得较大发展，其一是先秦时已用于制作兵器的块炼铁、块炼渗碳钢技术，到西汉时更加成熟；其二是西汉时期创造了简易、经济的铸铁脱碳成钢的新方法，中国古代这种独特的生铁炼钢方法称为固体脱碳钢；其三是炒钢的发明，这是西汉早期出现的一项钢铁冶炼技术的重大发明，炒钢用于制作兵器，无疑加速了西汉钢铁兵器发展的进程。此外淬火、冷加工等多种热处理工艺都得到了广泛的应用，都表明当时工匠对钢铁性能的认识提高到了新水平。西汉前期社会经济的恢复和发展，为兵器的发展演变提供了丰厚的物质基础，而钢铁冶炼技术的进步，则为兵器从材质到性能的变革提供了技术保证。

通过对各地西汉诸王侯墓葬的考古发掘，从山东淄博窝托村齐王墓（前189年或前179年）随葬坑、江苏徐州狮子山楚王陵（可能为前175年）、安徽阜阳双古堆汝阴侯墓（前165年）、广东广州象岗山南越王墓（前122年左右）、河北满城陵山中山王墓（前

113年）⑳到山东巨野红土山昌邑王墓（前87年），从这些墓葬入时间先后，分析其墓室中和从葬坑中随葬的实战兵器标本材质比例的变化，清楚地显示了西汉时期钢铁兵器取代青铜兵器的演变过程，巨野红土山墓中出土的实用格斗兵器已没有青铜的踪影，标示着兵器材质由青铜向钢铁的转化过程基本完成。㉑从都城长安武库㉒和未央宫等遗址获得的兵器标本中除部分箭镞外，都是钢铁材质，甚至通常使用青铜铸制的弩机，在未央宫遗址中也出土有以铁制作的。㉓这充分说明兵器的设计和生产都适应着步兵和骑兵的需求，除了弩机和箭镞等还保留有部分青铜制品外，其余兵器的材质皆以钢铁为主。从品种来讲格斗兵器以戟、矛（或稍、铩）、刀、剑为主，远射兵器是弓和弩，防护装具是盾和铠甲。格斗兵器虽然还沿用传统的名称，如戟、矛和剑，但因材质和制作工艺的改变，具体形貌已与先秦时的同名青铜制品有明显的区别。

其次在军队建设方面，汉武帝时进行了彻底的改革。汉高祖刘邦于沛起兵反秦时，所组建的军队还是仿秦军旧制，以战车和步兵为主，骑兵很是薄弱，从沛反秦直到进军咸阳，战车总是冲锋陷阵的主要力量，军中猛将多是"以兵车趣攻战疾"，或是"材官蹶张"，立功进爵。后来由于和项羽争雄，"军于荥阳，楚骑来众"，刘邦才认识到骑兵是解决战斗不可缺少的兵种，从而组建了以灌婴为将的骑兵部队——郎中骑兵，开始设置统领骑兵的将领——骑将、骑千人将、骑都尉、骑长等等。这支部队在击败项羽和歼灭割据的诸侯王的战争中屡建奇功。最后垓下一战，项羽突围，汉军追击并最后消灭了楚军余部、逼得项羽自杀的，正是灌婴统领的部队。虽然如此，这并没有改变汉军主力还是战车兵的状况。直到汉文帝时，情况还没有太多的变化。文帝十四年，匈奴入侵甘泉地区，抗御匈奴防守长安的部队，是"以中尉周舍、郎中令张武为将军，发车千乘，骑十万"㉔，虽车骑并重，排位仍以战车居前。迟到景帝平吴楚之乱时，部队也还是车骑并重。

到汉武帝时摒弃了秦和汉初的作战方式，为了抗击匈奴侵扰战争的需要，组建了强大的骑兵部队，将战车兵逐出军中主力兵种。骑兵真正成为军队的主力兵种，使汉军与匈奴军事力量的对比，完成了由劣势到强势的根本转折。中国古代武备的历史，翻过了先秦时期战车和成组合的供车战的青铜兵器雄踞战争舞台的一页，揭开西汉时期以骑兵为军队主力兵种、钢铁兵器雄踞战争舞台的新篇章。

<h2 style="text-align:center">四</h2>

公元前140年，汉武帝刘彻登基，这位后来被加谥号为"武"的皇帝，的确是一位尚武的天才。他一生在位54年，发动大规模的战争达25次之多，几乎平均每两年就征战一次。其中除了少数几次对闽越、东越、西羌和西南夷的征讨之外，有16次都是对

匈奴的征伐。㉕

汉武帝雄才大略，逐步建立起强大的骑兵部队，制定了主动出击的战略，并且不拘一格选用将才，委以重任，使得西汉历史上两位天才的军事指挥家卫青和名将霍去病脱颖而出，从而创造了中国古代战争史上的奇迹。卫青是汉武帝皇后卫子夫的同母异父兄弟，他出身低贱，但胆识过人，领军能力强，因为得到汉武帝的赏识，得以发挥他的军事才能。随后汉武帝又破格重用卫青的外甥霍去病，这位不满20岁的年轻将军显露出极高的军事才华，成为抗击匈奴的战争舞台上一颗耀眼的新星。

由于马匹充足，汉军的骑兵部队不断扩大，每次出塞由三五万骑兵，逐步扩大到十万乃至十多万骑以上。随着骑兵规模的扩大，汉军骑兵的军事素质和技战术均日益提高，以组织严密的骑兵军团，对抗仍旧维持着原来的旧模式的匈奴骑兵。匈奴骑兵仍然是蜂拥而上、袭扰为主，缺乏技战术训练，而且单于又常常错误估计形势，以为汉军难以到达漠北深处，而缺乏敌情意识。汉军从而取得对匈奴骑兵由劣势到强势的根本转折，日渐取得战争的主动权。汉军的骑兵已能进行战略性的远程奔袭，创造了大规模使用骑兵集团机动作战的战例，并接连取得辉煌的战果。

西汉时抗击匈奴的斗争，实际上还是进行自卫反击，以骑兵部队进行大规模远程奔袭，目的是消灭匈奴骑兵的有生力量，使其无力入侵。在击退匈奴侵扰后，更不断加强边境的防御，构筑长城，并且建立完备的烽燧防御体系，实行屯田卫边政策。因此汉代武备发展的另一特点，是大力生产适于边防的兵器，特别是精坚的铠甲和威力大而射程远的强弩。

汉武帝时期对匈奴的16次战争，主要依靠骑兵，其规模之大，参战人员、马匹之多，实在令后人难以想象。汉军仅出动十万骑以上的战事，就有6次之多；其余近10次，汉军兵马也多在三四万骑以上。从元光二年至元狩四年（前133—前119年）的具体战例如下。

（一）马邑诱匈奴

汉元光二年（前133年）六月，汉武帝开始对匈奴采取军事行动，汉兵三十余万埋伏在马邑旁边，让马邑人聂翁壹引诱匈奴单于，企图围歼单于的十万骑兵，不料被单于识破，引军退走。从此开启了汉与匈奴决战的序幕。此后直到元狩四年（前119年）的十余年间，匈奴骑兵不断入塞侵扰，汉军也不断大举出塞远征。

（二）龙城之役

汉武帝在元光六年（前129年）"使四将军各万骑击胡关市下"，这是汉武帝首次任命卫青为车骑将军出击匈奴。其余三将军均失败或无功而返，唯有卫青首次参战即显露光辉，他大胆果断，敢于出敌不意，率领骑兵远程奔袭，千里迂回，并采用中间突破、两翼包抄战术，使得习惯各自为战、缺乏严密战术组织的匈奴骑兵优势全无，转向被动挨打的劣势。最后，卫青率部直捣龙城（匈奴祭扫天地祖先的地方），斩首匈奴七百人，取得汉军对匈奴作战的首次大捷。㉖龙城之役的胜利，在汉匈交战史上具有划时代的意义，它打破了自汉初以来"匈奴不可战胜"的神话，大大鼓舞了汉军士气，成为汉匈战争的转折点。

（三）河南漠南之战

元朔二年（前127年），卫青"出云中以西至陇西，击胡之楼烦、白羊王于河南，得胡首房数千，牛羊百余万。于是汉遂取河南地，筑朔方，复缮故秦时蒙恬所为塞，因河为固"㉗。

元朔五年（前124年）春，汉大将军卫青将六将军率兵十余万出朔方、高阙，匈奴右贤王错误地认为汉军距离他的驻地很远，一时不能到达，遂不设防备，饮酒大醉，结果汉军车骑出塞六七百里，连续长途奔袭，趁夜将匈奴人包围。右贤王只得狼狈出逃，所领小王十余人和男女1.5万人成为汉军俘虏，汉军还缴获了匈奴的百万牲畜。㉘

元朔六年（前123年），"大将军卫青将六将军，兵十余万骑，乃再出定襄数百里击匈奴，得首房前后凡万九千余级，而汉亦亡两将军，军三千余骑"㉙。在这次出击时，年仅18岁的霍去病随同大将军卫青出征，任剽姚校尉，他率领轻勇骑八百人，进击到离汉军主力远达数百里的地方，歼敌两千余人，初露锋芒，因功封为"冠军侯"㉚。

（四）河西之战

元狩二年（前121年）春，"汉使骠骑将军去病将万骑出陇西，过焉支山千余里，击匈奴，得胡首房万八千余级，破得休屠王祭天金人。其夏，骠骑将军复俘浑邪王子及相国、都合骑侯数万骑出陇西、北地二千里，击匈奴。与公孙敖再出陇西，过居延，攻祁连山，得胡首房三万余人，裨小王以下七十余人"㉛。

秋，匈奴伊稚斜单于以浑邪王、休屠王作战不利，欲杀之。二王乃欲降汉，武帝虑其诈降袭边，遣霍去病率兵往迎。休屠王后悔。浑邪王杀休屠王，合并其部，率四万余人降汉，解除了匈奴对陇西、北地、河西的侵扰。"徙关东贫民处所夺匈奴河南、新秦中以实之，而减北地以西戍卒半。"

河西之战汉军获得大胜，"匈奴失祁连、焉支二山，乃歌曰：'亡我祁连山，使我六畜不蕃息；失我焉支山，使我妇女无颜色。'慭惜乃如此"㉜。汉从而控制河西走廊，南逼羌人，北拒匈奴，西可通西域，东保陇西安全，为以后西北用兵创造了极有利的条件。

（五）漠北之战

匈奴伊稚斜单于听从汉降将赵信之言，率众远徙于大漠以北，欲诱汉军来攻，待汉军疲敝，因而取胜，并不断袭扰汉境。元狩元年夏，匈奴万骑进袭上谷。三年秋，又犯右北平、定襄等地，每路多有数万骑之众。

元狩四年（前119年），汉武帝判断，匈奴单于一直认为汉军不能越过大漠，因此有恃无恐，只要汉军坚定不移地向北推进，必定能取胜。[33]所以决定动员汉举国之力，发动对匈奴的大决战，由大将军卫青和骠骑将军霍去病各率五万骑兵分两路出击，并以步兵数十万人作为后继部队和转运粮草给养，随军的"私负从马"达十四万匹之多。

卫青统领的骑兵出定襄，"大将军军出塞千余里，见单于兵陈而待，于是大将军令武刚车自环为营，而纵五千骑当匈奴。匈奴亦纵可万骑。会日且入，大风起，沙砾击面，两军不相见，汉益纵左右翼绕单于。单于视汉兵多，而士马尚强，战而匈奴不利，薄莫，单于遂乘六骡，壮骑可数百，直冒汉围西北驰去。……汉军因发轻骑夜追之，大将军军因随其后。匈奴兵亦散走。迟明，行二百余里，不得单于，颇捕斩首虏万余级，遂至寘颜山赵信城，得匈奴积粟食军。军留一日而还，悉烧其城余粟以归"[34]。共消灭匈奴军1.9万人。另一支大军在骠骑将军霍去病统领下，"出代二千余里，与左贤王接战，汉兵得胡首虏凡七万余级，左贤王将皆遁走。骠骑封于狼居胥山，禅姑衍，临翰海而还"[35]。取得了比大将军卫青军更大的战绩，其部下将领有五人因功封侯。

经过自元朔六年至元狩四年汉军的历次远征，特别是"漠北之战"大胜，"是后匈奴远遁，而漠南无王庭"。汉与匈奴战争总的形势，汉军已居优势，占有主动权，取得了自卫反击的阶段性胜利。而匈奴军则转为守势，再也无力像汉初那样可以随意大举南侵，自汉初以来匈奴铁骑对汉王朝关中地区特别是都城长安的军事威胁，终于彻底解除。匈奴虽遭重创，失去阴山和祁连山两大块蕃息之地，退居漠北，但仍保持一定实力。从元狩五年（前118年）至天汉元年（前100年），汉对匈奴主要采取戍防措施，辅以必要的威慑手段。

但是取得对匈奴侵扰自卫反击的阶段性胜利，汉王朝在军事上和经济上付出的代价也颇为巨大。漠北之战，汉军出动十万骑兵，"所杀虏八九万，而汉士卒物故亦数万，汉马死者十余万"[36]。"两军之出塞，塞阅官及私马凡十四万匹，而复入塞者不满三万匹。"[37]马匹损失超过十分之八。汉战马锐减，财政拮据，[38]不能迅速重建骑兵集团，所以暂停大规模出击之举。随后元狩六年"骠骑将军去病死，于是汉久不北击胡"。

正是经过了汉匈之争战火的洗礼，汉王朝的军备得以完善，完成了自春秋经战国、秦至西汉的武备转变。由春秋时完全由战车兵和附庸于战车的徒兵组成的军队，经战国至秦时转成由战车兵、步兵和部分骑兵组成的军队，到西汉初转换到军队以车骑和步兵构成，到武帝时，战车和适合车战的成组合的青铜兵器最终退出战争舞台，形成以骑兵和步兵构成、骑兵为主力兵种，以钢铁兵器装备的军队，开创了中国古代武备的新纪元。

附记：

本文由2013年在中华世纪坛艺术馆所作学术讲座"中国古代秦汉与匈奴的战争"与2016年为美国纽约大都会美术馆所写《秦汉武备概说》二文合并改写而成。我于1958年到中国科学院考古研究所工作，即与张长寿、陈公柔共事多年，治学方面多得他们的帮助，情谊深长。现两位已仙逝，仅奉此文以寄哀思，并祈两位老友冥福。

---

① 《史记·匈奴列传》，第2879页，中华书局，1959年。

② "单于者，广大之貌也，言其象天单于然也。"《汉书·匈奴传》，第3751页，中华书局，1962年。

③ 《史记·匈奴列传》，第2879页。

④ 《史记·蒙恬列传》，第2565—2566页。

⑤ 《史记·匈奴列传》，第2887—2888页。

⑥ 《史记·高祖本纪》，第389页。

⑦ 《续汉书·百官志》注引《汉官仪》，《后汉书》第3624页，中华书局，1965年。

⑧ 冒顿命令部下，凡他射出鸣镝的指向，所有人都必须随之发射，不遵从者处死。他先是以鸣镝射其善马，再射其爱妻，凡未随他鸣镝射箭者，均处斩。后来他用鸣镝射单于善马，左右均射之。冒顿知其左右可用，就在随他父亲单于头曼出猎时，以鸣镝射向头曼，左右皆随鸣镝射之，因而杀掉头曼。"遂尽诛其后母与弟及大臣不听从者。冒顿自立为单于。"《史记·匈奴列传》，第2888页。

⑨ 《史记·匈奴列传》，第2888—2890页。

⑩ 《史记·平准书》，第1417页。

⑪ 《史记·匈奴列传》，第2894页。

⑫ 引自季布答高后问，《汉书·匈奴传》，第3755页。

⑬ 《汉书·匈奴列传》，第3754—3755页。

⑭ 《史记·匈奴列传》，第2904页。

⑮ 《史记·李将军列传》，第2869—2870页。

⑯ 《史记·平准书》，第1420页。

⑰ 《史记·平准书》，第1420页："众庶街巷有马，阡陌之间成群，而乘字牝者傧而不得聚会。"集解引《汉书音义》曰："皆乘父马，有牝马间其间则相踶啮，故斥不得出会同。"

⑱ 北京科技大学冶金史研究室：《西汉南越王墓出土铁器鉴定报告》，见《西汉南越王墓》附录四，文物出版社，1991年。

⑲ 北京钢铁学院金相实验室：《满城汉墓部分金属器的金相分析报告》，见《满城汉墓发掘报告》附录三，文物出版社，1980年。

⑳ 中国社会科学院考古研究所、河北省文物管理处：《满城汉墓发掘报告》，文物出版社，1980年。

㉑ 杨泓：《汉代兵器综论》、《汉代兵器二论》，见《中国古兵与美术考古论集》，文物出版社，2007年。

㉒ 中国社会科学院考古研究所：《汉长安城武库》，文物出版社，2005年。

㉓ 中国社会科学院考古研究所：《汉长安城未央宫——1980～1989年考古发掘报告》，中国大百科全书出版社，1996年。

㉔ 《史记·匈奴列传》，第2901页。

㉕ 据雷海宗《中国的兵》"汉武帝"节中的列表（第52—56页）统计，中华书局，2005年。

㉖ 《史记·匈奴列传》，第2906页。

㉗ 《史记·匈奴列传》，第2906页。

㉘ 《史记·卫将军骠骑列传》，第2925页。

㉙ 《史记·匈奴列传》，第2907页。

㉚ 《史记·卫将军骠骑列传》，第2928页。

㉛ 《史记·匈奴列传》，第2908页。

㉜ 《史记·匈奴列传》，第2909页正义引《西河故事》。

㉝ 《史记·卫将军骠骑列传》，第2934页："天子与诸将议曰：'翕侯赵信为单于画计，常以为汉兵不能度幕轻留，其势必得所欲。'是岁元狩四年也。"

㉞ 《史记·卫将军骠骑列传》，第2935页。

㉟ 《史记·匈奴列传》，第2911页。

㊱ 《史记·匈奴列传》，第2911页。

㊲ 《史记·卫将军骠骑列传》，第2938页。

㊳ 汉因击匈奴作战，耗资巨大，财政拮据，见《史记·平准书》第1421—1425页。

盱眙江都王夫妇墓玉器与满城
中山王夫妇墓玉器比较研究

卢兆荫

（中国社会科学院考古研究所）

　　盱眙江都王刘非夫妇墓和满城中山王刘胜夫妇墓，都是科学发掘的汉代诸侯王墓葬。这4座墓出土的玉器都较多，对这些玉器进行比较研究，将有助于认识汉代玉器的发展过程，同时对研究汉玉风格的形成也具有重要的意义。

　　江都王刘非和中山王刘胜都是汉景帝刘启之子。根据《史记·汉兴以来诸侯王年表》、《汉书·景十三王传》记载，刘非于汉景帝前元四年由汝南王徙为江都王，在位27年死，其子刘建于武帝元朔二年继位。江都王刘非墓出土刻有"廿七年二月"纪年铭文的漆耳杯，全为明器。①这也说明刘非死于元朔二年（公元前127年）二月前，当年其子就继位。从封土的叠压情况观察，王后墓的年代应早于刘非墓，墓中出土刻有"廿五年五月"纪年铭文的漆盘，从而可以确定墓葬的年代应在公元前129～公元前127年之间。②中山王刘胜死于武帝元鼎四年，即公元前113年；中山王后窦绾死于元狩五年之后、太初元年之前，即公元前118年～公元前104年之间。③4座墓营建的时间都在汉武帝时期，前后相差不超过30年，都属西汉中期的诸侯王墓葬，具有可进行比较的基础。

　　中山王刘胜夫妇墓未被盗掘，随葬的玉器保存完整。但是，江都王刘非夫妇墓都遭盗掘，出土的随葬品只是劫后残存，因而对原有玉器的全貌、原来的位置和组合关系等的认识，受到很大的局限，已失去进行全面比较研究的基础，只能根据发掘简报、报告公布的玉器资料与中山王刘胜夫妇墓出土的玉器进行初步的、不全面的比较研究。

一、礼仪用玉的比较

　　玉璧是汉代主要的礼仪用玉。江都王刘非夫妇墓和中山王刘胜夫妇墓都有玉璧出土。刘非夫妇墓共出土27件玉璧，这只是现存的数量，原有的数量已不得而知。两墓镶玉漆棺的部分玉饰片，正面刻出玉璧的纹饰，但其性质已不属礼仪用玉，而属于丧葬用玉。中山王刘胜夫妇墓共出土玉璧43件；还有镶嵌在王后窦绾镶玉漆棺外壁的26件玉璧，则属丧葬用玉。玉圭也是汉代常见的礼仪用玉。江都王刘非墓出土5件玉圭，圭的下部有圆孔。中山王刘胜墓出土3件玉圭，其中2件为大型玉圭，下部有圆孔，1件为小型玉圭，下部无孔。

由上可知，汉代在礼仪用玉方面部分继承秦代及先秦时期的用玉制度，而在器类上趋于简化。汉代用于礼仪活动的玉器主要是玉璧和玉圭，玉琮和玉璋已不再制作。汉墓中偶然发现的玉琮，也是前代遗留下来的旧玉。中山王刘胜墓出土1件被改造了的小玉琮，琮的四角被磨圆，并加上一个盖子，用作男性生殖器的罩盒，成为葬玉"九窍塞"之一，已不是礼仪用玉了。

此外，江都王刘非墓出土2件玉戈，而中山王刘胜墓则付之阙如。汉代用玉雕琢而成的兵器，只发现于少数西汉诸侯王的墓中。江苏徐州狮子山楚王墓[④]和河南永城僖山梁王墓[⑤]也曾出土玉戈，其形制与江都王刘非墓所出的短援长胡玉戈基本相同。这些雕琢纹饰的玉戈，显然不是实用的武器，而是作为仪仗用的，也应属礼仪用玉。《史记·五宗世家》记载，刘非在"吴楚反时"，"上书愿击吴。景帝赐非将军印，击吴。吴已破"，"以军功赐天子旌旗"。而"（刘）胜为人乐酒好内"，自称"王者当日听音乐声色"。墓中有无随葬仪仗用的玉戈，或与二人生前的性格、爱好不同有关。

二、丧葬用玉的比较

江都王刘非夫妇和中山王刘胜夫妇都殓以金缕玉衣。刘胜和王后窦绾的玉衣保存完整。修复后的玉衣，外观与人体形状相同，可以分为头部、上衣、裤筒、手套和鞋五大部分。头部由脸盖和头罩构成，上衣由前片、后片和左右袖筒组成，裤筒、手套和鞋都是左右分开的。玉衣的各部分都由许多玉片组成，玉片之间用纤细的金丝加以编缀，所以称为"金缕玉衣"。刘胜的玉衣，形体肥大，头部的脸盖上刻制出眼、鼻和嘴的形象，上衣的前片制成鼓起的腹部，后片的下端做成人体臀部的形状，裤筒制成腿部的样子，形象都颇为逼真。王后窦绾的玉衣比较短小，头部除在脸盖上刻制眼、鼻和嘴外，还在头罩两侧用玉片制成两个圆形的耳罩，上衣的前、后片没有按人体形状制出，而是做成衣服的样子，玉片之间不是以金丝编缀，而是以织物、丝带粘贴编连而成，至于其他部分则与刘胜玉衣相同，都用金丝编缀。窦绾的玉衣没有做出胸腹部和臀部的形状，可能是因为做出女性人体形象不符合封建传统观念的缘故。[⑥]江都王刘非夫妇也都殓以金缕玉衣，但都遭盗扰。盗墓者为了盗取金丝，盗走或打碎了绝大多数玉衣片，保全较为完整的玉衣片为数不多，刘非墓出土121片，王后墓出土19片。两墓的部分玉衣片尚存编连的金丝，说明都是"金缕玉衣"；至于玉衣的结构、形制等情况全已无从知晓，因而无法进行比较研究。

古人认为"金玉在九窍，则死人为之不朽"（葛洪《抱朴子内篇·对俗》）。所谓九窍，即双眼、双耳、双鼻孔、口、肛门、阴茎或阴户。用于填塞或盖住九窍的玉具，称为"玉九窍塞"，是汉代高级贵族丧葬习俗的用玉。中山王刘胜墓和王后窦绾墓都出土全套"玉九窍塞"。江都王刘非墓出土4件玉塞，可能是耳塞和鼻塞，至于其他5件也不排除是被盗墓者盗走或砸碎的可能；而王后墓只出1件蝉形口琀，看来使用"玉九窍塞"的可能性不大，因为口塞不作蝉形。当然，这些都属推想，未必能成定论。

此外，与丧葬用玉有关的还有镶玉漆棺。江都王刘非夫妇墓都葬以镶玉漆棺，王后墓的镶玉漆棺有相当部分保存较好，南京博物院已对该棺进行了复原。复原后，棺的内壁镶满玉片和玉璧，棺的外壁也镶有作为装饰的少数玉璧和玉饰。[⑦]江都王刘非的镶玉漆棺，从保存下来的玉棺片饰和玉棺璧饰观察，其形制与王后的镶玉漆棺应该基本一致。中山王刘胜墓未见镶玉漆棺，只在王后窦绾墓中出土镶玉漆棺的遗存，但镶满漆棺内壁的都是方形、长方形的玉片，无玉璧；而棺的外壁有序地镶嵌了26块玉璧。

从目前考古资料考察，类似的镶玉漆棺最早出现于西汉早期的徐州狮子山楚王墓。该墓的墓主是哪一个楚王，目前学术界尚未取得共识，但墓葬的时代为文景时期，属西汉早期，当无疑问。该墓曾遭盗扰，给镶玉漆棺的复原工作造成较大的困难。20世纪末曾有学者对该镶玉漆棺进行推理复原研究，得出"玉片是镶在棺的外面"的结论。[⑧]1998～1999年，徐州博物馆玉棺修复组将其修复成除底部外"表面镶贴满玉片组成各种几何纹图案的大型玉棺"[⑨]。但有些学者先后提出不同的意见，主要认为组成图案的玉片原来应是镶嵌在棺的内壁，而不是外壁。[⑩]这种意见应该是正确的。考虑到汉代人相信玉能保护尸体不朽[⑪]及可作比较的考古资料，狮子山楚王墓的镶玉漆棺应该也是内壁镶满玉片、外壁镶嵌一些玉璧等玉饰，其形制与江都王刘非夫妇墓和中山王后窦绾墓的镶玉漆棺基本一致。据悉，2019年徐州博物馆对狮子山楚王墓的镶玉漆棺进行了二次修复，修复后，玉片镶贴于棺的内壁，修复报告尚未公开发表。[⑫]

西汉少数诸侯王、王后葬以内壁镶满玉片的镶玉漆棺，可能是一种与个人愿望有关的习俗，而非丧葬制度所规定，所以文献也未曾记载；中山王刘胜没有葬以镶玉漆棺，足以证明。江都王陵的发掘者认为，"金缕玉柙"一词中的"金缕"为"金缕玉衣"，"玉柙"则为玉棺。[⑬]针对这种认识，已有学者根据考古材料并结合文献记载，进行深入论证后指出，"上述将'金缕（银缕）'与'玉柙（玉匣）'看作两种不同葬具的观点恐怕是靠不住的"，"从文献上看，'玉柙（玉匣）'也应是玉衣的一个概称，而与镶玉漆棺无关"。[⑭]

三、装饰佩戴用玉的比较

江都王刘非夫妇墓与中山王刘胜夫妇墓在装饰佩戴用玉方面的差异，主要表现在玉璜、玉环数量的悬殊上。

首先是玉璜。江都王刘非夫妇墓共出土7件玉璜，这还是劫后残余。中山王刘胜墓没有发现用于佩戴的玉璜。发掘报告所说的3件玉璜，1件为中室出土的半璜形龙首玉饰，可能是镶嵌在漆木器上的玉饰。另外2件璜形玉器，是用玉璧改制而成的握玉，也称玉握，属于丧葬用玉范畴，不是装饰用玉；王后窦绾墓只出2件璜形握玉，没有玉璜出土。

其次是玉环。江都王刘非夫妇墓还残存玉环共10件。中山王刘胜墓出土1件玉环，位于棺椁之间，与玉圭、玉璧共出，未必是装饰用玉；王后窦绾墓也只出土1件玉环，位于玉衣左侧，没有其他玉器共出，也不能肯定为装饰用玉。

从考古资料考察，至迟从西周时期开始，贵族阶层的组佩就是以玉璜为主体，再配以珠玑及其他玉饰。春秋战国时期，玉璜也是组佩中的主要佩玉之一。西汉早期的狮子山楚王墓，在盗洞和被盗掘的墓室中出土玉璜达97件之多，说明当时仍然承袭先秦的习俗，诸侯王佩戴以玉璜为主体的组佩之风仍然相当盛行。与江都王刘非墓年代相近的广州南越王墓，出土11套以玉璜和玉环为主要构件的组佩。⑮江都王刘非夫妇墓虽遭盗掘，但仍出土7件玉璜和10件玉环，说明两墓可能与狮子山楚王墓和广州南越王墓类似，墓主生前曾佩戴以玉璜和玉环为主体的组佩。值得特别提出的是，江都王刘非墓出土的玉璜中，有1件两面有浅浮雕兽面、龙凤纹的玉璜，与狮子山楚王墓所出的两面浅浮雕20条龙、4只凤和两个兽面的玉璜，⑯在纹饰题材和艺术风格方面十分类似，两者应有渊源关系。

中山王刘胜夫妇墓的情况显然不同，没有发现以玉璜、玉环为主要构件的组佩。刘胜的金缕玉衣内发现48颗玛瑙珠，推测是以玛瑙珠串饰替代了组玉佩；王后窦绾的金缕玉衣内发现玉舞人及蝉形、瓶形、花蕊形、连珠形等玉饰，还有水晶、玛瑙及石质的珠子。这些玉饰和珠子，经想象复原后，成为以玉舞人为中心的玛瑙水晶珠串饰。这种串饰与此前以玉璜和玉环为主要构件的组佩相比，有明显的变化和发展。

江都王刘非夫妇墓和中山王刘胜夫妇墓相同的佩戴用玉是韘形玉佩。刘非墓出土的玉佩残损严重，从发表的资料看，至少有1件是韘形玉佩；王后墓也出1件残损的韘形玉佩。中山王刘胜墓和王后窦绾墓各出土1件保存完整的韘形玉佩。

韘形玉佩是从商周时期的玉韘演变来的。玉韘本是古人射箭时戴在右手拇指上用于钩弦的用具，属于实用器具。大约在春秋战国时期，实用的玉韘逐渐演变为装饰用的佩玉，因而称为韘形玉佩。韘形玉佩是汉代流行的一种佩玉，是单独佩戴的玉饰，男女都可佩戴。

四、结　　语

上文从礼仪用玉、丧葬用玉、装饰佩戴用玉三个方面，对江都王刘非夫妇墓与中山王刘胜夫妇墓所出玉器进行了比较研究，可以看出彼此相同之处是主要的，而差异则是次要的。相同之处有以下方面：

1. 礼仪用玉主要是玉璧和玉圭，在器类上较先秦时期有所简化；

2. 王和王后都殓以金缕玉衣；

3. 王和王后都佩戴韘形玉佩。

不同之处有以下方面：

1. 玉戈和具有浅浮雕纹饰的玉璜只出于江都王刘非墓；

2. 江都王刘非夫妇和中山王后窦绾都葬以镶玉漆棺，而中山王刘胜墓则未见，这或能说明葬以镶玉漆棺的习俗从西汉中期以后已逐渐消失；

3. 江都王刘非夫妇佩戴以璜、环为主要构件的组佩，而中山王刘胜夫妇则分别佩戴玛瑙珠串饰、玉舞人玛瑙水晶珠串饰，在器类及其组合方面有了较大的变化和发展。

上述江都王刘非墓出土的短援长胡玉戈和浅浮雕兽面、龙凤纹玉璜，在西汉早期的狮子山楚王墓中都能见到艺术风格相近的同类器物；同时，以玉璜、玉环为主体的组佩也与狮子山楚王墓的组佩有类似之处。因而可以判断，虽然江都王刘非夫妇墓的年代属于西汉中期早段，但其玉器群还具有西汉早期玉器的一些因素，处于从西汉早期玉器向西汉中期玉器过渡的阶段，所以与中山王刘胜夫妇墓的西汉中期玉器群的艺术风格大致相同而稍有差异。

---

① a. 南京博物院、盱眙县文广新局：《江苏盱眙县大云山西汉江都王陵一号墓》，《考古》2013年第10期。b. 南京博物院、盱眙县文化广电和旅游局：《大云山——西汉江都王陵1号墓发掘报告》，文物出版社，2020年。以下所引江都王刘非墓资料，皆出此简报、报告。

② 南京博物院、盱眙县文广新局：《江苏盱眙大云山江都王陵二号墓发掘简报》，《文物》2013年第1期。以下所引江都王王后墓资料，皆出此简报。

③ 中国社会科学院考古研究所、河北省文物管理处：《满城汉墓发掘报告》（上、下册），文物出版社，1980年。以下所引中山王刘胜夫妇墓资料，皆出此书。

④ 狮子山楚王陵考古发掘队：《徐州狮子山西汉楚王陵发掘简报》，《文物》1998年第8期。以下所引狮子山楚王陵资料，皆出此简报。

⑤ 中国玉器全集编辑委员会：《中国玉器全集》4《秦·汉——南北朝》图版一九〇，第289页，河北美术出版社，1993年。

⑥ 卢兆荫：《试论两汉的玉衣》，《考古》1981年第1期。

⑦ 王煜：《汉代镶玉漆棺及相关问题讨论》，《考古》2017年第11期。

⑧ 李春雷：《江苏徐州狮子山楚王陵出土镶玉漆棺的推理复原研究》，《考古与文物》1999年第1期。

⑨ 李银德：《汉代的玉棺与镶玉漆棺》，见《海峡两岸古玉学会议论文专辑·Ⅱ》，台湾大学理学院地质科学系印行，2001年。

⑩ a. 王煜：《汉代镶玉漆棺及相关问题讨论》，《考古》2017年第11期。b. 葛明宇：《狮子山楚王陵出土碧玉棺片应为棺体内饰考》，《江汉考古》2018年第1期。c. 梁勇：《汉代镶玉漆棺及相关问题的再讨论》，见《汉代玉文化国际学术研讨会论文集（2018中国·徐州）》，科学出版社，2019年。d. 葛明宇：《狮子山楚王陵出土玉棺研究及相关认识》，见《汉代玉文化国际学术研讨会论文集（2018中国·徐州）》。

⑪ 《汉书·杨王孙传》："口含玉石，欲化不得，郁为枯腊。千载之后，棺椁腐朽，乃得归土，就其真宅。"

⑫ 梁勇：《汉代镶玉漆棺及相关问题的再讨论》附记，见《汉代玉文化国际学术研讨会论文集（2018中国·徐州）》。

⑬ 南京博物院、盱眙县文广新局：《江苏盱眙大云山江都王陵二号墓发掘简报》，《文物》2013年第1期。

⑭ 王煜：《汉代镶玉漆棺及相关问题讨论》，《考古》2017年第11期。

⑮ 广州市文物管理委员会、中国社会科学院考古研究所、广东省博物馆：《西汉南越王墓》（上、下册），文物出版社，1991年。

⑯ 徐州博物馆：《古彭遗珍——徐州博物馆馆藏文物精选》，第154—155页，国家图书馆出版社，2011年。

辽代庆东陵形制、壁画、哀册概况及其相关问题研究

孟凡人

（中国社会科学院考古研究所）

辽代共五陵，其中辽祖陵、怀陵、显陵和乾陵考古工作较少，情况不甚清楚。辽庆陵三陵（庆东陵、庆中陵、庆西陵）均被盗掘，地面遗迹残存无几，地宫破坏。但是，在已出版的《庆陵》报告中，对庆东陵地宫的形制和残存的壁画有较详细的记述，庆中陵和庆西陵则资料很少，故下面拟重点对辽圣宗庆东陵的形制布局、壁画配置、内涵、艺术特色、哀册的形制、纹饰及其与庆东陵形制布局的关系等进行一些探讨和研究。

一、庆 陵 概 说

（一）位置和名称

庆陵位于今内蒙古自治区赤峰市巴林右旗庆州故城（察干索博罗嘎，俗名白城子）西北约25里的黑岭东南麓（图一），今名王坟沟（蒙语称"瓦尔漫哈"，有砖瓦的砂丘之意）。这一带属大兴安岭南行正干余脉，辽代称黑山、黑岭、缅山等。[①] 当年辽圣宗驻跸黑岭，爱羡曰："吾万岁后，当葬此。"兴宗遵遗命，建永庆陵。[②] 圣宗太平三年（1023年）赐名永安山。[③] 太平十一年六月己卯帝崩于行宫，景福元年（1031年）十一月葬于庆陵，永安山改名庆云山。[④] 仁德皇后死于重熙元年（1032年），祔葬太祖陵附近，大康七年（1081年）迁祔于永庆陵。[⑤] 钦爱（哀）皇后死于清宁三年（1057年）十二月，翌年五月祔葬于永庆陵。[⑥] 重熙二十四年（1055年）八月兴宗崩于行宫，清宁元年（1055年）十一月"葬兴宗于庆陵"，名为永兴陵。[⑦] 仁懿皇后崩于大康二年（1076年）三月，祔葬于永兴陵。[⑧] 道宗崩于寿昌七年（1101年），[⑨] 宣懿皇后崩于大康

元年十一月，乾统元年（1101年）六月与道宗同葬于永福陵。[10]上述永庆陵、永兴陵、永福陵三陵名称见于哀册文，[11]《辽史》则统称葬于庆陵，是庆陵又是上述三陵的总称。永庆、永兴、永福三陵分别为圣宗、兴宗和道宗陵，[12]现在俗称为庆东陵、庆中陵和庆西陵，1988年庆陵被列为全国重点文物保护单位。

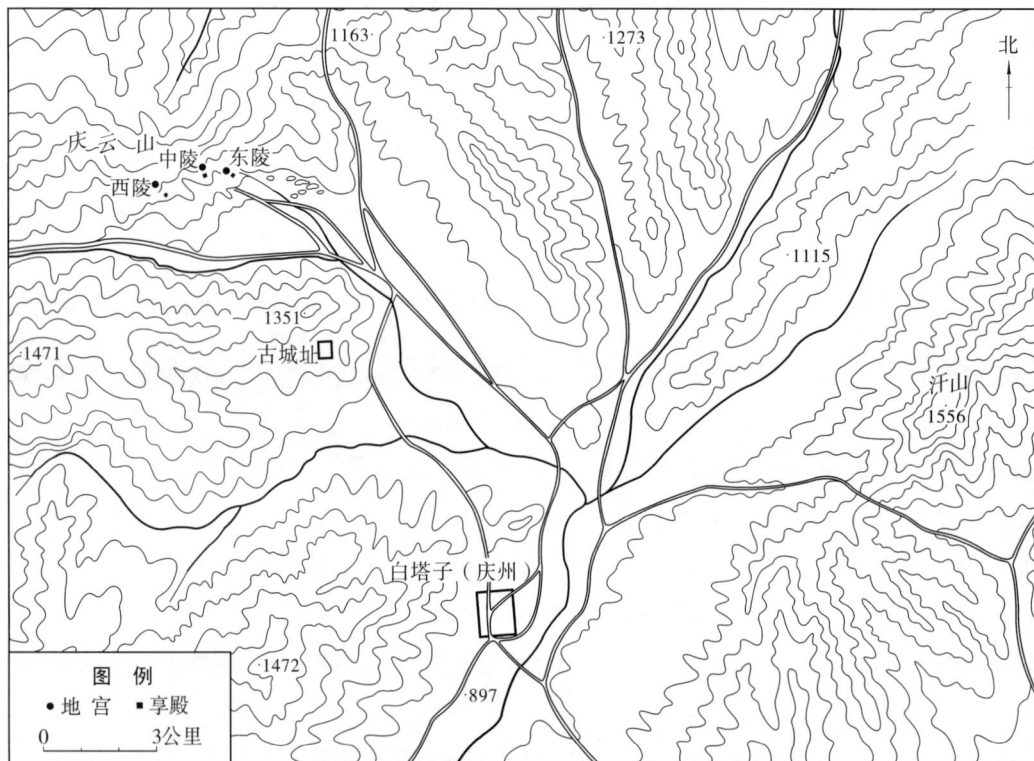

图一 辽庆陵地理位置图（采自《中国古代建筑史》第三卷）

三陵的具体位置。庆云山顶标高1 489米，其南斜面标高约1 420米，南斜面有三道山脊，山谷间泉水出露成溪。这里属砂丘草地，三陵所在山麓一带溪水下流合于砂丘平地后从西向东流入白河。庆云山生长着柏树、榆树、桦树和野芍药等，植被较好。东侧山脊下山麓标高1 199米处置东陵地宫（后面山头与地宫水平距离约600米），其西约640米山脊下山麓标高1 270米的缓坡处置中陵地宫（后面山头与地宫水平距离270米），再西距中陵约1 400米的山脊下山麓标高1 324米较陡峻处置西陵地宫（图二）。三座帝陵地宫之上今均未见封土或其他标志物，东陵因盗掘露后室顶部破坏洞口和其前面的土坑，由此可窥见地宫部分结构。中陵遭盗掘，地宫前面残存盗掘深沟，露券顶，有盗洞。西陵残存盗坑，地宫顶部塌落，露出直径约2.5米的圆洞。

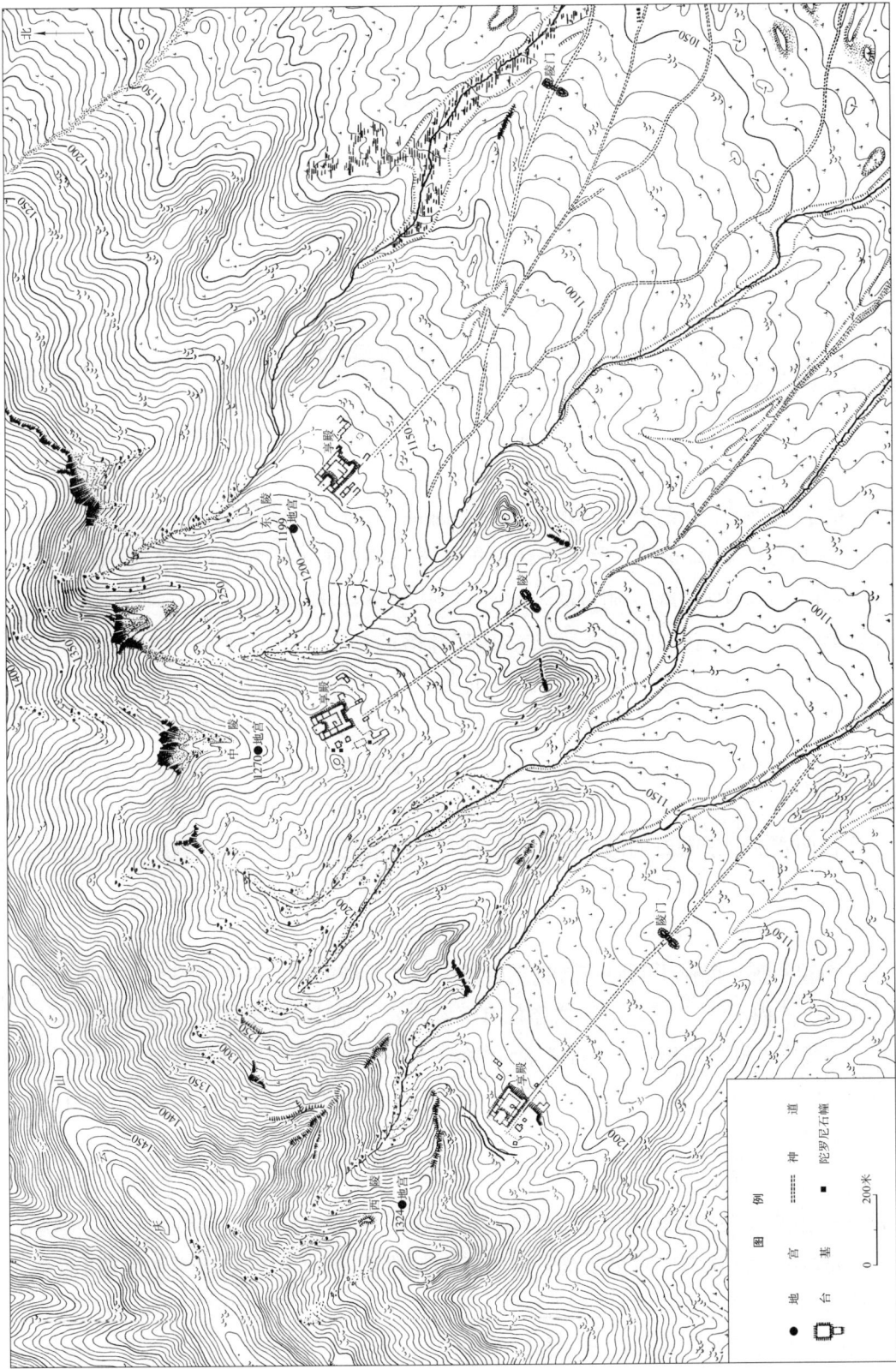

图二 辽庆陵（东、中、西三陵）地形图（采自《中国古代建筑史》第三卷）

(二)庆陵的盗掘和调查

辽亡，金人焚庆陵，掘宝物，陵寝遭严重毁坏。[13] 近代以来，又遭多次盗掘，下面据《庆陵》一书所述略作介绍。

1. 据传闻早在19世纪末（闵宣化1920年调查庆陵前约30年），当地百余人曾盗掘庆陵中之一陵。

2. 刘振鹭《辽代永庆陵被掘纪略》（《辽陵石刻集录》卷六）记载："民国二年（1913年）林西县长某，以查勘林东垦地，道出其地，读碑文，识为辽圣宗陵，意其必富宝藏，遂于民国三年秘密发掘。"发现"比诸骸骨有委于地面者，有陈于石床者，更有用铜系罩护其全体者"。

3. 1920年五六月间，法国天主教神父闵宣化（Jos. Mullie，又译作牟里。1909～1930年在当时的热河省内传教）到白塔子（庆州故址）附近踏查。其成果以《巴林蒙古大辽帝国的故都》为题（"Les anciennes villes de l'empire des grands Leao au royaume Mongol de Barin"），发表于1922年的《通报》上（*T'oung Pao*, Vol, xxi, 1922, pp. 177–201）。文中将白塔子附近的辽陵比定为庆陵，但未提出是庆陵的证据。

4. 1922年6月，住在白塔子南方浩珀都部落的法国天主教神父梅岭蕊（R. P. L. Kervyn, 1905～1939年在当时的热河省内传教），盗掘了兴宗的中陵。在陵内发现汉字哀册碑石二面，契丹文字哀册碑石二面。碑文临摹发表于《北京天主教会公报》上（*Le Bulletin de Catnorique de Pekin*, Vol. 118）。契丹文哀册文发表后，引起国际东方学界的重视。

5. 传闻在梅岭蕊调查的同一年，当时任林西县县长的王士仁（铁栅）亦盗掘兴宗陵，将仁懿皇后哀册篆盖盗至林西县城隍庙存放（王士仁与梅岭蕊两次盗掘是共同进行还是先后进行，情况不明）。

6. 1930年夏，受命于当时热河省主席汤玉麟之子汤佐荣，有关人等大肆盗掘东陵和西陵（中陵内水深，未盗）。这次盗掘有巡警介入（当时赤峰警务局长郭子权指挥），将东、西陵内木橔门割开。最终将圣宗、仁德皇后、钦爱皇后、道宗和宣懿皇后的汉文哀册5合10面、契丹文哀册2合4面（共14面），以及许多随葬品和明器，用牛车和骆驼运至承德。

7. 1930年10月，日本鸟居龙藏调查庆陵，看到汤佐荣盗掘后遗"于陵内的零散木片和一些遗物"（鸟居氏《满蒙を再び探る》第104—120页"ワール・マンハ陵墓の调查"，1932年）。此次鸟居对东陵壁画和建筑装饰图案进行了拍摄和记述（鸟居《辽代の壁画に就て》，《国华》第四一编第九、一〇、一一、一二册，1931年）。1933年10月，鸟居再次调查庆陵（《辽の文化を探る》，1936年）。

8. 1931年7月，日本东亚考古学会派出内蒙古调查团，其中江上波夫、田村实造和摄影师田中周治一行调查了庆陵，仅对东陵进行概测和调查，未发现遗物。

9. 1934年10月，日本关野贞到庆陵调查。1935年在关野贞的倡导下，"日满文化协会"决定对东陵壁画进行摄影，但此项工作着手前关野贞猝逝。此后，这项工作在黑田源次和竹岛卓一指导下，于1935年9月1日完成摄影。

10. 日本学者为介绍庆陵遗迹、壁画和遗物，委托京都大学羽田亨编著调查研究报告。为此，需补充摄影资料和制成精确实测图，所以1939年8月又组成以田村实造、小林行雄等人（包括中国的李文信）为主的调查团。这次调查以东陵为主，中陵和西陵仅进行了地面调查。其成果见田村实造、小林行雄共同撰写的《庆陵——东蒙古辽代帝王陵及其壁画考古学的调查报告》共二册（京都大学文学部，1952、1953年）。本文即依据该报告进行介绍。

除上所述，1949年以后内蒙古考古工作者又多次到庆陵进行考古调查。

二、庆东陵陵园遗迹与地宫的形制

（一）庆东陵陵园遗迹

庆东陵陵园仅残存享殿、陵门和神道等部分遗迹，其情况简述如下。

1. 享殿遗址群

享殿遗址群约在地宫之南偏东约200米地势较平缓的丘陵上，此处方圆约300米的范围内残存20余个台基遗址（图三）。享殿建筑群的台基遗迹形成面阔约68米、进深约90米的长方形平面。北部中央享殿台基面阔约29米，进深约42米，台基面平坦。其上有6列柱础石，除南数第4列中间少2个柱础石（减柱），余者每列均6个柱础石。此外，南数第3列中间4个柱础石及第4列两端的柱础石，又置副础石，第5列中间二柱础石之前和左右各加1个比前述副础小一半的小础石（见图三、四）。第2、3列柱础石间距5.33米，其余为4.73米，开间基本间距4.73米。享殿台基面阔5间，进深5间，方约24米（外侧柱心之间距离），享殿内似为面阔3间，进深2间，周围为回廊（前面2间，余者1间）；享殿之前为面阔24米、进深12米的月台。上述柱础石为方形花岗岩，一般边长约80厘米，最大的柱础石为89×82厘米，最小的为54×56厘米。柱础石面平，仅第2列西数第2个较小的础石（边长约68厘米）面上有直径约28厘米、高约1厘米的覆盆。础石面与享殿地面平，享殿用边长36厘米、厚6厘米的方砖铺地面。由于础石大小不一，故有时又随机用边长36厘米、宽24厘米的长方形砖铺设地面。此外，有迹象表明，前述第4列中间缺础石部位及其附近似有砖筑和木结构结合的坛类设施。

　　在享殿东西两侧有朵殿遗迹，从残存的柱础看似为面阔3间，进深2间（图四左上）。[14]东西朵殿之南各为3段廊房台基遗迹，从西廊房残存柱础判断，从北向南数第一段3间，第二段4间，第三段6间，南部东折接门址。东朵殿发现铺地砖。

　　享殿遗址群的门址北与享殿相对，门址台基12个柱础排列情况表明为面阔3间，进深2间（见图三、四）。中间一列柱础的中间两个柱础有置门槛的缺口（图四，4、5），应是门的位置。在柱础石面向下约20厘米处残存部分铺地砖。[15]门址两侧台基柱础排列同廊房，东西廊房南端又各有向南突出的短台基。[16]除上所述，在门址前约30米的土台基有砖结构，又前约40米偏东，有宽约27米、进深21米的长方形台基，以上台基具体情况不明。[17]

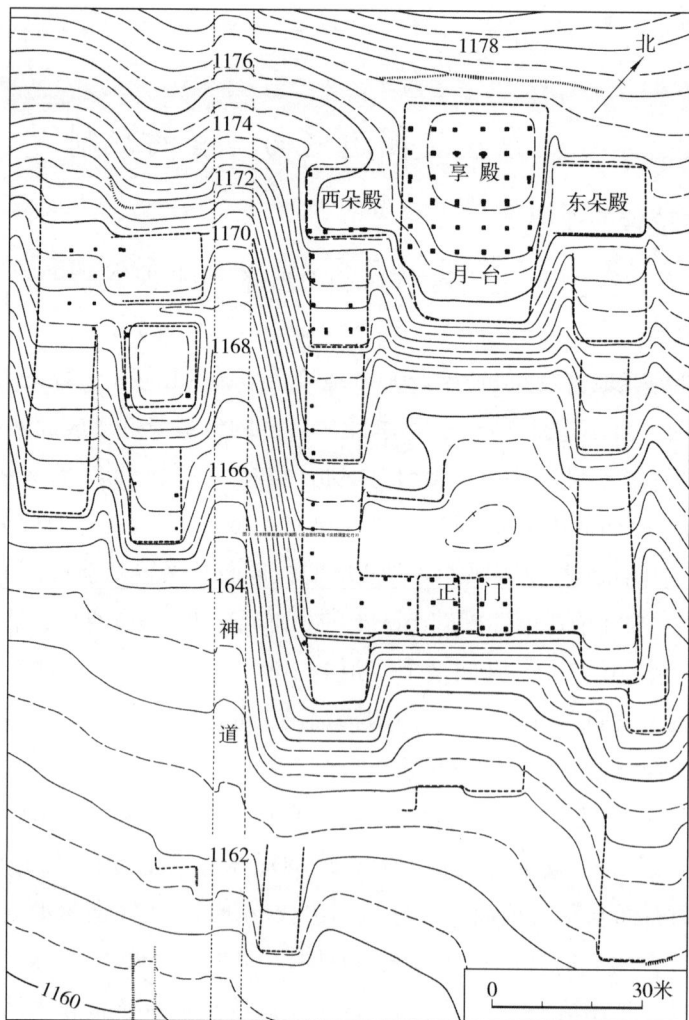

图三　庆东陵享殿遗址平面图（采自田村实造《庆陵调查纪行》）

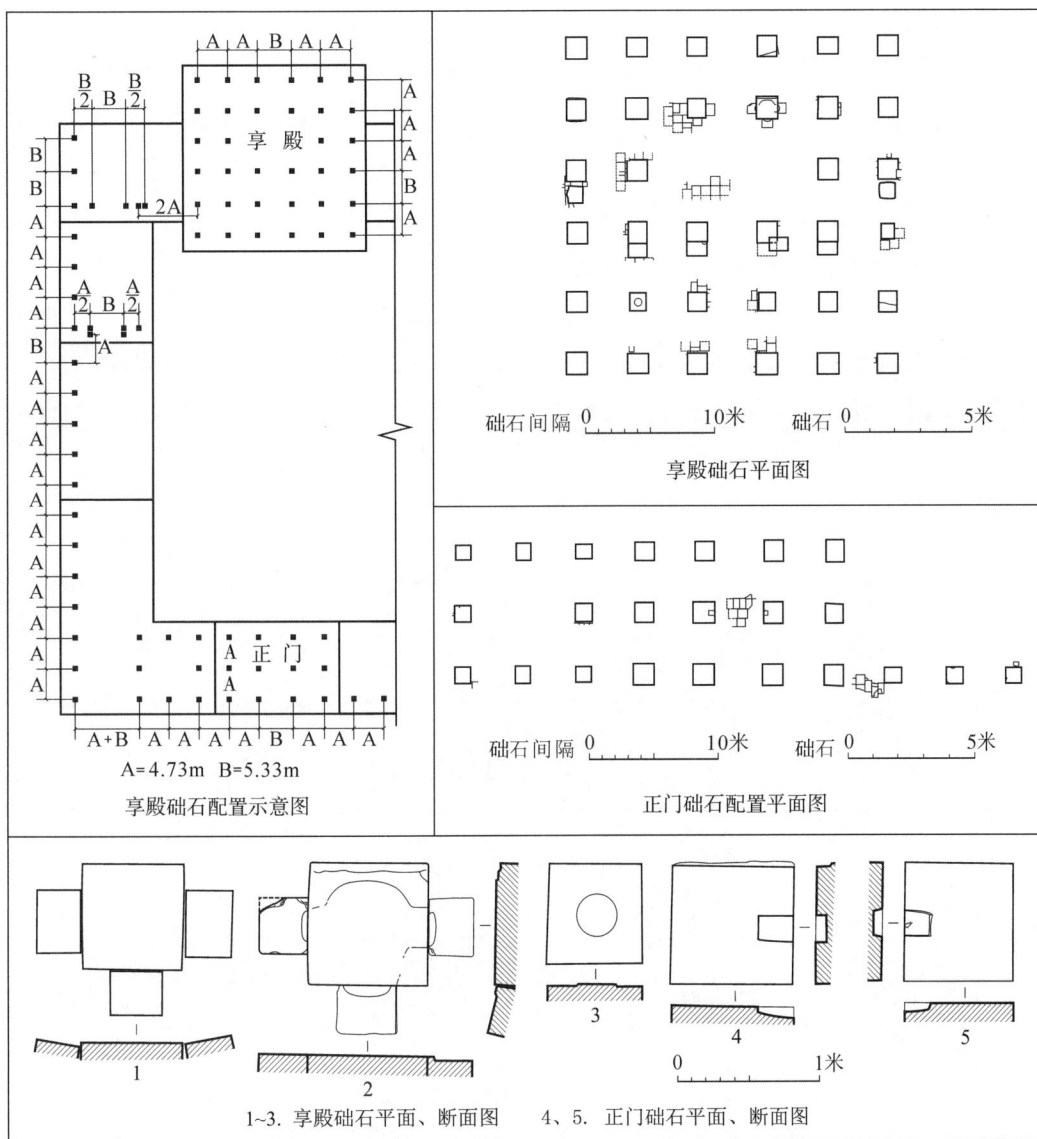

享殿础石平面图

础石间隔 0 ___ 10米   础石 0 ___ 5米

正门础石配置平面图

础石间隔 0 ___ 10米   础石 0 ___ 5米

享殿础石配置示意图

A= 4.73m B=5.33m

1~3. 享殿础石平面、断面图   4、5. 正门础石平面、断面图

0 ___ 1米

图四 庆东陵享殿础石平面、断面图（采自《庆陵》）

2. 享殿之西夹道西侧台基群

享殿建筑群之西隔夹道与之相对为西侧台基群，该台基群沿夹道的南北方向有东西2列台基群（见图三）。东列台基群有前中后3个台基，前面台基宽约10米，南北长约18米；中间台基最高，顶部平坦，方约15米；后面台基东西长约20米，南北宽约12米。西列台基宽约12米，南北长约70米，北端与东侧后部台基西侧相连接。该台基群发现少量柱础石，础石较小，一般为边长60厘米左右，柱网情况不明。西侧台基群当为陵园附属建筑遗迹。

3. 陵园门址和神道

陵园门址在享殿东南约1 300米（见图二），有4个台基。中间2个小台基对置，平面呈南北长方形，台基基宽约7.2米，南北长约17米，高约3.3米；顶部宽约1.4米，南北长约4米。两侧各有一大台基对置，平面略呈内宽外窄的梯形，东西基宽约30米，南北进深约22米，高约5.7米；顶部东西宽约14.7米，南北进深约4米。大台基分上下两段，高差约0.5米，外侧有约40度的坡度（图五）。

陵门前后地势较平坦，陵门北与神道相隔一段距离，此处或为陵门内广场。神道自享殿建筑群西侧前端从西北向东南沿丘陵斜长约1 300米，神道中段两侧有护砂。[18] 神道在享殿建筑群之西部分宽约三四米（见图三、五），其余路段宽度不明，结构也不清楚。

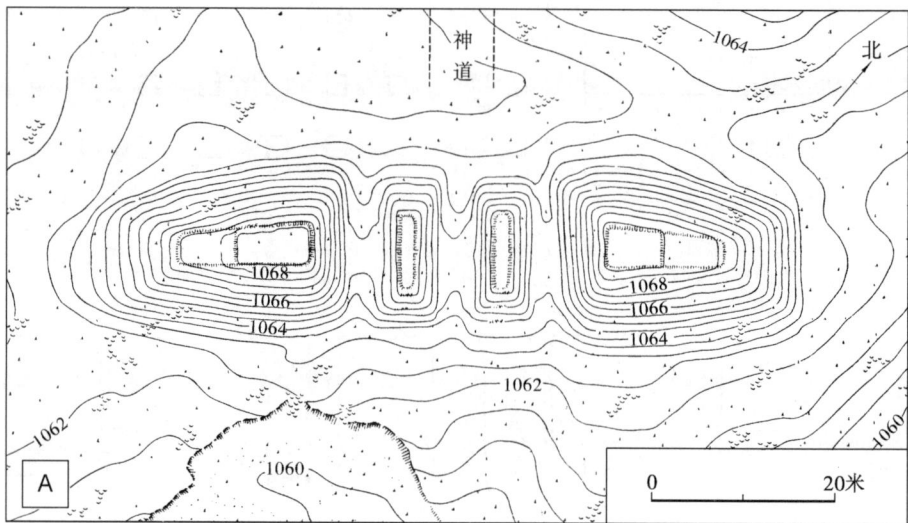

图五 庆东陵门址平面图（采自《庆陵》）

（二）庆东陵地宫的形制

1. 地宫平面形制（图六，1）

（1）形制和残存壁画的位置。东陵地宫纵轴线上配置墓道、甬道、前殿、中殿、后殿，三殿之间以甬道连通；前殿和中殿各配置左右配殿，其间以甬道连通，总平面呈"十"形。墓道纵长方形，无顶；前、中、后殿间甬道为纵长方形，前、中殿两侧甬道为横长方形，各甬道均为券顶，前殿券顶。前殿和中殿的左右配殿平面为圆形，中殿和后殿平面分呈准八角形和圆形，均为穹窿顶。

地宫从墓门至后殿北壁全长21.2米，中殿左右配殿间距最宽，约15.5米。地表下距中殿地面深约11米，地表下至墓门处地面深约9米。地宫各部位尺度如下：墓道口宽

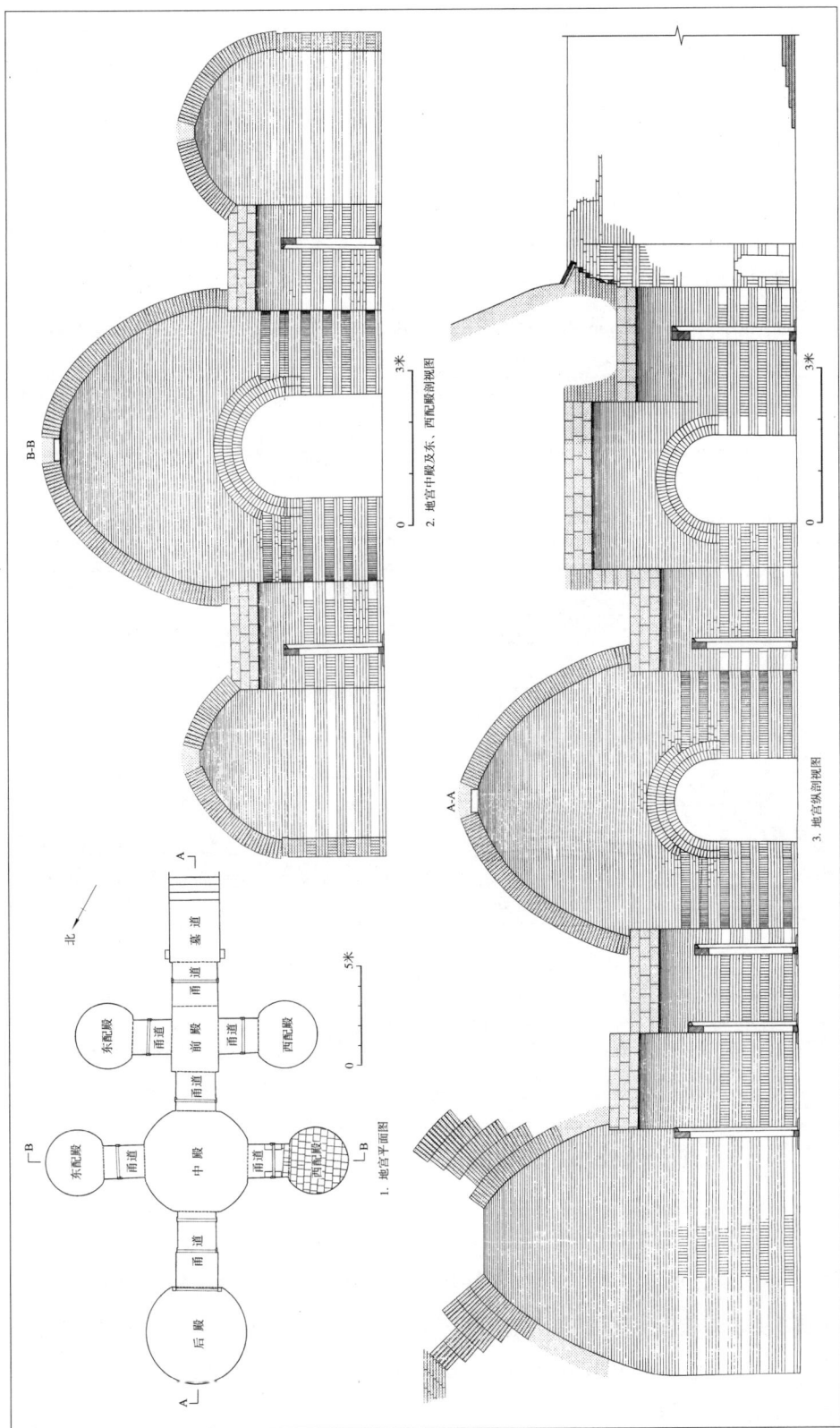

图六 庆东陵地宫平面、剖视图（采自《庆陵》）

2.86米，底宽2.58米，东侧壁残长6.5米，西侧壁残长约4.7米，墓道原长推测20～30米。墓道后之甬道长2.21米，宽2.36米，高3.21米。前殿长3.27米，宽2.4米，高4.08米。前殿东甬道长2米，宽1.74米，高2.48米。前殿东配殿径3.27米，东西径2.9米，高3.48米。前殿西甬道长2.08米，宽1.77米，高2.48米。前殿西配殿径3.36米，东西径3米，高3.67米。前殿北甬道长1.98米，宽2米，高2.74米。中殿径5.6米（南北5米，东西5.3米），高6.38米。中殿东甬道长2.09米，宽1.61米，高2.47米。东配殿径3.27米，东西径2.94米，高3.64米。中殿西甬道长2.12米，宽1.63米，高2.48米。西配殿径3.3米，东西径3米，高3.68米。中殿北甬道前窄后宽，前段长2.06米，宽1.94米，高2.8米；后段长1.85米，宽2.1米，高3.2米。后殿径5.14米，南北径4.82米，高约6.5米。[19]

庆东陵地宫残存壁画，分布于墓道、甬道、前殿与东西配殿及其间的甬道，中殿与东西配殿及其间甬道（图七）。

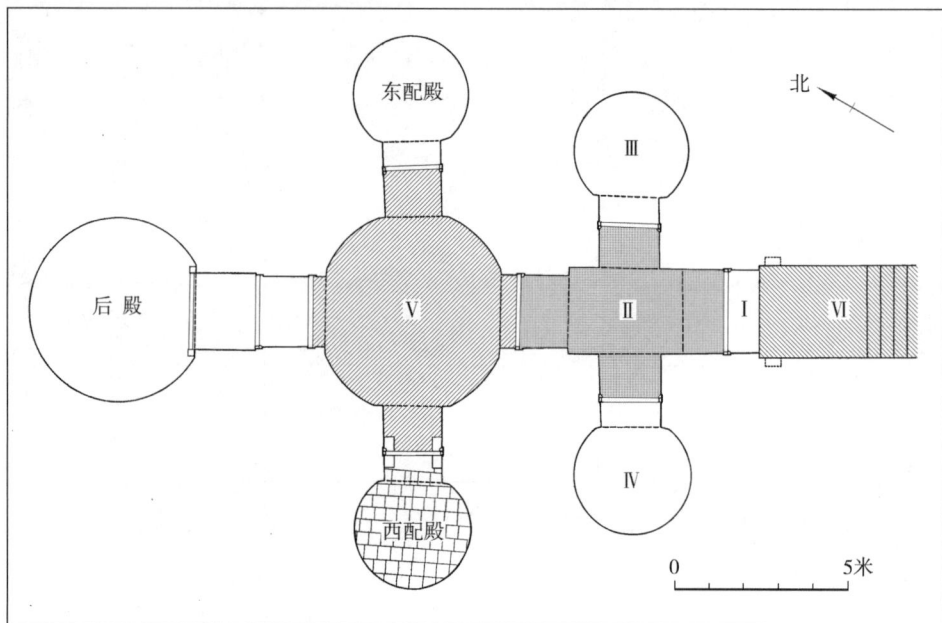

图七 庆东陵地宫残存壁画分布图（采自《庆陵》）

（2）地宫构筑方法。地宫均用长36厘米、宽18厘米、厚6厘米的长方形砖砌筑。地宫各殿墙壁顺丁垒砌，即从地宫地面向上顺序为长边卧砖平砌2层、短边立砖砌1层、长边卧砖平砌5层、短边立砖砌1层、长边卧砖平砌3层、短边立砖砌1层、长边卧砖平砌4层、短边立砖砌1层，共18层（图八），形成高1.6米的直壁，为地宫各殿统一的直壁形制和高度（见图六，2、3；图九）。

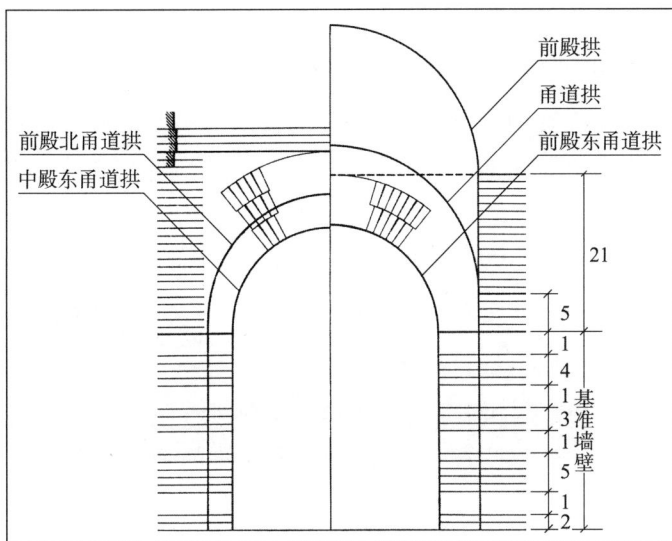

图八　庆东陵地宫砌砖结构示意图（采自《庆陵》）

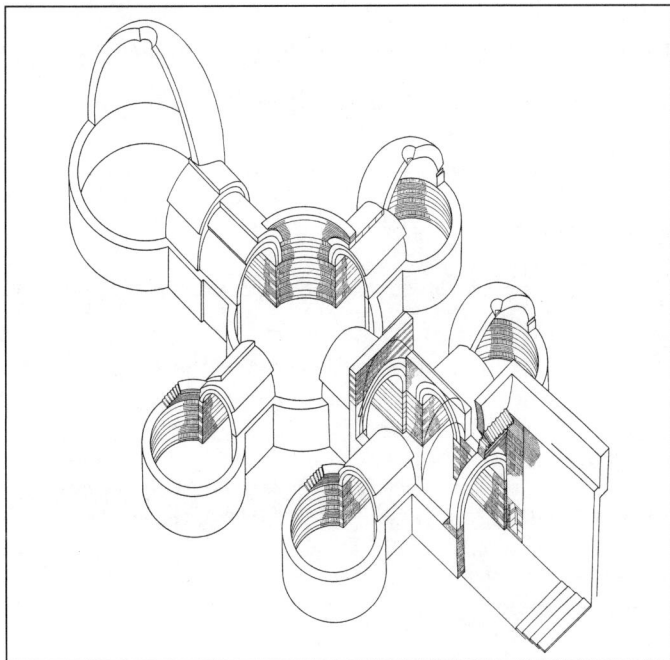

图九　庆东陵地宫砌砖基准壁构造透视图（采自《庆陵》）

　　地宫圆形各殿，大多以窄（短）边平砖代替长边平砖。各殿券顶以立砖起券，除墓门、前殿东、西甬道2层立砖起券外，其余券顶均3层立砖起券。穹窿顶均用平砖，顶部厚度为3层平砖。但是，从后殿穹窿顶部破坏孔断面观察，孔南北缘厚5层立砖，其上置平砖数重，上部填砖[20]（见图六，3），情况较特殊。

2. 墓道和地宫甬道结构

（1）墓道。墓道南部残毁，墓门之南长约85厘米的墓道两侧壁顺丁砌筑大型砖（36×24×6厘米）。该段之南墓道两侧壁上部约1.5米部位，用普通砖（36×18厘米）平砌，壁抹两层白灰面。墓道两侧壁顶平，宽约20厘米，壁顶之外有宽约7～8厘米的圆凹形沟，沟内抹灰泥。[21]墓道与墓门相接处之南的下部，两侧各有一个大型砖砌的小龛，高112厘米，宽42厘米，深27厘米。龛顶呈凸字形，顶内收，宽约18厘米，龛内抹灰泥，绘纹样，无遗物。[22]墓道底部地面，在墓门南约3米处残存方砖（边长约40厘米，厚6.7厘米）砌的向北面墓门斜下的台阶（见图六，3）。

（2）甬道封门砖、地宫门和木椁门。甬道侧壁在前述1.6米高的基准墙壁上平砌5层卧砖后起券，券顶2层立砖（见图六，3）。甬道与前殿间平面上无分界，仅以甬道券顶低于前殿券顶为界。

地宫门前20厘米处残存三重封门砖（因盗掘被破坏），残存部分里层最低，外层最高2.2米，均以砖的窄边立卧（以立砌为主）间筑。

地宫门位于甬道口（见图六，3），券门立砖起券2层，其上为砖制仿木建筑屋顶（图一○）。券门顶上有门楣（砌3层平砖），门楣上有3朵斗栱（砌3层平砖，下层呈圆角），斗栱上承托圆桁木，再上砖制仿椽檐，椽檐上有砖雕筒瓦、瓦当、板瓦和滴水。

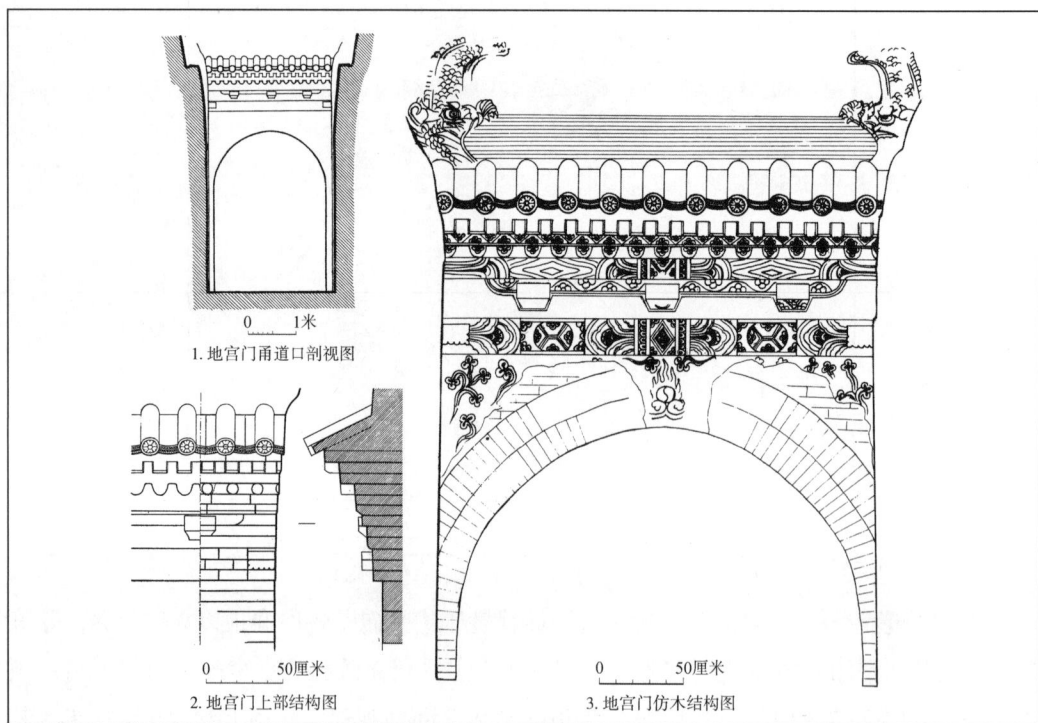

0　　1米
1. 地宫门甬道口剖视图

0　　50厘米
2. 地宫门上部结构图

0　　50厘米
3. 地宫门仿木结构图

图一○　庆东陵地宫门剖视图、结构图和立面图（采自《庆陵》）

斗栱之上表现圆形椽的部位砌3层平砖，表现方形椽的部位砌2层平砖。瓦顶为宽24厘米的砖制构件组合，瓦件间的接缝在板瓦中心。即板瓦、滴水和瓦当下半部之上，扣合筒瓦和瓦当上半部形成完整的瓦件。瓦当雕刻六瓣莲花式样，滴水雕刻出多重弧线纹。瓦顶檐凸出于壁面，最上层砖雕瓦当比券门壁面突出约40厘米。砖雕抹白灰、彩绘。砖雕房顶之上，于顶的两端的壁上绘鸱尾，鳞身，涂黄色，券门宽略同甬道。

地宫门原有彩绘，多剥落（见图一〇）。券顶中间绘云纹托火焰宝珠，两侧为双龙纹（图上无显示），云纹涂绿和青色，从采集的龙纹残片判断，龙纹为金色。门楣之下，券顶两隅饰云纹。其他残存彩绘有朱、赤、青、绿、褐等色，纹饰漫漶。

木槏门，入地宫门后约80厘米，在甬道两侧壁残存第一道木槏门门框残迹。此外地宫内在前殿北甬道有第二道槏门，中殿至后殿有第三至第五道槏门，前殿和中殿左右甬道各有一道槏门，地宫共9道槏门（见图六）。木槏门均被盗掘者破坏，仅存嵌入壁内的木框等残迹（在地宫中发现少量木槏门残件）。据此可大体复原出立颊（门框）、直额（门楣）、地栿（门槛）、门砧、门簪等（图一一）。立颊、直额、地栿、门砧均嵌入壁内（壁上有4砖厚的纵沟）或在铺地砖内。木门髹黑漆，门簪全长70厘米，头部长16.4厘米，尾部长53.3厘米，头部和尾端髹黑漆。在槏门与券顶之间半圆形部分空缺，相对应的券顶位置有9厘米宽的白灰带状痕迹，该半圆形部位原应置越额。㉓

3. 前殿与甬道和配殿的结构（见图六，3；图八）

前殿于东西壁1.6米高的基准墙壁之上平砌21层卧砖后起券顶（3层立砖），由于前殿南北壁高于南、北甬道，故前殿南北壁上部各有一新月形的月光壁。前殿东、西、北三面甬道平面均呈长方形，东西甬道均在1.6米高的基准壁上起券顶（2层立砖），北甬道在1.6米高的基准壁上平砌2层卧砖起券顶（3层立砖）。前殿北壁与券顶无关部位一顺（长边卧砖）一丁（短边立砖）砌筑。前殿东西甬道各距东西配殿80厘米处置木槏门（向配殿方向开启），北甬道距中殿56厘米处置木槏门。

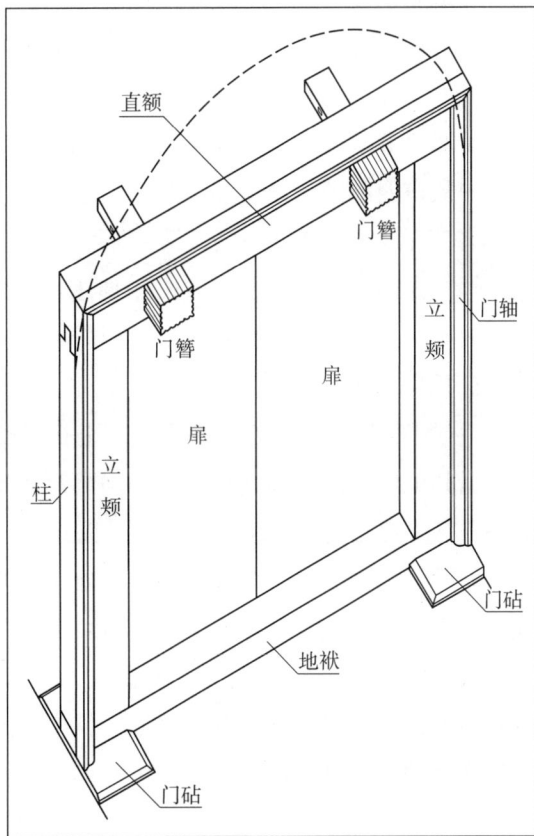

图一一 庆东陵地宫木槏门结构复原图（采自《庆陵》）

前殿和中殿的东西配殿平面均呈圆形，其形状、大小和结构基本相同。即各配殿皆在1.6米高的基准壁上再平砌6层卧砖，其上砌2层砖厚约12厘米的凸带，凸带突出于壁面3厘米，再上短边卧砖层层内收形成穹窿顶，各配殿穹窿顶37～40层砖不等，高度也略有差异，[24]顶部正中圆孔不用盖石而封砖。

4. 中殿与甬道和配殿的结构

中殿直径5.6米，平面东西径略大于南北径。穹窿顶半径约2.7米，高约3.1米。上述情况表明，中殿平面不是规整的圆形，穹窿顶也不是真正的半球体（见图六，3）。中殿平面和周壁被四甬道口区划为四区，殿内从1.6的基准壁上以长卧砖和窄口立砖顺丁砌至高3米处起厚约17厘米（约3砖厚），突出于壁面约3厘米的凸带，其上起穹窿顶（见图六，3；图九）。穹窿顶69层砖，每层长边砖和窄口砖相间，层层收缩而成。顶部以八九块砖围成不规则圆孔，于墓外在圆孔上封堵圆石，封石盖底面有自中心向外不规则的射线划槽。

中殿有四甬道口，各甬道券顶均三券，内侧二券皆立于基准壁上端，最上一层券位置较高，前述凸带的下端正好是中殿四甬道券顶的上缘（见图六，2、3）。中殿东西甬道与前殿各甬道构造相同，东西甬道内木榻门设于距配殿约85厘米处。但中殿北甬道则有所不同，一是中殿北甬道长约是其他甬道的一倍；二是以该甬道中间为界分为前后两部分，后半部比前半部分宽15厘米，券顶比前半部分券顶高40厘米，高出部分形成月光壁；三是北甬道设三道木榻门，第一道距中殿北甬道口中约40厘米，第二道榻门在前半部甬道末端，第三道榻门在后半部分甬道末端（见图六）。

中殿东西配殿的规模和构造与前殿东西配殿基本相同（参见前述情况）。西配殿铺方36厘米的方砖，南北9列，第9列的一半已进入甬道地面，铺地砖行列方向略偏移室内中轴。在铺地砖中还混有边长30厘米或更窄的砖，故地面铺砖不规整（见图六，1）。西配殿流沙较少，可见铺地方砖，[25]其他各室铺地砖情况不明。

5. 后殿的形制和结构

后殿平面圆形，顶部中央塌落，土石埋没周壁。据周壁上部推测其平面直径为5.14米，据其他殿内地面高度计算，地面到穹窿顶破坏处边缘高约6.3米（见图六，1、3）。此外，穹窿顶北侧中央偏西还有一高66厘米、宽45厘米的长方形孔。[26]

后殿穹窿顶仍用窄口卧砖层层内收而成，《庆陵》报告说从顶部破坏洞口断面可见顶部北侧为3砖厚度，南侧有5砖厚度，[27]其外还用平砖填充，非常坚固。后殿周壁未见白灰壁面，《庆陵》报告说，据传有木护壁，但周壁被埋于土石无法详细了解，从殿内残存木构件可略知其情况。例如，其中一弧形木构件长约80厘米，宽约15厘米，厚11厘米，两端分别做榫和卯，上下有卯槽，据其曲率推算出半径约为2.5米。木构件外侧有石灰，原应紧贴于壁面上。木弧形构件内侧可见红、白等彩绘痕迹。木弧形构件左右和上下以卯榫连接形成护壁。[28]

三、庆东陵地宫壁画

（一）墓道和甬道壁画

1. 墓道壁画

（1）东壁人物壁画。在东壁残长约6.6米的壁面上，残存6身与真人等身立像和1匹马（图一二，1；编号57～63，《庆陵》所记马夫，画面缺）。北数第1身立像（见图一二，1；编号57）距墓门约70厘米，位于墓道东壁小龛之南，着青袍，束赤革带，矩形镏金带扣，带左侧吊小刀，穿黑色长靴，双手于胸前合持侧立蒜头骨朵头之下部（左手在上），像高1.76米。北数第2身立像（图一二，1；编号58），面部淡褐色，双手合持斜立蒜头骨朵上部，像高1.77米，余同北第1身立像。第3～6身立像（图一二，1；编号59～62）面部漫漶，均双手合持斜立蒜头骨朵。其中北数前3身立像（图一二，1；编号57～59）间隔而立，后3身立像中2身在前（图一二，1；编号60、62），1身在两者身后中间（图一二，1；编号61）。6身立像均斜向北，注目陵内。㉙壁画南端残存1匹马（图一二，1；编号63），马头向南，尾向墓门，马身长2.37米，高1.6米（近实大），毛浓褐色，垂束尾，马具俱全，体态风神俊骨（以上又见图一二，3）。㉚

（2）西壁人物壁画。在残存长约5米的墓道西壁，残存8身等身人物立像㉛（图一二，1；编号64～71）。北数第1身立像距墓门58厘米，在墓道西壁壁龛南，北数第1～4身立像（图一二，1；编号64～67）相间而立，余4身（图一二，1；编号68～71）为群像。㉜壁画漫漶，北数第1身立像大致可复原。㉝

除上所述，在墓道壁画剥落处，发现还有一层白灰面壁画，即现存墓道壁面为第二次补绘。㉞现存墓道人物壁画的风格与地宫内人物画不同，其中墓道中编号59、62、69号的人物立像衣纹描绘方法和着色为墓道人物画特有的画风。

2. 甬道人物壁画与装饰纹样

地宫门至第一道楄门间约75厘米的位置，东、西壁各绘1等身立像（图一二，1、3）。东壁像头戴半球形胡帽，有髭须，穿圆领窄袖袍束革带（下身漫漶），双手于胸前握蒜头骨朵，左肩上部有契丹文题记。西壁立像髡发，右肩上部有契丹文题记，其余装束同东壁立像。从地面至两立像头顶高2.16米。㉟

甬道从地面向上2.4米于壁面上绘宽14厘米的牡丹花纹带（图一二，3），上下2个五瓣花，左右叶形，形成椭圆形的一个单元。花纹带褐地，花瓣红，花蕊青，叶绿色，上下缘白色联珠纹，花纹带之下有淡青色垂幔。花纹带之上券顶绘大六角形与小三角形相间图案，格樑带绿色，其樑浓青色，中间白色。各格樑带交点绘圆形四瓣花（轮廓线红褐色，红瓣青蕊），格内红地，六角形格内绘花草（牡丹、菊之类变形

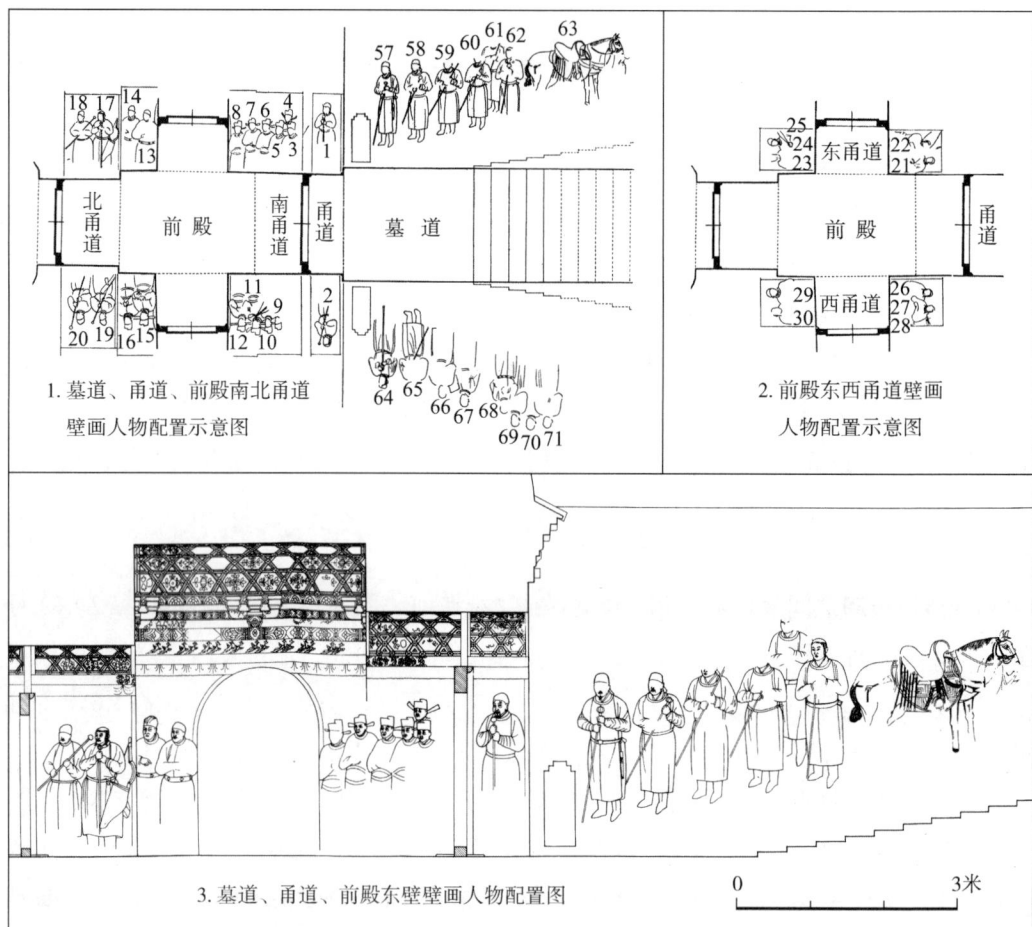

图一二　庆东陵地宫墓道、甬道、前殿壁画人物配置图（采自《庆陵》）

纹饰，近墓门处绘莲花莲叶）。甬道槅门内外装饰纹样色调有别，槅门外装饰纹样似补绘。㊱

（二）前殿、甬道和配殿壁画

1.地宫甬道后部和前殿前部人物壁画

　　地宫甬道木槅门北至前殿两侧通道口，在长约1.8米的壁面上绘汉装群像。东壁残存6身（图一二，1、3；编号3～8），西壁残存4身（图一二，1；编号9～12）。㊲人物像均头戴平直脚幞头，11、12号人物有髭须。人物像皆穿汉服，10～12号人物见黑上衣，12号人物见红色中衣，3～8号和西壁12号人物见白下衣。6～8号人物束双重革带，12号人物束双重红革带。其中10和11号人物像胸部露四弦四柱曲颈琵琶的上半部。7号人物右肩上、8号人物头上、10～12号人物左肩上部书契丹文题记，漫漶。上述人物像应是奏唱汉乐的乐人像。

2. 前殿两侧壁后部和北甬道人物壁画

前殿两侧壁东西甬道口之北长约85厘米的壁面上，各绘2身立像。东壁绘2身契丹人立像（图一二，1、3；编号13、14），戴半球形黑色胡帽，右手置于胸前。在南者面部约三分之一剥落，双目残缺，有髭须，似老人。在北者与南面立像重肩而立，较南部立像略高，穿浓褐色契丹服，上衣圆领间露中衣红色直领和下衣白直领，均束红革带，饰金具。二人左肩上部有契丹文题记，漫漶。

西壁绘两身戴幞头立像（图一二，1；编号15、16），在南者戴平直脚黑幞头，面褐色、丰满，有髭。穿浓褐色圆领窄袖袍，束红色二重革带，双手叠于胸前（左手在上）。在北者戴幞头，面褐色，长须髯，袍和带同前，双手叠于胸前。两身右肩上部书契丹文题记，漫漶。上述东西壁人像，应表示北面官和南面官群臣侍立。

前殿北甬道木槅门之南，东西壁各绘2身立像（图一二，1、3；编号17、18）。东壁在南者，髡发，两鬓垂黑发，有髭。穿淡褐色契丹服，中衣红色，下衣白色，束茶褐色带，带扣饰金。手直握蒜头骨朵，左侧挎短弓和弓囊，形象威武雄壮，在北者面较长，面部左上半部剥落，戴胡帽，少许髭须。穿淡褐色契丹服，露白色下衣，束红革带，斜持蒜头骨朵。两身左肩上部有契丹文题记，漫漶。

西壁（图一二，1；编号19、20）在南者戴胡帽，面较长（少许剥落），高颧骨，面相冷峻。穿褐绿色契丹服，露白色下衣，束红革带，斜持蒜头形骨朵，右腰挎箭筒和箭，矢束，其上有镞（图一三，1）。在北者略低于前者，戴胡帽，浓眉大眼，有髭须，肩较宽。穿褐色契丹服，露白色下衣，束红革带，斜持蒜头骨朵。在南者左肩上部、在北者右肩上部有契丹文题记，漫漶。上述4身立像，推测为侍卫官。

3. 前殿东甬道和东配殿人物壁画

从通道口至木槅门约1.9米壁面上，南壁绘2身立像（图一二，2；编号21、22；图一四，1），北壁绘3身立像（图一二，2；编号23～25）。南壁在西者画面剥落，仅见面向东配殿，髡发，穿褐色契丹服。在东者髡发，曲鼻，有髭须，穿青色契丹服，左肩扛卷成筒状的渔网，左手下托，右手上扶，穿黑色高腰靴（表示在水中）。北壁3身立像剥落，漫漶。在西者仅见绿色契丹服，右肩上部有契丹文题记残痕。居中者仅见胡帽，绿色契丹服。在东者残存部分上半身，戴胡帽，有髭须，穿绿色契丹服，左手握扁平桨状物斜倚于左肩上（图一三，2）。从渔网和桨状物来看，表现的应是渔猎的捺钵生活。

东配殿平面圆形，在周壁长8.3米的壁面上绘10身立像（可辨出8人），人像以相间0.3～1米而立（图一四，1；图一五，2、3）。10人中除中间者（图一五，2、3；编号35）头戴无檐帽外，余均髡发，两侧垂鬓发。31号立像，髡发，有髭，穿绿色契丹服，露红色中衣、白色下衣，束白绢带。32号立像，髡发，有髭，穿褐色契丹服，束黑革带。33号立像，髡发，有髭，穿绿色契丹服，露红色中衣，束红革带。34号立像，髡

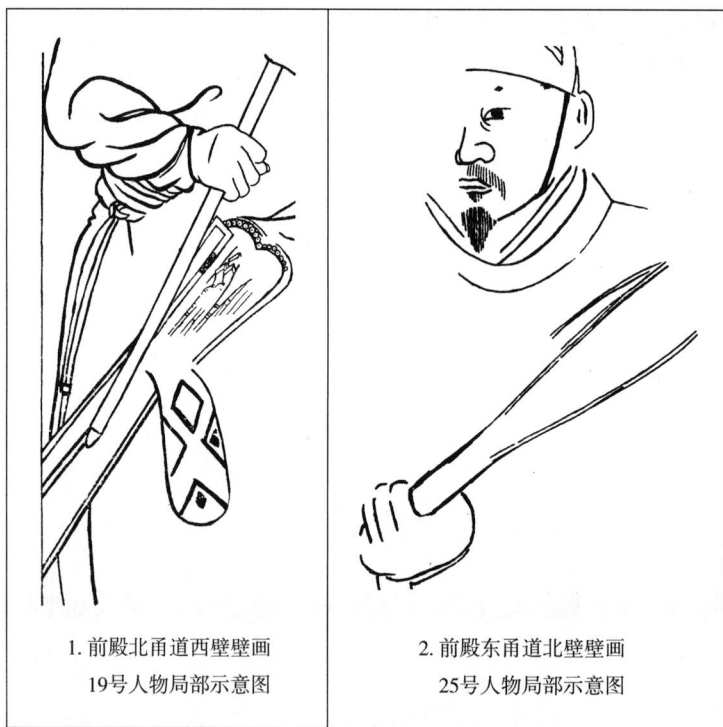

1. 前殿北甬道西壁壁画　　　　　2. 前殿东甬道北壁壁画
19号人物局部示意图　　　　　　25号人物局部示意图

图一三　庆东陵前殿北甬道、东甬道壁画人物局部示意图（采自《庆陵》）

发，有髭须，穿绿色契丹服，露红色中衣、白色下衣，束红革带。35号立像，戴无檐帽，有髭须，穿褐色契丹服，束红革带。36号立像，髡发，有髭、须、髯，穿绿色契丹服，束褐革带。37号立像，髡发，有髭，穿绿色契丹服，露白色下衣，右肩上部有契丹文题记。38号立像，髡发，有髭须，穿绿色契丹服，露红色中衣和白色下衣，右肩上部有契丹文题记。39号立像，髡发，穿绿色契丹服，束红革带。40号立像，髡发，有少许髭须，穿浓褐色契丹服，露红色中衣和白色下衣，束红革带，左肩上部有契丹文题记。

4. 前殿西甬道和西配殿人物壁画

从甬道口至木榻门长约1.1米的壁画上，南壁绘3身立像（图一二，2；编号26～28），北壁绘2身立像（图一二，2；编号29、30）。南壁在东者，髡发，两侧鬓发垂肩自然流畅，有少许髭须，面容沉着威严，穿绿色契丹服，绿色上衣和红色中衣色调协调，双手叠于胸前。27号像居中，髡发，穿绿色契丹服，露白色下衣，双手平置胸前。在西者立于27号像斜背后，仅见上半身，面部剥落，髡发，穿绿色契丹服。北壁在东者，戴胡帽，右手在颚下，左手平伸，穿绿色契丹服，左肩上部有契丹文题记。在西者，髡发，穿绿色契丹服，两手平置于胸前。

西配殿内有流沙，仅见部分残迹。41号立像（图一五，1），髡发，有髭，穿绿色

1.前殿及东、西配殿南壁壁画立面图

2.中殿和前殿东壁壁画立面图

图一四 庆东陵中殿、前殿及东西配殿壁画立面图（采自《庆陵》）

契丹服，露红色中衣和白色下衣，束红革带，左肩上部有契丹文题记。42号立像，髡发，有髭，穿褐色契丹服，露红色中衣和白色下衣，束黑革带。43号立像，戴胡帽，穿褐色契丹服，露红色中衣和白色下衣，束红革带，左肩上部有契丹文题记。44号立像，戴胡帽，有髭，穿绿色契丹服，露红色中衣和白色下衣，束红革带，左肩上部有契丹文题记。45号立像，戴胡帽（帽后垂幞头软脚样的纽），有髭，穿褐色契丹服，露红色中衣和白色下衣，束绿革带。面部和手有黑和红褐二重轮廓线，绘法较特殊。

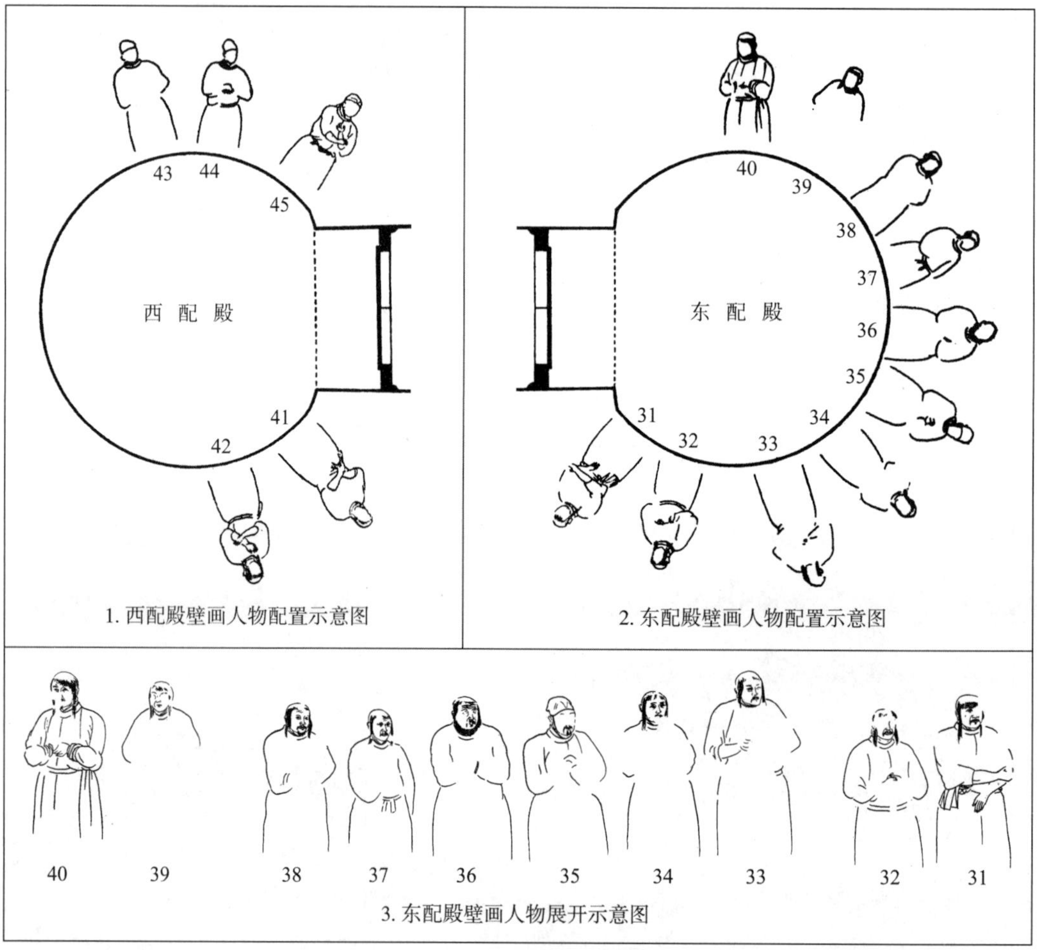

1. 西配殿壁画人物配置示意图

2. 东配殿壁画人物配置示意图

3. 东配殿壁画人物展开示意图

图一五 庆东陵前殿东、西配殿人物示意图（采自《庆陵》）

5. 前殿、甬道和配殿装饰纹样

（1）前殿装饰纹样。前殿券顶和所通各甬道券顶装饰纹样同前述地宫甬道券顶。东西壁从地面向上约2.6米处，在券顶天井纹样之下与东西甬道口之上宽约60厘米处绘鸟纹带和仿木建筑斗栱。下方鸟纹带，二羽凤凰为1组，共9组。鸟墨线勾绘、红地，羽毛泛白，东西壁鸟纹各飞向墓门。鸟纹带上下饰白色联珠纹，联珠纹下绘绿色条带，再下为黄色垂幔（带下缺弧形）。鸟纹带之上绘3朵斗栱（一斗三升），斗栱和仿木结构彩绘（图一二，3；图一六）。[38]

前殿南北壁，在前殿券顶和南北甬道口券顶间的月光壁上绘双龙纹（北壁略低），下距室内地面约3.3米。画面下部绘宽约11厘米的七宝系纹带，带上下缘为白色联珠纹，其下缘带，再下黄色垂幔（延至甬道口两侧）。七宝系纹带之上，月光壁朱地，中间绘火焰宝珠，宝珠下绘双云纹，宝珠两侧各绘一龙头相对，龙身上举双尾相

图一六 庆东陵地宫前殿东西壁上部建筑壁画局部装饰纹样（采自《庆陵》）

图一七 庆东陵地宫前殿南壁的双龙纹饰（采自《庆陵》）

对的龙纹。龙体线描涂黄彩，宝珠之上和龙体外侧绘青绿色云纹（图一七）。甬道口顶部两隅各绘一鸟，鸟头相对向甬道口券顶。南壁之鸟绿色，小钩喙；北壁之鸟青色，长喙。㉙

（2）前殿东、西和北甬道及东西配殿装饰纹样。前殿东、西甬道从地面以上2米、北甬道从地面以上2.27米，绘宽约13厘米（东西甬道）和17厘米（北甬道）的牡丹纹带，下垂青幔，上部券顶绘格形天井，情况大体同前述地宫甬道天井装饰。

东西配殿顶部装饰纹样大都剥落，在周壁下距地面1.94米凸带之上宽约70厘米部位绘斗栱之类，其上穹窿顶分6区绘纹样，具体情况不明。

（三）中殿、甬道和配殿壁画

1. 中殿周壁的壁画和彩绘

中殿从穹窿顶到周壁的装饰图案、影绘和壁画通盘构思，整体布局，环视室内仿佛置身于立体画面之中。

（1）中殿影绘壁柱和甬道券门上的绘画（图一四，2）。中殿四甬道门两侧各绘一壁柱，共8柱。柱宽约17厘米，左右浓褐色缘带各宽约5.6厘米。柱内中间深红色地上绘一黄色降龙（头下，尾上），龙身上下和身侧绘蓝色晕染的朵云纹（图一八，3）。柱上下端各绘一整二破花瓣，花瓣用红、绿色晕染。[40] 四甬道券门顶部中央绘火焰宝珠（宝珠青色，火焰红色），宝珠下有一对绿色朵云承托，宝珠两侧各绘一蝴蝶，向宝珠对飞。甬道券门上两隅各绘一青鸟，向宝珠对飞。

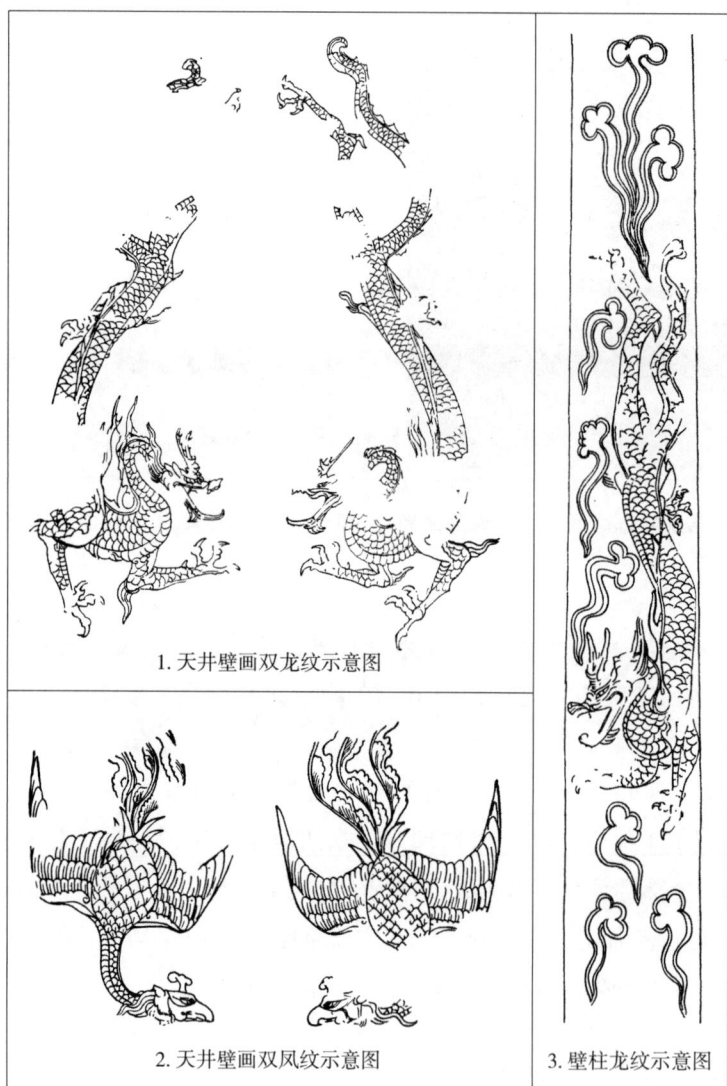

1. 天井壁画双龙纹示意图

2. 天井壁画双凤纹示意图

3. 壁柱龙纹示意图

图一八　庆东陵地宫中殿壁画局部示意图（采自《庆陵》）

（2）周壁四季山水壁画（图一四，2；图一九）。四甬道券门相邻两壁柱间壁面分绘四季山水壁画，用淡彩青绿山水和"平远山水"画法表现春、夏、秋、冬四季景色（图一九、二〇）。

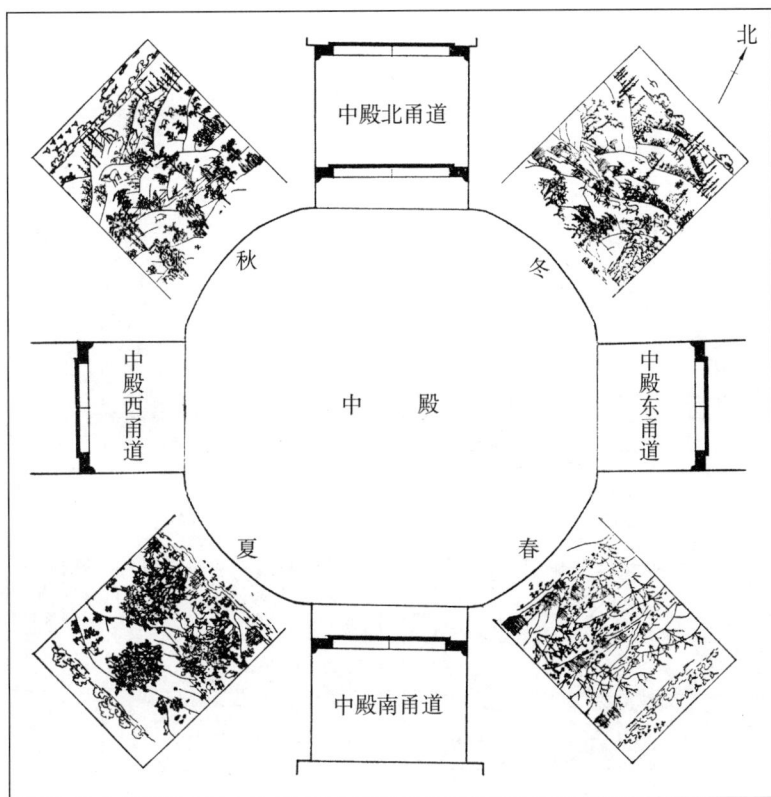

图一九 庆东陵地宫中殿壁画四季山水配置示意图（采自《庆陵》）

① 东南壁春图。春图绘于东甬道券门和南甬道券门壁柱之间（下文将论证四季图位于四正方向，四甬道券门位于四隅），壁画下部被埋于沙土，壁画在垂幔之下，右端高2.36米，左端高2.60米，宽1.77米。壁画构图以山丘坡地溪水为场景，以花草树木和水鸟为主题。在低山丘和坡地之间溪水蜿蜒流淌，白花（杏花）盛开，溪水边花草和灌木丛生。在潺潺的溪水中水鸟和水禽成群，水禽（野鸭？）浮游，白鸟（天鹅？）戏水，悠然自得。天空飘着彩云（红绿黄三色），大雁成列飞向东北（北方）。画面展现出一派春意盎然的景色。

② 西南壁夏图。夏图绘于南甬道券门和西甬道券门壁柱之间，画面宽1.85米，从垂幔向下至地面上堆积的冻土层高约2.4米，全高不明。构图以并列的山丘，以及山丘上鼎立的三株硕大的牡丹花为场景，以鹿和野猪为活动的主题。山坡下有一条蜿蜒流动的溪水，溪水边长着灌木，山坡上下有芍药等各色花朵。在溪水边两株大牡丹花和花草丛中，牝鹿和仔鹿或吃草，或哺乳，或卧于地上，左侧隔牡丹花外侧有三头野猪正在觅食，山上牝鹿正在行走或攀登，天空飘着云朵。以盛开的牡丹和芍药及鹿育仔等寓意夏季。[41]

春　　　　　夏

秋　　　　　冬

图二〇　庆东陵地宫中殿壁画四季山水图（采自《庆陵》）

③ 西北壁秋图。秋图绘于西甬道券门与北甬道券门壁柱之间，画面宽1.9米，下部埋于沙土，右端露出高度约1.9米，左端露出高度约2.27米。画面以群山、树木和山间溪水为场景，以鹿和野猪为活动主题。山上山下树木丛生，山顶上树木落叶仅余树干，山下树木除少数有半绿色叶外，多数为黄叶或红叶，有的树上还挂有紫或红色果实，左手绘三棵青松。在树丛中山坡间，牡鹿追逐牝鹿群，[42]或牡鹿引颈长鸣；下面野猪或觅食或奔跑。天空飘着彩云，大雁成列飞向西南方（南方）。画面表现出一派萧瑟的深秋景象。

④ 东北壁冬图。冬图绘于北甬道券门与东甬道券门壁柱之间，画面宽约1.8米，右端露出高度约2.09米，左端露出高度约1.8米。构图同样以山、树、灌木和溪水为场景，以鹿和野猪为活动主题。画面树落叶，溪水有冻感，鹿群作行走观望状，野猪卧于溪水边，天空飘云朵，一派寒冬景象。

2. 中殿顶部装饰图案

（1）垂幔、阑额和斗栱。中殿周壁的上部，画影绘重幔、阑额、斗栱和桁等。四甬道券门两侧壁柱顶端和四季山水图顶端，接穹窿顶部下端一周宽约12厘米带赭色皱纹的黄色垂幔。垂幔之上接宽约17厘米、红线描的彩色牡丹纹带，再上以周壁上部凸带表示阑额，阑额上置斗栱（均一斗三升），共16朵斗栱。斗栱之上为桁（图二一）。

（2）穹窿顶阳马和所分八区图案（图一四，2）。自穹窿顶中心向下呈放射状绘八条象征支撑穹窿顶的骨架，今称阳马；阳马下接各柱头斗栱上面之桁。阳马下端图案是在横长方形内绘椭圆形，椭圆形内以变形H字形四分，各填半花形，长方形之上绘二破花瓣。端饰之上，阳马在黄地上绘青、绿相间带弧的菱形。[43]八条阳马将穹窿顶分为八区，八区上部浅红地，中间赭红地，下为深红地。八区中与四甬道券门对应部位绘双降龙纹和云纹（图一八，1），与四季山水图对应部位绘俯冲的双凤纹和云纹（图一八，2），八区下端均绘朵云纹，所有云纹皆用蓝色或绿色晕染。

图二一 庆东陵地宫中殿周壁上部建筑壁画局部纹样装饰（采自《庆陵》）

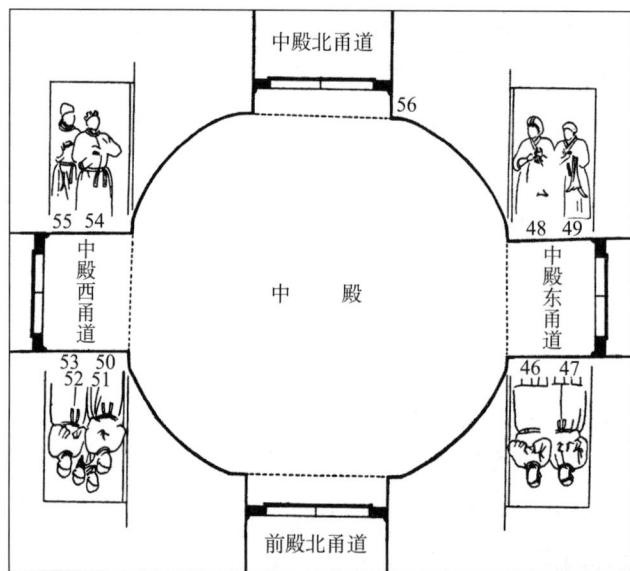

图二二 庆东陵地宫中殿东西甬道壁画人物配置示意图（采自《庆陵》）

3. 中殿甬道壁画和装饰（图二二，编号 46～56）

中殿东甬道木槅门之前，南北壁各绘2身立像。南壁2身立像靠前者（编号46），髡发、垂鬓发，面部剥落，穿绿色契丹服，露白色下衣，束褐革带，带扣镏金，红靴。靠后者（编号47）残存轮廓，髡发，穿淡褐色契丹服，束绿革带，黑靴。北壁2身妇人立像，靠前者（编号48）年长，额垂双髻，穿左衽绿直领窄袖（袖较短）上衣，露红色中衣和白色下衣，有白帔肩，束白绣带，穿黑靴。其后妇人像（编号49）在前者背后，大半剥落，头戴黑纱帽，穿直领左衽绿衣，有白帔肩，黑靴。二立像均面侧向中室，后者似为前者侍女（？）。

中殿西甬道木槅门之前1.2米的壁面上，南壁绘4身，北壁绘2身立像。南壁壁画剥落严重，4身立像错落而立，均头戴胡帽，前者（编号50）穿绿契丹服，露白色下衣，束红革带。其身后立像（编号51）剥落严重，该立像后之立像（编号52）有长须，穿淡褐色契丹服，露红色中衣。最后之立像（编号53），有髭，长须，穿淡褐色契丹服，露白色下衣，束绿革带。北壁2身立像在前者（编号54）戴胡帽，面相气质高贵。有髭和稀须，双手拱于胸前，穿绿色契丹服，露红色中衣和白色下衣，束红革带，有金饰。其身后立像（编号55）戴胡帽，面部漫漶，可见高鼻，髭须，穿淡褐色契丹服，露红色中衣和白色下衣，束黑革带，右腰前佩觿。

中殿北甬道壁画漫漶，仅在第一道槅门前东壁见1身立像（编号56），残存四分之一的面部和胸部。

东、西、北甬道券顶装饰同前述券顶，但西甬道格纹花瓣有复瓣，与前述情况稍

异。又北甬道前后段甬道间上部有中间高约40厘米的月光壁。㊹

4. 中殿东西配殿壁面和装饰

东西配殿湿度极大，白灰壁面严重剥落，仅顶部残存少量装饰图案，但无法推断周壁是否有人物壁画。

四、庆陵墓志形哀册和石幢及庆东陵遗物

（一）哀册

1. 数量

前已介绍汤荣佐盗掘的圣宗、仁德皇后、钦爱皇后、道宗和宣懿皇后汉文哀册各1合，道宗和宣懿皇后契丹文哀册各1合，共14面。此外，还有王士仁盗掘的仁懿皇后汉文哀册篆盖。上述共15面哀册，现藏于辽宁省博物馆。梅岭蕊盗掘的汉文哀册1合2面、契丹文哀册1合2面，后来闵宣化《辽之庆陵》介绍了其中的兴宗和仁懿皇后契丹文哀册文（册身），以及仁懿皇后汉文哀册文（册身）。㊺此三石下落不明，据此推测，理应有兴宗汉文哀册，圣宗、仁德皇后、钦爱皇后，则应有契丹文哀册。这些哀册当置于中殿。㊻由于在庆东陵、庆中陵和庆西陵发现的哀册很重要，所以在此一并略作介绍。

2. 形制

墓志形哀册由白色大理石制成，册盖和册身上下相扣为一合。哀册方形（图二三），册盖和册身的边长多在1.3米左右，厚约20～33厘米。哀册雕凿成形后，表面水磨抛光镌刻文字，周边和侧面线刻纹饰。册盖盝顶（覆斗型），四边斜杀，盝顶面方区内篆刻谥号，四边斜杀面中间线刻十二生肖（每面3体）。十二生肖方位固定，以上方中央为子神，据此顺时针排列各像，生肖着汉族风格衣冠，执笏板，头冠之上分别卧十二生肖。册盖斜杀面间四隅线刻牡丹或龙纹等，册盖和册身侧面亦线刻纹饰。册身下部斜杀，石背面糙凿置于地上。庆陵诸哀册图像和八卦符号具体情况，参见下文介绍。

3. 现存哀册简况

（1）圣宗汉文哀册1合（图二三，1）。篆盖边长1.33米，高0.28米，盝顶方区边长0.6米，侧面垂直高0.16米。盝顶线刻双勾谥号"文武大孝宣皇帝哀册"，3行，每行3字。谥号周边线刻双凤（12羽，2羽双凤为一组）和云纹，四隅配双蝶纹（图二四，3）。斜杀侧面线刻十二生肖（图二五，上；图二六，1），每面三体，各体间边栏双竖线。此十二生肖是庆陵诸哀册中最大的，部分兽形制作时经修正。斜杀面相间的四隅雕大朵牡丹纹饰。篆盖四侧立面线刻四神图（青龙、白虎长体形，头向南，朱雀、玄武体形较小，朱雀为正面像），地纹为云纹和唐草纹（图二四，1、2；图二七；图二八，

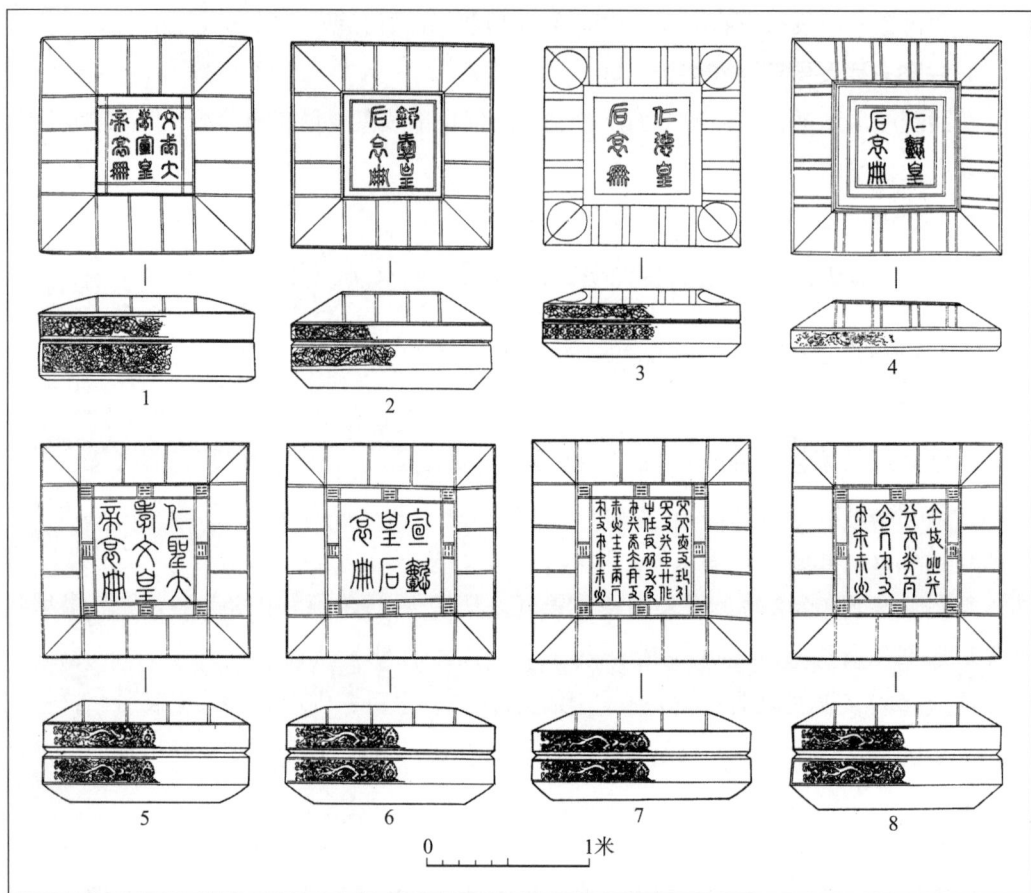

图二三 庆陵哀册碑石实测图（采自《庆陵》）

2）。册身边长1.33米，高0.24米，侧面上端窄缘，下端斜削棱角，立面高0.21米。册身面刻哀册文，共35行，满行为36字（《庆陵》Ⅰ第216页），周边线刻窄缘。册身立面线刻牡丹唐草纹（图二八，1）。

（2）仁德皇后汉文哀册1合（图二三，3）。篆盖边长1.23米，盝顶方区边长0.75米，高0.2米，侧面垂直高0.1米。盝顶线刻双勾谥号"仁德皇后哀册"，2行，每行3字，谥号周边线刻牡丹唐草纹带（图二八，4、5）。斜杀侧面线刻十二生肖，每面三体（图二六，4、5），均右向，其中南边中央午马像身右向，首左向；十二生肖间以唐草纹纵纹带相隔（图二九，6、7）。斜杀面相间四隅各线雕团龙（图三〇，3），左右隅二团龙相对，四龙中二龙同形。盖侧立面刻牡丹唐草纹带（图二八，6），册身边长1.23×1.24米，高0.21米，侧立面高0.13米，下面斜杀粗面置于地上。册身面边缘线刻窄直线，连续涡纹带（图二九，9），哀册文26行，满行27字（《庆陵》Ⅰ，第230页），册身立面线刻四瓣花纹（图二八，13）。

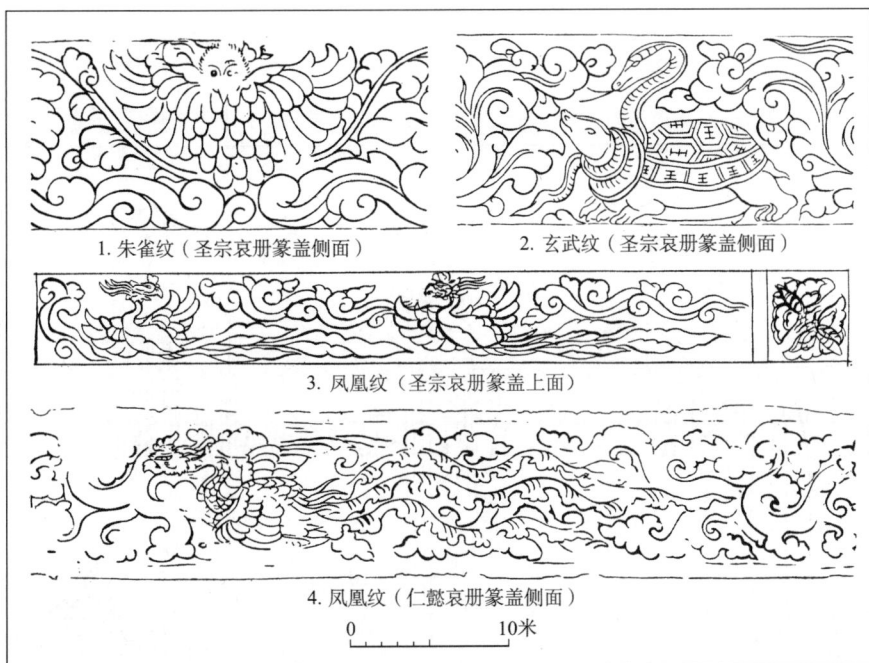

1. 朱雀纹（圣宗哀册篆盖侧面）　　　　2. 玄武纹（圣宗哀册篆盖侧面）

3. 凤凰纹（圣宗哀册篆盖上面）

4. 凤凰纹（仁懿哀册篆盖侧面）

图二四　庆陵哀册朱雀、玄武和凤凰纹（采自《庆陵》）

圣宗哀册篆盖

道宗哀册篆盖

图二五　庆陵哀册十二生肖头像（采自《庆陵》）

1. 圣宗

2. 钦爱

3. 仁懿

4. 仁德

5. 仁德

6. 道宗（契丹文碑）

0　　　　　10厘米

图二六　庆陵哀册十二生肖图像（采自《庆陵》）

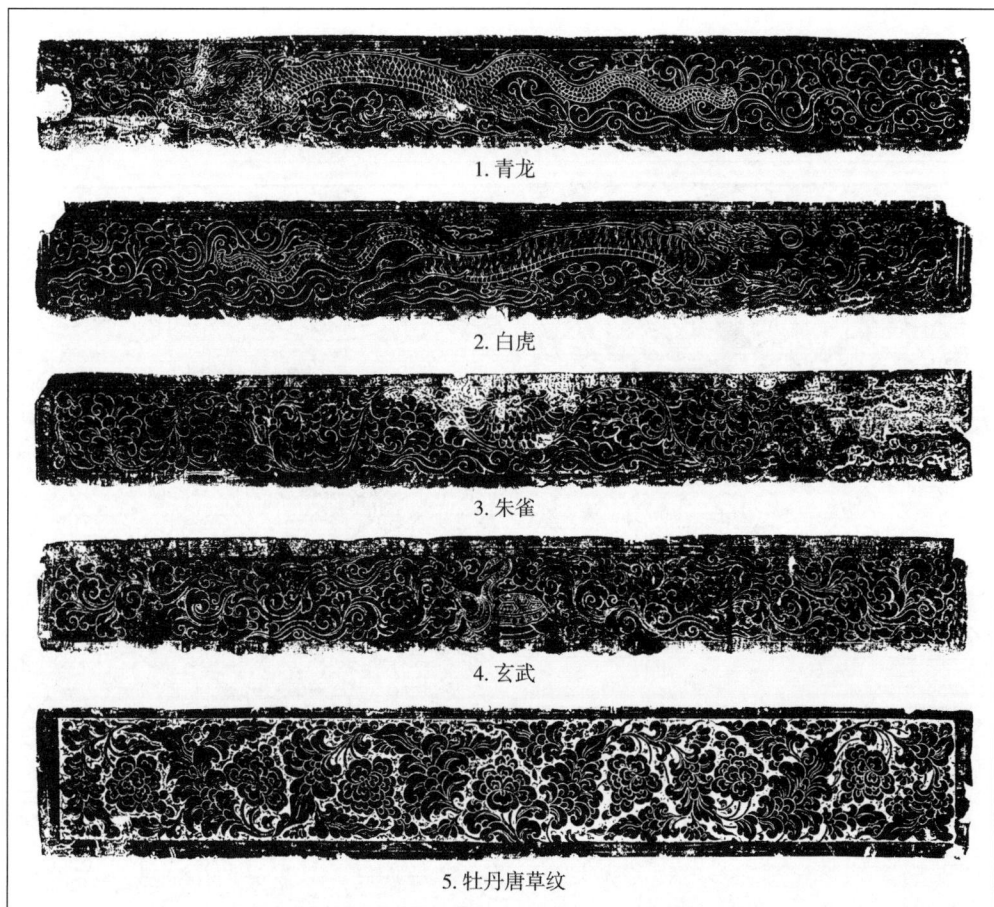

1. 青龙

2. 白虎

3. 朱雀

4. 玄武

5. 牡丹唐草纹

图二七 圣宗哀册篆盖四侧立面四神图像及碑石侧面的牡丹唐草纹样（采自《庆陵》）

（3）钦爱皇后汉文哀册1合（图二三，2）。篆盖边长1.27米，盝顶方区0.62×0.64米，高0.3米，侧面垂直高0.09米。盝顶线刻双勾谥号"钦爱皇后哀册"，2行，每行3字。谥号周边线刻牡丹唐草纹带（图二八，11），其内外线刻细云纹唐草纹带（图二九，1、2、3）。斜杀侧面线雕左向十二生肖（图二六，2），像间隔云纹唐草纹带。斜杀面间四隅线雕团龙纹（图三○，1）。册盖立面线雕牡丹唐草纹（图二八，9、10）。册身边长1.25米，高0.28米，侧身立面高0.15米，下方呈45度斜杀。册身面哀册文25行，满行25字（《庆陵》Ⅰ，第233页），周边线雕半四瓣花纹（图二八，12），其外缘线刻云纹唐草纹带（图二九，4）。册身立面线刻牡丹唐草纹（图二八，7、8）。

（4）仁懿皇后汉文哀册篆盖（图二三，4）。篆盖边长1.32米，盝顶方区0.76×0.78米，高0.32米，侧面垂直高0.13米。盝顶刻谥号"仁懿皇后哀册"，2行，每行3字。其周围内侧刻云纹唐草纹带，外侧刻牡丹唐草纹带（图二八，3）。斜杀侧面线刻左向十二生肖，生肖有圆形项光（图二六，3），生肖之间隔云纹唐草纹带（图二九，5）。斜杀面

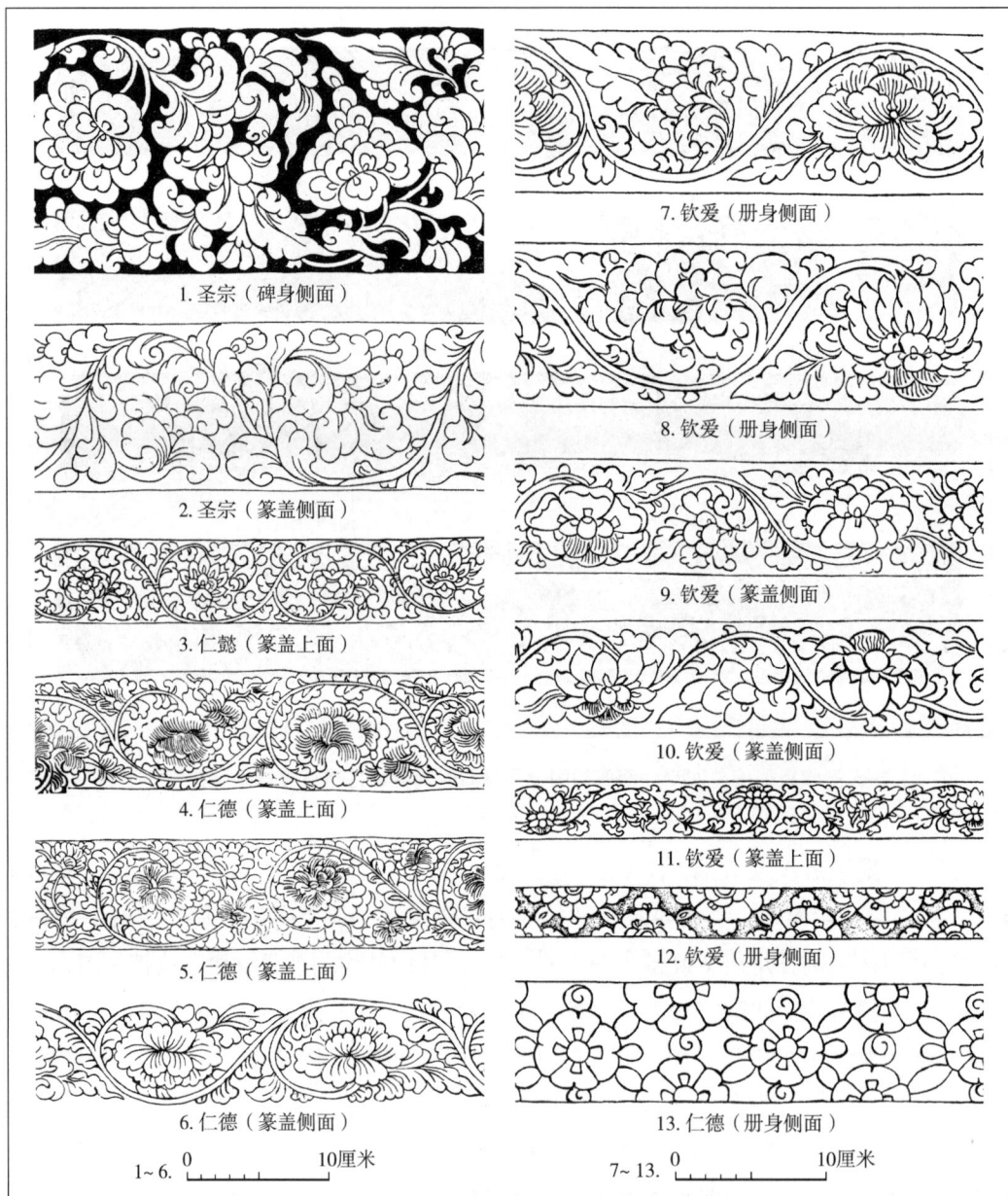

1. 圣宗（碑身侧面）

2. 圣宗（篆盖侧面）

3. 仁懿（篆盖上面）

4. 仁德（篆盖上面）

5. 仁德（篆盖上面）

6. 仁德（篆盖侧面）

7. 钦爱（册身侧面）

8. 钦爱（册身侧面）

9. 钦爱（篆盖侧面）

10. 钦爱（篆盖侧面）

11. 钦爱（篆盖上面）

12. 钦爱（册身侧面）

13. 仁德（册身侧面）

1~6. 0   10厘米

7~13. 0   10厘米

图二八 庆陵哀册牡丹唐草纹（采自《庆陵》）

间四隅饰双龙纹（图三〇，2），篆盖侧立面饰云纹双凤纹，每面二羽长尾飞凤（图二四，4），册身面哀册文33行，满行30字（《庆陵》Ⅰ，第239页）。

（5）道宗汉文哀册1合（图二三，5）。篆盖边长1.3米，盝顶方区0.8×0.82米，高0.32米，侧面垂直高0.145（0.15）米。盝顶面刻谥号"仁圣大孝文皇帝哀册"，3行，每行3字。谥号周边刻牡丹唐草纹（图二九，8）和八卦图形（图二三，5）。八卦各如方位，每面各隅和中央为八卦图形，将牡丹唐草纹带分为二区。斜杀面地纹为云纹，刻左向十二生肖像（图二五，下），其中申像头上之猴为坐像（图二五，下第二排右3），生肖之间隔窄缘带。斜杀面间四隅雕双龙纹，云纹地（图三〇，4）。篆盖立面雕双龙纹，每面二龙，中间宝珠，龙头相对（图三〇，5）。[47]册身边长1.31米，高0.3米，侧立面高0.16米，下方斜杀。册身面镌刻哀册文36行，满行37字（《庆陵》Ⅰ，第248页），外缘双竖线册身立面双龙宝珠纹同篆盖。

（6）宣懿皇后汉文哀册1合（图二三，6）。篆盖边长1.3米，盝顶方区边长0.82

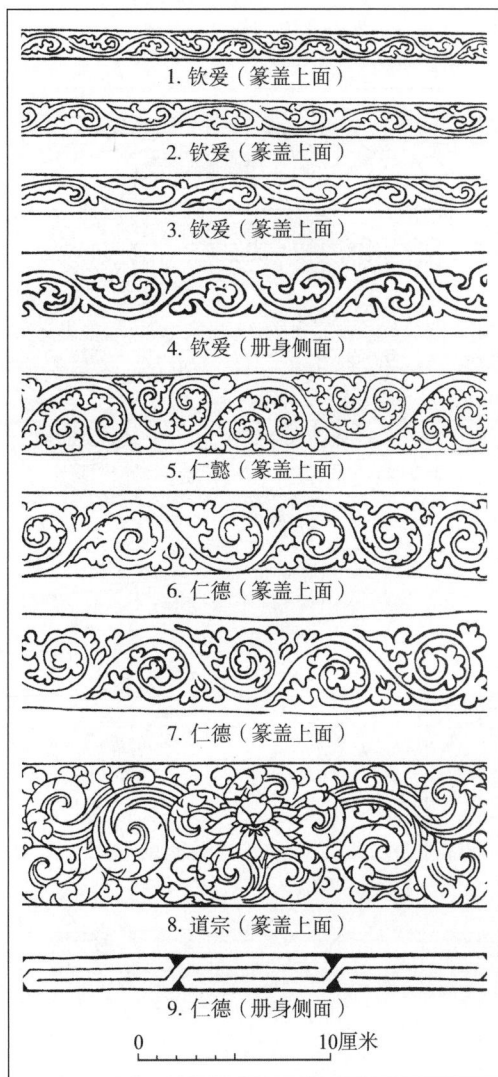

图二九　庆陵哀册纹饰（采自《庆陵》）

米，高0.31米，侧面垂直高0.15米。盝顶面刻谥号"宣德皇后哀册"，3行，每行2字。册身边长1.31米，高0.31米，侧身立面高0.16米，面刻哀册文34行，满行32字（《庆陵》Ⅰ，第248页）。哀册盖和册身纹饰同道宗汉文哀册盖和册身。

（7）道宗契丹文哀册一合（图二三，7）。篆盖边长1.35米，盝顶方区边长0.83（0.82）米，高0.27米，侧面垂直高0.13米。盝顶面刻契丹文谥号，6行，每行6字。册身边长1.35米，高0.28米，立面高0.14米，下方斜杀。册身面刻契丹文哀册文37行，其中12、13、15、23、24、25、31、36、37行有重刻现象，去掉重刻重复的字，实有1 135字。册文以契丹小字为主（《庆陵》Ⅰ，第257～259页）。[48]哀册盖和册身纹饰同道宗汉文哀册。

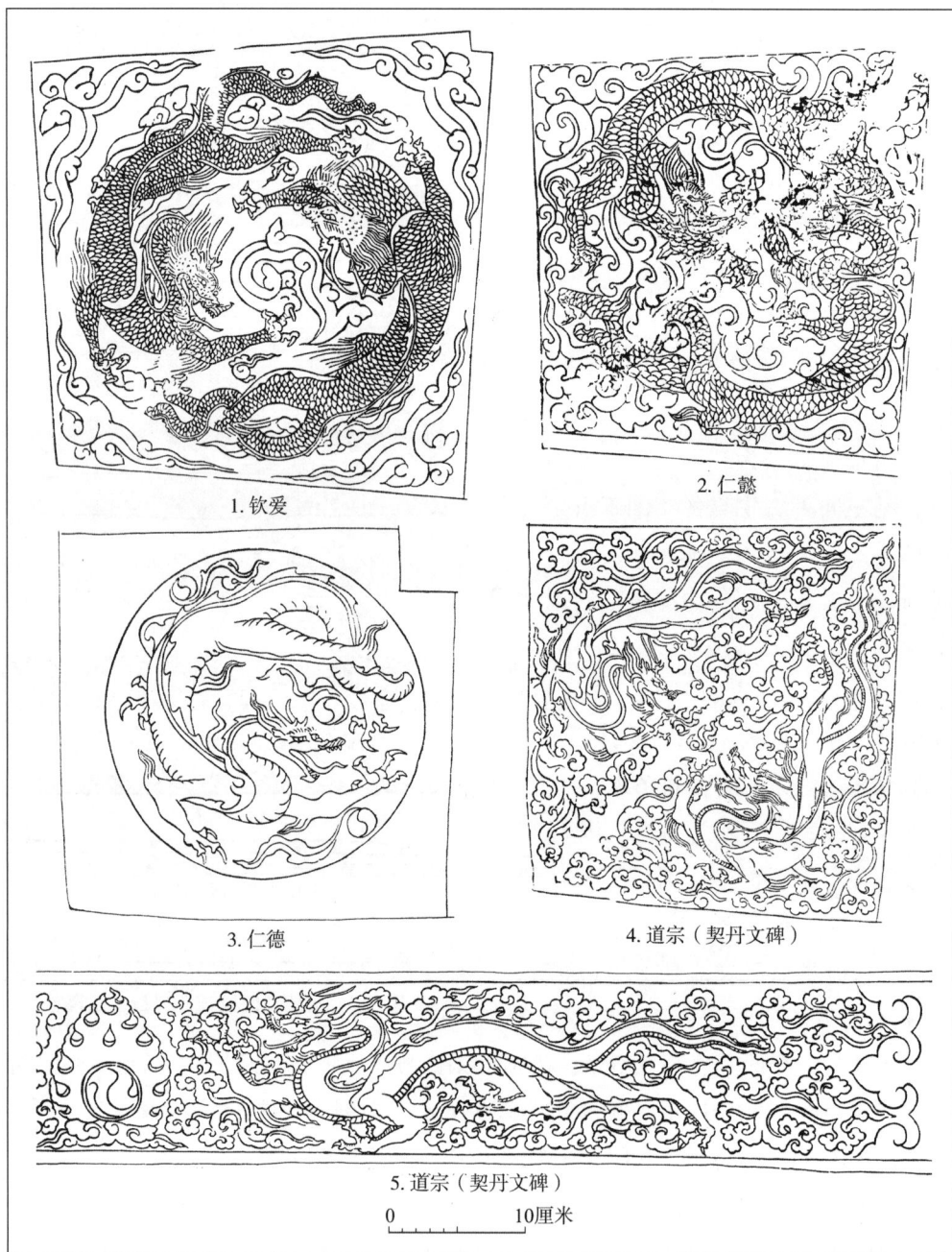

1. 钦爱

2. 仁懿

3. 仁德

4. 道宗（契丹文碑）

5. 道宗（契丹文碑）

0   10厘米

图三〇 庆陵哀册上的龙纹（采自《庆陵》）

（8）宣懿皇后契丹文哀册一合（图二三，8）。篆盖边长1.32×1.31米，盝顶方区边长0.8米，高0.32米，侧面垂直高0.14米。盝顶面刻契丹文谥号，4行，每行4字。册身边长1.31米，高0.33米，侧立面高0.17米，下方斜杀。册身面刻契丹字哀册文，30行，共621字（《庆陵》I，第257页）。⑭册文以契丹小字为主，哀册盖和册身纹饰同道宗汉文哀册。

以上所述汉文哀册各部位纹饰和简况，可概括为《庆陵汉文哀册纹饰简表》（表一，《庆陵》I，第197页）。

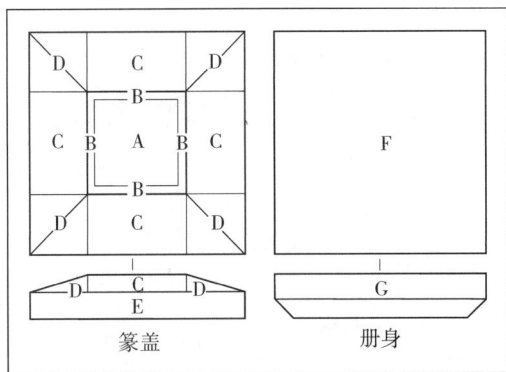

图三一 庆陵哀册纹饰位置示意图（采自《庆陵》）

（图中A、B、C、D、E、F、G与正文《庆陵汉文哀册纹饰简表》对应）

表一 庆陵汉文哀册纹饰简表

宣懿	道宗	仁懿	钦爱	仁德	圣宗			
宣懿皇后哀册	仁圣大孝宣皇帝哀册	仁懿皇后哀册	钦爱皇后哀册	仁德皇后哀册	文武大孝宣皇帝哀册	盖铭	A	
3行行2字	3行行3字	2行行3字	2行行3字	2行行3字	3行行3字			篆盖方区
	牡丹唐草纹、八卦纹	内云纹唐草纹，主纹牡丹唐草纹	内云纹唐草纹，主纹牡丹唐草纹，外云纹唐草纹	牡丹唐草纹	双凤纹双蝶纹	周缘	B	篆盖
同道宗哀册	十二支生肖	十二支生肖有项光	十二支生肖	右向十二支生肖	十二支生肖	主纹	C	四边斜杀面
	双竖线	云纹唐草纹	云纹唐草纹	云纹唐草纹	双竖线	界缘		
	双龙纹	双龙纹	团龙（二龙）	团龙纹	牡丹花纹	四隅方区	D	
	双龙纹	双凤纹	牡丹唐草纹	牡丹唐草纹	四神纹	E		盖立面

续　表

宣懿	道宗	仁懿	钦爱	仁德	圣宗				
34行满行32字	36行满行37字		25行满行25字	26行满行27字	35行满行36字	铭文	F	册身面	册身
	双竖线		半四瓣花纹，外云纹唐草纹	直线连续涡纹	窄缘带	四周缘带			
同道宗	双龙宝珠纹		牡丹唐草纹	四瓣花纹	牡丹唐草纹		G	册身立面	

表中A、B、C、D、E、F、G的位置见图三一

（二）陀罗尼经幢和其他遗物

1. 陀罗尼经幢（图三二）

陀罗尼石幢散倒于中陵享殿遗址西北部，残存石幢座、幢身、宝盖、上部幢身，幢顶和宝瓶无存。庆陵残存重要遗物，除哀册外，以此最重要，故略作介绍。

幢座，八角形，高34.5厘米，宽120.6厘米，上下二层（图三二，4）。下层立面每面有长38.5厘米、高13厘米的长方形框，八面相间分别浮雕兽（马、羊、犬等）和花纹。幢座上层圆形，径74.2厘米，周边雕16个花瓣，左右二弧形叶，中抱小圆形花纹（图三二，8）。中央有径17厘米、深13厘米的圆形卯口。

幢身，八角形，高244厘米，宽75.8厘米，上方有高10.6厘米、径24厘米的石榫头，下方有高12厘米、径30厘米的石榫头，通高2.67米（图三二，3）。八角形幢身由宽38.5厘米和26.7厘米的宽面和窄面相间构成，各面上下端有高约11厘米的唐草纹带。每面刻梵文陀罗尼经，宽面9行，窄面6行，每行54字。

宝盖，位于上下幢身之间，扁平八角形，高30.3厘米，宽约102厘米，各面宽42～43厘米。八角形各棱角高浮雕兽头，向外突出约10厘米，八个面浮雕花纹和垂幕纹等。底面中央有径30厘米、深约13厘米的卯口（图三二，2、6）。

上部幢身，八角形，高97.6厘米，宽65.7厘米，各面宽26～27厘米，上部径12厘米，深9厘米，下部有径18厘米、深7厘米的卯口。幢身下原有仰莲座，已无存。八面各有火焰尖拱形小龛，龛之上下线刻云纹，八龛相间浮雕4佛4菩萨。四佛在宝盖下结跏趺坐于八角圆形叠涩台座上，偏袒右肩，从手印判断为东面阿閦，南面宝生佛，西面阿弥陀佛、北面不空成就佛，属金刚界四佛。四菩萨宝冠、天衣璎珞，足立于小莲踏

上，左右侍立（图三二，1、5）。上述四件组合起来可达4.6米，若加上上部幢身下仰莲座，以及幢顶和宝瓶复原，其高度应达6米左右。

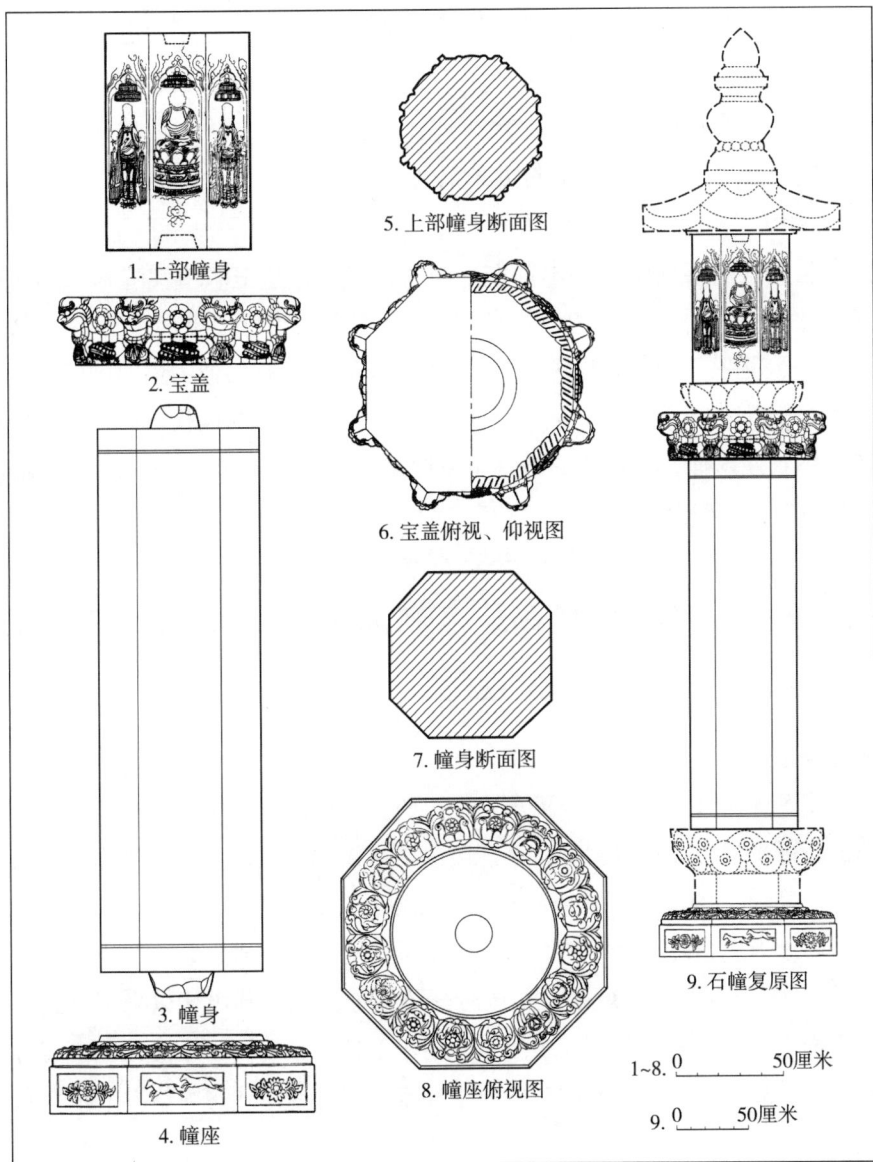

图三二 庆中陵陀罗尼石幢构件图和复原图（采自《庆陵》）

2. 庆东陵遗物

庆陵遭多次盗掘和毁坏，地宫随葬品无存，陵园建筑全部残毁，《庆陵》一书仅收集少量无关紧要的采集品。下面据此仅将东陵遗物略作简要介绍，详细情况请参见原书的描述和图版。[50]

东陵享殿遗址群采集的遗物以瓦类居多，瓦均残，可分为筒瓦、板瓦、瓦当、滴水和条形瓦五类，此外还有残鸱尾。其中筒瓦、板瓦、条形瓦分为有釉和无釉两种，釉多为绿釉，少数为褐色釉，无釉瓦均呈黑灰色。

享殿遗址群采集的瓷片有白瓷、青白瓷和青瓷片。大体可分为定窑白瓷、仿定窑白瓷、林东窑白瓷，青白瓷推测是景德镇窑产品，青瓷推测是余姚窑系产品。此外，还有白釉陶片（釉色似林东窑瓷片）、黑釉陶片、褐釉陶片等。除上所述，还发现有残铁钉、铁片、残铁釜足，在享殿遗址附近采集到2枚"祥符元宝"（宋真宗大中祥符年间，1008～1017年）。

地宫内主要是采集到少量小木构件，均残。比如，在中殿西配殿采集到斗栱、檩材、屋顶残件等约20件，这些构件均髹黑漆，有的残存金箔。据此，可复原其斗栱组合。可知有家具残件，有的髹黑漆，其中似有胡床残件。有的似为槅门的门板，龙纹雕板残件（两面髹黑漆，一面残存金箔）推测是槅门与甬道间的槅板。此外，在中殿北甬道前部还采集到残木俑，其中之一残高46.7厘米，宽14.5厘米，木雕立像，宽袖长衣，双手置于胸前，细部残毁。

五、庆东陵形制、壁画、哀册相关问题之探讨与研究

（一）庆东陵形制布局之探讨与研究

1. 陵址与陵园

（1）陵址注意到风水要素。庆陵东、中、西三陵以高大的庆云山主山作背屏，在庆云山主山前较低平的山麓点穴置地宫。三陵陵侧有溪水，诸溪水合流后横于三陵之前从西向东流。三陵所在的砂丘草地树木林立，灌木丛生，植被良好。各陵侧有低山夹峙，神道似有护砂。上述情况，基本符合帝陵选址的"觅龙、察砂、观水、点穴"原则（案山和朝山情况未见记载）。也就是说，庆陵三陵选址已注意到唐代以来帝陵选址所应具备的"负阴抱阳，背山面水"等风水要素。由于上述要素不同于宋陵以"五音姓利"为准的风水要素，故辽庆陵选址所注意的风水要素显然是受唐代影响，并有所发展（如水和护砂等）。

（2）陵园形制布局的特点及其与唐宋帝陵的关系。庆陵东、中、西三陵陵园建于山麓地带的缓坡上，现仅残存陵园门、神道、享殿建筑群基址和地宫。由于契丹人尚东，[51]故陵门、神道和享殿皆东南向。[52]从残存遗迹来看，地宫、享殿、神道和陵园门不在一条直线上。东、中陵享殿遗址群在地宫偏东南约200米，西陵则达400米，地宫脱离享殿建筑群独立存在。神道介于享殿建筑群前端西侧与陵园门之间，东陵神道长1300米，线型折曲；中陵神道长约700米，西陵神道水平距约660米，中陵和西陵神道

线型较直。享殿建筑群分东西两组，中间隔夹道。东陵神道与享殿东西建筑群间夹道连通，中陵神道与享殿建筑群前略折拐与东西建筑群间夹道相通，西陵享殿东西建筑群间夹道较宽并向前延伸后与神道相接（见图二）。上述情况，均为庆陵在中国古代帝陵陵园中独有的特点。

庆陵陵园未发现任何标志陵园范围的遗迹，未发现望柱和石像生。^㊾虽然如此，现存的陵园遗迹仍可明显看出中原地区的影响，比如陵园门三门道，两侧大台基里宽外窄呈倒梯形，此形制不排除陵园门前两侧有三出阙的可能性。神道长似唐陵神道，但其长度长于唐陵（唐乾陵神道长650余米），神道斜或曲折又不同于唐陵神道。庆陵无唐陵的陵园（宋陵称上宫）和下宫，而建享殿东西两组建筑群。东侧享殿建筑群享殿平面方形（庆东陵享殿出现减柱造，是辽代的特点），前出月台，两侧设朵殿，朵殿侧出回廊围成南北长方形院落，回廊前正中辟门，门前翼以两阙（即东西廊前突出之小台基），此种形制显然源于唐宋的建筑形式。享殿建筑群，应是从唐宋帝陵上宫内的献殿演变而来，即将唐宋帝陵上宫的献殿独立出来形成功能较齐全的院落形式。^㊿享殿建筑群西侧建筑群似相当于唐宋帝陵的下宫，建有御容殿，^㊿东西建筑群之间以夹道相隔。从中陵来看，东西两建筑群后部似相连接。也就是说，辽庆陵将唐宋帝陵上宫献殿和下宫基本合而为一，这是中国古代帝陵陵园的重要创举。在一定意义上可以说，这个创举乃是开明代帝陵陵园取消下宫、将下宫部分职能并于陵宫的形制之先河。其次，庆陵依山为陵，帝后同穴合葬仿唐陵。庆陵地宫在享殿之后独立存在，又似对明陵宝城宝顶在方城明楼之后的形制有一定的影响。庆陵陵号以"永"字打头，陵区内有陪葬墓，在陵区之外设奉陵邑（庆州城）均仿宋陵。^㊿此外，中陵享殿西侧建筑群外发现经幢，这是辽陵的特点之一，经幢的出现也不排除是受到宋陵陵区设佛寺的一定影响。总之，上述情况表明，庆陵陵园的形制，当是在唐宋帝陵陵园影响下，又根据其自身的情况因地制宜加以变化的结果。

2. 辽代墓葬与帝陵地宫形制的有关问题

（1）圆形和八角形是辽墓中期与晚期墓室的主要形制。目前学者大体将辽墓分为三期，即建国之初的太祖、太宗、世宗、穆宗、景宗五朝为早期（916～983年），圣宗和兴宗两朝为中期（983～1055年），道宗和天祚帝两朝为晚期（1055～1125年）。并认为契丹大贵族墓墓室早期以方形为主（延续至中、晚期）；中期以圆形为主，中期后半段始出现八角形墓室；晚期以八角形、六角形墓室为主，同时仍有少量圆形墓室。^㊿并进而认为，庆东陵地宫（1031年）中殿、后殿和各配殿呈圆形（按此说不确，见下文），庆中陵地宫（1055年）与西陵地宫（1101年）中殿、后殿和各配殿呈八角形，三陵地宫形制完全符合上述演变规律。以上大体就是现在有代表性的看法。

（2）圆形和八角形墓室形制结构仿契丹毡帐。契丹人居毡帐（类似今之蒙古包），

宋人称"穹庐"。1973年巴林左旗哈达英格
乡哈达图村出土1件契丹早期鹿纹穹庐式灰
陶骨灰罐（图三三），罐体圆形立壁中间开
单扇门，门两侧各开一方窗。立壁与顶衔接
处饰堆纹一周，穹庐顶中空，其上有圆饼形
盖，此形制乃契丹人毡帐真实写照。宋人彭
大雅记载契丹人穹庐说：上如伞骨，顶开一
窍，谓之天窗；体用柳木织成硬圈，经用毡
挽定。[38]现代蒙古包顶部用许多细木条支撑住
中间环形的"套脑"，形成形如伞盖的顶部骨

图三三　鹿纹穹庐式陶骨灰罐

架，中间的环形"套脑"用以通风、采光，上面盖可调节"套脑"圆孔闭合程度的毡
片。今新疆哈萨克族大型毡房，圆形周壁顶部有一向内凸出的圈梁，其上架伞骨状撑
木，顶部圆孔如蒙古包，有的毡房圆壁开窗。

开泰七年（1018年）陈国公主墓，后殿平面圆形砖砌周壁，穹庐顶中部有九边形
孔，盖一圆锥体石块，白灰灌缝。[39]前述庆东陵各圆形配殿圆形立壁顶部砌向内凸出的
缘带，其上内收成穹窿顶，顶部圆孔封砖。中殿周壁绘画影作壁柱，周壁顶部向内突出
缘带上托穹窿顶；顶部中央不规则圆孔上盖封石，封石底面有自中心向外不规则射线
刻槽；自穹窿顶上部圆孔向下绘画影作八条放射状支撑圆顶的木骨（阳马）。后室结构
同中殿，穹窿顶部圆孔破坏，在顶部北侧有长方形孔。庆中陵和西陵八角形各殿顶部皆
盖封石，中陵后殿北壁上有矩形孔。上述情况表明，辽墓和庆陵地宫圆形和八角形各殿
的形制结构与前面介绍的穹庐和蒙古包几乎毫无二致，因而其均是模仿契丹毡帐营建而
成的。

（3）庆东陵中殿形制呈准八角形。现在多认为庆东陵中殿平面呈圆形，其实是准
八角形。据《庆陵》报告记述，庆东陵中殿南北径5米，东西径5.3米，周壁不是正圆
形。[40]中室四甬道券门和四季山水图八分中室周壁，四季山水图所在壁面略呈弧形，四
甬道券门处呈直线形。从《庆陵》报告刊布的四季山水图画面观察，画面无弧面感觉，
故四季山水图所在壁面的弧度应很小。鉴于上述情况，中殿不应称圆形，而是呈准八角
形。从图一九庆东陵四季山水画配置图来看，四甬道似位于正方向，而春、夏、秋、冬
图不在正方向上。但是，若按图六之1、图一九所标地宫方向，则东、南、西、北大致
分别指向春、夏、秋、冬图。此现象说明，庆东陵地宫营建时方向误差较大，其设计思
想应是将四季山水图置于东、西、南、北四正方向，四甬道券门分别置于东南、西南、
西北和东北四隅方向，中殿准八角形平面的八边则与之分别对应。此外，前已说明，中
殿穹窿顶亦八分，并与周壁八分对应。其中与四甬道券门对应部分在云纹上绘云间双

龙，与四季山水图对应部分在云纹之上绘云间双凤，穹窿顶顶部中央有天窗。庆东陵中殿平面呈准八角形，显然是处于圆形向庆中、西陵各殿平面呈八角形的过渡阶段。

（4）庆陵地宫形制布局是辽墓系列中的最高等级。契丹大贵族墓以前后双室，前殿左右出耳室为主。如赤峰发现的941年耶律羽之墓，为前殿长方形，后殿方形，前殿两侧出方形配殿。[61]法库发现的970～977年叶茂台七号墓，有甬道，方形前殿两侧出圆形侧室，前殿后有甬道连接圆形后殿。[62]哲里木盟奈曼旗发现的1018年陈国公主墓，前殿长方形两侧出圆形配殿，后殿圆形。[63]赤峰发现的959年驸马赠卫国王墓，平面形制为方形前殿、长方形中殿（置棺床）、横长方形龛式小后室，三室直接相通，前殿左右出方形配殿。[64]此外，北京南郊发现的958年北平王赵德钧墓为前、中、后三圆殿，三殿两侧各出圆形耳室，共九室，属特例。[65]

上述情况表明，辽代帝陵之下的王、公、公主、驸马等人墓葬均前后二室，前殿左右出耳室。驸马赠卫国王墓，只多一个龛形小室置遗物，不是真正的三室墓。逾制的赵德钧墓则前、中、后三室，三室左右各出耳室。据此似可认为，前后三室和二室乃是辽代帝陵和帝陵之下王、公等墓葬最大的区别。庆陵地宫只是使驸马赠卫国王墓后龛室变成真正的墓室，去掉赵德钧墓后室的左右耳室，在王公等二室墓的基础上增加中殿和左右配殿，并将其进一步规范化，使之成为辽墓系列中的最高等级。实际上庆东陵地宫乃是仿皇帝捺钵牙帐而建，下面即谈此问题。

（5）庆陵地宫形制是契丹传统与汉文化相融合的结果。契丹族自兴起之日始，就与当时的中央政府和汉文化紧密地联系在一起，并在吸收汉文化的基础上创造出独特的契丹文化，逐渐形成崭新的契丹文化传统，其中就包括了契丹丧葬传统。

契丹族建辽国之前，《北史》《旧唐书》等记载其实行先树葬后火焚尸骨的葬法。从考古资料来看，在唐代契丹人已开始土葬。[66]建立辽国后，契丹人的墓葬形制主要是模仿唐代北方汉人的方形墓室。由于唐代管辖契丹活动地域的营州（今辽宁朝阳）一带流行圆室墓，所以辽代早期也有少量圆室墓，到中期则成为主要的形制。[67]营州圆形墓主人多为唐朝官吏，如"大唐故人孙君"墓，有墓门、券顶甬道，圆形墓室铺砖，后部有棺床。韩贞墓有墓道、墓门、甬道，圆形主室，主室两侧有圆形耳室，主室后部设棺床。"朝散大夫墓"有券顶墓门，门影作斗栱等木结构。[68]上述墓葬的形制和结构，在辽墓的演变过程中被逐渐吸收，并形成了具有辽墓特点的新形制。

八角形、六角形墓室，研究者现在大都认为出现于辽墓中期后半段，流行于晚期，并多以庆东陵地宫除前殿外各室呈圆形，作为中期辽墓墓室为圆形的典型。其实本文前已说明庆东陵地宫中殿已呈准八角形，关于这个问题下文将结合中室壁画、顶部图案和哀册图像具体探讨。通过这个探讨，说明八角形地宫是在中原地区法象天地宇宙模式影响下自然演变形成的（然后又影响到辽代贵族墓葬的形制），与北宋多角形墓室无直接关系。

除上所述，辽墓斜坡或阶梯墓道、墓道或甬道壁设小龛、封门砖情况、墓室砌砖和起券方法、影作斗栱等木结构的形制、墓葬的等级制度等，都与晚唐以来墓葬的影响分不开。至于墓室绘壁画、采用墓志形哀册等，更是与唐墓一脉相承。但是，不管受晚唐以来墓葬的多少影响，辽墓的方向、形制和结构如毡帐的墓室（包括加木护板）、完全契丹化的壁画、尸体的处理和葬服、随葬品组合等方面，都具有浓厚的民族特点，始终保持着民族传统。而那些传入的唐宋墓葬因素，经过吸收消化之后，逐渐与契丹传统相融合，在此基础上契丹人又进行再创造，形成了契丹人的墓葬体系。庆陵地宫的形制，正是这种墓葬体系确立后的必然结果。

3. 壁画题材表明庆东陵地宫形制仿皇帝捺钵牙帐

（1）四季山水画是皇帝四时捺钵的写照。《辽史》卷三二《营卫志》详细记载了皇帝春捺钵、夏捺钵、秋捺钵和冬捺钵的概况，辽代不同时期四时捺钵的地区是有变化的。庆东陵中殿四时山水画的内容，即是概括地表现皇帝四时捺钵的场景。但是四季山水画并不是某处捺钵之地的对景写生，而是综合了四季捺钵之地的特点和内涵，是重在表现四时捺钵之地场景特色的艺术创作。

（2）人物群像是皇帝捺钵随员构成的缩影。《辽史·营卫志中》记载："皇帝四时巡守，契丹大小内外臣僚并应役次人，及汉人宣徽院所管百司皆从。汉人枢密院、中书省唯摘宰相一员，枢密院都副承旨二员，令史十人，中书令史一人，御史台、大理寺选摘一人扈从。"在夏捺钵和冬捺钵时还要举行北、南臣僚议事会议。由此可见，皇帝捺钵时从各级官员到"应役次人"有一套完整的随员班子。

庆东陵人物壁画，均是与真人等身的立像，所有人物画皆斜侧面向地宫之内，依同一顺序一字排列。墓道人物画靠北者相间而立，靠南者前后两排站立，形成较长队列以衬托地宫之外空间的景深效果。墓道南部残断，墓道两壁残存侍卫群像，东壁侍卫群像南绘一匹马（《庆陵》文中说有马夫，图像无），西壁侍卫群像南或绘驼车。[69]墓道壁画属地宫仪卫性质，亦象征皇帝捺钵牙帐前的仪卫。[70]墓门至甬道木槅门间，两壁各绘一身前殿侍卫像，地宫南北向甬道内侍卫由一人增至二人并立，禁卫逐步森严。前殿甬道券门南，两壁各绘汉装散乐群像；[71]券门之北，东壁绘着国服的北面官契丹官员二身，西壁绘着汉服的南面官汉官二身。[72]东西甬道门与木槅门间及东西配殿，绘持渔网、桨等，以及体态、手势、动作各异的"应役次人"群像。[73]前殿北甬道券门与木槅门间，两壁各绘重装（有弓箭）中殿侍卫2身。上述情况表明，前殿和东西配殿重在表现跟随皇帝四时捺钵的北面和南面主要官员，以及各种应役人等扈从的盛况。中殿东西甬道券与木槅门间似绘皇室成员，[74]东西配殿壁画漫漶。上述情况表明，前殿和东西配殿重在表现跟随皇帝捺钵的北面和南面主要官员，以及各种应役人等扈从的盛况。中殿则重在表现皇帝四时捺钵场景，以及随从皇帝捺钵的皇室成员。庆东陵地宫不同部位人物画配置的数量和排列方式，是与其所在的空间、部位的功能和性质及其含义密不可分的，即应是参照皇帝捺钵行营（牙帐）并按照地宫有关规范而刻意安排的。总之，庆东陵残存70余身的人物画像，乃是皇帝捺钵随员构成状况的缩影。

（3）地宫内建筑图案和装饰图案象征捺钵牙帐，是地宫的重要标志。庆东陵地宫内斗栱一组建筑图案，龙、凤、鸟、蝶等装饰图案的情况前已介绍。据此可以看出斗栱一组建筑图案与地宫结构无直接关系，但是却反映出辽代皇帝捺钵牙帐内似有仿木结构装饰。辽代四季捺钵，冬、夏捺钵召开北面和南面臣僚会议，其牙帐即是此时的朝廷，故牙帐内很可能有仿都城正式朝堂的木结构装饰。前引《辽史·营卫志中》所记皇帝捺钵行营诸殿"皆木柱竹榥，以毡为盖，彩绘韬柱，锦为壁衣，加绯绣额"，大概就属于此类。庆东陵地宫内绘北面官和南面官像，显然属冬夏捺钵牙帐性质，故地宫的形制和内部装饰按冬、夏捺钵行营的高规格营建，并以此代表捺钵牙帐是理所当然的。此外，庆东陵地宫中室影绘斗栱等木结构与宋代高等级墓室内用砖影作斗等木结构做法（如宋代元德李皇后地宫）也较相似，说明其很可能受到此等墓葬规制的一定影响。就庆东陵地宫而言，中室斗栱一组仿木结构装饰和见于各券顶的网格状图案（象征支撑券顶的骨架），基本上是写实性的。⑤

在装饰图案方面，庆东陵地宫内各种龙纹较多，龙的形象代表皇帝，也是帝陵的象征。其二龙戏珠的构图和龙的形象既与晚唐五代和宋初同类情况相似，又在构图上和形象上有所变化而形成辽代风格。凤代表皇后，其构图和形象同样与晚唐五代和宋初的相似，又略有区别，以此结合与之相近的辽陈国公主墓等所见凤的形象，⑥可以说也形成了辽代风格。庆东陵地宫内的鸟纹，在辽代壁画墓中较常见，形象大体雷同。庆东陵地宫中室四甬道券门上部中央绘火焰宝珠、两侧青鸟向宝珠对飞的构图形式在中原地区出现较早，⑦在陈国公主墓等的墓门上也时有出现，⑧但庆东陵的构图中，在宝珠两侧加绘蝴蝶则很少见，其青鸟的形象也是同类壁画中水平最高的。

（4）庆东陵地宫形制仿捺钵牙帐。《辽史》卷三二《营卫志中》"行营"条记载："皇帝牙帐以枪为硬寨，用毛绳连系。每枪下黑毡伞一，以庇卫士风雪。枪外小毡帐一层，每帐五人，各执兵仗为禁围。南有省方殿，殿北约二里曰寿宁殿，皆木柱竹榥，以毡为盖，彩绘韬柱，锦为壁衣，加绯绣额。又以黄布绣龙为地障，窗、槅皆以毡为之，傅以黄油绢。基高尺余，两厢廊庑亦以毡盖，无门户。省方殿北有鹿皮帐，帐次北有八方公用殿。寿宁殿北有长春帐，卫以硬寨。"据此可看出皇帝捺钵牙帐三殿南北向排列，庆东陵地宫与之相比，大体可认为庆东陵地宫三殿分别相当于皇帝捺钵牙帐三殿。即地宫前殿相当于省方殿，东西配殿和甬道约相当于两厢廊庑；准八角形中殿相当于八方公用殿，前殿与中殿间甬道相当于省方殿北鹿皮帐；后殿相当于寿宁殿，唯将寿宁殿两厢廊庑移到地宫中殿两侧，又将寿宁殿北长春帐移至地宫和后殿之间形成两殿间甬道而已。

总之，以此结合前述地宫人物群像是皇帝捺钵随员构成的缩影，四季山水画是皇帝四时捺钵地真实场景的写照。从地宫前殿和中殿等彩绘情况，以及下文将要论述的中殿哀册图案寓意与中殿形制关系来看，完全有理由认为庆东陵地宫的形制乃是仿皇帝捺钵牙帐并略作变通的结果。

（二）庆东陵人物壁画和四季山水画之初步分析与研究

庆东陵残存的壁画，主要是人物画和四季山水画，此外还残存部分建筑装饰图案。从残存的壁画看，风格上存在差异，推测是地宫壁画绘制量大又时间有限，由于参加绘制者较多，不同种类、不同部位的壁画及其工序，是由流派和技术各异的画家及画工分工协作完成的。其次，风格上的差异也反映出，庆东陵壁画绘制工作缺乏强制性的规范要求，所以很难将壁画风格统一起来。[79]除上所述，墓道壁画及墓道后面甬道楣门外的壁画属第二次重绘，这也是产生差异的原因之一。[80]凡此，下文中将陆续谈到。

1. 壁画题材及其寓意

庆东陵壁画以白灰泥为地仗，[81]绘制壁画先依粉本用锐器在地仗上刻线起画稿，画稿轮廓线用墨线或红线或两者兼用，[82]然后赋彩。绘画所用颜料，属石颜料和土颜料系统。[83]

前文已述，墓道壁画属地宫仪卫性，亦象征皇帝捺钵牙帐前的仪卫。墓门至道木楣门间，两壁各绘1身前侍卫像。前殿甬道券门南，两壁各绘汉装散乐群像；券门之北绘着国服的北面官契丹官员和南面官汉官各2身。东西甬道门与木楣门间及东西配殿，绘"应役次人"群像。前殿北甬道券门与木楣门间的两壁各绘重装中室侍卫2身。上述情况表明，前殿和东西配殿重在表现跟随皇帝四时捺钵的北面和南面主要官员，以及各种应役人等扈从。据此可将前殿大体比定为皇帝捺钵牙帐组群中最南边的省方殿，东西配殿似表示殿外之帐或两厢（参见前引《辽史·营卫志中》）。

中殿周壁于四甬道券门间分绘四季山水图，象征皇帝四季捺钵。[84]东西道券门与木楣门间绘皇室成员（东西配殿壁画漫漶，亦应绘皇室成员）。中殿北甬道壁画剥落漫漶，从残迹看应绘后殿门前侍卫图像。中殿略成准八角形，可比作省方殿北之八方公用殿（参见下文），东西圆形配殿似表示殿外之帐或两厢。

2. 人物画的寓意及其特点

人物画配置部位和排列情况前已介绍。人物画均是与真人等身的立像，散乐群像和南面官着汉服，戴展脚幞头，余者皆着国服（契丹服），戴胡帽或髡发。人物皆斜侧面向地宫一字排列，凡分前后排者，后排略高于前排，形成较长队列以衬托地宫之外的空间。前殿东西甬道门之南两壁绘乐工群像，烘托出散乐宏大的场面和气势。地宫南北向甬道内侍卫由一人增至二人，禁卫逐步森严。前殿东西甬道内两壁人物画二人或三人前后排站立，东西配殿环周壁绘诸相间而立人物画像，以表现随皇帝捺钵"应役次人"之众多。中殿东西甬道内两壁人物画或绘二人或绘三人前后排站立，东西配殿人物画漫漶，其排列当与前殿东西配殿人物画一样，重在表现随皇帝捺钵的皇室成员众多。由此可见，庆东陵地宫不同部位人物画配置与其所在空间密不可分，应是参照皇帝捺钵行营并按照地宫有关规范而刻意安排的。

庆东陵地宫人物画面容的共同特征是头短，脸宽，颊大颧高，鼻梁直且鼻翼沟较深，瞋目，眼外眦有蒙古皱壁（俗称蒙古眼），唇厚，发黑直，近似现代蒙古人的特征。在此基础上，庆东陵残存的70余身人物画的面部均逐一刻画，用线条勾勒人物面部的轮廓和造型，以细线条精心描绘五官特征和肌肉，重在刻画不同人物所应有的并能够反映其内心状态的神情和性格，因而所绘人物的眼神和面部表情极具力度，似真人留影，各有特点，而非"千人一面"。人物画的身体部分，则以墨线大胆描绘各具特色的体态。在赋彩方面，大体言之，面部平涂浅黄色或浅褐色或深褐色，帽子黑色。身体平涂色彩浓重，上衣用绿、深褐、浅褐、黄和青等单色，中衣红色，下衣白色，革带配以红、褐、绿、黑等色。总的来看，70余身人物画的身材高矮、容貌、胖瘦、神态、服饰不一，持物种类和姿势有别，凡不持物者或双手置于胸前或作不同手势，由此显示出不同位置人物的不同身份。结合人物肩上有契丹文题记（漫漶，或剥落）判断，这些人物画当以真人写实性为基础，然后"法形其貌"加以概括提炼，并"署其官爵姓名"，因而庆东陵的人物画类似署名的肖像画。⑧也就是说，地宫壁画以人物画为主体，这些人物画在地宫的不同位置，构成皇帝生前臣僚近侍等的"写照"。以此代替真人，并以特定的位置、特定的形象和相应的题记，事死如生地再现了皇帝生前捺钵行宫中各种扈从人员的种种状态。⑧这种情况在已知的帝王地宫中是绝无仅有的，弥足珍贵。

此外，庆东陵诸人物画描绘方法和形象也存在一定的差异。前已介绍墓道残存的人物是第二次补绘的，与地宫内人物画有别。墓道人物画的面部和衣纹的描绘已趋于程式化，仅重在表现人物的社会身份而已。墓道人物画用红线描绘衣纹，为地宫内人物画所不见。⑧地宫内的人物画也有一定差异，如前殿后半部东壁图一二之14号画像描绘的面容样式较早，前殿北甬道东壁图一二之17号画像、西甬道南壁图一二之26号画像、中殿西道北壁图二二之54号画像描绘的面容样式，则与宋代人物画较接近。此外，其窄袖衣纹的线描似有早晚之别，在赋彩方面也有一定的差异。前殿东配殿图一五之31号画像、前殿东甬道南图一二之22号画像、前殿西配殿图一五之41号画像、中殿西甬道北壁图二二之54号画像之面部和手，在黑轮廓线上描红线，此现象不见于其他人物画像。⑧凡此，都应引起注意。

综上所述，最后再指出六点。

其一，庆东陵壁画，无一般贵族墓葬中与日常生活有关的内容，装饰图案也与之有别，其内涵和规格远高于贵族墓葬，凸显帝陵的崇高地位。

其二，人物画平布排列，略显单一和呆板；人物画像表情严肃，面向地宫之内。这种情况乃是地宫壁画规范要求所致，同时头部侧斜又便于描绘五官特征，也是庆东陵人物画面部表现方法使然。

其三，人物画像面部有明显的蒙古人特征，以此为底蕴，画家抓住了能深刻体现人物内在精神的外在特征，并善于捕捉最能反映人物性格的感情和瞬间神态进行细致刻画，将其凝固在画面上。因此，这些契丹人物画像个性鲜明，栩栩如生，并凸显出契丹民族的雄武和豪迈的气度。⑧

其四，人物画像背后为空白，这种情况利于突出人物形象。由于庆东陵人物画像采用侧面造型，有立体感，所以人物形象犹如脱壁而出，在这种情况下，空白的背景又形成了"活化的空间"⑩，使人物富于灵性和动感，更加符合地宫再现捺钵有关场景的氛围。

其五，地宫人物画绘于壁面上，但其作用主要不是装饰壁面。㉠这些个性鲜明的人物画像不仅各与特定的位置有机结合，而且所有人物画像又通过眉目传情和体态的变化，并以地宫结构为纽带紧密地联系成一个整体，共同再现了皇帝生前捺钵行营扈从队列的真实场景，烘托出地宫应有的仪礼氛围，因而成为地宫必不可少的重要组成部分。就此而言，这些人物画乃是地宫壁画的成功之作。

其六，庆东陵人物画吸收了唐代大型人物画的传统，比如画像以客观实体为基础，以刻画人物面部五官为形之大要，人物画像重点突出，简繁得当，墓葬人物画排列和绘制采用"活化空间"式背景（唐代皇室墓壁画的固定法则）等。但是，庆东陵人物画在此基础上又有进一步的变化和发展。比如，唐代人物肖像画用线具有独立审美价值，庆东陵人物画对此似乎不太在意，而是注重形象的塑造和真实性，用线之根本在于表现形的结构与变化，重在刻画人物面部五官和传神。这个特点表明，庆东陵人物画乃是以本民族传统为本位，又与唐代人物画传统相融合，而创造出唐代以来具有中华民族气派的辽代风格的人物肖像画。㉒所以庆东陵人物画就成为辽代墓人物壁画优秀作品中的精品，代表了辽代此类人物壁画的最高水平。

3. 四季山水画的艺术特点

四季山水图上接斗栱一组建筑图案下的垂幔，四季山水图仿佛是拉开帘幕所展现的四个窗口，表现的是以综合皇帝四季捺钵之地实景为基础而创作的四季捺钵风光景色，㉓具有高度的概括性。四季山水图的尺寸，是根据中室建筑比例关系，以及四甬道券门两侧门柱间的比例与面积而确定的，故四季山水图之间高度和宽度存在一定差异。四季山水图为淡彩青绿山水，属"平远山水"构图（有别于"高远山水"画）。其构图以树木和山石为基本元素，以云水作为连贯树石两大实体的纽带和调整画面虚实与布白的重要手段，以大雁、水禽和鹿等配合树石增强季节特点，并紧扣捺钵狩猎主题，以线条勾描表现构图中每一元素的体量感和质量感。㉔从四季山水图构图来看，作画者应是站在较高的视点表现俯瞰四季山川景色。⑨

四季山水图中的山石以墨线勾描，用长线勾出轮廓，轮廓边上略施晕染，基本无皴。设色以平涂为主，石设丹赭，山坡刷绿色，有的刷青。山峰间以赭石和石青、石绿明显分出阴阳向背和起伏平缓的丘陵。山石前后关系靠勾线表示，高大的山岩也以线条表现，再染以青绿。树沿山的轮廓线画出，注意到山水景物的空间层次感。山水图中树的品种多样，老树树皮的皴裂、虬枝的偃仰、树木的分布等都表现得很成功，树木的远景、近景、疏密、向背也表现得自然真实。尤其是前景树木的描绘，姿态各异，风格自然，枝叶循着生长方向交错相生，符合自然界中树木生长规律，表现出对树的造型有较严谨的概括能力。总的来看，山水图中树和动物均是以写实为基础的。⑨

四季山水图因季节和作画者的不同，在画面景色和画法上也存在差异。春图，线条柔和流畅，洒脱自然。山丘浅褐色，山石起伏不大，边缘稍加晕染，似在山麓地带。溪水泛绿，水禽可分出种别和雌雄，树木较细小，画面富有立体感。夏图，运笔轻快，画面空白处有种太阳反光的效果，三角形配列的三株大牡丹干枝和叶轮廓线分明，叶双勾，以浓绿青彩填色，盛开白红花。山坡轮廓线内侧浅绿色晕染，山丘呈斜坡状。秋图，色调浓重，山石用线刚硬，棱角分明，山体较大，山石黑或浅黑色，土坡深褐色，似表现高山深谷。落叶松线描略施彩色，灌木叶黄、红色。画面左方三棵松树，前两棵挺拔，后方一棵老松树枝干屈曲，绿叶茂盛，是秋图点睛之笔。画面中的鹿，以强有力的线条展示肢体运动。画面呈现出一种沉郁的色彩。冬图，山丘用急转倾斜的线描暗示山丘的间距，表示较远的深山意境。重点表现枯树的枝杈，山丘的茶色与枯木的或深或浅的褐色相统一，并与松树的绿色相映衬。前景中的树属蟹爪树画法（分枝枝桠向下），松树画法如秋图。画中动物，无论近景或远景都刻画细致，种属、雌雄清晰可辨。画面中似有雪意，水似结冰。⑨上述四季山水图中，春图和秋图画风不同，春图和冬图的画风又不同于夏图和秋图。⑨

在四季山水图中，植物和动物是写实的，然而山水画的构图并非写实。以春图为例，山石和云的画法程式化，溪水似从空而降，很不自然；云和大雁，溪水、水禽和岸边花草比例失衡。夏图中三株牡丹过大，其与山石、鹿和草丛，以及秋图中树木和鹿之比例亦失衡。地形与动物之间，无视近大远小原则，山石基底画水平线也不符合现实地形，如此等等，都是四季山水图中普遍存在的问题。⑨其次，一些研究者认为，夏图中的牡丹有唐代画风，秋图和四季图中水的画法类似宋代的水墨画，⑩夏图的构图和色彩近似花鸟画，⑩冬图前景蟹爪树属宋初李成画派的典型画法。⑩秋图和冬图中的松树画法成熟，似依唐代流行粉本而画。⑩总之，四季山水图与唐代山水画有密切关系。⑩其构图布局、取景视角、皴染手法与现存敦煌壁画接近，大体不离晚唐以来中原山水画整体风格。⑩目前辽墓中发现的大幅山水画较少，庆东陵四季山水图可代表辽墓中山水画的最高水平。

（三）庆东陵哀册形制图案之初步分析与探讨

1. 墓志形哀册形制源于晚唐五代的墓志

盝顶形墓志，盝顶中间方区题额以9字三三排列呈九宫图式的形制在北魏后期已基本定型。其中盝顶九宫图式与四神相配在北魏时已出现，与十二生肖相配至少不晚于北周时期。此后到隋唐和五代，盝顶墓志九宫图式题额与四神、十二生肖相配则成为墓志的主流形制（约占一半以上），同时也有少数与天干地支名称和八卦符号相配的墓志。前已说明，庆陵墓志形盝顶哀册的形制及其所配九宫、四神、十二生肖和八卦符号的含义与隋唐五代墓志相同。只是隋唐五代墓志四神主要配置于盝顶四斜面，呈上朱雀、下玄武、左青龙、右白虎配列形式；十二生肖主要配列于志石四侧立面，上面正中午马、下面正中子鼠、左正中卯兔、右正中酉鸡，呈"二绳"、"四钩"配列形式，这种情况与庆陵哀册有别。此外，隋唐五代另有一些墓志四神和十二生肖的配置情况很值得注意，如以下例子。

（1）隋开皇二十年（600年）马稺墓志，盝顶方区外配八卦符号，四斜面刻天干地支名称（图三四）。[⑩]

（2）盛唐以后一些志盖四斜面上刻十二生肖，如天宝十二载（753年）纪宽墓志、大中十二年（858年）董长庆墓志，每面刻三身生肖，四隅配大朵花形。[⑩]

（3）唐宋祜墓志，盝顶方区外四周按子午位刻十二地支名称，每面三地支。[⑩]

（4）唐赵进诚墓志，盝顶方区外刻二十八宿名称，四斜面刻十二生肖，四隅配大花形（图三五）。[⑩]

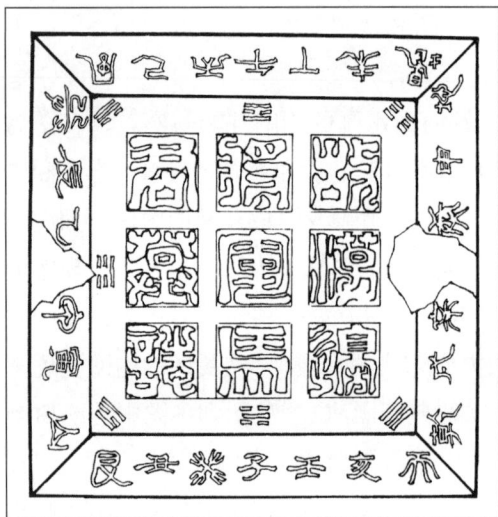

图三四 隋马稺墓志盖线摹图

图三五 唐赵进诚墓志盖拓本

（5）五代后周显德五年（958年）冯晖墓志，盝顶方区外配八卦符号，墓志四侧立面刻十二生肖像（图三六）。[⑩]

（6）五代南唐东海徐夫人墓志、邗江太原王氏墓志，盝顶方区外刻八卦符号，又外刻十二生肖像，四斜面刻四神像（图三七）。[⑪]

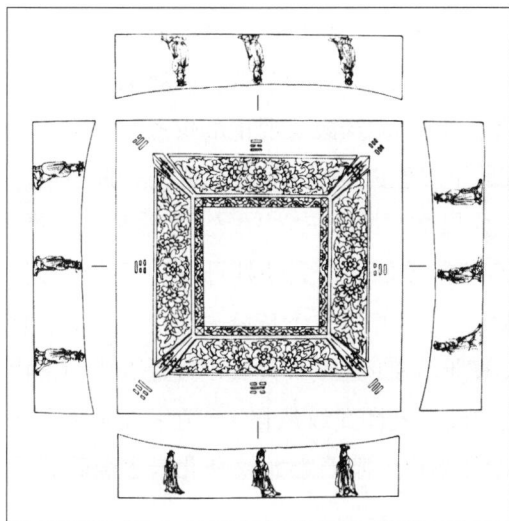

图三六　五代冯晖墓志图像线摹图

图三七　五代东海徐夫人墓志盖拓本

上述情况表明，从隋开始，尤其在盛唐之后有相当一部分墓志十二生肖刻于盝顶四斜面上，并与八卦符号匹配，或与四神匹配。[⑫]就此而言，庆陵哀册盝顶图像与之相同。但是，庆陵哀册盝顶方区外四斜面十二生肖子上午下、卯东（右）酉西（左），圣宗哀册四神刻于盝顶四侧立面，上玄武下朱雀、左白虎右青龙的配列形式又与之不同。[⑬]从庆东陵地宫来看，前已说明中殿周壁重在表现四季捺钵图像，置于中殿的哀册盝顶上具有表示方向和四季功能的十二生肖和四神像当与四季捺钵图像对应。其次，辽代改建上京后，建筑采用汉族制度，将其固有的尚东传统改为南向，墓室也大都朝向东南，[⑭]庆东陵地宫亦然。鉴于上述情况，庆东陵哀册改变了唐和五代墓志十二生肖与四神像上南下北、左东右西的传统配置模式。此外，从四神来看，其东青龙、南朱雀、西白虎、北玄武的方向关系是恒定的，圣宗哀册盝顶十二生肖子上午下、卯东酉西，四神位置也必然随之改为上玄武下朱雀、左白虎右青龙。关于四神的朝向，唐、五代和宋代墓志盝顶上的四神像，青龙、朱雀、玄武大都顺时针朝向，白虎一般逆时针朝向，青龙和白虎均朝向朱雀。但是总的来看，朱雀和玄武的朝向相对较随意，或顺时针，或逆时针，或正面，[⑮]而朱雀呈正面像则是更强调其在升仙方阵中的前导作用和以南为正的方向观。[⑯]圣宗哀册盝顶四侧立面四神的朝向完全符合上述情况。总之，前述种种情况，大概就是庆东陵哀册十二生肖和四神既基本按照唐和五代盝顶形墓志配置的规范又有所变化的主要原因。至于圣宗哀册之外的其他现存庆陵哀册，无四神图像，十二生肖图像排列仍如圣宗哀册。道宗、宣懿皇后汉文和契丹文哀册盝顶方区外有八卦符号，八卦符号与四斜面十二生肖相配，亦将唐代离上、坎下、左震、右兑，改为坎上、离下、左兑、右震形式。

除上所述，再从十二生肖、四神图像和纹饰来看。一般而言，十二生肖在盛唐以前多动物形象，盛唐以后多人身兽首，中晚唐则出现人物携生肖式样，人物文官扮相持笏，生肖动物或置于冠顶，或捧于手中，或携于身侧。[⑪]庆陵哀册十二生肖均属于文官扮相持笏，冠顶置生肖动物样式。其中圣宗哀册十二生肖像服饰有唐代遗风，此后诸哀册十二生肖服饰后面的下摆逐渐后拖，接近五代风格（见图三六）。[⑱]圣宗哀册四神像，接近晚唐五代风格（图三七、三八），[⑲]圣宗哀册盝顶四隅饰大朵牡丹花纹延续唐代传统（见图三五、三八、三九）。[⑳]但其风格已接近五代和宋初。[㉑]庆陵哀册纹饰，圣宗哀册呈波状连续牡丹纹样，有唐代遗风，此后诸哀册呈S形连续牡丹纹，接近五代和宋代的风格。[㉒]圣宗哀册之外诸哀册的团龙纹接近宋陵石刻团龙纹风格，[㉓]道宗哀册盖立面二龙戏珠纹龙体修长，有似鹿的双角，形态近似南唐二陵石雕龙纹和北宋永熙陵望柱龙纹。[㉔]

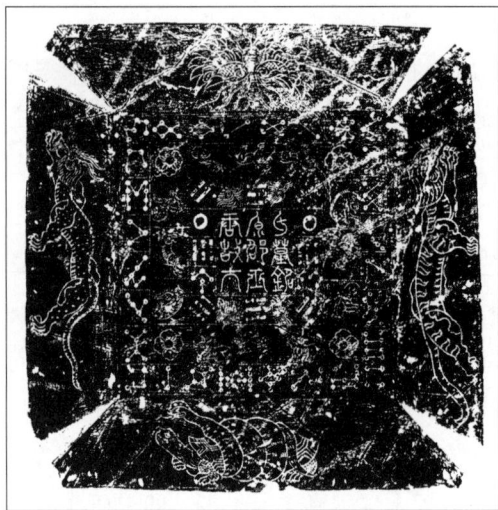

图三八 五代太原王氏墓志盖拓本

图三九 唐赵石墓志盖拓本

综上所述，庆陵哀册的形制大同小异，但因其制作的年代前后相差70余年，仍有较明显的差异，其中尤以圣宗哀册与其他哀册差异最大。如圣宗哀册盝顶面最小，以后逐渐增大；盝项立面与哀册总高之比例最高；册身下方基本不斜杀；篆盖四斜杀面间四隅方区饰牡丹花，其余哀册均饰龙纹；仅圣宗哀册盝顶立面刻四神图像；图像和纹饰主要延续晚唐风格，兼有五代和宋初的一定影响。圣宗以后诸哀册的图像和纹饰受五代和宋代的影响逐渐加深。总的来看，庆陵哀册的形制源于晚唐五代盝顶形墓志，并结合辽代具体情况有所变化。其中以圣宗哀册形制、图像和纹饰的风格最具唐代遗风，在诸哀册中最早。仁德、钦爱、仁懿三皇后哀册的形制、图像和纹饰在庆陵哀册中居承前启后的过渡阶段。道宗和宣懿皇后哀册的形制、图像和纹饰则形成晚期风格。

2. 中殿哀册图像和顶部图案的寓意及其与中殿形制的关系

前面已介绍，庆东陵中殿墓志形哀册册盖盝顶形，盝顶方区内线刻双勾谥号"文武大孝宣皇帝哀册"9字，3行，每行3字。方区外四边斜杀面中间线刻十二生肖，每面3体，十二生肖方位固定，以上方中央为子鼠，顺时针排列各像。斜杀面间四隅镌大朵牡丹纹饰，册盖四立面线刻四神像。上述盝顶形哀册的形制和图像基本上承袭了唐代盝顶形墓志的形制和图像的内容，对此可大体作如下解释。⑮

（1）方区内9字三三排列的谥号。北朝隋唐墓志盖上题额以9字三三布列者最为常见，这种布列所构成的图形正是方格状的太一下行九宫图（图四〇），⑯该图表示"九天"（天的中央和八方）和"九野"，⑰九宫图中间称中宫，为太一神（又作泰一、太乙，天帝别称，天神中最尊者）所居，余八宫为八卦神所居。因而九宫除中宫外，其他八宫（八方）又与八卦和八个气节配属。即一为坎，居北方，冬至；二为坤，居西南，立秋；三为震，居东方，春分；四为巽，居东南，立夏；六为乾，居西北，立冬；七为兑，居西方，秋分；八为艮，居东北，

巽四	离九	坤二
震三	中五	兑七
艮八	坎一	乾八

图四〇 太一下行九宫图

立春；九为离，居南方，夏至。⑱辽圣宗墓志形哀册盖上虽无八卦符号，但到辽道宗哀册时已与八卦符号相配（兴宗哀册未见图版）。

（2）十二生肖又称十二属相、十二属、十二辰，为宇宙模式中的重要标志物之一，也是天文学上重要的时空标示系统，即与二十八宿相对应的十二辰位（见图三五、四一），⑲以此配合九宫代表天穹。北朝隋唐墓志志石十二生肖下方正中为子鼠，上方正中为午马，构成子午线；左侧正中是卯兔，右侧正中是酉鸡，构成卯酉线。十二生肖每面三体，按十二生肖次序顺时针排列。上述十二生肖子午线与卯酉线垂直相交形成"二绳"；将丑牛和寅虎、辰龙和巳蛇、未羊和申猴、戌狗和亥猪分别与子午线和卯酉线平行垂直相交成"四钩"（图四二），此种图示所形成的子北午南、辰东西西及四隅

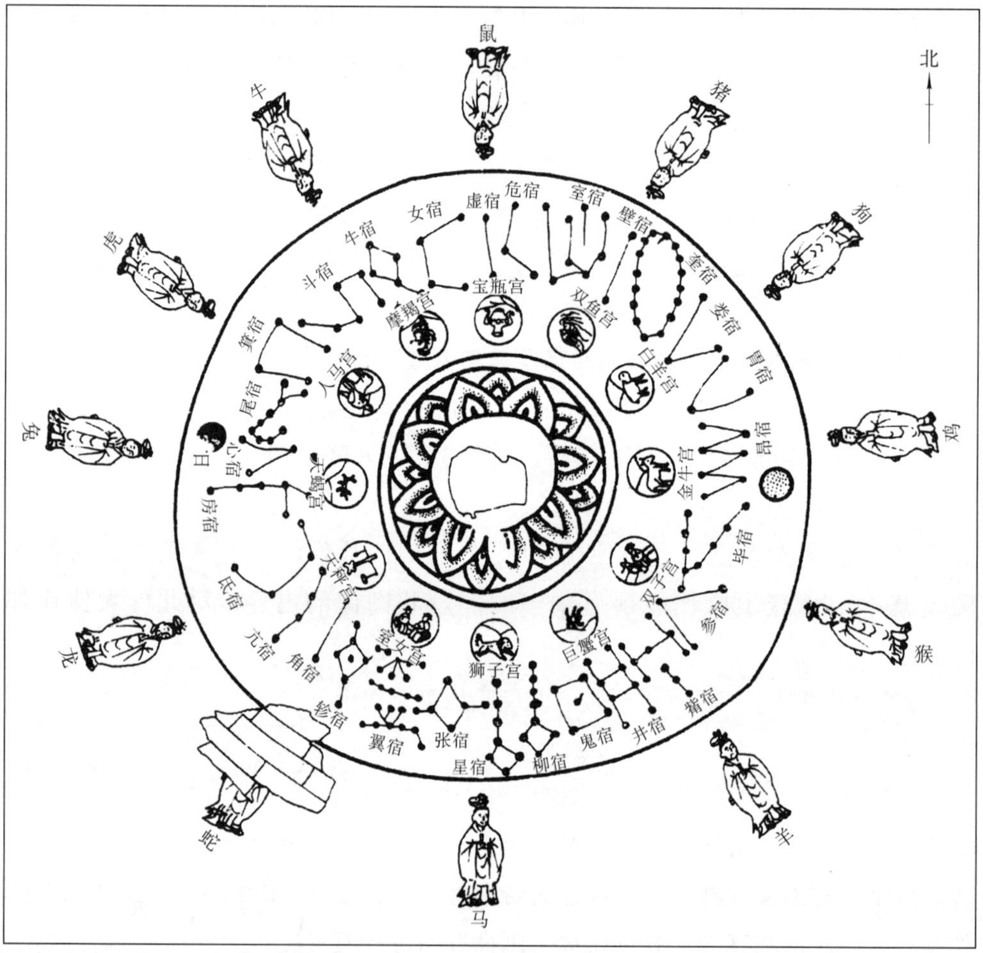

图四一　宣化辽代张恭诱墓墓室顶部天象图

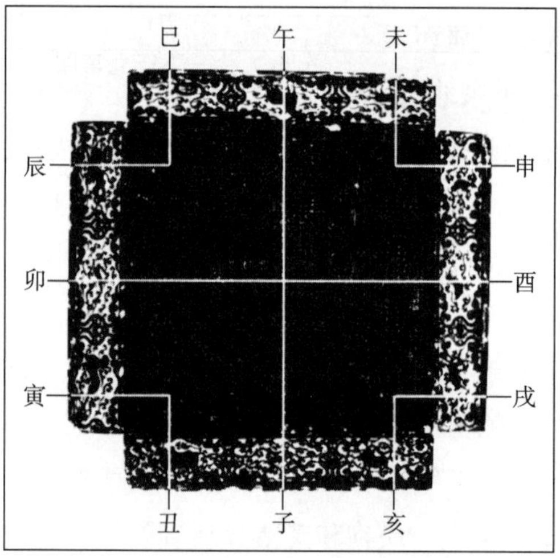

图四二　唐尉迟恭墓志十二生肖图像的方位关系

方向，在古代宇宙模式中用于标示大地的方位。庆东陵墓志形哀册盖上十二生肖排列，与上述原则完全相合，只是将午上子下改为子上午下而已。

（3）四神又称四灵、四象，代表周天四宫之象（四神各辖周天四宫七宿），表示东南西北四方（四正），并分别与春夏秋冬四季对应（表示四时循环往复）。北朝至唐代墓志大都将四神与十二生肖相配合，体现了模拟宇宙模式的设计观念。四神青龙、朱雀、白虎、玄武分别与十二生肖卯兔、午马、酉鸡、子鼠对应（不管子在下或在上，四神与十二生肖均保持子午位对应关系），构成一个表示空间方位和时序循环的盖天说宇宙模式。圣宗墓志形哀册，将十二生肖刻于盝顶方区外四斜面，四神刻于册盖四立面，其含义与上述情况相合。在册盖上将四神和十二生肖与周天二十八宿和四季四时观念的对应关系巧妙地结合在一起，形成法象天地的图像。

（4）八卦，前已说明九宫外配八卦、八卦方位及其与八个节气的配属关系。九宫之北刻坎、东刻震、南刻离、西刻兑为四仲卦，分别与冬春夏秋四季相配，四仲卦表示四方、四季。九宫西北刻乾、西南刻坤、东南刻巽、东北刻艮为四维卦。四维被当作天地之间的四个门户。西北角乾卦，《说卦》曰"乾为天"，为天门，天门为出。西南角坤卦，《说卦》称"坤为母"，人生于母，为人门，人门为生。东南角巽卦，《广雅·释诂》言"巽，顺也"，巽为孟阴，阴随阳动。《易·困》虞翻注"巽为入"，为地门，地门为入。东北角艮卦，《序卦》说"艮，止也"，《易·观》郑玄注"艮为鬼门"，鬼门为死。天、地、人、鬼四门作为宇宙门户分别与出、入、生、死相联系，表示宇宙间阴阳消长、万物化生、生灭循环的运动规律。圣宗墓志形哀册盝顶虽未配八卦，但九宫的八宫和十二生肖"二绳"、"四钩"则正合八卦方位，其作用同八卦，道宗等哀册上的八卦符号可以为证。

（5）盝顶，又称覆斗形。盝顶上隆下方，八方九宫，与表示宇宙的图象和符号相结合，上象天穹下象大地，形成盖天说的宇宙模式。

上述情况与前面分析的庆东陵地宫中殿平面呈准八角形，四季山水图大体位于东、西、南、北，四甬道券门大体位于东北、东南、西南和西北方向相结合，可以清楚地看出，中殿四季山水图分别与十二生肖"二绳"（表示北南和东西的子午、卯酉线）、四神（四正、四季）、四仲卦（坎、北、冬，震、东、春，离、南、夏，兑、西、秋）相对应（圣宗墓志形哀册十二生肖子在上）。中殿西北、东南、西南、东北甬道门，分别与前述的四维卦天、地、人、鬼四门对应并与出生入死相联系。由此可证，前面对庆东陵中殿平面形制、四季山水图和四甬道门的方位之分析是可取的。同时也证明，庆东陵中殿准八角形平面、四季山水图的四正方位、四通道门的四维方位的形成，乃是按照墓志形哀册盝顶形制和图像的观念而刻意设计安排的。㉝

但是，从地宫形制来看，由于庆东陵地宫除前殿为长方形、中殿为准八角形外，其余诸殿均呈圆形；到兴宗和道宗的中陵及西陵时除前殿外的各殿才完全变成八角形，所以庆东陵地宫尚处于圆形和八角形的过渡阶段。据此可指出三点：第一，辽代帝陵地宫和大贵族墓葬墓室由圆形到八角形，是其自身发展演变规律所致，与北宋北方地区多角形墓室的影响无直接关系；第二，那种以庆东陵为辽中期地宫或以墓室呈圆形为主要证据的看法，似应略作修正；第三，辽代八角形地宫的出现，与唐代盝顶形墓志图象理念的影响密不可分，同时八角形又是圆形的变通（比圆形墓室更便于影绘木结构和绘画），基本符合毡房平面呈圆形的规制。因此，它也是契丹族传统与唐代盖天说宇宙图像的理念相结合的结果。

除以上所述，庆东陵中殿的圆顶本身就是形象的天穹，而其在汉族盖天说影响下对圆顶所绘的装饰图像，则使之在形似之中更具天穹的精神内涵。中殿八条影绘阳马八分圆顶，并与周壁八分对应，圆顶中央有天窗。圆顶八分之中，位于四甬道券门之上者，与前述略呈八角形周壁及墓志形哀册盝顶的四维卦对应（乾、坤、巽、艮），该部分在云纹上绘云中双龙；位于四季山水图之上者，与前述周壁及哀册盝顶四仲卦对应（坎、离、震、兑），该部分在云纹上绘云中双凤。在中殿周壁之上和圆顶之下的空位，则影绘斗栱等木建筑结构。上述情况，大体可反映出以下寓意。

第一，圆顶八分，顶部开天窗，象征八方九宫（天窗象征中宫）。圆顶八分与周壁八分对应，加上圆顶中央的天窗，中殿则呈现出立体的八方九宫模式。

第二，圆顶八方九宫的云纹，使之更像天穹。云中的双龙代表皇帝，云中双凤即"凤凰于飞，翙翙其羽"（《诗经·大雅·卷阿》），凤（雄）、凰（雌）分别代表皇帝和皇后，是二人死后灵魂升天的化身。

第三，周壁与圆顶之间影作木结构建筑，表明木结构之下的周壁范围乃是毡帐居住部分及毡帐所在的大地。因此，宇宙模式的圆顶与象征人居环境的周壁的空间组合，乃是"天人合一"思想的反映。圆顶上代表着帝后灵魂化身的双龙和双凤，在天上俯瞰着其生时所居的人间毡账和大地，沟通了天地和人鬼（神）。

第四，代表皇帝灵魂的双龙部分对应四维卦，辖天、人、地、鬼四门，掌管出、生、入、死，主宰宇宙万物生灭。代表帝后灵魂化身的双凤对应四仲卦和四季，主宰四时循环往复。两者结合，寓意帝后死后仍然统治着整个宇宙。

总之，中殿略呈八角形的平面形制，周壁室内及圆顶的立体形制、结构所形成的整体形象和内涵，乃是契丹族固有的毡帐形制与仿唐代墓志的哀册盝顶图像宇宙模式较完美的结合。这个结果，较隋唐方形穹窿顶墓室更符合汉族盖天说的宇宙模式。由此所构成的庆东陵地宫的整体形制，在一定程度上应是象征圣宗生前捺钵牙帐的形制和风格。

六、结　语

契丹族自兴起之日就与中原紧密相连，特别是与唐朝的关系密切。辽建国后疆域逐渐拓展至燕云等汉族地区，境内汉契杂居的情况也日渐增多，与五代各王朝和北宋交往频繁，辽国统治者为自身的发展顺势利导，大力提倡汉文化。在这种情况下，契丹与汉文化的交流不断扩大，融合不断加深，最终使汉文化全方位地渗透到其社会肌体之中，成为辽代文化不可分割的重要组成部分。③庆陵的形制布局、规制和绘画等，正是在这种大背景下形成的。

前面已经较全面和具体地介绍了庆东陵，从中可以看出，庆东陵的陵园、地宫之形制布局和结构，地宫内的绘画和图案，乃是目前已知的辽陵和辽墓系列中等级最高、建筑规模最大、构筑技术最好、绘画艺术水平最佳而寓意又最深邃者。庆东陵地宫的形制布局与绘画、图案和哀册图像融为一体，是辽代皇权和捺钵毡房牙帐内宫殿式"朝廷"的象征，是辽代捺钵文化体系的"写照"。在庆东陵地宫内绘画、图案和哀册图像的辽代风格中，不仅可明显看出晚唐五代和宋初的影响，而且其分布位置、构图布局和象征意义也明确反映出与中原帝王有共同的丧葬观念和礼仪规制，同样都是以艺术形象来描绘皇帝地宫内的精神世界，表现皇帝在冥府所追求的最高境界。因此，这些绘画和图案又成为一种政治性很强的标志和符号。凡此种种，我们也只有在上述的大背景下去分析研究，才能深刻理解庆东陵的全部内涵乃是以契丹传统为体、以汉文化为魂，两者有机融合为一体进行再创造的真谛。只有这样，才可以大体得出较正确的结论。

附记：

吾与陈公柔先生为忘年之交，真挚仰慕先生学问，并不时聆听先生教诲，终生受用。张长寿先生，是吾景仰的学界前辈，做学问的楷模。值此为二位先生出纪念文集之际，特呈虽不足道但已尽力之拙文，对陈公和张先生深表缅怀之情和感念之意，并以此祭拜二位先生在天之灵。

---

① a.《辽史》卷三七《地理志一》"庆州"条记载，庆州"本太保山黑河之地，岩谷险峻"，"在州西二十里。有黑山、赤山、太保山、老翁岭、馒头山、兴国湖、辖失泺、黑河"。中华书局，1974年。b.《契丹国志》卷五《穆宗天顺皇帝》："如京东北有山曰黑山、曰赤山、曰太保山，山水秀绝，麋鹿成群，四时游猎，不离此山。"黑山又名缅山。上海古籍出版社，1985年。c.（宋）沈括《梦溪笔谈》卷二四记载："黑水之西有连山，谓之夜来山，极高峻，契丹坟墓皆在山之东南麓。"是黑山又名夜来山。上海古籍出版社，1995年。d. 巴林右旗博物馆：《辽庆陵又有重要发现》载《太叔祖哀册文》记为"光云山"，《内蒙古文物考古》2000年第2期。e. 曹建华、金永田主编：《临潢史迹》第12页"黑山"条记载，黑山，今之赛汗罕乌拉，蒙古语为美丽富饶的圣山，坐落于今之巴林左、右二旗之间北部，主峰海拔1 928.9米，系大兴安岭山脉要峰，峰顶平展，周7里许，中央有一泓池水，清澈透明，不溢不枯，古称天池。夏秋之季，池周柳树成荫，山花烂漫，辽代称此山为黑山，此若泰山。契丹人死魂魄皆归于此山。"黑山，如中国之岱宗。"内蒙古人民出版社，1999年。

② 《辽史》卷三七《地理志一》"庆州"条。按圣宗生前自选陵址，在辽代为孤例。

③ 《辽史》卷十六《圣宗七》：太平三年，秋七月，"丁亥，赐缅山名曰永安，是月，猎赤山"。

④ a.《辽史》卷十七《圣宗八》：太平十一年，"六月丁丑朔，驻跸大福河之北。己卯，帝崩于行宫，

年六十一，在位四十九年。景福元年闰七月壬申，上尊谥曰文武大孝宣皇帝，庙号圣宗"。b.《辽史》卷十八《兴宗一》记载：太平十一年（景福元年）"十一月壬辰，上率百僚奠于菆涂殿。出大行皇帝服御，玩好焚之，纵五坊鹰鹘。甲午，葬文武大孝宣皇帝于庆陵。乙未，祭天地。问安皇太后。丙申，谒庆陵，以遗物赐群臣，名其山曰庆云，殿曰望仙"。c. 参见田村实造、小林行雄《庆陵》第216页《文武大孝宣皇帝哀册文》，京都大学文学部，1953年。下引此书，不再注作者及出版年代等。

⑤ a.《辽史》卷十八《兴宗一》：重熙元年，"是春，皇太后诬齐天皇后（仁德皇后）以罪，遣人即上京行弑。后请具浴以就死，许之。有顷，后崩"。b.《续资治通鉴长编》卷一一〇"天圣九年元月"条记齐天皇后被杀，"以庶人礼，葬于祖州北白马山"。c.《契丹国志》卷八记载："重熙三年，帝因猎过祖州白马山，见齐天皇后坟冢荒秽，无又影堂及洒扫人，只空山中，孤冢恻然。因诏，于祖州陵园内，选吉地改葬，其影堂廊库等并同宣献太后园陵。"d.《仁德皇后哀册文》："维大康七年岁次辛酉，十月甲寅朔，八日辛酉。先谥仁德皇后萧氏发自祖州西之玄寝。迁祔于永庆陵礼也。"哀册文见《庆陵》Ⅰ，第231页。

⑥ a.《辽史》卷二一《道宗一》：清宁三年十二月"戊辰，太皇太后不豫，曲赦行在五百里内囚。己巳，太皇太后崩"。四年"五月庚午朔，上大行太皇太后尊谥曰钦哀皇后。癸酉，葬庆陵"。b.《钦爱皇后哀册文》："维清宁三年岁次丁酉，十二月癸卯朔，二十七日己巳，大行太皇太后崩于中会川行宫之寿安殿。旋殡于庆州北别殿之西阶。粤明年夏五月四日癸酉，将迁祔于永庆陵礼也。"按，《辽史》记为钦哀，哀册文记为"钦爱"，见《庆陵》Ⅰ，第233页。

⑦ a.《辽史》卷二〇《兴宗三》：重熙二十四年，八月"己丑，帝崩于行宫，年四十"，"清宁元年十月庚子，上尊谥为神圣孝章皇帝，庙号兴宗"。b.《辽史》卷二一《道宗一》：清宁元年"十一月甲子，葬兴宗皇帝于庆陵"，"名其山曰永兴"。

⑧ a.《辽史》卷二三《道宗三》：大康二年"三月辛酉，皇太后崩"，"夏六月乙酉朔，上大行皇太后尊谥曰仁懿皇后"，"甲午，葬仁懿皇后于庆陵"。b.《仁懿皇后哀册文》："维大康二年岁次丙辰，三月丙辰朔，六日辛酉，大行皇太后崩于韶阳川之行所。旋殡于庆州北别殿之西阶。夏六月乙酉朔，十日甲午，将祔于兴陵礼也。"见《庆陵》Ⅰ，第239页。

⑨ a.《辽史》卷二六《道宗六》：寿隆七年春正月"癸亥，如混同江。甲戌，上崩于行宫，年七十"，"六月庚子，上尊谥仁圣大孝文皇帝，庙号道宗"。按寿隆哀册作寿昌。b.《辽史》卷二七《天祚皇帝一》：乾统元年六月"辛亥，葬仁圣大孝文皇帝、宣懿皇后于庆陵"。c.《辽史》卷五〇《凶仪·丧葬仪》记载："道宗崩，菆涂于游仙殿，有司奉丧服。"d.《道宗皇帝哀册文》："维寿昌七年岁次辛巳，正月壬戌朔，十三日甲戌，大行天佑皇帝崩于韶阳川行所。徙殡于仙游殿之西阶。粤乾统元年六月庚寅朔，二十三日壬子，将迁座于永福陵礼也。"见《庆陵》Ⅰ，第243页。

⑩ a.《辽史》卷二三《道宗三》：大康元年"十一月辛酉，皇后被诬，赐死"。b.《辽史》卷二七《天祚皇帝一》：乾统元年六月"庚子，追谥懿德皇后为宣懿皇后"。c.《宣懿皇后哀册文》："维大康元年岁次乙卯，十一月己未朔，三日辛酉，先懿德皇后崩于长庆川。旋附殡于祖陵。即以乾统元年岁次辛巳，六月庚寅朔，二十三日壬子，将迁座于永福陵礼也。"见《庆陵》Ⅰ，第249页。

⑪ 见《庆陵》Ⅰ，第七章，结语对东、中、西三陵分别为圣宗、兴宗和道宗陵有较详细的考证。永庆、永兴、永福陵之名，见《庆陵》Ⅰ，第六章第三节汉字哀册文的解说。

⑫ 见上注《庆陵》。

⑬ a.（宋）徐梦莘：《三朝北盟会编》卷一二一所收《亡辽录》记载："天庆九年夏，金人攻陷上京路。祖州则太祖阿保机之天膳堂，怀州则太宗德光之崇元殿，庆州则望圣、望仙、神仪三殿，乾州则

凝神、宜福殿，显州则安元、安圣殿，木叶山之世祖诸殿陵寝并皇妃子弟影堂焚烧略尽，发掘金银珠玉器物。"江苏广陵古籍刻印社，1987年。b.《三朝北盟会编》卷四所收赵良嗣《燕云奉使录》记载："粘罕（宗翰）兀室（完颜希尹）云：我皇帝从上京到了，必不与契丹讲和。昨来再过上京，把契丹坟墓宫室庙像一齐烧了，图教契丹断了通和底公事。"c.（金）王寂《拙轩集》卷三记载："庆州北山之麓，辽山陵在焉，俗谓之三殿。二十年前（太宗时代）常为盗发；所得不赀，是所谓厚葬以致寇者。叹而成诗：珠襦适足贾身祸，金碗传闻落世间。惭愧汉文遗治命，瓦棺深葬霸陵山。"

⑭ 《庆陵》Ⅰ，第119页记述，西翼殿（朵殿）柱间室内平面似为正方形。又说由于享殿外侧柱与西翼殿台基间残缺约9米，故两者如何连接情况不明。

⑮ 《庆陵》Ⅰ，第120页记述，门址础石一般边长80厘米，大者81×86厘米，小者76×70厘米。

⑯ 《庆陵》Ⅰ，第120页说，东西廊房的南端各有向南突出的短土台基（图11-4），未发现础石。秦大树《宋元明考古》（文物出版社，2004年）第173页说：陵门"两侧有角楼，边上为回廊"，文中的角楼或指此而言。按：二台基突出于回廊之外，角楼说似值得商榷。从二台基态势来看，似为二阙，即陵门翼以二阙。该形制值得注意，很可能享殿建筑群是按辽宋宫城形制营建而成。

⑰ 门址之南台基情况，参见《庆陵》Ⅰ，第121页的介绍，参见图3。

⑱ 《庆陵》Ⅰ，第123页记述，享殿向南约600米门址之间，神道东侧有并行的从西北向东南横亘的小丘陵，门址位置选定在这种地形之前数百米。门址与地宫之北的山体相望。

⑲ 《庆陵》Ⅰ，第16页：从墓门和后室天井坍塌处流入大量砂土、石块堆积于墓底，深约1～3米；清理时仅能见到土石较少的中殿西配殿和前殿东配殿的一角。墓室结构的基准面与实际水平面不一致，南部约倾斜2度，北部约倾斜1度。地宫的尺度，未能清除墓室土石而直接确认地宫高度，只是根据地宫略倾斜的基准面和地宫四壁的关系，计算出各部位的高度。

⑳ 《庆陵》Ⅰ，第30页说：后室穹窿顶部破坏孔，孔北缘3层立砖厚，孔南缘5层立砖厚，此情况与图六不合，按图六破坏孔处均5层立砖厚。

㉑ 《庆陵》Ⅰ，第24页：圆沟似在地宫封闭前泄雨水，以保护墓道壁画。

㉒ 《庆陵》Ⅰ，第24页：小龛用途不明，据传中陵出土的木狗推测，小龛可能与放置此类物品有关。

㉓ 《庆陵》Ⅰ，第36页记述：在东陵墓室内采集到两面线刻龙纹漆板，推测应为越额。

㉔ 《庆陵》Ⅰ，第37页注5，前殿东配殿壁高1.92米，室高3.48米，天井砖37层；西配殿壁高1.94米，室高3.67米，天井砖40层。中殿东配殿壁高1.94米，室高3.64米，天井砖38层；西配殿壁高1.93米，室高3.68米，天井砖39层。

㉕ 《庆陵》Ⅰ，第20页记述，中殿西配殿，揭起一地面砖，马上就有地下水涌出。

㉖ 《庆陵》Ⅰ，第21页说，长方形孔，"或许属于从墓室砖壁通往外部的孔道"。第32页记载：若砖墓室完工后，"建造木质内壁并封顶，那么施工的匠人从哪里出去？是不是可以使用前面曾经提到的后室券顶方孔呢"。按：若此为出入口，似偏小。

㉗ 此处所言穹窿顶北侧厚度与图六之3似有别。

㉘ a.《庆陵》Ⅰ，第32页说：从残存木质部件曲率等情况来看（《庆陵》Ⅰ，第37页图36），当时的券顶没有木质内壁。但"当木质内壁达到一定高度的时候，用木材水平构筑天井是可能的"。b. 内蒙古自治区文物考古研究所、哲里木盟博物馆：《辽陈国公主墓》，文物出版社，1993年。该书第14页记述，后室用赤柏松制成木护壁，即用长1.5米、宽0.12～0.13米、厚0.15米的方木，左右分做卯、榫，在壁面上抹约1厘米厚的石灰，将方木左右连贴于壁上，约11～12块方木可围一周。方木上下之间用木榫插入已凿好的长方孔眼内，上下连接15层至2.1米处时，开始起券。起券

改用木板（厚0.05米，宽0.17米），连接办法同上。据此，推测东陵后室穹窿顶亦应有木质券顶。

㉙ 参见《庆陵》Ⅰ，第43页表中记述东壁人物立像情况。

㉚ 马具包括络头、衔、镳、缰、胸带（攀胸）、鞍、障泥、蹬、蹀躞带、鞧带。

㉛《庆陵》Ⅰ，第56页记述，距西壁人物立像群约1米处，据痕迹推测还有二人头像。

㉜ 参见《庆陵》Ⅰ，第43页表中记述西壁残立像情况。

㉝《庆陵》Ⅰ，第57页记述西壁北数第1身立像复原情况，图像见《庆陵》Ⅱ图版92、93。

㉞ 参见《庆陵》Ⅰ，第57、58页，以及第230页，前述仁德皇后哀册文的所记历史背景。

㉟《庆陵》Ⅰ，第44页记述，甬道人物立像为补绘。

㊱《庆陵》Ⅰ，第84、85页。

㊲《庆陵》Ⅰ，第44页记述：前殿被土石埋没，据鸟居照片，东壁6人，西壁也可能是6人。

㊳ 仿木结构情况和彩绘，见《庆陵》Ⅰ，第86页。

㊴《庆陵》Ⅱ，图版9。

㊵ 参见郭黛姮主编《中国古代建筑史》第三卷第216页，宋、辽、金、西夏建筑，中国建筑工业出版社，2003年。

㊶《庆陵》Ⅰ，第82页注7说，鹿于五月六月之交产仔。

㊷《庆陵》Ⅰ，第82页注7说，秋季是鹿的交尾期。

㊸ 参见郭黛姮主编《中国古代建筑史》第三卷第216页。

㊹《庆陵》Ⅰ，第94页认为：该月光壁似与前殿南北壁一样绘有双龙纹。

㊺ a. Jos Mullie, Les sépultures de k'ing des Leao, *T'oung Pao*, Vol. XXX, 1933. b. 金毓黻：《辽陵石刻集录》（上下册），奉天图书馆，1934年。上册收录庆陵哀册碑石拓本，下册收罗福成对契丹文的释读和解说，其中包括兴宗和仁懿皇后契丹文哀册文。

㊻ 庆陵哀册石发现时已不在原位。《庆陵》第194页说，梅岭蕊在中陵前殿发现哀册石。同页注7认为哀册石应置中殿，之所以发现于前殿，是因为1922年王士仁盗掘中陵时移动了哀册石。《庆陵》第10页注15说：梅岭蕊在中陵前殿发现哀册石时，哀册石放置很不规则，显然不是原位。

㊼ 汉文、契丹文哀册石篆盖十二生肖，龙纹形象相同。

㊽ 契丹哀册文考释，参见下文。a. 罗福成：《契丹国书哀册释文考证》，见《辽陵石刻集录》卷三、四、五，1934年；《辽宣懿皇后哀册释文》，《满洲学报》第二期，1933年。b. 王静如：《辽道宗及宣懿皇后契丹国字哀册初释》、《契丹国字再释》，见《历史语言研究所集刊》第三本第四分，1933年；第五本第四分，1935年。

㊾ 同上注。

㊿ 见《庆陵》Ⅰ，第127—154页的介绍和有关图版。

(51)《契丹国志》卷一：“其城与宫殿之正门，皆东向群之”。《梦溪笔谈》：“契丹坟墓，皆在山之东南麓”。

(52) 李逸友：《辽代契丹人墓葬制度概说》，见《内蒙古东部区考古学文化研究文集》，海洋出版社，1991年。文中说，“辽代帝后陵墓的考古调查发现，太祖陵面向东南，直对上京城”，“用磁针实测，所谓‘东向’，乃是东南向，是对着太阳升起的东南方，含‘东向拜日’之意”，“辽代契丹人的墓向基本上是东南向”。契丹人“在搭设毡帐居住时，必须是避风向阳之处，毡帐的方向也必须如此，东向拜日的习尚于是随之产生。作为生者所居之处必须东向，为死者筑墓时择地山阳，墓向东方也必须遵循，成为世代相传的传统习尚。所谓东向，不是磁针所指的正东向，而是日出的东南隅”。

(53) 据传辽祖陵发现石羊、狻猊、麒麟、石人等。见李逸友《辽耶律琮墓石刻及神道碑铭》,《东北考古与历史》第一辑，文物出版社，1982年。文中记述耶律琮墓正前方有一座观世音经碑，神道两侧立石羊两对、石虎一对、武吏一对、文官一对。可见辽代陵墓也有立石像生的习俗。

(54)《辽史》卷三七《地理志一》“庆州”条记载:“兴宗遵遗命，建永庆陵。有望仙殿、御容殿。”《辽史》卷十八《兴宗一》记载：十一月“丙申，谒庆陵”，“其山曰庆云，殿曰望仙”，重熙八年“秋七月丁巳，谒庆陵，致奠于望仙殿”。《辽史》卷二一《道宗一》记载：清宁三年“五月己亥，如庆陵，献酎于金殿，同天殿”。(宋)徐梦莘《三朝北盟会编》卷一二一所收《亡辽录》记载:“庆州则望圣、望仙、神仪三殿。”《契丹国志》卷一一《天祚纪》记载金人破坏庆州望迁、望圣、神仪三殿。上述记载殿名不一，但大体可认为东陵享殿名为望仙（望迁），永兴陵享殿名为望圣，永福陵享殿名为神仪。

(55) 前注说永庆陵有御容殿，又前面“庆陵概说”注释中说辽陵寝建有影堂。庆陵享殿建筑群西侧建筑群似为置御容殿和影堂之所，其功能略似于唐宋帝陵之下宫。

(56) 河南省文物考古研究所:《北宋皇陵》，中州古籍出版社，1997年。

(57) 辽墓分期和各期墓室形状，参见下文。a. 王秋华:《辽代墓葬分区与分期的初探》,《辽宁大学学报》1982年第3期。b. 杨晶:《辽墓初探》,《北方文物》1985年第4期。c. 李逸友:《辽代契丹人墓葬制度概说》，见《内蒙古东部区考古学文化研究文集》。d. 秦大树:《宋元明考古》，第176—184页，文物出版社，2004年。e. 内蒙古自治区文物考古研究所、哲里木盟博物馆:《辽陈国公主墓》，文物出版社，1993年。下文引此书，不再注作者及出版年代等。

(58) 政协巴林左旗委员会:《临潢史迹》，第99—100页，内蒙古人民出版社，1999年。

(59)《辽陈国公主墓》。

(60)《庆陵》第17页庆东陵墓室尺度表及第20页。

(61) 内蒙古文物考古研究所:《辽耶律羽之墓发掘简报》,《文物》1996年第1期。据墓志记载，耶律羽之先后被封为中台右平章事，后加封太尉、太傅，封东平郡开国公；天显二年（927年）升东丹国左相，一度主东丹国政；天显十三年（938年）进上柱国，兼东京太傅。

(62) 辽宁省博物馆、辽宁铁岭地区文物组发掘小组:《法库叶茂台辽墓记略》,《文物》1975年第12期。

(63)《辽陈国公主墓》。

(64) 热河省博物馆筹备组:《赤峰县大营子辽墓发掘报告》,《考古学报》1956年第3期。据墓志记载，墓主人萧沙姑曾任安国军节度使、邢洛管内观察处置等使，同政事门下平章事，赠开国公、卫国王。

(65) 北京市文物工作队:《北京南郊赵德钧墓》,《考古》1962年第5期。赵德钧为卢龙节度使，北平王赠齐王。赵德钧曾想与石敬瑭争帝位，未得到辽太宗许可，其死后墓葬逾制或与他争帝位的背景有关。

(66) 李逸友:《辽代契丹人墓葬制度概说》，见《内蒙古东部区考古学文化研究文集》。

(67) 唐代营州管辖契丹人活动地域，故营州（包括今辽宁西部、内蒙古南部和河北北部）流行圆形墓室当受契丹人圆形毡帐影响。而辽代中期墓葬流行圆形墓室，亦应与营州唐代圆形墓室有较密切的关系。不过契丹人改用圆形墓室，则是返本归源，生住毡房，死亦躺在毡房，这是吸收汉人“视死如生”观念的必然结果。

(68) 中国社会科学院考古研究所:《新中国的考古发现和研究》第585页“朝阳地区唐墓”，文物出版社，1984年。

(69) 张鹏:《辽代庆东陵壁画研究》,《故宫博物院院刊》2005年第3期。文中说:“据新的考古发现还有骆驼和高轮大车。"下引此文，不再注明作者和刊期。

⑦ a.《新五代史》卷七二《四夷附录第一》："德光胡服视朝于广政殿。乙未，被中国冠服，百官常参，起居如晋仪，而毡裘左衽，胡马奚车，罗列阶陛，晋人俯首不敢仰视。"墓道两壁壁画情况，似即反映契丹侍卫、胡马奚车、罗列阶陛的情况。b.陕西礼泉郑仁泰墓墓道两壁仪仗壁画，前有2人牵马和驼（另一壁绘牛车），后5人挎刀持旌旗，后又4人侍立，腰挎胡禄和弓韬（陕西省博物馆、礼泉县文教局：《唐郑仁泰墓发掘简报》，《文物》1972年第7期）。类似者还有咸阳苏君墓道壁画（陕西省社会科学院考古研究所：《陕西咸阳唐苏君墓发掘》，《考古》1963年第9期）。庆东陵墓道两壁画构图与上述情况略同，唯无持旌旗者。结合上注，可认为庆东陵墓道壁画属仪卫性质。

⑦ a.《辽史》卷五四《乐志》："辽有国乐，有雅乐，有大乐，有散乐，有铙歌、横吹乐。旧史称圣宗、兴宗咸通音律。""散乐"条记载："晋天福三年，遣刘煦以伶官来归，辽有散乐，盖由此矣。"b.（宋）徐梦莘《三朝北盟会编》卷一四《政宣上帙十四》引宋马扩《茅斋自序》：阿骨打"是日已至契丹纳跋行帐，前引契丹旧阁门官吏，皆具朝服，引唱舞蹈大作朝见礼仪，复入帐门，谓之上殿"。可见辽皇帝捺钵行帐前有散乐队，辽代散乐乐队，除特例外均着汉服。庆东陵散乐队，位于甬道后部与前殿东西甬道券门之南，即入帐门处。从"谓之上殿"来看，本文将前殿比作省方殿是有道理的。

⑦ a.《辽史》卷四五《百官志一》："辽国官制，分北、南院。北面治宫帐、部族，属国之政。南面治汉人州县、租赋、军马之事。因俗而治，得其宜矣。"b.《契丹国志》卷二三《建官制度》："其官有契丹枢密院及行宫都总管司，谓之北面，以其在牙帐之北，以主蕃事。又有汉人枢密院、中书省、行宫都总管司，谓之南面，以其在牙帐之南，以主汉事。"c.《辽史》卷五五《仪卫志一》"舆服"条记载："辽国自太宗入晋以后，皇帝与南班汉官用汉服；太后与北班契丹臣僚用国服，其汉服即五代晋之遗制也。"d.《辽史》卷五三《礼志六》"正旦朝贺仪"条："引契丹臣僚东洞门入，引汉人臣僚并诸国使西洞门入。"庆东陵前殿北面官和南面官分绘于东壁与西壁，与上述情况相合。

⑦ 参见下文对四季山水图和捺钵的分析。

⑦ 《辽史》卷三二《营卫志中》及《程氏演蕃录》卷三，记载捺钵时有皇族和房主母等，说明皇帝四时捺钵有皇室成员随从，庆东陵中殿东西甬道壁画有妇人图和气质高贵的人像，结合中殿四时捺钵图和顶部龙凤图案等，可认为东西甬道和配殿所绘人像应为皇室成员。

⑦ 《庆陵》Ⅰ，第109、110页记述：由于券顶和穹窿顶结构不同，很难严密地绘制有关装饰图案，只能方便处置。如直角相交的两个壁面，装饰图案不连续，基本上以一个壁面来考虑绘装饰图案。又根据各室具体情况，各壁面上的垂幕的高度也不相同。

⑦ 《辽陈国公主墓》图二一、二二的凤图。

⑦ 李星明：《唐代墓室壁画研究》，第26页，陕西人民美术出版社，2005年。下文引此书，不再注作者及出版年代等。

⑦ 《辽陈国公主墓》图五。此外，图二三錾花银枕上也有类似图案。

⑦ 《庆陵》Ⅰ，第107页。

⑧ 《庆陵》Ⅰ，第44、57、58、84、85页。

⑧ 《庆陵》对壁画地仗介绍十分简略。《陈国公主墓》第6页介绍："前殿及墓门额先砌砖壁面，然后抹一层约0.6厘米厚的白灰，壁画绘于灰面上。而墓道两侧则先在土壁上抹一厚约1厘米左右的细泥，打磨光平后再抹一层厚约0.8厘米的白垩土。白垩土经磨压，十分细腻光平，然后作画。作画前先用赭色线勾勒轮廓，或用硬木签刻底线，然后填彩。"陈国公主墓较庆东陵略早，故上述情况可作参考。

㊃ 《庆陵》第101—103页记述了不同种壁画和壁饰（包括顶部绘画）刻画画稿，以及刻画画稿采用黑、红轮廓线的不同情况。刻画画稿有细有粗，如人物画稿较细，除身体轮廓外，还刻画出人物的眼、鼻、口、耳、头发、眉毛、须髯、帽子、衣饰等轮廓。山水画稿则较粗，仅牡丹、水鸟、鹿群等刻画较仔细，山坡和树木略刻出大形，仅可起构图作用。

㊄ 《庆陵》第103—105页对庆东陵壁画所用颜料和用色有较全面的介绍。如绿用石绿青，青用石绀青，红用朱、铅丹，以及墨和金等色。这些颜料涂在壁画上呈细微粉末状。

㊅ a. 中国大百科全书总编辑委员会：《中国大百科全书·中国历史Ⅱ》第709页"捺钵"条说："辽代不同时期四时捺钵的地区也有所变化和不同。大体而言，春捺钵设在便于放鹰捕杀天鹅、野鸭、大雁和凿冰钩鱼的场所，最远到混同江（今第二松花江）和延芳淀（今北京东南）。夏捺钵设在避暑胜地，通常离上京或中京不过三百里。秋捺钵设在便于猎鹿、熊和虎的场所，离上京或中京也不很远。冬捺钵设在风寒较不严酷而又便于射猎的场所，通常在上京以南至中京周围。"中国大百科全书出版社，1992年。b.《辽史·营卫志中》记载："春捺钵曰鸭子河泺。皇帝正月上旬起牙帐，约六十日方至。天鹅未至，卓帐冰上，凿冰取鱼。冰泮，乃纵鹰鹘捕鹅雁。晨出暮归，从事弋猎。鸭子河泺东西二十里，南北三十里，在长春州东北三十五里，四面皆沙埚，多榆柳杏林。皇帝每至，侍御皆服墨绿色衣，各备连锤一柄，鹰食一器，刺鹅锥一枚，于泺周围相去各五七步排立，皇帝冠巾，衣时服，系玉束带，于上风望之。有鹅之处举旗，探骑驰报，远泊鸣鼓。鹅惊腾起，左右围骑皆举帜麾之。五坊擎进海东青鹘，拜授皇帝放之。鹘擒鹅坠，势力不加，排立近者，举锥刺鹅，取脑以饲鹘。救鹅人例赏银绢。皇帝得头鹅，荐庙，群臣各献酒果，举乐。更相酬酢，致贺语，皆插鹅毛于首以为乐。赐从人酒，遍散其毛。弋猎网钩，春尽乃还。""夏捺钵无常所，多在吐儿山。道宗每岁先幸黑山，拜圣宗、兴宗陵，赏金莲，乃幸子河避暑。吐儿山在黑山东北三百里，近馒头山。黑山在庆州北十三里，上有池，池中有金莲。子河在吐儿山东北三百里。怀州西山有清凉殿，亦为行幸避暑之所。四月中旬起牙帐，卜吉地为纳凉所，五月末旬、六月上旬至。居五旬。与北南臣僚议国事，暇日游猎。七月中旬乃去。""秋捺钵曰伏虎林。七月中旬自纳凉处起牙帐，入山射鹿及虎。林在永州西北五十里。尝有虎据林，伤害居民畜牧。景宗领数骑猎焉，虎伏草际，战栗不敢仰视，上舍之。因号伏虎林。每岁车驾至，皇族而下分布泺水侧。伺夜将半，鹿饮盐水，令猎人吹角效鹿鸣，既集而射之。谓之'舐碱鹿'，又名呼鹿。""冬捺钵曰广平淀。在永州东南三十里，本名白马淀。东西二十余里，南北十余里。地甚坦夷，四望皆沙碛，木多榆柳。其地饶沙，冬月稍暖，牙帐多于此坐冬，与北、南大臣会议国事，时出校猎讲武，兼受南宋及诸国礼贡。"c.《辽史·地理志一》"庆州"条：庆州"本太保山黑河之地，岩谷险峻"，穆宗"每岁末幸，射虎障鹰"，统和八年"圣宗秋畋，爱其奇秀，建号庆州"。d.《契丹国志》卷五《穆宗天顺皇帝》："如京东北有山曰黑山，曰赤山，曰太保山，山水秀绝，麋鹿成群，四时游猎，不离此山。"e.《契丹国志》卷二三："每岁正月上旬，出行射猎，凡六十日，然后并挞鲁河凿冰钩鱼，冰泮，即纵鹰鹘以捕鹅雁。夏居炭山或上陆避暑，七月上旬复入山射鹿，夜半令猎人吹角效鹿鸣，既集而射之。"f.《程氏演蕃露》卷三"北虏于达鲁河钩鱼"条："达鲁河东与海接，岁正月方冻，至四月而泮，其钩是鱼也，虏主与其母皆设次冰上，先使人于河上下十里间以毛网截鱼，令不得散逸，又从而驱之，使集虏帐……鱼之将至，伺者以告虏主，即遂于斫透眼中，用绳钩掷之，无不中者……"上述情况表明，不同时期皇帝四时捺钵之地有别，四时捺钵内容也有差异。《庆陵》一书认为，四季山水图中的地貌与庆云山景观类似，表现的是庆云山四季捺钵。实则除秋图与庆云山相似外，余图无庆云山"岩谷险峻"奇秀之感。此外，四季山水图中有野猪，无射鹿、捕鹅雁、凿冰钩鱼等场面。因此四季山水图不是某处捺钵之地的对景写生，而是重在表现

四时捺钵之地的场景特色。鹿是四季山水图的重要主题，鹿夏育儿、秋发情、冬求饵，在夏、秋、冬图中体现季节变化。同时鹿与契丹族关系十分密切，有人认为鹿是契丹文化的标志与符号。除上所述，《辽史·营卫志中》记载：“皇帝四时巡守，契丹大小内外臣僚并应役次人，及汉人宣徽院所管百司皆从。汉人枢密院、中书省唯摘宰相一员，枢密院都副承旨二员，令史十人，中书令史一人，御史台、大理寺选摘一人扈从。”同时在夏捺钵和冬捺钵还要举行北、南臣僚议事会议。所以庆东陵前殿契丹官员和汉官员，以及东西甬道所绘扛渔网等人像，代表了四时捺钵契丹大小内外臣僚和各种相关应役次人扈从皇帝群体的形象。

⑧⑤ a.《庆陵》Ⅰ，第58、59页。第108页说庆东陵人物画不是严密意义上的肖像画。b.《辽代庆东陵壁画研究》。

⑧⑥ a.《庆陵》Ⅰ，第109页。文中还认为庆东陵人物画有代替殉死的特殊目的。b.《辽代庆陵壁画研究》。文中认为庆东陵人物画“可能是大臣们在代替真身像上自书其名，以示忠心”。

⑧⑦ 《庆陵》Ⅰ，第105、106页。

⑧⑧ 人物画的差异参见《庆陵》Ⅰ，第105页。辽与今新疆地区较密切，黑红二重轮廓线是唐代西域佛教壁画重要特点之一，其或受西域影响。

⑧⑨ 见《辽代庆东陵壁画研究》。

⑨⓪ 见《辽代庆东陵壁画研究》。

⑨① 《庆陵》Ⅰ，第108页。文中说前殿后半部东西两壁面最北端人物画像，其肘和腰之一部分，分别与壁直交，各甬道内人物画在隔门之前，其后半部为空白，这些情况表明人物画像不是壁面的装饰，实际上是描绘每个人物画像立于墓室内的状态。

⑨② 见《辽代庆东陵壁画研究》。

⑨③ a.《庆陵》Ⅰ，第78、109页，认为四季山水图描绘的是庆云山的四季景色。b.《辽代庆东陵壁画研究》通过对辽代四季捺钵之地的分析，认为不是庆云山的对景写生，而是综合四季捺钵之地特点，“将四季捺钵的景色置入墓葬壁画之中，纳四季于一室”。

⑨④ 见《辽代庆东陵壁画研究》。

⑨⑤ 见《辽代庆东陵壁画研究》。文中引《辽史·营卫志》“皇帝冠巾，衣时服，系玉束带，于上风望之”，认为“上风”即处于一个较高的可以鸟瞰的角度。

⑨⑥ a.《庆陵》Ⅰ，第70—77、106页。b.《辽代庆东陵壁画研究》。

⑨⑦ a.《辽代庆东陵壁画研究》。b.《庆陵》Ⅰ，第70—77、106页。c. 王伯敏：《中国绘画通史》上册，第503页，生活·读书·新知三联书店，2000年。

⑨⑧ a.《庆陵》Ⅰ，第106、107页。b. 王伯敏：《中国绘画通史》上册，第502、503页。

⑨⑨ 《庆陵》Ⅰ，第70、73、76、78、79页。

⑩⓪ 《庆陵》Ⅰ，第81、106、111页。

⑩① 《庆陵》Ⅰ，第74页。

⑩② a.《庆陵》Ⅰ，第76页。b.《辽代庆东陵壁画研究》。

⑩③ 见《辽代庆东陵壁画研究》。

⑩④ a.《庆陵》Ⅰ，第109页。b.《辽代庆东陵壁画研究》。

⑩⑤ 《辽代庆东陵壁画研究》前引《庆陵》Ⅰ第109、110页记述：由于券顶和穹窿顶结构不同，很难严密地绘制有关装饰图案，只能方便处置。如直角相交的两个壁面，装饰图案不连续，基本上以一个壁面来考虑绘装饰图案。又根据各室具体情况，各壁面上的垂幕的高度也不相同。

⑩⑥ 《唐代墓室壁画研究》，第202页，图6-67，隋马穉墓志盖线摹图。

⑩ a.《唐代墓室壁画研究》,第200页,图6-63,北京西城区出土唐代纪宽墓志盖拓本(《文物》1992年第9期,第79页)。b.《唐代墓室壁画研究》,第201页,图6-64,唐董长庆墓志拓本(《文物》1992年第9期,第74页)。

⑩ 《唐代墓室壁画研究》,第203页,图6-68,唐宋祜墓志盖线摹图(《唐研究》第四卷)。文中说:"偃师神龙二年(706年)宋祯墓志盖和宋祜墓志盖的9字题额四周按子午方位刻有二十地支名称。"

⑩ 《唐代墓室壁画研究》,第204页,图6-70,唐赵进诚墓志盖拓本(《新中国出土墓志:陕西·壹》上册,第134页)。

⑩ 《唐代墓室壁画研究》,第204页,图6-71,五代冯晖墓志线摹图(《五代冯晖墓》,第51页)。

⑪ a.《唐代墓室壁画研究》,第206页,图6-73,五代东海徐夫人墓志盖拓本。b. 五代太原王氏墓志盖拓本。a、b源自香港科学馆《星移物换——中国古代天文文物精华》第112、113页,康乐及文化事务署,2003年。

⑫ 《唐代墓室壁画研究》,第197、202页。

⑬ 见《唐代墓室壁画研究》第197页关于十二生肖、四神配置形式及其对应关系。

⑭ 李逸友:《辽代契丹人墓葬制度概说》,见《内蒙古东部区考古学文化研究文集》。文中说:自改造扩建上京城时起,在建筑物上采用汉人制度,就是将东向改为南向,于是在营造墓室方面也逐渐受到影响,有的契丹人墓也改为南向。但这些南向的墓,很少见有正南北向的,有的是南向而略偏东,如龟山一号墓南偏东18度,北票水泉一号墓为南偏东8度。由此可见,辽代契丹人的墓基本上是东南向。

⑮ 《唐代墓室壁画研究》,第200页。

⑯ 《唐代墓室壁画研究》,第199页。

⑰ 《唐代墓室壁画研究》,第200页。

⑱ 《唐代墓室壁画研究》,第204页,图6-71。

⑲ 《唐代墓室壁画研究》,第199页,图6-58;第206页,图6-73、6-74。

⑳ 《唐代墓室壁画研究》,第200页,图6-63;第201页,图6-64;第204页,图6-69、6-70。

㉑ 河南省文物考古研究所:《北宋皇陵》所收石刻纹饰拓本,中州古籍出版社,1997年。

㉒ a.《庆陵》,第212页,图版222。b.《北宋皇陵》纹样拓本。c. 张广立:《宋陵石雕纹饰与〈营造法式〉的"石作制度"》,见《中国考古学研究(二)》,科学出版社,1986年。

㉓ 如《庆陵》第201页图版214之1、3团龙纹风格,与前引张广立文中永熙陵望柱基部团龙纹较接近。

㉔ 南京博物院:《南唐二陵发掘报告》,文物出版社,1957年。前引张广立文,永熙陵望柱攀龙纹。

㉕ 《唐代墓室壁画研究》第六章第二节《法象天地的纪念碑:唐代墓志宇宙神瑞图像试探》。并参见下文墓志形哀册形制和图像与唐代墓志的比较。

㉖ "九宫"图俗称"九宫格",由纵横各"三"数的方格网组成。太一下行九宫图,"取其数以行九宫",以一三七九为四方,二四六八为四隅,五为中宫,经纬四隅,交络相随,均得十五的"太一九宫图"。图之中宫为太一神所居,余八宫为八卦神所居。又据《大戴礼记》"戴九履一,左三右七,二四为肩,六八为足,五位于中"的九宫布局,具备两仪、四象、五行、八卦之古代哲学原理,称河图或洛图(学者意见不一)。

㉗ 据《吕氏春秋·有始览》、《淮南子·天文训》记载,九野系指中央的钧天、东方的苍天、东北的变天、北方的玄天、西北的幽天、西方的颢天(亦称昊天)、西南的朱天、南方的炎天、东南的阳天。

⑫⑧ 《唐代墓室壁画研究》，第202页，图6-67，隋马穉墓志线描图；第204页，图6-71，五代冯晖墓志图像线描图。参见本文图三四、三六。

⑫⑨ a. 十二生肖也用来表示岁星行二十八宿1周约12年、年12月等，即表示时间轮回。b.《唐代墓室壁画研究》，第204页，图35，唐代赵进诚墓志盖拓本及分折。参见本文图三五、四一。

⑬⓪ 《庆陵》第109页提出中殿四季山水图可能与四神、四方、四季有关，但未作解释。

⑬① 孟古托力：《辽人"汉契一体"的中华观念论述》，见《辽金史论集》第五辑，文津出版社，1991年。文中"以炎黄子孙自视"、"以中国文化继承者自诩"、"对龙的感情"、"反复强调'南北一家说'"、"以中国自居"、"以中国正统自居"等可供参考。文中还引道宗学《论语·八佾》时对老师说"吾修文物，彬彬不异中华"（洪皓：《松漠纪闻》，见《长白丛书》初集），引富弼上宋仁宗书说契丹"称中国位号，仿中国官属，任中国贤才，读中国书籍，用中国车服，行中国法令"，接着富弼概括说：契丹"所为，皆与中国等"，"中国所有，彼尽得之"（《续资治通鉴长编》卷一五〇）。除上所述，关于辽与汉文化的关系，各种论述颇多。契丹在政治制度、文字、文化艺术、宗教、建筑、科技等方面，均与汉文化有不解之缘，在此不赘述。

清华简《系年》的"少鄂"不在乡宁而在南阳

沈载勋

（韩国檀国大学历史系）

一、《系年》的周室东迁

清华简《系年》的发现提供了了解周王室东迁的新起点。在此一发现之前，我们只能依赖《史记·十二诸侯年表》和《竹书纪年》等传世文献所记载的内容，如"（幽王十一年）幽王为犬戎所杀。平王元年东徙雒邑"[①]，"（幽王十一年）申人、鄫人及犬戎入宗周弑王及郑桓公。平王元年辛未，王东徙洛邑"[②]。这些记载使学者们深深地留下了这样的认识，即公元前771年幽王在宗周被杀，次年（公元前770年）周平王迁都到洛邑（河南洛阳）。就像一些现代学者已经怀疑这种单纯的叙事那样，《系年》的第2章使我们意识到周王室东迁的过程可能更为复杂。

此前，笔者已经综合考察各种争论，提出了《系年》对东迁的描述可能更符合真正的历史事实。[③]本文只涉及诸多争论焦点之一的周平王曾长期逗留的"少鄂"的地理问题。从这个问题，我们可能看到中国的传统历史地理认识与出土文献的内容有多么相异。另一方面，我们也会发现，《系年》的东迁记录跟《史记》和《竹书纪年》并不一定是相悖关系，而可能是互补关系。

《系年》第2章的内容如下（【 】内为竹简编号）。

周幽王取妻于西繻（申），生坪（平）王＝（王。王）或叙〈取〉孚（褒）人之女，是孚（褒）忎（姒），生白（伯）盤。孚（褒）忎（姒）辟（嬖）于王＝（王。王）【五】與白（伯）盤述（逐）坪＝王＝（平王，平王）走西繻（申）。幽王起臣（師），回（圍）坪（平）王于西繻＝（申，申）人弗敢（畀），曾（繒）人乃降西戎，以【六】攻幽＝王＝（幽王，幽王）及白（伯）盤乃滅，周乃亡。邦君者（諸）正乃

立幽王之弟舍（余）臣于鄬（虢），是曊（携）惠王。【七】立廿二（二十）又一
年，晋文侯戴（仇）乃杀惠王于鄬（虢）。周亡王九年，邦君者（诸）侯女（焉）刍
（始）不朝于周，【八】晋文侯乃逆坪（平）王于少鄂，立之于京臼（师）。三年，
乃东遝（徙），止于成周。晋人女（焉）刍（始）启【九】于京臼（师），奠（郑）
武公亦政（正）东方之者（诸）侯。

《系年》第2章前半的内容与以《史记》和《竹书纪年》为代表的传世文献相同。
当初周幽王从西申迎娶了一位夫人（传世文献的申侯之女媳），生下了周平王（传世文
献的太子宜臼）。可是，周幽王宠爱褒人之女儿褒姒，改立褒姒的儿子伯盘（传世文献
的太子伯服）为太子，赶走周平王。随着周平王逃跑到西申，周幽王攻打了西申，但他
反而遭受申、缯、西戎的联军攻击而与伯盘一起被杀，西周因而灭亡。于是邦君和诸正
（侯）在虢地拥立周幽王之弟即余臣为携惠王。在携惠王的二十一年，他在虢地被晋文
侯杀了。④

但是，在公元前750年的携惠王死亡之后，对于周平王的被拥立和东迁的过程，
《系年》显示了一个至今未被人们所知的故事。《史记·周本纪》和《今本竹书纪年》记
述了平王公元前770年东迁到成周时，他被晋文侯（公元前780～公元前746年在位）、
郑武公（公元前770～公元前744年在位）、秦襄公（公元前777～公元前766年在位）
和卫武公（公元前812～公元前758年在位）护卫。对这以前的情况，《周本纪》又记
载了"于是诸侯乃即申侯而共立故幽王太子宜臼，是为平王，以奉周祀"。与《史记》
里仅仅提到拥立周平王的诸侯势力不同，在《今本竹书纪年》或《古本竹书纪年》有更
加仔细的说明："申侯、鲁侯、许男、郑（鄶）子立宜臼于申。"⑤其中一个重要的事实
是，《竹书纪年》中明确指出了公元前771年周平王被拥立的地方不是西申而是申。但
是，如上所论，在周平王被拥立之前，《系年》描述了"周亡王九年"的惊人内容。即
周王位的空位期后，晋文侯陪同周平王从"少鄂"到如今西安一带的京师，而拥立他。
并且据说，三年之后周平王东迁到成周，晋国才进入了成周一带的京师，而郑国才得以
主导东方的诸侯。

本文将不涉及似已成谜的"周亡王九年"的问题。⑥不过，笔者想先说明目前这个
年代问题的不可理解性并不妨碍《系年》中提到的东迁的史料价值。

目前，关于"少鄂"的地理位置，已有两种看法。大部分的中国学者根据《系年》
整理者的看法而提出山西乡宁说。乡宁县是晋文侯的都邑，即如今离曲沃—翼城地区
130公里距离的地方。相反，京都大学的吉本道雅提出了在豫南的南阳一带。⑦本文通
过多种方式的研究，希望能够补充南阳之说。在论述过程中，本文一方面强调西周晚期
至春秋早期南阳地区的重要性，另一方面试图解决《史记》和《竹书纪年》等传世文献

中出现的不甚清楚的一些问题。为此，我们要先来检讨从唐代以来成为乡宁说基础的《左传》的记录。

二、《左传》中出现的鄂与随

《左传》、《史记》和《竹书纪年》记载了晋文侯死后，晋宗室在翼（今曲沃—翼城一带）的大宗和曲沃小宗（今闻喜一带）之间长达67年的内战事实。以晋文侯的弟即桓叔（成师）为始祖的曲沃小宗超过了翼的大宗。虽然晋人受到周王室的帮助而继续支持文侯的后裔，但在公元前679年周釐王（公元前681～公元前677年在位）不得不承认曲沃小宗篡夺晋室的事实。

在《左传》描述这件权力斗争的过程中，首次出现"鄂"的地名。《左传》桓公二年记载："惠之四十五年（公元前724年），曲沃庄伯伐翼，弑孝侯，翼人立其弟鄂侯，鄂侯生哀侯。"在《史记·晋世家》和《竹书纪年》中也有同样的事件。由此可见，得到谥号"鄂"的新晋侯在公元前724年被拥立了。关于"随"或"鄂"作为重要地名，则出现于公元前718年和717年的《左传》记载中：

[A]（隐公五年）:（春，）曲沃庄伯以郑人、邢人伐翼，王使尹氏、武氏助之，翼侯奔随。（六月，）曲沃叛王。秋，王命虢公伐曲沃，以立哀侯于翼。

[B]（隐公六年）:（春，）翼九宗五正，顷父之子嘉父，逆晋侯于随，纳诸鄂，晋人谓之鄂侯。

史料[A]是在公元前724年鄂侯被拥立之后第6年，即公元前718年发生的事件。曲沃小宗的庄伯跟郑人和邢人一起攻击翼的宗室，周桓王（公元前719～公元前697年在位）也派遣他的臣下援助庄伯。于是，翼侯（鄂侯）亡命到"随"。几个月之后，曲沃小宗叛乱桓王，王使虢公攻击曲沃，因为鄂侯流亡到"随"地，所以鄂侯的子哀侯被拥立于空位的翼。由于王拥立了哀侯，如史料[B]所见的一样，第二年晋的大臣嘉父去"随"地，把鄂侯陪送"鄂"地。因此，晋人将与哀侯同时在位的他称为"鄂侯"。

关于"随"地和"鄂"地，杜预（222～284）注解为"随，晋也"和"鄂，晋别邑"。从那时以来，中国传统学者努力在晋领域中的山西西南部寻找这些地名，结果他们将"随"地定为汾河流域的介休县，并且将"鄂"地定为汾河西边的乡宁县。

但是，如在下一节将详细讨论的，考虑到杜预也没确定两处地名的事实，笔者怀疑传统注释家确定的位置是否可信。就这方面来看，记载当时晋国情况的《晋世家》和《竹书纪年》，并没提到鄂侯亡命到"随"地的事实，而只提到他在公元前718年去世。

在这些文献中，第二年离"随"地搬到"鄂"地的内容也没出现。[8]这暗示了两种文献依赖了与《左传》不同的另外一个底本的可能性。但在另一方面，考虑到《史记》引用《左传》内容的频率较高，[9]有可能司马迁已经知道鄂侯亡命到"随"地和"鄂"地的故事。因此，联想起来，《左传》提到的两个地名都可能定于今日湖北的楚国域内。不过，与杜预一样，对于把上述亡命事件诠释为发生在晋国域内的司马迁来说，这两个南方的地名也许是莫名其妙的。于是司马迁故意对此一事件的底本视而不见了。

此外，还存在两个问题。第一个问题是，能否将离晋国的据点即曲沃—翼城各200公里和130公里外的介休和乡宁视为晋国在公元前718～公元前717年的地域。杜预将西周后期在条地和千亩发生的由周宣王主导的战争视为发生在"晋地"之内，[10]但晋国超出晋南侯马一带开始扩张势力的时期，实际上是在公元前7世纪前半曲沃小宗的篡夺政权之后发生的。[11]因此，杜预的认识——以随、鄂，甚至条、千亩等地为晋国地域，可能是后来的时代错误。在鄂侯亡命当时，如今的介休和乡宁地区被晋国掌握或者是个与晋国维持良好关系的地方的证据并不存在。

第二个问题是，《左传》提到的公元前718年曲沃对翼的攻击很可能不是单纯的内战而已。支援曲沃庄伯的郑人和邢人是从"郑"和"邢"过来的话，他们到曲沃—翼城的距离超过350公里和500公里。周王的心腹即尹氏和武氏也从如今的洛阳而来，有可能移动了250公里以上的距离。这表明当时属于邦国的人的移动距离相当广阔。加之，记录西周和春秋时期晋人之远征的鞌甗（《集录二编》126）、晋侯苏编钟（《集录二编》35～50）、晋侯铜人（《集录二编》968）、晋姜鼎（《集录二编》2826）和戎生编钟（《集录二编》27～34）等的铭文表明移动到更加遥远的地方也不是罕见的事。

因此，我们不需将鄂侯亡命的地方，即"随"和"鄂"的地理位置，限制在山西省境内。除了有异论的——可能的鄂侯亡命地在"随"地之外，在《左传》中出现的作为政治实体或地名的"随"地也可能定于湖北随州的事实，促使我们探索另外的可能性。[12]下一节检讨上述山西说的由来，将指出传统注释家用以确定地理位置的根据是多么薄弱。

三、"乡宁说的缺陷"如何？

与出土文献罕见的"随"字不同，[13]在湖北随州和河南南阳出土的青铜器铭文中，我们常见"鄂（噩）"字。如《史记·楚世家》、《汉书·地理志》、《水经注·江水》都提到"鄂"地在湖北或河南一样，通过文献和考古学证据，要证明另外的地理位置似乎是不可能的。3世纪的杜预无法在山西省之内确定"鄂"的位置，而只提到其为"晋别邑"的原因也肯定与此有关。

将"鄂"地定为山西的特定地方，是注解《史记·晋世家》的后代学者们。5世纪裴骃在《史记集解》中提到了"《世本》曰，（唐叔虞）居鄂"。他首次将鄂地和唐地联系起来。众所周知，唐地是晋国的先祖叔虞的封地。并且，裴骃引用宋忠（？～219）的考证说："鄂地今在大夏。"由于"大夏"这个地名是争论焦点（下述），所以山西出身的裴骃有可能也未具有对于山西之内的"鄂"地的明确看法。最早详述山西说的人是7世纪的张守节。对于唐地的地理，张守节在《史记正义》中提到"《括地志》云：故鄂城在慈州昌宁县东二里"，转述了将"鄂"地第一次定于如今乡宁的《括地志》内容。而且，张守节认为，因为传说中的人物帝禹的安邑古城也在绛州夏县附近，所以和上述《史记集解》一样，可以将"鄂"地定位为山西的大夏。到8世纪，司马贞在《史记索隐》中提到了"且唐本尧后，封在夏墟，而都于鄂"，更加加入传说中的人物帝尧，而扩张了这样的想法。

到此，在《世本》首次将"鄂"地与"唐"地联系起来之后，3世纪的宋忠将"鄂"地定位于大夏。然后，根据将"鄂"地确定为乡宁的《括地志》，唐代注释家完成了"鄂＝唐尧的都邑＝大夏＝乡宁"的公式。甚至，以高士奇（1645～1704）和江永（1681～1762）为代表的清代历史地理学者也积极地接受了这样的认识。⑭

但是提出山西说的两种文献即《世本》和《括地志》久已失传，所以我们难以证明这些文献的可信度。尤其我们应该注意，据流传为战国晚期文献的《世本》，司马迁在《史记》中也根本没提到。因此，乔治忠和童杰认为《世本》是以刘向（公元前77年～公元6年）当时所存在的资料为基础编纂的系谱性的史书。他们认为，商周或这时段以后的系谱具有一定的可靠度，但包括传说中人物即黄帝和尧舜系谱的所谓"帝系"则难以相信。⑮

笔者接受他们的如上看法，并怀疑《世本》首次提到的尧后之唐和其都邑"鄂"地的关联性。⑯幸好在春秋时期的湖北随州存在的另外一个"唐"地提供了解决问题的开端。《左传》宣公十二年（公元前597年）提到，唐惠侯与楚庄王联合参与攻击晋国的战争。⑰另外，《国语·郑语》提到的在西周晚期周王室变故时可能依赖的躲避处的许多政体之中，有"随"和"唐"。⑱这个"唐"地位于随州附近的唐城镇是相当合理的。⑲而且，从附近的羊子山等几个地区出土的大量的与鄂有关的青铜器中可以看出（下述），鄂也是从西周时期开始肯定在随州的代表性政体之一。

这样的事实可以使我们推论《世本》提到的"唐"和"鄂"的关联性可能源于随州附近的唐和鄂。考虑到传统上位于定州（如今的河北省）唐县的另一个故唐国，⑳到目前为止至少存在三处古代唐国，它们的地理都恰巧与帝尧有关。即使不涉及帝尧的神话传说，笔者认为在战国晚期以后出现的所谓"大一统的世系"的潮流中，㉑将帝尧与

"唐"、"鄂"联系在一起的可能性也非常大。因为《世本》或其他谱牒类型文献的作者假定山西省是唐尧的传说根据地之一，所以他们或许再假定了"鄂"也位于山西境内。这样的模糊认识使得7世纪初和《括地志》作者一样的后代学者可能将存在于如今乡宁的故城推断为"鄂"地。㉒但是，首次介绍《括地志》之乡宁说的张守节也说道："然（晋）封于河汾二水之东，方百里，正合在晋州平阳县，不合在鄂，未详。"因此，我们可以知道，张守节已经认识到唐和鄂的关联性的不合理。这表明唐代学者是犹豫地接受了将鄂定为乡宁的《括地志》的内容的。

通过时代接近的其他地理书，我们也可以证明这样的事实。众所周知，李吉甫（758～814）在编纂《元和郡县志》时，主要参考了《括地志》。但是，在《元和郡县志·慈州昌宁县》中，没有提到与鄂有关的内容；相反地，只提到"本汉临汾县地，属河东郡"。而且暗示之前并没受到历史学家关注。因此，在《元和郡县志》的山西省相关记录中，也找不到与鄂有关的线索。㉓在北宋时期，乐史（930～1007）编纂的《太平寰宇记》也是如此。我们在山西省的范围内进行确认，与"鄂"关联的地点完全没出现。㉔

因此，我们可以看到，唐宋时期最重要地理书的作者并没有接受之前将"鄂"确定为乡宁的看法。并且，显然从《世本》或《括地志》而来的山西说根据非常薄弱。加之，在乡宁几乎没有发现能追溯到公元前8世纪的相关考古学证据，这也可能证明这一点。

那么，我们怎样理解宋忠将"鄂"地定位为大夏的看法？这个问题非常复杂，得再个别讨论，但笔者认为，我们该考虑到在汉代以后夏和山西的关联性或许开始设定或被强化过的可能性。㉕为了支持这一假设，笔者想强调的是，其编纂年代比杜预的《左传》注释更早200年的《汉书·地理志》中几乎没出现与山西关联的夏或尧舜禹的痕迹。㉖在《史记正义》中张守节提到的绛州夏县的安邑故城实际上不是夏禹的遗迹，而是战国时期的魏国都城。㉗尤其是，确定这一地方和夏的关联性，地名改为夏县的时点也是北魏太和年间（公元494年）。㉘

《元和郡县志》展现从唐代开始在山西汾河流域的最少九个县存在着这样的传说人物或与其国家有关的事迹。㉙我们应该保留这种可能性，即随着在东汉以后各种传说移植到这些地区，晋南成了夏王朝甚至是尧舜的故乡。这一点可能是和新石器时代以来模糊的记忆纠缠在一起后而造成的时代错误。

在这一方面，笔者认为，宋忠认为的鄂和大夏也不一定位于山西省。《汉书·地理志》记载为"颍川南阳，本夏禹之国"㉚。与山西西南不同，从汉代开始豫南的南阳地区久被认为是夏的一部分，所以南阳出身的宋忠有可能以这个地区为大夏。恰巧的是，《汉书·地理志》西鄂县为南阳郡的一部分，㉛这个事实可以证明如上的推论。

通过以上的探讨，我们确认，传统学者和现代学者所主张的"（少）鄂＝山西乡宁"

的等式是很难让人接受的。但是，另一个有问题的地名即"随"，是在春秋时期被晋国的确掌握的地区。这是因为，《国语·晋语》提到公元前7世纪后半至公元前6世纪前半晋国统治者曾赐予晋国大臣士会（公元前660？～公元前583年）"随"地和"范"地。³²于是，在《左传》、《史记》中，士会被称为"随会"或者"范会"。换言之，学者将上述鄂侯的亡命地"随"看作士会的封邑，所以认为"随"地在汾河上游的介休。

但是，我们应该注意到"随"和介休的关联性也是从清代开始才产生的。如杜预对于"随"只是模糊地提到为"晋地"；《元和郡县志》也提到介休，但对于"随"地一言不发。在《太平寰宇记》中，作者也没有将山西省的任何一个地方与"随"地联系起来。至17世纪后半，高士奇和江永才开始关注"随"地与介休的关联性。³³甚至并不是所有的清代学者都接受他们的观点。齐召南（1703～1768）注意到，杜预具体地注释《左传》中出现的地名，但唯独模糊地说明"随"地所在。因此笔者认为，鄂侯的亡命地又是士会的封地即"随"地，很可能也在论争较少的楚国附近的今日随州。³⁴

笔者发现，考虑到公元前7世纪后半的历史，对于齐召南提出的看法还有重新思考的余地。根据《左传》，姬姓的随国是在公元前8世纪也可能是为了遏制楚国膨胀的强有力的南方政治实体之一。公元前640年，随国带领汉水以东的诸侯反叛楚国，但被镇压下来。³⁵士会在《左传》中首次出现是公元前632年城濮之战胜利之后的返回之路。晋文公让士会代替违抗命令的舟之侨担任自己车马的戎右。³⁶这暗示士会为城濮之战的胜利作出了相当大的战功。毫无疑问，城濮之战失败以后，楚国的膨胀暂时被遏制了。当时摆脱楚国统治的姬姓随国接受了晋国的保护，并且得到文公信任的士会接到了管理"随"地的命令的可能性真的不存在吗？由于楚庄王（公元前613～公元前591年在位）作为新兴霸者再掌握"随"地，所以士会保护"随"的时期或许不那么长。《左传》和《国语》中比较罕见"随会"的名称，以及将士会的亲族代替"随会"通常称为"范氏"³⁷的原因也可能与此有关。虽然这种推论是假设性的，但笔者认为这可能成为缺乏根据的介休说的替案。

四、新的可能性

由上推知，笔者认为，可以考虑到公元前7～公元前8世纪的"随"地和"鄂"地的地区只有南阳至随州一带。两座城市相距约200公里，虽然在目前的行政区域上它们属于不同的省份，但在汉代它们（随和西鄂）同属于南阳郡的36个县。³⁸随州是以出土大量的西周青铜器而闻名的。特别是，随州叶家山曾国墓地的考古学资料显示西周早期以来位于随州的曾国的发展情况。³⁹2019年随州枣树林春秋曾国墓地169号墓出土的芈加编钟和铜缶及盘匜铭文证明了李学勤提到的"曾国之谜"⁴⁰，曾国肯定同于姬姓的随国。而且，叶家山出土的典型周式青铜器展现了这个地方封国与周王室或姬姓的晋国维持着紧密的关系。在叶家山西边30公里的地点发现的羊子山墓地也证明了鄂国的存在。[41]尤其是，中甗（《集成》949）和静方鼎（《集录》357）的铭文记录为至西周中期鄂国和曾国是作为周王的南征战略基地担当了重要的任务。[42]特别是枣树林墓地190号墓出土的曾公湫钟，讲到昭王在曾。[43]记录鄂国的另一件重要铭文鄂侯驭方鼎（《集成》2810）证明至西周夷王或厉王时期鄂侯保持着与周王室的良好关系。[44]

但是，西周后期的禹鼎（《集成》2833）铭文表明鄂侯本身变化很大。面临率领南淮夷和东夷的鄂侯的反叛，被推定为厉王的周王命令禹彻底地消灭鄂国，而禹成功执行了其命令。关于在禹鼎铭文中出现的鄂国地望，学者们提出了南阳说和鄂州说。虽然西周中期以后鄂国的位置不太清楚，但鄂侯的反叛失败之后，随州的鄂国好像移到别处。有些学者认为，鄂国移到了位于《汉书·地理志》出现的江夏郡鄂县（如今的鄂州）即所谓东鄂。[45]但是，在鄂州不仅还没发现比春秋中期更早的与楚国关联的考古学证据，[46]而且证明鄂州之鄂国可能追溯到西周晚期的出土资料也还没发现。与此不同，最近发现的南阳夏饷铺的鄂国墓地暗示了另外的可能性。[47]从西周晚期至春秋早期四代以上存续的鄂侯和其夫人的同穴合葬墓被发现，证明了鄂侯反叛失败之后迁移到南阳保持其命脉而力图新发展的事实。[48]在随州，未发现西周晚期的鄂国青铜器的事实也证明了这一点。而且，这两点符合《汉书·地理志》有关南阳郡西鄂县的地理情况记载。

齐召南将"随"地定为"随州"的看法，与南宋的罗泌（1131～1189）将晋鄂侯和鄂氏联系起来的认识一脉相通。在《路史·国名记六》中，罗泌提到"南阳所谓大夏有鄂氏"，并注解为"《姓书》（鄂氏）出晋鄂侯"。[49]跟班固（32～92）以南阳为"本夏禹之国"一样，南宋时期将南阳视为大夏的认识的确存在。在上述《路史》的注释里被引用的《姓书》就是812年林宝编纂的《元和姓纂》，[50]而林宝记录了鄂姓源于晋鄂侯。以此为基础，罗泌有可能将晋鄂侯与南阳的鄂氏联系起来了。通过这一点，我们知道虽然罗泌介绍了鄂侯亡命到山西省的可能性，[51]但一般的宋代学者还是重视南阳说。关于这样将《左传》里与晋国有关的"随"和"鄂"各确定为"随州"和"南阳"的看法，至今还没受到那么大的关注。但是，如上的看法支持笔者所认为的晋鄂侯的亡命地不是山西一带而是随州至南阳一带的观点。

公元前718年受到曲沃小宗的强力攻击的晋侯（鄂侯）从自己的根据地逃到600公里以外的南方的姬姓诸侯国即随国。几个月后，随着周桓王拥立他（鄂侯）的儿子哀侯为晋国国君，晋鄂侯便不能再回故国。于是，晋国的大臣嘉父从"随"地陪同晋鄂侯移到离晋国比湖北随县更近的南阳的鄂。《史记》和《竹书纪年》将晋鄂侯的死亡时间记载为公元前718年，可见他在两处亡命地度过的时间似乎不长。在鄂地矜惜晋鄂侯之不幸的晋国人们可能给他加了"鄂侯"的谥号。

在笔者重新建构的情节中，除了"随"地和"鄂"地的考证，实际上我们很难找到直接的证据。尽管如此，考虑到从公元前8世纪后半至公元前7世纪前半姬姓诸侯国的随国对抗楚国的压力而坚持独立的地位，[52] 应仍有可能提供给同姓的晋侯亡命地的条件。由最近的夏饷铺的考古学成果推知，从西周晚期至春秋早期在南阳地区重新定居的"鄂"地也是适合晋鄂侯的安身处。更有趣的是，正如下一节提及的，在50多年前已有类似的例子，其事件的主人公就是周平王。

五、南阳少鄂和东迁史事的重构

在《系年》的周王室东迁过程中，首次出现的"少鄂"地名成为现代学者们的争论焦点，但其实"鄂"的名称是战国时期的熟悉地名。除了《系年》之外，在三种出土文献里已经提到了"鄂"。根据清华简《楚居》，从楚武王（公元前740～公元前690年在位）至楚悼王（公元前401～公元前381年在位）之间，楚国迁都了14次以上。其中的鄩（鄂）郢是在楚昭王（公元前515～公元前489年在位）时期从嬭（美）郢移过来的。[53] 包山楚简中，记录了楚怀王（公元前328～公元前299年在位）时期的楚鄂君牵涉的诉讼。[54] 1957年，从安徽寿县出土的鄂君启节铭文也包含了鄂地的重要地理情况。在公元前323年楚怀王发行的这件通行许可证（符节）中，有通过陆路和水路到达楚首都郢的路线，"鄂"地是其路线的始点。

根据鄂君启节铭文的鄂的地理，学者始则注意到湖北鄂州。[55] 但是受到船越昭生研究影响的陈伟，分析认为与始点"鄂"邻近的几个地名不是鄂州（东鄂）而是在南阳（西鄂）的附近。[56] 与《楚居》的整理者以鄩郢为西鄂同样，相当多的学者接受着南阳说。[57] 虽然将《楚居》的鄩郢定为鄂州的看法还占优势，[58] 如上所论，笔者认为将《系年》的"少鄂"定为南阳的看法还是更恰当。[59]

但是，确定这个地点之前，笔者应该解决一个重要的疑问。在《系年》出现之前，我们没想过南阳少鄂的存在，而我们应该如何从周王室东迁过程的脉络中去了解少鄂？

笔者认为，这种新的定位具有与传世文献的记录相冲突的一面，也具有互相折中的一面。对于西周的灭亡和接下来的周王室东迁，传世文献的记录缺乏一惯性。于是，关于当时诸侯的角色及东迁的时点，学者提出了重构其过程的不同看法。因此，我们必须考察传世文献中的两个争论。

第一，《史记·周本纪》和《竹书纪年》记录了申国和西戎为了攻击周幽王和伯盘（服）而联合起来。自崔述（1740～1816）将申国和西戎的地理位置各定为南阳和陕西西部，进而指出远距离联合的不合理性以来，[60] 不少学者一直关注其矛盾。[61] 但是，《古本竹书纪年》将太子宜臼的躲避处阐明为西申。李峰从这一点注意到《山海经》中所记载的"申首之山"，研究指出南阳地区即所谓南申之外，甘肃东部的平凉临近的泾水上游有西申之存在。[62] 2009年甘肃庆阳出土伯硕父鼎，[63] 讲到很可能来自西申的伯硕父夫人申姜，证明了这个主张。由于《系年》也表明周平王（宜臼）的首次躲避处为西申，崔述提出的申国和西戎联合的问题似乎解决了。

尽管如此，还存在与平王的拥立有关的另一个重要疑问。正如第一节所言，在《史记》中为了拥立周平王，去申国的主体只提到"诸侯"；相反的，在今、古本《竹书纪年》中，公元前771年在申国（不是南申）拥立周平王的主体则说是"申侯、鲁侯、许文公"。《今本竹书纪年》中再加了郑（鄶）子。在《竹书纪年》中出现的鲁侯、许文公、鄶子可能含括于《史记》所提到的前往申国拥立周平王的众诸侯之中。大多数学者认为这一拥立事件发生于公元前771年的西北方申国，即东迁（公元前770年）之前。但是，吉本道雅已经指出，[64] 这种看法尚且无法解释与南阳相邻的河南许昌的许文公和拥有许昌附近许田的鲁侯（山东曲阜）为了拥立周平王如何或为何合流来到更远的西北方的申国。[65] 西周后期的申国存在于南阳的证据可以从传世文献的记录和考古学来证明。《诗经·嵩高》中记载周宣王为了防御南方的敌人，于是分封申侯于如今南阳的谢地。推测为西北方申国的分支的这个政治体，在1981年南阳出土的仲爯父簋（《集成》4189）铭文中，被称为南申。[66] 在周幽王被杀而携惠王被拥立的混乱情况下，已经躲避到西北方西申的周平王再次亡命到作为西申的分支的南阳申国（南申）之后，在临近的诸侯国鲁国和许国的帮助下被拥立起来的可能性真的没有吗？关于这在申国被拥立的事件，《系年》缄默。如只在《系年》出现的携惠王的"惠"谥号意味着褒义一样，有可能《系年》的作者所赋予的正统性不是周平王，而是携惠王。[67] 取而代之的是，《系年》告诉我们周平王从京师[68]被晋文侯拥立之前他停留在少鄂的另一个故事。因此，如果我们将《系年》的少鄂与南申确定为南阳，这可能为《史记》和《竹书纪年》出现的躲避到西申的太子宜臼在申国（不是西申）被拥立的故事也赋予了合理性。

第二，在申国的周平王的拥立并未受到很大的关注，相较之下，众所周知《左传》隐公六年和《国语·周语上》中提到"我周之东迁，晋郑焉依（或"晋郑是依"）"的内容。《今本竹书纪年》中，东迁时期的晋文侯、郑伯、卫侯、秦伯的军事性角色更加具体。并且，《史记·秦本纪》和《史记·卫世家》各提到了东迁时秦襄公和卫武公参与了护卫周平王的事件。如有些学者已经指出的，[69]我们必须考虑到拥立周平王的主体（申、鲁、许）和陪周平王迁都到成周的主体（晋、郑、秦、卫）[70]完全不一样。而且，笔者想指出另外的与东迁时郑国的角色有关的明显矛盾。《今本竹书纪年》记载周幽王十一年（公元前771年）申人、鄶（鄶）人及犬戎侵入宗周，杀死幽王及郑桓公的内容，这一点表明郑桓公（公元前806～公元前771年在位）被支持周平王的势力杀死了。可是，其还记载了，郑桓公死后次年在东迁中称为郑伯的郑桓公之子郑武公（公元前770～公元前744年在位）是护卫周平王的诸侯之一。郑桓公的死亡源于周平王，而被杀不久，其儿子郑武公护卫周平王，这令人难以理解。但是，《左传》、《国语》提到了东迁时期的晋国和郑国的决定性角色，所以我们不可能否定郑武公的角色。那么，这种政治上的变化，郑国理当需要相当长的时间调节，但在如此短期内可能实现吗？对于《左传》隐公元年和《史记·郑世家》显示郑武公从申国迎娶妇人，《郑世家》明示了郑武公十年即公元前760年。[71]这个记录意味着，桓公被杀10年之后，郑国和申国进入了和解的局面。这也有可能是与只在《系年》中记载的"周平王在少鄂长期滞留"有关。

如同笔者所提出的这些疑问，有些传统学者和现代学者认为，公元前771年周平王在申国被拥立而稳定局面后，终于迁移到成周，需要至少几年或几十年。譬如，清代的梁玉绳（1716～1792）推断《史记·十二诸侯年表》中平王"元年"可能是误传的"五年"。[72]如他认为晋文侯杀死携王之后周平王才可能东迁一样，有些现代学者也对东迁时间提出了公元前760年（晁福林）、公元前747年（王雷生）、公元前738年（吉本道雅）等几个修订年代（见注61）。我们目前难以接受这些学者提出的修订年代，但他们将东迁事件视为一个长期的过程而不是单一的事件则是意味深长的。如此，这一点可以呼应《系年》与周平王最终迁移到成周之前经过了几个阶段的认识。

因此，笔者认为，将上述内容进行综合，联系《系年》、《史记》、《竹书纪年》等文献，我们可能重构历时漫长的东迁情节如下：[73]

太子宜臼因幽王宠爱褒姒而废位，奔至其外公家，即今陕西西北部之西申。申、犬戎联军与周王室之战以幽王遇害而告终，太子宜臼在此混乱之中，奔至南阳之（南）申，被鲁、许等势力立为平王，之后不知是从何时起，平王居鄂。《周本纪》与《竹书纪年》记此拥立在公元前771年，此乃以申为首的亲平王派势力应对反平王派立携惠王于虢的结果。据《系年》所记多数势力（邦君与诸正）支持立携惠王于虢；与此相反，支持平王立于申之势力，看似为数不多。无论如何，由以申为首的平王派与以虢为首的携惠王派势力所主导的政局，由此而始。《史记》之所以不记晋文侯之功，有可能是因为晋国等东方诸侯至此仍持观望态度。此时，自西周晚期以来与周王室保持密切关系的晋国君主晋文侯渐渐成为亲平王派的核心势力之一。据《左传》隐公元年与《史记·郑世家》所记，公元前760年郑武公娶于申，显示双方开始和解。至此，郑国亦加入亲平王派，出现晋郑两国主导的亲平王派与以虢为首的携惠王派争霸的局面，直到公元前750年，携惠王为晋文侯所杀，晋国由此主宰天下。西方诸侯国秦，或在《秦本纪》所记文公十六年（公元前750年），或在《今本竹书纪年》所记平王十八年（公元前753年），讨伐西戎于岐山，取回周国故土。得益于此，平王被拥立于京师（宗周）的条件逐渐成熟。携惠王被杀后，平王势力仍未强大，故而邦君与诸正不朝于周，于是乎，晋、郑与秦国经九年的筹备，到公元前741年，邀请仍居于南阳少鄂的平王到宗周而立之为王，此乃重新确认平王继位之举措。至此，《系年》著者才承认平王为合法之王。平王被拥立于宗周后，过了三年，从政局不稳定的宗周东迁到近于晋郑等国的成周。

《系年》所记的年代很有争议，但为了确定这个重构的情节，未来仍必须解决此一核心问题。尽管如此，本文强调的"少鄂＝南阳"是重新了解长期以来进行的东迁过程的重要线索。

当然这种推论的另一个弱点是，目前没有证明周平王从西北的申国移居到南阳的直接证据。于是，我们必须重新思考吉本道雅的主张，例如《左传》等传世文献中出现的"东迁"这一表述，不一定是指周平王搬迁到成周，而可能是指在西周晚期或春秋早期从关中迁往中原的一般性移居。[74] 吉本道雅认为，《左传》隐公六年提到的依靠晋国和郑国的东迁分明是搬迁到成周，但公元前563年（襄公十年）周王室贵族之间的权力斗争中瑕禽留下的与东迁有关的言辞可能是另外一个脉络。瑕禽为了炫耀东迁之后自己的主君即伯舆与周王室维持密切的关系，说：

> 昔平王东迁，吾七姓从王，特用备具，王赖之，而赐之骍旄之盟，曰，"世世无失职"。[75]

如果我们可以接受《系年》的东迁是一个长期过程，那么就会了解到晋国和郑国引导的最后阶段即东迁是收拾混乱局面之后才进行的比较安定的迁都。但是，上述的引文表明，周平王不仅要与其他集团一起同行并要依靠他们提供贡品，似乎处境非常艰难。这一点与周平王经历许多困难的西申至南阳少鄂（《系年》）或（南）申（《竹书纪年》）的移动有着相同一面。[76] 当然，在没有更多资料的情况下，这一大胆的推论存在相当的局限性。

关于周平王从西申移到申（少鄂）的路线，笔者已经注意到从西安到南阳的所谓武关道及其路线上发现的西周青铜器。[77]

但是，考虑到周幽王被杀不久陷入混乱的宗周（西安）的情况，笔者认为，周平王或许选择从可能定为西申的平凉南下到宝鸡后，通过所谓"陈仓道"[78] 经由汉中、安康、十堰到南阳的路线。[79] 并且，在《系年》中，关于周幽王死后几个诸侯将周幽王之弟余臣拥立为携惠王的地点，我们不会排除宝鸡一带的虢国，但是也可以定为"河南三门峡一带"的虢。根据《系年》的编年，携惠王在被晋文侯杀害（公元前750年）之前还健在的时候，周平王迁移到成周，也就是邻近其竞争者携惠王所在的虢，可能性并不高。同样，从西申迁移到南阳时，周平王可能不得不避开三门峡附近而选择另外的路线。

六、结　　论

《系年》的发现引起了与周平王的东迁过程和其年代相关的论争。一方面，《系年》提供了重写中国古代史的契机；另一方面，它也点出了出土文献能否呼应传世文献的难题。《系年》提到的东迁有关的记述反映了，在战国后期存在着对同一事件了解的不同版本。虽然包括《系年》的编年的有些内容与传世文献的内容相悖，但我们绝对不可忽视竹简文献的史料价值。⑳

通过确定少鄂不是乡宁而是南阳，对于从公元前771年到《左传》开始的时间点即公元前722年的史料的空白期，本文凸显了南阳地区的重要性。《诗经·扬之水》提及，为了防御申国、吕国、许国，离开妻子的丈夫渴望回家的歌曲。《毛诗序》认为，《扬之水》是周人抱怨并讽刺周平王没照顾自己的老百姓而在很远的外家屯戍的诗歌。㉑屈万里先生则认可傅斯年的解释而认为，《扬之水》三章为位于南阳的申国、吕国开始受到楚国压力的楚桓王、庄王时期的著作。㉒若有更多证据证明将《王风》诗句与平王结合的汉代解释是对的，则此三章诗句也是可证实周平王与南阳地区密切关系的重要线索。

另外，更有趣的是，夏饷铺墓地的春秋早期鄂侯妇人墓的M16和鄂侯墓的M19中，所发现的圆壶里有“鄂侯作孟姬媵壶”的铭文。㉓众所周知，西周时期的随州鄂国的姓是姞姓。尽管如此，为何春秋早期的鄂姓改变为姬姓？这不正是周平王长期以来逗留于南阳少鄂的痕迹吗？这也是今后值得期待南阳地区考古新发现的理由。

苏东燮　译

---

① 《史记》，第532页，中华书局，1959年。

② 《竹书纪年》（《四部备要》本），2.11下—12上。

③ 沈载勋：《对传世文献的新挑战：清华简〈系年〉所记周东迁史事考》，李守奎主编《清华简〈系年〉与古史新探》第128—159页，中西书局，2016年；Jae-hoon Shim, "The Eastward Relocation of the Zhou Royal House in the *Xinian* Manuscript: Chronological and Geographical Aspects," *Archiv Orientalni* 85（2017），pp.67-98. 本文是将上述的英文论文修改而成的。

④ 关于这件事件，《左传》昭公二十六年只记载“携王奸命，诸侯替之，而建王嗣，用迁郏鄏”。

⑤ 《古本竹书纪年》中缺乏“鄭（鄶）子”。

⑥ 对于这个问题，笔者已经提出了看法，见沈载勋《对传世文献的新挑战：清华简〈系年〉所记周东迁史事考》，《清华简〈系年〉与古史新探》第141—153页。

⑦ 吉本道雅：《清华简系年考》，《京都大学文学部研究纪要》52，2013年，第15—16页。

⑧ 《史记》，第1639页；《竹书纪年》，2.14上。

⑨ 金德建：《司马迁所见书考》，第106—111页，上海人民出版社，1963年。

⑩ 杨伯峻：《春秋左传注》，中华书局，1981年，第91—92页。

⑪ 沈载勋：《晋国霸业：从晋之分封到文公称霸》，第251—256页，上海古籍出版社，2022年。

⑫ 北赵晋侯墓地64号墓出土的楚公逆编钟也说明晋和楚在西周后期已经有来往。

⑬ 在最近随州文峰塔的东周时期的曾国墓地出土了有"随大司马"铭文的铜戈，见湖北省文物考古研究所《湖北随州文峰塔墓地考古发掘的主要收获》，《江汉考古》2011年第11期，第4—60页。这是有可能与随国有关的第一个出土资料的证据。

⑭ 《春秋地名考略》（钦定《四库全书》本），4.6上；《春秋地理考实》（钦定《四库全书》本），1.10下。

⑮ 乔治忠、童杰：《世本成书年代问题考论》，《史学集刊》2010年第5期，第39—45页。

⑯ 《汉书·地理志》对于河东郡只提到"本唐尧所居"（卷二十八下，第1648页，中华书局，1962年），并没有提到"鄂"和"唐"的关联性。

⑰ 杨伯峻：《春秋左传注》，第739—740页。

⑱ 《国语》，第507页，上海古籍出版社，1988年。

⑲ 陈槃：《春秋大事表列国爵姓及存灭表撰异》，第404—406页，历史语言研究所，1969年。

⑳ 学者将这个唐地看为尧帝的初封地（《元和郡县志》，钦定《四库全书》本，22.1下—4下）。

㉑ 郭永秉：《帝系新研：楚地出土战国文献中的传说时代古帝王系统研究》，第163页，北京大学出版社，2008年。

㉒ 与《括地志》的编纂时期接近的《隋书·地理志》提到昌宁地区有崿山（《隋书》，第851页，中华书局，1973年）。

㉓ 《元和郡县志》，15.8—11。

㉔ 《太平寰宇记》（钦定《四库全书》本），卷四八至五〇。

㉕ 《左传》昭公元年出现大夏与唐的关联性如下："昔高辛氏有二子，伯曰阏伯，季曰实沈，居于旷林，不相能也，日寻干戈，以相征讨，后帝不臧，迁阏伯于商丘，主辰，商人是因，故辰为商星，迁实沈于大夏，主参，唐人是因，以服事夏商，其季世曰唐叔虞。"杜预以高辛氏为帝喾，并以后帝为尧，而且他将大夏定为如今的太原地区。见杨伯峻《春秋左传注》第1217—1218页。笔者认为，这些记录可能是把山西省的古代历史延长的现存最初的试探。并且笔者怀疑，我们在多大程度上可以信赖在战国晚期才被晋国的后裔创造的神话性世系或有关地理的历史。

㉖ 根据《汉书·地理志》，尧山位于河东郡24个县中的蒲坂县，并故唐国的所在地位于太原郡21个县中的晋阳县。见《汉书》卷二十八上，第1550—1552页。

㉗ 刘绪：《晋文化》，第47—49页，文物出版社，2007年。

㉘ （光绪）《山西通志》，第2003页，中华书局，1990年。

㉙ 《元和郡县志》，7.7下，14—16。

㉚ 《汉书》卷二十八下，第1654页。

㉛ 《汉书》卷二十八上，第1564页。

㉜ 韦昭将两处注释为"晋邑"，见《国语》第458—459页。

㉝ 《春秋地名考略》，4.6下；《春秋地理考实》，1.10上。

㉞ 《春秋左传注疏》（钦定《四库全书》，2考证），4下。

㉟ 杨伯峻：《春秋左传注》，第387页。

㊱ 杨伯峻：《春秋左传注》，第471页。

㊲ 马保春：《晋国历史地理研究》，第188—193页，文物出版社，2007年。

㊳《汉书》卷二十八上，第1564页。

㊴ 湖北省文物考古研究所：《湖北随州叶家山西周墓地发掘简报》，《文物》2011年第11期，第4—60页。

㊵ a. 李学勤：《曾国之谜》，载《新出青铜器研究》第146—150页，文物出版社，1990年。b. 郭长江等：《嬭加编钟铭文的初步释读》，《江汉考古》2019年第3期，第9—19页。

㊶ 张昌平：《论随州羊子山新出噩国青铜器》，《文物》2011年第11期，第87—94页。

㊷ 李学勤：《由新见青铜器看西周早期的鄂、曾、楚》，《文物》2010年第1期，第41—42页。

㊸ 郭长江等：《曾公编钟铭文初步释读》，《江汉考古》2020年第1期，第3—31页。

㊹ Li Feng, *Landscape and Power in Early China: The Crisis and Fall of the Western Zhou, 1045—771B.C.*, Cambridge: Cambridge University Press, p.331.

㊺《汉书》卷二十八上，第1567页。笪浩波：《从近年出土新材料看楚国早期中心区域》，《文物》2012年第2期，第59页。

㊻ 朱继平：《鄂王城考》，《中国历史文物》2006年第5期，第34页。

㊼ 河南省文物局南水北调办公室等：《河南南阳夏饷铺鄂国墓地M1发掘简报》，《江汉考古》2019年第4期，第13—23页；《河南南阳夏饷铺鄂国墓地M7、M16发掘简报》，《江汉考古》2019年第4期，第24—35页。

㊽ 苏东燮：《商周时期鄂의历史地理再检讨：古文字와传世文献误读의陷阱》，檀国大学硕士学位论文，2020年，第40—44页。

㊾《路史》（钦定《四库全书》本），29.37下。

㊿《元和姓纂》（钦定《四库全书》本），10.51。

(51)《路史》，28.21下。

(52) 杨伯峻：《春秋左传注》，第109—112、121—122、130、163—164、387页。

(53) 清华大学出土文献研究与保护中心编，李学勤主编：《清华大学藏战国竹简（壹）》，第190页，中西书局，2011年。

(54) 湖北省荆沙铁路考古队：《包山楚简》，第21、29页，文物出版社，1991年。

(55) a. 郭沫若：《关于鄂君启节的研究》，《文物参考资料》1958年第4期，第3—7页。b. 于省吾：《鄂君启节考释》，《考古》1963年第8期，第442—447页。

(56) a. 船越昭生：《鄂君启节について》，《东方学报》43，1972年，第55—95页。b. 陈伟：《鄂君启节之鄂地探讨》，《考古》1986年第2期，第88—90页。

(57) a. Lothar von Falkenhausen, “*The E Jun Qi Metal Tallies* Inscribed Texts and Ritual Contexts,” *Text and Ritual in Early China*, edited by Martin Kern, Seattle: University of Washington Press, 2005, pp.79-123. b. 吴良宝：《战国楚简地名辑证》，第81—82页，武汉大学出版社，2010年。

(58) 陈伟：《简牍清华简〈楚居〉札记》，简帛网，2011年1月8日。

(59) 华东师范大学中文系战国简牍读书小组认为，区分同一地名的中国传统方法中，“小”意味着“旧”而“大”意味着“新”。根据这个研究，《系年》的“少鄂”有可能表现“旧鄂”或“初鄂”。见华东师范大学中文系战国简牍读书小组《读〈清华大学藏战国竹书（贰）·系年〉书后（一）》，简帛网，2011年12月29日。这种推论是以与鄂州所谓“东鄂”相同的“大鄂”或“新鄂”为前提的，见朱继平《鄂王城考》，《中国历史文物》2006年第5期，第35页。因此，笔者认为，东迁背景中《系年》的“少鄂”可能是为了与随州的“（大）鄂”区分的说法。

(60) 顾颉刚编：《崔东壁遗书》，第246—247页，上海古籍出版社，1983年。

㉑ a. 钱穆：《西周戎祸考》，《禹贡》2.4，1934年，第127页。b. 蒙文通：《周秦少数民族研究》，第21页，龙门联合书局，1958年。c. 王玉哲：《平王东迁乃避秦非避犬戎说》，《天津社会科学》1986年第3期，第49页。

㉒ Li Feng, *Landscape and Power in Early China*, pp.221-228.

㉓ 吴镇烽编著：《商周青铜器铭文暨图像集成（5）》，第267页，上海古籍出版社，2012年。

㉔ 吉本道雅：《周室东迁考》，《东方学报》71，1990年，第39—43页。

㉕ 在《今本竹书纪年》中出现的"郑（鄀）子"可能是山东的缯或随州的曾。

㉖ a. 崔庆明：《南阳市北郊出土一批申国青铜器》，《中原文物》1984年第4期，第13—16页。b. 徐少华：《从叔姜簠析古申国历史与文化的有关问题》，《文物》2005年第3期，第67页。

㉗ a. 朱凤瀚：《清华简系年所记西周史事考》，《第四届国际汉学会议论文集——出土材料与新视野》，历史语言研究所，2013年。b. 王晖：《春秋早期周王室王位世系变局考异：兼说清华简系年周无王九年》，《人文杂志》2013年第5期，第77页。

㉘ 正如《系年》整理者所言，"立之于京师"的京师当即宗周，东徙以后"晋人焉始启于京师"的京师肯定是成周。

㉙ a. 晁福林：《论平王东迁》，《历史研究》1991年第6期，第8—23页。b. 王雷生：《平王东迁年代新探：周平王东迁公元前747年说》，《人文杂志》1997年第3期，第62—66页。

㉚ 《系年》讲其拥立的主体只是晋文侯的理由可能与该文献注重晋楚争霸有关。

㉛ 杨伯峻：《春秋左传注》，第10页。《史记》，第1759页。

㉜ 梁玉绳：《史记志疑》，第309页，中华书局，1980年。

㉝ 沈载勋：《对传世文献的新挑战：清华简〈系年〉所记周东迁史事考》，《清华简〈系年〉与古史新探》第153—154页。

㉞ 吉本道雅：《周室东迁考》，《东方学报》71，1990年，第37页。

㉟ 杨伯峻：《春秋左传注》，第983页。

㊱ 《系年》没显示周平王移到少鄂的时间。但是，就像《竹书纪年》的记录，考虑到公元前771年周平王在申被拥立的事实，与晋鄂侯的例子同样，有可能周平王也先亡命到申国之后，再移到邻近的少鄂。

㊲ Jae-hoon Shim, "The Eastward Relocation of the Zhou Royal House in the *Xinian* Manuscript: Chronological and Geographical Aspects," *Archiv Orientalni* 85（2017），pp.91-92.

㊳ 吴松显：《秦岭古道历史地理及秦岭申遗研究》，西北大学硕士学位论文，2018年，第9页。

㊴ 苏东燮：《商周时期鄂의历史地理再检讨：古文字와传世文献误读의陷阱》，檀国大学硕士学位论文，2020年，第47—48页。

㊵ Oilvia Milburn, "The Xinian: An Ancient Historical Text from the Qinghua University Collection of Bamboo Books," *Early China* 39, 2016, p.109.

㊶ 《毛诗正义》（《十三经注疏》本），第63页，中华书局，1980年。

㊷ 屈万里：《诗经释义》，第102页，中国文化大学出版部，1980年。

㊸ 河南省文物局南水北调办公室等：《河南南阳夏饷铺鄂国墓地M7、M16发掘简报》，《江汉考古》2019年第4期，第31—32页；《河南南阳夏饷铺鄂国墓地M19、M20发掘简报》，《江汉考古》2019年第4期，第15—17页。

上博简《容成氏》札记

彭裕商
（四川大学历史文化学院）

上博简《容成氏》是一篇不见传世的战国逸籍，[①]篇中所载古史传说与传统说法或颇有出入，使今人得以窥见战国时之学术，因而弥足珍贵。自该篇公布以来，学者对其多有研究，取得了许多新认识。今参考各家成果，对该篇中古史传说异文，及该篇竹简的编联作一简要的讨论，以供学人参考。

一、竹书《容成氏》所载史事人物与传世文献的异同

竹书《容成氏》中所述史事及涉及的人物，与传统典籍所载颇有歧异，如以下一些例子。

简文载九州之名与传世文献多不相同。

简文：夹州、徐州、竞州、莒州、蓏州、荆州、扬州、豫州、虘州。

《尚书·禹贡》：冀州、兖州、青州、徐州、扬州、荆州、豫州、梁州、雍州。

《周礼·职方》：扬州、荆州、豫州、青州、兖州、雍州、幽州、冀州、并州。

《尔雅·释地》：冀州、豫州、雍州、荆州、杨州、兖州、徐州、幽州、营州。

以上各相关记载，《禹贡》、《职方》、《释地》彼此接近，三者相同的州名有：冀州、兖州、扬州、荆州、豫州、雍州，共六州。其余的六州情形如下。

青州：《禹贡》、《职方》。

徐州：《禹贡》、《释地》。

梁州：《禹贡》。

幽州：《职方》、《释地》。

并州：《职方》。

营州：《释地》。

而简文比较而言，相同的州名只有徐州、扬州、荆州、豫州，共四州，其余的一多半州名均与传世典籍不同。

简文载舜时之乐正为数，此字学者或释为窃，通契，即舜时任司徒的商契，[②]或谓即《吕氏春秋·古乐》所载舜时任乐正的"质"。[③]但不管如何解释，此字与传世典籍所载舜时为乐正的夔是不同的。

简文载益与启之事也与传统的说法有异，《孟子》等书言禹荐益于天，七年而崩，三年之丧毕，益避启于箕山之阴，而朝觐狱讼者均之启而不之益，讴歌者均讴歌启而不讴歌益，由是启乃即位为君，即益与启之间是通过和平竞争而确定君位的。但战国中晚期，乃有另一种说法，谓禹乃表面上传位于益，实则令启自取之，如《战国策·燕策一》："禹授益，而以启人为吏。及老，而以启为不足任天下，传之益也，启与支党攻益，而夺之天下，是禹名传天下于益，其实令启自取之。"而晋时发现的汲冢书《纪年》则云"益干启位，启杀之"，益、启之间的矛盾进一步加剧。《容成氏》也说禹让益，而启"攻益自取"，与汲冢《纪年》的说法相近，而与《孟子》等传统的说法有异。这里有一点值得注意，即汲冢书《纪年》也是晋时出土于战国墓葬的竹书，与《容成氏》的情况极似，由此看来，启攻益夺位乃战国时一种比较有影响的说法。

此外，竹书《容成氏》所载史事和人物，有一些不见于传世典籍。

简文记载尧以前的一位古帝王叫"有虞迵"，言其"匡天下之政十有九年而王天下，三十有七年而殁（？）终"，其殁后，而尧为天子。

简文记载文王平丰镐等九邦之事，李零先生指出此事见《礼记·文王世子》，然九邦之名不得而闻，汉儒不能详其说。[④]今按：《文王世子》原文如下。

> 文王谓武王曰："女何梦矣？"武王对曰："梦帝与我九龄。"文王曰："女以为何也？"武王曰："西方有九国焉，君王其终抚诸？"文王曰："非也。古者谓年龄，齿亦龄也。我百尔九十，吾与尔三焉。"文王九十七乃终，武王九十三而终。

这段文字的意思可分为前后两部分，前面一部分是武王认为"九龄"是指西方的九个小国，而后一部分则是文王将"九龄"理解为年岁。今结合《容成氏》简文，可对这一段文字作一分析考察。

《文王世子》引武王之语，将"九龄"理解为西方的九个小国，这与《容成氏》所载文王所平为丰镐等九个西方小国相合。由此可见，这段话的前半部分谓文王终将抚有九个西方小国，乃先秦时流传的说法，而后半段以文王之言将"九龄"解释为年岁，应该是"九龄"之龄写作年龄之龄的缘故，但武王却将其理解为九个小国。由此推测，此字原本不作年龄之龄，后来在《文王世子》成书之时，此字方为年龄之龄。关于此，古人也早有推测，如南唐徐铉就认为："《礼记》'梦帝与我九龄'，疑通用灵，武王初闻九龄之语，不达其义，乃云'西方有九国'，若当时有此龄字，则武王岂不达也？盖后人所加。"这就是说，龄字出现较晚，"九龄"之龄原本不作龄，徐铉疑本作灵。今结合《容成氏》所载来看，将"九龄"理解为西方九国是对的；由此推测，"九龄"之龄可能本作邻，指西方与周邻近的九个小国。邻、龄，同属来母真部，古音相同。盖此字本作邻，故先秦传说武王谓其为西方九国，后来到了西汉时此字变为年龄之龄，汉人不达其义，乃有文王谓其为年龄之说。

简文载禹为五方之旗，东方为日，西方为月，南方为蛇，北方为鸟，中方为熊。考之传世典籍，彼此颇有异同。首先，日月禽兽等为旗帜图象，见于古书，《周礼·司常》："司常掌九旗之物名，各有属以待国事。日月为常，交龙为旗，通帛为旜，杂帛为物，熊虎为旗，鸟隼为旟，龟蛇为旐，全羽为旞，析羽为旌。"两相比较，简文的"蛇"、"鸟"、"熊"相当于《周礼》的"龟蛇"、"鸟隼"、"熊虎"，可知是战国时期比较流行的旗帜图象，但在旗帜的方位上，出入就比较大。《礼记·曲礼》所记行军的方位为"行前朱鸟而后玄武，左青龙而右白虎，招摇在上，急缮其怒"。后人解释说："青龙在左，左，东方也，寿星、大火、析木之分主之；白虎在右，右，西方也，降娄、大梁、实沈之分主之；朱鸟在前，前，南方也，鹑首、鹑火、鹑尾之分主之；玄武在后，后，北方也，星纪、玄枵、娵訾之分主之。以是四物画之于旗，立于军之左右前后，以象天体之周旋也。"（宋卫湜《礼记集说》卷八）《礼记·曲礼》虽成书于汉代，但其所记旗帜方位，有学者结合考古发掘资料综合研究，指出其起源较早，其说战国时期应该比较流行。这种说法与同时的简文相比，又截然不同，甚至还有相反之处，如简文南方为蛇，北方为鸟，而《曲礼》是龟蛇在北方，朱鸟（雀）在南方。当然，简文的旗帜方位虽然学者也有所研究，指出其来源，但终究不见于其他传世典籍，推测应是当时流行于一个较小范围的说法。

以上《容成氏》简文与传世典籍不同之处，使我们看到了战国时期的学术面貌，但这些不同说法都与学术观点与学术宗旨关系不大，应是战国时期不同的师说传承，而不应看作是各分支学派的特点。

二、竹书《容成氏》的编联

《容成氏》竹简的编联，很多学者都做过研究，如陈剑、郭永秉、黄人二、苏建洲、刘乐贤、于凯、陈伟、王瑜、子居、牛新房、单育辰、夏世华、孙飞燕等诸位先生都曾做过深入的研究并提出相关意见，各家之编联，各有可取之处，兹综合各家之说，参以己意，对《容成氏》简文作如下编联，以供参考。

[尊]盧氏、赫胥氏、喬結氏、倉頡氏、軒轅氏、神農氏、樟丨氏、墟畢（增從辵）氏之有天下也，皆不授其子而授賢。其德酋清，而上愛【1】下，而一其志，而寢其兵，而官其材。於是乎喑聾執燭，冒（增從木）工鼓瑟，跛躄守門，侏儒爲矢，長者□宅，僂者坟數，癭【2】者煮鹽，尾𪔂者漁澤，□棄不□。凡民俾敉者，教而誨之，飲而食之，思役百官而月請之。故當是時也，無并【3】

□□氏之有天下，厚愛而薄斂焉，身力以勞百姓【35B】其政治而不賞，官而不爵，無勵於民，而治亂不□。故曰：賢及□□【43】

孝辰，方爲三俉，救聲之紀：東方爲三俉，西方爲三俉，南方爲三俉，北方爲三俉，以甃於溪谷，濟於廣川，高山陞，蓁林【31】入，焉以行政。於是乎治爵而行祿，以裏於來（？），亦＝迵＝，曰德速蓑☒【32】□□於是乎不賞不罰，不刑不殺，邦無飢（？）人，道路無殤【4】死者。上下貴賤，各得其所（？）。四海之外賓，四海之內貞（廷？）。禽獸朝，魚鼈獻，有無通匡天下之政十有九年而王天下，三十有七【5】年而歿（？）終。昔堯處於丹府與藋陵之間，堯賤貤而時＝賓（？），不勸而民力，不刑殺而無盜賊，甚緩而民服。於是乎方【6】百里之中，率天下之人就奉而立之，以爲天子。於是乎方圓千里，於是乎持（？）板正立，四向阩和，懷以來天下之民。【7】

是以視賢，履地戴天，篤義與信。會在天地之間，而包在四海之內，畢能其事，而立爲天子。堯乃爲之教曰：“自【9】內（納？）焉，余穴窺焉，以求賢者而讓焉。”堯以天下讓於賢者，天下之賢者莫之能受也。萬邦之君皆以其邦讓於賢【10】□【□□□賢】者，而賢者莫之能受也。於是乎天下之人，以【11】堯爲善興賢，而卒立之。昔舜耕於歷丘，陶於河濱，漁於雷澤，孝養父母，以善其親，乃及邦子。堯聞之【13】而美其行。堯於是乎爲車十又五乘，以三從舜於畎畝之中。舜於是乎始免執开橇鉬，謁（？）而坐之子。堯南面，舜北面，舜【14】於是乎始語堯天地人民之道。與之言政，悅簡以行；與之言樂，悅和以長；與之言禮，悅的而不逆。堯乃悅。堯【8】☒［堯乃老，視不明，］聽不聰。堯有子九人，不以其子爲後，見舜之賢也，而欲以爲後。【12】［舜乃五讓以天下之賢者，不得已，然後敢受之。］舜聽政三年，山陵不疏，水潦不湝（？），乃立禹以爲司工。禹既已【23】受命，乃卉服箁箬，帽芺□□足□□【15】☒面□□□，不生之毛，□湇湝流，禹親執畚（？）耜，以陂明都之澤，決九河【24】之阻，於是乎夾州、徐州始可處。禹通淮與沂，東注之海，於是乎競州、莒州始可處也。禹乃通蔞與易，東注之【25】海，於是乎蘇州始可處也。禹乃通三江五湖，東注之海，於是乎荆州、揚州始可處也。禹乃通伊、洛，并瀍、澗，東【26】注之河，於是乎豫州始可處也。禹乃通涇與渭，北注之河，於是乎盧州始可處也。禹乃從漢以南爲名谷五百，從【27】漢以北爲名谷五百。天下之民居奠，乃□食，乃立后稷以爲經。后稷既已受命，乃食於野，宿於野，復穀蓁土，五年乃【28】穰。民有餘食，無求不得，民乃賽，驕態始作，乃立皋陶以爲李。皋陶既已受命，乃辨陰陽之氣，而聽其訟獄，三【29】年而天下之人無訟獄者，天下大和均。舜乃欲會天地之氣而聽用之，乃立質以爲樂正。質既受命，作爲六律六【30】邵〈邵—呂〉，辨爲五音，以定男女之聲。當是時也，癘疫不至，妖祥不行，禍災去亡，禽獸肥大，草木晉長。昔者天地之佐舜而【16】佑善，如是狀也。舜乃老，視不明，聽不聰。舜有子七人，不以其子爲後，見禹之賢也，而欲以爲後。禹乃五讓以天下之賢【17】者，不得已，然後敢受之。禹聽政三年，不製革，不刃金，不略矢，田無蔡，宅不空，關市無賦。禹乃因山陵平隰之可邦邑【18】者而繁實之，乃因迩以知遠，去苛而行簡，因民之欲，會天地之利，夫是以□者悦治（怡？），而遠者自至。四海之內及，【19】四海之外皆請貢。禹然後始爲之號旗，以辨其左右，思民毋惑。東方之旗以日，西方之旗以月，南方之旗以蛇，【20】中正之旗以熊，北方之旗以鳥。禹然後始行以儉：衣不鮮美，食不重味，朝不車逆，春不毇米，饗（？）不折骨。製【21】表皮專。禹乃建鼓於廷，以爲民之有謁告者鼓（？）焉。撞鼓，禹必速出，冬不敢以寒辭，夏不敢以暑辭。身言【22】

　　□□淵。所曰聖人，其生賜養也，其死賜葬，去苛慝，是以爲名。禹有子五人，不以其子爲後，見【33】皋陶之賢也，而欲以爲後。皋陶乃五讓以天下之賢者，遂稱疾不出而死。禹於是乎讓益，啓於是乎攻益自取。【34】□［啓］王天下十又六年〈世〉而桀作。桀不述其先王之道，自爲［芑爲］□【35A】當是時，强弱不治（？）諹，衆寡不聽訟，天地四時之事不修。湯（桀）乃專爲征籍，以征關市。民乃宜怨，虐疾始生，於是【36】乎有喑、聾、跛、□、瘻、□、僂始起。湯乃謀戒求賢，乃立伊尹以爲佐。伊尹既已受命，乃執兵欽（禁）暴，兼得於民，遂迷而【37】

　　不量其力之不足，起師以伐岷山氏，取其兩女琰、琬，□北去其邦，□爲桐宮，築爲璿室，飾爲瑤台，立爲玉門。其驕【38】泰如是狀。湯聞之，於是乎慎戒微賢，德惠而不劍，秇三十仁而能之。如是而不可，然後從而攻之，陞自戎遂，入自北【39】門，立於中□。桀乃逃之鬲山氏，湯又從而攻之，降自鳴條之遂，以伐高神之門。桀乃逃之南巢氏，湯又從而攻之，【40】遂逃去，之蒼梧之野。湯於是乎徵九州之師，以雪四海之內，於是乎天下之兵大起，於是乎亡宗戮族殘群焉服。【41】□賊盗，夫是以得衆而王天下。湯王天下三十又一世而紂作。紂不述其先王之道，自爲芑（改？）爲，於【42】是乎作爲九成之臺，寘盍炭其下，加圜木於其上，思民道之，能遂者遂，不能遂者，內（墜）而死，不從命者，從而桎梏之。於是【44】乎作爲金桎三千。既爲金桎，又爲酒池，厚樂於酒，溥夜以爲淫，不聽其邦之政。於是乎九邦叛之，豐、鎬、舟、□、于、鹿、【45】耆、崇、密須氏。文王聞之，曰："雖君無道，臣敢勿事乎？雖父無道，子敢勿事乎？孰天子而可反？"紂聞之，乃出文王於【46】夏臺之下而問焉，曰："九邦者其可來乎？"文王曰："可。"文王於是乎素端□裳以行九邦，七邦來服，豐、鎬不服。文王乃起師以嚮【47】豐、鎬，三鼓而進之，三鼓而退之，曰："吾所知多鷹，一人爲無道，百姓其何罪？"豐、鎬之民聞之，乃降文王。文王持故時而教民【48】時，高下肥毳之利盡知之，知天之道，知地之利，思民不疾。昔者文王之佐紂也，如是狀也。文王崩，武王即位。武王【49】曰："成德者，吾敓而代之。其次，吾伐而代之。今紂爲無道，昏者百姓，至約諸侯，天將誅焉。吾勴天威之。"武王於【50】是乎作爲革車千乘，帶甲萬人，戊午之日，涉於孟津，至於共、滕之間，三軍大犯。武王乃出革車五百乘，帶甲三千，【51】以小會諸侯之師於牧之野。紂不知其未有成政，而得失行於民之辰（朕？）也，或亦起師以逆之。武王於是乎素冠冕，以告【52】閟于天，曰："紂爲無道，昏者百姓，至約諸侯，絕種侮姓，土玉水酒，天將誅焉，吾勴天威之。"武王素甲以陳於殷郊，而殷【53正】

容成氏【53背】

现就相关问题，说明如下。

1. 简1至简3的编联。有学者认为简2、简3是言伊尹之事，因而不应与简1相接。我们认为，简2、简3所言乃万物各得其所，此乃古人对上古社会的理想描述。而伊尹仅为成汤之佐，不能使社会达到如此高的境界，故本文仍采纳多数学者的意见，将简1至简3连读。

2. 第43简学者或置于第7简后，以为尧之行事。然第6简已对尧之行政有所描述，第43简与其重复，故改置于简35B后，以为尧之前某帝王之事。

3. 郭永秉先生认为简文中的"又吴迥"当读为"有虞迥"，为尧以前的一位古帝王。⑤我们同意他的看法，故将31、32简放在第4简之前，与第5、6、7诸简连读。

4. 第36、37简陈剑先生置于第41简后，⑥这样一来，简文所言乱世就属于汤了，这与古书的记载不符，且简文所述汤先伐桀后立伊尹为佐的顺序也与古书所载汤先得伊尹为佐而后伐桀的顺序不合，所以本文采纳苏建洲先生的意见，将此二简置于简35A之后。⑦以简文内容推之，这两简所言乱世应属于桀，简36所言汤广征关市之事，汤应为桀之误。自简35A、简36至37上段均言桀之事，简37后面始言汤之事，条理清楚。

5. 简3与简35B，简43与简31，简7与简9，简22与简33，简37与简38，从简文内容来看，其先后次序应如此，然不能直接连读，两简之间应有阙文，所阙字数不能确定，本文以提行作为其标识。另外，简43与简31所描述的不一定是同一位古帝王，也即简31、简32描述的是让位于有虞迵的古帝王，此人不一定就是简35B、简43提到的古帝王。

6. 置人于室而自穴观之以选贤，其法不见古书记载，且也如学者所言，令人感到奇怪。从上下行文来看，第10简与第9简的衔接或有问题，此姑仍旧。

---

① 马承源主编：《上海博物馆藏战国楚竹书》（二），上海古籍出版社，2002年。

② 陈伟：《〈上海博物馆藏战国楚竹书〉（二）零释》，简帛研究网，2003年3月17日。

③ a. 李零：《容成氏释文考释》，见《上海博物馆藏战国楚竹书》（二）。b. 陈剑：《上博简〈容成氏〉的竹简拼合与编连问题小议》，见《上博馆藏战国楚竹书研究续编》，上海书店出版社，2004年。

④ 李零：《容成氏释文考释》，见《上海博物馆藏战国楚竹书》（二）。

⑤ 郭永秉：《从上博楚简〈容成氏〉的"有虞迵"说到唐虞传说的疑问》，见《出土文献与古文字研究》第一辑，复旦大学出版社，2006年。

⑥ 陈剑：《上博简〈容成氏〉的竹简拼合与编连问题小议》，见《上博馆藏战国楚竹书研究续编》。

⑦ 苏建洲：《〈容成氏〉柬释（四）》，简帛研究网，2003年4月16日。

追忆篇

张长寿先生与"夏商周断代工程"

仇士华

（中国社会科学院考古研究所）

　　中国卓越的考古学家、世界著名商周青铜器和玉器研究学者、中国社会科学院荣誉学部委员张长寿先生离开我们已经快一年了。我与他在考古研究所相处有半个多世纪。夏鼐所长当年要求我对田野发掘送来做碳-14年代测定的标本，严格审查出土层位和文化分期的对应关系，而张先生曾担任过夏商周研究室主任、副所长等职，所以我经常要向他请教了解发掘的情况，互相沟通碳-14如何更好地为考古研究服务。特别是在"夏商周断代工程"实施过程中，他和另一位接替他担任夏商周研究室主任的殷玮璋先生作为"夏商周断代工程"专家组成员作出了重大贡献。在这里我谨就张先生在应用系列样品碳-14测年方法建立夏商周考古年代框架所起的作用简述如下。

　　1. 碳-14测年应用于"夏商周断代工程"必须要使用系列样品方法。所谓系列样品方法，就是把田野考古层位和文化分期的一系列有先后顺序的原始碳-14数据同时做树轮年代校正。由于有年代顺序的约束，可使定出考古事件的日历年代的误差大为缩小。一般的碳-14测年工作者也很难使用这种方法，因为它要求研究者不仅要精通碳-14测年的原理和技术方法，还要对田野考古有确切了解，就是说要做跨学科研究。在启动"夏商周断代工程"时，首先要求考古学家和碳-14测年工作者加强这方面的认识。张先生在研究工作中强调要与时俱进，他在工程实施中对使用系列样品方法方面起到了宣传和推动作用。

　　2. 为了相互沟通，张先生曾带我们去参观夏商周的主要遗址，如安阳殷墟遗址、偃师二里头遗址、偃师尸乡沟遗址、陕西长安丰镐遗址、周原先周遗址等，并作了详细讲解。这使我认识到根据当前田野考古发掘研究的情况，学界对陶寺都城以来先后有序的文化分期基本上是有共识的。这种成熟的文化分期很有利于利用系列样品碳-14测年方法建立夏商周的年代框架。

3. 我在研究西周年代时注意到晋侯墓地 M8 的情况。墓中出土的晋侯苏编钟有长篇的纪年铭文。学术界对苏钟的王年有不同意见。我也看到了马承源和李学勤二位先生以及其他一些人的文章。我在分析晋侯墓的碳-14 年代数据时，突然看到北京大学常规实验室测出 M8 的碳-14 年代为距今 2 630 ± 30 年。我联想到这个年代可同《史记》的记载相对照。于是我亲自对 M8 的树枝样品作仔细的核实测定，得出的结果是距今 2 630 ± 20 年。由于树轮校正曲线在此时段的特殊性，经树轮校正后的年代误差是缩小的，对这两个数据处理后得出 M8 的下葬年代应该是公元前 808 ± 8 年，由此证实了《史记》所载晋献侯苏死于周宣王十六年（公元前 812 年）是可信的。同时这对李学勤提出的晋侯苏钟的说法也是有力的支持。另外碳-14 测年在断代工程中的有效性和可靠性增强了大家的信心。于是我写了简单的油印稿分发出去，但结果很出乎我的意料，遭到许多人的否定，说我不懂他们这一行。我给张先生看了之后，他给予了全力支持。于是我就请他执笔写了《晋侯墓地 M8 的碳十四年代测定和晋侯苏钟》，这篇文章联名发表在《考古》1999 年第 5 期，最终得到了工程专家组的认可。

4. 根据系列样品的碳-14 年代数据，对照高精度树轮校正曲线的特征，研究得出误差很小、可靠性高的年代数据点如下。

（1）晋侯墓地 M8 的年代为公元前 808 ± 8 年，与《史记》所载晋献侯苏的卒年为公元前 812 年是相合的。

（2）陕西长安沣西遗址 H18 测出商周分界的年代和根据殷墟文化和北京琉璃河西周文化系列样品测出的商周分界年代相一致，为公元前 1050 ～公元前 1020 年。

（3）武丁时期系列样品测定的年代范围在公元前 1261 ～公元前 1195 年，这与天文学根据宾组卜辞中的 5 次月食推定的武丁年代在公元前 1250 ～公元前 1192 年是一致的。

（4）根据郑州商城二里冈上层一期偏早的水井井圈木的系列样品测定结果，其年代为公元前 1400 ± 8 年。

（5）郑州商城的始建年代为公元前 1500 年左右。

（6）偃师商城大城的年代也在公元前 1500 多年，但小城被压在大城下面，其年代肯定要早一些。

（7）二里头遗址一至四期的年代在公元前 1750 ～公元前 1520 年间。

（8）新砦期的年代在公元前 1850 ～公元前 1750 年间。

（9）登封王城岗大城的年代在公元前 21 世纪中期。有人认为大城很有可能是禹都阳城。

上述的年代可以作为夏商西周考古年代框架的支柱点。这个年代框架应该是研究夏商西周的学者必须参考的（图一）。

	考古遗址分期年代	公元前	考古遗址分期年代	
夏	登封王城岗遗址	2100 2070 2000 1900	河南龙山文化	夏
		1850		
	新砦期	1800 1750		
	二里头遗址 一二三四期	1700 1600		
商	偃师商城大城	1520 1500 1400	二里冈下层	郑州商城
			二里冈上层	
	殷墟遗址	1300 1200 1100 1046		盘庚迁殷
西周	琉璃河遗址	1000 900 800 770	天马曲村	

图一 夏商西周时期碳-14测定考古年代框架示意图

张长寿先生与中美"商丘计划"

唐际根　荆志淳

（南方科技大学人文社会科学学院）

"商丘计划"是20世纪90年代开展的一项在中国学术界产生过重大影响的中外合作考古项目。项目由张光直先生发起。合作双方分别是中国社会科学院考古研究所和美国哈佛大学。参与者除两家合作单位的学者外，还有来自美国明尼苏达大学、麻省理工学院（MIT）等高校的研究人员。项目旨在"探索中国商丘地区早商和先商文明"（In Search for the Early and Pre-Dynastic Shang Civilization in Shangqiu, China）。张光直认为，商丘是商王朝灭亡之后，其后裔"续商祀"之地，更是商王朝先公昭明、相土居住过的地方，因此要寻找商人祖先，必须前往商丘开展田野工作。[①]

合作协议是1993年签署的。张光直作为项目发起人，是当然的美方领队。中方领队最初由时任考古所所长的徐苹芳先生担任。[②]1993年临近田野工作启动时改由张长寿接替。张长寿先生长期从事田野工作，在商周考古领域成绩卓著且声望显赫，担任领队显然是合适的。[③]

20世纪50年代，中国考古学中的"商研究"由于郑州商城的发现而推进了一大步。学术界普遍认为郑州商城是比安阳殷墟更早的商都。洛达庙遗址发现后，许多学者又觉得洛达庙遗址可能代表更早的商遗存。1959年二里头遗址的发现强化了这一认识。大体从1960年代至1980年代之前，中国考古学界多数学者都认为郑州商城是商中期都城，而洛达庙遗址和二里头遗址属于商早期。张光直早年接受的便是这一"商王朝编年框架"。[④]但若干年后，邹衡先生突然撰文提出"郑亳说"。他认为郑州商城其实是商早期的都邑，即商汤所都之"亳"，而二里头遗址属于"夏文化"范畴。

邹衡以郑州商城为早商的论述在学术界引起轩然大波。为夯实"郑亳说"，邹衡还提出了"先商文化"概念。邹衡将早于郑州商城的考古学遗存定义为"先商文化"，并认为要确认"先商遗存"，只能追溯那些年代早于郑州商城而文化面貌又与其保持着强烈一致性的遗址。经过梳理之后，邹衡认为只有豫北冀南地带的下七垣等遗址满足这一条件。换言之，他认为下七垣等遗址正是商王朝的"先公"遗留下来的。

然而，张光直并不认同邹衡的论述。在张光直看来，通过追溯陶器等遗存去寻找商人祖先的思路未必能真正解决商人祖先或商族起源的问题。他认为以"郑州商城"为代表的早商文明创造者应该包括两个阶级或群体：以普通陶器为代表的被统治阶级和以高等级器物为代表的统治阶级。前者可能的确来自豫北冀南，而后者应如王国维所说的来自东方。不排除商人祖先自东海岸从苏北经徐州进入豫东，征服了土著后，在商丘一地建立起第一个都城，到成汤时期才与豫北冀南的被统治阶级结合。张光直提出商丘项目，就是想证明自己的理论。

邹衡与张光直观点相左。作为"商丘计划"中方领队的张长寿先生持何态度呢？作为深耕商周考古的大家，张长寿先生似乎从未公开表达过他个人的观点。即使在社科院考古所第二研究室的内部会议，我也从未听到张长寿先生就先商文化问题发表过议论。参加"商丘计划"后，我有一次实在忍不住了，便问张先生如何评价邹衡提出的"豫北冀南说"和张光直以王国维"说商"为蓝本的"商族起源于豫东说"。有趣的是张先生反过来问我如何看待商族起源的两种观点。

后来我才明白：不表态，便是他的态度。沉默背后，是他希望以田野工作来验证张光直和邹衡的观点孰是孰非。这从他作为中方领队后来提出的田野工作思路可以看得出来。

1993年5月，张长寿在殷玮璋先生陪同下亲自前往商丘进行了一次调查。田野归来后，他提出了下一步工作设想：用两年左右的时间，选择若干遗址发掘，确立商丘地区的考古学文化序列，为寻找早商或先商都城遗址创造条件。

豫东地区属黄泛区，直到20世纪90年代，学术界虽然在豫东地区发掘了造律台、坞墙等龙山文化遗址，清凉山岳石文化遗址，以及柘城孟庄商代遗址，但确实还没有建立起完整细密的考古学文化序列。⑤早于龙山时期的考古资料尤其缺乏。"商丘计划"从建立区域性的考古学文化序列做起，既是科学务实的态度，也是大局观的反映。

张长寿先生关于"建立商丘地区的考古学文化序列"的提议，获得张光直先生赞同。1994年开始的田野工作，便照此执行。首选的发掘点分别是商丘潘庙、虞城马庄和柘城山台寺。

1994年3月，我跟随张长寿、高天麟先生抵达郑州，与河南省文物局局长杨焕成、文物处处长赵会军见面后，便驱车前往商丘。当时郑州与商丘之间既无动车，更无高铁。我托河南省考古研究所郑州工作站的宋国定先生帮忙租了一辆"标致"汽车。大家挤在一辆小车内花了近4个小时才到达商丘。

潘庙遗址是第一个发掘点。遗址就在商丘县潘庙村的西侧。我们选中潘庙村委会主任家的四合院作为考古队临时住地。住地距遗址步行只需15分钟左右。张长寿先生与所有考古队员同吃同住，并且每天与大家同时出工收工，没有任何特权。

随着发掘的推进，张长寿先生的学术思维开始活跃起来。

潘庙遗址的地层关系是：东周—西汉墓葬打破岳石文化层，而岳石文化层叠压在龙山文化层之上。张长寿先生多次在遗址中与我和高天麟先生讨论岳石文化遗存与商文化的时空关系。最后他总结说，潘庙遗址中虽然能观察到些许商文化因素，但龙山文化层之上叠压的终究还是岳石文化。后来张长寿先生总结豫东地区的考古学文化序列时，同样将龙山文化之后的考古学文化概括为岳石文化，从未使用早商文化或先商文化的概念。

另外一件印象深刻的事件是在潘庙遗址寻找"仰韶文化陶片"。

正式发掘潘庙遗址之前，高天麟先生曾在遗址的核心部位采集过一片红陶片。高天麟先生认为是仰韶文化陶片，便告知张长寿先生。张长寿先生得知后很重视，认为这是寻找比龙山文化更早的史前遗存的有价值的线索。正因为如此，当年潘庙发掘的探方选点也分两处。其中一处便选在此前采集到"仰韶陶片"的地点附近。然而发掘结果令人遗憾。此地后来并未发现"仰韶文化"地层，甚至再也没有见过"仰韶文化"陶片的踪迹。

张长寿先生和高天麟先生在整个潘庙发掘期间，都对此事耿耿于胸。难以释怀的背后，是对尽早建立"考古学文化序列"的执念。

寻找比龙山文化更早遗存的计划，直到第二季才得以实现。1994年秋，中美队在虞城马庄遗址终于找到了被龙山文化叠压的包含叠葬和彩陶在内的一种新遗存。后来出版的《豫东考古报告》称之为"马庄类型"。[⑥]此类遗存发现后，整个考古队都很兴奋。闻讯而来的张光直先生与高天麟先生在探方内直接"赌了一局"。由于有地层关系为依据，大家对此类拥有叠葬习俗的彩陶遗存的年代早于龙山文化并无异议，但对遗存的文化性质却看法不同。张光直先生认为是"大汶口文化"，而高天麟先生则认为是"仰韶文化"。"赌局"便由此而来。二人"豪赌"之时，张长寿先生却在旁不发一言。尽管在后来的讨论中，张长寿先生倾向于将马庄遗存归于"仰韶文化"，但他在现场的谨慎态度给我留下了极为深刻的印象。

商丘计划的最终目标是寻找先商或早商文化。潘庙遗址的发掘，证明岳石文化的年代下限可延续到郑州二里冈文化的晚期。而按照刚刚建立起来的豫东考古学文化序列，岳石文化是继豫东龙山文化发展起来的。这便是后来深度发掘山台寺龙山文化遗址的真正原因。

山台寺的第一次发掘是1995年。从进村第一天开始，我便与张长寿先生合住一间面积只有12平方米左右的小房间。房间属于山台寺附近的李庄的村民。我和张先生各自支起一张简易的硬板床。两张床并列摆放，相距不足1米。

因合住一屋，我常常向张先生请教各种问题，但印象最深的是张先生对"青铜鸡彝"的解读与处理。

某日，收工并用过晚餐后，高天麟先生邀我下象棋。厮杀正酣，突然进来一位提着黑色皮包的男子。男子从皮包中掏出1件铜器，问高先生值多少钱。我和高天麟先生见到此器都大惊失色。

器物呈鸡形，敞口，有盖，是1件青铜觥。因呈鸡形，让人联想起文献中夏王朝的礼器"鸡彝"。《礼记·明堂位》："灌尊，夏后氏以鸡彝，殷以斝，周以黄目。"此器虽然未必是夏朝文物，但重要性可想而知。我和高先生简单观察后，建议男子直接去请教张长寿先生。

我至今还记得张先生观察青铜器的神态。张长寿先生将青铜器举起，将眼镜往上推了推。语气很慢但很坚定地说：

"这件器物从器形看是晚商文物。腹部有象纹，还有蛇纹，符合江淮一带特征。上面还有梅花纹，这是第一次见。"

短短几句，尽显张先生对青铜器研究的独到修为。

张先生又问男子从何处获得此物。男子支支吾吾。张先生便说，我们考古队不收文物。你先留着，明天我与河南省文物商店联系一下，建议你将这件器物交给河南省文物商店。

第二天，张先生果然联系了河南省文物商店的总经理李德芳。此事后来如何发展我不曾追问，但张先生对青铜器的研究以及他对考古队不收藏文物的坚持，给我留下了深刻印象。

山台寺的发掘持续时间比较长，收获也大，不仅发现了"五连间大型台式建筑"，还发现埋有9条牛的祭祀坑。张长寿与张光直都为此感到自豪。第一阶段发掘结束后，两位张先生便亲自执笔，第一时间公布了这些重要发现。[⑦]

在许多人眼中，张长寿先生属传统学者。他的论文多是考据性的。例如他关于马车的研究、青铜纹饰的研究等都属此列。但"商丘计划"中，张长寿先生高度重视科技手段，尤其是地质学和地球物理学手段的应用。

由于历史上黄河多次夺淮入海，今天的商丘早已不同于3 000年前。在著名的"黄泛区"展开田野工作，不得不面对深厚的泥沙沉积。茫茫大地，何处"下铲"呢？为解决这一问题，张光直组建考古队时特地吸收了地质考古学家和地球物理学家。作为一线指挥员的张长寿先生，则严格贯彻了张光直先生重视多学科手段的思路。

早在1994年春发掘潘庙时，张先生便开始思考如何将田野考古成果整理出来。发掘结束后，张长寿先生亲自联系车辆，将潘庙遗址发现的陶器以及部分动物标本和数十具人骨标本送回北京。回京后又亲自联系袁靖、张君对动物标本和人骨标本进行了鉴定。"商丘计划"的田野作业中曾大量使用浮选技术。张长寿先生多次叮嘱冷健，请她督促加拿大学者Gary Crawford及时对浮选样品进行鉴定。

马庄发掘结束后，豫东地区考古学文化序列基本完整。但序列并不等于年代。张长寿先生又亲自将马庄多座叠葬墓中的人骨制品送到考古研究所碳-14实验室测年，从而使得豫东地区的叠葬墓有了首批碳-14年代数据，证明这批叠葬墓的年代大约在距今5 500年前后。

商丘计划实施过程中，张长寿先生不断对田野考古的成果进行总结。他最看重的两项成果，一是豫东地区考古学文化序列的建立，二是宋国故城的发现。⑧

1995年夏季山台寺第一季度发掘结束后，张先生在写给商丘地区文化局杜岭梅局长的信中，首次清晰列出商代以前豫东地区的考古学文化四个阶段：

以马庄遗址为代表的仰韶文化；

以山台寺遗址以及潘庙、马庄若干地层为代表的龙山文化；

以潘庙遗址为代表的岳石文化；

以早年发掘的孟庄遗址为代表的商文化。

此信原由我转交杜岭梅局长。张先生装入信封前让我看了一遍，因而记得信的主要内容。

1995年，张光直邀请张长寿先生和高天麟先生访问美国。其时身在芝加哥的李峰先生专程搭乘"灰狗"（Greyhound）来波士顿探望。我们四人在哈佛相遇（图一），谈到商丘计划，张长寿先生也以上述考古学文化序列来概括商丘计划的成果。

图一 张长寿（左二）、高天麟、李峰、唐际根在哈佛大学校园Widener图书馆前合影（1995年）

宋国故城发现后，他立即致电张光直，告知消息并进行讨论（图二、图三）。他们二人甚至未到宋国故城的勘探全部结束，便向学术界公布了这一发现。两位张先生写道：

> 下一步的工作一方面是从龙山文化向下走，走到殷商文明的颠峰，另一方面是从宋城往上推，一直推到岳石和龙山文化，在推的过程中也就将早商和先商给挤出来了。如果能找到商城，在商城里面找到商王朝的精美手工艺品、青铜器、玉器、基址和祭祖的档案等重要文物的可能性是存在着的。⑨

据我所知，至迟在2000年商丘计划老南关故城最后一个季度的城墙解剖工作结束后不久，张长寿先生便拟好了"商丘计划"总报告的写作提纲。为了形成对豫东地区考古材料的正确认识，张长寿先生还亲自带领高天麟、李永迪、高德（David Cohen）和

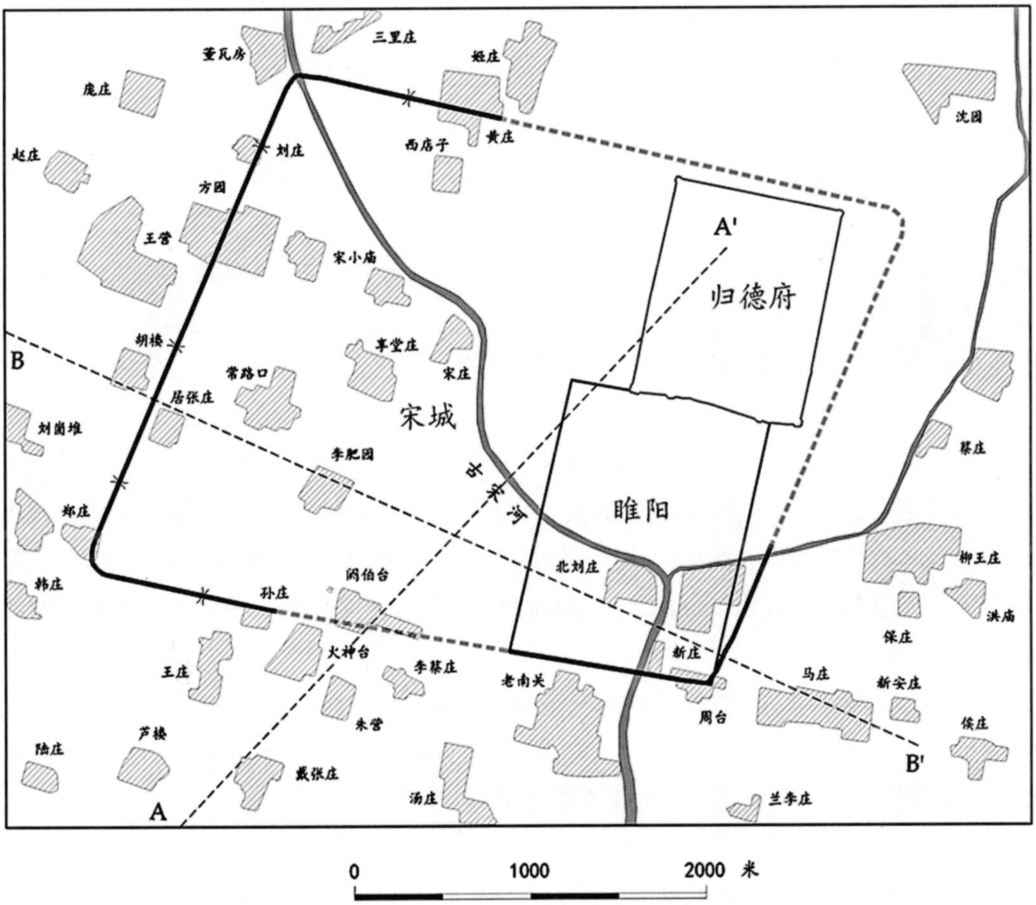

图二 "商丘计划"勘探发现的老南关故城（荆志淳绘）

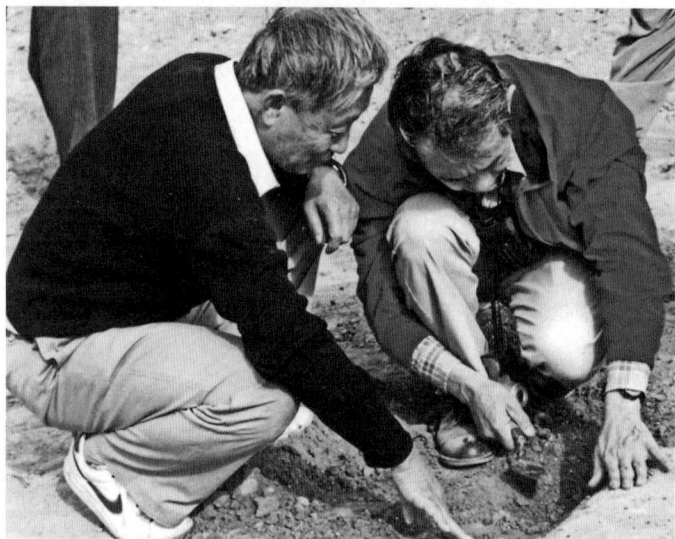

图三 张长寿（左）与张光直（右）在商丘老南关故城考古发掘现场（荆志淳摄，1997年）

我，前往安徽、江苏、山东进行了一次学术考察。当时无论通讯还是交通都远不及今日方便。张长寿先生带领我们从北京出发，一面观摩苏、鲁、皖的考古材料，一面与长期从事豫东鲁西南的同行交流。例如访问山东大学期间，我们便与栾丰实先生就鲁西南的史前考古学文化面貌交换了意见。

2003年，张光直先生去世。这是"商丘计划"最重要的损失。张长寿先生撰文悼念张光直先生的同时，也抓紧了对商丘考古报告的整理工作。我从美国归国后，因工作需要转而负责安阳殷墟的发掘与研究，随后又参与殷墟申报世界文化遗产的全过程，一定程度上影响了商丘考古发掘资料的整理。

2006年殷墟"申遗"成功后，在张长寿先生督促下，我与高天麟先生将"商丘计划"的全部标本和资料集中到北京房山的中国社科院考古研究所琉璃河工作站。经过断断续续的整理、绘图，直到2007年底终于完成初稿。

初稿完成之后，本该进入修订阶段。可惜修订尚未开始，又赶上中国文字博物馆建设。文字博物馆建成后，我又因承担社科院重大科研课题"殷墟布局探索与研究"，再度搁置了《豫东考古报告》。接二连三的插曲和变故，严重影响了张长寿先生编写商丘考古报告的总体安排。

2012年，我终于初步修订了自己经手的报告内容，并将相关材料交予张长寿先生。张先生通读后很快提出了他的意见。当时我因长期在安阳田野一线，张长寿先生不得不以传统的通信方式与我联系。张先生在信中写道（图四）：

> 商丘发掘报告，拖延很久，迄今未能完成，我有不能推卸的责任。现在高天麟先生的山台寺龙山文化遗址已经完稿，城址部分也大体完成。我想如有可能，我们

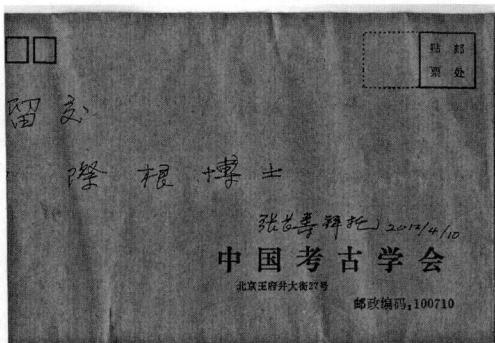

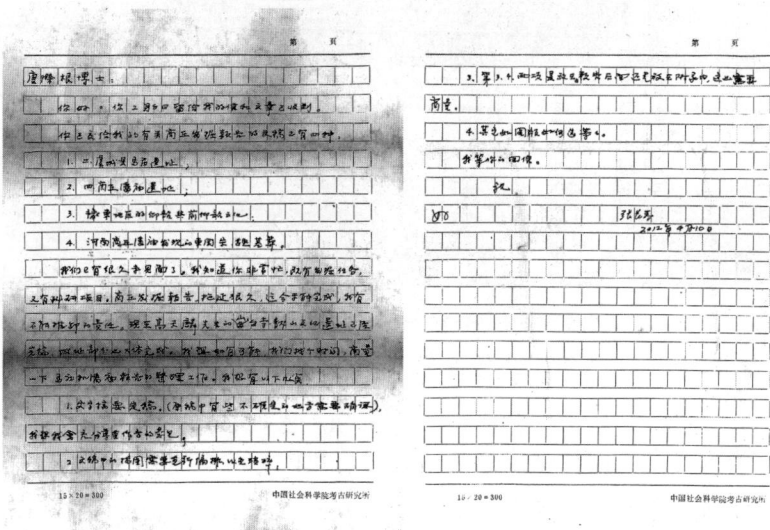

图四 张长寿先生写给作者的亲笔信（2012年4月10日）

找个时间，商量一下马庄和潘庙报告的整理工作。我想有以下几点：

1. 文字稿要定稿（原稿中有些不确定的地方需要确认），我想我会充分尊重作者的意见。

2. 文稿中的插图需要重新编排，以免琐碎。

3. 第3、4两项是放在报告后面还是放在附录内，这也需要商量。

4. 其它如图版如何选等等。

我等你的回信。

信的落款时间是2012年4月10日。

我读过信后内心一颤。从信中，我读到了张长寿先生完成商丘报告的急切心情，读到了老师的教诲，也读到了长者的些许愠怒。收到信后，我便安排时间，以最快的速度进一步修订商丘考古报告。

图五 2017 年在张长寿先生家中合影

（左起：张长寿、唐际根、巩文）

2017年，当报告正式由科学出版社出版时，我内心的沉重才稍稍释去。报告出版后，我与巩文前往张先生住处看望先生。⑩了却心愿的张长寿先生面带微笑与我合影。那张合影，是先生赠我的最后留念（图五）。

获知张长寿先生去世消息时，我愣了许久。随后我通过微信与身在加拿大的荆志淳联系。我们心意相通，很快便联名以"商丘计划"张长寿先生"旧部"的名义，通过考古所刘国祥先生给张先生家属发了份唁电。电文如下：

中国社会科学院考古研究所：

惊悉著名考古学家张长寿先生逝世，十分悲痛。

二十余年前，我们跟随先生赴商丘从事田野调查与发掘，先生音容笑貌，历历在目。先生稳健的言谈、严谨的学风，激励我们顺利完成豫东考古既定的工作。先生骤然谢世，令人惆怅惋惜。

先生辞世，是我国考古学界的一大损失！请转达我们的深切哀悼，并向先生的家人表示慰问。

作者

2020年2月3日

① 张光直先生将田野考古工作地点选择在商丘，显然是受了王国维的影响。王国维在《说商》中论述："商之国号，本于地名。《史记·殷本纪》载：契封于商。古之宋国，实名商丘。丘者虚也。宋之称商丘，犹洹水南之称殷虚，是商在宋地。《左传》昭元年：后帝不臧，迁阏伯于商丘，主辰，商人是因，故辰为商星。又襄九年《传》：陶唐氏之火正阏伯居商丘，祀大火，而火纪时焉。相土因之，故商主大火。又昭十七年《传》：宋，大辰之虚也。大火谓之大辰，则宋之国都确为昭明、相土故地。杜预《春秋释地》以商丘为梁国睢阳，又云宋、商、商丘三名一地，其说是也。"见王国维《观堂集林》第二册卷十二《史林四》第516—518页，中华书局，1959年。

② 见张长寿先生亲笔回忆文章《张光直和中美在商丘的合作发掘》，载《中国文物报》2002年6月14日第5版。

③ 商丘项目的基本队员随时间不同有所变化。除两位领队外，美方主要成员包括地质考古学家乔治·拉普（George［Rip］Rapp）、荆志淳、地球物理学家温森特·莫菲（Vincent Murphy）、大卫·席思（David Cist）、罗伯特·雷根（Robert Regan）、慕容捷（Robert Murowchick）、高德（David Cohen）、冷健、李永迪。中方队员有高天麟、郑若葵、唐际根、牛世山，以及考古研究所科技中心的王增森、刘建国、高立兵等。

④ 唐际根：《论商王朝历史的考古编年》，《中原文物》2002年第3期，第81—93页。

⑤ 豫东地区的早期考古工作，可参见中国社会科学院考古研究所、美国哈佛大学皮堡德博物馆《豫东考古报告》，科学出版社，2017年。

⑥ 中国社会科学院考古研究所、美国哈佛大学皮堡德博物馆：《豫东考古报告》。

⑦ 张长寿、张光直：《河南商丘地区殷商文明调查发掘初步报告》，《考古》1997年第4期，第24—32页。

⑧ 商丘的田野工作，除了商丘潘庙、虞城马庄和柘城山台寺三个地点的发掘外，另一项重要工作是老南关宋国故城的勘探与发掘。宋国故城是荆志淳等运用地质考古的勘探技术发现的。张长寿先生对地质考古的工作给予了高度评价。

⑨ 张长寿、张光直：《河南商丘地区殷商文明调查发掘初步报告》，《考古》1997年第4期，第24—32页。

⑩ 巩文当时负责中国社科院考古研究所资料室，曾协调《豫东考古报告》出版事宜。

附 录

张长寿主要学术论著目录

一、专著与文集

1. 中国科学院考古研究所：《沣西发掘报告》（合著），文物出版社，1962年

2. 中国社会科学院考古研究所：《张家坡西周墓地》（主编），中国大百科全书出版社，1999年

3. 王世民、陈公柔、张长寿：《西周青铜器分期断代研究》，文物出版社，1999年

4. 中国社会科学院考古研究所：《中国考古学·两周卷》（主编），中国社会科学出版社，2004年

5. 中国社会科学院考古研究所：《张家坡西周玉器》（主编），文物出版社，2007年

6. 张长寿：《商周考古论集》，文物出版社，2007年

7. 闻广、张长寿合编：《闻宥落照堂藏青铜器拓本》，文物出版社，2010年

8. 张长寿：《丰邑行》，中国社会科学出版社，2014年

9. 中国社会科学院考古研究所、美国哈佛大学皮保德博物馆：《豫东考古报告——"中国商丘地区早商文明探索"野外勘察与发掘》（主持），科学出版社，2017年

二、论文与简报

1. 王平：《说銮与金甬》，《考古》1962年第7期

2. 中国科学院考古研究所安阳发掘队：《1971年安阳后冈发掘简报》（执笔），《考古》1972年第3期

3. 殷之彝：《山东益都苏埠屯墓地和"亚醜"铜器》，《考古学报》1977年第2期

4. 张长寿：《殷商时代的青铜容器》，《考古学报》1979年第3期

5. 张长寿、张孝光：《说伏兔与画轎》，《考古》1980年第4期

6. 中国社会科学院考古研究所沣西发掘队：《1967年长安张家坡西周墓葬的发掘》（执笔），《考古学报》1980年第4期

7. 陈寿：《大保簋的复出和大保诸器》（合著），《考古与文物》1980年第4期

8. 张长寿：《论宝鸡茹家庄发现的西周铜器》，《考古》1980年第6期

9. 陈寿：《记布伦戴奇收藏的中国青铜器》、《补遗》（合著），《考古与文物》1982年第2期、第5期

10. 丁乙：《周原的建筑遗存和铜器窖藏》，《考古》1982年第4期

11. 张长寿：《记陕西长安沣西新发现的两件铜鼎》，《考古》1983年第3期

12. 丁乙：《张光直著〈中国青铜时代〉介绍》，《考古》1983年第10期

13. 陈公柔、张长寿：《殷周青铜容器上鸟纹的断代研究》，《考古学报》1984年第3期

14. 丁乙：《说頯和额带》，《考古》1984年第10期

15. 中国社会科学院考古研究所山西工作队：《山西石楼岔沟原始文化遗存》（执笔），《考古学报》1985年第2期

16. 中国社会科学院考古研究所沣西发掘队：《长安张家坡西周井叔墓发掘简报》（执笔），《考古》1986年第1期

17. 丁乙：《〈殷墟青铜器〉评介》，《考古》1986年第7期

18. 张长寿、张孝光：《殷周车制略说》，《中国考古学研究——夏鼐先生考古五十年纪念论文集》，文物出版社，1986年

19. 张长寿：《陶寺遗址的发现和夏文化的探索》，《文物与考古论集》，文物出版社，1986年

20. 张长寿：《记沣西新发现的兽面玉饰》，《考古》1987年第5期

21. 张长寿、梁星彭：《关中先周青铜文化的类型与周文化的渊源》，《考古学报》1989年第1期

22. 陈公柔、张长寿：《殷周青铜容器上兽面纹的断代研究》，《考古学报》1990年第2期

23. 张长寿：《关于"湖熟文化"的三点看法》，《东南文化》1990年第5期

24. 张长寿：《论井叔铜器——1983～1986年沣西发掘资料之二》，《文物》1990年第7期

25. 张长寿：《说"王君穴"——1983～1986年沣西发掘资料之四》，《文物》1991年第12期

26. 张长寿：《墙柳与荒帷——1983～1986年沣西发掘资料之五》，《文物》1992年第4期

27. 张长寿、张孝光：《西周时期的铜漆木器具——1983～1986年沣西发掘资料之六》，《考古》1992年第6期

28. 张长寿：《西周的龙凤人物玉雕》，《文物天地》1993年第4期

29. 张长寿：《西周的葬玉——1983～1986年沣西发掘资料之八》，《文物》1993年第9期

30. 张长寿：《关于井叔家族墓地——1983～1986年沣西发掘资料之一》，《考古学研究——纪念陕西省考古研究所成立三十周年》，三秦出版社，1993年

31. 张长寿：《记张家坡出土的西周玉"璇玑"——怀念夏鼐先生》，《文物天地》1994年第2期

32. 张长寿、张孝光：《井叔墓地所见西周轮舆——1983～1986年沣西发掘资料之七》，《考古学报》1994年第2期

33. 张长寿：《西周的玉柄形器——1983～1986年沣西发掘资料之九》，《考古》1994年第6期

34. 张长寿：《论神木出土的刀形端刃玉器》，《南中国及邻近地区古文化研究——庆祝郑德坤教授从事学术活动六十周年论文集》，香港中文大学出版社，1994年

35. 张长寿：《达盨盖铭——1983～1986年沣西发掘资料之三》，《燕京学报》新二期，1996年

36. 张长寿、张光直：《河南商丘地区殷商文明调查发掘初步报告》，《考古》1997年第4期

37. 张长寿：《流散的殷墟青铜器》，《中国青铜器全集》第2卷，文物出版社，1997年

38. 张长寿：《论屯溪出土的青铜器》，《吴越地区青铜器研究论文集》，香港两木出版社，1997年

39. 张长寿：《关于晋侯墓地的几个问题》，《文物》1998年第1期

40. 张长寿：《西周玉器的改制现象》，《东亚玉器》卷二，香港中文大学中国考古艺术研究中心，1998年

41. 张长寿：《论泾阳高家堡周墓》，《远望集——陕西省考古研究所华诞四十周年纪念文集》（上），陕西人民美术出版社，1998年

42. 仇士华、张长寿：《晋侯墓地M8的碳十四年代测定和晋侯稣钟》，《考古》1999年第5期

43. 王世民、陈公柔、张长寿：《关于夏商周断代工程中的西周青铜器分期断代研究》，《文物》1999年第6期

44. 张长寿：《沣西的先周文化遗存》，《考古与文物》2000年第2期

45. 张长寿：《学挖车马坑》，《文物天地》2002年第2期

46. 张长寿：《金文历谱和西周王年》，《考古》2002年第9期

47. 张长寿：《商丘宋城和鹿邑大墓》，《揖芬集——张政烺先生九十华诞纪念文集》，社会科学文献出版社，2002年

48. 张长寿：《张光直和中美在商丘的合作发掘》，《四海为家——纪念考古学家张光直》，生活·读书·新知三联书店，2002年

49. 张长寿：《西周车制补记》，《石璋如院士百岁祝寿论文集》，台北南天书局，2002年

50. 张长寿：《晋侯墓地的墓葬序列和晋侯铜器》，《晋侯墓地出土青铜器国际学术研讨会论文集》，上海书画出版社，2002年

51. 张长寿：《师酉鼎和师酉盘》，《新世纪的中国考古学——王仲殊先生八十华诞纪念论文集》，科学出版社，2005年

52. 张长寿、闻广：《闻宥先生落照堂藏大盂鼎墨本跋》，《文物》2008年第10期

53. 张长寿、闻广：《跋落照堂藏毛公鼎拓本——落照堂藏拓之二》，《文物》2009年第2期

54. 张长寿、闻广：《跋落照堂藏颂鼎颂盘拓本——落照堂藏拓之三》，《文物》2009年第9期

55. 张长寿：《论宁乡黄材的青铜文化》，《湖南省博物馆馆刊》第五辑，岳麓书社，2009年

56. 张长寿、闻广：《跋落照堂藏端方砗拓十鬲——落照堂藏拓之四》，《文物》2010年第5期

57. 张长寿：《首阳斋藏◇刀鼎》，《中国古代青铜器国际研讨会论文集》，上海博物馆、香港中文大学文物馆，2010年

58. 张长寿：《前掌大墓地解读》，《安志敏先生纪念文集》，文物出版社，2011年

59. 张长寿、闻广：《毛公鼎出土年份的一则讹传》，《文物》2012年第4期

60. 张长寿：《论梁带村芮国墓地》，《两周封国论衡》，上海古籍出版社，2014年

三、外 文 论 著

1. The Institute of Archaeology, CASS, *Recent Archaeological Discoveries in the People's Republic of China*, Section 9–17, UNESCO, 1984.

2. Zhang Changshou: *China（1600～700BC）, History of Humanity*, Vol. II, UNESCO, 1996.（莫润先翻译）

3. Kwang-Chih Chang and Changshou Zhang, "Looking for City Shang of the Shang Dynasty in Shangqiu: A Brief Report of a Sino-American Team," in *Symbols: A Publication of the Peabody Museum and the Department of Anthropology,* 5.10, Spring 1998, Harvard University.

4. Zhang Changshou, "A Comparative Study of the Ding Bronze Vessels from Xin'gan," *Journal of East Asian Archaeology*, 2.1–2, 2000, festschrift in honor of K. C. Chang.（罗泰翻译）

5. Zhang Changshou, "The Xia-Shang-Zhou Chronological Project, Excavations of the Proto-Zhou Culture in Fengxi, Shaanxi," *Journal of East Asian Archaeology*, 4.1–4, 2002.（李润权翻译）

6. Zhang Changshou, "Bronze Inscription Calendar and Western Zhou Kings' Reigns," *Chinese Archaeology* 3.1, 2003.

四、译　文

1. 张光直：《关于中国文明起源的继续探索》，《考古学参考资料》第1期，文物出版社，1978年。原文载 *Archaeology*，30.2，1977。

2. 伊藤道治：《西周文化的起源和宗周》，《考古学参考资料》第1期，第43—53页，文物出版社，1978年。原文载《中国古代王朝之形成》附录四。

3. 伊藤道治：《裘卫诸器考——关于西周土地所有制形态的我见》，《考古学参考资料》第5期，文物出版社，1982年。原文载《东洋史研究》第三十七卷第一号，1978年。

4. 林巳奈夫：《欧美搜集、研究中国青铜器的历史》，《考古学参考资料》第7、8期，文物出版社，1991年。原文为《综览》第二章第三节殷周时代青铜器的研究。

5. 陈梦家：《中国青铜器的形制》，《西周铜器断代》，中华书局，2004年。原文载 *Archives of the Chinese Art Society of America*, Vol.1, 1945–1946。

施劲松 辑

陈公柔主要学术论著目录

一、专著与文集

1. 中国科学院考古研究所：《长沙发掘报告》（参与编撰），科学出版社，1956年

2. 中国社会科学院考古研究所：《殷周金文集成》（参与编撰），中华书局，1984～1994年

3. 中国社会科学院考古研究所：《洛阳发掘报告——1955～1960年洛阳涧滨考古发掘资料》（参与编撰），北京燕山出版社，1989年

4. 王世民、陈公柔、张长寿：《西周青铜器分期断代研究》，文物出版社，1999年

5. 陈公柔：《先秦两汉考古学论丛》，文物出版社，2005年

二、论文与简报

1. 陈公柔：《河南禹县白沙的战国墓》，《考古学报》第7册，1954年

2. 陈公柔：《白沙唐墓简报》，《考古通讯》1955年第1期

3. 陈公柔：《对于编写报告的一些体会》，《考古通讯》1955年第4期

4. 陈公柔：《白沙唐墓中出土的瓷砚》，《考古通讯》1955年第6期

5. 陈公柔：《介绍金文参考书》，《考古通讯》1956年第4期

6. 陈公柔：《士丧礼、既夕礼中所记载的丧葬制度》，《考古学报》1956年第4期

7. 陈公柔、徐苹芳：《关于居延汉简的发现和研究》，《考古》1960年第1期

8. 陈公柔：《记几父壶、柞钟及其同出的铜器》，《考古》1962年第2期

9. 陈公柔、徐苹芳：《大湾出土的西汉田卒簿籍》，《考古》1963年第3期

10. 安志敏、陈公柔：《长沙战国缯书及其有关问题》，《文物》1963年第9期

11. 陈寿：《大保簋的复出和大保诸器》（合著），《考古与文物》1980年第4期

12. 陈寿：《记布伦戴奇收藏的中国青铜器》、《补遗》（合著），《考古与文物》1982年第2期、第5期

13. 功猷：《介绍〈黑龙江古代官印集〉》，《考古》1983年第1期

14. 陈公柔、张长寿：《殷周青铜容器上鸟纹的断代研究》，《考古学报》1984年第3期

15. 功猷：《评介〈中国文明之起源〉》，《考古》1984年第8期

16. 陈公柔、周永珍、张亚初：《于省吾先生在学术方面的贡献》，《考古学报》1985年第1期

17. 功猷：《评介〈殷周时代青铜器之研究〉——殷周青铜器综览（一）》，《考古》1986年第3期

18. 陈公柔：《滕国、邾国青铜器及其相关问题》，《中国考古学研究——夏鼐先生考古五十年纪念论文集》，文物出版社，1986年

19. 功猷：《评介〈西周金文官制研究〉》，《考古》1987年第6期

20. 陈公柔、徐元邦、曹延尊、格桑本：《青海大通马良墓出土汉简的整理与研究》，《考古学集刊》第5集，中国社会科学出版社，1987年

21. 陈公柔、徐苹芳：《瓦因托尼出土廪食简的整理与研究》，《文史》第十三辑，中华书局，1988年

22. 陈公柔：《说媿氏即怀姓九宗》，《古文字研究》第十六辑，1989年

23. 陈公柔：《西周金文中的新邑、成周与王城》，《庆祝苏秉琦考古五十五年论文集》，文物出版社，1989年

24. 陈公柔、张长寿：《殷周青铜容器上兽面纹的断代研究》，《考古学报》1990年第2期

25. 陈公柔：《〈曾伯霥簠〉铭中的"金道锡行"及相关问题》，《中国考古学论丛——中国社会科学院考古研究所建所40年纪念》，科学出版社，1993年

26. 陈公柔：《西周金文中所载〈约剂〉的研究》，《第二届国际中国古文字学研讨会论文集》，香港中文大学，1993年

27. 陈公柔：《云梦秦墓出土〈法律答问〉简册考述》，《燕京学报》新二期，1996年

28. 陈公柔：《〈宋公縊簠〉与宋国青铜器》，《洛阳考古四十年——1992年洛阳考古学术研讨会论文集》，科学出版社，1996年

29. 陈公柔：《蒋若是〈秦汉钱币研究·序〉》，《秦汉钱币研究》，中华书局，1996年

30. 陈公柔：《怀念于省吾先生》，《社会科学战线》1997年第4期

31. 陈公柔：《云梦秦墓出土〈封诊式〉简册研究》，《燕京学报》新三期，1997年

32. 陈公柔：《西周金文诉讼辞语释例》，《第三届国际中国古文字学研讨会论文集》，香港中文大学，1997年

33. 陈公柔：《徐国青铜器的花纹、形制及其他》，《吴越地区青铜器研究论文集》，香港两木出版社，1997年

34. 陈公柔：《评介〈尚书文字合编〉》，《燕京学报》新四期，1998年

35. 陈公柔：《西周金文中的法制文书述例》，《容庚先生百年诞辰纪念文集》（古文字研究专号），广东人民出版社，1998年

36. 王世民、陈公柔、张长寿：《关于夏商周断代工程中的西周青铜器分期断代研究》，《文物》1999年第6期

37. 陈公柔：《居延出土汉律散简释义》，《燕京学报》新九期，2000年

三、整理、编辑、点校

1. 马衡：《汉石经集存》（整理、编辑），科学出版社，1957年

2. 中国社会科学院考古研究所：《居延汉简甲乙编》（编辑），中华书局，1980年

3. 叶昌炽撰，柯昌泗评，陈公柔、张明善点校：《语石　语石异同评》，中华书局，1994年

施劲松 辑